《中国货币政策执行报告》增刊

中国区域金融运行报告（2023）

中国人民银行货币政策分析小组

责任编辑：黄海清　童祎薇
责任校对：刘　明
责任印制：丁淮宾

图书在版编目（CIP）数据

中国区域金融运行报告. 2023/中国人民银行货币政策分析小组编.—北京：中国金融出版社，2024. 6
ISBN 978-7-5220-2351-9

Ⅰ.①中…　Ⅱ.①中…　Ⅲ.①区域金融—金融运行—研究报告—中国—2023　Ⅳ.①F832. 7

中国国家版本馆CIP数据核字（2024）第050499号

中国区域金融运行报告.2023
ZHONGGUO QUYU JINRONG YUNXING BAOGAO.2023
出版
发行　中国金融出版社
社址　北京市丰台区益泽路2号
市场开发部　（010）66024766，63805472，63439533（传真）
网 上 书 店　www.cfph.cn
（010）66024766，63372837（传真）
读者服务部　（010）66070833，62568380
邮编　100071
经销　新华书店
印刷　天津市银博印刷集团有限公司
尺寸　210毫米×285毫米
印张　39
字数　994千
版次　2024年6月第1版
印次　2024年6月第1次印刷
定价　218.00元
ISBN 978-7-5220-2351-9
如出现印装错误本社负责调换　联系电话（010）63263947

本书执笔人

总　纂：刘国强

审　稿：邹　澜　吕　政

统　稿：邱潮斌

参与此项工作：李文喆　黄明皓　王金明　蔡春春　徐　伟
陈婷婷　李　航　时昱旻　刘生福　单敬雯
王西贝　李思佳　王　睿　邵靖雯

主报告执笔：中国人民银行货币政策分析小组
中国人民银行广东省分行货币政策分析小组

分报告执笔：中国人民银行上海总部，各省（自治区、直辖市）分行，
深圳市分行货币政策分析小组

目 录

《中国区域金融运行报告（2023）》主报告

表

图

《中国区域金融运行报告（2023）》分报告

《中国区域金融运行报告（2023）》

主报告

内容摘要

2022年是党和国家历史上极为重要的一年。党的二十大胜利召开，描绘了全面建设社会主义现代化国家的宏伟蓝图。面对风高浪急的国际环境和艰巨繁重的国内改革发展稳定任务，在以习近平同志为核心的党中央坚强领导下，各地区全面贯彻落实党的二十大精神和党中央、国务院决策部署，按照“疫情要防住、经济要稳住、发展要安全”的要求，坚持稳字当头、稳中求进，统筹疫情防控和经济社会发展，应对超预期因素冲击，发展质量稳步提升、就业物价基本平稳、经济社会大局保持稳定。中国人民银行坚持以习近平新时代中国特色社会主义思想为指导，坚决贯彻落实党中央、国务院决策部署，主动作为、靠前发力，加大稳健货币政策实施力度，保持货币信贷合理增长，发挥结构性货币政策工具精准导向作用，巩固实际贷款利率下降成果，兼顾内外均衡，防范化解金融风险，为稳住宏观经济大盘和高质量发展提供有力支持。

2022年，在稳经济一揽子政策和接续措施推动下，国民经济企稳回升，国内生产总值同比增长3.0%，东部、中部、西部和东北地区生产总值同比分别增长2.5%、4.0%、3.2%和1.3%。东部地区持续推进高质量发展。新兴重点领域投资力度加大，消费提质升级，新型外贸取得突破，有力支撑经济大盘稳定；金融业总体运行平稳，改革创新取得积极进展，服务质效不断提升。中部地区加速经济崛起。基础设施投资增速全面回升，消费市场稳步恢复，外贸较快增长，高技术产业发展成效显著，经济增长趋势向好；金融服务不断深化，重点领域支持有力。西部地区大开发成效显著。新技术新能源领域投资快速增长，升级类消费需求持续释放，绿色低碳发展质效提升，经济向高质量发展稳步迈进；金融改革稳步推进，绿色金融快速发展，农村金融服务水平持续提高。东北地区加快全面振兴。农业发展稳中有进，国家粮食安全“压舱石”地位巩固，工业经济稳步回升，产业结构进一步优化，民生支出保障有力，生态环境持续改善；金融服务实体经济力度进一步加大，金融机构经营稳健性提升。

2022年，区域经济金融运行主要呈现以下特点：一是区域发展平衡性协调性增强，空间发展格局不断优化。中部、西部地区增长潜力持续释放，经济增速总体高于东部地区。核心区域带动作用增强，京津冀、长江经济带、长江三角洲地区生产总值同比分别增长2.0%、3.0%和2.5%；粤港澳大湾区建设不断深化，三地规则衔接、机制对接取得新进展；黄河流域生态保护和高质量发展扎实推进，生态环境进一步改善。二是内需规模扩大，外需稳定增长。固定资产投资结构不断优化，东部、中部、西部和东北地区投资同比分别增长3.6%、8.9%、4.7%和1.2%；制造业投资同比增长9.1%，西部地区同比增长21.5%；基础设施投资同比增长9.4%，东北地区同比增长20.2%；高技术产业投资同比增长18.9%。新型消费保持较好发展态势，新能源汽车销量增长93.4%，实物商品网上零售额占社会消费品零售总额比重超1/4。进出口稳中提质，东部、中部、西部和东北地区货物进出口总额同比分别增长7.4%、14.3%、10.2%和9.3%；利用外资稳中有进，高技术产业实际使用外资同比增长28.3%。物价保持平稳运行，按算术平均计算，东部、中部、西部和东北地区居民消费价格指数（CPI）同比分别上涨2.0%、1.9%、1.9%和2.0%。三是产业结构进一步优化，经济发展新动能加快成长。东北地区第一产业占所在地区生产总值比重为13.6%；西部地区第二产业比重较上年提升1.3个百分点；中部地区第三产业增加值增速最快，为2.8%。全年新能源汽车产量同比增长90.5%，信息传输、软件和信息技术服务业增加值同比增长9.1%，高技术制造业、装备制造业增加值同比分别增长7.4%、5.6%。全社会研究与试验发展经费投入同比增长10.4%。四是民生支出保障有力，就业局势保持总体稳定。2022 年新增减税降费及退税缓税缓费超过 4.2 万亿元。全国城镇新增就业 1206 万人，脱贫人口务工规模 3278 万人。五是货币信贷合理增长，信贷结构持续优化。2022 年，全国社会融资规模增量比上年多增 6689 亿元，年末本外币各项贷款余额同比增长 10.4%，有力支持宏观经济运行在合理区间。基础设施中长期贷款余额同比增长 13.0%，涉农贷款余额同比增长 14.0%，绿色贷款、制造业中长期贷款余额同比增长超过 30%，普惠小微贷款、科技型中小企业贷款和"专精特新"企业贷款余额同比增长超过 20%。六是利率市场化改革持续深化，融资成本持续下降。建立存款利率市场化调整机制，稳定银行负债成本。持续释放贷款市场报价利率（LPR）改革效能，巩固实际贷款利率下降成果。2022 年 12 月，东部、中部、西部和东北地区一般贷款加权平均利率同比分别下降 0.56 个、0.61 个、0.54 个和 0.76 个百分点。七是金融风险整体收敛，银行业金融机构整体经营稳健。坚持市场化、法治化处置风险，重点集团、大型企业风险处置稳妥推进，支持风险较大地区中小银行风险处置取得积极进展。中部、西部地区银行业金融机构不良贷款率比上年末分别下降 0.21 个和 0.13 个百分点。八是金融对外开放稳步推进，跨境投融资便利化取得新进展。香港与内地利率互换市场互联互通合作（互换通）启动建设，高新技术和"专精特新"企业跨境融资便利化试点扩大，多地开展第二批跨国公司本外币一体化资金池试点。各地区跨境投融资便利化取得新进展，跨境人民币服务实体经济能力持续提升。

当前国际经济增长放缓，通胀仍处高位，地缘政治冲突持续，发达国家央行政策紧缩效应显现，国际金融市场波动加剧。国内经济运行面临新的困难和挑战，主要是国内需求不足，一些企业经营困难，重点领域风险隐患较多，但我国经济具有巨大的韧性和潜力，长期向好的基本面没有改变。2023 年是全面贯彻党的二十大精神的开局之年，全国各地区将在以习近平同志为核心的党中央坚强领导下，坚持稳中求进工作总基调，牢牢把握高质量发展首要任务，扎实推进中国式现代化，完整、准确、全面贯彻新发展理念，加快构建新发展格局，全面深化改革开放，加大宏观政策调控力度，把实施扩大内需战略同深化供给侧结构性改革有机结合起来，进一步加强部门间政策协调，不断推动经济运行持续好转、内生动力持续增强、社会预期持续改善、风险隐患持续化解。要深入实施区域协调发展战略、区域重大战略、主体功能区战略、新型城镇化战略，优化重大生产力布局，构建优势互补、高质量发展的区域经济布局和国土空间体系。推动西部大开发形成新格局，支持东北全面振兴取得新突破，促进中部地区加快崛起，鼓励东部地区加快推进现代化；推进京津冀协同发展、长江经济带发展、长三角一体化发展、粤港澳大湾区发展，推动黄河流域生态保护和高质量发展。高标准、高质量建设雄安新区，推动成渝地区双城经济圈建设。

中国人民银行将坚持以习近平新时代中国特色社会主义思想为指导，按照党中央、国务院决策部署，精准有力实施稳健的货币政策，加大逆周期调节力度，全力做好稳增长、稳就业、稳物价工作，为实体经济提供更有力支持。保持流动性合理充裕，保持信贷合理增长、节奏平稳。继续发挥好已投放的政策性开发性金融工具资金作用，增强政府投资和政策激励的引导作用，有效带动激发民间投资。关注物价走势边际变化，保持物价水平基本稳定。发挥结构性货币政策工具的带动作用，继续加大对普惠金融、绿色发展、科技创新、基础设施建设等国民经济重点领域和薄弱环节的支持，综合施策促进区域协调发展。完善市场化利率形成和传导机制，发挥政策利率引导作用，持续释放贷款市场报价利率改革效能和存款利率市场化调整机制重要作用，推动企业融资和居民信贷成本稳中有降。构建金融有效服务实体经济的体制机制，完善金融支持科技创新体系，继续加大对企业稳岗扩岗和重点群体创业就业的金融支持力度。适应房地产市场供求关系发生重大变化的新形势，适时调整优化房地产政策，促进房地产市场平稳健康发展。兼顾好内部均衡和外部均衡，保持人民币汇率在合理均衡水平上的基本稳定，坚决防范汇率超调风险。推进金融高水平双向开放，提高开放条件下经济金融管理能力和防控风险能力。

第一部分 区域经济金融运行概况

2022 年，面对风高浪急的国际环境和艰巨繁重的国内改革发展稳定任务，在以习近平同志为核心的党中央坚强领导下，各地区坚决贯彻落实党的二十大精神和党中央、国务院决策部署，按照“疫情要防住、经济要稳住、发展要安全”的要求，坚持稳字当头、稳中求进，统筹疫情防控和经济社会发展，应对超预期因素冲击，发展质量稳步提升、就业物价基本平稳、经济社会大局保持稳定。我国经济总量和人均水平持续提高，经济增长快于多数主要经济体。金融体系运行平稳，货币信贷和社会融资规模合理增长，信贷结构不断优化，综合融资成本稳中有降，金融改革开放不断深化，金融服务质效持续提升，为稳住宏观经济大盘和高质量发展提供有力支持。

一、区域经济运行总体情况

2022 年，我国经济运行总体稳定，全年国内生产总值（GDP）[①]121.0 万亿元，稳居世界第二；按不变价格计算，同比增长 3.0%。分区域看，东部、中部、西部和东北地区[②]生产总值占全国比重分别为 51.7%、22.1%、21.4% 和 4.8%，中部、西部地区比重较上年有所提升。

表 1　2022 年各地区生产总值比重和增长率

地区	占比（%）		增长率（%）	
		比上年增减（个百分点）		比上年增减（个百分点）
东部	51.7	-0.4	2.5	-5.6
中部	22.1	0.2	4.0	-4.7
西部	21.4	0.3	3.2	-4.2
东北	4.8	-0.1	1.3	-4.8

数据来源：国家统计局。

（一）区域发展协调性平衡性增强，空间发展格局不断优化

1. 区域协调发展水平稳步提升，支持全国经济稳定增长。统筹推进西部大开发、东北全面振兴、中部地区崛起、东部率先发展，区域发展平衡性协调性增强。2022 年，东部、中部、西部和东北地区生产总值同比分别增长 2.5%、4.0%、3.2% 和 1.3%，对经济增长贡献率分别为 45.4%、24.9%、26.3% 和 3.4%，中部、西部地区经济增速总体高于东部地区，对全国经济增长贡献率分别比近五年平均水平提高 3.8 个和 3.9 个百分点。

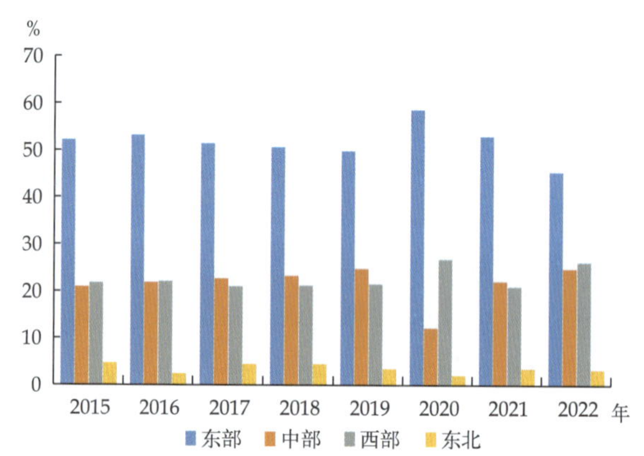

图 1　各地区经济增长贡献率

［数据来源：各省（自治区、直辖市）统计局］

2. 核心区域带动作用增强，区域平衡发展取得成效。2022 年，京津冀协同发展迈上新台阶，地区生产总值突破 10 万亿元，同比增长 2.0%；雄安新区高标准、高质量建设提速，制定承接北京非首都功能疏解“1+10”政策体系，中国

① 国内生产总值、三次产业及相关行业增加值、地区生产总值绝对数按现价计算，增长速度按不变价格计算。

② 东部地区包括北京、天津、河北、上海、江苏、浙江、福建、山东、广东、海南 10 个省（直辖市），中部地区包括山西、安徽、江西、河南、湖北、湖南 6 个省，西部地区包括内蒙古、广西、重庆、四川、贵州、云南、西藏、陕西、甘肃、青海、宁夏、新疆 12 个省（自治区、直辖市），东北地区包括辽宁、吉林、黑龙江 3 个省。

星网、中国中化、中国华能总部开工建设。长三角一体化发展平稳，区域地区生产总值同比增长 2.5%。粤港澳大湾区建设不断深化，举办首届粤港澳大湾区全球招商大会，达成合作项目 853 个，投资总额 2.5 万亿元。长江经济带辐射作用增强，地区生产总值同比增长 3.0%，对全国经济增长贡献率达 44.9%；生态环境保护持续推进，优良水质比例为 94.5%。黄河流域生态保护和高质量发展进入新阶段，《黄河生态保护治理攻坚战行动方案》印发实施，黄河流域地表水Ⅰ类至Ⅲ类水质断面比例同比提高 5.6 个百分点，黄河干流首次全线达到Ⅱ类水质。成渝双城经济圈整合优势产业，加快打造先进制造业集群，规模以上工业企业实现营业收入同比增长 3.9%、利润总额同比增长 6.3%。

3. 乡村振兴全面推进，城乡融合稳中向好。 2022 年，农业综合生产能力提升，新建高标准农田 4.6 亿亩。推进国家粮食安全产业带建设，加快种业、农机等科技创新和推广应用，农作物耕种收综合机械化率提高至 73%。农村改革发展扎实推进，农村人居环境持续提升，浙江持续推进“千村示范、万村整治”工程，积极践行“绿水青山就是金山银山”理念。《乡村建设行动实施方案》印发实施，农村自来水普及率提高至 87%，5G 网络覆盖所有县城城区。乡村产业发展彰显特色，农民就业创业取得成效，城乡居民人均可支配收入比值为 2.45，比上年缩小 0.05。城乡融合发展要素流动畅通，城镇基础设施向乡村延伸、公共服务和社会事业向乡村覆盖。

（二）内需规模扩大，外需稳定增长

1. 固定资产投资平稳增长，结构不断优化。 2022 年，各地区重大项目开工建设扎实推进，重点领域补短板、强弱项力度加大，全国固定资产投资（不含农户）57.2 万亿元，同比增长 5.1%，比上年提高 0.2 个百分点，资本形成总额拉动国内生产总值增长 1.5 个百分点。分区域看，东部、中部、西部和东北地区投资同比分别增长 3.6%、8.9%、4.7% 和 1.2%。分领域看，基础设施投资明显提速，同比增长 9.4%，比上年提高 9.0 个百分点，其中，东北地区基础设施投资增速最高，为 20.2%。制造业投资同比增长 9.1%，比全部投资增速高 4.0 个百分点，东部、中部、西部和东北地区制造业投资同比分别增长 12.4%、19.6%、21.5% 和 6.6%。高技术产业投资加快，同比增长 18.9%，比全部投资增速高 13.8 个百分点，其中，高技术制造业、高技术服务业投资分别增长 22.2% 和 12.1%。民间投资同比增长 0.9%，其中，中部地区增速比全国高 5.2 个百分点。社会领域投资同比增长 10.9%，其中卫生和社会工作投资增长 26.1%。

表 2　2022 年各地区固定资产投资加权平均增长率

地区	固定资产投资（%）		基础设施投资（%）		制造业投资（%）		民间投资（%）	
		比上年增减（个百分点）		比上年增减（个百分点）		比上年增减（个百分点）		比上年增减（个百分点）
东部	3.6	-2.8	7.1	9.6	12.4	-1.8	0.8	-5.6
中部	8.9	-1.3	13.7	8.8	19.6	3.6	6.1	-5.2
西部	4.7	0.8	11.5	7.5	21.5	4.7	-1.1	-9.8
东北	1.2	-4.5	20.2	10.6	6.6	9.9	-13.9	-16.2

数据来源：各省（自治区、直辖市）统计局。

2. 消费基本稳定，新型消费保持较好发展态势。 2022 年，全国社会消费品零售总额 44.0 万亿元，同比下降 0.2%，最终消费支出拉动国内生产总值增长 1.0 个百分点，其中，中部地区消费增速比全国高 1.7 个百分点，占全国比重较上年提高 0.4 个百分点。升级类消费需求持续释放，减免车辆购置税等措施效果明显，带动新能源汽车销量增长 93.4%；限额以上单位书报杂志类和文化办公用品类零售额同比分别增长 6.4% 和 4.4%。新型消费发展较快，实物商品网上零售额同比增长 6.2%，占社会消费品零售总额的比重为 27.2%，较上年提高 2.7 个百分点。基本生活类消费稳定增长，限额以上单位粮油食品类和饮料类商品零售额同比分别增长 8.7% 和 5.3%。

表 3　2022 年各地区社会消费品零售总额比重和增长率

地区	占比（%）		加权平均增长率（%）	
		比上年增减（个百分点）		比上年增减（个百分点）
东部	50.5	-0.1	-0.2	-11.9
中部	24.5	0.4	1.5	-13.6
西部	20.8	-0.1	-0.9	-13.6
东北	4.2	-0.2	-5.0	-14.3

数据来源：各省（自治区、直辖市）统计局。

3. 进出口稳中提质，高水平开放扎实推进。 2022 年，全国货物进出口总额 42.1 万亿元，首次迈上 40 万亿元台阶，同比增长 7.7%，其中，出口增长 10.5%，进口增长 4.3%，贸易顺差增长 35.4%。分区域看，东部、中部、西部和东北地区货物进出口总额同比分别增长 7.4%、14.3%、10.2% 和 9.3%；中部地区出口增速最高，为 19.6%，东北地区进口增速最高，为 7.9%。一般贸易进出口增速较快，同比增长 11.5%，占进出口总额比重较上年提高 2.2 个百分点。出口新动能快速成长，太阳能电池、锂电池、电动载人汽车等绿色低碳产品出口同比增速均超 60%。贸易伙伴结构优化，《区域全面经济伙伴关系协定》（RCEP）生效实施，全球最大自由贸易区建成，我国对“一带一路”共建国家进出口同比增长 19.4%，对 RCEP 其他成员国进出口同比增长 7.5%。外贸主体活力增强，民营企业进出口同比增长 12.9%，占进出口总额的比重为 50.9%，较上年提高 2.3 个百分点。跨境电子商务综合试验区扩展至 165 个，跨境电商进出口同比增长 9.8%。

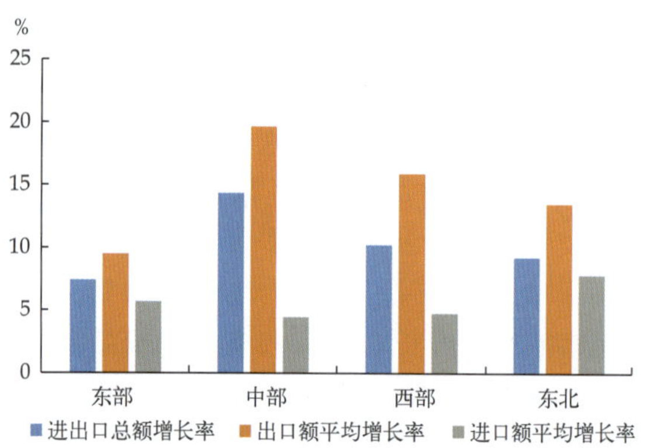

图 2　2022 年各地区进出口增速

［数据来源：各省（自治区、直辖市）统计局］

利用外资稳定增长，对外投资稳中有进。 2022 年，全国实际使用外资 1.2 万亿元，同比增长 6.3%。引资结构持续优化，制造业实际使用外资同比增长 46.1%，占实际使用外资总额比重较上年提高 7.8 个百分点；高技术产业实际使用外资同比增长 28.3%，占实际使用外资总额比重较上年提高 7.1 个百分点。对外直接投资 9854 亿元，同比增长 5.2%，其中，对“一带一路”共建国家投资增长 7.7%。地方企业对外投资占全国对外投资总额的 80.4%，其中，东部地区企业对外投资同比增长 10.3%，占全国地方企业对外投资总额的 81.6%。

（三）经济结构进一步优化，经济发展新动能加快成长

1. 三次产业结构进一步优化，工业经济回稳向好。 2022 年，三次产业增加值同比分别增长 4.1%、3.8% 和 2.3%，拉动经济增长 0.3 个、1.5 个和 1.2 个百分点，占 GDP 的比重分别为 7.3%、39.9% 和 52.8%，其中第二产业比重较上年提高 0.5 个百分点。农业生产稳中有增，全国粮食总产量达 1.4 万亿斤，连续 8 年稳定在 1.3 万亿斤以上。东北地区第一产业占所在地区生产总值比重为 13.6%，较上年提高 0.2 个百分点。工业生产发展向好，全国规模以上工业增加值同比增长 3.6%，其中制造业增加值同比增长 3.0%；工业对经济增长的贡献率达 36.0%，拉动经济增长 1.1 个百分点，其中制造业拉动经济增长 0.8 个百分点，为稳定宏观经济大盘提供有力支撑。分区域看，各地区第二产业在地区生产总值中占比持续上升，西部地区比重较上年提高 1.3 个百分点，增幅比东部、中部和东北地区分别高 1.1 个、0.3 个和 0.2 个百分点。服务业持续恢复，全年增加值 63.9 万亿元，同比增长 2.3%。其中，东部第三产业占所在地区生产总值的比重最高，为 56.1%；中部地区第三产业增加值增速最快，为 2.8%。

表 4　2022 年三次产业的地区分布和各地区三次产业的比重、增长率

单位：%

三次产业	东部	中部	西部	东北
	三次产业的地区分布			
第一产业	32.1	25.7	33.3	8.9
第二产业	50.9	23.4	21.3	4.4
第三产业	55.0	20.7	19.7	4.6
	各地区三次产业比重			
第一产业	4.6	8.5	11.4	13.6
第二产业	39.3	42.3	39.9	36.3
第三产业	56.1	49.2	48.7	50.1
合　计	100.0	100.0	100.0	100.0
	各地区三次产业的加权平均增长率			
第一产业	4.0	4.1	4.6	2.9
第二产业	2.9	5.5	4.6	-1.0
第三产业	2.3	2.8	2.1	2.4

数据来源：各省（自治区、直辖市）统计局。

2. 经济发展新动能加快成长，创新支撑发展能力不断增强。2022 年，高技术制造业、装备制造业增加值同比分别增长 7.4% 和 5.6%，比全部规模以上工业增加值增速高 3.8 个和 2.0 个百分点，其中，电子及通信设备制造业、电气机械和器材制造业、航空航天器及设备制造业增加值分别增长 12.7%、11.9% 和 9.9%。新产业新动能成长较快，全年新能源汽车产量 700 万辆，同比增长 90.5%；太阳能电池（光伏电池）产量 3.4 亿千瓦，同比增长 46.8%。现代服务业增长较好，信息传输、软件和信息技术服务业增加值同比增长 9.1%。全社会研究与试验发展（R&D）经费投入 3.1 万亿元，同比增长 10.4%；R&D 经费支出占 GDP 比重为 2.6%，较上年提高 0.1 个百分点；科技进步贡献率提高到 60% 以上。

3. 保障性住房建设稳步推进。2022 年，全国保障性租赁住房开工建设和筹集 265 万套（间），是上年的 2.8 倍；新开工改造城镇老旧小区 5.3 万个，惠及居民 876 万户。

表 5　2022 年各地区商品房销售面积、销售额增长率

地区	商品房销售面积		商品房销售额	
	绝对数（万平方米）	比上年增长（%）	绝对数（亿元）	比上年增长（%）
东部	56388	-23.0	77413	-25.1
中部	40750	-21.3	28358	-25.7
西部	34590	-27.7	24456	-30.6
东北	4109	-37.9	3080	-40.9

数据来源：国家统计局。

表 6　2022 年 12 月 70 个大中城市住宅销售价格同比涨幅分布

单位：%

地区	新建商品住宅销售价格指数			二手住宅销售价格指数		
	涨幅 5%（含）~ 10%（不含）	涨幅 0（含）~ 5%（不含）	同比下降城市占比	涨幅 5%（含）~ 10%（不含）	涨幅 0（含）~ 5%（不含）	同比下降城市占比
东部	7.1	25.0	67.9	0.0	10.7	89.3
中部	0.0	18.8	81.2	0.0	0.0	100.0
西部	5.6	22.2	72.2	5.6	11.1	83.3
东北	0.0	0.0	100.0	0.0	0.0	100.0
全国	4.3	20.0	75.7	1.4	7.2	91.4

数据来源：国家统计局。

（四）财政政策积极有为，重点支出保障有力

1. 财政收入保持平稳，财政支出加力提效。2022 年，全国一般公共预算收入 20.4 万亿元，同比增长 0.6%，扣除留抵退税因素后增长 9.1%，其中，税收收入 16.7 万亿元，占一般公共预算收入的比重为 81.8%，较上年下降 3.5 个百分点。分区域看，西部地区一般预算收入同比增长 12.8%，比上年提高 0.9 个百分点；东部、中部和东北地区增速比上年有所放缓。民生等重点领域支出保障有力，全国一般公共预算支出 26.1 万亿元，同比增长 6.1%，比上年提高 5.8 个百分点，其中，教育、社会保障和就业、卫生健康支出分别增长 5.5%、8.1% 和 17.8%。

分区域看，东部地区一般预算支出同比增长4.6%，增速基本平稳；中部、西部和东北地区一般预算支出增速加快，比上年分别提高9.5个、6.4个和7.1个百分点。

表7 2022年各地区地方财政一般预算收入、支出增长率

单位：%

地区	地方财政一般预算收入增长率		地方财政一般预算支出增长率	
		比上年增减（个百分点）		比上年增减（个百分点）
东部	3.0	-7.4	4.6	-1.0
中部	12.0	-1.8	9.6	9.5
西部	12.8	0.9	7.2	6.4
东北	-0.7	-7.3	7.3	7.1

数据来源：各省（自治区、直辖市）统计局。

2. 减税降费政策成效明显，助力企业纾困解难。2022年，新增减税降费及退税缓税缓费超4.2万亿元，其中，制造业新增减税降费及退税缓税缓费近1.5万亿元，餐饮、零售、文化旅游、交通运输等受疫情影响较重的行业新增减税降费及退税缓税缓费超8700亿元，小微企业和个体工商户新增减税降费及退税缓税缓费超1.7万亿元。

（五）消费价格温和上涨，生产价格涨幅回落

1. 消费领域价格温和上涨，能源价格涨幅扩大。2022年，居民消费价格指数（CPI）上涨2.0%，涨幅比上年扩大1.1个百分点。食品价格波动较大，各月同比变动幅度在-3.9%至8.8%之间，全年上涨2.8%，涨幅比上年扩大4.2个百分点，影响CPI上涨约0.5个百分点，其中，猪肉价格全年平均下降6.8%，降幅比上年收窄23.5个百分点，影响CPI下降约0.1个百分点。能源价格涨幅较高，全年上涨11.2%，比上年扩大2.9个百分点，影响CPI上涨约0.8个百分点。按算术平均计算，东部、中部、西部和东北地区CPI分别上涨2.0%、1.9%、1.9%和2.0%，涨幅比上年分别扩大0.9个、1.1个、1.1个和1.2个百分点。

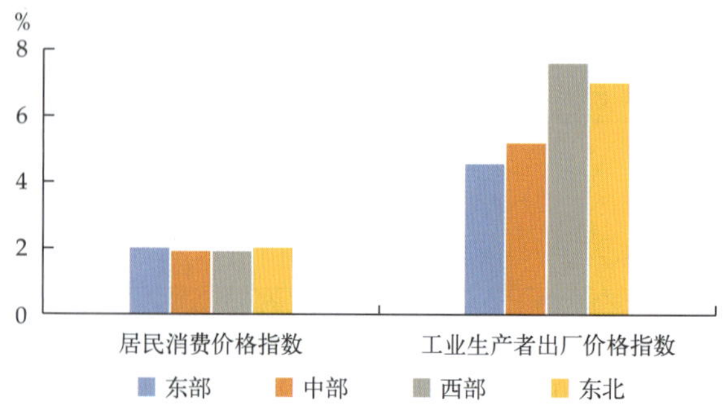

图3 2022年各地区CPI和PPI同比涨幅

［数据来源：各省（自治区、直辖市）统计局］

2. 生产领域价格涨幅回落，中下游企业成本压力有所缓解。2022年，工业生产者出厂价格指数（PPI）上涨4.1%，涨幅比上年回落4.0个百分点。受上年同期高基数影响，PPI涨幅在年内持续下滑，10月至12月进入负值区间，同比分别下跌1.3%、1.3%和0.7%。全年生产资料与生活资料价格涨幅差值同比缩小6.9个百分点，一定程度减轻了中下游行业面临的成本压力。受国际大宗商品价格变动影响，石油和天然气开采业，石油、煤炭及其他燃料加工业，有色金属冶炼和压延加工业价格分别上涨35.9%、23.6%和5.4%，涨幅比上年分别收窄2.8个、4.6个和17.3个百分点。能源保供政策推动煤炭价格高位回落，全年煤炭开采和洗选价格上涨17.0%，涨幅比上年回落28.1个百分点。按算术平均计算，东部、中部、西部和东北地区PPI分别上涨4.5%、5.2%、7.6%和7.0%，涨幅比上年分别回落3.1个、5.8个、5.1个和3.4个百分点。

（六）就业局势保持总体稳定，市场供求持续活跃

2022年，全国城镇新增就业1206万人，年末城镇调查失业率降至5.5%。重点群体就业基本稳定，脱贫人口务工规模3278万人，同比增加133万人；农民工总量29562万人，同比增

加311万人。市场供求保持活跃状态，100个城市公共就业服务机构求人倍率为1.46，继续保持在1.0以上。分区域看，东部、中部、西部和东北地区城镇新增就业人数占全国的比重分别为42.9%、24.5%、26.6%和6.0%，与上年基本持平，城镇调查失业率走势与全国走势相近。

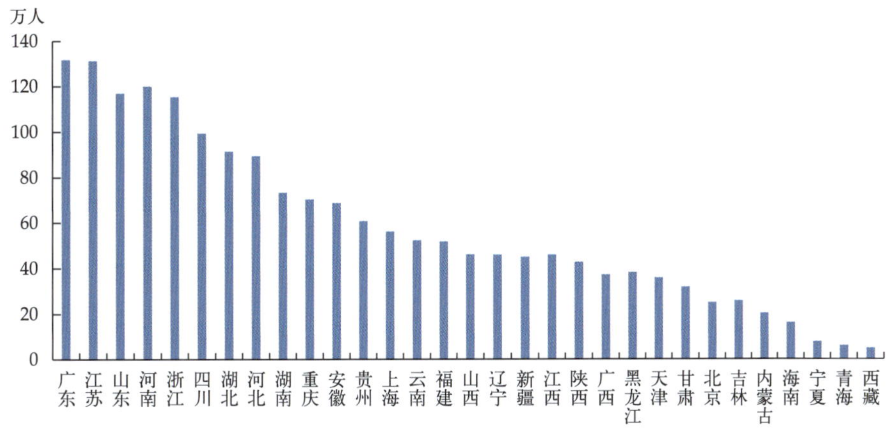

注：上海数据为2022年城镇新增就业岗位数。

图4　2022年各省（自治区、直辖市）城镇新增就业人数

［数据来源：各省（自治区、直辖市）统计局］

二、区域金融运行总体情况

（一）金融总量合理增长，有力支持实体经济发展

1. 社会融资规模平稳增长，人民币贷款占比提升。2022年末，全国社会融资规模存量为344.2万亿元，同比增长9.6%。2022年，全国社会融资规模增量为32.0万亿元，同比多增6689亿元，其中，东部、中部、西部和东北地区增量占全国比重分别为60.3%、19.1%、18.9%和1.7%。分结构看，新增人民币贷款占社会融资规模增量的65.3%，较上年提高1.7个百分点。表外融资减少5835亿元，同比少减2.1万亿元，其中，委托贷款增加3579亿元，同比多增5275亿元；信托贷款减少6003亿元，同比少减1.4万亿元；未贴现银行承兑汇票减少3411亿元，同比少减1505亿元。直接融资增加3.2万亿元，占社会融资规模增量的10.1%，其中，东部和中部地区直接融资在所在地区社会融资规模中的增量占比分别为13.1%和11.4%，较全国高3.0个和1.3个百分点。政府债券净融资7.1万亿元，占社会融资规模增量的22.3%。

表8　2022年各地区社会融资规模增量占全国比重

单位：%

项目	东部	中部	西部	东北	合计
地区社会融资规模	60.3	19.1	18.9	1.7	100.0
其中：表内融资	59.9	18.4	19.8	1.9	100.0
表外融资	-69.9	59.4	65.8	44.7	100.0
直接融资	70.5	19.5	10.5	-0.5	100.0
政府债券	47.0	23.9	24.4	4.7	100.0

数据来源：中国人民银行。

注：根据各省（自治区、直辖市）数据加总计算，东部地区表外融资全年增加2997亿元，中部、西部和东北地区表外融资分别减少2547亿元、2820亿元和1919亿元。

表 9　2022 年各地区社会融资规模增量结构分布

单位：%

项目	东部	中部	西部	东北
表内融资	68.3	66.1	72.1	77.8
其中：人民币贷款	70.0	68.5	73.3	81.0
外币贷款（折合人民币）	-1.7	-2.4	-1.2	-3.2
表外融资	1.7	-4.6	-5.2	-38.8
其中：委托贷款	0.6	1.8	2.2	0.1
信托贷款	-1.4	-0.8	-4.1	-2.4
未贴现银行承兑汇票	2.5	-5.6	-3.3	-36.5
直接融资	13.1	11.4	6.2	-3.6
其中：企业债券	7.9	9.0	4.1	-8.8
非金融企业境内股票融资	5.2	2.4	2.1	5.2
政府债券	12.3	19.6	20.3	43.5
其他	4.6	7.5	6.6	21.1
合计	100.0	100.0	100.0	100.0

数据来源：中国人民银行。

2. 信贷总量增长稳定性增强，贷款增量保持同比多增。2022 年，人民银行 2 次降准释放长期资金超 1 万亿元，上缴央行结存利润 1.13 万亿元，运用再贷款再贴现、中期借贷便利、公开市场操作等多种方式短中长期相结合合理投放流动性；召开货币信贷形势分析座谈会，引导金融机构加大信贷支持实体经济力度；调增政策性开发性银行信贷额度，支持基础设施重点领域信贷投放，增强信贷总量增长的稳定性。2022 年末，全国金融机构本外币贷款余额同比增长 10.4%，比年初增加 20.6 万亿元，同比多增 4969 亿元。人民币贷款余额同比增长 11.1%，外币贷款余额同比下降 19.5%。分区域看，东部、中部、西部和东北地区本外币贷款余额同比分别增长 11.5%、11.1%、10.3% 和 3.8%；东部和中部地区本外币贷款余额占全国比重较上年末分别提高 0.4 个和 0.1 个百分点。

短期贷款增速加快，中长期贷款平稳增长。2022 年末，全国本外币短期贷款余额同比增长 7.7%，比上年末提高 2.0 个百分点，其中，东部、中部地区短期贷款余额增速分别比全国高 0.7 个和 0.1 个百分点；中长期贷款余额同比增长 10.6%，其中，东部地区中长期贷款余额增速比全国高 0.9 个百分点。企（事）业单位本外币中长期贷款余额同比增长 14.5%，比上年末提高 0.5 个百分点，其中东部、中部地区企（事）业单位本外币中长期贷款余额增速分别比全国高 2.4 个和 1.1 个百分点。消费贷款增速平稳，全国消费贷款余额同比增长 2.1%。分区域看，中部、西部地区消费贷款余额增速相对较快，分别为 2.4% 和 3.7%。工业中长期贷款增速显著提升，全国本外币工业中长期贷款余额同比增长 26.5%，比各项贷款增速高 16.1 个百分点。制造业贷款平稳增长，全国制造业贷款余额同比增长 15.7%，比各项贷款增速高 5.3 个百分点，其中，东部地区制造业贷款余额增速比全国高 1.5 个百分点。

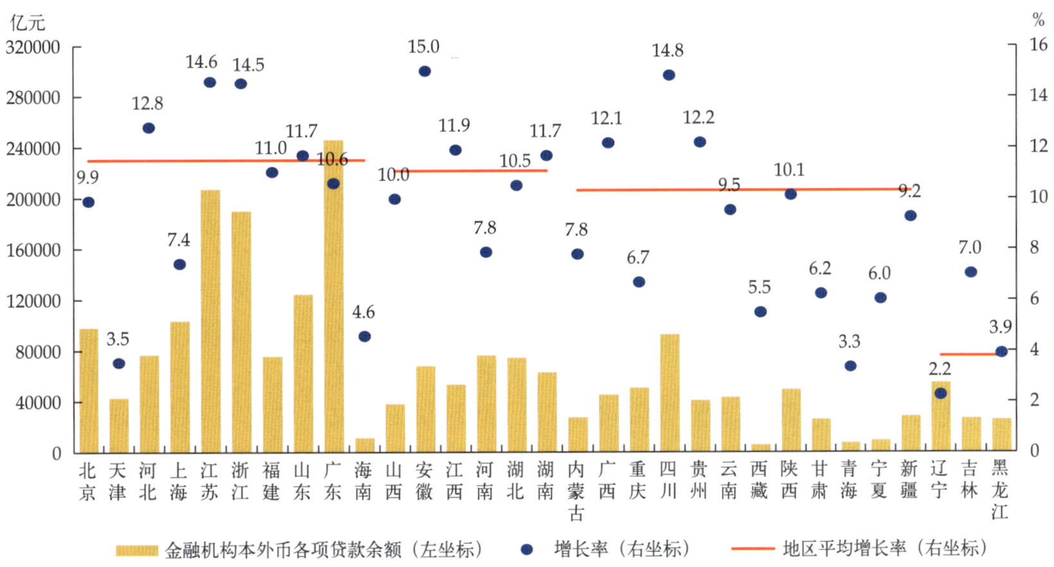

图 5　2022 年末各地区金融机构本外币各项贷款余额及增长率

（数据来源：中国人民银行）

3. 利率市场化改革持续深化，实际贷款利率进一步下降。2022 年，人民银行完善市场化利率形成和传导机制，优化央行政策利率体系，建立存款利率市场化调整机制，持续释放贷款市场报价利率（LPR）改革效能，推动降低实体经济融资成本。2022 年 12 月，1 年期、5 年期以上 LPR 分别为 3.65% 和 4.30%，同比分别下降 0.15 个和 0.35 个百分点。12 月，一般贷款加权平均利率为 4.57%，同比下降 0.62 个百分点。分区域看，12 月，东部、中部、西部和东北地区一般贷款加权平均利率同比分别下降0.56个、0.61 个、0.54 个和 0.76 个百分点，新发放普惠小微贷款加权平均利率同比分别下降 0.54 个、0.50 个、0.45 个和 0.45 个百分点，实体经济融资成本明显降低。

表 10　2022 年各地区一般贷款加权平均利率

单位：%

时间	东部	中部	西部	东北
3 月	4.93	5.16	5.12	4.99
6 月	4.71	4.96	4.95	4.84
9 月	4.65	4.83	4.79	4.84
12 月	4.49	4.79	4.86	4.68

数据来源：中国人民银行。

4. 结构性货币政策工具作用有效发挥，信贷结构持续优化。

重点发力支持和带动基础设施建设。2022 年，人民银行运用抵押补充贷款支持开发性政策性金融机构为基础设施重点领域设立金融工具和提供信贷支持，调增政策性开发性银行信贷额度 8000 亿元，指导其投放政策性开发性金融工具资金共 7399 亿元，支持项目超 2700 个，引导商业银行同步跟进重大项目配套融资。2022 年末，投向基础设施领域的中长期贷款余额同比增长 13.0%，比各项贷款增速高 1.9 个百分点。

“三农”和普惠小微等领域信贷支持力度加大。2022 年，人民银行加大支农支小再贷款、再贴现、普惠小微贷款支持工具等运用，推出普惠小微贷款阶段性减息政策和收费公路贷款支持工具，引导金融机构扩大对乡村振兴、普惠小微等领域的信贷投放。2022 年末，全国支农支小再贷款余额为 20175 亿元，再贴现余额为 5583 亿元；全年通过普惠小微贷款支持工具向地方法人金融机构累计提供激励资金 275 亿元。各项工具运用效果明显。2022 年末，全国涉农贷款余额同比增长 14.0%，比上年末提高 3.1 个百分点，其中，东部地区涉农贷款余额同比增长 16.0%，比上年末提高 3.4 个百分点；全国普惠小微贷款余额和授信户数同比分别增长 23.8% 和 26.8%。分区域看，东部地区普惠小微贷款余额增速比全国高 1.9 个百分点，中部地区普惠小微贷款余额增速比上年末提高 0.8 个百分点。继续引导 10 个省份地方法人金融机构运用好再贷款等工具增加对区域内涉农、小微和民营企业等经济发展薄弱环节的信贷投放，促进区域协调发展。

金融有力支持经济绿色低碳转型。2022 年，人民银行并行实施碳减排支持工具和支持煤炭清洁高效利用专项再贷款，通过两项工具向金融机构累计发放资金 3123 亿元，带动绿色信贷较快增长。2022 年末，全国绿色贷款余额为 22.0 万亿元，同比增长 38.5%，比上年末提高 5.5 个百分点，其中，东部和中部地区绿色贷款余额同比分别增长 45.2% 和 41.3%。2022 年，投向具有直接和间接碳减排效益项目的贷款占绿色贷款的 66.7%。

对重点领域的金融支持有力提升。2022 年，人民银行创设科技创新、普惠养老、交通物流、设备更新改造等专项再贷款政策，向相关金融机构发放资金共计 3058 亿元，有效扩大对制造业、高新技术产业等重点领域的信贷投放。2022 年末，全国制造业中长期贷款余额同比增长 36.7%，比上年末提高 4.9 个百分点，东部、中部和西部地区制造业中长期贷款余额保持较快增长。科技型中小企业贷款余额和“专精特新”企业贷款余额同比分别增长 24.3% 和 24.0%。

保交楼金融服务扎实推进。2022 年，人民银行推出 3500 亿元保交楼专项借款，设立 2000 亿元保交楼贷款支持计划，引导商业银行提供配套融资支持，满足行业合理融资需求。2022 年末，房地产贷款余额同比增长 1.5%；房地产开发贷款余额同比增长 3.7%，比上年末提高 2.8 个百分点。分区域看，东部和西部地区房地产贷款余额同比增速分别比全国高 0.5 个和 0.6 个百分点。

5. 金融基础设施稳健运行，金融服务质效持续提升。

全社会征信体系建设持续完善。《征信业务管理办法》正式实施，将个人征信业务新业态纳入征信管理，进一步促进征信业规范有序发展。金融信用信息基础数据库支持畅通供应链、产业链循环，2022 年，提供个人征信查询 42 亿次、企业征信查询 1.2 亿次；动产融资统一登记系统发生登记 768 万笔、查询 3522 万笔；应收账款融资服务平台促成融资 7.7 万笔，金额 26.0 万亿元。征信服务小微企业融资稳步推进，持续提升区域一体化征信联盟链服务效能。2022 年末，“长三角征信链”平台为 711 家金融机构开通查询用户 8584 个，累计上链企业 2288 万家，查询信用报告 195 万份；依托“珠三角征信链”平台，金融机构累计查询企业信用报告 477 万份，帮助企业获得融资金额 4962 亿元。

支付监管和服务质效不断提升。深入推进涉诈涉赌“资金链”治理，主要支付渠道涉赌可疑交易规模同比下降，金融行业常态化反诈打赌治理格局基本形成。稳步推进支付降费让利，确保降费政策直接惠及经营主体，助力小微企业和个体工商户纾困发展。精准保障北京冬奥会支付服务需求，实现冬奥会期间“零重大风险事件”以及赛时支付服务“零投诉”。统筹推进支付服务普惠进程，推动移动支付便民服务向县域、农村地区下沉。浙江持续推进“移动支付之省”建设，全省移动支付普及率达 96%；广东新增启动建设移动支付示范镇 223 个、精品示范镇 57 个，挂牌认定移动支付示范镇 100 个、精品示范镇 20 个；湖南推进移动支付“双百工程”创建，在全省打造 29 个移动支付特色乡镇和 53 个农村移动支付示范点。

（二）金融机构负债平稳增长，住户存款增长较快

1. 住户存款增长较快，非金融企业存款占比下降。2022 年末，全国金融机构本外币各项存款余额同比增长 10.8%，比上年末提高 1.5 个百分点，其中，东部、中部、西部和东北地区同比分别增长 11.4%、11.7%、11.4% 和 9.7%。住户部门本外币存款余额同比增长 17.3%，比

上年末提高 6.7 个百分点，其中，东部和中部地区同比分别增长 18.9% 和 17.5%，比全国高 1.6 个和 0.2 个百分点。非金融企业本外币存款余额同比增长 6.7%，较上年末提高 0.6 个百分点；占各项存款余额的 29.5%，较上年末下降 1.1 个百分点。分区域看，东部、中部和西部地区非金融企业本外币存款余额同比分别增长 8.4%、3.7% 和 7.2%。

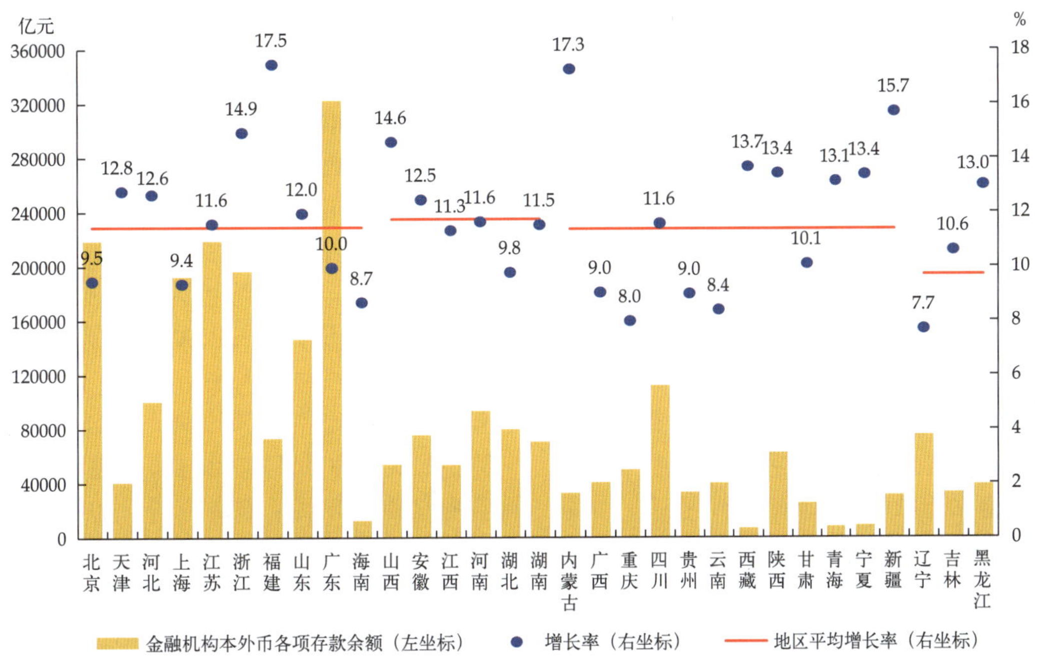

图 6　2022 年末各地区金融机构本外币各项存款余额及增长率

（数据来源：中国人民银行）

2. 大额存单稳定增长，结构性存款规模进一步下降。2022 年，全国金融机构发行大额存单 12.7 万亿元，比上年多 1.3 万亿元，其中，东部、中部、西部和东北地区占比分别为 64.6%、15.4%、14.0% 和 6.0%。结构性存款余额进一步下降，东部、中部、西部和东北地区同比分别下降 8.8%、12.4%、9.3% 和 19.2%。

表 11　2022 年末金融机构本外币存款余额占比的地区分布

单位：%

项目	东部	中部	西部	东北	地区合计
本外币各项存款余额	59.9	16.7	17.6	5.8	100.0
其中：住户存款	50.4	20.8	20.3	8.5	100.0
结构性存款	57.0	12.0	12.2	18.8	100.0
个人大额存单	60.4	16.9	15.3	7.4	100.0

续表

项目	东部	中部	西部	东北	地区合计
非金融企业存款	69.3	13.2	14.5	3.0	100.0
非金融企业活期存款	60.8	16.9	18.5	3.8	100.0
结构性存款	83.8	7.0	7.8	1.4	100.0
非金融企业大额存单	75.7	11.7	10.2	2.4	100.0
非银行业金融机构存款	79.8	8.5	8.8	2.9	100.0
其中：外币存款（亿美元）	88.0	6.0	5.6	0.4	100.0

数据来源：中国人民银行。

（三）金融风险整体收敛，金融业运行稳健

1. 商业银行不良贷款率下降，资产质量总体稳定。2022 年末，商业银行不良贷款余额 3.0 万亿元，不良贷款率 1.63%，比上年末下降 0.1 个百分点；逾期 90 天以上贷款与不良贷款

的比例为78%，保持较低水平；关注类贷款占各项贷款比重为2.25%，较上年末下降0.06个百分点。商业银行经营平稳，2022年末，全国商业银行资本充足率为15.17%，拨备覆盖率为205.85%，流动性比例为62.85%，较上年末分别提高0.04个、8.94个和2.53个百分点。

2. 防范化解金融风险取得新成果，金融风险整体收敛、总体可控。支持风险较大地区中小银行风险处置，持续压降高风险影子银行业务，少数问题中小金融机构改革化险取得重要进展，高风险金融机构数量持续压降。重点集团金融风险处置取得积极进展。稳妥做好大型平台企业金融业务整改。严厉打击非法集资、境内虚拟货币交易炒作和地下钱庄、跨境赌博等非法跨境金融活动，非法金融活动得到有力整治。持续推进金融稳定立法工作取得重要进展。初步建立金融稳定保障基金，已有一定资金积累。健全资本市场风险预防预警处置问责制度体系。

3. 金融业机构资产规模稳步增长，银行业金融机构整体经营稳健。2022年末，全国金融业机构总资产419.6万亿元，同比增长9.9%。分机构类型看，银行业机构总资产同比增长10.0%，占金融业机构总资产的比重为90.4%，其中东部地区银行业机构总资产占全国的比重超50%；证券业机构总资产同比增长6.6%；保险业机构总资产同比增长9.1%。金融体系中银行业资产占比超过九成，其中，大型银行评级保持优良，是我国金融体系的“压舱石”。

（四）金融对外开放稳步推进，跨境投融资便利化取得新进展

1. 稳妥有序扩大金融业对外开放，持续提升跨境人民币服务实体经济能力。稳步扩大金融领域规则、规制、管理、标准等制度型开放，进一步完善准入前国民待遇加负面清单的管理制度。启动建设香港与内地利率互换市场互联互通合作（互换通），推进高新技术和“专精特新”企业跨境融资便利化扩大试点，在上海、广东、陕西、北京、深圳、浙江、青岛、宁波等地对40家企业开展第二批跨国公司本外币一体化资金池试点。

2. 持续推进跨境投融资便利化。逐步完善跨境人民币业务政策和制度基础，开展结算便利化试点，拓展银行境外贷款业务范围，制定跨境电商等贸易新业态跨境人民币业务配套政策。2022年，全国跨境人民币收付金额合计42.1万亿元，同比增长15.0%。江苏持续优化“政策工具推广+跨境人民币结算”联动模式，全年跨境人民币业务量同比增长32.8%；深圳扩大香港居民代理见证开户试点，推进“跨境理财通”业务试点，开展“专精特新”企业外债便利化试点，跨境金融领域多项创新试点扩容增量；重庆全年跨境人民币实际收付结算量达3260亿元，同比增长67.9%；辽宁跨境人民币业务收付金额达3348亿元，同比增长104.4%；青海经常项下和直接投资项下跨境人民币收付总额同比增长159.3%；新疆与周边国家人民币跨境收付总额同比增长169.0%。

表12　2022年各地区跨境人民币业务分布

单位：%

项目	东部	中部	西部	东北	全国
跨境人民币结算额	94.3	2.0	2.7	1.0	100.0
其中：经常项下结算额	85.8	5.2	6.4	2.6	100.0
资本项下结算额	97.4	1.0	1.1	0.5	100.0
其中：直接投资额	93.1	2.3	2.7	1.9	100.0
其他	94.8	3.7	1.4	0.1	100.0

数据来源：中国人民银行。

第二部分　各区域板块经济金融运行情况分析

一、东部地区经济金融运行情况

2022 年，东部地区[①]持续推进高质量发展，经济彰显韧性，总量继续保持领先优势，有力支撑全国经济大盘稳定。基础设施建设发力拉动投资平稳增长，多措并举促进消费稳量提质，高水平对外开放扎实推进，民生保障强力有效。金融业整体运行平稳，贷款保持较快增长，信贷结构持续优化，实体经济融资成本进一步下降，金融机构资产质量持续改善，金融改革创新取得积极进展，金融服务质效不断提升。

（一）东部地区经济运行情况

经济总量保持领先，有力支撑经济大盘稳定。 2022 年，东部地区实现地区生产总值 62.2 万亿元，同比增长 2.5%，广东、江苏地区生产总值均突破 12 万亿元；东部地区生产总值占全国比重为 51.7%，是全国经济稳定运行的重要支撑。分产业看，东部地区三次产业增加值同比分别增长 4.0%、2.9% 和 2.3%。农业生产保持较好增长态势；第二产业增加值比重较上年提高 0.2 个百分点；服务业承压恢复，第三产业增加值占地区生产总值比重为 56.1%，其中北京、上海、天津第三产业增加值比重分别为 83.9%、74.1% 和 61.3%。

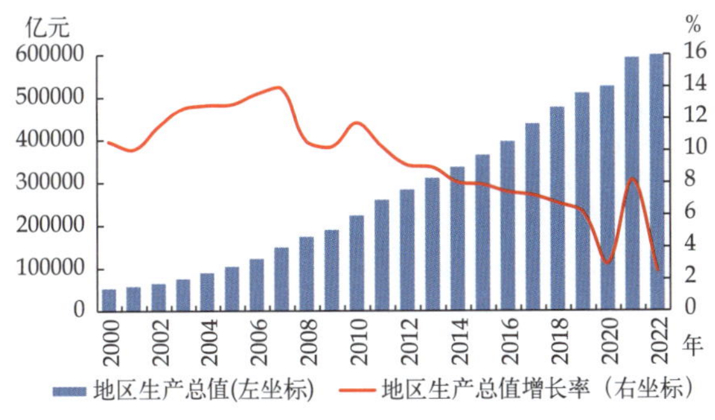

图 7　东部地区经济增长情况

（数据来源：国家统计局）

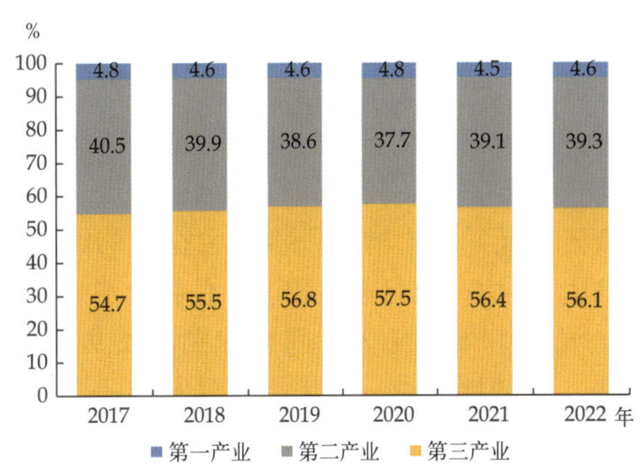

图 8　东部地区三次产业结构

［数据来源：各省（自治区、直辖市）统计局］

固定资产投资保持平稳增长，基础设施投资明显提速。 2022 年，东部地区固定资产投资（不含农户）同比增长 3.6%，其中，河北、福建增速分别达 7.9% 和 7.5%。分行业看，房地产开发投资 7.2 万亿元，占全国房地产开发投资的比重为 54.5%，比上年提高 1.9 个百分点；制造业投资同比增长 12.4%，比固定资产投资增速高 8.8 个百分点；基础设施投资在政策拉动下明显提速，同比增长 7.1%，比上年提高 9.6 个百分点。新兴及重点领域投资力度加大，天津新材料、节能环保等战略性新兴产业投资分别增长 36.3% 和 20.6%；河北信息传输、软件和信息技术服务业投资增长 38.4%；福建技术改造投资增长 37.8%。

消费市场承压企稳，促消费支持力度加大。 2022 年，东部地区实现社会消费品零售总额 22.2 万亿元，保持基本稳定。各地多措并举持续推动消费提质升级。天津扎实推进国际消费中心城市建设，新增商业面积 80 万平方米、商户 1000 余家；山东出台落实“传统消费升级行动”“新兴消费扩容行动”系列措施，发放消

① 东部地区包括北京、天津、河北、上海、江苏、浙江、福建、山东、广东、海南 10 个省（直辖市）。

费券拉动汽车和家电消费477亿元；江苏出台“促消费23条”等政策措施，促进新兴消费较快发展，新能源汽车、智能手机零售额同比分别增长164.4%和118.2%；福建围绕“促消费、稳经济”主题开展5场大型数字人民币促消费活动，发放数字人民币消费红包超4000万元、消费券2000万元，累计拉动消费超1亿元。

外贸发展环境不断优化，引进外资质量持续提升。2022年，东部地区货物进出口总额33.2万亿元，同比增长7.4%，占全国的比重为78.9%。其中，出口总额和进口总额分别为18.6万亿元和14.6万亿元，同比分别增长9.5%和5.7%。东部地区进一步优化外贸发展环境，促进贸易投资便利化，2022年，跨境贸易人民币结算金额39.3万亿元，同比增长13.6%。中欧班列实现常态化运行，首次发运“保税+中欧班列”新模式，天津港中欧班列运量完成9.3万标准箱，同比增长60.3%；河北加快建设临港产业强省，打造环渤海港口群。新型外贸取得突破，海南首次实现卫星数据出口，成功举办数字贸易促进消费升级峰会；上海离岸经贸业务企业名单扩展至577家，支持布局海外仓数量达110个。持续推进高质量外资招引。北京服务业重点领域扩大开放，实际利用外资增长20.6%，其中，科技、互联网信息、商务和旅游服务领域比重超过九成；山东制造业实际使用外资同比增长49.2%；深圳充分发挥“双区”[①]驱动、“双区”叠加效应，全年实际利用外资110亿美元。

财政收支运行平稳，民生保障重点突出。2022年，东部地区地方财政一般预算收入6.1万亿元，剔除留抵退税因素后，同比增长3.0%。东部各省份加大减负纾困力度，全面落实国家组合式税费支持政策。广东为经营主体减负超过4000亿元；海南持续推动离岛免税行业发展，全年离岛免税店总销售额487亿元，其中免税销售额348亿元。地方财政一般预算支出9.4万亿元，同比增长4.6%。支出结构优化，民生保障有力。天津、山东、广东等民生领域支出占比均超过七成，海南住房保障支出同比增长29.1%。

经济转型升级加速推进，高质量发展取得新成效。新动能引领东部地区经济发展，新产品产量快速增长。福建规模以上高技术制造业增加值同比增长17.1%；江苏先进制造业较快增长，新能源汽车、碳纤维及其复合材料、服务器产量同比分别增长93.2%、64.6%和114.3%；上海完成48K大丝束碳纤维项目中期交付；深圳新能源汽车、充电桩产量同比分别增长183.4%和113.8%。改革创新驱动绿色低碳发展。天津智慧绿色港口建设提速加力，北疆港区C段智能化集装箱码头率先实现生产消耗“碳中和”，年末集装箱吞吐量突破2100万标准箱；山东加速技改提质增效，培育国家级绿色工厂223家；海南加快推进国家生态文明试验区建设，探索开展蓝碳交易示范，首个蓝碳生态产品交易完成签约。

（二）东部地区金融运行情况

银行业金融机构资产增长较快，金融服务体系进一步健全。2022年末，东部地区银行业金融机构资产总额为194.7万亿元，同比增长10.3%，比上年末提高1.3个百分点。银行业金融机构网点数量9.1万个，银行从业人员182万人。地方法人金融机构通过多种方式拓宽资本补充渠道，年末资本充足率为14.7%，净利润同比增长2.8%。

保险业平稳发展，社会保障服务能力持续提升。2022年，东部地区保险公司保费收入2.6万亿元，同比增长6.1%；支付各类赔款及给付超8000亿元，同比下降1.9%。各地保险业助推经济发展，强化民生保障，服务能力持续提升。北京扩大“北京普惠健康保”参保人群至新市民群体，专属养老保险试点投保人数达5.7

① 深圳“双区”指的是“粤港澳大湾区”和“社会主义先行示范区”。

万人次；江苏保险业全年提供风险保障1040.3万亿元，同比增长87.9%；福建创新面向台港澳同胞的省级定制医疗保险“八闽保”，持续强化风险保障；山东农业保险保费收入同比增长23.2%，比保费总收入增速高19.2个百分点，成功为全球首艘10万吨级智慧渔业大型养殖工船“国信1号”承保。

社会融资规模合理增长，融资结构明显改善。2022年，东部地区社会融资规模增量为17.4万亿元，占全国增量的比重为60.3%，较上年下降2.0个百分点。其中，人民币贷款增加12.1万亿元，同比多增4348亿元；委托贷款、信托贷款和未贴现银行承兑汇票三项表外业务规模合计增加2997亿元，同比多增1.3万亿元；企业债券净融资1.4万亿元，同比少增1.2万亿元；非金融企业境内股票融资9023亿元，同比多增84亿元；地方政府债券发行规模适度，政府债券净融资2.1万亿元，与上年基本持平。

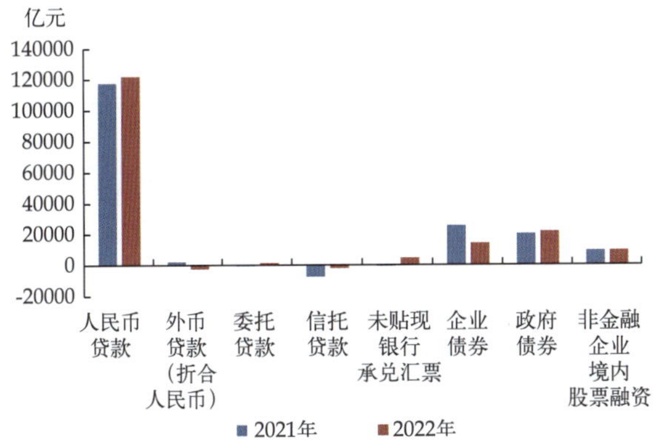

图9 东部地区社会融资规模增量

（数据来源：中国人民银行）

存款增速回升，住户存款拉动作用明显。2022年末，东部地区本外币各项存款余额为152.0万亿元，同比增长11.4%，比上年末提高1.6个百分点，占全国的比重为59.9%，与上年末基本持平。居民储蓄意愿提升，住户存款余额增长较快，同比增长18.9%，比上年末提高8.1个百分点。结构性存款余额持续回落，同比下降8.8%。

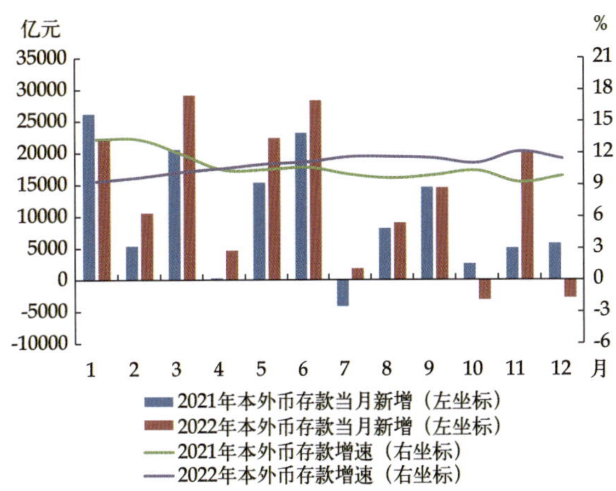

图10 东部地区本外币各项存款增长情况

（数据来源：中国人民银行）

贷款保持较快增长，信贷结构持续优化。2022年末，东部地区本外币各项贷款余额为117.3万亿元，同比增长11.5%，比全国高1.1个百分点，比上年末增加12.1万亿元。发挥结构性货币政策工具精准导向作用，重点领域和薄弱环节金融支持力度不断加大，信贷结构持续优化。2022年末，东部地区制造业、绿色、普惠小微和涉农贷款余额同比分别增长17.2%、45.2%、25.7%和16.0%，均高于全国平均水平。

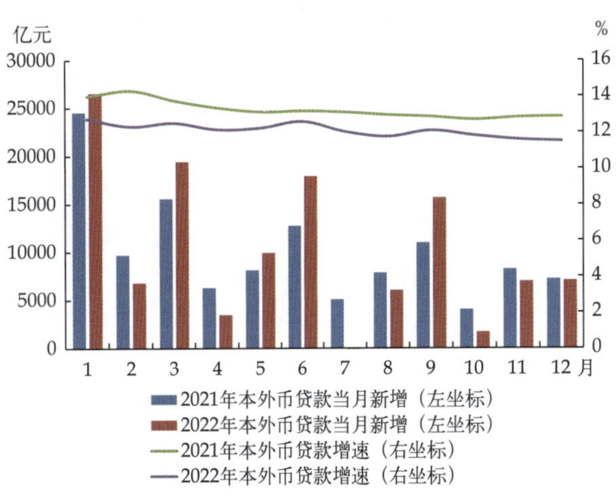

图11 东部地区本外币各项贷款增长情况

（数据来源：中国人民银行）

利率市场化改革持续推进，实体经济贷款利率进一步下降。2022年，东部地区持续深化利率市场化改革，发挥贷款市场报价利率（LPR）

改革效能和存款利率市场化调整机制重要作用，推动实际贷款利率进一步降低。12月，东部地区新发放一般贷款加权平均利率为4.49%，比上年同期下降0.56个百分点；普惠小微贷款加权平均利率为4.89%，比上年同期下降0.54个百分点。12月，东部地区执行LPR减点的贷款占全部贷款发生额的比重为40.8%，较上年同期提高14.0个百分点；占全国LPR减点贷款的比重达74.0%，较上年同期提高1.3个百分点。

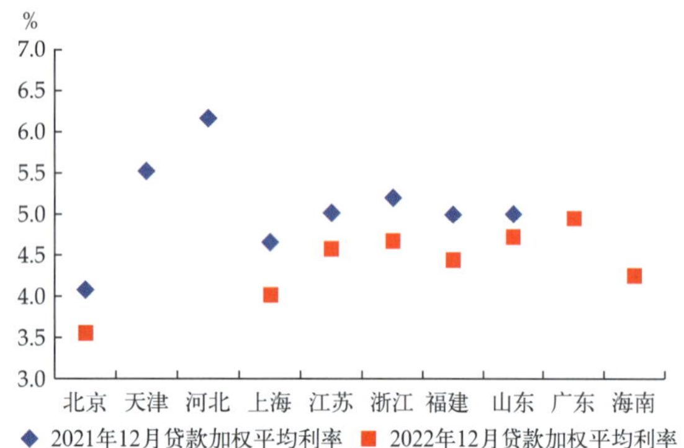

图12　东部地区一般贷款加权平均利率

（数据来源：中国人民银行）

金融市场体系建设持续推进，融资功能不断强化。上海期货交易所启动建设场内全国性大宗商品仓单注册登记中心；上海保险交易所启动国际再保险业务平台建设。江苏企业全年共发行各类债务融资工具1.1万亿元，落地资产担保债务融资工具、科创票据、碳资产债券、转型债券等创新产品。山东推动企业创新发行科创票据、碳中和、乡村振兴、革命老区、转型债券、民企发债支持工具等创新型债券304亿元。深圳推动发行粤港澳大湾区蓝色债券、“乡村振兴”绿色金融债券等创新型债券。

金融领域改革创新取得积极进展，金融活力持续增强。科创金融改革持续推进。上海、南京、杭州、嘉兴、合肥获批建设科创金融改革试验区；济南科创金融改革试验区建设实现良好开局，形成多项可复制可推广的创新经验。绿色金融改革创新加力提速。广州积极推进“碳账户＋碳信用体系”建设，发布标准化碳信用报告；天津稳步推进绿色金融改革创新，制定绿色租赁服务流程规范并开展试行。跨境贸易投融资便利化水平持续提升。海南跨境贸易外汇收支便利化试点业务金额是上年的3.7倍。外汇管理积极创新。河北获批开展保税混矿业务代理收汇和境内划转业务。

有序推进金融风险防控，不良贷款率呈下降态势。2022年，东部地区有序推进中小金融机构改革化险，不断强化金融稳定保障体系，资产质量进一步提升。2022年末，东部地区银行机构不良贷款率为1.11%，比上年末下降0.05个百分点；关注类贷款占各项贷款的比重为1.94%，比上年末下降0.06个百分点。多数地区不良贷款率呈下降态势，天津、浙江实现不良贷款余额和不良贷款率双降。

二、中部地区经济金融运行情况

2022年，中部地区[①]高效统筹疫情防控和经济社会发展，全面做好稳增长、防风险、保稳定、惠民生等各项工作，经济崛起加速，基础设施投资增速加快，消费新模式新业态加速培育，深入拓展新兴经济体贸易关系，产业转型升级加速推进，绿色低碳转型提质增效。金融服务实体经济力度进一步加大，信贷结构持续优化，融资成本稳中有降，金融改革创新发展成效明显。

（一）中部地区经济运行情况

2022年，中部地区实现地区生产总值26.7万亿元，同比增长4.0%，比全国高1.0个百分点。区域经济总量占全国的比重为22.1%，较上年提高0.2个百分点。

① 中部地区包括山西、安徽、江西、河南、湖北、湖南6个省。

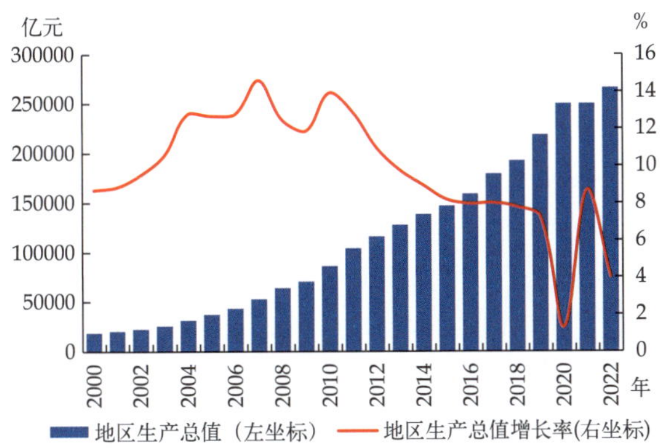

图 13　中部地区经济增长情况

（数据来源：国家统计局）

投资保持稳步增长，结构持续优化。2022年，中部地区固定资产投资（不含农户）同比增长8.9%，比全国高3.8个百分点。其中，基础设施投资同比增长13.7%，制造业投资同比增长19.6%。高技术制造业投资延续较快增长态势，湖南高技术产业投资同比增长22.4%，山西、河南高技术制造业投资同比分别增长45.7%和32.2%，湖北电子及通信设备制造业投资同比增长29.4%。基础设施投资增速全面回升，江西、安徽、湖北、山西、湖南和河南基础设施投资同比分别增长22.4%、19.6%、15.9%、14.4%、8.0%和6.1%，比上年分别提高19.9个、12.2个、6.0个、6.2个、4.4个和5.8个百分点。

图 14　中部地区固定资产投资增长情况

（数据来源：国家统计局）

消费市场平稳增长，新模式新业态加速培育。2022年，中部地区实现社会消费品零售总额10.8万亿元，同比增长1.5%，占全国社会消费品零售总额的比重为24.5%，较上年提高0.4个百分点。消费新模式快速发展。江西、山西网上零售额同比分别增长18.1%和15.2%，比全国高14.1个和11.2个百分点；河南、湖南实物商品网上零售额同比分别增长16.7%和14.5%，比全国高10.5个和8.3个百分点。升级类消费产品销量快速增长。限额以上单位中，安徽、湖南、河南新能源汽车销售额同比分别增长280.0%、134.1%和81.3%；山西智能手机销售额同比增长55.5%；安徽智能家用电器和音像器材、可穿戴智能设备同比分别增长240.0%和86.1%。

图 15　中部地区消费增长情况

［数据来源：各省（自治区、直辖市）统计局］

外贸进出口较快增长，贸易关系进一步拓展。2022年，中部地区进出口总额3.8万亿元，同比增长14.3%，比全国高6.6个百分点。其中，出口2.6万亿元，同比增长19.6%；进口1.2万亿元，同比增长4.4%；实现贸易顺差1.4万亿元，比上年增加3451亿元。分地区看，江西、湖南进出口总额同比分别增长34.9%和20.2%，比全国高27.2个和12.5个百分点。深入拓展新兴经济体贸易关系。湖南、河南抓住《区域全面经济伙伴关系协定》（RCEP）生效机遇，对RCEP其他成员国进出口总额同比分别增长27.6%和15.9%，对“一带一路”共建国家进出口总额同比分别增长46.4%和23.0%。

产业转型升级加速推进，高技术产业发展成效显著。2022年，湖北、湖南和河南高技术制造业增加值同比分别增长21.7%、18.0%和12.3%，比全国高14.3个、10.6个和4.9个百分点。新动能加速释放，高质量发展态势逐步显现。江西战略性新兴产业、高新技术产业和装备制造业增加值同比分别增长 20.6%、16.9% 和 17.3%，占规模以上工业增加值的比重分别为 27.1%、40.5% 和 30.9%，较上年提高 3.9 个、2.0 个和 2.9 个百分点；河南卫星导航定位接收机产量迅速增长，比上年增长 5.9 倍；湖南传感器、服务机器人、风力发电机组等智能绿色产品产量增幅均在 50% 以上；安徽工业互联网赋能提速，新增国家级特色平台 6 个。

绿色低碳转型提质增效，生态文明建设纵深发展。2022 年，湖北绿电装机占比达 63.7%，磷石膏综合利用率超过 60%，累计整治长江入河排污口 9067 个，湿地修复 4 万亩，长江干流出境水质保持在Ⅱ类；湖南启动长株潭森林城市群建设和绿化生态项目建设，造林 540 亩、封山育林 3.5 万亩，森林覆盖率提高 4.4 个百分点；安徽推进能源综合改革创新试点，国内首座兆瓦级氢能综合利用示范站投入运行，新增可再生能源发电装机 647 万千瓦；山西持续打好蓝天、碧水、净土保卫战，六项污染物实现“四降两平”①，全省地表水断面优良水体、优良天数比例分别为 87.1% 和 74.5%，同比分别提高 14.8 个和 2.4 个百分点；河南清洁能源快速发展，风能、太阳能发电量同比分别增长 16.2% 和 51.7%。

（二）中部地区金融运行情况

金融机构规模平稳增长，金融服务体系不断完善。2022 年末，中部地区银行机构网点数量 5.3 万个，银行从业人员 81 万人；银行业金融机构资产总额 53.7 万亿元，同比增长 7.2%。证券服务水平全面提升，境内上市公司达 661 家，比上年末增加 48 家。保险业平稳发展，全年保费收入和保险赔付支出分别为 9339 亿元和 3231 亿元。

存款增速保持稳定，住户存款快速增长。2022 年末，中部地区本外币各项存款余额 42.5 万亿元，同比增长 11.7%，比上年末提高 2.9 个百分点。其中，住户存款余额 25.2 万亿元，同比增长 17.5%，比上年末提高 5.0 个百分点；非金融企业存款余额 9.8 万亿元，同比增长 3.7%，比上年末提高 0.9 个百分点；结构性存款余额同比下降 12.4%；大额定期存单余额同比增长 7.4%。

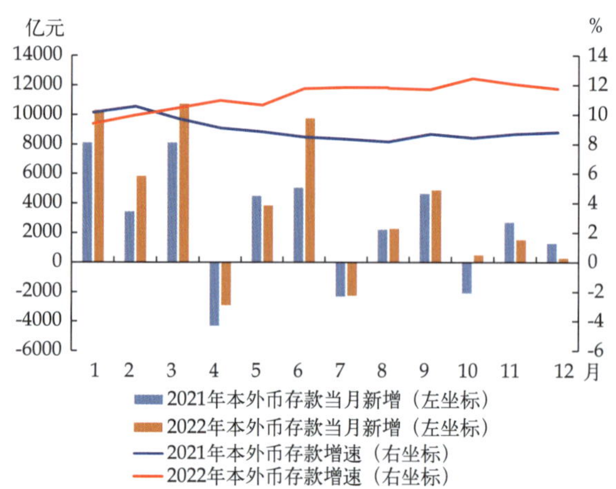

图 16　中部地区本外币各项存款增长情况

（数据来源：中国人民银行）

信贷结构不断优化，重点领域支持有力。2022 年，中部地区积极贯彻落实稳健的货币政策，综合运用碳减排支持工具、科技创新再贷款、普惠小微贷款支持工具等结构性货币政策工具，为稳住宏观经济大盘和高质量发展贡献金融力量。2022 年末，本外币各项贷款余额 37.0 万亿元，同比增长 11.1%，比上年末下降 0.9 个百分点。金融机构对重点领域和薄弱环节支持力度持续加大，涉农贷款余额同比增长 13.0%，比上年末提高 1.9 个百分点，其中，安徽、湖北同比增速分别为 19.4% 和 16.0%。普惠小微贷款余额同比增长 21.6%，比上年末提高 0.8 个百分点，其中，山西、湖北同比分别增长 27.6% 和 26.2%。制造业中长期贷款余额同比增长 65.1%，比上年末提高 33.6 个百分点，其中，河南、安徽同比分

① PM2.5、SO_2、CO、O_3 同比分别下降 2.6%、20.0%、6.7% 和 1.8%，PM10、NO_2 同比持平。

别增长 68.4% 和 68.3%。绿色贷款余额同比增长41.3%，金融支持绿色低碳发展取得积极成效。

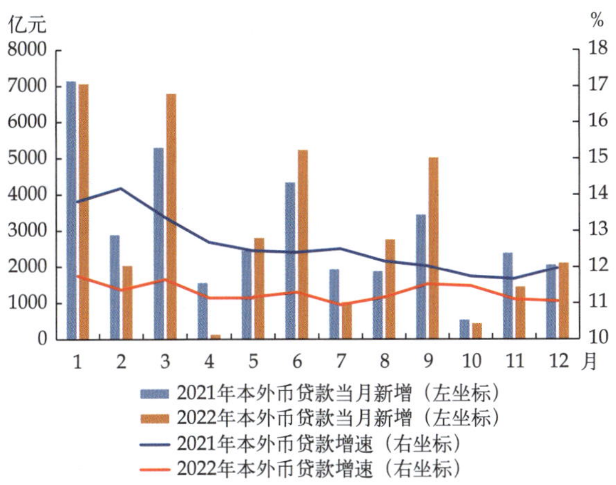

图 17　中部地区本外币各项贷款增长情况

（数据来源：中国人民银行）

贷款市场报价利率（LPR）改革成效凸显，综合融资成本下降。2022 年，中部地区引导金融机构落实存款利率市场化调整机制要求，持续释放 LPR 改革红利，推动实体经济贷款利率下行。12 月，金融机构新发放一般贷款加权平均利率为4.79%，比上年同期下降0.61个百分点。小微企业贷款利率平稳下降，12 月，新发放小微企业贷款加权平均利率为 4.76%，比上年同期下降 0.50 个百分点；新发放普惠小微贷款加权平均利率为 5.20%，比上年同期下降 0.50 个百分点，其中，河南、江西和山西分别下降 0.68 个、0.52 个和 0.51 个百分点。

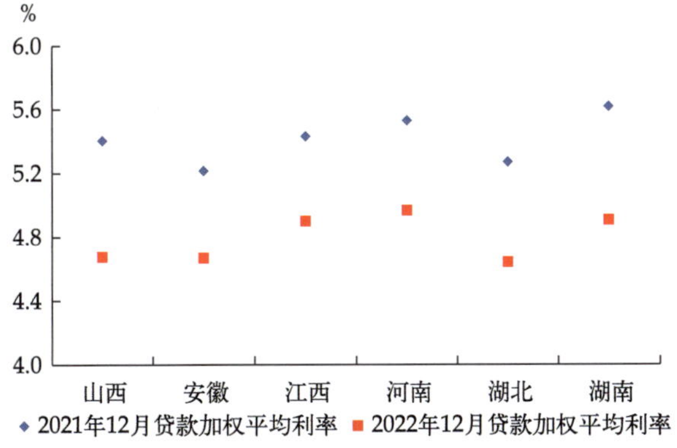

图 18　中部地区一般贷款加权平均利率

（数据来源：中国人民银行）

社会融资规模保持增长，融资结构进一步优化。2022 年，中部地区社会融资规模增量 5.5 万亿元，同比多增 4347 亿元。其中，人民币贷款增加 3.8 万亿元，同比多增 2059 亿元，占全部社会融资规模增量比重较上年下降 1.8 个百分点；委托贷款、信托贷款和未贴现银行承兑汇票三项表外业务规模合计净减少 2547 亿元，同比少减 3442 亿元；企业债券净融资 4942 亿元，同比多增 85 亿元，占全部社会融资规模增量的比重较上年下降 0.6 个百分点；非金融企业境内股票融资 1329 亿元，同比少增 399 亿元，占全部社会融资规模增量比重较上年下降 1.0 个百分点；政府债券净融资 1.1 万亿元，同比多增 77 亿元，占全部社会融资规模增量比重较上年下降 1.5 个百分点。

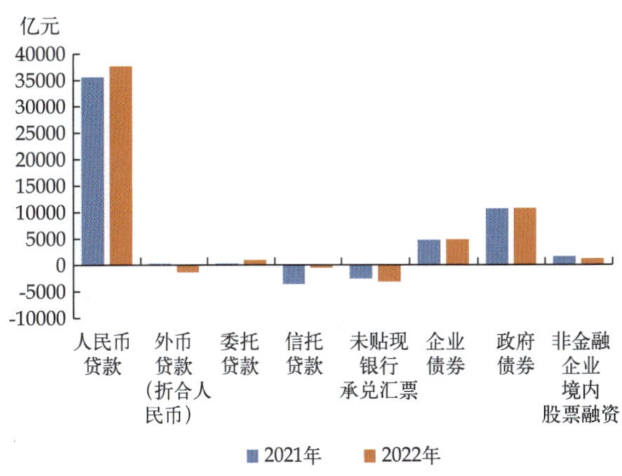

图 19　中部地区社会融资规模增量

（数据来源：中国人民银行）

金融改革不断深化，区域创新成效显现。2022 年，中部地区绿色金融改革创新纵深发展。湖北明确了绿色建筑、绿色票据、碳减排效益等 7 个规范体系；江西创新推出“生态价值贷（GEP 贷）”“碳足迹”披露支持贷款、“绿色产业数字保”等金融产品；山西落地“可持续发展挂钩 + 能源保供”债权融资计划，太原、长治成功申报气候投融资试点城市。科技金融改革不断深化。江西创新“科创通宝”金融服务，创设“科贷通”信贷产品；安徽合肥市科创金融改革试验区获批国家级金融改革试点；湖北创新“积分贷”，积极探索知识价值评估体系构建和运用；山西强化科技赋能运用，通过“物联网 + 人工智能”模式提供融资服务，推动城市上线“乡村资产数字化服务平台”，颁发“农村资产数字证书”；河南推广兰考普惠金融模式，指导各地因地制宜探索适合本地的普惠金融发展模式。

金融风险整体收敛，实现不良贷款余额和不良贷款率双降。2022 年末，中部地区银行业金融机构不良贷款余额同比减少 21 亿元，不良贷款率为 1.80%，比上年末下降 0.21 个百分点，关注类贷款占各项贷款比重与上年末基本持平。湖北不良贷款率延续近两年来逐季降低的趋势；江西已连续 9 个季度保持高风险金融机构“清零”成果；山西、河南实现不良贷款余额和不良贷款率双降。

三、西部地区经济金融运行情况

2022 年，西部地区[①]紧抓新时代西部大开发和“一带一路”建设的重大机遇，深入实施长江经济带发展、黄河流域生态保护和高质量发展、成渝地区双城经济圈建设等战略部署，发挥区位和资源禀赋优势，深入推进产业结构调整、生态文明建设和对外开放。金融改革稳步推进，绿色金融快速发展，农村金融服务水平持续提高，经济金融向高质量发展稳步迈进。

（一）西部地区经济运行情况

2022 年，西部地区实现地区生产总值 25.7 万亿元，同比增长 3.2%。区域经济总量占全国的比重为 21.4%，较上年提高 0.3 个百分点。

投资稳中向好，新技术新能源领域投资快速增长。2022 年，西部地区固定资产投资（不含农户）同比增长 4.7%，比上年提高 0.8 个百分点。制造业发展加力提效，云南产业投资同比增长 42.5%，占全部投资的比重为 40.6%，较上年提高 10.0 个百分点；内蒙古制造业投资同比增长 42.6%；贵州、青海高技术制造业投资同比分别增长 102.3% 和 86.6%；甘肃装备制造业投资和制造业技改投资同比分别增长 68.9% 和 54.4%；宁夏加快推进重大项目建设，2499 个重大项目投资完成额超 2000 亿元。

图 20　西部地区经济增长情况

（数据来源：国家统计局）

消费市场保持平稳，升级类商品需求扩张。2022 年，西部地区社会消费品零售总额为 9.1 万亿元，同比下降 0.9%。基本生活消费增长平稳。陕西限额以上单位[②]粮油食品类、石油及制品类零售额同比分别增长 13.1% 和 11.5%；甘肃限额以上单位粮油食品类、中西药品类零售额同比分别增长 10.1% 和 9.9%。消费场景不断丰富。重庆以“不夜重庆”为主题，在 2022 年活动期间，推出近 200 场夜间特色主题活动，带动销售额超 73 亿元。新消费增长点持续涌现。内蒙古限额以上单位通过网络实现的商品零售额同比增长 75.8%；青海消费升级类商品中，电子出版物、体育娱乐用品类零售额同比分别增长 1.2 倍和 75.7%；广西实物商品网上零售额同比增长 15.0%。升级类消费需求持续释放。内蒙古、宁夏、广西、云南和贵州限额以上单位新能源汽车类

① 西部地区包括内蒙古、广西、重庆、四川、贵州、云南、西藏、陕西、甘肃、青海、宁夏、新疆 12 个省（自治区、直辖市）。

② 限额以上单位是指年主营业务收入 2000 万元及以上的批发企业（单位）、500 万元及以上的零售企业（单位）、200 万元及以上的住宿和餐饮业企业（单位）。

商品零售额同比分别增长1.9倍、1.9倍、1.6倍、1.5倍和1.2倍。

“一带一路”经贸合作深入推进，对外开放打开新格局。2022年，西部地区全年进出口总额3.9万亿元，同比增长10.2%。其中，出口总额2.4万亿元，同比增长15.9%，进口总额1.5万亿元，同比增长4.7%；实现贸易顺差8122亿元，同比增加2307亿元。西部地区加快推动“一带一路”高质量发展。新疆、青海对“一带一路”共建国家进出口总额同比分别增长63.5%和58.8%；内蒙古对“一带一路”共建国家进出口额占全区进出口总额比重为61.4%，较上年提高3.3个百分点；青海开通国际货运班列111列；广西建成投产海铁联运自动化集装箱码头；重庆两江新区成功获批国家进口贸易促进创新示范区。引资潜力不断释放，新疆、内蒙古、宁夏和陕西实际利用外资同比分别增长93.9%、70.6%、55.2%和37.6%。

第二产业比重提高，科技创新能力不断增强。2022年，西部地区三次产业结构为11.4∶39.9∶48.7，其中第二产业比重较上年提高1.3个百分点。新动能引领作用不断增强。重庆新能源汽车、光伏电池和工业机器人产量同比分别增长140.0%、40.1%和31.8%；陕西新能源汽车产量同比增长272.0%，占全省汽车总产量的76.2%；四川高新技术企业达1.4万家，数字经济核心产业增加值超4300亿元；云南实现一批行业领军企业落地投产，新能源电池、绿色硅和绿色铝产值同比分别增长406.5%、130.9%和36.6%；贵州新能源电池及材料产业增加值同比增长84.7%；内蒙古新能源产业投资同比增长79.0%，其中太阳能发电投资同比增长227.5%。

生态环境持续改善，绿色低碳发展质效提升。生态修复深入推进。青海恢复黄河源头水系连通，完成国土绿化525.5万亩，防沙治沙127.5万亩，治理水土流失483万平方公里；贵州持续推进赤水河、乌江、清水江等流域生态修复；四川203个国考断面水质优良率达99.5%；云南新增3个国家生态文明建设示范区和1个“绿水青山就是金山银山”实践创新基地；广西新增3个国家生态文明建设示范市县，近岸海域优良水质面积比例94.5%。清洁能源利用能力提高。宁夏全年新能源装机规模超过3000万千瓦，占全区统调电力总装机比重超过50%；内蒙古新能源装机容量占发电装机容量的比重达36.2%，新能源发电量占全部发电量的比重达20.2%；甘肃新能源项目完成投资同比增长130.0%，清洁能源装机占全省电力装机的比重达51.9%；四川清洁能源装机占全省电力装机的比重超过85%，全省水电装机规模近1亿千瓦。

（二）西部地区金融运行情况

金融改革稳步推进，金融体系不断健全。2022年末，西部地区银行业金融机构营业网点个数、从业人数和资产总额分别为6.0万个、98万人和59.6万亿元。陕西持续推动地方法人银行多渠道补充资本；云南、广西数字人民币试点正式启动；四川、重庆加快金融市场一体化建设，实现两地小微企业信用信息异地共享、储蓄国债跨省兑付、跨境投融资便利化“白名单”互认；甘肃“陇信通”平台顺利完成升级改造，征信平台建设进一步完善。

社会融资规模稳步增长，信贷结构持续优化。2022年，西部地区社会融资规模增量5.4万亿元。分结构看，信贷发挥主要支持作用，人民币贷款新增4.0万亿元，同比多增1013亿元；委托贷款、信托贷款和未贴现银行承兑汇票三项表外业务合计减少2820亿元，同比少减4113亿元；非金融企业境内股票融资1145亿元，同比少增52亿元，占社会融资规模增量比重较上年下降0.1个百分点；政府债券净融资1.1万亿元，同比少增1259亿元，占社会融资规模增量比重较上年下降2.7个百分点。重点领域和薄弱环节信贷支持力度稳步增强，西部地区普惠小微贷款同比增长20.9%，比各项贷款高10.6个百分点；制造业中长期贷款同比增长47.7%，比上年末提高23.3个百分点。

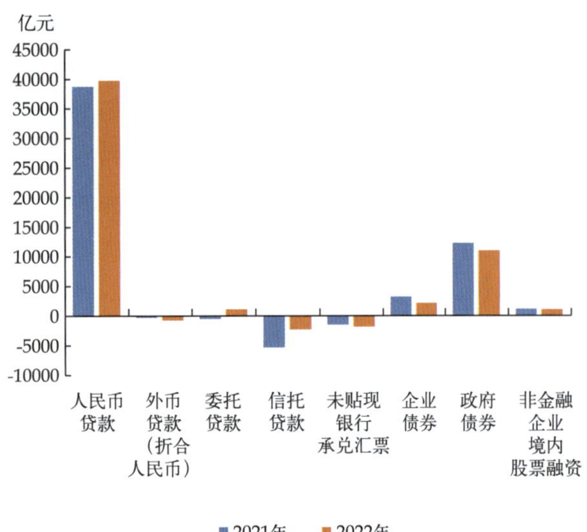

图 21　西部地区社会融资规模增量

（数据来源：中国人民银行）

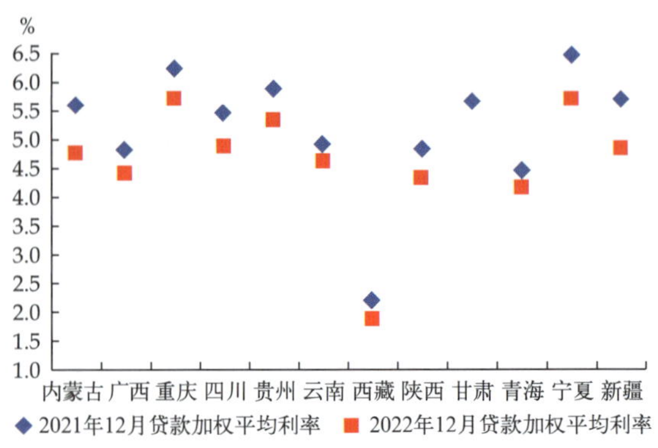

图 22　西部地区一般贷款加权平均利率

（数据来源：中国人民银行）

绿色金融快速发展，赋能绿色经济低碳转型。2022 年末，西部地区绿色贷款余额同比增长 30.7%。贵州铜仁创新建立“生态账户”，全市绿色贷款余额同比增长 37.0%，比上年末提高 13.5 个百分点；宁夏依托“融信通”平台，建成采集、核算、评价、政策支持四位一体的碳账户综合运用体系，绿色贷款余额同比增长 34.4%；内蒙古 15 家金融机构运用 197 亿元碳减排支持工具资金，支持 148 家企业获得贷款 329 亿元，带动碳减排量 1200 万吨；云南企业在银行间市场发行绿色债券 162 亿元；广西发行城商行“碳中和”主题绿色金融债券、贸融类绿色资产支持专项计划（ABS）等创新产品；西藏不断完善绿色金融服务体系，基础设施绿色升级贷款余额同比增长 93.7%。

贷款市场报价利率（LPR）改革效能充分释放，推动实体经济贷款利率逐步降低。2022 年 12 月，西部地区一般贷款加权平均利率为 4.86%，同比下降 0.54 个百分点，其中普惠小微贷款加权平均利率为 5.06%，同比下降 0.45 个百分点。人民币存款利率稳中有降，其中云南、广西金融机构定期存款加权平均利率分别为 2.27% 和 2.22%，同比分别下降 0.17 个和 0.14 个百分点。

金融支持乡村振兴稳步推进，农村金融服务水平持续提高。2022 年末，西部地区涉农贷款余额 12.2 万亿元，同比增长 12.9%，比上年末提高 3.1 个百分点。四川落地“乡村振兴 + 碳中和”应收账款债权融资计划，建成数字人民币助力乡村振兴示范村；青海开展金融支持乡村振兴“一区两县”试点工作，辖内 15 个国家级和 10 个省级乡村振兴重点帮扶县贷款增速比各项贷款增速高 3.5 个百分点；内蒙古建成“内蒙古土地经营权流转平台”，利用土地确权数据有效盘活土地数字资源；西藏深入推进脱贫人口小额信贷工作，脱贫人口小额信用贷款余额 28 亿元，同比增长 24.0%，91% 以上脱贫人口获得小额信用贷款资金支持；宁夏实现助农取款点行政村全覆盖；甘肃推动 2.5 万个银行卡助农取款点与农村电商、供销合作社、邮政快递站合作共建，1.6 万个通网行政村实现支付服务全覆盖；贵州加强农村信用工程建设，农户信用档案建档率达 100%，金融信用信息基础数据库已覆盖全省金融机构。

证券保险业平稳发展，服务实体能力稳步提升。四川新增 A 股首发上市（IPO）公司 46 家；贵州新增科创板上市公司 3 家；宁夏股权交易中心挂牌企业增加 144 家；重庆成功发行铁建渝遂高速公路 REITs，融资金额达 48 亿元。内蒙古保险业为创新产业发展、生态环境修复及特色产业发展等重点领域提供风险保障；广西在 5 个示范城市推进商业养老保险试点，全年专属商业养老保险保费收入5199万元；四川三大主粮完全成本保险在76个产粮大县实现全覆盖，农业保险赔款社保“一卡通”在全省推广，支付成功率超过99.5%；青海在全省脱贫地区推广“防贫保险”，累计提供风险保障267亿元；新疆农业保险实现量增面扩，新备案农险产品92个，地方特色养殖业保险承保数量同比增长28.0%，粮食、棉花承保覆盖面分别达到73.0%和97.7%；西藏持续增强保险保障功能，累计风险保障金额6.1万亿元。

银行业资产质量持续改善，地方法人银行抗风险能力持续增强。2022年末，西部地区银行业不良贷款率比上年末下降0.16个百分点；地方法人银行不良贷款率比上年末下降0.9个百分点，流动性比例比上年末提高4.0个百分点，资本充足率比上年末提高0.6个百分点。新疆中小法人银行改革取得积极进展，成功申请50亿元地方政府专项债补充农合机构资本金；陕西持续推动地方法人银行机构多渠道补充资本，支持发行二级资本债补充资本，提升风险抵御能力。

四、东北地区经济金融运行情况

2022年，东北地区[①]坚持以习近平新时代中国特色社会主义思想为指导，深入贯彻落实党中央、国务院决策部署，积极应对复杂严峻的发展环境和疫情冲击的不利影响，坚持稳中求进工作总基调，加快推进全面振兴、全方位振兴。全年地区经济稳定增长，国家粮食安全“压舱石”地位进一步巩固，经济内生动力稳步增强。东北地区金融业保持平稳运行，金融服务实体经济力度进一步加大，融资成本稳中有降，金融助力稳经济大盘作用显著。

（一）东北地区经济运行情况

2022年，东北地区实现地区生产总值5.8万亿元，同比增长1.3%。区域经济总量占全国比重为4.8%，与上年基本持平。

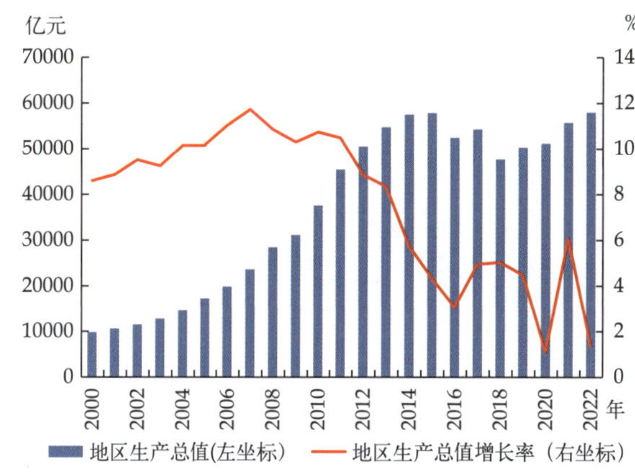

图23 东北地区经济增长情况

（数据来源：国家统计局）

国家粮食安全“压舱石”地位夯实，农业现代化建设扎实推进。2022年，东北地区落实黑土地耕地保护、高标准农田建设、种业振兴等国家重大战略，粮食综合生产能力不断提升，粮食总产量达2866亿斤，占全国产量的20.9%。其中，黑龙江粮食总产量实现“十九连丰”，占全国粮食总产量的11.3%。现代农业建设成效显著。吉林大力推广智能高端安全农机，全省主要农作物耕种收综合机械化水平达93.0%。

固定资产投资总体平稳，重点领域投资较快增长。2022年，东北地区固定资产投资（不含农户）同比增长1.2%。重点领域投资加快推进。黑龙江省级重点项目投资同比增长25.3%，吉林项目投资（不含房地产）同比增长16.4%。基础设施投资加快增长。辽宁、吉林基础设施投资同比分别增长38.8%和18.8%。高新技术投资保持较高增速。黑龙江工业技术改造投资同比增长42.8%。

消费市场逐步恢复，消费新业态快速发展。2022年，东北地区社会消费品零售总额1.9万亿元，同比下降5.0%，降幅比上半年有所收窄，

① 东北地区包括辽宁、吉林、黑龙江3个省。

其中吉林降幅比上半年收窄2.0个百分点。限额以上单位商品零售额中，黑龙江新能源汽车零售额同比增长1.1倍，吉林中西药品类零售额同比增长9.7%。数字商贸、平台直播等新业态带动线上消费较快增长，黑龙江限额以上单位通过互联网实现商品零售总额同比增长29.1%。

外贸进出口平稳增长，对外开放深入推进。2022年，东北地区积极融入“一带一路”建设，全年进出口总额1.2万亿元，同比增长9.3%，其中，出口总额增长13.5%，进口总额增长7.9%。对外合作和开放力度进一步加大。辽宁举办第九届中国—中亚合作论坛和第三届辽宁国际投资贸易洽谈会，实际利用外资同比增长90.5%；吉林长春进口贸易促进创新示范区、延吉跨境电商综合试验区等开放平台成功获批，跨境电商进出口贸易额同比增长68.1%；黑龙江进一步推动跨境基础设施建设，中俄黑河公路大桥、同江铁路大桥开通运营。

产业转型升级步伐加快，工业经济发展提质增效。黑龙江出台22个产业振兴专项行动方案，促进数字经济、生物经济、冰雪经济、创意设计产业加快发展，工业固定资产投资同比增长9.7%，比全国高4.6个百分点。吉林全力打造万亿级汽车产业，全省汽车产业完成产值5256亿元，占工业总产值的41.1%。辽宁制订实施结构调整三年行动方案，建成数字化车间和智能工厂152个、应用场景1235个。

营商环境不断优化，服务效能持续提升。2022年，东北地区扎实推进优化营商环境工作，持续深化“放管服”改革，激发经营主体活力。吉林开展服务企业大调研、服务企业月、持续优化营商环境踏查服务等活动，经营主体总量增长10.4%，企业户数增速居全国第6位；黑龙江出台振兴发展民营经济45条，实施民营企业梯度成长计划，召开全省优化营商环境工作会议。

科技创新能力稳步增强，民生支出保障有力。2022年，东北地区科技创新和成果转化力度持续加大，辽宁科技成果本地转化率达54.0%，认定技术合同成交额同比增长20.0%，科技型中小企业、高新技术企业同比分别增长39.0%和19.7%；黑龙江优化科技创新政策体系和要素供给，全年全社会研发投入实现195亿元，新组建产业技术创新联盟20个、产业技术研究院84家，国家认定的高新技术企业净增867家；吉林长春获批并启动建设国家自主创新示范区、国家农业高新技术产业示范区。民生支出保障有力。吉林社会保障和就业、卫生健康支出同比分别增长14.4%和36.4%；黑龙江民生支出占一般预算支出比重达87.1%。

绿色发展质效提升，生态环境持续改善。2022年，东北地区积极推进生态环境保护，有序推进碳达峰碳中和工作，生态文明建设取得积极进展。黑龙江加快绿色转型，新能源和可再生能源装机占电力总装机的比重达47.0%，整治入江河湖排污口1.2万余个，环境空气质量优良天数比例为95.9%；辽宁150个国考地表水断面优良水质占比提高至88.7%，推动24家钢铁企业实现超低排放，城市绿色公交占比达94.0%；吉林城市生活垃圾焚烧处理占比达78.0%，新增城镇污水处理厂18座，新建改建污水管网552公里。

（二）东北地区金融运行情况

金融机构经营稳健，服务实体经济能力提升。2022年末，东北地区银行业金融机构网点数量2.1万个，银行从业人员38万人；资产总额19.5万亿元，同比增长8.1%。地方法人金融机构资产总额8.4万亿元，同比增长5.8%；全年实现净利润563亿元。证券行业有力支持企业拓宽融资渠道，年末东北地区上市公司达175家，非金融企业境内股票融资额同比增长17.9%。保险风险保障功能进一步增强，全年东北地区保险赔付支出1061亿元。

存款规模持续扩大，居民储蓄同比增长。2022年末，东北地区本外币各项存款余额为14.7万亿元，同比增长9.7%，比上年末提高4.1个百分点。其中，住户存款同比增长13.8%，比上年末提高3.2个百分点，占全部存款的比重为69.7%，占比连续三年提升；结构性存款余额同比下降19.2%。

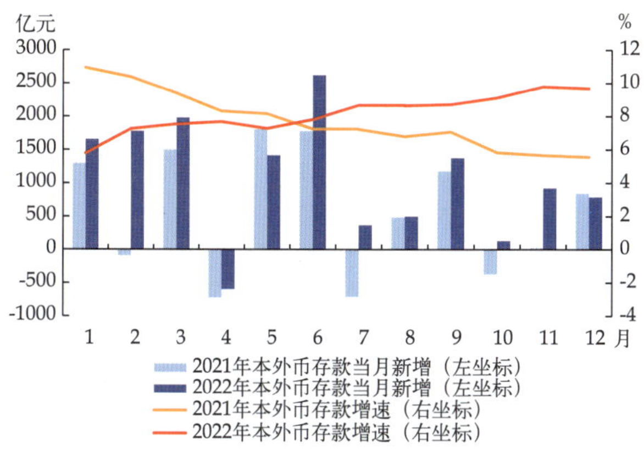

图 24　东北地区本外币各项存款增长情况

（数据来源：中国人民银行）

贷款保持合理增长，有力支持稳经济大盘。 2022 年末，东北地区本外币各项贷款余额 10.6 万亿元，同比增长 3.8%，比上年末下降 0.9 个百分点，其中，短期贷款同比增长 4.1%，比上年末提高 7.6 个百分点。经济发展重点领域和薄弱环节贷款保持快速增长，制造业中长期贷款、绿色贷款和普惠小微贷款余额同比分别增长 20.3%、19.5% 和 13.8%。黑龙江制定并印发"龙江信贷 18 条""金融支持纾困解难和复工复产 36 项行动计划"等助企纾困政策；吉林围绕扩投入、优结构、降成本，建立"1+3+2"信贷稳增长推进机制；辽宁制定出台"稳信贷、促增长"指导意见，推动金融机构信贷投放及早发力、充分发力、精准发力。

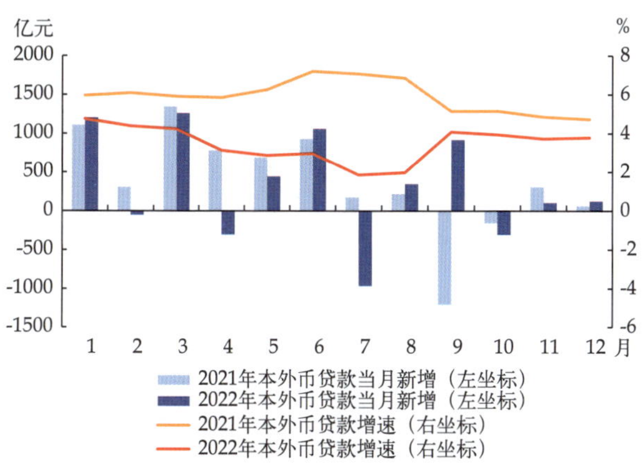

图 25　东北地区本外币各项贷款增长情况

（数据来源：中国人民银行）

贷款市场报价利率（LPR）改革红利持续释放，实体经济综合融资成本明显下降。 东北地区稳步推进 LPR 改革，充分发挥存款利率市场化调整机制作用，推动地方法人银行机构合理确定存款挂牌利率水平，降低负债成本，促进金融机构贷款利率稳步下行。2022 年 12 月，东北地区金融机构新发放人民币一般贷款加权平均利率为 4.68%，比上年同期下降 0.76 个百分点，其中，小微企业贷款、普惠小微贷款加权平均利率同比分别下降 0.64 个和 0.45 个百分点。

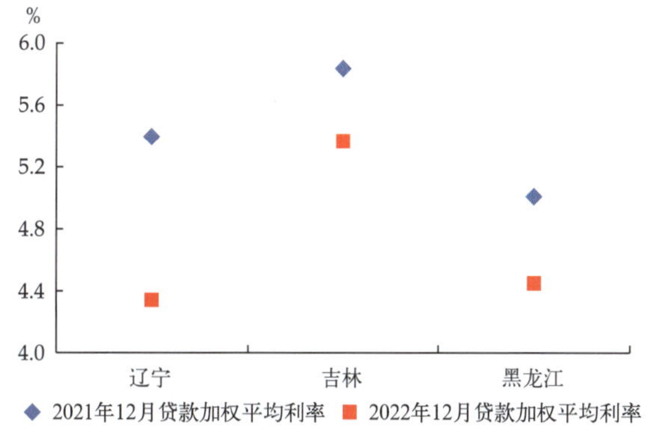

图 26　东北地区一般贷款加权平均利率

（数据来源：中国人民银行）

社会融资规模平稳增长，政府债券、股票融资拉动作用增强。 2022 年，东北地区社会融资规模增量 4941 亿元，同比多增 1346 亿元。其中，人民币贷款增加 4003 亿元，同比少增 606 亿元；委托贷款、信托贷款和未贴现银行承兑汇票三项表外业务规模合计净减少 1919 亿元，同比少减 2645 亿元；企业债券净融资减少 435 亿元，同比少减 264 亿元；股票融资加快，非金融企业境内股票融资 259 亿元，同比多增 39 亿元；政府债券净融资 2147 亿元，同比少增 399 亿元。

跨境人民币业务高速增长，助力涉外经济高质量发展。 2022 年，东北地区跨境人民币实际收付金额 4187 亿元，同比增长 83.0%，其中，辽宁、黑龙江跨境人民币实际收付金额同比分别增长 104.4% 和 95.5%。辽宁创新开展离

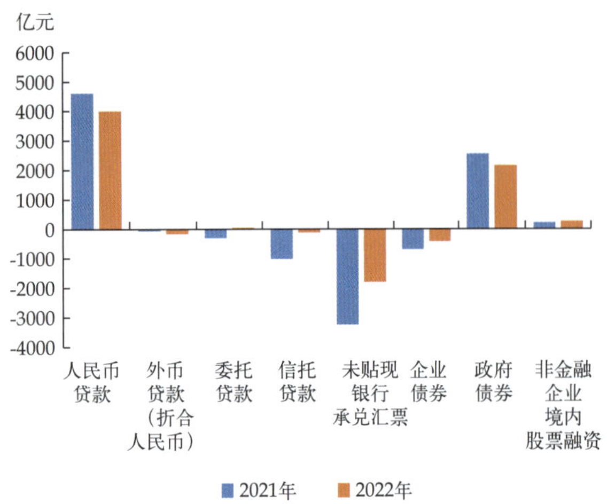

图 27　东北地区社会融资规模增量

（数据来源：中国人民银行）

岸贸易全链条金融服务新模式，实现以银行履约备用信用证增信的新型离岸贸易结算；吉林开展“跨境人民币政策直达服务直通重点企业”专项行动，推动跨境人民币政策直达重点外贸企业，全年对韩国跨境人民币结算量同比增长32.3%。

绿色金融创新全力推进，低碳发展活力显著增强。2022 年，吉林出台《关于加快发展绿色金融的实施意见》，指导银行机构创新绿色信贷产品 36 个，年末全省绿色贷款余额同比增长 21.0%。辽宁发行全国铁矿行业首单绿色债务融资工具，年末绿色债券余额同比增长 47.1%。黑龙江印发《关于进一步做好绿色金融工作的通知》，依托“龙江绿金云”服务平台帮助 380 家企业成功获得授信 277 亿元，打造“龙林快贷”系列金融产品，生态产品价值加快转换。

有序推进金融风险防控，成效逐步显现。黑龙江建立健全财政金融风险处置机制、高风险地方金融机构通报制度和防范化解重大金融风险问责实施办法，金融监管协调机制进一步加强；吉林地方法人金融机构流动性水平保持稳健，城商行、农商行、农信社和村镇银行年末流动性比例分别为 68.7%、69.8%、92.2% 和 130.1%，同比均有所提高；辽宁启动统一法人的省级农商行组建工作。

五、主要经济圈与自由贸易试验区（港）发展

（一）主要经济圈建设情况

2022 年，京津冀、长三角、粤港澳大湾区、成渝地区双城经济圈深入落实国家重大战略，稳步提升区域经济发展质量。京津冀以现代化首都都市圈建设为抓手，加快重点领域、重点区域率先突破，推动区域经济整体实力迈上新台阶；长三角进一步健全一体化发展的体制机制，推动高水平科技自立自强和产业协同发展，着力建设国际一流营商环境，发展新动能持续强化；粤港澳大湾区深化合作，有序推进设施“硬联通”和机制“软联通”，打造国际一流湾区和世界级城市群；成渝地区双城经济圈整合优势产业，先进制造业、新兴消费等加快成长，经济发展能级不断提升。

重大战略深入实施，区域发展协同性持续增强。京津冀重点区域率先突破，加速区域协同发展。雄安新区建设全面提速，全年在建项目 428 个，完成固定资产投资增长 28.0%，雄商、雄忻高铁陆续正式开工，总长 545 公里的对外高速公路骨干路网全面建成；北京通州区与河北廊坊北三县一体化高质量发展示范区获批建设，大兴机场综合保税区作为跨省级行政区域规划建设的综合保税区正式投入运营。京津冀产业转移承接有序推进。北京全年流向津冀的技术合同成交额 357 亿元；天津着力打造滨海—中关村科技园、宝坻京津中关村科技城等重点承接平台；河北全年承接京津转入单位 4395 家。长三角一体化发展作为国家战略不断走深走实。沪苏浙联合印发《上海大都市圈空间协同规划》，合力打造具有全球影响力的世界级城市群；长三角生态绿色一体化发展示范区形成 39 项新的制度创新成果，宁杭生态经济带建设方案获批，杭黄世界级自然生态和文化旅游廊道加快建设；江苏印发《昆山市建设金融支持深化两岸产业合作改革创新试验区实施方案》，推进两岸金融创新合作。粤港澳大湾区推

进重大平台和创新政策落地落实。“港澳药械通”“澳车北上”落地实施；《关于深圳建设中国特色社会主义先行示范区放宽市场准入若干特别措施的意见》印发实施，深圳跨境贸易大数据平台上线启用，横琴“双15%”税收优惠政策全部落地；《广州南沙深化面向世界的粤港澳全面合作总体方案》印发实施，广州南沙累计落户港澳企业2787家、总投资金额1017亿美元。成渝地区金融合作不断增强。《〈成渝共建西部金融中心规划〉联合实施细则》印发实施；内江、资阳、泸州等地区联合制订多项毗邻地区金融协同合作方案；川渝金融机构对两地合作共建的160个重大项目全年授信超万亿元。

高水平科技加快发展，创新发展能力显著提升。京津冀地区创新主体加速培育，全年入选第四批国家级专精特新“小巨人”企业535家，较前三批合计数量翻倍；“京津冀生命健康集群”和“保定市电力及新能源高端设备集群”入选“国家先进制造业集群”。北京数字经济发展优势巩固扩大，“京通”“京办”“京智”三个智慧终端推广应用，国际大数据交易所设立运营，数字经济增加值占地区生产总值比重达到41.6%。天津新建脑机交互与人机共融海河实验室，6家海河实验室开展重大课题130余项。河北组建266个科技特派团服务企业，新增国家高新技术企业1300家，国家科技型中小企业达到7119家。长三角协同推动科技高水平发展。建立科技部、三省一市[①]协同的科技创新共同体联合攻关机制，制订《三省一市共建长三角科技创新共同体行动方案（2022—2025年）》；加快长三角国家技术创新中心等新型研发机构建设，推动重大技术创新突破示范运用；推进G60科创走廊、沿沪宁产业创新带建设；统筹推进数字长三角建设，启动全国一体化算力网络长三角国家枢纽节点建设。上海光源二期光束线站基本建成，软X射线自由电子激光用户装置实现开放，上海交大张江科学园、张江数学研究院等一批重点项目启动运营；江苏实施制造业智能化改造和数字化转型三年行动计划，2022年3万家规模以上工业企业启动改造项目、1万家完成改造任务；浙江之江实验室等纳入国家实验室体系，10大省实验室和10大省技术创新中心完成布局。粤港澳大湾区着力加强重大科技创新平台建设，粤港澳大湾区量子科学中心挂牌成立，全国一体化算力网络粤港澳大湾区国家枢纽节点、散裂中子源二期获批建设，粤港澳大湾区国家技术创新中心实质运行；粤芯三期、华润微电子、增芯科技传感器等集成电路重大制造项目获批建设。成渝综合性科学中心、西部科学城加快建设，共建“一带一路”科技创新合作区方案加快制定，国家科技成果转移转化示范区和国家级知识产权运营中心获批建设，科技成果交易信息联合发布机制建立运行。

高水平开放型经济加快构建，营商环境不断优化。北京加快重点领域开放，全年对“一带一路”共建国家进出口1.6万亿元，同比增长28.2%，占地区进出口总值的43.7%，服务业扩大开放，重点领域实际利用外资159亿美元；天津建成首个跨境电商进口退货中心仓和跨境电商全球中心仓。长三角持续深化制度创新、产业发展合作。高水平共建虹桥国际开放枢纽，协同办好第五届中国国际进口博览会，共同开展长三角区域性“一带一路”综合服务平台建设试点；《长三角国际一流营商环境建设三年行动方案》印发实施，着力打造市场化、法治化、国际化一流营商环境。粤港澳大湾区跨境投融资便利化持续提升，年末参与“跨境理财通”业务试点的个人投资者4.1万人、涉及资金跨境汇划22亿元；15家大型实体跨国集团参与本外币一体化资金池试点、业务金额约534亿美元。成渝地区开展跨区域外债便利化试点，获批国家“区块链＋跨境金融”试点；重庆两江新区、成都青白江区获批国家进口贸易促进创新示范区，重庆生产服务型、成都空港型国家物流枢纽获批建设，经济区与行政区适度分离改革方案印发实施。

---

① 江苏省、浙江省、安徽省、上海市。

（二）自由贸易试验区（港）建设情况

2022年，各自由贸易试验区（港）围绕自身战略定位和区位优势，推进制度集成式、引领式创新，不断将要素开放向国际贸易投资规则开放推进，探索高水平金融开放创新，充分发挥试验田作用，为构建更高水平开放型经济新体制和实现高质量发展奠定良好基础。

制度创新成效显著，改革开放纵深推进。上海自贸区临港新片区、广东自贸区南沙新区片区、海南自贸港洋浦经济开发区、浙江宁波北仑区开展跨境贸易投资高水平开放试点，推出一揽子13项外汇便利化改革措施。北京自贸区出台《北京地区深化资本项目便利化改革试点政策实施细则》，扩大外债一次性登记、跨国公司本外币一体化资金池等试点范围。海南自贸港出台《洋浦经济开发区跨境贸易投资高水平开放外汇管理改革试点实施细则》《金融支持海口建设自贸港核心引领区的意见》等多份政策文件。云南自贸区印发《自贸试验区外汇管理改革试点实施细则》《进一步推动自贸试验区外汇创新业务的通知》等，夯实外汇管理支持云南自贸区建设的制度基础。

跨境贸易和投融资便利化水平提升，经营主体融资环境优化。江苏、北京、湖北和海南等自贸区（港）开展高新技术和“专精特新”企业跨境融资便利化额度试点。天津自贸区推进融资租赁外债便利化试点、离岸融资租赁对外债权登记业务试点。海南自贸港通过个案集审方式为符合要求的企业新增外债额度；部分银行试行跨境资产管理业务试点，业务金额5.7亿元。

跨境人民币结算稳步推进，人民币国际化水平再上新台阶。辽宁自贸区推进大连商品交易所跨境人民币结算，开展铁矿石和棕榈油境外期货交易者跨境人民币资金划转业务。湖南自贸区设立中非跨境人民币中心，落地首笔非洲小币种跨境收款及结汇业务和对非新型易货贸易结算。河北自贸区、湖南自贸区推进跨国公司跨境双向人民币资金池业务试点，提高跨国企业集团境内外成员企业自有资金集中调度和统一使用的便捷度。广东自贸区进一步拓宽人民币资产跨境转让范围，2022年末累计办理贸易融资资产跨境转让人民币结算额2908亿元。福建自贸区跨境人民币业务结算量同比增长135.0%。

金融基础设施不断完善，对外开放水平持续提升。广西、海南、山东、安徽、湖北、黑龙江、天津等自贸区搭建“链上自贸”数字化平台、跨境电商综合金融服务平台、跨境金融服务平台、跨境征信服务平台等，促进跨境信息共享，拓宽外贸企业融资渠道，推动外贸新业态金融服务实现突破，满足企业跨境交易便捷结算需求。金融科技加快发展。湖北自贸区推动全球法人识别编码（LEI）创新供应链金融场景应用，助力企业进行风险识别；云南自贸区强化境外边民银行账户信息平台金融科技应用。

六、区域金融改革创新与对外开放情况

2022年，人民银行坚持以习近平新时代中国特色社会主义思想为指导，根据党中央、国务院决策部署，会同相关部门按照顶层设计和基层探索相结合的原则统筹推进区域金融改革，不断提升金融服务改革开放和高质量发展的能力。

（一）金融开放创新水平不断提升

各地以服务实体经济、促进贸易和投资便利化为出发点，推进金融业开放创新。上海国际金融中心不断提升服务能级和全球影响，推动建设国际一流再保险中心，服务金融安全和高水平对外开放。广东稳步推进金融规则、标准对接，携手港澳推动《可持续金融共同分类目录》在大湾区应用，推动发布粤港澳大湾区首个金融团体标准《金融自助设备运维服务规范》。北京出台《关于支持北京“两区”建设 提升地区跨境贸易投融资便利化水平的意见》①，推动形成跨境金融支持“两区”开放创

① 北京“两区”即国家服务业扩大开放综合示范区和中国（北京）自由贸易试验区。

新的政策体系。金融市场双向开放加速推进，“沪港通”“深港通”“债券通”“跨境理财通”等外资参与境内金融市场的深度和广度不断拓展，为投资者优化资产配置、加强财富管理提供多元渠道。国际金融合作创新发展，广西举办第14届中国—东盟金融合作与发展领袖论坛，发布《2022年人民币东盟国家使用报告》。

（二）绿色金融改革持续推进

2022年，各绿色金融改革创新试验区在制定绿色金融标准、完善环境信息披露、强化政策激励约束、创新产品和服务、广泛开展国际合作等方面取得积极成效，绿色金融供给提质增量。《重庆市建设绿色金融改革创新试验区总体方案》《江西省绿色金融发展规划（2022—2025年）》《湖北省绿色项目贷款提升行动方案》印发实施，推动各地绿色金融改革创新向纵深发展。碳市场建设加快。浙江衢州探索构建碳账户金融闭环体系，实现金融机构投融资业务碳核算可操作、可计量、可验证；广东支持广州碳排放权交易所与香港交易所签署合作备忘录，共同研究推动大湾区碳市场互联互通；上海票据交易所推出再贴现绿色票据信息登记功能；贵州通过制定企业碳排放数据采集标准和评价体系开展碳排放强度评价及分级贴标管理，创新研发与碳排放信息挂钩的金融产品；新疆哈密、昌吉和克拉玛依三地试验片区因地制宜开展碳账户建设。

（三）普惠金融改革创新稳步推进

各地扎实推进普惠金融、小微金融改革创新试点，强化巩固脱贫攻坚成果与乡村振兴的有效衔接，金融服务的覆盖面和可得性显著提升。普惠金融改革试验区扩容。《陕西省铜川市普惠金融改革试验区总体方案》《浙江省丽水市普惠金融服务乡村振兴改革试验区总体方案》《四川省成都市普惠金融服务乡村振兴改革试验区总体方案》印发实施，为全国普惠金融发展进一步积累可复制可推广的经验。科技赋能普惠金融支持效果显著。福建宁德、龙岩聚焦数字普惠金融，打造普惠金融发展“新引擎”，推进建设“担保云”“普惠金融信用信息平台”、龙岩数字普惠金融服务平台等；江西赣州、吉安两地推动用好江西省小微客户融资服务平台与农村经营户信用信息联网核查平台，创新线上金融产品，不断提高数字普惠金融服务质效。

（四）金融支持科技创新质效提升

各地开展科创金融改革创新试点，着力加强科技资源与金融资源有效对接。浙江杭州在金融综合服务平台创新开设“知识产权”“供应链”“专精特新”等科创特色融资专区；山东济南科创金融改革试验区着力建立“人才＋资本”融资服务模式，推出科创人才贷、科创专利贷等创新金融产品；辽宁沈阳落实“金融助百企”科技金融能力提升工程三年（2023—2025年）专项行动，跟踪摸查国家重点科技创新企业融资需求，建立重点科技企业支持白名单。

（五）科技赋能金融创新发展

各地紧扣科技高水平供给和区域高质量发展，推进科技赋能金融创新。天津依托区块链技术开展仓单质押融资业务，成功获批国家级“区块链＋贸易金融”特色领域试点资格；河北石家庄推广运用金融科技创新监管工具，雄安新区打造金融科技创新行为全生命周期监管框架体系，依托创新成果正式发布《5G切片技术的敏捷银行服务规范》《雄安新区区块链支付平台》等金融团体标准。数字人民币试点应用场景进一步丰富。江苏昆山实现数字人民币对公钱包在缴纳土地出让金、线上办理退税、增值税留抵退税以及小微企业贷款等领域的应用；福建厦门落地“农业碳汇交易平台创新数字人民币应用场景”，运用数字人民币实现农业碳汇交易，助力乡村振兴绿色转型。

第三部分　区域经济金融展望

2023年是全面贯彻党的二十大精神的开局之年。当前全球经济增长放缓，通胀仍处高位，地缘政治冲突持续，发达国家央行政策紧缩效应显现，国际金融市场波动加剧。国内经济运行面临新的困难和挑战，主要是国内需求不足，一些企业经营困难，重点领域风险隐患较多。但我国经济具有巨大的韧性和潜力，长期向好的基本面没有改变。全国各地区在以习近平同志为核心的党中央坚强领导下，全面贯彻落实党的二十大精神，按照中央经济工作会议部署，坚持稳中求进工作总基调，牢牢把握高质量发展首要任务，扎实推进中国式现代化，完整、准确、全面贯彻新发展理念，加快构建新发展格局。要深入实施区域协调发展战略、区域重大战略、主体功能区战略、新型城镇化战略，优化重大生产力布局，构建优势互补、高质量发展的区域经济布局和国土空间体系。推动西部大开发形成新格局，支持东北全面振兴取得新突破，促进中部地区加快崛起，鼓励东部地区加快推进现代化。推进京津冀协同发展、长江经济带发展、长三角一体化发展、粤港澳大湾区发展，推动黄河流域生态保护和高质量发展，高标准、高质量建设雄安新区，推动成渝地区双城经济圈建设。

中国人民银行将坚持以习近平新时代中国特色社会主义思想为指导，按照党中央、国务院的决策部署，精准有力实施好稳健的货币政策，加大逆周期调节力度，全力做好稳增长、稳就业、稳物价工作，为实体经济提供更有力支持。保持流动性合理充裕，保持信贷合理增长、节奏平稳。继续发挥好已投放的政策性开发性金融工具资金作用，增强政府投资和政策激励的引导作用，有效带动激发民间投资。关注物价走势边际变化，保持物价水平基本稳定。发挥结构性货币政策工具的带动作用，继续加大对普惠金融、绿色发展、科技创新、基础设施建设等国民经济重点领域和薄弱环节的支持，综合施策促进区域协调发展。完善市场化利率形成和传导机制，发挥政策利率引导作用，持续释放贷款市场报价利率改革效能和存款利率市场化调整机制重要作用，推动企业融资和居民信贷成本稳中有降。构建金融有效服务实体经济的体制机制，完善金融支持科技创新体系，继续加大对企业稳岗扩岗和重点群体创业就业的金融支持力度。适应房地产市场供求关系发生重大变化的新形势，适时调整优化房地产政策，促进房地产市场平稳健康发展。兼顾好内部均衡和外部均衡，保持人民币汇率在合理均衡水平上的基本稳定，坚决防范汇率超调风险。推进金融高水平双向开放，提高开放条件下经济金融管理能力和防控风险能力。

展望2023年，随着稳经济一揽子政策和接续措施的全面落地见效，对经济增长的拉动效能将持续释放，各地区经济韧性将进一步彰显。

东部地区率先建立现代化经济体系的动力进一步增强，京津冀、长三角、粤港澳大湾区等区域重大战略加快实施，上海浦东新区加快打造社会主义现代化建设引领区，深圳中国特色社会主义先行示范区纵深推进，浙江在高质量发展中奋力推进中国特色社会主义共同富裕先行；金融服务体系进一步健全，金融稳定保障体系不断强化，金融改革创新积极推进，金融活力持续增强，有力支持东部地区加快推进现代化。

中部地区经济增长潜力有望进一步释放，中部崛起重大战略积极推进，与“一带一路”建设、京津冀协同发展、长江经济带发展等衔接强化，创新驱动发展动能增强，产业结构优化升级加快推进，城乡和区域一体化发展新格局加快打造，有效推动区域协调发展；金融风险整体收敛、金融改革不断深化，有力促进中部地区加快崛起。

西部地区将继续深入推进西部大开发，加大重点生态工程实施力度，大力推进西部陆海新通道建设，优化中欧班列组织运营模式，推动具备条件的产业集群化发展，提升能源资源开发利用效率，推进成渝地区双城经济圈建设，加强西北地区与西南地区合作互动，提升基本公共服务均等化水平；金融业将进一步优化资源配置，提升支持实体经济能力，稳步推进乡村振兴和绿色生态发展，推动西部大开发形成大保护、大开放、高质量发展的新格局。

东北地区将持续深入优化营商环境，深化国有企业改革，稳步推进产业转型升级，强化沈阳都市圈建设，辽宁实施全面振兴新突破三年行动，吉林推进补短板重大项目建设和城市更新行动，加快农业强省建设，黑龙江着力加快产业发展，提振市场信心，增强经营主体活力，扎实推动经济运行整体好转；金融业将进一步优化生态环境，持续提高金融服务实体经济质效，推动东北全面振兴取得新突破。

第四部分　专　题

专题 1　货币政策助力稳经济一揽子政策措施落地见效

2022 年，面对需求收缩、供给冲击、预期转弱三重压力，同时叠加新冠疫情反复、外部环境动荡等国内外超预期因素冲击，人民银行坚决贯彻落实党中央、国务院出台的稳经济一揽子政策，加大稳健货币政策实施力度，推动信贷总量合理增长，信贷结构不断优化，综合融资成本明显下降，为稳住宏观经济大盘和高质量发展提供强有力的金融支持。

一、稳总量，金融支持稳增长作用明显

（一）加大稳健货币政策实施力度，增强总量增长稳定性

人民银行密切结合宏观经济形势变化，作出前瞻性跨周期安排，稳健货币政策取得积极成效。一是保持流动性合理充裕。2022 年第一季度通过中期借贷便利操作净投放长期流动性 4000 亿元，4 月及时全面降准 0.25 个百分点，年内提前完成向中央上缴结存利润 1.13 万亿元，靠前发力营造适宜的货币金融环境。根据疫情反复和形势变化，12 月再次降准 0.25 个百分点，配合公开市场操作等多种方式合理投放流动性。运用好常备借贷便利工具，及时向地方法人机构提供流动性支持。二是加强政策窗口指导。在 5 月 25 日国务院召开稳住经济大盘会议部署稳经济一揽子政策后，人民银行多次召开金融机构主要负责人会议，引导金融机构按市场化原则加大贷款投放力度，国有大行和开发性政策性银行带头发挥了逆周期调节作用。三是有力推动稳增长举措体现实效。人民银行各分支机构参与建立各地稳增长政策落实督导机制，充分用好各类货币政策工具加大激励引导力度，推动政策落地见效。如南京分行参与制定稳经济“苏政 40 条”，及时出台江苏“货币金融 26 条”。广州分行、济南分行等配合开展督导服务“回头看”，督促地方落实稳经济一揽子及接续政策。2022 年末全国人民币贷款、广义货币（M2）、社会融资规模存量同比分别增长 11.1%、11.8% 和 9.6%，有力支持实体经济恢复发展。

（二）用好政策性开发性金融工具，有效发挥投资稳大盘的关键作用

在稳经济大盘的紧要关口，2022 年 6 月，人民银行支持设立政策性开发性金融工具用于补充重大项目资本金，及时调增政策性开发性银行 8000 亿元信贷额度，保障重大项目融资。一是抢抓时间窗口推动政策快速落地。会同相关部门迅速完成管理办法制定和基金设立，深化部门联动，推动基金在各省份快速落地。8 月 26 日，首轮 3000 亿元基金全部完成投放，有力支持加快项目开工和建设进程。二是加大基础设施中长期贷款投放力度。联合 11 个部门建立项目融资清单，指导银行优化重大项目融资服务，将水利、交通等基础设施贷款最长期限延长至 35~45 年。2022 年，银行已向“白名单”内重大项目授信超 5 万亿元。三是督导加快形成实物工作量。积极参与推进有效投资协调机制和组建工作专班，建立规划许可、施工许可、用地、环评等容缺审批机制，支持项目开工建设。2022 年，政策性开发性金融工具共投放资金

7399亿元，补充了沪渝蓉沿江高铁等2700多个重大项目资本金，带动投向基础设施领域的中长期贷款余额同比增长13%。

二、优结构，助力实体经济高质量发展

（一）创新实施多项阶段性结构性货币政策工具，全力支持经营主体纾困提质

2022年，人民银行先后推出多项阶段性结构性货币政策工具，引导加大相关领域信贷投放。累计发放科技创新再贷款2000亿元，利率为1.75%，有力支持科技创新和产业技术升级。累计发放交通物流专项再贷款242亿元，利率为1.75%，并对收费公路贷款在2022年第四季度减息0.5个百分点，助力物流供给保障到位。累计发放设备更新改造专项再贷款809亿元，项目享受再贷款工具和财政贴息的双重支持。适时出台2000亿元保交楼贷款支持计划，支持房地产市场稳健运行。

（二）继续发挥普惠、绿色等结构性货币政策工具的牵引带动作用

接续实施两项直达实体经济的货币政策工具，全年增加支农支小再贷款额度4000亿元，设立普惠小微贷款支持工具。2022年末，全国支农、支小、扶贫再贷款、再贴现余额分别为6004亿元、1.4万亿元、1463亿元和5583亿元，支持地方法人机构增加普惠小微贷款共计1.6万亿元，全国涉农贷款余额同比增长14%。继续用好碳减排支持工具和支持煤炭清洁高效利用专项再贷款，分别累计发放资金3097亿元、811亿元，利率均为1.75%，带动年度碳减排量超1亿吨二氧化碳当量。在浙江等5省份试点发放普惠养老专项再贷款7亿元，推动增加普惠养老服务供给。

（三）创新金融产品服务，推动经济高质量发展

持续强化制造业、科创、绿色发展等重点领域金融服务，打通关键环节融资堵点。加大对产业链供应链“强链”“补链”金融支持力度，引导金融机构创新订单、应收账款等供应链金融产品。设立科技金融专营机构，创新投贷联动等金融服务模式及专属产品。实施绿色低碳转型专项行动，引导绿色金融创新。湖南推行“一链一行、一链一策”主办行供应链金融模式，助力22条新兴产业链、745家核心企业及链属中小企业高效融资。湖北出台排污权抵（质）押贷款和碳排放权质押贷款操作指引，助力可持续发展挂钩贷款、绿色采矿权抵押贷款等有效落地。2022年末，全国制造业中长期贷款、科技型中小企业贷款、绿色贷款同比分别增长36.7%、24.3%和38.5%，均高于各项贷款增速。

三、降成本，提升经营主体获得感

（一）持续引导市场利率下行

2022年，1年期和5年期以上LPR均较2019年末下降0.5个百分点。人民银行各分支机构推动辖内地方法人金融机构落实存款利率市场化调整机制，稳定银行负债成本，2022年，地方法人金融机构存款挂牌利率普遍下调10个基点。各地通过专项辅导、重点培育、效果监测等方式支持非金融企业发债融资，债券发行利率也有所下降。2022年，非金融企业在银行间市场发行的中期票据、短期融资券加权平均利率分别为3.48%和2.46%，比上年分别下降0.51个和0.50个百分点。

（二）持续释放贷款市场报价利率改革效能

完善“央行引导＋市场利率→贷款市场报价利率→贷款利率”市场化利率传导路径，各金融机构通过将贷款市场报价利率内嵌至内部资金转移定价等方式，及时将市场利率降幅传导至贷款利率，切实降低实体经济利息成本，经营主体获得感明显增强。2022年12月，全国新发放贷款加权平均利率为

4.14%，同比下降0.62个百分点，其中企业贷款加权平均利率为3.97%，同比下降0.60个百分点，创有统计以来新低。

（三）不断降低综合融资成本

人民银行各分支机构指导金融机构通过企业登记注册、预约开户销户“一网通办”等方式优化服务流程，减轻企业费用负担。推动金融机构运用互联网、大数据、云计算等信息技术，降低企业贷款成本。甘肃金融机构优化手续费支付程序并同步公示价格，全年累计减免支付手续费13亿元。四川增加融资担保增量奖补资金发放，引导小微企业和个体工商户平均担保费率分别降至1%和0.81%。

四、重协调，强化融资配套服务

（一）强化部门协同

人民银行各分支机构与地方部门密切配合，在制造业、科创、绿色发展等多个重点领域，建立金融跨部门协调会商机制，形成政策合力，营造良好融资环境。江苏建立“货币金融政策落实专班”，定期跟踪督导政策落实情况。天津建成366个集贷款、结算、保险、担保等多功能于一体的一站式综合性金融服务示范点。

（二）加大财政金融政策互动

推动完善财政贴息、信用增进、风险分担等配套机制，为信贷可持续投放和经济社会重点领域、薄弱环节金融服务提供有效保障。湖南推动银行与政府性融资担保机构“总对总”批量担保合作，最高分担80%的风险。四川创设“支小惠商贷”等“再贷款+”财金互动产品，财政部门按照1.5%给予贴息。陕西建立8亿元小微企业贷款风险补偿资金。

（三）开展常态化融资对接

会同行业主管部门梳理重点领域融资需求清单，主动开展线上线下融资辅导，实施多层次、多形式融资对接。2022年，由人民银行各分支机构推动组织的银企融资对接户数超过650万户，融资对接金额近8万亿元。重庆打造“长江渝融通”货币信贷大数据系统，提供7×24小时融资对接服务。浙江杭州通过“民企金融联络员”，上门开展政策讲解、产品推介、财务辅导等“三合一”金融培育。

专题 2 运用结构性货币政策工具有力应对疫情冲击

2022年，我国经济发展遇到疫情反复等多重超预期因素冲击，经营主体面临较大困难。人民银行按照党中央、国务院决策部署，果断应对、及时出手，创新运用结构性货币政策工具做好“加法”，推动缓解疫情冲击影响，支持经济恢复发展。

一、创新结构性货币政策工具，加大对受疫情影响行业群体的金融支持

疫情发生以来，国际上广泛运用结构性货币政策工具，引导加大对疫情应对重点领域和薄弱环节的金融支持。如美联储推出8项流动性救助工具、欧央行延续实施定向长期再融资操作、英格兰银行推出中小企业定期融资计划、日本银行设立企业特别融资操作等，支持向企业和家庭等实体部门提供贷款。

我国坚持聚焦重点、合理适度、有进有退，创设多种结构性货币政策工具，及时有力应对疫情对实体经济的冲击。

一是聚焦保就业保民生。小微企业是带动就业的主力军。疫情因素叠加冲击下，各地区不少小微经营主体遇到困难，亟待纾困支持。2021年12月，普惠小微企业贷款延期支持工具转换为普惠小微贷款支持工具，对地方法人金融机构发放的普惠小微贷款，按余额增量的1%提供激励资金，并自2022年第二季度起将比例提高至2%，鼓励持续增加普惠小微贷款。2022年11月，推出普惠小微贷款阶段性减息政策，支持相关金融机构2022年第四季度对符合条件的普惠小微贷款减息1个百分点。

二是着眼保障交通物流畅通。交通物流连接生产和消费，是促进产业链供应链稳定的重要基础。疫情发生以来，各地区交通通行受到影响，交通物流经营主体负担加重，需要加大保通保畅支持力度。2022年5月，创设交通物流专项再贷款，强化支持道路货物运输经营者和中小微物流（含快递）企业；增加民航应急贷款，适当扩大支持范围，加大对民航企业纾困支持力度。2022年11月，推出收费公路贷款支持工具，支持相关金融机构2022年第四季度对收费公路贷款减息0.5个百分点。针对性举措有效衔接，有力保障产业链供应链顺畅运转。

三是紧扣助力疫后经济恢复。推动经济社会发展薄弱环节设备更新改造，有利于提升供给潜力，增强实体经济发展后劲。2022年9月，设立设备更新改造专项再贷款，支持金融机构以不高于3.2%的利率向制造业、社会服务领域和中小微企业、个体工商户等设备更新改造提供贷款。财政部门为贷款提供2.5个百分点的贴息支持。

二、各地区积极推动结构性货币政策工具落地落实

（一）加强政银企协同，推动政策工具快速落地

一是人民银行、地方政府部门协同抓落地。各地区人民银行与地方政府部门加强协同配合，迅速搭建联合工作机制，通过细化工作安排、筛选企业和项目“白名单”、高频次开展监测督导等举措，推动政策快速落地。山东、重庆第一时间搭建跨部门“工作协调、名单对接、成效监测”机制，全流程督导设备更新改造、交通物流专项再贷款迅速落地。

二是推动金融机构及时响应、快速落实。各地区推动金融机构简化业务流程、下放业务权限、探索批量化自动化业务操作，让政策快速落地。各金融机构积极克服疫情困难，保障金融服务不中断、政策落地不延迟。河

北推动银行升级信贷系统，将普惠小微贷款减息资金快速、自动返还企业，让企业“免申即享”。

（二）做好融资对接，促进政策工具精准直达

一是加强宣传培训，提高政策工具知晓度。各地区线上线下广泛开展政策宣讲、解读，并创新“政策明白卡”“一图读懂专项再贷款宣传长图”等通俗易懂的宣传模式，让更多经营主体“知政策”“懂政策”。同时，对金融机构开展培训，帮助吃透政策精神、把握执行要求。上海举办20余场线上宣讲对接活动，为6万余人次宣讲结构性货币政策工具等金融政策。

二是开展多层次融资对接活动，提升需求匹配质效。各地区围绕地方政府部门推送的“白名单”，组织专题对接活动，全流程加强督导、推动，促进提高对接质效。同时，加强金融科技运用，开通线上服务平台、“贷款码”等，实现融资对接常态化。2022年，各地区开展结构性货币政策工具融资对接会约5000场次。重庆在普惠小微经营主体聚集区域建设金融服务港湾403个，常态化组织对接走访、扫码申贷，累计支持8.7万户经营主体贷款超950亿元。

（三）引导降低贷款利率，发挥政策工具价格优势

一是引导金融机构实施内部资金转移定价（FTP）优惠。各地区引导金融机构将结构性货币政策工具利率纳入FTP、对政策工具支持的贷款给予FTP优惠，降低内部转移给信贷部门的资金成本，推动降低经营主体最终获贷利率。广东部分地方法人银行对符合再贷款要求的贷款在FTP上给予的优惠可达50~70个基点。

二是推动地方财政出台贷款贴息政策。各地区推动地方财政对结构性货币政策工具支持的贷款出台贴息、担保费补贴等政策，进一步降低经营主体融资负担。深圳按不超过2022年内支付银行利息的50%、最高20万元，对交通物流专项再贷款支持的贷款给予贴息。

（四）强化服务保障，协调政策工具落地

一是及时疏通政策工具落地梗阻。各地区建立“值班员”“热线电话”等制度，及时为经营主体答疑解惑。同时，依托跨部门工作机制，推动地方政府和金融机构双向反馈、快速协调解决政策落地难题。2022年，各地区协调解决结构性货币政策工具落地问题1300余个。福建对设备更新改造专项再贷款项目，按贷款投放情况划分为绿、黄、红三档，分类施策疏通堵点。

二是严格政策工具管理，防止“跑冒滴漏”。各地区加强结构性货币政策工具台账管理，开展非现场监测和现场核查，严格确保政策资金投向符合规定。四川依托大数据平台，开发政策工具电子台账，精准化开展再贷款贷后监督。

三、运用结构性货币政策工具应对疫情支持经济发展取得积极成效

（一）发挥好稳总量和优结构的作用

结构性货币政策工具有基础货币投放功能，有利于保持银行体系流动性合理充裕，支持疫情冲击下贷款总量的稳定增长，稳固对实体经济支持力度。同时，促进金融资源向亟待纾困支持领域倾斜，发挥精准滴灌实体经济的独特优势。截至2022年末，各地区累计发放交通物流专项再贷款242亿元、设备更新改造专项再贷款809亿元，提供普惠小微贷款支持工具激励资金275亿元，推动全年人民币贷款实现同比多增，为经济加快恢复营造良好环境；助力年末交通运输业贷款增长10.2%，制造业中长期贷款增速同比提高4.9个百分点，普惠小微贷款增速高于各项贷款12.7个百分点，有力支持纾困解难，

畅通经济循环。

（二）引导降低经营主体融资成本

结构性货币政策工具有价格优势，有助于帮助经营主体降低融资成本、改善财务状况，增强应对疫情冲击的韧性。2022年，各地区运用交通物流、设备更新改造专项再贷款发放的贷款加权平均利率均明显低于同期企业贷款加权平均利率；若考虑中央财政的专项贴息，相关领域经营主体实际承担的财务成本更低；在普惠小微、收费公路贷款阶段性减息政策支持下，相关经营主体分别享受利息减免269亿元和83亿元。浙江某装饰企业叠加享受普惠小微领域两项政策支持，第四季度融资成本年化利率仅为2.7%。

（三）助力实体经济纾困和发展

在结构性货币政策工具的支持下，普惠小微经营主体纾困、交通物流保通保畅、制造业等领域市场需求提振取得阶段性成效，助力实现促消费、扩投资、带就业的综合效应。2022年，新增城镇就业超额完成预期目标，全社会营业性货运量比2019年增长8.2%，制造业、卫生医疗和教育等设备更新改造集中领域投资增速分别高于全部投资4.0个、22.2个和0.3个百分点。

专题 3　存款利率市场化改革取得新进展

2022 年，人民银行指导市场利率定价自律机制（以下简称利率自律机制）建立了存款利率市场化调整机制，进一步疏通市场利率向存款利率的传导，金融机构存款利率定价能力持续提升，存款利率市场化水平明显提高。

一、存款利率市场化改革向前迈进重要一步

2015 年 10 月，人民银行放开了对存款利率的行政性管制。利率自律机制成员在自律上限内自主确定存款利率。2021 年 6 月，人民银行指导利率自律机制优化存款利率自律上限形成方式，由存款基准利率乘以一定倍数形成，改为加上一定基点确定。这既提升了银行存款利率自主定价能力，也有利于引导降低中长期定期存款利率，优化存款期限结构，促进市场有序竞争。但由于存款市场竞争较为激烈，在实际执行中，许多银行的定期存款和大额存单利率接近自律上限，一定程度阻碍了市场利率向存款利率的有效传导。

2022 年 4 月，人民银行指导利率自律机制建立了存款利率市场化调整机制，自律机制成员银行参考以 10 年期国债收益率为代表的债券市场利率和以 1 年期贷款市场报价利率（LPR）为代表的贷款市场利率，合理调整存款利率水平。这一机制促进银行跟踪市场利率变化，提升存款利率市场化定价能力，维护存款市场良性竞争秩序。建立存款利率市场化调整机制重在推动存款利率进一步市场化，对银行的指导是柔性的。银行可根据自身情况，参考市场利率变化，自主确定其存款利率的实际调整幅度。新的机制建立后，银行的存款利率市场化程度更高，在当前市场利率总体有所下行的背景下，有利于银行稳定负债成本，促进实际贷款利率进一步下行。

二、存款利率管理的国内实践

（一）积极贯彻存款利率市场化调整机制

人民银行指导各分支行及省级利率自律机制加强政策宣导，确保调整机制落地落实。天津分行、海口中支、长沙中支等指导当地利率自律机制发布利率自律倡议，及时引导法人银行结合自身实际合理下调存款挂牌利率；银川中支对重点金融机构“一对一”指导，推动金融机构将存款利率定价与 LPR 和国债利率联动；昆明中支发挥“大行带小行”作用，引导金融机构合理降低负债成本。

（二）持续加强存款利率监测管理

人民银行继续加大对存款市场的管理与监督力度，继续禁止金融机构开展靠档计息、周期付息型存款业务，要求地方法人金融机构不得开展异地存款业务，指导利率自律机制发布《关于加强协议存款自律管理的倡议》，督促金融机构依法合规开办协议存款。持续监测、严格禁止互联网存款违规产品，保护存款市场平稳有序运行。天津分行会同银保监局探索搭建协同管理机制，形成监管合力；福州中支、银川中支针对招标类存款，积极探索全流程管理模式，稳定市场秩序，避免招投标存款利率过度竞争。

（三）引导金融机构提高存款利率定价能力

人民银行通过定价行为评估以评促建、借鉴国内外先进经验等方式，持续推动金融机构建立科学完善、支持差异化精细化定价的存贷款定价模型，不断优化内部定价授权管理制度，将LPR嵌入内部资金转移定价（FTP）系统并运用于绩效考评，引导金融机构根据自身发展确定科学合理的定价策略，促进金融机构定价能力整体提升。福州中支、长沙中支、海口中支等积极推动各省农信联社做好统一规划，为全省农信系统提供科技支持，完成FTP系统开发上线并在内部大力推广使用，解决了单家农信机构系统开发成本高、效率低的问题。

三、存款利率市场化改革成效

（一）利率传导机制更加顺畅

存款利率市场化调整机制建立后，政策利率、市场利率向存款利率的传导更加顺畅。从实际情况看，新的机制建立后，存款利率市场化调整机制的影响力和覆盖面持续扩大。工行、农行、中行、建行、交行、邮储银行六大国有银行和大部分股份制银行均已于2022年4月下旬陆续下调其1年期以上期限定期存款和大额存单利率。2022年4月最后一周（4月25日至5月1日），全国金融机构新发生存款加权平均利率为2.37%，较前一周下降10个基点。2022年9月15日，六大国有银行主动根据市场利率变化下调存款挂牌利率和内部定价授权上限，其中，1年期、3年期定期存款挂牌利率分别下调10个和15个基点；大部分股份制银行随即跟随下调，各期限定期存款挂牌利率下调幅度在10个~50个基点不等；各地城商行、农商行、农信社、村镇银行等地方法人银行也积极跟随，如2022年9月15日至年末，福建共有58家地方法人金融机构不同程度下调各期限定期存款挂牌利率。

（二）银行负债成本稳中有降

近年来，市场利率持续下行，但作为银行主要负债来源的存款利率下降相对滞后，金融机构净息差水平、盈利能力下降，在一定程度上弱化了金融支持实体经济的能力。存款利率市场化调整机制等改革举措能有效引导银行加强资产负债管理，促进银行负债成本稳中有降，提高金融支持实体经济的可持续性。调查数据显示，2022年12月，金融机构整存整取定期存款加权平均利率为2.24%，比2022年4月下降20个基点。分区域看，东部、中部、西部、东北地区定期存款加权平均利率分别为2.25%、2.15%、2.21%和2.38%，分别比2022年4月下降19个、25个、17个和20个基点，均超过了2022年1年期LPR累计15个基点的降幅。负债成本的下降也为金融机构进一步让利实体经济拓宽了空间。2022年12月，全国、东部、中部、西部、东北地区一般贷款加权平均利率分别为4.57%、4.48%、4.63%、4.88%和4.68%，分别比2022年4月下降57个、61个、56个、44个和49个基点。

（三）存款利率定价规范化程度提高

存款利率定价具有较强外部性，金融机构高息揽储，容易产生负面示范效应，不利于维护公平竞争环境。在人民银行持续引导下，金融机构存款定价行为更加规范，各类违规存款创新产品、地方法人银行异地存款产品以及高息揽储、存款违规宣传等行为受到遏制，金融机构定价能力明显提升。根据调查，截至2022年末，全国已建立FTP系统的地方法人金融机构占比为59.9%；在已建立FTP系统的地方法人金融机构中，存款FTP曲线挂钩LPR或国债收益率等市场基准利率的机构占比达74.2%；金融机构基本能够平衡成本与收益合理制定存款利率。与之前许多银行存款利率定价普遍接近自律上限情况相比，2022年12月，四家大型国有银行、股份制银行、城商行、农商行、农信社、村镇银行1年期整存整取定期存款平均挂牌利率分别低于其自律上限47个、44个、24个、28个、27个和13个基点，幅度分别比2022年4月扩大3个、4个、8个、9个、8个和3个基点。

四、下一步工作方向

人民银行将继续推动存款利率市场化改革。一是发挥存款利率市场化调整机制重要作用。引导地方法人银行参考市场利率变化调整存款利率水平，使中央银行政策利率通过市场利率向贷款利率和存款利率的传导更加顺畅。二是继续加强存款利率监测管理。提高各级利率自律机制管理效率，发挥合格审慎评估、宏观审慎评估作用，引导金融机构科学合理定价，规范存款市场竞争秩序。三是继续提高金融机构尤其是中小金融机构存款利率定价能力。搭建同业信息交流平台，组织开展业务培训，引导金融机构借鉴国内外先进经验，完善利率定价的组织结构、机制建设、信息系统建设、决策执行等，不断提高存款利率差异化定价能力。

专题 4 发挥地方政府合力推动金融可持续发展

统筹推进宏观调控，支持金融可持续发展，需要加强政策间的协调配合。2022年，人民银行分支机构与地方政府加强配合，在推动项目对接、贴息担保、信息共享、政策宣传等支持金融可持续发展方面，建立健全工作机制，疏通政策堵点，共同推动各项金融政策落地见效，不断提升经营主体融资获得感和满意度。

一、与地方政府加强配合

（一）搭建融资项目对接机制，助推政策精准高效落地

一是建立重点工作推进机制。各地区建立多部门参加的金融支持政策落地专项工作机制，制订工作计划，明确责任分工，多次召开工作推进会，制定配套政策，推动政策落地见效。如人民银行杭州中支会同9个省级部门建立浙江省金融支持政策集成落地攻坚专项工作机制，出台金融支持物流保通保畅、文化和旅游业纾困发展等16个专项政策。

二是建立难点工作专班机制。各地区建立政策性开发性金融工具、设备更新改造专项再贷款等工作专班，实行集中办公、特事特办，及时协调解决容缺办理、贷款主体资质认定、承诺书签订等方面困难。如人民银行广州分行参与广东省重大项目并联审批工作专班，落实日调度机制，梳理需国家支持协调事项清单，加快推进项目签约和投放要素保障。

三是建立常态化政银企融资对接机制。各地区建立与发改、工信、科技等行业主管部门的联动机制，召开多层次银企对接会，促进信贷供需精准匹配。如贵州全年组织召开各类银企对接会264场，对接企业6013户，发放贷款金额约1500亿元。

（二）强化财政、担保与金融支持配套合作，提升激励效果

一是建立健全财政贴息、奖补制度。积极推动各级财政部门出台贷款贴息、财政奖励等配套制度，发挥财政资金"四两拨千斤"的杠杆撬动作用。如重庆对2022年新发放的碳减排贷款按照本金的0.2%给予财政补贴。

二是强化融资担保、风险补偿合作。推动政府性融资担保机构合理提高担保放大倍数，降低担保费率和反担保要求，扩大担保覆盖面。推动地方政府设立风险补偿基金、风险池等，分担涉农、小微金融等贷款损失。如黑龙江出台中小企业稳企稳岗基金担保贷款风险补偿政策，对500万元（含）以下的担保贷款全额减免担保费。

（三）完善信息共享机制，提升融资服务能力和地区信用环境

一是强化地方征信平台建设。各地区充分发挥各类信用信息平台作用，加强涉企信用信息共享整合，深化大数据应用，完善信用评价体系，破解银企信息不对称难题。如青海建立"青信融"平台，归集了23个部门共4700万条涉企公共信用信息。

二是建立重点企业"白名单"推送机制。各地区建立货币政策工具支持"白名单"，通过线上系统推送至金融机构，组织金融机构精准对接。如人民银行太原中支联合12个省级部门梳理了28类1.1万家重点企业"白名单"。

（四）开展金融支持政策联动宣传，提高政策认知度

一是联合开展经营主体走访宣传帮扶活动。联合政府部门深入基层开展走访帮扶活动，加强金融政策宣传，面对面协调解决企业融资难题。如人民银行杭州中支联合浙江省工商联组建"金融联络员"队伍，2022年

累计对接经营主体2.7万余家，解决融资需求6000余亿元。

二是联动开展政策宣讲。联合政府部门举办新闻发布会、政策宣讲会等，提升金融政策知晓度和覆盖面。如上海举办20余场金融助企纾困政策线上宣讲对接活动，累计为6万余人次宣传金融政策、产品和服务。

二、地方财政与金融协调配合取得突出成效

（一）协同推进金融支持政策工具落地，助力稳定宏观经济大盘

2022年，人民银行指导设立政策性开发性金融工具，推出设备更新改造专项再贷款，中央财政予以贴息，地方各级财政部门积极做好贴息资金预拨和审核工作，有力支持扩大有效投资。2022年，金融机构完成两批次共7399亿元政策性开发性金融工具投放工作，支持补充重大项目资本金，带动我国基础设施投资同比增长9.4%，明显高于2021年增速。人民银行通过设备更新改造专项再贷款累计支持金融机构对2556个项目发放设备更新改造项目贷款1214亿元，中央财政为贷款主体贴息2.5%后实际贷款成本不高于0.7%。

（二）引导金融机构加大重点领域金融支持力度，优化信贷投向

全国多地区将金融机构落实货币信贷政策情况纳入当地财政资金存款竞争性存放评价指标，引导金融机构加大对小微企业、制造业、科技创新、“三农”等重点领域金融支持。2022年末，我国普惠小微贷款、涉农贷款、绿色贷款余额同比分别增长23.8%、14.0%和38.5%，均高于各项贷款增速。

（三）发挥财政贴息奖补作用，推动实际贷款利率稳中有降

全国多地区出台针对货币政策工具等的财政贴息、奖补政策，引导金融机构向实体经济合理让利。2022年12月，我国企业贷款加权平均利率为3.97%，同比下降0.6个百分点，为有统计以来新低。

（四）发挥财政金融风险防范化解合力，提升中小银行风险抵御能力

各地区建立地方财政金融风险处置机制，通过设立风险补偿基金、发行地方政府专项债券补充中小银行资本金，提升金融机构风险抵御能力。2020—2022年，全国新增5500亿元地方政府专项债券，用于补充中小银行资本金。2022年末，我国商业银行不良贷款率为1.63%，同比下降0.1个百分点，处于历史低位。

三、政策建议

（一）加强财政、货币政策协调配合

在服务实体经济方面，货币政策应侧重于总量的跨周期调节，兼顾结构优化，全力做好稳增长、稳就业、稳物价工作；财政政策应更侧重于经济结构优化引导，发挥对科技创新、绿色发展、民生等领域的定向调控支持作用，侧重于解决中长期结构性问题，着力支持扩大内需。在防范化解重大风险方面，财政、货币政策要加强协调，提高企业债务风险、地方政府债务风险和中小银行金融风险应对能力。

（二）持续加大融资担保、风险补偿支持力度

在政府性融资担保方面，加大财政资金投入，健全融资担保机构资本金补充、尽职免责等机制，持续扩大担保倍数和融资覆盖面。在风险分担方面，进一步加大在地方风险分担中的财政投入，适当提高不良容忍度，降低追责问责要求。

（三）健全常态化产融信息共享机制

持续完善顶层制度设计，建立健全金融与产业部门常态化信息共享与政策协调机制。在国家层面，加强统筹大数据协调运用工作，进一步将发改、工信、科技等部门重点支持领域信息整合纳入，不断提高数据准确性、

完整性和及时性；鼓励企业通过自愿填报等方式，动态补充完善自身信息和融资需求，提高银企对接效率。

中国人民银行广东省分行货币政策分析小组

总 纂：白鹤祥 陈玉海

统 稿：张 皓 王 军 肖 跃 陈 瑞

执 笔：胡逸闻 王昭彤 黄载良 李 帆 吴嘉业 邹同力 陈灵芝 王海青 梁梓豪

提供材料：黄 珊 何达之 史 琳 赖咏涛 陈炜驰 陈俊霖 牛润盛 孔凡东 赖锐标 马楚莹 陈亚东 洪 光

专题及各区域板块经济金融运行部分执笔人（排名不分先后）

山东省分行货币政策分析小组	杨德彬 宋 倩
湖北省分行货币政策分析小组	段 鹏 吴小猛 刘肇铭
云南省分行货币政策分析小组	刘婷婷 杨逸卉
黑龙江省分行货币政策分析小组	李婷婷 顾婉琪 杨 曦
上海总部货币政策分析小组	吴金友 宋 诚 昝剑飞
深圳市分行货币政策分析小组	庞春阳 蓝 天 肖 晶
河北省分行货币政策分析小组	王治宇 米晓頔
四川省分行货币政策分析小组	霍 帅 龙阅新 陈 倩
海南省分行货币政策分析小组	林 萍 江 凯 严 晋
江苏省分行货币政策分析小组	李晓斌 邓语菲
重庆市分行货币政策分析小组	吴恒宇 王志益
福建省分行货币政策分析小组	徐 清 黄 宁
浙江省分行货币政策分析小组	闫真宇 杜国庆 周能

2022年各地区主要经济金融指标比较表

2022年各地区主要经济指标比较表（Ⅰ）

地区	地区生产总值（亿元）				固定资产投资额（不含农户）（亿元）		社会消费品零售总额（亿元）	外贸进出口（亿元）				实际使用外资（亿美元）	地方财政收支（亿元）		
		第一产业	第二产业	第三产业		房地产开发投资		总额	进口	出口	差额（出口－进口）		差额（收入－支出）	一般公共预算收入	一般公共预算支出
北京	41610.9	111.5	6605.1	34894.3	—	4178.5	13794.2	36445.5	30555.5	5890.0	-24665.5	174.1	-1754.8	5714.4	7469.2
天津	16311.3	273.2	6038.9	9999.3	—	2127.9	—	8448.5	4644.9	3803.6	-841.3	59.5	-883.1	1846.7	2729.8
河北	42370.4	4410.3	17050.1	20910.0	—	4092.1	13720.1	5629.0	2221.6	3407.4	1185.9	16.6	-5249.3	4056.3	9305.6
山西	25642.6	1340.4	13840.9	10461.3	—	1764.2	7562.7	1845.6	634.2	1211.4	577.2	8.3	-2422.5	3454.0	5876.5
内蒙古	23158.6	2653.7	11241.8	9263.1	—	978.3	4971.4	1523.6	893.3	630.3	-263.0	5.4	-3063.3	2824.4	5887.7
辽宁	28975.1	2597.6	11755.8	14621.7	—	2362.0	9526.2	7907.3	4322.8	3584.6	-738.2	61.6	-3736.4	2525.1	6261.4
吉林	13070.2	1689.1	4628.3	6752.8	—	1014.8	3807.6	1558.5	1056.3	502.3	-554.0	4.5	-3193.0	851.0	4044.0
黑龙江	15901.0	3609.9	4648.9	7642.2	—	628.6	5210.0	2651.5	2106.0	545.6	-1560.4	2.3	-4161.3	1290.7	5452.0
上海	44652.8	97.0	11458.4	33097.4	—	4979.5	16442.1	41902.7	24768.5	17134.2	-7636.3	239.6	-1785.0	7608.0	9393.0
江苏	122875.6	4959.4	55888.7	62027.5	—	12406.9	42752.1	54454.9	19639.2	34815.7	15176.5	305.0	-5642.5	9258.9	14901.4
浙江	77715.4	2324.8	33205.2	42185.4	—	12939.5	30467.2	46836.6	12511.2	34325.4	21814.2	193.0	-3977.9	8039.9	12017.8
安徽	45045.0	3513.7	18588.0	22943.3	—	6203.5	21518.4	7530.6	2766.9	4763.7	1996.8	21.6	-4790.6	3589.1	8379.8
福建	53109.9	3076.2	25078.2	24955.5	—	5133.6	21050.1	19828.5	7688.0	12140.5	4452.5	49.9	-2352.0	3339.2	5691.2
江西	32074.7	2451.5	14359.6	15263.7	—	2209.3	12853.5	6713.0	1624.6	5088.4	3463.8	21.7	-4340.7	2948.3	7289.1
山东	87435.1	6298.6	35014.2	46122.3	—	9180.2	33236.2	33324.9	12969.1	20355.8	7386.7	228.7	-5024.5	7104.1	12128.6
河南	61345.1	5817.8	25465.0	30062.2	—	5684.8	24407.4	8524.1	3277.1	5247	1969.9	17.8	-6396.4	4250.4	10646.8
湖北	53734.9	4986.7	21240.6	27507.6	—	5933.9	22164.8	6170.8	1961.5	4209.3	2247.8	26.5	-5342.7	3281.1	8623.9
湖南	48670.4	4602.7	19182.6	24885.1	—	4858.3	19050.7	7058.2	1903.6	5154.5	3250.9	35.3	-5889.9	3101.8	8991.6
广东	129118.6	5340.4	52843.5	70934.7	—	14963.0	44882.9	83102.9	29779.5	53323.4	23543.9	—	-5272.2	13260.9	18533.1
广西	26300.9	4269.8	8938.6	13092.5	—	2206.3	8538.5	6603.5	2898.2	3705.4	807.2	13.7	-4205.6	1687.7	5893.3
海南	6818.2	1417.8	1310.9	4089.5	—	1158.4	2268.4	2009.5	1286.9	722.6	-564.3	37.1	-1264.9	832.4	2097.4
重庆	29129.0	2012.1	11693.9	15423.1	—	3216.9	13926.1	8158.4	2913.0	5245.3	2332.3	18.6	-2789.4	2103.4	4892.8
四川	56749.8	5964.3	21157.1	29628.4	—	7215.8	24104.6	10076.7	3861.6	6215.2	2353.6	35.3	-7034.1	4880.6	11914.7
贵州	20164.6	2861.2	7113.0	10190.4	—	1814.3	8507.1	801.2	277.6	523.6	246.0	5.3	-3965.0	1886.4	5851.4
云南	28954.2	4012.2	10471.2	14470.8	—	3152.0	10838.8	3342.4	1729.8	1612.6	-117.2	7.0	-4750.3	1949.5	6699.8
西藏	2132.6	180.2	804.7	1147.8	—	60.7	726.5	46.0	2.9	43.1	40.2	—	-2413.4	179.6	2593.0
陕西	32772.7	2575.3	15933.1	14264.2	—	4254.8	10401.6	4835.3	1824.0	3011.4	1187.4	14.6	-3449.4	3311.6	6761.0
甘肃	11201.6	1515.3	3945.0	5741.3	—	1481.7	3922.2	584.2	456.9	127.3	-329.6	1.2	-3349.5	907.7	4257.2
青海	3610.1	380.2	1585.7	1644.2	—	296.2	842.1	43.0	16.5	26.5	10.0	0.1	-1646.0	329.1	1975.1
宁夏	5069.6	407.5	2449.1	2213.0	—	420.0	1338.4	257.4	60.6	196.8	136.2	3.4	-1127.7	460.2	1587.9
新疆	17741.3	2509.3	7271.1	7961.0	—	1158.9	3240.5	2463.6	372.4	2091.2	1718.8	4.6	-4945.6	1889.8	6835.4

2022 年各地区主要经济指标比较表（Ⅱ）

地区	地区生产总值同比增长(%)				规模以上工业增加值同比增长(%)	固定资产投资(不含农户)同比增长(%)		社会消费品零售总额同比增长(%)	外贸进出口同比增长(%，亿元口径)			实际使用外资金额同比增长(%，美元口径)	地方财政收支同比增长(%)		各类价格指数同比增长(%)		
		第一产业	第二产业	第三产业			房地产开发投资		总额	进口	出口		收入	支出	居民消费价格指数	工业生产者购进价格指数	工业生产者出厂价格指数
北京	0.7	-1.6	-11.4	3.4	-16.7	3.6	1.0	-7.2	19.7	25.7	-3.8	12.7	2.6	3.7	1.8	6.2	2.3
天津	1.0	2.9	-0.5	1.7	-1.0	-9.9	-23.2	-5.2	-1.4	-1.0	-1.9	10.4	-5.8	-12.7	1.9	4.4	5.8
河北	3.8	4.2	4.6	3.2	5.5	7.9	-0.8	1.6	3.9	-7.0	12.5	7.6	6.6	5.5	1.8	4.7	0.5
山西	4.4	5.1	6.2	2.7	8.0	5.9	-9.3	-2.4	-16.7	-26.6	-10.3	—	29.3	16.3	2.1	9.7	11.4
内蒙古	4.2	4.3	6.5	2.2	8.1	17.6	-20.7	-1.8	23.2	17.8	31.9	70.6	27.0	12.3	1.8	11.2	8.6
辽宁	2.1	2.8	-0.1	3.4	-1.5	3.6	-18.6	-2.6	2.4	-2.0	8.2	90.5	-0.4	6.4	2.0	10.1	7.9
吉林	-1.9	4.0	-5.1	-1.2	-6.4	-2.4	-34.1	-9.7	3.6	-8.3	42.1	-33.9	-16.5	9.4	2.1	4.6	1.9
黑龙江	2.7	2.4	0.9	3.8	0.8	0.6	-32.8	-6.0	33.0	36.2	22.0	-40.8	9.3	6.8	1.9	10.0	10.9
上海	-0.2	-3.5	-1.6	0.3	-0.6	-1.0	-1.1	-9.1	3.2	-0.5	9.0	0.4	3.9	11.4	2.5	4.9	2.6
江苏	2.8	3.1	3.7	1.9	5.1	3.8	-7.9	0.1	4.8	0.4	7.5	5.7	1.5	2.2	2.2	5.8	3.2
浙江	3.1	3.2	3.4	2.8	4.2	9.1	4.4	4.3	13.1	10.7	14.0	5.2	5.5	9.1	2.2	6.1	4.0
安徽	3.5	4.0	5.1	2.2	6.1	9.0	-6.2	0.2	8.9	-1.9	16.4	17.8	9.9	10.4	2.0	4.0	3.2
福建	4.7	3.7	5.4	4.0	5.7	7.5	-11.0	3.3	7.6	0.9	12.3	1.8	5.5	9.6	1.9	5.2	2.9
江西	4.7	3.9	5.4	4.2	7.1	8.6	-12.6	5.3	34.9	24.2	38.7	-5.3	10.6	7.5	2.0	9.4	3.5
山东	3.9	4.3	4.2	3.6	5.1	6.1	-6.0	-1.4	13.8	10.3	16.2	6.3	5.3	3.6	1.7	5.8	5.1
河南	3.1	4.8	4.1	2.0	5.1	6.7	-13.7	0.1	4.4	3.2	5.2	118.2	7.3	8.8	1.5	5.7	5.0
湖北	4.3	3.8	6.6	2.7	7.0	15.0	0.8	2.8	14.9	5.4	20.0	5.7	8.5	8.7	2.1	7.8	3.4
湖南	4.5	3.6	6.1	3.5	7.2	6.6	-4.6	2.4	20.2	8.3	25.3	46.1	6.6	8.2	1.8	4.8	2.0
广东	1.9	5.2	2.5	1.2	1.6	-2.6	-14.3	1.6	0.5	-7.4	5.5	—	0.6	1.6	2.2	4.1	3.0
广西	2.9	5.0	3.2	2.0	4.2	0.1	-38.2	0.0	11.3	-3.2	26.1	46.4	3.6	1.5	1.9	7.3	2.5
海南	0.2	3.1	-1.3	-0.2	-0.4	-4.2	-16.0	-9.2	36.8	12.8	120.7	5.3	-2.9	6.3	1.6	19.8	15.0
重庆	2.6	4.0	3.3	1.9	3.2	0.7	-20.4	-0.3	2.0	2.9	1.5	-16.9	-2.5	1.2	2.1	4.4	2.3
四川	2.9	4.3	3.9	2.0	3.8	6.0	-4.2	-0.1	6.1	1.3	9.2	5.2	7.5	8.2	2.0	5.8	2.8
贵州	1.2	3.6	0.5	1.0	-0.5	-5.1	-28.9	-4.5	22.5	66.3	7.5	—	6.8	4.6	1.6	11.2	5.7
云南	4.3	4.9	6.0	3.1	7.7	7.5	-26.9	1.0	6.3	25.5	-8.7	—	2.0	1.0	1.6	7.9	5.4
西藏	1.1	6.2	5.6	-2.4	13.0	-18.0	-57.3	-10.3	14.6	-83.5	91.4	—	-2.9	27.9	1.5	—	4.1
陕西	4.3	4.3	6.2	2.6	7.1	8.1	-4.2	1.5	2.0	-16.4	17.8	37.6	26.8	11.5	2.1	6.2	7.3
甘肃	4.5	5.7	4.2	4.4	6.0	10.1	-2.9	-2.8	18.8	15.7	31.4	15.0	4.9	5.7	1.9	13.5	10.9
青海	2.3	4.5	7.9	-2.5	15.5	-7.6	-33.1	-11.2	35.5	12.3	55.5	280.0	19.7	6.5	2.4	14.0	12.2
宁夏	4.0	4.7	6.1	2.1	7.0	10.2	-10.1	0.2	23.7	54.5	16.6	55.3	13.7	10.9	2.3	17.6	11.1
新疆	3.2	5.3	4.8	1.5	7.1	7.6	-22.8	-9.6	57.0	25.3	64.4	93.9	26.7	6.5	1.8	14.6	12.3

2022 年全国 35 个大中城市新建商品住宅销售价格指数同比增长

单位：%

地区	1月	2月	3月	4月	5月	6月	7月	8月	9月	10月	11月	12月
北京	5.5	5.5	5.7	5.8	5.9	5.8	5.5	5.8	6.1	5.9	5.7	5.8
天津	1.3	1	0.5	-0.3	-1.4	-2.4	-3.5	-4.2	-4.3	-4.1	-4	-4
石家庄	-2	-1.7	-2	-2.2	-2.9	-3.1	-3.6	-3.7	-4.4	-4.1	-3.2	-2.9
太原	-2.6	-2.9	-2.9	-3.7	-4.3	-4	-4.3	-4.5	-4.5	-4.7	-4.9	-4.6
呼和浩特	-1.1	-1.1	-0.9	-1.4	-1.7	-2.3	-2	-3.2	-2.7	-2.3	-1.8	-3.1
沈阳	1.2	0.6	0	-0.8	-1.8	-2.4	-3.2	-4.2	-4.5	-4.8	-5.1	-5.2
大连	4.3	3.6	2	1.2	-0.2	-1.5	-2.2	-3	-3.7	-4.6	-4.9	-4.9
长春	0.9	0.8	0.9	0.6	0.1	-0.7	-1.2	-1.3	-2.3	-3.1	-3.5	-4.3
哈尔滨	-2.5	-3.8	-4.8	-5.6	-6.4	-6.8	-7	-7.2	-7.5	-7.8	-8	-7.6
上海	4.2	4.1	4.1	3.8	3.4	3.4	3.5	3.7	3.8	4	4	4.1
南京	4	4.1	3.6	2.4	1	0.6	0.6	0.9	0.3	-0.1	0.6	0.3
杭州	5.8	6	6.2	6.3	6.1	6.3	6.6	6.5	6.5	6.4	6.6	6.4
宁波	3.3	3.5	2.8	2	1.3	0.8	0.3	0.3	0.4	0.9	1.2	1.8
合肥	2.5	1.2	0.1	-0.5	-0.6	-0.3	0.3	0.4	0.7	1.5	1.9	1.6
福州	3.2	3.1	1.6	0.4	-0.3	-0.4	-0.3	-1	-1.8	-2.1	-2	-2.3
厦门	3.3	2.3	1.7	1	-0.3	-0.6	-1.4	-2.4	-3	-3.9	-3.6	-3.9
南昌	0.5	0.8	0.8	0.7	0.9	0.3	0.9	0.8	1.2	1.5	1.9	1.8
济南	5	4.8	4.5	3.5	2.9	1.7	1.4	1	0.9	1.5	2	1.9
青岛	3.7	3.4	3.3	2.6	2	1.9	0.8	0.3	0.1	0.1	0.2	0.6
郑州	1.5	0.8	-0.6	-1.6	-2.5	-3.4	-3.6	-3.8	-3.8	-3.8	-3.6	-3.4
武汉	3.2	2.4	1.5	-0.3	-1.8	-2.9	-3.7	-5.3	-6.1	-6.4	-5.8	-5.6
长沙	6.9	6	5.9	5.5	4.8	3.9	3.2	3	2.7	2.7	3	3.2
广州	4.5	4.2	3	2	1	0.3	0.4	0.3	0.1	0.2	0.2	0.4
深圳	3.5	3.8	4.5	3.9	3.9	3.6	3	1.6	0.9	0.5	0	-0.2
南宁	1.8	0.9	0.2	-0.1	-0.4	-0.8	-2	-2.3	-2.5	-3	-3.5	-3.4
海口	3.7	2.8	3	2.3	2.4	1.5	0.8	0.7	0.6	0.5	0.8	1
重庆	8.3	8.5	8.1	6.1	3.9	3.4	3.1	1.2	1.4	0.8	0.7	0
成都	2.5	2.5	2.7	2.9	3.4	4.5	5.1	5.3	6.2	7.2	8	9
贵阳	0.3	-0.5	-0.7	-0.8	-1.3	-1.3	-2.1	-2.2	-2	-2	-1.6	-1.4
昆明	-0.6	-0.8	-1.9	-2.9	-3.4	-2.9	-2.8	-2.8	-2.7	-2.7	-2.5	-3
西安	5.9	6.1	5.6	5.2	4.9	4.2	4.1	3.6	2.5	1.8	1.4	2
兰州	1.6	0.6	-0.3	-1.6	-2.3	-3.3	-4.2	-5	-5.5	-5.8	-5.5	-5.6
西宁	2.7	1.2	0.4	-0.2	-2	-2.5	-3.1	-4	-4.5	-4.7	-4.3	-3.6
银川	7.7	6.8	6.6	6.2	5.4	4.7	4.2	4.3	3.5	2.7	1.8	2.3
乌鲁木齐	2.6	2.3	2.9	3.2	3.2	2.9	2.3	1.4	1.1	1.2	1.7	1.7

2022 年末各省、自治区、直辖市主要存贷款指标

地区	本外币						人民币						
	金融机构各项存款		金融机构各项贷款				金融机构各项存款				金融机构各项贷款		
	余额（亿元）	比年初（亿元）	余额（亿元）	短期	中长期	比年初（亿元）	余额（亿元）	住户存款	非金融企业存款	比年初（亿元）	余额（亿元）	个人消费贷款	比年初（亿元）
北京	218628.8	18899.2	97819.9	28437.2	61986.8	8786.9	212446.7	56915.8	68709.6	20354.4	95496.9	18697.2	9419.4
天津	40488.3	4716.5	42494.7	8273.1	26514.7	1598.6	39342.7	19211.2	13797.9	4773.0	41650.3	9381.7	1765.0
河北	100279.0	11259.5	76644.7	21371.1	50103.5	8681.9	99818.3	69291.0	18335.7	11228.8	76291.7	20129.7	8681.3
山西	53647.0	6833.1	37620.9	10638.0	23107.4	3406.0	53279.6	33007.8	13374.4	6926.6	37406.3	5495.8	3488.8
内蒙古	32419.5	4773.3	26958.6	6541.0	18375.9	1941.6	32313.6	20195.3	6753.9	4779.6	26919.0	5022.9	1953.9
辽宁	75375.7	5380.2	54321.0	14425.0	34040.5	1186.2	74534.4	51840.2	11343.6	5404.5	53809.2	10997.7	1304.6
吉林	32733.2	3136.8	26335.4	7840.8	17289.3	1725.6	32595.4	21922.7	5821.2	3133.6	26313.8	5968.2	1719.1
黑龙江	38782.5	4462.6	25358.0	9188.5	13810.0	948.5	38610.2	28089.6	4731.0	4447.9	25263.1	4633.5	955.4
上海	192293.1	16463.2	103138.9	22092.6	63974.9	7106.8	180627.7	50903.0	68114.9	16809.6	96492.6	23950.0	8232.5
江苏	218695.8	22692.5	206845.4	59612.7	131904.3	26306.7	212225.2	90161.6	73570.3	22805.1	203925.5	53030.3	25955.4
浙江	196339.9	25523.9	189808.3	61627.0	116202.5	24052.6	191009.8	81587.2	69110.4	25637.2	188117.1	44870.8	24704.3
安徽	75196.1	8327.5	67466.2	16451.9	45953.9	8796.4	74492.7	41350.5	17896.7	8220.8	67048.4	3388.3	8897.4
福建	72927.9	10836.4	75373.6	21431.8	46763.4	7479.0	70859.0	31352.4	19992.3	10301.7	74128.7	24003.0	8208.4
江西	53162.4	5406.4	52775.6	13294.9	35051.9	5602.2	52864.1	29998.6	14400.5	5408.3	52629.1	12847.6	5708.5
山东	146076.0	15593.9	123994.8	37904.6	75969.9	12959.4	143590.5	84665.3	40142.9	15718.7	121533.3	32025.1	13096.5
河南	93173.1	9716.9	76075.6	18696.1	51356.3	5534.8	92548.4	60228.3	17426.4	10118.2	75528.5	23503.7	6083.9
湖北	79563.7	7087.0	74062.4	12703.3	53333.1	7024.4	78973.9	45793.1	19322.9	7335.9	72735.7	16724.6	7181.9
湖南	70141.9	7250.8	62351.5	13132.9	45786.1	6506.5	69770.1	41203.7	13930.9	7430.3	62072.1	15854.7	6563.9
广东	322357.7	29196.0	245722.9	48984.8	176622.3	23488.6	312286.5	112555.2	114585.7	29805.0	239606.0	74383.9	23821.8
广西	40212.4	3332.9	44689.8	7996.6	34204.6	4838.7	40032.7	23501.1	9762.0	3326.4	44197.2	12024.4	4871.9
海南	12321.6	982.9	11090.3	1271.0	8975.0	483.2	12182.2	6218.9	3565.3	997.3	10506.2	2655.4	580.2
重庆	49567.2	3729.2	50051.9	8184.6	36397.4	3124.3	48218.2	25458.8	11645.4	4018.0	49365.9	7229.7	3322.6
四川	111661.3	11584.0	92239.2	16643.5	71509.9	11898.8	110274.8	63336.5	25295.7	11629.7	90963.3	21856.3	11999.4
贵州	32830.7	2707.2	40255.3	6687.4	32458.1	4365.1	32761.1	16320.5	8604.8	2712.9	40223.1	8253.3	4393.7
云南	39580.7	3060.7	42682.8	8034.8	30533.8	3704.8	39441.1	21730.6	8167.3	3083.4	42338.6	9723.5	3692.1
西藏	6361.2	764.8	5416.4	604.8	4184.2	281.1	6356.2	1357.7	1396.5	764.4	5416.2	619.0	281.0
陕西	61956.8	7331.7	48860.4	8457.4	36817.9	4481.1	61575.6	34616.9	17335.5	7445.4	48631.6	11560.3	4577.8
甘肃	24896.4	2281.8	25389.8	5051.8	18171.1	1484.5	24826.5	15417.8	4640.8	2280.1	25281.0	4114.3	1550.6
青海	7621.7	884.7	7084.8	1169.5	4841.3	228.2	7613.5	3415.9	1598.5	884.7	7044.8	889.9	226.2
宁夏	8484.9	1001.2	8969.7	1966.4	6025.4	508.4	8465.3	4899.6	1533.7	999.5	8885.4	1919.3	601.1
新疆	30848.1	4186.0	27866.3	6970.1	17689.5	2360.9	30737.2	15123.4	7928.4	4177.8	27413.9	3926.9	2343.2

《中国区域金融运行报告（2023）》
分报告

中国人民银行北京市分行①
货币政策分析小组

[内容摘要] 2022年，北京市坚持以习近平新时代中国特色社会主义思想为指导，深入贯彻习近平总书记对北京市系列重要讲话精神，坚持稳中求进工作总基调，以新时代首都发展为统领，持续高效统筹疫情防控和经济社会发展，坚持“五子”②联动服务和融入新发展格局，着力稳住宏观经济大盘，切实推动社会民生改善，首都高质量发展取得新成效。北京市金融业发挥优势产业作用，有效落实稳健的货币政策，金融总量快速增长，精准有力支持重点领域和薄弱环节，金融助企纾困政策落地见效，为稳定首都经济大盘和高质量发展提供了有力支撑。

北京市经济运行主要呈现以下特点：一是经济总量进一步扩大。全年实现地区生产总值4.2万亿元，按不变价格计算，同比增长0.7%。投资对稳增长、优结构发挥重要作用，固定资产投资同比增长3.6%，制造业投资在高技术制造业带动下同比增长18.4%。消费受疫情影响较大，社会消费品零售总额同比下降7.2%，升级类消费保持增长。对外贸易快速增长，进出口总值超3.6万亿元大关，同比增长19.7%。二是现代服务业支撑服务业平稳增长。全年第三产业增加值按不变价格计算，同比增长3.4%，其中，信息服务业、金融业、科学技术服务业增加值同比分别增长9.8%、6.4%和1.8%，三者合计占第三产业增加值比重超五成，比上年有所提升。三是新兴动能增强发展动力。高端领域加快培育，高技术制造业、战略性新兴产业增加值按可比价格计算，同比分别增长5.3%和4.9%，增速分别高于规模以上工业增加值2.8个和2.4个百分点。数字经济赋能新发展，全年数字经济实现增加值1.7万亿元，按现价计算，同比增长4.4%，占地区生产总值的比重达到41.6%。企业研发创新保持活跃，大中型重点企业的研发费用支出保持两位数增长，中关村企业技术收入占总收入的比重提高到两成以上。

北京市金融运行主要呈现以下特点：一是社会融资规模合理增长。2022年，北京地区社会融资规模增加1.1万亿元。人民币贷款余额同比增长10.9%，较上年提升4.7个百分点。企业融资成本大幅下行，12月，北京地区金融机构企业贷款加权平均利率降至3.09%，为有统计以来新低。二是央行政策性资金精准滴灌。全年发放再贷款再贴现资金超1500亿元，同比增长20%。碳减排支持工具和科技创新、普惠养老、交通物流、设备更新改造专项再贷款高效落地；政策性开发性金融工具及配套融资助推首都重点项目加快建设。三是信贷结构持续优化。年末，北京市普惠小微贷款、制造业中长期贷款、绿色贷款和涉农贷款余额同比分别增长22.0%、48.5%、36.4%和19.4%。四是助企纾困“稳预期、强信心”成效显著。全年通过引导辖内银行利率下行向实体经济让利超400亿元；辖内银行为中小微企业和个体工商户及受疫情影响的个人等办理贷款延期金额超1100亿元，惠及经营主体4.5万户；通过普惠小微贷款支持工具

①自2023年8月18日起，中国人民银行营业管理部更名为中国人民银行北京市分行。本报告主要反映2022年的经济金融情况，正文中涉及的相关机构表述仍沿用2022年名称。

②“五子”是指率先建设国际科技创新中心、抓好“两区”建设、建设全球数字经济标杆城市、以供给侧结构性改革创造新需求、深入推动京津冀协同发展。

提供奖励资金撬动地方法人银行普惠小微贷款增速达36.6%。五是金融业稳健运行。2022年末，北京市银行业金融机构资产总额同比增长6.4%；不良贷款率为0.78%，低于全国平均水平。全年各类企业利用资本市场实现直接融资9933亿元；证券、期货机构资产规模同比分别增长8.8%和15.6%，保险业资产总规模较年初增长14.2%。六是金融服务水平持续提升。圆满完成冬奥会金融服务大考。不断优化支付、征信等领域金融服务。稳步推进金融改革创新，持续扩大金融对外开放，跨境贸易投融资便利化水平进一步提升。推动北京市数字人民币全域试点，年末北京市累计开立数字人民币个人钱包1351万个、对公钱包207万个，累计业务发生金额达381亿元。七是金融风险防范化解体系逐步健全。成立北京市金融风险化解委员会，完善金融稳定会商协调机制，建立重点金融机构监测预警工作机制，健全“治已病”和“治未病”防范化解金融风险长效机制。累计拒挡涉金融业务字样工商登记申请1.9万余件，实现了金融风险“打早打小”，风险关口前移实效进一步显现。

2023年是全面贯彻落实党的二十大精神的开局之年，做好首都各项工作意义重大。北京市将坚持以习近平新时代中国特色社会主义思想为指导，全面贯彻落实党的二十大和中央经济工作会议精神，坚持稳中求进工作总基调，完整、准确、全面贯彻新发展理念，坚持以新时代首都发展为统领，深入实施人文北京、科技北京、绿色北京战略，深入实施京津冀协同发展战略，坚持“五子”联动服务和融入新发展格局，着力推动高质量发展，突出做好稳增长、稳就业、稳物价工作，抓好强信心、扩内需、促改革、惠民生、保健康、防风险，推动全面从严治党向纵深发展，为率先基本实现社会主义现代化开好局、起好步。北京市金融业将坚持稳字当头、稳中求进，精准有力落实稳健的货币政策，进一步加大金融对实体经济的支持力度，更好统筹质的有效提升和量的合理增长，为首都经济回升向好和高质量发展营造适宜的货币金融环境。

一、金融运行情况

2022年，面对复杂多变的外部环境、国内经济发展“三重压力”以及超预期因素影响，北京市金融业担当作为、充足发力，加大稳健的货币政策落实力度，社会融资规模保持合理增长，信贷“量增、价降、结构优”，为稳定首都经济基本盘和助企纾困提供有力支持。

（一）银行业整体稳健，信贷“量增、价降、结构优”

1.资产规模稳步增长，从业人数有所增加。2022年末，北京市银行业金融机构资产总额31.9万亿元，同比增长6.4%；累计实现利润2213亿元，同比下降0.6%，降幅较上年扩大0.1个百分点；营业网点和法人机构数量分别为4435个和124个，从业人数同比增长2.4%。

表1　2022年银行业金融机构情况

机构类别	营业网点			法人机构（个）
	机构个数（个）	从业人数（人）	资产总额（亿元）	
一、大型商业银行	1705	52447	18387	0
二、国家开发银行和政策性银行	18	904	121312	0
三、股份制商业银行	862	27909	66539	0
四、城市商业银行	404	14752	35357	1
五、城市信用社	0	0	0	0
六、小型农村金融机构	618	9212	11193	1
七、财务公司	76	5563	48642	74
八、信托公司	12	4189	2006	12
九、邮政储蓄银行	566	3520	4413	0
十、外资银行	110	4026	3785	9
十一、新型农村金融机构	43	812	311	11
十二、其他	21	4277	6714	16
合　计	4435	127611	318659	124

数据来源：中国银行保险监督管理委员会北京监管局。

注：营业网点机构数据不包括国家开发银行和政策性银行、大型商业银行、股份制银行金融机构总部；大型商业银行包括中国工商银行、中国农业银行、中国银行、中国建设银行和交通银行；小型农村金融机构指农村商业银行；新型农村金融机构指村镇银行；其他包含金融租赁公司、汽车金融公司、货币经纪公司、消费金融公司、民营银行等。

2. 存款增速稳中趋升，住户存款和非银行业金融机构存款是主要支撑。2022年末，北京市金融机构本外币各项存款余额21.9万亿元，同比增长9.5%，较上年末高3.3个百分点，较年初增加1.9万亿元，同比多增7239亿元。人民币存款余额21.2万亿元，同比增长10.6%，较上年末高4.5个百分点，其中，住户存款和非银行业金融机构存款是主要支撑因素，同比分别增长20.6%和15.9%，较上年末分别高10.6个和8.1个百分点。

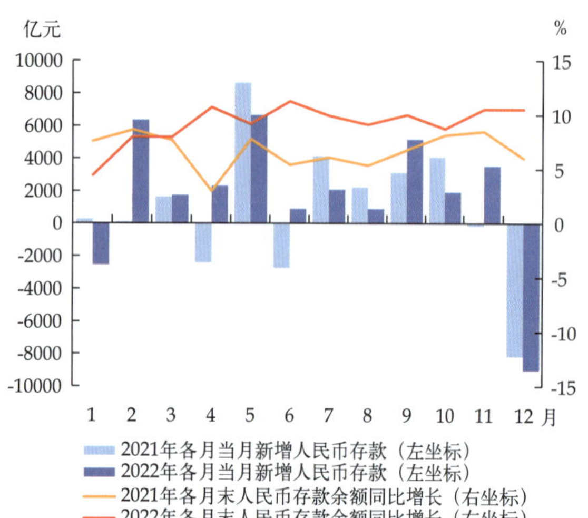

图1　金融机构人民币存款增长变化

（数据来源：中国人民银行营业管理部）

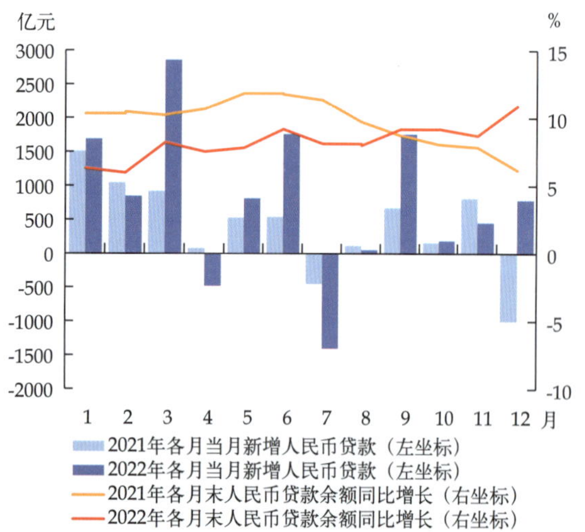

图2　金融机构人民币贷款增长变化

（数据来源：中国人民银行营业管理部）

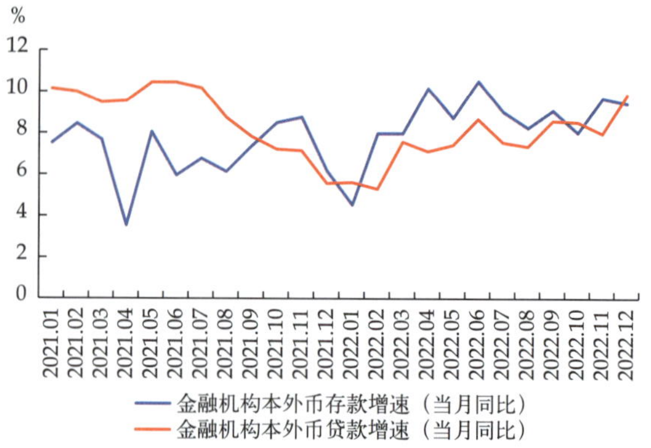

图3　金融机构本外币存贷款增速变化

（数据来源：中国人民银行营业管理部）

3. 贷款较快增长，新增贷款创历史新高。2022年末，北京市金融机构本外币各项贷款余额9.8万亿元，同比增长9.9%，比年初增加8787亿元。人民币各项贷款余额9.5万亿元，同比增长10.9%，比年初增加9419亿元，创历史新高。企（事）业单位人民币贷款同比增长11.2%，其中，企业中长期贷款同比增长14.7%，全年新增额首次超过5000亿元，金融对实体经济中长期投资的支持力度明显加大；住户人民币贷款余额同比增长8.2%。

4. 发挥货币政策工具总量和结构双重功能，切实服务实体经济。2022年，累计发放再贷款再贴现资金超1500亿元，同比增长20%。持续完善货币政策工具产品体系，实现对民营小微企业以及绿色低碳、科技创新、文化产业等重点领域精准支持超520亿元，推动通过普惠小微贷款支持工具和普惠小微贷款阶段性减息支持工具提供激励资金12亿元，引导地方法人银行对受疫情影响较大的经营主体加大支持力度。

5. 引导信贷资源聚焦重点领域和薄弱环节，信贷结构进一步优化。牵头出台《金融服务科技创新、"专精特新"中小企业健康发展若干措施》，推动金融支持科技创新发展。中关村科创金融改革试验区创建取得积极进展。牵头出台《金融支持北京市全面推进乡村振兴的实施意见》，联合成立中国·平谷农业中关村金融合作联席会议机制。与北京市生态环境局签署《关于绿色发展与金融支持合作备忘录》，绿色项目库落地启动，推动在京金融机构环境信息披露等取得突破。2022年，北京市高新技术产业贷款同比增长55.3%，制造业中长期贷款余额同比增长48.5%，涉农贷款余额同比增长19.4%，绿色贷款余额同比增长36.4%，文化企业贷款有贷户数同比增长20.3%。

6. 利率市场化改革红利持续释放，实体经济综合融资成本明显下降。2022年12月，北京市金融机构一般贷款、企业贷款、普惠小微贷款加权平均利率分别为3.55%、3.09%和4.22%，同比分别下降52个、67个和59个基点，均创历史新低。2022年，北京金融业通过利率下行向经营主体让利超400亿元。

表2　2022年金融机构人民币贷款各利率区间占比

单位：%

项目		1月	2月	3月	4月	5月	6月	7月	8月	9月	10月	11月	12月
合计		100.0	100.0	100.0	100.0	100.0	100.0	100.0	100.0	100.0	100.0	100.0	100.0
LPR减点		60.0	61.2	61.6	58.4	61.3	65.4	61.2	60.2	62.4	63.4	64.7	74.4
LPR		5.9	6.4	5.6	5.5	5.3	4.8	3.7	1.9	2.8	2.4	2.4	2.9
LPR加点	小计	34.1	32.5	32.8	36.1	33.4	29.8	35.1	37.9	34.8	34.2	32.9	22.7
	(LPR，LPR+0.5%)	11.1	12.5	11.7	14.4	15.1	10.2	13.3	11.1	12.2	9.0	10.6	7.7
	[LPR+0.5%，LPR+1.5%)	11.8	10.8	11.1	11.0	9.3	10.8	11.1	13.8	12.4	12.4	11.9	8.0
	[LPR+1.5%，LPR+3%)	3.9	3.1	4.1	3.8	3.2	3.1	3.7	4.2	3.4	4.1	3.3	2.3
	[LPR+3%，LPR+5%)	5.2	3.7	3.6	4.2	3.4	3.1	3.4	6.0	4.4	5.6	4.7	2.3
	LPR+5%及以上	2.1	2.4	2.3	2.8	2.4	2.6	3.4	2.7	2.3	3.1	2.5	2.4

数据来源：中国人民银行营业管理部。

7. 不良贷款率微升，法人银行风险抵补能力充足。2022年末，北京市银行业金融机构不良贷款率为0.78%，较年初上升0.1个百分点，较全国平均水平低0.9个百分点。北京市法人银行拨备覆盖率为222.3%，高出全国平均水平16.4个百分点，风险抵补能力充足。

8. 跨境人民币业务快速增长。2022年，北京市跨境人民币结算8.5万亿元，同比增长13.6%，业务笔数超25万笔。跨境人民币收付涉及的国家和地区已达221个。经常项目人民币收付1.4万亿元，资本与金融项目人民币收付7.1万亿元。截至2022年末，已有121家跨国企业集团开展跨境双向人民币资金池业务，累计归集跨境收入9231亿元，跨境支出9405亿元；银行已累计开立人民币同业往来账户880个，为非居民机构开立人民币结算账户1737个。

专栏1　结构性货币政策工具精准发力　助力稳住首都经济大盘和经济高质量发展

中国人民银行营业管理部坚决贯彻党中央、国务院决策部署，认真落实人民银行总行工作要求，聚焦新发展阶段的重点任务，充分发挥货币政策工具总量和结构双重功能，加大对首都经济发展重点领域和薄弱环节的支持力度，为稳住首都经济大盘和高质量发展提供了有力支撑。

一是支农支小再贷款和再贴现资金加量投放，更好发挥精准滴灌作用。2022年，发放再贷款、再贴现资金超1500亿元，同比增长20%，支持经营主体4万户。为提升央行资金精准靶向支持作用，建立并持续完善

"融""通"系列专项再贷款、专项再贴现工具，实现对绿色低碳、科技创新、文化产业、乡村振兴等重点领域经营主体精准支持超520亿元。

二是创新性结构性工具资金直达小微经营主体，"稳预期、强信心"成效显著。2022年，普惠小微贷款支持工具和普惠小微贷款阶段性减息支持工具两项创新型政策先后出台，旨在强化激励相容，引导地方法人金融机构加大对民营小微企业、个体工商户和小微企业主的信贷支持力度，有效助企纾困、促进实体经济发展。政策有效落地，激励资金发放超过12亿元，有效促进北京市普惠小微贷款量增、面扩、价降。2022年末，北京市普惠小微企业贷款余额7783亿元，同比增长22%，支持小微经营主体75万户；12月，北京市普惠小微企业贷款加权平均利率降至4.22%，同比下降59个基点。

三是重点领域结构性货币政策工具加速落地，有效发挥杠杆撬动作用。与相关部门通力合作，畅通政银企对接，加强对金融机构的组织和辅导，积极推动碳减排支持工具、煤炭清洁高效利用专项再贷款以及科技创新、交通物流、设备更新改造专项再贷款等在京快速落地，对超700亿元银行贷款提供支持。通过政策性开发性金融工具及配套融资为北京市基础设施建设和重大项目提供资金支持。

下一阶段，将坚持以习近平新时代中国特色社会主义思想为指导，深入学习贯彻党的二十大和中央经济工作会议精神，按照党中央、国务院决策部署，持续提升金融服务实体经济水平，继续发挥结构性货币政策的引导作用，加强货币政策与财政政策、产业政策的配合，加大对普惠小微、科技创新、绿色低碳等领域的金融支持，为首都经济高质量发展持续贡献金融力量。

（二）证券业稳健发展，上市公司市值规模占比提升

1. 证券机构有序发展，资产规模稳步增长。 2022年末，北京市法人证券公司18家，资产规模1.7万亿元，同比增长8.8%，全年实现营业收入617亿元，同比下降13.6%。法人期货公司19家，资产规模1888亿元，同比增长15.6%，全年实现营业收入51亿元，同比下降17.9%。总部设在北京的基金管理公司36家，资产规模825亿元；公募基金管理资产净值5.5万亿元，同比增长1.8%。

2. 直接融资规模下降，市值规模占比提升。 2022年，北京市各类企业利用多层次资本市场实现直接融资9933亿元，同比下降22.7%。其中，IPO公司41家，募集资金1434亿元，同比增长45%；上市公司定向增发134家次，募集资金745亿元；通过沪深交易所发行公司债（含ABS）7588亿元，同比下降23.5%。截至2022年末，北京市共有上市公司460家，总市值15.5万亿元，占A股上市公司总市值的19.7%，占比较上年上升2.1个百分点。2022年以来新增境内上市公司43家。

表3　2022年证券业基本情况

项目	数量
总部设在辖内的证券公司数（家）	18
总部设在辖内的基金公司数（家）	36
总部设在辖内的期货公司数（家）	19
年末国内上市公司数（家）	460
当年国内股票（A股）筹资（亿元）	2179
当年发行H股筹资（亿元）	150
当年国内债券筹资（亿元）	28025
其中：短期融资券筹资额（亿元）	13053
中期票据筹资额（亿元）	7377

数据来源：北京证监局。

注：1. 证券公司家数为法人机构数量，国内股票（A股）筹资额包含金融企业A股筹资。

2. 当年国内债券筹资包含交易所市场发行的公司债、资产支持证券、可转债、可交换债以及银行间市场发行的短期融资券、中期票据、企业债。

3. 北交所和新三板一体化发展。 2022年末，北京证券交易所上市公司162家，全年新增83

家，总市值2110亿元；全国中小企业股份转让系统（新三板）挂牌公司6580家，其中创新层公司1658家，全年新增挂牌公司270家，同比增长197%。2022年，两市场累计发行融资399亿元，同比增长42%；北交所累计服务政府债券发行9502亿元。经过多项改革创新，北交所、新三板市场结构功能进一步完备，运行质量显著改善，一体化发展格局稳步推进。

（三）保险保障功能不断增强，改革转型持续发力

1. 保险业务平稳增长。2022年末，北京市保险业资产总规模1.5万亿元，较年初增长14.2%。全年累计实现原保险保费收入2758亿元，同比增长9.2%。北京辖区共有法人保险公司22家，其中，财产险公司6家、人身险公司16家。

表4　2022年保险业基本情况①

项目	数量
总部设在辖内的保险公司数（家）	22
其中：财产险经营主体（家）	6
寿险经营主体（家）	16
保险公司分支机构（家）	116
其中：财产险公司分支机构（家）	49
寿险公司分支机构（家）	67
保费收入（中外资，亿元）	2759
其中：财产险保费收入（中外资，亿元）	544
人身险保费收入（中外资，亿元）	2215
各类赔款给付（中外资，亿元）	776

数据来源：北京银保监局。

2. 保险保障能力不断增强。2022年，北京市保险业承担风险保障2558.3万亿元；累计赔付支出776亿元，同比下降7.5%；寿险和长期健康险准备金9556亿元，同比增长17.0%。扩大“北京普惠健康保”参保人群至新市民群体，专属养老保险试点投保人数达5.7万人次。

3. 改革发展持续推进。财险公司提质增效，车险综合改革成效显现。2022年，北京市财产险公司综合费用率29.3%，同比下降2.2个百分点；承保利润率2.7%，同比上升1.3个百分点。车险商业三者险平均保额较改革前提高87.5万元，综合成本率低于全国平均水平。寿险公司保障型业务转型明显，2022年末，普通型寿险业务同比增长24.6%，寿险业务新单期交率达63.7%，同比上升1.6个百分点。

（四）社会融资规模合理增长，信贷对实体经济支持力度显著加强

1. 社会融资规模稳步增加，人民币贷款发挥重要支撑作用。2022年，北京地区社会融资规模增加1.1万亿元。从结构上看，人民币贷款新增8976亿元，占地区社会融资增量的78.5%；兑付高峰影响下的企业债券净融资35亿元，非金融企业境内股票融资1868亿元，政府债券1795亿元，三项合计占比32.3%；存款类金融机构资产支持证券净融资减少较多导致“其他”项减少375亿元；委托贷款、信托贷款和未贴现银行承兑汇票共减少318亿元。

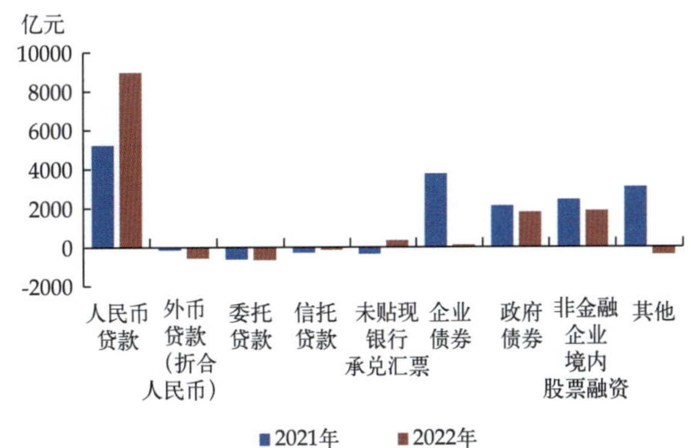

图4　社会融资规模分布结构

（数据来源：中国人民银行营业管理部）

2. 票据市场运行平稳，票据贴现利率大幅走低。2022年北京市累计承兑商业汇票1.4万亿元，同比增长8.5%，其中，银行承兑汇票承兑量同比增长11.6%，商业承兑汇票承兑量同比增长2.2%；票据贴现额累计4.6万亿元，同比增长22.8%。12月，银行承兑汇票直贴利率同比下降89个基点至1.5%，商业承兑汇票直贴利

① 表中数据因四舍五入导致，可能出现总分数不等，特此说明，全书余同。

率同比下降106个基点至2.9%；票据转贴利率下行43个基点至1.5%。

表5　2022年金融机构票据业务量

单位：亿元

季度	银行承兑汇票承兑		贴现			
			银行承兑汇票		商业承兑汇票	
	余额	累计发生额	余额	累计发生额	余额	累计发生额
1	4544.5	2014.2	6410.5	10510.3	1053.4	1456.9
2	4764.9	4432.4	7188.5	22138.1	896.8	2341.5
3	4994.7	6784.3	7221.2	32260.1	776.4	2878.3
4	5140.1	9382.0	6742.1	42848.9	596.4	3265.6

数据来源：中国人民银行营业管理部。

表6　2022年金融机构票据贴现、转贴现利率

单位：%

季度	贴现		转贴现	
	银行承兑汇票	商业承兑汇票	票据买断	票据回购
1	2.44	3.58	2.32	2.17
2	1.84	3.00	1.63	1.69
3	1.71	2.97	1.48	1.83
4	1.59	2.92	1.40	1.93

数据来源：中国人民银行营业管理部。

专栏2　深化绿色金融改革创新　助力首都经济高质量发展

中国人民银行营业管理部坚决贯彻落实党中央、国务院决策部署，把做好金融支持经济绿色转型工作作为贯彻习近平生态文明思想、践行新发展理念的具体行动和重要举措，大力推动北京绿色金融体系建设，支持绿色低碳高质量发展。截至2022年末，北京市本外币绿色贷款余额1.5万亿元，同比增长36.4%；2022年全年北京市非金融企业累计发行绿色债券超1900亿元。

一是绿色金融政策合力不断加强。积极利用北京市国家服务业扩大开放综合示范区和中国（北京）自由贸易试验区的"两区"先行先试政策引导优势，联合出台《"两区"建设绿色金融改革开放发展行动方案》，切实发挥市级层面考核督导作用。与北京市生态环境局共同签订《合作备忘录》，通过建立全面合作关系，充分发挥双方独有的资源优势，统筹推进绿色低碳转型发展和生态环境高水平保护。

二是绿色金融基础工作不断夯实。开展"绿色信贷+绿色建筑+绿色监理"模式探索，推动绿色金融标准与绿色行业标准衔接；指导华夏银行于2022年发布同时满足《金融机构环境信息披露指南》和气候相关财务信息披露工作组（TCFD）披露要求的环境信息披露报告；加快推动基础设施建设，北京绿色交易所升级为面向全球的国家级绿色交易所，并正式发布上线"企业碳账户和绿色项目库"系统。

三是货币政策工具引导作用有效发挥。2022年，21家全国性银行在京分行累计发放符合碳减排支持工具要求的贷款200亿元；创新推出"京绿融"支小再贷款、"京绿通"再贴现和能源保供专项再贴现等特色产品，在确保能源供应安全的同时支持经济向绿色低碳转型。绿色金融领域高水平对外开放取得新突破，德意志银行（中国）有限公司和法国兴业银行（中国）有限公司成为首批纳入碳减排支持工具的外资银行。

四是绿色金融资源配置功能持续增强。组织体系不断优化，多家银行机构在京设立绿色支行。绿色金融、科创金融、普惠金融协同发展，创新落地"数字人民币+票据贴现+绿色金融"应用场景。北京银行创新发布"京碳宝"企业碳账户，推出企业低碳积分权益体系。做好绿色金融与转型金融的有效衔接，助力全球范围内单批次最大规模地热"两能"利用系统。开展碳资产金融创新，推出北京市首单CCER质押贷款创新产品。

下一步，将继续贯彻落实党中央、国务院决策部署，结合首都工作实际，锚定“双碳”目标，支持“绿色北京”战略，进一步加大绿色金融工作力度，切实推动北京绿色低碳高质量发展。

（五）金融供给侧结构性改革持续深化，首都金融业改革开放持续扩大

1. 金融改革创新成效持续深化。北京金融控股集团有限公司获得金融控股公司许可证，成为全国首批、地方首家国资控股的金融控股公司。推动国家金融科技风险监控中心在京设立。

2. 金融对外开放持续扩大。2022年，“两区”建设金融领域102项任务落地96项，落地率超94%。人行营业管理部33项牵头“两区”任务全部落地。跨国公司本外币一体化资金池试点“扩围增效”，积极推动第二批试点在京落地，累计为企业节约成本超2亿元。本外币合一银行结算账户体系试点在京顺利落地。“外汇衍生品银企服务平台”累计签约金额66亿美元，超八成为中小微企业。法兴（中国）和德意志（中国）成为首批纳入人民银行碳减排支持工具范围的外资银行，累计获得政策性资金支持4亿元。

3. 跨境贸易投融资便利化水平持续提升。出台《关于开展优质企业贸易外汇收支便利化试点的指导意见》，推动更多银行参与试点、更多优质企业尤其是优质中小企业享受“减单证”“简流程”等优惠政策。截至2022年末，北京12家试点银行共为100家优质企业办理便利化收支业务2206亿美元，中小企业占比55.6%，较年初提升13.7个百分点，试点企业、银行家数及业务规模分别是上年同期的2.3倍、1.7倍和1.9倍。出台《北京地区深化资本项目便利化改革试点政策实施细则》，再推包括扩大外债一次性登记、简化外汇登记等6项便利化改革试点政策。将等值1000万美元中关村外债便利化额度试点范围扩大至北京市高新技术及“专精特新”企业，支持更多企业在一定额度内自主借用外债。截至2022年末，共70家高新技术和“专精特新”企业参与试点，试点企业有效降低了融资成本。

（六）区域金融治理体系进一步完善，金融服务和管理水平再上新台阶

1. 首都金融治理体系持续完善。地方党政主要领导负责的北京市金融风险化解委员会成立，形成“一委员会、两机制、一框架”防范化解金融风险工作新格局。修订升级金融稳定会商协调机制，制定重点金融机构监测预警工作机制，健全“治已病”和“治未病”防范化解金融风险长效机制。涉金融企业工商登记前置管理机制运行迈向成熟，累计拒挡涉金融业务字样工商登记申请1.9万余件，实现了金融风险“打早打小”，风险关口前移实效进一步显现。高风险银行和财务公司化险工作稳妥有序，影子银行风险大幅收敛，涉众型金融活动得到规范治理。

2. 金融服务和管理水平不断提升。率先提供机动车、船舶、知识产权担保登记信息统一查询服务。从支付服务便利化、现金服务保障等方面扎实推动适老金融服务。外汇行政许可好评率100%，政务服务质量持续提升。全面推广电子营业执照应用开户，累计实现开户1.1万户。持续优化“一网通办”平台开户预约功能，成功打通商业银行与政府部门间数据共享链条。“零容忍”打击外汇领域非法金融活动。稳妥做好支付机构退出与兼并重组，持续优化支付服务市场结构。

3. 圆满完成冬奥会金融服务保障。构建高效冬奥会金融服务指挥体系，在63家闭环酒店创新建立“金融店长制”，为冬奥会提供了安全快捷高效的金融服务。自1月4日北京冬奥

会金融服务应急保障体系启动实战化运行至3月16日闭环管理结束，北京涉奥场景共发生金融交易46.7万笔，金额合计1.7亿元。

（七）稳妥推进数字人民币北京全域试点

积极总结数字人民币北京冬奥会场景试点经验，稳妥有序推进北京市数字人民币试点走上新台阶。牵头制订《北京市数字人民币试点实施方案》，总结冬奥会场景试点经验，打通财政零余额账户到数字人民币钱包的业务路径，以数字人民币形式为“专精特新”企业、退役军人发放财政补贴，稳步实现数字人民币应用场景全覆盖。以市场化方式推动试点活动开展，围绕“北京绿色节能消费券发放”“金融街示范街区建设”等主题组织运营机构开展试点活动171次，累计补贴8651万元。借力全球数字经济大会、服贸会、数字金融论坛等展会平台，积极宣传展示，提升公众对数字人民币的认知。截至2022年末，北京市累计开立数字人民币个人钱包1351万个、对公钱包207万个，落地应用场景49.3万个，累计业务发生金额达381亿元。

二、经济运行情况

2022年，北京市坚持以习近平新时代中国特色社会主义思想为指导，认真学习宣传贯彻党的二十大精神，坚持稳中求进工作总基调，以新时代首都发展为统领，持续高效统筹疫情防控和经济社会发展，坚持“五子”联动服务

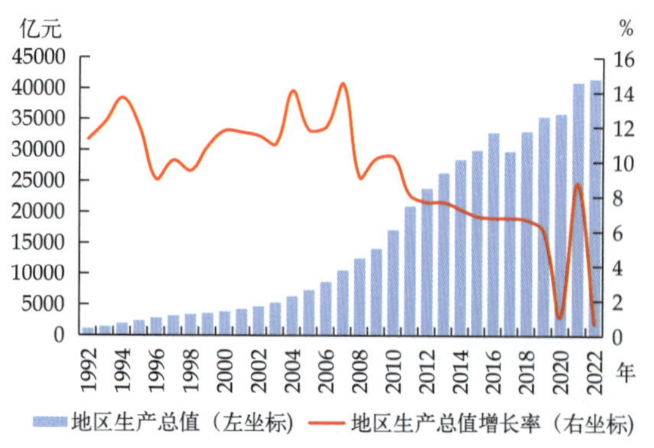

图5　地区生产总值及其增长率

（数据来源：北京市统计局）

和融入新发展格局，着力稳住宏观经济大盘，切实推动社会民生改善，首都高质量发展取得新成效。全年北京市实现地区生产总值4.2万亿元，按不变价格计算，同比增长0.7%。

（一）三大需求持续恢复，主要领域稳中有进

1. 固定资产投资稳定增长，重点领域投资增势良好。2022年，北京市固定资产投资（不含农户）同比增长3.6%。分项看，制造业投资、基础设施投资、房地产开发投资同比分别增长18.4%、5.2%和1.0%。分构成看，设备更新改造再贷款政策落地生效，带动设备购置投资增长14.6%；反映实物工作量的建筑安装工程投资增长3.2%。分行业看，金融业、科学研究和技术服务业、信息传输、软件和信息技术服务业投资同比分别增长41.3%、60.7%和36.0%。

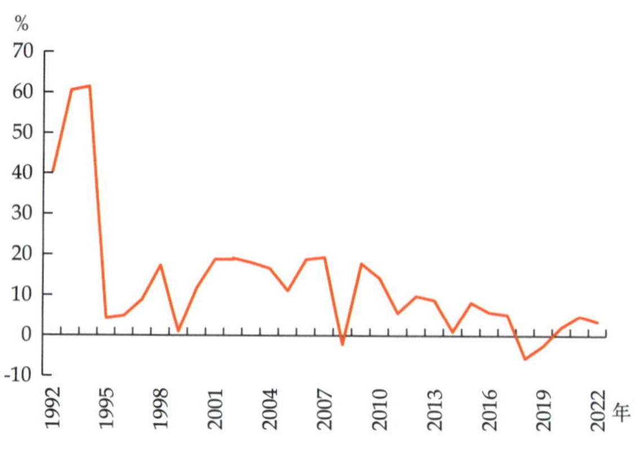

图6　固定资产投资（不含农户）增长率

（数据来源：北京市统计局）

2. 消费受疫情影响较为明显，升级类消费韧性较强。2022年，北京市市场总消费额同比下降4.9%。社会消费品零售总额同比下降7.2%，其中，商品零售、餐饮收入同比分别下降6.6%和15.2%；服务性消费额同比下降2.9%。分行业看，在新能源汽车置换补贴等促消费政策刺激下，新能源汽车商品零售额同比增长17.1%；升级类消费韧性较强，金银珠宝、文化办公用品零售额同比分别增长10.6%和0.6%。

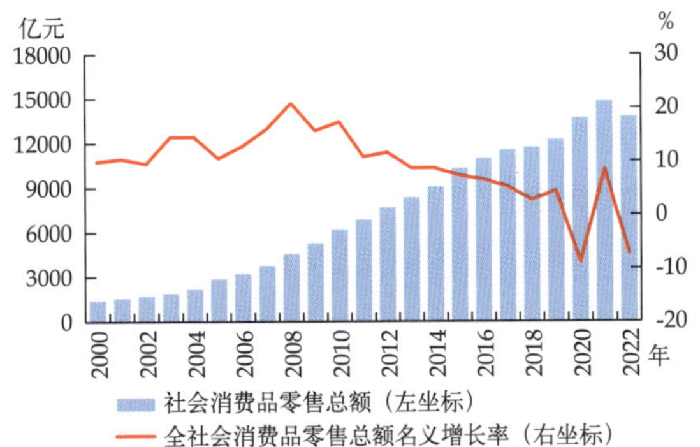

图 7　社会消费品零售总额及其增长率

（数据来源：北京市统计局）

3. 对外贸易快速增长，实际利用外商直接投资规模扩大。2022 年，北京市进出口总值 3.6 万亿元，同比增长 19.7%。其中，进口额 3.1 万亿元，同比增长 25.7%，主要受国际原油和天然气涨价因素带动；出口额 5890 亿元，同比下降 3.8%。全年实际利用外商直接投资 174 亿美元，按可比口径计算，同比增长 12.7%。

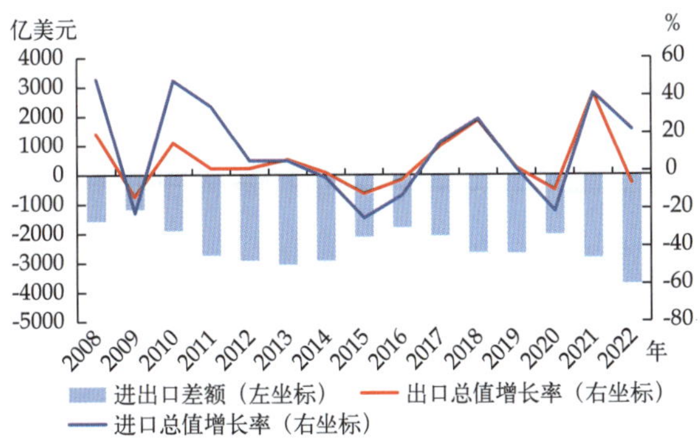

图 8　外贸进出口变动情况

（数据来源：北京市统计局）

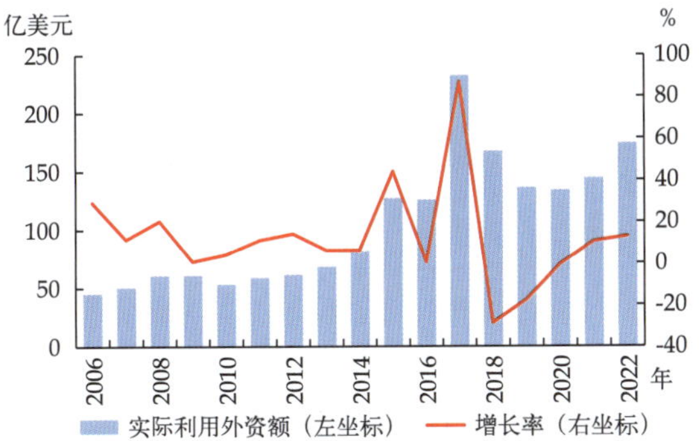

图 9　实际利用外资额及其增长率

（数据来源：北京市统计局）

（二）工业生产有序恢复，服务业总体平稳发展

2022 年，北京市第一、第二、第三产业分别实现增加值 111 亿元、6605 亿元和 3.5 万亿元。三次产业构成比为 0.3 : 15.9 : 83.8，其中第三产业比重较上年提升 2.1 个百分点。

1. 农业生产结构调整，都市农业稳步增长。2022 年，北京市农林牧渔业总产值按可比价格计算同比下降 2.0%，其中，农业（种植业）、林业产值分别增长 2.3% 和 1.4%，牧业、渔业产值分别下降 8.9% 和 7.5%。都市农业稳步增长，设施农业播种面积和实现产值同比分别增长 4.3% 和 3.3%；农业观光园超千个，实现总收入 18.4 亿元。

2. 工业受高基数影响呈现降势，部分高端领域增势较好。2022 年，北京市规模以上工业增加值按可比价格计算同比下降 16.7%，剔除新冠疫苗生产因素后，同比增长 2.5%。在重点行业中，电力、热力生产和供应业增长 9.8%，计算机、通信和其他电子设备制造业增长 3.6%，汽车制造业下降 2.6%，医药制造业下降 58.3%（剔除新冠疫苗生产因素后，增长 6.4%）。部分高端或新兴领域产量快速提升，新能源汽车、风力发电机组、气动元件产量同比分别增长 1.9 倍、45.6% 和 36.5%。

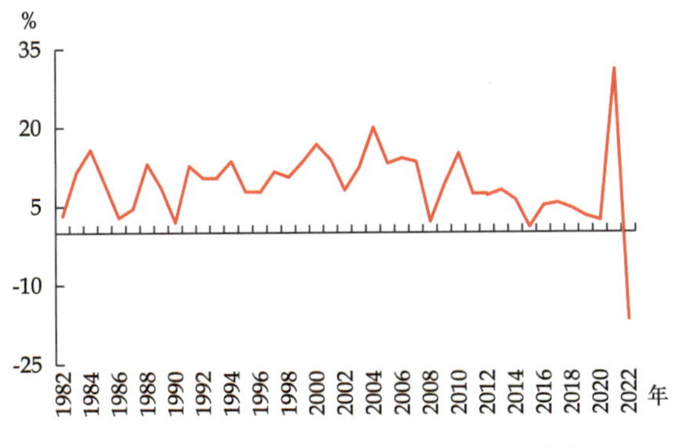

图 10　规模以上工业增加值实际增长率

（数据来源：北京市统计局）

3. 服务业总体平稳发展，现代服务业持续支撑带动。2022 年，北京市第三产业增加值按

不变价格计算同比增长3.4%。其中，信息传输、软件和信息技术服务业同比增长9.8%，金融业同比增长6.4%，科学研究和技术服务业同比增长1.8%，三个行业增加值合计占第三产业的比重为54.8%，较上年提高1.7个百分点。

（三）消费价格涨势温和，居民生活持续改善

1. 居民消费价格涨势温和，工业生产者出厂价格小幅上涨。2022年，北京市居民消费价格同比上涨1.8%，涨幅较上年高0.7个百分点，其中，消费品价格上涨2.8%，服务价格上涨0.7%；北京市工业生产者出厂价格同比上涨2.3%，购进价格同比上涨6.2%，涨幅均高于上年。

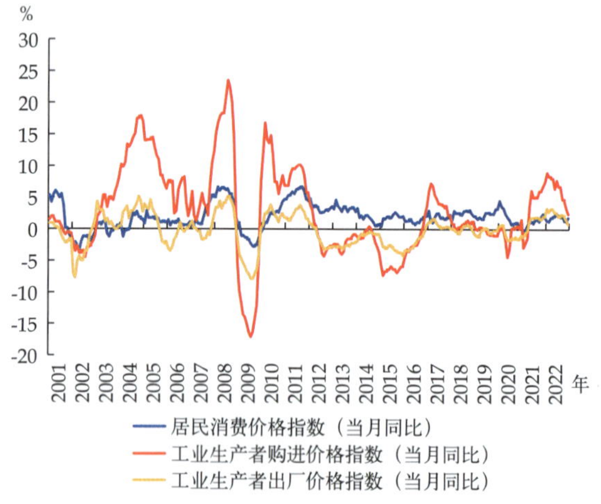

图11　居民消费价格指数和工业生产者价格指数变动趋势

（数据来源：北京市统计局）

2. 就业形势总体稳定，居民收入稳步增加。2022年，北京市城镇新增就业26.1万人，城镇调查失业率均值为4.7%。北京居民人均可支配收入为7.7万元，同比增长3.2%，其中，城镇居民人均可支配收入增长3.1%，农村居民人均可支配收入增长4.4%。

（四）积极落实退税降费保经营主体，财政收支总体平衡

全面落实减税降费政策，全年累计新增减税降费及退税缓税缓费超2000亿元。2022年，北京市完成一般公共预算收入5714亿元，按自然口径下降3.7%，扣除留抵退税因素后同口径增长2.6%。其中，增值税下降较多，主要是增值税留抵退税力度加大；企业所得税同比增长3.9%，主要是计算机电子设备制造业、汽车制造业等行业经营逐步恢复，利润好转；个人所得税同比增长5.6%，主要与居民收入平稳增长有关。一般公共预算支出7469亿元，同比增长3.7%。

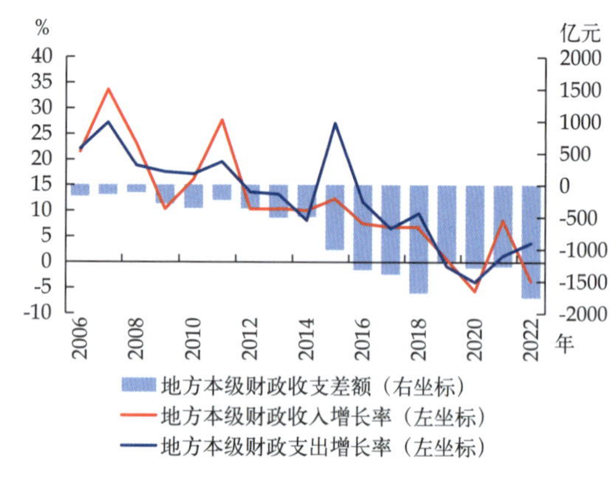

图12　财政收支状况

（数据来源：北京市统计局）

（五）房地产市场运行总体平稳

2022年，北京市完成房地产开发投资4178亿元，同比增长1.0%。北京市商品房竣工面积1938万平方米，施工面积1.3亿平方米，新开工面积1774万平方米。商品房销售面积1040万平方米。新建商品住宅、二手住宅销售价格指数月度同比平均涨幅分别为5.8%和5.5%。

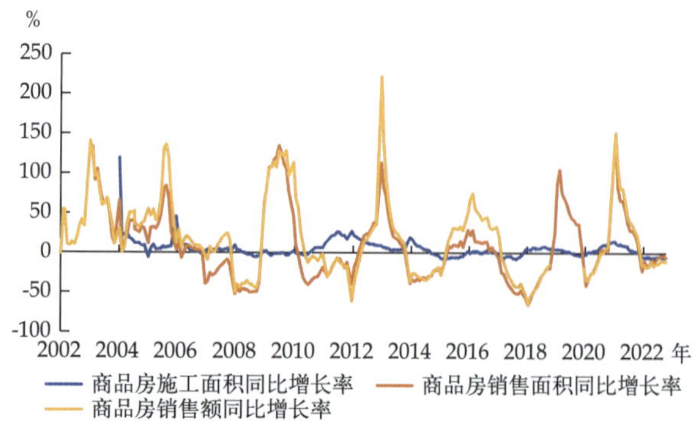

图13　商品房施工和销售变动趋势

（数据来源：北京市统计局）

（六）新兴动能加快积蓄，赋能首都经济高质量发展

1. 高技术制造业持续增长。 剔除新冠疫苗生产因素后，北京市规模以上高技术制造业和工业战略性新兴产业增加值同比分别增长 5.3% 和 4.9%，增速分别高于规模以上工业 2.8 个和 2.4 个百分点。北京市规模以上工业中，230 余家国家级专精特新“小巨人”工业企业产值同比增长 9.4%。

2. 数字经济释放发展活力。 2022 年，北京市数字经济增加值 1.7 万亿元，按现价计算同比增长 4.4%，占北京市生产总值的比重达到 41.6%，比上年提高 1.2 个百分点。云计算、人工智能等新基建项目固定资产投资比上年增长 25.5%，新增 5G 基站 2.4 万个，进一步夯实数字经济发展底座。

3. 科技创新研发持续蓄力。 年末拥有有效发明专利 47.8 万件，同比增长 18.0%。每万人口高价值发明专利拥有量为 112 件，比上年增加 17.8 件。全年共认定登记技术合同 9.5 万项，同比增长 1.6%；技术合同成交额 7948 亿元，同比增长 13.4%。中关村示范区规模以上高新技术企业技术收入占总收入的比重为 21.7%，同比提高 2.1 个百分点。

4. 新消费新开放表现活跃。 2022 年，限额以上批发零售业、住宿餐饮业实现网上零售额占社会零售品销售总额比重为 39.8%，比上年提高 3.5 个百分点。对外开放加快，北京地区对“一带一路”共建国家进出口 1.6 万亿元，同比增长 28.2%，占地区进出口总值的 43.7%。

三、预测与展望

2023 年，北京市将坚持以习近平新时代中国特色社会主义思想为指导，全面贯彻落实党的二十大和中央经济工作会议精神，深入贯彻习近平总书记对北京市系列重要讲话精神，坚持稳中求进工作总基调，完整、准确、全面贯彻新发展理念，坚持以新时代首都发展为统领，深入实施人文北京、科技北京、绿色北京战略，深入实施京津冀协同发展战略，坚持“五子”联动服务和融入新发展格局，着力推动高质量发展，突出做好稳增长、稳就业、稳物价工作，抓好强信心、扩内需、促改革、惠民生、保健康、防风险，为率先基本实现社会主义现代化开好局、起好步。

北京市金融业将坚持稳字当头、稳中求进，精准有力落实稳健的货币政策，进一步加大金融对实体经济支持力度，更好统筹质的有效提升和量的合理增长，为首都经济回升向好和高质量发展营造适宜的货币金融环境。

中国人民银行北京市分行货币政策分析小组

总　　纂： 杨伟中　姚　力

统　　稿： 余　剑　孙　昱　李晓闻　周　炜

执　　笔： 赵　北　周方伟　张　哲　阙星文　刘　弘　焦　晔　刘晓丹　张雪晴　汪　沛　杨　玲　李菲菲　朱琳琳　宋　潇

提供材料： 王丝雨　周　凯　谭任杰　吕潇潇　秦碧莹　童怡华　魏辰皓　杨　燚　张　雪　韦文彬　王昀润　杜　鸥　魏　韬　王　芳　陈　娇　赵伟欣　单春妮　杨　光　杨　静

附录：

（一）2022年北京市经济金融大事记

1月4日，北京冬奥会金融服务应急保障体系启动实战化运行，至3月16日闭环管理结束。北京涉奥场景共发生金融交易46.7万笔，金额合计1.7亿元，全程“零差错”“零投诉”“零风险”。

1月24日，人民银行营业管理部等六部门联合印发《关于金融支持北京市全面推进乡村振兴的实施意见》。

3月17日，中国中信金融控股有限公司和北京金融控股集团有限公司（简称北京金控）获得“金融控股公司许可证”。北京金控成为全国首家地方国资控股的金融控股公司。

3月29日，人民银行营业管理部、北京银保监局、北京市金融监管局联合印发《关于加大金融支持实体经济力度稳定宏观经济大盘的工作方案（1.0版）》。

5月6日，人民银行营业管理部、外汇管理局北京外汇管理部联合印发《金融支持抗疫纾困和经济社会发展专项行动方案》。

5月18日，北京市金融服务工作领导小组印发《北京市“十四五”时期金融业发展规划》。

9月1—5日，中国国际服务贸易交易会金融服务专题展在北京首钢园成功举办，实现700余项金融创新产品和服务创新、展出百余项创新技术、发布28项成果项目，涉及成交总额8.9亿美元。

9月2日，财政部首次在北交所发行603亿元国债，系国债首次在交易所市场发行。

9月22日，人民银行营业管理部等十部门联合印发《金融服务北京地区科技创新、“专精特新”中小企业健康发展若干措施》。

11月21日，北证50成分指数正式发布实时行情。

11月21—23日，2022年金融街论坛年会成功举办，年会主题为“踔厉奋发，共向未来——变局下的经济发展与金融合作”。

（二）北京市主要经济金融指标

表 1　2022 年北京市主要存贷款指标

	项目	1 月	2 月	3 月	4 月	5 月	6 月	7 月	8 月	9 月	10 月	11 月	12 月
本外币	金融机构各项存款余额（亿元）	197101.2	203521.2	205482.2	207533.8	213941.2	214770.3	216578.6	217510.7	222782.9	224749.0	228137.6	218628.8
	其中：住户存款	50283.5	49991.7	51305.6	51805.8	52142.4	53048.2	53244.5	53675.3	54659.1	54787.6	56553.6	58621.4
	非金融企业存款	67353.2	67836.0	71101.5	69681.8	71383.8	73300.9	73226.8	73181.6	74031.1	73175.4	72597.9	70888.4
	各项存款余额比上月增加（亿元）	-2628.4	6420.1	1961.0	2051.6	6407.4	829.0	1808.4	932.1	5272.1	1966.2	3388.6	-9508.8
	金融机构各项存款同比增长（%）	4.6	8.0	8.0	10.2	8.7	10.5	9.1	8.3	9.1	8.0	9.7	9.5
	金融机构各项贷款余额（亿元）	90802.3	91580.4	94519.4	94042.2	94750.7	96455.9	95009.5	94970.0	96762.0	96881.9	97289.1	97819.9
	其中：短期	26961.0	27612.4	28780.5	28623.3	28775.4	29490.1	28477.7	28423.3	28914.1	28753.8	28565.9	28437.2
	中长期	56708.3	56690.2	57587.1	57155.6	57628.9	58728.7	58315.7	58580.5	59444.8	60003.8	60664.0	61986.8
	票据融资	4559.6	4673.5	5529.5	5651.8	5794.9	5686.7	5602.0	5472.8	5751.3	5514.5	5359.1	4647.2
	各项贷款余额比上月增加（亿元）	1769.4	778.1	2939.0	-477.1	708.5	1705.2	-1446.4	-39.4	1791.9	120.0	407.1	530.8
	其中：短期	770.4	651.4	1168.1	-157.2	152.1	714.7	-1012.4	-54.4	490.8	-160.3	-187.9	-128.7
	中长期	671.5	-18.1	897.0	-431.5	473.2	1099.9	-413.1	264.9	864.3	559.0	660.2	1322.8
	票据融资	273.7	113.9	856.0	122.3	143.2	-108.2	-84.7	-129.1	278.4	-236.8	-155.4	-711.9
	金融机构各项贷款同比增长（%）	5.7	5.3	7.6	7.1	7.5	8.7	7.6	7.4	8.6	8.6	8.0	9.9
	其中：短期	0.1	0.6	3.5	5.3	6.5	9.0	7.3	8.5	9.7	10.1	9.1	8.6
	中长期	7.7	6.1	6.2	4.7	4.6	5.7	4.6	4.5	5.5	6.0	5.8	10.3
	票据融资	26.9	37.1	74.0	69.2	70.3	63.2	57.0	49.0	46.7	37.7	32.3	8.4
	建筑业贷款余额（亿元）	3474.5	3589.49	3800.8	3736.8	3854.8	3993.2	4044.0	3980.6	4060.2	4002.3	4128.9	3399.6
	房地产业贷款余额（亿元）	6657.6	6645.6	6694.6	6557.8	6532.7	6554.9	6294.8	6249.1	6405.2	6453.4	6427.9	6644.5
	建筑业贷款同比增长（%）	11.7	12.4	18.3	13.0	12.6	16.1	16.3	18.5	21.2	17.3	19.9	22.1
	房地产业贷款同比增长（%）	-25.3	-25.6	-25.1	-26.4	-26.5	-25.7	-27.1	-27.0	-24.8	-23.8	-23.6	-5.1
人民币	金融机构各项存款余额（亿元）	189572.7	195953.6	197744.9	200095.7	206782.7	207698.8	209819.9	210732.9	215924.3	217893.3	221451.4	212446.7
	其中：住户存款	48730.5	48445.5	49741.9	50177.6	50500.4	51388.5	51581.7	52018.3	52966.3	53084.1	54831.1	56915.8
	非金融企业存款	64567.9	64983.6	68212.4	67109.7	68865.6	70838.2	70896.2	70785.5	71644.8	70681.7	70080.4	68709.6
	各项存款余额比上月增加（亿元）	-2519.6	6380.9	1791.3	2350.8	6687.0	916.1	2121.1	913.0	5191.5	1969.0	3558.1	-9004.7
	其中：住户存款	1546.1	-285.0	1296.4	435.7	322.9	888.1	193.2	436.6	948.0	117.7	1747.0	2084.7
	非金融企业存款	-1271.3	415.7	3228.8	-1102.7	1755.9	1972.6	58.0	-110.7	859.3	-963.1	-601.3	-1370.8
	各项存款同比增长（%）	4.5	8.0	8.0	10.8	9.2	11.3	10.0	9.2	10.1	8.8	10.6	10.6
	其中：住户存款	13.0	10.2	11.4	12.4	12.8	13.0	14.2	15.1	15.4	16.4	19.0	20.6
	非金融企业存款	0.4	3.5	9.1	9.5	10.1	12.2	11.3	9.5	7.2	6.5	3.9	4.2
	金融机构各项贷款余额（亿元）	87774.2	88629.5	91495.8	91023.5	91847.2	93618.1	92226.4	92258.5	94028.2	94230.6	94697.4	95496.9
	其中：个人消费贷款	17866.9	17812.2	17917.0	17859.3	17747.2	18197.3	18213.1	18447.1	18573.4	18633.9	18659.3	18697.2
	票据融资	4559.6	4673.5	5529.5	5651.8	5794.9	5686.7	5602.0	5472.8	5751.3	5514.5	5359.1	4647.2
	各项贷款余额比上月增加（亿元）	1696.7	855.3	2866.3	-472.3	823.7	1770.9	-1391.7	32.1	1769.7	202.4	466.8	799.5
	其中：个人消费贷款	345.9	-54.8	104.8	-57.7	-112.1	450.1	15.9	234.0	126.3	60.5	25.4	37.9
	票据融资	273.7	113.9	856.0	122.3	143.2	-108.2	-84.7	-129.1	278.4	-236.8	-155.4	-711.9
	金融机构各项贷款同比增长（%）	6.3	6.0	8.2	7.6	7.9	9.2	8.2	8.0	9.2	9.3	8.8	10.9
	其中：个人消费贷款	7.9	7.8	7.6	6.4	5.1	7.0	6.6	7.7	7.9	8.0	6.9	6.7
	票据融资	26.9	37.1	74.0	69.2	70.3	63.2	57.0	49.0	46.7	37.7	32.3	8.4
外币	金融机构外币存款余额（亿美元）	1181.0	1197.0	1218.8	1124.0	1074.7	1053.6	1002.2	983.6	966.0	955.3	931.6	887.6
	金融机构外币存款同比增长（%）	7.2	9.7	11.0	-5.6	-7.9	-11.7	-17.5	-19.4	-21.8	-21.3	-23.0	-25.9
	金融机构外币贷款余额（亿美元）	475.0	466.7	476.3	456.2	435.9	422.8	412.7	393.5	385.1	369.4	361.1	333.5
	金融机构外币贷款同比增长（%）	-9.4	-9.5	-5.3	-6.4	-8.2	-9.7	-12.7	-16.7	-17.1	-21.3	-23.4	-28.0

数据来源：中国人民银行营业管理部。

表 2 2001—2022 年北京市各类价格指数

单位：%

时间		居民消费价格指数		农业生产资料价格指数		工业生产者购进价格指数		工业生产者出厂价格指数	
		当月同比	累计同比	当月同比	累计同比	当月同比	累计同比	当月同比	累计同比
2001		—	3.1	—	—	—	—	—	—
2002		—	-1.8	—	—	—	—	—	—
2003		—	0.2	—	—	—	—	—	—
2004		—	1.0	—	—	—	—	—	—
2005		—	1.5	—	—	—	—	—	—
2006		—	0.9	—	—	—	—	—	—
2007		—	2.4	—	—	—	—	—	—
2008		—	5.1	—	—	—	—	—	—
2009		—	-1.5	—	—	—	—	—	—
2010		—	2.4	—	—	—	—	—	—
2011		—	5.6	—	—	—	8.4	—	2.3
2012		—	3.3	—	—	—	-2.9	—	-1.6
2013		—	3.3	—	4.7	—	-2.2	—	-2.6
2014		—	1.6	—	-0.3	—	-1.2	—	-0.9
2015		—	1.8	—	-0.2	—	-6.3	—	-3.1
2016		—	1.4	—	-0.3	—	-1.5	—	-1.9
2017		—	1.9	—	-3.8	—	4.4	—	0.7
2018		—	2.5	—	3.6	—	0.8	—	0.0
2019		—	2.3	—	9.9	—	-0.4	—	-0.4
2020		—	1.7	—	10.9	—	-0.5	—	-0.9
2021		—	1.1	—	-1.8	—	3.7	—	1.1
2022		—	1.8	—	2.7	—	6.2	—	2.3
2021	1	-0.8	-0.8	—	—	-2.9	-2.9	-1.2	-1.2
	2	-0.1	-0.4	—	—	-2.2	-2.6	-0.6	-0.9
	3	0.6	-0.1	1.6	1.6	-1.4	-2.2	-0.2	-0.7
	4	1.1	0.2	—	—	3.5	-0.8	1.3	-0.2
	5	1.2	0.4	—	—	6.1	0.5	1.8	0.2
	6	0.9	0.5	-5.4	-2.1	5.0	1.3	1.8	0.5
	7	1.5	0.6	—	—	5.1	1.8	1.9	0.7
	8	1.4	0.7	—	—	5.0	2.2	1.8	0.8
	9	1.2	0.8	-4.0	-2.1	6.0	2.6	1.6	0.9
	10	2.0	0.9	—	—	6.1	3.0	1.5	1.0
	11	2.4	1.0	—	—	6.8	3.3	2.0	1.1
	12	1.8	1.1	0.6	-1.8	7.5	3.7	2.2	1.1
2022	1	1.3	1.3	—	—	8.9	8.9	3.3	3.3
	2	1.2	1.2	—	—	8.3	8.6	2.7	3.0
	3	1.8	1.4	-3.4	-3.4	8.0	8.4	3.2	3.1
	4	2.0	1.6	—	—	8.0	8.3	3.2	3.1
	5	2.2	1.7	—	—	6.4	7.9	2.6	3.0
	6	2.5	1.8	0.8	-0.8	7.7	7.9	2.4	2.9
	7	2.1	1.9	—	—	6.7	7.7	2.0	2.8
	8	1.9	1.9	—	—	6.5	7.6	2.3	2.7
	9	2.1	1.9	7.1	2.8	4.7	7.2	2.2	2.7
	10	1.3	1.8	—	—	4.4	6.9	1.9	2.6
	11	1.2	1.8	—	—	3.2	6.6	1.4	2.5
	12	1.8	1.8	5.3	2.7	2.4	6.2	0.8	2.3

数据来源：北京市统计局。

表 3　2022 年北京市主要经济指标

项目	1月	2月	3月	4月	5月	6月	7月	8月	9月	10月	11月	12月
	绝对值（自年初累计）											
地区生产总值（亿元）	—	—	9413.4	—	—	19352.2	—	—	29926.3	—	—	41610.9
第一产业	—	—	14.2	—	—	43.7	—	—	74.3	—	—	111.5
第二产业	—	—	1318.6	—	—	2933.5	—	—	4624.7	—	—	6605.1
第三产业	—	—	8080.7	—	—	16375.0	—	—	25227.3		—	34894.3
工业增加值（亿元）	—	—	1112.3	—	—	2256.1	—	—	3513.0	—	—	5036.4
固定资产投资（亿元）	—	—	—	—	—	—	—	—	—	—	—	—
房地产开发投资	—	424.2	841.7	1171.7	1500.2	2063.1	2497.9	2932.5	3375.5	3636.6	3929.6	4178.5
社会消费品零售总额（亿元）	—	2427.3	3583.9	4576.2	5391.9	6706.7	7775.4	8895.0	10219.5	11397.9	12704.4	13794.3
外贸进出口总额（亿元）	2970.4	5286.7	8050.2	11086.5	14062.1	16843.0	19907.1	23203.9	26530.7	29608.5	33045.7	36445.5
进口	437.3	4509.7	6823.5	9447.9	11994.1	14313.4	16903.6	19626.5	22339.1	24960.1	27803.7	30555.5
出口	2533.2	777.0	1226.6	1638.6	2067.9	2529.6	3003.5	3577.4	4191.6	4648.3	5242.1	5890.0
进出口差额（出口－进口）	-2095.9	-3732.7	-5596.9	-7809.3	-9926.2	-11783.8	-13900.1	-16049.1	-18147.5	-20311.8	-22561.6	-24665.5
实际利用外资（亿美元）	18.6	40.2	60.2	70.4	94.5	121.4	135.8	152.4	169.5	171.8	172.3	174.1
地方财政收支差额（亿元）												
地方财政收入	901.1	1235.5	1689.7	2223.0	2585.4	2990.6	3521.0	3840.4	4282.2	5022.9	5331.0	5714.3
地方财政支出	761.6	1466.2	2374.0	2823.1	3172.8	3960.6	4385.5	4795.2	5597.6	5946.0	6533.1	7156.0
城镇登记失业率（%）（季度）												
	同比累计增长率（%）											
地区生产总值	—	—	4.8	—	—	0.7	—	—	0.8	—	—	0.7
第一产业	—	—	6.7	—	—	7.0	—	—	1.4	—	—	-1.6
第二产业	—	—	6.2	—	—	-11.4	—	—	-12.0	—	—	-11.4
第三产业	—	—	4.5	—	—	3.3	—	—	3.5	—	—	3.4
工业增加值	—	—	7.1	—	—	-14.3	—	—	-15.2	—	—	-14.6
固定资产投资	—	13.1	10.3	8.9	2.8	5.5	6.5	7.6	7.0	5.0	3.2	3.6
房地产开发投资	—	9.9	8.9	7.3	-0.4	1.0	2.1	4.2	4.4	2.2	0.4	1.0
社会消费品零售总额	—	2.5	0.7	-3.5	-7.7	-7.2	-6.7	-5.8	-4.5	-4.8	-6.3	-7.2
外贸进出口总额	33.4	22.8	17.8	19.5	20.9	17.7	17.6	18.4	18.6	19.3	19.4	19.7
进口	40.2	28.9	23.3	26.7	29.3	25.8	25.9	25.9	25.7	26.6	26.0	25.7
出口	4.4	-3.8	-5.5	-10.1	-12.2	-13.8	-14.3	-10.7	-8.7	-9.1	-6.3	-3.8
实际利用外资												
地方财政收入	14.9	12.9	6.6	-3.5	-5.0	-8.1	-9.4	-8.8	-6.7	-4.8	-4.2	-3.7
地方财政支出	25.1	3.8	6.6	8.8	7.1	6.6	6.8	6.1	7.3	6.2	3.6	3.7

数据来源：北京市统计局、北京市财政局、北京市商务局。

中国人民银行天津市分行[①]
货币政策分析小组

[内容摘要] 2022年，面对复杂严峻的国内外形势和多重超预期因素考验，天津市坚持以习近平新时代中国特色社会主义思想为指导，坚持稳中求进工作总基调，完整、准确、全面贯彻新发展理念，主动服务和融入新发展格局，着力推动高质量发展，高效统筹疫情防控和经济社会发展，扎实推动稳经济一揽子政策和接续措施落地见效，全市经济运行持续向好，经济结构不断优化，新动能不断成长，民生保障有力有效，高质量发展迈出坚实步伐。天津市金融业认真贯彻稳健的货币政策灵活适度的要求，金融运行总体平稳，支持稳经济大盘取得积极进展，服务实体经济能力持续提升，金融总量保持稳定增长，信贷资源配置进一步优化，金融改革创新稳步深化，金融基础设施不断完善，有力支持和促进了天津市经济社会高质量发展。

天津市经济运行主要呈现以下特点：一是经济运行持续恢复向好。全年实现地区生产总值1.6万亿元，按不变价格计算，同比增长1.0%。高技术制造业投资保持快速增长，全年增长10.0%，占制造业投资的比重为31.5%。消费市场缓慢恢复，全年社会消费品零售总额同比下降5.2%，降幅较上半年收窄0.3个百分点。新兴消费增势较好，智能家用电器和音像器材、新能源汽车零售额同比分别增长1.7倍和1.0倍。贸易出口结构优化，专用设备制造业、电气机械和器材制造业出口交货值同比分别增长62.5%和12.3%。实际直接利用外资额同比增长10.4%，高于全国平均水平2.4个百分点。二是供给结构持续优化。农业生产不断提速，粮食总产量连续7年保持在200万吨以上。"制造业立市"战略深入实施，12条重点产业链增加值合计占规模以上工业增加值的77.9%。服务业总体平稳，新兴服务业支持作用突出，规模以上科技服务业营业收入同比增长12.2%。三是生态环境质量持续向好。全年PM2.5平均浓度37微克/立方米，同比下降5.1%；空气质量优良天数比率为73.2%，同比上升0.9个百分点。四是居民消费价格温和上涨，工业生产者价格涨幅回落。居民消费价格同比上涨1.9%，工业生产者出厂价格和购进价格同比分别上涨5.8%和4.4%，涨幅同比回落5.1个和10.3个百分点。五是财政收入稳步恢复。一般公共预算收入剔除留抵退税因素后，按可比口径计算同比下降5.8%，降幅逐季收窄，其中下半年增长10.1%。

天津市金融运行主要呈现以下特点：一是银行业运行平稳，信贷结构进一步优化。2022年末，银行业金融机构资产和负债总额同比分别增长6.3%和6.1%。本外币各项存款余额同比增长12.8%，较年初新增4716亿元。贷款总量整体平稳，本外币各项贷款余额同比增长3.5%，较年初新增1599亿元；结构持续优化，普惠小微贷款、涉农贷款、绿色贷款余额同比分别增长20.7%、12.6%和22.4%。企业融资成本稳中有降，2022年新发放企业贷款加权平均利率为4.34%，较贷款市场报价利率（LPR）改革前下降0.90个百分点，创有统计以来新低。

① 自2023年8月18日起，中国人民银行天津分行更名为中国人民银行天津市分行。本报告主要反映2022年的经济金融情况，正文中涉及的相关机构表述仍沿用2022年名称。

跨境收付平稳增长，人民币跨境收付3421亿元，同比增长7.1%。二是社会融资规模平稳增长，融资结构有所改善。全年社会融资规模增加3429亿元，同比多增245亿元，其中直接融资增加551亿元，同比多增575亿元。非金融企业在银行间市场发债融资3613亿元，同比增长11.0%。结构性货币政策工具带动作用持续显现，对重点领域和薄弱环节的金融支持力度不断增强。三是证券业平稳发展，基金交易显著增长。全年各类证券交易额6.8万亿元，同比增长2.2%；证券营业部资产总额同比下降4.0%，期货公司资产总额同比增长6.9%，基金交易额和基金份额同比分别增长45.3%和44.3%。新增境内上市公司7家。四是保险保障功能不断增强，业务规模持续扩大。2022年末，保险公司资产总额2146亿元，同比增长9.9%；全年实现保费收入670亿元，同比增长1.5%；赔付支出201亿元，同比增长7.4%。财产险公司全年保单3.0亿件，同比增长66.8%。五是金融改革创新持续深化，自贸区建设有序推进。2022年末，绿色贷款增速创2018年以来新高，自由贸易（FT）账户项下累计结算量超6400亿元。六是金融基础设施不断完善，金融生态环境持续优化。支付清算、征信等领域建设取得积极进展，金融消费权益保护水平不断提升。七是扎实推动金融风险防范化解，维护区域金融稳定。不良贷款余额、不良贷款率实现“双降”。不良贷款余额734亿元，较年初减少381亿元；不良贷款率1.67%，较年初下降0.95个百分点。核心一级资本充足率13.35%，较年初上升0.04个百分点。

2023年是全面贯彻党的二十大精神的开局之年，也是天津全面建设社会主义现代化大都市的关键之年。天津市将以习近平新时代中国特色社会主义思想为指导，深入落实习近平总书记对天津工作“三个着力”[①]重要要求和系列重要指示批示精神，坚持稳中求进工作总基调，完整、准确、全面贯彻新发展理念，积极服务和融入新发展格局，着力推动高质量发展，推动“十项行动”[②]方案落地见效，更加注重扩大有效需求、更加注重建设现代化产业体系、更加注重抓好改革开放、更加注重发挥好天津优势、更加注重有效防范化解重大风险，推动全市经济实力持续增强、创新活力持续增强、综合竞争力持续增强、治理效能持续增强，为全面建设社会主义现代化国家贡献天津力量。天津市金融业将认真贯彻落实稳健的货币政策，紧紧围绕“一个中心、三个并重”[③]，不断提升金融服务实体经济质效，突出做好稳增长、稳就业、稳物价工作，推动经济运行整体好转，实现质的有效提升和量的合理增长；加快推进存量金融风险化解，确保全市金融安全稳定大局；不断深化金融创新运营示范区建设，助力打造金融创新高地；坚持以人民为中心的发展思想，不断提升金融服务便民利民水平，为天津全面建设社会主义现代化大都市提供有力有效的金融支持。

一、金融运行情况

2022年，天津市金融业认真贯彻稳健的货币政策灵活适度的要求，坚决支持稳住宏观经济大盘，金融运行总体平稳，服务实体经济能力持续提升，总量保持稳定增长，金融资源配置进一步优化，金融改革创新稳步深化，金融基础设施不断完善，有力支持和促进了天津市

① 着力提高发展质量和效益、着力保障和改善民生、着力加强和完善党的领导。

② 京津冀协同发展走深走实行动、制造业高质量发展行动、科教兴市人才强市行动、港产城融合发展行动、滨海新区高质量发展支撑引领行动、中心城区更新提升行动、乡村振兴全面推进行动、绿色低碳发展行动、高品质生活创造行动、党建引领基层治理行动。

③ “一个中心”指的是推动经济运行总体好转，“三个并重”指的是支持经济质的有效提升和量的合理增长并重，支持扩大内需与优化供给并重，支持短期纾困与长期转型并重。

经济社会高质量发展。

（一）银行业运行平稳，信贷结构进一步优化

1. 资产规模继续扩大，净利润平稳增长。 2022 年末，天津市银行业金融机构资产总额 6.0 万亿元，同比增长 6.3%，增速同比提高 1.3 个百分点；负债总额 5.7 万亿元，同比增长 6.1%，增速同比提高 1.4 个百分点。2022 年，天津市银行业金融机构累计实现营业收入 1227 亿元，同比增长 2.9%，增速同比提高 3.8 个百分点；累计实现净利润 397 亿元，同比增加 188 亿元。

表 1　2022 年银行业金融机构情况

机构类别	营业网点			法人机构（个）
	机构个数（个）	从业人数（人）	资产总额（亿元）	
一、大型商业银行	1215	28472	18430	0
二、国家开发银行和政策性银行	10	645	4100	0
三、股份制商业银行	385	10397	10464	0
四、城市商业银行	293	7714	10232	1
五、城市信用社	0	0	0	0
六、小型农村金融机构	501	8386	6365	2
七、财务公司	0	245	419	7
八、信托公司	0	506	172	2
九、邮政储蓄银行	381	2546	1408	0
十、外资银行	13	1427	813	1
十一、新型农村金融机构	96	1363	307	13
十二、其他	2	3603	7785	17
合　计	2896	65304	60495	43

数据来源：天津银保监局。

注：营业网点不包括国家开发银行和政策性银行、大型商业银行、股份制银行等金融机构总部数据；大型商业银行包括中国工商银行、中国农业银行、中国银行、中国建设银行和交通银行；小型农村金融机构包括农村商业银行；新型农村金融机构包括村镇银行、贷款公司；其他包括金融租赁公司、汽车金融公司、中德住房储蓄银行、金城银行。

2. 存款快速增长，住户存款拉动作用显著。 2022 年末，天津市本外币各项存款余额 4.0 万亿元，同比增长 12.8%，增速同比提高 7.6 个百分点，较年初增加 4716 亿元，同比多增 2958 亿元。其中，住户存款余额同比增长 18.1%，成为拉动各项存款的主要因素，较年初增加 2982 亿元，同比多增 1608 亿元；非金融企业存款较年初增加 1101 亿元，同比多增 1040 亿元；非银行业金融机构存款较年初增加 784 亿元，同比多增 638 亿元；外币各项存款较年初下降 24 亿美元，同比多减 43 亿美元。

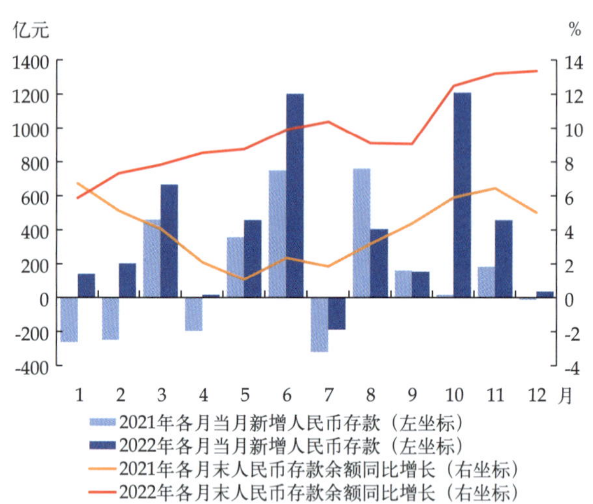

图 1　金融机构人民币存款增长变化

（数据来源：中国人民银行天津分行）

3. 贷款总量总体平稳，信贷结构持续优化。 2022 年，天津市银行业信贷运行总体平稳，年末本外币各项贷款余额 4.2 万亿元，同比增长 3.5%，较年初增加 1599 亿元。其中，企事业单位贷款较年初增加 1762 亿元，同比多增 386 亿元，住户贷款较年初减少 280 亿元，非银行业金融机构贷款较年初增加 9 亿元，外币各项贷款较年初减少 37 亿美元。信贷结构进一步优化。2022 年末，普惠小微贷款、涉农贷款、绿色贷款余额同比分别增长 20.7%、12.6% 和 22.4%，增速均高于各项贷款增速。

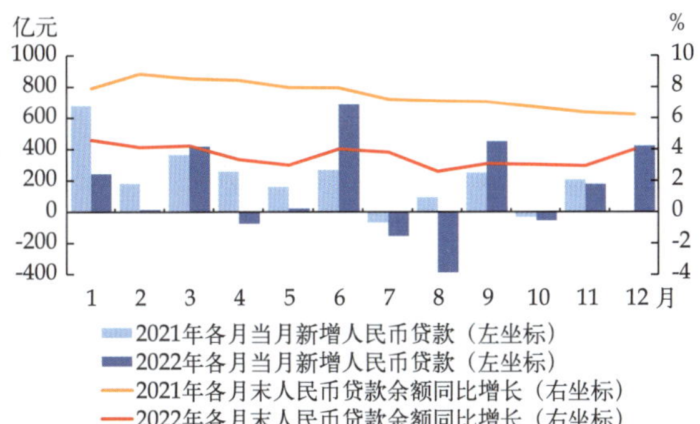

图 2　金融机构人民币贷款增长变化

（数据来源：中国人民银行天津分行）

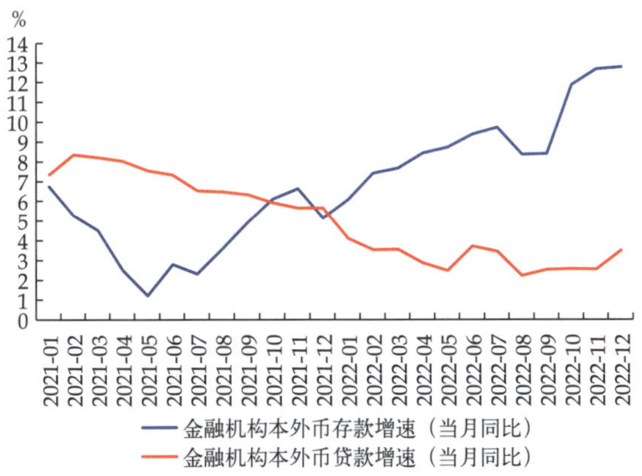

图 3　金融机构本外币存贷款增速变化

（数据来源：中国人民银行天津分行）

4. 表外各类业务平稳健康发展，服务实体经济能力增强。2022 年末，天津市银行业金融机构担保类、承诺类、金融资产服务类、金融衍生品类四类表外业务余额合计同比增长 15.0%。其中，担保类、承诺类、金融资产服务类表外业务同比分别增长 17.0%、17.1% 和 14.6%；金融衍生品类表外业务与上年同期基本持平。

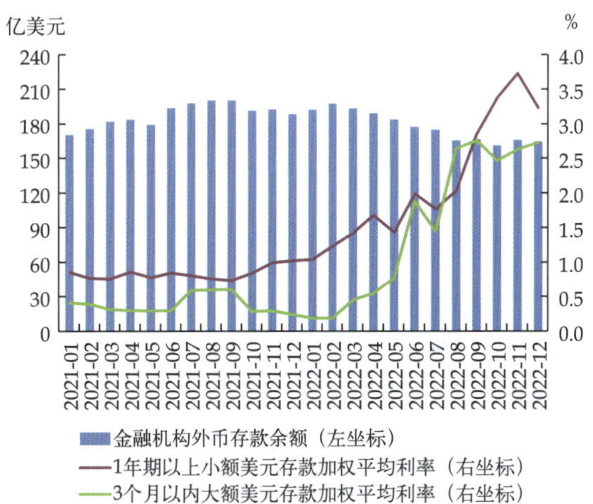

图 4　金融机构外币存款余额及外币存款利率

（数据来源：中国人民银行天津分行）

专栏 1　全力做好金融支持稳经济大盘工作　助力区域经济企稳回升

2022 年，人民银行天津分行深入贯彻落实党的二十大精神和党中央、国务院决策部署，按照“高站位认识、一揽子统筹、一体化落实、顶格化规划、精细化对接、常态化督导”的总体工作思路，落实落细稳经济一揽子政策和接续措施，制定天津市“金融惠企利民 26 条”［《关于扎实做好“金融 23 条”贯彻落实工作的通知》（津银发〔2022〕73 号）］，全力以赴抓好金融支持稳经济大盘工作，在稳信贷增长、保重点领域、帮企业纾困、解民生难题、促金融创新等方面取得明显成效。

一、多渠道扩大融资规模

印发货币信贷工作指导意见，及时通过召开金融运行形势分析会、座谈会等形式，推动金融机构扎实做好金融支持稳经济有关工作。发挥好结构性货币政策工具的牵引带动作用，激励金融机构加大对实体经济特别是普惠小微、科技创新、绿色发展等重点领域和薄弱环节的支持力度。指导金融机构加大债券承销力度，编发《银行间债券市场融资产品手册》，召开债券融资座谈会、专题培训会，推动企业通过银行间债券市场融资。持续支持地方法人金融机构发行金融债券，提升信贷投放能力。

二、持续优化金融资源配置

建立健全重大项目融资对接长效机制，积极推动政策性开发性金融工具落地，引导金融机构持续加大对基础设施建设和天津市重点项目的支持力度。深入开展金融支持重点产业链供应链2.0行动，打造“重点企业+主办银行”对接机制和主办银行“一名行领导、一个工作专班、一份服务方案、一套产品体系”的“四个一”体系，强化“强链、稳链、补链”金融服务。创设“天津市科技创新企业白名单”，打造“科创企业金融服务便利店”，推广知识产权、专利权等新型抵（质）押融资，引导金融机构创新产品及服务模式，为科创企业提供资金支持。发布绿色项目、企业绿色评级两项评估认定标准，制定绿色金融评价实施细则，激励金融机构大力发展绿色金融业务。建成“金融支持乡村振兴示范点”366个，为涉农主体提供集贷款、结算、涉农保险、担保等多功能于一体的“一站式”综合性金融服务，完善乡村振兴金融服务体系。

三、助力受困主体纾困解难

积极发挥“智慧小二”和地方征信平台等科技平台作用，缓解银企信息不对称难题，持续提升普惠小微金融服务水平。发布《天津市主要银行贷款延期还本付息政策汇编》电子书，组织金融机构按照市场化原则对符合条件的到期贷款“应延尽延”。与相关部门共享受困服务业经营主体名单，组织金融机构开展餐饮、住宿、文化旅游行业金融助企纾困专项行动。积极引导支付服务主体降低小微企业和个体工商户支付服务手续费。认真落实交通物流专项再贷款政策，助力“两企、两个”群体纾困。

总体来看，全年天津市货币信贷总量实现合理增长，2022年末，本外币存贷款余额加权平均增速8.0%，非金融企业全年发债融资同比增长11.0%。信贷结构持续优化，2022年末，普惠小微贷款、高新技术企业贷款同比分别增长20.7%和12.5%。主要金融机构全年累计为中小微企业、个体工商户等受困主体，以及受疫情影响的货车司机贷款、商用货车消费贷款、个人住房和消费贷款等办理贷款延期还本付息1354亿元，惠及经营主体2.7万户（人）次。企业综合融资成本稳中有降，金融机构新发放企业贷款加权平均利率为4.34%，按全年新发放的贷款规模测算，向企业让利约130亿元。全年支付服务累计减费让利3.7亿元，新增受益小微企业和个体工商户79万户次。

5. 贷款市场报价利率（LPR）改革效能持续释放，企业融资成本稳中有降。2022年，天津市金融机构新发放企业贷款加权平均利率为4.34%，较LPR改革前下降0.90个百分点，创有统计以来新低。其中，大、中、小微企业和普惠小微贷款加权平均利率同比分别下降1.15个、0.59个、1.11个和2.00个百分点。

表2　2022年金融机构人民币贷款各利率区间占比

单位：%

项目		1月	2月	3月	4月	5月	6月
合计		100.0	100.0	100.0	100.0	100.0	100.0
LPR减点		34.5	22.0	24.4	26.0	25.3	24.6
LPR		2.2	3.7	2.4	2.8	1.9	2.5
LPR加点	小计	63.3	74.3	73.3	71.2	72.8	72.9
	(LPR，LPR+0.5%)	19.4	17.3	16.5	13.9	14.5	16.8
	[LPR+0.5%，LPR+1.5%)	12.9	25.0	18.8	18.3	14.6	20.6
	[LPR+1.5%，LPR+3%)	14.2	12.9	19.9	14.9	15.9	15.8
	[LPR+3%，LPR+5%)	7.7	9.7	9.3	10.8	14.8	10.1
	LPR+5%及以上	9.1	9.3	8.8	13.3	12.9	9.6
项目		7月	8月	9月	10月	11月	12月
合计		100.0	100.0	100.0	100.0	100.0	100.0
LPR减点		32.5	33.2	33.8	32.9	28.9	34.4
LPR		2.7	1.8	1.5	1.9	2.1	2.4
LPR加点	小计	64.8	65.0	64.7	65.1	69.0	63.2
	(LPR，LPR+0.5%)	11.0	12.3	15.0	12.3	13.2	16.4
	[LPR+0.5%，LPR+1.5%)	14.9	14.0	14.7	15.2	17.7	14.3
	[LPR+1.5%，LPR+3%)	15.2	14.3	14.1	13.6	15.3	14.3
	[LPR+3%，LPR+5%)	8.8	9.4	10.7	9.7	11.1	10.1
	LPR+5%及以上	14.9	15.1	10.1	14.4	11.7	8.1

数据来源：中国人民银行天津分行。

6. 人民币跨境收付量平稳增长，与“一带一路”、东盟国家合作积极性高。2022 年，天津市人民币跨境收付 3421 亿元，同比增长 7.1%。其中，实收 1733 亿元，同比增长 3.0%；实付 1688 亿元，同比增长 11.8%。经常项下人民币跨境收付 1903 亿元，同比增长 10.5%；资本项下人民币跨境收付 1518 亿元，同比增长 3.2%。人民币跨境收付占银行代客本外币跨境收付的 30.4%，同比提高 1.8 个百分点。全年辖内企业与“一带一路”、东盟国家跨境人民币结算量分别为 440 亿元、210 亿元，同比分别增长 21.0% 和 38.0%。

（二）社会融资规模平稳增长，融资结构有所改善

1. 社会融资规模平稳增长，直接融资显著回暖。2022 年，天津市社会融资规模增量为 3429 亿元，同比多增 245 亿元。其中，银行业融资稳中趋好，合计增加 1670 亿元，同比多增 564 亿元。直接融资显著回暖，股票和企业债券净融资合计 551 亿元，同比多增 575 亿元。地方政府债券净融资 762 亿元，占社会融资规模的比重为 22.2%，同比回落 22.7 个百分点。

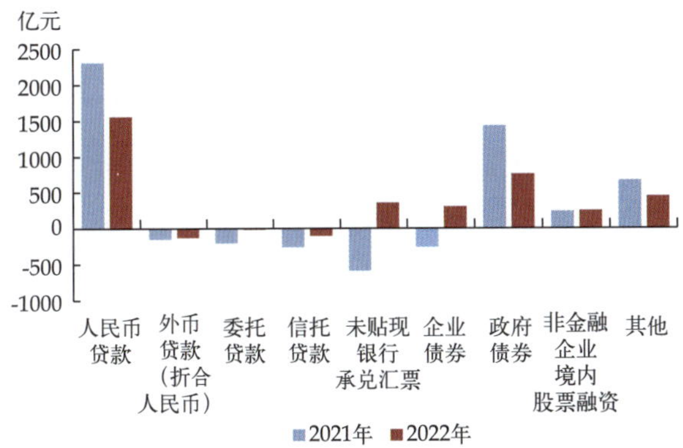

图 5 社会融资规模分布结构

（数据来源：中国人民银行天津分行）

2. 债券融资平稳健康发展，积极推广创新产品。2022 年，天津市非金融企业在银行间市场发债融资 3613 亿元，同比增长 11.0%，高于全国平均水平 15.1 个百分点；实现资金净融入 48 亿元；存续规模 3903 亿元，同比增长 2.2%。金融机构发行金融债券 270 亿元，存续 1600 亿元。积极推广运用债券市场创新产品，成功发行京津冀科技创新资产支持票据（高成长债）、“民企支持工具 + 科创票据”、知识产权资产支持票据（科创票据）、“科创票据 + 保供稳链”资产支持商业票据。2022 年，合计支持绿色发展、乡村振兴、科技创新等重点领域企业获得债券融资 227 亿元，同比增长 15.7%。

3. 发挥结构性货币政策工具带动作用，对重点领域和薄弱环节的金融支持力度不断增强。持续支持普惠金融领域发展，2022 年，发放再贷款再贴现 789 亿元、普惠小微贷款支持工具 0.6 亿元、普惠小微阶段性减息工具 2.4 亿元，推动地方法人银行普惠小微贷款新增 42 亿元，为普惠小微企业、个体工商户等经营主体减息 2.4 亿元。积极助力经济绿色转型，2022 年，天津市 12 家银行获得碳减排支持工具资金 27 亿元，支持碳减排重点领域；4 家银行获得支持煤炭清洁高效利用专项再贷款 4.7 亿元，支持能源保供。加快推动科技创新、交通物流、设备更新改造等专项再贷款政策落地实施，2022 年，天津市金融机构对科技创新、交通物流、设备更新改造等重点领域发放贷款 1169 亿元。

（三）证券业平稳发展，基金交易显著增长

2022 年，天津市各类证券业机构平稳发展，服务实体经济功能持续提升，全年各类证券交易额 6.8 万亿元，同比增长 2.2%。证券机构经营正常，基金管理公司业务开展情况良好，期货公司稳步发展。

表 3 2022 年证券业基本情况

项目	数量
总部设在辖内的证券公司数（家）	1
总部设在辖内的基金公司数（家）	1
总部设在辖内的期货公司数（家）	6
年末国内上市公司数（家）	70

续表

项目	数量
当年国内股票（A股）筹资（亿元）	239
当年发行H股筹资（亿元）	0
当年国内债券筹资（亿元）	4822
其中：短期融资券筹资额（亿元）	2392
中期票据筹资额（亿元）	435

数据来源：天津证监局、中国人民银行天津分行。

1. 证券机构资产有所下降，期货公司资产稳步增长。2022年末，天津市145家证券营业部资产总额239亿元，同比下降4.0%；客户交易结算资金余额215亿元，同比下降1.6%；指定与托管市值5348亿元，同比下降15.9%；资金账户375万户，同比下降12.8%。天津市6家期货公司资产合计263亿元，同比增长6.9%；净资产39亿元，同比增长18.7%；全年累计代理交易额10.5万亿元，同比下降20.6%；累计代理交易量14985万手，同比下降19.4%。

2. 基金公司管理基金数量有所增加，交易额和管理份额显著增长。2022年末，天津市1家基金管理公司管理基金170只，同比增加26只；基金交易额4613亿元，同比增长45.3%；基金份额1.1万亿份，同比增长44.3%；基金净值1.1万亿元，同比下降5.7%。

3. 上市公司市值规模稳定，结构持续优化。2022年，天津市新增境内上市公司7家，年末境内上市公司总数70家，总市值1.1万亿元。上市结构持续优化，年内新增上市公司全部集中在科创板、创业板和北交所，科技与资本相互促进，创新驱动效应凸显。海光信息上市首日市值突破千亿元，华海清科、唯捷创芯上市首日市值突破百亿元。

（四）保险保障功能不断增强，业务规模持续扩大

1. 经营主体保持稳定，资产规模不断增加。2022年末，天津市共有7家法人保险公司，其中财产险公司2家、人身险公司5家；共有省级分公司75家。保险公司在津分支机构资产总额2146亿元，同比增长9.9%。其中，财产险公司资产总额169亿元，同比增长4.1%；人寿险公司资产总额1977亿元，同比增长10.4%。

2. 保费收入保持增长，赔付支出有所增加。2022年，天津市保险公司共实现保费收入670亿元，同比增长1.5%。其中，财产险保费收入157亿元，同比增长1.9%；人身险保费收入513亿元，同比增长1.3%。全年赔付支出201亿元，同比增长7.4%。其中财产险赔款支出96亿元，同比下降0.6%；人身险赔款和给付支出106亿元，同比增长15.8%。

表4　2022年保险业基本情况

项目	数量
总部设在辖内的保险公司数（家）	7
其中：财产险经营主体（家）	2
寿险经营主体（家）	5
保险公司分支机构（家）	75
其中：财产险公司分支机构（家）	31
寿险公司分支机构（家）	44
保费收入（中外资，亿元）	670
其中：财产险保费收入（中外资，亿元）	157
人身险保费收入（中外资，亿元）	513
各类赔款给付（中外资，亿元）	201

数据来源：天津银保监局、中国人民银行天津分行。

3. 财产险公司保单件数增加，人寿险公司普通寿险业务占比提升。2022年，天津市财产险公司全年保单3.0亿件，同比增长66.8%，其中机动车辆保险保单785万件，同比增长5.6%。全年普通寿险实现保费收入261亿元，占人寿险公司保费收入的49.6%，同比提高5.8个百分点。分红寿险实现保费收入148亿元，占人寿险公司保费收入的36.0%，同比下降7.0个百分点。

（五）金融改革创新持续深化，自贸区建设有序推进

1. 稳步推进绿色金融改革创新，绿色金融

发展亮点频出。制定绿色租赁服务流程规范并开展试行，推出转型债、碳表现挂钩贷款、可再生能源补贴确权贷款等多项绿色金融创新产品。建立绿色金融评价管理系统，17家金融机构完成环境信息披露报告。碳减排支持工具撬动效果显现，带动年度碳减排量461万吨。2022年末，天津市绿色贷款余额4942亿元，同比增长22.4%，创2018年以来新高；累计发行绿色债券188亿元，其中碳中和债发行16笔，规模124亿元，占全部绿色债券的65.9%。

2. 持续推进自贸区金融改革创新，跨境投融资便利化水平持续提升。创新推出“白名单”机制和FT账户“期货+现货”“限额+规模”双联动模式。2022年末，天津市FT账户累计收支超6400亿元。搭建“跨境电商综合金融服务平台”，2022年末办理业务超15亿元。扩大优质企业贸易外汇收支便利化试点业务范围，降低准入门槛。2022年末，天津市共有12家银行、112家企业开展试点业务，规模超125亿美元。

（六）扎实推动金融风险防范化解，维护区域金融稳定

1. 扎实推动金融风险防范化解。充分发挥金融委办公室地方协调机制（天津市）作用，持续做好风险摸排，进一步提升处置金融风险的精准性、有效性。持续推动国企债务风险化解工作，防范国企债务风险向区域金融风险外溢。综合运用央行金融机构评级、压力测试、存款保险现场核查、重大事项报告等手段，进一步健全完善金融风险监测预警评估体系。

2. 资产质量优化。2022年末，天津市银行业金融机构不良贷款余额、不良贷款率实现“双降”。其中，不良贷款余额734亿元，比年初减少381亿元；不良贷款率1.67%，比年初下降0.95个百分点；关注类贷款余额1307亿元，比年初减少49亿元；关注类贷款率2.98%，比年初下降0.21个百分点。

3. 资本充足水平较好。2022年末，天津市中小法人银行业金融机构资本净额2922亿元，比年初增加47亿元；资本充足率15.56%，比年初下降0.23个百分点。其中，核心一级资本净额2506亿元，比年初增加85亿元；核心一级资本充足率13.35%，比年初上升0.04个百分点。

（七）金融基础设施不断完善，金融生态环境持续优化

1. 支付清算体系平稳运行，服务水平持续提升。2022年，天津市支付清算业务快速增长，通过支付系统共处理支付业务7.4亿笔，同比增长1.5%，金额170万亿元。全面落实支付手续费减费让利政策，政策实施以来至2022年末，天津市106家银行机构、支付机构累计向小微企业、个体工商户减费4.8亿元，惠及经营主体189万户（次）。农村支付环境不断完善，2022年末，全市农村地区接入支付清算系统的银行网点总数达645个，实现农村地区银行网点全覆盖，当年新增助农金融服务点387家，同比增长7.8%。

2. 征信体系建设取得积极进展，普惠金融覆盖面持续提升。加强征信系统、中征应收账款融资服务平台和动产融资统一登记公示系统三大基础设施建设，构建覆盖全社会的征信体系。2022年末，天津市地方征信平台已汇集税务、社保、政府采购等17个政府部门的155项共3600万条涉企政务数据，入驻金融机构84家，发布金融产品329项，服务中小微企业1.7万家，累计授信271亿元。地方征信平台大幅提升中小微企业融资可得性，天津市“政采贷”线上业务支持中小微政府采购供应商融资超5亿元，融资金额是上年的3.2倍。

3. 加强金融知识宣传教育，有效保护金融消费者合法权益。开办“金融与诚信”网络课堂，全市231所小学、137所中学数万名学生参加了系统金融知识普及教育。开展“3·15金融消费者权益日”“普及金融知识，守住‘钱袋子’”和“金融知识普及月金融知识进万家争做理性投资者争做金融好网民”等金融知识集中宣传活动。持续打造“打得通　接得起　办得快　暖人心”的“12363”暖心热线，扎实推进金融纠纷多元化解机制建设。

专栏 2　着力提升信贷获得感　天津市首贷户增量扩面

2022 年，人民银行天津分行认真贯彻落实人民银行总行以及天津市稳经济政策措施，积极引导辖内金融机构持续增强信贷供给能力，针对小微民营、绿色低碳、科技创新、制造业、产业链等重点领域和薄弱环节，着力推动首贷户增量扩面，更多经营主体获得信贷支持。

一、强化机制建设，优化金融服务

深入推进金融服务小微企业“敢贷愿贷能贷会贷”长效机制建设。引导金融机构落实尽职免责要求，完善考核激励约束机制。进一步激发分支行和一线业务人员开展业务积极性。充分发挥融资担保作用，积极开展动产质押融资业务。创新活体抵押、仓单质押、知识产权质押融资等业务模式，推动天津市首笔奶牛活体抵押贷款、植物新品种权质押贷款、可再生能源补贴确权贷款落地。支持金融机构充分运用银行间债券市场发债充实资金，针对募集资金用于小微领域的发债项目设立绿色通道，提高支持实体经济能力。

二、开展专项行动，深化银企对接

组织全市金融机构开展“金融活水润百业——个体工商户服务月”、普惠小微金融智慧服务提升、首贷客户扩面和信用贷款增量等专项行动。督促金融机构建立健全内部政策安排、创新服务模式，配套专职机构和专营团队，深入市场为广大小微经营主体建档授信，量体裁衣匹配金融产品，开辟金融服务绿色通道，全面提升首贷户和信用贷款占比。与 11 个政府部门共享信息，及时向金融机构推送各类型经营主体名单，涵盖经营主体 15 万余户。推动金融机构细化责任目标、强化措施手段，统筹调度各级各部门力量，分区分片包干，责任到人，深入商圈楼宇、企业园区、社区基层，宣讲金融政策，了解金融诉求，挖掘信贷需求，针对行业特点，甄选适配相关金融产品，合理满足经营主体融资需求，全面提升相关经营主体对金融服务的获得感与满意度。

三、提升科技赋能水平，发挥平台效能

引导金融机构进一步加大资源投入、完善系统能力、扩大覆盖范围，加大“主动授信、随借随还”等符合小微企业融资需求特点的线上信贷产品研发推广力度，为小微商户获得首贷、信用贷、无还本续贷等金融服务提供高效、便捷、一站式的对接渠道。持续指导有关金融机构发挥好“智慧小二”金融服务平台作用，2022 年末，“智慧小二”服务平台已覆盖天津市全部 16 个行政区，涵盖衣食住行娱等十大行业；累计入网商户近 32 万户，其中小微经营主体超 31 万户；累计为 5.9 万户小微商户提供信用贷款 19.6 万笔，金额 42 亿元，首贷户申贷通过率达 85%。

2022 年末，天津市各类经营主体有贷款余额户数达 24.5 万户，覆盖全市 25.6% 的活跃经营主体，比年初增加 3.3 万户。全年新增首贷户 7.6 万户，增量同比增长 54%，其中，小微企业、个体工商户、小微企业主占比超过 99%。

二、经济运行情况

2022 年，面对复杂严峻的国内外形势和多重超预期因素考验，天津市坚持以习近平新时代中国特色社会主义思想为指导，坚持稳中求进工作总基调，完整、准确、全面贯彻新发展理念，高效统筹疫情防控和经济社会发展，全面落实稳经济一揽子政策和接续政策措施，全市经济运行持续向好，经济结构不断优化，新动能持续成长，民生保障有力有效，高质量发展迈出坚实步伐。

（一）经济持续恢复向好，需求结构继续改善

2022 年，天津市地区生产总值 1.6 万亿元，按不变价格计算，同比增长 1.0%，需求结构继续改善，新兴领域投资较快增长，消费延续升级态势，出口结构持续优化。

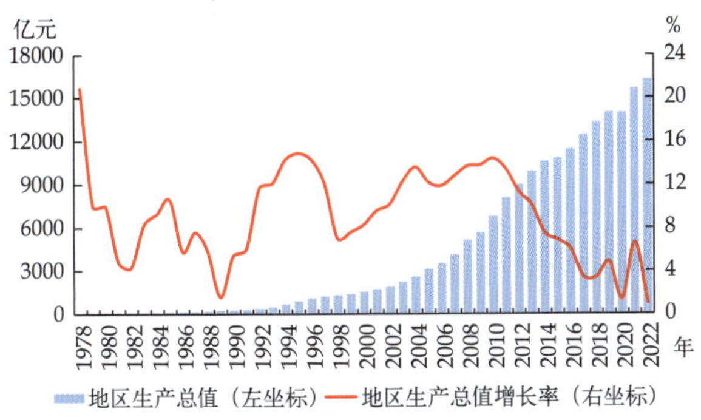

图 6　地区生产总值及其增长率

（数据来源：天津市统计局）

1. 固定资产投资同比下降，新兴领域投资较快增长。2022 年，天津市固定资产投资（不含农户）同比下降 9.9%。高技术制造业投资保持快速增长，全年增长 10.0%，占全市制造业投资的比重为 31.5%，同比提高 3.2 个百分点，新材料、节能环保、新一代信息技术等战略性新兴产业投资分别增长 36.3%、20.6% 和 8.2%。大项目建设带动有效投资，全年新开工 10 亿元以上大项目个数和投资额同比分别增长 11.1% 和 10.6%，带动基础设施投资同比增长 6.8%，其中水利、生态环境和公共设施管理投资同比增长 45.8%。

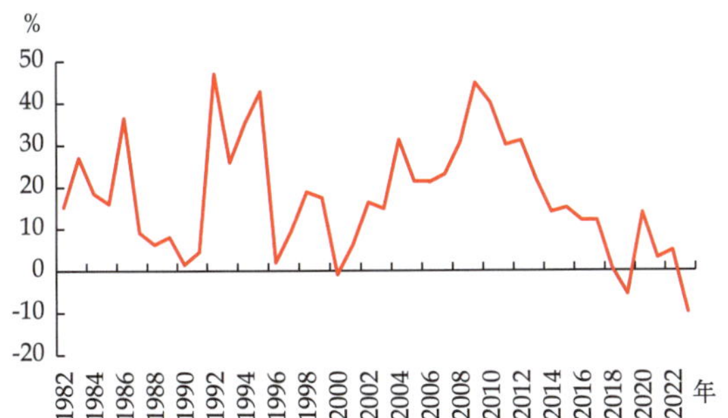

图 7　固定资产投资（不含农户）增长率

（数据来源：天津市统计局、《中国经济景气月报》）

2. 消费市场恢复放缓，新兴消费增势较好。2022 年，天津市消费市场受疫情影响缓慢恢复，全年社会消费品零售总额下降 5.2%，降幅较上半年收窄 0.3 个百分点。升级类商品零售较快增长，智能家用电器和音像器材、新能源汽车、智能手机零售额同比分别增长 1.7 倍、1.0 倍和 46.5%。线上消费蓬勃发展，限额以上单位通过公共网络实现的商品零售额同比增长 9.8%，占限额以上社会消费品零售总额的比重为 31.3%，同比提高 5.1 个百分点。居民生活物资保障有力，限额以上单位粮油食品类零售额同比增长 3.5%，中西药品类零售额同比增长 19.8%。

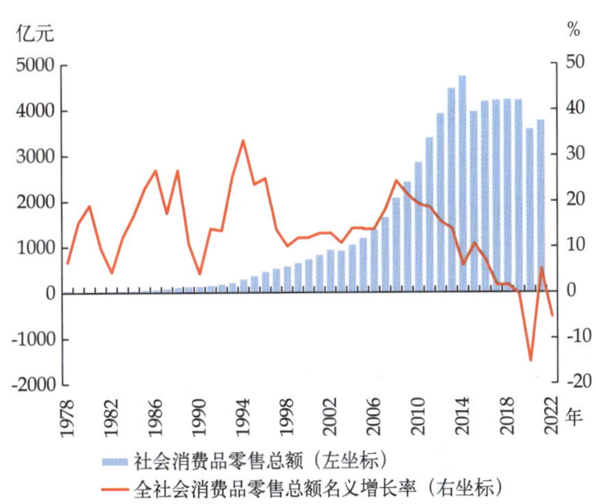

图 8　社会消费品零售总额及其增长率

（数据来源：天津市统计局）

3. 出口结构持续优化，实际利用外资稳步增长。2022 年，天津市进出口总值 8449 亿元。其中，出口 3804 亿元，进口 4645 亿元。出口结构持续优化，专用设备制造业、电气机械和器材制造业出口交货值同比分别增长 62.5% 和 12.3%。从出口主体看，民营企业出口额同比增长 10.4%。从贸易伙伴看，对“一带一路”共建国家出口占比为 34.2%，对 RCEP 成员国出口占比为 32.1%，同比分别提高 0.9 个和 2.6 个百分点。外资吸引力不断提高，全年实际利用外资额同比增长 10.4%，其中制造业实际利用外资额同比增长 1.7 倍。

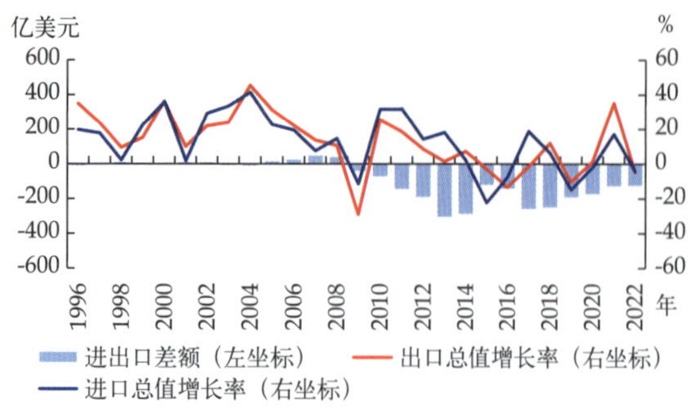

图 9　外贸进出口变动情况

（数据来源：天津市海关）

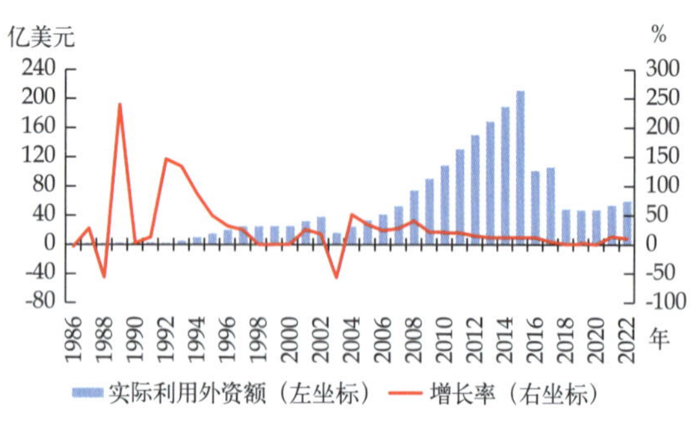

图 10　实际利用外资额及其增长率

（数据来源：天津市统计局）

（二）供给结构持续优化，新经济保持较快发展势头

2022 年，天津市第一产业增加值 273 亿元，同比增长 2.9%；第二产业增加值 6039 亿元，同比下降 0.5%；第三产业增加值 9999 亿元，同比增长 1.7%。三次产业结构为 1.7 : 37.0 : 61.3。全市人均地区生产总值 12 万元，同比增长 1.8%。

1. 农业生产不断提速，保供稳价成效良好。 2022 年，天津市农林牧渔业总产值同比增长 2.9%，同比提高 0.8 个百分点，连续 3 年提速。居民“米袋子”“菜篮子”安全丰盈，全年粮食总产量 256 万吨，同比增长 2.5%，连续 7 年保持在 200 万吨以上且连续 4 年增产；蔬菜产量 256 万吨，同比增长 7.3%；生猪出栏 201 万头，年末能繁殖母猪存栏 19 万头，同比增长 3.0%。

2. 工业生产承压前行，企业经营效益稳步提升。 2022 年，天津市规模以上工业增加值同比下降 1.0%，其中高技术产业（制造业）增加值同比增长 3.2%，占规模以上工业增加值的 14.2%。“制造业立市”战略深入实施，12 条重点产业链增加值合计占规模以上工业增加值的 77.9%，同比提高 5.2 个百分点，其中航空航天、信创、生物医药、新能源产业链增加值同比分别增长 15.6%、9.2%、7.6% 和 7.2%。工业效益稳定增长，2022 年规模以上工业企业营业收入同比增长 3.0%，利润总额同比增长 4.0%。

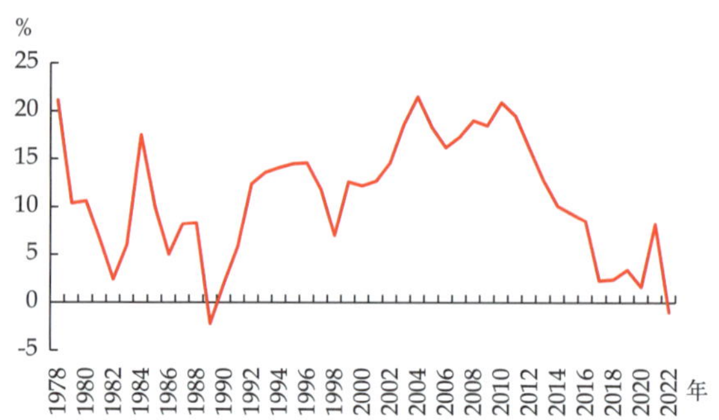

图 11　规模以上工业增加值实际增长率

（数据来源：天津市统计局）

3. 服务业总体平稳，新经济支持作用突出。 2022 年，天津市服务业增加值同比增长 1.7%，其中，交通运输、仓储和邮政业增加值同比增长 9.9%，金融业增加值同比增长 2.4%。全年规模以上服务业企业营业收入同比增长 4.4%，其中商务服务业和专业技术服务业营业收入同比分别增长 24.3% 和 11.0%。新业态发展活跃。在规模以上服务业中，新服务营业收入同比增长 6.3%，科技服务业营业收入同比增长 12.2%。服务业扩大开放 116 项综合试点任务深入实施，跨境贸易便利化专项行动持续开展，建成首个跨境电商进口退货中心仓和跨境电商全球中心仓。

4. 供给侧结构性改革持续推进，创新驱动发展能力持续提升。 2022 年，天津市自主创新能力显著增强，全社会研发投入强度为 3.7%，新一代超算、飞腾 CPU、银河麒麟操作系统、天津大学大型地震工程模拟研究设施等加快建设，6家海河实验室[①]投入运行。科技型企业持续壮大，全市国家高新技术企业、国家科技型中小企业均突破1万家，全年新增国家级制造业单项冠军12家、国家级专精特新“小巨人”企业64家。

5. 生态环境质量持续向好，绿色生态安全屏障继续巩固。持续深入践行绿水青山就是金山银山理念，打好蓝天、碧水、净土三大保卫战，生态环境连续10年稳定向好。2022年，天津市PM2.5平均浓度37微克/立方米，同比下降5.1%；空气质量优良天数比率73.2%，同比提高0.9个百分点；12条入海河流消劣，近岸海域优良水质比例达71.7%，同比提高13.4个百分点。深化碳交易市场建设，扩大碳排放交易试点企业范围，24家发电行业企业全部纳入全国碳排放权交易市场。“871”重大生态工程[②]深入实施，绿色生态屏障区内蓝绿空间占比超过65%。

（三）居民消费价格温和上涨，工业生产者价格涨幅回落

1. 居民消费价格温和上涨。2022年，天津市居民消费价格月度同比涨幅始终保持在2%以内，全年上涨1.9%。分类别看，食品烟酒价格上涨2.2%，衣着上涨1.4%，居住上涨0.3%，生活用品及服务上涨1.6%，交通通信上涨5.9%，教育文化娱乐上涨1.8%，医疗保健上涨0.2%，其他用品及服务上涨0.3%。食品中，粮食、鲜果价格分别上涨2.9%和13.0%，鲜菜、猪肉价格分别下降1.2%和4.8%。

2. 工业生产者价格涨幅回落。2022年，天津市工业生产者出厂价格同比上涨5.8%，涨幅同比回落5.1个百分点，其中生产资料出厂价格同比上涨6.6%，生活资料出厂价格同比上涨2.4%。全年工业生产者购进价格同比上涨4.4%，涨幅同比回落10.3个百分点。

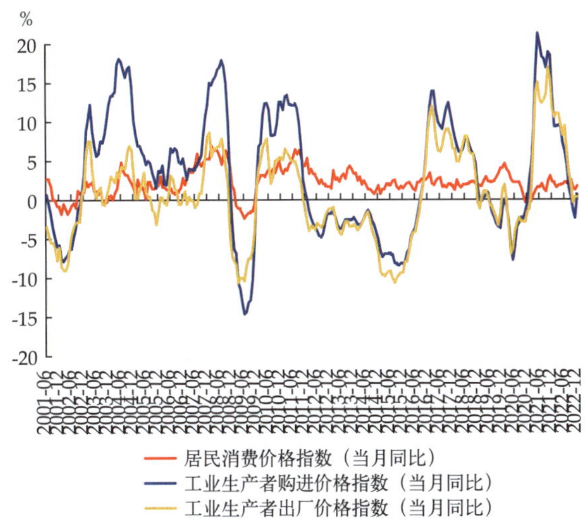

图12 居民消费价格指数和工业生产者价格指数变动趋势

（数据来源：天津市统计局）

3. 就业和居民收入保持稳定。出台一系列稳企扩岗促就业措施，聚焦高校毕业生、退役军人、农民工等重点群体实施针对性稳就业政策，全年新增城镇就业36万人。居民收入稳定增长，全市居民人均可支配收入4.9万元，同比增长3.2%，其中工资性收入同比增长4.2%，转移净收入同比增长7.1%。城乡收入更趋平衡，农村居民人均可支配收入增速快于城镇居民0.9个百分点。城乡居民收入之比为1.8，连续4年缩小。

（四）财政收入稳步恢复，支出结构调整优化

2022年，天津市一般公共预算收入1847亿元，剔除留抵退税因素后，按可比口径计算下降5.8%，降幅逐季收窄，其中下半年增长10.1%。税收收入1347亿元，占一般公共预算收入的比重为72.9%。从主体税种看，增值税

① 细胞生态海河实验室、信创海河实验室、现代中医药海河实验室、合成生物学海河实验室、物质绿色创造与制造海河实验室、脑机交互与人际共融海河实验室。

② 875平方公里湿地升级保护、736平方公里绿色生态屏障建设、153平方公里海岸线严格保护。

511 亿元，企业所得税 307 亿元，个人所得税 114 亿元。全面落实组合式税费支持政策，加大增值税留抵退税力度，累计办理退税 455 亿元。2022 年，全市一般公共预算支出 2752 亿元，同比下降 12.7%，民生领域支出占比在七成以上，社会保障和就业支出 554 亿元，教育支出 481 亿元，卫生健康支出 175 亿元。

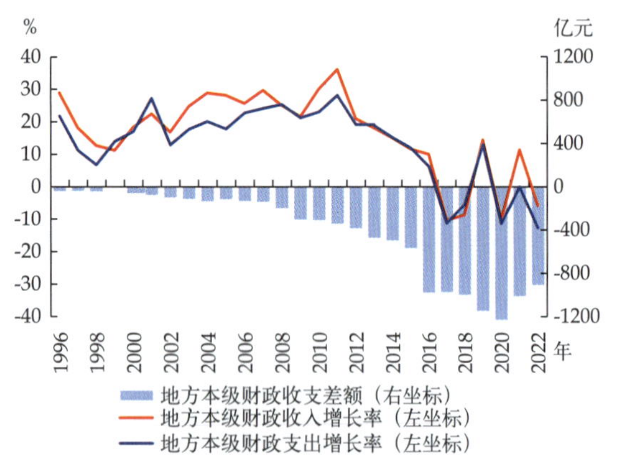

图 13　财政收支状况

（数据来源：天津市统计局）

（五）调控政策效应持续发挥，房地产市场运行总体平稳

2022 年，天津市认真贯彻落实中央经济工作会议、中央政治局会议部署要求，因城施策完善房地产调控政策，支持刚性和改善性住房需求，房地产市场平稳健康发展。

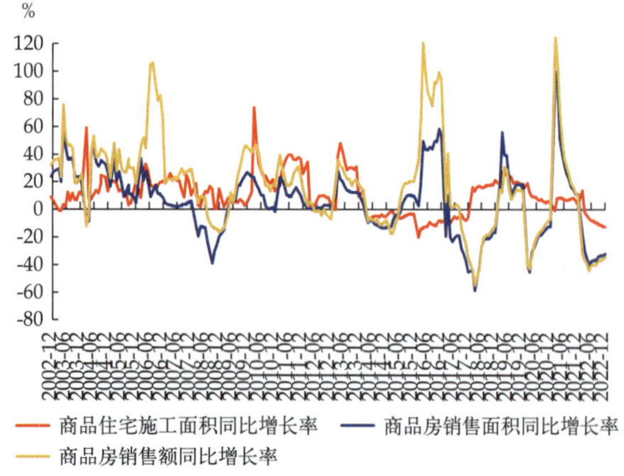

图 14　商品房施工和销售变动趋势

（数据来源：国家统计局）

1. 房地产开发投资有所下降。2022 年，天津市房地产开发投资 2128 亿元，同比有所下降。其中，住宅开发投资 1682 亿元，占全部房地产开发投资的 79.1%，同比提高 0.8 个百分点。全年累计施工面积 1.1 亿平方米，竣工面积 1504 万平方米，新开工面积 667 万平方米。

2. 住宅销售价格基本稳定。2022 年，天津市新建商品房销售面积 974 万平方米，二手房累计成交面积 1085 万平方米。全年新建住宅销售价格环比指数保持在 99.3~100.2 区间，二手住宅销售价格环比指数保持在 99.1~100.2 区间。

三、预测与展望

2023 年是全面贯彻党的二十大精神的开局之年，也是天津全面建设社会主义现代化大都市的关键之年。天津市将以习近平新时代中国特色社会主义思想为指导，深入落实习近平总书记对天津工作“三个着力”重要要求和系列重要指示批示精神，坚持稳中求进工作总基调，完整、准确、全面贯彻新发展理念，积极服务和融入新发展格局，着力推动高质量发展，推动“十项行动”方案落地见效，更加注重扩大有效需求、更加注重建设现代化产业体系、更加注重抓好改革开放、更加注重发挥好天津优势、更加注重有效防范化解重大风险，推动全市经济实力持续增强、创新活力持续增强、综合竞争力持续增强、治理效能持续增强，为全面建设社会主义现代化国家贡献天津力量。

2023 年，天津市金融业将认真贯彻落实稳健的货币政策更加精准有力的要求，紧紧围绕“一个中心、三个并重”，不断提升金融服务实体经济质效，突出做好稳增长、稳就业、稳物价工作，推动经济运行整体好转，实现质的有效提升和量的合理增长；加快推进存量金融风险化解，确保全市金融安全稳定大局；不断深化金融创新运营示范区建设，助力打造金融创新高地；坚持以人民为中心的发展思想，不断提升金融服务便民利民水平，为天津全面建设社会主义现代化大都市提供有力有效的金融支持。

中国人民银行天津市分行货币政策分析小组

总　　纂：王晓明　夏洪涛

统　　稿：贾　科　魏　莉　周中明

执　　笔：孙坤鑫　范雨桐　韩　菁

提供材料：郭光锐　宋俊平　迟伟丰　董燕成　李　萌　刘　冬　魏　靖　车沛柳　张　翔
杨　雪　郝金金　杨维曦　张益华　李晓迟　杨彩丽　苏　颖　杨　捷　张　珺
杨作威　刘酉鸣　徐路路　刘红玉　张　坤　高　磊　陆　萍　赵　恒　陈　瑶
刘亚楼　饶慧君　范　玥　刘珈彤　李　楠　常　军　汪孟艳

附录：

（一）2022 年天津市经济金融大事记

1 月 30 日，中国人民银行天津分行组织申报的“依托区块链技术开展供应链金融服务”项目入选国家区块链创新应用试点。

3 月 25 日，天津市人民政府办公厅印发《关于助企纾困和支持市场主体发展的若干措施》，出台 15 项措施，推动全市经济平稳健康运行。

3 月 31 日，京津冀科创企业“高成长”资产支持票据在天津成功落地。

5 月 26 日，中国人民银行天津分行、国家外汇管理局天津市分局印发《关于扎实做好“金融 23 条”贯彻落实工作的通知》，提出 26 条措施统筹支持疫情防控和经济社会发展。

6 月 30 日，“民企债券融资支持工具 + 科创票据”在天津成功落地。

8 月 13 日，天津市首笔基础设施基金 3 亿元成功投放，通过政策性开发性金融工具加大对重大项目的融资支持。

10 月 10 日，《天津市推进活体畜禽抵押融资工作方案》出台，进一步拓宽涉农贷款抵（质）押物范围。

11 月 10 日，中国人民银行天津分行组织召开天津市主要金融机构负责人会议，深入学习贯彻党的二十大精神，部署落实金融调控政策措施。

11 月 17 日，天津市金融工作局、天津市工业和信息化局、中国人民银行天津分行等五部门共同发布 2022 年天津市金融服务重点产业链“金点子”和“好团队”名单，展示天津市金融系统服务重点产业链的创新做法和特色经验。

11 月 25 日，中国人民银行天津分行等三部门印发《关于切实做好当前金融支持房地产市场平稳健康发展有关工作的通知》，提出 22 项具体措施。

（二）天津市主要经济金融指标

表 1 2022 年天津市主要存贷款指标

	项目	1月	2月	3月	4月	5月	6月	7月	8月	9月	10月	11月	12月
本外币	金融机构各项存款余额（亿元）	35938.6	36165.9	36811.8	36854.4	37286.0	38454.6	38256.5	38624.6	38819.6	40003.8	40495.9	40488.2
	其中：住户存款	16802.5	16780.4	17275.1	17244.2	17423.1	17927.9	17783.3	17934.0	18342.3	18255.7	18704.2	19422.7
	非金融企业存款	13115.0	13116.1	13557.9	13429.7	13630.7	14224.2	13957.2	14271.7	14457.2	14364.7	14590.4	14521.6
	各项存款余额比上月增加(亿元)	166.9	227.3	645.9	42.6	431.5	1168.6	-198.1	368.1	195.0	1184.2	492.1	-7.7
	金融机构各项存款同比增长（%）	6.1	7.4	7.7	8.5	8.7	9.4	9.7	8.4	8.4	11.9	12.7	12.8
	金融机构各项贷款余额（亿元）	41146.7	41140.9	41550.1	41506.6	41520.9	42220.0	42012.6	41619.9	41979.8	41908.5	42098.5	42494.7
	其中：短期	7994.7	7969.4	8149.8	8132.0	8104.4	8234.4	8193.7	8151.5	8299.3	8268.9	8267.4	8273.1
	中长期	25398.7	25377.7	25586.2	25494.2	25562.7	25855.0	25828.7	25915.8	26116.8	26094.7	26140.3	26514.7
	票据融资	2429.6	2417.0	2475.8	2442.6	2448.3	2660.8	2515.4	2542.3	2658.8	2631.3	2765.6	2763.0
	各项贷款余额比上月增加(亿元)	250.6	-5.8	409.2	-43.4	14.3	699.1	-207.4	-392.7	359.8	-71.2	190.0	396.2
	其中：短期	153.1	-25.3	180.4	-17.8	-27.6	130.0	-40.7	-42.2	147.8	-30.4	-1.4	5.6
	中长期	236.0	-20.9	208.4	-91.9	68.5	292.2	-26.3	87.0	201.1	-22.1	45.6	374.4
	票据融资	-84.8	-12.6	58.8	-33.3	5.8	212.5	-145.4	26.9	116.5	-27.5	134.3	-2.6
	金融机构各项贷款同比增长（%）	4.1	3.6	3.6	2.9	2.5	3.7	3.5	2.2	2.5	2.6	2.6	3.5
	其中：短期	-6.9	-7.0	-4.9	-3.8	-3.8	-1.2	0.0	1.4	2.8	2.6	2.2	5.4
	中长期	6.4	5.5	5.0	3.6	3.2	4.1	4.1	3.9	4.4	4.1	3.9	4.7
	票据融资	53.3	52.1	56.2	44.9	45.4	33.5	25.9	17.9	9.4	9.7	13.3	9.9
	建筑业贷款余额（亿元）	1326.7	1363.8	1415.3	1438.7	1516.5	1505.9	1476.0	1492.5	1517.9	1496.8	1508.2	1438.6
	房地产业贷款余额（亿元）	2126.4	2126.7	2139.5	2146.5	2128.8	2140.2	2106.2	2113.5	2140.5	2115.8	2084.8	2067.9
	建筑业贷款同比增长（%）	10.8	6.6	7.1	7.5	13.4	11.6	10.7	11.6	13.1	11.3	9.6	15.5
	房地产业贷款同比增长（%）	-8.6	-8.7	-7.8	-7.0	-7.2	-5.6	-5.4	-4.3	-2.2	-2.4	-2.6	-2.7
人民币	金融机构各项存款余额（亿元）	34712.1	34916.6	35584.0	35602.0	36060.9	37263.8	37076.3	37483.6	37638.9	38847.8	39305.8	39342.7
	其中：住户存款	16605.9	16585.4	17077.5	17039.0	17216.9	17719.7	17574.0	17725.7	18130.1	18042.3	18490.1	19211.2
	非金融企业存款	12394.2	12392.6	12840.4	12717.8	12898.7	13505.7	13249.8	13573.7	13745.5	13652.6	13851.3	13797.9
	各项存款余额比上月增加(亿元)	142.4	204.5	667.4	17.9	458.9	1202.9	-187.5	407.3	155.3	1208.9	458.0	36.9
	其中：住户存款	361.7	-20.5	492.1	-38.5	177.9	502.8	-145.7	151.7	404.4	-87.9	447.8	721.2
	非金融企业存款	-336.0	-1.6	447.8	-122.6	180.9	607.0	-255.9	323.8	171.8	-92.9	198.7	-53.4
	各项存款同比增长（%）	5.9	7.3	7.9	8.6	8.8	9.9	10.4	9.1	9.1	12.5	13.2	13.4
	其中：住户存款	11.6	9.5	10.2	11.3	11.9	12.6	13.2	13.3	14.0	14.2	16.3	18.3
	非金融企业存款	-1.2	2.8	4.6	3.7	7.1	8.3	7.0	7.0	7.6	8.2	8.7	7.3
	金融机构各项贷款余额（亿元）	40127.3	40140.4	40558.5	40484.5	40507.1	41193.8	41039.6	40653.9	41105.0	41050.1	41228.5	41650.3
	其中：个人消费贷款	9687.6	9568.4	9546.1	9500.0	9452.6	9488.7	9475.0	9458.2	9428.1	9387.3	9357.6	9381.7
	票据融资	2429.6	2417.0	2475.8	2442.6	2448.3	2660.8	2515.4	2542.3	2658.8	2631.3	2765.6	2763.0
	各项贷款余额比上月增加(亿元)	242.0	13.1	418.0	-74.0	22.6	686.7	-154.1	-385.7	451.1	-54.9	178.4	421.8
	其中：个人消费贷款	2.6	-119.2	-22.3	-46.0	-47.5	36.1	-13.7	-16.8	-30.1	-40.8	-29.8	24.2
	票据融资	-84.8	-12.6	58.8	-33.3	5.8	212.5	-145.4	26.9	116.5	-27.5	134.3	-2.6
	金融机构各项贷款同比增长（%）	4.6	4.1	4.2	3.4	3.0	4.0	3.8	2.6	3.1	3.0	3.0	4.0
	其中：个人消费贷款	4.5	3.9	2.8	1.7	0.6	0.5	0.3	-0.2	-0.5	-2.0	-2.9	-3.1
	票据融资	53.3	52.1	56.2	44.9	45.4	33.5	25.9	17.9	9.4	9.7	13.3	9.9
外币	金融机构外币存款余额(亿美元)	192.4	197.6	193.4	189.3	183.9	177.4	175.0	165.6	166.3	161.1	165.8	164.5
	金融机构外币存款同比增长（%）	12.9	12.5	6.1	3.0	2.6	-8.4	-11.5	-17.4	-17.0	-15.9	-13.9	-12.8
	金融机构外币贷款余额(亿美元)	159.9	158.2	156.2	154.5	152.2	152.9	144.3	140.2	123.2	119.6	121.2	121.2
	金融机构外币贷款同比增长（%）	-10.1	-13.4	-14.6	-14.8	-17.9	-10.5	-13.5	-16.6	-25.0	-24.7	-22.8	-23.5

数据来源：《天津市金融统计月报》。

表 2　2001—2022 年天津市各类价格指数

单位：%

时间		居民消费价格指数		农业生产资料价格指数		工业生产者购进价格指数		工业生产者出厂价格指数	
		当月同比	累计同比	当月同比	累计同比	当月同比	累计同比	当月同比	累计同比
2001		—	1.2	—	—	—	-1.2	—	-4.1
2002		—	-0.4	—	—	—	-4.1	—	-4.1
2003		—	1.0	—	—	—	2.5	—	8.7
2004		—	2.3	—	—	—	15.4	—	4.1
2005		—	1.5	—	—	—	4.9	—	0.1
2006		—	1.5	—	—	—	4.7	—	0.6
2007		—	4.2	—	—	—	5.7	—	1.5
2008		—	5.4	—	—	—	12.9	—	4.1
2009		—	-1.0	—	—	—	-9.8	—	-7.5
2010		—	3.5	—	—	—	10.0	—	5.1
2011		—	4.9	—	—	—	9.8	—	3.8
2012		—	2.7	—	—	—	-3.0	—	-3.0
2013		—	3.1	—	—	—	-2.6	—	-3.0
2014		—	1.9	—	—	—	-2.9	—	-3.7
2015		—	1.7	—	—	—	-7.6	—	-9.7
2016		—	2.1	—	—	—	-1.7	—	-2.1
2017		—	2.1	—	—	—	11.1	—	8.4
2018		—	2.0	—	—	—	6.2	—	5.4
2019		—	2.7	—	—	—	-1.2	—	-0.7
2020		—	2.0	—	—	—	-3.1	—	-2.9
2021		—	1.3	—	—	—	14.7	—	10.9
2022		—	1.9	—	—	—	4.4	—	5.8
2021	1	-0.6	-0.6	—	—	2.6	2.6	-1.2	-1.2
	2	-0.1	-0.4	—	—	4.6	3.6	1.7	0.3
	3	0.6	0.0	—	—	9.1	5.4	7.8	2.7
	4	1.2	0.3	—	—	16.4	8.1	13.8	5.3
	5	1.6	0.5	—	—	21.3	10.6	15.0	7.2
	6	1.5	0.7	—	—	20	12.1	12.7	8.1
	7	2.0	0.9	—	—	18.3	13.0	12.3	8.7
	8	1.3	0.9	—	—	18	13.6	12.7	9.2
	9	1.0	0.9	—	—	16.9	14.0	13.5	9.7
	10	2.4	1.1	—	—	18.9	14.5	16.9	10.4
	11	3.0	1.3	—	—	18.5	14.9	15.5	10.9
	12	2.2	1.3	—	—	13.4	14.7	11.6	10.9
2022	1	2.0	2.0	—	—	9.3	9.3	10.5	10.5
	2	1.5	1.8	—	—	9.4	9.3	11.0	10.8
	3	1.8	1.8	—	—	9.5	9.4	11.0	10.9
	4	1.9	1.8	—	—	9.5	9.4	9.6	10.5
	5	1.9	1.8	—	—	7.2	8.9	8.2	10.1
	6	2.2	1.9	—	—	6.2	8.5	9.4	9.9
	7	2.0	1.9	—	—	4.4	7.9	6.1	9.4
	8	2.2	1.9	—	—	1.5	7.0	3.4	8.6
	9	2.5	2.0	—	—	0.3	6.3	2.0	7.8
	10	1.5	2.0	—	—	-1.4	5.5	-0.4	7.0
	11	1.2	1.9	—	—	-2.4	4.7	0.3	6.3
	12	1.7	1.9	—	—	0.6	4.4	0.1	5.8

数据来源：《天津统计月报》。

表 3 2022 年天津市主要经济指标

项目	1 月	2 月	3 月	4 月	5 月	6 月	7 月	8 月	9 月	10 月	11 月	12 月
	绝对值（自年初累计）											
地区生产总值（亿元）	—	—	3538.5	—	—	7620.6	—	—	11896.1	—	—	16311.3
第一产业	—	—	25.4	—	—	78.4	—	—	148.2	—	—	273.2
第二产业	—	—	1260.8	—	—	2774.9	—	—	4513.1	—	—	6038.9
第三产业	—	—	2252.3	—	—	4767.3	—	—	7234.8	—	—	9999.3
工业增加值（亿元）	—	—	—	—	—	—	—	—	—	—	—	—
固定资产投资（亿元）	—	—	—	—	—	—	—	—	—	—	—	—
房地产开发投资	—	237.3	516.8	654.0	914.9	1196.1	1344.5	1550.6	1800.3	1896.5	1995.6	2127.9
社会消费品零售总额(亿元）	—	—	—	—	—	—	—	—	—	—	—	—
外贸进出口总额（亿元）	724.4	1289.9	1970.2	2653.0	3363.7	4069.6	4789.1	5498.8	6249.4	6954.7	7678.7	8448.5
进口	391.1	685.6	1065.8	1437.3	1830.4	2211.6	2582.2	2956.2	3345.0	3738.6	4173.9	4644.9
出口	333.3	604.3	904.4	1215.7	1533.3	1858.0	2206.9	2542.6	2904.3	3216.1	3504.8	3803.6
进出口差额（出口－进口）	-57.8	-81.3	-161.5	-221.6	-297.2	-353.7	-375.3	-413.6	-440.7	-522.6	-669.1	-841.3
实际利用外资（亿元）	6.8	12.9	18.3	29.3	34.1	37.1	42.8	50.7	52.3	57.7	58.9	59.5
地方财政收支差额（亿元）	—	21.1	-88.1	0.0	0.0	-411.2	-401.3	-552.7	-532.3	-552.7	-736.4	-905.0
地方财政收入	—	360.8	519.8	619.9	746.4	868.8	1062.7	1567.8	1366.6	1567.8	1698.8	1846.6
地方财政支出	—	339.7	607.9	619.9	746.4	1280.0	1464.0	2120.4	1898.8	2120.4	2435.2	2751.5
	同比累计增长率（%）											
地区生产总值	—	—	0.1	—	—	0.4	—	—	1.0	—	—	1.0
第一产业	—	—	4.5	—	—	4.0	—	—	3.0	—	—	2.9
第二产业	—	—	-2.2	—	—	-1.8	—	—	0.2	—	—	-0.5
第三产业	—	—	1.1	—	—	1.5	—	—	1.3	—	—	1.7
工业增加值	—	-1.5	-0.6	-1.5	-1.7	-0.3	-0.8	-0.5	0.2	0.3	0.0	-1.0
固定资产投资	—	5.1	-4.5	-10.4	-10.4	-10.4	-12.2	-9.7	-7.9	-9.2	-10.4	-9.9
房地产开发投资	—	-2.2	-16.9	-26.3	-24.2	-25.8	-26.9	-23.7	-21.1	-22.4	-24.0	-23.2
社会消费品零售总额	—	-0.7	-3.9	-5.5	-6.7	-5.5	-4.4	-3.0	-3.2	-3.8	-4.3	-5.2
外贸进出口总额	8.4	7.1	6.5	5.5	2.9	1.3	0.2	-0.3	-0.6	-0.6	-1.1	-1.4
进口	-1.9	0.2	1.4	1.3	-1.4	-3.0	-5.0	-5.2	-4.8	-3.3	-2.7	-1.0
出口	23.4	16.1	13.1	10.9	8.6	6.8	7.2	6.1	4.5	2.6	0.9	-1.9
实际利用外资	-8.8	29.7	26.3	35.8	40.2	31.0	37.0	36.4	20.0	20.0	10.0	10.4
地方财政收入	—	-31.4	-19.4	-27.1	-18.8	-17.7	-15.2	-14.3	-8.1	-7.3	-7.8	-5.8
地方财政支出	—	-23.7	-12.8	-27.1	-28.9	-11.2	-12.2	-14.5	-15.0	-14.2	-11.0	-12.7

数据来源：《天津统计月报》《中国经济景气月报》。

河北省金融运行报告（2023）

中国人民银行河北省分行[①]
货币政策分析小组

［内容摘要］2022年，河北省坚持以习近平新时代中国特色社会主义思想为指导，全面深入学习贯彻党的二十大精神，坚决落实党中央“疫情要防住、经济要稳住、发展要安全”重要要求，高效统筹疫情防控和经济社会发展，扎实推动稳经济一揽子政策及接续措施落地见效，有力支持经济运行持续恢复、加快回稳，各项事业发展呈现良好势头。全省生产总值实现4.2万亿元，同比增长3.8%；人均生产总值5.7万元，同比增长4.1%。

河北省经济运行呈现以下特点：一是抓投资、扩内需、促开放，三大需求总体稳健。投资稳定增长，全年固定资产投资同比增长7.9%，为2017年以来最高水平；制造业投资持续提升，同比增长13.4%。消费市场稳步恢复，全年社会消费品零售总额实现1.4万亿元，同比增长1.6%；网上消费快速增长，全年网上零售额同比增长16.4%，增速比全国高12.4个百分点。进出口规模持续扩大，全年外贸进出口总额5629亿元，同比增长3.9%，东盟成为最大贸易伙伴。二是三大产业持续恢复，产业基础支持稳固。农业生产形势稳定，全省粮食总产量连续十年稳定在700亿斤以上。工业生产稳步加快，全省规模以上工业增加值同比增长5.5%，比上年提高0.6个百分点；新兴产业增势较快，战略性新兴产业增加值同比增长8.5%。服务业延续恢复态势，全省第三产业增加值同比增长3.2%，对经济增长贡献率为43.0%。高质量发展新动能加快培育，新增国家高新技术企业1300家、“专精特新”中小企业1803家、国家专精特新“小巨人”企业135家。生态环境明显改善，所有设区市首次全面退出全国重点城市空气质量“后十”；重点行业环保绩效创A、城乡建设绿色转型等取得积极成效。三是就业物价总体稳定，居民收入平稳增长。全省居民消费价格指数同比上涨1.8%，涨幅比上年扩大0.8个百分点，涨幅保持较低水平。全年城镇新增就业90万人，完成全年计划的104.3%。全省居民人均可支配收入3.1万元，同比增长5.1%。收入分配结构持续改善，城乡居民收入比值较上年缩小0.057。四是财政运行整体平稳，重点支出保障有力。全省一般公共预算收入4084亿元，扣除留抵退税因素后同比增长6.6%。全年累计退减缓免税费超1430亿元，惠及经营主体427万户次。民生支出持续增加，占一般公共预算支出比重达81%。五是重大国家战略深入实施，协同发展成效明显。京津冀协同发展纵深推进，河北省全年承接京津转入单位4395家，交通、生态、产业等多领域融合对接加快。高标准、高质量建设雄安新区，雄安新区基础设施项目建设提速，城市雏形显现；雄安新区固定资产投资同比增长28.0%，拉动全省投资增长1.4个百分点。圆满完成冬奥会服务保障任务，加快推动后奥运经济发展，冬奥场馆可持续利用和冰雪产业发展有序推进。

河北省金融运行呈现以下特点：一是金融总量实现新突破。2022年末，全省金融机构本外币各项存款余额首次突破10万亿元；各项贷款余额比年初增加8682亿元，年增量创历史

① 自2023年8月18日起，中国人民银行石家庄中心支行更名为中国人民银行河北省分行。本报告主要反映2022年的经济金融情况，正文中涉及的相关机构表述仍沿用2022年名称。

新高。二是信贷投放结构持续优化。企（事）业单位中长期贷款余额同比增速提升较多，较上年提高5.5个百分点。重点领域贷款需求得到充分保障。基础设施行业和制造业贷款合计年增量占全部行业贷款增量的比重达42.5%。绿色贷款余额同比增长59.0%，比各项贷款增速高46.2个百分点。普惠领域实现“量增、面扩、价降”，贷款余额和支持户数增长较快，贷款利率持续下降。京津冀协同发展、雄安新区建设、乡村振兴等重大国家战略金融支持力度加大。三是结构性货币政策工具精准有力。灵活运用再贷款再贴现、普惠小微贷款支持工具以及各类专项再贷款支持民营小微、乡村振兴、绿色低碳、普惠养老、科技创新、交通物流等重点领域和薄弱环节，全年撬动相关领域贷款投放合计为1939亿元。四是贷款利率稳中有降。2022年，全省金融机构发放的企业贷款加权平均利率为4.94%，同比下降0.46个百分点，利率低于贷款市场报价利率（LPR）的贷款占比明显上升。五是证券期货保险业运行平稳。证券、期货机构稳步发展，境内上市公司数量持续增加。2022年末，全省共有境内上市公司74家，比上年增加5家。保费收入平稳增长，保险业承担风险总额较快增长，赔付支出同比小幅上升。六是区域金融改革创新实现突破。获批在全国率先开展保税混矿业务代理收汇和境内划转业务，创新多项数字人民币应用场景，本外币合一银行结算账户体系试点正式启动。七是区域金融风险整体可控。全省银行业金融机构资产质量总体稳定，流动性保持稳健，金融机构改革和资本补充持续推进，高风险机构风险处置化解稳妥推进，牢牢守住不发生区域性金融风险的底线。

展望2023年，随着重大国家战略持续深入实施、营商环境全面优化提升、产业转型升级步伐加快，河北省经济发展的积极因素正在加快聚集。河北省金融系统将坚持以习近平新时代中国特色社会主义思想为指导，深入贯彻党的二十大和中央经济工作会议精神，坚决落实稳健货币政策精准有力的工作要求，保持货币信贷合理增长，围绕支持恢复和扩大消费、重点基础设施和重大项目建设，加大对京津冀协同发展、雄安新区建设、战略性新兴产业、民营小微、乡村振兴、绿色发展等国民经济重点领域和薄弱环节的支持力度，落实金融16条措施，支持房地产市场平稳健康发展，有效防范化解重大金融风险，全面深化金融改革创新，为加快建设经济强省、美丽河北，打造中国式现代化建设河北篇章贡献金融力量。

一、金融运行情况

2022年，河北省金融系统认真贯彻党中央、国务院各项决策部署，切实落实稳健货币政策要求，全省金融运行稳中向好，存贷款年增量创新高，贷款利率稳中有降，信贷结构持续优化，结构性货币政策工具精准滴灌，金融支持重点领域、薄弱环节和区域协调发展成效明显，区域金融风险整体可控，金融改革创新亮点增多，金融生态环境持续优化，证券业和保险业稳步发展，为全省经济社会高质量发展营造了良好的金融环境。

（一）银行业平稳发展

1.资产负债规模增速加快。2022年末，全省银行业法人金融机构277家，较上年减少3家。全省银行业金融机构资产总额11.9万亿元，同比增长12.2%，增速比上年提高2.7个百分点。其中，城商行和小型农村金融机构资产总额合计4.9万亿元，占全省银行业资产总额的比重为41.4%。全省银行业金融机构负债总额11.4万亿元，同比增长12.2%，增速比上年提高2.5个百分点。

表 1　2022 年银行业金融机构情况

机构类别	营业网点			法人机构（个）
	机构个数（个）	从业人数（人）	资产总额（亿元）	
一、大型商业银行	3266	71562	47114	0
二、国家开发银行和政策性银行	166	3334	6711	0
三、股份制商业银行	533	11969	7395	0
四、城市商业银行	1276	27722	24503	11
五、城市信用社	0	0	0	0
六、小型农村金融机构	4660	49196	24837	147
七、财务公司	7	252	1336	7
八、信托公司	1	276	158	1
九、邮政储蓄银行	1609	9601	5257	0
十、外资银行	2	30	38	0
十一、新型农村金融机构	215	5186	1093	108
十二、其他	3	508	798	3
合　计	11738	179636	119241	277

数据来源：河北银保监局。

注：营业网点不包括国家开发银行和政策性银行、大型商业银行、股份制商业银行等金融机构总部数据；大型商业银行包括中国工商银行、中国农业银行、中国银行、中国建设银行和交通银行；小型农村金融机构包括农村商业银行、农村合作银行和农村信用社；新型农村金融机构包括村镇银行、贷款公司、农村资金互助社；其他包含金融租赁公司、汽车金融公司、货币经纪公司、消费金融公司等。

2. 存款余额首次突破 10 万亿元，住户部门存款增加较多。2022 年末，全省金融机构本外币各项存款余额 10 万亿元，同比增长 12.6%；比年初增加 1.1 万亿元，年增量创历史新高。人民币存款余额同比增长 12.7%，比年初增加 1.1 万亿元。外币存款余额同比下降 1.9%，比年初减少 1.3 亿美元。分部门看，住户存款比年初增加 9202 亿元，同比多增 2326 亿元。

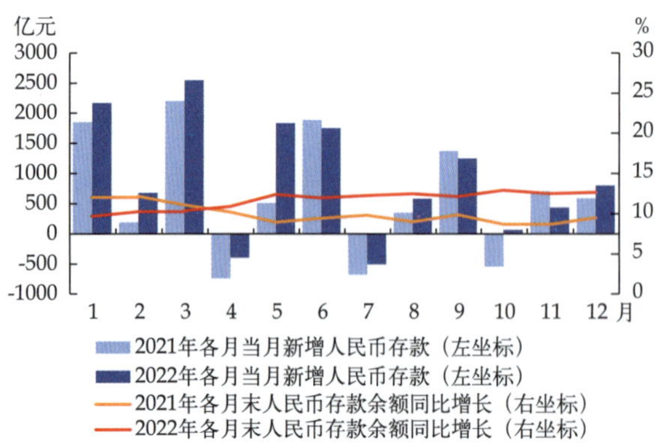

图 1　金融机构人民币存款增长变化

（数据来源：中国人民银行石家庄中心支行）

3. 贷款保持较快增长，信贷结构持续优化。2022 年末，全省金融机构本外币各项贷款余额 7.7 万亿元，同比增长 12.8%；比年初增加 8682 亿元，同比多增 1713 亿元，年增量创历史新高。

企（事）业单位中长期贷款增长提速。2022 年末，企（事）业单位贷款余额同比增长 17.5%；比年初增加 7536 亿元，同比多增 3166 亿元；贷款增速、年增量为 2017 年以来新高；年增量在全部贷款增量中占比达 86.8%，比上年提高 24.1 个百分点。分期限看，企（事）业单位中长期贷款余额同比增长 19.2%，增速较上年提高 5.5 个百分点。

重点领域融资需求充分满足。发挥政策性开发性金融工具撬动有效投资作用。2022 年末，河北省政策性开发性金融机构对全省 30 个项目投放基础设施基金 124 亿元。基础设施行业和制造业全年新增贷款分别为 1375 亿元和 1104 亿元，同比多增 60 亿元和 452 亿元，二者合计年增量占全部行业贷款增量的比重为 42.5%。制造业中长期贷款比年初增加 1050 亿元，占投向全部行业中长期贷款年增量的比重为 22.3%。金融支持绿色低碳转型进展明显。绿色贷款余额 5980 亿元，同比增长 59.0%，高于各项贷款增速 46.2 个百分点。

普惠领域实现“量增、面扩、价降”。2022 年末，普惠小微贷款和普惠小微信用贷款同比分别增长 24.0% 和 50.7%，分别高于各项贷款增速 11.2 个和 37.9 个百分点。支持普惠小微贷款户数 92.2 万户，比年初增加 21.3 万户。2022 年，普惠小微企业贷款加权平均利率为 5.39%，比上年下降 0.43 个百分点。

积极服务重大国家战略。深入推进京津冀协同发展，全省交通、生态、产业等“三个率先突破”领域贷款余额同比增速均保持在 10% 以上。金融服务雄安新区建设效能持续提升。2022 年末，雄安新区各项贷款余额同比增长 90.8%，增速较上年提高 11.3 个百分点。建立河北省金融机构服务乡村振兴工作机制，加大支持脱贫攻坚与乡村振兴有效衔接的信贷投放力度。2022 年末，全省涉农贷款余额 2.3 万亿元，同比增长 16.4%，高于各项贷款增速 3.6 个百分点。

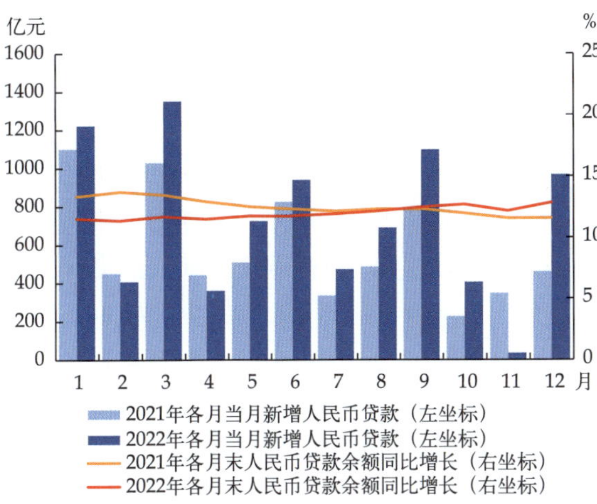

图 2　金融机构人民币贷款增长变化

（数据来源：中国人民银行石家庄中心支行）

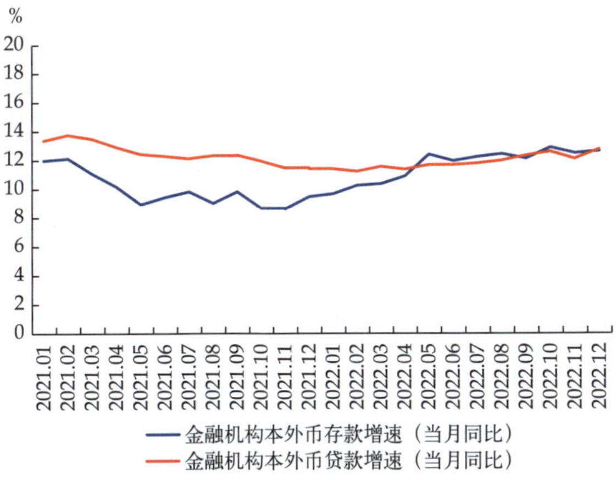

图 3　金融机构本外币存贷款增速变化

（数据来源：中国人民银行石家庄中心支行）

4. 持续释放贷款市场报价利率（LPR）改革红利，贷款利率稳中有降。2022 年，全省金融机构发放的企业贷款加权平均利率为 4.94%，同比下降 0.46 个百分点，全年累计为经营主体节省利息支出约 142 亿元。全面推动金融机构明示贷款年化利率工作。人民币贷款利率区间较上年整体下移，2022 年，全省人民币贷款利率低于和等于 LPR 的贷款占比分别为 21.4% 和 4.4%，合计较上年提高 3.4 个百分点。引导金融机构加强存款利率自律管理，清理整顿不规范存款创新产品。地方法人金融机构定价机制进一步完善。截至 2022 年末，共有 147 家地方法人金融机构被吸收为全国利率自律机制成员，同比增加 12 家。

表 2　2022 年金融机构人民币贷款各利率区间占比

单位：%

项目		1 月	2 月	3 月	4 月	5 月	6 月
合计		100.0	100.0	100.0	100.0	100.0	100.0
LPR 减点		19.4	21.8	21.0	20.0	18.9	21.0
LPR		5.7	6.9	6.8	4.6	3.5	4.9
LPR 加点	小计	74.9	71.3	72.2	75.5	77.6	74.1
	(LPR，LPR+0.5%)	15.9	13.6	15.2	12.7	14.1	15.7
	[LPR+0.5%，LPR+1.5%)	20.9	19.4	20.3	20.4	22.3	20.5
	[LPR+1.5%，LPR+3%)	12.5	11.3	12.2	13.6	14.7	14.4
	[LPR+3%，LPR+5%)	12.1	11.1	12.1	13.6	13.2	13.7
	LPR+5% 及以上	13.5	15.9	12.4	15.2	13.3	9.8

项目		7 月	8 月	9 月	10 月	11 月	12 月
合计		100.0	100.0	100.0	100.0	100.0	100.0
LPR 减点		20.2	18.7	23.6	22.6	22.3	25.4
LPR		3.9	2.3	3.9	3.4	2.4	4.3
LPR 加点	小计	75.9	79.0	72.5	74.0	75.4	70.3
	(LPR，LPR+0.5%)	11.7	16.3	15.2	15.4	12.6	11.1
	[LPR+0.5%，LPR+1.5%)	19.6	19.4	17.7	19.7	18.6	19.2
	[LPR+1.5%，LPR+3%)	16.5	14.3	14.1	13.2	15.6	15.2
	[LPR+3%，LPR+5%)	14.8	15.7	14.3	13.5	15.2	14.4
	LPR+5% 及以上	13.3	13.3	11.2	12.2	13.4	10.4

数据来源：中国人民银行石家庄中心支行。

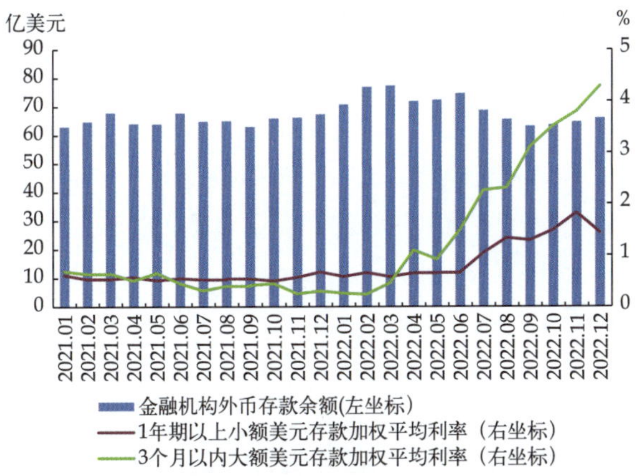

图 4　金融机构外币存款余额及外币存款利率

（数据来源：中国人民银行石家庄中心支行）

5. 资产质量总体稳定，流动性保持稳健。2022 年末，全省银行业机构不良贷款率比年初微升；关注类贷款比年初下降 19 亿元，信贷资产质量保持基本稳定。全省银行业法人机构资本净额 4080 亿元，较年初增加 131 亿元；平均流动性比例 90.4%，比年初增加 4.1 个百分点；存贷款比例 70.3%，比年初略降 0.4 个百分点，流动性呈基本稳定态势。2022 年，全省高风险机构风险处置化解稳妥推进，金融风险防控工作成效显著，牢牢守住了不发生区域性金融风险的底线。

6. 银行业金融机构改革持续推进。持续深化城商行公司治理改革，积极支持符合条件的城商行补充资本。截至 2022 年末，全省法人城商行实收资本 553 亿元，较上年末增加 74 亿元。150 亿元地方政府专项债券通过审核批准，拟为 20 余家农合机构补充资本。稳妥推进县级联社改制组建农商银行，督促改制联社全面优化监管指标。引导村镇银行规范有序发展，3 家村镇银行吸收合并为主发起行的分支机构。

7. 跨境人民币业务快速增长。出台跨境人民币支持河北省外贸保稳提质的 12 条措施，提高经营主体本币结算意识。河北省银行外汇和跨境人民币业务自律机制优质企业名单进一步扩充，由上年的 195 家增加至 294 家。多项自贸区改革试点任务落地，有力支持自贸区跨境人民币业务发展。2022 年，全省跨境人民币收付 1313 亿元，同比增长 37.2%，比上年提高 9.9 个百分点；占同期本外币跨境收付总额的 20.9%，比上年提高 4.8 个百分点。

专栏 1　用好结构性货币政策工具　助力经济高质量发展

2022 年，为贯彻落实党中央、国务院关于扎实稳住经济大盘的决策部署，中国人民银行石家庄中心支行有效发挥货币政策工具总量和结构双重功能，强化政策传导，加强部门协作，推动金融创新，深化银企对接，实现支农支小再贷款等传统政策工具投放再创新高，碳减排支持工具等多项阶段性工具精准落地，切实引导金融机构加大对国民经济重点领域和薄弱环节的支持力度，助力全省经济回升向好和高质量发展。

再贷款再贴现投放再创新高。以创新驱动传统政策工具又好又快投放。创新再贷款金融产品，鼓励银行因地制宜创新“再贷款 +N”专属产品，围绕支持科创企业，会同省科技厅推出支小再贷款 + 风险补偿的“科冀贷”；围绕支持乡村振兴，金融机构推出纯信用的“家庭经营贷”“美丽乡村贷”；围绕支持重点行业推出“采暖铸造贷”“文旅贷”。2022 年，全省金融机构创新再贷款专属信贷产品达 100 余种，精准满足了客户特色融资需求。创新再贴现操作模式，开办绿色、科创票据再贴现“直通车”业务，提高重点领域票据融资便利度。2022 年末，全省再贷款再贴现余额 814 亿元，同比增长 27.7%。地方法人银行运用再贷款资金发放贷款加权利率 5.04%，较其自有资金发放贷款加权利率低 0.95 个百分点，全年累计支持 4 万余个经营主体，为全省涉农、小微企业节约融资成本约 6 亿元。

普惠领域支持力度不断增强。有效发挥普惠小微贷款支持工具激励作用，2022 年共向 133 家地方法人银行提供激励资金约 9 亿元，撬动其普惠小微贷款余额新增 501 亿元。推动普惠小微贷款减息政策高效落地，累计为小微企业减免利息支出约 4 亿元，惠及相关经营主体超 12 万户。强化对受困小微主体支持，开展小微企业首贷培植、普惠小微信用贷款提升等专项活动。在政策推动下，2022年12月末，全省普惠小微贷款、普惠小微信用贷款同比分别增长24.0%和50.7%，高于全部贷款增速11.2个和37.9个百分点；12月，全省金融机构普惠小微贷款加权平均利率5.44%，同比下降0.34个百分点。

各类新设专项再贷款落地见效。全力抢抓新设工具的政策窗口期，尽快拓展政策知晓度和覆盖面，及时与发改、工信、科技、交通等产业主管部门组建工作协调机制，开展常态化银企对接活动，累计推送有融资需求的绿色降碳、科技创新、交通物流企业获得授信超过200亿元，精准支持经济转型升级和创新发展。截至2022年末，各类新设专项再贷款撬动相关领域贷款投放共计776亿元，其中，碳减排贷款315亿元、煤炭清洁高效利用贷款27亿元、科技创新贷款338亿元、设备更新改造项目贷款86亿元、交通物流贷款9亿元、普惠养老贷款1亿元。

2023年，将继续管好用好各项结构性货币政策工具，加大支农支小再贷款投放力度，有效发挥普惠小微贷款支持工具正向激励作用，增强各类专项再贷款的牵引带动能力，撬动更多金融资源向“三农”、小微、绿色降碳、科技创新、普惠养老、交通物流等领域集聚，为全省经济高质量发展增添金融动力。

（二）证券期货稳健运行

1. 证券机构稳步发展。2022年末，全省共有证券机构298家。其中，法人机构1家；证券分公司45家；证券营业部252家。

表3　2022年证券业基本情况

项目	数量
总部设在辖内的证券公司数（家）	1
总部设在辖内的基金公司数（家）	0
总部设在辖内的期货公司数（家）	1
年末国内上市公司数（家）	74
当年国内股票（A股）筹资（亿元）	252.6
当年发行H股筹资（亿元）	—
当年国内债券筹资（亿元）	493.4
其中：短期融资券筹资额（亿元）	—
中期票据筹资额（亿元）	—

数据来源：河北证监局、中国人民银行石家庄中心支行。

注：当年国内股票（A股）筹资额指非金融企业境内股票融资；当年国内债券筹资指非金融企业境内债券融资增量。

2. 期货业稳步发展。2022年末，全省共有期货机构45家。其中，法人机构1家；分公司13家；营业部31家。

3. 境内上市公司数量持续增加。2022年末，全省共有境内上市公司74家，比上年增加5家；新三板挂牌企业174家。全年完成辅导验收18家次，新增辅导备案企业24家。

（三）保险业运行总体稳健

1. 保险公司分支机构数量增加。2022年末，全省共有保险公司分支机构94家，比上年增加2家。其中，省级保险分公司77家；跨京津冀区域经营中心支公司17家，比上年增加1家。

2. 保费收入平稳增长。2022年，全省实现原保险保费收入2043亿元，同比增长2.4%。其中，财产险原保险保费收入591亿元，同比增长8.4%；人身险原保险保费收入1452亿元，同比增长0.2%。

3. 承担风险保障总额较快增长，赔付支出小幅上升。保险业累计提供风险保障233.5万亿元，同比增长12.6%；累计赔付支出658亿元，同比增长3.4%。

表 4　2022 年保险业基本情况

项目	数量
总部设在辖内的保险公司数（家）	1
其中：财产险经营主体（家）	1
寿险经营主体（家）	0
保险公司分支机构（家）	94
其中：财产险公司分支机构（家）	43
寿险公司分支机构（家）	51
保费收入（中外资，亿元）	2042.6
其中：财产险保费收入（中外资，亿元）	590.6
人身险保费收入（中外资，亿元）	1452.0
各类赔款给付（中外资，亿元）	658.4

数据来源：河北银保监局。

（四）融资支持力度整体稳固

1. 社会融资规模增长较快。全年社会融资规模累计新增 1.2 万亿元，同比多增 3459 亿元，创历史新高。全省社会融资增量占全国增量的比重达 3.8%，较上年提高 1 个百分点。其中，表内融资增量占社会融资增量的比重为 70.7%，仍是社会融资规模增长的重要支柱；政府债券发行力度加大，全年净融资 2577 亿元，同比多增 426 亿元；直接融资恢复向好，全年净融资 447 亿元，同比多增 905 亿元。

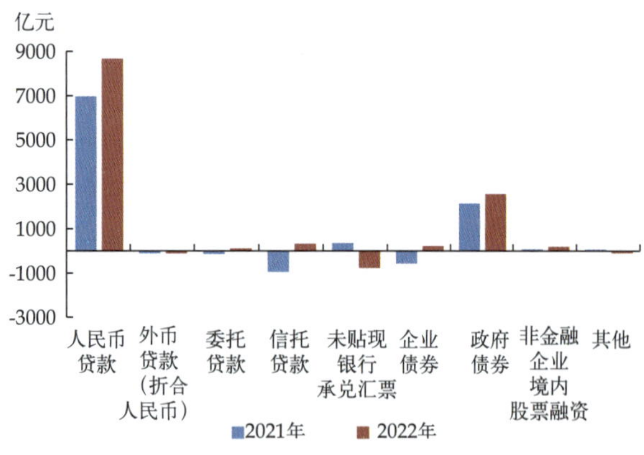

图 5　社会融资规模分布结构

（数据来源：中国人民银行石家庄中心支行）

2. 重点领域债券融资加快。2022 年，全省共发行非金融企业债务融资工具 100 只，金额 925 亿元，较上年增长 255 亿元。其中，短期融资券 292 亿元、中期票据 558 亿元、定向工具 75 亿元。省内 5 家企业先后发行绿色债券、乡村振兴债券、科创债券等 60 亿元，在支持全省绿色发展与科技创新等领域发挥了示范带动作用。

3. 票据市场业务较快增长。2022 年，全省签发银行承兑汇票 7571 亿元，同比增长 22.8%；年末余额 5288 亿元，比年初增加 1140 亿元，余额同比增长 27.5%。随着商业汇票信用体系建设加快推进，市场化约束机制逐步完善，票据贴现业务量增长，全年办理票据融资 5820 亿元，同比增长 65.6%，其中商业承兑汇票贴现 129 亿元，银行承兑汇票贴现 5692 亿元。

表 5　2022 年金融机构票据业务量

单位：亿元

季度	银行承兑汇票承兑		贴现			
			银行承兑汇票		商业承兑汇票	
	余额	累计发生额	余额	累计发生额	余额	累计发生额
1	4553.33	1957.76	2912.09	1277.33	36.66	35.17
2	5056.75	3983.06	3515.16	2888.28	48.65	62.88
3	5273.27	5831.54	3953.44	4247.58	50.27	93.76
4	5287.71	7571.29	4384.43	5691.52	51.86	128.87

数据来源：中国人民银行石家庄中心支行。

表 6　2022 年金融机构票据贴现、转贴现利率

单位：%

季度	贴现		转贴现	
	银行承兑汇票	商业承兑汇票	票据买断	票据回购
1	2.40	4.23	2.29	3.30
2	1.72	4.10	1.70	—
3	1.67	3.66	1.66	1.83
4	1.53	3.72	1.56	1.57

数据来源：中国人民银行石家庄中心支行。

4. 应收账款融资取得积极成效。2022 年，全省依托中征应收账款融资服务平台完成各类融资 1787 笔，融资金额 667 亿元。其中，中小微企业融资金额占比为 76.6%。

（五）区域金融改革创新实现突破

1. 积极探索外汇管理创新政策。河北省获批在全国率先开展保税混矿业务代理收汇和境内划转业务，有效提升企业跨境资金结算效率，助力稳定与全球主要矿山合作关系，实现钢铁企业铁矿石进口多元化。

2. 探索搭建数字人民币多领域应用场景。河北省创新实现"区块链 + 数字货币"、数字人民币缴纳保证金、数字人民币跨行代发和数字人民币支付智慧充电桩等多项场景。截至 2022 年末，河北省雄安新区、张家口两地试点共开立个人钱包 727 万个、对公钱包 65 万个；正式投产场景近 60 万个，累计流通业务笔数 1735 万笔，累计流通业务金额 119 亿元。

3. 本外币合一银行结算账户体系试点在雄安新区正式启动。河北省深入推动开展试点工作，切实降低企业内部账户管理成本，省内银行账户管理体制改革取得突破。

（六）金融生态环境持续优化

1. 社会信用体系建设持续推进。截至 2022 年末，全省累计布放信用报告自助查询机 658 台，布设征信代理查询网点 377 个；开通 17 家商业银行网银、手机银行查询渠道。强化对受疫情影响主体支持，指导金融机构及时为受疫情影响的个人及企业调整还款记录。推动省级地方征信平台建设，河北省征信有限公司正式注册成立。

2. 电子支付快速发展。2022 年，全省支付系统共处理支付业务 6 亿笔，金额 146.4 万亿元。新兴电子支付业务持续快速增长。2022 年，全省电子支付业务量 79 亿笔，金额 67.5 万亿元。2022 年末，全省云闪付用户 2675 万户，同比增长 12.9%。

3. 金融消费权益保护工作深入推进。构建"线上 + 线下""集中性 + 阵地化"的金融教育全网格，授予九家金融机构"河北省金融教育示范基地"称号。

4. 金融服务适老化改造加快。搭建 App 适老化改造、网点适老化改造、适老化标准制定、适老化制度建设"四位一体"的适老化改造体系。截至 2022 年末，全省 9000 余家金融机构营业网点完成适老化改造自评，11 家城商行及省联社均完成 App 无障碍服务建设。

二、经济运行情况

2022 年，河北省坚持以习近平新时代中国特色社会主义思想为指导，全面深入学习贯彻党的二十大精神，坚决贯彻党中央"疫情要防住、经济要稳住、发展要安全"重要要求，高效统筹疫情防控和经济社会发展，扎实推动稳经济一揽子政策及接续措施落地见效，有力支持经济运行持续恢复、加快回稳，各项事业发展呈现良好势头。全省生产总值实现 4.2 万亿元，同比增长 3.8%，人均生产总值 5.7 万元，同比增长 4.1%。

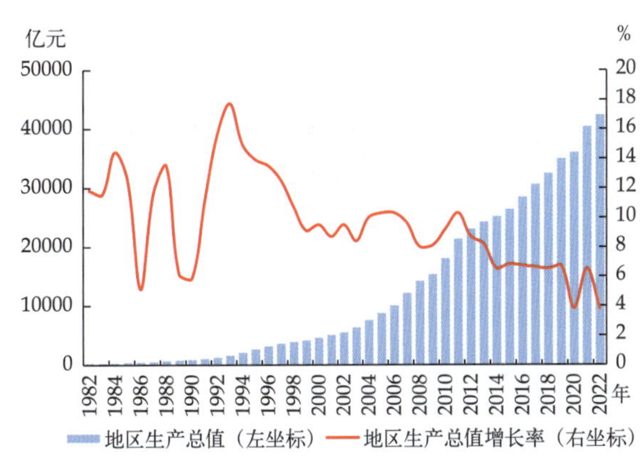

图 6 地区生产总值及其增长率

（数据来源：河北省统计局）

（一）抓投资、扩内需、促开放，三大需求总体稳健

1. 固定资产投资平稳增长，项目建设持续加力。2022 年，河北省大力实施项目建设年、重点项目提质提效行动，全省固定资产投资（不含农户）同比增长 7.9%，增速比上年提高 4.9 个百分点，为 2017 年以来最高水平。三

次产业固定资产投资全面增长。第一产业、第二产业、第三产业投资同比分别增长 13.0%、13.0% 和 4.4%。制造业投资提质增效，同比增长 13.4%，是推动投资稳定增长的关键因素。其中，制造业技改投资、高技术制造业投资同比分别增长 23.2% 和 35.5%。重大项目和重点区域拉动作用明显。2022 年，全省亿元以上在建项目完成投资同比增长 10.5%，对全部投资增长贡献率达 77.7%。雄安新区、廊坊临空经济区、曹妃甸区和渤海新区完成投资合计拉动全省投资增长 2.4 个百分点。

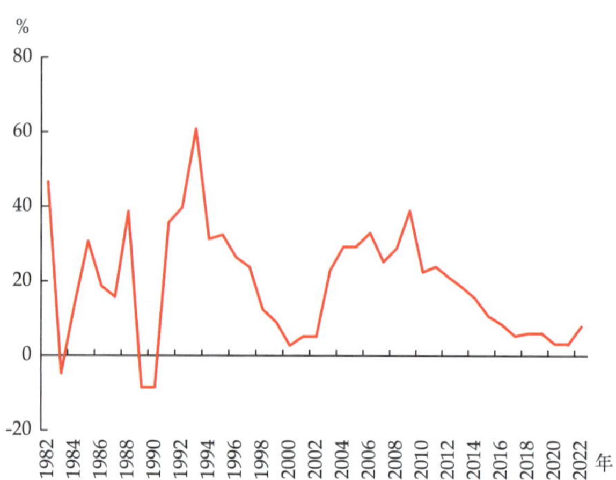

图 7　固定资产投资（不含农户）增长率

（数据来源：河北省统计局）

2. 消费市场稳步复苏，线上消费明显提速。 2022 年，全年社会消费品零售总额实现 1.4 万亿元，同比增长 1.6%。其中，限额以上单位实现消费品零售额同比增长 5.0%。城镇消费恢复快于乡村，消费品零售额增速比乡村高 2.1 个百分点。疫情下民生保障类消费发挥基础支撑作用，限额以上单位粮油食品类、中西药品类商品零售额合计拉动限额以上单位消费品零售额增长 2.0 个百分点。网络零售保持快速增长。全年网上零售额同比增长 16.4%，增速比全国高 12.4 个百分点。其中，实物商品网上零售额同比增长 16.8%，占社会消费品零售总额的比重为 28.4%，比上年提高 7.1 个百分点。

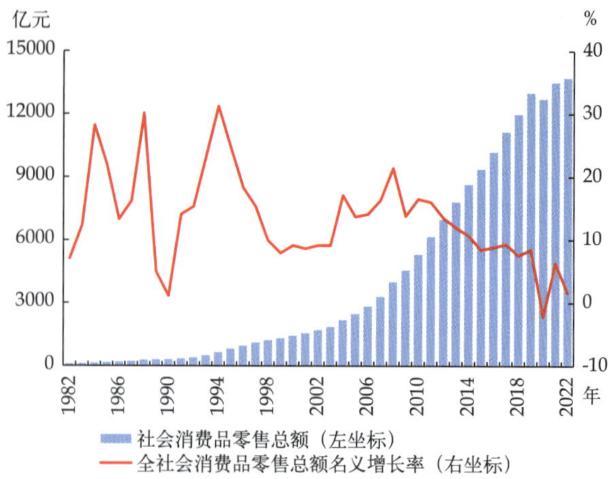

图 8　社会消费品零售总额及其增长率

（数据来源：河北省统计局）

3. 进出口规模持续扩大，跨境贸易便利化水平提升。 2022 年，全省外贸进出口总额 5629 亿元，同比增长 3.9%。其中，出口总额 3407 亿元，增长 12.5%；进口总额 2222 亿元，下降 7.0%。贸易伙伴方面，东盟成为最大贸易伙伴，对东盟进出口 767 亿元，同比增长 32.2%。出口商品方面，以机电产品、钢材为主。其中，机电产品出口额同比增长 19.8%，占出口总值的 38.2%。进口商品方面，以大宗商品为主。其中，铁矿砂及其精矿进口减少 0.8%；大豆进口减少 5.7%；原油进口增长 56.8%。落实 RCEP 贸易便利化政策，全年为外贸主体减免税款 4516 万元。

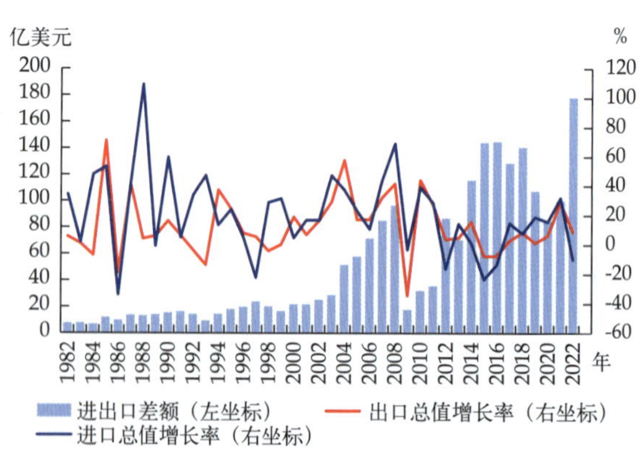

图 9　外贸进出口变动情况

（数据来源：河北省统计局）

（二）三大产业持续恢复，产业基础支持稳固

1. 农业生产形势稳定，乡村振兴全面推进。2022年，全省粮食总产量773亿斤，同比增长1.1%，总产量连续10年稳定在700亿斤以上。畜牧业生产稳中向好。猪牛羊禽肉产量475万吨，同比增长3.1%。蔬菜水果生产平稳。蔬菜、园林水果总产量同比分别增长2.3%和7.7%。乡村建设行动深入实施。新建美丽乡村2265个，累计布局创建省级乡村振兴示范区65个，4个县区入选国家乡村振兴示范县。

2. 工业生产稳步加快，新兴产业增势较快。2022年，全省全部工业增加值1.5万亿元，同比增长4.2%。规模以上工业增加值同比增长5.5%，增速比上年提高0.6个百分点。三大门类生产全面增长。制造业，采矿业以及电力、热力、燃气及水的生产和供应业同比分别增长4.0%、17.5%和7.7%。战略性新兴产业较快增长，增加值同比增长8.5%，增速比全部规模以上工业高3.0个百分点。其中，中成药生产、光电子器件制造、集成电路制造同比分别增长30.7%、29.0%和22.7%。

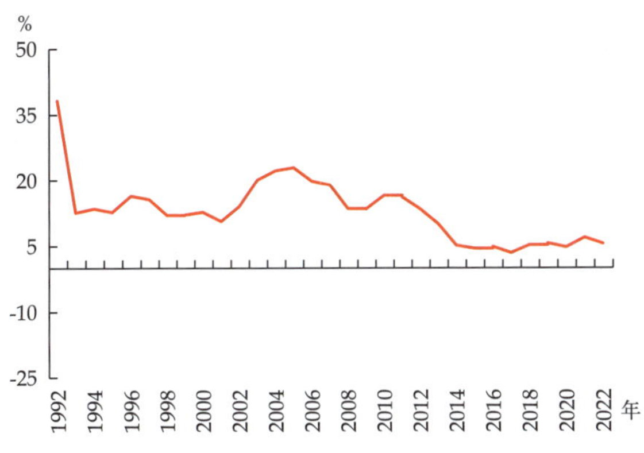

图10　规模以上工业增加值实际增长率

（数据来源：河北省统计局）

3. 服务业延续恢复态势，产业结构持续优化。2022年，全省第三产业实现增加值2.1万亿元，同比增长3.2%，增速高于全国0.9个百分点。三次产业比例为10.4：40.2：49.4，“三二一”产业格局进一步巩固。金融业、公共管理社会保障和社会组织、批发和零售业同比分别增长6.7%、7.8%和4.6%，对第三产业经济增长贡献率合计近八成。

4. 高质量发展新动能加快培育。出台钢铁、装备制造、石化、食品产业高质量发展措施，“京津冀生命健康集群”和“保定市电力及新能源高端设备集群”入选“国家先进制造业集群”。全年新增国家高新技术企业1300家，国家科技型中小企业达7119家，科技领军企业达64家。加快培育县域特色产业集群“领跑者”企业，新增“专精特新”中小企业1803家、国家专精特新“小巨人”企业135家，县域特色产业集群营业收入增长约11%。

5. 生态环境明显改善，低碳转型取得积极成效。2022年，全省PM2.5平均浓度降至36.8微克/立方米，所有设区市首次全面退出全国重点城市空气质量“后十”。推动企业发展方式绿色转型，统筹开展钢铁、焦化、水泥等重点行业环保绩效创A。截至2022年末，全省环保绩效A级钢铁企业达21家。出台国内首批前置绿色信贷认定支持绿色建筑发展政策文件。

（三）就业物价总体稳定，居民收入平稳增长

1. 居民消费价格温和上涨。2022年，全省居民消费价格指数同比上涨1.8%，涨幅比上年扩大0.8个百分点，其中，城市上涨1.7%、农村上涨2.0%。分类别看，食品烟酒价格涨幅较上年扩大较多，主要是粮食价格和蛋类价格拉动，同比分别上涨4.3%和6.4%。

2. 生产价格涨幅持续回落。受上年同期高基数和国际大宗商品价格回落等因素影响，2022年，全省工业生产者购进价格指数同比上涨4.7%，涨幅比上年收窄15.1个百分点；工业生产者出厂价格指数上涨0.5%，涨幅比上年收窄15.9个百分点。

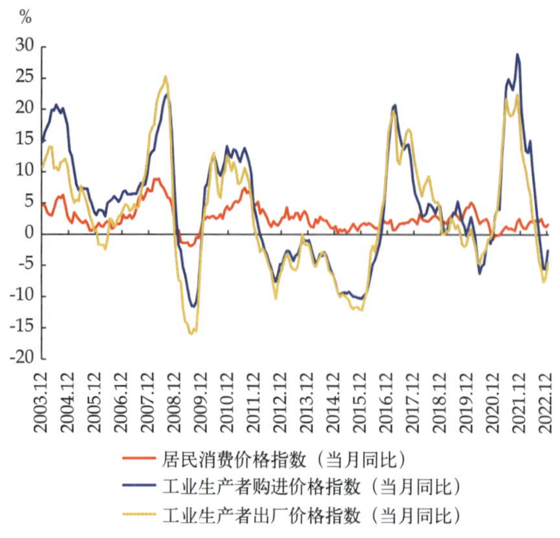

图 11　居民消费价格指数和工业生产者价格指数变动趋势

（数据来源：河北省统计局）

3. 就业形势保持稳定，居民收入平稳增长。 2022 年，全年城镇新增就业 90 万人，完成全年计划的 104.3%。全省居民人均可支配收入 3.1 万元，同比增长 5.1%。收入分配结构持续改善，城镇和农村居民人均可支配收入同比分别增长 3.7% 和 6.5%，城乡居民收入比值比上年缩小 0.057。居民人均消费支出 2.1 万元，同比增长 4.7%，与收入增长基本保持同步。

（四）财政运行整体平稳，重点支出保障有力

2022 年，河北省精准有效落实稳经济财政政策措施，着力保障重点支出，推动全省财政实现平稳运行。全省地方一般公共预算收入 4084 亿元，同比下降 2.0%，扣除留抵退税因素后同比增长 6.6%。其中，税收收入 2243 亿元，同比下降 18.0%，扣除留抵退税因素后同比下降 4.6%。全面落实减税退税降费政策，全年累计退减缓免税费超 1430 亿元，惠及经营主体 427 万户次。2022 年，全省到期债券本息全部按时偿还，继续保持“零违约”，用好借新还旧政策，共发行再融资债券 793 亿元，有效缓解市县财政运行压力。全省一般公共预算支出 9337 亿元，同比增长 5.5%。其中，民生支出持续增加，占一般公共预算支出的比重为 81%。财政金融政策接续发力，综合运用奖励、贴息等方式，全年兑现财政奖补资金 6 亿元。

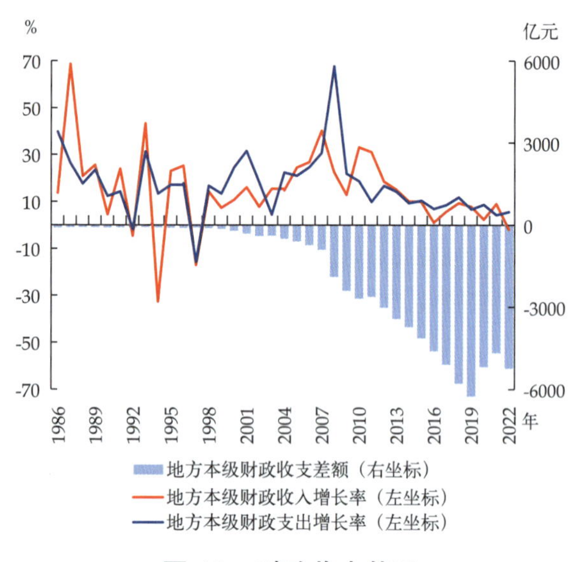

图 12　财政收支状况

（数据来源：河北省统计局）

（五）房地产市场保持相对稳定，保障性住房加快建设

1. 房地产市场低位企稳。 2022 年，全省房地产开发投资 4983 亿元，增速高于全国 9.2 个百分点。其中，商品住宅投资 4117 亿元，同比增长 0.6%。全省房屋施工面积 3.4 亿平方米；全省商品房销售面积 4616 万平方米。2022 年末，石家庄市、唐山市新建住房销售价格同比分别下降 2.9% 和 2.1%，第四季度各月同比降幅出现收窄迹象。

2. 保障性住房建设扎实推进。 2022 年，全省棚改区新开工 11.8 万套，建成 10.7 万套；新筹集保障性租赁住房 5.4 万套，发放公租房租赁补贴 1.7 万户；148 个城中村改造安置房项目建成并交付，惠及居民 5.2 万户。

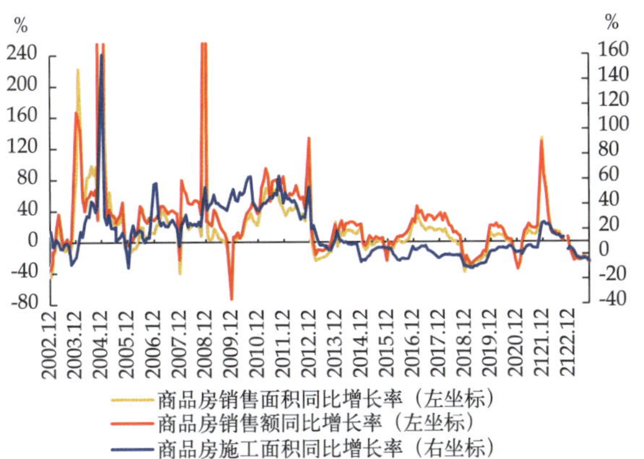

图 13　商品房施工和销售变动趋势

（数据来源：河北省统计局）

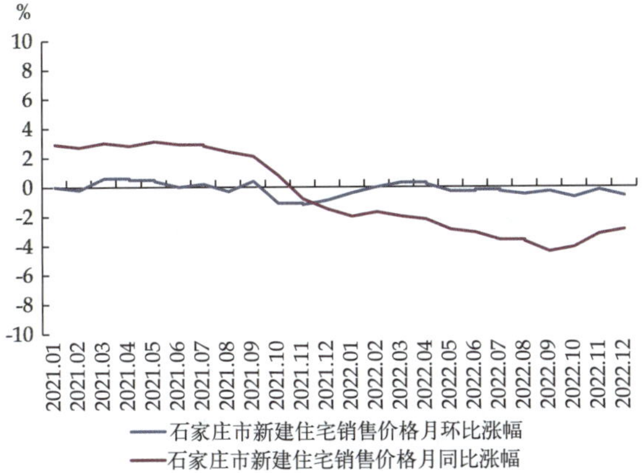

图 14　石家庄市新建住宅销售价格变动趋势

（数据来源：河北省统计局）

（六）重大国家战略深入实施，协同发展成效明显

1. 京津冀协同发展纵深推进。2022 年，河北省紧紧扭住承接北京非首都功能疏解的“牛鼻子”，交通、生态、产业等多领域融合对接加快。全年承接京津转入单位 4395 家，其中法人单位 2286 家、产业活动单位 2109 家。“轨道上的京津冀”逐步形成，石家庄至承德高铁开通运营，京唐城际建成使用。北京通州区与廊坊北三县一体化高质量发展示范区获批建设。

2. 高标准、高质量建设雄安新区。2022 年，雄安新区在建项目 428 个，完成固定资产投资增长 28.0%，拉动全省投资增长 1.4 个百分点。启动新区市政道路、综合管廊工程等基础设施项目建设快速推进，雄商、雄忻高铁正式开工，中国星网、中国中化、中国华能总部开工建设，20 多家央企子公司注册落地，雄安新区城市雏形显现。

3. 冬奥会服务保障任务圆满完成。全力做好冬奥会、冬残奥会张家口赛事服务保障，为奥运盛会顺利举办作出河北贡献。出台加快后奥运经济发展意见，京张体育文化旅游带加快建设，冬奥会场馆可持续利用和冰雪产业发展有序推进。

专栏 2　金融助力雄安新区高标准、高质量建设

设立河北雄安新区，是以习近平同志为核心的党中央作出的一项重大历史性战略选择，是千年大计、国家大事。中国人民银行石家庄中心支行高度重视金融支持雄安新区建设工作，组织金融系统全力做好融资支持、金融改革试点等各项工作，助力雄安新区高标准、高质量建设发展。

释放金融效能，支持雄安新区高标准建设。一是建立组织机制，加大政策倾斜。中国人民银行石家庄中心支行成立以行长为组长，行内相关处室负责同志以及各金融机构行领导为成员的金融支持雄安新区建设领导小组，定期召开专项调度会议和座谈会，每年制定工作要点，加大对新区的政策和资源倾斜。2022 年末，雄安新区各项贷款余额 2095 亿元，融资规模达 4389 亿元，共支持基础设施项目 400 余个，重点支持了 120 个市政基础设施、42 个公共服务及配套设施、23 个对内及对外连接基础设施等项目，保障了新区交通基础设施、生态环境修复、公共服务、绿色建筑等重点领域资金需求。二是优化机构布局，提高金融集聚能力。针

对新区新设金融机构开业管理，制定操作规程，开辟绿色通道，新区设立金融机构数量不断增加、金融体系不断健全，金融服务能力不断增强。2022年末，新区共有各类金融机构87家（其中，银行业27家、保险业5家、证券业4家），银行业金融机构资产总计2990亿元，银行业金融机构营业网点共计169个，基本形成了以银行为主导，以保险、证券为支撑，以其他金融机构为补充的金融业态。

强化金融科技，推动雄安新区金融改革创新。积极探索数字人民币在雄安新区场景应用，实现了“区块链+数字货币”、数字人民币缴纳保证金、数字人民币跨行代发和数字人民币支付智慧充电桩四个场景全国首发。2022年末，雄安新区共开立个人钱包202.8万个、对公钱包32.3万个，共正式投产收单场景3.4万个，累计交易笔数850.6万笔，累计交易金额88亿元。同时，积极推进金融科技创新监管工作，累计有4批次9个应用项目入选金融科技创新监管工具，项目涉及大数据、区块链、人工智能、5G切片等前沿技术，涵盖征迁资金拨付、银行业务办理、金融风险监测、信贷融资等金融场景。首创“金融服务直通车”线上政银企对接与服务平台，将企业数据、政府政策和“央行货币政策工具+”通过区块链技术有机融合，实现了雄安新区各项惠企财政政策、产业政策、央行货币政策工具、金融机构产品与企业融资需求“零距离”对接。

践行绿色金融，支持雄安新区高质量发展。一是出台指导意见，明确绿色金融发展方向。出台《金融支持雄安新区绿色低碳高质量发展的指导意见》，明确了12项重点任务，鼓励金融机构开展绿色信贷、绿色债券、绿色保险、绿色基金等多样化绿色金融业务，重点支持绿色建筑、绿色交通、绿色能源、绿色低碳产业发展。二是印发管理办法，提升绿色金融服务能力。创新出台金融机构支持绿色建筑发展前置绿色信贷认定管理办法，着力解决信贷投入和绿色建筑认定期限错配问题，使绿色建筑项目及时享受绿色信贷差别化政策优惠，相关工作入选河北省自贸区第五批制度创新典型案例。2022年末，新区累计有14个绿色建筑项目获批授信1964亿元，实现信贷投放296亿元；新区绿色贷款余额582亿元，比年初增加416亿元，同比增长250.8%，有效支持新区绿色低碳高质量发展。

三、预测与展望

2023年是全面贯彻落实党的二十大精神开局之年，也是实施“十四五”规划承上启下的关键之年。展望未来，河北省经济发展的积极因素正加快聚集。一方面，重大国家战略持续深入实施，京津冀协同发展深度广度拓展、雄安新区建设持续高标准高质量推进、后奥运经济和京张体育文化旅游带发展势头强劲；另一方面，全省营商环境全面优化提升，产业转型升级步伐加快。也要看到，当前国内外经济环境较为复杂，河北省科技创新能力不够强、民间投资放缓、居民消费乏力等结构性矛盾和深层次问题依然突出，保持经济平稳面临的挑战较大。

河北省金融系统将坚持以习近平新时代中国特色社会主义思想为指导，深入贯彻党的二十大和中央经济工作会议精神，全面落实人民银行总行和省委、省政府工作部署，坚持稳中求进工作总基调，完整、准确、全面贯彻新发展理念，积极服务和融入新发展格局，着力推动高质量发展，突出做好稳增长、稳就业、稳物价工作，坚决落实稳健货币政策要精准有力的工作要求，保持货币信贷合理增长，围绕支持恢复和扩大消费、重点基础设施和重大项目建设，加大对京津冀协同发展、雄安新区建设、战略性新兴产业、民营小微、乡村振兴、绿色发展等国民经济重点领域和薄弱环节的支持力度，落实金融16条措施，支持房地产市场平稳健康发展，有效防范化解重大金融风险，全面深化金融改革创新，助推经济持续平稳健康发展，为加快建设经济强省、美丽河北，奋力谱写中国式现代化建设河北篇章贡献金融力量。

中国人民银行河北省分行货币政策分析小组

总　　纂：贺同宝　李双锁

统　　稿：翟　丽　王瑞智　张皓阳　李婕琼

执　　笔：王治宇　米晓頔

提供材料：闫晓慧　尚　楠　李　蕾　范宪忠　刘晓玲　杨　慧　岳岐峰　付　桢　田娅汝　应　明　王腾飞　苏文龙　辛垚森　马淑娟　任珍珍　刘冰欣　黄　倩　李　冰　窦方玮　左孟飞　孟晓宇　张国权　门　超　李建令　杨若霞　郑金清　刘　鑫　李王季玉

附录：

（一）2022 年河北省经济金融大事记

2 月 17 日，中国人民银行石家庄中心支行组织召开河北省 2022 年金融政策通报会，宣传贯彻人民银行和各金融监管部门 2023 年的工作思路和要求。

4 月 26 日，河北省工业和信息化厅、河北省地方金融监管局、中国人民银行石家庄中心支行等 6 部门共同主办“河北省 2022 年产融合作签约仪式暨银企对接活动”。

6 月 2 日，河北省人民政府印发《关于扎实稳定全省经济运行的一揽子措施及配套政策的通知》。其中，中国人民银行石家庄中心支行牵头制定《稳定经济十条货币金融政策措施》。

6 月 26 日，2022 年中国·廊坊国际经济贸易洽谈会在廊坊市开幕，以“项目建设年——投资河北正当时”为主题，共举办 47 项主要活动。

10 月 20 日，京津冀三地人民银行组织召开京津冀协调机制会议，并举行京津冀交通一体化贷款签约仪式。

11 月 16 日，中国国际数字经济博览会在石家庄市开幕，紧扣“融合创新　数字赋能”主题，聚焦高端化、国际化、专业化、产业化四大方向，探讨全球数字经济发展新动向、新趋势。

12 月 1 日，河北省数字人民币试点范围获批由雄安新区和张家口市扩展为全省全域。

12 月 2 日，国家外汇管理局河北省分局获批在全国率先开展保税混矿业务代理收汇和境内划转业务。

12 月 9 日，中国人民银行石家庄中心支行印发《关于进一步加大信贷支持力度　助推全省经济持续恢复向好的通知》。

12 月 15 日，第四届中国—中东欧国家中小企业合作论坛在沧州市开幕，以“中欧合作新机遇·中小企业新未来”为主题，推动中国与中东欧国家多领域务实合作。

（二）河北省主要经济金融指标

表 1　2022 年河北省主要存贷款指标

	项目	1 月	2 月	3 月	4 月	5 月	6 月	7 月	8 月	9 月	10 月	11 月	12 月
本外币	金融机构各项存款余额（亿元）	91215.5	91929.4	94482.8	94072.2	95911.6	97681.0	97138.9	97711.4	98957.5	99033.1	99479.2	100279.0
	其中：住户存款	62915.3	63223.6	64666.8	64187.5	64530.1	66037.5	65809.6	66241.9	67741.9	67398.9	68124.2	69432.0
	非金融企业存款	16270.8	16198.3	16959.0	17072.4	17639.6	18377.7	18296.2	18748.7	18558.8	18416.0	18349.9	18598.4
	各项存款余额比上月增加（亿元）	2196.0	713.9	2553.4	-410.6	1839.4	1769.4	-542.1	572.5	1246.1	75.6	446.1	799.8
	金融机构各项存款同比增长（%）	9.7	10.3	10.4	10.9	12.4	12.0	12.3	12.5	12.1	12.9	12.5	12.6
	金融机构各项贷款余额（亿元）	69198.1	69610.4	70985.6	71349.0	72092.7	73033.4	73494.9	74176.1	75287.1	75690.3	75708.4	76644.7
	其中：短期	20371.3	20570.3	21043.3	21000.9	21061.1	21254.4	21181.8	21301.3	21626.3	21450.7	21251.5	21371.1
	中长期	45547.6	45661.8	46285.4	46407.9	46848.6	47503.9	47769.0	48150.5	48973.4	49265.8	49402.2	50103.5
	票据融资	2574.6	2691.1	2948.8	3248.7	3488.3	3563.8	3820.8	4024.1	4003.7	4271.0	4347.4	4436.3
	各项贷款余额比上月增加（亿元）	1235.4	412.3	1375.2	363.4	743.7	940.7	461.5	681.2	1111.0	403.1	18.1	936.3
	其中：短期	361.6	199.0	472.9	-42.3	60.1	193.4	-72.6	119.5	325.0	-175.6	-199.1	119.6
	中长期	872.2	114.1	623.6	122.5	440.7	655.3	265.1	381.5	822.9	292.4	136.4	701.3
	票据融资	20.1	116.5	257.7	299.9	239.6	75.5	257.0	203.3	-20.4	267.3	76.4	88.9
	金融机构各项贷款同比增长（%）	11.4	11.2	11.6	11.4	11.7	11.7	11.8	12.0	12.3	12.6	12.1	12.8
	其中：短期	9.8	10.1	9.9	10.3	10.5	9.1	9.1	8.9	8.9	8.0	6.8	6.8
	中长期	12.5	11.7	11.5	10.5	10.4	10.8	10.7	10.7	11.3	11.5	11.3	12.1
	票据融资	6.4	15.3	28.7	39.0	47.9	52.7	57.7	64.3	65.1	72.4	73.3	73.7
	建筑业贷款余额（亿元）	2497.0	2561.6	2623.0	2653.8	2709.2	2756.0	2759.5	2799.1	2848.9	2862.0	2874.6	2887.8
	房地产业贷款余额（亿元）	2960.4	2974.4	2963.5	2937.0	2928.5	2885.0	2869.1	2865.4	2921.7	2909.3	2908.4	2945.1
	建筑业贷款同比增长（%）	23.2	23.8	23.4	24.5	24.7	22.1	20.1	20.6	19.9	19.9	18.8	19.2
	房地产业贷款同比增长（%）	-7.4	-8.0	-8.6	-9.9	-9.8	-9.6	-10.4	-9.5	-7.1	-6.1	-4.6	-1.2
人民币	金融机构各项存款余额（亿元）	90763.6	91442.7	93991.2	93595.8	95428.9	97179.5	96674.8	97258.9	98507.8	98575.6	99014.1	99818.3
	其中：住户存款	62772.1	63083.4	64525.1	64042.8	64384.1	65888.3	65660.6	66096.6	67593.6	67252.6	67979.9	69291.0
	非金融企业存款	16005.4	15902.9	16675.9	16804.6	17372.5	18091.6	18047.7	18507.0	18317.3	18165.1	18090.5	18335.7
	各项存款余额比上月增加（亿元）	2174.2	679.1	2548.5	-395.4	1833.1	1750.6	-504.7	584.1	1248.9	67.8	438.5	804.2
	其中：住户存款	2686.1	311.3	1441.7	-482.3	341.2	1504.3	-227.7	436.0	1497.0	-341.0	727.2	1311.1
	非金融企业存款	-263.9	-102.5	773.1	128.6	567.9	719.2	-43.9	459.2	-189.6	-152.2	-74.7	245.2
	各项存款同比增长（%）	9.7	10.3	10.4	10.9	12.4	12.0	12.3	12.5	12.1	12.9	12.5	12.7
	其中：住户存款	15.2	12.5	12.3	13.0	13.1	13.2	13.8	14.2	14.6	14.6	14.9	15.3
	非金融企业存款	2.0	6.4	8.0	10.1	11.6	14.1	15.3	16.9	13.2	15.4	13.8	12.5
	金融机构各项贷款余额（亿元）	68833.0	69241.1	70594.2	70955.2	71680.9	72621.6	73093.8	73784.4	74882.5	75288.8	75324.5	76291.7
	其中：个人消费贷款	19764.8	19658.4	19743.2	19686.0	19704.1	19709.8	19769.5	19875.4	20022.6	20085.0	20099.1	20129.7
	票据融资	2574.6	2691.1	2948.8	3248.7	3488.3	3563.8	3820.8	4024.1	4003.7	4271.0	4347.4	4436.3
	各项贷款余额比上月增加（亿元）	1222.7	408.1	1353.1	361.0	725.7	940.7	472.2	690.6	1098.1	406.3	35.7	967.2
	其中：个人消费贷款	194.5	-106.4	84.8	-57.2	18.1	5.6	59.8	105.8	147.2	62.4	14.1	30.6
	票据融资	20.1	116.5	257.7	299.9	239.6	75.5	257.0	203.3	-20.4	267.3	76.4	88.9
	金融机构各项贷款同比增长（%）	11.5	11.4	11.7	11.5	11.8	11.8	11.9	12.2	12.5	12.7	12.2	12.8
	其中：个人消费贷款	10.7	9.4	8.4	7.1	6.2	5.1	4.6	4.3	4.1	3.6	3.1	2.9
	票据融资	6.4	15.3	28.7	39.0	47.9	52.7	57.7	64.3	65.1	72.4	73.4	73.7
外币	金融机构外币存款余额（亿美元）	70.9	77.0	77.4	72.0	72.5	74.7	68.8	65.7	63.3	63.8	64.8	66.1
	金融机构外币存款同比增长（%）	12.3	18.6	13.9	12.1	13.1	10.1	5.9	0.9	0.3	-3.4	-2.3	-2.0
	金融机构外币贷款余额（亿美元）	57.3	58.4	61.7	59.5	61.8	61.4	59.5	56.8	57.0	55.9	53.5	50.7
	金融机构外币贷款同比增长（%）	-6.6	-8.4	-5.3	-8.6	-2.0	-5.3	-11.0	-16.8	-15.3	-12.4	-9.2	-8.3

数据来源：中国人民银行石家庄中心支行。

表2　2001—2022年河北省各类价格指数

单位：%

时间		居民消费价格指数		工业生产者购进价格指数		工业生产者出厂价格指数	
		当月同比	累计同比	当月同比	累计同比	当月同比	累计同比
2001		—	2.1	—	0.2	—	0.4
2002		—	-0.3	—	-0.9	—	-2.3
2003		—	1.7	—	1.6	—	0.5
2004		—	4.9	—	10.3	—	5.4
2005		—	1.7	—	9.3	—	4
2006		—	2.3	—	4.3	—	1.9
2007		—	5.9	—	5.7	—	3.9
2008		—	5.1	—	12.4	—	9.3
2009		—	0.8	—	-4.7	—	-3.5
2010		—	3.2	—	6.1	—	5.0
2011		—	5.3	—	12.6	—	7.3
2012		—	2.5	—	0.0	—	-1.4
2013		—	2.8	—	-0.8	—	-1.3
2014		—	1.6	—	-1.3	—	-1.3
2015		—	1.5	—	-3.3	—	-3.6
2016		—	1.9	—	-1.2	—	-1.1
2017		—	1.4	—	8.3	—	6.5
2018		—	1.7	—	5.3	—	3.6
2019		—	3.2	—	0.6	—	0.4
2020		—	2.1	—	-1.6	—	-1.5
2021		—	1.0	—	19.8	—	16.4
2022		—	1.8	—	4.7	—	0.5
2021	1	-0.1	-0.1	4.0	4.0	4.1	4.1
	2	-0.1	-0.1	4.0	4.0	7.9	6.0
	3	0.4	0.1	11.8	7.8	12.9	8.3
	4	0.9	0.3	17.3	10.1	17.9	10.6
	5	1.3	0.5	23.8	12.7	21.7	12.8
	6	0.9	0.5	24.9	14.7	19.5	13.9
	7	1.0	0.6	24.0	16.0	18.9	14.6
	8	0.8	0.6	23.2	16.9	19.2	15.2
	9	0.6	0.6	25.0	17.9	20.2	15.8
	10	2.0	0.8	28.9	19.0	22.4	16.4
	11	2.5	0.9	27.6	19.8	18.8	16.7
	12	1.5	1.0	19.6	19.8	13.5	16.4
2022	1	1.0	1.0	16.5	16.5	11.6	11.6
	2	0.9	1.0	13.4	14.9	10.1	10.8
	3	1.6	1.2	13.1	14.3	7.8	9.8
	4	2.1	1.4	15.0	14.5	6.4	8.9
	5	2.0	1.5	10.4	13.6	2.5	7.5
	6	2.2	1.7	6.9	12.4	1.8	6.5
	7	2.3	1.7	3.2	11.0	-1.4	5.4
	8	2.1	1.8	0.1	9.6	-4.3	4.1
	9	2.5	1.9	-2.8	8.1	-5.6	3.0
	10	1.5	1.8	-5.5	6.6	-7.7	1.8
	11	1.2	1.8	-5.6	5.4	-7.0	1.0
	12	1.6	1.8	-2.6	4.7	-4.6	0.5

数据来源：河北省统计局、《中国经济景气月报》。

表 3　2022 年河北省主要经济指标

项目	1 月	2 月	3 月	4 月	5 月	6 月	7 月	8 月	9 月	10 月	11 月	12 月
	绝对值（自年初累计）											
地区生产总值（亿元）	—	—	9559.80	—	—	19823.70	—	—	30591.10	—	—	42370.40
第一产业	—	—	548.40	—	—	1484.00	—	—	2543.20	—	—	4410.30
第二产业	—	—	3892.20	—	—	7942.50	—	—	12378.80	—	—	17050.10
第三产业	—	—	5119.20	—	—	10397.30	—	—	15669.10	—	—	20910.00
工业增加值（亿元）	—	—	—	—	—	—	—	—	—	—	—	—
固定资产投资（亿元）	—	—	—	—	—	—	—	—	—	—	—	—
房地产开发投资	—	213.60	708.60	1119.50	1611.50	2470.60	2945.90	3454.00	3987.30	4383.90	4720.60	4983.00
社会消费品零售总额（亿元）	—	—	3224.70	—	—	6398.60	—	—	9901.40	—	—	13720.10
外贸进出口总额（亿元）	—	773.40	1188.00	1606.90	2105.10	2644.20	3134.60	3601.30	4078.10	4515.20	5052.80	5629.00
进口	—	305.70	469.10	641.30	849.30	1053.50	1232.40	1406.00	1591.30	1763.40	1993.40	2221.60
出口	—	467.70	718.90	965.50	1255.80	1590.70	1902.20	2195.30	2486.80	2751.80	3059.40	3407.40
进出口差额（出口－进口）	—	162.00	249.80	324.20	406.50	537.20	669.80	789.30	895.50	988.40	1066.00	1185.80
实际利用外资（亿元）	—	—	—	—	—	—	—	—	—	—	—	16.55
地方财政收支差额（亿元）	—	-543.00	-1042.90	-1523.50	-1894.00	-2530.00	-2761.00	-3150.00	-3636.50	-3924.60	-4341.40	-5252.50
地方财政收入	—	760.70	1355.70	1474.70	1668.90	2380.80	2633.40	2870.00	3313.00	3547.90	3711.50	4084.00
地方财政支出	—	1303.70	2398.60	2998.20	3562.90	4910.80	5394.40	6020.00	6949.50	7472.50	8052.90	9336.50
城镇登记失业率（%）（季度）	—	—	—	—	—	—	—	—	—	—	—	—
	同比累计增长率（%）											
地区生产总值	—	—	5.2	—	—	3.4	—	—	3.7	—	—	3.8
第一产业	—	—	6.2	—	—	4.6	—	—	3.9	—	—	4.2
第二产业	—	—	5.0	—	—	3.9	—	—	4.4	—	—	4.6
第三产业	—	—	5.1	—	—	2.8	—	—	3.1	—	—	3.2
工业增加值	—	6.0	5.8	4.6	4.7	5.2	5.2	5.4	5.6	5.7	5.6	4.5
固定资产投资	—	13.0	12.0	10.0	9.1	8.4	8.2	8.1	8.2	8.2	8.1	7.9
房地产开发投资	—	9.0	8.3	6.5	5.9	2.0	1.7	1.5	1.4	0.9	-0.6	-0.8
社会消费品零售总额	—	—	7.1	—	—	3.0	—	—	4.5	—	—	1.6
外贸进出口总额	—	0.3	-1.6	-3.4	-0.2	4.0	3.3	1.8	2.4	2.3	3.6	3.9
进口	—	-14.7	-12.2	-12.9	-8.1	-5.3	-8.0	-12.1	-11.6	-11.0	-8.1	-7.0
出口	—	13.3	6.8	4.2	6.0	11.2	12.3	13.3	14.0	13.2	13.0	12.5
实际利用外资	—	—	—	—	—	—	—	—	—	—	—	7.6
地方财政收入	—	15.6	8.7	-4.2	-10.1	-6.7	-6.3	-4.6	-3.2	-3.6	-3.9	-2.0
地方财政支出	—	25.1	5.1	4.1	5.4	5.1	4.5	4.5	2.8	3.8	3.5	5.5

数据来源：河北省统计局。

山西省金融运行报告（2023）

中国人民银行山西省分行①

货币政策分析小组

［内容摘要］2022年，山西省深入学习贯彻习近平新时代中国特色社会主义思想和党的二十大精神，落实党中央“疫情要防住、经济要稳住、发展要安全”重要要求，统筹疫情防控和经济社会发展，坚持稳中求进工作总基调，有效落实稳经济一揽子政策，全省经济总体延续稳定恢复的良好态势：经济总量再上新台阶，能源保供扎实推进，新兴动能日益增强，市场活力持续释放，发展质效稳步提升，民生福祉不断增进。

从经济运行情况看，全年实现地区生产总值2.6万亿元，按不变价格计算，同比增长4.4%。一是三大需求保持恢复，投资拉动效应明显。投资增速持续回升，全省固定资产投资同比增长5.9%，增速快于全国0.8个百分点。全省社会消费品零售总额7563亿元，同比下降2.4%。网上零售较快增长，零售额同比增长15.2%。外贸进出口总额1846亿元，同比下降16.7%，全年降幅较前三季度收窄1.3个百分点。二是三次产业稳步增长，供给侧结构性改革持续深化。农业生产稳中向好，农林牧渔业增加值1415亿元，同比增长5.1%；粮食总产量1464万吨，创历史新高。工业增长保持韧性，全省规模以上工业增加值同比增长8.0%，快于全国4.4个百分点，工业战略性新兴产业发展壮大，增加值增长15.5%。服务业发展总体平稳，服务业增加值同比增长2.7%。供给侧结构性改革持续深化，煤炭先进产能占比提升至80%，新能源发电投资同比增长66.2%。能源生产保障有力，山西煤炭产量超13亿吨，以长协价保供24个省份电煤6.2亿吨。生态文明建设成效显著，污染物防治指标全部取得或保持历史最好水平；全省环境空气质量优良天数比例同比提高2.4个百分点；地表水断面优良水体比例同比提高14.8个百分点。三是居民消费价格温和上涨，工业生产者价格涨幅回落。居民消费价格上涨2.1%，涨幅较上年扩大1.1个百分点。工业生产者出厂价格上涨11.4%，涨幅较上年收窄18.8个百分点。四是财政收入大幅增长，支持民生领域能力增强。一般公共预算收入3454亿元，同比增长21.8%。一般公共预算支出5873亿元，同比增长16.3%，其中，民生支出占一般公共预算支出的比重为79.4%。五是就业稳步增长，收入持续增加。全省城镇新增就业46.3万人，农村劳动力转移就业48.6万人；城镇居民人均可支配收入同比增长5.6%，农村居民人均可支配收入同比增长6.6%。

从金融运行情况看，社会融资规模平稳增长，对重点领域和薄弱环节的支持力度持续加大，金融市场健康运行，改革和创新力度增强，金融生态环境持续优化，为稳经济营造了适宜的货币金融环境。一是银行业稳健运行，货币信贷合理适度增长。银行业金融机构运营稳健，全省网点总数较上年增加6家，资产总额同比增长12.4%。各项存款大幅增长，本外币各项存款余额5.4万亿元，同比增长14.6%。各项贷款稳步增长，本外币各项贷款余额3.8万亿元，同比增长10%。表外融资收缩，全年减少785亿元，同比多减216亿元。企业融资成本稳中

① 自2023年8月18日起，中国人民银行太原中心支行更名为中国人民银行山西省分行。本报告主要反映2022年的经济金融情况，正文中涉及的相关机构表述仍沿用2022年名称。

有降，全省企业贷款加权平均利率同比下降0.39个百分点，普惠小微贷款加权平均利率同比下降0.51个百分点。二是社会融资规模稳步增长，融资结构更趋优化。社会融资规模存量5.5万亿元，同比增长6.9%；全年增量为3853亿元，同比多增216亿元。融资工具不断创新，发行全省首单乡村振兴债、科创票据、地产类项目收益票据、次级永续中票等。结构性货币政策工具引导作用明显，发放普惠小微贷款支持工具激励资金3亿元，直接撬动普惠小微贷款增量207亿元，普惠小微贷款增速达27.6%；通过各类专项再贷款工具支持金融机构发放碳减排贷款、煤炭清洁高效利用贷款、科技创新贷款、交通物流贷款、设备更新改造贷款共546亿元。三是证券期货业平稳发展，开户数量稳步增长。全省证券投资者开户数为594.7万户，同比增长2.5%；证券交易额8.6万亿元，同比下降3.9%。全省期货投资者开户数为14.5万户，同比增长4.5%；期货累计成交额为2.7万亿元，同比下降18.9%。四是保险业平稳运行，服务保障功能不断增强。实现保费收入1013亿元，同比增长1.6%。全年累计提供风险保障77万亿元，同比增长10.3%。五是银行业金融机构改革稳步推进，防范化解金融风险取得成效。出台山西农村信用社改革化险方案，成立山西省农村信用社稳定发展基金，改革化险工作取得积极进展。全省银行业不良资产率1.5%，不良贷款率1.6%，均较上年同期下降0.3个百分点。六是金融生态环境持续优化，金融基础设施更趋完善。截至2022年末，“信通三晋”征信平台归集共享各类涉企信用信息1.2亿条，促成3336户企业获得融资949亿元；动产融资统一登记公示系统累计办理各项登记8.9万笔、查询29.6万笔；中征应收账款融资服务平台达成企业融资交易3793笔，金额3227亿元。全年支付系统共处理发起业务1.4亿笔，金额45.9万亿元。持续深化金融数字化转型，金融科技赋能乡村振兴取得新突破。全年共解答金融消费者咨询2.7万笔，成功调解金融纠纷3050笔，完成司法确认904笔。

2023年是全面贯彻落实党的二十大精神开局之年，也是实施“十四五”规划承上启下的关键之年。山西省将完整、准确、全面贯彻新发展理念，以制造业振兴为重点加快推进产业转型，扎实开展高标准市场体系建设，全力推动中部城市群高质量发展，促进文旅、服务业和消费回暖升级，深入实施减污降碳扩绿增长行动，推动实现经济发展质的有效提升和量的合理增长。全省金融业将坚持稳字当头、稳中求进，精准有力落实好稳健的货币政策，强化信贷政策与产业政策协调联动，在助推山西能源产业绿色低碳转型、制造业高质量发展、服务业提质增效、经营主体发展等方面形成合力，推动融资总量平稳增长、结构持续优化、成本稳中有降，着力防范化解金融风险，不断提高金融服务和管理水平，为山西实现高质量发展贡献金融力量。

一、金融运行情况

2022年，山西省金融运行总体平稳，信贷总量合理适度增长，重点领域和薄弱环节支持力度持续加大，金融市场健康运行，改革和创新力度不断增强，金融生态环境持续改善，为稳经济营造了适宜的货币金融环境。

（一）银行业稳健运行，货币信贷合理适度增长

1. 银行业金融机构运营稳健。2022年末，山西省银行业金融机构网点总数较上年增加6家，资产总额6.6万亿元，同比增长12.4%。在经济企稳回升、金融资产质量提高等积极因素带动下，2022年实现税后利润452亿元，同比增盈4亿元。

表 1　2022 年银行业金融机构情况

机构类别	营业网点			法人机构（个）
	机构个数（个）	从业人数（人）	资产总额（亿元）	
一、大型商业银行	1786	44332	23608	0
二、国家开发银行和政策性银行	81	1938	5562	0
三、股份制商业银行	422	8946	8196	0
四、城市商业银行	483	10959	6574	2
五、城市信用社	0	0	0	0
六、小型农村金融机构	2866	37719	15347	112
七、财务公司	1	337	1801	6
八、信托公司	0	221	27	1
九、邮政储蓄银行	1221	13326	3694	0
十、外资银行	2	20	30	0
十一、新型农村金融机构	158	5291	866	83
十二、其他	0	412	111	2
合　计	7020	123501	65816	206

数据来源：山西银保监局。

注：营业网点不包括国家开发银行和政策性银行、大型商业银行、股份制商业银行等金融机构总部数据；大型商业银行包括中国工商银行、中国农业银行、中国银行、中国建设银行和交通银行；小型农村金融机构包括农村商业银行、农村合作银行和农村信用社；新型农村金融机构包括村镇银行、贷款公司和农村资金互助社；其他包含金融租赁公司、汽车金融公司、货币经纪公司、消费金融公司等。

2. 各项存款大幅增长。2022 年末，全省金融机构本外币各项存款余额 5.4 万亿元，同比增长 14.6%，高于全国平均水平 3.8 个百分点；较年初增加 6833 亿元，是上年同期的 1.6 倍。分部门看，住户、企业、政府三大部门存款均大幅增长。住户存款较年初增加 4549 亿元，同比多增 1574 亿元；非金融企业存款增加 1826 亿元，同比多增 1148 亿元；财政性存款较年初增加 331 亿元，同比多增 197 亿元。

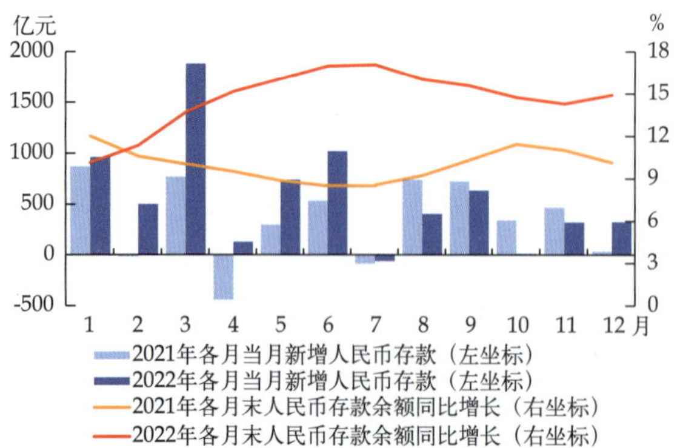

图 1　金融机构人民币存款增长变化

（数据来源：中国人民银行太原中心支行）

3. 各项贷款稳步增长。2022 年末，全省金融机构本外币各项贷款余额 3.8 万亿元，同比增长 10.0%。分期限看，中长期贷款对实体经济形成较强支撑，中长期贷款较年初增加 2108 亿元，占各项贷款增量的 60.4%。分部门看，企（事）业单位贷款是拉动贷款增长的主要因素，较年初增加 2873 亿元，同比多增 133 亿元。

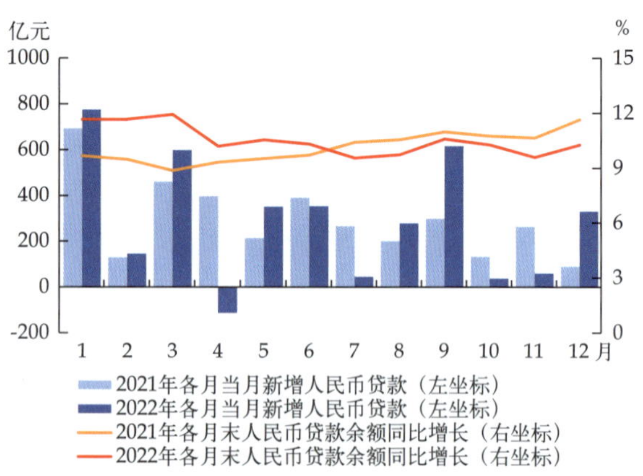

图 2　金融机构人民币贷款增长变化

（数据来源：中国人民银行太原中心支行）

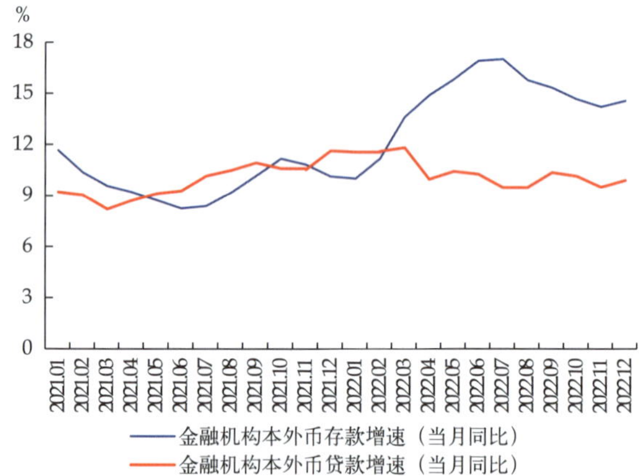

图 3　金融机构本外币存贷款增速变化

（数据来源：中国人民银行太原中心支行）

4. 表外融资业务收缩。2022 年，表外业务融资减少 785 亿元，同比多减 216 亿元。其中，委托贷款减少 210 亿元，同比多减 341 亿元；信托贷款减少 52 亿元，同比多减 231 亿元；未贴现银行承兑汇票减少 523 亿元，同比少减 356 亿元。

5. 企业融资成本稳中有降。贷款市场报价利率（LPR）改革效能和利率自律机制作用有效发挥，贷款利率稳中有降。2022 年，山西省企业贷款加权平均利率 4.53%，同比下降 0.39 个百分点；普惠小微贷款加权平均利率 5.93%，同比下降 0.51 个百分点；个人住房贷款加权平均利率 4.81%，同比下降 0.50 个百分点。

表 2　2022 年金融机构人民币贷款各利率区间占比

单位：%

项目		1月	2月	3月	4月	5月	6月
合计		100.0	100.0	100.0	100.0	100.0	100.0
LPR 减点		25.2	26.2	22.9	23.6	26.5	22.9
LPR		6.5	9.6	5.4	3.7	4.6	7.9
LPR 加点	小计	68.3	64.2	71.8	72.7	68.8	69.2
	(LPR，LPR+0.5%)	18.1	11.5	14.7	11.1	15.6	16.4
	[LPR+0.5%，LPR+1.5%)	20.4	22.6	20.4	20.9	17.5	15.8
	[LPR+1.5%，LPR+3%)	12.0	12.2	14.3	14.7	13.8	16.4
	[LPR+3%，LPR+5%)	9.6	9.1	13.6	15.6	14.0	13.5
	LPR+5% 及以上	8.2	8.7	8.8	10.4	7.9	7.0
项目		7月	8月	9月	10月	11月	12月
合计		100.0	100.0	100.0	100.0	100.0	100.0
LPR 减点		25.5	30.9	31.4	34.8	29.7	32.7
LPR		4.5	4.3	4.1	3.4	3.0	3.5
LPR 加点	小计	70.0	64.8	64.4	61.8	67.3	63.8
	(LPR，LPR+0.5%)	12.7	16.7	15.4	11.1	13.6	12.7
	[LPR+0.5%，LPR+1.5%)	18.1	11.9	17.8	17.5	17.0	20.7
	[LPR+1.5%，LPR+3%)	16.3	17.7	15.2	11.6	15.1	15.1
	[LPR+3%，LPR+5%)	12.9	10.9	9.9	13.5	13.3	9.7
	LPR+5% 及以上	10.0	7.6	6.2	8.1	8.2	5.6

数据来源：中国人民银行太原中心支行。

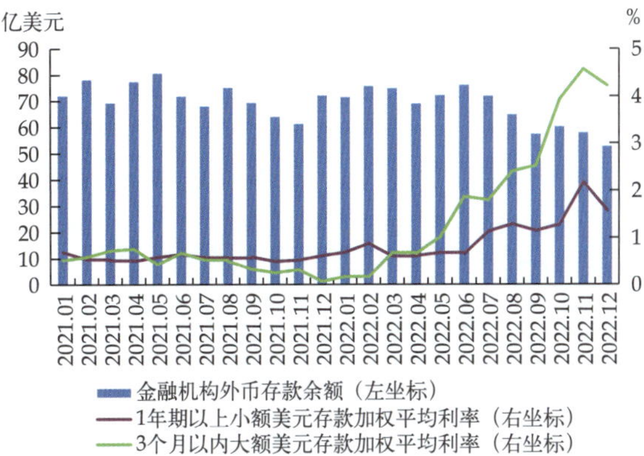

图 4　金融机构外币存款余额及外币存款利率

（数据来源：中国人民银行太原中心支行）

6. 金融资产质量持续改善。2022 年末，全省银行业不良资产率 1.5%，不良贷款率 1.6%，均较上年同期下降 0.3 个百分点。其中地方法人金融机构不良贷款率同比下降 0.5 个百分点。

7. 银行业金融机构改革稳步推进。化解处置重点金融机构风险，出台山西农村信用社改革化险方案，成立山西省农村信用社稳定发展基金，推动改革化险工作取得积极进展。

8. 跨境人民币业务覆盖面进一步扩大。2022 年，受全省进出口总额收缩影响，全年人民币跨境收付金额合计 430 亿元，同比下降 37.3%。办理跨境人民币业务的企业占发生本外币跨境收支业务全部企业数的 34.6%。2022 年末，共有 680 家企业办理了跨境人民币业务，“首办户”较 2021 年增加 47 家。通过简化流程为 140 户企业办理跨境人民币收支业务 1885 笔，金额 142 亿元，分别是上年同期的 2 倍和 4 倍。

专栏 1　金融支持山西能源保供和能源产业绿色低碳转型成效显著

“双碳”背景下，构建安全高效、可持续发展的能源体系，是稳步推进绿色低碳转型的关键。2022 年，人民银行太原中心支行认真落实总行关于发挥绿色金融“三大功能”、完善绿色金融体系“五大支柱”的重要部署，结合山西实际，不断完善绿色金融政策框架和工作机制，强化部门协同，充分发挥结构性货币政策工具引导撬动作用，指导金融机构积极开展绿色金融领域创新，统筹加大金融支持能源保供和能源产业绿色转型发展力度，2022年末，山西省绿色贷款余额3714亿元，同比增长35.8%，其中清洁能源产业贷款余额1788亿元，同比增长55.1%；据监测，全年累计发放煤炭煤电行业贷款4472亿元，同比增长11.5%。

一、构建政策体系，完善制度保障

联合省金融办、山西银保监局、省发展改革委等11个部门印发《关于大力发展绿色金融 支持全省实现碳达峰碳中和目标的指导意见》，强化政策协同和部门联动，确定煤电煤炭行业绿色低碳转型发展、制造业绿色升级、农业领域绿色发展、绿色低碳技术进步、省属重点国企绿色转型五个重点支持领域，进一步完善绿色金融工作机制，构建绿色金融支撑体系，全面推进绿色金融发展。建立全省煤炭煤电行业信贷统计月报制度，跟踪监测金融支持能源保供情况；创建《山西省绿色金融工作简报》和主办行制度，及时推广经验做法；按季开展地方法人银行绿色金融业务综合评价，有效发挥评估激励约束作用。联合省发展改革委、省能源局等部门分别建立了“山西省煤电煤炭行业绿色低碳转型企业名单”“煤炭清洁高效利用和碳减排项目名单”“重点保供煤电企业名单”推送机制，累计推送项目近千个，帮助金融机构精准识别、有效支持符合条件的企业和项目。

二、聚焦重点领域，强化工具引导

通过新闻发布会、银企对接会、调研座谈会等渠道加强政策宣传，指导全国性银行用好碳减排支持工具、支持煤炭清洁高效利用专项再贷款，加大碳减排、煤炭清洁高效利用、能源保供领域优惠利率贷款投放。在常态化名单推送机制的基础上，联合省发展改革委、能源局等部门举办全省煤炭清洁高效利用和碳减排项目银企对接会，促成现场签约授信298亿元。截至2022年末，全省发放碳减排领域贷款251亿元，支持企业169户，重点投向了风力发电、太阳能利用、抽水蓄能等清洁能源领域；发放煤炭清洁高效利用领域贷款143亿元，支持企业46户，重点投向了煤炭绿色高效开采、煤炭清洁高效利用、煤电企业电煤保供领域。

三、推动金融创新，拓宽融资渠道

支持符合条件的企业通过发债融资，2022年全省企业累计发行绿色债券54亿元。在全省推广“绿票通”再贴现业务，全年累计办理“绿票通”业务33亿元。指导金融机构落地全国首笔“可持续发展挂钩+能源保供”债权融资计划、全省首笔碳减排挂钩光伏项目贷款等绿色金融产品。配合太原市、长治市政府成功申报气候投融资试点城市，推动气候投融资项目库建设和银企对接，促进更多资金投入应对气候变化领域。

下一阶段，人民银行太原中心支行将持续落实好总行关于大力发展绿色金融、助力“双碳”目标实现的决策部署，以山西省能源革命综合改革试点、能源产业“五个一体化（煤炭和煤电、煤电和新能源、煤炭和煤化工一体化发展，煤炭产业和数字技术一体化融合发展，煤炭产业和降碳技术一体化推进）”改革为契机，指导金融机构用好结构性货币政策工具，继续加大对煤炭煤电行业绿色低碳转型、清洁能源发展、煤电保供等重点领域的融资支持，助力山西省能源产业转型高质量发展。

（二）证券期货业平稳发展，开户数量稳步增长

1. 证券业运行平稳。2022年末，全省共有2家法人证券公司、45家证券公司分公司和176家证券营业部，较2021年末减少1家分公司、2家营业部。全省证券投资者开户数为594.7万户，同比增长2.5%；证券交易额8.6万亿元，

同比下降3.9%。

2022年末，山西省境内共有A股上市公司40家，较2021年末减少1家，数量在全国排第22位。新三板挂牌公司83家，全年新增6家，数量在全国排第18位。

2. 期货市场成交量下降，开户数稳增。 2022年末，全省共有2家法人期货公司、9家期货公司分公司和24家期货营业部，较2021年末减少1家法人期货公司。全省期货投资者开户数为14.5万户，同比增长4.5%；期货市场累计成交额为2.7万亿元，同比下降18.9%。

表3　2022年证券业基本情况

项目	数量
总部设在辖内的证券公司数（家）	2
总部设在辖内的基金公司数（家）	0
总部设在辖内的期货公司数（家）	2
年末国内上市公司数（家）	40
当年国内股票（A股）筹资（亿元）	13
当年发行H股筹资（亿元）	0
当年国内债券筹资（亿元）	2201
其中：短期融资券筹资额（亿元）	345
中期票据筹资额（亿元）	1083

数据来源：山西证监局、中国人民银行太原中心支行。

（三）保险业平稳运行，服务保障功能不断增强

1. 保费收入温和增长。 2022年末，总部设在山西省的保险公司有1家，为中煤财产保险股份有限公司。保险公司分支机构53家，其中，财产险公司分支机构27家、寿险公司分支机构26家，与上年持平。2022年，山西省保险业实现保费收入1013亿元，同比增长1.6%，增速低于上年同期5.8个百分点。

2. 风险保障扩面提质。 2022年，山西省保险业全年累计提供风险保障77万亿元，同比增长10.3%。农险提供风险保障1024亿元，同比增长8.3%；共为1.6万户小微企业提供风险保障15亿元，同比增长46%。大病保险参保人数2509.6万人，提供风险保障10.0万亿元，累计赔付14亿元，赔付57.8万人次。

表4　2022年保险业基本情况

项目	数量
总部设在辖内的保险公司数（家）	1
其中：财产险经营主体（家）	1
寿险经营主体（家）	0
保险公司分支机构（家）	53
其中：财产险公司分支机构（家）	27
寿险公司分支机构（家）	26
保费收入（中外资，亿元）	1012.9
其中：财产险保费收入（中外资，亿元）	249.2
人身险保费收入（中外资，亿元）	763.8
各类赔款给付（中外资，亿元）	329.1

数据来源：山西银保监局。

（四）社会融资规模稳步增长，融资结构更趋优化

1. 社会融资规模稳步增长。 2022年末，山西省社会融资规模存量为5.5万亿元，同比增长6.9%；累计增量为3853亿元，同比多增216亿元。间接融资和地方政府债券是拉动社会融资规模增长的主要因素，其中，间接融资同比增长7.1%，占全省存量的72.1%；地方政府债券融资同比增长16.2%，占全省存量的11.5%。

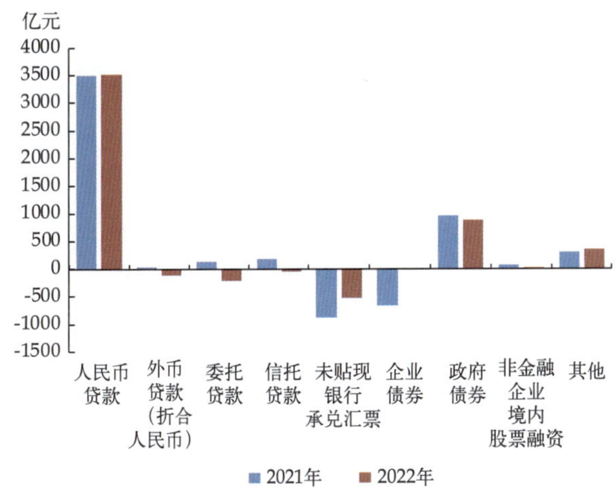

图5　社会融资规模分布结构

（数据来源：中国人民银行太原中心支行）

2. 创新型融资工具得到推广运用。2022年，企业在银行间市场累计发行债务融资工具1587亿元，其中乡村振兴债1笔，金额10亿元；科创票据16笔，金额162亿元；绿色债券4笔，金额54亿元；次级永续中票1笔，金额12亿元。落地“可持续发展挂钩＋能源保供”债权融资计划10亿元。晋中市公用基础设施投资控股（集团）有限公司成功发行纾困债券。

3. 结构性货币政策工具引导撬动作用明显。全年发放再贷款、再贴现928亿元，同比增加116亿元；发放普惠小微贷款支持工具激励资金3亿元，直接撬动普惠小微贷款增量207亿元，全省普惠小微、涉农贷款余额增速分别为27.6%和11.8%。落实普惠小微贷款阶段性减息政策，全省共有149家金融机构为经营主体减免利息2亿元，涉及贷款金额633亿元，笔数23.7万笔，惠及经营主体13.2万户。

通过各类专项再贷款等政策工具支持金融机构发放碳减排贷款、煤炭清洁高效利用贷款、科技创新贷款、交通物流贷款、设备更新改造贷款546亿元。在货币政策工具的引导下，金融机构对重点领域的支持力度不断增强，全省制造业中长期贷款余额同比增长28.2%；绿色贷款余额同比增长35.8%。

（五）金融生态环境持续优化，金融基础设施更趋完善

1. 社会信用体系建设持续推进。截至2022年末，“信通三晋”征信平台归集共享各类涉企信用信息1.2亿条，累计促成3336户企业获得融资949亿元；动产融资统一登记公示系统累计办理各项登记8.9万笔、查询29.6万笔；中征应收账款融资服务平台达成企业融资交易3793笔，金额3227亿元；8家核心企业与中征应收账款融资服务平台对接，实现线上供应链融资9567万元。累计评定信用村10311个，建立农户信用档案313万户，为74万户信用户发放贷款789亿元。

2. 支付服务环境不断改善。全年支付系统共处理发起业务1.4亿笔，金额45.9万亿元，其中大额支付系统发起业务708.6万笔，金额41.6万亿元；小额支付系统发起业务9687.7万笔，金额3.0万亿元；网上支付跨行清算系统发起业务4020.7万笔，金额1.3万亿元。全省共有支付系统直接参与者3个，间接参与者5247个。全省农村地区手机支付业务发展情况持续向好，共开立2938.2万户，同比增长31.0%；全年共处理业务1.2亿笔，金额3.3万亿元，同比分别增长46.1%和11.9%。

表5　支付体系建设情况

年份	支付系统直接参与方（个）	支付系统间接参与方（个）	支付清算系统覆盖率（%）	当年大额支付系统处理业务数（万笔）	同比增长（%）
2021	3	5001	100.0	880.0	-11.6
2022	3	5247	100.0	708.6	-19.5

年份	当年大额支付系统业务金额（亿元）	同比增长（%）	当年小额支付系统处理业务数（万笔）	同比增长（%）	当年小额支付系统业务金额（亿元）	同比增长（%）
2021	409914.5	11.0	9052.4	15.2	30787.3	14.9
2022	416271.0	1.6	9687.7	7.0	29489.2	-4.2

数据来源：中国人民银行太原中心支行。

3. 持续深化金融数字化转型。金融科技赋能乡村振兴取得新突破，通过“物联网＋人工智能”模式为171家企业及养殖户提供信贷资金2亿元。破解农户金融信用评估难题，推动运城市上线“乡村资产数字化服务平台”，颁发全国首张“农村资产数字证书”。晋商银行创新推出基于机器学习技术的绿色信贷服务；山西沁县农商行创新推出基于物联网技术的畜牧产业融资服务。制订《山西省金融标准化“十四五”实施方案》，推动金融机构重点金融标准对标达标，组建山西省金融标准化专家库，为有效提升山西省金融标准化服务水平奠定基础。

4. 金融消费权益保护扎实推进。全年共接收金融消费者投诉1538笔，解答咨询2.7万笔，服务满意度98.1%。山西省金融消费纠纷人民调解委员会与太原市六城区法院分别签署共建协

议，实现了诉调对接在太原城区的全覆盖。在小店区人民法院、光大银行太原分行、兴业银行太原分行设立山西省金融消费纠纷人民调解委员会驻点调解工作室，推动"调解＋司法确认"对诉讼的有效替代。全年共受理金融纠纷调解申请3478笔，调解成功3050笔，完成司法确认904笔。

二、经济运行情况

2022年，山西省有效实施稳经济一揽子政策措施，经济持续恢复、稳中向好，全年实现地区生产总值2.6万亿元，按不变价格计算，同比增长4.4%，高于全国1.4个百分点。三次产业增速分别为5.1%、6.2%和2.7%，占地区生产总值的比重分别为5.2%、54.0%和40.8%。人均地区生产总值73675元。

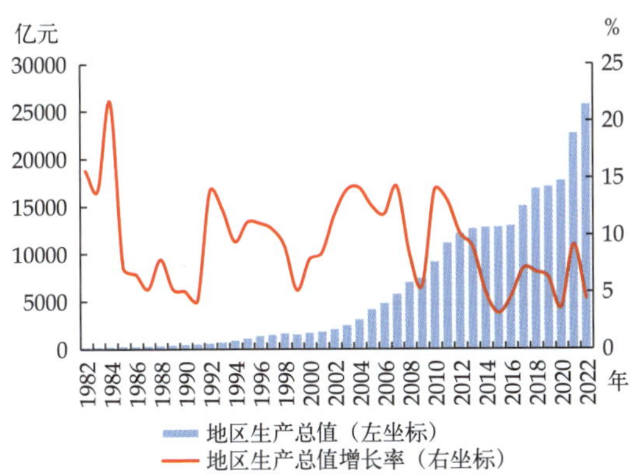

图6　地区生产总值及其增长率

（数据来源：山西省统计局）

（一）三大需求保持恢复，投资拉动效应明显

1. 投资持续回暖。2022年，全省固定资产投资同比增长5.9%，增速快于全国0.8个百分点。分三次产业看，第一产业投资增长3.1%，第二产业投资增长11.8%，第三产业投资增长2.5%，三次产业投资比例为5.9 : 38.7 : 55.3①。分行业看，基础设施投资同比增长14.4%，拉动投资增长2.8个百分点，占固定资产投资的比重为21.3%。制造业投资增长6.8%，其中高技术制造业投资增长45.7%，装备制造业投资增长20.7%。

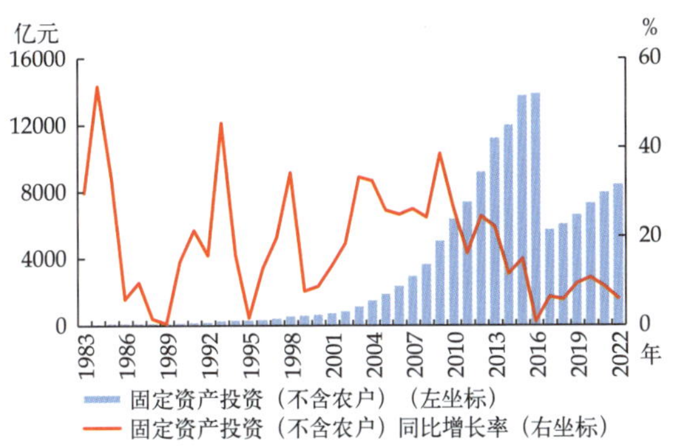

图7　固定资产投资（不含农户）及其增长率

（数据来源：山西省统计局）

2. 网上零售实现较快增长。受疫情影响，2022年，全省社会消费品零售总额7563亿元，同比下降2.4%，但网上零售实现了快速增长，零售额同比增长15.2%。分城乡看，城镇消费品零售额、乡村消费品零售额分别下降2.1%和3.7%。分消费形态看，商品零售额下降2.6%，餐饮收入增长0.1%。全省限额以上消费品零售额下降2.9%，其中，新能源汽车、智能手机、计算机及其配套产品零售额分别增长85.7%、55.5%和27.3%。

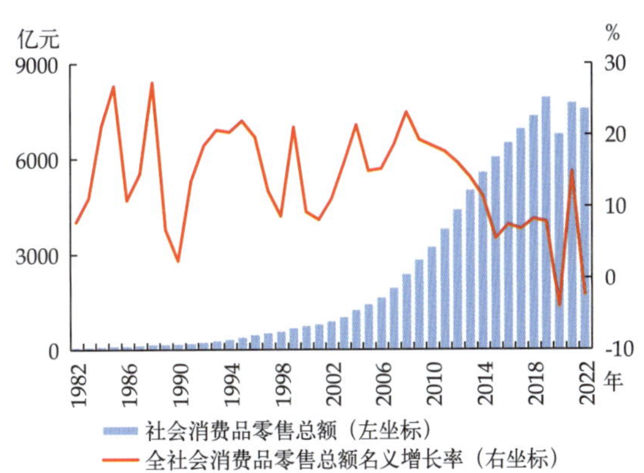

图8　社会消费品零售总额及其增长率

（数据来源：山西省统计局）

---

① 数据来源于山西省统计局《2023年山西省经济运行情况》，有四舍五入。

3. 外贸进出口降幅稳步收窄。全年全省进出口总额1846亿元，同比下降16.7%，降幅较前三季度收窄1.3个百分点。其中，出口1211亿元，下降10.3%；进口634亿元，下降26.6%。从贸易方式上看，一般贸易进出口801亿元，增长7.9%，占全省外贸总值的43.4%，较上年同期提升9.9个百分点；加工贸易进出口1008亿元，下降20.2%。从贸易对象看，美国、欧盟、东盟、“金砖国家”合计占全省外贸总额的54.5%。2022年，山西省实际利用外资8亿美元，同比增长2.4倍。山西省本外币跨境资金呈现净流入态势，全年净流入3亿美元。

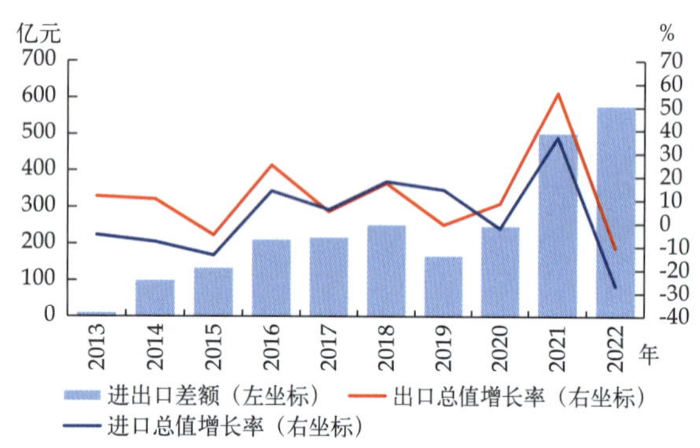

图9　外贸进出口变动情况

（数据来源：山西省统计局）

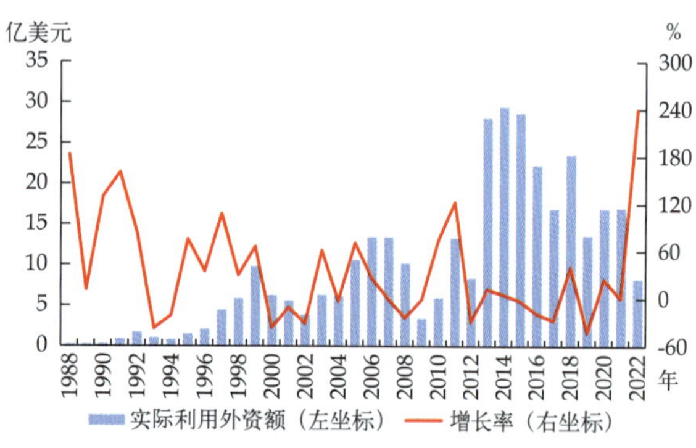

图10　实际利用外资额及其增长率

（数据来源：山西省统计局）

（二）三次产业稳步增长，供给侧结构性改革持续深化

1. 农业生产稳中向好。2022年，全省实现农林牧渔业（包括农林牧渔服务业）增加值1415亿元，同比增长5.1%。粮食总产量1464.3万吨，增长3.0%，粮食亩产309.9公斤，增长2.6%，总产、亩产均创历史新高。全省畜牧业生产平稳增长，畜禽生产稳中向好，主要畜产品市场供给充足。蔬菜、水果产量继续增长。国家农业高新技术产业示范区建设扎实推进，农产品精深加工产业集群快速发展，农村人居环境持续改善。

2. 工业增长保持韧性。2022年，全省规模以上工业增加值同比增长8.0%，快于全国4.4个百分点。从三大门类看，采矿业增长7.5%，制造业增长8.7%，电力、热力、燃气及水生产和供应业增长10.6%。从煤与非煤看，在能源保供政策效应下，煤炭工业增加值增长7.6%，对全省工业增长的贡献率保持在60%左右；非煤工业增长8.7%。工业战略性新兴产业发展壮大，增加值增长15.5%，其中，新能源汽车、节能环保产业、汽车制造业、食品工业分别增长62.2%、36.4%、32.3%和12.9%。

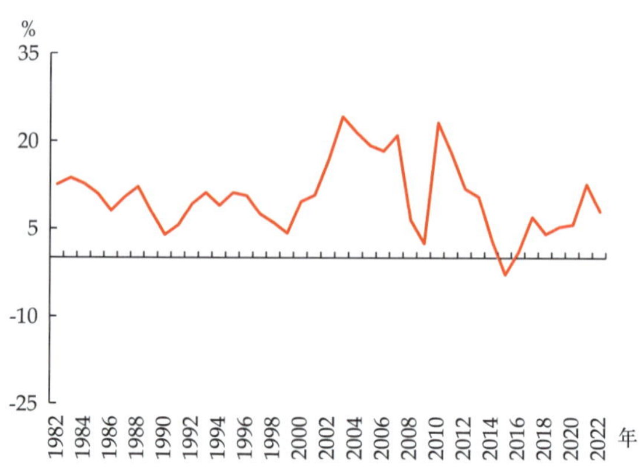

图11　规模以上工业增加值实际增长率

（数据来源：山西省统计局）

3. 服务业发展总体平稳。2022年，全省服务业增加值同比增长2.7%。其中，金融业增加值增长5.9%，信息传输、软件和信息技术服务业等营利性服务业增加值增长5.1%，公共管理、社会保障和社会组织等非营利性服务业增加值增长7.9%。

4. 供给侧结构性改革持续深化。能源革命综合改革试点政策效果显现，2022 年末，全省煤炭先进产能占比提升至 80%；新能源和清洁能源装机占比达到 40.3%；全省能耗强度累计下降 16.0%。全省工业结构进一步优化。2022 年，全省煤炭行业投资同比增长 18.4%，新开工煤矿项目投资增长 15.7%，新能源发电投资增长 66.2%。能源生产保障有力，煤炭、非常规天然气、电力持续安全稳定供应。2022 年，山西煤炭产量超 13 亿吨，以长协价保供 24 个省份电煤 6.2 亿吨；发电量 4153.3 亿千瓦时，增长 7.5%，其中外送电量 1463.7 亿千瓦时，增长 18.5%。

5. 生态文明建设成效显著。有序推进碳达峰山西行动，深入实施黄河流域生态保护和高质量发展战略，扎实推进“两山七河一流域”生态修复治理，持续打好蓝天、碧水、净土保卫战，六项污染物“四降两平”（PM2.5、SO_2、CO、O_3 同比分别下降 2.6%、20%、6.7% 和 1.8%，PM10、NO_2 同比持平），全部取得或保持历史最好水平；全省环境空气质量优良天数比例为 74.5%，同比提高 2.4 个百分点；全省地表水断面优良水体比例达到 87.1%，同比提高 14.8 个百分点。

（三）居民消费价格温和上涨，工业生产者价格涨幅回落

1. 居民消费价格温和上涨。2022 年，全省居民消费价格上涨 2.1%，涨幅较上年同期扩大 1.1 个百分点。分类别看，食品烟酒类价格上涨 3.7%，衣着类上涨 1.6%，居住类上涨 0.4%，生活用品及服务类上涨 0.8%，交通和通信类上涨 4.6%，教育文化和娱乐类上涨 1.3%，医疗保健类上涨 0.3%，其他用品和服务类上涨 1.4%。

2. 工业生产者价格涨幅回落。2022 年，全省工业生产者出厂价格上涨 11.4%，涨幅较上年同期回落 18.8 个百分点。其中，煤炭价格上涨 22.1%，焦炭上涨 15.0%。

3. 就业稳定、收入稳增。2022 年，全省城镇新增就业 46.3 万人，完成全年目标 102.8%；全省农村劳动力转移就业 48.6 万人，完成全年目标 147.1%。全省城镇居民人均可支配收入 4.0 万元，同比增长 5.6%，高于全国 1.7 个百分点。农村居民人均可支配收入 1.6 万元，增长 6.6%，高于全国 0.3 个百分点。

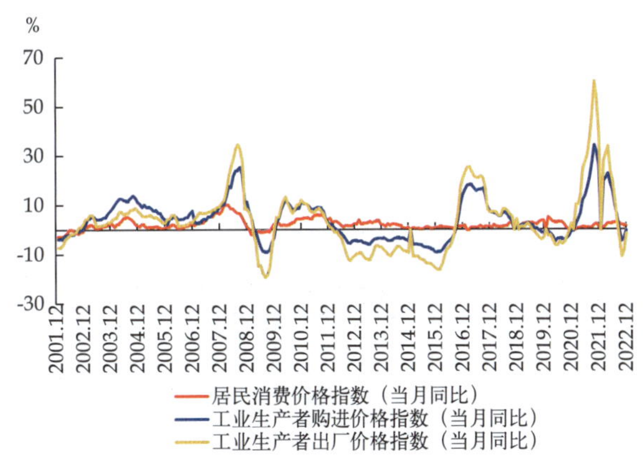

图 12　居民消费价格指数和工业生产者价格指数变动趋势

（数据来源：山西省统计局）

专栏 2　山西省强化小微企业金融服务能力建设取得明显成效

2022 年，山西省以实施市场主体倍增工程为契机，通过发挥政策资金撬动作用、开展首贷专项行动、完善融资增信机制、优化信贷产品体系、深化政银企合作机制，促进金融机构强化服务能力建设，提升小微企业服务质效。2022 年末，山西省普惠小微贷款余额 2513 亿元，同比增长 27.6%，高于各项贷款增速 17.7 个百分点。

一、发挥政策资金撬动作用，激发银行愿贷内生动力

一是建立“2+1”融资机制。通过“人民银行政策工具 + 政府性融资担保 + 商业银

行贷款”的合作模式，充分发挥央行资金引导和撬动作用。2022年，累计发放支农支小再贷款532亿元，办理再贴现396亿元；累计发放普惠小微贷款支持工具激励资金3亿元，直接撬动普惠小微贷款增量207亿元。二是完善小微企业贷款风险补偿机制。对金融机构按照上年小微企业贷款增量的0.1%或者运用再贷款发放的小微企业贷款增量的0.2%给予风险补偿，2022年对139家金融机构补偿5766万元，激励小微贷款投放。三是优化创业担保贷款基金使用政策。将省级创业担保贷款基金用于省、市、县三级金融机构，促进提高基金使用效率，支持银行扩大创业担保贷款规模。2022年末，山西省创业担保贷款余额37亿元，同比增长23%。

二、开展首贷专项行动，拓宽银行首贷覆盖面

一是设立首贷续贷服务中心。省金融办、人民银行太原中心支行、山西银保监局联合印发山西省首贷续贷服务中心工作指引，指导地市挂牌成立首贷服务中心，提供首贷所需的抵（质）押登记、信用担保、保证保险等服务，提高小微企业和个体工商户等经营主体的首贷便利性。二是建立无贷户筛选推送机制。建立小微企业和个体工商户“两类无贷户”名单推送机制，以“线上＋线下”的方式向银行推送，为提升小微企业首贷成功率提供支撑。2022年，山西省累计拓展普惠小微企业和个体工商户首贷户2.1万户，同比增长44%。

三、完善融资增信机制，提高银行信用贷款发放能力

一是设立信用保证基金。设立远期规模100亿元的小微企业信用保证基金，首期选取4个市试点，按照10%的代偿率上限为银行发放小微企业信用贷款提供风险分担和增信支持。二是加快信用信息归集共享。推进“信通三晋”省级中小微企业信用信息融资服务平台建设，扩大涉企信用信息共享范围，为银行发放信用贷款提供增信。2022年末，山西省普惠小微信用贷款余额799亿元，同比增长52.6%。

四、优化信贷产品体系，提升银行信贷供给匹配度

一是建立普惠金融产品发布机制。联合印发《关于建立普惠金融产品发布机制的工作方案》，组织召开普惠金融产品发布会，贴近经营主体讲政策、送产品、优服务。二是打造“专精特新”企业专属产品。联合印发《关于深化“专精特新”中小企业金融服务的通知》，提出创优创新工作机制等10条工作举措，指导银行推出“善新贷”“专精特新保”等13款专属产品。三是丰富动产和权利融资担保产品。推动银行优化动产和权利担保融资业务，针对小微企业经营特点重点推广活体畜禽抵押、机器设备抵押、应收账款质押、知识产权质押等30余款产品，降低不动产担保依赖，更好满足小微企业融资需求。

五、深化政银企合作机制，增强银行精准对接能力

一是建立“白名单”推送制度。联合12个厅局梳理28类1.1万家重点企业“白名单”，指导银行及时对接，充分挖掘信贷需求。二是开展个体工商户支持活动。依托中国银联“云闪付”和“太原综合金融服务平台”设立专栏，为个体工商户群体对比贷款产品、线上发送贷款申请、了解金融服务政策提供便捷渠道。三是丰富政银企密切互动模式。联合厅局组织省、市、县三级金融机构深入乡镇（街道）基层区域，与小微企业和个体工商户开展千名行长“结对子”活动；联合厅局开展金融入企服务活动，梳理88户企业226条金融诉求，指导金融机构一企一策“对症下药”。

（四）财政收入大幅增长，支持民生领域能力增强

2022 年，山西省一般公共预算收入 3454 亿元，同比增长 21.8%，其中税收收入 2696 亿元，同比增长 28.7%。税收占一般公共预算收入的比重为 78.1%。一般公共预算支出 5873 亿元，同比增长 16.3%。其中，民生支出 4665 亿元，同比增长 17.4%，占一般公共预算支出的比重为 79.4%，主要用于教育、医疗、基础设施建设等领域。全年财政收支差额 2419 亿元，同比增长 9.3%。

2022 年共发行政府债券 1349 亿元，其中新增债券 927 亿元，再融资债券 422 亿元。全年债券平均发行利率 2.99%，平均期限 11.8 年。

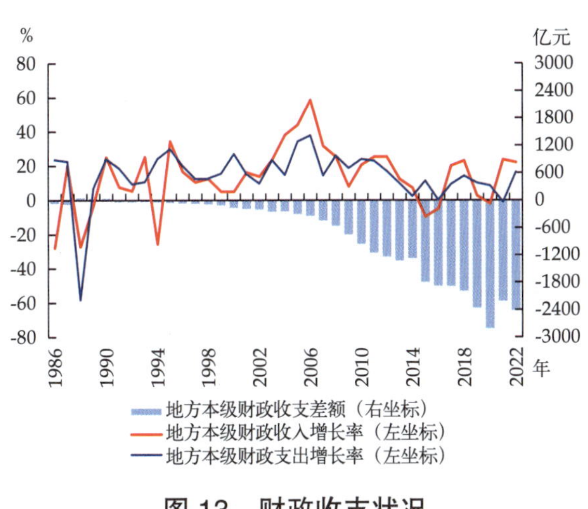

图 13　财政收支状况

（数据来源：山西省统计局）

（五）房地产投资回落，保障房建设取得积极成效

2022 年，全省房地产开发投资 1764 亿元，同比下降 9.3%。全省商品房施工面积 2.5 亿平方米，同比增长 1.7%。新房价格稳中略降。2022 年，全省新建商品住房均价同比下降 1.6%。其中太原市新建商品住房均价同比下降 4.1%。

保障房建设取得成效。2022 年全省筹集保障性租赁住房 1.8 万套、公共租赁住房 1373 套，发放租赁补贴 5.3 万户，开工棚户区住房改造 1.2 万套，完成保障性安居工程投资 122 亿元。

图 14　商品房施工和销售变动趋势

（数据来源：山西省统计局）

三、预测与展望

2023 年是全面贯彻落实党的二十大精神的开局之年，是实施“十四五”规划承上启下的关键之年，是疫情防控政策优化调整后的奋进之年。山西经济面临的不确定性因素和发展不平衡问题仍然存在，但经济恢复向好的基本面没有改变，随着山西省能源产业“五个一体化”① 改革、制造业振兴“229”工程②、服务业提质增效十大行动的推进与实施，将为山西经济高质量发展不断注入新动能。

2023 年，山西省将坚持稳中求进工作总基调，完整、准确、全面贯彻新发展理念，更好统筹发展与安全，将实施扩大内需战略同深化供给侧结构性改革有机结合，全方位推动高质量发展。全省将以制造业振兴为重点加快推进

① 煤炭和煤电、煤电和新能源、煤炭和煤化工一体化发展，煤炭产业和数字技术一体化融合发展，煤炭产业和降碳技术一体化推进。
② 突出产业链和专业镇“两个引擎”，抓实产业和数字“两个转型”，推进 9 大专项行动。

产业转型，扎实开展高标准市场体系建设，全力推动山西中部城市群高质量发展，促进文旅、服务业和消费回暖升级，深入实施减污降碳扩绿增长行动，推动经济发展实现质的有效提升和量的合理增长。全省金融业将坚持稳字当头、稳中求进，精准有力落实好稳健的货币政策，强化信贷政策同产业政策协调联动，在助推山西能源产业绿色低碳转型、制造业高质量发展、服务业提质增效、经营主体发展等方面形成合力，推动融资总量平稳增长、结构持续优化、成本稳中有降，着力防范化解金融风险，不断提高金融服务和管理水平，为山西经济高质量发展作出金融贡献。

中国人民银行山西省分行货币政策分析小组
总　　纂：高　波　邢　毅
统　　稿：范广明　常　冕
执　　笔：孙　晶　何　畅　白　鑫　庞　轩
提供材料：杨琳蕊　戴万龙　茹玉欣　裴启东　王　栋　高雅丽　宋建伟　张雅婷　李艺东
武智锋　李建辉　胡彦芳　高　伟　张旭梅　常雅芳　王晨曦　李嘉睿　范晓霞
袁永宏　刘　卉　呼燕珠

附录：

（一）2022 年山西省经济金融大事记

1 月 7 日，人民银行太原中心支行联合 11 个部门印发《关于大力发展绿色金融　支持全省实现碳达峰碳中和目标的指导意见》。

5 月 17 日，人民银行太原中心支行联合国家外汇管理局山西省分局印发《关于做好山西省疫情防控和经济社会发展金融服务的通知》。

6 月 27 日，人民银行太原中心支行联合省发展改革委、省国资委、省能源局举办山西省煤炭清洁高效利用和碳减排项目银企对接会，促成现场签约授信 298 亿元。

8 月 1 日，山西省出台《关于完整准确全面贯彻新发展理念　切实做好碳达峰碳中和工作的实施意见》。

8 月 8 日，山西省融资综合信用服务平台和区域股权金融综合服务平台在山西股权交易中心上线。

8 月 10 日，山西省太原市、长治市获批国家首批气候投融资试点城市。

9 月 5 日，北交所、全国股转系统山西服务基地正式揭牌成立。

2022 年，山西省 GDP 首次突破 2.5 万亿元大关，按不变价格计算，同比增长 4.4%。

（二）山西省主要经济金融指标

表 1　2022 年山西省主要存贷款指标

	项目	1月	2月	3月	4月	5月	6月	7月	8月	9月	10月	11月	12月
本外币	金融机构各项存款余额（亿元）	47776.4	48305.8	50188.8	50306.0	51075.5	52129.4	52045.1	52415.5	53014.9	53054.9	53364.9	53647.0
	其中：住户存款	29669.3	29755.5	30535.9	30365.4	30597.0	31119.6	31166.4	31375.1	31912.1	31987.2	32382.7	33100.9
	非金融企业存款	11731.7	11848.1	12639.9	12928.0	13302.0	13654.4	13383.4	13515.0	13868.5	13689.3	13562.9	13638.7
	各项存款余额比上月增加（亿元）	962.5	529.4	1883.1	117.2	769.5	1053.9	-84.3	370.5	599.4	39.9	310.1	282.1
	金融机构各项存款同比增长（%）	10.0	11.2	13.6	14.9	15.9	16.9	17.0	15.8	15.4	14.7	14.3	14.6
	金融机构各项贷款余额（亿元）	35003.8	35173.5	35749.9	35598.6	36000.4	36359.9	36374.3	36626.8	37252.8	37297.3	37338.9	37620.9
	其中：短期	10263.8	10355.1	10660.8	10453.1	10588.6	10810.6	10665.7	10649.6	10848.2	10805.7	10731.7	10638.0
	中长期	21340.6	21406.3	21687.6	21654.9	21795.7	22011.3	22151.5	22396.6	22826.6	22867.4	22895.6	23107.4
	票据融资	3295.9	3319.6	3336.7	3396.0	3515.9	3481.2	3484.4	3497.5	3523.2	3552.2	3635.6	3838.5
	各项贷款余额比上月增加（亿元）	788.9	169.6	576.4	-151.3	401.8	359.5	14.4	252.5	626.0	44.5	41.6	281.9
	其中：短期	346.2	91.3	305.7	-207.6	135.4	222.1	-144.9	-16.2	198.7	-42.5	-74.0	-93.7
	中长期	341.3	65.7	281.3	-32.7	140.8	215.6	140.1	245.1	430.1	40.8	28.2	211.9
	票据融资	97.6	23.7	17.0	59.4	119.8	-34.7	3.2	13.2	25.7	29.0	83.4	202.9
	金融机构各项贷款同比增长（%）	11.6	11.6	11.9	10.0	10.5	10.3	9.5	9.5	10.4	10.2	9.6	10.0
	其中：短期	8.0	8.9	10.0	7.9	8.8	9.7	8.6	8.1	9.3	9.8	9.0	7.3
	中长期	11.4	10.8	10.5	9.1	8.9	9.4	9.0	9.4	10.6	10.0	9.5	10.0
	票据融资	25.9	28.4	30.8	24.3	28.9	20.1	18.1	15.9	14.3	13.7	13.0	20.0
	建筑业贷款余额（亿元）	1033.7	1052.3	1097.3	1082.0	1103.1	1133.2	1148.4	1173.5	1206.4	1209.9	1232.1	1203.6
	房地产业贷款余额（亿元）	528.7	530.7	536.2	539.4	520.6	505.7	512.4	499.6	517.3	519.0	510.7	511.2
	建筑业贷款同比增长（%）	23.9	23.9	29.2	25.1	24.4	26.6	23.8	26.3	26.4	25.0	27.2	27.0
	房地产业贷款同比增长（%）	-4.7	-4.0	-1.3	3.0	-0.4	-2.7	-2.1	-4.3	-0.7	-0.4	-1.9	1.7
人民币	金融机构各项存款余额（亿元）	47320.0	47826.5	49712.8	49848.3	50593.7	51617.5	51559.0	51968.7	52607.3	52622.4	52949.1	53279.6
	其中：住户存款	29578.0	29665.6	30444.7	30270.8	30501.9	31022.7	31068.7	31279.2	31814.8	31890.4	32286.9	33007.8
	非金融企业存款	11378.4	11470.3	12266.8	12576.8	12918.9	13243.5	12999.0	13168.4	13567.2	13362.1	13246.8	13374.4
	各项存款余额比上月增加（亿元）	967.0	506.5	1886.4	135.5	745.4	1023.7	-58.5	409.7	638.6	15.1	326.7	330.5
	其中：住户存款	1118.1	87.6	779.1	-173.9	231.0	520.8	46.0	210.5	535.6	75.7	396.5	720.9
	非金融企业存款	-77.4	91.9	796.5	310.0	342.1	324.5	-244.5	169.4	398.9	-205.2	-115.2	127.6
	各项存款同比增长（%）	10.2	11.4	13.7	15.2	16.1	17.0	17.1	16.1	15.6	14.8	14.3	14.9
	其中：住户存款	13.8	11.3	12.0	12.6	13.3	13.3	14.1	14.3	14.4	14.7	15.2	16.0
	非金融企业存款	4.7	9.5	14.2	18.7	21.1	23.1	23.9	19.4	19.3	17.5	15.9	16.8
	金融机构各项贷款余额（亿元）	34693.1	34839.6	35439.1	35327.4	35679.1	36033.1	36079.4	36358.6	36975.9	37014.7	37075.5	37406.3
	其中：个人消费贷款	5276.0	5253.5	5332.1	5290.1	5312.7	5361.0	5384.6	5429.4	5489.0	5475.5	5502.5	5495.8
	票据融资	3295.9	3319.6	3336.7	3396.0	3515.9	3481.2	3484.4	3497.5	3523.2	3552.2	3635.6	3838.5
	各项贷款余额比上月增加（亿元）	775.6	146.6	599.5	-111.7	351.7	353.9	46.4	279.2	617.3	38.8	60.9	330.7
	其中：个人消费贷款	64.7	-22.6	78.6	-41.9	22.6	48.3	23.6	44.8	59.7	-13.5	27.0	-6.7
	票据融资	97.6	23.7	17.0	59.4	119.8	-34.6	3.2	13.2	25.7	29.0	83.4	202.9
	金融机构各项贷款同比增长（%）	11.7	11.7	11.9	10.2	10.6	10.3	9.6	9.8	10.6	10.3	9.6	10.3
	其中：个人消费贷款	14.5	13.1	12.1	10.5	9.7	9.2	8.6	8.4	8.3	6.9	5.9	5.5
	票据融资	25.9	28.4	30.8	24.3	28.9	20.1	18.1	15.9	14.3	13.7	13.0	20.0
外币	金融机构外币存款余额（亿美元）	71.6	75.8	75.0	69.2	72.3	76.3	72.1	64.8	57.4	60.3	57.9	52.8
	金融机构外币存款同比增长（%）	-0.7	-3.1	8.2	-10.8	-10.4	6.1	6.0	-13.7	-17.3	-5.8	-5.4	-27.0
	金融机构外币贷款余额（亿美元）	48.7	52.8	49.0	41.0	48.2	48.7	43.7	38.9	39.0	39.4	36.7	30.8
	金融机构外币贷款同比增长（%）	5.0	10.2	6.1	-13.2	-3.5	5.0	0.3	-19.3	-18.9	-11.2	-8.8	-33.9

数据来源：中国人民银行太原中心支行。

表 2　2001—2022 年山西省各类价格指数

单位：%

时间	居民消费价格指数		工业生产者购进价格指数		工业生产者出厂价格指数	
	当月同比	累计同比	当月同比	累计同比	当月同比	累计同比
2001	—	-0.5	—	1.8	—	0.3
2002	—	-2.2	—	3	—	3.6
2003	—	1.6	—	7.8	—	2.2
2004	—	4.1	—	14.5	—	16.1
2005	—	2.3	—	8.2	—	10.2
2006	—	2.0	—	2.6	—	1.0
2007	—	4.6	—	5.3	—	7.4
2008	—	7.2	—	18.3	—	22.4
2009	—	-0.4	—	-3.4	—	-8.0
2010	—	3.0	—	9.0	—	9.5
2011	—	5.2	—	8.1	—	7.5
2012	—	2.5	—	-1.9	—	-5.5
2013	—	3.1	—	-4.5	—	-9.3
2014	—	1.7	—	-3.8	—	-8.6
2015	—	0.6	—	-6.9	—	-12.7
2016	—	1.8	—	5.7	—	6.9
2017	—	0.0	—	0.0	—	0.0
2018	—	1.8	—	5.5	—	6.7
2019	—	2.7	—	1.1	—	-0.3
2020	—	2.9	—	-2.8	—	-3.3
2021	—	1.0	—	16.3	—	30.2
2022	—	2.1	—	9.7	—	11.4
2021　1						
2	0.1	0.1	2.3	1.8	10.3	8.7
3	0.7	0.3	4.2	2.6	10.5	9.3
4	0.9	0.4	6.6	3.6	14.1	10.5
5	1.2	0.6	12.0	5.2	24.8	13.3
6	0.7	0.6	13.8	6.7	27.7	15.6
7	1.0	0.7	17.0	8.1	30.7	17.7
8	0.9	0.7	21.2	9.7	37.4	20.2
9	0.8	0.7	27.1	11.6	47.2	23.2
10	1.9	0.8	34.3	13.9	60.4	26.9
11	2.5	1.0	31.4	15.5	53.2	29.4
12	1.5	1.0	26.0	16.3	38.5	30.2
2022　1						
2	0.8	0.7	19.7	20.5	28.0	30.1
3	1.5	1.0	21.0	20.7	30.8	30.3
4	2.6	1.4	22.8	21.2	34.0	31.3
5	2.5	1.6	18.9	20.7	24.0	29.7
6	2.9	1.8	16.0	19.9	19.8	27.9
7	3.0	2.0	10.3	18.4	12.6	25.5
8	2.7	2.1	5.4	16.7	3.9	22.5
9	2.8	2.2	0.0	14.6	-3.2	19.1
10	2.0	2.2	-4.5	12.3	-10.8	15.3
11	1.6	2.1	-3.5	10.7	-8.3	12.7
12	1.9	2.1	-0.3	9.7	-1.5	11.4

数据来源：山西省统计局。

表 3　2022 年山西省主要经济指标

项目	1 月	2 月	3 月	4 月	5 月	6 月	7 月	8 月	9 月	10 月	11 月	12 月
	绝对值（自年初累计）											
地区生产总值（亿元）	—	—	5513.1	—	—	11568.9	—	—	18026.4	—	—	25642.6
第一产业	—	—	154.0	—	—	412.8	—	—	867.8	—	—	1340.4
第二产业	—	—	2803.0	—	—	6074.3	—	—	9221.5	—	—	13840.9
第三产业	—	—	2556.2	—	—	5081.8	—	—	7937.0	—	—	10461.3
工业增加值（亿元）	—	—	—	—	—	—	—	—	—	—	—	—
固定资产投资（亿元）	—	296.9	1067.2	1710.3	2453.3	3820.5	4615.0	5410.3	6371.7	7095.3	7769.9	8425.2
房地产开发投资	—	87.2	274.1	420.3	551.0	844.5	1021.8	1169.5	1392.2	1526.2	1650.5	1764.2
社会消费品零售总额（亿元）	—	1162.7	1788.3	2283.0	2894.6	3585.8	4247.9	4924.3	5629.3	6302.7	6915.8	7562.7
外贸进出口总额（亿元）	—	283.5	454.0	607.0	737.7	912.7	1073.0	1238.3	1396.3	1539.5	1704.8	1845.6
进口	—	108.9	173.6	229.9	274.3	322.8	374.9	430.5	483.1	539.3	590.6	634.2
出口	—	174.6	280.5	377.1	463.3	589.8	698.1	808.3	913.3	1000.1	1114.2	1211.4
进出口差额（出口－进口）	—	65.7	106.9	147.1	189.0	267.0	323.2	377.8	430.2	460.8	523.6	577.3
实际利用外资（亿美元）	—	3.7	5.3	5.9	7.9	9.5	2.1	4.3	4.4	6.7	8.2	8.3
地方财政收支差额（亿元）	—	-83.0	-268.3	-388.2	-640.6	-904.3	-953.3	-1088.2	-1376.8	-1409.9	-1585.1	-2418.7
地方财政收入	—	690.9	1019.8	1261.6	1509.3	1822.9	2163.5	2417.7	2704.4	2981.0	3196.7	3453.9
地方财政支出	—	773.9	1288.1	1649.8	2149.9	2727.2	3116.8	3505.9	4081.2	4390.9	4781.8	5872.6
城镇登记失业率（%）（季度）	—	—	—	—	—	—	—	—	—	—	—	—
	同比累计增长率（%）											
地区生产总值	—	—	6.5	—	—	5.2	—	—	5.3	—	—	4.4
第一产业	—	—	6.0	—	—	5.8	—	—	4.6	—	—	5.1
第二产业	—	—	8.4	—	—	6.9	—	—	7.7	—	—	6.2
第三产业	—	—	5.0	—	—	3.7	—	—	3.3	—	—	2.7
工业增加值	—	10.1	11.0	10.9	10.7	11.0	10.7	10.3	9.7	8.8	8.2	8.0
固定资产投资	—	16.2	14.3	9.8	5.4	5.4	5.8	6.0	6.3	6.2	6.0	5.9
房地产开发投资	—	12.0	9.0	3.5	-5.7	-7.7	-8.0	-9.3	-8.0	-8.6	-9.1	-9.3
社会消费品零售总额	—	6.4	2.1	-2.1	-2.5	-1.4	-0.8	-0.4	0.0	-0.9	-2.3	-2.4
外贸进出口总额	—	-14.9	-8.2	-14.7	-18.8	-19.3	-19.6	-18.0	-18.0	-17.3	-15.8	-16.7
进口	—	-19.2	-12.6	-17.6	-21.1	-27.2	-27.3	-26.3	-26.7	-25.8	-25.5	-26.6
出口	—	-12.0	-5.2	-12.9	-17.4	-14.1	-14.8	-12.8	-12.5	-11.8	-9.5	-10.3
实际利用外资	—	15.3	16.1	16.9	4.3	-7.5	-1.7	89.3	92.5	182.8	240.9	239.8
地方财政收入	—	57.4	51.4	41.3	36.6	28.6	27.6	28.4	26.1	24.3	22.7	21.8
地方财政支出	—	18.5	23.7	16.9	8.9	7.2	10.2	9.1	9.7	10.2	9.5	16.3

数据来源：山西省统计局。

内蒙古自治区金融运行报告（2023）

中国人民银行内蒙古自治区分行[①]
货币政策分析小组

［内容摘要］2022 年，面对复杂严峻的国内外形势，内蒙古自治区坚持以习近平新时代中国特色社会主义思想为指导，深入贯彻落实习近平总书记对内蒙古重要讲话和重要指示批示精神，认真学习贯彻落实党的二十大精神，坚持稳中求进工作总基调，坚决落实党中央“疫情要防住、经济要稳住、发展要安全”重要要求，高效统筹疫情防控和经济社会发展，持续推动稳经济一揽子政策和接续措施落细落实，全区经济稳中向好、进中提质，全年实现地区生产总值 2.3 万亿元，同比增长 4.2%。

内蒙古自治区经济运行主要呈现以下特征：一是需求结构持续优化，投资拉动作用增强。固定资产投资同比增长 17.6%，高于全国 12.5 个百分点。重大项目支撑作用明显，全区 10 亿元及以上施工项目完成投资占全部投资的比重为 46.5%。高技术产业投资增长 49.2%，新能源产业投资增长 79.0%。新型消费较快发展，限额以上单位通过网络实现的商品零售额增长 75.8%。进出口规模创新高，机电产品和高新技术产品进出口额占外贸总额的比重分别提高 3.8 个和 5.6 个百分点。二是三次产业平稳运行，产业转型积极推进。粮食总产量实现“十九连丰”，畜牧业生产实现“十八连稳”。工业转型升级加快，战略性新兴产业、高技术制造业和新能源装备制造业增加值同比分别增长 19.9%、33.6% 和 75.3%。能源保供稳定有力，原煤产量达 12 亿吨，有力保障全国用煤需求。服务业企业经营水平提升，规模以上服务业企业营业收入和利润总额同比分别增长 7.3% 和 31.1%。三是物价水平温和上涨，居民收入稳定增长。居民消费价格上涨 1.8%，涨幅较上年上升 0.9 个百分点；工业生产者出厂价格上涨 8.6%，涨幅较上年回落 19.8 个百分点。全体居民人均可支配收入同比增长 5.3%，全年城乡收入比同比缩小 0.06。四是财政收入较快增长，重点支出保障有力。全年一般公共预算收入增长 20.2%，一般公共预算支出增长 12.3%，民生支出占一般公共预算支出的 76.8%。财力下沉力度加大，全年下达基层财力性转移支付资金 1484 亿元，同比增长 27.0%。五是供给侧结构性改革不断深化，高质量发展加速推进。持续推进“科技兴蒙”行动，综合科技创新水平指数首次进入全国中等创新地区梯队。能源利用效率持续提升，规模以上工业综合能源消费量较上年下降 2.8%。年末规模以上工业企业资产负债率下降 2.1 个百分点。六是生态安全屏障日益牢固，绿色转型发展迈出新步伐。全年环境空气质量平均优良天数比例上升 3.3 个百分点，年末森林覆盖率达到 23.0%。新能源产业布局提速增效，新能源电力装机容量和发电量再创新高。

2022 年，内蒙古自治区金融业认真落实稳健的货币政策，深化金融改革，加强风险防控，金融服务实体经济质效不断提升，有力支持自治区稳经济大盘和高质量发展。2022 年末，全区社会融资规模余额 4.0 万亿元，全年新增 1914 亿元。金融运行主要呈现以下特点：一是贷

① 自 2023 年 8 月 18 日起，中国人民银行呼和浩特中心支行更名为中国人民银行内蒙古自治区分行。本报告主要反映 2022 年的经济金融情况，正文中涉及的相关机构表述仍沿用 2022 年名称。

款总量稳中有升，信贷结构持续优化。全年人民币贷款新增1954亿元，同比多增238亿元。涉农贷款、普惠小微贷款、基础设施建设中长期贷款均实现同比多增，绿色贷款、制造业中长期贷款、科学研究和技术服务业中长期贷款年末余额同比增速均超过30%。二是利率市场化改革持续深化，存贷款利率水平稳中有降。全区新发放一般贷款加权平均利率同比下降0.71个百分点，新发生定期存款加权平均利率同比下降0.06个百分点。三是结构性货币政策工具精准有力，支持实体经济能力不断提升。2022年，全区累计发放再贷款、再贴现581亿元。金融机构运用碳减排支持工具和支持煤炭清洁高效利用、科技创新、交通物流、设备更新改造等专项再贷款资金向符合条件的408家企业发放贷款635亿元。四是金融业运行稳健，服务实体经济能力增强。银行业金融机构资产和负债规模持续提升，同比分别增长12.0%和13.1%。证券业运行平稳，新增上市公司1家，证券期货投资者数量增加。保险业风险保障功能不断强化，全区保险业原保费收入667亿元，累计赔付支出240亿元。五是金融市场融资功能持续增强，融资成本稳中有降。债券市场融资持续增长，全区发行公司信用类债券金额同比增长43.6%，发行利率同比下降89个基点。票据市场业务发生量稳步向好，全区累计签发银行承兑汇票金额、累计贴现票据金额同比分别增加328亿元和2599亿元，银行承兑汇票加权平均贴现利率呈下行趋势。六是金融生态环境建设持续优化，金融服务水平不断提高。社会信用环境进一步优化，年末普惠型农户信用贷款余额523亿元，全年中征应收账款融资服务平台促成融资199亿元。支付服务能力明显增强，大小额支付系统处理业务笔数和金额同比分别增长24.3%和16.4%，农村牧区支付服务村级行政区覆盖率达100%。金融消费者权益保障有力，8个盟市、23个旗县成立金融纠纷调解组织。七是金融风险抵御能力明显提升，不良贷款实现“双降”。地方法人金融机构资产质量明显好转，风险抵御能力增强，资本充足率、拨备覆盖率均同比上升。银行业金融机构不良贷款余额同比多减110亿元，不良贷款率同比多降0.4个百分点。

2023年是全面贯彻落实党的二十大精神的开局之年，内蒙古自治区将以习近平新时代中国特色社会主义思想为指导，全面贯彻落实党的二十大、中央经济工作会议精神，坚持稳中求进工作总基调，完整、准确、全面贯彻新发展理念，积极服务和融入新发展格局，着力推动高质量发展，努力完成习近平总书记交给内蒙古的“五大任务”[①]，全方位建设“模范自治区”[②]，为全面建设社会主义现代化国家、全面推进中华民族伟大复兴作出贡献。内蒙古自治区金融业将牢固树立服务实体经济理念，深入贯彻落实稳健货币政策精准有力的要求，突出做好稳增长、稳就业、稳物价工作，不断提升金融服务实体经济质效，持续营造适宜的货币金融环境。

一、金融运行情况

2022年，内蒙古金融总量稳步增长，结构持续优化，融资成本稳中有降，金融风险防范化解工作成效明显，金融生态环境进一步改善，金融业运行总体平稳，为实现内蒙古经济高质

① 党的十八大以来，习近平总书记陆续提出要把内蒙古建设成为我国北方重要生态安全屏障、祖国北疆安全稳定屏障、国家重要能源和战略资源基地、国家重要农畜产品生产基地、国家向北开放重要桥头堡。

② 1957年，内蒙古被周恩来总理誉为“模范自治区”。2021年3月5日，习近平总书记在参加十三届全国人大四次会议内蒙古代表团时强调“要倍加珍惜、继续坚持民族团结光荣传统和‘模范自治区’崇高荣誉”。

量发展营造了适宜的金融环境。

（一）银行业稳健发展，信贷支持重点突出

1. 银行业金融机构运营稳健，资产负债规模稳步增长。2022年末，内蒙古共有银行业金融机构198家，资产和负债总额分别为4.1万亿元和4.0万亿元，同比分别增长12.0%和13.1%，增速同比分别提高4.6个和5.7个百分点。年内有2家农村信用社改制为农村商业银行，地方法人金融机构数量与上年持平。

表1　2022年银行业金融机构情况

机构类别	营业网点			法人机构（个）
	机构个数（个）	从业人数（人）	资产总额（亿元）	
一、大型商业银行	1621	36035	17084	0
二、国家开发银行和政策性银行	86	2035	4796	0
三、股份制商业银行	191	4990	3454	0
四、城市商业银行	493	9640	4815	4
五、城市信用社	0	0	0	0
六、小型农村金融机构	2138	28262	7627	93
七、财务公司	1	205	710	5
八、信托公司	0	357	80	2
九、邮政储蓄银行	811	7475	1552	0
十、外资银行	1	5	3	0
十一、新型农村金融机构	177	5328	920	73
十二、其他	0	245	48	1
合　计	5519	94577	41087	178

数据来源：内蒙古银保监局。

注：营业网点不包括国家开发银行和政策性银行、大型商业银行、股份制银行等金融机构总部数据；大型商业银行包括中国工商银行、中国农业银行、中国银行、中国建设银行和交通银行；小型农村金融机构包括农村商业银行、农村合作银行和农村信用社；新型农村金融机构包括村镇银行、贷款公司、农村资金互助社和小额贷款公司；其他包含金融租赁公司、汽车金融公司、货币经纪公司、消费金融公司等。

2. 存款保持较快增长，住户存款为增长主力。2022年末，本外币存款余额3.2万亿元，同比增长17.3%，增速较上年末提高7个百分点，全年新增4773亿元。其中，人民币存款新增4780亿元，同比多增2216亿元。分部门看，住户存款、非金融企业存款和广义政府部门存款同比分别多增1208亿元、369亿元和682亿元，住户存款为增长主力；非银行业金融机构存款余额同比下降0.7%。

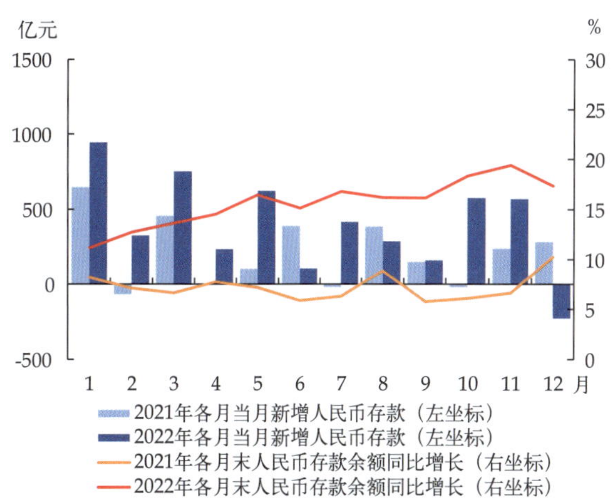

图1　金融机构人民币存款增长变化

（数据来源：中国人民银行呼和浩特中心支行）

3. 贷款增速稳中有升，对实体经济支持力度加大。2022年末，本外币各项贷款余额2.7万亿元，同比增长7.8%，增速较上年同期提高0.5个百分点，全年新增1942亿元。其中，人民币贷款新增1954亿元，同比多增238亿元。分部门看，企业贷款稳步增长，住户贷款增速放缓。年末企（事）业单位贷款余额1.9万亿元，同比增长8.3%，增速较上年末提高2.7个百分点；住户贷款余额8344亿元，同比增长6.8%，增速较上年末回落4.7个百分点。

深入落实各项信贷政策，信贷结构进一步优化。制订《内蒙古自治区重点产业链"1+N"金融服务工作方案》，全力满足内蒙古重点产业链发展金融需求。2022年末，制造业中长期贷款余额同比增长35.0%，增速较上年末提高29.7个百分点。组织开展金融支持稳增长和稳企纾困专项行动，加大对受疫情影响的经营主体的帮扶力度，全年民营和中小微企业贷款同比分别多增234亿元和80亿元，年末企业信用贷款和普惠小微贷款余额同比分别增长16.2%和

7.3%。组织开展金融服务乡村振兴“一县一业一村一品”专项行动和金融“贷”动绿色发展专项行动，年末涉农贷款和绿色贷款余额同比分别增长 8.0% 和 30.6%。

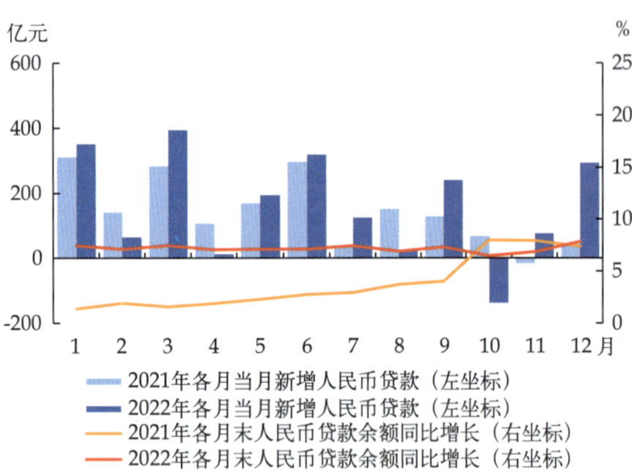

图 2　金融机构人民币贷款增长变化

（数据来源：中国人民银行呼和浩特中心支行）

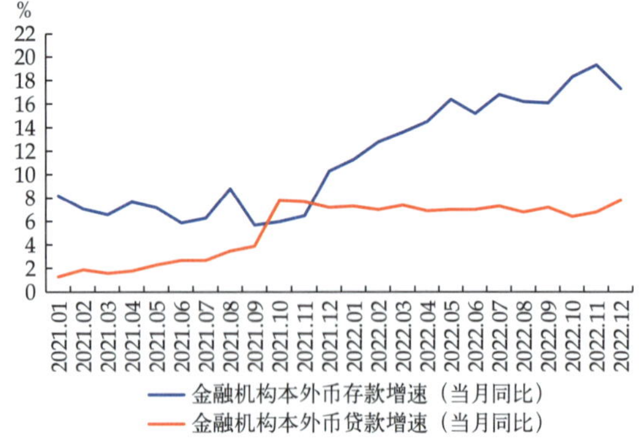

图 3　金融机构本外币存贷款增速变化

（数据来源：中国人民银行呼和浩特中心支行）

4. 表外业务不断收缩，未贴现银行承兑汇票大幅减少。 2022 年，表外融资减少 642 亿元，同比多减 382 亿元。其中，委托贷款、信托贷款和未贴现银行承兑汇票分别减少 20 亿元、102 亿元和 521 亿元，同比分别减少 114 亿元、多减 6 亿元和 262 亿元。

5. 落实利率市场化改革措施，融资成本整体下行。 贷款市场报价利率（LPR）改革红利持续释放，实体经济融资成本不断降低。2022 年，新发放一般贷款加权平均利率 5.03%，同比下降 0.71 个百分点。其中，企业贷款加权平均利率 3.85%，同比下降 0.76 个百分点；普惠小微贷款加权平均利率 6.43%，同比下降 0.32 个百分点。个人消费信贷成本明显下降，全年新发放个人住房贷款利率 4.80%，同比下降 0.44 个百分点。存款利率市场化定价能力进一步提升，人民币存款利率稳中有降，全年新发生定期存款加权平均利率同比下降 0.06 个百分点。

表 2　2022 年金融机构人民币贷款各利率区间占比

单位：%

项目		1 月	2 月	3 月	4 月	5 月	6 月
合计		100.0	100.0	100.0	100.0	100.0	100.0
LPR 减点		22.3	21.9	21.5	27.4	32.5	36.6
LPR		5.3	5.1	6.9	2.5	4.1	4.3
LPR加点	小计	72.4	73.1	71.7	70.1	63.4	59.0
	(LPR，LPR+0.5%)	16.5	16.8	12.0	10.3	9.9	9.8
	[LPR+0.5%，LPR+1.5%)	17.6	18.6	18.9	15.9	16.2	17.4
	[LPR+1.5%，LPR+3%)	11.1	11.6	12.5	13.3	13.4	12.2
	[LPR+3%，LPR+5%)	16.9	16.1	18.1	19.5	15.9	13.1
	LPR+5% 及以上	10.3	9.9	10.2	11.0	8.1	6.5
项目		7 月	8 月	9 月	10 月	11 月	12 月
合计		100.0	100.0	100.0	100.0	100.0	100.0
LPR 减点		30.5	36.4	39.3	30.8	32.2	38.6
LPR		2.0	2.0	3.0	1.9	1.9	2.8
LPR加点	小计	67.5	61.6	57.7	67.3	65.9	58.6
	(LPR，LPR+0.5%)	10.0	9.5	11.1	8.8	9.6	7.4
	[LPR+0.5%，LPR+1.5%)	17.1	15.1	15.2	14.0	15.8	15.4
	[LPR+1.5%，LPR+3%)	15.7	13.2	12.1	15.0	14.1	14.4
	[LPR+3%，LPR+5%)	16.9	16.0	13.6	17.5	15.3	13.9
	LPR+5% 及以上	7.8	7.8	5.7	12.0	11.0	7.6

数据来源：中国人民银行呼和浩特中心支行。

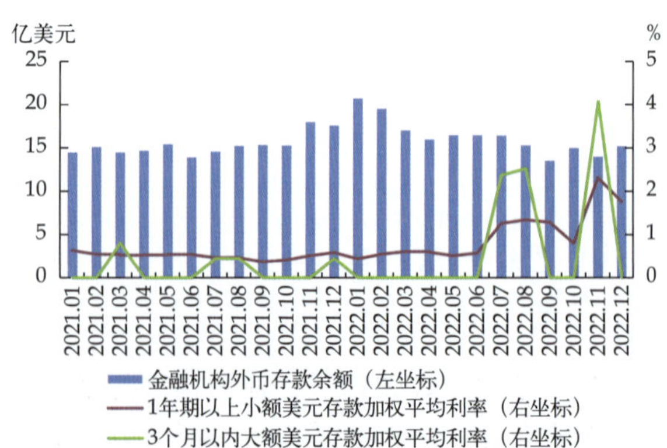

图 4　金融机构外币存款余额及外币存款利率

（数据来源：中国人民银行呼和浩特中心支行）

6. 金融风险总体可控，不良贷款实现“双降”。2022年，金融机构积极推进不良资产清收处置，年末银行业金融机构不良贷款余额、不良贷款率双降，其中不良贷款余额同比多减110亿元，不良贷款率同比多降0.4个百分点，不良贷款率降至近十年来最低水平。地方法人金融机构资产质量明显好转，风险抵御能力明显增强，流动性较为充裕。年末地方法人金融机构不良贷款余额和不良贷款率同比下降，资本充足率、拨备覆盖率均同比上升。

7. 跨境人民币业务提质增量，助力涉外经济发展。扎实推进更高水平贸易投资便利化试点工作，积极开展“首办户”专项行动，年度跨境人民币业务规模突破千亿元。2022年，跨境人民币收付合计1293亿元，同比增长32.5%。经常项目和直接投资（不包含资金池）跨境人民币结算量504亿元，同比增长22.2%。持续加强对重点地区和重点领域的跨境人民币金融服务，全年与“一带一路”共建国家和地区跨境人民币结算量增长53.2%，与俄罗斯和蒙古国跨境人民币结算量分别增长276.1%和22.6%，煤炭、原油等大宗商品跨境人民币结算量增长超一倍。

专栏1　做好“粮仓”“肉库”“奶罐”“绒都”金融服务　走出乡村振兴幸福路

2022年，人民银行呼和浩特中心支行围绕内蒙古的“粮仓”“肉库”“奶罐”“绒都”四张名片，开展金融服务乡村振兴专项行动，每个旗县（市、区）确定1个特色农牧业产业、有条件的村镇确定1种农畜产品，引导金融机构创新推出系列特色信贷产品，全方位做好金融服务工作。2022年内蒙古41个特色农牧产业的122种农畜产品纳入专项行动项目库，金融机构累计发放特色农牧产业贷款483亿元、特色农畜产品贷款85亿元，支持经营主体46万户，有效帮助内蒙古农牧产业和农畜产品扩规模、增效益，金融助力乡村振兴成效显著。

一、完善粮食生产配套金融服务，让“粮仓”更殷实

不断完善金融支持配套政策，建成启用“内蒙古土地经营权流转平台”，充分利用土地确权数据，推动土地资源转变为土地资产，有效盘活土地数字资源，为农业插上“金融翅膀”。2022年，内蒙古有87个旗县正式上线内蒙古土地经营权流转平台，累计发生土地经营权流转交易2万笔。年末内蒙古农地抵押贷款余额达到101亿元，比年初增加19亿元。推动自治区农村信用社联合社、村镇银行发起行提供第三方质押，用好用足再贷款再贴现额度，将更多央行低成本资金用于涉农领域。2022年累计向金融机构发放支农再贷款108亿元，同比增长49.5%，撬动新增涉农贷款754亿元，同比多增283亿元。

二、激活农畜活体产品金融属性，让“肉库”更丰盈

组织金融机构开展“活体质押+”系列产品创建活动，辖内金融机构创新推出“活体质押+未来应收账款质押”“活体质押+云监管”“活体质押+反担保”“活体质押+保险公司”“活体质押+牛联体”“活体质押+再贷款”等多种信贷模式，质押物品种范围拓宽至牛、马、羊、猪、驴、骆驼等品种，活体质押业务覆盖全区12个盟市74个旗县区，有效解决农牧民质押物不足问题。2022年末，内蒙古活体牲畜质押贷款余额83亿元，比年初增加16亿元。

三、强化奶业振兴资金保障，让“奶罐”更充实

围绕奶业行业的经济特点，指导金融机构创新推出“乳企链捷贷”“乳源贷”“金牛牧场贷”“乳业通宝”“乳E贷”等20余款奶业专属信贷产品，为奶业产业链提供专业化、特色化、精细化服务。2022年，金融机构累计向奶业企业发放贷款738亿元，累计支持企业2700余家（次）。组织金融机构与自治区奶业基金合作，持续加大乳产业链资金支持力度，已实现投放贷款3亿元，全力支持内蒙古建设优质奶源基地。举办内蒙古地区债券业务交流会，发行奶业振兴专项债20亿元，发行乡村振兴债180亿元。

四、打造羊绒产业专属金融服务方案，让“绒都”更响亮

出台《内蒙古自治区重点产业链“1+N”金融服务工作方案》，实施羊绒产业链主办行制度，制订金融支持羊绒产业发展服务方案，围绕内蒙古五个羊绒产业园区，大力推广“一集群一方案一授权”信贷业务模式，通过并购贷款、产业基金、股权融资等方式，引导更多金融资源支持羊绒加工企业。2022年，金融机构累计向羊绒企业发放贷款62亿元，累计支持企业1000余家（次）。

（二）证券业运行平稳，市场建设有序推进

1. 证券市场活跃度下降，证券期货投资者数量增加。2022年末，内蒙古两家法人证券公司资产和负债总额分别为404亿元和287亿元，同比分别下降7.8%和7.2%。开立证券和期货投资者数量小幅增加，证券投资者开户数275万户，期货投资者开户数1万户，同比分别增长0.3%和4.4%。

2. 上市公司整体结构优化，私募基金服务实体经济能力提升。2022年，资本市场优胜劣汰功能逐步加强，有4家公司完成退市，新增1家上市公司，年末全区境内上市公司共26家，总市值7159亿元。主板市场、创业板市场和新三板市场分别融资26亿元、4亿元和2亿元。私募基金服务实体经济作用逐步显现，年末备案私募基金共158只，同比增长9.7%，在投本金360亿元，在投项目207个。

表3　2022年证券业基本情况

项目	数量
总部设在辖内的证券公司数（家）	2
总部设在辖内的基金公司数（家）	0
总部设在辖内的期货公司数（家）	0
年末国内上市公司数（家）	26
当年国内股票（A股）筹资（亿元）	25.6
当年发行H股筹资（亿元）	0.0
当年国内债券筹资（亿元）	1448.4
其中：短期融资券筹资额（亿元）	1357.0
中期票据筹资额（亿元）	21.2

数据来源：内蒙古证监局。

（三）保险业实力增强，保障功能不断强化

1. 保险业务规模稳步增长，业务结构持续优化。2022年末，内蒙古保险市场省级主体44家，资产总额2104亿元，同比增长10.1%，累计实现原保险保费收入667亿元，同比增长3.3%。其中，人身险公司累计实现原保险保费收入444亿元，同比增长0.9%；财产险公司实现原保险保费收入223亿元，同比增长8.6%。财产险领域车险独大局面持续改善，车险保费收入占全部财产险保费收入的46.7%，连续两年低于50%。财产险中农业保险保费维持高速增长，全年农业保险保费收入68亿元，同比增长25.2%。

2. 服务领域进一步拓宽，社会民生保障功

能增强。2022年，内蒙古保险公司累计赔付支出240亿元。财产保险累计为各行业提供风险保障65.8万亿元，用于支持创新产业发展、生态环境修复及特色产业发展、“两新一重”等重大工程建设及对外开放和口岸经济建设。其中，草原碳汇保险为21万亩草原提供风险保障438万元，奶业保险为超过339万头奶用牲畜、奶制品提供风险保障526亿元。民生服务质效提升，普惠型医疗保险业务全年为190万群众提供超6万亿元保险保障，保险机构养老年金保险承保1.8万件、专属商业养老保险承保2409件。

表4 2022年保险业基本情况

项目	数量
总部设在辖内的保险公司数（家）	0
其中：财产险经营主体（家）	0
寿险经营主体（家）	0
保险公司分支机构（家）	44
其中：财产险公司分支机构（家）	25
寿险公司分支机构（家）	19
保费收入（中外资，亿元）	667.0
其中：财产险保费收入（中外资，亿元）	223.0
人身险保费收入（中外资，亿元）	444.0
各类赔款给付（中外资，亿元）	240.1

数据来源：内蒙古银保监局。

（四）金融市场总体稳健，融资效率有效提升

1.地区社会融资规模同比少增，表内贷款仍是主力。2022年，地区社会融资规模新增1914亿元，同比少增416亿元。其中，表内融资新增1937亿元，同比多增213亿元，占社会融资增量的101.2%；表外融资减少642亿元，同比多减382亿元；直接融资减少101亿元，同比多减85亿元；地方政府债券净融资444亿元，同比少增137亿元。

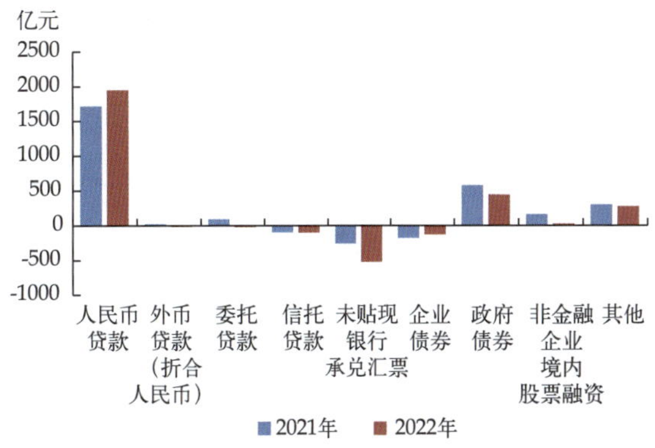

图5 社会融资规模分布结构

（数据来源：中国人民银行呼和浩特中心支行）

2.结构性货币政策工具效果持续显现，有效支持实体经济重点领域和薄弱环节。2022年，累计发放再贷款、再贴现581亿元。金融机构运用碳减排支持工具和支持煤炭清洁高效利用、科技创新、交通物流、设备更新改造等专项再贷款资金向符合条件的408家企业发放贷款635亿元。其中，15家金融机构运用197亿元碳减排支持工具向148家企业发放贷款329亿元，带动碳减排量1200万吨；7家金融机构运用支持煤炭清洁高效利用专项再贷款发放贷款188亿元。

3.货币市场成交量上升，成交利率走低。2022年，内蒙古银行间市场成员债券回购交易累计成交额9.3万亿元，同比上升6.9%。从利率走势看，质押式和买断式回购加权平均利率较上年分别回落44个和30个基点。

4.债券市场融资大幅增长，发行利率呈下降趋势。2022年，内蒙古发行公司信用类债券1328亿元，同比增长43.6%。债券发行加权平均利率为2.04%，同比下降89个基点。其中，发行乡村振兴债180亿元，发行永续中期票据8亿元。

5.票据市场业务发生量稳步上升，利率呈下行趋势。2022年，累计签发银行承兑汇票1797亿元，同比增加328亿元；累计办理票据贴现9136亿元，同比增加2599亿元。2022年4月以来，票据市场利率震荡下行，12月，银行承兑汇票贴现加权平均利率1.25%。

表 5　2022 年金融机构票据业务量

单位：亿元

季度	银行承兑汇票承兑		贴现			
			银行承兑汇票		商业承兑汇票	
	余额	累计发生额	余额	累计发生额	余额	累计发生额
1	1107.1	386.3	1510.3	2149.2	91.0	80.3
2	1113.0	880.3	1632.4	5386.2	116.6	190.5
3	1222.5	1322.6	1749.9	7241.2	116.8	332.8
4	1235.4	1797.0	1930.5	9135.7	101.3	379.5

数据来源：中国人民银行呼和浩特中心支行。

表 6　2022 年金融机构票据贴现、转贴现利率

单位：%

季度	贴现		转贴现	
	银行承兑汇票	商业承兑汇票	票据买断	票据回购
1	2.48	3.61	2.28	2.25
2	1.62	3.62	1.60	1.78
3	1.45	2.96	1.57	1.43
4	1.27	2.39	1.42	1.49

数据来源：中国人民银行呼和浩特中心支行。

（五）金融生态持续优化，服务水平不断提高

1. 扎实推进征信体系建设，社会信用环境进一步优化。2022 年末，内蒙古个人信用报告自助查询网点 300 个，企业自助查询机 11 台、个人自助查询机 327 台，全年提供信用报告查询 204 万次。扎实推进农村牧区信用体系建设，截至年末，累计评定信用户 170 万户、信用村 6049 个、信用乡镇 363 个。年末，普惠型农户贷款余额 1392 亿元，其中信用贷款余额 523 亿元。加大中征应收账款融资服务平台推广应用，全年促成融资 199 亿元。

2. 支付系统稳定高效运行，支付服务能力明显增强。2022 年，内蒙古大小额支付系统共处理业务 1 亿笔，金额 56.9 万亿元，同比分别增长 24.3% 和 16.4%。移动支付普惠进程积极推进，全区银行业统一标准的条码商户达 17 万户。老年人支付便利化水平稳步提升，开通老年人支付服务“绿色通道”或配备助老设施的银行网点占比为 95.1%。农村牧区支付服务逐步改善，全区农村牧区支付服务村级行政区覆盖率达 100%。

3. 强化金融知识普及宣传，有效维护金融消费者权益。积极开展金融知识宣传活动，建立省级金融教育示范基地 1 家、地市级金融教育示范基地 13 家。深入社区、工业园区、牧区、校园广泛开展反假货币宣传活动，普及反洗钱知识，进一步提高社会公众风险防范意识。充分运用“12363 热线”，全流程督导金融机构规范处理投诉，受理投诉案件办结率达 100%。持续推进金融纠纷多元化解机制建设，年末共有 8 个盟市、23 个旗县成立金融纠纷调解组织，调解金融纠纷案件 2460 件。

二、经济运行情况

2022 年，内蒙古经济运行呈现稳中向好、进中提质的良好发展态势，全年实现地区生产总值 2.3 万亿元，同比增长 4.2%，高于全国 1.2 个百分点。人均地区生产总值首次突破 9 万元，达到 96474 元。第一、第二和第三产业增加值同比分别增长 4.3%、6.5% 和 2.2%。

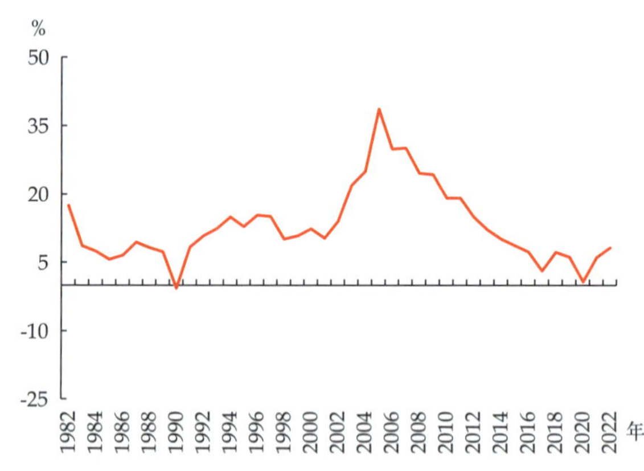

图 6　地区生产总值增长率

（数据来源：内蒙古统计局）

（一）需求结构持续优化，投资拉动作用增强

1. 固定资产投资快速增长，重大项目建

设推进有力。2022 年，内蒙古固定资产投资（不含农户）同比增长 17.6%，高于全国 12.5 个百分点。分领域看，基础设施投资同比增长 35.3%，对全部投资增长的贡献率为 69.6%；制造业投资同比增长 42.6%，占全部投资的比重为 24.7%。重大项目支撑作用明显，10 亿元及以上施工项目完成投资额同比增长 48.9%，占全部投资的比重为 46.5%，同比提高 9.8 个百分点。投资结构持续优化，高技术产业投资同比增长 49.2%，其中高技术制造业投资增长 91.6%。新能源产业投资同比增长 79.0%，拉动全部投资增长 12.7 个百分点，占全部投资比重较上年提高 8.4 个百分点。其中，风力发电投资和太阳能发电投资分别增长 71.1% 和 227.5%，新能源装备制造业投资增长 1.3 倍。

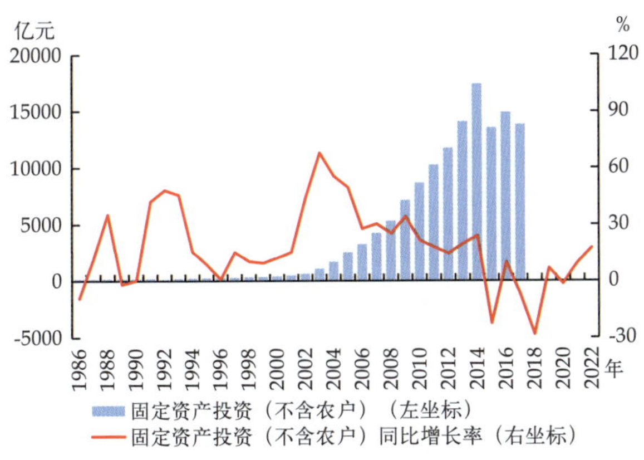

图 7　固定资产投资（不含农户）及其增长率

（数据来源：内蒙古统计局）

2. 民生消费增长较快，消费升级态势明显。2022 年，受疫情影响，内蒙古社会消费品零售总额 4971 亿元，同比下降 1.8%，其中餐饮收入下降 12.8%。基本民生消费增长较快，限额以上单位粮油食品类、日用品类和中西药品类商品零售额同比分别增长 24.2%、16.3% 和 12.8%。线上消费等新型消费发展态势较好，限额以上单位通过网络实现的商品零售额同比增长 75.8%。升级类消费需求加快释放，全年限额以上新能源汽车类商品零售额 40 亿元，同比增长 1.9 倍，零售额创历史新高。

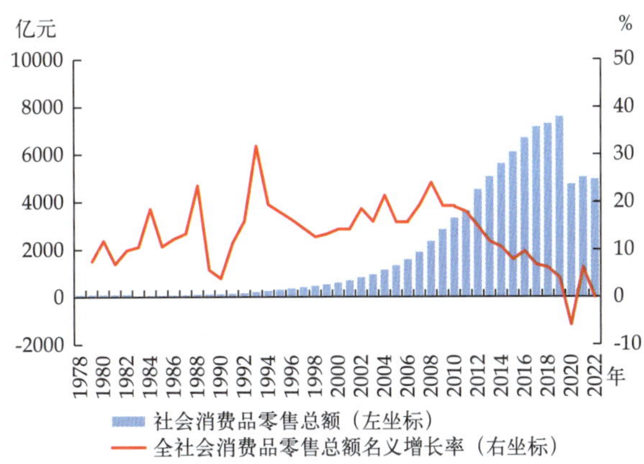

图 8　社会消费品零售总额及其增长率

（数据来源：内蒙古统计局）

3. 进出口规模创新高，实际利用外资增长较快。2022 年，内蒙古外贸进出口总额 1524 亿元，同比增长 23.2%，高于全国 15.5 个百分点。其中，出口总额 630 亿元，同比增长 31.9%；进口总额 893 亿元，同比增长 17.8%。对"一带一路"共建国家进出口额达 936 亿元，同比增长 29.6%，占全区进出口总额的比重为 61.4%，较上年提高 3.3 个百分点。机电产品和高新技术产品进出口额同比分别增长 68.9% 和 32.2%，占全区外贸的比重同比分别提高 3.8 个和 5.6 个百分点。口岸运量恢复增长，全区口岸进出境货运量 5842 万吨，同比增长 14.7%。过境中欧班列 7337 列，同比增长 19.1%。全年实际利用外资 5 亿美元，同比增长 70.6%。

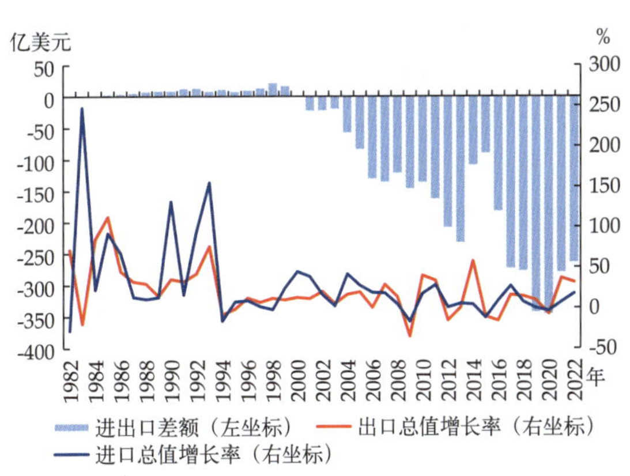

图 9　外贸进出口变动情况

（数据来源：内蒙古统计局）

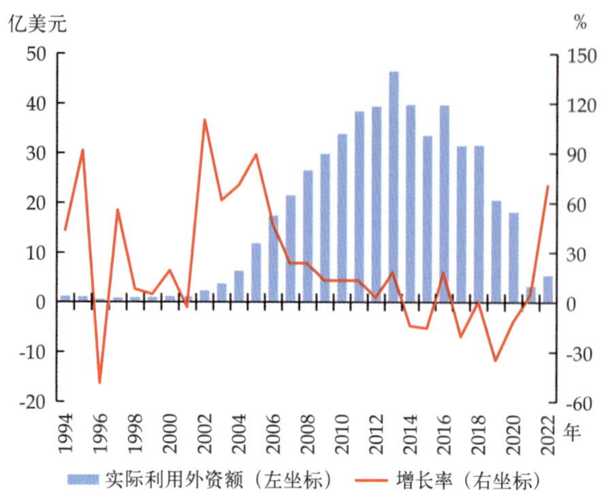

图 10　实际利用外资额及其增长率

（数据来源：内蒙古统计局）

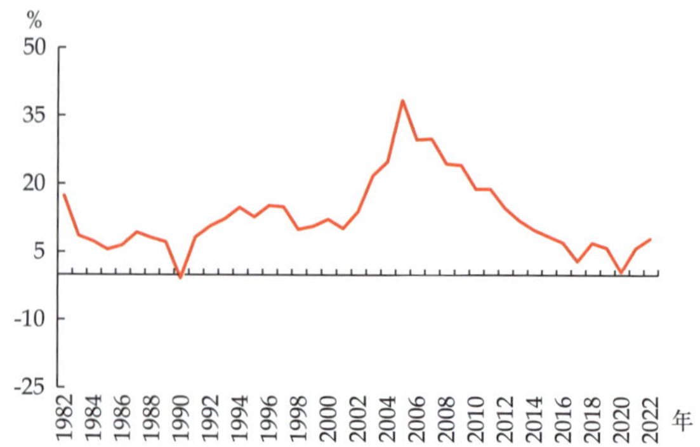

图 11　规模以上工业增加值实际增长率

（数据来源：内蒙古统计局）

（二）三次产业运行平稳，产业转型积极推进

1. 农业生产稳中有进，畜牧业生产稳定提升。2022 年，内蒙古聚焦国家重要农畜产品生产基地建设，完成 400 万亩高标准农田建设和大豆、油料扩种任务，全年粮食总产量达 780 亿斤，实现“十九连丰”，产量再创新高。畜牧业生产实现“十八连稳”，全年猪牛羊禽肉产量达 278 万吨，同比增长 2.8%。牛奶产量 734 万吨，奶牛存栏量 159 万头，同比分别增长 9.0% 和 10.9%。

2. 工业转型升级加快，能源保供稳定有力。2022 年，内蒙古规模以上工业增加值同比增长 8.1%，高于全国 4.5 个百分点。其中，制造业增加值同比增长 10.9%。新产业新产品保持快速增长，战略性新兴产业、高技术制造业和新能源装备制造业增加值同比分别增长 19.9%、33.6% 和 75.3%；非煤产业增加值同比增长 8.3%，占规模以上工业增加值的比重为 58.5%；单晶硅、多晶硅、风力发电机组和稀土化合物同比分别增长 25.7%、108.7%、56.9% 和 22.7%。全区原煤产量达 12 亿吨，有力保障全国用煤需求。发电量达 6619 亿千瓦时，占全国的 7.7%。

3. 服务业保持增长，服务业企业经营水平提升。2022 年，内蒙古服务业增加值同比增长 2.2%，占地区生产总值的比重为 40.0%，对经济增长贡献率为 25.8%。交通运输、仓储和邮政业增加值增长 3.5%，信息传输软件和信息技术服务业、金融业增加值同比分别增长 11.6% 和 5.3%。服务业企业营业收入持续增长，全年规模以上服务业企业营业收入同比增长 7.3%，利润总额同比增长 31.1%。

4. 供给侧结构性改革持续深化，高质量发展加速推进。全年自治区级权力事项取消 72 项、下放 679 项。能源利用效率持续提升，全年规模以上工业综合能源消费量同比下降 2.8%。全年新增减税降费、留抵退税、缓缴税费超 600 亿元，年末规模以上工业企业资产负债率同比下降 2.1 个百分点。持续深化“科技兴蒙”行动，综合科技创新水平指数首次进入全国中等创新地区梯队。国家乳业技术创新中心、巴彦淖尔国家农业高新技术产业示范区、鄂尔多斯国家可持续发展议程创新示范区获批。

5. 生态安全屏障日益牢固，绿色转型发展迈出新步伐。2022 年，环境空气质量平均优良天数比例达 92.9%，同比上升 3.3 个百分点。黄河、“一湖两海”、察汗淖尔等重点河湖流域治理成效显著，121 个国家地表水考核断面中，水质优良断面占比达 76.0%，同比上升 3.1 个百分点。全年完成营造林面积 38 万公顷，年末森林覆盖率达到 23.0%。新能源产业布局提速增效，新能源电力装机容量和发电量再创新高，全年新增装机 2000 万千瓦，建设 6 类市场化应用场景超 3000 万千瓦。年末全区 6000 千瓦及以上电厂新能源装机容量占发电装机容量的比重达 36.2%，新能源发电量占全部发电量的比重达 20.2%。完善“双碳”政策体系，创建智慧园区 55 个、低碳园区 4 个、零碳园区 2 个。

（三）物价水平温和上涨，居民收入稳定增长

1. 居民消费价格基本稳定，工业生产者价格涨幅回落。2022 年，内蒙古居民消费价格同比上涨 1.8%，低于全国水平 0.2 个百分点。除交通和通信类价格涨幅达到 5.8% 以外，其余七类涨幅均在 2.0% 以内。扣除食品和能源价格的核心消费价格指数同比上涨 0.6%，整体物价水平温和可控。保供稳价措施持续显效，大宗商品价格总体回落。全区工业生产者出厂价格同比上涨 8.6%，涨幅同比回落 19.8 个百分点，其中黑色金属冶炼及压延加工业价格同比下降 5.3%。工业生产者购进价格同比上涨 11.2%，涨幅同比回落 16.8 个百分点。

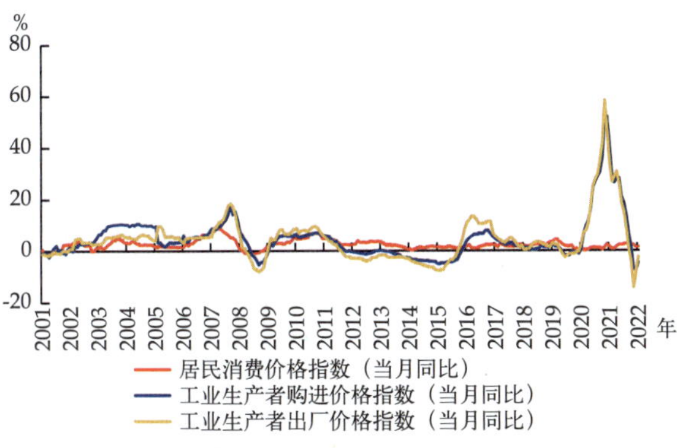

图 12 居民消费价格指数和工业生产者价格指数变动趋势

（数据来源：内蒙古统计局）

2. 就业形势总体稳定，居民收入保持增长。2022 年，城镇新增就业 21 万人，完成年度计划的 103%。离校未就业高校毕业生就业去向落实率达 93.4%，农牧民转移就业 259 万人、脱贫人口就业 21 万人，重点群体就业指标均超额完成。居民收入保持增长，全体居民人均可支配收入同比增长 5.3%，高于全国 0.3 个百分点。农村居民收入增速继续快于城镇居民，城镇和农村牧区居民人均可支配收入同比分别增长 4.3% 和 7.1%。城乡居民收入相对差距缩小，全年城乡收入比为 2.36，同比缩小 0.06。

（四）财政收入较快增长，重点领域保障有力

2022 年，内蒙古一般公共预算收入 2824 亿元，同比增长 20.2%，高于全国 19.6 个百分点。其中，税收收入 2134 亿元，同比增长 27.7%。一般公共预算支出 5885 亿元，同比增长 12.3%。民生支出 4522 亿元，同比增长 10.3%，占一般公共预算支出的 76.8%。其中，教育、社保与就业、卫生健康、交通运输支出分别增长 8.2%、12.5%、18.8% 和 2.3%。财力下沉力度加大，全年下达基层财力性转移支付资金 1484 亿元，同比增长 27%，总量和增量均为历年最高水平。

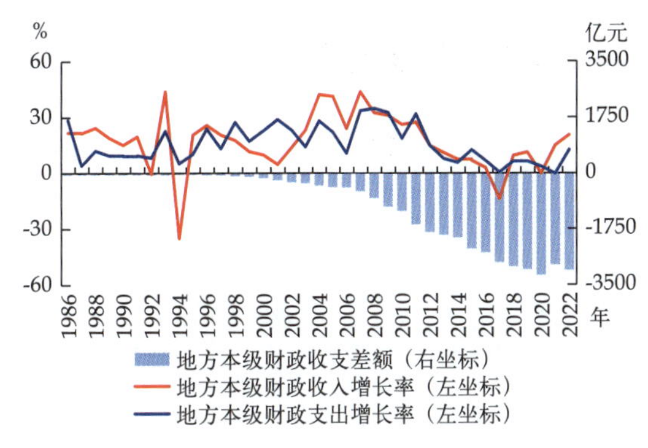

图 13 财政收支状况

（数据来源：内蒙古统计局）

（五）房地产市场供需转弱，运行总体平稳

2022 年，内蒙古房地产开发投资完成额 978 亿元，其中住宅开发投资完成额 771 亿元，房地产开发投资力度有所收缩。全年商品房竣工面积 1101 万平方米，同比上升 4.6%，其中

住宅竣工面积同比上升6.1%。商品房销售面积1381万平方米，商品房销售额868亿元，房地产市场交易量较上年回落。

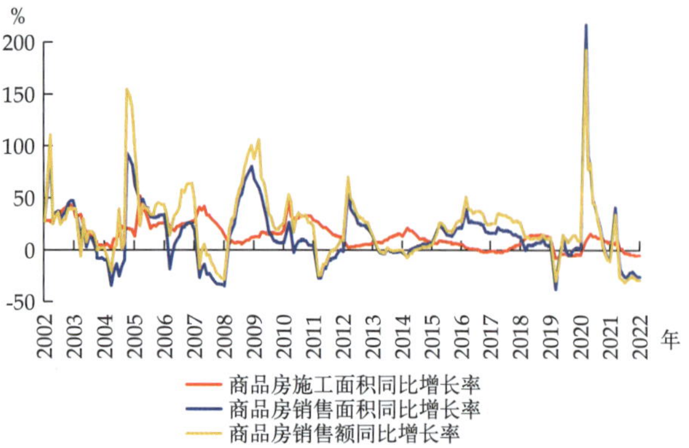

图14　商品房施工和销售变动趋势

（数据来源：内蒙古统计局）

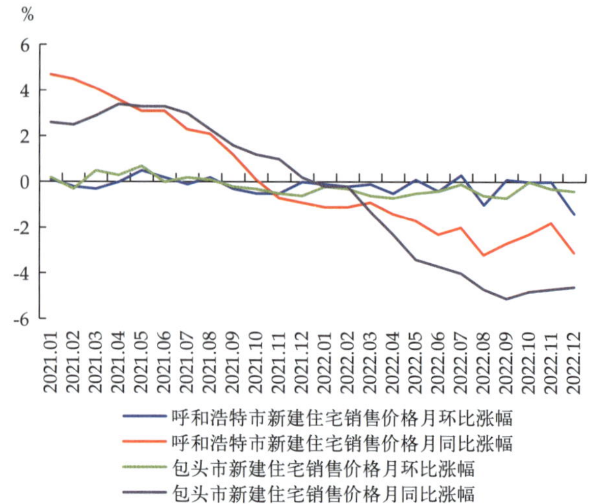

图15　主要城市新建住宅销售价格变动趋势

（数据来源：内蒙古统计局）

专栏2　发力绿色金融　赋能绿色发展

2022年以来，人民银行呼和浩特中心支行认真贯彻习近平总书记关于内蒙古重要讲话和重要指示批示精神，坚持走以生态优先、绿色发展为导向的高质量发展新路子，凝聚各方力量，不断提升金融支持内蒙古绿色低碳发展"加速度"，助力建设我国北方重要生态安全屏障。2022年末，全区绿色贷款余额3507亿元，同比增长30.6%，高于上年末6.6个百分点；较年初增加803亿元，同比多增313亿元。

一、健全政策体系，发挥绿色金融发展合力

结合内蒙古实际，制定并印发《中国人民银行呼和浩特中心支行关于金融支持内蒙古绿色低碳转型发展的通知》《中国人民银行呼和浩特中心支行关于加强金融支持黄河流域生态保护和高质量发展及呼包鄂乌一体化发展的通知》《中国人民银行呼和浩特中心支行关于推进全区绿色金融工作的指导意见》，组织开展金融"贷"动绿色发展专项行动，引导金融机构跟进对接企业绿色融资需求，加大对风电光伏等可再生能源和煤炭清洁高效利用重点领域的信贷支持力度。内蒙古8个项目纳入国家第一批风电光伏基地，共规划产能风电容量1730万千瓦、光伏290万千瓦。2022年，全区金融机构对8个项目实现授信全覆盖，授信1081亿元，发放项目贷款53亿元。

二、用好政策工具，激发绿色金融发展活力

人民银行呼和浩特中心支行向政府部门、金融机构及时宣传碳减排支持工具和支持煤炭清洁高效利用专项再贷款政策，通过联席会议、座谈会、推进会等方式，多层面传达政策精神和工作要求，推动政策工具落实落地。2022年，全区15家金融机构运用碳减排支持工具发放贷款329亿元，加权平均利率3.10%，带动碳减排量1200万吨，支持风力发电、太阳能利用、抽水蓄能等领域企业148家；7家金融机构运用支持煤炭清洁高效利用专项再贷款发放贷款188亿元，加权平均利率3.62%，支持自治区煤炭领域企业29家。2022年末，全区获得碳减排支持工具和支持煤炭清洁高效利用专项再贷款余额占全国的比重分别为6.4%和23.2%。

三、丰富金融产品，汇聚绿色金融发展动力

围绕绿色融资的难点、堵点，指导金融机构做实服务、做精产品，先后推出“节能容易贷”“绿色产业贷”等13项绿色信贷产品，探索开展以草原碳汇收益权、公益林补偿收益权和碳排放权质押等多种担保方式解决绿色企业融资难题，相关领域贷款保持快速增长。2022年末，全区清洁能源产业贷款余额1767亿元，同比增长61.1%；生态环境产业贷款余额338亿元，同比增长39.1%。指导内蒙古银行挂牌成立循环经济支行，围绕新能源产业、新材料产业、环保产业制订专属金融服务方案。举办内蒙古地区债券业务交流会，鼓励金融机构为更多符合条件的非金融企业发行绿色债务融资工具。2022年，全区发行绿色债券金额10亿元，绿色企业融资渠道进一步拓宽。

四、强化政策宣传，树立绿色金融发展理念

举办“聚焦绿色金融 共话双碳发展”线上线下学术研讨会，以“政策宣讲＋现场交流”“座谈走访＋专业讲解”“知识测试＋入企辅导”“阵地宣传＋线上分享”等形式，宣传绿色金融政策和绿色金融标准，引导金融机构践行绿色发展理念，及时优化绿色金融业务。会同自治区工信厅等部门联合举办“十四五”金融支持制造业高端化、智能化、绿色化发展启动仪式暨2022年度推进会，20家银行签订《“十四五”金融支持制造业高端化、智能化、绿色化发展专属融资服务协议》，2家担保公司签订《专属融资担保服务协议》。制作金融机构支持绿色发展金融产品和碳减排支持工具宣传图、绿色低碳信贷产品手册，通过微信公众号广泛向社会各界宣传，提升政策的知晓度和覆盖面。

三、预测与展望

2023年，内蒙古经济发展仍面临诸多困难和挑战。经济总量与能源资源优势不相匹配，产业结构不够优化，要素支撑作用不强，发展方式较为粗放，风险隐患仍然较多。也要看到，内蒙古经济长期稳中向好的发展趋势没有改变，在能源、资源、地缘、幅员等方面的综合优势逐步凸显，内蒙古将抢抓机遇，千方百计做大经济总量、优化经济布局、调整经济结构，坚定不移走以生态优先、绿色发展为导向的高质量发展新路子。

2023年是全面贯彻落实党的二十大精神的开局之年，内蒙古将以习近平新时代中国特色社会主义思想为指导，全面贯彻落实党的二十大精神，坚持稳中求进工作总基调，完整、准确、全面贯彻新发展理念，积极服务和融入新发展格局，着力推动高质量发展，努力完成习近平总书记交给内蒙古的“五大任务”，全方位建设“模范自治区”，把祖国北部边疆这道风景线打造得更加亮丽，为全面建设社会主义现代化国家、全面推进中华民族伟大复兴作出内蒙古贡献。内蒙古金融业将牢固树立金融服务实体经济理念，深入贯彻落实稳健的货币政策要精准有力的要求，突出做好稳增长、稳就业、稳物价工作，持续提升金融服务实体经济质效，为内蒙古落实好“五大任务”和实现高质量发展营造适宜的货币金融环境。

中国人民银行内蒙古自治区分行货币政策分析小组

总　　纂：闫先东　李庆旗

统　　稿：李永泽　李　雄　高国鹏　杨铁牛

执　　笔：刘　欣　陈　璐　马　茹　吕明旭　那木拉　张利宏　张海波　杨凡凡　王　千　陈朝雅　倪　嘉　曹梦月　李倩倩　王　源

提供材料：郭鹏宇　张佳伟　焦涛峰　赵　琳　李梦瑶　葛腾腾　乌　兰　贾文慧　任一凡　卢晓荷　李智蕾　高松华　包　珺　张　丽（国库处）张　丽（反洗钱处）

附录：

（一）2022 年内蒙古自治区经济金融大事记

1 月 15 日，国家乳业技术创新中心获批，为中国乳业唯一的国家级技术创新中心。

2 月 10 日，科技部火炬中心批复同意内蒙古稀土高新区成为科技部科技金融创新服务“十百千万”专项行动首批实施单位。

2 月 21 日，内蒙古工业经济高质量发展大会在呼和浩特市召开。

3 月 28 日，内蒙古首单森林碳汇保险在呼伦贝尔鄂温克旗试点落地。

4 月 28 日，巴彦淖尔国家农业高新技术产业示范区获批，成为内蒙古首家国家农业高新技术产业示范区。

4 月 29 日，内蒙古土地抵押贷款线上金融产品暨数字农牧业综合服务平台正式上线，助力金融支持自治区乡村振兴和农牧业高质量发展。

7 月 12—13 日，内蒙古经济社会高质量发展座谈会在呼和浩特召开。

7 月 12 日，伊利现代智慧健康谷全球智能制造产业园投产。

9 月 30 日，内蒙古欧晶科技股份有限公司首次公开发行股票并在深交所主板挂牌上市，成为内蒙古首家上市的新能源企业，也是国内石英坩埚生产领域第一家上市公司。

12 月 28 日，库布其沙漠鄂尔多斯中北部新能源基地项目开工建设，是在沙漠、戈壁、荒漠地区开发建设的全球最大规模风电光伏基地项目。

（二）内蒙古自治区主要经济金融指标

表 1　2022 年内蒙古自治区主要存贷款指标

	项目	1 月	2 月	3 月	4 月	5 月	6 月	7 月	8 月	9 月	10 月	11 月	12 月
本外币	金融机构各项存款余额（亿元）	28610.7	28927.3	29664.8	29897.4	30523.8	30630.7	31048.9	31333.0	31486.9	32076.4	32640.3	32419.5
	其中：住户存款	17832.5	17829.7	18368.7	18252.0	18339.1	18735.1	18710.1	18847.7	19243.5	19191.6	19611.9	20240.9
	非金融企业存款	5724.6	5778.5	5950.8	6251.5	6333.2	6331.9	6570.4	6839.4	6705.2	7029.3	7137.2	6808.1
	各项存款余额比上月增加（亿元）	964.5	316.5	737.5	232.6	626.4	106.9	418.2	284.2	153.9	589.5	563.9	-220.8
	金融机构各项存款同比增长（%）	11.3	12.8	13.6	14.5	16.4	15.2	16.8	16.2	16.1	18.3	19.3	17.3
	金融机构各项贷款余额（亿元）	25362.6	25427.9	25818.1	25834.8	26028.6	26346.5	26467.7	26493.6	26732.6	26594.2	26667.6	26958.6
	其中：短期	6565.7	6532.9	6679.6	6668.6	6715.9	6790.4	6769.8	6706.4	6700.2	6585.0	6530.5	6541.0
	中长期	17265.2	17319.5	17503.0	17475.0	17560.0	17754.3	17863.7	17958.7	18151.0	18146.4	18196.5	18375.9
	票据融资	1471.2	1511.3	1578.4	1619.0	1682.6	1729.5	1760.8	1792.6	1847.9	1828.1	1912.0	2012.8
	各项贷款余额比上月增加（亿元）	345.6	65.4	390.1	16.8	193.8	318.0	121.2	25.9	239.0	-138.4	73.4	290.9
	其中：短期	56.2	-32.8	146.7	-11.0	47.3	74.4	-20.6	-63.4	-6.1	-115.3	-54.5	10.6
	中长期	201.8	54.3	183.5	-28.1	85.0	194.2	109.5	95.0	192.3	-4.6	50.1	179.4
	票据融资	83.3	40.1	67.1	40.6	63.6	46.9	31.4	31.8	55.3	-19.9	83.9	100.8
	金融机构各项贷款同比增长（%）	7.3	7.0	7.4	6.9	7.0	7.0	7.3	6.8	7.2	6.4	6.8	7.8
	其中：短期	2.6	2.1	1.2	1.7	2.3	1.9	2.4	1.0	1.0	-0.8	2.0	0.5
	中长期	7.9	7.3	7.3	6.1	5.6	6.0	5.9	5.9	6.2	5.9	13.7	7.7
	票据融资	30.1	33.3	51.9	54.6	59.3	52.5	58.4	56.5	61.4	56.5	57.1	45.0
	建筑业贷款余额（亿元）	727.8	727.8	738.3	741.7	744.1	746.4	749.4	737.4	755.6	755.2	750.1	728.7
	房地产业贷款余额（亿元）	481.2	481.8	480.8	484.1	480.9	463.1	460.3	462.7	460.9	455.6	462.9	466.8
	建筑业贷款同比增长（%）	6.2	5.4	5.9	5.6	-3.2	-3.0	-5.7	-7.5	-5.7	1.7	1.3	2.2
	房地产业贷款同比增长（%）	1.0	1.5	0.4	1.6	-0.1	-3.5	-6.6	-5.9	-6.8	-6.8	-4.7	-3.4
人民币	金融机构各项存款余额（亿元）	28478.4	28803.8	29556.6	29791.6	30414.1	30520.1	30938.0	31227.6	31390.9	31968.7	32539.9	32313.6
	其中：住户存款	17787.6	17785.9	18324.1	18205.6	18292.4	18687.8	18662.0	18800.7	19195.9	19144.1	19565.0	20195.3
	非金融企业存款	5681.3	5727.6	5896.1	6201.2	6279.0	6279.1	6519.2	6789.9	6664.3	6974.0	7088.7	6753.9
	各项存款余额比上月增加（亿元）	944.4	325.4	752.8	235.0	622.4	106.1	417.9	289.5	163.3	577.9	571.2	-226.2
	其中：住户存款	642.2	-1.7	538.2	-118.5	86.8	395.4	-25.8	138.7	395.1	-51.8	421.0	630.2
	非金融企业存款	-55.4	46.3	168.4	305.1	77.8	0.1	240.1	270.7	-125.6	309.8	114.7	-334.8
	各项存款同比增长（%）	11.2	12.7	13.6	14.5	16.5	15.1	16.8	16.2	16.1	18.4	19.4	17.4
	其中：住户存款	14.5	11.9	12.1	13.7	14.4	14.7	15.6	16.0	15.8	16.6	17.8	17.8
	非金融企业存款	12.1	15.9	16.2	19.0	20.4	20.3	23.7	27.5	23.9	27.8	24.4	17.7
	金融机构各项贷款余额（亿元）	25316.1	25380.5	25774.5	25786.8	25979.9	26299.0	26423.1	26447.6	26687.8	26550.2	26625.6	26919.0
	其中：个人消费贷款	4809.1	4781.8	4835.9	4854.2	4890.9	4939.3	4966.7	5005.7	5050.5	5020.3	5020.9	5022.9
	票据融资	1471.2	1511.3	1578.4	1619.0	1682.6	1729.5	1760.8	1792.6	1847.9	1828.1	1912.0	2012.8
	各项贷款余额比上月增加（亿元）	351.1	64.4	394.0	12.3	193.1	319.1	124.1	24.5	240.2	-137.6	75.4	293.4
	其中：个人消费贷款	52.2	-27.3	54.0	18.3	36.7	48.4	27.3	39.0	44.8	-30.2	0.6	2.0
	票据融资	83.3	40.1	67.1	40.6	63.6	46.9	31.4	31.8	55.3	-19.9	83.9	100.8
	金融机构各项贷款同比增长（%）	7.5	7.1	7.5	7.0	7.1	7.1	7.4	6.9	7.3	6.5	6.8	7.8
	其中：个人消费贷款	12.4	11.4	10.4	9.4	9.0	8.7	8.3	8.0	7.8	6.3	5.7	5.7
	票据融资	30.1	33.3	51.9	54.6	59.3	52.5	58.4	56.5	61.4	56.5	57.1	45.0
外币	金融机构外币存款余额（亿美元）	20.8	19.5	17.0	16.0	16.5	16.5	16.4	15.3	13.5	15.0	14.0	15.2
	金融机构外币存款同比增长（%）	43.3	29.2	17.4	8.8	6.6	18.3	12.6	0.4	-11.9	-1.8	-22.2	-13.6
	金融机构外币贷款余额（亿美元）	7.3	7.5	6.9	7.3	7.3	7.1	6.6	6.7	6.3	6.1	5.9	5.7
	金融机构外币贷款同比增长（%）	-41.3	-18.9	-30.2	-33.3	-29.2	-22.2	-33.4	-26.8	-26.8	-30.6	-32.6	-30.2

数据来源：中国人民银行呼和浩特中心支行。

表 2　2001—2022 年内蒙古自治区各类价格指数

单位：%

时间	居民消费价格指数		农业生产资料价格指数		工业生产者购进价格指数		工业生产者出厂价格指数	
	当月同比	累计同比	当月同比	累计同比	当月同比	累计同比	当月同比	累计同比
2001	—	2.1	—	-2.2	—	0.2	—	0.4
2002	—	-0.3	—	4.1	—	-0.9	—	-2.3
2003	—	1.7	—	0.8	—	1.6	—	0.5
2004	—	4.9	—	10.9	—	10.3	—	5.4
2005	—	1.7	—	7.2	—	9.3	—	4
2006	—	2.3	—	3.3	—	4.3	—	1.9
2007	—	5.9	—	9.0	—	5.7	—	3.9
2008	—	5.1	—	16.6	—	12.4	—	9.3
2009	—	0.8	—	1.2	—	-4.7	—	-3.5
2010	—	3.2	—	3.6	—	6.1	—	5.0
2011	—	5.3	—	12.4	—	12.6	—	7.3
2012	—	2.5	—	4.7	—	0.0	—	-1.4
2013	—	2.8	—	1.4	—	-0.8	—	-1.3
2014	—	1.6	—	-1.2	—	-1.3	—	-1.3
2015	—	1.5	—	1.5	—	-3.3	—	-3.6
2016	—	1.9	—	3.7	—	-1.2	—	-1.1
2017	—	1.4	—	-0.2	—	8.3	—	6.5
2018	—	1.7	—	1.8	—	5.3	—	3.6
2019	—	3.2	—	9.0	—	0.6	—	0.4
2020	0.4	1.9	0.5	3.2	0.4	-0.5	2.4	-0.3
2021	1.4	0.9	—	—	41.3	28.0	34.1	28.5
2022	1.5	1.8	—	—	-4.7	11.2	-2.5	8.6
2021　1	-0.1	-0.1	—	—	6.6	6.6	7.2	7.2
2	0.3	0.1	—	—	9.6	8.1	7.8	7.5
3	0.3	0.2	—	—	11.4	9.2	10.6	8.5
4	0.0	0.3	—	—	16.5	11.0	17.2	10.7
5	1.1	0.5	—	—	24.6	13.6	25.2	13.5
6	0.9	0.5	—	—	26.8	15.8	27.8	15.8
7	1.0	0.6	—	—	28.8	17.6	29.6	17.8
8	0.7	0.6	—	—	30.4	19.2	35.1	20.0
9	0.2	0.6	—	—	36.0	21.1	41.7	22.4
10	1.3	0.6	—	—	51.3	24.2	58.2	26.0
11	2.4	0.8	—	—	51.9	26.8	46.8	27.9
12	1.4	0.9	—	—	41.3	28.0	34.1	28.5
2022　1	0.6	0.6	—	—	29.7	29.7	26.6	26.6
2	0.6	0.6	—	—	26.4	28.0	28.5	27.6
3	1.5	0.9	—	—	28.0	28.0	30.6	28.6
4	2.1	1.2	—	—	28.0	28.0	26.2	27.9
5	2.1	1.4	—	—	21.1	26.5	18.7	26.0
6	2.6	1.6	—	—	18.6	25.1	15.1	24
7	2.5	1.7	—	—	14	23.4	8.9	21.6
8	2.3	1.8	—	—	6.9	21.1	0.8	18.7
9	2.6	1.9	—	—	1.7	18.6	-4.1	15.8
10	2	1.9	—	—	-6.7	15.5	-14.3	12
11	1.3	1.8	—	—	-7.8	12.9	-8.5	9.8
12	1.5	1.8	—	—	-4.7	11.2	-2.5	8.6

数据来源：内蒙古统计局、《中国经济景气月报》。

表 3　2022 年内蒙古自治区主要经济指标

项目	1月	2月	3月	4月	5月	6月	7月	8月	9月	10月	11月	12月
	绝对值（自年初累计）											
地区生产总值（亿元）	—	—	5078.4	—	—	10465.0	—	—	16209.0	—	—	23158.7
第一产业	—	—	168.6	—	—	373.7	—	—	769.5	—	—	2653.7
第二产业	—	—	2514.6	—	—	5365.0	—	—	8164.1	—	—	11241.8
第三产业	—	—	2395.3	—	—	4726.5	—	—	7275.0	—	—	9263.1
工业增加值（亿元）	—	—	—	—	—	—	—	—	—	—	—	9703.8
固定资产投资（亿元）	—	—	—	—	—	—	—	—	—	—	—	—
房地产开发投资	—	29.9	95.8	155.9	260.3	431.7	550.6	679.9	818.9	890.3	946.1	978.3
社会消费品零售总额（亿元）	—	—	—	—	—	—	—	—	—	—	—	4971.4
外贸进出口总额（亿元）	—	187.2	298.1	414.9	546.0	680.7	812.7	946.1	1073.4	1198.3	1334.9	1523.6
进口	—	105.8	166.8	230.0	240.1	292.5	346.3	546.8	628.6	707.2	783.6	893.3
出口	—	81.4	131.3	184.9	305.9	388.2	466.4	399.3	444.9	491.1	551.3	630.3
进出口差额（出口－进口）	—	-24.4	-35.5	-45.1	65.8	95.7	120.1	-147.5	-183.7	-216.1	-232.3	-263.0
实际利用外资（亿元）	0.0	0.3	4.3	4.4	4.5	5.1	5.1	5.2	5.2	5.2	5.2	5.4
地方财政收支差额（亿元）	-27.2	16.0	-286.5	-540.3	-738.4	-1206.4	-1453.0	-1720.7	-2128.2	-2218.8	-2486.8	-3060.7
地方财政收入	408.5	673.7	915.9	1128.3	1350.0	1576.2	1861.5	2054.7	2234.6	2436.7	2630.7	2824.4
地方财政支出	435.7	657.7	1202.4	1668.6	2088.4	2782.6	3314.5	3775.3	4362.8	4655.5	5117.5	5885.1
城镇登记失业率（%）（季度）	—	—	—	—	—	—	—	—	—	—	—	—
	同比累计增长率（%）											
地区生产总值	—	—	5.8	—	—	4.3	—	—	5.0	—	—	4.2
第一产业	—	—	8.3	—	—	3.5	—	—	4.4	—	—	4.3
第二产业	—	—	7.9	—	—	7.0	—	—	7.3	—	—	6.5
第三产业	—	—	4.1	—	—	2.3	—	—	3.2	—	—	2.2
工业增加值	—	4.9	7.3	7.9	8.5	8.4	8.6	8.6	8.9	8.9	8.7	8.1
固定资产投资	—	91.8	59.6	35.7	32.2	33.9	30.4	26.7	24.9	22.8	19.8	17.6
房地产开发投资	—	64.6	20.1	-11.7	-13.2	-8.5	-12.2	-15.1	-15.3	-18.9	-20.7	-20.7
社会消费品零售总额	—	6.4	1.7	-0.1	-0.8	-0.2	0.4	1.2	1.4	-0.3	-1.7	-1.8
外贸进出口总额	—	-4.7	-0.6	7.4	12.6	17.3	19.8	20.4	20.3	19.6	19.5	23.2
进口	—	-17.8	-12.8	-4.8	31.2	32.6	34.4	12.5	14.2	14.3	13.8	17.8
出口	—	20.4	20.9	27.8	1.3	8.0	10.9	33.1	30.2	28.0	28.7	31.9
实际利用外资	—	-79.4	203.2	178.6	177.6	209.2	186.8	160.1	161.1	99.1	83.4	70.6
地方财政收入	62.5	66.7	64.3	48.9	39.8	36.6	34.0	31.7	28.3	24.2	22.1	20.2
地方财政支出	53.7	3.4	12.8	13.9	11.8	14.3	17.7	16.0	17.9	14.1	13.9	12.3

数据来源：内蒙古统计局。

辽宁省金融运行报告（2023）

中国人民银行辽宁省分行[①]
货币政策分析小组

［内容摘要］2022年，辽宁省坚持以习近平新时代中国特色社会主义思想为指导，全面贯彻落实党的十九大、十九届历次全会和党的二十大精神，坚持稳中求进工作总基调，完整、准确、全面贯彻新发展理念，主动服务和融入新发展格局，扎实推动高质量发展，坚决落实“疫情要防住、经济要稳住、发展要安全”重要要求，全面落实国务院稳经济一揽子政策和接续措施，及时出台稳经济、稳工业、稳服务业等系列政策举措，高效统筹疫情防控和经济社会发展，千方百计稳住经济基本盘。2022年，辽宁省经济运行回稳向上，主要金融指标稳中向好，地区金融改革稳步推进，防范化解金融风险取得积极成效。

辽宁省经济运行呈现以下特点：一是经济运行回稳向上，工业生产逐步恢复。全年实现地区生产总值2.9万亿元，同比增长2.1%，增速同全国差距较上年收窄1.4个百分点。第一产业增加值2598亿元，同比增长2.8%。粮食产量居历史第二高位。第二产业增加值1.2万亿元，同比下降0.1%。第三产业增加值1.5万亿元，同比增长3.4%。全省工业投资同比增长8.3%，连续21个月保持正增长；工业技改投资同比增长30.7%。部分行业发展持续向好，计算机、通信和其他电子设备制造业增加值同比增长28.5%。二是基础设施投资快速增长，三大需求表现分化。固定资产投资稳定增长，全年同比增长3.6%，继续保持2017年11月以来的正增长态势。基础设施投资同比增长38.8%。全年社会消费品零售总额同比下降2.6%。新型消费稳中有升，实物商品网上零售额同比增长14.2%。对外贸易额持续增长，进出口同比增长2.4%。三是消费价格温和上涨，生产价格涨幅回落。居民消费价格指数（CPI）同比上涨2.0%，工业生产者出厂价格指数（PPI）同比上涨7.9%，较上年下降5.7个百分点。四是居民收入保持增长，农村居民收入增长快于城镇。全省城镇居民及农村居民人均可支配收入同比分别增长2.2%和3.6%。五是创新动能不断增强，发展质效逐步提升。实施“揭榜挂帅”科技攻关项目253个，攻克关键核心技术29项，科技成果本地转化率为54%，认定技术合同成交额同比增长20%，万人有效发明专利15.2件。培育省级“专精特新”中小企业556家、“小巨人”企业310家、制造业单项冠军企业8家、国家专精特新“小巨人”企业76家。

辽宁省金融运行呈现以下特点：一是银行业运行总体平稳。2022年末，全省银行业金融机构本外币各项贷款余额5.4万亿元，同比增长2.2%。全国性银行贷款增速为6.5%。二是社会融资规模保持正增长。2022年，辽宁省社会融资规模增加835亿元。直接融资边际改善。全年未新增违约主体，到期债务融资工具均如期兑付。铁矿行业绿色债务融资工具落地辽宁。全省证券业发展稳中向好，上市公司数量稳步增加。保险业规模稳定增长，风险保障作用进一步显现。三是信贷结构进一步优化。全省制造业中长期贷款同比增长14.5%，普惠小微贷款同比增长14.0%，绿色贷款同比增长18.6%。推动政策性开发性金融工具为省内55个重大项目补

① 自2023年8月18日起，中国人民银行沈阳分行更名为中国人民银行辽宁省分行。本报告主要反映2022年的经济金融情况，正文中涉及的相关机构表述仍沿用2022年名称。

充资本金145亿元，带动总投资1431亿元。四是结构性货币政策工具效能充分释放。通过多款"再贷款+""再贴现+"产品，对餐饮、住宿、文旅等重点领域给予专项额度安排。推动科技创新、交通物流、设备更新改造专项再贷款等新创设结构性货币政策工具加快落地显效。支持金融机构运用碳减排支持工具及各类专项再贷款增加相关领域信贷投放，撬动作用充分显现。五是实体经济融资成本稳中趋降。2022年12月，全省新发放一般贷款加权平均利率为4.35%，同比下降1.05个百分点，连续11个月低于全国平均水平。六是地区金融改革化险稳妥推进。辽宁省城商行和农信机构改革化险工作持续推进，重点机构风险得到有效处置。省级农商行组建工作全面启动，城商行"一行一策"化险改革有序进行。沈阳农商行顺利承接辽阳农商行、太子河村镇银行。七是金融生态环境建设取得新进展。征信服务水平迈上新台阶。全面启动辽宁省地方征信平台互联互通工程，形成对发放首贷、信用贷风险评估的有力支撑。支付系统稳定运行。农村支付服务环境进一步优化，全省共建成服务点2.0万个。金融消费权益保护持续加强。自由贸易试验区贸易投资便利化水平持续提升。

2023年，辽宁省金融部门将继续以习近平新时代中国特色社会主义思想为指导，深入贯彻落实习近平总书记关于东北、辽宁振兴发展的重要讲话和指示批示精神，认真贯彻党的二十大和中央经济工作会议精神，坚持稳中求进工作总基调，精准有力落实好稳健的货币政策，保持信贷总量平稳增长，发挥结构性货币政策工具精准导向作用，全力做好小微企业、乡村振兴等薄弱环节金融服务，强化对制造业、科技创新、绿色发展等重点领域的金融支持，持续推动实体经济综合融资成本下行，稳妥推进地区金融改革化险，为促进地区经济高质量发展和支持辽宁全面振兴新突破营造适宜的货币金融环境。

一、金融运行情况

2022年，面对需求收缩、供给冲击、预期转弱三重压力相互叠加、疫情持续反复冲击、金融改革化险进程加快等复杂局面，全省金融系统顶住压力，踔厉奋发，积极作为，认真落实稳健的货币政策，统筹做好疫情防控和经济社会发展，为稳住经济大盘、助企纾困和经济高质量发展提供了有力支撑。2022年，主要金融指标平稳运行，实体经济融资成本稳中趋降，区域金融改革稳妥推进，重点机构风险得到有效控制。

（一）银行业运行总体平稳

1.资产负债规模增速放缓。2022年末，全省银行业金融机构资产总额10.2万亿元，同比增长4.0%；负债总额9.6万亿元，同比增长4.7%。资产负债规模增速分别较上年同期下降0.2个和0.4个百分点。从资产端看，贷款占比下降。各项贷款余额占资产总额的比重为55.0%，同比下降1个百分点。从负债端看，存款占比提升。各项存款余额占负债总额的比重为78.3%，同比上升2.1个百分点。

表1　2022年银行业金融机构情况

机构类别	营业网点			法人机构（个）
	机构个数（个）	从业人数（人）	资产总额（亿元）	
一、大型商业银行	3127	69837	33696.4	0
二、国家开发银行和政策性银行	83	2413	6185.3	0
三、股份制商业银行	639	16270	10515.1	0
四、城市商业银行	1338	35000	36774.1	14
五、城市信用社	0	0	0	0
六、小型农村金融机构	1899	28645	8584.4	61
七、财务公司	3	164	886.5	2
八、信托公司	0	127	122.9	1
九、邮政储蓄银行	1725	17724	3227.3	0
十、外资银行	38	1155	478.0	0
十一、新型农村金融机构	198	4996	1071.6	66
十二、其他	0	122	94.0	2
合　计	9050	176453	101635.5	146

数据来源：中国人民银行沈阳分行。

2. 住户存款快速增长。 2022年末，全省银行业金融机构本外币各项存款余额7.5万亿元，比年初增加5380亿元，同比增长7.7%。其中，人民币存款余额7.4万亿元，同比增长7.8%。分部门看，非金融企业本外币存款余额1.2万亿元，同比下降4.7%，降幅较上年末收窄3.6个百分点。住户本外币存款余额5.2万亿元，同比增长11.8%，比年初增加5524亿元，占全部新增存款的102.7%。住户定期存款余额4.2万亿元，同比增长12.4%，增速较上年同期提高2.3个百分点。住户结构性存款余额1930亿元，同比减少7.6%。个人大额存单余额4202亿元，同比增长6.6%。

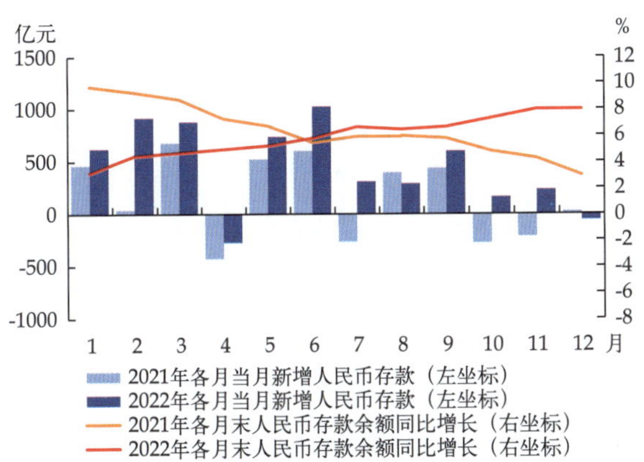

图1　金融机构人民币存款增长变化

（数据来源：中国人民银行沈阳分行）

3. 贷款在多重压力下保持正增长。 2022年末，全省银行业金融机构本外币各项贷款余额5.4万亿元，比年初增加1186亿元，同比增长2.2%，增速较上年同期提高0.5个百分点。其中，人民币贷款余额5.3万亿元，同比增长2.5%。分部门看，住户本外币贷款余额1.4万亿元，同比增长1.0%。其中，住户短期经营贷款增速较快，余额同比增长14.7%，增速较上年同期提高7.9个百分点。企事业单位贷款余额4.0万亿元，同比增长2.6%。从投向看，重点领域贷款增速均达到两位数，信贷结构进一步优化。制造业中长期贷款、普惠小微贷款、绿色贷款同比分别增长14.5%、14.0%和18.6%，分别高于各项贷款增速12.3个、11.8个和16.4个百分点，有力支持了辽宁经济高质量发展。省内55个重大项目利用政策性开发性金融工具补充资本金145亿元，带动总投资1431亿元。创业担保贷款工作持续加强，全年实现余额同比增长11.4%。

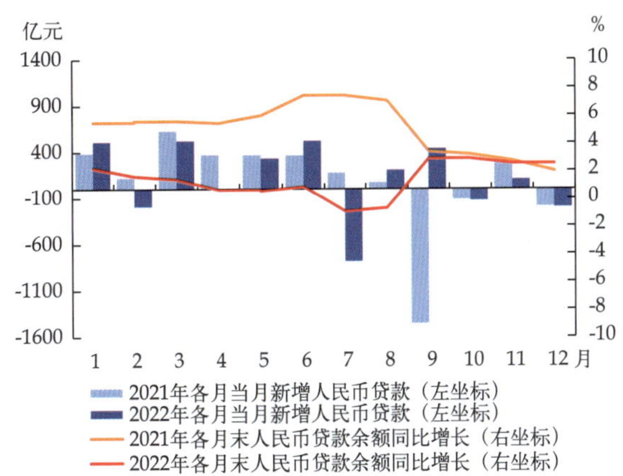

图2　金融机构人民币贷款增长变化

（数据来源：中国人民银行沈阳分行）

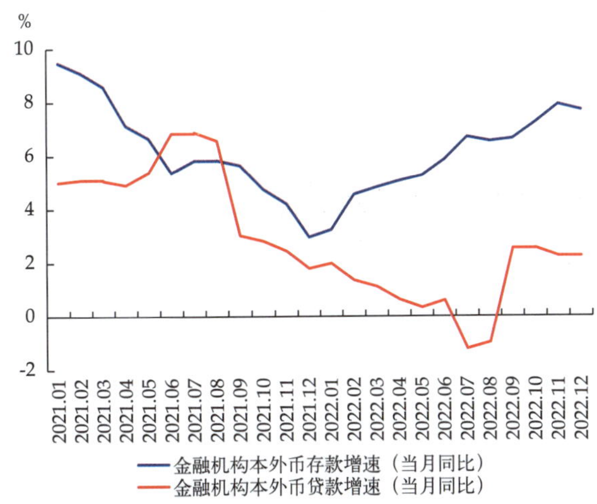

图3　金融机构本外币存贷款增速变化

（数据来源：中国人民银行沈阳分行）

4. 表外融资规模降幅收窄。 以未贴现的银行承兑汇票、信托贷款和委托贷款口径计算，2022年全省表外融资减少1131亿元，较上年少降2140亿元。其中，未贴现的银行承兑汇票全年减少1164亿元，较上年少降1725亿元；信托贷款全年减少10亿元，较上年少降50亿元；委托贷款全年增加43亿元，较上年多增365亿元。

5. 存贷款利率稳中趋降。贷款市场报价利率（LPR）改革效能持续释放，省内 13 家城商行已将 LPR 纳入内部资金转移定价（FTP）体系。2022 年 12 月，全省新发放一般贷款加权平均利率为 4.35%，同比下降 1.05 个百分点，连续 11 个月低于全国平均水平。企业贷款加权平均利率为 3.98%，同比下降 0.93 个百分点。其中，普惠小微企业贷款加权平均利率为 5.45%，同比下降 0.45 个百分点。持续、正面引导全省 125 家地方法人金融机构下调存款执行利率，缩减结构性存款规模 610 亿元，全省地方法人金融机构存款执行利率均已降至 4.00% 以下。

6. 地区金融改革化险稳妥推进。2022 年，辽宁省城商行和农信机构改革化险工作持续推进，重点机构风险得到有效处置。城商行"一行一策"化险改革有序进行，发行专项债 200 亿元用于补充城商行资本。推动沈阳农商行顺利承接辽阳农商行、太子河村镇银行。全面启动省级农商行组建工作，第一批次参与改革的 31 家机构已审议通过相关议案并发布公告。

表 2　2022 年金融机构人民币贷款各利率区间占比

单位：%

项目		1 月	2 月	3 月	4 月	5 月	6 月	7 月	8 月	9 月	10 月	11 月	12 月
合计		100.0	100.0	100.0	100.0	100.0	100.0	100.0	100.0	100.0	100.0	100.0	100.0
LPR 减点		25.4	34.7	29.5	27.2	36.4	35.2	41.7	44.9	36.7	39.3	45.2	48.0
LPR		3.6	6.4	5.8	6.5	5.5	8.4	2.5	3.2	2.8	2.8	2.9	3.2
LPR 加点	小计	71.0	59.0	64.6	66.3	58.1	56.4	55.8	51.8	60.5	57.9	51.9	48.8
	(LPR，LPR+0.5%)	13.3	12.1	15.0	11.1	12.4	10.6	9.7	11.9	12.6	12.2	9.4	10.4
	[LPR+0.5%，LPR+1.5%)	24.1	20.6	18.4	20.7	17.5	16.1	15.1	11.2	15.7	11.9	11.0	11.7
	[LPR+1.5%，LPR+3%)	13.7	11.2	16.4	16.9	15.0	17.0	17.1	15.6	19.3	20.5	19.3	14.2
	[LPR+3%，LPR+5%)	12.0	8.0	11.8	12.2	8.5	9.6	8.5	8.2	8.8	8.7	8.2	9.1
	LPR+5% 及以上	8.0	7.0	2.9	5.5	4.7	3.1	5.4	4.9	4.1	4.6	4.0	3.4

数据来源：中国人民银行沈阳分行。

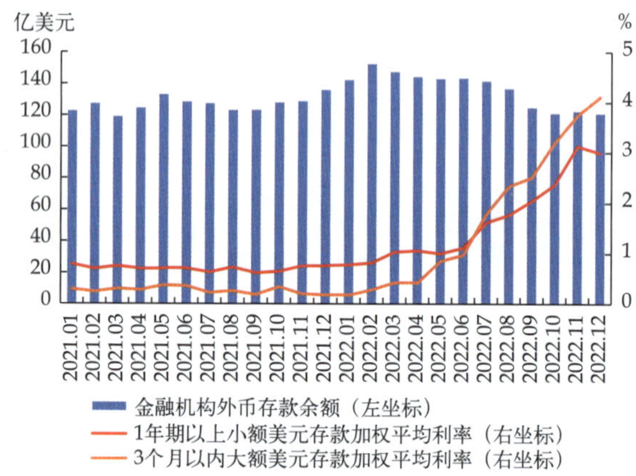

图 4　金融机构外币存款余额及外币存款利率

（数据来源：中国人民银行沈阳分行）

7. 跨境人民币业务结算规模快速增长。2022 年，辽宁省跨境人民币业务结算金额创历史新高，收付金额达 3348 亿元，同比增长 104.4%。重点区域、领域和企业人民币使用意愿不断增强。2022 年，辽宁省与"一带一路"共建国家或地区跨境人民币结算金额 1124 亿元，同比增长 60.0%。深入推进贸易投资人民币结算便利化，试点企业扩大至 114 家，建立优质企业名单异地共享机制。

专栏 1　金融支持辽宁经济稳增长取得积极成效

2022 年，人民银行沈阳分行坚决贯彻落实党中央、国务院重大决策部署，按照人民银行总行工作要求，认真落实稳经济一揽子政策及接续政策措施，全力支持辽宁经济回稳向上和高质量发展。

一、聚焦扩总量，为稳经济大盘提供有力支撑

一是充分发挥国有大行稳盘压舱和预期引导作用。开展“稳信贷·早春行”走访调研活动，对金融机构进行现场督导和集中约谈。制定出台“稳信贷、促增长”指导意见，推动全国性银行信贷投放及早发力、充分发力、精准发力。二是指导推动地方法人银行改革化险和支持实体经济“两手抓”。三是建立健全常态化稳经济政策落实督导机制，通过现场和非现场督导方式，覆盖19家全国性银行和全省14个地市，全省人民银行系统累计走访督导金融机构480余家次。

二、聚焦调结构，为经济高质量发展添动力

一是持续提升央行货币政策工具效能，充分发挥工具的总量撬动作用和结构调整功能。疫情期间，专门下发文件对抗疫保供主体给予再贷款、再贴现工具支持。通过多款“再贷款+”“再贴现+”产品，对重点领域给予专项额度安排。全年为文旅娱乐、住宿餐饮、批发零售等受疫情影响较大行业提供低成本资金128亿元，支持经营主体4433户。二是加大对薄弱环节的支持力度。实施金融服务小微企业敢贷愿贷能贷会贷长效机制建设专项行动，继续做好“金融润苗　兴商兴辽”和“全国个体工商户活动月”活动。督促金融机构通过多种方式对2.1万户企业的2195亿元贷款本息给予延期安排。出台《金融支持巩固拓展脱贫攻坚成果全面推进乡村振兴的实施意见》，开展“信用支撑　金融赋能”乡村振兴服务质效提升专项行动。三是保障高质量发展金融供给。联合8部门出台《完善绿色金融体系助推辽宁绿色低碳发展的实施意见》。开展“金融助百企”科技金融能力提升工程三年（2023—2025年）专项行动。广泛开展银企对接，全年共推动87个重大项目获得银行贷款559亿元。

三、聚焦降成本，持续释放金融政策红利

一是持续推动企业融资成本稳中有降。全面落实普惠小微贷款阶段性减息政策，全省地方法人银行减息规模达到2.1亿元，惠及23.2万户经营主体。持续释放LPR改革效能，鼓励金融机构通过下调贷款利率方式向企业让利。2022年12月，全省新发放一般贷款加权平均利率4.35%，同比下降1.05个百分点。二是高质高效做好增值税留抵退税等减税降费工作，自主开发增值税留抵退税事中监督程序，全省退税效率提高75%~85%。2022年，全省共办理增值税留抵退税10.8万笔，退付资金548亿元，惠及企业8.7万户；处理个税退税业务16亿元。三是坚持“督帮一体”、协调联动，推动小微企业和个体工商户支付手续费降费措施落地见效。2021年9月以来，全省银行及支付机构累计降费4亿元，惠及小微企业和个体工商户115.4万户。

四、聚焦优服务，提升经营主体满意度

一是进一步优化征信服务水平。全面启动辽宁省地方征信平台互联互通工程（以下简称“辽信通”）建设。2022年末，“辽信通”已成功撮合银企融资对接5万余笔，累计融资金额659亿元。二是大力推广资本项目便利化政策，召开多场差异化、针对性强的政策推广会，做好与辖内分支机构、银行、企业等主体的政策解读，截至2022年末，全省通过支付便利化方式支付业务703笔，金额40亿美元，占比为89.0%。

（二）证券业发展稳中向好

1. 上市公司数量稳步增加。2022年末，全省共有境内上市公司86家，同比增加5家。其中，主板市场60家、科创板市场8家、创业板市场15家、北交所3家。全省上市公司总市值8923亿元。2022年末，全省共有法人证券公司3家，证券分公司65家，均与上年持平；共有期货分支机构107家，比上年减少1家；共有登记私募基金管理人136家，比上年减少11家，管理的523只基金产品规模合计225亿元。

表3　2022年证券业基本情况

项目	数量
总部设在辖内的证券公司数（家）	3
总部设在辖内的基金公司数（家）	136
总部设在辖内的期货公司数（家）	0
年末国内上市公司数（家）	86
当年国内股票（A股）筹资（亿元）	170
当年发行H股筹资（亿元）	0
当年国内债券筹资（亿元）	459
其中：短期融资券筹资额（亿元）	147
中期票据筹资额（亿元）	190

数据来源：辽宁证监局、大连证监局。

2. 证券交易规模略有下降。2022年，辽宁省证券交易额10万亿元，同比下降4.2%。2022年，大连商品交易所实现交易量21亿手，同比下降7.3%；成交额123.6万亿元，同比下降12%。

表4　2022年大连商品交易所交易情况

续表

交易品种	累计成交金额（亿元）	同比增长（%）	累计成交量（万手）	同比增长（%）
豆一	20617	-29.6	3486	-29.7
豆二	8366	11.0	1648	-6.6
玉米	38055	-24.6	13436	-29.0
玉米淀粉	14576	-17.3	4620	-18.4
苯乙烯	35466	-5.1	7941	-7.9
乙二醇	53794	-16.3	11740	-3.9
豆粕	127866	3.1	32509	-9.8
豆油	180584	-10.2	18351	-20.0
棕榈油	225174	23.1	24158	6.6
聚乙烯	57394	-2.4	13647	-1.7
聚氯乙烯	102433	27.5	28366	59.9
聚丙烯	70691	-21.5	17115	-18.0
鸡蛋	10961	-59.0	2507	-57.8
生猪	24530	43.1	828	36.7
粳米	834	-56.6	244	-54.6
铁矿石	167114	13.0	22112	26.8
焦炭	28159	-82.5	926	-84.3
焦煤	20803	-70.8	1508	-74.1
液化石油气	48318	45.1	4449	26.9
纤维板	64	-69.7	48	-69.0
纤维板胶合板	0	-81.8	0	-87.3
合计	1235799	-12.0	209640	-7.3

数据来源：大连商品交易所。

3. 区域股权交易市场建设有序推进。2022年8月，北交所辽宁服务基地落户辽宁股权交易中心，并开设“专精特新”专板，进一步提升综合服务能力。2022年末，辽宁股权交易中心挂牌及展示企业合计2431家，其中，标准板185家、成长板1066家、展示板1180家。挂牌展示企业中，高新技术和“专精特新”等企业907家，占全部企业的37.0%。

（三）保险业规模稳定增长

1. 行业规模持续增长。2022年末，辽宁省共有省级以上保险公司124家，其中省级财产险公司52家，省级人身险公司65家，财产险法人公司2家，人身险法人公司3家，保险资产管理公司1家，省级政策性保险公司1家。2022年末，辽宁省保险业总资产4521亿元，同比增长7.3%。全年共实现原保险保费收入1402亿元，同比增长3.2%。

表 5　2022 年保险业基本情况

项目	数量
总部设在辖内的保险公司数（家）	5
其中：财产险经营主体（家）	2
寿险经营主体（家）	3
保险公司分支机构（家）	117
其中：财产险公司分支机构（家）	52
寿险公司分支机构（家）	65
保费收入（中外资，亿元）	1401.5
其中：财产险保费收入（中外资，亿元）	404.5
人身险保费收入（中外资，亿元）	997.0
各类赔款给付（中外资，亿元）	510.9

数据来源：辽宁银保监局、大连银保监局。

2. 风险保障作用进一步显现。2022 年，辽宁省保险业共发生赔付支出 511 亿元，其中，财产险业务共发生赔付支出 260 亿元；人身险业务共发生赔付支出 251 亿元。农业险作为农业风险分散工具发挥作用不断增强，赔款支出 43 亿元，同比增长 71.7%。责任保险继续发挥在社会管理中的重要作用，实现赔付支出 12 亿元。

（四）融资结构中直接融资边际改善

1. 贷款有力推动社会融资规模保持正增长。2022 年，辽宁省社会融资规模增加 835 亿元，同比多增 1858 亿元。其中，贷款增加 1148 亿元，占比达 137.5%，同比多增 207 亿元；直接融资规模减少 237 亿元，同比少减 153 亿元；表外融资规模减少 1131 亿元，同比少减 2140 亿元。

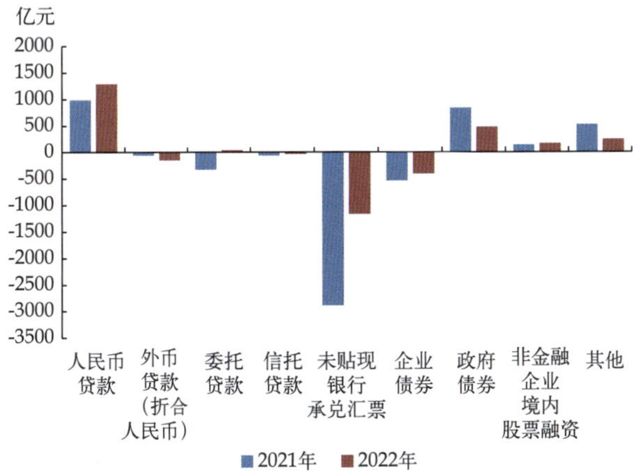

图 5　社会融资规模分布结构

（数据来源：中国人民银行沈阳分行）

2. 直接融资边际改善。建立合格经营主体发债项目储备库，重点挖掘和培育科技创新、制造业、绿色发展等领域企业债券融资后备资源，推动承销机构对 40 家入库企业"一对一"培育和辅导。2022 年，辽宁省共发行债务融资工具 366 亿元，同比增长 8.5%。其中，支持鞍钢集团矿业有限公司发行 2 亿元绿色中期票据；支持国电电力发展股份有限公司发行 2 只共计 15 亿元海上风电蓝色债券。2022 年末，全省绿色债券余额 104 亿元，同比增长 47.1%。会同辽宁省地方金融监督管理局等 9 部门常态化开展债券风险联防联控，全年 54 只合计 674 亿元到期债务融资工具均如期兑付。

表 6　2022 年金融机构票据业务量

单位：亿元

季度	银行承兑汇票承兑		贴现			
			银行承兑汇票		商业承兑汇票	
	余额	累计发生额	余额	累计发生额	余额	累计发生额
1	4119.2	1291.9	4845.6	5069.5	253.2	383.5
2	3967.9	2849.0	5017.9	12408.5	325.8	1090.2
3	4026.5	4340.6	5249.9	17847.8	292.2	1747.0
4	3893.0	5670.2	4846.8	23456.1	242.2	2221.9

数据来源：中国人民银行沈阳分行。

表 7　2022 年金融机构票据贴现、转贴现利率

单位：%

季度	贴现		转贴现	
	银行承兑汇票	商业承兑汇票	票据买断	票据回购
1	2.45	4.45	2.18	2.37
2	1.64	3.94	1.60	1.86
3	1.52	3.34	1.47	1.60
4	1.47	3.90	1.37	2.14

数据来源：中国人民银行沈阳分行。

3. 结构性货币政策工具效能充分释放。2022 年，人民银行沈阳分行累计向全省提供再贷款、再贴现资金 605 亿元，支持经营主体超 4 万户。创设"辽绿贷""科创通""绿票通""文旅通"等"再贷款 +""再贴现 +"产品，对重点领域给予专项额度安排。推动新创设结构性工具加快落地显效。支持金融机构使用碳减排支持工具、交流物流专项再贷款、科技创新再

贷款等结构性货币政策工具发放相关领域贷款476亿元，支持经营主体1401户。

（五）金融生态环境建设取得新进展

1. 征信服务水平迈上新台阶。全面启动“辽信通”，有效助力金融机构对中小微企业精准“画像”，形成对发放首贷、信用贷风险评估的有效支撑。2022年末，“辽信通”累计成功撮合银企融资对接5万余笔，金额659亿元，发放信用贷款123亿元，首次贷款33亿元。2022年，累计提供央行个人征信查询服务175.3万笔、央行企业征信查询服务3.2万笔。

2. 支付系统稳定运行。2022年，辽宁省共处理大额支付系统业务2187.5万笔，金额111.0万亿元，同比分别下降10.7%和2.2%；小额支付系统共处理业务13677万笔，同比下降1.9%，金额6.3万亿元，同比增长1.0%；网上支付跨行清算系统共处理业务10170万笔，同比下降1.7%，金额2.4万亿元，同比增长9.1%。银行卡受理环境良好，全省人均持卡数量为6.9张，同比增长1.8%。农村支付服务环境进一步优化，全省共建成助农取款服务点数量达2.0万个。

表8　支付体系建设情况

年份	支付系统直接参与方（个）	支付系统间接参与方（个）	支付清算系统覆盖率（%）	当年大额支付系统处理业务数（万笔）	同比增长（%）
2021	21	6127	—	2628	-5.2
2022	17	6146	—	2187	-10.7

年份	当年大额支付系统业务金额（亿元）	同比增长（%）	当年小额支付系统处理业务数（万笔）	同比增长（%）	当年小额支付系统业务金额（亿元）	同比增长（%）
2021	1215227	-12.5	13941	9.6	62014	4.2
2022	1109600	-2.2	13677	-1.9	62600	1.0

数据来源：中国人民银行沈阳分行。

3. 金融消费权益保护持续加强。2022年，全省金融消费者投诉维权渠道更加畅通，持续推进“12363”投诉处理标准化建设，全省共受理投诉咨询3.0万件，办结率99.0%。构建省、市、县（区）三级联动的金融纠纷调解组织格局，全省累计调解量4883件，成功率64.0%。金融知识普及教育广度深度不断提升，与辽宁银保监局、辽宁证监局、辽宁省网信办共同开展金融知识普及活动，与中国金融教育发展基金会联合开展“星海计划—金融宣教进百县”活动，多方合力共同做好金融消费者教育工作，全年累计开展宣传活动1.7万余次，覆盖消费者1970万余人次。

4. 自由贸易试验区贸易投资便利化水平持续提升。推动自由贸易试验区优质企业开展更高水平贸易投资跨境人民币结算便利化试点。跨境贸易融资资产转让业务首次在自由贸易试验区落地。推进优质企业贸易外汇收支便利化试点，向中小外贸企业、高技术企业、绿色低碳企业和自贸区企业倾斜，拓展政策覆盖广度和深度。支持新型离岸贸易发展，在东北地区首创离岸贸易全链条金融服务新模式，实现首笔以银行履约备用信用证增信的新型离岸贸易结算。

二、经济运行情况

2022年，辽宁省经济运行回稳向上，全年实现地区生产总值2.9万亿元，同比增长2.1%，增速较上年下降3.7个百分点，较上半年回升0.6个百分点。助企纾困力度持续加大，成效明显，下达财政直达资金1538亿元，惠及企业2680户、群众1181万人。

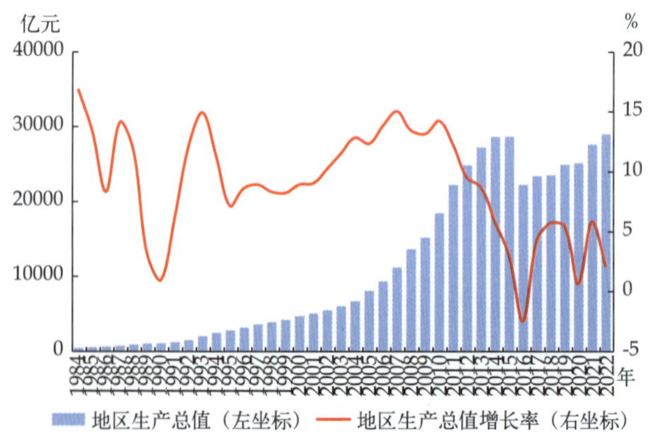

图6　地区生产总值及其增长率

（数据来源：辽宁省统计局）

（一）三大需求表现分化

1. 固定资产投资稳定增长。2022年，辽宁省固定资产投资同比增长3.6%，较上年提高1个百分点，继续保持2017年11月以来的正增长态势。从三次产业看，第一产业投资同比增长1.4%，较上年提高7个百分点；第二产业投资同比增长6.1%，较上年提高1个百分点；第三产业投资同比增长2.4%，较上年提高0.7个百分点。基础设施投资、改建和技术改造投资快速增长。基础设施投资全年同比增长38.8%，较上年提高22.8个百分点；改建和技术改造投资全年同比增长33.3%，较上年提高5.2个百分点。建设项目增长较快。建设项目1.3万个，较上年增加1448个，同比增长12.5%。其中，亿元以上建设项目3839个，较上年增加463个，同比增长13.7%。京哈高速改扩建、本桓宽、凌绥高速全面开工，西鞍山铁矿、中交营口液化天然气接收站、SK海力士项目开工建设，华晨宝马里达工厂一期全面建成投产。高技术制造业投资快速增长。2022年，全省高技术产业投资同比增长16.3%，高于固定资产投资增速12.7个百分点。其中，高技术制造业投资同比增长4.9%，高技术服务业投资同比增长35.8%。

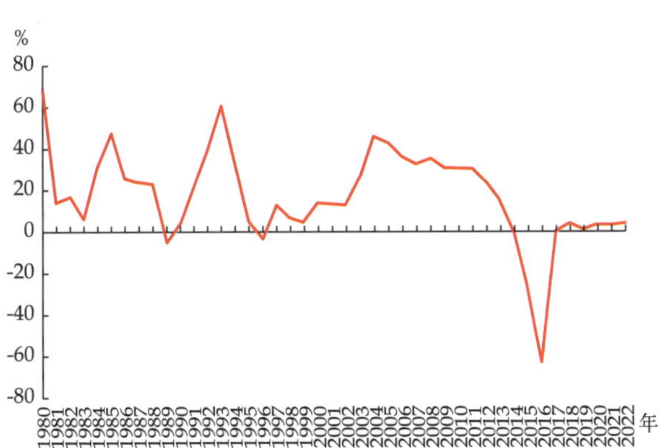

图7 固定资产投资（不含农户）增长率

（数据来源：辽宁省统计局）

2. 市场消费稳中有降。2022年，全省社会消费品零售总额9526亿元，同比下降2.6%，增速较上年下降11.8个百分点，较上半年回升0.3个百分点。生活类商品零售额保持增长，粮油、食品类零售额同比增长7.4%；中西药品类零售额同比增长7.7%；网上零售额同比增长15.2%，其中实物商品网上零售额同比增长14.2%。

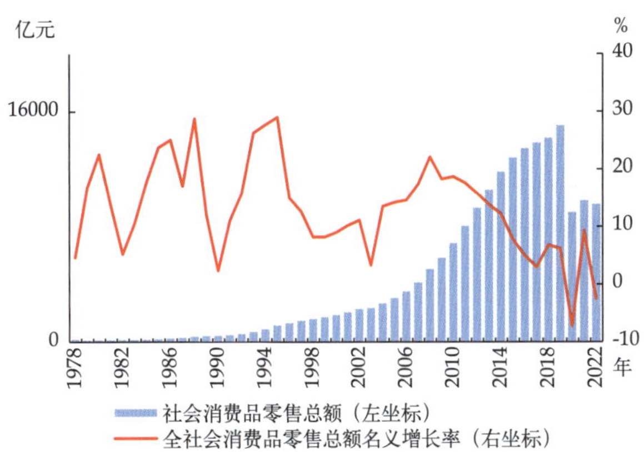

图8 社会消费品零售总额及其增长率

（数据来源：辽宁省统计局）

3. 对外贸易额持续增长。2022年，进出口总额7907亿元，同比增长2.4%。其中，出口同比增长8.2%，进口同比下降2.0%。重点产品出口持续增长，农产品出口300亿元，同比增长15.3%；机电产品出口1764亿元，同比增长5.0%。积极融入共建“一带一路”，中欧班列开行列数增长27.7%。成功举办第九届中国—中亚合作论坛和第三届辽宁国际投资贸易洽谈会。招商引资成效明显，实际到位资金同比增长19.2%，实际利用外资同比增长90.5%。

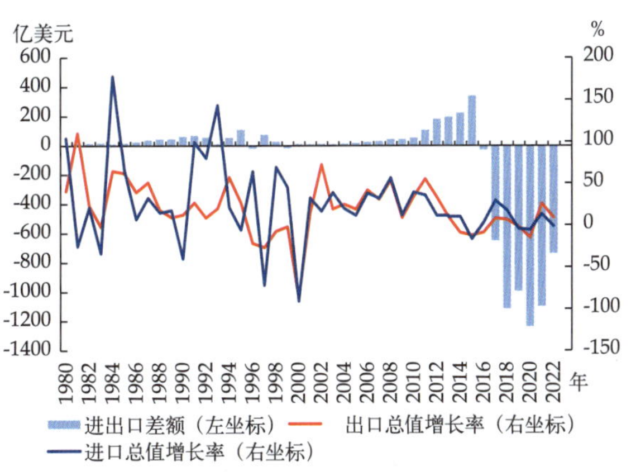

图9 外贸进出口变动情况

（数据来源：辽宁省统计局）

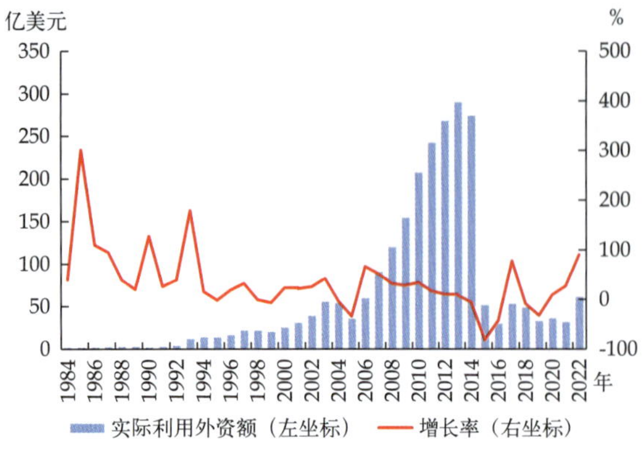

注：从 2015 年开始，外商直接投资计算口径有变化。

图 10　实际利用外资额及其增长率

（数据来源：辽宁省统计局）

（二）三次产业协调发展

2022 年，辽宁省第一产业同比增长 2.8%，增速较上年低 1.7 个百分点；第二产业同比下降 0.1%，增速较上年下降 4.3 个百分点；第三产业同比增长 3.4%，增速较上年下降 3.6 个百分点。三大产业占生产总值比重为 9：41：50。

1. 农业生产稳中有进。2022 年，粮食产量 496.9 亿斤，是历史第二高产年。猪肉产量同比增长 1.6%，禽肉产量增长 4.2%。农业基础不断夯实。粮食播种面积 5342.3 万亩，新建高标准农田 391.3 万亩，实施黑土地保护项目 1000 万亩，新增设施农业 10 万亩，遴选推介农作物优良品种 99 个，新建国家级现代农业示范区 5 个，创建国家级海洋牧场示范区 3 个，省级以上农业产业化龙头企业达到 753 家。

2. 工业经济逐渐恢复。2022 年，规模以上工业增加值同比下降 1.5%，增速较上年同期下降 6.1 个百分点，较上半年回升 1.5 个百分点。高技术制造业增加值同比增长 16.6%，高于规模以上工业增加值增速 18.1 个百分点。其中，电子及通信设备制造业增加值同比增长 28.8%；医药制造业增加值同比增长 12.6%；航空、航天器及设备制造业增加值同比增长 9.9%。工业新产品产量稳步增长。城市轨道车辆产量同比增长 2.2 倍；新能源汽车产量同比增长 39.1%；光缆产量同比增长 23.7%；智能手机产量同比增长 21.6%；工业机器人产量同比增长 1.7%。工业效益小幅回落。2022 年，规模以上工业企业实现主营业务收入 3.6 万亿元，同比增长 0.3%；实现利润总额 1541 亿元，同比减少 10.2%。产业转型步伐加快。打造先进装备制造、石油化工、冶金新材料 3 个万亿级产业基地，建成数字化车间和智能工厂 152 个、应用场景 1235 个，化工精细化率达到 44.1%。数字经济加快发展。工业企业上云用云数量超 2.5 万家，标识解析体系实现全省全覆盖，“星火·链网”（沈阳）超级节点上线运行，累计建成开通 5G 基站 7.1 万座。成功举办 2022 全球工业互联网大会。

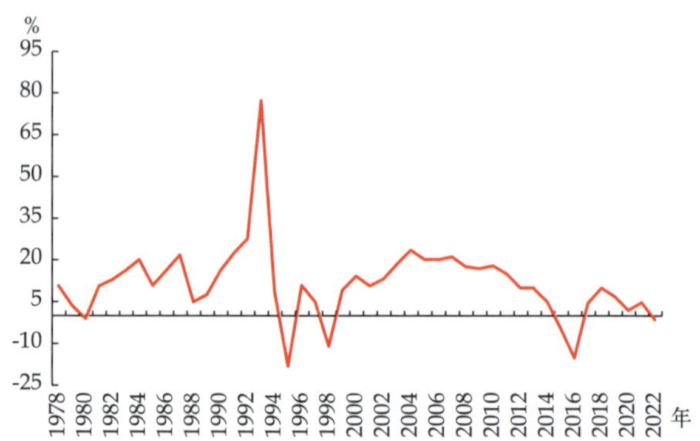

图 11　规模以上工业增加值增长率

（数据来源：辽宁省统计局）

3. 创新动能不断增强。科技成果本地转化率提高。实施“揭榜挂帅”科技攻关项目 253 个，攻克关键核心技术 29 项，科技成果本地转化率 54.0%，认定技术合同成交额同比增长 20.0%，万人有效发明专利 15.2 件。创新平台基础不断夯实。建设省级以上孵化器、大学科技园等孵化载体 306 家，在孵科技苗企业近 1 万家。科技企业群体不断壮大。培育省级“专精特新”中小企业 556 家、“小巨人”企业 310 家、制造业单项冠军企业 8 家、国家专精特新“小巨人”企业 76 家；认定中小企业公共服务示范平台 12 家、中小微企业创业创新示范基地 9 家。高新技术企业同比增长 19.7%，科技型中小企业同比增长 39.0%。

4. 绿色低碳转型持续推进。生态文明建设取得积极进展。新建绿色矿山106家；实施“绿满辽宁”工程，完成营造林158万亩，草原生态修复治理面积83.4万亩；水土流失治理300万亩。污染防治深入推进。全省细颗粒物（PM2.5）平均浓度31微克／立方米，同比下降11.4%；优良天数比例为90.0%，同比上升2.1个百分点；150个国考地表水断面优良水质占比提高到88.7%。碳达峰有序推进。出台碳达峰实施方案，制定建立健全生态产品价值实现机制若干措施，推进清洁能源强省建设，推动24家钢铁企业实现超低排放，城市绿色公交占比达94.0%。

（三）消费价格温和上涨，生产价格涨幅回落

1. 居民消费价格指数温和上涨。2022年，辽宁省居民消费价格指数（CPI）同比上涨2.0%，增速较上年提高0.9个百分点。CPI增速主要受交通和通信类、食品烟酒类上涨影响，交通和通信类同比上涨5.9%，食品烟酒类同比上涨2.9%。

2. 生产价格指数涨幅回落。2022年，全省工业生产者出厂价格指数（PPI）同比上涨7.9%，较上年下降5.7个百分点。其中，生产资料价格同比上涨8.9%，生活资料价格同比上涨2.4%。

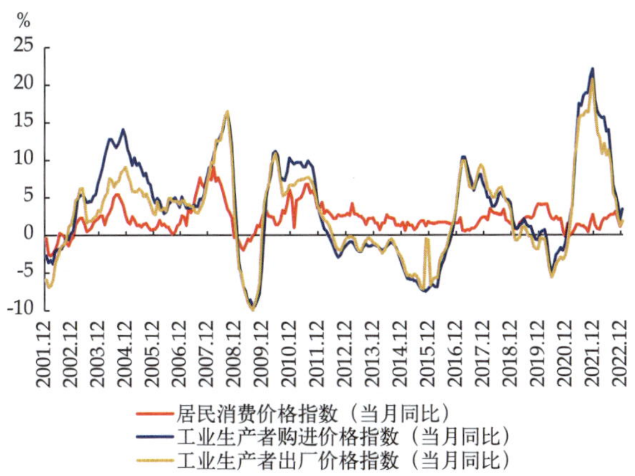

图12　居民消费价格指数和工业生产者价格指数变动趋势

（数据来源：辽宁省统计局）

（四）财政收入下降，居民收入保持增长

1. 税收收入降幅较大。2022年，全省一般公共预算收入2524亿元，同比下降8.7%。其中，税收收入1664亿元，同比下降15.6%；非税收入860亿元，同比增长8.4%。2022年，全省退付增值税留抵退税548亿元，减轻企业税费负担超900亿元，惠及经营主体近100万户。

2. 财政支出保障有力。一般公共预算支出6253亿元，同比增长6.4%。其中，社会保障和就业支出1812亿元。社会保障水平不断提高，财政用于民生的比重达76.7%，城乡低保平均标准分别提高3.1%和10.6%，退休人员基本养老金人均增长4.0%。

3. 居民收入稳步增长。2022年，全省城镇常住居民人均可支配收入为44003元，同比增长2.2%，增速较上年下降4.4个百分点。农村常住居民人均可支配收入19908元，同比增长3.6%，增速较上年下降6.5个百分点。城镇新增就业46.2万人。全省拨付稳岗返还资金16.1亿元，稳定岗位341.3万个。

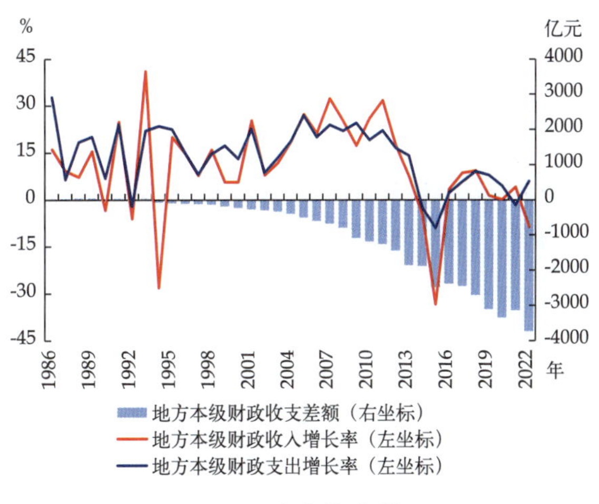

图13　财政收支状况

（数据来源：辽宁省统计局）

（五）房地产市场发展放缓

1. 房地产开发投资增速下降。2022年，房

地产开发投资 2362 亿元，同比下降 18.6%。房屋施工面积 2.3 亿平方米，同比下降 9.6%。

2. 房屋销售总量下降。2022 年，商品房销售面积 2182.5 万平方米，同比下降 36.4%；商品房销售额 1814.7 亿元，同比下降 40.8%。

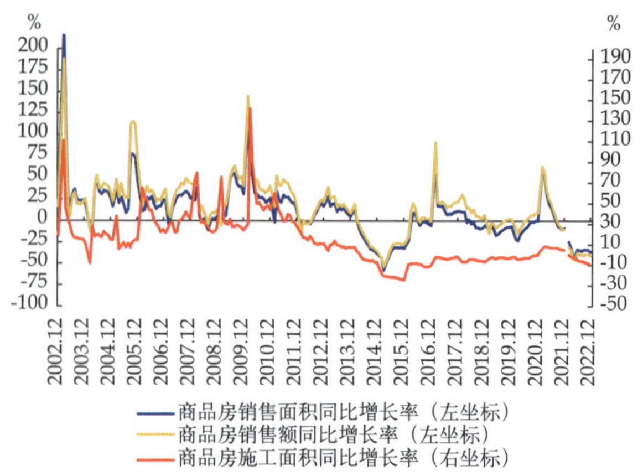

图 14 商品房施工和销售变动趋势

（数据来源：辽宁省统计局）

专栏 2 大力推动首贷中心建设 破解小微贷款难题

2022 年，人民银行沈阳分行将推进首贷拓展行动作为金融支持辽宁全面振兴的重点任务之一，在全省范围内推动建立“线上 + 线下”全覆盖的首贷金融服务体系，整合信贷、财政、担保等支持政策，推动金融机构建立完善针对首贷户的敢贷、愿贷、能贷、会贷长效机制，有效提升金融服务小微企业的可得性、覆盖面和满意度。

一、围绕首贷解困，打造普惠小微首贷“破冰器”

“首贷难”一直是小微企业和个体工商户的融资痛点。着力通过推动全省各地建立首贷中心，不断延伸和拓展金融服务触角，有效降低银企间信息不对称，逐步打破首贷“难、贵、慢”坚冰，为首贷户后续自主持续贷款做好前期扶持和培育。截至 2022 年末，全省已有 5 个地市建立了首贷中心，多个地市正在积极筹备，已累计向 538 家企业发放首次贷款 19 亿元，助力全省普惠小微企业贷款加权平均利率同比下降 0.45 个百分点，同时，大幅缩短业务办理时限。首贷中心畅通融资渠道、降低融资成本、提高融资效率的示范引领作用初见成效。

二、线上线下联动，搭建首贷金融服务“高速路”

全省已建立的首贷中心多数采取“线上 + 线下”联动模式。线下端推动各地政府在政务服务中心开设首贷服务窗口，如沈阳市浑南区“浑南会客厅”、大连市金普新区“首贷服务窗口”、营口市自贸区“三贷中心”（首次贷款中心、绿色贷款中心、科创贷款中心）等，安排银行机构轮流值守，为企业提供开户、信息登记、首贷业务咨询辅导等服务。

线上端则通过科技赋能拓展业务覆盖面。一是依托各地政务服务网或官方微信小程序增设“首贷服务中心”专区，为企业熟悉金融政策、了解信贷产品、线上申请贷款提供便利。二是鼓励银行机构针对首贷企业特点创新差异化信贷产品并在线上发布，如盛京银行的“首贷通”、民生银行的“纳税网乐贷”等。目前，各银行机构首贷相关产品已达 60 余款。三是实现企业融资需求与银行机构信贷产品的智能匹配。积极运用大数据手段为企业精准“画像”，将首贷企业的信用数据转化为有形价值。在此基础上，企业仅需将基本信息、经营信息和融资需求在线上端输入，系统便会根据企业特点自动为企业匹配几款信贷产品供企业选择。

三、凝聚政策合力，下好金融惠企“一盘棋”

积极推动各部门共同聚焦首贷难题，形成政策合力。一是为首贷企业提供再贷款资金支持。各地积极安排一定额度的支农、支小再贷款资金，为参与首贷中心的地方法人银行提供首贷资金，拓展银行首贷资金来源并降低企业综合融资成本。二是推动各地政府出台首贷贴息政策。如沈阳市为首次获得贷款的企业提供当期贷款市场报价利率（LPR）70%的贷款贴息，最高不超过2%；营口市自贸区设立3000万元专项资金，对从“三贷中心”获得贷款的白名单企业给予贷款贴息。三是引入政策性担保机构，充分发挥融资担保的增信释险功能。如大连市政策性融资担保公司通过主动减费让利，将企业首贷业务的担保费率降至1.0%以下，提升“缺项”企业贷款获得率。

三、预测与展望

2023年是全面贯彻落实党的二十大精神的开局之年，是实施“十四五”规划承上启下的一年，也是辽宁实施全面振兴新突破三年行动的首战之年，任务重大而艰巨。辽宁省将继续以习近平新时代中国特色社会主义思想为指导，深入贯彻落实习近平总书记关于东北、辽宁振兴发展的重要讲话和指示批示精神，认真贯彻党的二十大和中央经济工作会议精神，扎实推进中国式现代化，坚持稳中求进工作总基调，完整、准确、全面贯彻新发展理念，服务和融入新发展格局，着力推动高质量发展，更好统筹发展和安全，全面深化改革开放，大力提振市场信心，将实施扩大内需战略同深化供给侧结构性改革有机结合，突出做好稳增长、稳就业、稳物价工作，有效防范化解重大风险，履行维护国家“五大安全”政治使命，着力补齐“四个短板”，扎实做好“六项重点工作”，持续做好结构调整“三篇大文章”，以辽宁实施全面振兴新突破三年行动为契机，推动经济运行整体好转，实现质的有效提升和量的合理增长，为实现全面振兴新突破奠定坚实基础。2023年，辽宁省金融部门将精准有力落实好稳健的货币政策，保持信贷总量平稳增长，发挥结构性货币政策工具精准导向作用，全力做好小微企业、乡村振兴等重点领域薄弱环节金融服务，强化对制造业、科技创新、绿色发展等重点领域的金融支持，落实好各项房地产政策措施，统筹流动性与利率管理工作，继续推动融资成本下行，稳妥推进地区金融改革化险，为促进地区经济高质量发展和支持辽宁全面振兴新突破营造适宜的货币金融环境。

中国人民银行辽宁省分行货币政策分析小组

总　　纂：付喜国　王　兵

统　　稿：姚　勇　赵　越　高新宇　孙树强　程　鹏

执　　笔：年海石　曹诗语　赵云桥　黄晓彤　梁　旭　郑思楠　侯一明　宋杭倩　由　华

提供材料：马　笛　刘　晨　崔　明　于松涛　陈宁波　张　博　李丽丽　边　赛　李璐媚　龚伽玉　徐　川　孙　勇　马贤迪　秦敏彤　冷镇宇　李佳辰　卢心慧　徐　虹　于浩洋　郭宝华　明　一　凌　冰　姚佳含　乔　璐

附录：

（一）2022年辽宁省经济金融大事记

1月19日，辽宁银保监局修订《银行保险机构服务经济高质量发展指导意见》，促进金融与实体经济良性互动。

4月25日，中国人民银行沈阳分行印发《中国人民银行沈阳分行关于2022年“稳信贷、促增长”指导意见》，加大金融对实体经济的支持力度。

6月10日，国家外汇管理局辽宁省分局修订《关于开展优质企业贸易外汇收支便利化试点的指导意见（试行）》，推动实现便利化政策全省全覆盖。

6月18日，“金融助力 共襄振兴”辽宁省统筹发展和安全若干重大工程重点项目银企对接会在沈阳举行，搭建政银企交流平台，推动重大项目与金融资本有效对接。

6月30日，辽宁省融资信用服务平台上线运行，发挥线上融资对接功能，金融服务效率和水平显著提升。

7月2日，沈阳农商行顺利承接辽阳农商行和太子河村镇银行，全省农信系统改革工作稳妥有序推进。

8月5日，辽宁省绿色金融工作推进会在沈阳召开，发布《完善绿色金融体系助推辽宁绿色低碳发展实施意见》，助推辽宁绿色低碳转型和高质量发展。

8月15日，“全国股转系统、北京证券交易所辽宁服务基地”在沈阳正式揭牌成立，辽宁股权交易中心“专精特新”专板同步启动。

9月28日，东北红色金融史料馆在沈阳原志城银行旧址正式落成开馆，填补了东北地区综合性红色金融史展馆的空白，掀开辽宁红色金融史研究教育工作新篇章。

11月15日，辽宁省金融监管局提前完成辽宁省企业上市倍增计划行动，加速推进企业上市成效显著。

（二）辽宁省主要经济金融指标

表 1　2022 年辽宁省主要存贷款指标

	项目	1月	2月	3月	4月	5月	6月	7月	8月	9月	10月	11月	12月
本外币	金融机构各项存款余额（亿元）	70654.8	71625.8	72474.1	72218.4	72949.4	73979.5	74278.5	74552.4	75092.2	75233.9	75471.6	75375.7
	其中：住户存款	47759.0	47936.7	48732.5	48726.1	49029.8	49713.5	49764.8	50055.5	50662.6	50739.4	51407.3	52195.5
	非金融企业存款	11850.2	12145.1	12027.5	11782.2	12037.8	12411.4	12323.1	12723.0	12826.3	12513.3	12075.7	11754.0
	各项存款余额比上月增加（亿元）	659.4	970.9	848.3	-255.7	731.0	1030.1	299.0	274.0	539.7	141.7	237.7	-95.9
	金融机构各项存款同比增长（%）	3.2	4.5	4.8	5.1	5.3	5.9	6.7	6.5	6.6	7.2	7.9	7.7
	金融机构各项贷款余额（亿元）	53618.0	53415.1	53923.4	54029.4	54226.6	54732.8	53927.3	54115.5	54550.0	54435.9	54530.5	54321.0
	其中：短期	2052.1	2011.1	2044.7	2029.4	2056.8	2096.4	2069.4	2098.9	2179.5	2198.0	2210.1	2217.3
	中长期	11500.1	11448.7	11429.6	11377.6	11366.3	11422.9	11404.6	11418.1	11438.7	11418.7	11417.3	11399.8
	票据融资	4904.2	4743.1	4871.1	4773.4	5030.8	5160.0	5198.7	5139.8	5365.5	5189.0	5257.1	4969.8
	各项贷款余额比上月增加（亿元）	483.1	-202.9	508.3	105.9	197.2	506.2	-805.5	188.2	434.5	-114.1	94.6	-209.5
	其中：短期	-1.8	-41.0	33.6	-15.3	27.4	39.6	-26.9	29.5	80.6	18.5	12.1	7.2
	中长期	75.5	-51.3	-19.2	-51.9	-11.4	56.7	-18.3	13.5	20.6	-19.9	-1.5	-17.5
	票据融资	176.1	-161.1	128.1	-97.8	257.4	129.2	38.6	-58.9	225.8	-176.5	68.1	-287.3
	金融机构各项贷款同比增长（%）	2.0	1.3	1.1	0.6	0.3	0.6	-1.2	-1.0	2.5	2.5	2.2	2.2
	其中：短期	7.5	6.1	4.1	4.0	3.9	5.3	4.1	4.1	6.5	6.4	6.6	8.0
	中长期	5.8	4.9	3.9	2.7	2.0	2.3	1.3	0.7	0.6	0.0	-0.2	-0.2
	票据融资	39.3	36.4	38.6	26.4	25.4	19.2	14.6	11.7	20.6	18.2	12.9	5.1
	建筑业贷款余额（亿元）	1569.8	1567.2	1542.2	1549.0	1533.9	1565.5	1565.9	1574.7	1579.1	1571.8	1561.9	1533.4
	房地产业贷款余额（亿元）	2910.0	2924.0	2917.7	2890.9	2963.0	3008.9	2963.1	2943.9	2722.8	2708.1	2675.4	2634.4
	建筑业贷款同比增长（%）	1569.8	1567.2	1542.2	1549.0	1533.9	1565.5	1565.9	1574.7	1579.1	1571.8	1561.9	1533.4
	房地产业贷款同比增长（%）	2910.0	2924.0	2917.7	2890.9	2963.0	3008.9	2963.1	2943.9	2722.8	2708.1	2675.4	2634.4
人民币	金融机构各项存款余额（亿元）	69749.2	70663.6	71539.2	71264.8	71997.9	73018.3	73325.5	73611.4	74207.0	74366.1	74594.4	74534.4
	其中：住户存款	47425.9	47605.8	48398.3	48379.1	48681.2	49361.3	49409.4	49702.7	50304.5	50380.0	51046.5	51840.2
	非金融企业存款	11353.0	11604.9	11510.0	11251.0	11509.1	11878.3	11798.2	12203.3	12367.5	12075.2	11633.5	11343.6
	各项存款余额比上月增加（亿元）	619.3	914.3	875.6	-274.4	733.2	1020.4	307.2	285.9	595.6	159.1	228.2	-60.0
	其中：住户存款	1088.1	179.8	792.6	-19.3	302.1	680.1	48.1	293.2	601.9	75.5	666.4	793.8
	非金融企业存款	-506.8	251.8	-94.9	-259.0	258.1	369.2	-80.1	405.1	164.2	-292.3	-441.7	-290.0
	各项存款同比增长（%）	3.1	4.4	4.6	4.9	5.2	5.7	6.6	6.4	6.6	7.2	7.9	7.8
	其中：住户存款	10.2	9.0	9.0	9.7	9.8	9.4	10.2	10.4	10.6	11.0	11.6	11.9
	非金融企业存款	-11.8	-5.9	-7.2	-8.1	-7.0	-4.8	-3.2	-2.4	-1.8	-2.6	-4.0	-4.4
	金融机构各项贷款余额（亿元）	53014.6	52825.0	53347.2	53320.2	53652.0	54172.4	53389.0	53593.2	54029.1	53903.3	54008.1	53809.2
	其中：个人消费贷款	11060.9	10981.2	10964.9	10910.0	10910.8	10963.2	10948.9	10967.7	11002.4	11009.2	11019.8	10997.7
	票据融资	4904.2	4743.1	4871.1	4773.4	5030.8	5160.0	5198.7	5139.8	5365.5	5189.0	5257.1	4969.8
	各项贷款余额比上月增加（亿元）	510.1	-189.7	522.2	-27.0	331.8	520.4	-783.4	204.2	435.9	-125.8	104.8	-198.9
	其中：个人消费贷款	16.6	-79.7	-16.3	-54.9	0.8	52.4	-14.3	18.8	34.8	6.8	10.5	-22.1
	票据融资	176.1	-161.1	128.1	-97.8	257.4	129.2	38.6	-58.9	225.8	-176.5	68.1	-287.3
	金融机构各项贷款同比增长（%）	2.2	1.6	1.4	0.6	0.5	0.8	-1.0	-0.7	2.8	2.8	2.5	2.5
	其中：个人消费贷款	7.4	6.4	5.3	4.1	3.2	2.7	1.7	0.9	0.7	0.1	-0.1	-0.4
	票据融资	39.3	36.4	38.6	26.4	25.4	19.2	14.6	11.7	20.6	18.2	12.9	5.1
外币	金融机构外币存款余额（亿美元）	142.1	152.2	147.3	144.1	142.8	143.2	141.3	136.6	124.7	120.9	122.2	120.8
	金融机构外币存款同比增长（%）	16.0	19.8	23.9	15.9	7.6	11.7	11.2	11.0	1.3	-5.4	-5.0	-11.0
	金融机构外币贷款余额（亿美元）	94.7	93.3	90.8	107.2	86.3	83.5	79.8	75.8	73.4	74.2	72.8	73.5
	金融机构外币贷款同比增长（%）	-12.9	-14.5	-15.2	-0.1	-19.2	-20.1	-24.8	-26.9	-29.6	-29.5	-28.2	-25.7

数据来源：中国人民银行沈阳分行。

表 2 2001—2022 年辽宁省各类价格指数

单位：%

时间		居民消费价格指数		农业生产资料价格指数		工业生产者购进价格指数		工业生产者出厂价格指数	
		当月同比	累计同比	当月同比	累计同比	当月同比	累计同比	当月同比	累计同比
2001		—	0	—	0.5	—	0	—	-1.4
2002		—	-1.1	—	1.7	—	-1.7	—	-2.2
2003		—	1.7	—	-1.6	—	5.1	—	3.6
2004		—	3.5	—	13.3	—	21.1	—	7.1
2005		—	1.4	—	10	—	8.1	—	5.1
2006		—	1.2	—	0.5	—	4.2	—	4.1
2007		—	5.1	—	14.2	—	4.8	—	4.4
2008		—	4.6	—	28.1	—	11.5	—	10.9
2009		—	0.0	—	-3.3	—	-6.7	—	-6.0
2010		—	3.0	—	3.7	—	8.6	—	7.4
2011		—	5.2	—	12.8	—	8.3	—	6.5
2012		—	2.8	—	6.9	—	-1.0	—	-0.1
2013		—	2.4	—	-0.1	—	-1.5	—	-1.0
2014		—	1.7	—	-1.1	—	-2.0	—	-1.8
2015		—	1.4	—	-0.5	—	-6.5	—	-6.1
2016		—	1.6	—	0.3	—	-2.1	—	-1.2
2017		—	1.4	—	0.3	—	8.0	—	8.1
2018		—	2.5	—	1.8	—	4.5	—	4.8
2019		—	2.4	—	—	—	0.8	—	-0.5
2020		—	2.4	—	—	—	-1.8	—	-3.0
2021		—	1.1	—	—	—	15.0	—	13.6
2022		—	2.0	—	—	—	10.1	—	7.9
2021	1	—	—	—	—	—	—	—	—
	2	0.2	0.0	—	—	3.9	3.0	4.1	2.6
	3	0.7	0.2	—	—	8.7	4.9	10.0	5.0
	4	1.4	0.5	—	—	13.2	6.8	12.3	6.9
	5	1.4	0.7	—	—	17.5	9.0	15.5	8.5
	6	1.2	0.8	—	—	17.2	10.3	15.9	9.7
	7	1.1	0.8	—	—	18.6	11.5	16	10.6
	8	0.9	0.8	—	—	18.9	12.4	12.4	11.4
	9	0.4	0.8	—	—	19	13.2	16.3	11.9
	10	1.7	0.9	—	—	21.1	13.9	18.9	12.6
	11	2.7	1	—	—	22.1	14.7	20.7	13.3
	12	1.3	1.1	—	—	18	15	16.5	13.6
2022	1	1.3	1.3	—	—	8.9	8.9	3.3	3.3
	2	0.7	0.7	—	—	15.9	16.2	12.9	13.3
	3	1.7	1.1	—	—	15.6	16.0	10.8	12.4
	4	2.2	1.3	—	—	15.7	15.9	12.2	12.4
	5	2.1	1.5	—	—	13.8	15.5	10.6	12.0
	6	2.5	1.7	—	—	14	15.2	11.3	11.9
	7	2.7	1.8	—	—	10.5	14.5	9.4	11.5
	8	2.7	1.9	—	—	6.7	13.5	5.4	10.7
	9	3.1	2.1	—	—	5.5	12.5	4.8	10
	10	2.1	2.1	—	—	4.2	11.6	2.4	9.2
	11	1.1	2	—	—	2	10.7	1.2	8.4
	12	1.8	2.0	—	—	3.4	10.1	1.8	7.9

数据来源：辽宁省统计局。

表 3　2022 年辽宁省主要经济指标

项目	1月	2月	3月	4月	5月	6月	7月	8月	9月	10月	11月	12月
	绝对值（自年初累计）											
地区生产总值（亿元）	—	—	6214.7	—	—	13172.9	—	—	20796.6	—	—	28975.1
第一产业	—	—	310.0	—	—	950.6	—	—	1536.5	—	—	2597.6
第二产业	—	—	2348.3	—	—	5306.2	—	—	8587.5	—	—	11755.8
第三产业	—	—	3556.4	—	—	6916.1	—	—	10672.6	—	—	14621.7
工业增加值（亿元）	—	—	—	—	—	—	—	—	—	—	—	—
固定资产投资（亿元）	—	—	—	—	—	—	—	—	—	—	—	—
房地产开发投资	—	149.6	382.7	577.7	831.5	1246.9	1451.2	2121.4	1980.5	2141.7	2274.1	2362.0
社会消费品零售总额（亿元）	—	1554.9	2199.4	2807.4	3567.0	4448.3	5298.2	6169.7	7057.3	7943.6	8741.5	9526.2
外贸进出口总额（亿元）	—	1213.9	1805.1	2398.7	3104.5	3818.6	4592.3	5231.3	5986.7	6600.6	7254.1	7907.3
进口	—	687.8	1008.3	1344.6	1734.5	2128.0	2500.3	2852.4	3244.6	3591.9	3955.2	4322.8
出口	—	526.2	796.8	1054.1	1370.0	1690.7	2092.0	2379.0	2742.2	3008.7	3298.9	3584.6
进出口差额（出口－进口）	—	-161.6	-211.5	-290.5	-364.5	-437.3	-408.3	-473.4	-502.4	-583.2	-656.3	-738.2
实际利用外资（亿元）	—	40.3	40.7	42.9	43.7	44.9	45.1	—	—	54.9	58.7	61.6
地方财政收支差额（亿元）	—	469.3	766.9	1014.0	1210.3	1616.2	1845.7	2184.8	2587.2	2751.4	3114.5	3728.7
地方财政收入	—	539.9	769.7	957.5	1094.9	1334.7	1559.5	1700.5	1978.3	2190.4	2353.8	2524.3
地方财政支出	—	1009.2	1536.6	1971.5	2305.2	2950.9	3405.2	3885.3	4565.5	4941.8	5468.3	6253.0
城镇登记失业率（%）（季度）	—	—	—	—	—	—	—	—	—	—	—	—
	同比累计增长率（%）											
地区生产总值	—	—	2.7	—	—	1.5	—	—	2.1	—	—	2.1
第一产业	—	—	3.4	—	—	3.8	—	—	3.0	—	—	2.8
第二产业	—	—	-1.3	—	—	-2.4	—	—	-0.1	—	—	-0.1
第三产业	—	—	5.1	—	—	3.8	—	—	3.4	—	—	3.4
工业增加值	—	0.7	-1.7	-4.3	-3.6	-3.0	-3.6	-2.9	-1.5	-1.3	-1.0	-1.5
固定资产投资	—	18.9	5.1	-1.0	0.0	3.0	3.1	3.1	3.3	3.5	4.0	3.6
房地产开发投资	—	8.5	-21.0	-25.0	-23.6	-22.1	-21.5	-20.9	-18.6	-18.7	-18.5	-18.6
社会消费品零售总额	—	9.3	1.5	-3.6	-4.1	-2.9	-2.3	-1.5	-1.5	-1.7	-2.1	-2.6
外贸进出口总额	—	8.4	-0.6	-2.7	-0.4	2.0	4.0	2.9	3.3	3.2	2.4	2.4
进口	—	2.1	-6.5	-6.8	-5.4	-2.8	-3.5	-4.2	-3.2	-2.7	-3.2	-2.0
出口	—	17.8	8.1	3.2	6.7	8.7	14.8	12.8	12.3	11.3	10.0	8.2
实际利用外资	—	1142.9	686.5	489.6	411.3	312.1	265.5	—	—	160.7	160.5	90.5
地方财政收入	—	3.6	5.1	-4.0	-9.6	-9.2	-10.1	-11.4	-8.5	-8.2	-7.2	-8.7
地方财政支出	—	18.6	17.0	12.0	5.6	10.3	10.2	7.9	8.7	7.3	8.1	6.4

数据来源：辽宁省统计局。

吉林省金融运行报告（2023）

中国人民银行吉林省分行[①]
货币政策分析小组

[**内容摘要**] 2022 年，面对新冠疫情冲击和经济下行等多重压力挑战，吉林省深入贯彻习近平总书记考察吉林重要讲话精神，坚决落实“疫情要防住、经济要稳住、发展要安全”重要要求，高效统筹疫情防控和经济社会发展，有效应对超预期因素冲击，全力推动经济回稳向好发展。全年实现地区生产总值 1.3 万亿元，同比下降 1.9%，降幅较第一季度收窄 6.0 个百分点。全省金融业坚持金融服务实体经济根本要求，深化金融供给侧结构性改革，加强货币政策逆周期调节，为稳住吉林经济社会发展大盘营造了良好的货币金融环境。全年实现社会融资规模增量 2537 亿元。表内融资占比为 68.4%，同比提高 7.9 个百分点。

吉林省经济运行主要呈现以下特点：一是经济呈现持续恢复的好势头。地区生产总值累计降幅从第一季度的 7.9% 收窄至全年的 1.9%。规模以上工业增加值同比下降 6.4%，降幅较上半年收窄 5.1 个百分点。固定资产投资（不含农户）同比下降 2.4%，降幅较上半年收窄 11.9 个百分点。全年社会消费品零售总额 3808 亿元，同比下降 9.7%，降幅较上半年收窄 2.0 个百分点。外贸进出口金额同比增长 3.6%，其中，出口金额同比增长 42.1%，高于全国平均水平 31.6 个百分点。二是产业转型升级步伐加快。全力打造万亿级汽车产业，汽车产业完成产值占工业总产值的 41.1%。石化产业加快转型，石化行业实现产值同比增长 17.4%。医药健康产业 88 项重大产业化项目加快推动落地，实现投资 192 亿元。新能源和清洁能源产业加快发展，全省新能源（风电、光伏发电）装机容量突破 1500 万千瓦大关。粮食总产量达到 816 亿斤，同比增加 8 亿斤。“秸秆变肉”暨千万头肉牛建设工程实施产业化项目 209 个；全省肉牛饲养总量发展到 653 万头，同比增长 12.4%；全产业链产值达到 2000 亿元。三是创新型省份建设迈出坚实步伐。长春国家自主创新示范区、吉林长春国家农业高新技术产业示范区成功获批并启动建设。吉林省、长春市两个国家级知识产权保护中心建成运行。新认定科技型中小企业 1804 家、国家级专精特新“小巨人”企业 25 家、省级“专精特新”中小企业 409 家。四是生态环境持续改善。全省空气质量继续保持在全国第一方阵，城市环境空气质量优良天数比例为 93.4%。国考断面优良水体比例达 81.8%，同比上升 4.3 个百分点。城市生活垃圾焚烧处理占比达 78.0%，同比提高 13.6 个百分点。

吉林省金融运行主要呈现以下特点：一是金融服务实体经济提质增效。金融机构扩投入、优结构、降成本，支持实体经济效果明显。2022 年末，全省本外币各项贷款余额 2.6 万亿元，同比增长 7.0%。涉农贷款增速同比提高 5.0 个百分点，普惠小微企业贷款、绿色贷款和制造业中长期贷款增速分别高于各项贷款平均增速 8.1 个、14.0 个和 46.4 个百分点。支农、支小再贷款发放额创历史新高，运用结构性货币政策工具发放贷款 204 亿元。贷款利率实现稳中有降，企业贷款加权平均利率同比下降 40 个基点。二是银行业、证券业、保险业稳健发展。银行业

① 自 2023 年 8 月 18 日起，中国人民银行长春中心支行更名为中国人民银行吉林省分行。本报告主要反映 2022 年的经济金融情况，正文中涉及的相关机构表述仍沿用 2022 年名称。

资产负债规模稳步增长，信贷资产规模持续扩大，地方法人银行资本补充渠道进一步丰富，银行业盈利能力有效提升。证券市场交易投资活跃，融资功能较好发挥。保险业保额持续增长，农业保险保障作用进一步增强。三是金融业运行总体稳健。金融机构积极克服疫情等不利因素影响，加大清收处置不良资产力度，不良贷款率与上年基本持平，信贷资产质量保持稳定。积极推进金融风险处置化解，加强金融风险监测，坚持“一行一策”制订高风险机构化险方案。四是金融生态环境进一步改善。征信系统覆盖范围持续扩展，征信查询服务便捷性不断提升，地方征信平台助企融资作用日益显著，动产和权利担保统一登记有序推进。金融消费者权益得到有效维护，消费者投诉规定时限办结率达100%。

2023年，吉林省将坚持以习近平新时代中国特色社会主义思想为指导，深入学习贯彻党的二十大和中央经济工作会议精神，抢抓推进新时代东北全面振兴的历史机遇，全面实施“一主六双”高质量发展战略①，加快塑造发展新优势，建设现代化经济体系。加快推进乡村全面振兴，助推吉林全面振兴取得新突破。吉林省金融业将坚持稳中求进工作总基调，按照稳健货币政策精准有力的工作要求，保持贷款合理增长，优化信贷结构，着力增强金融支持经济高质量发展效能。深化金融改革创新，开展普惠金融和绿色金融改革创新试点，推进地方中小法人金融机构改革化险，不断提升金融服务实体经济能力。

一、金融运行情况

2022年，吉林省金融机构深入贯彻落实稳健货币政策，认真做好疫情防控和经济社会统筹发展金融服务工作，资产规模持续扩大，融资结构进一步优化，证券交易活跃，保险保障作用有效发挥，金融生态环境不断完善，金融服务能力持续提升。

（一）银行机构稳健运行，信贷规模稳定增长

1. 资产规模持续扩大。2022年末，银行业金融机构负债和所有者权益有所增长，同比增速分别为9.0%和3.8%；资产规模持续扩大，资产总额达到4.2万亿元，同比增长8.8%。营业网点和法人机构数量分别为5264个和129个，从业人数96486人。

表1　2022年银行业金融机构情况

机构类别	营业网点			法人机构（个）
	机构个数（个）	从业人数（人）	资产总额（亿元）	
一、大型商业银行	1571	35569	13868.4	0
二、国家开发银行和政策性银行	61	1793	4193.9	0
三、股份制商业银行	184	4642	2707.4	0
四、城市商业银行	384	10207	5193.2	1
五、城市信用社	0	0	0	0
六、小型农村金融机构	1686	26659	9429.3	53
七、财务公司	3	287	1363.0	2
八、信托公司	1	195	70.9	1
九、邮政储蓄银行	1047	10341	2650.4	0
十、外资银行	2	52	19.0	0
十一、新型农村金融机构	318	5883	1169.6	69
十二、其他	7	858	1120.3	3
合　计	5264	96486	41785.5	129

数据来源：吉林银保监局。

注：营业网点不包括国家开发银行和政策性银行、大型商业银行、股份制商业银行等金融机构总部数据；大型商业银行包括中国工商银行、中国农业银行、中国银行、中国建设银行和交通银行；小型农村金融机构包括农村商业银行、农村合作银行和农村信用社；新型农村金融机构包括村镇银行、贷款公司、农村资金互助社；其他包含金融租赁公司、汽车金融公司、货币经纪公司、消费金融公司等。

① “一主六双”高质量发展战略：“一主”是充分发挥长春辐射主导作用，“六双”为“双廊”“双带”“双线”“双通道”“双基地”“双协同”。

2. **存款增速稳步提升**。受疫情影响，居民家庭担心未来收入下降，储蓄意愿增强，存款增速同比上升。2022年末，金融机构本外币各项存款余额3.3万亿元，同比增长10.6%，增速同比提高2.0个百分点，全年新增存款3137亿元，同比多增787亿元。其中，住户存款余额同比增长14.7%，高于各项存款平均增速4.1个百分点；非金融企业存款余额同比增长1.6%，低于各项存款平均增速9.0个百分点。

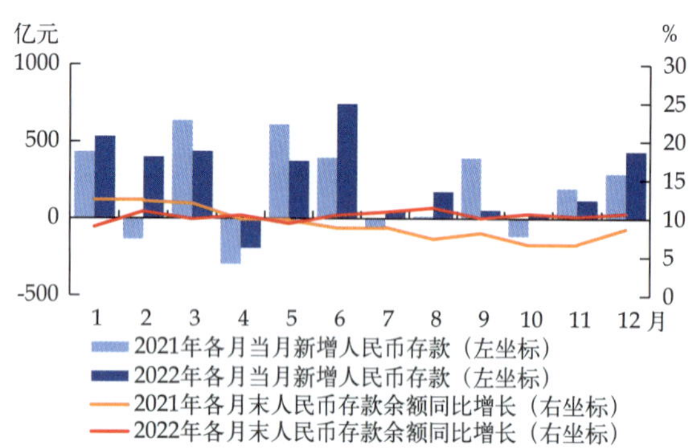

图1 金融机构人民币存款增长变化

（数据来源：中国人民银行长春中心支行）

3. **贷款结构不断优化**。2022年末，全省本外币各项贷款余额2.6万亿元，同比增长7.0%，较年初新增1726亿元。贷款总量实现稳定增长的同时，对重点领域、薄弱环节的信贷支持力度不断加大。全省涉农贷款、普惠小微企业贷款、绿色贷款、制造业中长期贷款同比增速分别高于各项贷款平均增速2.2个、8.1个、14.0个和46.4个百分点。

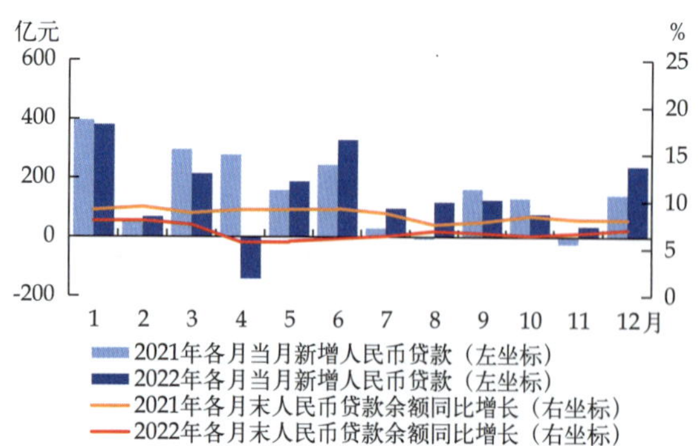

图2 金融机构人民币贷款增长变化

（数据来源：中国人民银行长春中心支行）

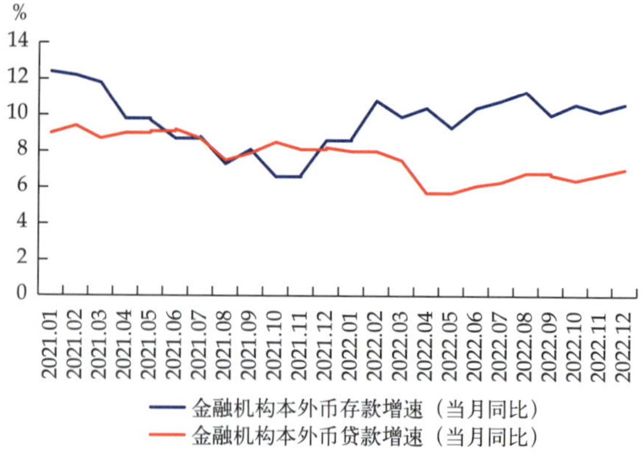

图3 金融机构本外币存贷款增速变化

（数据来源：中国人民银行长春中心支行）

4. **存贷款利率稳中有降**。积极发挥存款利率市场化调整机制作用，推动省内地方法人银行机构合理确定存款挂牌利率水平，降低负债成本，为进一步降低企业综合融资成本创造有利条件。全省共有21家银行业地方法人金融机构通过合格审慎评估，成为全国市场利率定价自律机制成员。2022年，全省定期存款加权平均利率为2.43%，同比下降6个基点。全省企业贷款加权平均利率为5.02%，同比下降40个基点。其中，小微企业和普惠小微企业贷款加权平均利率同比分别下降39个和41个基点。

5. **信贷资产质量总体稳定**。金融机构积极应对疫情对信贷资产质量的冲击，制订化险方案，开展不良资产清收攻坚战。2022年末，银行业金融机构信贷资产质量总体上变化不大，不良贷款率与上年基本持平。地方法人金融机构流动性保持稳健，城市商业银行、农村商业银行、农村信用社和村镇银行年末流动性比率分别为68.7%、69.8%、92.2%和130.1%，同比均有所提高。

6. **跨境人民币业务稳步发展**。2022年，吉林省银行机构共办理跨境人民币结算业务422亿元，占同期本外币收支总额的25.0%，占比同比提高1.2个百分点。其中，经常项目跨境人民币收付额391亿元，直接投资跨境人民币收付额18亿元。积极拓展人民币在周边国家的使用，全年对俄和对韩跨境人民币结算量同比分别增长672.0%和32.3%。

表 2　2022 年金融机构人民币贷款各利率区间占比

单位：%

项目		1月	2月	3月	4月	5月	6月
合计		100.0	100.0	100.0	100.0	100.0	100.0
LPR 减点		12.5	27.5	30.6	27.6	22.0	23.2
LPR		5.0	4.3	10.0	5.4	4.0	4.1
LPR 加点	小计	82.5	68.2	59.4	67.0	73.9	72.8
	(LPR，LPR+0.5%)	10.7	12.4	12.5	10.6	16.3	10.4
	[LPR+0.5%，LPR+1.5%)	16.3	9.3	12.5	10.9	12.8	12.4
	[LPR+1.5%，LPR+3%)	16.2	13.4	8.2	14.4	17.3	23.0
	[LPR+3%，LPR+5%)	26.2	22.1	16.1	18.9	19.9	20.8
	LPR+5% 及以上	13.2	11.0	10.1	12.2	7.7	6.1

续表

项目		7月	8月	9月	10月	11月	12月
合计		100.0	100.0	100.0	100.0	100.0	100.0
LPR 减点		14.8	19.7	20.0	21.8	18.9	25.9
LPR		2.8	2.2	4.1	2.8	6.2	5.6
LPR 加点	小计	82.4	78.2	75.9	75.4	74.9	68.5
	(LPR，LPR+0.5%)	10.1	11.4	10.8	9.6	10.0	10.8
	[LPR+0.5%，LPR+1.5%)	12.7	13.6	14.7	15.1	13.3	10.4
	[LPR+1.5%，LPR+3%)	21.0	19.4	19.6	17.9	18.3	20.4
	[LPR+3%，LPR+5%)	26.4	25.5	24.7	22.3	26.2	19.6
	LPR+5% 及以上	12.2	8.4	6.2	10.5	7.2	7.2

数据来源：中国人民银行长春中心支行。

专栏 1　人民银行长春中心支行“四位一体”全力支持文旅产业恢复发展

为深入贯彻落实人民银行总行关于做好文化和旅游行业金融支持工作的要求，人民银行长春中心支行靠前发力、精心谋划、综合施策，以“用心、用智、用功、用力”等一体化措施着力促进金融要素向文旅产业聚集，推动全省文旅产业链整体升级优化。2022 年末，吉林省文旅企业贷款余额 441 亿元，同比增长 13.1%，高于各项贷款平均增速 6.1 个百分点。

一、在机制建设上“用心”，着力夯实工作基础保障

一是完善工作协调推进机制。会同省文旅厅出台《金融支持吉林省文化和旅游行业恢复发展的若干措施》，从加大文旅产业信贷支持力度、强化货币政策工具保障作用、深化政银企融资对接等方面制定 10 条具体措施，着力强化文旅企业金融服务。二是组织 12 家银行与省文旅厅签署合作协议，明确未来 5 年为重点文旅项目提供意向融资安排 1200 亿元。三是加大信贷支持力度。强化政策引领，制定出台金融支持吉林省经济高质量发展的指导意见，将文旅产业作为银行机构信贷支持的重点领域。

二、在政策工具上“用智”，精准增加资金供给

单列 30 亿元再贷款和 30 亿元再贴现额度，专项用于支持银行机构扩大文旅产业信贷投放。建立“文旅企业票据再贴现直通车”，优先为文旅企业办理再贴现。指导银行机构开发“再贷款 + 旅游普惠贷”“再贷款 + 个人经营贷”等产品，引导低成本资金精准滴灌文旅小微企业。2022 年，银行机构运用再贷款为文旅企业发放贷款 13 亿元，累计办理再贴现 8 亿元。运用再贷款发放的文旅产业贷款加权平均利率为 5.2%，较全省小微企业加权平均利率低 79 个基点。

三、在产品设计上“用功”，切实推动信贷多元创新

指导银行机构围绕“生态游”“乡村游”“冰雪游”，创新“吉旅景区贷”“综合旅游项目贷”等 80 余款信贷产品。其中，围绕绿水青山乡村旅游，开发“乡旅乡村贷”“吉旅住宿贷”，重点支持省内“全国乡村旅游重点村”以及中国美丽休闲村村辖游客集散中心等基础设施建设，累计发放贷款12亿元。针对吉林特色冰雪产业，开办“冰雪贷”，重点支持吉林省内滑雪场、主题滑雪公园建设，累计发放贷款17亿元。针对大型景区，开办“旅游景区收益权支持贷款”，以优质资产收益权所产生的现金流作为还款来源，为旅游景区提供信贷资金支持，累计发放贷款9亿元。针对生态旅游，创新水域滩涂使用权等抵押贷款，支持松花湖、查干湖等生态旅游景区建设，累计发放贷款1亿元。

四、在银企对接上“用力”，不断提升金融服务质效

省级层面，人民银行长春中心支行会同省文旅厅联合开展线上线下政银企对接活动和信贷产品“云宣介”活动，惠及企业600余户；会同省文旅厅建立省内文旅重点项目名单共享推送机制，组织银行机构精准对接；联合省文旅厅等12个部门开展吉林省“信贷产品进万企”专项行动，组织银行机构编制文旅企业信贷产品手册，推送至相关经营主体，提升金融服务知晓度和覆盖面。地市层面，组织全省人民银行分支机构开展“百场银企对接专项行动”，推动政策宣介进社区、产品推广进园区、融资顾问进企业，不断提升金融服务质效。

（二）证券市场稳步发展，交易额快速增长

1. 证券机构运行平稳。2022年末，全省共有法人证券公司2家，证券分支机构150家；法人期货公司2家，分支机构10家。证券经营机构全年实现净利润3亿元，同比减少1亿元。

2. 证券市场交易活跃。证券投资交易额呈现快速增长的势头，2022年末，证券市场资金账户519.1万户，证券账户897.9万户。全年证券交易额12.4万亿元，同比增长63.0%。其中，股票交易额2.2万亿元，同比下降19.6%；债券交易额10.0万亿元，同比增长113.5%；基金交易额1322亿元，同比下降7.8%。期货机构代理期货交易额2.1万亿元，同比下降19.5%。

3. 上市公司数量增加。2022年末，吉林省辖内A股上市公司数量49家，较上年新增1家，其中，主板挂牌公司38家、创业板挂牌公司7家、科创板挂牌公司2家、北交所挂牌公司2家。受A股市场走势较弱影响，省内上市公司总市值同比下降24.7%，为4068亿元。全省通过资本市场实现直接融资266亿元，其中，1家上市公司首发融资5亿元，8家上市公司定向增发融资46亿元，3家新三板挂牌公司增发融资1亿元，发行21只公司债券融资215亿元。

表3　2022年证券业基本情况

项目	数量
总部设在辖内的证券公司数（家）	2
总部设在辖内的基金公司数（家）	0
总部设在辖内的期货公司数（家）	2
年末国内上市公司数（家）	49
当年国内股票（A股）筹资（亿元）	51
当年发行H股筹资（亿元）	0
当年国内债券筹资（亿元）	215
其中：短期融资券筹资额（亿元）	34
中期票据筹资额（亿元）	141

数据来源：吉林证监局、中国人民银行长春中心支行。

注：当年国内股票（A股）筹资额指非金融企业境内股票融资。

（三）保险机构资产规模扩大，保障作用持续发挥

1. 保险资产规模增长。2022年末，吉林省法人保险公司3家，省级保险分公司38家，其中，财产险公司和人身险公司分别为18家和20家。吉林省保险公司全行业分公司以上资产总额2122亿元，同比增长8.3%，较年初增加162亿元。

表 4　2022 年保险业基本情况

项目	数量
总部设在辖内的保险公司数（家）	3
其中：财产险经营主体（家）	3
寿险经营主体（家）	0
保险公司分支机构（家）	38
其中：财产险公司分支机构（家）	18
寿险公司分支机构（家）	20
保费收入（中外资，亿元）	677.7
其中：财产险保费收入（中外资，亿元）	187.1
人身险保费收入（中外资，亿元）	490.6
各类赔款给付（中外资，亿元）	225.6

数据来源：吉林银保监局。

2. 保障作用持续发挥。2022 年末，吉林省保险业承担风险总额 66.0 万亿元，同比增长 19.1%。其中，农业保险提供保险保障 1640 亿元，同比增长 52.3%。全年保险业实现原保险保费收入 678 亿元，同比下降 2.0%。保险业赔款及给付 226 亿元，同比下降 7.1%。其中，人身险赔款及给付 110 亿元，同比下降 15.8%；财产险赔款 116 亿元，同比上升 3.0%。

（四）社会融资规模同比少增，金融市场运行平稳

1. 社会融资规模同比少增。2022 年，吉林省社会融资规模累计增量 2537 亿元，同比少增 501 亿元。从结构看，表内融资（人民币贷款、外币贷款）增量 1736 亿元，同比少增 102 亿元。表外融资（委托贷款、信托贷款、未贴现银行承兑汇票）减少 297 亿元，同比多减 195 亿元。直接融资（企业债券融资、股票融资）减少 42 亿元，同比多减 114 亿元。政府债券（地方政府一般债和地方政府专项债）增量 907 亿元，同比少增 33 亿元。跨境融资有所减少，2022 年全省跨境融入资金 3 亿美元，同比下降 18.8%。

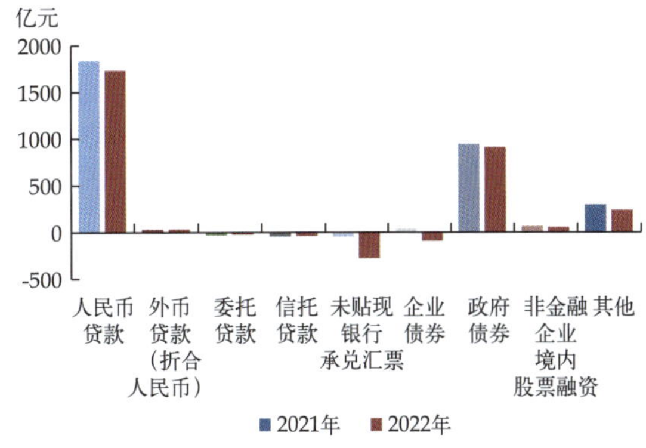

图 4　社会融资规模分布结构

（数据来源：中国人民银行长春中心支行）

2. 融资创新不断推进。银行机构依托金融科技赋能，为企业提供全流程线上办理、循环额度、随借随还信用贷款。2022 年末，全省小微企业信用贷款余额 563 亿元，同比增长 31.5%。通过加强与科技部门、保险机构等合作，为科技型企业提供知识产权质押贷款 1 亿元。全年依托中征平台实现融资 280 笔，融资总额 186 亿元，其中，179 亿元流向省内供应链中小微企业。

3. 货币政策工具有效运用。有效发挥货币政策工具激励作用，引导金融机构稳定信贷投放，进一步优化信贷结构。2022 年，吉林省累计发放再贷款 512 亿元，同比增长 34.4%，创历史新高，累计办理再贴现 133 亿元。运用普惠小微贷款支持工具撬动普惠小微贷款增量 68 亿元；运用交通物流专项再贷款、设备更新改造专项再贷款等结构性货币政策工具发放优惠利率贷款 204 亿元；运用政策性、开发性金融工具等，为基础设施项目建设提供基金和信贷融资 157 亿元。

4. 货币市场交易量增加。2022 年，吉林省同业拆借市场交易金额 8107 亿元，同比增长 36.5%；现券市场交易金额 4.4 万亿元，同比增长 56.2%；回购市场成交金额 16.3 万亿元，同比增长 35.0%。省内企业全年发行公司信用类债券共 39 期，金额 347 亿元，同比增长 30.1%。

5. 票据业务量升价跌。2022 年，吉林省票据贴现量有所上升，累计发生额同比增长

7.0%，票据承兑、再贴现累计发生额同比均下降。票据市场利率呈下降态势，银行承兑汇票贴现加权平均利率在1.33%~2.56%区间运行，转贴现加权平均利率在1.33%~2.33%区间运行。

6.黄金市场销量减少。2022年，受国际经济环境影响，黄金价格底部盘整震荡，黄金企业惜售观望心理增强，全年2家上海黄金交易所会员机构销售黄金1899公斤，同比下降8.0%，销售收入7亿元，同比下降4.2%；商业银行黄金业务累计成交额35亿元，同比减少58.9%。

表5　2022年金融机构票据业务量

单位：亿元

季度	银行承兑汇票承兑		贴现			
			银行承兑汇票		商业承兑汇票	
	余额	累计发生额	余额	累计发生额	余额	累计发生额
1	1032.7	514.3	881.1	1662.2	41.2	81.1
2	1048.7	622.0	954.3	1988.0	63.9	468.0
3	1119.1	612.2	997.8	1771.3	63.1	670.3
4	1114.5	615.2	919.6	1721.2	61.1	364.0

数据来源：中国人民银行长春中心支行。

表6　2022年金融机构票据贴现、转贴现利率

单位：%

季度	贴现		转贴现	
	银行承兑汇票	商业承兑汇票	票据买断	票据回购
1	2.56	3.97	2.33	1.68
2	1.52	3.51	1.89	2.08
3	1.33	3.13	1.33	—
4	1.42	3.72	1.43	—

数据来源：中国人民银行长春中心支行。

（五）金融生态环境不断改善，金融消费者权益保护工作深入开展

1.社会信用体系建设持续推进，助企融资功能日益增强。2022年末，吉林省征信系统覆盖范围持续扩展，24家全国性机构的分支机构、107家地方性机构接入金融信用信息基础数据库。农村信用体系建设工作不断推进，累计为347.8万户农户建立信用档案，共评定信用乡（镇）144个、信用村7260个、信用户158.8万户。地方征信平台助企融资作用日益显著，全年共助力企业获得融资6263笔，金额406亿元。全年动产融资统一登记公示系统新增注册省内常用户250户，提供查询服务4.6万次，各类经营主体进行担保登记9.9万笔，其中，对3192笔活体抵押贷款进行担保登记公示，并实现吉林省知识产权抵质押登记“零”的突破。

2.支付结算体系稳定运行，支付环境不断优化。2022年，吉林省支付系统共处理业务4亿笔，金额51.4万亿元，金额同比增长8.1%。银行卡受理环境持续优化，2022年末，银行卡跨行清算系统联网商户达到48.3万户，同比增长19.8%，联网POS机具64.9万台，同比增长18.3%。新增云闪付用户94.5万户，云闪付用户累计达959万户。全省发生手机闪付、二维码及云闪付无卡交易8140万笔。农村支付服务供给和环境不断改善，全省已建立助农取款服务点1.4万个，基本实现支付服务村级全覆盖。

3.金融消保机制持续完善，消费者权益有效保护。银行机构主动克服疫情不利影响，积极通过营业窗口、宣传展板和LED屏滚动播放等形式，持续宣传普及金融消保知识，提高社会公众金融消保意识。评选吉林省“优秀金融消保案例”“最美金融消保人”，激发广大金融消保人的责任担当。充分运用“中国金融消费纠纷调解网”“人民法院在线调解平台”等在线网络调解平台，开展线上调解，全年累计完成调解金融纠纷41件。畅通金融消费咨询投诉渠道，2022年全年解答消费者咨询投诉2万余笔，受理处置消费者投诉1000余笔，规定时限内投诉办结率达100%。

4.积极推进金融风险处置化解。2022年，吉林省面对复杂的国内外经济形势，积极应对疫情冲击由实体经济向金融机构传导的风险。不断加强金融风险监测，对风险“早发现，早预警”，采取风险警示、早期纠正等方式强化风险防范。坚持“一行一策”制订高风险机构

化险方案，开展不良资产清收攻坚战，着力做好第二批地方政府补充中小银行资本专项债券申报工作。扎实推进保交楼、稳民生工作，防止大量出现烂尾楼。

二、经济运行情况

2022 年，吉林省面对疫情冲击等超预期因素影响，坚决落实党中央稳经济一揽子政策和接续措施，及时打出稳经济政策“组合拳”，尽最大努力降低疫情造成的损失，稳住了经济社会发展基本盘。全年地区生产总值 1.3 万亿元，同比下降 1.9%，降幅较第一季度收窄 6.0 个百分点。

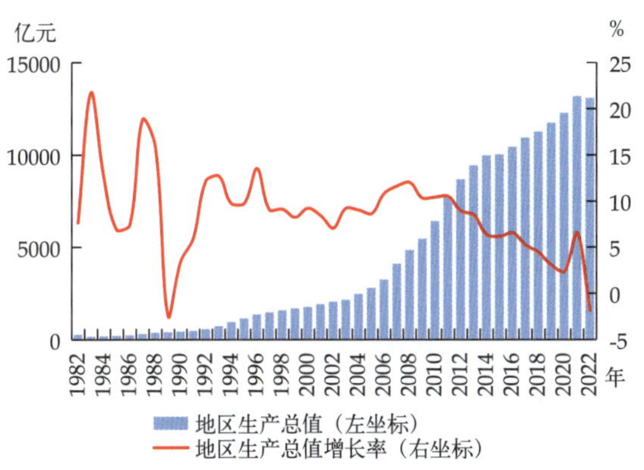

图 5　地区生产总值及其增长率

（数据来源：吉林省统计局）

（一）政策效果持续显现，经济社会稳定发展

2022 年，在一系列稳增长措施带动下，吉林省大型项目投资和出口金额实现较快增长，消费市场逐步复苏，经济社会发展稳定向好。

1. 项目投资有力推进。2022 年，吉林省在因疫情导致停工停产等不利因素影响下，固定资产投资（不含农户）同比下降 2.4%。面对复杂严峻局面，吉林省全力推动投资项目落地，奥迪一汽新能源汽车、吉化 120 万吨乙烯转型升级项目等一批标志性重大项目全面开工建设，中车松原新能源装备产业园当年建设当年投产。全省项目投资（不含房地产）增长 16.4%，其中 5000 万元及以上项目投资增长 19.1%。

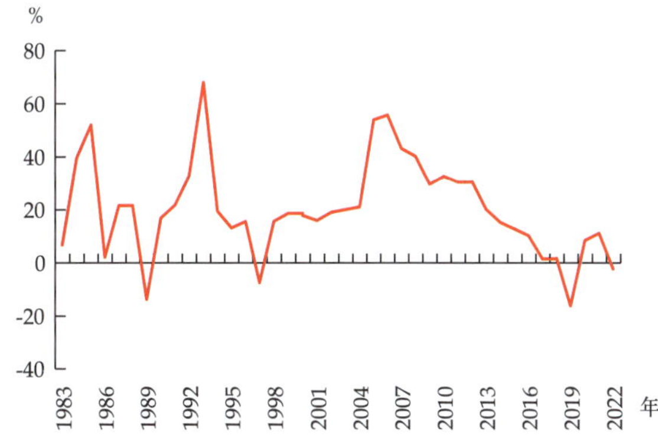

图 6　固定资产投资（不含农户）增长率

（数据来源：吉林省统计局）

2. 消费市场逐步恢复。2022 年，吉林省消费品零售总额实现 3808 亿元，同比下降 9.7%，降幅较上半年收窄 2.0 个百分点。为推动消费市场逐步恢复发展，吉林省积极落实房地产调控“一城一策”、车购税减免、家电下乡等政策，发放消费券 7 亿元，拉动销售额 134 亿元。落实农民进城购房补贴等政策，拉动商品房销售 1.9 万套、158 万平方米。推动全域旅游发展，全省雪场达到 75 家，较上年增加 21 家；45 个村镇获评“全国乡村旅游重点村镇”，24 条线路入选全国乡村旅游精品线路。长春龙嘉国际机场全年共实现运输航班量 6.2 万架次、旅客吞吐量 721.3 万人次、货邮吞吐量 6.1 万吨。

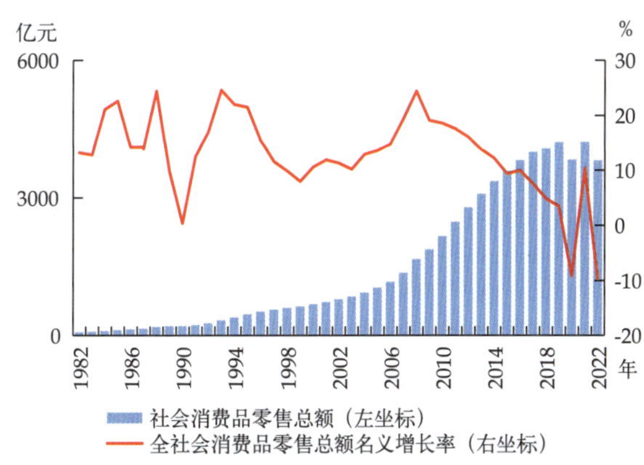

图 7　社会消费品零售总额及其增长率

（数据来源：吉林省统计局）

3. 出口金额较快增长。2022 年，吉林省外贸进出口金额 1559 亿元，同比增长 3.6%，其中，出口金额 502 亿元，同比增长 42.1%，增速高于全国平均水平 31.6 个百分点。全年组织百余次对外经贸交流活动，长春进口贸易促进创新示范区、珲春市场采购贸易方式国家试点、延吉跨境电子商务综合试验区等开放平台成功获批，全省跨境电商进出口贸易额增长 68.1%。

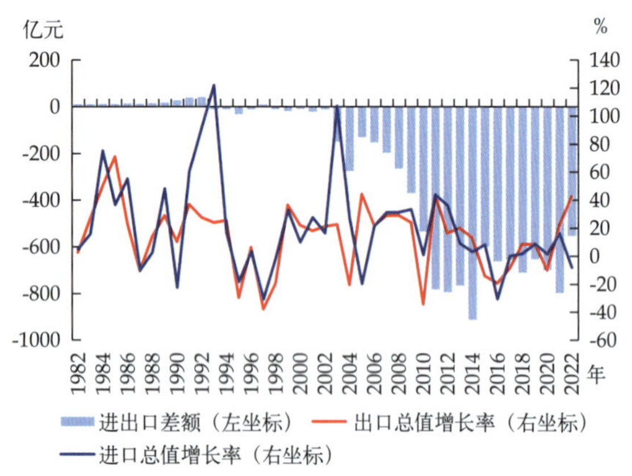

图 8　外贸进出口变动情况

（数据来源：吉林省统计局）

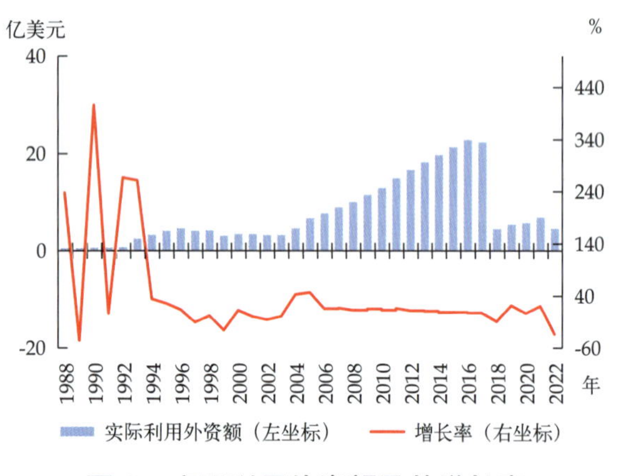

图 9　实际利用外资额及其增长率

（数据来源：吉林省统计局）

（二）创新发展步履坚定，转型升级成效显著

2022 年，吉林省产业转型发展步伐加快，第三产业逐步恢复，生态环境质量稳居全国前列。

1. 现代农业建设成效显著。2022 年，吉林省粮食生产获得大丰收，粮食总产量 816 亿斤，同比增加 8 亿斤。启动盐碱地等耕地后备资源综合利用试点项目，保护性耕作面积达到 3283 万亩，新建高标准农田 550 万亩。智能高端安全农机得到大力推广，全省主要农作物耕种收综合机械化程度达 93.0%。"秸秆变肉"暨千万头肉牛建设工程实施产业化项目 209 个，完成投资 142 亿元。新型农业经营主体稳定发展，农业社会化服务组织超过 3 万个，托管服务面积 6300 多万亩。

2. 产业转型升级步伐加快。2022 年，吉林省规模以上工业增加值同比下降 6.4%，降幅较上半年收窄 5.1 个百分点。面对经济运行复杂形势，吉林省积极推进产业转型升级，全省汽车产业完成产值 5256 亿元，占工业总产值的 41.1%。加快推动医药健康产业 88 项重大产业化项目落地，实现投资 192 亿元。大力推动电子信息制造业发展，"吉林一号"卫星全年发射 52 颗。加快发展新能源和清洁能源产业，"陆上风光三峡"新增装机容量 500 万千瓦，总装机容量突破 1500 万千瓦，电力新能源产业成为新的千亿级支柱产业。

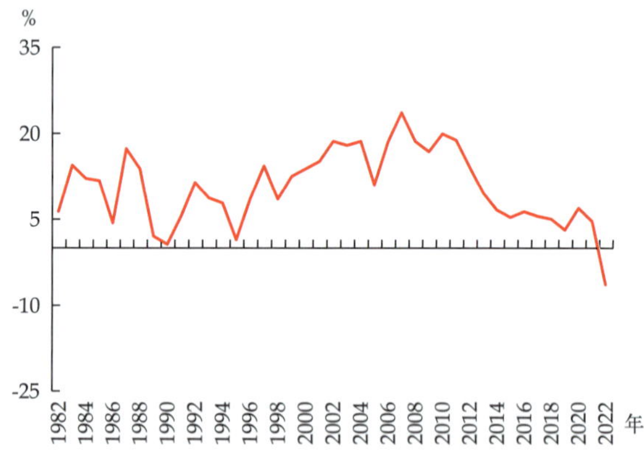

图 10　规模以上工业增加值实际增长率

（数据来源：吉林省统计局）

3. 第三产业逐步恢复发展。2022 年，吉林省第三产业增加值 6753 亿元，同比下降 1.2%，降幅较上半年收窄 2.6 个百分点，第三产业增加值占 GDP 的比重为 51.7%。从重点行业看，受

疫情影响，交通运输、仓储和邮政业增加值、住宿和餐饮业增加值同比有所下降，降幅较上半年均有所收窄；金融业和其他服务业增加值实现正增长，同比分别增长5.4%和1.6%。

4. 创新型省份建设扎实推进。2022年，吉林省加快创新驱动经济高质量发展，创新型省份建设16个方面180项重点任务扎实推进。长春国家自主创新示范区、吉林长春国家农业高新技术产业示范区成功获批并启动建设。新认定科技型中小企业1804户，全省高新技术企业数量达到3112户。2022年末，吉林省综合科技创新水平位列全国第19位，综合科技创新水平指数十年增长了15.1个百分点。

5. 生态环境持续优化。全省空气质量继续保持在全国第一方阵，城市环境空气质量优良天数比例为93.4%，PM2.5平均浓度25微克/立方米。水环境质量大幅改善，国考断面优良水体比例81.8%，同比上升4.3个百分点。城市生活垃圾焚烧处理占比达78.0%，同比提高13.6个百分点。新增城镇污水处理厂18座，新建改建污水管网552公里。长春市、吉林市入选国家“无废城市”建设试点。国家级园林城市达到15个，建设百姓身边“口袋公园”“小微绿地”379处。

专栏2　吉林省银行机构“四个强化”着力深耕农户金融服务

农户是乡村发展的基础，是实施乡村振兴战略的主体。吉林省银行机构认真做好农户信贷支持、促进小农户与现代农业有机衔接相关工作，通过强化政策支持、强化产品创新、强化联结带动、强化科技赋能等一系列举措，不断提升金融服务农户质效，助力增强农户发展内生动力。2022年末，吉林省农户贷款余额990亿元，同比增长13.1%。

一、强化政策支持，播撒金融惠农“及时雨”

一是“再贷款+”信贷产品精准滴灌涉农主体。支持地方法人银行机构高效对接再贷款优惠政策，创新推广“菌农乐”“鹿易贷”等20余款“再贷款+”信贷产品。2022年年内累计投放支农再贷款93亿元。二是政策性保险赋能畜禽活体抵押。推进“畜禽活体抵押+政策性保险+科技监管”模式，由银行机构利用科技手段对抵押肉牛的生存状态进行监管。2022年末，肉牛活体抵押贷款余额达42亿元。三是推动建立让利农户的贷款定价机制。吉林银行农户贷款产品“吉农e贷”，贷款利率为4.85%，低于其内部普惠专业贷款利率指导价1.7个百分点。

二、强化产品创新，夯实信贷支农“压舱石”

一是丰富“产业贷”。银行机构围绕“一村一品”工程建设，开办“参农贷”“蓝莓贷”等面向农户的小额信贷业务。2022年末，全省农户经营性贷款余额744亿元。二是推广“循环贷”。持续深化推广随借随还类线上信贷产品。2022年末，全省农户信用贷款余额同比增长36.3%。三是优化“农地贷”。在四平市推动设立村级担保基金，依托“土地承包经营权+村级担保基金”模式，完善土地承包经营权抵押贷款风险分担机制。2022年末，四平地区农村土地承包经营权抵押贷款余额近2亿元。

三、强化联结带动，用活龙头助农“服务链”

一是积极推进“资金流+产品流+信息流”数字化服务。支持银行机构依托农户交易记录、资金往来等数据信息，评定客户信用等级和授信规模。建设银行吉林省分行以国家级农业产业化龙头企业皓月集团为核心，搭建肉牛交易综合服务平台，推动240个与皓月集团长期合作的农户、家庭农场等经营主体入驻，累计为皓月集团及其上下游主体提供授信16亿元。二是探索“核心企业担保＋存货监管＋价值评估”一体化支持模式。解决农户人参存货抵押监管难、价值评定难等问题。三是构建“订单农业＋利润分红＋信贷资金”的联农带农支持模式。农业银行吉林省分行开展金融支持农业产业化联合体发展专项行动，全年为农业产业化联合体发放贷款12亿元。

四、强化科技赋能，开启服务利农“优化器”

一是推动铺设标准化基础金融综合服务网络。成立农村金融服务总公司，累计建立近4000个村级金融服务站，依托“吉农金服”线上金融服务平台，构建“线上＋线下”的农村普惠金融服务体系。2022年，“吉农金服”平台对接信贷投放超29亿元，惠及3.5万户农户。二是建立“数字乡村”综合信息服务平台。建设银行吉林省分行建立农村土地经营权线上流转管理系统，整合省农业农村厅推送的包括农户土地经营权、农户医保等基本信息在内的8项数据，对农户进行精准信用评价。2022年末，利用系统信息发放农户贷款余额5247万元。三是推进“整村授信＋”金融服务工程。吉林省农信系统依托“整村授信＋村委推荐”，累计为农户预授信501亿元。

（三）物价水平总体平稳，劳动力成本有所下降

2022年，吉林省居民消费价格和生产价格有所上升，劳动力成本略有下降。

1. 居民消费价格温和上涨。2022年，吉林省居民消费价格指数累计上涨2.1%，涨幅同比上升1.5个百分点。分类别看，食品烟酒类价格上涨2.5%，居住类价格上涨1.9%，生活用品及服务类价格上涨1.4%，交通和通信类价格上涨4.9%，教育文化和娱乐类价格上涨1.2%，医疗保健类价格上涨0.7%，衣着类价格下降0.3%。

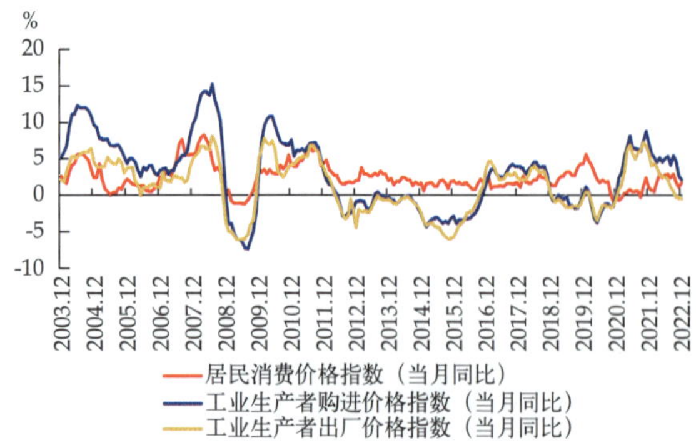

图11　居民消费价格指数和工业生产者价格指数变动趋势

（数据来源：吉林省统计局）

2. 生产价格有所上升。2022年吉林省工业生产者出厂价格同比上涨1.9%。全年工业生产者购进价格同比上涨4.6%，其中，2022年12月同比上涨2.2%，环比下降0.6%。

3. 劳动力成本有所下降。受疫情影响，经济增速放缓，劳动力成本有所下降。2022年，吉林省城镇常住居民人均可支配工资性收入21932元，同比下降2.6%；农村常住居民人均可支配工资性收入3985元，同比下降7.4%。

（四）财政收入降幅明显，民生支持力度加大

2022年，吉林省地方级财政收入851亿元，同比下降25.6%，其中，税收收入同比下降29.5%。面对疫情影响，吉林省加大卫生健康和社会保障投入力度，全年财政支出4044亿元，同比增长9.4%。其中，科学技术支出下降41.8%，节能环保支出下降5.5%，文化旅游体育与传媒支出下降4.9%，教育支出增长2.2%，社会保障和就业支出增长14.4%，卫生健康支出增长36.4%，城乡社区支出增长2.5%。

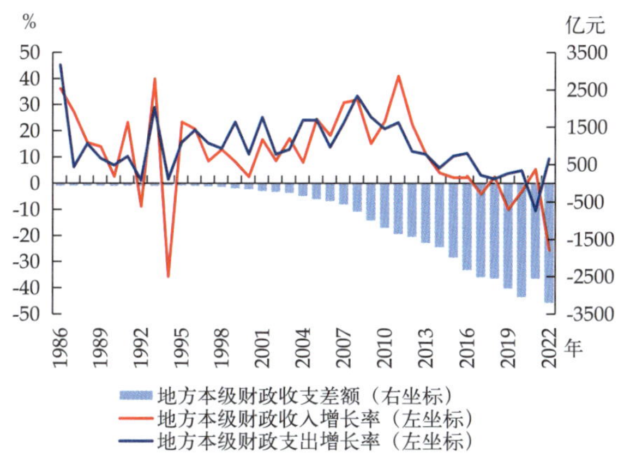

图 12　财政收支状况

（数据来源：吉林省统计局）

（五）房地产低位有所企稳，特色产业发展延续较好态势

1. 房地产市场呈现企稳态势。2022 年上半年，受疫情冲击、需求收缩、预期转弱等因素影响，吉林省房地产市场面临下行压力，房地产投资减少，市场交易活跃度下降。政府部门积极采取政策措施，实施好房地产市场长效机制，成立金融支持房地产市场平稳健康发展工作专班，推动房地产市场稳定运行，相关指标下降态势逐步得到缓解。2022 年，全省房地产开发投资完成额 1015 亿元，同比下降 34.1%，降幅较上半年收窄 5.4 个百分点；商品房销售面积 1001 万平方米，同比下降 45.5%，降幅较上半年收窄 6.8 个百分点。

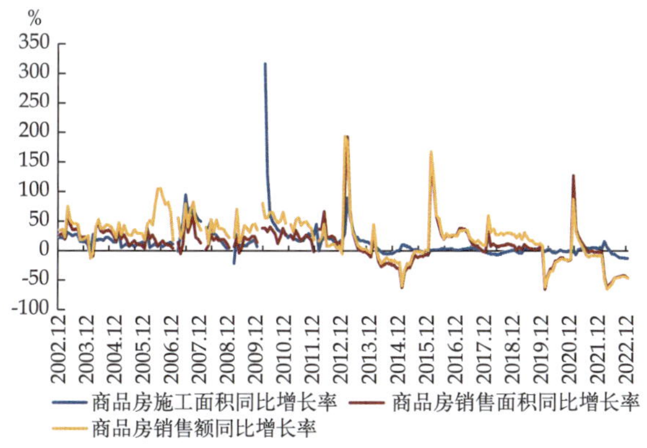

图 13　商品房施工和销售变动趋势

（数据来源：吉林省统计局）

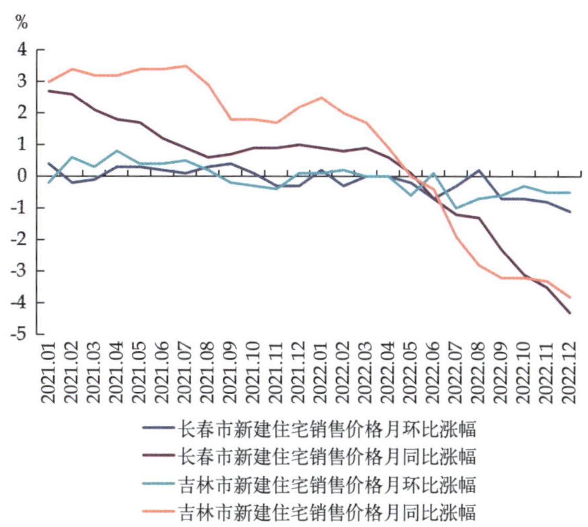

图 14　主要城市新建住宅销售价格变动趋势

（数据来源：吉林省统计局）

2. 人参产业高质量发展。吉林省人参产业具有良好的发展基础，全省人参产量约占全国总量的 60%、全世界的 40%。为将人参资源优势转化为经济优势，国家相关部委和吉林省政府出台了多项政策文件。2022 年 9 月，国家林草局、农业农村部、国家卫健委等六部门共同印发《关于支持吉林人参产业高质量发展的意见》，全链条支持人参产业高质量发展。吉林省出台《吉林省长白山人参产业发展“十四五”规划》等政策文件，提出到 2025 年，吉林省人参产业总产值达到 800 亿元，“十四五”期间精深加工转化率年均增长 5.0%；到 2030 年，人参产业总产值力争突破 1000 亿元。

近年来，吉林省在确保人参品质的基础上，提高精深加工水平，丰富产品品类，促进产业优化升级。2016 年组建吉林省长白山人参种植联盟，通过解决人参植保问题来提高产量和品质。2022 年，长白山人参种植联盟基地人参抽检合格率达 98.0%。目前，吉林省已开发生产人参食品、药品、保健品、化妆品、生物制品五大系列 1000 多种产品，实现了人参的全株开发利用。

吉林省人参产业连续多年保持增长势头，2022 年总产值 643 亿元，连续两年突破 600 亿元，同比增长 7.0%。

三、预测与展望

2023年，吉林省经济发展仍面临复杂性和不确定性，但经济长期向好的基本面没有变，振兴发展进入“上升期”“快车道”的势头没有变。吉林省将坚持以习近平新时代中国特色社会主义思想为指导，深入学习贯彻党的二十大和中央经济工作会议精神，抢抓推进新时代东北全面振兴的历史机遇，全面实施“一主六双”高质量发展战略，推动吉林全面振兴取得新突破。推进补短板重大项目建设和城市更新行动，切实补短板、强弱项。深入实施“百千万”产业培育工程①，加快构建多点支撑、多元发展的产业发展新格局。大力实施“千亿斤粮食”产能建设工程②，促进农业“十大产业集群”③提质提效，加快农业强省建设。吉林省金融部门将按照稳健货币政策精准有力的工作要求，保持贷款合理增长，切实加大现代化新吉林建设的金融支持力度。紧紧围绕经济发展重点领域和薄弱环节，开展“金润吉林”系列政银企对接活动和专项推进行动，着力增强金融支持经济高质量发展效能。开展普惠金融和绿色金融改革创新试点，推进地方中小法人金融机构改革化险，不断提升金融服务实体经济能力。

中国人民银行吉林省分行货币政策分析小组

总　　纂：朱兆文　林长杰

统　　稿：丁树成　李东元　周飞虎　郝慧博文　李文凯

执　　笔：邵　洋　焦响乐　孔元慧　杨　柳　赵雨丝　赵　锋　宋一可　商逸琪　王宇洋
刘　瑶　孟　夏　刘鸿鹄　侯佳彤　于　越　孙　瑶

提供材料：王述晨　陈　亮　陈一维

---

① “百千万”产业培育工程：利用五至十年时间，推动汽车产业产值突破万亿级规模、农业及农产品加工产业产值接近万亿元规模、旅游产业总收入达到万亿级规模，进一步壮大石油化工、医药健康、冶金建材、电子信息、装备制造、轻工纺织等千亿级规模优势产业，推动传统产业高端化、智能化、绿色化，大力发展战略性新兴产业和现代服务业，培育壮大一批百亿级规模的重点企业。

② “千亿斤粮食”产能建设工程：通过实施良田建设、种业振兴等八大工程项目，全面夯实粮食安全根基，确保到2035年全省粮食总产量达到1000亿斤。

③ 农业“十大产业集群”：指建设玉米水稻、杂粮杂豆、生猪、肉牛肉羊、禽蛋、乳品、人参（中药材）、梅花鹿、果蔬、林下及林特（食用菌、林蛙、矿泉水等）产业集群。

附录：

（一）2022 年吉林省经济金融大事记

1 月 4 日，人民银行长春中心支行建立“1+3+2”推进信贷稳增长工作机制。

2 月 21 日，吉林省汽车产业集群“上台阶”工程系列项目正式开工。

4 月 7 日，长春高新技术产业开发区、长春净月高新技术产业开发区建设国家自主创新示范区获国务院批复。

5 月 16 日，人民银行长春中心支行牵头制定出台《关于金融支持长春市经济高质量发展的指导意见》。

5 月 31 日，吉林长春国家农业高新技术产业示范区在吉林省公主岭市举行揭牌仪式。

11 月 3 日，吉林长春汽车经济技术开发区入选为国家进口贸易促进创新示范区。

11 月 7 日，国内首个“可再生能源 +PEM 制氢 + 加氢”一体化创新示范项目在中韩（长春）国际合作示范区试运行完成。

11 月 12 日，中国石油吉林石化公司年产 120 万吨乙烯装置在吉林市开工建设。

12 月 7 日，吉林省金融学会绿色金融专业委员会成立。

12 月 13 日，吉林省公布粮食产量达 816 亿斤，比上年增加 8 亿斤。

（二）吉林省主要经济金融指标

表 1　2022 年吉林省主要存贷款指标

	项目	1 月	2 月	3 月	4 月	5 月	6 月	7 月	8 月	9 月	10 月	11 月	12 月
本外币	金融机构各项存款余额（亿元）	30125.4	30520.1	30969.6	30770.2	31132.5	31880.6	31928.5	32095.6	32151.7	32178.5	32301.1	32733.2
	其中：住户存款	19872.7	19963.4	20339.1	20283.9	20375.0	20721.1	20708.4	20860.0	21164.8	21176.4	21517.3	22019.7
	非金融企业存款	5617.5	5648.8	5606.7	5526.5	5651.7	5811.8	5780.2	5934.7	5838.9	5839.7	5772.4	5859.6
	各项存款余额比上月增加（亿元）	529.1	394.6	449.5	-199.4	362.3	748.1	47.9	167.1	56.1	26.8	122.6	432.0
	金融机构各项存款同比增长（%）	8.7	10.8	9.9	10.4	9.3	10.4	10.8	11.3	10.0	10.5	10.2	10.6
	金融机构各项贷款余额（亿元）	24986.5	25054.1	25265.9	25123.3	25308.5	25644.4	25740.1	25857.6	25984.4	26062.3	26097.0	26335.4
	其中：短期	7396.9	7462.4	7448.3	7483.7	7532.5	7630.0	7640.3	7648.2	7702.5	7716.3	7761.5	7840.8
	中长期	16601.3	16581.3	16598.0	16598.0	16606.5	16749.3	16814.1	16888.2	16980.2	17043.1	17095.6	17289.3
	票据融资	715.9	738.1	922.3	779.2	907.7	1018.2	1034.2	1075.9	1060.9	1059.2	1010.5	980.7
	各项贷款余额比上月增加（亿元）	376.7	67.5	211.8	-142.5	185.2	335.8	95.8	117.4	126.8	77.9	34.7	238.4
	其中：短期	142.1	65.5	-14.1	35.5	48.7	97.5	10.3	7.8	54.4	13.8	45.2	79.3
	中长期	237.1	-20.1	16.7	0.0	8.6	142.7	64.8	74.1	92.0	62.9	52.4	193.7
	票据融资	28.9	22.2	184.2	-143.0	128.4	110.6	16.0	41.7	-15.0	-1.7	-48.7	-29.8
	金融机构各项贷款同比增长（%）	7.9	8.0	7.5	5.7	5.7	6.1	6.3	6.8	6.7	6.4	6.7	7.0
	其中：短期	7.6	9.1	7.0	5.8	6.4	7.5	7.5	8.3	9.0	7.9	8.3	8.2
	中长期	7.9	7.0	6.2	5.4	4.6	4.7	4.5	4.7	4.2	4.1	4.7	5.6
	票据融资	31.4	38.3	73.7	33.4	49.3	43.2	57.3	58.4	54.4	57.8	46.4	42.7
	建筑业贷款余额（亿元）	912.5	921.8	950.5	962.4	971.8	995.7	1007.1	1017.1	1013.6	1017.4	1020.1	1026.6
	房地产业贷款余额（亿元）	1145.8	1148.5	1142.5	1140.9	1139.6	1141.0	1162.1	1159.0	1174.7	1179.6	1188.6	1188.8
	建筑业贷款同比增长（%）	18.4	16.2	17.2	17.0	15.8	18.7	19.2	18.5	17.2	18.3	17.7	16.6
	房地产业贷款同比增长（%）	7.6	6.2	3.8	3.4	3.5	3.6	4.2	4.2	4.6	4.7	6.6	6.7
人民币	金融机构各项存款余额（亿元）	29994.0	30391.1	30824.3	30629.9	31001.3	31744.6	31786.8	31960.3	32013.9	32042.4	32161.7	32595.4
	其中：住户存款	19780.4	19872.6	20247.7	20189.2	20279.9	20625.1	20611.8	20764.3	21067.3	21078.9	21419.0	21922.7
	非金融企业存款	5581.1	5613.5	5555.4	5483.6	5619.0	5774.8	5738.2	5898.3	5801.4	5803.9	5733.8	5821.2
	各项存款余额比上月增加（亿元）	532.2	397.0	433.3	-194.4	371.4	743.3	42.2	173.4	53.7	28.5	119.3	433.6
	其中：住户存款	684.1	92.2	375.1	-58.5	90.7	345.2	-13.3	152.6	303.0	11.6	340.1	503.7
	非金融企业存款	-148.1	32.4	-58.2	-71.8	135.4	155.8	-36.6	160.1	-96.9	2.6	-70.2	87.4
	各项存款同比增长（%）	8.9	10.9	9.9	10.4	9.3	10.4	10.8	11.4	10.0	10.6	10.3	10.6
	其中：住户存款	14.8	12.8	12.7	13.5	13.5	13.1	13.4	13.6	13.4	14.3	14.9	14.8
	非金融企业存款	-1.7	4.7	0.9	0.3	3.3	2.4	2.7	6.8	5.2	5.0	3.5	1.6
	金融机构各项贷款余额（亿元）	24973.7	25041.2	25253.9	25111.3	25297.6	25624.7	25720.4	25837.7	25962.8	26039.7	26075.2	26313.8
	其中：个人消费贷款	5939.4	5897.0	5870.9	5835.1	5818.9	5853.5	5882.7	5912.0	5943.4	5951.6	5954.4	5968.2
	票据融资	715.9	738.1	922.3	779.2	907.7	1018.2	1034.2	1075.9	1060.9	1059.2	1010.5	980.7
	各项贷款余额比上月增加（亿元）	379.0	67.5	212.7	-142.6	186.4	327.0	95.7	117.3	125.1	76.9	35.5	238.6
	其中：个人消费贷款	44.8	-42.5	-26.0	-35.8	-16.3	34.7	29.2	29.3	31.4	8.2	2.8	13.7
	票据融资	28.9	22.2	184.2	-143.0	128.4	110.6	16.0	41.7	-15.0	-1.7	-48.7	-29.8
	金融机构各项贷款同比增长（%）	7.9	8.0	7.5	5.7	5.7	6.0	6.3	6.8	6.6	6.4	6.6	7.0
	其中：个人消费贷款	7.6	6.5	4.8	3.4	2.6	2.7	2.9	3.3	3.6	3.5	4.6	6.0
	票据融资	31.4	38.3	73.7	33.4	49.3	43.2	57.3	58.4	54.4	57.8	46.4	42.7
外币	金融机构外币存款余额（亿美元）	20.6	20.4	22.9	21.2	19.7	20.3	21.0	19.6	19.4	19.0	19.4	19.8
	金融机构外币存款同比增长（%）	-12.8	0.8	15.7	5.6	-1.8	2.1	5.9	-3.2	-7.3	-9.1	-7.4	-6.2
	金融机构外币贷款余额（亿美元）	2.0	2.0	1.9	1.8	1.6	2.9	2.9	2.9	3.0	3.1	3.0	3.1
	金融机构外币贷款同比增长（%）	13.4	15.3	13.6	-13.9	-23.7	52.2	49.4	26.8	26.3	52.3	52.9	30.9

数据来源：中国人民银行长春中心支行。

表 2　2001—2022 年吉林省各类价格指数

单位：%

时间		居民消费价格指数		工业生产者购进价格指数		工业生产者出厂价格指数	
		当月同比	累计同比	当月同比	累计同比	当月同比	累计同比
2001		—	1.3	—	1.8	—	0.3
2002		—	-0.5	—	-2.2	—	-1.4
2003		—	1.2	—	4.8	—	2.5
2004		—	4.1	—	10.5	—	5.0
2005		—	1.5	—	7.0	—	4.5
2006		—	1.4	—	3.8	—	1.7
2007		—	4.8	—	5.2	—	2.7
2008		—	5.1	—	11.3	—	4.9
2009		—	0.1	—	-4.7	—	-3.9
2010		—	3.7	—	8.6	—	5.2
2011		—	5.2	—	6.1	—	5.4
2012		—	2.5	—	-0.7	—	-0.9
2013		—	2.9	—	-0.6	—	-1.3
2014		—	2.0	—	-0.8	—	-0.9
2015		—	1.7	—	-3.4	—	-4.7
2016		—	1.6	—	-2.2	—	-1.6
2017		—	1.6	—	3.4	—	3.1
2018		—	2.1	—	3.5	—	2.8
2019		—	3.0	—	-0.8	—	-1.1
2020		—	2.3	—	-1.3	—	-1.4
2021		—	0.6	—	6.2	—	5.1
2022		—	2.1	—	4.6	—	1.9
2021	1	-0.6	-0.6	2.5	2.5	0.9	0.9
	2	-0.3	-0.5	3.2	2.9	1.5	1.2
	3	0.4	-0.2	5.4	3.7	3.3	1.9
	4	0.6	0.0	6.7	4.4	6.2	2.9
	5	0.9	0.2	8.2	5.2	6.9	3.7
	6	0.6	0.3	6.5	5.4	5.8	4.1
	7	0.7	0.3	6.4	5.5	5.0	4.2
	8	0.7	0.4	6.3	5.6	5.9	4.4
	9	-0.2	0.3	6.1	5.7	6.2	4.6
	10	1.3	0.4	7.5	5.9	7.3	4.9
	11	2.5	0.6	8.9	6.2	6.8	5.1
	12	1.2	0.6	7.2	6.2	5.8	5.1
2022	1	0.8	0.8	5.8	5.8	4.1	4.1
	2	0.6	0.7	5.2	5.5	4.4	4.2
	3	1.9	1.1	4.6	5.2	3.9	4.1
	4	3.0	1.6	5.2	5.2	2.9	3.8
	5	2.5	1.7	4.6	5.1	2.6	3.6
	6	2.9	1.9	5.1	5.1	2.6	3.4
	7	3.0	2.1	5.4	5.1	2.2	3.2
	8	2.5	2.1	4.2	5.0	1.2	3.0
	9	3.0	2.2	5.5	5.1	0.7	2.7
	10	1.9	2.2	4.7	5.0	-0.2	2.4
	11	1.2	2.1	2.7	4.8	-0.4	2.2
	12	1.8	2.1	2.2	4.6	-0.5	1.9

数据来源：吉林省统计局。

表 3　2022 年吉林省主要经济指标

项目	1月	2月	3月	4月	5月	6月	7月	8月	9月	10月	11月	12月
	绝对值（自年初累计）											
地区生产总值（亿元）	—	—	2576.2	—	—	5697.2	—	—	9433.1	—	—	13070.2
第一产业	—	—	175.4	—	—	363.6	—	—	699.4	—	—	1689.1
第二产业	—	—	841.4	—	—	2004.2	—	—	3471.8	—	—	4628.3
第三产业	—	—	1559.5	—	—	3329.4	—	—	5261.9	—	—	6752.8
工业增加值（亿元）	—	—	—	—	—	—	—	—	—	—	—	—
固定资产投资（亿元）	—	—	—	—	—	—	—	—	—	—	—	—
房地产开发投资	—	21.1	42.2	76.2	245.5	395.7	565.9	723.4	879.7	951.4	989.3	1014.8
社会消费品零售总额（亿元）	—	—	881.2	—	—	1706.1	—	—	2701.2	—	—	3807.7
外贸进出口总额（亿元）	—	244.4	344.7	462.1	591.7	737.7	883.0	1015.5	1153.1	1275.8	1396.9	1558.5
进口	—	174.5	238.4	326.8	413.3	512.0	612.1	700.2	787.3	860.1	941.7	1056.3
出口	—	69.9	106.3	135.4	178.4	225.8	270.9	315.3	365.8	415.7	455.2	502.3
进出口差额（出口－进口）	—	-104.6	-132.1	-191.4	-234.9	-286.2	-341.2	-384.9	-421.5	-444.4	-486.5	-554.0
实际利用外资（亿美元）	—	0.1	0.4	2.5	2.5	2.6	2.7	2.7	2.9	4.5	4.5	4.5
地方财政收支差额（亿元）	-185.2	-363.3	-540.8	-727.0	-1024.7	-1342.6	-1668.0	-1980.1	-2270.4	-2535.4	-2815.5	-3193.0
地方财政收入	144.5	208.3	262.7	291.7	307.8	379.3	457.7	528.1	610.3	707.0	767.4	851.0
地方财政支出	329.7	571.6	803.6	1018.7	1332.5	1721.9	2125.7	2437.8	2880.7	3242.4	3582.9	4044.0
城镇登记失业率（%）（季度）	—	—	—	—	—	—	—	—	—	—	—	—
	同比累计增长率（%）											
地区生产总值	—	—	-7.9	—	—	-6.0	—	—	-1.6	—	—	-1.9
第一产业	—	—	2.8	—	—	2.1	—	—	2.9	—	—	4.0
第二产业	—	—	-11.6	—	—	-11.3	—	—	-2.7	—	—	-5.1
第三产业	—	—	-7.5	—	—	-3.8	—	—	-1.6	—	—	-1.2
工业增加值	—	6.3	-10.5	-18.1	-15.4	-11.5	-8.1	-4.5	-2.5	-1.4	-3.8	-6.4
固定资产投资	—	17.0	-31.8	-36.5	-20.4	-14.3	-10.0	-8.8	-6.9	-5.1	-3.6	-2.4
房地产开发投资	—	14.9	-39.2	-58.7	-43.7	-39.5	-34.3	-32.6	-32.0	-33.5	-34.7	-34.1
社会消费品零售总额	—	—	-4.2	—	—	-11.7	—	—	-8.1	—	—	-9.7
外贸进出口总额	—	-11.8	-14.2	-12.0	-9.0	-6.1	-5.9	-3.4	-1.9	-0.7	-0.8	3.6
进口	—	-22.2	-24.9	-21.0	-19.3	-17.5	-18.0	-15.9	-15.2	-14.9	-14.7	-8.3
出口	—	32.3	25.9	21.1	29.4	37.0	41.4	44.1	48.0	51.8	49.4	42.1
实际利用外资	—	-93.5	-85.7	-23.0	-49.4	-56.8	-54.3	-54.3	-56.1	-32.8	-33.2	-34.0
地方财政收入	-12.2	-11.4	-22.8	-35.7	-44.2	-42.8	-40.4	-37.3	-33.8	-29.1	-27.1	-25.6
地方财政支出	57.1	15.8	2.5	-4.5	3.2	0.3	2.1	3.5	6.8	9.8	10.0	9.4

数据来源：吉林省统计局。

黑龙江省金融运行报告（2023）

中国人民银行黑龙江省分行[①]
货币政策分析小组

[内容摘要] 2022年，黑龙江省深入贯彻党的二十大精神，全面落实习近平总书记重要讲话和重要指示精神，坚持稳中求进工作总基调，立足新发展阶段，完整、准确、全面贯彻新发展理念，积极服务和融入构建新发展格局，统筹疫情防控和经济社会发展，稳住经济发展基本盘。全省经济延续稳中加固的态势，全年地区生产总值同比增长2.7%。

从黑龙江省经济运行来看，一是投资、消费逐步恢复，外贸增长势头强劲。固定资产投资完成额同比增长0.6%，第一、第二产业投资同比分别增长13.1%和10.6%。制造业投资和工业技术改造投资等重点领域实现两位数增长。社会消费品零售总额同比下降6.0%，但消费升级类商品消费增长较快，数字商贸、平台直播等新兴业态快速成长，限额以上单位通过公共网络实现的商品销售额同比增长13.6%。进出口总额同比增长33.0%，高于全国25.3个百分点，对"一带一路"共建国家和RCEP贸易伙伴进出口同比分别增长39.0%和32.3%，贸易方式持续优化。二是产业增加值持续增长，新发展动能显著增强。第一、第二、第三产业增加值同比分别增长2.4%、0.9%和3.8%，产业结构由上年的23.3：26.7：50.0调整为22.7：29.2：48.1，第二产业增加值占比持续提升。粮食总产量1553亿斤，实现"十九连丰"，农业现代化水平不断提升，农业供给侧结构性改革不断深化。规模以上工业增加值同比增长0.8%，规模以上工业企业营业收入、利润总额同比分别增长8.4%和15.0%，分别高于全国2.5个和19.0个百分点。服务业稳健恢复，第三产业增加值同比增长3.8%，高于全国1.5个百分点，电商、物流、旅游康养等服务业快速发展。三是创新驱动发展战略深入实施，高质量发展内生动力不断提升。数字经济、生物经济、冰雪经济、创意设计等产业快速发展，科技创新体系加快构建，高新技术企业净增867家，技术合同成交额同比增长31.4%。全年新登记经营主体56.5万户，经营主体活力不断激发，营商环境进一步优化。四是居民消费价格平稳增长，就业形势总体稳定。居民消费价格温和上涨，CPI同比上涨1.9%，涨幅比上年提高1.3个百分点。全省城镇新增就业37.4万人，失业人员再就业31.7万人，高校毕业生、农民工、失业人员等重点群体就业稳定。全年城镇和农村居民人均可支配收入同比分别增长4.1%和3.8%。五是财政收入小幅回落，民生支出力度不减。全省一般公共预算收入同比下降0.8%，民生类支出占一般公共预算支出的87.1%，有力保障民生实事落地。

从黑龙江省金融运行来看，全省银行业、证券业和保险业运行总体平稳，金融服务实体经济质效不断提升。一是贷款保持稳定增长，信贷结构持续优化。本外币各项贷款同比增长3.9%。在结构性货币政策工具精准滴灌和信贷政策引导作用下，重点领域贷款增长显著，其中，制造业中长期贷款、普惠小微贷款、绿色贷款和农村基础设施贷款同比分别增长21.3%、11.5%、20.0%和28.4%。实体经济融资成本稳中有降，全省企业贷款加权平均利率为4.11%，

---

① 自2023年8月18日起，中国人民银行哈尔滨中心支行更名为中国人民银行黑龙江省分行。本报告主要反映2022年的经济金融情况，正文中涉及的相关机构表述仍沿用2022年名称。

同比下降0.33个百分点。其中，普惠小微企业贷款加权平均利率为5.61%，同比下降0.34个百分点。二是银行业稳健运行，防范化解金融风险成效明显。黑龙江省银行业金融机构资产和负债总额同比分别增长9.3%和9.8%。银行业金融机构不良贷款率比上年末下降0.1个百分点，创近十年最低水平。三是证券业平稳发展，企业直接融资能力稳步提升。全省新增上市企业2家，有4家企业上市（IPO）在审、9家企业备案在辅导，在审企业和在辅导企业数量创历年之最。新三板挂牌公司58家。全省企业在资本市场实现直接融资312亿元，同比增长88.1%。四是保险业稳健发展，服务民生功能不断增强。与实体经济密切相关的农业保险、安全生产责任险等保费收入快速增长，全省性惠民型商业健康保险"惠民保"承保人数突破500万人，风险保障功能进一步发挥。五是社会信用体系建设持续深化，金融基础设施逐步完善。省级地方征信平台筹建方案获批。农业大数据与金融科技深度融合，有力支持银行业金融机构扩大对农户及新型农业经营主体的授信融资。省政府采购平台与中征应收账款融资服务平台系统实现对接，为政府采购中标企业融资增添新渠道。移动支付服务环境持续优化，便民服务场景不断拓展，适老化服务质效进一步提高。农村支付体系不断完善，农村及贫困地区金融基础服务覆盖率达到100%。支付服务减费让利政策全年累计为70.8万户小微企业和个体工商户降低支付手续费2亿元。金融消费者权益保护工作机制逐步完善。

2023年，面对国内外风险挑战，黑龙江省将继续坚持以习近平新时代中国特色社会主义思想为指导，深入贯彻落实党的二十大精神，坚持把经济高质量发展作为首要任务，坚持稳字当头、稳中求进，着力加快产业发展、项目建设、招商引资、优化营商环境，着力提振市场信心、增强经营主体活力、激发发展内生动力，加快推进转方式调结构，扎实推动经济运行整体好转，实现质的有效提升和量的合理增长。黑龙江省金融业将认真贯彻落实稳健的货币政策，充分发挥结构性货币政策工具的引导作用，增强金融服务实体经济的能力，保持信贷总量稳定增长，信贷结构不断优化，综合融资成本稳中有降，为黑龙江经济高质量发展提供强有力的金融服务保障。

一、金融运行情况

2022年，黑龙江省金融业稳健运行。银行业资产负债平稳增长，社会融资规模结构优化，存款保持较高增速，贷款平稳增长，融资结构持续优化，融资成本稳中有降；证券业平稳运行，资本市场融资能力稳步提升；保险业保障功能持续增强，经济稳定器功能持续发挥。重点领域金融风险防控取得积极进展，金融生态环境持续优化。

（一）银行业运行稳健，信贷保持合理增长

1. 资产规模平稳增长，全国性银行资产扩张较快。2022年末，黑龙江省银行业金融机构资产总额5.1万亿元，同比增长9.3%；营业网点6218个，从业人员数10.7万人，法人机构121个。分机构看，大型商业银行、股份制商业银行和邮政储蓄银行资产总额增长较快，均超过10.0%，地方法人金融机构资产总额同比增长6.6%。

表1　2022年银行业金融机构情况

机构类别	营业网点			法人机构（个）
	机构个数（个）	从业人数（人）	资产总额（亿元）	
一、大型商业银行	1848	42164	17978	0
二、国家开发银行和政策性银行	90	2439	7413	0
三、股份制商业银行	214	5093	3467	0
四、城市商业银行	580	12855	10707	2
五、城市信用社	0	0	0	0
六、小型农村金融机构	1821	26148	6596	78
七、财务公司	3	98	290	3
八、信托公司	1	203	244	1

续表

机构类别	营业网点			法人机构（个）
	机构个数（个）	从业人数（人）	资产总额（亿元）	
九、邮政储蓄银行	1556	15411	3929	0
十、外资银行	7	90	58	0
十一、新型农村金融机构	91	1633	328	35
十二、其他	7	529	395	2
合　计	6218	106663	51405	121

数据来源：黑龙江银保监局。

注：营业网点不包括国家开发银行和政策性银行、大型商业银行、股份制商业银行等金融机构总部数据；大型商业银行包括中国工商银行、中国农业银行、中国银行、中国建设银行和交通银行；小型农村金融机构包括农村商业银行、农村合作银行和农村信用社；新型农村金融机构包括村镇银行、贷款公司、农村资金互助社；其他包含金融租赁公司、汽车金融公司、货币经纪公司、消费金融公司等。

2. 存款规模较快增长，住户存款增量创历史新高。受俄乌冲突、美联储加息外溢效应等因素影响，年内资本市场波动有所增大，大众避险情绪上升，同时叠加疫情扰动，生产、投资和消费放缓，居民持币观望意愿增强。2022年末，黑龙江省银行业金融机构本外币各项存款余额3.9万亿元，同比增长13.0%，增速高于上年4.4个百分点；当年新增存款4463亿元，同比多增1753亿元。其中，住户存款余额同比增长16.9%，全年新增4083亿元，增量创历史新高；居民定期存款占比保持在70.0%左右，存款定期化趋势进一步加强。

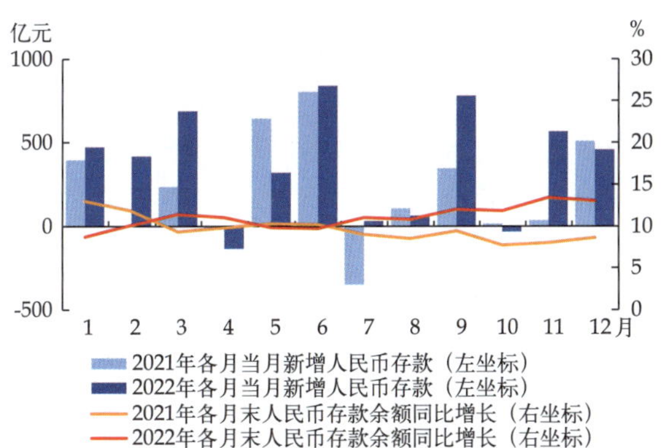

图1　金融机构人民币存款增长变化

（数据来源：中国人民银行哈尔滨中心支行）

3. 各项贷款小幅增长，信贷结构进一步优化。2022年，黑龙江省信贷运行总体平稳，年末本外币各项贷款余额2.5万亿元，同比增长3.9%，当年新增贷款948亿元。对实体经济重点领域支持力度不断加大，信贷结构进一步优化。全省制造业中长期贷款、普惠小微贷款、绿色贷款和农村基础设施贷款余额同比分别增长21.3%、11.5%、20.0%和28.4%。

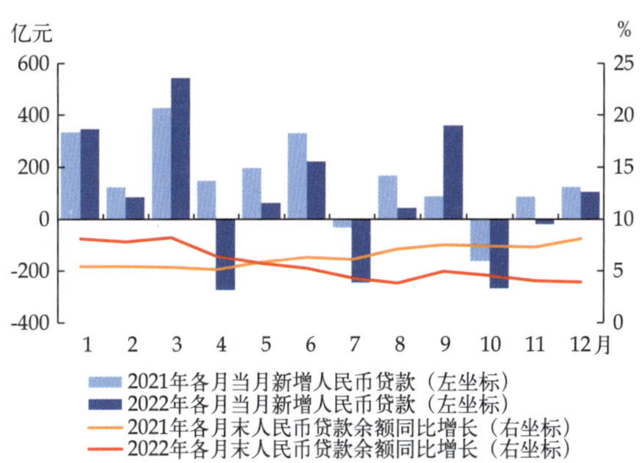

图2　金融机构人民币贷款增长变化

（数据来源：中国人民银行哈尔滨中心支行）

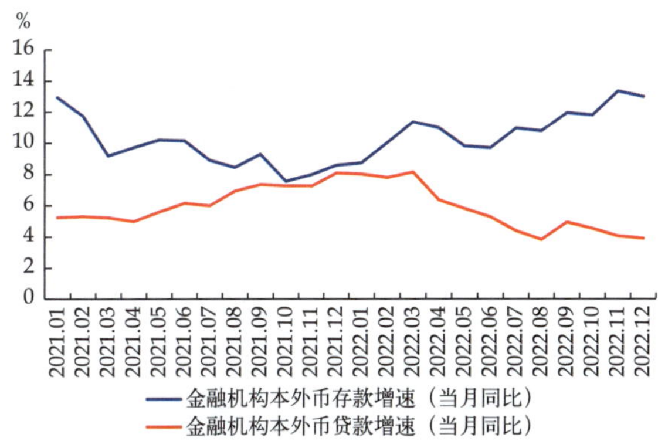

图3　金融机构本外币存贷款增速变化

（数据来源：中国人民银行哈尔滨中心支行）

4. 贷款市场报价利率（LPR）改革红利持续释放，实体经济融资成本稳中有降。黑龙江省银行业金融机构不断完善利率定价机制建设，持续释放LPR改革效能，推动银行业金融机构调整存款结构、稳定负债端水平，引导贷款利率持续下行。2022年，全省企业贷款加权平均利率为4.11%，同比下降0.33个百分点。其中，普惠小微企业贷款加权平均利率为5.61%，同比下降0.34个百分点。

5. 金融风险防控扎实推进，不良贷款率持续下行。2022 年，黑龙江省建立完善财政金融风险处置机制、高风险地方法人金融机构通报制度和防范化解重大金融风险问责实施办法，金融监管协调机制进一步加强，辖区金融稳定基础进一步夯实。稳妥推进金融风险处置工作，制订全省金融风险排查化解工作方案，成立工作专班，推进落实高风险机构风险化解。全省银行业金融机构不良贷款率同比下降 0.1 个百分点，创近十年最低水平。

表 2　2022 年金融机构人民币贷款各利率区间占比

单位：%

项目		1月	2月	3月	4月	5月	6月
合计		100.0	100.0	100.0	100.0	100.0	100.0
LPR 减点		16.7	25.1	17.3	19.2	27.7	25.6
LPR		6.1	2.8	5.3	12.6	4.8	8.4
LPR 加点	小计	77.3	72.1	77.5	68.2	67.5	66.0
	(LPR，LPR+0.5%)	20.7	19.9	20.4	15.4	18.7	20.6
	[LPR+0.5%，LPR+1.5%)	19.9	17.3	20.5	18.7	17.5	16.2
	[LPR+1.5%，LPR+3%)	20.4	19.6	21.3	18.9	17.5	16.0
	[LPR+3%，LPR+5%)	15.0	14.2	13.8	13.7	12.3	11.4
	LPR+5% 及以上	1.3	1.2	1.5	1.6	1.5	1.8

续表

项目		7月	8月	9月	10月	11月	12月
合计		100.0	100.0	100.0	100.0	100.0	100.0
LPR 减点		36.8	36.0	36.5	31.2	23.5	31.7
LPR		4.3	4.9	5.1	8.8	14.3	15.1
LPR 加点	小计	58.9	59.0	58.4	60.1	62.2	53.2
	(LPR，LPR+0.5%)	12.8	15.0	12.8	13.1	14.4	11.8
	[LPR+0.5%，LPR+1.5%)	15.0	17.6	20.5	14.5	15.4	15.1
	[LPR+1.5%，LPR+3%)	17.2	15.0	16.0	16.8	17.9	14.3
	[LPR+3%，LPR+5%)	12.3	9.9	8.1	14.3	13.6	12.0
	LPR+5% 及以上	1.6	1.6	1.0	1.5	0.9	0.0

数据来源：中国人民银行哈尔滨中心支行。

6. 跨境人民币业务量创历史新高，服务面进一步拓宽。2022 年，黑龙江省跨境人民币实际收付 418 亿元，创历史新高，同比增长 95.5%；占本外币跨境收付总量的 33.5%，同比提高 13.8 个百分点。其中，经常项目跨境人民币收付 350 亿元，同比增长 137.2%。与黑龙江省开展跨境人民币业务的国家或地区增至 80 个，其中，“一带一路”共建国家 38 个，同比增加 6 个。

专栏 1　多措并举推动黑龙江省跨境人民币业务“量质齐升”

2022 年，在多项政策措施统筹支持下，全省跨境人民币业务发展呈现“量质齐升”的良好局面。

一是统筹推进，部署跨境人民币推进举措。结合辖区实际，制订《关于跨境人民币支持外贸保稳提质的落实方案》，提出 12 项跨境人民币推进工作措施，组织银行业金融机构深入落实。

二是加强宣导，提高跨境人民币使用能力。依托全省金融形势运行分析会、货币信贷政策推进督导会等金融系统专题会议宣导推介最新跨境人民币优惠政策。在人民币汇率双向波动幅度加大背景下，及时采取“政策宣导 + 产品推介 + 避险培训”方式，组织召开全省跨境人民币政策宣讲会、跨境人民币产品推介会及汇率避险培训会，为全省 350 家重点涉外企业提供专项培训，帮助企业提高跨境人民币使用能力。充分发挥银企交流专线功能，实时解答银行企业相关咨询疑惑，全年共解答银行机构和企业业务咨询 90 余次。

三是优化服务，提升人民币结算便利度。

指导省级跨境人民币业务自律机制制订《黑龙江省优质企业跨境人民币结算便利化方案（2022版）》，进一步降低准入标准，扩大优质企业范围，优化业务办理流程。2022年，黑龙江省跨境人民币结算优质企业由66家增至88家，跨境人民币业务最快10分钟内即可办理完毕。

在多种举措推动下，黑龙江省跨境人民币业务取得显著成效。一是业务量大幅提升，创历史最高水平。2022年，黑龙江省跨境人民币收付418亿元，创历史新高，同比增长95.5%。其中经常项目跨境人民币收付350亿元，同比增长137.2%。二是使用率明显提高，经营主体拓展显著。2022年，黑龙江省跨境人民币使用占本外币收付的33.5%，同比提高13.8个百分点。共有1460家企业开办跨境人民币业务，同比增长67.4%，其中跨境人民币首办企业857家，同比增长242.8%。三是交易国家数量稳步增长，辐射范围进一步扩大。2022年，黑龙江省与80个国家和地区开展跨境人民币业务，比上年增加8个。其中"一带一路"共建国家38个，同比增加6个，实际收付223亿元，同比增长111.0%。

（二）证券业平稳发展，企业直接融资能力稳步提升

1. 证券市场体系保持稳定。2022年末，黑龙江省共有法人证券公司1家，证券分支机构182家，证券投资咨询公司1家，法人期货经纪公司2家，期货分支机构15家；投资者股票账户数853万户，比上年增加50万户；证券市场交易额5.1万亿元，比上年减少14亿元。

表3　2022年证券业基本情况

项目	数量
总部设在辖内的证券公司数（家）	1
总部设在辖内的基金公司数（家）	0
总部设在辖内的期货公司数（家）	2
年末国内上市公司数（家）	40
当年国内股票（A股）筹资（亿元）	38.4
当年发行H股筹资（亿元）	0.0
当年国内债券筹资（亿元）	273.8
其中：短期融资券筹资额（亿元）	51.0
中期票据筹资额（亿元）	45.8

数据来源：黑龙江证监局、中国人民银行哈尔滨中心支行。

2. 企业上市融资步伐加快。2022年，黑龙江省深入实施"紫丁香计划"，推动北交所、全国股转系统在黑龙江设立服务基地，助推辖内企业加快上市融资步伐。当年新增2家企业上市，1家企业获交易所审核通过待注册；有4家企业上市（IPO）在审、9家企业备案在辅导，在审企业和在辅导企业数量创历史新高。2022年末，全省共有境内上市公司40家，其中，沪市27家、深市13家，A股上市公司境内总市值3214亿元。全省在新三板挂牌公司达到58家。当年企业在资本市场直接融资312亿元，同比增长88.1%。

（三）保险业稳步发展，风险保障功能不断增强

1. 保险市场规模保持稳定。2022年末，黑龙江省共有保险公司法人机构1家，各级保险分支机构51家，其中，财险公司分支机构22家、寿险公司分支机构29家。当年保险业实现原保险保费收入982亿元，同比下降1.3%；累计赔款与给付支出325亿元，同比下降5.0%。

表4　2022年保险业基本情况

项目	数量
总部设在辖内的保险公司数（家）	1
其中：财产险经营主体（家）	1
寿险经营主体（家）	0
保险公司分支机构（家）	51
其中：财产险公司分支机构（家）	22
寿险公司分支机构（家）	29

续表

项目	数量
保费收入（中外资，亿元）	982.4
其中：财产险保费收入（中外资，亿元）	238.0
人身险保费收入（中外资，亿元）	744.4
各类赔款给付（中外资，亿元）	324.5

数据来源：黑龙江银保监局。

2. 保险保障功能持续加强。在人身险方面，黑龙江省人身险公司赔款支出 180 亿元，养老年金保险积累责任准备金 87 亿元，“惠民保”承保人数突破 500 万人，广覆盖、保基本、多层次和可持续的社会保障体系建设加快推进。在财产险方面，财产险公司保费同比增长 9.7%。非车险持续挖掘增长动能，同比增长 16.2%，其中，农险保费同比增长 19.4%，责任险保费同比增长 38.7%，安全生产责任险签单数量实现翻番，在提升社会治理水平方面发挥了积极的风险保障作用。

（四）社会融资结构不断优化，金融市场运行平稳

1. 社会融资规模平稳增长，融资结构进一步优化。2022 年，黑龙江省新增社会融资规模 1569 亿元，同比少增 11 亿元。其中，人民币各项贷款增量占社会融资规模增量的 62.3%，占比较上年大幅降低；企业直接融资规模累计增加 103 亿元，同比多增 264 亿元；地方政府债券发行力度不减，全年累计新增 761 亿元，与上年同期基本持平；表外融资持续压降，全年减少 491 亿元，社会融资结构进一步优化。

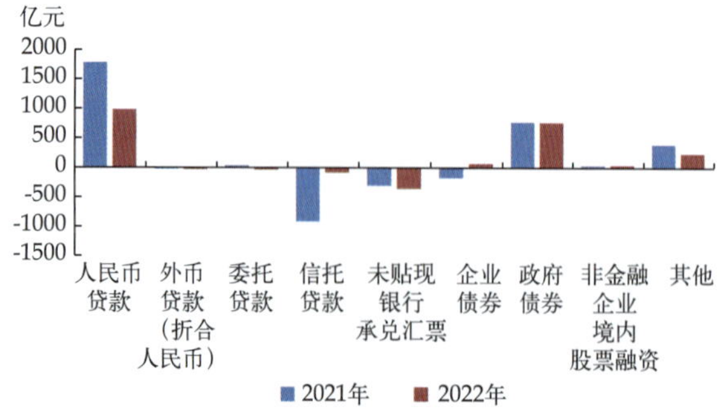

图 4　社会融资规模分布结构

（数据来源：中国人民银行哈尔滨中心支行）

2. 融资创新探索不断推进，创新产品和模式进一步丰富。全省金融机构累计推出涉及碳市场碳排放配额质押、特许经营权质押、应收补贴款质押、可再生能源补偿确权（以可再生能源项目应获得的应收未收财政补贴资金作为质押）贷款等 7 大类 73 项绿色金融产品和服务模式，推动绿色信贷余额同比增长 20.0%。省政府采购平台与中征应收账款融资服务平台系统实现对接，为政府采购中标企业融资增添新渠道。2022 年末，黑龙江省在中征应收账款融资服务平台共注册企业 1595 家，累计融资金额 931 亿元，其中，中小微企业融资占比为 76.0%。

3. 发挥结构性货币政策工具结构引导作用，精准支持重点领域信贷投放。2022 年，累计发放再贷款再贴现 422 亿元、普惠小微贷款支持工具 0.2 亿元，撬动地方法人金融机构新增普惠小微企业贷款 11 亿元，为普惠小微企业、个体工商户等经营主体减息 1 亿元。引导有关金融机构发放政策性开发性金融工具 93 亿元，支持重大基础设施项目 20 个。推动金融机构用好各项结构性货币政策工具，累计发放碳减排、煤炭清洁利用、交通物流、科技创新、设备更新改造等重点领域贷款 268 亿元。

4. 银行债券业务呈净融出态势，企业债券融资力度进一步加大。2022 年末，黑龙江省银行业金融机构在银行间债券市场累计成交 10.8 万笔，同比增长 26.7%；累计成交金额 18.0 万亿元，同比增长 0.4%。全省净融出资金 6.6 万亿元，同比增长 11.0%。2022 年，黑龙江省非金融企业在银行间债券市场累计发行债务融资工具 10 只，金额 97 亿元；1 家央企发行辖区首单绿色债暨上交所首单绿色碳中和产品融资 39 亿元。

5. 票据业务稳中有升，贴现利率进一步下行。2022 年，黑龙江省银行承兑汇票业务累计发生额同比增长 19.0%，票据贴现业务累计发生额同比增长 14.0%，银行承兑汇票和商业承兑汇票贴现利率总体呈下行趋势。

表 5　2022 年金融机构票据业务量

单位：亿元

季度	银行承兑汇票承兑		贴现			
			银行承兑汇票		商业承兑汇票	
	余额	累计发生额	余额	累计发生额	余额	累计发生额
1	766.6	295.4	1204.6	240.7	231.4	36.3
2	833.4	665.8	1294.3	488.0	237.9	59.3
3	820.4	963.7	1497.6	718.2	238.0	91.6
4	802.4	1278.1	1549.9	935.9	208.4	118.2

数据来源：中国人民银行哈尔滨中心支行。

表 6　2022 年金融机构票据贴现、转贴现利率

单位：%

季度	贴现		转贴现	
	银行承兑汇票	商业承兑汇票	票据买断	票据回购
1	2.51	3.48	2.48	2.49
2	1.79	3.74	1.54	2.22
3	1.64	3.56	1.36	1.88
4	1.74	2.93	1.44	1.90

数据来源：中国人民银行哈尔滨中心支行。

（五）社会信用体系建设持续深化，金融基础设施逐步完善

1. 社会信用体系建设成效显著。2022 年，《黑龙江省征信公司筹建工作方案》获省政府批准，省级地方征信平台建设取得实质性进展。2022 年末，黑龙江省已为 3.8 万户新型农业经营主体建立信用档案，评定信用农户 444.9 万户。农业大数据与金融科技深度融合，10 家商业银行与黑龙江省农业大数据中心建立合作关系，对 13 个地市、118 个县（区）的农户和新型农业经营主体开展贷款授信，当年新增贷款 45 亿元、服务农业经营主体 4015 户。动产和权利担保统一登记业务深入发展，全年完成各类动产和权利担保登记 5.6 万笔，同比增长 88.9%。

2. 移动支付服务环境持续优化。2022 年，黑龙江省大小额支付系统共处理业务 5578.5 万笔，金额 48.8 万亿元。城市与农村地区移动支付便民工程建设统筹推进，移动支付便民服务范畴不断扩大，移动支付在适老化等领域的服务质效进一步提高。全省移动支付便民服务场景已覆盖文旅、交通、零售、公共缴费等 10 大领域。支付服务减费让利政策落地达效，累计为 70.8 万户小微企业和个体工商户降低支付手续费 2.4 亿元。农村支付体系不断完善，农村及贫困地区金融基础服务覆盖率达到 100%。2022 年末，黑龙江省云闪付累计注册用户数达 1305.7 万户，同比增长 16.4%。

表 7　支付体系建设情况

年份	支付系统直接参与方（个）	支付系统间接参与方（个）	支付清算系统覆盖率（%）	当年大额支付系统处理业务数（万笔）	同比增长（%）
2021	4	3503	—	1006.0	-13.3
2022	4	3506	—	1736.4	72.6

年份	当年大额支付系统业务金额（亿元）	同比增长（%）	当年小额支付系统处理业务数（万笔）	同比增长（%）	当年小额支付系统业务金额（亿元）	同比增长（%）
2021	501446.0	24.2	3065.1	4.4	10547.1	11.4
2022	477016.8	-4.9	3842.1	25.4	10801.0	2.4

数据来源：中国人民银行哈尔滨中心支行。

3. 金融消费者权益保护工作机制逐步完善。2022 年，黑龙江省建成金融教育示范基地 8 家，建立黑龙江省“12363”电话本地呼叫中心，利用 5G 可视电话提供远程视频服务，进一步优化代理投诉身份认证程序，便利老年金融消费者维权。全年共受理金融消费者投诉 904 件，解答咨询 2.1 万件。建立与人民法院的工作协作机制，金融纠纷多元化解工作质效进一步提高。

二、经济运行情况

2022 年，黑龙江省应对国际形势、国内疫情等多重超预期因素冲击，科学统筹推进疫情防控和经济社会发展，稳住了经济发展基本盘，并延续稳中加固态势。全省实现地区生产总值 1.6 万亿元，同比增长 2.7%，三次产业结构由上年的 23.3：26.7：50.0 调整为 22.7：29.2：48.1，第二产业增加值占比持续提升。

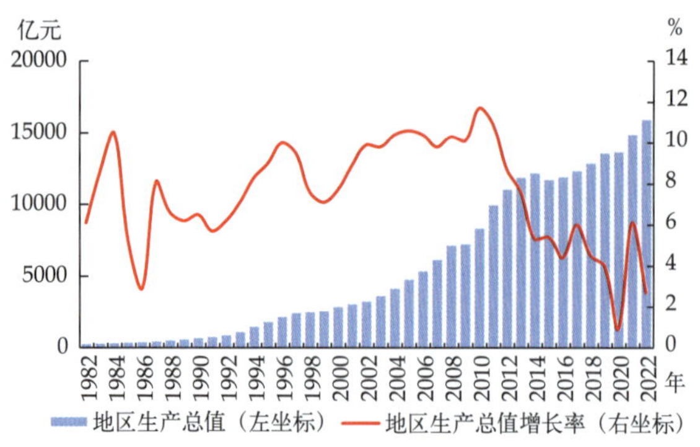

图 5　地区生产总值及其增长率

（数据来源：黑龙江省统计局）

（一）投资、消费逐步恢复，外贸增长势头强劲

1. 重点领域投资保持较快增长，重大项目建设稳步推进。2022 年，黑龙江省加快推进招商引资项目落地，聚焦重点领域，持续扩大有效投资。全年固定资产投资完成额同比增长 0.6%。从三次产业看，第一、第二产业投资同比分别增长 13.1% 和 10.6%，第三产业投资同比下降 6.3%。分领域看，基础设施投资同比增长 7.1%，工业固定资产投资同比增长 9.7%，其中，制造业投资和工业技术改造投资同比分别增长 10.2% 和 42.8%。重大项目建设稳步推进。全年实施重点项目 3445 个，完成年度投资 3077 亿元，其中，省级重点项目 500 个，完成投资 2266 亿元，同比增长 25.3%。

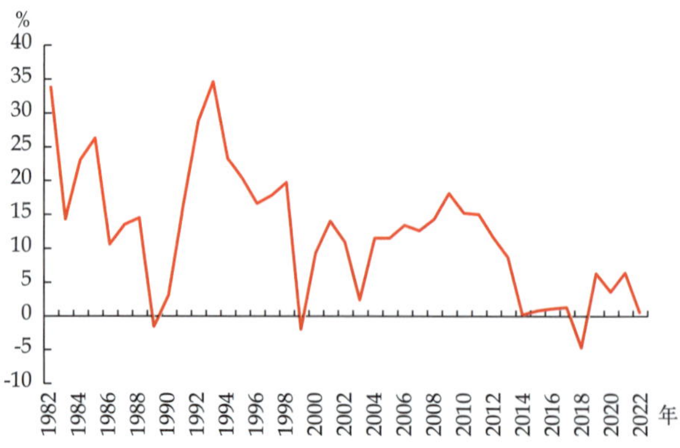

图 6　固定资产投资（不含农户）增长率

（数据来源：黑龙江省统计局）

2. 社会消费逐步恢复，线上消费保持增长。2022 年，黑龙江省实现社会消费品零售总额 5210 亿元，同比下降 6.0%，比上年回落 14.8 个百分点。消费升级类商品消费较快增长，限额以上单位主要商品零售类别中，文化办公用品类、家具类、电子出版物及音像制品类、新能源汽车等商品零售额同比分别增长 10.8%、17.2%、38.3% 和 112.0%。数字商贸、平台直播、电子商务等新业态快速发展，带动线上消费稳定增长，全省网上零售额同比增长 4.9%，其中，限额以上单位通过公共网络实现的商品销售额同比增长 13.6%。政府部门加强促消费政策引导，全省累计开展政府促消费活动 218 批次，发放消费券 4.5 亿元，拉动消费 90 亿元，促进消费逐步复苏。

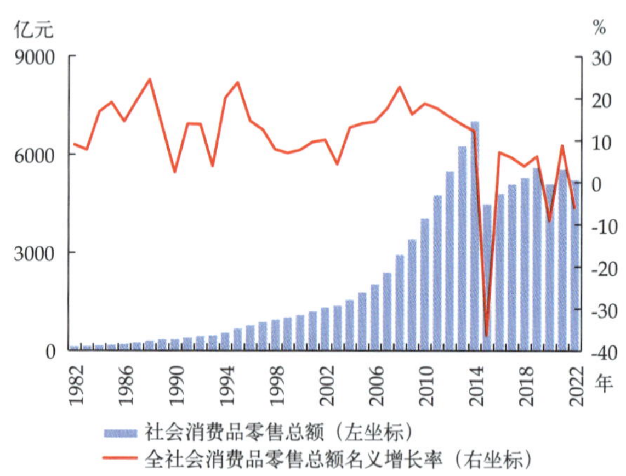

图 7　社会消费品零售总额及其增长率

（数据来源：黑龙江省统计局）

3. 外贸进出口较快增长，对外开放稳步扩大。2022 年，黑龙江省外贸进出口总额 2652 亿元，创历史新高，同比增长 33.0%，高于全国 25.3 个百分点。其中，出口 546 亿元，同比增长 22.0%；进口 2106 亿元，同比增长 36.2%；对“一带一路”共建国家和 RCEP 贸易伙伴进出口同比分别增长 39.0% 和 32.3%。一般贸易占比稳步提升，贸易方式不断优化。2022 年，全省一般贸易进出口占全省外贸总值的 85.9%，比上年提升 2.7 个百分点；外向型经济新业态加快发展，全省跨境电商贸易额增长 29.9%，海外仓达到 34 个。中俄黑河公路大桥、同江铁路大桥

开通运营，跨境基础设施进一步完善。自贸试验区建设稳步推进，全省实际利用外资 2.3 亿美元，新设立外商投资企业 144 家，同比增长 14.3%。

（二）三次产业持续增长，新发展动能显著增强

2022 年，黑龙江省全力推进产业振兴，出台数字经济、生物经济、冰雪经济、创意设计等产业发展规划和配套政策，确定 25 个产业图谱和 189 条重点产业链，强化全谱系调度推进。三次产业发展恢复向好，第一、第二、第三产业增加值同比分别增长 2.4%、0.9% 和 3.8%。三次产业结构为 22.7：29.2：48.1，第一产业增加值占比不断下降，第二产业增加值占比持续提升。

1. 农业现代化建设加快推进，农业综合生产能力稳步提升。2022 年，黑龙江省全面实施现代农业振兴计划，加快推进规模化、数字化、现代化大农业发展。全年农林牧渔业增加值 3711 亿元，同比增长 2.5%。粮食综合生产能力不断增强，三大作物单产创历史新高，粮食总产量达 1553 亿斤，实现“十九连丰”。种植大豆总面积 7397.5 万亩，超额完成国家下达的大豆扩种任务。深入抓好耕地和种子“两个要害”，落实黑土耕地保护示范面积超 5600 万亩，建设高标准农田累计达 1 亿亩，主要农作物自主选育品种种植面积占比为 88.0%。农业现代化建设加快推进，全省农业科技进步贡献率达 69.4%，农作物耕种收综合机械化率稳定在98.0% 以上。巩固拓展脱贫攻坚成果同乡村振兴有效衔接，支持脱贫地区培育特色主导产业，乡村振兴补助资金用于乡村产业的比例达 55.0% 以上，带动脱贫人口 23.1 万人。

2. 工业生产稳步回升，新动能蓄力发展。2022 年，黑龙江省规模以上工业增加值同比增长 0.8%。40 个行业大类中，化学纤维制造业等 9 个行业增加值增速高于全国行业 10 个百分点以上。规模以上工业企业营业收入、利润总额同比分别增长 8.4% 和 15.0%。产业数字化转型升级有效推进，全省累计认定数字化车间 222 个、智能工厂 7 个；开展千企技改专项行动，支持传统产业改造升级，全省技术改造投资增幅达 42.8%。战略性新兴产业加快发展，全省工业互联网标识解析综合服务平台上线运行，为企业数字化转型提供标识解析应用服务，累计接入企业 4000 余户；华为、百度人工智能产业基地启动建设，创意设计企业营业收入增长 60.0% 以上；AC352 直升机试飞取证并填补国内空白，科友半导体 8 英寸碳化硅晶体达到国内领先水平。

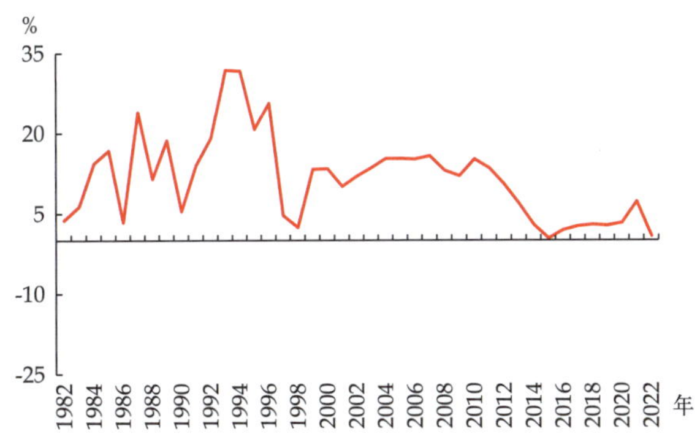

图 8　规模以上工业增加值实际增长率

（数据来源：黑龙江省统计局）

3. 服务业稳健恢复，新业态蓬勃发展。2022 年，黑龙江省第三产业增加值同比增长 3.8%，高于全国 1.5 个百分点，对经济增长贡献率达到 68.6%。其中，信息传输、软件和信息技术服务业同比增长 10.8%，租赁和商务服务业同比增长 6.4%，分别高于全国 1.7 个和 3.0 个百分点。批发零售、住宿餐饮、营利性服务业纳统企业新增 819 户。支撑现代服务业加快发展的基础设施逐步完善，数字商贸、平台直播、电子商务等新业态快速发展。中国移动哈尔滨大数据中心二期完成建设，全省 5G 基站总数达 5.6 万个。物流项目建设实现突破，哈尔滨国家骨干冷链物流基地、绥芬河—东宁口岸型国家物流枢纽获批，快递进村基本实现全覆盖。旅游康养持续发展，镜泊湖风景名胜区入选国家体育旅游示范基地，中国康养集团重组黑河等 6 家国有培训疗养机构，养老托育行业转型升级加快推进。

4. 创新驱动发展战略深入实施，高质量发

展内生动力不断提升。2022 年，黑龙江省大力实施产业振兴行动和科教振兴计划，创新发展的新动能新优势不断增强。出台数字经济、生物经济、冰雪经济、创意设计等产业发展规划和配套政策，加快发展经济新引擎。举办世界 5G 大会，签约数字经济项目 226 个，建设省级数字化车间、智能工厂 229 个。全社会研发投入实现 195 亿元，投入强度增速高于全国平均水平。实施重大科技攻关“揭榜挂帅”机制，38 个项目成功揭榜。航天高端装备未来产业科技园和 3 个国家企业技术中心获批，哈大齐国家自主创新示范区、佳木斯国家农业高新技术产业示范区获批建设。新组建产业技术创新联盟 20 个、产业技术研究院 84 家，启动建设 7 个创新创业生态圈，全省技术合同成交额完成 464 亿元，同比增长 31.4%，科技成果产业化取得实效。持续深化“放管服”改革，营商环境进一步优化。出台振兴发展民营经济 45 条，实施民营企业梯度成长计划，培育省级“专精特新”中小企业 864 户。全省新登记经营主体 56.5 万户，经营主体活力不断激发。

5. 生态文明建设扎实推进，绿色转型发展步伐加快。2022 年，黑龙江省坚持生态优先、绿色发展，深入推进生态振兴，加快绿色龙江建设。统筹山水林田湖草沙系统治理，完成营造林 122.6 万亩，修复治理草原 22.2 万亩，修复湿地 1 万亩。持续打好蓝天、碧水、净土保卫战，整治入江河湖排污口 1.2 万余个，全省环境空气质量优良天数比例 95.9%，国考断面优良水体比例 74.8%，松花江干流水质由良好变为优秀。加快产业结构、能源结构、交通运输结构绿色转型。新能源和可再生能源装机超过 2000 万千瓦，占电力总装机比重达到 47.0%。大兴安岭塔河完成生态产品总值核算，打造“龙林快贷”系列金融产品，生态产品价值加快转换。

（三）消费价格稳中有升，生产者价格涨幅回落

1. 居民消费价格平稳增长。2022 年，黑龙江省居民消费价格同比上涨 1.9%，低于全国 0.1 个百分点，涨幅比上年提高 1.3 个百分点。构成居民消费价格调查的八大类商品及服务项目价格全部上涨，其中，交通通信类价格涨幅最大，上涨 5.5%，食品烟酒类价格上涨 2.2%，共同拉动居民消费价格总水平上涨约 1.4 个百分点，是推升居民消费价格总水平上涨的重要因素。

2. 工业生产者价格涨幅回落。2022 年，黑龙江省工业生产者出厂价格和购进价格同比分别上涨 10.9% 和 10.0%，涨幅比上年分别回落 1.4 个和 0.5 个百分点。

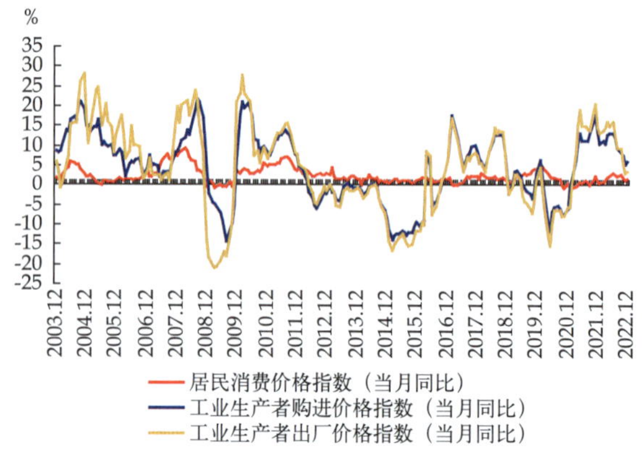

图 9　居民消费价格指数和工业生产者价格指数变动趋势

（数据来源：黑龙江省统计局）

3. 就业形势总体稳定。2022 年，黑龙江省创新实施大项目拉动就业、创业带动就业、支持新就业形态发展“三项计划”，打出助企纾困政策“组合拳”，为企业阶段性减负 59 亿元，稳定岗位 202 万个。全省城镇新增就业 37.4 万人，失业人员再就业人数 31.7 万人，高校毕业生、农民工、失业人员等重点群体就业稳定。居民收入保持稳定增长，全省常住居民人均可支配收入 2.8 万元，同比增长 4.4%。其中，城镇、农村居民人均可支配收入增速分别为 4.1% 和 3.8%。

（四）财政收入小幅回落，民生支出力度不减

2022 年，受税收支持政策因素影响，黑龙江省一般公共预算收入 1291 亿元，同比下

降0.8%，剔除组合式税费支持政策因素后增长9.3%，高出既定目标2.8个百分点；一般公共预算支出5452亿元，同比增长6.8%。地方财政收支差额同比扩大357亿元。在财政收支持续承压的情况下，民生领域支出占比不减，全省财政民生支出占一般公共预算支出的比重达87.1%，有力保障了就业、教育、医疗卫生、社会保障、公共安全等民生实事落地。全年发行地方政府债券1273亿元，其中，发行新增债券772亿元，为交通基础设施等重点领域新建、续建项目建设提供了有力支持。

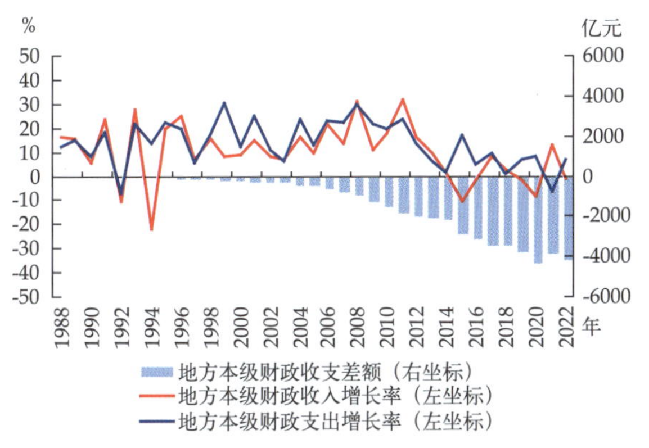

图10　财政收支状况

（数据来源：黑龙江省统计局）

（五）文旅发展基础夯实，产业复苏加快推进

2022年，黑龙江省积极应对疫情冲击，加快构建文旅产业高质量发展的政策体系和配套措施，为文旅市场复苏奠定基础。颁布实施《黑龙江省促进旅游业发展条例》，编制印发康养旅游、文化娱乐产业、冰雪经济、湿地旅游等重点文旅行业发展规划，出台政策措施及细则，明确文旅产业高质量发展的时间表、路线图和配套支撑措施。深入实施文旅产业招商和重点项目建设，规划文旅产业招商项目294个，投资总额619亿元，其中，冰雪经济项目107个，投资总额183亿元。推进实施2022年重点文旅产业项目150个。全面打造龙江文化旅游品牌，成功举办黑龙江省第六届自驾露营大会、第二届北大荒文化旅游节、第四届龙江东部湿地旅游联盟大会，全年实现旅游收入706亿元。

专栏2　全方位推进金融支持粮食安全

2022年，中国人民银行哈尔滨中心支行引导银行业金融机构加大信贷投入，强化金融创新，为保障粮食安全提供了有力的金融支撑。

一、强化政策引领，加强金融支持粮食安全生产力度

一是抓好春耕备耕和秋粮收购两个重要阶段金融服务。印发《关于做好2022年春耕备耕农业生产金融服务工作的通知》，成立金融支持春耕备耕工作专班，组织银行业金融机构深入实地摸排春耕备耕资金需求。建立监测机制，精准掌握贷款投放进度。2022年，黑龙江省累计投放春耕备耕贷款1358亿元，同比增长36.8%，惠及涉农主体100.2万家。二是切实保障资金供给。通过逐家分析、约谈督导、帮助协调，支持地方法人银行机构运用支农再贷款，满足涉农主体融资需求。2022年，黑龙江省累计发放支农再贷款128亿元，支持涉农主体3.9万户。将省级政策性粮食收购信用保证基金建设纳入黑龙江省粮食安全省长责任制考核内容，深入推进实施，累计支持企业448户，贷款金额125亿元，成为金融支持粮食收购的重要模式。

二、加大信贷投入，提升金融支持粮食安全生产能力

先后印发《黑龙江省金融支持巩固拓展

脱贫攻坚成果全面推进乡村振兴实施方案》《黑龙江省金融支持新型农业经营主体发展的若干措施》等政策文件，组织开展加快新型农业经营主体信贷投放专项行动，通过驻企金融联络员工作机制，向农户、涉农企业推送最新惠农政策。2022年末，全省新型农业经营主体贷款余额988亿元，同比增长13.3%。开展重点种业企业银企对接活动，2022年累计投放种业贷款15亿元，支持企业614家。紧抓黑龙江省大豆产能提升工程契机，加大信贷支持，2022年末，全省支持大豆和花生等油料作物种植、购销、加工贷款余额199亿元，同比增长23.1%。

三、推动服务创新，激发金融支持粮食安全生产活力

一是创新金融产品。哈尔滨银行创新推出黑龙江省首款黑土地保护类贷款“黑土贷”。邮储银行推出“农资经销商流水贷”，对涉农主体提供纯信用贷款。绥化市兰西县试点上线“土地托管贷”，满足农户春借秋还的短期资金需求，该模式入选农业农村部全国农业社会化服务典型。2022年末，黑龙江省创新型农贷余额1480亿元，同比增长15.0%，支持农户109.0万户，农企2.6万家。二是创新服务模式。为打通融资屏障、克服疫情影响，人民银行哈尔滨中心支行指导银行业金融机构通过数字赋能优化线上服务。10家银行机构与省农业大数据中心建立合作关系。各银行业金融机构依托县域网点和助农取款服务点开展逐村上门对接，线上线下同时发力，向涉农主体提供多品类信贷产品，提升金融服务质效。目前，黑龙江省银行业金融机构先后研发30余款线上贷款产品，实现了融资主体足不出户即可办贷、还贷。2022年，黑龙江省线上发放春耕备耕贷款111.6万笔，金额829亿元，占比超六成。三是创新激励措施。推动出台稳企稳岗贷款政策，明确涉农企业担保费率在原有标准基础上下降50%、贷款展期免收担保费，省级再担保机构减半收取再担保费，并安排专项资金对银行机构给予奖励。将涉农贷款投放纳入银行业金融机构服务乡村振兴考核评估。明确涉农贷款不良率高出自身各项贷款不良率年度目标3个百分点以内，不作为综合评价和乡村振兴考核评估的扣分因素。

三、预测与展望

2023年是全面贯彻党的二十大精神开局之年，也是黑龙江振兴发展和现代化强省建设的关键之年。黑龙江省经济运行机遇与挑战并存。一方面，供给端工业体系具有优势，需求端消费逐步回暖，国家和黑龙江省一揽子政策落地见效，“六个龙江”“八个振兴”和“4567”现代产业体系稳步推进，预期经济运行将整体好转。另一方面，经济恢复的基础还不牢固，社会消费尚未全面复苏，市场预期和发展信心有待进一步提振，中小微企业和个体工商户生产经营仍面临困难，科技成果转化、招商引资和营商环境优化力度尚存提升空间，实体经济有效信贷需求不足，多因素叠加导致经济下行压力依然较大。

面对国内外风险挑战，黑龙江省将继续坚持以习近平新时代中国特色社会主义思想为指导，深入贯彻落实党的二十大精神，坚持把经济高质量发展作为首要任务，坚持稳字当头、稳中求进，着力加快产业发展、项目建设、招商引资、优化营商环境，着力提振市场信心、增强经营主体活力、激发发展内生动力，加快推进转方式、调结构，扎实推动经济运行整体好转，实现质的有效提升和量的合理增长。黑龙江省金融业将认真贯彻落实稳健的货币政策，充分发挥结构性货币政策工具的引导作用，增强金融服务实体经济的能力，保持信贷总量稳定增长，信贷结构不断优化，综合融资成本稳中有降，为黑龙江经济高质量发展提供强有力的金融服务保障。

中国人民银行黑龙江省分行货币政策分析小组

总　　纂： 张文武　齐贵权

统　　稿： 丁　勇　刘　畅　赵振宁

执　　笔： 李婷婷　杨　曦　杨希茹　程逸飞　许　硕

提供材料： 海　平　常云峰　王　迟　马　辉　黄海洋　刘福军　肖九思　鹿雨竹　安丰雪　刘　帆　薛鹏骞　顾婉琪　徐远鹏　孙　杨　杨洪书　董　磊　刘思维　许　鑫　鲁　荣　罗　希　徐　扬

附录：

（一）2022 年黑龙江省经济金融大事记

3 月 22 日，黑龙江省人民政府印发《黑龙江省“十四五”数字经济发展规划》，形成全省“十四五”时期推进数字经济发展的总体蓝图和行动指南。

5 月 27 日，黑龙江省人民政府印发《贯彻落实国务院扎实稳住经济一揽子政策措施实施方案》，陆续推出 50 条稳经济一揽子政策和 24 条接续政策。

6 月 7 日，东北区域产权交易机构战略合作签约仪式在哈尔滨举行，标志着东北地区产权交易机构联盟正式成立。

6 月 20 日，黑龙江省人民政府发布金融管理部门支持中小微企业纾困 59 条政策措施，其中，中国人民银行哈尔滨中心支行提出 23 项政策措施。

7 月 2 日，2022 年全国工商联主席高端峰会暨全国优强民营企业助推黑龙江高质量发展大会在哈尔滨举行，大会共组织签约项目 124 个，总投资 1538 亿元。

7 月 8 日，黑龙江省知识产权金融服务联合体在哈尔滨市召开产品信息发布会，共发布 55 项金融服务产品。

8 月 8 日，第八届中国（绥芬河）国际口岸贸易博览会在绥芬河开幕，共计 2003 家企业、7000 多种商品参展。

8 月 10 日，2022 世界 5G 大会在哈尔滨举行，大会聚集了 64 家企业、412 件方案与产品，并通过数字经济投资对接活动签约 226 个项目，签约额 1032 亿元。

11 月 10 日，2022 年中国（黑龙江）国际绿色食品产业博览会和黑龙江大米节在哈尔滨举行，会上 627 个招商引资和贸易合作项目签约，签约额 1369 亿元人民币。

2022 年，黑龙江省粮食总产量达到 1553 亿斤，实现“十九连丰”。

（二）黑龙江省主要经济金融指标

表 1　2022 年黑龙江省主要存贷款指标

	项目	1 月	2 月	3 月	4 月	5 月	6 月	7 月	8 月	9 月	10 月	11 月	12 月
本外币	金融机构各项存款余额（亿元）	34790.7	35205.7	35891.2	35755.7	36080.6	36925.6	36950.6	37010.7	37793.1	37760.0	38326.5	38782.5
	其中：住户存款	24760.0	24884.5	25305.7	25294.9	25494.2	25875.5	25961.8	26057.9	26623.4	26826.9	27405.1	28214.8
	非金融企业存款	4430.8	4468.7	4650.0	4540.9	4641.3	4834.1	4593.3	4698.9	4892.4	4763.9	4699.9	4770.3
	各项存款余额比上月增加（亿元）	470.8	415.0	685.6	-135.6	324.9	845.0	25.0	60.2	782.4	-33.1	566.5	456.0
	金融机构各项存款同比增长（%）	8.7	10.0	11.4	11.0	9.8	9.7	11.0	10.8	12.0	11.8	13.4	13.0
	金融机构各项贷款余额（亿元）	24757.1	24844.6	25388.4	25123.3	25185.9	25405.8	25153.2	25194.4	25553.8	25285.6	25262.2	25358.0
	其中：短期	9182.0	9329.6	9653.8	9489.2	9449.1	9473.7	9301.6	9181.4	9211.5	9182.0	9134.2	9188.5
	中长期	13428.9	13449.0	13586.6	13550.1	13572.3	13671.2	13606.2	13703.7	13873.4	13853.9	13853.9	13810.0
	票据融资	1450.6	1370.5	1432.9	1368.7	1442.4	1527.5	1503.0	1572.4	1732.8	1612.6	1639.1	1761.1
	各项贷款余额比上月增加（亿元）	347.5	87.5	543.8	-265.1	62.5	219.9	-252.6	41.2	359.4	-268.2	-23.4	95.8
	其中：短期	118.1	147.6	324.2	-164.6	-40.1	24.6	-172.1	-120.2	30.0	-29.5	-47.8	54.3
	中长期	96.1	20.1	137.6	-36.5	22.1	98.9	-65.0	97.5	169.7	-19.5	0.0	-43.9
	票据融资	126.4	-80.0	62.4	-64.2	73.7	85.2	-24.5	69.3	160.4	-120.1	26.4	122.0
	金融机构各项贷款同比增长（%）	8.0	7.8	8.1	6.3	5.8	5.3	4.4	3.8	4.9	4.5	4.0	3.9
	其中：短期	3.2	4.2	5.2	3.4	3.0	2.1	1.4	0.9	1.1	2.3	1.3	1.4
	中长期	8.4	7.8	6.9	6.0	5.9	5.9	5.2	4.9	5.1	4.8	4.5	3.4
	票据融资	41.1	36.6	46.1	29.8	24.4	18.1	13.5	15.1	23.7	18.1	19.5	33.0
	建筑业贷款余额（亿元）	536.6	533.7	565.6	549.8	563.8	584.7	582.6	602.0	623.7	618.9	610.6	598.5
	房地产业贷款余额（亿元）	695.0	692.4	693.0	690.6	685.2	699.9	698.0	688.3	692.2	695.1	684.6	668.7
	建筑业贷款同比增长（%）	25.0	21.2	26.1	21.6	22.7	25.6	26.5	27.3	28.5	26.7	24.8	17.0
	房地产业贷款同比增长（%）	-3.9	-4.6	-3.9	-4.0	-4.2	-2.8	-1.7	-2.4	-3.4	-2.2	-2.7	-3.8
人民币	金融机构各项存款余额（亿元）	34632.5	35048.4	35733.8	35600.1	35918.6	36757.1	36787.1	36848.4	37624.8	37591.9	38155.1	38610.2
	其中：住户存款	24640.5	24766.4	25186.6	25172.4	25370.8	25750.6	25835.4	25933.0	26496.5	26700.2	27278.2	28089.6
	非金融企业存款	4397.3	4434.7	4616.9	4513.7	4607.9	4797.6	4562.3	4668.0	4856.9	4728.0	4660.0	4731.0
	各项存款余额比上月增加（亿元）	470.2	416.0	685.4	-133.8	318.5	838.5	30.0	61.3	776.4	-32.9	563.2	455.1
	其中：住户存款	628.2	125.9	420.2	-14.3	198.5	379.8	84.7	97.6	563.5	203.7	577.9	811.5
	非金融企业存款	-236.3	37.4	182.1	-103.2	94.3	189.6	-235.2	105.7	188.9	-128.9	-68.0	71.1
	各项存款同比增长（%）	8.7	10.1	11.4	11.0	9.8	9.7	11.0	10.8	12.0	11.8	13.4	13.0
	其中：住户存款	15.0	13.6	13.8	14.2	14.9	14.4	15.3	14.6	15.4	15.9	16.6	17.0
	非金融企业存款	-2.7	2.2	2.0	2.8	4.6	5.0	2.5	2.4	4.7	3.9	2.0	2.1
	金融机构各项贷款余额（亿元）	24654.1	24738.2	25281.6	25007.5	25068.6	25288.9	25044.1	25086.4	25445.4	25177.7	25158.5	25263.1
	其中：个人消费贷款	4825.9	4773.2	4760.5	4722.8	4709.6	4706.7	4687.9	4688.4	4688.4	4677.3	4659.7	4633.5
	票据融资	1450.6	1370.5	1432.9	1368.7	1442.4	1527.5	1503.0	1572.4	1732.8	1612.6	1639.1	1761.1
	各项贷款余额比上月增加（亿元）	346.4	84.0	543.4	-274.1	61.1	220.4	-244.8	42.3	359.0	-267.7	-19.2	104.6
	其中：个人消费贷款	-28.9	-52.7	-12.7	-37.7	-13.3	-2.9	-18.8	0.5	0.0	-11.1	-17.6	-26.2
	票据融资	126.4	-80.0	62.4	-64.2	73.7	85.2	-24.5	69.3	160.4	-120.1	26.4	122.0
	金融机构各项贷款同比增长（%）	8.1	7.8	8.2	6.4	5.7	5.2	4.3	3.8	4.9	4.5	4.0	3.9
	其中：个人消费贷款	3.3	2.4	1.3	-0.1	-1.0	-1.8	-2.7	-3.5	-4.3	-4.6	-4.7	-4.6
	票据融资	41.1	36.6	46.1	29.8	24.4	18.1	13.5	15.1	23.7	18.1	19.5	33.0
外币	金融机构外币存款余额（亿美元）	24.8	24.9	24.8	23.5	24.3	25.1	24.2	23.6	23.7	23.4	23.9	24.7
	金融机构外币存款同比增长（%）	6.9	1.9	5.9	-1.3	2.0	2.7	6.5	4.5	2.7	0.3	-2.3	0.1
	金融机构外币贷款余额（亿美元）	16.1	16.8	16.8	17.5	17.6	17.4	16.2	15.7	15.3	15.0	14.4	13.6
	金融机构外币贷款同比增长（%）	-0.9	-3.0	-3.6	0.8	14.5	14.3	9.4	4.4	4.0	2.9	-5.7	-14.7

数据来源：中国人民银行哈尔滨中心支行。

表 2　2001—2022 年黑龙江省各类价格指数

单位：%

时间	居民消费价格指数		农业生产资料价格指数		工业生产者购进价格指数		工业生产者出厂价格指数	
	当月同比	累计同比	当月同比	累计同比	当月同比	累计同比	当月同比	累计同比
2001	—	2.1	—	-2.2	—	0.2	—	0.4
2002	—	-0.3	—	4.1	—	-0.9	—	-2.3
2003	—	1.7	—	0.8	—	1.6	—	0.5
2004	—	4.9	—	10.9	—	10.3	—	5.4
2005	—	1.7	—	7.2	—	9.3	—	4
2006	—	2.3	—	3.3	—	4.3	—	1.9
2007	—	5.9	—	9.0	—	5.7	—	3.9
2008	—	5.1	—	16.6	—	12.4	—	9.3
2009	—	0.8	—	1.2	—	-4.7	—	-3.5
2010	—	3.2	—	3.6	—	6.1	—	5.0
2011	—	5.3	—	12.4	—	12.6	—	7.3
2012	—	2.5	—	4.7	—	0.0	—	-1.4
2013	—	2.8	—	1.4	—	-0.8	—	-1.3
2014	—	1.6	—	-1.2	—	-1.3	—	-1.3
2015	—	1.5	—	1.5	—	-3.3	—	-3.6
2016	—	1.9	—	3.7	—	-1.2	—	-1.1
2017	—	1.4	—	-0.2	—	8.3	—	6.5
2018	—	1.7	—	1.8	—	5.3	—	3.6
2019	—	3.2	—	9.0	—	0.6	—	0.4
2020	—	2.3	—	3.7	—	-4.9	—	-6.6
2021	—	0.6	—	—	—	10.5	—	12.3
2022	—	1.9	—	—	—	10.0	—	10.9
2021　1	-0.4	-0.4	—	—	-0.2	-0.2	-5.5	-5.5
2	-0.7	-0.5	—	—	1.8	0.8	0.1	-2.8
3	-0.3	-0.4	—	—	6.4	2.6	8.2	0.8
4	0.3	-0.3	—	—	10.9	4.6	15.5	4.1
5	1.0	0.0	—	—	13.4	6.3	19.1	6.9
6	0.6	0.1	—	—	11.2	7.1	15.3	8.3
7	1.1	0.2	—	—	11.3	7.7	15.2	9.2
8	0.9	0.3	—	—	11.2	8.1	14.3	9.9
9	0.3	0.3	—	—	13.2	8.7	14.1	10.3
10	1.2	0.4	—	—	16.1	9.4	18.7	11.2
11	2.4	0.6	—	—	17.7	10.2	20.8	12
12	1.3	0.6	—	—	13.7	10.5	14.7	12.3
2022　1	0.6	0.6	—	—	10.8	10.8	13.2	13.2
2	0.7	0.6	—	—	11.5	11.2	13.9	13.6
3	1.3	0.8	—	—	10.8	11.1	14.7	14.0
4	2.1	1.2	—	—	12.8	11.5	16.2	14.5
5	2.3	1.4	—	—	13.2	11.8	15.2	14.7
6	3	1.6	—	—	13.1	12.1	16.2	14.9
7	2.8	1.8	—	—	12.1	12.1	12.5	14.6
8	2.5	1.9	—	—	9.5	11.7	9.4	13.9
9	2.8	2	—	—	8.2	11.3	9.4	13.4
10	2.1	2	—	—	7.8	10.9	5.2	12.5
11	1.3	1.9	—	—	5.5	10.4	3.1	11.6
12	1.7	1.9	—	—	6.3	10.0	3.6	10.9

数据来源：黑龙江省统计局。

表3　2022年黑龙江省主要经济指标

项目	1月	2月	3月	4月	5月	6月	7月	8月	9月	10月	11月	12月
	绝对值（自年初累计）											
地区生产总值（亿元）	—	—	2976.6	2976.6	2976.6	6395.2	6395.2	6395.2	10466.7	10466.7	10466.7	15901.0
第一产业	—	—	124.0	124.0	124.0	471.1	471.1	471.1	1153.6	1153.6	1153.6	3609.9
第二产业	—	—	1101.9	1101.9	1101.9	2282.2	2282.2	2282.2	3530.1	3530.1	3530.1	4648.9
第三产业	—	—	1750.7	1750.7	1750.7	3641.9	3641.9	3641.9	5783.0	5783.0	5783.0	7642.2
工业增加值（亿元）	—	—	—	—	—	—	—	—	—	—	—	—
固定资产投资（亿元）	—	—	—	—	—	—	—	—	—	—	—	—
房地产开发投资	—	2.6	32.1	67.7	137.5	268.0	339.9	417.9	490.3	544.7	594.2	628.6
社会消费品零售总额（亿元）	—	812.0	1190.8	1519.6	1933.5	2393.3	2810.7	3235.6	3678.3	4187.0	4671.8	5210.0
外贸进出口总额（亿元）	—	367.1	551.7	777.7	1005.8	1222.1	1450.6	1671.5	1901.5	2115.6	2371.3	2651.0
进口	—	303.9	450.7	637.3	820.2	992.6	1177.6	1354.3	1537.9	1706.9	1904.4	2106.0
出口	—	63.2	101.0	140.4	185.6	229.5	273.0	317.2	363.6	408.7	466.8	545.6
进出口差额（出口－进口）	—	-240.7	-349.7	-496.9	-634.6	-763.1	-904.6	-1037.1	-1174.3	-1298.2	-1437.6	-1560.4
实际利用外资（亿元）	—	3561.0	10838.0	14188.0	15072.0	26561.0	8338.0	12638.0	14011.0	17227.0	17318.0	23043.0
地方财政收支差额（亿元）	-368.1	-578.3	-1075.6	-1327.4	-1561.7	-2021.7	-2290.8	-2841.0	-3194.7	-3377.7	-3632.8	-4161.4
地方财政收入	156.4	234.8	361.8	436.5	510.2	655.0	754.1	847.5	968.1	1074.0	1166.8	1290.6
地方财政支出	524.5	813.1	1437.4	1763.9	2071.9	2676.7	3044.9	3688.5	4162.8	4451.7	4799.6	5452.0
城镇登记失业率（%）（季度）	—	—	—	—	—	—	—	—	5.90	—	—	6.20
	同比累计增长率（%）											
地区生产总值	—	—	5.4	—	—	2.8	—	—	2.9	—	—	2.7
第一产业	—	—	6.3	—	—	4.7	—	—	3.0	—	—	2.4
第二产业	—	—	6.1	—	—	1.3	—	—	1.0	—	—	0.9
第三产业	—	—	5.0	—	—	3.2	—	—	3.8	—	—	3.8
工业增加值	—	—	8.1	4.6	4.3	3.5	3.6	3.0	1.0	0.6	0.7	0.8
固定资产投资	—	19.7	13.2	9.3	5.5	6.9	6.3	5.9	2.4	0.3	0.2	0.6
房地产开发投资	—	24.5	-2.3	-19.9	-23.2	-22.5	-23.2	-23.1	-30.2	-32.6	-33.6	-32.8
社会消费品零售总额	—	8.3	2.4	-3.4	-4.5	-3.2	-2.9	-2.9	-4.3	-4.6	-5.7	-6.0
外贸进出口总额	—	28.6	29.5	34.1	34.9	30.7	31.9	30.7	30.5	31.1	31.3	33.0
进口	—	33.7	33.7	38.9	39.5	35.3	36.4	35.0	34.1	35.9	35.8	36.2
出口	—	8.4	13.5	15.6	17.5	14.1	15.4	15.0	17.2	14.0	15.8	22.0
实际利用外资	—	6.4	10.8	34.9	27.4	10.3	-39.6	-10.9	-14.2	-20.7	-46.6	-40.8
地方财政收入	9.8	12.1	11.0	1.9	-2.4	-1.4	-4.3	-3.1	-3.1	-2.3	-1.2	-0.8
地方财政支出	34.4	9.3	1.3	2.4	5.7	8.1	7.6	7.7	6.3	6.5	6.1	6.8

数据来源：黑龙江省统计局。

上海市金融运行报告（2023）

中国人民银行上海总部[①]
货币政策分析小组

[内容摘要]2022年，面对国内外复杂严峻的经济环境，上海统筹疫情防控和经济社会发展，加力落实稳经济各项政策举措，全市经济运行呈现“平稳开局、深度回落、快速反弹、持续恢复”的态势，城市核心功能稳定运行，经济新动能持续发力，生产需求回稳向好，就业物价总体稳定。全市金融系统认真落实好稳健的货币政策，积极应对疫情影响，努力服务实体经济，坚决稳住经济大盘，有力实现贷款总量合理增长，信贷结构持续优化，金融支持疫后经济复苏和重点领域帮扶提质增效。全年，全市实现地区生产总值4.5万亿元，同比下降0.2%，降幅比上半年大幅收窄5.5个百分点。

经济运行彰显韧性，新兴产业加快发展。一是三大需求逐步恢复，经济稳步回升向好。固定资产投资加快恢复，同比下降1.0%，降幅比上半年大幅收窄18.6个百分点。消费有所回暖，社会消费品零售总额1.6万亿元，同比下降9.1%，降幅比上半年收窄7个百分点。网上消费占社会消费品零售总额的比重为21.1%，比上年提高2.5个百分点。外贸好于预期，全年货物进出口总额4.2万亿元，同比增长3.2%。二是工业生产稳步恢复，经济新动能加快发展。规模以上工业总产值同比下降1.1%，降幅比上半年收窄8.6个百分点。其中，工业战略性新兴产业总产值同比增长5.8%，增速高于全市规模以上工业增速6.9个百分点。其中，新能源汽车产值同比增长56.9%，生物和新一代信息技术产值同比分别增长5.9%和4.7%。第三产业韧性增强，信息传输、软件和信息技术服务业，金融业发挥主要带动作用，同比分别增长6.2%和5.2%。三是消费价格温和上涨，生产价格涨幅回落。全市居民消费价格同比上涨2.5%，涨幅比上半年回落0.3个百分点。从两大分类看，消费品价格上涨3.2%，服务价格上涨1.8%。工业生产者出厂价格、购进价格同比分别上涨2.6%和4.9%，涨幅比上半年分别回落0.7个和2.6个百分点。四是财政收支平稳运行，就业形势总体稳定。全市一般公共预算收入7608亿元，同比下降2.1%；一般公共预算支出9393亿元，同比增长11.4%，卫生健康、节能环保、交通运输等重点支出优先保障。全年新增就业岗位56.4万个。12月，城镇调查失业率为4.3%。

金融业持续健康发展，改革创新力度显著提升。一是银行业整体稳健，服务实体经济质效持续提升。2022年12月末，人民币存款、贷款余额分别为18.1万亿元和9.7万亿元，同比分别增长10.3%和9.3%，其中新增贷款主要投向工业、租赁商务服务业、批发零售业和高新技术服务业等实体经济。重点领域信贷支持进一步加强，制造业中长期贷款和普惠小微贷款分别增加1987亿元和1810亿元。减负让利实体经济成效显著。企业贷款加权平均利率为3.59%，同比下降62个基点；小微贷款加权平均利率为3.99%，同比下降47个基点。二是社会融资规模平稳增长，结构性货币政策工具发挥积极作用。上海社会融资规模增加8842亿元。全年累计发放再贷款473亿元，同比增长50.4%，惠及经营主体近1.2万户；累计办理再贴现1062亿

---

① 自2023年8月18日起，中国人民银行上海总部更名为中国人民银行上海市分行。本报告主要反映2022年的经济金融情况，正文中涉及的相关机构表述仍沿用2022年名称。

元，同比增加100.8亿元。普惠小微贷款支持工具带动相关地方法人银行机构新增普惠小微贷款295亿元。阶段性减息资金惠及经营主体3.4万户，户均减息金额近8000元。引导金融机构发放符合碳减排支持工具、煤炭清洁高效利用专项再贷款、科技创新再贷款、交通物流专项再贷款要求的贷款，累计近1000亿元。三是证券期货和保险业稳步发展，多层次金融市场体系建设持续推进。证券机构体系不断完善，业务规模快速增长，企业上市融资与并购稳步推进；保险机构和从业人员稳步增加，保险业务结构持续优化，经济社会保障功能进一步发挥；金融、商品期货交易活跃，定价功能进一步凸显。四是金融业改革开放持续推进，国际金融中心建设取得新进展。以浦东高水平改革开放为引领，有效推动金融市场、产品、机构、基础设施建设，强化金融对实体经济的支持，各项工作取得新的成效。国际金融资产交易平台建设、全国性大宗商品仓单注册中心建设、跨境人民币贸易融资资产转让服务平台2.0均取得积极进展，开展跨国公司本外币一体化资金池业务试点，推动临港新片区跨境贸易投资高水平开放试点落地，增强金融基础设施核心功能，分步推进金融市场报告库系统建设，完善面向国际的金融服务。五是金融基础设施不断完善，金融风险防范化解能力持续提升。全力保障金融基础设施稳定运行，优化中央银行会计核算数据集中系统功能，启动本外币合一银行结算账户体系试点，持续推进上海市移动支付便民工程建设。完善应急预案、强化应急演练，全力保障上海疫情期间金融消费者诉求表达、利益协调、权益保障渠道畅通。金融业运行整体稳健，信贷资产质量基本稳定，不良贷款率为0.79%，比上年末下降0.02个百分点，金融风险收敛可控。六是区域金融合作不断加深，服务长三角一体化发展取得新突破。协调推动长三角五城市成功申建科创金融改革试验区；积极推进长三角绿色金融协调发展，打造“长三角绿色金融信息管理系统”，推动绿色金融评价线上化和信息共享；推动地方征信平台成功加入“长三角征信链”，完善跨区域信用信息共享机制；持续拓展跨区域数字人民币应用场景；扎实开展区域金融风险联防共治。

2023年，是全面贯彻落实党的二十大精神的开局之年，是实施“十四五”规划承上启下的关键一年。党的二十大胜利召开有力提振了社会预期和发展信心，为全面推进中国式现代化注入了强大动力。上海经济回稳向好态势不断巩固，核心功能强、经济韧性足、发展潜力大、市场活力好，重大国家战略红利和多轮稳增长政策叠加效应持续释放，新产业新赛道加快形成经济新增长点。上海金融业将继续以习近平新时代中国特色社会主义思想为指导，全面贯彻落实党的二十大精神，扎实推进中国式现代化，坚持稳中求进工作总基调，完整、准确、全面贯彻新发展理念，加快构建新发展格局，着力推动高质量发展，精准有力落实好稳健的货币政策。一是保持社会融资规模和信贷总量合理增长，为上海经济高质量发展营造适宜的货币条件。二是持续提升金融服务实体经济的能力和质效，优化信贷结构，更好地支持重点领域和薄弱环节。三是继续推动长三角一体化高质量发展，深化长三角绿色金融服务。四是全力推进高水平金融改革开放，积极推动先行先试政策落地实施。

一、金融运行情况

2022年，上海市金融业认真贯彻落实稳健的货币政策，精准落地各项货币政策工具，坚决支持稳住宏观经济大盘，切实加大金融支持实体经济力度。金融业总体运行平稳，各项存款在上年高基数的基础上继续保持增长，信贷结构不断优化，融资成本持续回落，证券期货交易活跃，保险保障功能进一步提升。

（一）货币信贷合理增长，服务实体经济质效持续提升

1. 金融机构数量保持稳定，资产、净利润同比增长。2022年末，上海市共有中资银行法人6家，外资银行法人21家，新型农村金融机构129家，从业人员12.8万人，中外资金融机构本外币资产总额23.4万亿元，同比增长9.8%；各项本外币存款、贷款余额分别为19.2万亿元和10.3万亿元，同比分别增长9.4%和7.4%，比上年同期分别下降3.5个和6.1个百分点。2022年，上海市金融机构资产实现净利润1625亿元，同比增长1.0%。

表1　2022年银行业金融机构情况

机构类别	营业网点			法人机构（个）
	机构个数（个）	从业人数（人）	资产总额（亿元）	
一、大型商业银行	1617	45861	81849	1
二、国家开发银行和政策性银行	14	640	5732	0
三、股份制商业银行	886	29634	56596	1
四、城市商业银行	490	16829	33061	1
五、小型农村金融机构	357	8411	12072	1
六、财务公司	24	1871	10700	22
七、信托公司	7	2088	720	7
八、邮政储蓄银行	486	2941	3006	0
九、外资银行	200	11958	16329	21
十、新型农村金融机构	153	1879	337	129
十一、其他	22	5871	13054	22
合　计	4256	127983	233457	205

数据来源：中国人民银行上海总部、上海银保监局。

注：营业网点不包括国家开发银行和政策性银行、大型商业银行、股份制银行等金融机构总部数据；大型商业银行包括中国工商银行、中国农业银行、中国银行、中国建设银行和交通银行；小型农村金融机构包括农村商业银行、农村合作银行和农村信用社；新型农村金融机构包括村镇银行、贷款公司、农村资金互助社和小额贷款公司；其他包含民营银行、金融租赁公司、汽车金融公司、货币经纪公司、消费金融公司等。

2. 企业存款增速下滑，个人存款增速创新高。2022年，全市本外币各项存款累计新增1.6万亿元，同比少增3503亿元。分币种看，人民币各项存款增加1.7万亿元，同比少增1683亿元；外币各项存款减少209亿美元，同比多减478亿美元。分主体看，境内存款累计增加1.7万亿元，同比少增2150亿元；境外存款累计减少85亿元，同比多减1353亿元。

一是经济复苏带动生产经营资金周转加快，非金融企业沉淀资金明显减少。全年非金融企业本外币存款增加3649亿元，同比少增3586亿元；其中12月增加920亿元，同比少增1866亿元。非金融企业存款年末增速4.7%，为2015年下半年以来最低，环比和同比分别下降2.8个和5.1个百分点。二是个人存款增速屡创新高。12月末个人存款增速23%，创历史新高，环比和同比分别提高3.1个和12个百分点。全年新增本外币个人存款1.0万亿元，同比多增5770亿元。分存款品种看，个人定期存款占比上升较快。个人定期存款增加5630亿元，同比多增2595亿元。三是非银行业金融机构存款由升转降。全年非银行金融机构本外币存款增加926亿元，同比少增5081亿元。

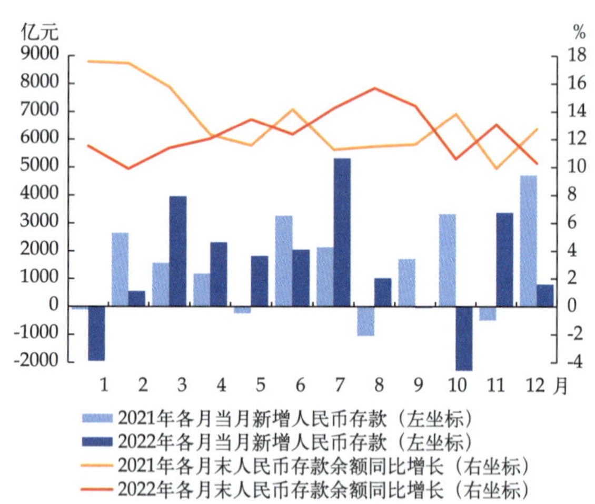

图1　金融机构人民币存款增长变化

（数据来源：中国人民银行上海总部）

3. 贷款增长速度放缓，贷款投向不断优化。2022年，全市本外币贷款累计增加7107亿元，同比少增4284亿元。分币种看，人民币各项贷款增加8233亿元，同比少增2038亿元；外币

各项贷款减少265亿美元，同比多减464亿美元。分主体看，境内贷款累计增加7065亿元，同比少增3610亿元；境外贷款累计增加42亿元，同比少增674亿元。

从贷款投向分析，全年新增贷款主要投向工业、租赁商务服务业、批发零售业和高新技术服务业，分别增加1595亿元、924亿元、600亿元和523亿元，同比分别少增596亿元，多增96亿元、67亿元和56亿元；12月末境内企业信用贷款增速为17.6%，高出境内企业贷款增速9.6个百分点；全年投向制造业和基础设施业的中长期贷款分别增加1987亿元和600亿元，均保持快速增长态势。

全年普惠小微贷款增加1810亿元，其中12月份增加210亿元，环比和同比分别多增42亿元和40亿元。继续加大对小微企业主和个体工商户稳经营、保就业的信贷支持力度，全年个体工商户和小微企业主的人民币经营贷款增加932亿元，占普惠小微贷款全部增量的51.8%，同比多增39亿元。全年民营企业贷款增加3295亿元，同比少增396亿元，主要是非国有企业贷款同比少增500亿元；月末余额同比增长10.0%，高出同期全部贷款增速2.6个百分点。

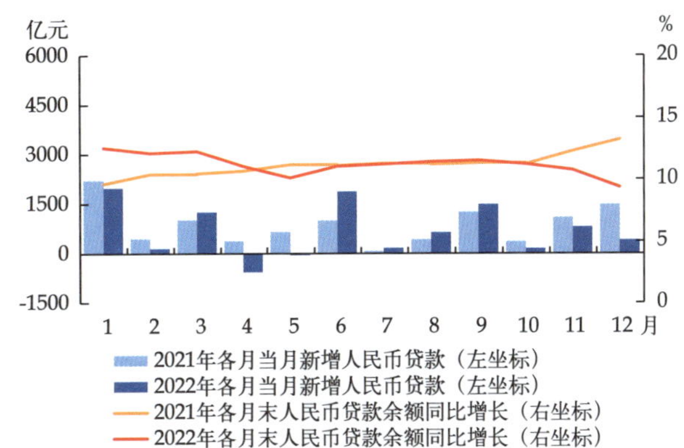

图2　金融机构人民币贷款增长变化

（数据来源：中国人民银行上海总部）

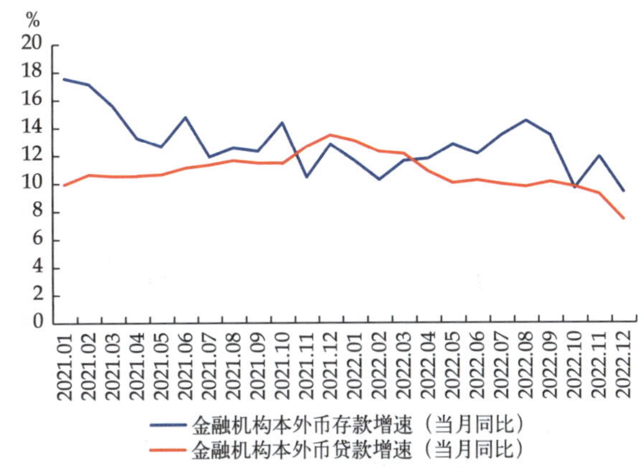

图3　金融机构本外币存贷款增速变化

（数据来源：中国人民银行上海总部）

专栏1　上海积极探索绿色金融创新，加快打造国际绿色金融枢纽

2022年，中国人民银行上海总部协同市政府相关部门、其他金融监管部门在沪机构，认真贯彻落实上海“双碳”工作部署，加快建立完善绿色金融体系，积极探索绿色金融创新，助力上海打造国际绿色金融枢纽，进一步提高国际金融中心核心竞争力。

一、强化绿色金融体制机制创新

一是绿色金融立法取得重要突破。2022年6月22日，《上海市浦东新区绿色金融发展若干规定》经市人大常委会表决通过，并于7月1日正式施行。二是浦东气候投融资试点正式落地实施。2022年8月，浦东新区获批成为全国第一批气候投融资试点地区之一。三是长三角生态绿色一体化发展示范区制度创新再上新台阶。2022年，中国人民银行上海总部与示范区执委会等单位联合印发《长三角生态绿色一体化发展示范区关于加快科创金融发展的实施意见》等多个文件。

二、开展绿色金融相关领域创新示范

一是开展金融机构环境信息披露试点。指导浦发银行、上海银行、上海农商银行、花旗银行（中国）、渣打银行（中国）、申能财务公司首批6家中外资试点机构编制《2021年度环境信息披露报告》。二是加强上海碳普惠体系建设。市生态环境局等部门联合印发《上海市碳普惠体系建设工作方案》（沪环气〔2022〕211号），鼓励全民节能降碳，引导相关主体开展中小型碳减排项目，探索建立区域性个人碳账户，着力打造上海碳普惠“样板间”。三是建立上海绿色保险联合研究推进机制。开展“上海推进绿色保险制度建设联合研究”，完成全市1347家环境风险企业的投保需求调研，完成全市73家保险机构环境污染责任保险承保能力调研。

三、政银合作打造绿色低碳领域融资对接新模式

一是拓展节水领域绿色金融服务。上海市水务局和中国人民银行上海总部联合发布《关于在全市范围内开展“节水惠”贷款业务的通知》（沪水务〔2022〕336号），引导金融机构加大对节水等领域绿色信贷的支持力度，通知发布后，农业银行上海市分行发放了首笔“节水惠”贷款。二是支持银租合作助力绿色低碳产业发展。成立“绿色低碳银租合作联盟”，组织银租联动重大绿色低碳项目签约，发布银租合作绿色低碳创新案例，积极营造有利于绿色租赁高质量发展的融资环境。

四、在沪金融基础设施机构积极创新绿色金融产品和服务

中国外汇交易中心持续提升绿色债券交易活跃度，进一步丰富CFETS绿色债券指数系列，年内该指数系列已涵盖六只绿色债券指数。中国银联持续丰富绿色低碳主题卡产品内涵，基于银联绿色低碳积分体系大力支持商业银行绿色金融发展，该业务入选上海自贸区金融创新案例。上海清算所服务绿色债券市场高质量发展，支持亚洲基础设施投资银行在银行间市场发行首单国际开发机构发行的可持续发展债券，并首次为绿色债券标的信用衍生品提供清算服务。上海票据交易所提供再贴现绿色票据信息登记功能，支持金融机构对已贴现票据的绿色信息进行登记，以便于人民银行分支机构办理再贴现业务时定向支持绿色票据。

五、依托全国碳市场积极探索碳金融产品创新

在沪金融机构充分发挥全国碳交易市场设在上海的区位优势，积极探索碳金融产品创新。碳质押融资稳步推进，中国银行上海市分行等5家银行机构与上海环境能源交易所合作开展碳排放权质押业务，2022年累计开展碳质押业务5笔，质押碳资产42万吨，总融资金额1551万元。碳普惠应用场景持续扩大，23家商业银行与上海环境能源交易所、中国银联合作发行绿色低碳主题银行卡超100万张。碳保险产品实现突破，太保财险上海分公司与上海环境能源交易所合作，落地全国首单草原碳汇遥感指数保险；太保产险上海分公司、中国银行上海市分行与上海环境能源交易所合作，落地全国首笔温室气体控排企业碳配额质押贷款保证保险。碳指数开发取得积极进展，中证指数有限公司联合上海环境能源交易所正式发布“中证上海环交所碳中和指数”，首批8只ETF产品募集金额超过160亿元。

商业银行优化金融服务积极运用碳减排支持工具。上海辖内商业银行全面贯彻可持续发展经营理念，主动融入和高效服务区域绿色低碳转型发展，以更加优质的综合金融服务，加大碳减排项目支持力度。建设银行上海市分行对贷款条件、还款方案、风险缓释措施等要素仔细研究，向客户出具了包含政策扶持、风险缓释措施、多产品配置等内容的综合金融服务方案，获得客户高度评价；中国银行上海市分行提升审批时效，建立绿色信贷专项审批绿色通道，率先完成审批，并给予银团参与行数据支持及审批意见指导，确保银团顺利组建。

4. 持续释放贷款市场报价利率改革效能，实体经济融资成本继续下降。2022 年，贷款市场报价利率（LPR）改革效能进一步释放，辖内银行内部利率定价传导机制进一步畅通，1 年期 LPR 全年下降 0.15 个百分点，5 年期 LPR 下降 0.35 个百分点，带动实际贷款利率在前期大幅降低基础上继续下行，有效降低了经营主体的融资成本。12 月，上海企业贷款加权平均利率为 3.59%，比上年末下降 62 个基点，其中，小微贷款加权平均利率为 3.99%，比上年末下降 47 个基点。上述利率均为有统计以来的历史低位。存款利率方面，充分发挥存款利率市场化调整机制作用，引导金融机构合理调整存款利率水平，降低负债成本。2022 年 9 月，上海部分地方法人银行跟随国有大行调整活期和定期存款利率，下降幅度为 5~15 个基点。12 月，上海活期存款加权平均利率为 0.26%，较年初下降 5 个基点；新发生定期存款加权平均利率为 2.37%，较年初下降 16 个基点。

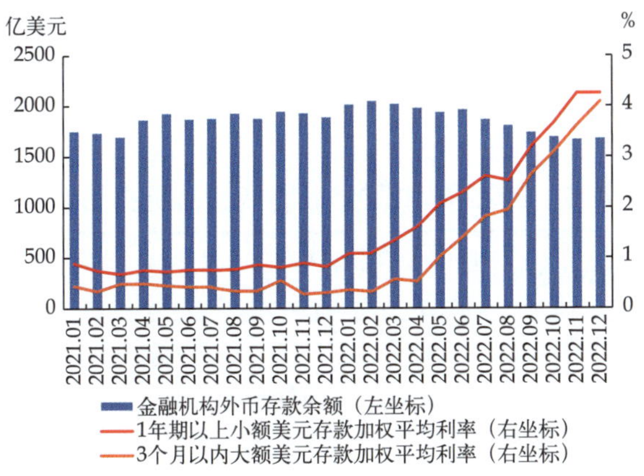

图 4 金融机构外币存款余额及外币存款利率

（数据来源：中国人民银行上海总部）

表 2 2022 年金融机构人民币贷款各利率区间占比

单位：%

项目		1月	2月	3月	4月	5月	6月
合计		100.0	100.0	100.0	100.0	100.0	100.0
LPR 减点		53.5	53.9	52.6	57.1	64.9	58.0
LPR		5.0	6.2	6.2	5.1	4.7	7.0
LPR 加点	小计	41.5	39.9	41.3	37.8	30.4	35.0
	(LPR，LPR+0.5%)	17.6	17.3	15.5	15.9	12.2	12.3
	[LPR+0.5%，LPR+1.5%)	13.8	14.2	19.1	15.0	11.5	12.6
	[LPR+1.5%，LPR+3%)	6.4	6.3	5.2	5.1	5.2	7.8
	[LPR+3%，LPR+5%)	2.6	1.7	1.0	1.5	1.0	1.9
	LPR+5% 及以上	1.1	0.4	0.5	0.4	0.5	0.5

续表

项目		7月	8月	9月	10月	11月	12月
合计		100.0	100.0	100.0	100.0	100.0	100.0
LPR 减点		59.9	55.5	54.2	60.5	58.1	63.3
LPR		6.5	4.9	6.2	5.1	5.0	5.3
LPR 加点	小计	33.6	39.6	39.7	34.4	36.8	31.5
	(LPR，LPR+0.5%)	13.6	17.6	16.2	13.8	16.4	11.9
	[LPR+0.5%，LPR+1.5%)	10.9	11.5	13.4	11.3	11.9	10.4
	[LPR+1.5%，LPR+3%)	6.9	7.4	8.0	7.0	6.3	6.6
	[LPR+3%，LPR+5%)	1.7	2.5	1.7	2.0	2.0	2.3
	LPR+5% 及以上	0.4	0.5	0.3	0.3	0.3	0.3

数据来源：中国人民银行上海总部。

5. 流动性状况较为平稳，信贷资产质量基本稳定。贷存比和备付率水平微降。由于年初以来存款增速略高于贷款增速，全年贷存比小幅下降。12 月末，全市中资商业银行人民币贷存比为 49.5%，比上年同期下降 0.5 个百分点；外资金融机构人民币贷存比为 59.3%，比上年同期下降 2.9 个百分点。12 月末，全市中资商业银行人民币备付率为 1.42%，比上年同期小幅下降 0.12 个百分点。

2022 年，上海金融机构贷款不良率略微下降，信贷风险基本可控。随着更多的逾期 90 天以上贷款纳入不良贷款，上海不良贷款额较上年末上升。12 月末，上海金融机构不良贷款余额 820 亿元，比上年末增加 47 亿元；不良贷款率为 0.79%，比上年末下降 0.02 个百分点，低于全国 1.71% 的水平。12 月末，在沪法人银行拨备覆盖率为 342.6%，较上年同期下降 21.6 个百分点。综合来看，目前上海商业银行的资产质量基本稳定。

（二）证券交易活跃，保险收入平稳增长

1. 证券市场成交活跃。2022 年，上海证券交易所有价证券总成交额 495 万亿元，同比上升 7.7%。上海市资本市场各类经营主体共计 2590 家，较上年增加 43 家，其中，上市公司 422 家，较上年增加 32 家，占全国的 8.3%。其中科创板上市企业 78 家，较上年增加 19 家，占全国的 15.6%；总部设在辖内的证券期货基金公司 131 家，较上年增加 4 家；证券期货基金各类分支机构 1158 家；外资证券基金期货机构法人数量 32 家，外资代表处 36 家。证券公司、基金管理公司、期货公司等行业核心机构数量继续保持全国前列。

表 3　2022 年证券业基本情况

项目	数量
总部设在辖内的证券公司数（家）	31
总部设在辖内的基金公司数（家）	64
总部设在辖内的期货公司数（家）	36
年末国内上市公司数（家）	422
当年国内股票（A 股）筹资（亿元）	1379
当年发行 H 股筹资（亿元）	—
当年国内债券筹资（亿元）	3473
其中：短期融资券筹资额（亿元）	—
中期票据筹资额（亿元）	—

数据来源：中国人民银行上海总部、上海市证监局。
注：当年国内股票（A 股）筹资额指非金融企业境内股票融资。

2. 原保险收入同比增长。截至 2022 年末，上海市共有 59 家法人保险机构，较上年增加 1 家。其中，财产险公司 20 家，人身险公司 22 家，共有 108 家省级保险分支机构。2022 年，上海市原保险保费收入累计 2095 亿元，同比增长 5.1%。其中，财产险公司原保险保费收入 663 亿元，同比增长 4.9%；人身险公司原保险保费收入 1432 亿元，同比增长 7.0%。中、外资保险公司原保险保费收入比例为 77：23，外资保险公司占比同比增长 2 个百分点。上海市保险业赔付支出累计 655 亿元，同比下降 11.3%，持续支持实体经济发展。

表 4　2022 年保险业基本情况

项目	数量
总部设在辖内的保险公司数（家）	59
其中：财产险经营主体（家）	20
寿险经营主体（家）	22
保险公司分支机构（家）	108
其中：财产险公司分支机构（家）	53
寿险公司分支机构（家）	52
保费收入（中外资，亿元）	2095
其中：财产险保费收入（中外资，亿元）	663
人身险保费收入（中外资，亿元）	1432
各类赔款给付（中外资，亿元）	655

数据来源：上海市银保监局。

3. 金融期货交易同比增长。2022 年，中国金融期货交易所总成交金额 133.0 万亿元，同比增长 12.6%。上海期货交易所总成交金额 181.3 万亿元，同比下降 15.5%。上海黄金交易所总成交金额 8.5 万亿元，同比下降 17.0%。

表 5　2022 年中国金融期货交易所交易情况

交易品种	累计成交金额（亿元）	同比增长（%）	累计成交量（万手）	同比增长（%）
股指期货	863600	-4	7449.4	11.62
国债期货	464200	68.71	3881.7	54.94
合计	1327800	12.61	11331.0	23.44

数据来源：中国金融期货交易所。

表 6　2022 年上海期货交易所交易情况

交易品种	累计成交金额（亿元）	同比增长（%）	累计成交量（万手）	同比增长（%）
铜	152555	-31	4650	-27.47
铝	100325	-21.53	9998	-23.95
锌	84664	8.20	6833	-1.46
黄金	153482	-10.16	3902	-14.08
天然橡胶	104383	-40.08	7964	-34.51

续表

交易品种	累计成交金额（亿元）	同比增长（%）	累计成交量（万手）	同比增长（%）
燃料油	68634	-2.59	21046	-24.02
螺纹钢	220800	-31.53	52518	-19.94
线材	8	-25	2	-17.27
铅	15360	-20.82	2006	-20.63
白银	135171	-26.87	18877	-18.44
石油沥青	63752	47.06	16258	15.74
合计	1099133	-22.12	144052	-18.25

数据来源：上海期货交易所。

（三）社会融资规模平稳增长，积极发挥结构性货币政策工具支持作用

1. 新增人民币贷款占社会融资比例超八成。2022 年，上海社会融资规模增量为 8842 亿元，同比少增 3284 亿元。上海社会融资规模呈现以下特点：一是人民币贷款增加 7385 亿元，占新增社会融资逾八成，同比少增 2937 亿元，是导致社会融资少增的主要原因；二是政府债券净融资同比多增，2022 年，政府债券融资新增 1193 亿元，同比多增 727 亿元；三是企业债券和股票融资同比少增，企业债券融资增加 352 亿元，同比少增 637 亿元，企业股票融资新增 1110 亿元，同比少增 131 亿元；四是表外融资减少 1038 亿元，同比少减 1217 亿元。

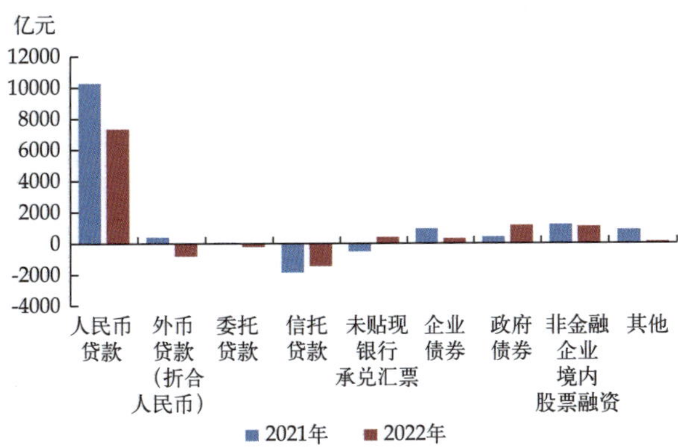

图 5　社会融资规模分布结构

（数据来源：中国人民银行上海总部）

表 7　2022 年金融机构票据业务量

单位：亿元

季度	银行承兑汇票承兑		贴现			
			银行承兑汇票		商业承兑汇票	
	余额	累计发生额	余额	累计发生额	余额	累计发生额
1	6237	2923	6593	2143	954	168
2	6912	6523	7293	2676	1144	129
3	7706	10284	7109	2425	880	175
4	7723	13857	7869	2454	726	207

数据来源：上海票据交易所。

表 8　2022 年金融机构票据贴现、转贴现利率

单位：%

季度	贴现		转贴现	
	银行承兑汇票	商业承兑汇票	票据买断	票据回购
1	2.44	3.70	2.30	2.19
2	1.73	3.34	1.61	1.67
3	1.69	3.27	1.54	1.36
4	1.62	3.16	1.33	1.53

数据来源：上海票据交易所。

2. 积极发挥结构性政策工具支持作用。

一是再贷款再贴现使用率创新高，有力支持上海抗疫保供和经济恢复发展。全年累计发放再贷款 473 亿元，同比增长 50.4%，惠及经营主体近 12000 户，其中，制造业和批发零售、交通运输、住宿餐饮等受疫情影响严重的行业占比超过 70%。全年累计办理再贴现 1062 亿元，同比增加 101 亿元，其中，小微、民营企业贴现票据占比达 99.9%。

二是实施普惠小微贷款支持工具和利息减免政策，推动金融机构扩大普惠小微贷款投放。全年普惠小微贷款支持工具带动相关地方法人银行新增普惠小微贷款 296 亿元，阶段性减息资金惠及经营主体 3.4 万户，户均减息金额近 8000 元。

三是推动专项再贷款政策更好支持重点领域高质量发展。引导上海各有关金融机构发放符合碳减排支持工具、支持煤炭清洁高效利用专项再贷款、科技创新再贷款、交通物流专项再贷款要求的贷款累计近1000亿元。在总行下发的三批次共41个设备更新改造专向再贷款项目中，已有27个项目签订贷款合同，金额157亿元，25个项目已经投放贷款63亿元；9个项目达成合作意向，贷款需求7.3亿元。

四是加大金融支持基础设施和重大项目建设。政策性开发性金融工具相关政策出台后，快速跟进落实。上海两批政策性开发性金融工具累计授信258亿元，累计投放206亿元，支持15个重大基础设施项目补充资本金；上海8000亿元重点基础设施项目清单共24个项目，已指导银行实现100%对接，可投放项目授信总额486亿元，贷款余额138亿元。

（四）金融基础设施不断完善，金融消费者保护取得积极成果

1.金融业运行整体稳健，金融风险收敛可控。2022年，受疫情反复冲击、地缘政治博弈、全球供应链受损、海外市场需求减弱等因素影响，上海金融业面临的发展环境严峻复杂，不确定性上升。上海统筹推进疫情防控和实体经济发展，强化中央和地方金融协作，聚焦有效防控金融风险，在关键领域重点环节精准发力，主要风险得到较好控制，已发生的个案风险正在逐步推动稳妥化解，金融业整体保持稳健发展。但总体来看，在国内外疫情防控常态化、宏观经济下行压力较大背景下，部分领域金融风险值得关注。非法金融活动、私募基金、互联网金融等风险在整治后整体呈收敛态势，但存量风险化解尚需时日；股票质押、债券市场违约、地方政府债务和房企资金链等领域风险总体平稳，潜在风险需持续关注；非银行支付机构和地方金融组织风险总体可控。

2.完善支付结算体系，生态环境持续优化。一是全力保障金融基础设施稳定运行。疫情期间，及时制定并启动支付系统、ACS和同城票据交换业务应急预案，统筹做好支付系统、ACS业务指导，采取临时迁址、采用电子化替代等应急措施，为客户办理同城票据资金结算业务，确保银行和企业资金及时结算。二是优化中央银行会计核算数据集中系统功能。完成ACS两次升级换版，推动实现货币政策工具券款兑付结算功能上线，支持证券与资金同步交割结算；上线ACS境外存放人民币存款准备金管理等功能，支持在线办理境外存放人民币存款准备金业务，有效提高业务办理效率。三是启动本外币合一银行结算账户体系试点。推动本外币合一银行结算账户体系试点于2022年12月19日在中国（上海）自由贸易试验区成功落地，进一步提升企业本外币结算便利度。四是持续推进上海市移动支付便民工程建设。成功推动云闪付乘车码在地铁所有线路和磁浮线闸机的全线应用；指导各参与单位拓展商超、酒店、餐饮等场景的商户，累计拓展85个重点商圈80%以上商户受理联网通用移动支付产品；持续推进上海市年度民生工程医疗付费“一件事”项目，实现信用就医“一码双扣”或“一卡双扣”无感支付。

3.推进征信基础设施建设，促进征信市场健康发展。2022年，上海市地方征信平台已采集本地企业信息条数16.2亿条，覆盖全市约433万户企业，累计服务企业5948家，促成942家企业获得融资14.8亿元。指导金融机构依托中征应收账款融资服务平台助力中小微企业发展，推进核心企业与平台对接，缓解中小微企业融资难问题。2022年，上海市通过平台促成应收账款融资1471笔，融资金额573亿元。持续引导金融机构将长三角征信链查询纳入贷款业务全流程，进一步满足中小企业融资需求。2022年，上海地区共6家企业征信机构上链，32家金融机构依托平台开展查询应用，累计放贷8500余户，放贷金额2100余亿元。建立企业征信机构动态管理机制，新增1家企业征信机构备案。推动企业征信机构创新征信产品应用场景，拓展征信产品在金融领域应用，2022年，共有15家征信机构，累计为金融机构和类金融

机构提供 9166 万次服务。

4. 加强宣传督导，金融消费权益保护取得积极效果。一是持续深化“集中性 + 阵地化”金融宣传教育长效机制建设。组织上海市相关金融机构开展 3 月“金融消费者权益日”和 6 月“普及金融知识 守住‘钱袋子’”活动，联合上海银保监局、证监局、市网信办和市地方金融监管局组织开展 9 月“金融知识普及月 金融知识进万家争做理性投资者争做金融好网民”活动。二是持续畅通金融消费者投诉咨询渠道。完善应急预案、强化应急演练，全力保障疫情期间金融消费者诉求表达、利益协调、权益保障渠道畅通。三是依法合规开展金融消费权益保护执法检查和评估工作。围绕群众反映强烈的金融消费者权益保护领域违法违规行为，稳妥有序开展综合执法检查项目消保条线相关检查和处罚工作。

二、经济运行情况

2022 年，面对国内外复杂严峻的经济环境和疫情冲击等超预期因素的多重挑战，上海统筹疫情防控和经济社会发展，加力落实稳经济各项政策举措，全市经济运行呈现“平稳开局、深度回落、快速反弹、持续恢复”的态势，城市核心功能稳定运行，经济新动能持续发力，生产需求回稳向好，就业物价总体稳定。金融系统积极发挥货币政策工具的总量和结构双重作用，主动应对疫情影响，努力服务实体经济，坚决稳住经济大盘，全年信贷保持增长，结构持续优化，金融支持疫后经济修复和重点领域帮扶提质增效。

全年，全市实现地区生产总值 4.5 万亿元，同比下降 0.2%，降幅比上半年大幅收窄 5.5 个百分点。其中，第一产业增加值 97 亿元，同比下降 3.5%；第二产业增加值 1.1 万亿元，同比下降 1.6%；第三产业增加值 3.3 万亿元，同比增长 0.3%。

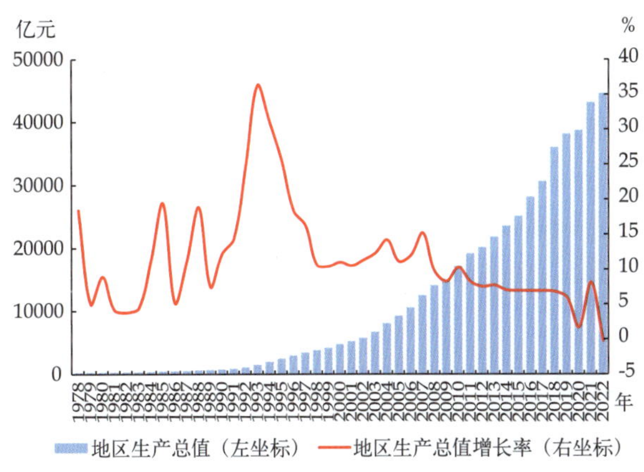

图 6　地区生产总值及其增长率

（数据来源：上海市统计局、《上海统计年鉴》）

（一）投资和消费逐步恢复，进出口下行压力有所显现

1. 固定资产投资加快恢复。2022 年，全社会固定资产投资（不含农户）总额同比下降 1.0%，降幅比上半年大幅收窄 18.6 个百分点。从三大投资领域看，工业投资同比增长 0.6%，增幅比上半年提高 21.7 个百分点；房地产开发投资同比下降 1.1%，降幅比上半年收窄 16 个百分点；基础设施投资同比下降 7.9%，降幅比上半年收窄 30.2 个百分点。

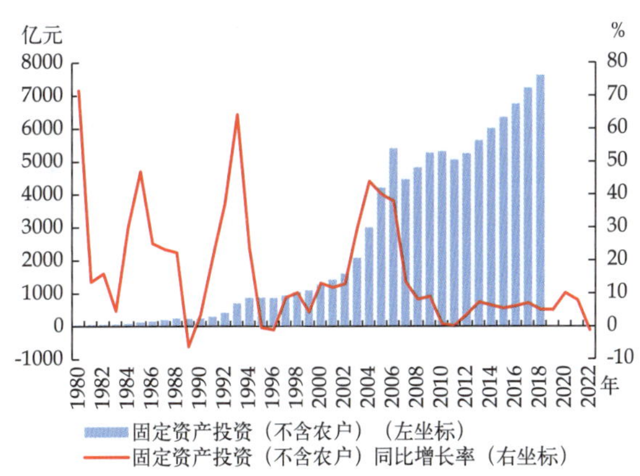

图 7　固定资产投资（不含农户）及其增长率

（数据来源：上海市统计局、《上海统计年鉴》）

2. 市场消费有所回暖。2022 年，社会消费品零售总额 1.6 万亿元，同比下降 9.1%，降幅

比上半年收窄 7.0 个百分点。分行业看，批发和零售业零售额同比下降 7.9%，住宿和餐饮业零售额同比下降 22.4%。网上消费占比提高。全年，网上商店零售额 3461 亿元，同比下降 3.9%；占社会消费品零售总额的比重为 21.1%，比上年提高 2.5 个百分点。

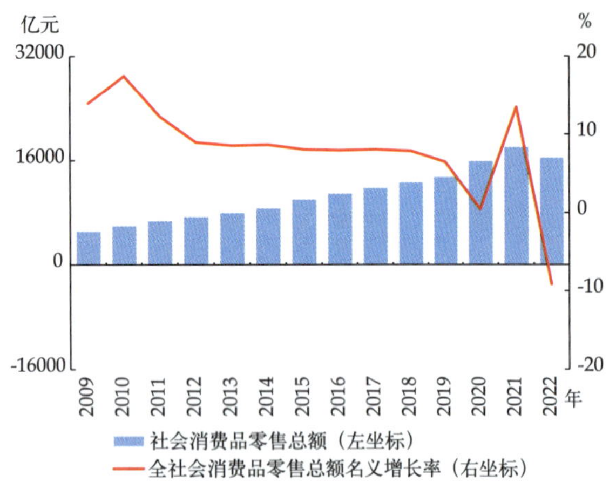

图 8　社会消费品零售总额及其增长率

（数据来源：上海市统计局、《上海统计年鉴》）

3. 外贸进出口下行压力有所显现。2022 年，全市货物进出口总额 4.2 万亿元，同比增长 3.2%。其中，出口总额 1.7 万亿元，同比增长 9.0%；进口总额 2.5 万亿元，同比下降 0.5%。从月度增速看，下半年开始货物进出口增速逐步放缓，11 月转负，12 月下降 6.8%，下行压力有所显现。全年，全市口岸进出口总额达到 10.4 万亿元，占全球的比重提高到 3.6% 左右，保持世界城市首位。航运中心枢纽地位巩固。全年，上海港国际标准集装箱吞吐量达到 4730 万标准箱，连续 13 年位列全球第一。新型国际贸易加快发展，离岸经贸业务企业名单扩展至 577 家，支持布局海外仓数量达 110 个。

4. 利用外资保持增长。2022 年，全市外商直接投资实际到位金额 240 亿美元，规模创历史新高。第三产业外商直接投资实际到位金额 231 亿美元，占比达 96.3%。总部经济加快集聚，跨国公司地区总部、外资研发中心分别新增 60 家和 25 家，累计分别达到 891 家和 531 家。

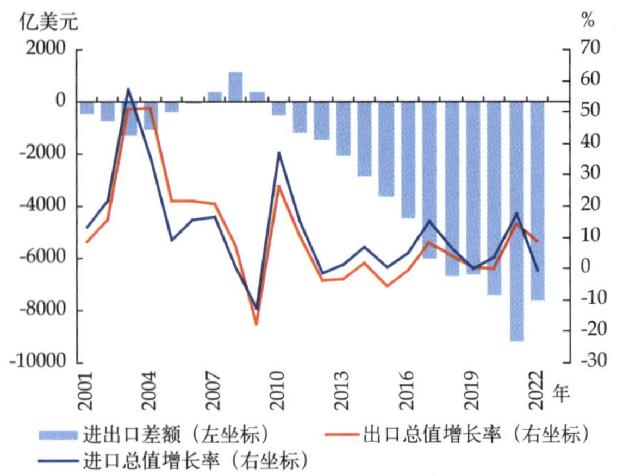

图 9　货物进出口变动情况

（数据来源：上海市统计局、《上海统计年鉴》）

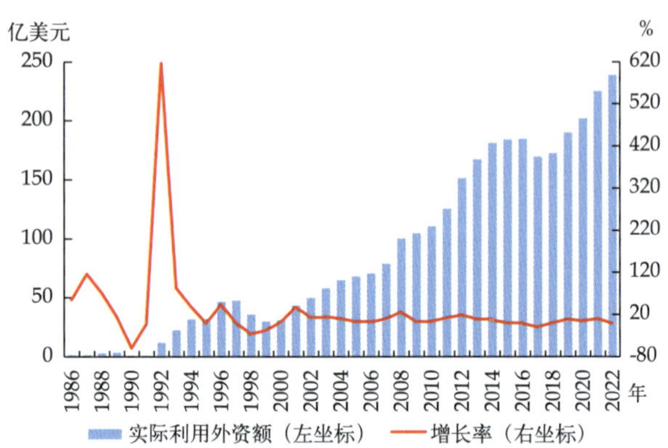

图 10　实际利用外资额及其增长率

（数据来源：上海市统计局、《上海统计年鉴》）

（二）工业生产稳步恢复，服务业行业发展有所分化

1. 乡村振兴战略深入实施。2022 年，《上海市乡村振兴促进条例》正式施行，乡村建设行动推进方案制定出台，完成 21 个乡村振兴示范村建设，启动建设新一批 24 个乡村振兴示范村。实施农村人居环境优化工程，常态化开展村庄清洁行动，完成 2 万户农村生活污水处理设施建设，建设美丽庭院 10.4 万户，提档升级改造农村公路 504 公里。完成 1.1 万户农民相对集中居住。制定出台促进上海域外农场高质量发展实施意见。深入推进 13 个绿色田园先行片区建设，新增建设高标准农田超过 3 万亩。制

定进一步促进农村集体经济高质量发展的实施意见，实施第二轮城乡学校携手共进计划，实现行政村标准化村卫生室全覆盖，持续做好经济相对薄弱村帮扶工作。

2. 工业生产稳步恢复。2022 年，全市规模以上工业增加值同比下降 0.6%，降幅比上半年收窄 10.7 个百分点；规模以上工业总产值同比下降 1.1%，降幅比上半年收窄 8.6 个百分点。其中，汽车、电子等重点行业较快增长。汽车制造业总产值同比增长 9.3%，计算机、通信和其他电子设备制造业总产值同比增长 1.7%。工业新动能加快发展。集成电路、生物医药、人工智能三大先导产业加快发展，2022 年全市三大先导产业制造业产值同比增长 11.1%。工业战略性新兴产业总产值同比增长 5.8%，增速高于全市工业 6.9 个百分点。其中，新能源汽车产值同比增长 56.9%；生物和新一代信息技术产值同比分别增长 5.9% 和 4.7%。

3. 服务业行业发展有所分化。2022 年，全市第三产业增加值 3.3 万亿元，同比增长 0.3%，占全市生产总值的比重为 74.1%。其中，金融业增加值 8626 亿元，同比增长 5.2%；信息传输、软件和信息技术服务业增加值 3789 亿元，同比增长 6.2%；房地产业增加值 3619 亿元，同比增长 0.9%；租赁和商务服务业增加值 2894 亿元，同比增长 0.2%；交通运输、仓储和邮政业增加值 1915 亿元，同比下降 8.1%；批发和零售业增加值 5069 亿元，同比下降 9.7%。

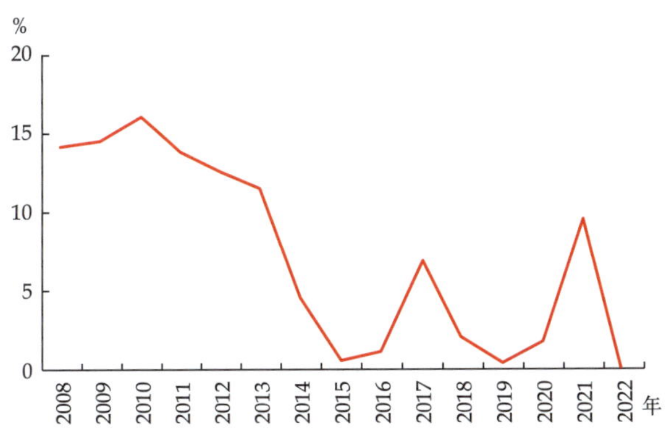

图 11　规模以上工业增加值实际增长率

（数据来源：上海市统计局、《上海统计年鉴》）

4. 经济发展新旧动能加快转换。全力打造三大先导产业引领新动能。集成电路、生物医药、人工智能三大先导产业“上海方案”102 项任务全部落地，全年三大先导产业总规模达到 1.4 万亿元，引领全市工业战略性新兴产业总产值占规模以上工业总产值的比重提高到42.0% 左右。着力推进集成电路关键核心技术攻关，中芯临港、闻泰半导体等集成电路重大项目加快建设。出台打造全球生物医药研发经济和产业化高地若干政策，发布促进细胞治疗科技创新与产业发展行动方案，4 个 I 类创新药获批上市，其中多格列艾汀片成为全球首创糖尿病新药产品。优化人工智能发展环境，《上海市促进人工智能产业发展条例》正式施行，2022 人工智能大会成功举办，智能网联汽车道路测试基本实现嘉定、临港区域道路全域开放。发布推动高端制造业发展若干措施，发布 2022 版上海市产业地图，新推出第三批 13 个特色产业园区。制订绿色低碳、元宇宙、智能终端新赛道三年行动方案，出台打造未来产业高地发展壮大未来产业集群行动方案，出台推进空间信息产业高质量发展实施意见，全球首架 C919 大飞机正式交付，48K 大丝束碳纤维项目完成中期交付。发布促进“五型经济”发展若干意见，持续打响“四大品牌”，新认证“上海品牌”25 个，新推出“上海标准”10 项。

5. 经济社会发展绿色转型取得新成效。加快构建碳达峰碳中和政策体系，印发实施碳达峰碳中和实施意见、碳达峰实施方案以及能源、建筑、科技、绿色金融等重点领域配套文件，国家气候投融资试点在浦东新区落地。推进能源绿色转型，全面推进海上风电建设，加快实施“光伏 +”专项工程。深入打好污染防治攻坚战，完成挥发性有机物 2.0 综合治理超过 2000 家，实施全市挥发性有机液体储罐专项整治，PM2.5 平均浓度持续下降；开工建设白龙港污水处理厂扩建三期等项目，主要河湖水质断面优于Ⅲ类（含Ⅲ类）比例提高至 95.6%，如期消除劣Ⅴ类水体；制定建设用地土壤污染责任人认定实施办法，加强土壤污染风险管控与修复。启动实施崇明世界级生态岛建设第五轮三年行动计划，全面开展长江经济带绿色发展示范创建，严格落实长江十年禁渔工作。生活垃圾综合治理全面深化，生活垃圾回收利用率达到42.0%。出台进一步加强生物多样性保护实施意见，全面保护重要生态系统、生物物种和生物遗传资源。发布科学绿化实施意见，出台新一轮三年林业建设政策，新建公园138座，新增森林5.1万亩、绿地1055.3公顷、绿道232公里、立体绿化44.6万平方米。

专栏2　深入推进长三角金融一体化高质量发展

2022年，长三角三省一市努力克服疫情困难，加强协同合作，确保年度重点专题工作顺利推进，金融服务一体化取得新成效新进展。

一是协调推动长三角五城市成功申建科创金融改革试验区。2022年11月，中国人民银行等八部门联合印发《上海市、南京市、杭州市、合肥市、嘉兴市建设科创金融改革试验区总体方案》(以下简称《方案》)。《方案》印发后，三省一市人民银行高度重视，协同地方政府部门加紧推动《方案》的细化落实，加快构建广渠道、多层次、全覆盖、可持续的科创金融服务体系。此外，中国人民银行上海总部联合G60专责办等单位印发《金融支持长三角G60科创走廊先进制造业产业链供应链稳链保供循环畅通的专项行动方案》，并持续推动长三角G60科创走廊企业在银行间债券市场发行双创专项债务融资工具。

二是长三角绿色金融协同水平持续提升。中国人民银行上海总部进一步深化环境信息披露工作，指导6家试点金融机构编制年度环境信息披露报告，其中上海银行和上海农商银行的环境信息披露报告已正式对外发布，在业内形成良好示范。三省一市人民银行共同打造“长三角绿色金融信息管理系统”，实现绿色金融评价线上化及信息共享。开展绿色金融交流合作，举办“中国高校绿色金融研究联盟2022年会暨长三角绿色金融发展峰会”，发布《长三角绿色金融竞争力报告（2022）》，三省一市金融监管部门、政府相关部门代表交流分享各地绿色金融经验做法。推动长三角绿色债券市场高质量发展，2022年三省一市相关金融机构在银行间市场发行各类绿色债券100余只，发行总额约1124亿元。

三是长三角征信链平台影响力进一步扩大。2022年，长三角征信链新增上海安硕、上海生腾、浙江宁波普惠平台和上海联合征信4家上链机构。三省一市人民银行推动优化升级平台增值服务功能，为链上机构提供个性化产品服务渠道，实现征信机构与金融机构的链上产品实时对接，进一步提升征信链平台服务效能。截至2022年12月末，长三角征信链平台为711家金融机构开通查询用户8584个，累计上链企业2288万家，查询信用报告195万份。

四是一体化示范区跨区域数字人民币应用场景持续拓展。中国人民银行上海总部和中国人民银行南京分行联合示范区执委会印发《长三角生态绿色一体化发展示范区数字人民币2022年试点工作安排》，围绕“进一步探索创新应用场景”、“持续深化特色应用场景”和“推进创新试点成果集成展示”三方面，深化数字人民币跨区域试点工作。2022年，推动示范区内高端人才补贴、高速公路缴费、行政罚没款缴纳、联动商圈、生态旅游等多个创新场景和特色场景落地生效，开展创新试点成果集成展示，持续提高数字钱包活跃度，进一步提升数字人民币支持示范区发展的效能。

五是长三角生态绿色一体化发展示范区制度创新取得积极进展。中国人民银行上海总部与示范区执委会等单位联合印发《示范区关于加快科创金融发展的实施意见》，并参与制订《示范区碳达峰实施方案》《示范区共同富裕实施方案》《示范区建立健全生态产品价值实现机制实施方案》等多项文件，指导金融机构成立“示范区金融同城化服务创新发展联盟”，推动示范区金融体制机制创新，提升金融要素服务实体经济的水平。

六是扎实开展区域金融风险联防共治。发挥长三角区域金融稳定信息共享机制作用，交流共享金融风险防范和处置经验。依托长三角反洗钱专题合作机制，就信用卡账户洗钱风险等问题向长三角银行机构制发洗钱风险提示；联合开展跨区域快速协查，为公安机关快侦快破有关案件提供有力支持。组织召开长三角跨境人民币业务协同发展工作会，对跨境人民币业务执法检查等主题开展深入研讨并达成共识。持续深化长三角金融消费纠纷非诉解决机制多层次、多领域合作，组织开展长三角金融消费纠纷调处技能培训，积极推广金融纠纷在线调解模式，2022年，长三角各地调解组织通过中国金融消费纠纷调解网开展线上调解共3580件，为金融消费者提供了高效、便捷、专业的全流程在线调解服务。

（三）居民消费价格温和上涨，工业生产者价格涨幅回落

1. 居民消费价格温和上涨。2022年，全市居民消费价格同比上涨2.5%，涨幅比上半年回落0.3个百分点。从两大分类看，消费品价格同比上涨3.2%，服务价格同比上涨1.8%。八大类价格“七升一降”，食品烟酒类价格同比上涨4.5%，交通通信类价格同比上涨4.4%，教育文化娱乐类价格同比上涨3.5%，医疗保健类价格同比上涨2.1%，生活用品及服务类价格同比上涨2.0%，居住类价格同比上涨1.0%，其他用品及服务类价格同比上涨0.6%，衣着类价格同比下降1.0%。

2. 工业生产者价格涨幅回落。2022年，全市工业生产者出厂价格同比上涨2.6%，涨幅比上半年回落0.7个百分点；工业生产者购进价格同比上涨4.9%，涨幅比上半年回落2.6个百分点。

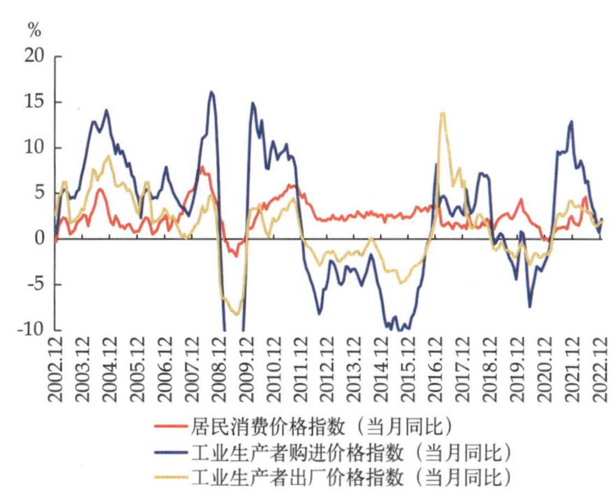

图12　居民消费价格指数和工业生产者价格指数变动趋势

（数据来源：上海市统计局、《上海统计年鉴》）

（四）经济效益有所好转，就业形势总体稳定

1. 地方财政收入有所好转。2022年，全市完成一般公共预算收入7608亿元，同比下降2.1%，降幅比上半年收窄7.7个百分点；扣除留抵退税因素，同比下降3.9%，降幅比上半年收窄9个百分点。从支出看，全市一般公共预算

支出 9393 亿元，同比增长 11.4%，卫生健康、节能环保、交通运输等重点支出优先得到保障。

2. 居民收入保持增长。2022 年，全市居民人均可支配收入 79610 元，同比增长 2.0%。其中，城镇常住居民人均可支配收入 84034 元，增长 1.9%；农村常住居民人均可支配收入 39729 元，增长 3.1%。全市全年新增就业岗位 56.35 万个，12 月，城镇调查失业率为 4.3%，与上月持平。

3. 企业盈利逐步改善。2022 年，全市规模以上工业企业营业收入同比增长 1.1%，增速比上半年提高 6.1 个百分点；利润总额同比下降 11.7%，降幅比上半年收窄 16.2 个百分点。数字经济相关领域指标增势良好。全年，全市规模以上信息传输、软件和信息技术服务业营业收入和利润总额分别比上年同期增长 7.9% 和 23.3%。

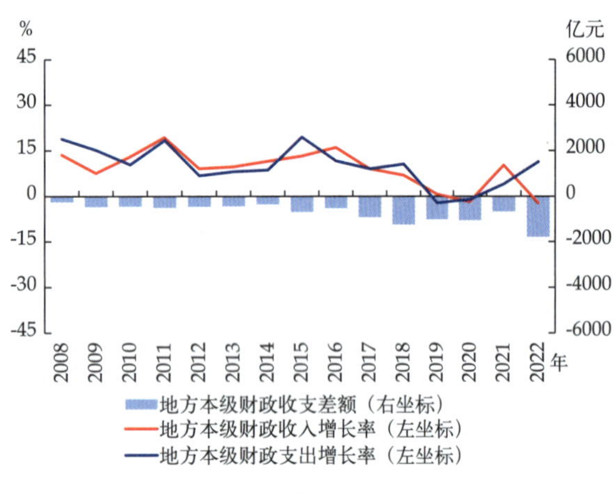

图 13　财政收支状况

（数据来源：上海市统计局、《上海统计年鉴》）

（五）房地产市场总体稳定，价格涨幅收窄

房地产市场运行总体平稳。2022 年，全市新建商品住房成交面积 1561.5 万平方米，下半年购房需求有所释放，加之新房推盘速度加快，成交增速由上半年的 -19.8% 回升至全年的 4.8%。房价涨幅收窄。12 月，全市新建商品住宅成交价格同比上涨 4.1%，涨幅比上年同期收窄 0.1 个百分点；二手住宅成交价格同比上涨 2.6%，涨幅比上年同期收窄 3.9 个百分点。库存去化周期有所回升。12 月末，全市新建商品住宅可售面积 629 万平方米，同比增长 7.2%；二手存量住房可售面积 990 万平方米，与上年同期基本持平。

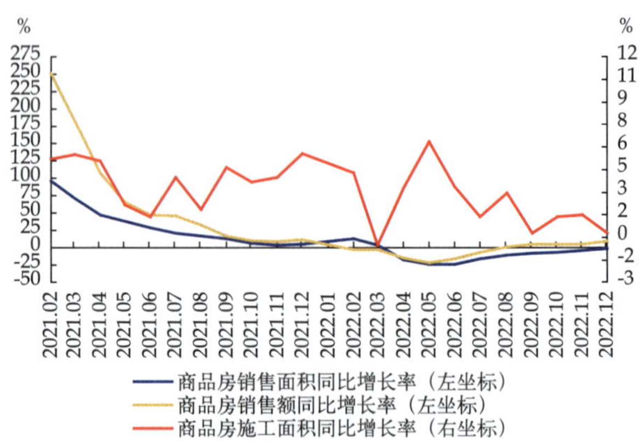

图 14　商品房施工和销售变动趋势

（数据来源：上海市统计局、《上海统计年鉴》）

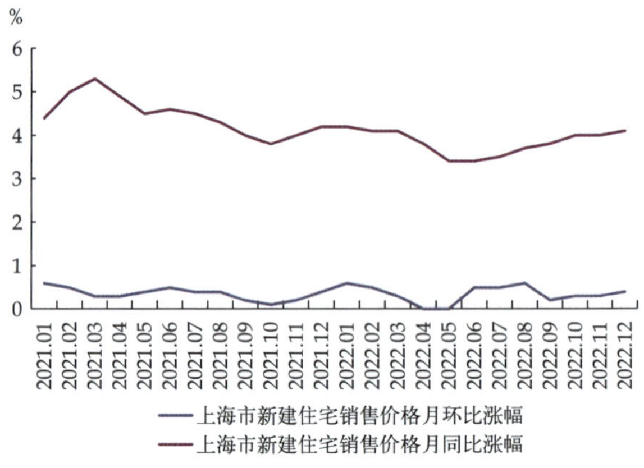

图 15　上海市新建住宅销售价格变动趋势

（数据来源：上海市统计局、《上海统计年鉴》）

三、预测与展望

总体来看，2023 年上海发展的战略机遇和风险挑战并存，外部环境动荡不安，世界经济滞胀风险加大，我国经济恢复的基础尚不牢固。同时也要看到，上海经济社会发展面临不少有利条件。党的二十大胜利召开有力提振了社会预期和发展信心，为全面推进中国式现代化注入了强大动力。上海经济回稳向好态势正不断

巩固，核心功能强、经济韧性足、发展潜力大、市场活力好，重大国家战略红利和多轮稳增长政策叠加效应持续释放，新产业新赛道加快形成经济新增长点。

2023年，是全面贯彻落实党的二十大精神的开局之年，是实施“十四五”规划承上启下的关键一年。上海金融业将继续以习近平新时代中国特色社会主义思想为指导，全面贯彻落实党的二十大精神，扎实推进中国式现代化，坚持稳中求进工作总基调，完整、准确、全面贯彻新发展理念，加快构建新发展格局，着力推动高质量发展。一是精准有力落实好稳健的货币政策，为上海经济高质量发展营造适宜的货币金融环境。二是持续提升金融服务实体经济的能力和质效，优化信贷结构，更好地支持重点领域和薄弱环节。三是继续推动长三角一体化高质量发展，深化长三角绿色金融服务。四是全力推进高水平金融改革开放，积极推动先行先试政策落地实施。

中国人民银行上海总部货币政策分析小组
总　　纂：吕进中
统　　稿：吴金友　金建锋
执　　笔：昝剑飞
提供材料：周芷伊　宋　诚　许霞红　胡思华

附录：

（一）2022年上海市经济金融大事记

1月28日，外汇管理局上海市分局印发《中国（上海）自由贸易试验区临港新片区开展跨境贸易投资高水平开放外汇管理改革试点实施细则》。资本项目高水平开放政策涉及多个领域外汇改革，经常项目高水平开放试点政策面向上海辖内符合条件的银行和所有临港新片区内注册企业，支持临港新片区在更深层次、更宽领域实现高水平开放。

5月13日，证监会发布《证券公司科创板股票做市交易业务试点规定》。10月31日，首批科创板做市商正式开展科创板股票做市交易业务。

6月10日，上交所发布实施《上海证券交易所科创板发行上市审核规则适用指引第7号——医疗器械企业适用第五套上市标准》。科创板第五套上市标准增强了对“硬科技”企业的包容性，支持处于研发阶段尚未形成一定收入的企业上市。

7月1日，《上海市浦东新区绿色金融发展若干规定》颁布实施。该规定是自2021年6月全国人大常委会授权上海市人大及其常委会制定浦东新区法规以来，上海市首次运用立法变通权在金融领域的一次有益尝试。

7月4日，中国人民银行、香港证券及期货事务监察委员会、香港金融管理局决定同意中国外汇交易中心、银行间市场清算所股份有限公司和香港场外结算有限公司开展香港与内地利率互换市场互联互通合作（互换通）。

10月11日，“奋进新征程　建功新时代”党委专题系列新闻发布会第八场在上海举行，上海市金融工作党委、人民银行上海总部、上海银保监局、上海证监局围绕“新时代上海国际金融中心建设的成就与展望”主题，介绍十年来上海国际金融中心建设发展情况。

10月19日，上海印发了《上海加快打造国际绿色金融枢纽服务碳达峰碳中和目标的实施意见》，旨在通过7个方面24项举措，加快打造国际绿色金融枢纽，积极助力国家实现碳达峰碳中和目标。

11月18日，经国务院同意，人民银行、发展改革委、科技部、工业和信息化部、财政部、银保监会、证监会、外汇管理局印发《上海市、南京市、杭州市、合肥市、嘉兴市建设科创金融改革试验区总体方案》，长三角五城市科创金融改革试验区成功落地。

11月23日，全国性大宗商品仓单注册登记中心启动仪式在浦东新区举行，这一重量级金融基础设施平台将为全国范围内大宗商品仓单提供集中登记、查询服务。

12月12日，证监会同意中国金融期货交易所开展上证50股指期权交易，相关合约正式挂牌交易时间为2022年12月19日。

12月19日，为贯彻落实党中央、国务院关于深化金融改革、扩大对外开放有关决策部署，根据全国金融工作会议精神，人民银行上海总部在中国（上海）自由贸易试验区启动本外币合一银行结算账户体系试点。参与本次试点的有中国工商银行、中国农业银行、中国银行、中国建设银行、招商银行上海（市）分行5家银行业金融机构在中国（上海）自由贸易试验区的200余家营业网点。

（二）上海市主要经济金融指标

表 1　2022 年上海市主要存贷款指标

	项目	1 月	2 月	3 月	4 月	5 月	6 月	7 月	8 月	9 月	10 月	11 月	12 月
本外币	金融机构各项存款余额（亿元）	174654	175310	179124	181696.25	183325	185634	190351	191222	191100	188610	191790	192293
	其中：住户存款	44257	44110	45203	45369	45891	46749	46987	47439	48286	48558	50621	52638
	非金融企业存款	67023	66362	68385	69023	70008	71780	70729	71420	72389	70474	72287	73480
	各项存款余额比上月增加（亿元）	-1176	656	3814	2572	1629	2309	4717	871	-122	-2490	3180	503
	金融机构各项存款同比增长（%）	11.6	10.2	11.6	11.8	12.8	12.1	13.5	14.5	13.4	9.6	11.9	9.4
	金融机构各项贷款余额（亿元）	98120	98128	99230	98627	98625	100457	100217	100790	102503	102605	103259	103139
	其中：短期	21783	21731	22303	21677	21810	22169	22199	22334	22920	22717	22731	22093
	中长期	60972	61060	61478	61196	60406	61615	61492	61892	62638	62754	63249	63975
	票据融资	4171	4143	4304	4562	5029	5254	5340	5383	5460	5508	5598	5506
	各项贷款余额比上月增加（亿元）	2088	8	1102	-603	-2	1832	-240	572	1714	101	654	-120
	其中：短期	981	-52	572	-626	133	359	30	136	585	-203	14	-639
	中长期	1323	88	418	-282	-789	1209	-123	400	746	116	495	726
	票据融资	-269	-28	161	258	467	226	86	43	77	48	91	-92
	金融机构各项贷款同比增长（%）	13.1	12.3	12.1	10.8	10.0	10.2	9.9	9.7	10.1	9.8	9.2	7.4
	其中：短期	7.7	6.9	7.3	5.4	5.6	5.6	6.8	6.5	8.3	6.9	7.6	6.1
	中长期	13.4	12.6	12.1	10.5	8.1	9.0	8.4	8.5	8.2	7.9	7.7	6.8
	票据融资	27.1	33.0	39.4	7.2	69.4	69.5	69.3	68.3	67.0	65.4	42.8	24.0
	建筑业贷款余额（亿元）	2017	2058	2295	2092	2208	1971	2064	2108	2118	2112	2012	1712
	房地产业贷款余额（亿元）	11450	11407	11526	11437	11321	11445	11231	11236	11290	11257	11332	11550
	建筑业贷款同比增长（%）	5.7	3.4	12.6	-73.0	-71.6	-7.1	-3.0	-5.6	-2.2	0.0	-2.5	1.7
	房地产业贷款同比增长（%）	6.6	5.2	5.9	4.6	2.6	3.5	1.6	1.2	0.8	0.6	1.4	2.4
人民币	金融机构各项存款余额（亿元）	161854	162394	166338	168638	170451	172487	177792	178797	178783	176481	179842	180628
	其中：住户存款	42761	42617	43689	43780	44283	45128	45345	45788	46588	46837	48877	50903
	非金融企业存款	62017	61313	63603	63897	64710	66604	65722	66410	67305	65324	66915	68115
	各项存款余额比上月增加（亿元）	-1964	540	3944	2300	1814	2036	5305	1004	-14	-2301	3361	785
	其中：住户存款	1610	-144	1072	91	503	845	217	443	800	250	2039	2026
	非金融企业存款	-2030	-704	2290	293	813	1893	-882	688	894	-1981	1592	1200
	各项存款同比增长（%）	11.5	9.9	11.3	12.0	13.4	12.3	14.2	15.7	14.4	10.6	13.0	10.3
	其中：住户存款	14.3	11.7	12.1	12.9	13.2	12.6	15.1	15.6	15.3	16.1	20.3	23.7
	非金融企业存款	5.9	7.9	9.7	11.4	14.5	11.6	13.3	14.1	13.0	9.0	9.0	6.1
	金融机构各项贷款余额（亿元）	90238	90386	91633	91068	91013	92881	93042	93674	95155	95298	96092	96493
	其中：个人消费贷款	24002	23839	23707	23441	23351	23520	23582	23714	23785	23869	23951	23950
	票据融资	4171	4143	4303	4562	5028	5254	5340	5383	5460	5508	5598	5506
	各项贷款余额比上月增加（亿元）	1978	148	1247	-565	-55	1868	161	632	1480	143	795	400
	其中：个人消费贷款	127	-163	-132	-266	-90	169	62	132	71	84	82	-1
	票据融资	-269	-28	161	258	467	226	86	43	77	48	91	-92
	金融机构各项贷款同比增长（%）	12.5	12.1	12.2	11.0	10.1	11.0	11.2	11.4	11.5	11.2	10.7	9.3
	其中：个人消费贷款	8.2	31.9	6.8	4.7	3.4	3.3	3.3	3.4	2.6	2.3	1.3	0.3
	票据融资	27.1	33.0	39.4	50.0	69.4	69.5	69.3	68.3	67.0	65.4	42.8	24.0
外币	金融机构外币存款余额（亿美元）	2008	2043	2014	1973	1933	1959	1862	1803	1735	1690	1665	1675
	金融机构外币存款同比增长（%）	15.0	18.1	19.1	6.2	0.6	5.0	-0.6	-6.2	-7.3	-12.9	-13.5	-11.1
	金融机构外币贷款余额（亿美元）	1236	1225	1197	1142	1143	1129	1064	1033	1035	1018	999	954
	金融机构外币贷款同比增长（%）	21.2	17.1	14.5	6.1	4.3	-2.8	-8.1	-13.7	-13.5	-16.4	-17.9	-21.7

数据来源：中国人民银行上海总部。

表 2　2001—2022 年上海市各类价格指数

单位：%

时间		居民消费价格指数		农业生产资料价格指数		工业生产者购进价格指数		工业生产者出厂价格指数	
		当月同比	累计同比	当月同比	累计同比	当月同比	累计同比	当月同比	累计同比
2001		—	0	—	—	—	-1.3	—	-3.3
2002		—	0.5	—	—	—	-2.3	—	-3.6
2003		—	0.1	—	—	—	6.4	—	1.4
2004		—	2.2	—	—	—	16.4	—	3.6
2005		—	1	—	—	—	6.8	—	1.7
2006		—	1.2	—	—	—	4.8	—	0.6
2007		—	3.2	—	—	—	4.1	—	1.2
2008		—	5.8	—	—	—	10.3	—	2.2
2009		—	-0.4	—	—	—	-10.2	—	-6.2
2010		—	3.1	—	—	—	11.2	—	2.3
2011		—	5.2	—	—	—	7.5	—	2.9
2012		—	2.8	—	—	—	-5.3	—	-1.6
2013		—	2.3	—	—	—	-3.5	—	-1.8
2014		—	2.7	—	—	—	-4.1	—	-1.1
2015		—	2.4	—	—	—	-9.4	—	-3.9
2016		—	3.2	—	—	—	-2.3	—	-1.2
2017		—	1.7	—	—	—	8.9	—	3.5
2018		—	1.6	—	—	—	5.2	—	1.7
2019		—	2.5	—	—	—	-1.3	—	-1.2
2020		—	1.7	—	—	—	-3.1	—	-1.7
2021		—	1.2	—	—	—	7.3	—	2.1
2022		—	2.5	—	—	—	4.9	—	2.6
2021	1	-0.2	-0.2	—	—	-1.6	-1.6	-1.7	-1.7
	2	0.3	0.1	—	—	-0.4	-1.0	-1.2	-1.5
	3	0.7	0.3	—	—	1.8	-0.1	0.4	-0.8
	4	0.9	0.4	—	—	5.8	1.4	1.7	-0.2
	5	1.2	0.6	—	—	9.6	3.0	2.6	0.4
	6	1.2	0.7	—	—	9.3	4.0	2.8	0.8
	7	1.3	0.8	—	—	9.6	4.8	2.5	1.0
	8	1.3	0.8	—	—	9.5	5.4	2.7	1.2
	9	1.1	0.9	—	—	9.7	5.9	3.2	1.4
	10	2.2	1.0	—	—	12.3	6.5	4.2	1.7
	11	2.5	1.1	—	—	12.9	7.1	4.2	1.9
	12	1.8	1.2	—	—	9.5	7.3	3.6	2.1
2022	1	1.6	1.6	—	—	7.8	7.8	3.5	3.5
	2	1.5	1.6	—	—	7.9	7.9	3.7	3.6
	3	2.2	1.8	—	—	8.6	8.1	3.4	3.5
	4	4.3	2.4	—	—	7.9	8.1	3.1	3.4
	5	4.6	2.8	—	—	6.2	7.7	3.1	3.3
	6	2.9	2.8	—	—	6.4	7.5	3.1	3.3
	7	2.9	2.9	—	—	4.6	7	2.7	3.2
	8	2.4	2.8	—	—	3.5	6.6	1.8	3
	9	2.6	2.8	—	—	2.9	6.2	1.6	2.9
	10	1.8	2.7	—	—	1.3	5.7	1.4	2.7
	11	1.6	2.6	—	—	0.7	5.2	1.7	2.6
	12	2.1	2.5	—	—	2.2	4.9	1.9	2.6

数据来源：上海市统计局、《上海统计年鉴》。

表 3　2022 年上海市主要经济指标

项目	1 月	2 月	3 月	4 月	5 月	6 月	7 月	8 月	9 月	10 月	11 月	12 月
	绝对值（自年初累计）											
地区生产总值（亿元）	—	—	10010	—	—	19349	—	—	30957	—	—	44653
第一产业	—	—	17	—	—	35	—	—	56	—	—	97
第二产业	—	—	2338	—	—	4453	—	—	7822	—	—	11458
第三产业	—	—	7655	—	—	14862	—	—	23079	—	—	33097
工业增加值（亿元）	—	—	2235	—	—	4217	—	—	7390	—	—	10795
固定资产投资（亿元）	—	—	—	—	—	—	—	—	—	—	—	—
房地产开发投资	—	819	1100	1287	1495	1861	2329	2770	3265	3791	4349	4980
社会消费品零售总额（亿元）	—	3151	4382	5099	6048	7591	8972	10386	11865	13311	14970	16442
外贸进出口总额（亿元）	—	6745	10079	12270	15031	18772	22834	26989	30899	34575	38243	41903
进口	—	3950	5944	7440	9141	11397	13704	16117	18385	20460	22617	24769
出口	—	2795	4135	4830	5890	7375	9130	10872	12514	14115	15626	17134
进出口差额（出口 – 进口）	—	-1155	-1808	-2610	-3250	-4022	-4574	-5244	-5871	-6346	-6991	-7634
实际利用外资（亿元）	24	45	66	79	99	125	143	163	186	206	224	240
地方财政收支差额（亿元）	293	624	423	570	417	-18	294	112	-304	18	-865	-1785
地方财政收入	1257	1970	2518	3014	3394	3795	4743	5218	5705	6653	7105	7608
地方财政支出	965	1346	2096	2444	2977	3813	4449	5106	6009	6635	7970	9393
城镇登记失业率（%）（季度）	—	—	—	—	—	—	—	—	—	—	—	—
	同比累计增长率（%）											
地区生产总值	—	—	3.1	—	—	-5.7	—	—	-1.4	—	—	-0.2
第一产业	—	—	7.7	—	—	1.7	—	—	-0.7	—	—	-3.5
第二产业	—	—	2.4	—	—	-13.7	—	—	-4.0	—	—	-1.6
第三产业	—	—	3.3	—	—	-3.1	—	—	-0.5	—	—	0.3
工业增加值	—	11.9	3.9	-12.9	-16.6	-11.3	-7.1	-4.0	-2.2	-0.7	-0.3	-0.6
固定资产投资	—	12.6	3.3	-11.3	-21.2	-19.6	-14.9	-11.5	-8.6	-5.9	-2.6	-1.0
房地产开发投资	—	10.6	2.6	-10.0	-18.0	-17.1	-12.8	-10.9	-8.5	-6.0	-3.3	-1.1
社会消费品零售总额	—	3.7	-3.8	-14.2	-18.7	-16.1	-13.9	-12.0	-10.7	-9.7	-9.1	-9.1
外贸进出口总额	—	22.0	14.6	0.1	-2.8	-0.6	3.0	4.8	5.6	5.3	4.2	3.2
进口	—	21.2	9.6	-2.5	-4.9	-3.3	-0.4	0.9	1.2	0.9	0.1	-0.5
出口	—	24.4	23.7	5.4	1.5	4.8	9.3	11.7	13.1	12.5	10.7	9.0
实际利用外资	26.6	28.2	17.8	1.6	-3.8	0.2	6.1	8.4	11.3	8.4	6.5	0.4
地方财政收入	8.5	10.6	10.9	-6.6	-16.8	-19.8	-16.2	-14.2	-12.0	-5.9	-3.7	-2.1
地方财政支出	99.7	21.4	11.4	-3.4	0.6	0.6	4.8	5.6	8.8	10.3	13.1	11.4

数据来源：上海市统计局、《上海统计年鉴》。

江苏省金融运行报告（2023）

中国人民银行江苏省分行[①]

货币政策分析小组

[内容摘要] 2022年，面对复杂多变的外部环境和多重超预期的困难挑战，江苏省上下坚持以习近平新时代中国特色社会主义思想为指导，深入学习贯彻党的二十大精神，按照党中央、国务院决策部署，扎实推进中国式现代化，坚持稳中求进工作总基调，完整、准确、全面贯彻新发展理念，加快构建新发展格局，着力推动高质量发展，更好统筹疫情防控和经济社会发展，更好统筹发展和安全，全面落实"疫情要防住、经济要稳住、发展要安全"重要要求，坚决担起经济大省"勇挑大梁"的重大责任，全省经济总量再上新台阶，金融服务实体经济有力有效，"强富美高"新江苏现代化建设迈出坚实步伐。

经济运行回稳向好，发展质效稳步提升。2022年，全省实现地区生产总值12.3万亿元，同比增长2.8%，连续三年跨越10万亿元大关。一是农业生产总体平稳，粮食产量再创新高。全省农林牧渔业总产值8734亿元，同比增长3.9%。粮食总产量754亿斤，首次突破750亿斤，连续9年稳定在700亿斤以上。二是工业经济支撑有力，先进制造业较快增长。规模以上工业增加值同比增长5.1%，年内呈现稳定恢复、回升向好态势。规模以上高技术制造业、装备制造业增加值同比分别增长10.8%和8.5%，高于规模以上工业增速5.7个和3.4个百分点。三是服务业稳定恢复，生产性服务业增势较好。第三产业增加值同比增长1.9%。其中，信息传输、软件和信息技术服务业增长9.6%，科学研究和技术服务业增长7.6%。四是固定资产投资平稳增长，重点领域投入明显加快。固定资产投资同比增长3.8%，增速较上半年、前三季度分别加快0.5个和0.3个百分点。其中，基础设施投资同比增长8.2%，高于全部投资增速4.4个百分点。制造业投资支撑有力，同比增长8.8%，高于全部投资增速5.0个百分点。五是消费品市场规模稳定，网络零售增长较快。社会消费品零售总额同比增长0.1%。网络零售较快增长，限额以上企业商品网上零售额同比增长19.1%，高于限额以上零售额增速17.7个百分点。六是对外贸易稳中提质，出口竞争力持续提升。进出口总额5.4万亿元，规模再创历史新高，同比增长4.8%。其中，出口总额3.5万亿元，同比增长7.5%；进口总额1.9万亿元，同比增长0.4%。

金融业总体运行平稳，金融服务实体经济更加有力有效。货币信贷和社会融资规模合理增长，信贷结构不断优化，融资成本稳中有降，推动经济高质量发展取得明显成效。一是稳健的货币政策实施更加有力。2022年，全省社会融资规模增量为3.4万亿元；新增本外币贷款2.6万亿元，同比多增2345亿元。融资成本稳中有降，2022年全省新发放的一般贷款、企业贷款、普惠小微贷款加权平均利率分别为4.83%、4.33%和4.91%，同比分别降低0.33个、0.28个和0.34个百分点。二是金融服务实体经济更加精准。金融支持保经营主体成效显著，全省金融机构累计为84.3万户普惠小微经营主体办理延期还本，金额超8385亿元，为67.9万户普惠小

① 自2023年8月18日起，中国人民银行南京分行更名为中国人民银行江苏省分行。本报告主要反映2022年的经济金融情况，正文中涉及的相关机构表述仍沿用2022年名称。

微经营主体减息18亿元。绿色金融快速发展，2022年末绿色信贷余额2.4万亿元，同比增长45.2%。结构性货币政策工具发挥精准滴灌作用，2022年，江苏省累计投放再贷款再贴现3872亿元，同比增加322亿元。金融支持重点领域力度进一步加大，2022年末本外币制造业贷款余额同比增长22.3%，比上年提高7.4个百分点，连续27个月实现两位数增长。三是金融改革创新更加有位。省政府印发昆山金融改革实施方案，外债便利化额度试点等多项创新业务顺利实施。金融支持江苏自由贸易试验区建设取得积极成效，苏州工业园区及昆山金改区的五项资本项目外汇业务创新试点落地。南京获批建设科创金融改革试验区。苏州数字人民币试点工作成果显著，2022年底江苏全省纳入数字人民币试点范围。苏州数字征信试验区建设持续推进，“长三角征信链”平台应用增量扩面。四是金融风险防控更加有力。将常态化推进“大排查、大处置、大提升”行动与完善风险监管体系有机结合，打造全面、准确、及时、可操作的风险预警、处置和防御体系。全省银行业不良贷款率为0.7%，同比下降0.04个百分点；法人银行业金融机构不良贷款率为1.1%，同比下降0.13个百分点。五是外汇管理和跨境人民币工作更加有为。贸易投资外汇收支便利化水平持续提升，试点企业、银行数量及业务规模比上年大幅增长。开展汇率避险扶持专项行动，外汇套保比率达35.5%。成立国家外汇管理局江苏省分局地区外汇线索研判中心，严厉打击外汇领域违规行为。跨境人民币业务加快推进，全省跨境人民币业务量同比增长32.8%，增幅比上年提升近10个百分点。六是金融管理和服务更加有效。支付利民成效显著，全年累计减免各类支付手续费超13亿元。持续推进金融科技赋能乡村振兴示范工程，提升江苏省农村地区金融科技应用水平。经理国库质效有力提升，国库资金收支安全高效，增值税留抵退税等减税降费政策快速落地。征信管理亮点突出，实现征信平台全覆盖，全年依托平台促成23.1万家企业获得融资1.1万亿元。金融消费者权益保护水平不断提升，采取多种措施保障消费者救济渠道畅通，确保疫情期间投诉咨询热线不断档、服务不掉线。

2023年，江苏省将继续以习近平新时代中国特色社会主义思想为指导，全面贯彻党的二十大精神、中央经济工作会议精神和习近平总书记对江苏省工作重要指示精神，坚持稳字当头、稳中求进，完整、准确、全面贯彻新发展理念，加快服务构建新发展格局，大力提振市场信心，细化落实稳增长、稳就业、稳物价各项政策，推动经济运行率先整体好转，实现质的有效提升和量的合理增长。江苏省金融业将精准有力贯彻落实稳健的货币政策，着力支持恢复和扩大消费、重点基础设施和重大项目建设，推动普惠小微、乡村振兴、科技创新、制造业、绿色发展和能源保供等重点领域和薄弱环节的金融服务提质增效，持续防范化解金融风险，深化金融改革开放，大力推动各项改革创新落地见效，不断提升金融管理与服务水平，为辖区经济高质量发展营造适宜的货币金融环境。

一、金融运行情况

2022年，江苏省金融系统坚持以习近平新时代中国特色社会主义思想为指导，深入学习贯彻党的二十大精神，按照党中央、国务院决策部署，坚持稳中求进工作总基调，加大稳健货币政策贯彻力度，扎实落实稳经济一揽子政策和接续措施，切实服务实体经济，有效防控金融风险，为全省经济社会高质量发展提供有力金融支撑。

（一）银行业运行稳健，信贷支持实体经济力度进一步提升

1. 金融机构资产规模保持平稳增长。截至2022年末，全省银行业表内资产总额27.5万亿元，同比增长13.5%，比上年提升2.8个百分点；

表外业务余额 20.8 万亿元，同比增长 15.1%，比上年提升 3.6 个百分点。全年共实现税后净利润 2988 亿元，同比增长 16.1%，比上年提升 8.5 个百分点。其中，全省法人银行业金融机构表内资产同比增长 13.0%，税后净利润同比增长 20.5%。

表 1　2022 年银行业金融机构情况

机构类别	营业网点			法人机构（个）
	机构个数（个）	从业人数（人）	资产总额（亿元）	
一、大型商业银行	4932	107327	99848	0
二、国家开发银行和政策性银行	84	2507	13947	0
三、股份制商业银行	1312	38177	41355	0
四、城市商业银行	1055	40468	58294	4
五、城市信用社	0	0	0	0
六、小型农村金融机构	3366	51660	39617	61
七、财务公司	16	521	1934	14
八、信托公司	4	719	532	4
九、邮政储蓄银行	2511	25164	12097	0
十、外资银行	79	2225	1849	3
十一、新型农村金融机构	270	4954	1145	74
十二、其他	15	2589	4273	11
合　计	13644	276311	274891	171

数据来源：江苏银保监局。

注：营业网点不包括国家开发银行和政策性银行、大型商业银行、股份制银行等金融机构总部数据；大型商业银行包括中国工商银行、中国农业银行、中国银行、中国建设银行和交通银行；小型农村金融机构包括农村商业银行、农村合作社和农村信用社；新型农村金融机构包括村镇银行、贷款公司、农村资金互助社和小额贷款公司；其他包括金融租赁公司、资产管理公司、消费金融公司、民营银行、理财子公司等。

2. 本外币存款同比多增。2022 年末，全省金融机构本外币存款余额 21.9 万亿元，同比增长 11.6%，比上年提升 1.4 个百分点；全年新增存款 2.3 万亿元，同比多增 4654 亿元。分部门看，住户存款余额同比增长 21.2%，比上年提升 9.3 个百分点；非金融企业存款、机关团体存款余额同比分别增长 6.9% 和 1.8%，比上年分别下降 1.2 个和 0.5 个百分点。分币种看，人民币各项存款余额同比增长 12.0%，比上年提升 2.3 个百分点；外汇存款余额同比下降 10.0%，比上年下降 34.8 个百分点。

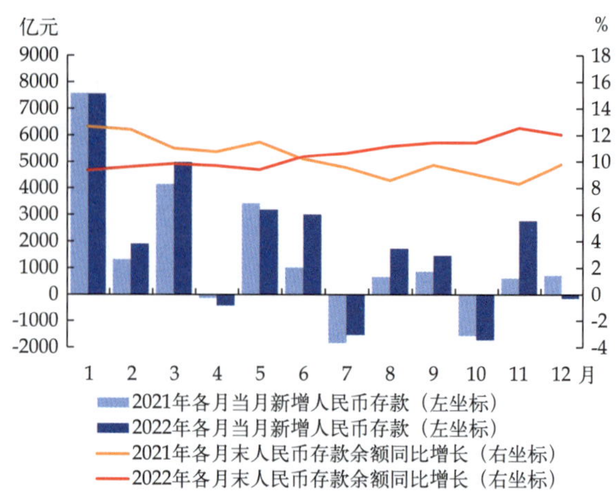

图 1　金融机构人民币存款增长变化

（数据来源：中国人民银行南京分行）

3. 信贷总量稳定增长。2022 年末，全省本外币各项贷款余额 20.7 万亿元，同比增长 14.6%，高于全国 4.2 个百分点；比年初新增 2.6 万亿元，比上年和 2017—2021 年平均增量分别多 2345 亿元、8895 亿元。

从币种看，全省人民币贷款余额同比增长 14.6%，比上年下降 0.6 个百分点。外汇贷款余额同比增长 4.1%，比上年下降 23.9 个百分点。

从期限看，短期类贷款余额 7.2 万亿元，同比增长 18.4%。中长期贷款余额 13.2 万亿元，同比增长 12.7%。

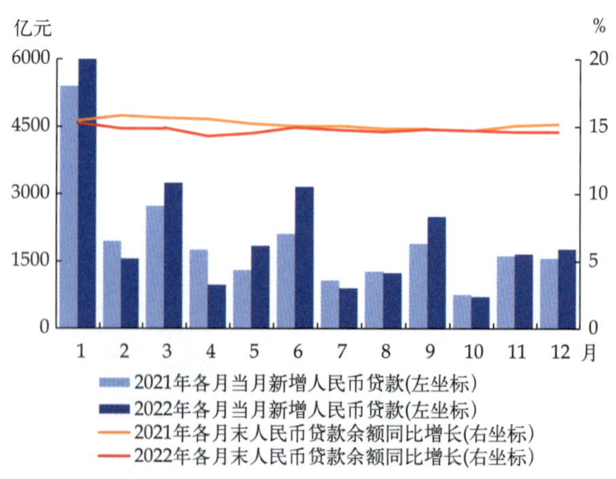

图 2　金融机构人民币贷款增长变化

（数据来源：中国人民银行南京分行）

从投向看，结构持续优化，金融支持重点领域力度进一步加大。制造业贷款增长加快。2022 年，全省本外币制造业贷款余额 2.6 万亿元，同比增长 22.3%，比上年提升 7.4 个百分点，连续 27 个月实现两位数增长，连续 8 个月超过 20%。绿色金融快速发展，2022 年末，全省金融机构绿色信贷余额 2.4 万亿元，同比增长 45.2%。科创企业融资渠道不断拓宽，全省累计发行双创专项金融债 68 亿元。普惠小微融资量增面扩。2022 年末，普惠小微贷款余额 2.6 万亿元，同比增长 28.2%，惠及普惠小微贷款户数 261 万户，同比增长 22.3%，比年初新增 47.6 万户。坚决落实好普惠小微贷款延期还本和阶段性减息政策。2022 年，全省金融机构累计为 84.3 万户普惠小微经营主体办理延期还本超 8385 亿元，为 67.9 万户普惠小微经营主体减息 18 亿元。

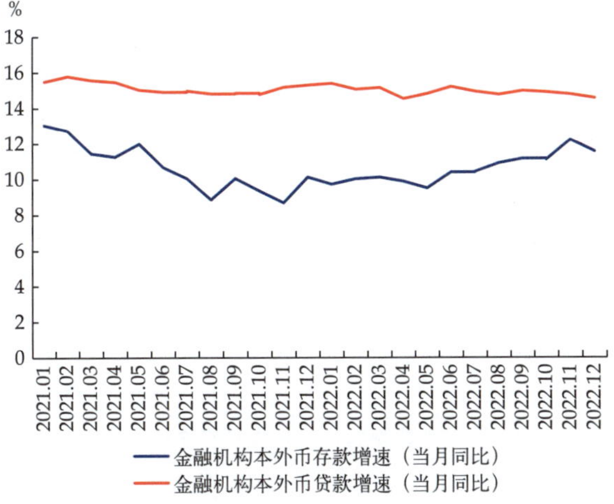

图 3　金融机构本外币存贷款增速变化

（数据来源：中国人民银行南京分行）

4. 贷款利率持续下降。积极释放 LPR 改革潜力，不断优化存款利率监管，助推全省实体经济综合融资成本持续下行。充分发挥省内各级自律机制作用，维护良好竞争秩序。以评促建，提升金融机构自主定价能力。2022 年，全省新发放的一般贷款、企业贷款、普惠小微贷款加权平均利率分别为 4.83%、4.33% 和 4.91%，同比分别降低 0.33 个、0.28 个和 0.34 个百分点。

表 2　2022 年金融机构人民币贷款各利率区间占比

单位：%

项目		1月	2月	3月	4月	5月	6月
合计		100.0	100.0	100.0	100.0	100.0	100.0
LPR 减点		14.2	14.0	15.0	16.1	17.2	19.8
LPR		7.0	6.2	8.4	6.4	7.0	8.7
LPR 加点	小计	78.8	79.8	76.6	77.5	75.8	71.5
	(LPR，LPR+0.5%)	25.4	24.4	24.0	23.2	23.5	24.1
	[LPR+0.5%，LPR+1.5%)	34.1	32.5	32.2	30.5	29.6	27.9
	[LPR+1.5%，LPR+3%)	11.9	12.4	12.2	13.6	12.3	11.5
	[LPR+3%，LPR+5%)	4.3	5.2	4.6	5.0	5.2	4.1
	LPR+5% 及以上	3.0	5.4	3.8	5.1	5.3	3.9
项目		7月	8月	9月	10月	11月	12月
合计		100.0	100.0	100.0	100.0	100.0	100.0
LPR 减点		19.4	19.3	22.2	22.0	22.6	26.3
LPR		7.8	6.4	7.2	6.6	6.7	7.2
LPR 加点	小计	72.8	74.2	70.6	71.4	70.6	66.5
	(LPR，LPR+0.5%)	23.0	24.2	25.8	24.6	25.6	23.5
	[LPR+0.5%，LPR+1.5%)	27.3	27.1	25.8	24.8	25.3	25.9
	[LPR+1.5%，LPR+3%)	11.8	12.1	10.6	11.1	10.8	9.9
	[LPR+3%，LPR+5%)	5.3	5.2	4.0	5.0	4.2	3.3
	LPR+5% 及以上	5.4	5.6	4.5	5.9	4.7	3.9

数据来源：中国人民银行南京分行。

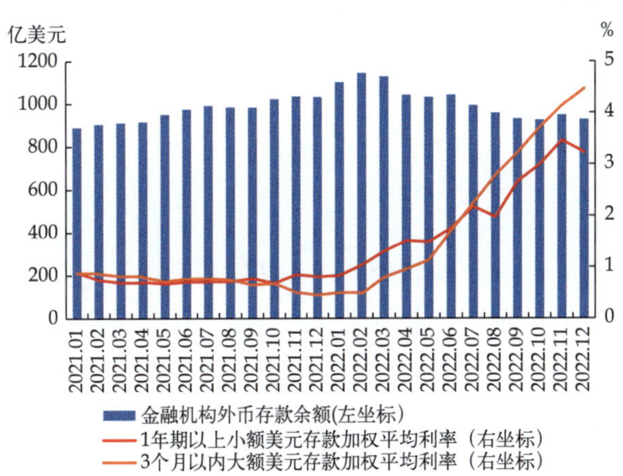

图 4　金融机构外币存款余额及外币存款利率

（数据来源：中国人民银行南京分行）

5. 金融风险防控严实有力。江苏省金融系统将常态化推进“大排查、大处置、大提升”行动与完善风险监管体系有机结合，打造全面、准确、及时、可操作的风险预警、处置和防御体系。积极稳妥化解单体机构风险，有效防范化解重点领域风险，全省银行业保持稳健运行。截至2022年末，全省银行业不良贷款余额1450亿元，不良贷款率为0.7%，同比下降0.04个百分点；逾期90天以上贷款占不良贷款比例为67.6%，均处于较低水平。全省法人银行业金融机构不良贷款余额588亿元，不良贷款率为1.1%，同比下降0.13个百分点；资本充足率13.7%，同比下降0.12个百分点；贷款拨备覆盖率375.2%，同比提升38.5个百分点，风险抵御能力增强。

专栏1　转型金融助力低碳转型的江苏实践

江苏实现“双碳”目标，面临时间紧、难度大、任务重的减排要求与转型挑战。从实践来看，江苏转型金融支持低碳转型具有较大的市场潜力，全省银行业金融机构在优化组织架构、创新金融产品、防控转型风险等方面展开积极探索。

一、建立转型金融组织架构和服务体系

苏州设立绿色低碳转型金融服务中心，从组织架构、人员配置、业务流程、绩效考核、风险管理等八个方面规范服务中心运营管理标准，凝聚金融机构资源，内化绿色转型发展目标，全面提升绿色低碳转型金融业务保障。中信银行南京分行对接江苏省环保厅等相关部门及高校等外部机构，重点针对清洁能源、绿色交通、污水处理、固废处理、节能减排等领域，组织规划具体工作方向。

二、根据转型情况执行差别化信贷政策

金融机构结合企业转型能力、发展前景、技术迭代更新能力的不同采取差异化信贷政策，实施“有保有压”“扶优汰劣”“优化结构”策略，有序开展转型金融业务。省内金融机构针对低碳和高碳企业实行不同的信贷政策，重点支持领域为节能减污，推动高耗能、高污染行业用能清洁化发展，助力高碳产业低碳转型。

三、助力重点行业高碳资产低碳转型

高碳企业向低碳或零碳业务转型的过程中需投入新的技术、设备、人力以及购置土地等资源。以钢铁行业为例，据冶金工业规划研究院估算，超低排放改造、节能改造、电炉钢建设、氢冶金技术应用、新能源利用五项钢铁行业绿色低碳转型发展的核心重点工程投资总计约达1万亿元。金融机构积极通过信贷、债券等直接或间接融资方式为转型市场注入资金和流动性，有力支持煤炭、钢铁、焦化、黑色金属冶炼、纺织等行业高碳企业低碳转型业务开展。

四、加大转型金融产品和服务创新力度

金融机构在转型金融产品及服务创新方面积极探索，为高碳企业转型提供有针对性的金融支持。江苏银行面向高排放企业推出“低排贷”，用于其新建、改造、运营大气污染治理项目，有效支持企业降低大气污染物排放指标，以满足更高的排放标准，该产品支持了南京钢铁集团高排放项目改造，项目改造后SO_2、NO_x、颗粒物等各项排放指标均低于排放限值。

五、依托数字技术助力转型金融发展

部分金融机构依托人工智能、大数据、地理信息等技术开发GIS系统，对区域环境、企业污染排放、银行信贷等内外部数据进行分析，实现绿色低碳转型客户及项目精准化识别、企业环境信用评价持续跟踪、绿色信贷常态化管理等功能，提高企业生产过程中能源、电力、气体排放等生产相关数据的可获得性和数据质量，为测算环境和气候风险及信息披露奠定数据基础。

六、构建高碳项目转型效果的评估及奖惩机制

部分金融机构在贷前委托第三方公司对高碳企业转型项目的主要污染源、污染物、控制措施与符合的标准，以及工程投产后的环保预期效果与效益分析、能耗构成与计算、节能措施与节能效果等进行客观评估，判定项目低碳转型的可行性。同时，部分机构围绕企业减碳目标实现程度设立奖惩机制。

七、防范转型过程中可能面临的信贷风险

金融机构普遍加强火电、石化、煤化工、钢铁、有色金属冶炼、水泥、纺织等“两高”行业授信风险管理，将行业能耗标准嵌入信贷业务全流程管理，引导企业应用绿色低碳技术、通过改造升级实现节能减排。苏州银行在尽职调查、授信审查和审批、放款用信、贷后和投后管理等环节识别、计量、评估、监测、控制或缓释转型金融业务中的环境与社会风险，明确对于“两高一剩”行业或项目的授信政策，强化风险预警及应对机制建设。

（二）证券业稳健发展，多层次资本市场体系建设成果显著

1. 证券市场主体稳步发展。截至2022年末，全省共有境内上市公司637家，占全国（5079家）的12.5%。其中，主板339家、科创板96家、创业板175家、北交所27家。上市公司总市值6.5万亿元，占全国的8.2%。2022年全省新增首发上市公司70家，占全国新增家数（428家）的16.4%。全省共有新三板挂牌公司820家，占全国新三板挂牌公司总数的12.5%。全省共有江苏股交中心挂牌展示企业14964家。

2. 经营管理总体稳健。截至2022年末，全省证券公司总资产9424亿元，净资产2241亿元，净资本1575亿元，同比分别增长5.2%、8.7%和6.9%。全省证券公司2022年共实现营业收入334亿元，净利润141亿元。2022年全省证券公司代理客户证券交易金额累计65.6万亿元，全市场占比达10.0%；受托客户资产5.4万亿元，全市场占比达8.2%。

3. 证券基金经营机构差异化发展格局逐步形成。公募基金法人机构实现“零”的突破。由苏州银行、新加坡凯德基金和苏州工业园区经济发展有限公司出资联合组建的苏新基金管理有限公司获证监会批复设立。证券公司“走出去”取得新进展。华泰证券获批设立新加坡子公司，进一步开拓海外市场，服务资本市场双向开放。创新业务稳妥有序开展。华泰证券、东吴证券成为首批获得科创板做市业务资格的券商；南京证券获批证券投资基金托管业务资格；东海证券成为场外期权二级交易商，综合金融服务能力得到进一步提升。

4. 期货业务平稳发展。截至2022年末，全省共有9家期货公司、201家期货分支机构。2022年8月，弘业期货成功在A股上市，成为我国首家“A+H”股上市期货公司。9家期货公司资产总额464亿元，同比增长30.3%；净资本46亿元，同比增长5.6%。2022年，9家期货公司代理成交额25.6万亿元，实现营业收入14亿元，利润总额超2亿元。9家期货公司均获得资产管理业务资格，期末受托资产净值为228亿元。

表3　2022年证券业基本情况

项目	数量
总部设在辖内的证券公司数（家）	6
总部设在辖内的基金公司数（家）	0
总部设在辖内的期货公司数（家）	9
年末国内上市公司数（家）	637
当年国内股票（A股）筹资（亿元）	1963
当年发行H股筹资（亿元）	119
当年国内债券筹资（亿元）	15644

续表

项目	数量
其中：短期融资券筹资额（亿元）	5726
中期票据筹资额（亿元）	2714

数据来源：江苏证监局，江苏省地方金融监管局，中国人民银行南京分行。
注：苏新基金管理有限公司目前处于筹建准备期。

（三）保险业运行平稳，支持经济发展能力进一步增强

1. 保险行业稳步发展。2022 年末，全省共有保险法人机构 5 家，其中财产险公司 2 家、人身险公司 3 家。全省共有保险公司分支机构 5434 家，同比减少 245 家，其中财产险公司分支机构 2480 家，同比增加 13 家；人身险公司分支机构 2954 家（含省级分公司），比上年减少 258 家。

2. 原保险保费收入平稳增长。2022 年全省累计实现原保险保费收入 4318 亿元，同比增长 6.2%，保费规模居全国第二位。其中，财产险实现原保险保费收入 1265 亿元，同比增长 10.9%；人身险实现原保险保费收入 3053 亿元，同比增长 4.5%。2022 年全省保险业共提供各类风险保障 1040.3 万亿元，同比增长 87.9%。

3. 经营质量不断提升。财产险综合费用率下降明显，2022 年，车险综合费用率为 22.8%，非车业务原保险保费收入占比为 39.9%。人身险保障水平不断提升，2022 年末江苏省人身保险保障型产品保费（普通型寿险、健康险和意外险）占比达 69.4%，同比增速超过 6.5%。

4. 保险行业多方面改革成效明显。完善多层次医疗保障体系。补充医疗保险“惠民保”产品供给更加丰富，江苏省 12 个地市推出了当地群众可投保的“惠民保”产品。积极助力老龄事业，2022 年江苏专属商业养老保险参保人数 1.7 万人，实现保费收入 2 亿元。巩固车险综合改革，稳步推进新能源车专属条款落地。农业保险服务质效提升。从各设的区市上报的 37 个农险产品中认定 10 个产品为 2022 年度农险创新保护产品，支持保险机构创新引领发展。

表 4　2022 年保险业基本情况

项目	数量
总部设在辖内的保险公司数（家）	5
其中：财产险经营主体（家）	2
寿险经营主体（家）	3
保险公司分支机构（家）	5434
其中：财产险公司分支机构（家）	2480
寿险公司分支机构（家）	2954
保费收入（中外资，亿元）	4318
其中：财产险保费收入（中外资，亿元）	1265
人身险保费收入（中外资，亿元）	3053
各类赔款给付（中外资，亿元）	1248

数据来源：江苏银保监局。

（四）融资总量稳步增长，金融市场平稳运行

1. 社会融资规模平稳增长。2022 年，全省社会融资规模增量为 3.4 万亿元，占全国社会融资规模的 10.6%。从融资结构看，本外币贷款增量为 2.6 万亿元，占社会融资规模增量的 77.0%，仍是主要渠道。非金融企业直接融资增量为 5147 亿元，同比少增 2840 亿元，其中，企业债券融资同比少增 2928 亿元；非金融企业境内股票融资同比多增 87 亿元；政府债券增量为 1734 亿元，同比少增 66 亿元。

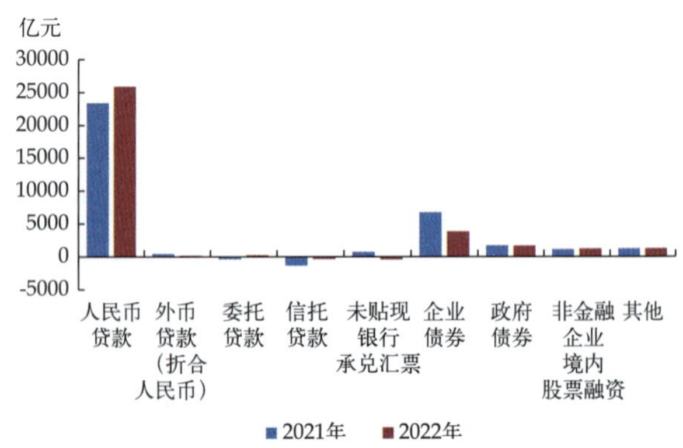

图 5　社会融资规模分布结构

（数据来源：中国人民银行南京分行）

2. 守正创新开创债务融资工具新局面。2022 年，全省企业共发行各类债务融资工具 1.1 万亿元，剔除央企后的发行金额连续十一年保持全国第一。落地资产担保债务融资工具、科创票据、碳资产债券、转型债券等创新产品。2022 年，328 家企业发行交易所公司债 773 只，融资 5489 亿元，47 家原始权益人发行 65 只 ABS，融资 421 亿元。截至 2022 年末，全省共有 546 家企业存续公司债券 2255 只（不含违约类），存续规模 1.6 万亿元，全省存量公司债发行人家数、剔除央企后的存续金额均居全国第一。共有 107 家原始权益人存续 ABS 166 只，存续规模 1251 亿元。江苏首只高速公路 REITs 产品“华泰江苏交控 REIT”获证监会批复，并发行上市。

3. 充分发挥结构性货币政策工具的精准滴灌作用，推动经济转型升级。2022 年，江苏省累计投放再贷款再贴现 3872 亿元，同比增加 322 亿元。持续优化“苏碳融”操作模式，对绿色普惠领域支持力度持续加大。截至 2022 年末，全省金融机构已经通过“苏碳融”支持绿色企业 1165 家、金额 138.5 亿元，贷款加权平均利率 4.5%。创设挂钩再贷款再贴现政银金融产品——“苏创融”，探索金融支持科技创新的新路径新机制。产品创设以来，累计发放金额 584 亿元，贷款加权平均利率 4.3%，惠及 1.5 万户科技创新型企业。

表 5　2022 年金融机构票据业务量

单位：亿元

季度	银行承兑汇票承兑		贴现			
			银行承兑汇票		商业承兑汇票	
	余额	累计发生额	余额	累计发生额	余额	累计发生额
1	23002.1	11430.7	8725.0	20411.1	1368.1	2884.3
2	23682.5	18932.6	9925.3	40171.6	1393.9	4875.1
3	23318.9	25901.7	10162.1	56620.2	1335.0	6555.6
4	23329.1	33176.3	11013.1	74959.8	1464.2	8886.4

数据来源：中国人民银行南京分行。

表 6　2022 年金融机构票据贴现、转贴现利率

单位：%

季度	贴现		转贴现	
	银行承兑汇票	商业承兑汇票	票据买断	票据回购
1	2.57	3.93	2.38	2.02
2	1.75	3.51	1.76	1.50
3	1.67	3.43	1.62	1.29
4	1.61	3.50	1.47	1.33

数据来源：中国人民银行南京分行。

（五）外汇管理和跨境人民币业务稳步推进，金融改革创新落地见效

1. 外汇管理改革有序推进。持续提升贸易投资便利化水平，全省全年办理资本项目收入支付便利化业务 78 亿美元；办理贸易外汇收支便利化业务 1534 亿美元，试点企业、银行数量及业务规模分别是上年同期的 4.4 倍、1.8 倍和 2.3 倍。进一步便利企业跨境融资，推动 100 家企业集团备案开展跨国公司跨境资金集中运营管理业务，3 家企业备案开展跨国公司本外币一体化资金池试点业务。截至 2022 年末，辖内开展跨境融资便利化试点企业 33 家，落地便利化业务 35 笔，实现外债签约额度 7.1 亿美元。开展企业汇率避险扶持专项行动，2022 年，全省运用衍生品管理汇率风险的规模同比增长 34%，外汇套保比率达 35.5%。成立分局地区外汇线索研判中心，严厉打击外汇领域违规行为。

2. 跨境人民币业务加快推进。紧抓重点区域、重点领域，持续优化“政策工具推广 + 跨境人民币结算”联动模式，深入开展重点企业专项推进行动。全省跨境人民币业务量同比增长 32.8%，增幅比上年提升近 10 个百分点。同时，注重发挥关键银行作用，要求相关银行全流程挖掘东盟贸易企业客户开展跨境人民币结算的潜力。2022 年，全省对东盟国家跨境业务总量同比增长 33%，本外币占比与上年相比提高近 2 个百分点。

3. 金融改革创新持续深化。持续推进区域金融改革创新试点工作。2022 年，昆山市金融支持深化两岸产业合作改革创新试验区建设取得积极成效。5 项资本项目外汇业务创新试点政

策全面落地，跨境人民币同业融资业务规模不断扩大；积极发展债券创新产品，落地新三板市场定向发行可转债、苏州首单贴标权益型出资票据、昆山首单永续票据等业务。南京获批建设科创金融改革试验区。金融支持自贸试验区高质量发展扎实推进，支持自贸试验区建设工作机制不断完善，自贸试验区信贷支持、金融服务以及开放创新等工作稳步推进。

（六）金融管理和服务质效持续提高，金融生态环境不断优化

1. 支付服务环境持续优化。2022 年，江苏省支付清算系统处理业务 11 亿笔，金额 625.4 万亿元，同比分别下降 1.0% 和增长 10.8%。持续优化银行账户服务工作，全省商业银行为企业和个体工商户等经营主体新开立单位银行账户 124.4 万户，涉及企业和个体工商户 82.9 万家。严格贯彻落实降费让利要求，全年全省各银行和支付机构累计减免支付手续费超13亿元，指导辖内 24 家银行和支付机构的支付服务客户端与“小微查”智慧连接，惠及用户超 3400 万户。移动支付场景建设不断深化，全省已完成 13 个地市公交、南京等五城地铁移动支付全覆盖，拓展商圈 2066 个、医院 3999 家、校企园区 2207 个。全面提升支付适老服务水平，全辖 1.2 万余个银行网点完成适老化改造，1.4 万余个农村普惠金融服务点提供适老化服务。

表 7　支付体系建设情况

年份	支付系统直接参与方（个）	支付系统间接参与方（个）	支付清算系统覆盖率（%）	当年大额支付系统处理业务数（万笔）	同比增长（%）
2021	19	8158	100.0	11539.5	-3.4
2022	19	10845	100.0	8481.0	-26.8

年份	当年大额支付系统业务金额（亿元）	同比增长（%）	当年小额支付系统处理业务数（万笔）	同比增长（%）	当年小额支付系统业务金额（亿元）	同比增长（%）
2021	5204000.0	11.1	55180.5	20.5	291000.0	20.7
2022	5852455.0	11.3	54274.4	-1.7	287622.0	-1.0

数据来源：中国人民银行南京分行。

2. 金融科技工作稳中有进。持之有序推进金融科技赋能乡村振兴示范工程，强化成果转化和宣传推广，提升江苏省农村地区金融科技应用水平。目前，31 项示范工程任务稳步推进，其中 24 项任务进度超过 80%，12 项任务进度已达 100%。全面统筹落实江苏省金融数据综合应用试点工作。目前，19 项试点任务有序实施，所有任务进度达到或超过 85%，其中 13 项任务进度已达 100%。

3. 苏州数字人民币试点工作成果显著。截至 2022 年底，累计落地场景 93.6 万个，开立个人、对公钱包 2649.2 万个和 170.7 万个，受理商户门店 48.3 万个，累计交易 7652 万笔、流通交易金额 3400 亿元，财政支出及发放各类奖补资金超过 400 亿元，试点发放小微贷款 7737 笔，金额 188 亿元。民生缴费、文旅消费、交通出行以及农村普惠金融服务点等基本实现受理全覆盖。按照人民银行总行部署，2022 年底江苏全省纳入数字人民币试点范围。

4. 经理国库质效有力提升。2022 年，江苏省各级国库依法履行经理国库职责，着力推进国库高质量发展。及时准确办理预算收入收纳、退库和库款拨付，切实保障政府预算顺利执行，国库资金收支安全高效，确保增值税留抵退税等减税降费政策快速落地见效。不断推动业务创新，积极推进跨境缴税退税业务电子化办理，数字人民币应用拓展至税费缴纳、退库、预算单位工资发放、财政拨款等领域。持续优化营商环境，不动产登记交易税费缴纳实现从“最多跑一次”向“只进一个窗”的升级。

5. 征信管理亮点突出。全省建成省级地方征信平台 1 家，地方征信平台 13 家，实现征信平台全覆盖，全年依托平台促成 23.1 万家企业获得融资 1.1 万亿元。全面开展“征信修复”乱象治理百日行动，净化征信市场环境。有效落实动产和权利担保统一登记制度，全省通过动产融资统一登记公示系统累计登记 165 万笔，查询 614 万笔。

6. 金融消费者权益保护水平不断提升。采取多种措施保障消费者救济渠道畅通，确保疫

情期间投诉咨询热线不断档、服务不掉线，全年共接收金融消费者来电3.7万件，全部妥善处理。累计成立88家金融纠纷调解组织，范围覆盖省市县三级，全年调解金融纠纷5754件。建设了“线上+线下”“集中性+阵地化”金融宣传全网格，全年开展形式多样的宣传活动超4万次，受众超5000万人次，有效提升国民金融素养。

二、经济运行情况

2022年，全省上下坚持以习近平新时代中国特色社会主义思想为指导，认真贯彻落实党中央和国务院各项决策部署，按照“疫情要防住、经济要稳住、发展要安全”重大要求，坚持稳中求进工作总基调，高效统筹疫情防控和经济社会发展，统筹发展和安全，经济运行呈现持续恢复、回稳向好态势。全省经济总量再上新台阶，地区生产总值突破12万亿元大关，达到12.3万亿元，同比增长2.8%。

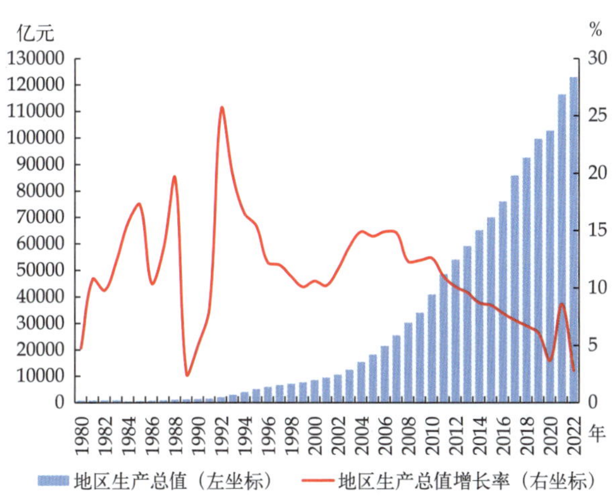

图6　地区生产总值及其增长率

（数据来源：江苏省统计局）

（一）三大需求支撑有力，推动经济持续增长

1. 固定资产投资平稳增长。2022年，全省固定资产投资同比增长3.8%。其中，基础设施投资增长8.2%，高于全部投资4.4个百分点；制造业投资增长8.8%，高于全部投资5.0个百分点；高技术产业投资增长9.2%，高于全部投资5.4个百分点。大项目投入快速增长。2022年，全省10亿元以上在建项目个数同比增长15.5%，完成投资同比增长20.2%，其中，制造业大项目投资增长25.1%，占比较高的电子、电气机械、专用设备制造等行业大项目投资分别增长19.6%、42.2%和21.4%。

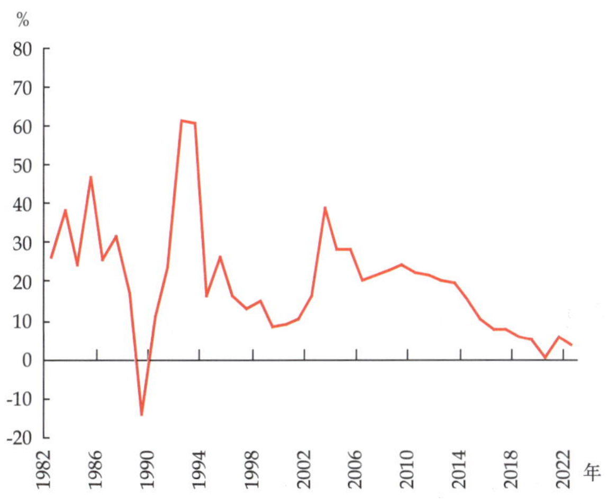

图7　固定资产投资（不含农户）增长率

（数据来源：江苏省统计局）

2. 消费品市场规模稳定。2022年，全省实现社会消费品零售总额4.3万亿元，同比增长0.1%，比上年下降15.0个百分点。按消费类型分，商品零售3.9万亿元，增长1.1%；餐饮收入4076亿元，下降8.4%。新兴消费增势较好。全年限额以上单位商品零售额中，智能手机同比增长118.2%；能效等级为1级和2级的商品、智能家用电器和音像器材类分别增长75.3%和129.4%；新能源汽车增长164.4%。全年实物商品网上零售额1.1万亿元，同比增长7.0%，占社会消费品零售总额的比重为25.2%，其中限额以上企业商品网上零售额同比增长19.1%，高于限额以上零售额增速17.7个百分点。

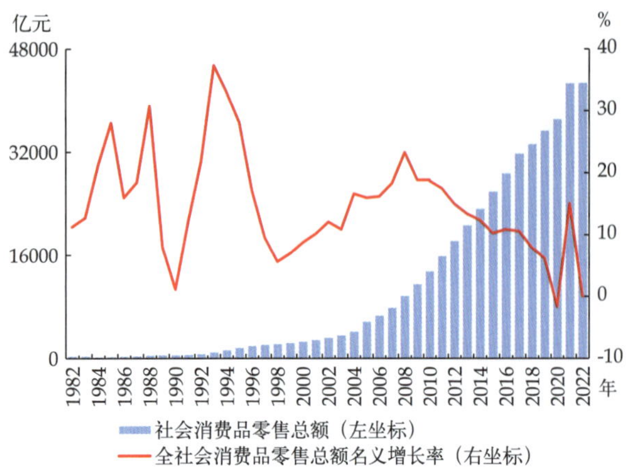

图 8　社会消费品零售总额及其增长率

（数据来源：江苏省统计局）

3. 对外贸易稳中提质。2022 年，全省进出口总额 5.4 万亿元，规模再创历史新高，同比增长 4.8%。其中，出口总额 3.5 万亿元，同比增长 7.5%；进口总额 1.9 万亿元，同比增长 0.4%。从出口主体看，私营企业、国有企业、外商投资企业出口额分别增长 12.2%、9.8% 和 2.9%。从出口市场看，对欧盟、日本出口分别增长 14.1% 和 4.2%，对印度、俄罗斯、东盟出口分别增长 29.7%、4.2% 和 16.1%。从出口产品看，机电、高新技术产品出口额分别增长 7.1% 和 7.2%。对“一带一路”共建国家进出口 1.5 万亿元，增长 13.1%，连续 7 年保持增长，占进出口总额的比重为 27.4%。

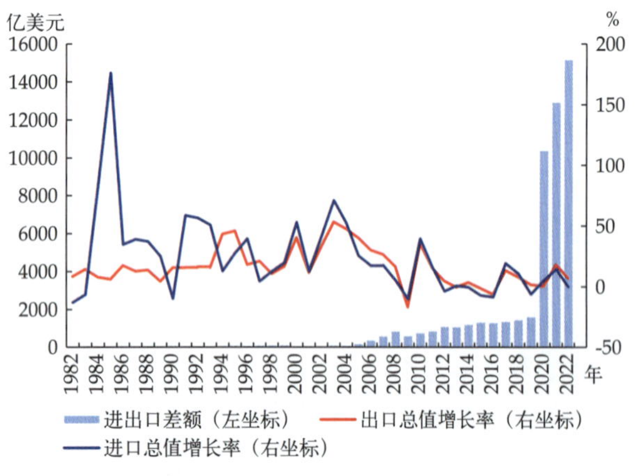

图 9　外贸进出口变动情况

（数据来源：江苏省统计局）

4. 双向投资稳步增长。全年新设立外商投资企业 3303 家，实际使用外资 305 亿美元，同比增长 5.7%。全年新增境外投资项目 850 个，中方协议投资额 97 亿美元。对外承包工程（新签）合同额 43 亿美元，完成营业额 56 亿美元。全年新增“一带一路”沿线对外投资项目 262 个，同比增长 37.2%；中方协议投资额 35 亿美元，同比增长 116.3%。

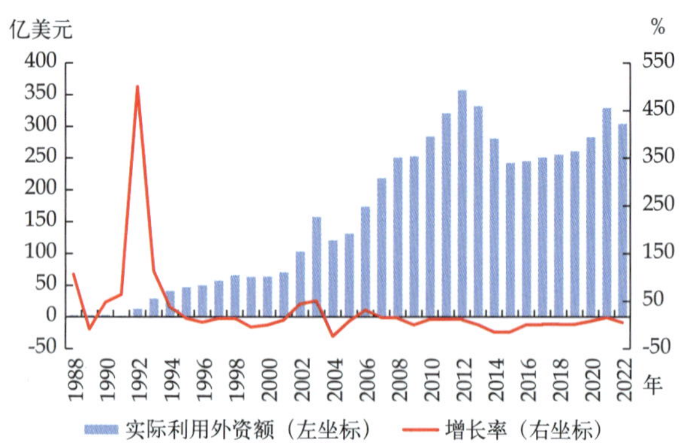

图 10　实际利用外资额及其增长率

（数据来源：江苏省统计局）

（二）产业结构持续优化，新兴产业蓬勃发展

1. 农业生产总体平稳，粮食产量再创新高。 2022 年，全省农林牧渔业总产值 8734 亿元，按不变价格计算，同比增长 3.9%。粮食总产量再创新高。全省全年粮食总产 754 亿斤，首次突破 750 亿斤，连续 6 年实现增产，连续 9 年总产保持在 700 亿斤以上。

2. 工业经济支撑有力，先进制造业较快增长。 2022 年，全省规模以上工业增加值同比增长 5.1%，比上年下降 7.7 个百分点。先进制造业增势良好。2022 年规模以上工业中，高技术和装备制造业增加值同比分别增长 10.8%、8.5%，比规模以上工业分别高出 5.7 个和 3.4 个百分点，对规模以上工业增加值增长贡献率分别为 48.6% 和 85.2%，占规模以上工业的比重分别为 24.0% 和 52.6%，比上年均提高 1.5 个百分点。随着国务院“稳经济 33 条”“苏政 40 条”

与“苏政办22条”等“稳增长”政策持续显效，工业生产快速恢复。2022年全省规模以上工业企业实现利润总额9062亿元，同比下降4.2%。列统的40个工业大类行业中，28个行业增加值比上年实现增长，行业增长面达70%。

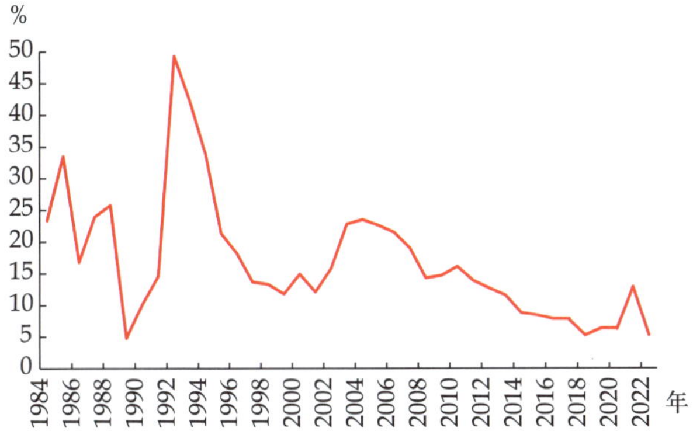

图11　规模以上工业增加值实际增长率

（数据来源：江苏省统计局）

3. 服务业稳定恢复，企业盈利状况逐步改善。2022年，全省服务业增加值6.2万亿元，同比增长1.9%，比前三季度提高0.2个百分点。服务业增加值占GDP的比重为50.5%，对经济增长的贡献率为35.6%，拉动经济增长1个百分点。规模以上服务业保持平稳增长。全年规模以上服务业营业收入同比增长6.2%，企业生产经营稳步回升，其中，信息传输、软件和信息技术服务业、科学研究和技术服务业、居民服务、修理和其他服务业3个行业均实现两位数较快增长。

4. 数字经济快速发展，新兴动能支撑有力。2022年8月，全省第一部数字经济领域的地方性法规《江苏省数字经济促进条例》实施，依法健全机制完善政策，着力推动制造业数字化，加强数据资源利用和保护，以法治形式进一步释放全省发展数字经济的决心和信心。全年数字经济核心产业增加值占GDP的比重达11%。新兴产业表现活跃。从工业看，全年全省工业战略性新兴产业、高新技术产业产值占规模以上工业的比重分别为40.8%和48.5%，均比上年提高1.0个百分点。从服务业看，规模以上高技术服务业营业收入同比增长10.1%，对规模以上服务业增长贡献率达62.2%。

5. 生态环境质量持续向好，城乡环境持续优化。全年PM2.5平均浓度降至31.5微克/立方米，空气优良天数比率79%，国考断面优Ⅲ比例91%，比上年提升3.9个百分点，生态环境质量创21世纪以来最好水平。全省城市污水集中处理率92.5%，比上年提高2.0个百分点。城市生活垃圾无害化处理率保持100%。国家级县域节水型社会达标建成率87.0%，实现省级节水型社会示范县全覆盖。国家生态文明建设示范市县增至31个，生态文明示范区（生态工业园区）增至26个，国家生态园林城市和国家森林城市均达9个。

（三）居民消费价格温和上涨，工业品价格涨幅回落

1. 居民消费价格温和上涨。2022年，全省居民消费价格同比上涨2.2%，涨幅比上年提高0.6个百分点。其中，分城乡看，城市上涨2.1%，农村上涨2.3%。分类别看，食品烟酒价格上涨2.6%，衣着价格上涨1.2%，居住价格上涨0.9%，生活用品及服务价格上涨2.0%，交通通信价格上涨4.9%，教育文化娱乐价格上涨1.6%，医疗保健价格上涨1.9%。

2. 工业品价格涨幅回落。2022年，全省全年工业生产者出厂、购进价格同比分别上涨3.2%和5.8%，涨幅分别回落3.1个和8.0个百分点。

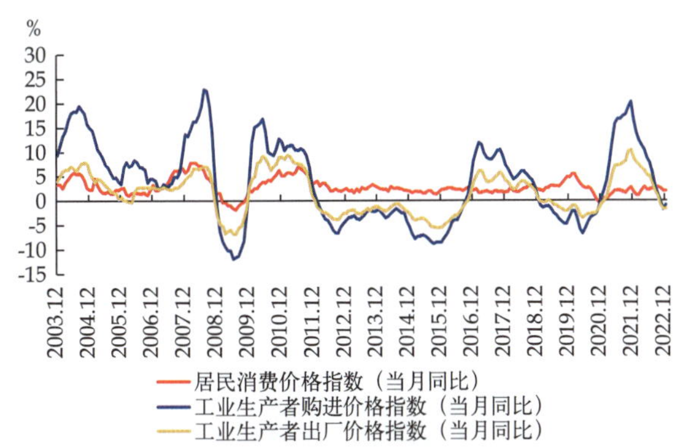

图12　居民消费价格指数和工业生产者价格指数变动趋势

（数据来源：江苏省统计局）

（四）财政收入保持在合理区间，支出结构继续优化

1. 一般公共预算收入保持在合理区间。2022年，全省实现一般公共预算收入9259亿元，扣除全部增值税留抵退税后同口径增长1.5%。其中，税收收入6803亿元，同口径下降5.4%，税收收入占比为73.5%。

2. 支出结构继续优化。2022年，全省一般公共预算支出1.5万亿元，同比增长2.2%。其中，社会保障和就业支出1946亿元，增长2.9%；教育支出2598亿元，增长1.3%；科学技术支出679亿元，增长1.2%；农林水支出1108亿元，增长0.2%；住房保障支出841亿元，增长7.8%。

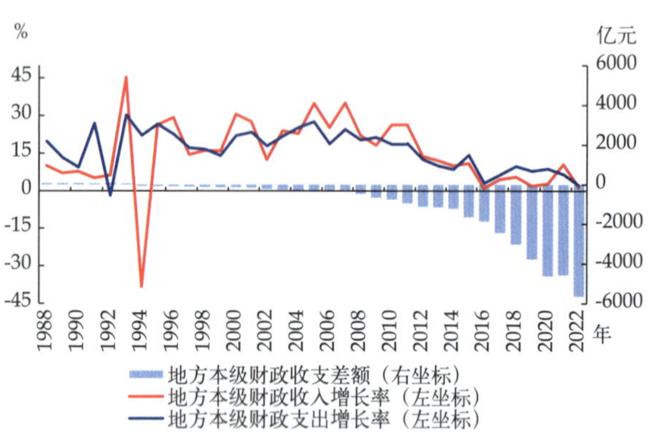

图13　财政收支状况

（数据来源：江苏省统计局）

（五）居民收入平稳增长，城乡收入差距持续收窄

1. 居民收入平稳增长。2022年，全省居民人均可支配收入5.0万元，同比增长5.0%，城乡居民收入比值为2.11，比上年缩小0.05。其中，工资性收入2.8万元，同比增长5.2%；经营净收入6421元，同比增长3.3%；财产净收入5352元，同比增长0.7%；转移净收入9965元，同比增长7.8%。

2. 就业创业形势稳定。2022年，全省城镇新增就业131.6万人。重点群体就业保障有力，帮扶26.7万名困难人员实现就业。发放富民创业担保贷款、创业补贴135亿元，支持成功自主创业42.8万人。

（六）房地产市场低位运行，供求放缓

1. 房地产开发投资增速下降。2022年，全省全年房地产开发投资完成额1.2万亿元，同比下降7.9%。

2. 房地产市场销售降幅收窄。2022年，全省商品房销售面积持续负增长，从6月起，降幅开始收窄，1—12月全省商品房销售面积12115.2万平方米，同比下降26.8%，降幅较1—5月收窄3.1个百分点。其中，住宅销售面积10165.1万平方米，同比下降29.2%，降幅较1—5月收窄15.5个百分点。

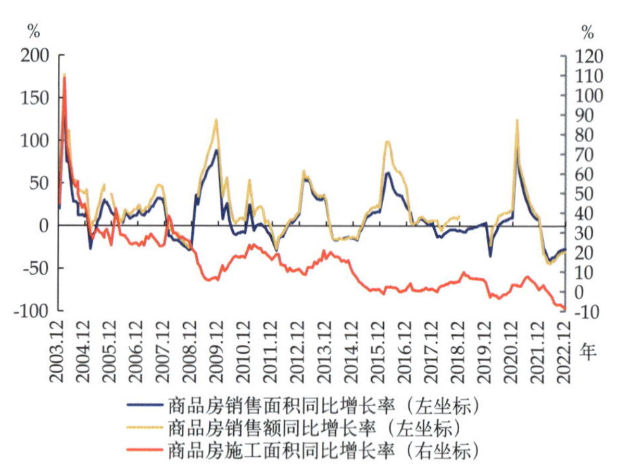

图14　商品房施工和销售变动趋势

（数据来源：江苏省统计局）

专栏2　围绕“五个聚焦”提升金融服务质效

2022年以来，受国内外超预期因素影响，　我国经济下行压力加大，经营主体困难增多。

人民银行南京分行认真贯彻党中央、国务院决策部署和人民银行总行工作安排，及早布局、靠前发力，围绕重点领域重点行业，聚焦普惠小微、绿色发展、科技创新、乡村振兴和助企纾困五个领域，全面提升金融服务水平，有效满足经济社会发展和人民群众生活需要。

一、聚焦小微企业强化普惠金融服务

将强化货币政策工具运用与推动建立金融服务小微企业“四贷”长效机制相结合，促进普惠金融“增量、扩面、降价、提质”。通过积极拓展首贷、扩大无还本续贷、促进信用贷投放、推广随借随还贷等方式精准引导金融机构扩大贷款发放；通过搭建首贷服务中心、开发数字化金融产品等方式提升普惠小微融资便利度；建立金融顾问服务机制、常态化银企对接机制、“政银担”合作机制，发挥普惠金融服务政策合力。

二、聚焦低碳经济发展绿色金融

聚焦碳达峰碳中和目标，系统谋划全省绿色金融发展思路，完善绿色金融配套政策，提升货币政策工具激励效能，健全绿色金融产品服务体系，引导金融机构持续加大绿色信贷投放，对江苏省绿色低碳发展形成有力支撑。运用对接再贷款政策、与企业碳账户挂钩的普惠型绿色金融产品“苏碳融”，推动金融机构发放优惠利率贷款、中长期贷款和信用贷款等，精准支持绿色企业名录库内的绿色企业。

三、聚焦科技创新健全金融服务机制

针对科技创新中小企业的融资需求与特点，联合江苏省科技厅创设“苏创融”政银金融产品。完善科技金融组织体系，推动省内金融机构设立科技支行、科技金融事业部或科技金融团队，为科技创新提供专业化金融服务。拓宽科技企业差异化融资渠道，指导省内金融机构积极探索知识产权质押、应收账款质押、股权质押等业务品种，创新特色化、个性化科技信贷产品，满足科技企业多样化融资需求。

四、聚焦乡村振兴强化“三农”金融服务

紧紧抓住种子和耕地两个关键点。一方面，会同省科技厅、农业农村厅确定一批重点种业企业，开展金融支持种业振兴专项行动，做好融资精准对接。支持和引导金融机构创新为种业服务的金融产品，支持以企业为主体的商业化育种能力提升建设，大力推进种源关键核心技术攻关。另一方面，指导全省金融系统进一步加大对高标准农田建设金融支持，“因地施策”创新金融产品和服务，发放更优惠利率、更长期限贷款，保障建设资金需求，高效有序推动江苏高标准农田建设。

五、聚焦助企纾困支持经营主体恢复发展

积极参与“苏政40条”“苏政办22条”“惠农16条”等各项纾困政策制定，联合相关部门编制政策措施服务指南，加大宣传解读力度，促进政策效应尽快显现。同时，对重点群体实施阶段性延期还本付息。全省人民银行系统指导金融机构对2022年12月31日前到期的中小微企业、个体工商户、货车司机等贷款，按市场化方式进行阶段性延期还本付息，力争做到“应延尽延”；对受疫情影响的个人住房贷款、消费贷款，灵活采取合理延后还款时间、延长贷款期限、延迟还本等方式予以支持。

三、预测与展望

2023年是全面贯彻落实党的二十大精神的开局之年，也是实施“十四五”规划承上启下的关键之年。江苏省将以习近平新时代中国特色社会主义思想为指导，全面贯彻落实党的二十大精神、中央经济工作会议精神和习近平总书记对江苏省工作重要指示精神，坚持稳字当头、稳中求进，完整、准确、全面贯彻新发展理念，把实施扩大内需战略同深化供给侧结构性改革有机结合起来，增强科技创新支撑作用，加快实施产业基础再造。着力推动高质量发展，更好统筹发展和安全，突出做好稳增长、稳就业、稳物价工作，全力推动经济运行率先整体好转，充分展现江苏“走在前、挑大梁、多做贡献”的责任担当。江苏省金融业将坚持稳中求进的工作总基调，精准有力贯彻落实好稳健的货币政策，着力支持恢复和扩大消费、重点基础设施和重大项目建设，推动普惠小微、乡村振兴、科技创新、制造业、绿色发展和能源保供等重点领域和薄弱环节的金融服务提质增效。持续深化金融改革，为辖区经济高质量发展营造适宜的货币金融环境，为全面推进中国式现代化江苏新实践提供有力金融支持。

中国人民银行江苏省分行货币政策分析小组
总　　纂：郭新明　王海龙
统　　稿：李　军　陈　实　邓语菲
执　　笔：黄静宇　招　蕾　王　婕　李　晨　谢文涵　李　瑞
提供材料：胡俊伟　苏　怡　童嘉欣　刘　源　徐　激　倪　清　卢志强　吴晓梅　吴华茵

附录：

（一）2022 年江苏省经济金融大事记

3 月 4 日，江苏省人民政府印发《昆山市建设金融支持深化两岸产业合作改革创新试验区实施方案》。

5 月 11 日，中国人民银行南京分行、江苏省科技厅联合印发《“苏创融”政银金融产品工作实施方案》，创设精准服务科技型中小企业、与再贷款再贴现挂钩的政银金融产品——“苏创融”。

4 月 29 日，江苏省人民政府办公厅印发《关于进一步加强财政金融支持农业农村发展的若干政策措施》。

7 月 7 日，中国人民银行南京分行公布 8 个江苏省金融服务乡村振兴示范区名单。

7 月 16 日，江苏省人民政府办公厅印发《江苏省加强信用信息共享应用促进中小微企业融资若干措施》。

8 月 1 日，江苏省第一部数字经济领域的地方性法规《江苏省数字经济促进条例》实施。

11 月 18 日，中国人民银行、国家发改委等八部门联合印发《上海市、南京市、杭州市、合肥市、嘉兴市建设科创金融改革试验区总体方案》，支持南京建设引领性国家创新型城市。

11 月 22 日，江苏省地方金融监督管理局、中国人民银行南京分行联合出台《关于开展省级绿色金融创新改革试验区试点工作的通知》。

11 月 24 日，工业和信息化部公布 45 个国家先进制造业集群名单，江苏共 10 个先进制造业集群上榜，数量位居全国第一。

（二）江苏省主要经济金融指标

表 1　2022 年江苏省主要存贷款指标

	项目	1月	2月	3月	4月	5月	6月	7月	8月	9月	10月	11月	12月
本外币	金融机构各项存款余额（亿元）	204017.4	206139.1	211040.5	210368.0	213533.8	216667.8	214830.7	216462.7	217937.1	216246.7	219188.3	218695.8
	其中：住户存款	202130.8	81610.1	83593.4	82455.8	83031.9	85316.5	84590.2	85266.5	87418.5	86521.2	88578.6	90807.5
	非金融企业存款	75151.6	76353.4	79169.0	78533.5	79342.2	81434.3	79920.3	80136.3	80473.7	78930.0	79550.3	78467.6
	各项存款余额比上月增加（亿元）	8014.1	2121.7	4901.4	-672.5	3165.7	3134.1	-1837.1	1632.0	1474.5	-1690.4	2941.5	-492.5
	金融机构各项存款同比增长（%）	9.7	10.0	10.1	9.9	9.5	10.4	10.4	10.9	11.2	11.1	12.2	11.6
	金融机构各项贷款余额（亿元）	187185.9	188911.6	192315.6	193310.0	195219.2	198382.9	199188.7	200433.8	203023.4	203797.0	205435.0	206845.4
	其中：短期	53924.9	54286.2	55809.1	60062.5	56333.4	57893.6	57577.2	57932.4	59235.7	59219.2	59537.5	59612.7
	中长期	121570.6	122163.7	123885.3	124191.8	124907.7	126565.2	127308.7	128090.7	129602.9	129831.5	130806.2	131904.3
	票据融资	8939.8	9599.4	9821.7	10618.5	10986.1	11012.2	11329.7	11422.7	11230.2	11816.0	12090.9	12379.7
	各项贷款余额比上月增加（亿元）	6647.2	1725.7	3403.9	994.5	1909.2	3163.7	805.8	1245.1	2589.6	773.6	1638.0	1410.3
	其中：短期	2247.3	361.2	1522.9	4253.4	-3729.1	1560.2	-316.4	355.2	1303.3	-16.5	318.3	75.2
	中长期	4536.3	593.1	1721.6	306.5	715.9	1657.5	743.5	782.0	1512.2	228.6	974.7	1098.1
	票据融资	-211.7	659.6	222.3	796.8	367.6	26.0	317.5	93.0	-192.5	585.7	274.9	288.8
	金融机构各项贷款同比增长（%）	15.4	15.1	15.2	14.5	14.8	15.2	14.9	14.8	15.0	14.9	14.8	14.6
	其中：短期	9.7	9.7	10.7	19.3	11.8	12.8	12.9	13.3	14.7	15.1	15.3	15.4
	中长期	17.4	16.2	15.6	14.4	13.7	14.1	13.8	13.4	13.4	12.9	12.5	12.7
	票据融资	23.4	33.5	38.6	44.4	49.2	47.6	46.2	43.8	38.6	42.6	43.0	35.3
	建筑业贷款余额（亿元）	6206.4	6258.1	6394.1	6450.0	6472.5	6633.0	6635.1	6675.5	6752.4	6724.2	6756.6	6818.4
	房地产业贷款余额（亿元）	11091.5	11154.8	11234.5	11196.9	11158.9	11188.6	11149.5	11071.9	11080.1	11003.7	11067.7	11055.5
	建筑业贷款同比增长（%）	14.5	12.9	13.7	14.0	13.9	14.3	15.5	15.1	15.1	14.8	14.9	16.6
	房地产业贷款同比增长（%）	6.7	5.9	6.5	5.2	4.3	4.9	3.9	3.1	2.8	2.8	4.3	4.3
人民币	金融机构各项存款余额（亿元）	196984.0	198893.5	203870.2	203456.3	206647.8	209659.9	208128.8	209858.4	211323.8	209601.0	212372.3	212225.2
	其中：住户存款	81768.3	81026.3	82999.0	81833.5	82405.1	84678.3	83946.9	84631.5	86772.4	85872.3	87927.3	90161.5
	非金融企业存款	70094.3	71069.9	73752.0	73343.6	74220.5	76247.1	75023.2	75304.3	75655.3	73939.7	74417.2	73570.3
	各项存款余额比上月增加（亿元）	7563.9	1909.5	4976.7	-413.9	3191.5	3012.1	-1531.0	1729.6	1465.4	-1722.8	2771.2	-147.1
	其中：住户存款	7406.0	-742.0	1972.7	-1165.5	571.5	2273.2	-731.4	684.6	2140.9	-900.1	2055.0	2234.3
	非金融企业存款	7406.0	975.6	2682.1	-408.5	876.9	2026.6	-1223.9	281.1	351.0	-1715.7	477.5	-846.9
	各项存款同比增长（%）	9.3	9.6	9.8	9.7	9.4	10.4	10.6	11.2	11.4	11.4	12.5	12.0
	其中：住户存款	20.2	11.5	12.4	13.6	14.4	14.9	15.9	16.4	16.6	17.9	20.0	21.2
	非金融企业存款	2.4	8.0	8.5	8.3	10.2	8.4	10.2	10.2	10.6	10.6	10.2	7.1
	金融机构各项贷款余额（亿元）	184361.5	185919.9	189165.0	190143.4	191987.7	195144.8	196048.0	197290.4	199782.7	200495.8	202155.0	203925.5
	其中：个人消费贷款	51985.2	51559.6	51764.9	51523.2	51630.8	52028.6	52071.3	52279.1	52641.5	52633.0	52847.0	53030.3
	票据融资	8939.8	9599.4	9821.3	10617.9	10985.1	11010.7	11328.1	11420.8	11228.1	11813.7	12088.4	12377.3
	各项贷款余额比上月增加（亿元）	6391.4	1558.3	3245.1	978.4	1844.3	3157.1	903.2	1242.4	2492.2	713.1	1659.2	1770.6
	其中：个人消费贷款	432.8	-425.6	205.3	-241.7	107.6	397.8	42.7	207.8	362.4	-8.5	214.0	183.3
	票据融资	-211.7	659.6	221.9	796.6	367.2	25.6	317.4	92.8	-192.8	585.6	274.7	288.9
	金融机构各项贷款同比增长（%）	15.3	14.9	14.9	14.3	14.5	14.9	14.8	14.6	14.8	14.7	14.6	14.6
	其中：个人消费贷款	12.3	11.0	10.0	8.4	7.6	7.1	6.4	5.8	5.4	4.2	3.1	2.9
	票据融资	23.4	33.5	38.6	44.4	49.2	47.6	46.2	43.7	38.6	42.5	42.9	35.2
外币	金融机构外币存款余额（亿美元）	1103.3	1146.1	1129.5	1044.4	1033.8	1044.2	993.8	958.4	931.5	926.0	949.7	929.1
	金融机构外币存款同比增长（%）	23.9	26.6	23.8	13.9	8.7	7.1	0.1	-2.7	-5.3	-9.5	-8.3	-10.0
	金融机构外币贷款余额（亿美元）	443.1	473.2	496.3	478.5	485.2	482.5	465.7	456.2	456.5	460.0	457.0	419.2
	金融机构外币贷款同比增长（%）	25.2	33.4	35.9	28.0	31.4	28.8	23.3	17.3	16.4	13.3	13.4	4.1

数据来源：中国人民银行南京分行。

表 2　2001—2022 年江苏省各类价格指数

单位：%

时间	居民消费价格指数		农业生产资料价格指数		工业生产者购进价格指数		工业生产者出厂价格指数	
	当月同比	累计同比	当月同比	累计同比	当月同比	累计同比	当月同比	累计同比
2001	—	0.8	—	-3.2	—	-0.5	—	-0.9
2002	—	-0.8	—	-0.7	—	-1.4	—	-2.4
2003	—	1	—	1.9	—	6.5	—	2.3
2004	—	4.1	—	12.3	—	16.3	—	6.5
2005	—	2.1	—	6.9	—	7.6	—	2.6
2006	—	1.6	—	1.7	—	6.4	—	1.5
2007	—	4.3	—	6.9	—	5.0	—	2.6
2008	—	5.4	—	17.3	—	15.0	—	4.6
2009	—	-0.4	—	-2.4	—	-8.1	—	-4.8
2010	—	3.8	—	4.2	—	12.8	—	7.3
2011	—	5.3	—	12.6	—	8.9	—	6.2
2012	—	2.6	—	4.6	—	-4.2	—	-2.9
2013	—	2.3	—	2.4	—	-2.9	—	-2.0
2014	—	2.2	—	0.2	—	-3.0	—	-1.7
2015	—	1.7	—	-0.4	—	-7.9	—	-4.7
2016	—	2.3	—	-0.1	—	-2.0	—	-1.9
2017	—	1.7	—	2.1	—	9.7	—	4.8
2018	—	2.3	—	3.9	—	4.6	—	2.8
2019	—	3.1	—	4.2	—	-2.8	—	-1.1
2020	—	2.5	—	5.7	—	-3.5	—	-2.2
2021	—	1.6	—	—	—	13.8	—	6.3
2022	—		—	—	—	—	—	—
2021　1	0.4	0.4	—	—	2.1	2.1	-0.1	-0.1
2	0.3	0.4	—	—	4.1	3.1	0.8	0.3
3	0.9	0.5	—	—	7.7	4.6	3.1	1.3
4	1.4	0.8	—	—	12.0	6.4	5.4	2.3
5	2.0	1.0	—	—	15.8	8.3	7.2	3.3
6	2.1	1.2	—	—	16.8	9.7	7.3	3.9
7	1.9	1.3	—	—	16.8	10.7	7.4	4.4
8	1.7	1.3	—	—	17.4	11.5	7.7	4.8
9	1.5	1.3	—	—	17.7	12.2	8.2	5.2
10	2.2	1.4	—	—	19.2	12.9	10.2	5.7
11	2.7	1.5	—	—	20.3	13.6	10.4	6.1
12	1.8	1.6	—	—	16.6	13.8	8.7	6.3
2022　1	1.1	1.1	—	—	14.0	14.0	7.8	7.8
2	1.2	1.1	—	—	12.4	13.2	7.3	7.6
3	2.1	1.4	—	—	11.4	12.6	6.6	7.2
4	2.8	1.8	—	—	10.5	2.0	6.1	6.9
5	2.2	1.9	—	—	8.8	11.4	5.1	6.6
6	2.4	1.9	—	—	7.8	10.7	4.9	6.3
7	2.6	2	—	—	5.7	10	3.4	5.9
8	2.4	2.1	—	—	3.1	9.1	1.9	5.4
9	2.8	2.2	—	—	1.3	8.2	0.9	4.9
10	2.5	2.2	—	—	-0.1	7.3	-1	4.3
11	2	2.2	—	—	-1.8	6.4	-1.7	3.7
12	2	2.2	—	—	-0.9	5.8	-1.5	3.2

数据来源：江苏省统计局。

表 3　2022 年江苏省主要经济指标

项目	1 月	2 月	3 月	4 月	5 月	6 月	7 月	8 月	9 月	10 月	11 月	12 月
	绝对值（自年初累计）											
地区生产总值（亿元）	—	—	27859.00	—	—	56909.10	—	—	88652.70	—	—	122875.60
第一产业	—	—	593.32	—	—	1652.60	—	—	2692.10	—	—	4959.40
第二产业	—	—	12285.24	—	—	25868.60	—	—	40088.50	—	—	55888.70
第三产业	—	—	14980.48	—	—	29387.90	—	—	45872.10	—	—	62027.50
工业增加值（亿元）	—	—	—	—	—	—	—	—	—	—	—	—
固定资产投资（亿元）	—	—	—	—	—	—	—	—	—	—	—	—
房地产开发投资	—	1798.2	3121.9	4262.1	5546.5	6809.7	7825.4	8765.3	9862.6	10845.1	11741.2	12406.9
社会消费品零售总额（亿元）	—	7254.4	10855.7	13650.0	16967.0	20951.7	24385.0	27962.0	31635.0	35410.1	39081.3	42752.1
外贸进出口总额（亿元）	—	8397.7	12884.3	16581.9	21279.2	26356.8	31442.7	36315.7	41082.4	45449.7	49980.2	54454.9
进口	—	3180.0	4856.1	6363.6	8070.3	9737.2	11497.0	13257.3	14985.5	16484.4	18104.2	19639.2
出口	—	5217.7	8028.2	10218.4	13208.9	16619.7	19945.7	23058.3	26097.0	28965.3	31876.1	34815.7
进出口差额（出口－进口）	—	2037.7	3172.2	3854.8	5138.6	6882.5	8448.7	9801.0	11111.5	12481.0	13771.9	15176.5
实际利用外资（亿元）	—	—	128.7	—	—	210.7	—	—	258.8	—	—	305.0
地方财政收支差额（亿元）	289.0	445.6	875.0	—	—	2492.6	—	—	3525.4	—	—	5644.3
地方财政收入	1393.0	2113.1	2887.8	—	—	4639.0	—	—	6940.7	—	—	9258.9
地方财政支出	1682.0	2558.7	3762.8	—	—	7131.6	—	—	1046.6	—	—	14903.2
城镇登记失业率（%）（季度）	—	—	—	—	—		—	—	—	—	—	—
	同比累计增长率（%）											
地区生产总值	—	—	4.6	—	—	1.6	—	—	2.3	—	—	2.8
第一产业	—	—	3.1	—	—	4.9	—	—	3.5	—	—	3.1
第二产业	—	—	5.3	—	—	1.3	—	—	2.8	—	—	3.7
第三产业	—	—	4.0	—	—	1.6	—	—	1.7	—	—	1.9
工业增加值	—	8.2	6.4	1.4	1.1	1.6	2.7	3.6	4.5	5.1	5.3	5.1
固定资产投资	—	10.8	7.3	3.5	3.0	3.3	3.1	3.4	3.5	3.6	3.7	3.8
房地产开发投资	—	-0.1	-3.1	-4.9	-4.9	-6.0	-6.9	-7.1	-6.9	-7.1	-7.6	-7.9
社会消费品零售总额	—	5.3	0.5	-3.7	-4.7	-3.7	-2.9	-1.2	-0.3	0.0	0.0	0.1
外贸进出口总额	—	15.1	14.0	7.1	8.5	10.0	11.5	10.6	9.8	8.5	6.7	4.8
进口	—	17.6	12.3	7.6	7.6	6.2	6.6	5.7	4.9	3.7	2.0	0.4
出口	—	13.7	15.0	6.8	9.0	12.3	14.6	13.6	12.9	11.5	9.5	7.5
实际利用外资	—	—	46.6	—	—	27.5	—	—	17.2	—	—	5.7
地方财政收入	4.4	4.8	4.0	—	—	-17.9	—	—	—	—	—	1.5
地方财政支出	66.5	11.1	8.1	—	—	—	—	—	—	—	—	2.2

数据来源：江苏省统计局。

浙江省金融运行报告（2023）

中国人民银行浙江省分行[①]
货币政策分析小组

［内容摘要］2022 年，浙江省坚持以习近平新时代中国特色社会主义思想为指导，全面贯彻党的二十大精神，认真落实习近平总书记"疫情要防住、经济要稳住、发展要安全"重要要求，扎实推进高质量发展建设共同富裕示范区，统筹打好疫情防控、稳进提质组合拳，经受住了超预期的冲击和挑战。全省经济运行总体保持恢复态势，全年实现地区生产总值 7.8 万亿元，同比增长 3.1%，高于全国平均水平 0.1 个百分点。浙江省金融系统全面落实好国务院稳经济一揽子政策和接续措施，认真执行稳健的货币政策，强化助企纾困和重点领域金融支持，为全省稳住经济大盘和高质量发展提供了有力支撑。2022 年末，浙江省本外币各项贷款余额同比增长 14.5%，重点领域金融服务不断改善，不良贷款率保持较低水平，多层次资本市场持续完善。

从经济运行看，三大需求协同发力，三大产业逐步修复，高质量发展特征进一步显现。一是投资较快增长，结构持续优化。固定资产投资同比增长 9.1%，高于全国平均水平 4.0 个百分点。其中，制造业投资、工业企业技术改造投资同比分别增长 17.0% 和 16.3%，基础设施投资、房地产开发投资同比分别增长 7.6% 和 4.4%。二是消费稳定增长，数字消费活跃。社会消费品零售总额同比增长 4.3%，高于全国平均水平 4.5 个百分点，网络零售额和省内居民网络消费额同比分别增长 7.2% 和 6.6%。三是进出口规模持续扩大，利用外资稳步增长。进出口额、出口额、进口额同比分别增长 13.1%、14.0% 和 10.7%，实际利用外资同比增长 5.2%。四是农业生产稳步发展，"千万工程"[②]助力乡村振兴。深化"千村示范、万村整治"工程，加快推进乡村产业提质增效，农林牧渔业产值同比增长 3.4%，增速比上年提高 0.4 个百分点。五是工业生产回稳向好，创新驱动态势明显。规模以上工业增加值同比增长 4.2%，高于全国平均水平 0.6 个百分点。其中，数字经济核心产业制造业增加值同比增长 10.7%，高技术产业、战略性新兴产业、装备制造业等产业增加值同比分别增长 11.5%、10.0% 和 6.2%。六是服务业企稳回升，现代服务业增势较好。服务业增加值同比增长 2.8%，高于全国平均水平 0.5 个百分点。其中，金融业增加值同比增长 8.3%，信息传输、软件和信息技术服务业增加值同比增长 4.9%，批发和零售业增加值同比增长 4.1%。七是供给侧结构性改革深入推进，减税降费惠企利民。以新产业、新业态、新模式为主要特征的"三新"经济增加值占 GDP 的 28.1%，高新技术产业投资同比增长 22.9%。为经营主体减负超过 4000 亿元，完成增值税留抵退税 2233 亿元。

从金融运行看，浙江省银行业、证券业和保险业稳健发展，金融服务实体经济效率和水平不断提升。一是社会融资规模和贷款同比多增。2022 年浙江省社会融资规模新增 3.5 万亿元，同比多增 901 亿元。本外币各项贷款新增 2.4 万亿元，同比多增 1909 亿元。二是结构性货币政策工具实施成效显著。推动普惠小微贷款支持工具、设备更新改造专项再贷款、科技创新再

① 自 2023 年 8 月 18 日起，中国人民银行杭州中心支行更名为中国人民银行浙江省分行。本报告主要反映 2022 年的经济金融情况，正文中涉及的相关机构表述仍沿用 2022 年名称。
② 浙江省自 2003 年启动的"千村示范、万村整治"工程是习近平总书记在浙江工作时亲自谋划、亲自部署、亲自推动的一项重大决策。

贷款、政策性开发性金融工具等精准高效落地。三是信贷结构持续优化。重点领域金融支持力度加大，2022年浙江省民营经济贷款、普惠小微贷款、制造业贷款、涉农贷款、科技服务业贷款、绿色贷款增量分别为上年的1.1倍、1.1倍、1.1倍、1.4倍、1.6倍和1.5倍。四是企业贷款利率降至有统计以来最低水平。持续释放贷款市场报价利率（LPR）改革效能，强化LPR定价机制建设与应用。2022年浙江省企业贷款加权平均利率为4.35%，同比下降0.37个百分点。五是银行业稳健运行，风险总体可控。2022年末，浙江省银行业金融机构本外币资产总额同比增长14.4%，负债总额同比增长14.6%。银行业金融机构不良贷款余额和不良贷款率实现“双降”，不良贷款率为0.63%，较年初下降0.11个百分点。六是证券业和保险业平稳发展。证券机构体系进一步完善，证券市场融资稳步推进；保险业总体运行平稳，保费增速有所回升，行业改革加速深化。七是区域金融改革提质升级。浙江省湖州市、衢州市绿色金融改革创新成效明显，杭州市、嘉兴市科创金融改革和丽水市普惠金融服务乡村振兴改革试验区成功申创，宁波市普惠金融改革持续深化。八是社会信用体系和金融基础设施建设持续深化完善。征信体系建设进一步深化，金融信用信息基础数据库建设持续完善，征信市场基础性作用不断发挥，地方征信平台功能持续迭代升级。支付体系安全高效运行，“移动支付之省”建设成效明显，2022年末移动支付普及率达95.5%。

2023年，浙江省经济运行有望总体向好，但经济恢复基础尚不牢固。浙江省强力推进创新深化、改革攻坚、开放提升，实施三个“一号工程”①，推进“十项重大工程”②，积极推动“8+4”经济政策体系落地见效，经济运行平稳开局。但也要看到，浙江省经济高质量发展的基础尚不稳固，出口面临挑战，居民储蓄向消费转化的动能有待观察，房地产业转向新发展模式尚需时日，总需求不足仍是经济运行面临的突出矛盾。浙江省金融系统将继续坚持以习近平新时代中国特色社会主义思想为指导，全面贯彻党的二十大和中央经济工作会议精神，坚持稳中求进工作总基调，完整、准确、全面贯彻新发展理念，精准有力落实稳健的货币政策，围绕浙江省委省政府三个“一号工程”和“十项重大工程”部署，提升金融服务实体经济水平，持续优化信贷结构，为浙江在高质量发展中奋力推进中国特色社会主义共同富裕先行和省域现代化先行作出更大的金融贡献。

一、金融运行情况

2022年，面对国际形势复杂多变、疫情反复冲击和经济下行压力等严峻挑战，浙江省金融系统坚决贯彻“疫情要防住、经济要稳住、发展要安全”重要要求，全面落实好国务院稳经济一揽子政策和接续措施，认真执行稳健的货币政策，有效防控金融风险，推进金融改革开放，提升金融服务水平，为浙江省经济稳进提质和高质量发展提供了有力支撑。

（一）银行业稳健运行，信贷支持实体经济力度加大

2022年，浙江省银行业金融机构规范用好货币政策工具，强化助企纾困和重点领域金融支持，积极提升金融服务质效。信贷总量同比多增，信贷结构持续优化，企业贷款利率稳中有降，金融风险总体可控，金融改革提质升级。

① 数字经济创新提质“一号发展工程”、营商环境优化提升“一号改革工程”、地瓜经济提能升级“一号开放工程”。

② 《2023年浙江省政府工作报告》提出，2023—2027年期间浙江省10项事关全局、牵一发而动全身的重大工程。

表 1　2022 年银行业金融机构情况

机构类别	营业网点			法人机构（个）
	机构个数（个）	从业人数（人）	资产总额（亿元）	
一、大型商业银行	3702	90426	81268	0
二、国家开发银行和政策性银行	61	2043	11603	0
三、股份制商业银行	1169	37089	38337	1
四、城市商业银行	2268	68612	57146	13
五、城市信用社	0	0	0	0
六、小型农村金融机构	4012	53662	46872	83
七、财务公司	11	613	2105	10
八、信托公司	5	1209	386	5
九、邮政储蓄银行	1713	9754	6494	0
十、外资银行	30	835	873	0
十一、新型农村金融机构	372	6999	1433	79
十二、其他	10	3608	7984	8
合　计	13353	274850	254502	199

数据来源：浙江银保监局。

注：营业网点不包括国家开发银行和政策性银行、大型商业银行、股份制商业银行等金融机构总部；大型商业银行包括中国工商银行、中国农业银行、中国银行、中国建设银行和交通银行；小型农村金融机构包括浙江农商联合银行、农村商业银行、农村合作银行和农村信用社；新型农村金融机构包括村镇银行、贷款公司和农村资金互助社；其他包括民营银行、金融租赁公司、汽车金融公司、货币经纪公司、消费金融公司等。

1. 资产负债平稳增长。2022 年末，浙江省银行业金融机构本外币资产和负债总额分别为 25.5 万亿元和 24.4 万亿元，同比分别增长 14.4% 和 14.6%，增速比上年末分别提高 2.4 个和 2.9 个百分点。

2. 存款增速提升。2022 年末，浙江省金融机构本外币各项存款余额 19.6 万亿元，同比增长 14.9%，增速比上年末提高 2.7 个百分点；比年初新增 2.6 万亿元，同比多增 6941 亿元。从存款主体看，2022 年住户存款、非金融企业存款同比分别多增 8836 亿元和 2762 亿元，广义政府存款、非银行业金融机构存款同比分别少增 914 亿元和 3370 亿元。

3. 贷款同比多增。2022 年末，浙江省金融机构本外币各项贷款余额 19.0 万亿元，同比增长 14.5%；比年初新增 2.4 万亿元，同比多增 1909 亿元。重点领域金融支持精准有力。2022 年，浙江省民营经济贷款、普惠小微贷款、制造业贷款、涉农贷款、科技服务业贷款、绿色贷款分别新增 1.2 万亿元、8001 亿元、4118 亿元、10770 亿元、3826 亿元和 7080 亿元，分别为上年增量的 1.1 倍、1.1 倍、1.1 倍、1.4 倍、1.6 倍和 1.5 倍。

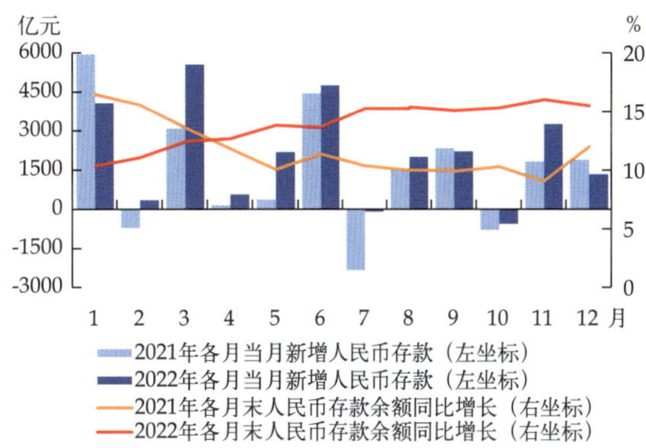

图 1　金融机构人民币存款增长变化

（数据来源：中国人民银行杭州中心支行）

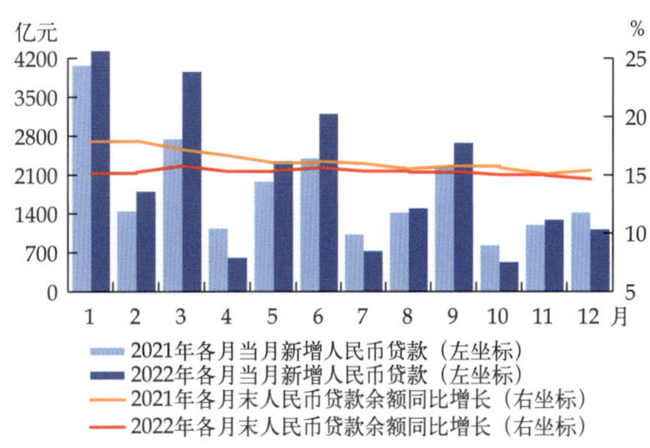

图 2　金融机构人民币贷款增长变化

（数据来源：中国人民银行杭州中心支行）

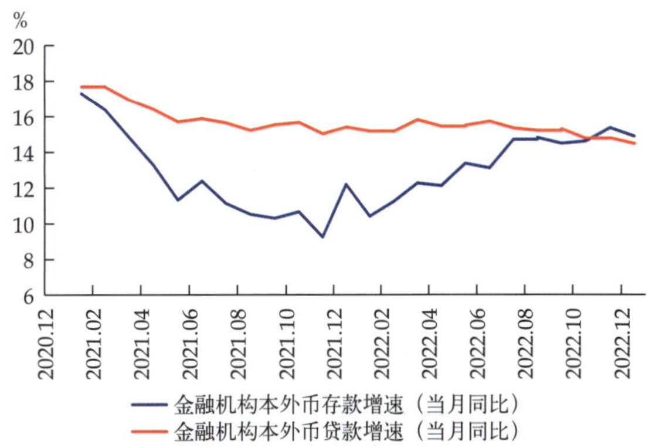

图 3　金融机构本外币存贷款增速变化

（数据来源：中国人民银行杭州中心支行）

4. 表外业务平稳增长。资管新规等监管政策全面落地后，银行表外业务规范发展，业务规模平稳增长。2022 年末，浙江省金融机构表外业务余额18.6万亿元，同比增长21.5%。其中，担保类业务余额3.4万亿元，同比增长36.8%；承诺类业务余额3.5万亿元，同比增长24.6%；金融资产服务类业务余额11.2万亿元，同比增长16.6%；金融衍生品业务余额4708亿元，同比增长22.9%。

5. 企业贷款利率降至有统计以来最低水平。持续释放贷款市场报价利率（LPR）改革效能，强化LPR定价机制建设与应用，推动金融机构将LPR下行效果传导至贷款利率。2022 年，浙江省一般贷款加权平均利率为4.94%，同比下降0.33个百分点。企业贷款加权平均利率为4.35%，同比下降0.37个百分点，其中，大型、中型、小微型企业贷款加权平均利率同比分别下降0.44个、0.43个和0.33个百分点。落实存款利率市场化调整机制，督促银行参考以10年期国债收益率为代表的债券市场利率和以1年期LPR为代表的贷款市场利率，合理调整存款利率水平，稳定银行负债成本。

表 2　2022 年金融机构人民币贷款各利率区间占比

单位：%

项目		1月	2月	3月	4月	5月	6月
合计		100.0	100.0	100.0	100.0	100.0	100.0
LPR 减点		11.7	13.8	14.4	17.2	14.4	17.7
LPR		4.6	5.3	7.0	6.4	7.3	8.4
LPR 加点	小计	83.7	80.9	78.6	76.4	78.3	73.9
	(LPR，LPR+0.5%)	21.5	19.7	20.8	18.4	20.2	20.9
	[LPR+0.5%，LPR+1.5%)	34.3	30.9	30.1	28.4	29.4	29.7
	[LPR+1.5%，LPR+3%)	15.7	14.5	14.2	13.7	13.5	11.7
	[LPR+3%，LPR+5%)	7.5	8.5	7.6	8.6	8.3	6.7
	LPR+5% 及以上	4.7	7.3	5.9	7.3	6.9	4.8

续表

项目		7月	8月	9月	10月	11月	12月
合计		100.0	100.0	100.0	100.0	100.0	100.0
LPR 减点		21.1	23.3	26.0	26.1	28.5	29.6
LPR		6.9	5.2	5.0	4.6	4.5	5.0
LPR 加点	小计	72.0	71.5	69.0	69.3	67.0	65.4
	(LPR，LPR+0.5%)	19.9	20.6	21.2	19.6	19.4	18.9
	[LPR+0.5%，LPR+1.5%)	27.0	25.5	25.3	23.3	24.0	24.2
	[LPR+1.5%，LPR+3%)	11.5	11.6	10.0	11.3	10.4	10.4
	[LPR+3%，LPR+5%)	7.7	7.7	6.9	8.1	7.5	6.7
	LPR+5% 及以上	5.8	6.1	5.5	6.9	5.7	5.1

数据来源：中国人民银行杭州中心支行。

6. 银行业资产质量保持稳定。浙江省银行业金融机构不良贷款余额和不良贷款率实现“双降”。2022 年末，浙江省不良贷款余额1189亿元，比年初减少37亿元；不良贷款率0.63%，比年初下降0.11个百分点，保持较低水平。

7. 银行业改革持续深化。开发性金融机构、政策性银行和国有大型商业银行改革创新持续深化，农业银行浙江省分行三农事业部改革稳步推进。浙江农商联合银行顺利挂牌。杭州银行和宁波银行理财子公司运行平稳。22家地方法人银行发行资本补充债券25批次，补充资本413亿元。民营银行和村镇银行运行总体稳健。

8. 跨境人民币业务取得新突破。出台《2022 年浙江省跨境人民币“首办户”拓展行动方案》（杭银发〔2022〕31号），2022年跨境人民币“首办户”拓展超过1万户。完善浙江省跨境人民币贸易投资便利化试点方案，推进便利化试点扩容提质。2022 年，浙江省跨境人民币结算量同比增长22.0%，创历史新高。浙江自贸试验区跨境人民币结算业务持续发展，全年结算量同比增长23.7%。

专栏 1　浙江省运用结构性货币政策工具成效显著

2022 年，中国人民银行杭州中心支行将结构性货币政策工具作为稳经济一揽子政策的重要内容，抢抓政策实施的时间窗口期，建立专班工作机制，多措并举强化政策传导、注重配套支持、形成工作合力，促进金融资源向制造业、小微企业、科技创新、基础设施建设等重点领域倾斜，推动浙江省经济实现质的有效提升和量的合理增长。

一、推动设备更新改造专项再贷款高效落地，有效支持制造业和服务业设备更新改造

建立“专班运作、专人专岗”工作机制，与政府相关部门加强协同联动，指导金融机构全面推进，推动设备更新改造专项再贷款精准高效落地。截至2022年末，浙江省累计投放设备更新改造贷款210亿元；带动2022年浙江省工业企业技术改造投资同比增长16.3%，增速高于全省固定资产投资7.2个百分点。

二、充分运用普惠小微贷款支持工具，进一步支持小微企业发展

2022年初及时落实将两项直达实体经济货币政策工具接续转换为普惠小微贷款支持工具，从第二季度起提高激励资金支持比例，加大优惠政策支持力度。2022年，浙江省累计发放普惠小微贷款支持工具激励资金80亿元，撬动地方法人银行新增普惠小微贷款4426亿元，占全省同期普惠小微贷款增量的55.3%。

三、加快运用科技创新再贷款，加大科技创新支持力度

会同浙江省科技厅、经信厅建立科技创新再贷款落实推进机制，召开浙江省科技创新再贷款工作推进和银企签约会，将科技部下发的2.4万家浙江省高新技术企业推送至金融机构，指导金融机构对照企业清单开展融资对接。在科技创新再贷款带动下，2022年浙江省科技服务业贷款新增3826亿元，同比多增1454亿元。

四、积极推动政策性开发性金融工具落地，有力支持基础设施建设

积极参加浙江省政府建立的政策性开发性金融工具重大项目协调机制，联合省级部门集中现场办公，及时协调解决可研、土地、环评等前置环节问题。举办浙江省金融支持重大基础设施项目建设推进会，组织金融机构加快金融工具投放，加大项目配套贷款支持。截至2022年末，浙江省政策性开发性金融工具支持项目累计167个，投放金额654亿元，占全国投放总额的8.8%。

（二）证券业务规模总体平稳增长，企业上市稳步推进

2022年，浙江省证券机构体系进一步完善，企业上市融资稳步推进，证券、期货部分经营指标增速有所放缓，经营风险保持收敛。

1. 证券机构体系持续完善。截至2022年末，浙江省共有法人证券公司6家，公募基金管理公司3家；证券公司分公司143家，证券营业部1030家，证券投资咨询机构4家。期货公司12家，期货公司分公司70家，期货营业部200家。

2. 证券经营机构盈利有所下降。2022年，浙江省证券经营机构累计代理交易额71.7万亿元，同比下降4.7%；利润总额33亿元，同比下降36.6%。浙江省法人证券公司实现营业收入89亿元，同比下降29.1%；实现利润总额26亿元，同比下降41.6%。法人证券公司核心监管指标满足监管要求，经营稳健性水平保持良好。

表3　2022年证券业基本情况

项目	数量
总部设在辖内的证券公司数（家）	6
总部设在辖内的基金公司数（家）	3
总部设在辖内的期货公司数（家）	12
年末国内上市公司数（家）	657

续表

项目	数量
当年国内股票（A 股）筹资（亿元）	1824
当年发行 H 股筹资（亿元）	—
当年国内债券筹资（亿元）	—
其中：短期融资券筹资额（亿元）	—
中期票据筹资额（亿元）	—

数据来源：中国人民银行杭州中心支行、浙江证监局。
注：当年国内股票（A 股）筹资额指非金融企业境内股票融资。

3. 期货业务规模总体平稳。2022 年，浙江省期货经营机构累计代理交易额 90.6 万亿元，同比下降 3.8%；实现利润总额 13 亿元，同比下降 41.4%。浙江省期货公司实现营业收入 39 亿元，同比下降 22.7%；实现利润总额 14 亿元，同比下降 38.4%。

4. 证券市场融资稳步推进。2022 年，浙江省境内上市公司新增融资 1824 亿元，其中主板新增融资 1280 亿元，创业板新增融资 338 亿元，科创板新增融资 186 亿元，北交所新增融资 20 亿元。2022 年，浙江省境内共发行公司债 414 只，融资额 3314 亿元。

（三）保险业改革加速深化，服务民生功能不断增强

2022 年，浙江省保险业总体运行平稳，保费增速有所回升，行业改革加速深化。

1. 保险机构体系继续完善。截至 2022 年末，浙江省共有保险总公司 5 家，农村保险互助社 3 家，省级分公司 140 家，保险销售从业人员 38.0 万人。2022 年末，保险公司资产合计 8331 亿元，比年初增加 1024 亿元。

2. 保费收入增速整体回升。2022 年，浙江省保险业共实现原保险保费收入 3129 亿元，同比增长 9.4%，增速比上年提高 6.6 个百分点。其中，财产险公司保费收入和人身险公司保费收入同比分别增长 10.2% 和 9.0%。保险业赔付支出 1076 亿元，同比增长 4.5%。

表 4　2022 年保险业基本情况

项目	数量
总部设在辖内的保险公司数（家）	5
其中：财产险经营主体（家）	3
人身险经营主体（家）	2
保险公司分支机构（家）	140
其中：财产险公司分支机构（家）	68
人身险公司分支机构（家）	72
保费收入（中外资，亿元）	3129
其中：财产险保费收入（中外资，亿元）	1151
人身险保费收入（中外资，亿元）	1978
各类赔款给付（中外资，亿元）	1076

数据来源：浙江银保监局、宁波银保监局。

3. 行业改革创新进一步深化。围绕乡村振兴，推出水稻完全成本保额补充保险，加快发展地方优势特色农产品保险，2022 年浙江保险业为农业提供风险保障 649 亿元，同比增长 8.4%。科技保险改革加速，全面开展知识产权保险创新试点改革，2022 年科技保险实现保费收入 6 亿元，同比增长 30.0%。民生领域保险持续扩面，2022 年，惠民型商业补充医疗保险参保率达 58.2%，保费收入 36 亿元。

（四）社会融资规模合理增长，金融市场稳健运行

1. 社会融资规模同比多增。2022 年，浙江省社会融资规模增量为 3.5 万亿元，同比多增 901 亿元。从结构看，人民币贷款和外币贷款共增加 2.4 万亿元，同比多增 1799 亿元，占社会融资规模增量的比重为 68.1%，比上年提高 3.5 个百分点。直接融资（含企业债券和股票）增加 4640 亿元，同比少增 2648 亿元，占社会融资规模增量的比重为 13.3%，比上年下降 8.1 个百分点。其中，企业债券增加 3507 亿元，同比少增 2557 亿元；非金融企业境内股票融资增加 1133 亿元，同比少增 90 亿元。委托贷款、信托贷款和未贴现银行承兑汇票等表外融资增加 2441 亿元，同比多增 1943 亿元。

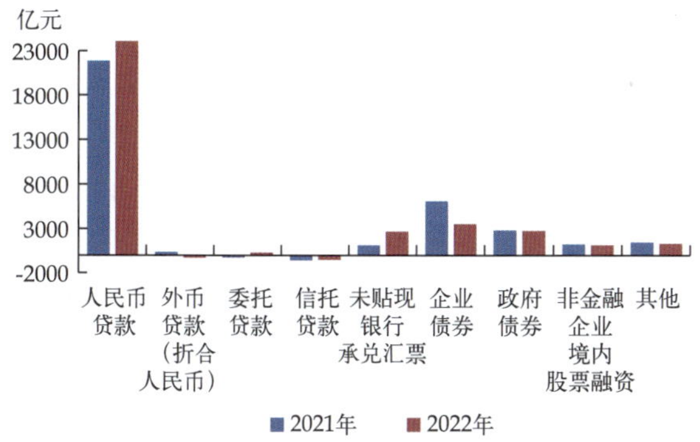

图 4　社会融资规模分布结构

（数据来源：中国人民银行杭州中心支行）

2. 民营企业债券融资推进有力。2022 年，浙江省境内债务融资工具发行 5083 亿元。其中，民营企业债务融资工具发行 708 亿元，债券融资支持工具项目落地 14 个。

3. 银行间债券市场总体运行平稳。2022 年，浙江省银行间债券市场累计债券回购交易 119.6 万亿元，同比增长 13.3%；累计现券交易 27.1 万亿元，同比增长 11.5%。2022 年，现券到期加权平均利率 2.77%，同比下降 0.41 个百分点。

4. 票据业务较快增长。2022 年末，浙江省金融机构银行承兑汇票承兑余额 2.0 万亿元，同比增长 33.5%；银行承兑汇票贴现余额 7559 亿元，同比增长 39.9%。第四季度，浙江省银行承兑汇票直贴加权平均利率 1.53%，同比下降 0.58 个百分点。

表 5　2022 年金融机构票据业务量

单位：亿元

季度	银行承兑汇票承兑		贴现			
			银行承兑汇票		商业承兑汇票	
	余额	累计发生额	余额	累计发生额	余额	累计发生额
1	17008	7585	6057	21673	1042	4592
2	18964	15962	7450	45152	1017	8462
3	19794	23267	7765	62956	1156	11627
4	20112	30605	7559	81516	1230	14665

数据来源：中国人民银行杭州中心支行。

注：累计发生额指当年累计发生额。

表 6　2022 年金融机构票据贴现、转贴现利率

单位：%

季度	贴现		转贴现	
	银行承兑汇票	商业承兑汇票	票据买断	票据回购
1	2.43	3.76	2.25	2.03
2	1.68	3.47	1.70	1.67
3	1.61	3.41	1.54	1.37
4	1.53	3.45	1.65	1.39

数据来源：中国人民银行杭州中心支行。

5. 利率衍生品规模保持平稳。2022 年，浙江省法人金融机构利率互换成交本金 1.7 万亿元，与上年同期持平。2022 年，浙江省金融机构黄金市场交易额有所下降，境内市场累计成交额 1.3 万亿元，同比减少 48.0%。

（五）区域金融改革提质升级，积极助力共同富裕

1. 深化绿色金融改革。探索绿色金融与转型金融有序衔接，浙江省湖州市出台《构建低碳转型金融体系的实施意见》，相关经验做法写入 G20 可持续金融工作组成果报告，衢州市印发《关于深化基于碳账户的转型金融工作实施意见》。开展绿色金融创新，湖州市创建碳核算中心、金融机构环境信息披露系统，以及区域性融资主体环境、社会和公司治理（ESG）评价系统，衢州市“碳账户体系建设”入选“中国改革 2022 年度地方全面深化改革典型案例”，两地探索开展金融支持生物多样性保护。

2. 开展科创金融改革。浙江省杭州市、嘉兴市科创金融改革试验区获批。两地制定深化科创金融改革相关意见，通过财政奖补、风险补偿、保费补贴等方式强化科创金融激励机制。建立科技企业名录库，精准支持科创企业信贷融资。2022 年末，杭州市、嘉兴市科技企业贷款余额同比分别增长 20.7% 和 15.7%。

3. 推动普惠金融改革。推动宁波市普惠金融信用信息服务平台建设，形成融资对接、信息查询、精准获客、风险防控全链条融资服务

体系，并成功接入长三角征信链平台。丽水市普惠金融服务乡村振兴改革试验区获批。2022年，全力推动丽水市普惠金融服务乡村振兴改革，积极构建支持生态产品价值实现的金融模式。2022年末，丽水市“生态抵质押贷”余额261亿元、“生态信用贷”余额29亿元。

（六）社会信用体系建设持续深化，金融基础设施逐步完善

1. 稳步推进金融信用信息基础数据库建设。持续完善金融信用信息基础数据库建设，有序开展二代系统采集切换。截至2022年末，浙江省共有268家放贷机构接入系统，各地公积金管理中心接入征信系统工作稳妥推进，系统覆盖范围不断扩大。积极践行“征信为民”理念，开展征信服务网点标准化建设，丰富信用报告查询方式，深化自助查询机、商业银行网上银行及手机银行、银联云闪付等渠道建设，2022年共向社会公众提供信用报告查询超过590万笔，征信服务品质不断提升。

2. 加强征信市场培育。积极培育征信机构和信用评级机构，更好满足多元化市场需求。截至2022年末，浙江省共有备案企业征信机构和信用评级机构17家，2022年累计提供各类产品和服务21亿次。持续优化完善浙江省企业信用信息服务平台，推动省市平台互联互通，截至2022年末，省市平台共覆盖全省333万余户企业，归集30余个政府部门和公共事业单位信息，提供查询3200万余次。推广应用长三角征信链，促进信用信息跨地区、跨领域共享，截至2022年末，全省共有2家机构和2个平台完成和长三角征信链的对接，依托征信链协助3.4万户企业获得信贷支持2975亿元。

3. 深化地方信用体系建设。发挥应收账款融资服务平台和动产融资统一登记公示系统功能，2022年在平台促成融资2865亿元，其中小微企业融资1609亿元。杭州市作为全国首批6个营商环境创新试点城市之一，成功推动机动车、船舶和知识产权担保登记信息与动产融资统一登记公示系统共享互通。持续深化农村信用体系建设，截至2022年末，浙江省累计为1233万农户、11.9万新型农业经营主体建立信用档案，评定信用农户1003万户，创建信用村（社区）9789个、信用乡（镇、街道）545个。

4. 支付体系安全高效运行。2022年，浙江省支付清算系统处理业务22亿笔，金额749.0万亿元，同比分别增长3.9%和12.9%。深化本外币合一银行账户体系试点，将试点范围扩大至浙江省6个地区、8家银行，开立试点账户3万户。“移动支付之省”建设成效明显，全省移动支付普及率达95.5%，银行业移动支付交易笔数市场份额提高至23.6%。

二、经济运行情况

2022年，浙江省认真落实习近平总书记“疫情要防住、经济要稳住、发展要安全”的重要指示精神，扎实推进高质量发展建设共同富裕示范区，统筹打好疫情防控、稳进提质组合拳，经受住了超预期的冲击和挑战。经济运行总体回稳，全年实现地区生产总值7.8万亿元，同比增长3.1%，高于全国平均水平0.1个百分点。第一、第二、第三产业增加值占GDP的比重分别为3.0%、42.7%和54.3%。

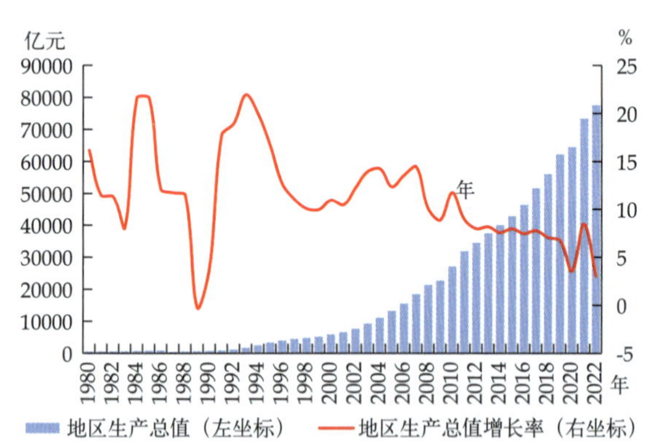

图5　地区生产总值及其增长率

（数据来源：浙江省统计局）

（一）三大需求协同发力，新发展格局加快构建

1. 投资较快增长，结构持续优化。2022年，

浙江省固定资产投资（不含农户）同比增长9.1%，高于全国平均水平4.0个百分点。第二产业投资带动作用明显，制造业投资、工业企业技术改造投资同比分别增长17.0%和16.3%，增速分别高于全部投资7.9个和7.2个百分点。基础设施投资、房地产开发投资平稳增长，同比分别增长7.6%和4.4%。民生领域投资增势良好，电力热力燃气及水生产和供应业、公共设施管理业投资同比分别增长29.7%和14.4%，增速均明显快于全部投资。

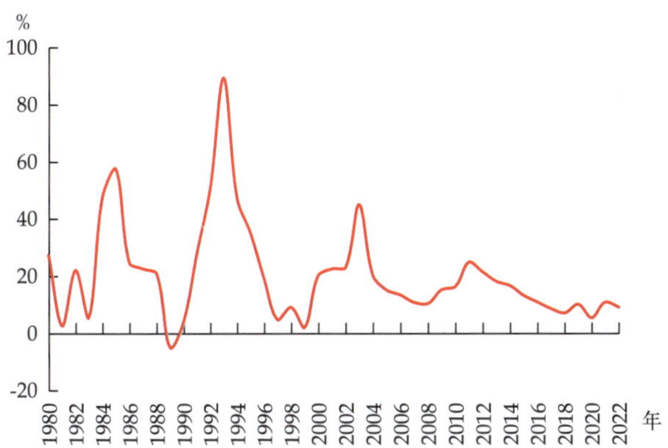

图6　固定资产投资（不含农户）增长率

（数据来源：浙江省统计局）

2. 消费稳定增长，结构提质升级。2022年，浙江省社会消费品零售总额3.0万亿元，同比增长4.3%，高于全国平均水平4.5个百分点。其中，商品零售2.7万亿元，同比增长5.0%，高于全国平均水平4.5个百分点；餐饮收入3187亿元，同比下降1.0%，降幅小于全国平均水平5.3个百分点。升级类商品消费加快增长，在限额以上单位商品零售额中，化妆品类、智能手机类零售额同比分别增长9.0%和8.2%；汽车类零售增长13.7%，其中新能源汽车同比增长113.2%。网络消费稳步增长。2022年，浙江省网络零售额同比增长7.2%，省内居民网络消费额同比增长6.6%。

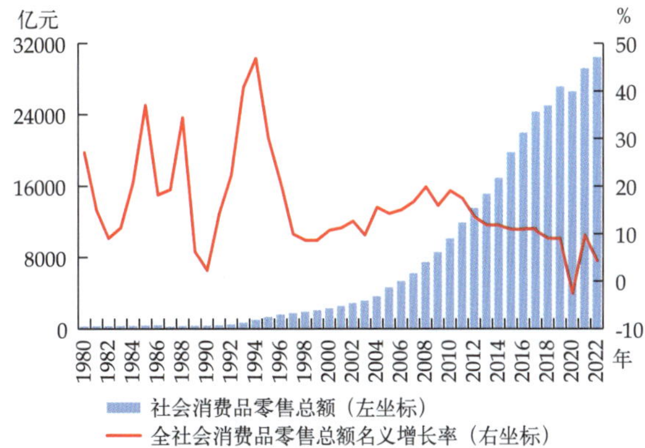

图7　社会消费品零售总额及其增长率

（数据来源：浙江省统计局）

3. 进出口快速增长，利用外资稳步增长。2022年，浙江省进出口总额、出口总额、进口总额分别为4.7万亿元、3.4万亿元和1.3万亿元，同比分别增长13.1%、14.0%和10.7%，占全国份额分别比上年提高0.5个、0.4个和0.4个百分点。出口商品结构转型升级，高新技术、机电产品出口同比分别增长26.8%和11.1%。跨境电商、市场采购贸易等新业态新模式较快发展。2022年，浙江省实际利用外资193亿美元，同比增长5.2%，其中到资3000万美元以上大项目151个，主要投资于科学研究和技术服务业、租赁和商务服务业以及制造业等领域。

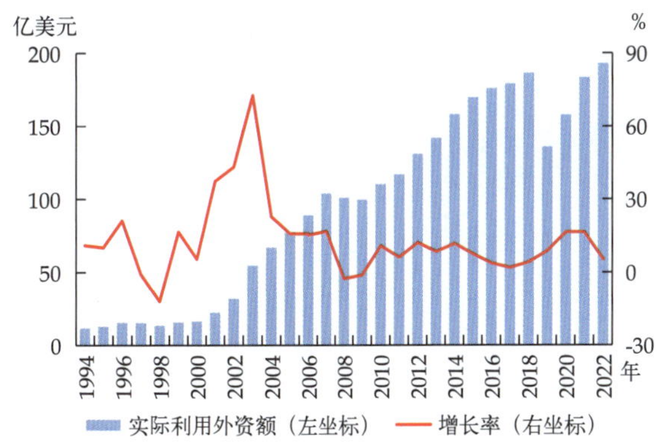

图8　实际利用外资额及其增长率

（数据来源：浙江省统计局）

专栏2　多措并举优化企业汇率避险服务　助力外贸稳增长

2022年，中国人民银行杭州中心支行、国家外汇管理局浙江省分局深入践行“金融为民”理念，坚持把服务企业汇率避险放在更加重要和突出的位置，因地制宜、多策并施，着力提高汇率避险服务水平。截至2022年末，浙江省企业套期保值比率达17.4%，办理汇率避险企业数同比增长15.1%，经营主体汇率避险意识和参与度明显提升。

一、制订系统方案，全面深化汇率避险服务

制订《浙江省全面深化汇率避险服务三年行动方案（2022—2024年）》，明确全省汇率避险工作重点、要求及举措，全面落实工作责任。建立汇率避险“未办户”“首办户”和“宣传指导不满意企业”三张名单，指导银行精准对接。截至2022年末，浙江省拓展汇率避险首办户7163家。

二、加强政策联动，全力降低企业汇率避险成本

推动浙江省人民政府出台《关于发挥政府性融资担保体系作用支持小微企业汇率避险增信服务的实施意见》（浙政办发〔2022〕1号），通过财政支持、担保介入和风险分担的模式支持小微企业汇率避险，并于7月将政策受惠主体拓宽至外贸综合服务平台和个体工商户。截至2022年末，全省政策项下汇率避险业务累计签约5623笔，签约额14亿美元，为经营主体节约保证金成本5亿元人民币，得到经营主体的广泛好评。

三、强化助企纾困，深化“外汇联络员暖心助企”服务机制

在全省推广外汇联络员服务机制，以“指导到位、对接精准”为原则，通过座谈调研与实地指导相结合等方式，人民银行、外汇局和银行员工联合开展手把手指导、面对面帮扶。2022年，全省5000余名外汇联络员共走访企业6万余家次，覆盖涉外企业客户数的43%。

四、省市联合推进，持续提升“汇及万家”宣传服务质效

通过“线上+线下”联合宣传培训、“传统+新型媒体”联合发声，以“汇及万家”系列宣传为载体，持续送政策进企业。全省各地人民银行、外汇局与当地商务局已联合举办107次宣讲会，组织银行制作宣传短视频、微信长图、友情提示函70余篇，推动银行机构开展各类政策宣讲40余次，政策知晓度有效提升。

五、推动产品创新，指导银行加大特色化服务

部分银行针对小微企业签约金额小、收汇时间不固定的痛点，创新提出“一次签约，签约期内企业随时询价随时结汇”的业务模式。部分银行通过远期结售汇、单一期权及期权组合等多种汇率避险产品，帮助企业应对汇率波动，差异化满足企业锁住订单成本的需求。

（二）三大产业逐步修复，高质量发展持续推进

1. 农业生产稳步发展，“千万工程”助力乡村振兴。浙江省深化“千村示范、万村整治”工程，加快推进乡村产业提质增效。2022年，浙江省农林牧渔业产值3756亿元，同比增长3.4%，增速比上年提高0.4个百分点。其中，农业、林业、畜牧业、渔业产值分别为1761亿元、187亿元、412亿元和1263亿元，同比分别增长1.8%、8.4%、4.4%和4.4%。粮食总产量621万吨，与上年基本持平。

2. 工业生产回稳向好，创新驱动态势明显。 2022年，浙江省规模以上工业增加值2.2万亿元，同比增长4.2%，高于全国平均水平0.6个百分点。规模以上工业中，数字经济核心产业制造业增加值同比增长10.7%，高技术产业、战略性新兴产业、装备制造业等产业增加值同比分别增长11.5%、10.0%和6.2%，增速均高于全部规模以上工业。创新活力持续增强，2022年，规模以上工业企业研发费用支出同比增长14.5%，高于营业收入7.1个百分点。

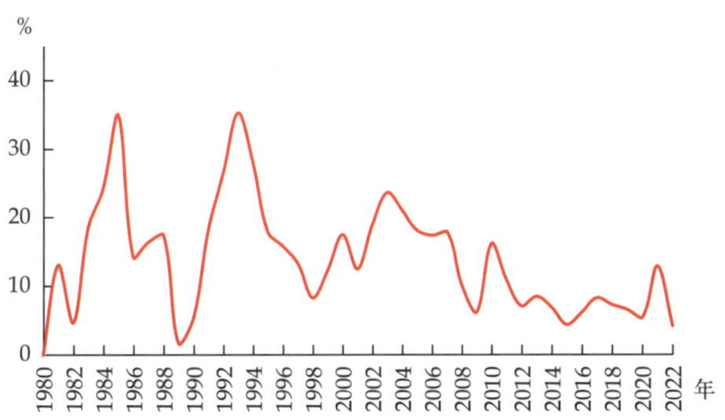

图9　规模以上工业增加值实际增长率

（数据来源：浙江省统计局）

3. 服务业企稳回升，现代服务业增势较好。 2022年，浙江省服务业增加值4.2万亿元，同比增长2.8%，高于全国平均水平0.5个百分点。其中，金融业增加值同比增长8.3%，信息传输、软件和信息技术服务业增加值同比增长4.9%，批发和零售业增加值同比增长4.1%。规模以上服务业企业营业收入同比增长0.9%，其中，租赁和商务服务业、卫生和社会工作、科学研究和技术服务业营业收入同比分别增长10.3%、8.3%和6.6%。

4. 供给侧结构性改革深入推进，减税降费惠企利民。 新动能持续引领增长，2022年以新产业、新业态、新模式为主要特征的“三新”经济增加值占GDP的28.1%。转型升级持续推进，高新技术产业投资同比增长22.9%。加大减税降费力度，为经营主体减负4000亿元以上，兑付涉企政府性补助补贴资金1088亿元，完成增值税留抵退税2233亿元。国有单位减免房租82亿元，惠及小微企业和个体工商户30.2万户。

5. 生态环境质量改善，节能降耗取得新成效。 浙江省坚持“绿水青山就是金山银山”理念，深入推进生态文明建设。2022年，浙江省设区城市空气质量优良天数比率为89.3%，城乡垃圾回收利用率超过60%。省控断面优良水质比例97.6%，比上年提高2.4个百分点。绿色低碳发展迈出坚实步伐。2022年，浙江省新能源产业增加值同比增长24.8%，增速高于规模以上工业增加值20.6个百分点。

（三）居民消费价格温和上涨，工业生产者价格涨幅回落

1. 居民消费价格温和上涨，八大类消费品及服务价格同比全部上涨。 2022年，浙江省居民消费价格（CPI）同比上涨2.2%，涨幅较上年扩大0.7个百分点。八大类消费品及服务价格同比均上涨，其中，交通通信、教育文化娱乐、食品烟酒、其他用品及服务、生活用品及服务、居住、衣着、医疗保健同比分别上涨5.1%、3.1%、2.6%、1.8%、1.8%、0.7%、0.4%和0.3%。

2. 工业生产者价格涨幅回落，生产资料涨幅高于生活资料。 2022年，浙江省工业生产者出厂价格（PPI）和购进价格同比分别上涨4.0%和6.1%，涨幅比上年分别回落2.3个和8.4个百分点。工业品出厂价格中，生产资料价格上涨4.5%，生活资料价格上涨2.1%。

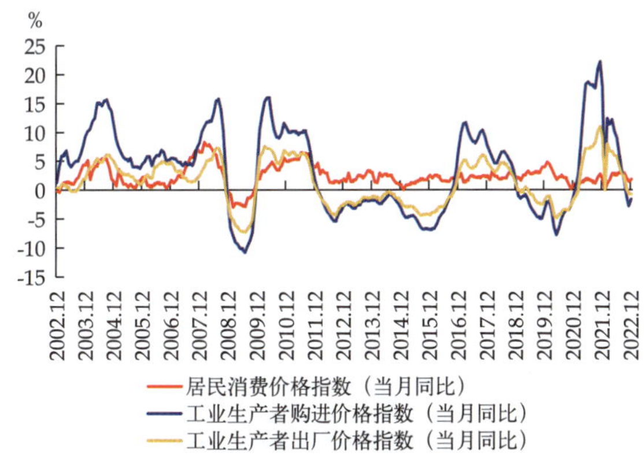

图10　居民消费价格指数和工业生产者价格指数变动趋势

（数据来源：浙江省统计局）

3. 高质量发展深入推进，城乡收入差距持续缩小。2022 年，浙江省全员劳动生产率 19.9 万元 / 人，同比增长 2.2%；年末就业人员 3930 万人，同比增长 0.8%，占常住人口的 59.8%。共同富裕持续推进，城乡收入差距缩小。2022 年，浙江省全体、城镇、农村居民人均可支配收入分别为 6.0 万元、7.1 万元和 3.8 万元，同比分别增长 4.8%、4.1% 和 6.6%。城乡收入比 1.9，比上年缩小 0.04。

（四）财政收入增长保持韧性，民生等重点领域支出保障有力

1. 财政收入有所放缓。2022 年，浙江省一般公共预算收入 8039 亿元，同比下降 2.7%，扣除留抵退税因素后同比增长 5.5%。其中，税收收入 6620 亿元，同比下降 7.7%，扣除留抵退税因素后同比增长 2.0%，占一般公共预算收入的 82.3%。

2. 财政支出保障有力。2022 年，浙江省一般公共预算支出 1.2 万亿元，同比增长 9.1%。民生等重点领域支出保障有力，公共安全、教育、科技等 10 项支出 8980 亿元，同比增长 9.6%，占一般公共预算支出的比重为 74.7%。

3. 地方政府债券稳步增加。2022 年，浙江省共发行地方政府债券 4279 亿元，同比增加 43 亿元。其中，发行新增债券 2973 亿元。截至 2022 年末，浙江省地方政府债务余额 2.0 万亿元。

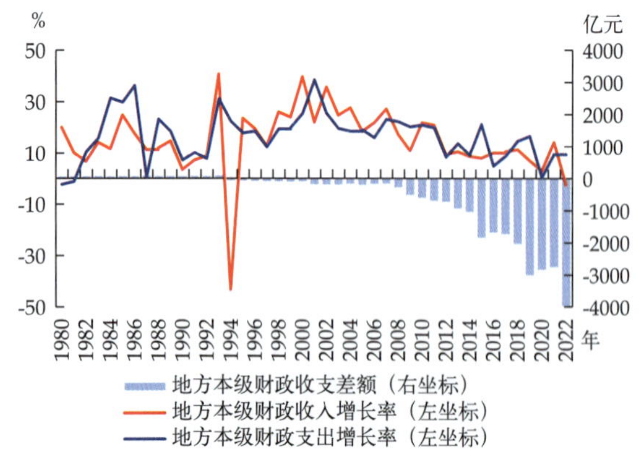

图 11　财政收支状况

（数据来源：浙江省统计局）

（五）房地产市场平稳运行，价格有所分化

1. 房地产开发投资保持平稳增长。2022 年，浙江省房地产开发投资 1.3 万亿元，同比增长 4.4%，总体保持平稳增长态势。其中，住宅投资增长 3.2%，拉动房地产开发投资增长 2.3 个百分点。

2. 商品房销售面积和销售额回落。2022 年，浙江省商品房销售面积 6815 万平方米，同比下降 31.8%；商品房销售额同比下降 33.6%。

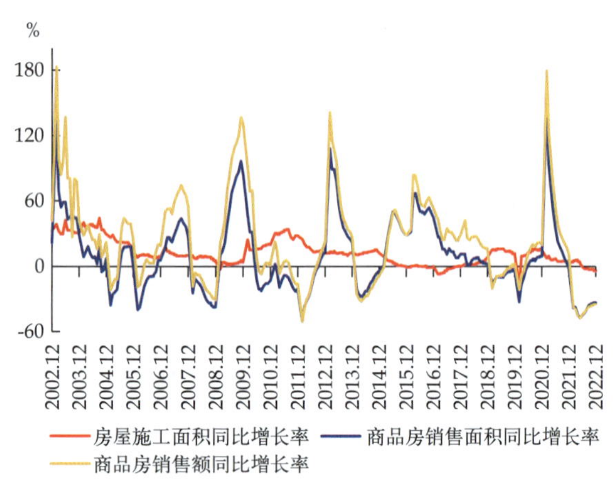

图 12　商品房施工和销售变动趋势

（数据来源：浙江省统计局）

3. 商品住宅销售价格分化。国家统计局发布的 70 个大中城市房价指数显示，2022 年 12 月，杭州、宁波、温州、金华新建商品住宅销售价格指数同比分别上涨 6.4% 和 1.8%、下降 6.3% 和 2.1%。2022 年 12 月，杭州、宁波、温州、金华二手住宅销售价格指数同比分别下降 0.9%、1.6%、4.8% 和 6.1%。

三、预测与展望

2023 年，浙江省经济运行有望总体向好，但经济恢复基础尚不牢固。浙江省强力推进创新深化、改革攻坚、开放提升，实施三个“一号工程”，推进“十项重大工程”，积极推动“8+4”经济政策体系落地见效，经济运行平稳开局。但也要看到，浙江经济高质量发展的基

础尚不稳固，出口面临挑战，居民储蓄向消费转化的动能有待观察，房地产业转向新发展模式尚需时日，总需求不足仍是经济运行面临的突出矛盾。

2023 年，浙江省金融系统将继续坚持以习近平新时代中国特色社会主义思想为指导，全面贯彻党的二十大和中央经济工作会议精神，坚持稳中求进工作总基调，完整、准确、全面贯彻新发展理念，精准有力落实稳健的货币政策，围绕浙江省委省政府三个“一号工程”和“十项重大工程”部署，提升金融服务实体经济水平，持续优化信贷结构，为浙江在高质量发展中奋力推进中国特色社会主义共同富裕先行和省域现代化先行作出更大的金融贡献。

中国人民银行浙江省分行货币政策分析小组

总　　纂：张　奎　陆巍峰

统　　稿：闫真宇　杜国庆　周　能

执　　笔：周　能　钱晓霞　张　昆　杜佳倩　陈　帅　荣剑雄　麻　婧　臧云特　吴　翔
王瑶瑶　沈颜奕　周　昂　黄玉莹　朱秋琪　冀雅文

附录：

（一）2022年浙江省经济金融大事记

1月14日，浙江省人民政府印发《关于发挥政府性融资担保体系作用支持小微企业汇率避险增信服务的实施意见》。

2月11日，中国人民银行杭州中心支行、浙江省生态环境厅印发《浙江省排污权抵质押贷款操作指引（暂行）》，在全国率先出台排污权抵押和质押并行的贷款操作指引。

3月14日，中国人民银行等四部门联合浙江省人民政府印发《关于金融支持浙江高质量发展建设共同富裕示范区的意见》，为金融支持共同富裕提供了顶层设计和制度框架。

3月21日，中国人民银行杭州中心支行、浙江省市场监管局印发《关于开展全省小微企业和个体工商户信用融资破难行动的通知》。

3月22日，国家外汇管理局批复同意在浙江省温州、青田两地开展个人侨汇结汇便利化试点。

3月31日，浙江省承办亚运会的6个城市（杭州、宁波、温州、湖州、绍兴、金华）被确定为数字人民币研发试点地区。

9月20日，浙江省开展全国首批地方法人金融机构金融债余额管理试点工作。

9月26日，中国人民银行等七部门印发《浙江省丽水市普惠金融服务乡村振兴改革试验区总体方案》。

11月18日，中国人民银行等八部门印发《上海市、南京市、杭州市、合肥市、嘉兴市建设科创金融改革试验区总体方案》。

12月12日，浙江省本外币合一银行账户体系扩大试点至宁波、温州、金华、台州、舟山5个试点地区，新增招商银行等4家试点银行。

（二）浙江省主要经济金融指标

表1　2022年浙江省主要存贷款指标

	项目	1月	2月	3月	4月	5月	6月	7月	8月	9月	10月	11月	12月
本外币	金融机构各项存款余额（亿元）	174948.4	175614.3	180996.0	181372.3	183606.6	188505.2	188297.9	190224.8	192375.8	191759.2	195083.4	196339.9
	其中：住户存款	72228.5	70588.3	72815.9	72579.1	73094.1	75423.4	75073.6	75808.3	78053.7	77490.8	79768.2	82242.0
	非金融企业存款	62192.9	62943.8	66218.8	66441.7	67549.1	70483.7	69921.6	70883.2	71698.3	71155.6	72098.7	72326.3
	各项存款余额比上月增加（亿元）	4132.4	665.9	5381.7	376.3	2234.3	4898.6	-207.3	1927.0	2150.9	-616.6	3324.2	1256.5
	金融机构各项存款同比增长（%）	10.4	11.3	12.3	12.1	13.4	13.1	14.7	14.8	14.5	14.6	15.4	14.9
	金融机构各项贷款余额（亿元）	170209.2	172017.6	176220.7	176879.0	179181.1	182399.7	183000.6	184453.6	187184.4	187648.5	188832.0	189808.3
	其中：短期	57331.1	57562.6	59170.6	58768.3	59152.7	61030.6	60403.4	60689.9	62057.7	61489.9	61648.7	61627.0
	中长期	103783.5	104517.0	106804.2	107192.6	107894.2	109635.6	110197.7	111239.6	112919.2	113770.6	114984.6	116202.5
	票据融资	6116.2	6816.9	7089.3	7585.3	8749.2	8506.6	9070.7	9270.5	8944.8	9049.3	8812.7	8582.5
	各项贷款余额比上月增加（亿元）	4453.5	1808.4	4203.1	658.4	2302.1	3218.6	600.9	1453.0	2730.9	464.0	1183.6	976.3
	其中：短期	1248.1	231.5	1608.0	-402.3	384.4	1877.9	-627.2	286.6	1367.8	-567.8	158.7	-21.6
	中长期	3377.1	733.4	2287.2	388.4	701.6	1741.5	562.0	1041.9	1679.6	851.4	1214.0	1217.9
	票据融资	-126.1	700.7	272.4	495.9	1163.9	-242.5	564.1	199.8	-325.7	104.5	-236.6	-230.2
	金融机构各项贷款同比增长（%）	15.2	15.2	15.8	15.5	15.5	15.7	15.4	15.2	15.3	14.8	14.8	14.5
	其中：短期	6.6	7.3	8.2	7.6	8.0	9.4	8.8	9.1	10.2	9.4	9.8	9.9
	中长期	19.4	18.0	18.1	17.0	16.3	16.7	15.9	15.7	15.8	15.7	15.7	15.7
	票据融资	38.9	53.6	63.7	81.7	84.5	64.9	72.7	67.5	55.3	53.8	47.5	37.5
	建筑业贷款余额（亿元）	4388.8	4447.4	4591.4	4611.5	4637.5	4727.8	4736.6	4786.9	4863.3	4874.9	4895.2	4888.8
	房地产业贷款余额（亿元）	8065.1	8169.0	8217.8	8025.7	7974.2	8024.2	7891.2	7942.1	8041.5	8086.9	8071.0	8065.0
	建筑业贷款同比增长（%）	16.6	15.2	15.4	14.3	14.4	15.5	15.0	15.0	15.9	16.3	17.4	17.7
	房地产业贷款同比增长（%）	3.1	2.4	2.4	0.3	-0.3	1.0	-0.2	1.2	3.2	3.7	3.3	3.3
人民币	金融机构各项存款余额（亿元）	169441.0	169784.0	175330.3	175891.5	178073.2	182821.8	182775.9	184770.6	186981.3	186418.4	189673.4	191009.8
	其中：住户存款	71625.8	69982.5	72206.7	71951.8	72455.2	74773.6	74422.8	75165.4	77397.7	76842.3	79110.1	81587.2
	非金融企业存款	59013.9	59444.1	62803.2	63145.1	64232.3	67064.5	66625.4	67757.1	68642.2	68014.3	68894.5	69110.4
	各项存款余额比上月增加（亿元）	4068.5	343.0	5546.2	561.3	2181.7	4748.5	-45.9	1994.8	2210.7	-562.9	3255.0	1336.4
	其中：住户存款	4748.2	-1643.3	2224.1	-254.8	503.3	2318.4	-350.7	742.6	2232.3	-555.4	2267.7	2477.2
	非金融企业存款	-469.4	430.2	3359.1	342.0	1087.2	2832.2	-439.1	1131.7	885.1	-627.9	880.1	216.0
	各项存款同比增长（%）	10.3	11.1	12.4	12.7	13.8	13.6	15.3	15.4	15.1	15.3	16.0	15.5
	其中：住户存款	14.0	8.5	9.9	10.8	12.0	12.9	14.7	15.2	15.7	17.5	20.7	22.0
	非金融企业存款	4.8	11.4	13.1	13.7	16.1	16.4	17.7	18.5	19.5	18.1	18.0	16.2
	金融机构各项贷款余额（亿元）	168373.3	170170.9	174127.5	174733.5	177086.2	180286.2	181014.1	182508.3	185185.5	185712.5	187000.2	188117.1
	其中：个人消费贷款	45046.4	44743.5	45010.8	44842.5	44935.4	45159.4	45039.2	45088.8	45170.7	44987.9	44970.0	44870.8
	票据融资	6116.2	6816.9	7089.3	7585.3	8749.2	8506.6	9070.7	9270.5	8944.8	9049.3	8812.7	8582.5
	各项贷款余额比上月增加（亿元）	4330.6	1797.5	3956.6	606.0	2352.7	3200.0	727.9	1494.2	2677.3	527.0	1287.7	1116.9
	其中：个人消费贷款	358.1	-303.0	267.3	-168.3	92.9	223.9	-120.2	49.6	81.9	-182.8	-17.9	-99.2
	票据融资	-126.1	700.7	272.4	495.9	1163.9	-242.5	564.1	199.8	-325.7	104.5	-236.6	-230.2
	金融机构各项贷款同比增长（%）	15.2	15.3	15.8	15.3	15.4	15.6	15.4	15.3	15.3	15.0	15.0	14.7
	其中：个人消费贷款	8.7	8.7	8.0	7.0	6.5	6.0	5.2	4.5	3.9	2.7	1.2	0.4
	票据融资	38.9	53.6	63.7	81.7	84.5	64.9	72.7	67.5	55.3	53.8	47.5	37.5
外币	金融机构外币存款余额（亿美元）	864.0	922.2	892.5	828.2	830.7	846.8	818.8	791.5	759.8	744.2	753.8	765.3
	金融机构外币存款同比增长（%）	16.2	20.2	12.4	-4.9	-3.1	-4.3	-4.7	-7.5	-11.1	-15.5	-14.3	-10.4
	金融机构外币贷款余额（亿美元）	288.0	292.1	329.7	324.2	314.5	314.9	294.6	282.3	281.5	269.8	255.2	242.8
	金融机构外币贷款同比增长（%）	19.9	10.9	23.9	24.8	24.8	19.8	11.6	5.6	5.9	-15.9	-12.2	-9.6

数据来源：中国人民银行杭州中心支行。

表 2　2001—2022 年浙江省各类价格指数

单位：%

时间		居民消费价格指数		工业生产者购进价格指数		工业生产者出厂价格指数	
		当月同比	累计同比	当月同比	累计同比	当月同比	累计同比
2001		—	-0.2	—	-0.4	—	-1.7
2002		—	-0.9	—	-2.5	—	-3.1
2003		—	1.9	—	5.8	—	0.6
2004		—	3.9	—	13.4	—	5.0
2005		—	1.3	—	5.4	—	2.3
2006		—	1.1	—	5.6	—	3.8
2007		—	4.2	—	5.3	—	2.4
2008		—	5.0	—	10.6	—	4.3
2009		—	-1.5	—	-7.4	—	-5.1
2010		—	3.8	—	12.0	—	6.2
2011		—	5.4	—	8.3	—	5.0
2012		—	2.2	—	-3.3	—	-2.7
2013		—	2.3	—	-2.3	—	-1.8
2014		—	2.1	—	-1.8	—	-1.2
2015		—	1.4	—	-5.5	—	-3.6
2016		—	1.9	—	-2.2	—	-1.7
2017		—	2.1	—	9.6	—	4.8
2018		—	2.3	—	5.1	—	3.4
2019		—	2.9	—	-2.9	—	-1.1
2020		—	2.3	—	-4.1	—	-3.1
2021		—	1.5	—	14.5	—	6.3
2022		—	2.2	—	6.1	—	4.0
2021	1	0.3	0.3	0.5	0.5	-1.1	-1.1
	2	0.7	0.5	2.6	1.5	-0.1	-0.6
	3	1.3	0.8	7.5	3.5	3.3	0.6
	4	1.6	1.0	13.3	5.8	5.6	1.9
	5	1.9	1.2	18.3	8.2	7.2	2.9
	6	1.7	1.3	18.7	9.9	7.2	3.6
	7	1.5	1.3	18.2	11.1	7.5	4.2
	8	1.2	1.3	18.0	11.9	7.7	4.6
	9	1.1	1.3	17.6	12.6	8.2	5.0
	10	2.1	1.3	20.9	13.4	10.2	5.5
	11	2.7	1.5	22.2	14.2	11.0	6.0
	12	1.8	1.5	17.7	14.5	9.2	6.3
2022	1	1.4	1.4	14.4	14.4	8.3	8.3
	2	1.1	1.2	12.4	13.4	8.0	8.1
	3	1.7	1.4	11.4	12.8	6.7	7.6
	4	2.8	1.7	12.2	12.6	6.7	7.4
	5	2.5	1.9	10.2	12.1	5.9	7.1
	6	2.8	2.0	9.1	11.6	5.6	6.8
	7	3.0	2.2	6.4	10.8	4.0	6.4
	8	2.8	2.2	3.4	9.8	2.8	6.0
	9	2.9	2.3	1.9	8.9	2.2	5.5
	10	2.0	2.3	-0.9	7.9	0.3	5.0
	11	1.4	2.2	-2.8	6.8	-0.7	4.4
	12	1.8	2.2	-1.6	6.1	-0.4	4.0

数据来源：浙江省统计局。

表 3　2022 年浙江省主要经济指标

项目	1 月	2 月	3 月	4 月	5 月	6 月	7 月	8 月	9 月	10 月	11 月	12 月
	绝对值（自年初累计）											
地区生产总值（亿元）	—	—	17886.0	—	—	36222.0	—	—	55750.0	—	—	77715.0
第一产业	—	—	336.0	—	—	955.0	—	—	1463.0	—	—	2325.0
第二产业	—	—	7408.0	—	—	15522.0	—	—	23965.0	—	—	33205.0
第三产业	—	—	10142.0	—	—	19746.0	—	—	30322.0	—	—	42185.0
工业增加值（亿元）	—	3222.6	5318.8	7087.4	8934.1	10949.8	12501.2	14316.3	16293.9	18083.0	19996.8	21899.8
固定资产投资（亿元）	—	—	—	—	—	—	—	—	—	—	—	—
房地产开发投资	—	1526.6	2653.0	3697.4	4850.1	6363.4	7460.3	8610.4	9900.3	11006.2	12118.7	12939.5
社会消费品零售总额（亿元）	—	4740.0	7119.0	9029.0	11384.0	14176.0	16655.0	19160.0	21778.0	24742.0	27681.0	30467.0
外贸进出口总额（亿元）	—	7220.0	10762.0	14327.0	18263.0	22580.0	27090.0	31250.0	35246.0	38966.0	43120.0	46837.0
进口	—	1850.0	2890.0	3816.0	4817.0	5947.0	7058.0	8157.0	9246.0	10295.0	11467.0	12511.0
出口	—	5370.0	7872.0	10511.0	13446.0	16633.0	20031.0	23093.0	25999.0	28671.0	31652.0	34325.0
进出口差额（出口－进口）	—	3520.0	4982.0	6695.0	8629.0	10686.0	12973.0	14936.0	16753.0	18376.0	20185.0	21814.0
实际利用外资（亿美元）	—	34.8	59.2	73.8	90.0	120.5	133.1	148.2	169.2	177.1	182.1	193.0
地方财政收支差额（亿元）	—	307.0	-222.0	-493.7	-63.0	-490.1	-538.1	-729.9	-1129.6	-1053.2	-1641.1	-3978.3
地方财政收入	—	2196.1	2923.6	3479.0	4755.9	5745.7	6548.6	7140.3	7762.1	8476.9	8845.3	8039.4
地方财政支出	—	1889.1	3145.6	3972.7	4818.9	6235.8	7086.7	7870.2	8891.7	9530.1	10486.4	12017.7
城镇登记失业率（%）（季度）	—	—	—	—	—	—	—	—	—	—	—	—
	同比累计增长率（%）											
地区生产总值	—	—	5.1	—	—	2.5	—	—	3.1	—	—	3.1
第一产业	—	—	2.4	—	—	3.4	—	—	2.8	—	—	3.2
第二产业	—	—	7.6	—	—	3.7	—	—	4.0	—	—	3.4
第三产业	—	—	3.5	—	—	1.5	—	—	2.3	—	—	2.8
工业增加值	—	10.7	9.9	6.6	5.5	5.5	5.2	5.1	5.4	5.4	5.0	4.2
固定资产投资	—	15.9	14.4	12.0	10.9	10.3	10.1	10.0	10.0	10.1	9.5	9.1
房地产开发投资	—	9.4	8.6	6.6	5.6	5.4	5.3	5.3	5.1	4.6	4.4	4.4
社会消费品零售总额	—	7.5	5.5	1.3	0.3	2.0	3.0	3.7	4.2	4.5	4.2	4.3
外贸进出口总额	—	25.8	24.4	19.3	17.6	17.3	19.5	18.8	17.6	16.0	14.7	13.1
进口	—	22.6	14.9	10.0	8.0	9.8	11.4	11.7	11.2	11.7	11.1	10.7
出口	—	26.9	28.3	23.0	21.4	20.3	22.6	21.6	20.1	17.7	16.1	14.0
实际利用外资	—	0.2	0.8	-1.1	5.2	13.4	14.1	14.2	16.9	15.5	11.4	5.2
地方财政收入	—	7.5	6.0	3.0	3.6	4.2	3.0	3.1	3.6	6.5	6.8	-2.7
地方财政支出	—	3.8	11.9	8.7	8.6	13.0	15.1	13.5	12.1	12.6	11.6	9.1

数据来源：浙江省统计局。

安徽省金融运行报告（2023）

中国人民银行安徽省分行①
货币政策分析小组

［内容摘要］2022 年，面对复杂多变的国际环境和艰巨繁重的改革发展稳定任务，安徽省坚持以习近平新时代中国特色社会主义思想为指导，认真学习贯彻党的二十大和中央经济工作会议精神，全面贯彻落实习近平总书记系列重要讲话和指示精神，坚持稳中求进工作总基调，完整、准确、全面贯彻新发展理念，积极稳妥应对超预期因素冲击，加快构建新发展格局，着力推动高质量发展，实现了经济稳定向好和社会大局稳定，现代化美好安徽建设取得重大成就。全年实现地区生产总值 4.5 万亿元，同比增长 3.5%，人均地区生产总值 7.4 万元，较上年增加 3927 元，经济实力跃上新台阶。安徽省金融业紧扣高质量发展要求，认真贯彻稳健的货币政策，扎实落实好稳经济一揽子政策和接续措施，把稳增长摆在更加突出的位置，金融服务实体经济的质量和效率不断提升。

从经济发展来看，三大需求稳步回升，产业结构更趋优化，经济增长内生动能边际改善。一是固定资产投资稳定增长，制造业投资明显提速。全年固定资产投资（不含农户）同比增长 9.0%。其中，制造业投资、基础设施投资同比分别增长 21.5% 和 19.6%，分别高于固定资产投资增速 12.5 个和 10.6 个百分点；高技术制造业投资同比增长 44.8%。二是消费品市场恢复向好，升级类商品消费活跃。全年社会消费品零售总额 2.2 万亿元，同比增长 0.2%。限额以上单位商品零售额中，新能源汽车零售额同比增长 2.8 倍，智能家用电器和音像器材零售额同比增长 2.4 倍。三是出口保持较快增长，外贸经营主体活力增强。全年货物进出口总额、出口额同比分别增长 8.9% 和 16.4%，进口额同比下降 1.9%。有进出口实绩的企业达 1.1 万家，较上年增加 909 家。其中，民营企业进出口 4088 亿元，同比增长 15.7%，占全省进出口总额的 54.3%。四是工业生产平稳向好，重点优势行业发展态势良好。全年规模以上工业增加值同比增长 6.1%。其中，高技术制造业增加值同比增长 10.3%；装备制造业增加值同比增长 12.8%，对全省规模以上工业增加值增长贡献 69.9%，贡献率较上年提高 12.2 个百分点。五是服务业延续稳定恢复态势，新兴服务业增势较好。全年服务业增加值 2.3 万亿元，同比增长 2.2%，拉动经济增长 1.2 个百分点。其中，以互联网信息技术、商务服务等新兴行业为代表的其他营利性服务业营业收入同比增长 15.9%。六是财政收入平稳增长，重点领域支持保障有力。全年一般公共预算收入 3589 亿元，扣除留抵退税因素后，同比增长 9.9%，高于年初增长 7.0% 左右的预期目标。一般公共预算支出 8379 亿元，同比增长 10.4%，增速为近三年新高。其中，科学技术、交通运输、教育支出同比分别增长 22.2%、18.7% 和 8.0%，支出结构更加优化。七是居民消费价格稳中略升，就业形势保持稳定。全年居民消费价格同比上涨 2.0%，工业生产者出厂价格、工业生产者购进价格同比分别上涨 3.2% 和 4.0%。全年城镇新增就业 69.0 万人，就业形势总体稳定。居民收入增长与经济增长基本同步，城乡居民收入差距进一步缩小。

① 自 2023 年 8 月 18 日起，中国人民银行合肥中心支行更名为中国人民银行安徽省分行。本报告主要反映 2022 年的经济金融情况，正文中涉及的相关机构表述仍沿用 2022 年名称。

从金融运行来看，一是信贷总量和社会融资规模合理增长，直接融资稳健扩容。2022年末，安徽省本外币各项贷款余额6.7万亿元，同比增长15.0%；全年增加8796亿元，同比多增2254亿元。全年社会融资规模增量为1.2万亿元，同比多增2091亿元。其中，对实体经济发放的本外币贷款比重为74.0%。全年全省发行非金融企业债务融资工具1676亿元，在公司信用类债券中占比近六成，有力支持实体经济发展。二是货币政策工具精准滴灌，信贷投向持续优化。发挥好结构性货币政策工具的引导功能，突出支持重点领域和薄弱环节。2022年，全省累计发放再贷款再贴现1632亿元，共惠及经营主体15万余户；累计发放普惠小微贷款支持工具激励资金10亿元；落地普惠小微企业贷款阶段性减息总额9亿元，惠及97万余户普惠小微经营主体；金融机构累计发放碳减排贷款105亿元；支持煤炭清洁高效利用贷款27亿元；设备更新改造再贷款29亿元；214个政策性开发性金融工具项目获得332亿元项目资本金支持。2022年末，全省普惠小微、涉农、制造业贷款余额同比分别增长24.5%、19.4%和23.2%，分别高于各项贷款增速9.5个、4.4个和8.2个百分点。三是引导利率稳步下行，企业综合融资成本稳中有降。落实存款利率市场化调整机制要求，推动实际贷款利率进一步降低。2022年安徽省企业贷款加权平均利率为4.23%，同比下降0.42个百分点。四是金融市场体系不断完善，资产规模稳健增长。2022年全省银行业金融机构资产规模同比增长12.0%。证券、期货机构整体实力和经营水平不断提升。保险业平稳运行，全年实现原保险保费收入1418亿元，同比增长2.8%，保障能力进一步加强。五是金融改革创新稳步推进，区域金融改革进入新阶段。合肥市科创金融改革试验区于2022年11月获批落地。黄山市、蚌埠市分别申创国家级普惠金融服务乡村振兴改革试验区、绿色金融改革试验区。六是金融基础设施建设持续完善，金融生态环境持续优化。纵深推进党建引领信用村建设工作，加大中小微企业综合金融服务建设力度，打造具有“征信+互联网+融资对接+政策对接”功能的信用信息服务平台。不断完善支付结算金融基础设施，保障社会资金高效安全流转。持续推进金融纠纷多元化解机制建设，深入开展金融知识宣传教育，金融消费者权益得到有效保障。七是金融风险防范化解能力不断提升。持续加强金融风险监测评估，密切关注中小银行风险边际变化，扎实推进存款保险制度实施，进一步增强防范化解区域性金融风险能力。

展望未来，安徽具有国家战略叠加、制造业基础良好、科教资源丰富、历史人文深厚、生态环境优良、区位交通优越六大优势，但也面临经济发展不平衡不充分、大部分地市居民可支配收入偏低等问题。预计2023年安徽经济运行将保持平稳态势，投资、消费以及进出口实现稳定增长，社会民生持续改善，人民群众获得感、幸福感、安全感持续增强。安徽省金融系统将继续以习近平新时代中国特色社会主义思想为指导，全面贯彻落实党的二十大精神，深入贯彻落实习近平总书记系列重要讲话和指示精神，坚持稳字当头、稳中求进，认真贯彻稳健货币政策精准有力的要求，加大对小微企业、科技创新、绿色发展等领域支持力度，为推动安徽高质量发展营造适宜的货币金融环境，提振市场信心，增强发展后劲，推动经济运行向稳向好，奋力谱写现代化美好安徽建设新篇章。

一、金融运行情况

2022年，安徽省金融系统认真贯彻落实党中央、国务院重大决策部署，把稳增长放在更加突出位置，扎实落实稳经济一揽子政策和接续措施，用足用好各项货币政策工具，信贷总量和社会融资规模保持合理增长，信贷结构持续优化，融资成本稳中有降，多层次资本市场加快发展，保险保障功能稳步提升，各项金融改革深入推进，金融基础设施体系不断完善，为稳定宏观经济大盘提供有力支持，为安徽高质量发展创造了良好的货币金融环境。

（一）银行业稳健运行，信贷总量保持稳定增长

1. 银行业资产规模平稳增长。2022 年末，安徽省银行业资产总额 9.5 万亿元，同比增长 12.0%。其中，法人银行业资产总额 3.8 万亿元，同比增长 12.2%；占全省银行业总资产的 39.5%，占比与上年末基本持平。

表 1　2022 年银行业金融机构情况

机构类别	营业网点			法人机构（个）
	机构个数（个）	从业人数（人）	资产总额（亿元）	
一、大型商业银行	2373	45319	32171	0
二、国家开发银行和政策性银行	91	2310	9332	0
三、股份制商业银行	355	9056	8260	0
四、城市商业银行	519	12188	14898	1
五、城市信用社	0	0	0	0
六、小型农村金融机构	3020	34514	19018	84
七、财务公司	6	188	950	6
八、信托公司	1	191	100	1
九、邮政储蓄银行	1795	15503	7634	0
十、外资银行	4	151	139	0
十一、新型农村金融机构	384	4593	950	70
十二、其他	9	1738	1439	6
合　计	8557	125751	94890	168

数据来源：安徽银保监局。

注：营业网点不包括国家开发银行和政策性银行、大型商业银行、股份制银行等金融机构总部数据；大型商业银行包括中国工商银行、中国农业银行、中国银行、中国建设银行和交通银行；小型农村金融机构包括农村商业银行；新型农村金融机构包括村镇银行、农村资金互助社；其他包含金融租赁公司、汽车金融公司、消费金融公司等。

2. 存款保持稳定增长。2022 年末，安徽省金融机构本外币各项存款余额 7.5 万亿元，同比增长 12.5%，增速较上年末提高 1.9 个百分点；较年初增加 8328 亿元，同比多增 1927 亿元。分部门看，住户存款增势强劲，全年新增 7024 亿元，占本外币各项存款增量的 84.4%，同比增长 20.4%，高于本外币各项存款增速 7.9 个百分点；非金融企业存款余额同比增长 3.5%；广义政府存款余额同比增长 3.2%；非银行业金融机构存款余额同比增长 7.3%。

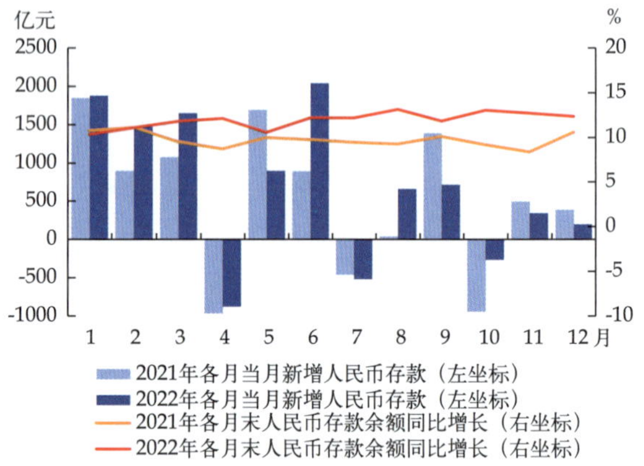

图 1　金融机构人民币存款增长变化

（数据来源：中国人民银行合肥中心支行）

3. 贷款增长较快。2022 年末，安徽省金融机构本外币各项贷款余额 6.7 万亿元，同比增长 15.0%；较年初增加 8796 亿元，同比多增 2254 亿元，为全省稳住经济大盘提供有力支撑。从期限结构看，2022 年末，企（事）业单位中长期贷款同比增长 23.5%，高于本外币各项贷款增速 8.5 个百分点。从信贷投向看，2022 年末，全省普惠小微企业贷款、涉农贷款、制造业贷款同比分别增长 24.5%、19.4% 和 23.2%，分别高于本外币各项贷款增速 9.5 个、4.4 个和 8.2 个百分点。

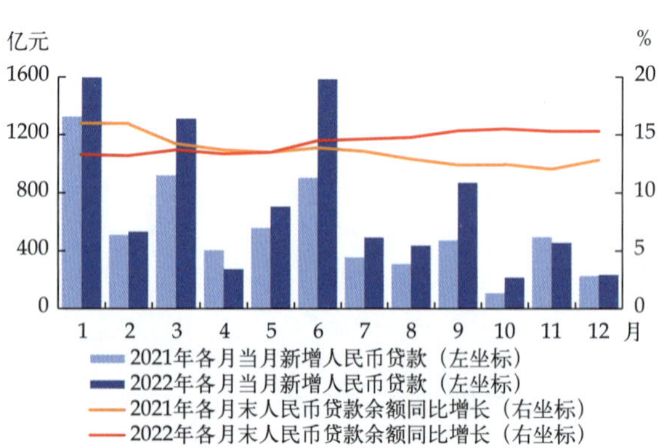

图 2　金融机构人民币贷款增长变化

（数据来源：中国人民银行合肥中心支行）

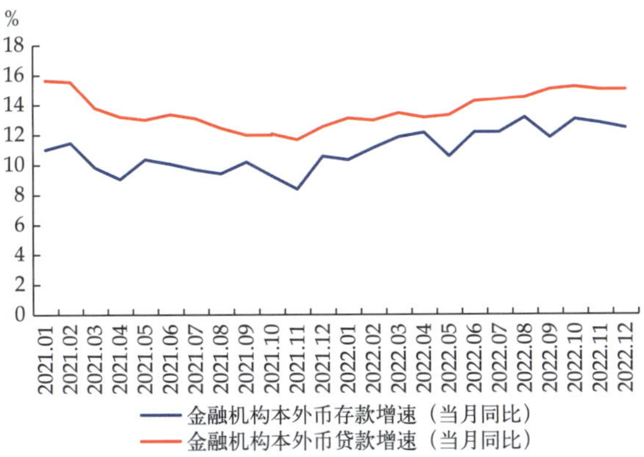

图 3 金融机构本外币存贷款增速变化

（数据来源：中国人民银行合肥中心支行）

4. 表外业务收缩。2022 年，安徽省表外融资减少 358 亿元，同比少减 353 亿元。其中，委托贷款全年增加 232 亿元，同比多增 259 亿元；信托贷款减少 342 亿元，同比少增 368 亿元；未贴现的银行承兑汇票减少 248 亿元，同比少增 274 亿元。

5. 利率市场化改革持续深化。2022 年，安徽省推动金融机构落实存款利率市场化调整机制要求，持续释放贷款市场报价利率（LPR）改革红利，发挥行业自律约束作用，维护市场竞争秩序，推动贷款利率稳中有降。全年一般贷款加权平均利率为 4.92%，同比下降 0.41 个百分点，其中企业贷款加权平均利率为 4.23%，同比下降 0.42 个百分点。

专栏 1 推动政策性开发性金融工具落地见效 助力基础设施建设稳定宏观经济大盘

2022 年，中国人民银行合肥中心支行用足用好政策性开发性金融工具，聚焦基础设施领域建设，构建协调联动工作格局，推进建立金融服务长效机制。撬动有效投资，加快形成实物工作量，助力稳定经济大盘。

一、立足系统谋划，形成“一盘棋”工作格局

成立重大基础设施建设金融服务专班，助力项目尽快在皖落地。构建协调联动机制。会同省发展改革委等部门，联合召开全省重大基础设施建设金融服务多部门协调推进联席会，通过《安徽省重大基础设施建设金融服务多部门协调推进工作机制工作方案》，共同加强对项目建设金融服务情况的监测调度和信息共享。各行业主管部门按照职责，积极协调解决政策落实中的问题。建立政银合署办公机制。联合省发展改革委、省地方金融监管局，构建“3+3 全方位合作机制”，制订《关于建立基础设施投资基金工作协调推进机制的方案》，选派业务骨干组成由县到市的服务团队，帮助 3 家开发性政策性金融机构做好项目对接、跟进、效果监测等全流程工作。

二、强化金融服务，保障资金高效落地

建立全程督办机制，明确“政策性资金先投 + 商业性贷款跟投”的总体思路，全面构建“3 家开发性政策性银行 +6 家国有银行 +N 家商业银行”联系调度机制，向金融机构实时推送各类政策支持清单，要求“全覆盖”对接走访，引导商业银行积极介入，同步做好政策性开发性金融工具投放后的配套贷款跟进等工作，确保项目从对接落地到完工运营各环节的金融服务不间断。制定高效落实机制。建立以人民银行各市分支机构为主、金融机构为辅的项目推进机制，通过制度化监测，动态掌握全辖项目资本金、银行贷款资金的使用节奏和用途。开展政策实施效果评估。多维度评估辖内新政策新工具支持项目情况，及时反映项目建设进展和资金投入匹配度、地方政策要素保障问题、项目建设效益及还款情况，确保不出现重大遗漏、不缺失重要信息与不忽视风险事项。

三、统筹要素保障，加快重大项目推进步伐

发挥政策性开发性金融工具撬动作用。2022 年，安徽省已有 214 个重大项目建设获得政策性开发性金融工具资金332亿元，占项目资本金总额的比重为28.5%，有效弥补了项目资本金缺口，更好地撬动有效投资，助力稳定全省宏观经济大盘。政策性开发性金融工具有力助推资金精准滴灌，聚焦盈利能力较弱的公益性、保障性项目，包括生活垃圾污水处理、保障房租赁以及市政产业园、产业集群配套工程等基础设施建设项目，有效缓解部分项目资本金难安排、难到位的困难局面，靶向投放形成基础设施实物工作量，提高社会效益，补齐基础设施建设短板。

表2　2022年金融机构人民币贷款各利率区间占比

单位：%

项目		1月	2月	3月	4月	5月	6月
合计		100.0	100.0	100.0	100.0	100.0	100.0
LPR减点		18.1	19.4	20.3	21.4	22.8	22.2
LPR		6.8	7.4	6.7	5.5	5.9	6.4
LPR加点	小计	75.0	73.2	73.0	73.1	71.3	71.4
	(LPR，LPR+0.5%)	19.6	15.7	17.1	16.8	15.4	18.7
	[LPR+0.5%，LPR+1.5%)	23.0	22.5	23.8	23.3	21.8	24.3
	[LPR+1.5%，LPR+3%)	19.1	17.6	18.7	17.6	18.6	16.6
	[LPR+3%，LPR+5%)	10.1	12.1	9.9	11.4	11.4	8.8
	LPR+5%及以上	3.3	5.3	3.5	4.0	4.0	3.0
项目		7月	8月	9月	10月	11月	12月
合计		100.0	100.0	100.0	100.0	100.0	100.0
LPR减点		20.8	22.5	27.5	24.1	26.1	29.3
LPR		5.9	4.4	4.9	4.7	6.0	6.2
LPR加点	小计	73.3	73.1	67.6	71.1	68.0	64.6
	(LPR，LPR+0.5%)	16.5	19.1	18.0	16.9	17.6	16.5
	[LPR+0.5%，LPR+1.5%)	22.3	21.2	20.4	19.4	18.6	19.2
	[LPR+1.5%，LPR+3%)	19.3	18.0	16.2	18.3	17.7	15.8
	[LPR+3%，LPR+5%)	10.7	9.9	8.6	11.3	9.2	8.5
	LPR+5%及以上	4.6	4.9	4.4	5.2	4.9	4.5

数据来源：中国人民银行合肥中心支行。

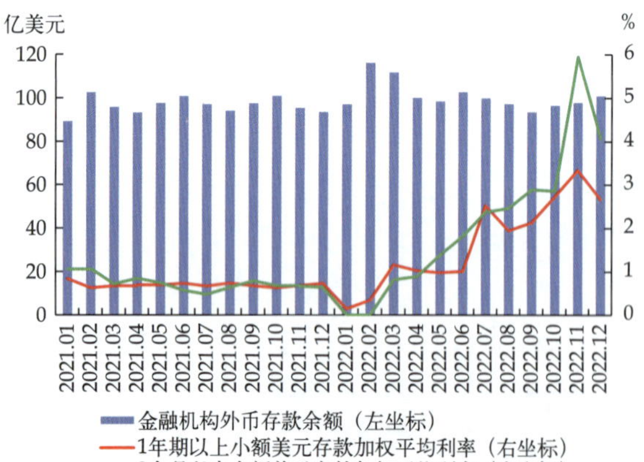

图4　金融机构外币存款余额及外币存款利率

（数据来源：中国人民银行合肥中心支行）

6. 加强风险监测和协调处置。持续加强经济金融形势研判和金融风险监测评估，密切关注中小银行风险边际变化，不断提升防范化解区域性金融风险能力。扎实推进存款保险制度实施，聚焦社区、农村等重点区域开展针对性宣传，最大限度发挥存款保险的积极作用。2022年，安徽省妥善应对金融风险挑战，牢牢守住了不发生区域性金融风险的底线。

7. 跨境人民币业务量增面扩。用足用好跨境人民币政策，建立银企“一对一”对接辅导机制。制定《关于扩大人民币跨境使用　支持安徽涉外经济保稳提质的意见》，优化跨境人民币使用环境。2022年，安徽省跨境人民币收付金额合计1357亿元，同比增长15.5%，其中，经常项目与直接投资项下跨境人民币实际收付金额1160亿元，同比增长29.8%。

（二）证券业发展稳健，业务规模不断提升

1. 证券市场平稳发展。2022年末，安徽省2家证券公司总资产1752亿元，同比增长5.8%。营业收入58亿元，同比下降21.6%；利润总额27亿元，同比下降20.6%。全省证券分支机构从业人员数4744人，同比增长5.1%。A股证券账户1569万户，同比增长10.4%。证券交易金额13.9万亿元，同比增长3.9%。

2. 期货市场较为活跃。2022年，安徽省3家期货公司期货交易量5.1亿手，成交金额30.6万亿元，风险管理业务收入89亿元。全年全省期货经营机构共开展“保险＋期货”项目117个，业务规模共计12亿元。

表 3　2022 年证券业基本情况

项目	数量
总部设在辖内的证券公司数（家）	2
总部设在辖内的基金公司数（家）	1
总部设在辖内的期货公司数（家）	3
年末国内上市公司数（家）	161
当年国内股票（A 股）筹资（亿元）	250
当年发行 H 股筹资（亿元）	0
当年国内债券筹资（亿元）	979
其中：短期融资券筹资额（亿元）	-72
中期票据筹资额（亿元）	142

数据来源：安徽证监局。

注：当年国内股票（A 股）筹资额含金融企业境内股票融资。

（三）保险业增长良好，保障功能稳步提升

1. 保险业务稳步发展。2022 年末，安徽省共有 2 家保险法人机构和 72 家省级分支机构，实现原保险保费收入 1418 亿元，同比增长 2.8%。全年为全社会提供风险保障 191.3 万亿元，同比增长 34.1%，赔付支出 563 亿元，同比增长 8.3%。

2. 业务结构持续优化。2022 年，安徽省财产险业务中非车险业务占比为 33.1%，人身保险保障型业务占比为 84.2%，占比较上年分别提高 2.8 个和 4.2 个百分点。大病保险将参保人医保报补比例提高 18.9%。“合惠保”“皖惠保”等普惠型保险产品共计为 296 万人次群众提供风险保障 12.0 万亿元。

表 4　2022 年保险业基本情况

项目	数量
总部设在辖内的保险公司数（家）	2
其中：财产险经营主体（家）	2
寿险经营主体（家）	0
保险公司分支机构（家）	72
其中：财产险公司分支机构（家）	29
寿险公司分支机构（家）	43
保费收入（中外资，亿元）	1418
其中：财产险保费收入（中外资，亿元）	487
人身险保费收入（中外资，亿元）	931
各类赔款给付（中外资，亿元）	563

数据来源：安徽银保监局。

（四）融资总量合理增长，金融市场稳健运行

1. 社会融资规模同比多增，信贷占比提高。2022 年，安徽省社会融资规模 1.2 万亿元，同比多增 2091 亿元。投向实体经济的本外币贷款新增较多，占社会融资规模的 74.0%，同比提高 6.4 个百分点。直接融资增加 2886 亿元，同比少增 422 亿元，其中企业债增加 979 亿元，同比多增 74 亿元；非金融企业境内股票融资增加 192 亿元，同比少增 239 亿元；政府债券增加 1715 亿元，同比少增 258 亿元。

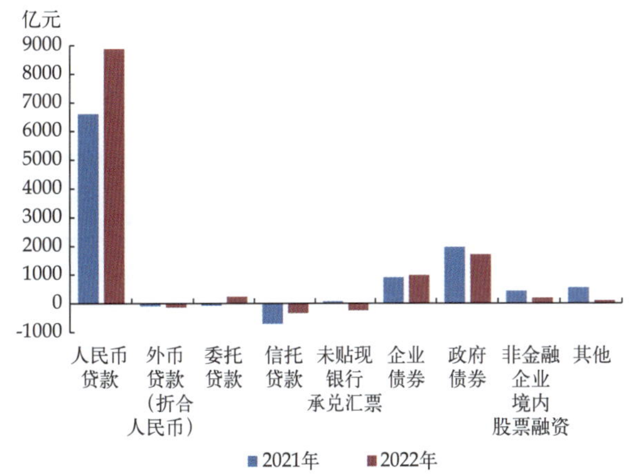

图 5　社会融资规模分布结构

（数据来源：中国人民银行合肥中心支行）

2. 债券市场稳健发展，债务融资工具稳健扩容。2022 年，通过建立重点企业发债现场调研机制、优化风险监测机制等措施，推动安徽省债券市场稳健发展。全年全省人民银行管理债券 5006 亿元，其中债务融资工具 1676 亿元，在全省公司信用类债券中占比近 60.0%。用途类科创票据、科创资产支持票据、“碳资产”债券、农垦类企业革命老区及专项乡村振兴债券等相继在皖落地。积极参与中小银行金融债余额管理试点工作，指导徽商银行成功发行线上簿记小微企业专项金融债，推动奇瑞徽银汽车金融公司成功发行货运物流主题金融债。

3. 货币政策工具提质增效，精准支持实体经济。2022 年末，安徽省再贷款再贴现余额

1093亿元，全年累计发放1632亿元，惠及15万余户经营主体。及时将两项直达实体经济货币政策工具转换为普惠小微支持工具。全年累计发放普惠小微贷款支持工具激励资金10亿元。全年落地普惠小微企业贷款阶段性减息总额9亿元，惠及97万余户普惠小微经营主体。推动新设结构性货币政策工具精准快速落地。全年全省金融机构累计发放碳减排贷款105亿元；支持煤炭清洁高效利用贷款27亿元；设备更新改造再贷款29亿元。政策性开发性金融工具等新政策工具使用取得积极进展。全年全省共计214个政策性开发性金融工具项目获得332亿元项目资本金支持。

表5　2022年金融机构票据业务量

单位：亿元

季度	银行承兑汇票承兑		贴现			
			银行承兑汇票		商业承兑汇票	
	余额	累计发生额	余额	累计发生额	余额	累计发生额
1	2811.0	1238.2	3275.6	3654.8	171.4	233.1
2	3041.3	2665.1	3738.5	8488.1	165.2	746.3
3	3143.1	3977.3	3763.3	11995.9	118.1	921.0
4	3091.1	5275.4	3992.2	15544.4	114.1	1121.5

数据来源：中国人民银行合肥中心支行。

4. 票据融资总量保持增长，贴现利率稳中有降。2022年，安徽省票据融资总量（含承兑、贴现、转贴现）7197亿元，同比增长20.7%。市场流动性合理充裕，贴现利率逐渐下行。全年票据贴现加权平均利率1.9%，同比下降0.9个百分点。

表6　2022年金融机构票据贴现、转贴现利率

单位：%

季度	贴现		转贴现	
	银行承兑汇票	商业承兑汇票	票据买断	票据回购
1	2.42	4.04	2.14	2.55
2	1.75	3.40	1.71	1.82
3	1.62	3.34	1.45	1.64
4	1.49	3.31	1.38	1.85

数据来源：中国人民银行合肥中心支行。

（五）金融改革创新稳步推进，改革进入新阶段

1. 多方聚力协调配合，区域金融改革创新持续深化。2022年，安徽省积极推广碳中和挂钩贷款、共同富裕贷、知识产权评价增信融资等经验和做法，提升金融服务科技创新、绿色发展和乡村振兴等重点领域能力和水平。合肥市科创金融改革试验区于2022年11月获批落地。大力发展普惠金融和绿色金融，支持黄山市、蚌埠市分别申创国家级普惠金融服务乡村振兴改革试验区、绿色金融改革创新试验区。

2. 政策联动持续增强，金融支持自由贸易试验区建设稳步推进。2022年，中国（安徽）自由贸易试验区（以下简称安徽自贸区）围绕全省改革开放大局，统筹安全与发展，改革开放“排头兵”和“试验田”作用不断显现。2022年，安徽自贸区内银行机构办理经常项目购付汇、收结汇及划转等手续1.4万笔，业务规模68亿美元，惠及企业44家，同比分别增长3.7倍、2.7倍和0.3倍；为安徽自贸区内企业提供人民币与外汇衍生产品服务办理笔数1438笔，业务规模40亿美元，惠及企业89家。

（六）金融生态环境持续向好，金融基础设施体系不断完善

1. 社会信用体系建设深入推进。2022年，安徽省建成全省统一的“征信＋互联网＋融资对接＋政策对接”综合金融服务平台并不断优化，实现省市平台互联互通、用户互认、数据共享、业务互通。2022年末，平台已入驻金融、类金融机构185家，私募股权基金129只，发布金融产品2324项，注册用户119.1万户，解决融资需求42.3万笔，涉及金额2.3万亿元。纵深推进党建引领信用村建设工作，各金融机构创新推出17款专属信贷产品以及9款专属保险产品，累计授信71.8万户（个），授信金额合计628亿元，累计放贷23.6万户（个），贷款金额270亿元。

2. 支付服务水平持续提升。2022年，安徽

省支付系统高效、安全运行，保障社会资金高效安全流转。全年共办理非现金支付业务1.1亿笔，增速与上年持平，金额135.3万亿元，同比增长102.8%。其中大额实时支付系统处理金额132.5万亿元。深入推进“长春花”适老化支付服务特色银行网点建设，全省共设立适老化支付服务特色银行网点594家，开设老年人支付服务便捷窗口8086个，便捷窗口银行网点覆盖率达99.1%。

表7　支付体系建设情况

年份	支付系统直接参与方（个）	支付系统间接参与方（个）	支付清算系统覆盖率（%）	当年大额支付系统处理业务数（万笔）	同比增长（%）
2021	3	6592	76.7	2582.3	0.0
2022	3	6711	77.4	3112.7	0.2

年份	当年大额支付系统业务金额（亿元）	同比增长（%）	当年小额支付系统处理业务数（万笔）	同比增长（%）	当年小额支付系统业务金额（亿元）	同比增长（%）
2021	634717.8	0.1	7931.2	0.1	32482.0	0.0
2022	1325419.2	1.1	7405.3	-0.1	27704.0	-0.1

数据来源：中国人民银行合肥中心支行。

3. 金融消费者权益得到有效保障。2022年，安徽省持续推进金融纠纷多元化解机制建设。全年全省“12363”呼叫中心共接收金融消费者投诉7791笔，受理咨询7127笔，均依法依规处理。广泛开展集中性金融知识宣传教育普及，建成5家省级金融教育示范基地。持续完善普惠金融工作机制，创新开展六安市霍山县新时代普惠金融支持革命老区振兴发展示范区建设工作，取得积极成效。

二、经济运行情况

2022年，安徽省经济稳定向好，全年实现地区生产总值（GDP）4.5万亿元，按不变价格计算，同比增长3.5%。按常住人口计算，人均地区生产总值7.4万元（折合1.1万美元），较上年增加3927元。

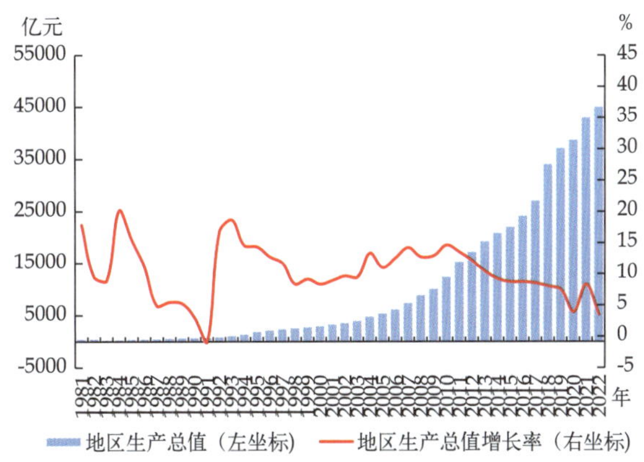

图6　地区生产总值及其增长率

（数据来源：安徽省统计局）

（一）三大需求稳步回升，经济增长内生动能边际改善

1. 着力扩大有效投资，产业升级态势持续。2022年，安徽省深化投资“赛马”、“管行业必须管投资”、多部门常态化要素会商等机制，坚持把招商引资、招才引智作为投资工作主抓手，基本建成市场化、专业化招商力量体系。全年新开工50亿元以上制造业项目56个，较上年增加51个。其中，百亿元以上制造业项目10个。全省固定资产投资（不含农户）同比增长9.0%。分产业看，第一产业投资同比增长22.5%，第二产业投资同比增长21.8%，第三产业投资同比增长2.5%。分领域看，制造业和基础设施投资同时发力。2022年末，全省制造业投资同比增长21.5%，高于固定资产投资12.5个百分点。其中，高技术制造业投资同比增长44.8%。基础设施投资同比增长19.6%，高于固定资产投资10.6个百分点。全年房地产开发投资6812亿元，同比下降6.2%。

2. 社会消费恢复向好，升级类消费需求持续释放。2022年，安徽省着力搭建优质促消费平台，举办促消费活动5200场，销售额320亿元；累计发放消费券7亿元，撬动各地消费240亿元。全年实现社会消费品零售总额2.2万亿元，同比增长0.2%。其中，限额以上消费品零售额6087亿元，同比增长0.8%。从消费类型看，新业态与新模式并举，绿色智能商品消费需求持续释

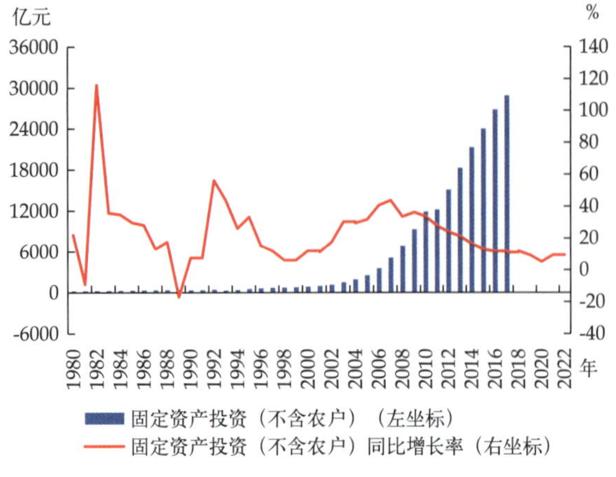

图 7　固定资产投资（不含农户）及其增长率

（数据来源：安徽省统计局）

放。限额以上单位商品零售额中，新能源汽车零售额同比增长 2.8 倍，智能家用电器和音像器材同比增长 2.4 倍，智能手机、可穿戴智能设备同比分别增长 98.5% 和 86.1%。

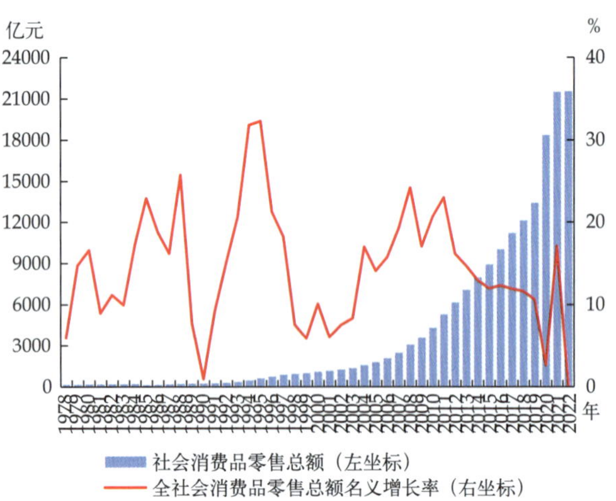

图 8　社会消费品零售总额及其增长率

（数据来源：安徽省统计局）

3. 外贸跃升激发新动能，外资集聚展现新质效。2022 年，安徽省实施更加积极主动的开放战略，强政策优服务，积极打造高水平经贸交流合作平台，引领带动全省高水平对外开放。全年全省进出口总额达 7531 亿元，外贸规模再创年度历史新高，同比增长 8.9%。其中，出口额 4764 亿元，同比增长 16.4%；进口额 2767 亿元，同比下降 1.9%。出台稳外贸一揽子政策和接续措施，有效激发各类外贸经营主体活力，全年全省有进出口实绩的企业达 1.1 万家，较上年增加 909 家。其中，民营企业进出口 4088 亿元，同比增长 15.7%，占全省进出口总额的 54.3%。抢抓 RCEP 生效机遇，上线“安徽省 RCEP 企业服务公共信息平台”，深入推进“一带一路”经贸合作。全年对“一带一路”共建国家和地区进出口 2095 亿元，同比增长 17.0%，占全省进出口总额的 27.8%；对 RCEP 贸易伙伴进出口 1989 亿元，同比增长 10.0%，占全省进出口总额的 26.4%。深入推进“徽动全球”万企出海行动，稳定和扩大外商在皖投资。全年全省实际使用外商直接投资 22 亿美元，同比增长 17.8%。

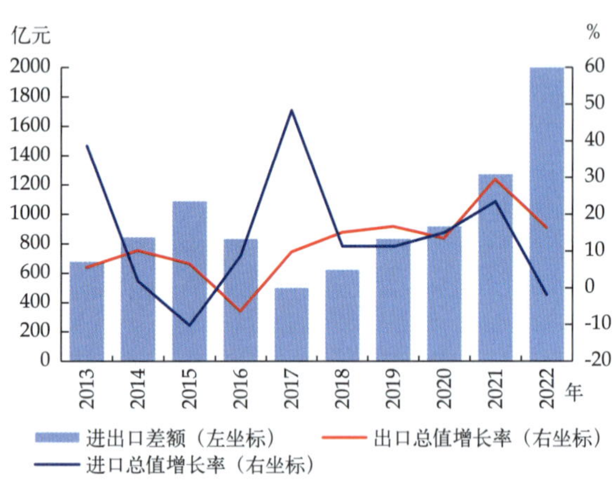

图 9　外贸进出口变动情况

（数据来源：安徽省统计局）

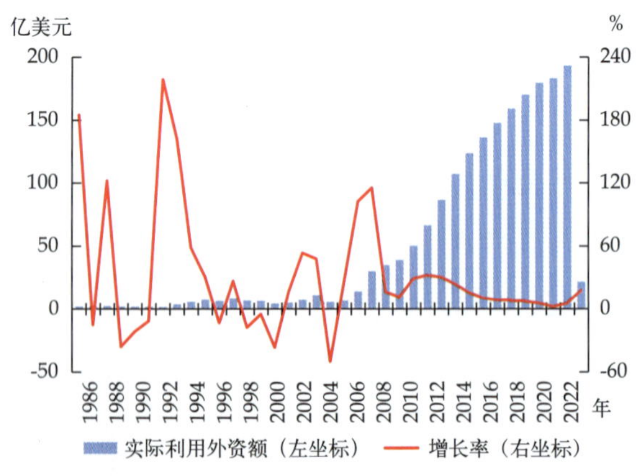

图 10　实际利用外资额及其增长率

（数据来源：安徽省统计局）

专栏2　金融“活水”精准滴灌　推动消费有力恢复

2022年，中国人民银行合肥中心支行引导金融机构合理增加消费信贷，促进接触式消费加快恢复，不断增强消费对经济发展的基础性作用。全年社会消费品零售总额2.2万亿元，同比增长0.2%。

一、聚焦经营主体，有效激发小微企业发展活力

小微企业是经济发展的生力军，在吸纳就业、增强经济活力、满足居民消费需求等方面发挥着重要作用。中国人民银行合肥中心支行多措并举精准帮扶小微企业，有效减少消费市场隐忧。一是会同有关部门研究出台《金融助企纾困发展的若干措施》《制造业融资财政贴息专项实施细则》《安徽省科技企业贷款风险补偿资金池管理暂行办法》等政策举措，加力支持重点领域和薄弱环节，积极稳住市场信心。二是推动银行对小微企业融资实施授信权限下放和拒贷提级管理“双向改革”。出台《关于抓好稳经济措施落地金融有关工作的通知》，指导银行下放更多授信审批权限至基层网点、提高审贷放贷效率。三是打造金融服务小微企业劳动竞赛特色金融品牌。会同有关部门持续开展“贷动小微普惠暖企”金融服务小微劳动竞赛和“贷动小生意 服务大民生”金融支持个体工商户发展专项活动，在全省金融部门聚力营造金融助企纾困的浓厚氛围。2022年末，安徽省普惠小微企业贷款余额同比增长24.5%，小微企业和个体工商户等贷款户数同比增长21.9%。

二、聚焦减费让利，降低经营主体综合融资成本

一方面，持续推动金融机构降低贷款利率。在扩内需、稳经济的政策指导下，金融机构适度加大消费信贷投放力度，不断优化信贷结构，提升贷款生息水平，推动贷款利率明显下降。2022年12月，全省金融机构新发放企业贷款加权平均利率同比下降55个基点。另一方面，有序推进辖内降低小微企业和个体工商户支付手续费工作，进一步引导支付行业向实体经济让利，2022年安徽省累计为89.9万户小微企业和个体工商户减费让利2亿元。

三、聚焦重点行业，促进文旅行业恢复发展

一是加大政策支持力度，会同省发改委、省文化和旅游厅等部门印发《安徽省促进服务业领域困难行业恢复发展若干政策措施》《关于做好金融支持文化和旅游行业恢复发展的通知》，引导金融机构持续加大对文旅企业的金融支持力度，为受疫情影响较大的文旅企业提供差异化的金融服务。二是加大银企对接力度，会同省文化和旅游厅、省地方金融监管局、安徽银保监局建立文旅和数字创意项目企业融资需求库，实行定期更新和推送制度，目前，已入库重点项目75个、重点企业及中小微企业314家。三是丰富金融产品和服务方式。单列20亿元再贷款额度，引导地方法人银行对文旅行业的信贷支持。辖内金融机构不断推出个性化金融服务，如推出“徽州民宿贷”“景点收费权质押贷款”“演艺门票收入质押贷款”等多种金融产品。2022年末，安徽省住宿和餐饮业贷款余额178亿元，同比增长0.5%；文化、体育和娱乐业贷款余额130亿元，同比增长8.6%，较上年提升6.3个百分点。

四、聚焦大宗消费，加强对服务消费的综合金融支持

一方面，指导金融机构继续加大房地产业融资支持，落实好差别化住房信贷政策，积极支持刚性、改善性以及新市民群体购房需求。另一方面，不断提升对辖内汽车金融公司的精准支持力度和服务质效，通过支持其发行金融债和资产支持证券等方式满足其合理融资需求，同时，鼓励汽车金融公司推出“新能源专项产品”等消费类金融产品，进一步释放汽车金融促消费的潜能。

（二）三次产业高质量协同发展加快推进，着力构建现代化产业体系

2022年，安徽省实施三次产业高质量协同发展行动计划，积极稳妥应对超预期因素冲击，取得显著成效。农业、工业稳定增长，服务业保持恢复，体现了稳中有进的特点。第一产业增加值3514亿元，同比增长4.0%；第二产业增加值1.9万亿元，同比增长5.1%；第三产业增加值2.3万亿元，同比增长2.2%，分别拉动经济增长0.3个、2.0个和1.2个百分点。

1. 粮食丰收筑牢农业基本盘，产业链建设迈上新台阶。2022年，安徽省多措并举推进“两强一增”①行动落细落实，引领带动全省农业农村现代化进程全面加速。全年粮食播种面积1.1亿亩，较上年增加7万亩，超额完成国家下达目标任务；粮食总产量4100万吨，较上年增加13万吨，实现“十九连丰”。全年建成高标准农田515万亩，“小田变大田”改造511万亩，主要农作物耕种收综合机械化率达83.0%。建成省级农业农村大数据综合信息服务平台，建设数字农业工厂105个、数字农业农村应用场景1213个，全年农村产品上行网络销售额超1000亿元。全年全省农产品加工业总产值1.6万亿元。大力发展十大千亿级绿色食品产业，绿色食品产业全产业链产值跨越万亿元台阶，达1.1万亿元。绿色食品产业新增项目1914个，投资总额4362亿元，同比增长123.3%。形成较为完备的秸秆粪污“两利用”、化肥农药“两减量”、农膜农药包装废弃物“两回收”政策体系，秸秆、粪污利用率分别达92.0%和82.0%，化肥、农药施用量实现“七连降”。

2. 工业经济发展趋势向好，高新技术产业增添发展新动能。2022年，安徽省工业企业发展韧性增强，工业经济“压舱石”作用进一步彰显。全年全省规模以上工业增加值同比增长6.1%。其中，高技术制造业增加值同比增长10.3%；装备制造业增加值同比增长12.8%，对全省规模以上工业增加值增长贡献69.9%，贡献率较上年提高12.2个百分点。大力推动制造业“提质扩量增效”，实施制造业协同创新行动。全年培育省制造业创新中心10家、企业技术中心203家。成功举办2022世界制造业大会、首届世界集成电路大会、第五届世界声博会，签约项目567个、总投资3794亿元。全面推进“亩均论英雄”改革，提前半年实现规模以上工业企业全覆盖，亩均税收和亩均营业收入分别为16.6万元、355.1万元。工业互联网赋能提速，新增国家级特色平台6个；争创国家智能制造示范工厂6户，培育省级智能工厂、数字化车间206个。

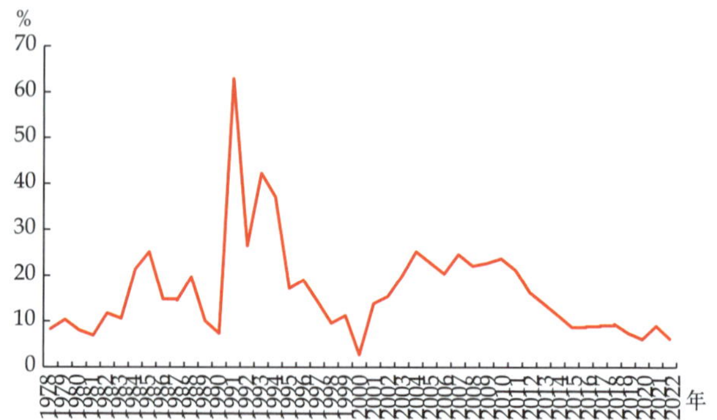

图11　规模以上工业增加值实际增长率

（数据来源：安徽省统计局）

3. 服务业延续稳定恢复态势，新兴动能增势强劲。2022年，安徽省大力实施三产“锻长补短”行动计划，推动服务业锻造长板、补齐短板，增加高品质产品和服务供给，加快构建

① “两强一增”行动，即科技强农、机械强农、促进农民增收行动。

现代服务产业体系。全年服务业增加值 2.3 万亿元，同比增长 2.2%，拉动经济增长 1.2 个百分点。分类型看，批发和零售业增加值同比增长 2.4%，住宿和餐饮业增加值同比增长 1.0%，信息传输、软件和信息技术服务业增加值同比增长 7.6%；租赁和商务服务业增加值同比增长 4.2%。全年规模以上服务业企业营业收入同比增长 5.6%。其中，以互联网信息技术、商务服务等新兴行业为代表的其他营利性服务业营业收入同比增长 15.9%；以多式联运、节能环保、平台经济为代表的新动能加快释放，全省 62 家规模以上多式联运企业营业收入同比增长 44.6%，113 家规模以上节能环保服务企业营业收入同比增长 33.6%，33 家规模以上互联网平台企业营业收入同比增长 30.3%。

4. 深化“一改两为”[①]全面提升工作效能，经营主体发展活力进一步激发。2022 年，安徽省持续推进供给侧结构性改革，简政放权、放管结合、优化服务改革不断深化，营商环境明显改善。扎实开展“新春访万企、助力解难题”“优环境、稳经济”活动，出台支持经营主体纾困发展、金融助企等系列举措，全年全省“为企服务”平台收集办理企业诉求 25.6 万件，办结率 98.7%，新增减税降费及退税缓税缓费 1277 亿元，发放稳岗返还资金 21 亿元。

5. 有力推进绿色低碳发展，生态环境质量持续改善。2022 年，安徽省建立碳达峰碳中和“1+N”政策体系，实施能源清洁低碳转型、节能降碳能效提升等“碳达峰十二大行动”。推进能源综合改革创新试点，国内首座兆瓦级氢能综合利用示范站投入运行，新增可再生能源发电装机 647 万千瓦。污染防治成效得到巩固，空气质量总体稳定向好。全年全省 PM2.5 平均浓度 34.9 微克 / 立方米，空气质量优良天数比例 81.8%，国考断面水质优良比例 86.1%。聚焦“健康森林”行动，持续大力推进长江、淮河、江淮运河、新安江生态廊道和皖南、皖西生态屏障建设工程，全年全省完成人工造林 34 万亩。环巢湖十大湿地全面建成，皖江国家森林城市群规划任务全面完成，在长三角森林面积中“安徽绿”约占三分之一。

（三）物价保持平稳运行，工业生产者价格涨幅回落

1. 居民消费价格温和上涨，结构性变化特征显现。2022 年，安徽省居民消费价格同比上涨 2.0%，增速较上年提高 1.1 个百分点。其中，交通通信、教育文化娱乐、食品烟酒、其他用品及服务、衣着、生活用品及服务、医疗保健是推动居民消费价格上涨的主要因素，同比分别上涨 5.3%、2.8%、2.7%、2.0%、1.3%、1.0% 和 0.9%。居住价格同比下降 0.2%。

2. 工业生产者价格涨幅放缓，有力缓解企业成本压力。2022 年，安徽省加强增产增供，促进产需对接，基本实现了大宗商品保供稳价，工业生产者出厂价格同比涨幅回落，工业品出厂价格与购进价格之间的“剪刀差”有所收窄，企业成本压力一定程度上得到缓解。2022 年，全省工业生产者出厂价格同比上涨 3.2%，增速较上年回落 4.5 个百分点；工业生产者购进价格同比上涨 4.0%，增速较上年回落 7.5 个百分点。

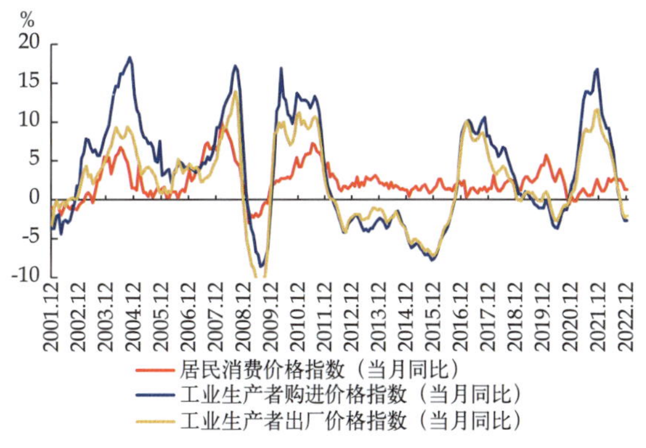

图 12　居民消费价格指数和工业生产者价格指数变动趋势

（数据来源：安徽省统计局）

① “一改两为”是指改进工作作风、为民办实事、为企优环境。

（四）居民收入增长与经济增长基本同步，就业形势保持稳定

1. 居民收入稳步增长，城乡居民收入差距缩小。2022 年，安徽省居民人均可支配收入 3.3 万元，同比增长 6.0%，扣除价格因素，实际同比增长 3.9%，高于地区生产总值增速 0.4 个百分点。城镇、农村居民人均可支配收入同比分别增长 4.9% 和 6.5%，扣除价格因素，实际同比分别增长 2.8% 和 4.7%，居民人均可支配收入与全国平均水平差距较上年缩小 86 元。

2. 就业形势逐步改善，民生保障有力有效。2022 年，安徽省全力推动实施就业促进暖民心和创业安徽行动，推进充分就业社区建设，发布“2+N”招聘 5.3 万场，全省城镇新增就业 69.0 万人，全省失业保险稳岗返还 21 亿元。尤其是在促进高校毕业生等重点群体就业创业方面，安徽省实施了百万大学生兴皖行动、离校未就业毕业生就业服务攻坚行动，高校毕业生去向落实率达 94.9%。

（五）财政收入平稳增长，重点领域支出保障作用持续增强

1. 高效统筹财政资源，收入增长高于预期。2022 年，安徽省一般公共预算收入 3589 亿元，扣除留抵退税因素后，同比增长 9.9%，高于年初增长 7.0% 左右的预期目标。其中，税收收入 2247 亿元，同比增长 5.0%，占一般公共预算收入的 62.6%。

2. 财政支出结构更加优化，有力支撑经济社会高质量发展。2022 年，安徽省一般公共预算支出 8379 亿元，同比增长 10.4%。聚焦民生关切和短板弱项，拨付 860 亿元办好 20 项民生实事，投入 61 亿元支持实施 10 项暖民心行动。医疗卫生短板有力补齐，全省财政卫生健康支出 807 亿元，同比增长 10.3%，统筹 11 亿元支持安徽省国家区域医疗中心建设，有力解决省内看病难、患者外流的难题。全省科学技术、交通运输支出同比分别增长 22.2% 和 18.7%，有力支撑二产“提质扩量增效”、区域创新发展以及长三角一体化发展、皖北振兴等全省重大战略任务落实。

3. 减税降费政策持续发力，经营主体获得感明显增强。2022 年，安徽省精准实施财政稳经济政策，顶格执行国家减税降费政策，全年新增减税降费及退税缓税缓费 1277 亿元。落实落细大规模增值税留抵退税政策，缓解中小微企业生产经营压力。

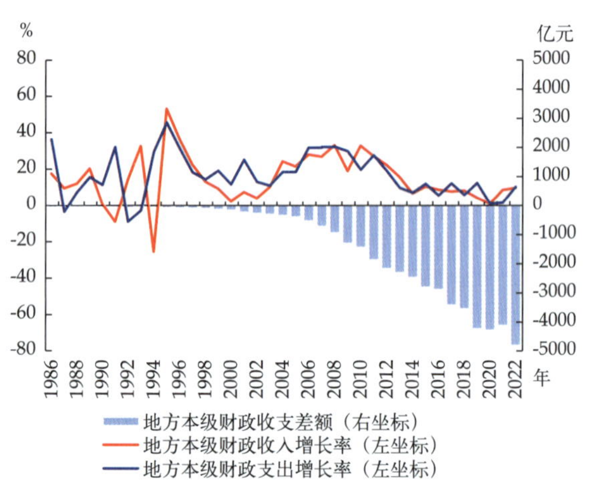

图 13　财政收支状况

（数据来源：安徽省统计局）

（六）房地产市场供需转弱，低位运行

1. 商品房市场供给回落，施工、竣工面积均同比下降。2022 年，安徽省商品房竣工面积 5945 万平方米，同比下降 15.2%，增速较上年回落 52.7 个百分点。全省商品房施工面积 4.1 亿平方米，同比下降 12.8%，增速较上年回落 16.9 个百分点。

2. 商品房交易量回落，销售面积与金额均同比下降。2022 年，安徽省商品房销售面积 7471 万平方米，同比下降 28.6%，增速较上年回落 38.3 个百分点；商品房销售额 5488 亿元，同比下降 32.6%，增速较上年回落 43.4 个百分点。

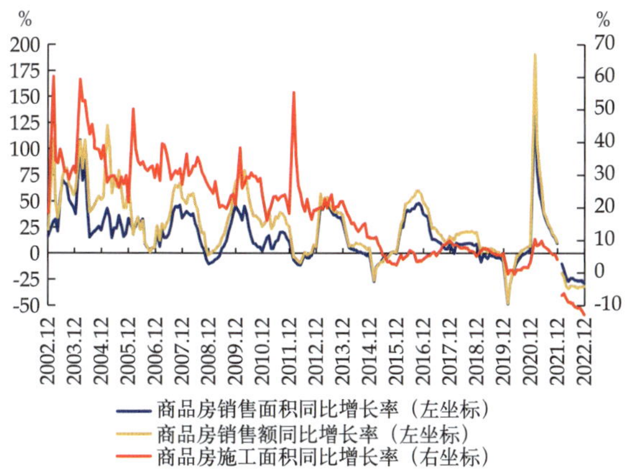

图 14　商品房施工和销售变动趋势

（数据来源：安徽省统计局）

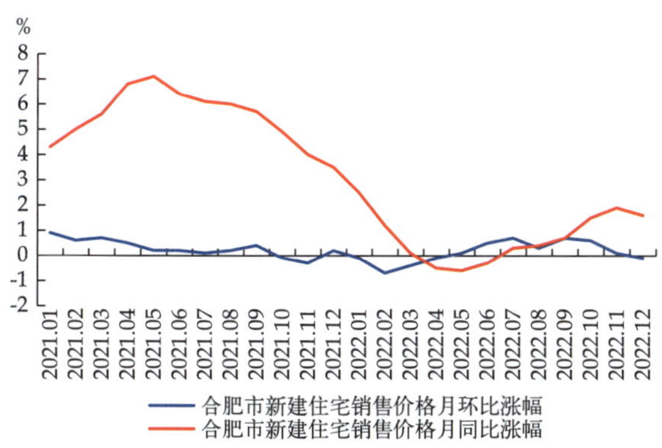

图 15　合肥市新建住宅销售价格变动趋势

（数据来源：安徽省统计局）

三、预测与展望

2023 年是全面贯彻落实党的二十大精神的开局之年，是实施“十四五”规划承上启下的关键一年。安徽具有国家战略叠加、制造业基础良好、科教资源丰富、历史人文深厚、生态环境优良、区位交通优越六大优势，但也面临着经济发展不平衡不充分、大部分地市居民可支配收入偏低等问题。预计安徽经济运行将保持平稳态势，投资、消费以及进出口实现稳定增长，社会民生持续改善，人民群众获得感、幸福感、安全感持续增强。

安徽省金融系统将继续以习近平新时代中国特色社会主义思想为指导，全面贯彻落实党的二十大精神，深入贯彻落实习近平总书记系列重要讲话和指示精神，坚持稳字当头、稳中求进，认真贯彻稳健货币政策精准有力的要求，加大对小微企业、科技创新、绿色发展等领域支持力度，为推动安徽高质量发展营造适宜的货币金融环境，奋力谱写现代化美好安徽建设新篇章。

中国人民银行安徽省分行货币政策分析小组

总　　纂：马　骏　黄　敏

统　　稿：孟凡征　姚　丰

执　　笔：王宗鹏　李维颖　张　驰　童　菲　张薇薇　杨玮玮

提供材料：卢星辰　郑巧珍　韩雪娇　李　阳　柳　攀　卢　璐　冉莎莎　姚　析　王雅静　何晓畅　胡小文　王安坤　朱媛媛　陈雪雪　王树棽　孔燕燕　蓝　兰

附录：

（一）2022年安徽省经济金融大事记

4月20日，安徽省人民政府办公厅印发《进一步支持市场主体纾困发展的若干政策和举措》。

5月1日，《中国（安徽）自由贸易试验区条例》生效施行，鼓励自贸试验区进行差别化探索，优化体制机制，为自贸试验区建设提供了法治保障。

6月2日，安徽省人民政府发布《稳住经济一揽子政策措施实施方案》，为市场主体减负担、增活力，保产业链供应链稳定。

7月5日，中国人民银行合肥中心支行等9部门联合主办“安徽省供应链金融助微大会”，启动“安徽省供应链金融助微行动计划”。

8月30日，中国人民银行合肥中心支行印发《关于扩大人民币跨境使用　支持安徽涉外经济保稳提质的意见》。

9月20日，2022世界制造业大会在合肥开幕。本届大会以“制造世界　创造美好”为主题，大会促成合作项目567个、投资总额3794亿元。

11月18日，中国人民银行等八部门印发《上海市、南京市、杭州市、合肥市、嘉兴市建设科创金融改革试验区总体方案》，合肥市科创金融改革试验区获批落地。

12月8日至9日，李克强与世界主要经济金融组织负责人在安徽省黄山市举行第七次“1+6”圆桌对话会。会议主题是“加强多边合作，促进全球共同发展”。

12月22日，安徽省委召开经济工作会议。

12月30日，我国在建规模最大的跨流域引调水工程“引江济淮工程”试通水通航，该工程总投资913亿元，是安徽省委、省政府确定的全省基础设施建设“一号工程”。

（二）安徽省主要经济金融指标

表 1　2022 年安徽省主要存贷款指标

	项目	1 月	2 月	3 月	4 月	5 月	6 月	7 月	8 月	9 月	10 月	11 月	12 月
本外币	金融机构各项存款余额（亿元）	68772.0	70363.2	71992.8	71071.6	71966.0	74042.3	73511.5	74168.6	74877.1	74642.3	74996.0	75196.1
	其中：住户存款	37192.8	37617.5	38405.2	37917.9	38132.0	39054.2	38987.2	39177.6	39962.6	39753.6	40443.5	41441.9
	非金融企业存款	17091.9	17487.8	18407.1	18100.9	18542.1	19645.8	19027.5	19293.4	19311.6	18756.6	18668.0	18410.5
	各项存款余额比上月增加（亿元）	1903.5	1591.2	1629.6	-921.1	894.4	2076.3	-530.8	657.0	708.5	-234.9	353.7	200.1
	金融机构各项存款同比增长（%）	10.3	11.1	11.9	12.2	10.6	12.2	12.2	13.2	11.8	13.0	12.8	12.5
	金融机构各项贷款余额（亿元）	60434.6	60967.2	62282.8	62532.9	63264.0	64833.2	65297.5	65726.5	66608.5	66804.3	67247.0	67466.2
	其中：短期	14767.1	14856.9	15410.4	15281.1	15535.1	16161.9	16196.4	16308.1	16634.3	16569.4	16629.2	16451.9
	中长期	41514.4	41727.9	42455.8	42579.3	42949.0	43801.6	44149.2	44483.0	45121.3	45306.9	45672.4	45953.9
	票据融资	3164.2	3381.0	3429.1	3687.0	3781.0	3859.9	3945.3	3925.2	3840.4	3905.9	3918.1	3316.4
	各项贷款余额比上月增加（亿元）	1764.8	532.6	1315.7	250.1	731.1	1569.3	464.2	429.1	881.9	195.8	442.8	219.2
	其中：短期	546.6	89.8	553.5	-129.3	254.0	626.7	34.5	111.7	326.3	-64.9	59.8	-177.3
	中长期	1338.9	213.6	727.9	123.5	369.7	852.6	347.6	333.7	638.4	185.5	365.6	281.5
	票据融资	-152.2	216.8	48.0	257.9	94.0	78.9	85.4	-20.0	-84.8	65.5	12.2	136.9
	金融机构各项贷款同比增长（%）	13.1	13.0	13.5	13.2	13.3	14.3	14.4	14.5	15.1	15.2	15.0	15.0
	其中：短期	8.3	10.3	12.8	12.8	13.7	15.2	15.2	16.0	16.2	15.8	16.2	15.6
	中长期	14.8	13.4	13.3	12.7	12.5	13.1	13.3	13.5	14.3	14.5	14.2	14.4
	票据融资	19.6	-92.0	25.0	26.2	26.8	30.3	29.1	23.2	22.8	25.1	22.6	0.0
	建筑业贷款余额（亿元）	1555.7	1551.0	1592.3	1597.6	1611.1	1640.6	1661.4	1665.3	1692.5	1696.9	1687.8	1658.3
	房地产业贷款余额（亿元）	1888.1	1884.9	1897.2	1866.8	1865.5	1866.7	1856.1	1847.4	1900.6	1902.6	1894.8	1904.6
	建筑业贷款同比增长（%）	9.8	6.1	6.6	6.5	6.3	6.4	9.6	9.2	10.4	12.2	11.4	11.9
	房地产业贷款同比增长（%）	-12.0	-13.0	-12.6	-12.5	-10.7	-8.8	-7.2	-6.4	-2.8	0.7	1.6	4.5
人民币	金融机构各项存款余额（亿元）	68153.0	69628.8	71283.1	70408.8	71309.7	73352.5	72837.4	73498.1	74213.0	73948.8	74293.2	74492.7
	其中：住户存款	37105.4	37531.7	38317.7	37825.7	38038.9	38959.2	38891.5	39084.0	39867.7	39659.5	40350.4	41350.5
	非金融企业存款	16596.7	16915.9	17866.9	17616.0	18064.9	19140.2	18528.4	18805.9	18827.7	18252.5	18151.1	17896.7
	各项存款余额比上月增加（亿元）	1881.1	1475.8	1654.3	-874.3	900.8	2042.8	-515.1	660.7	714.9	-264.1	344.4	199.5
	其中：住户存款	2775.6	426.3	786.0	-492.0	213.2	920.3	-67.6	192.4	783.7	-208.1	690.9	1000.2
	非金融企业存款	-714.8	319.3	951.0	-250.9	448.9	1075.3	-611.8	277.5	21.9	-575.3	-101.4	-254.4
	各项存款同比增长（%）	10.4	11.1	11.9	12.2	10.6	12.2	12.2	13.2	11.9	13.1	12.8	12.4
	其中：住户存款	20.8	13.5	14.0	15.7	16.3	15.9	17.2	17.6	17.1	18.4	19.7	20.5
	非金融企业存款	-0.7	5.8	8.4	9.0	11.2	11.4	9.6	11.5	9.6	9.8	6.7	3.4
	金融机构各项贷款余额（亿元）	59898.5	60435.3	61749.8	62028.2	62736.8	64324.4	64820.7	65261.7	66134.6	66352.2	66812.1	67048.4
	其中：个人消费贷款	3070.0	3021.8	3130.2	3084.2	3144.2	3236.6	3258.4	3287.3	3337.6	3339.0	3379.3	3388.3
	票据融资	3164.2	3381.0	3429.1	3687.0	3781.0	3859.9	3945.3	3925.2	3840.4	3905.9	3918.1	4055.0
	各项贷款余额比上月增加（亿元）	1747.5	536.8	1314.5	278.4	708.7	1587.6	496.3	441.0	872.9	217.7	459.8	236.3
	其中：个人消费贷款	54.9	-48.2	108.4	-46.0	59.9	92.5	21.8	28.8	50.3	1.5	40.3	8.9
	票据融资	-152.2	216.8	48.0	257.9	94.0	78.9	85.4	-20.0	-84.8	65.5	12.2	136.9
	金融机构各项贷款同比增长（%）	13.3	13.2	13.7	13.4	13.5	14.5	14.7	14.8	15.4	15.5	15.3	15.3
	其中：个人消费贷款	8.2	9.3	9.5	9.4	11.2	12.4	12.7	13.8	13.9	13.7	13.3	12.4
	票据融资	19.6	24.9	25.0	26.2	26.8	30.3	29.1	23.2	22.8	25.1	22.6	22.3
外币	金融机构外币存款余额（亿美元）	97.1	116.2	111.8	100.2	98.5	102.8	100.0	97.3	93.5	96.6	97.9	101.0
	金融机构外币存款同比增长（%）	8.7	13.2	16.6	7.4	0.9	1.9	2.9	3.3	-4.1	-4.3	2.6	7.9
	金融机构外币贷款余额（亿美元）	84.1	84.1	84.0	76.3	89.0	75.8	70.7	67.5	66.7	60.6	60.6	60.0
	金融机构外币贷款同比增长（%）	-5.3	-8.8	-8.5	-11.7	-11.1	-15.4	-18.5	-21.2	-24.3	-30.0	-27.7	-26.3

数据来源：中国人民银行合肥中心支行。

表 2　2001—2022 年安徽省各类价格指数

单位：%

时间		居民消费价格指数		工业生产者购进价格指数		工业生产者出厂价格指数	
		当月同比	累计同比	当月同比	累计同比	当月同比	累计同比
2001		—	0.5	—	0.2	—	-1.4
2002		—	-1	—	-1.8	—	-0.2
2003		—	1.7	—	6.7	—	3.5
2004		—	4.5	—	14.99	—	8.16
2005		—	1.4	—	7.1	—	3.3
2006		—	1.2	—	3.9	—	3.1
2007		—	5.3	—	5.1	—	3.6
2008		—	6.2	—	12.4	—	8.4
2009		—	-0.9	—	-4.7	—	-7.2
2010		—	3.1	—	11.8	—	9.0
2011		—	5.6	—	10.8	—	8.3
2012		—	2.3	—	-1.8	—	-1.7
2013		—	2.4	—	-3.1	—	-1.8
2014		—	1.6	—	-2.8	—	-2.6
2015		—	1.3	—	-6.5	—	-6.1
2016		—	1.8	—	-1.6	—	-1.5
2017		—	1.2	—	9.2	—	8.0
2018		—	2.0	—	5.3	—	3.0
2019		—	2.7	—	-0.1	—	0.3
2020		—	2.7	—	-1.5	—	-0.9
2021		1.7	0.9	13.9	11.5	9.9	7.7
2022		1.4	2.0	-2.7	4.0	-2.1	3.2
2021	1	-0.2	-0.2	2.6	2.6	1.2	1.2
	2	-0.2	-0.2	4.0	3.3	2.4	1.8
	3	0.6	0.1	6.8	4.5	4.9	2.8
	4	1.0	0.3	9.9	5.8	6.7	3.8
	5	1.4	0.5	12.8	7.2	8.5	4.7
	6	0.9	0.6	13.9	8.3	9.1	5.4
	7	0.5	0.6	13.8	9.1	8.8	5.9
	8	0.6	0.6	13.6	9.6	8.8	6.3
	9	0.7	0.6	14.0	10.1	9.5	6.6
	10	1.7	0.7	16.4	10.7	11.5	7.1
	11	2.6	0.9	16.8	11.3	11.6	7.5
	12	1.7	0.9	13.9	11.5	9.9	7.7
2022	1	1.1	1.1	11.0	11.0	8.7	8.7
	2	1.1	1.1	10.1	10.6	8.0	8.4
	3	1.7	1.3	9.2	10.1	7.5	8.1
	4	2.7	1.6	9.1	9.8	7.1	7.8
	5	2.3	1.8	7.5	9.4	5.8	7.4
	6	2.6	1.9	6.1	8.8	4.6	6.9
	7	2.9	2	3.3	8	2.9	6.3
	8	2.5	2.1	1.1	7.1	1.3	5.7
	9	2.6	2.2	-0.1	6.3	-0.1	5
	10	2.1	2.2	-1.9	5.4	-1.7	4.3
	11	1.3	2.1	-2.7	4.6	-2.3	3.7
	12	1.4	2	-2.7	4.0	-2.1	3.2

数据来源：《中国经济景气月报》、安徽省统计局。

表 3　2022 年安徽省主要经济指标

项目	1 月	2 月	3 月	4 月	5 月	6 月	7 月	8 月	9 月	10 月	11 月	12 月
	绝对值（自年初累计）											
地区生产总值（亿元）	—	—	10347.70	—	—	21763.96	—	—	33702.93	—	—	45045.00
第一产业	—	—	450.61	—	—	1278.79	—	—	2033.18	—	—	3513.70
第二产业	—	—	4215.84	—	—	9392.83	—	—	14583.81	—	—	18588.00
第三产业	—	—	5681.25	—	—	11092.35	—	—	17085.93	—	—	22943.30
工业增加值（亿元）	—	—	—	—	—	—	—	—	—	—	—	—
固定资产投资（亿元）	—	—	—	—	—	—	—	—	—	—	—	—
房地产开发投资	—	806.50	1524.20	2184.00	2941.30	3706.60	4273.70	4911.40	5528.30	5993.10	6410.90	6811.70
社会消费品零售总额（亿元）	—	—	5517.00	—	—	10742.40	—	—	16130.00	—	—	21518.40
外贸进出口总额（亿元）	—	1128.00	1732.90	2332.50	2980.90	3675.80	4409.50	5066.00	5662.90	6231.30	6870.00	7530.60
进口	—	474.10	706.80	973.30	1238.40	1474.60	1742.10	1959.10	2162.90	2364.30	2575.50	2766.90
出口	—	653.90	1026.10	1359.20	1742.50	2201.20	2667.50	3106.80	3500.00	3867.00	4294.50	4763.70
进出口差额（出口－进口）	—	179.80	319.30	385.90	504.10	726.60	925.40	1147.70	1337.10	1502.70	1719.00	1996.80
实际利用外资（亿元）		34.80	4.32	5.10	5.90	8.90	—	13.20	18.30	18.70	19.50	21.60
地方财政收支差额（亿元）	-382.7	-563.70	-1127.80	-1483.70	-1681.90	-2554.20	-2823.40	-3173.70	-3592.70	-3712.50	-4089.20	-4789.80
地方财政收入	522.8	805.10	1108.90	1393.20	1846.40	1933.50	2292.80	2540.90	2799.00	3147.00	3355.10	3589.10
地方财政支出	905.5	1368.80	2236.70	2876.90	3528.30	4487.70	5116.20	5714.60	6391.70	6859.50	7444.30	8378.90
城镇登记失业率（%）（季度）	—	—	—	—	—	—	—	—	—	—	—	—
	同比累计增长率（%）											
地区生产总值	—	—	5.2	—	—	3.0	—	—	3.3	—	—	3.5
第一产业	—	—	9.2	—	—	5.0	—	—	5.0	—	—	4.0
第二产业	—	—	6.3	—	—	3.8	—	—	4.1	—	—	5.1
第三产业	—	—	4.1	—	—	2.1	—	—	2.5	—	—	2.2
工业增加值	—	8.8	8.1	5.5	5.4	5.6	5.3	5.6	5.8	6.1	6.2	6.1
固定资产投资	—	10.8	10.8	10.0	9.7	9.6	8.5	8.5	8.8	8.9	8.9	9.0
房地产开发投资	—	2.9	1.7	-2.2	-2.8	-3.3	-5.5	-5.7	-5.7	-5.8	-5.9	-6.2
社会消费品零售总额	—	—	3.7	—	—	-0.3	—	—	0.9	—	—	0.2
外贸进出口总额	—	22.3	16.0	11.8	12.3	13.7	16.5	15.2	13.5	11.2	10.0	8.9
进口	—	25.4	23.6	16.4	16.3	18.3	22.0	21.9	20.3	17.9	17.1	16.4
出口	—	18.3	6.5	6.0	7.0	7.4	9.0	6.1	4.1	1.7	0.0	-1.9
实际利用外资	—	28.3	18.8	16.7	26.8	11.3	—	0.2	23.1	19.4	10.2	17.8
地方财政收入	22.0	19.8	17.3	4.5	11.4	11.2	9.6	9.8	8.5	8.7	9.9	9.9
地方财政支出	50.7	9.9	14.5	15.5	16.4	11.1	11.8	11.6	9.8	10.0	10.8	10.4

数据来源：安徽省统计局。

福建省金融运行报告（2023）

中国人民银行福建省分行①

货币政策分析小组

［内容摘要］2022年，福建省坚持以习近平新时代中国特色社会主义思想为指导，认真学习贯彻党的二十大精神，坚决贯彻落实习近平总书记重要讲话精神，全面落实“四个更大”②重要要求，坚持稳中求进工作总基调，科学统筹疫情防控和经济社会发展，有力克服超预期因素影响，支持经济社会发展取得新成效。全省金融系统认真落实好稳健的货币政策，精准发力、靠前发力，支持实体经济力度持续加大。

福建省经济运行主要呈现以下特点：一是投资、消费持续恢复，对外贸易保持增长。固定资产投资平稳增长，工业投资贡献较大，改建和技术改造投资高速增长；消费品市场逐步恢复，线上消费占比提高；进出口总额保持增长，贸易顺差扩大。二是三次产业继续修复，供给侧结构性改革持续推进。农业生产稳步发展，主要农产品产量保持增长。工业生产形势良好，全年规模以上工业增加值同比增长5.7%，增幅比全国高2.1个百分点。38个大类行业中有25个行业增加值实现正增长，符合转型升级方向的新动能行业利润保持增长，其中电气机械和设备制造业利润同比增长70.3%，汽车制造业利润同比增长10.7%。服务业企稳向好，全年增加值同比增长4.0%，生产性服务业表现突出。三是新产业新业态继续壮大，高质量发展取得新成效。新动能快速成长，规模以上高技术制造业增加值同比增长17.1%，增幅比全国高9.7个百分点；规模以上装备制造业对工业增长贡献率提升；经营主体不断壮大，年末实有经营主体户数同比增长11.6%。四是居民消费价格温和上涨，工业生产者价格涨幅回落。全年居民消费价格指数同比上涨1.9%；工业生产者出厂价格指数同比上涨2.9%，涨幅比上年回落2.0个百分点，生产资料价格上涨是主要因素。五是就业形势保持稳定。全年城镇新增就业人数52.0万人，失业人员实现再就业13.2万人。居民人均可支配收入4.3万元，名义增长6.0%。六是财政收支保持三个正增长，民生领域支出保障有力。全年一般公共预算总收入、一般公共预算支出、地方一般公共预算收入同比分别增长1.9%、9.6%和5.5%。民生领域社会保障和就业、卫生健康、教育支出同比分别增长19.8%、14.5%和8.5%。

福建省金融运行主要呈现以下特点：一是贷款保持合理增长。2022年末本外币各项贷款余额7.5万亿元，同比增长11.0%，全年新增贷款7479亿元。多渠道探索合力推进全省普惠金融发展，年末普惠小微贷款余额1.2万亿元，同比增长24.5%；普惠小微贷款户数达165.7万户，比年初增加9.2万户。全年普惠小微贷款加权平均利率为4.73%，同比下降35个基点。二是人民币贷款利率创新低。全年人民币一般贷款加权平均利率为4.80%，同比下降40个基点，创2008年以来新低，其中企业贷款加权平均利率为3.90%，同比下降41个基点，创2015年以来

① 自2023年8月18日起，中国人民银行福州中心支行更名为中国人民银行福建省分行。本报告主要反映2022年的经济金融情况，正文中涉及的相关机构表述仍沿用2022年名称。

② 2021年3月，习近平总书记再次亲临福建考察，明确提出“在加快建设现代化经济体系上取得更大进步，在服务和融入新发展格局上展现更大作为，在探索海峡两岸融合发展新路上迈出更大步伐，在创造高品质生活上实现更大突破”的“四个更大”重要要求。

新低。定期存款加权平均利率为 2.29%，同比下降 6 个基点。三是结构性货币政策工具有力支持重点领域和薄弱环节。普惠性工具的精准滴灌功能持续增强，年末再贷款再贴现余额 1087 亿元，全年累计发放额 1564 亿元，惠及经营主体近 10 万户。聚焦重点领域，支持经济转型升级，持续用好碳减排支持工具、科技创新再贷款、设备更新改造专项再贷款等结构性货币政策工具。加大保经营主体力度，全面落实普惠小微贷款阶段性减息政策，为全省 85 万户普惠小微企业减免贷款利息 16 亿元。四是金融市场高效运行，银行间市场发债平稳增长。全年社会融资新增规模、跨境收支、结售汇规模和人民币跨境结算金额均创历史新高；票据融资大幅增长；全年福建企业在银行间市场筹资 2806 亿元，创新运用绿色债券、乡村振兴债券、科创票据、房地产并购债券和房企“第二支箭”（民营企业债券融资支持工具）等募集资金 145 亿元；推动金融机构发行金融债券补充资本金，增强服务实体经济能力，全年发行金融债券 1305 亿元。五是多层次资本市场有序发展，保险保障能力有效增强。证券期货机构运行稳定，上市公司规模和融资渠道继续优化，年末全省共有境内上市公司 170 家，全年新增 8 家，直接融资 2697 亿元，同比增长 25.3%。保险业规模保持较高增速，年末保险公司总资产同比增长 11.5%，连续 5 年保持两位数增长；民生保障能力显著提高，全年累计承担风险总额 163.5 万亿元，累计赔付支出 447 亿元、同比增长 4.0%。六是区域金融安全稳定屏障筑牢夯实。金融监管协调机制持续完善，中小银行改革发展稳步推进，风险预警、早纠和处置继续强化，全省继续保持无高风险金融机构良好态势。七是金融改革创新持续推进，两岸融合发展成效显著。宁德、龙岩国家级普惠金融改革试验区建设取得积极成效，形成一批有特色、可持续、易推广的创新成果。两岸征信交流合作持续深化，全年台胞、台企获得授信 130 亿元，同比增长 16.5%；台资企业资本项目管理便利化试点政策红利继续释放；福建自由贸易试验区跨境人民币业务结算量同比大幅增长 135.0%。八是金融服务质效持续提高，金融生态环境进一步优化。支付体系建设成效持续显现，云闪付用户数达 2060 万户，用户渗透率达 56.6%。社会信用体系建设力度不断加大，金融司法环境持续改善，金融消费者合法权益得到有效保障。数字人民币试点工作进展顺利，截至年末，全省开通数字人民币支付商户门店 16.0 万个，累计开立钱包 486.2 万个，累计交易金额 1544 亿元。

2023 年，福建省金融系统将坚持以习近平新时代中国特色社会主义思想为指导，深入学习贯彻党的二十大和中央经济工作会议精神，按照党中央、国务院的决策部署，坚持稳中求进工作总基调，切实落实“两个毫不动摇”，加大金融支持实体经济力度，助力加快构建福建新发展格局，在推进中国式现代化发展中展现福建作为。一是精准有力落实好稳健的货币政策，保持信贷总量平稳增长，落实好存款利率市场化调整机制，引导金融机构科学合理定价，助力实现促消费、扩投资、带就业的综合效应。二是充分发挥结构性货币政策工具牵引带动作用，引导金融机构加强对民营小微、乡村振兴、科技创新等重点领域和薄弱环节以及“四大经济”等福建特色重点产业的金融支持，进一步传承弘扬“晋江经验”，支持福建实施“新时代民营经济强省”战略。三是深入推进高水平金融改革开放，继续支持福建融入 RCEP、“一带一路”建设，推进闽台优势产业链供应链价值链融合，拓展台企资本项目便利化试点成效。四是统筹促发展与防风险，推进房地产、地方融资平台等重点领域风险防范化解，努力保持全省无高风险金融机构的良好局面。

一、金融运行情况

2022年是党和国家历史上极为重要的一年。党的二十大胜利召开，描绘了全面建设社会主义现代化国家的宏伟蓝图，为福建经济高质量发展指明了方向。面对疫情等国内外多重超预期因素冲击，福建省金融系统坚持以习近平新时代中国特色社会主义思想为指导，深入贯彻落实党的二十大、中央经济工作会议精神，坚持党的全面领导，坚持稳中求进工作总基调，坚持新发展理念，统筹疫情防控和经济社会发展，落实好稳健的货币政策，精准发力、靠前发力，货币信贷和社会融资规模合理增长，融资结构持续改善，多层次资本市场有序发展，保险保障能力有效增强，区域金融改革扎实推进，有力支持福建经济社会高质量发展超越。

（一）银行业稳健发展，服务实体经济能力进一步提高

1. 银行业规模平稳增长。2022年末，福建省银行业金融机构资产总额13.4万亿元，同比增长8.8%；营业网点6545个，从业人员12.6万人，法人机构145个。全省145家地方法人金融机构经营总体稳健，年末总资产、总负债同比分别增长10.0%和10.5%；平均资本充足率14.9%；拨备总体充足，平均拨备覆盖率达306.1%。

表1　2022年银行业金融机构情况

机构类别	营业网点			法人机构（个）
	机构个数（个）	从业人数（人）	资产总额（亿元）	
一、大型商业银行	2247	53169	33963	0
二、国家开发银行和政策性银行	44	1718	8708	0
三、股份制商业银行	799	26224	60150	1
四、城市商业银行	312	12200	12600	4
五、城市信用社	0	0	0	0
六、小型农村金融机构	1921	20333	11817	68
七、财务公司	7	189	541	6
八、信托公司	2	653	263	2
九、邮政储蓄银行	1059	6409	3608	0
十、外资银行	34	932	791	1
十一、新型农村金融机构	115	2260	462	58
十二、其他	5	1983	1263	5
合　计	6545	126070	134166	145

数据来源：中国人民银行福州中心支行、福建银保监局。

注：小型农村金融机构包括农村商业银行和农村信用社；新型农村金融机构包括村镇银行；其他包含金融租赁公司、消费金融公司、民营银行；资产总额不含兴业银行省外分支机构数据。

2. 各项存款增速创历史新高。2022年末，全省金融机构本外币各项存款余额7.3万亿元，同比增长17.5%，增速较上年提高7.4个百分点；新增存款1.1万亿元，同比多增5132亿元。其中，非金融企业存款余额2.1万亿元，同比增长13.2%，增速较上年提高4.0个百分点。

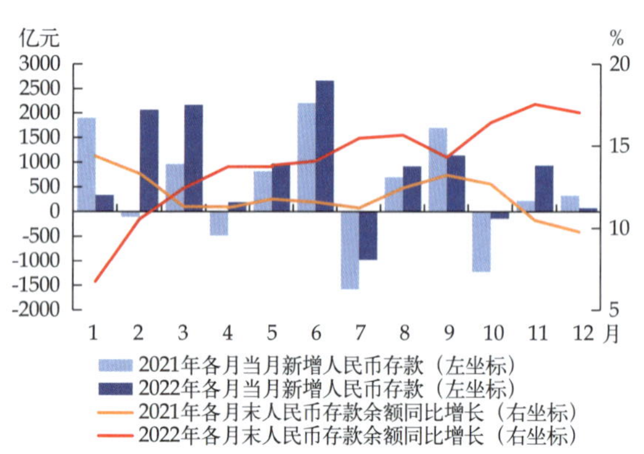

图1　金融机构人民币存款增长变化

（数据来源：中国人民银行福州中心支行）

3. 贷款保持合理增长。2022年末，全省本外币各项贷款余额7.5万亿元，同比增长11.0%，增速较上年末低2.4个百分点；新增贷款7479亿元，同比少增556亿元。地方法人金融机构本外币各项贷款余额同比增长12.8%，比全省平均水平高1.8个百分点。

普惠领域信贷投放"量增、面扩、价降"。2022年末，全省普惠小微贷款余额1.2万亿元，

同比增长 24.5%；普惠小微贷款户数达 165.7 万户，同比增加 9.2 万户。2022 年，全省普惠小微贷款加权平均利率 4.73%，同比下降 35 个基点。金融服务乡村振兴战略力度增强。创设“乡村振兴贷”，至年末全省发放 1616 笔，金额 32 亿元，加权平均利率 3.89%；创新开展“一县一品 贷动‘闽’生”专项行动，落地 62 个项目，覆盖中小微企业、制造业与科技创新、农业经营主体、海洋经济、林业经济、闽台合作等实体经济重点领域和福建经济特色板块，年末专项行动项目贷款余额合计 2611 亿元；年末全省本外币涉农贷款余额 1.8 万亿元，同比增长 9.6%。

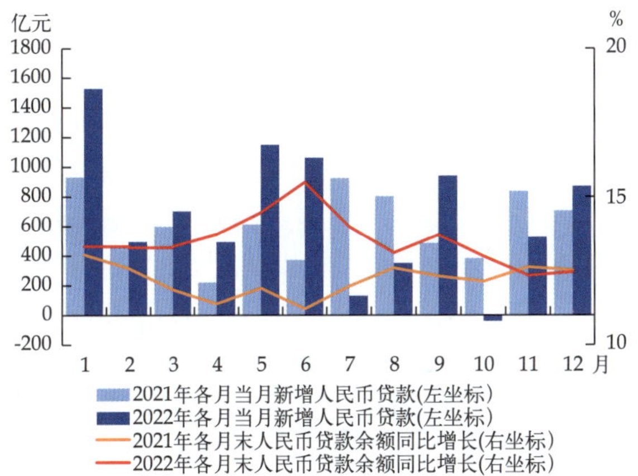

图 2 金融机构人民币贷款增长变化

（数据来源：中国人民银行福州中心支行）

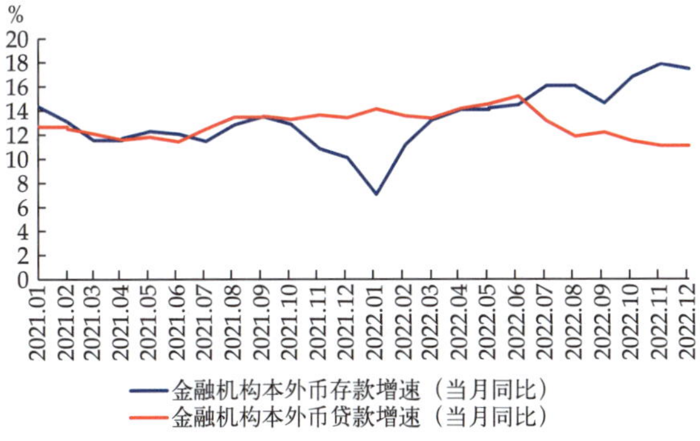

图 3 金融机构本外币存贷款增速变化

（数据来源：中国人民银行福州中心支行）

4. 人民币贷款利率创新低。2022 年，福建省市场利率定价自律机制高效运行，引导金融机构科学合理定价，全省贷款利率总体下行。全年人民币一般贷款加权平均利率为 4.80%，同比下降 40 个基点，创 2008 年以来新低，其中，企业贷款加权平均利率为 3.90%，同比下降 41 个基点，创 2015 年以来新低。有效落实存款利率市场化调整机制，引导金融机构存款利率跟随市场利率变动。2022 年，全省定期存款加权平均利率为 2.29%，同比下降 6 个基点。

受美联储加息等因素影响，美元存贷款利率明显上升。2022 年，全省美元定期存款加权平均利率 1.77%，同比上升 108 个基点；美元贷款加权平均利率 2.73%，同比上升 163 个基点。

表 2 2022 年金融机构人民币贷款各利率区间发生额

单位：亿元

项目		1 月	2 月	3 月	4 月	5 月	6 月
合计		3919.0	1967.0	4014.1	2918.6	3150.5	4063.3
LPR 减点		840.8	445.0	978.2	680.8	704.8	1230.1
LPR		310.0	159.6	389.0	264.3	269.4	412.8
LPR 加点	小计	2768.2	1362.4	2646.9	1973.5	2176.3	2420.4
	(LPR，LPR+0.5%)	782.7	366.6	702.0	491.2	545.6	760.4
	[LPR+0.5%，LPR+1.5%)	1036.0	477.6	1069.3	726.7	854.8	865.5
	[LPR+1.5%，LPR+3%)	496.5	232.6	466.6	380.7	388.2	403.2
	[LPR+3%，LPR+5%)	224.9	126.2	198.3	187.2	187.4	187.5
	LPR+5% 及以上	228.1	159.4	210.7	187.7	200.3	203.8

项目		7 月	8 月	9 月	10 月	11 月	12 月
合计		3062.0	3125.3	3725.4	2932.3	3325.7	3930.5
LPR 减点		735.1	786.7	1127.1	906.4	1047.8	1463.1
LPR		303.5	232.9	296.8	230.1	262.8	282.2
LPR 加点	小计	2023.4	2105.7	2301.5	1795.8	2015.1	2185.2
	(LPR，LPR+0.5%)	620.1	711.0	830.5	586.2	690.5	683.1
	[LPR+0.5%，LPR+1.5%)	689.7	667.3	723.8	563.0	635.8	690.1
	[LPR+1.5%，LPR+3%)	351.8	340.3	355.3	283.7	325.8	377.2
	[LPR+3%，LPR+5%)	164.1	177.1	176.5	155.8	150.5	223.5
	LPR+5% 及以上	197.7	210.0	215.4	207.1	212.5	211.3

数据来源：中国人民银行福州中心支行。

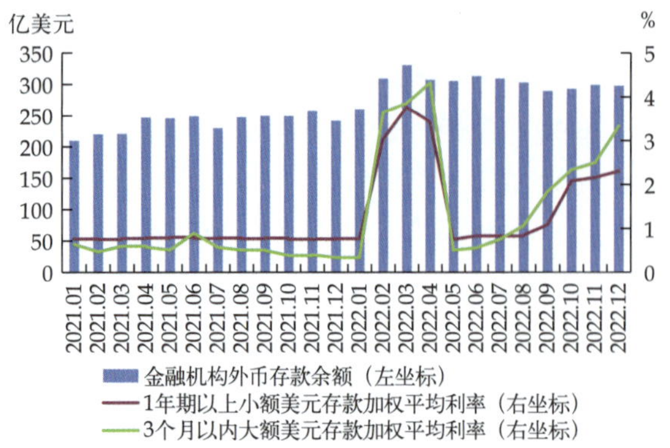

图4　金融机构外币存款余额及外币存款利率

（数据来源：中国人民银行福州中心支行）

5. 结构性货币政策工具有力支持重点领域和薄弱环节。一是普惠性工具的精准滴灌功能持续增强。2022年末，全省再贷款再贴现余额1087亿元，全年累计发放额1564亿元，惠及经营主体近10万户；通过普惠小微贷款支持工具提供激励资金18亿元，撬动地方法人金融机构普惠小微贷款余额比年初增加999亿元。二是聚焦重点领域，支持经济转型升级。2022年，省内金融机构累计运用碳减排支持工具支持项目321个，发放贷款189亿元；累计运用支持煤炭清洁高效利用专项再贷款支持项目63个，发放贷款13亿元；全年运用科技创新再贷款支持企业2299家，发放贷款310亿元；全年运用设备更新改造专项再贷款支持项目105个，发放贷款55亿元。三是聚焦纾困帮扶，加大保经营主体力度。全面落实普惠小微贷款阶段性减息政策，全省为85万户普惠小微企业减免贷款利息16亿元。中国人民银行福州中心支行与福建省财政厅等部门联合推出四期金额合计500亿元纾困增产增效专项资金贷款，倾斜支持受疫情影响严重行业的中小微企业，全年全省金融机构累计发放纾困贷款407亿元，加权平均利率3.15%，支持企业1.8万家。

6. 金融改革开放持续深化。一是宁德、龙岩国家级普惠金融改革试验区建设取得积极成效，形成一批有特色、可持续、易推广的创新成果。2022年末，宁德、龙岩普惠小微贷款余额分别增长29.5%和30.5%，居全省第四、第三位；涉农贷款余额增长均达20.7%，全省最高。“宁德市农村生产要素流转融资服务机制”“龙岩数字普惠金融服务平台”等5项成果，“上杭县稳企纾困服务实体经济金融模式”“金融干部挂职乡镇与乡村振兴融资能力提升工程”等6项成果，分别入选福建省第三、第四批普惠金融改革试验可复制创新成果，并在全省范围复制推广。二是紧抓福建区域特色，促进两岸融合发展。持续深化两岸征信交流合作，2022年，省内金融机构累计查询在台信用信息1225笔，发放贷款29亿元；373位台胞、232家台企获颁金融信用证书，获得授信130亿元，同比增长16.5%。进一步改进台胞台企账户服务，2022年，全省累计交易笔数达2791笔，金额2亿元。推动台资企业资本项目管理便利化试点政策红利继续释放，2022年，全辖（不含厦门）共有57家台资企业办理662笔试点业务，金额4亿美元。三是推动跨境人民币业务快速增长。2022年，全省与“一带一路”共建国家（地区）跨境人民币结算金额1298亿元，同比增长63.7%。大宗商品贸易领域人民币使用快速增长。2022年，全省原油、铁矿石、铜、大豆等大宗商品贸易跨境人民币结算金额410亿元，同比增长130.5%。有效落实福建自由贸易试验区试点政策，促进跨境人民币业务发展。2022年，福建省自由贸易试验区跨境人民币业务结算量达994亿元，同比大幅增长135.0%，占同期全省跨境人民币业务总量的11.2%。

7. 区域金融安全稳定屏障筑牢夯实。推动成立福建省金融风险化解委员会，出台防范化解重大风险问责办法，金融监管协调机制持续完善。配合省政府制订深化农信社改革方案，中小银行改革发展稳步推进。继续强化风险预警、早纠和处置，建立挤兑风险联合防控工作机制，稳妥处置河南村镇银行事件外溢影响，全省继续保持无高风险金融机构良好态势。

专栏1 “一品一智慧 一贷一未来”专项行动“贷”动县域经济、服务“闽”生

2022年初，为有效应对经济下行压力的影响，进一步加大对福建县域经济和乡村振兴的金融支持，中国人民银行福州中心支行牵头财政、林业、农业农村、海洋渔业等7个省厅部门创新开展“一县一品 贷动‘闽’生”专项行动，整合金融、财政、产业力量支持全省县域经济高质量发展。专项行动共落地62个行动项目，覆盖15个福建特色经济板块。2022年末，全省专项行动领域贷款余额合计2611亿元，比行动启动时增加507亿元；贷款加权平均利率4.61%，比行动启动时降低68个基点；政府性融资担保放大倍数4.3倍，较年初提高1.1倍，有力实现“‘贷’动福建发展、服务民生改善”。

一、“几家抬”合力，优化县域经济发展整体环境

联合省财政、工信、农业农村等部门印发专项行动工作方案，搭建跨部门重点任务推进框架；人民银行各县级支行联合行业主管部门充实财政贴息奖补、融资担保增信、风险补偿等力量，完善产业发展的配套支持与县域信贷投放的政策支撑。62个专项行动项目中，有20个项目得到财政贴息支持，52个通过政策性担保公司等增信机制获得信用支持。行业协会、中介组织等也积极发挥作用，牵头建立风险分担互助机制，共同优化县域经济发展环境。

二、科技赋能，依托信息平台提升金融服务质效

省内各级人民银行联合相关部门打造一批具有福建特色的金融科技创新项目，加大涉企信息和政务数据共享对接；鼓励各金融机构充分依托企业信息平台、行业性数据平台等金融科技平台开展专项行动。据初步统计，全省超90%的县域已对接应用国、省、市三级各类信息平台，帮助金融机构利用大数据提高金融服务效率。各金融机构也充分运用已有的线上信贷产品，为专项行动提供快速便捷的信贷服务，切实提升金融服务县域经济和乡村振兴发展质效。

三、因地制宜，以个性化、优质化的金融产品服务县域经济发展

人民银行各县级支行积极用好再贷款资金，推动央行资金直达实体。62个专项行动项目中，有21个项目以“再贷款+”模式更大力度降低专项行动领域融资成本。各金融机构深入调研当地产业发展实际，因地制宜整合金融产品，规划符合产业发展需要的专项信贷资源，对接再贷款和省级优惠政策。同时，加快建设金融服务驿站、信用村和信用园区、线上购销平台，延伸农村地区融资、信用、销售等金融、民生服务触角，引导宏观性惠企政策真正惠及微观经营主体。

四、评估激励，锤炼队伍激发动力

调动和发挥各级分支机构和金融机构的主观能动性，合理设计“定性+定量”评估考核体系，将评估激励作为推动工作的正向指挥棒。金融机构和各级人民银行分支机构也以多样的评估激励方式推动专项行动形成你追我赶的工作氛围。组织开展系统内“一县一品 贷动‘闽’生”业务竞赛活动，全省各级人民银行共78家单位136名员工参赛，其中县级支行人员占比88.0%。通过表彰先进、树立典型，有效激发调动一线工作积极性并锤炼锻造队伍。

五、宣传推广，提升专项行动社会影响力

“一县一品 贷动‘闽’生”专项行动以带动地方信贷增长的实际成效获得地方政府及经营主体的充分肯定，专项行动被列入2022年福建省第二批优化营商环境典型经验

做法。通过各类媒体渠道充分宣传展示专项行动好经验、好做法、好成效，做大专项行动“朋友圈”，做宽专项行动覆盖面。联合福建省政府新闻办召开“一县一品 贷动‘闽’生”专题新闻发布会，近275万人在线收看。举办全省专项行动“十大项目”票选活动，共有155万人次浏览、投票，受到社会广泛关注和支持。

（二）多层次资本市场有序发展，直接融资功能持续提升

1. 证券期货机构运行平稳。2022年末，全省共有证券期货机构749家，其中，法人证券公司4家、法人期货公司5家、法人基金管理公司4家、区域性股权市场2家。全省法人证券公司资产总额2615亿元，净资产623亿元，同比分别增长9.9%和20.2%。全省法人期货公司资产总额646亿元，净资产65亿元，同比分别增长20.5%和14.2%。2022年，全省证券营业部实现证券交易额27.0万亿元，同比下降11.2%；期货营业部实现期货交易额17.6万亿元，同比下降12.8%。已登记备案私募基金管理人584家，较上年同期减少21家；管理基金4040只，同比增长27.7%；管理规模3250亿元，同比增长6.4%。

2. 银行间市场发债平稳增长。一是企业发债金额较上年小幅增加。2022年，全省共有90家企业在银行间市场发行债务融资工具403期，筹资2806亿元，金额同比增加46亿元。二是债券品种持续创新。17家企业创新运用绿色债券、乡村振兴债券、科创票据、房地产并购债券和房企“第二支箭”等募集资金145亿元。安踏体育成功发行民营企业绿色熊猫债券5亿元，宁德时代新能源成功发行绿色中期票据50亿元；厦门象屿集团成功发行用途类科创票据10亿元；建发房地产集团成功发行4期房地产并购债券25亿元；金辉集团运用民营房企“第二支箭”成功发行中期票据12亿元。三是推动金融机构金融债券发行，增强服务实体经济能力。2022年，全省发行金融债券1305亿元，同比增加303亿元。

3. 上市公司规模和融资渠道继续优化。2022年末，全省共有境内上市公司170家，全年新增8家；直接融资2697亿元，同比增长25.3%；总市值3.2万亿元，同比下降18.5%；新三板挂牌企业220家，总股本153.2亿股，可交易股本95.4亿股；境外上市公司101家。全省区域性股权市场（海峡股权交易中心、厦门两岸股权交易中心）累计挂牌展示企业13767家，较上年末新增956家，同比增长7.5%；累计帮助企业实现融资225亿元。

表3　2022年证券业基本情况

项目	数量
总部设在辖内的证券公司数（家）	4
总部设在辖内的基金公司数（家）	4
总部设在辖内的期货公司数（家）	5
年末国内上市公司数（家）	170
当年国内股票（A股）筹资（亿元）	1365
当年发行H股筹资（亿元）	3
当年国内债券筹资（亿元）	5846
其中：短期融资券筹资额（亿元）	1626
中期票据筹资额（亿元）	954

数据来源：福建证监局。

（三）保险市场规模持续扩大，保险保障能力有效增强

1. 保险业规模保持较高增速。2022年末，全省保险公司总资产4390亿元，同比增长11.5%，连续5年保持两位数增长。累计实现保费收入1375亿元，同比增长6.2%。其中，财产险保费收入359亿元，同比增长9.4%；人身险保费收入1016亿元，同比增长5.1%。

2. 服务实体经济成效明显。2022年，全

省信用保证保险保费收入31亿元，同比增长11.6%；赔款支出20亿元，同比增长20.4%。中国出口信用保险公司福建分公司充分发挥政策性金融职能，承保福耀玻璃、福建百宏、紫金矿业等企业海外投资项目，累计实现保费收入5亿元，保险金额256亿美元，同比分别增长6.7%和5.7%。积极服务“三农”事业发展，农业保险实现保费收入10亿元，同比增长15.3%，赔付支出8亿元，同比增长17.5%。保险机构加大投入，基本实现农村基础设施服务全覆盖，创新产品对接乡村振兴保险需求，提供保险保障约44亿元，支付赔款756.0万元。人身险公司（不含厦门）970款人身险产品在不加收保费情况下将新冠肺炎纳入保障范围，覆盖4.7万家企业，并发放保单质押贷款，年末余额281亿元。

3. 民生保障能力显著提高。2022年，全省累计承担风险总额163.5万亿元，同比增长39.0%，累计赔付支出447亿元，同比增长4.0%。福建省保险业（不含厦门）积极参与第三支柱养老保险体系建设，为520.3万人次提供商业养老保险保障约1.4万亿元；为486.0万60周岁以上老年人提供意外、健康保险保障4.8万亿元；为客户管理养老保障资金规模约21亿元；落地个人专属商业养老保险试点和个人养老金试点。健全多层次医疗保障体系，各设区市（不含厦门）职工补充医疗保险与城乡居民大病保险覆盖3365.8万人，赔付金额24亿元；推出全省统一定制型保险“惠闽保”，首期承保近250万人。持续扩大台胞台企风险保障，为台胞台企提供风险保障合计739亿元，同比增长120%。

表4　2022年保险业基本情况

项目	数量
总部设在辖内的保险公司数（家）	3
其中：财产险经营主体（家）	2
寿险经营主体（家）	1
保险公司分支机构（家）	64
其中：财产险公司分支机构（家）	27
寿险公司分支机构（家）	37
保费收入（中外资，亿元）	1374.7
其中：财产险保费收入（中外资，亿元）	358.8
人身险保费收入（中外资，亿元）	1015.9
各类赔款给付（中外资，亿元）	446.9

续表

数据来源：福建银保监局。

（四）金融市场高效运行，社会融资规模增量创历史新高

1. 社会融资规模增量创历史新高。2022年，全省社会融资规模新增1.1万亿元，创历史新高，同比增长14.6%。其中，新增人民币贷款7996亿元，增量占比为69.7%；表外融资下降403亿元。企业直接融资力度显著增强，地方政府债发行力度继续加大。

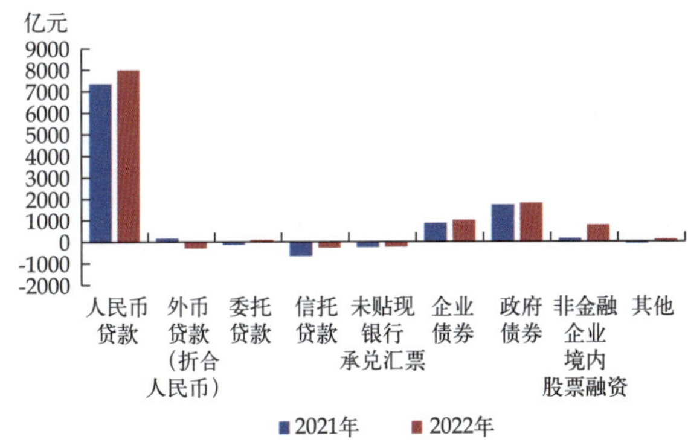

图5　社会融资规模分布结构

（数据来源：中国人民银行福州中心支行）

2. 货币市场交易规模快速扩大。2022年，全省银行间同业拆借、债券回购、现券交易三项成交总额106.4万亿元，同比增长26.5%。其中，拆借市场净流入资金1.2万亿元，债券市场净流入资金10.0万亿元。

3. 票据融资大幅增长。2022年，全省票据融资总量（含承兑、贴现、转贴现）1.7万亿元，同比增长46.9%。全年票据贴现加权平均利率1.77%，同比下降88个基点；转贴现加权平均利率1.72%，同比下降92个基点。

4. 跨境收支、结售汇规模和人民币跨境结

算金额均创历史新高。2022年，全省跨境收支总额4063亿美元，同比增长11.5%，结售汇总额2563亿美元，同比增长1.2%，跨境收支和结售汇规模均创历史新高。跨境收支顺差405亿美元，同比增长80.4%；结售汇逆差15亿美元，为近七年来首次逆差，主要源自货物贸易顺差收窄。全年全省跨境人民币结算金额8854亿元，创历史新高，同比增长96.1%。其中，经常项下收付金额3035亿元，同比增长68.9%，资本项下收付金额5818亿元，同比增长114.0%。

表5　2022年金融机构票据业务量

单位：亿元

季度	银行承兑汇票承兑		贴现			
			银行承兑汇票		商业承兑汇票	
	余额	累计发生额	余额	累计发生额	余额	累计发生额
1	6776.84	2782.03	3161.84	2229.06	99.34	55.61
2	7685.04	6219.78	4581.61	5005.23	123.94	118.43
3	7993.94	9013.49	4721.29	7124.78	148.85	167.06
4	7757.47	11824.43	5144.02	9580.09	184.02	256.01

数据来源：中国人民银行福州中心支行。

表6　2022年金融机构票据贴现、转贴现利率

单位：%

季度	贴现		转贴现	
	银行承兑汇票	商业承兑汇票	票据买断	票据回购
1	2.30	3.84	2.36	2.34
2	1.66	4.04	1.62	1.44
3	1.52	3.89	1.55	1.29
4	1.44	3.74	1.41	1.46

数据来源：中国人民银行福州中心支行。

（五）金融服务质效持续提高，金融生态环境进一步优化

1. 支付体系建设成效持续显现。一是移动支付保持高质量发展。2022年，福建省云闪付用户数达2060万户，渗透率56.6%（不含厦门）。全省县域移动支付笔数突破6000万笔，月均移动支付活跃商户数26万户。二是支付服务有效助力乡村振兴。福鼎白茶云闪付溯源平台的移动支付产供销场景交易破2亿元。打造集金融、电商、物流、政务、民生等“多位一体”的综合性普惠金融服务平台“福农驿站”，对接水产养殖、茶叶培育等农村产业的支付结算及信贷需求，为乡村振兴注入新活力。三是支付手续费减费让利政策成效显著。引导银行推出具有福建特色的降费举措，在原优惠基础上近六成银行加大8个规定项目让利幅度，超五成银行共增设32个自主减费项目，近95%的银行扩大降费让利对象范围。自2019年9月30日政策实施以来，全省累计降费规模超11亿元，惠及289万户小微企业和个体工商户。四是支付清算系统安全高效运行。2022年，支付清算系统可用率达100%，全省银行机构通过支付清算系统共处理业务11.8亿笔，同比下降2.4%，金额385.9万亿元，同比增长11.6%。五是本外币合一银行账户体系试点范围持续扩大。福州、厦门、泉州、宁德、漳州为五个试点市，工商银行、建设银行、招商银行、兴业银行、厦门银行为五家试点银行，试点范围已覆盖全省所有自由贸易试验区。截至2022年末，全省已开立本外币合一银行账户2.2万户，为576家企业平均减少开立账户1.4个，收付人民币资金1.7万亿元、收付外币资金55亿美元。

表7　支付体系建设情况

年份	支付系统直接参与方（个）	支付系统间接参与方（个）	支付清算系统覆盖率（%）	当年大额支付系统处理业务数（万笔）		同比增长（%）
2021	8	5660	100.0	2772.3		-10.9
2022	8	5296	100.0	2265.9		-18.3
年份	当年大额支付系统业务金额（亿元）	同比增长（%）	当年小额支付系统处理业务数（万笔）	同比增长（%）	当年小额支付系统业务金额（亿元）	同比增长（%）
2021	3195206.4	-5.8	22644.2	7.3	101866.3	1.4
2022	3579081.7	12.0	22829.2	0.8	106647.2	4.7

数据来源：中国人民银行福州中心支行。

2. 社会信用体系建设力度不断加大。一是深入推进农村信用体系建设。2022年，全省共评出1884个信用村、39个信用乡（镇），省内各涉农金融机构累计为722万户农户建立信用档案，其中398万户累计获得贷款1.7万亿元。二是持续开展中小企业信用体系建设。龙岩市“龙岩数字普惠金融服务平台”累计成功对接企业和个人申请3.9万笔，授信金额超过88亿元。南平市累计评定126家园区信用示范企业，获得银行信贷授信约171亿元，同比增长3.0%。三是有效推广应用中征应收账款融资服务平台（以下简称中征平台）及动产融资统一登记公示系统。2022年，全省经营主体在统一登记公示系统累计登记担保业务38.3万笔，并创新林业碳汇、生猪活体、财政奖励款权利抵（质）押等业务；累计推动全省20家核心企业、3家地方法人银行与中征平台系统对接，促进经营主体在中征平台成交1.2万笔、融资3263亿元。四是推进跨境信用信息互通。推动福建品尚征信有限公司上线海上丝绸之路沿线国家（地区）及RCEP国家企业的信用报告产品，查询范围覆盖辐射215个国家（地区），截至2022年末，累计为国内金融机构及征信机构等提供境外企业信用报告查询4679笔，助力区域经贸互信及发展，帮助国内企业降低跨境交易和投资风险。

3. 金融司法环境持续明显改善。一是持续优化法治化营商环境。福建省高级人民法院制定服务创新型民营企业发展24条措施，推出100条涵盖“保立审执破”的安商惠企举措；运用“执破直通”机制，审结强制清算与破产案件6202件。二是深化金融司法与金融监管协同合作。作为集立案、审判、执行、调解全过程的一站式金融纠纷化解平台，厦门金融司法协同中心全年共受理案件2.0万件，受理标的193亿元，办结1.9万件，结案率达96.3%，审判执行时间缩短三分之二，执行到位率提升3倍，相关做法已向全国推广。三是深入开展金融法治宣传教育。印发《中国人民银行福州中心支行法治宣传教育第八个五年规划》，面向社会公众多措并举宣传宪法、民法典、行政处罚法等重要法律法规和金融领域规章制度。突出数字普法，通过网络平台举办2022年福建省防范非法集资宣传月集中宣传视频活动，采用“云发布”形式全程同步在线直播，超310万人次观看。

4. 金融消费者合法权益得到有效保障。2022年，全省人民银行系统受理金融消费者投诉3300笔，咨询5909件，办结率98.5%。持续完善金融纠纷多元化解机制建设，累计建立55家金融纠纷调解组织。持续推进“总对总”在线诉调对接机制。以金融广告监测管理信息系统、“金融广告随手拍”微信小程序两大平台为依托，全年累计处置违法违规金融广告线索52条。实施福建乡村金融素养提升工程，推动创建3家省级金融教育示范基地，6家社区金融教育服务站实施“金社工程”。持续开展金融知识宣传活动。坚持“行长说”系列品牌活动，连续两年开展“99识金”系列微视频征集活动。召开“遏制金融违法犯罪　筑牢金融安全屏障”专题新闻发布会，151家媒体矩阵进行网络直播，近260万人在线收看。

5. 数字人民币试点工作进展顺利。2022年，福建省开通数字人民币支付商户门店16.0万个，累计开立钱包486.2万个，其中，个人钱包467.4万个、对公钱包18.8万个；累计交易（含兑换、转账、消费）2754.5万笔，金额1544亿元。目前已实现零售商超、民生缴费、交通出行、文旅医疗等通用类场景全覆盖，形成一大批涵盖线上线下、可复制可推广的应用模式；推动“朴朴超市”“永辉生活”“e福州”上线数字人民币钱包快付功能；厦门市出台数字人民币应用激励政策，在金融科技优秀项目评选中设置数字人民币奖励项目，推动厦门市保障性商品房住房申请的公积金贷款以数字人民币形式发放；福州市成立数字人民币产业联盟，助力福建省产业生态建设；围绕“促消费、稳经济”主题，2022年全省开展5场大型数字人民币促消费活动，发放数字人民币红包超4000万元，数字人民币消费券2000万元，活动累计拉动消费超1亿元。

二、经济运行情况

2022年，福建省全面落实“四个更大”重要要求，坚持稳中求进工作总基调，全面落实“疫情要防住、经济要稳住、发展要安全”的要求，着力提高效率、提升效能、提增效益，有力克服超预期因素影响，经济社会发展取得新成效。全年实现地区生产总值5.3万亿元，同比增长4.7%。第一产业增长3.7%；第二产业增长5.4%；第三产业增长4.0%。

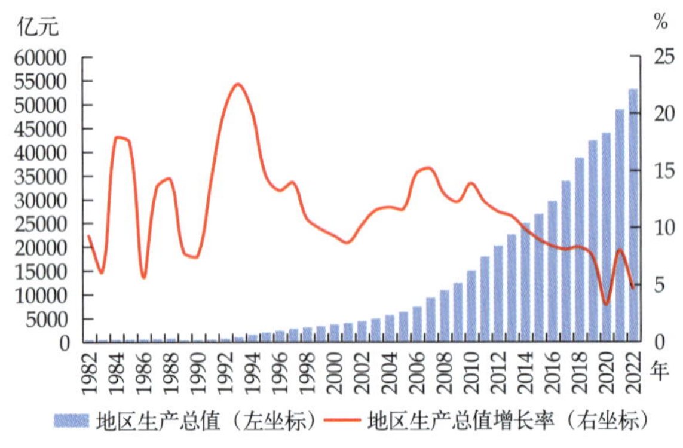

图6　地区生产总值及其增长率

（数据来源：福建省统计局）

（一）投资、消费持续恢复，对外贸易保持增长

1. 固定资产投资平稳增长，工业投资贡献较大。2022年，全省固定资产投资同比增长7.5%，比上年提高1.5个百分点。其中，工业投资增长16.9%，占全省投资的35.2%，对全省投资增长的贡献率达73.2%；基础设施投资增长15.0%；房地产开发投资下降11.0%；民间投资增长5.2%。全省不断加大传统企业技术改造，改建和技术改造投资增长37.8%，占全省投资的12.1%，比上年提高2.7个百分点，其中高技术制造业投资增长11.7%。

2. 消费品市场逐步恢复，线上消费占比提高。2022年，全省社会消费品零售总额2.1万亿元，同比增长3.3%，其中，城镇市场零售额增长3.6%；乡村市场零售额增长1.8%。线上消

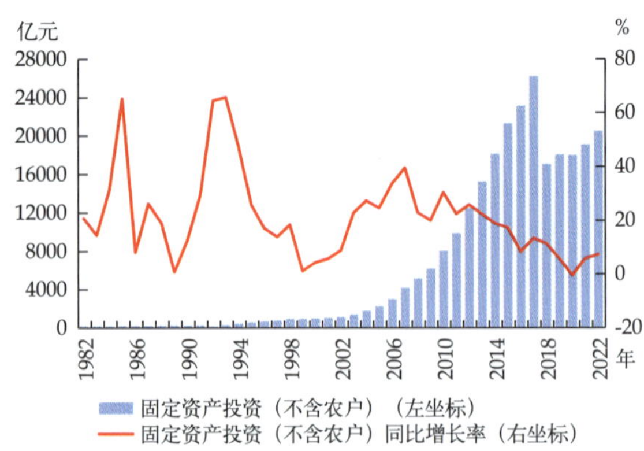

图7　固定资产投资（不含农户）及其增长率

（数据来源：福建省统计局）

费占比提高，全省限额以上企业（单位）通过互联网实现商品零售总额增长21.0%。石油消费拉动作用明显，全省限额以上单位石油及制品类商品零售额增长15.9%，拉动限额以上社会消费品零售额增长1.5个百分点。新能源汽车销售良好，全省限额以上新能源汽车零售额增长78.7%，占全部汽车零售额的12.7%，比上年提高6.0个百分点。外卖送餐增长迅猛，全省限额以上单位外卖送餐服务收入增长31.3%，比上年提高15.9个百分点。

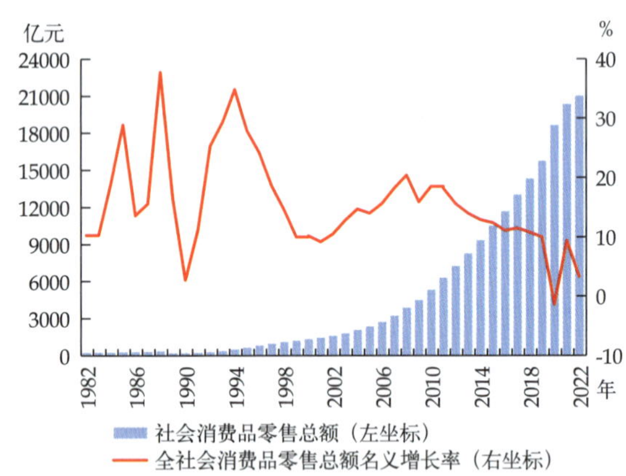

图8　社会消费品零售总额及其增长率

（数据来源：福建省统计局）

3. 进出口总额保持增长，贸易顺差扩大。2022年，全省海关进出口总额约2.0万亿元，同比增长7.6%。其中，出口1.2万亿元，增长12.3%；进口7688亿元，增长0.9%。贸易顺差为4453亿元，比上年扩大1269亿元。全年实际

利用外商直接投资50亿美元，同比增长1.8%。民营企业进出口1.1万亿元，增长12.9%。对欧盟进出口2466亿元，增长19.4%。

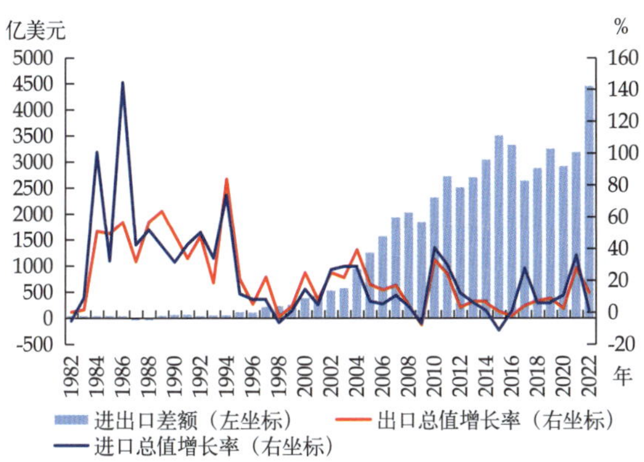

图9 外贸进出口变动情况

（数据来源：福建省统计局）

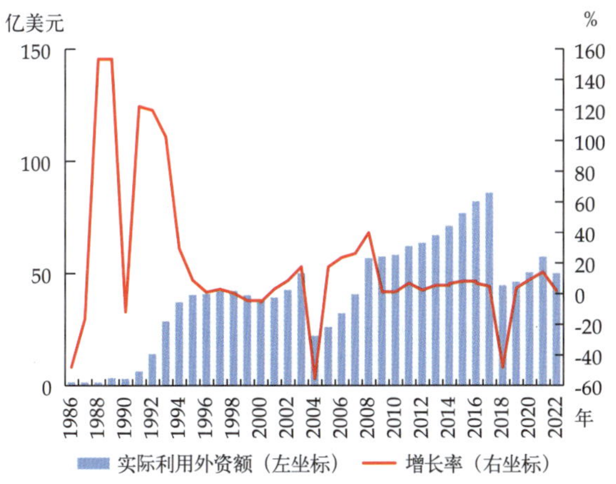

注：2021年当年美元口径的实际利用外资和增长率尚未公布。图中2021年数据用当年平均汇率进行折算得到。

图10 实际利用外资额及其增长率

（数据来源：福建省统计局）

（二）三次产业继续修复，供给侧结构性改革持续推进

1. 农业生产稳步发展，主要农产品产量保持增长。2022年，全省农林牧渔业总产值5503亿元，同比增长3.9%。其中，农、林、牧、渔业产值分别增长5.2%、5.0%、4.2%和1.9%，主要农产品产量保持增长。全省粮食产量、猪肉产量、水产品总产量分别增长0.5%、3.0%和1.1%。

2. 工业生产形势良好，新动能、能源等行业不乏亮点。2022年，全省规模以上工业增加值同比增长5.7%，增幅比全国高2.1个百分点，38个大类行业中有25个行业增加值实现正增长，其中，高技术产业、装备制造业增长较快，分别增长17.1%和13.7%，增速分别比规模以上工业快11.4个和8.0个百分点。全省规模以上工业企业实现利润4071亿元，同比下降6.9%。符合转型升级方向的新动能行业利润保持增长，其中，电气机械和设备制造业利润增长70.3%、汽车制造业利润增长10.7%。能源行业利润增长较快，2022年煤炭采选业利润增长55.0%、有色金属矿采选业利润增长37.3%、电力行业利润增长69.6%。

图11 规模以上工业增加值实际增长率

（数据来源：福建省统计局）

3. 服务业企稳向好，生产性服务业表现突出。2022年，全省第三产业增加值同比增长4.0%。分行业看，信息传输、软件和信息技术服务业，批发和零售业，金融业增加值分别增长8.0%、7.4%和6.7%，增速分别快于第三产业4.0个、3.4个和2.7个百分点。生产性服务业增势较好，互联网和相关服务业营业收入增长16.0%；租赁和商务服务业增长30.0%；研究和试验发展业增长32.7%。

4. 新产业新业态继续壮大，高质量发展取得新成效。一是新动能快速成长。规模以上高技术制造业增加值增长17.1%，增幅比全国高

9.7 个百分点，占规模以上工业增加值的比重为16.7%，占比高于全国 1.2 个百分点。二是装备制造业对工业增长贡献率提升。规模以上工业装备制造业增加值增长 13.7%，增幅高于规模以上工业平均水平 8.0 个百分点；占全省规模以上工业的比重为 26.4%，同比提高 1.1 个百分点。三是经营主体不断壮大。全年新登记经营主体 114.0 万户，日均（按工作日计算）新登记企业 1177 户，年末实有经营主体 711.95 万户，增长 11.6%。

（三）居民消费价格温和上涨，工业生产者价格涨幅回落

1. 居民消费价格温和上涨。2022 年，全省居民消费价格指数（CPI）同比上涨 1.9%，涨幅比上年提高 1.2 个百分点。其中，食品烟酒上涨 2.4%，其他用品和服务类上涨 1.5%；交通和通信类价格上涨 4.9%，居住类上涨 0.9%，生活用品及服务上涨 1.3%，教育文化和娱乐上涨 1.4%；医疗保健上涨 0.3%。

2. 工业生产者价格涨幅回落。2022 年，全省工业生产者出厂价格指数（PPI）同比上涨 2.9%，涨幅比上年回落 2.0 个百分点；工业生产者购进价格指数（IPI）同比上涨 5.2%，涨幅比上年回落 4.0 个百分点。全省生产资料出厂价格同比上涨 3.9%，其中原材料价格同比上涨 10.7%；燃料、动力类购进价格同比上涨 23.6%，农副产品类购进价格同比上涨 4.7%。

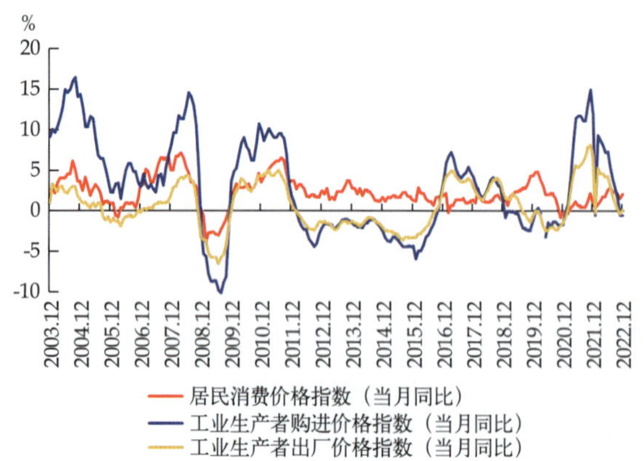

图 12　居民消费价格指数和工业生产者价格指数变动趋势

（数据来源：福建省统计局）

3. 就业形势保持稳定。2022 年，全省城镇新增就业人数 52.0 万人，失业人员实现再就业 13.2 万人。全年居民人均可支配收入 4.3 万元，名义增长 6.0%；城镇居民人均可支配收入 5.4 万元，名义增长 5.2%；农村居民人均可支配收入 2.5 万元，名义增长 7.6%。城乡居民人均可支配收入比值为2.15，比上年缩小0.05 个百分点。

（四）财政收支保持三个正增长，民生领域支出保障有力

2022 年，全省一般公共预算总收入 5382 亿元，剔除增值税留抵退税因素，同口径增长 1.9%。其中，地方一般公共预算收入 3339 亿元，同口径增长 5.5%。一般公共预算支出 5703 亿元，增长 9.6%。其中，社会保障和就业、卫生健康、教育支出同比分别增长 19.8%、14.5% 和 8.5%。

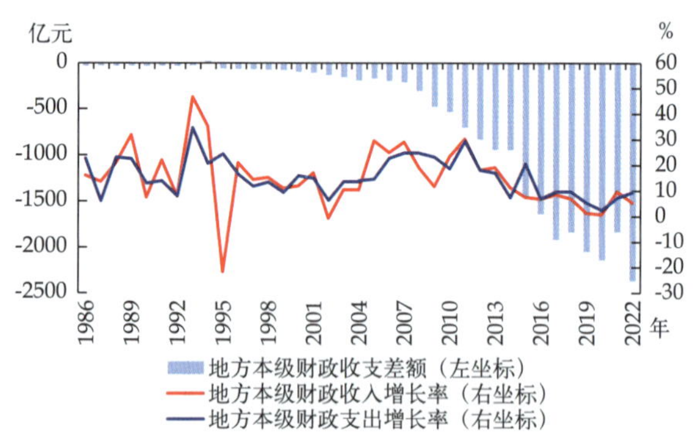

图 13　财政收支状况

（数据来源：福建省统计局）

（五）重点城市房价企稳，多举措推动房地产市场平稳健康发展

1. 重点城市房价企稳。2022 年 12 月，福州、厦门新建商品房销售价格指数环比分别下降 0.2% 和 0.1%，降幅较 11 月均收窄 0.1 个百分点；泉州新建商品房销售价格指数环比上涨 0.7%。

2. 推动房地产市场平稳健康发展。积极支持刚性和改善性购房需求，坚持“房住不炒”，解决好新市民、青年人等住房问题，大力推进保障性安居工程建设，截至 2022 年 12 月末，全省共开工棚改和公租房项目 5.63 万套，开工

率101.9%，基本建成4.8万套。探索长租房市场建设，推动房地产业向新发展模式平稳过渡。

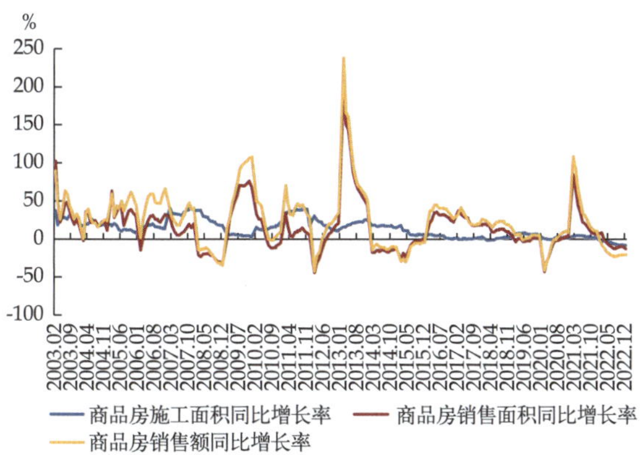

图14 商品房施工和销售变动趋势

（数据来源：福建省统计局）

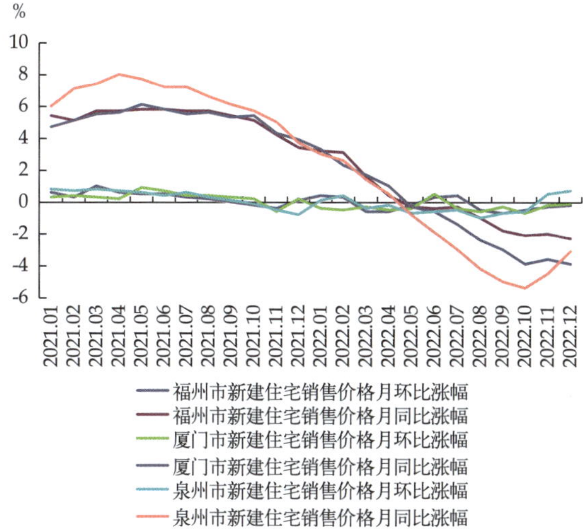

图15 主要城市新建住宅销售价格变动趋势

（数据来源：福建省统计局）

专栏2 立足市场出实招 稳步推进福建跨境人民币业务扩面增量

2022年，中国人民银行福州中心支行深入贯彻落实党的二十大报告中提出的“有序推进人民币国际化”总体要求，顺应形势发展，出台政策靠前发力，引导商业银行大力推动跨境人民币业务取得显著成效。2022年，福建跨境人民币结算金额8854亿元，创历史新高，同比增长96.1%。

一、聚合力抓实施，着力推动“一带一路”、RCEP等重点区域跨境人民币结算

出台《关于促进2022年福建省跨境人民币业务发展的指导意见》，会同国家外汇管理局福建省分局、福建省商务厅联合出台《关于金融支持福建省全面对接〈区域全面经济伙伴关系协定〉（RCEP）的指导意见》，以企业需求为导向，重点推进“一带一路”、RCEP等重点区域的人民币跨境使用，支持福建省“走出去”企业使用人民币开展投资、并购等，指导各银行机构在信贷结算等方面给予一定价格让利。2022年，福建与“一带一路”共建国家或地区跨境人民币业务金额1298亿元，同比增长63.7%；其中，贸易项下业务金额840亿元，同比增长105.9%。全年福建与RCEP成员国跨境人民币业务金额达到1018亿元，同比增长34.1%；其中，贸易项下业务金额554亿元，同比增长73.7%。

二、重龙头促实需，持续拓展跨境人民币业务的覆盖面

梳理福建省内500家贸易、直接投资等重点企业名单，引导银行机构“一对一”推广跨境人民币结算便利化业务，充分发挥重点企业引领作用，带动上下游企业跨境人民币使用。2022年，福建跨境人民币结算量排名前30家外经贸企业跨境人民币业务同比增长75.1%，占所有企业业务总量的56.5%；全年新增4560家企业开办跨境人民币业务，合计金额471亿元，占全部跨境人民币业务量的10.4%。

三、优服务显实效，提升跨境贸易投资便利化水平

指导福建省银行外汇与跨境人民币自律机制出台并不断优化《优质企业跨境人民币业务便利化实施方案》，通过创新准入机制、优化认定标准和准入流程、鼓励无纸化操作、改进事后核查方式等措施，推动形成“银行越合规越自主、企业越诚信越便利”的良性循环，切实提升跨境贸易投资人民币结算便利化水平。截至2022年末，全省优质企业名单扩大至1033家，办理业务2.7万笔，金额2814亿元，占全部业务量的31.8%。

三、预测与展望

2023年是全面贯彻落实党的二十大精神的开局之年，是实施“十四五”规划承上启下的关键一年，做好全年工作意义重大。福建省经济韧性强、潜力大、活力足，在疫情防控措施优化、前期各项政策措施持续发力的背景下，2023年经济有望比上年整体好转。一是产业转型升级有序有效推进。现代化产业体系加快构建，支柱产业持续提升，战略性新兴产业发展壮大，现代服务业发展提速提效，“专精特新”企业不断涌现，全域生态旅游省建设扎实推进。二是城乡加快融合发展。区域一体化建设进程提速，数字城市建设加快推进，老区苏区振兴步伐加快，闽东北、闽西南两大协同发展区齐头并进。三是改革和开放提速推动。“放管服”改革持续深化，普惠金融改革成效明显，“晋江经验”进一步传承弘扬，“丝路海运”联盟持续发展壮大，闽港闽澳合作不断深化，“侨”的优势有效发挥。四是闽台融合发展接续推进。对台出口保持高增长，新设台资企业户数、实际利用台资金额规模较大。

也要清醒看到，当前统筹发展和安全仍面临不少困难挑战。国际经济环境更趋复杂严峻，外部需求不足将对福建省产生更大影响；经济恢复基础尚不牢固，下行惯性仍然存在；稳增长、稳就业、稳物价压力较大，产业链供应链堵点有待疏解；高质量发展态势尚未完全形成，科技创新亟待加强，产业结构亟待优化，发展竞争力亟待提高，城乡区域差距亟待缩小；土地、环境、碳排放、能耗等约束趋紧；疫情后中小微企业和个体工商户生产经营恢复不足，房地产、政府债务等重点领域风险需要关注。

2023年，福建省将紧扣“四个更大”重要要求，坚持稳中求进工作总基调，完整、准确、全面贯彻新发展理念，加快构建新发展格局，全方位推进高质量发展，更好统筹发展和安全，全面深化改革开放，促进闽台融合发展，大力提振市场信心，把实施扩大内需战略与深化供给侧结构性改革有机结合起来，突出做好稳增长、稳就业、稳物价工作，有效防范化解重大风险，推动经济运行整体好转，实现质的有效提升和量的合理增长，在推进中国式现代化发展中展现福建作为。

2023年，福建省金融系统将坚持以习近平新时代中国特色社会主义思想为指导，深入学习贯彻党的二十大和中央经济工作会议精神，按照党中央、国务院的决策部署，切实落实“两个毫不动摇”，加大金融支持实体经济力度，助力加快构建福建新发展格局。一是精准有力落实好稳健的货币政策，保持信贷总量平稳增长，落实好存款利率市场化调整机制，引导金融机构科学合理定价，助力实现促消费、扩投资、带就业的综合效应。二是充分发挥结构性货币政策工具牵引带动作用，引导金融机构加强对民营小微、乡村振兴、科技创新等重点领域和薄弱环节以及“四大经济”等福建特色重点产业的金融支持，进一步传承弘扬“晋江经验”，支持福建实施“新时代民营经济强省”战略。三是深入推进高水平金融改革开放，继续支持福建融入RCEP、“一带一路”建设，推进闽台优势产业链供应链价值链融合，拓展台企资本项目便利化试点成效。四是统筹促发展与防风险，推进房地产、地方政府融资平台等重点领域风险防范化解，努力保持全省无高风险金融机构的良好局面。

中国人民银行福建省分行货币政策分析小组

总　　纂：张庆昉　江　涛　许加银

统　　稿：沈理明　黄　宁

执　　笔：徐　清　缪宇丰　陈佳腾

提供材料：游廉明　阮玉盼　杨　敏　李春玉　林　青　刘建武　张　燕　叶谢康　何锦玲　高宇辉　余及尧　张艳琳　邢锦涛　倪　胜　许伟达　魏晓颖　章　媛　邵昱晔　林建松　高晓倩　黄开付　余　静　李志林　荣　杰　林思沣等

附录：

（一）2022 年福建省经济金融大事记

1 月 11 日，福建省首家省属国有企业控股公司福建省招标股份有限公司在深圳证券交易所创业板成功上市。

3 月 24 日，福建省红十字会在福州设立第一只疫情防控专项基金——兴业证券疫情防控专项基金。

3 月 31 日，中国人民银行正式宣布将福建省福州市（含平潭综合实验区）和厦门市纳入第三批数字人民币试点地区。

4 月 14 日，在全国首创的具有“党建 + 金融助理 + 多社融合”特点的民办非企业单位“龙岩市福农驿站普惠金融服务中心”正式揭牌。

7 月 12 日，厦门金圆投资集团联合相关单位发起全国首个“台企金融服务联盟”。

7 月 23—24 日，第五届数字中国建设峰会在福州举行。

8 月 24 日，2022 年金融资本服务实体经济福建创新发展大会在福州举行。

11 月 14 日，福建银保监局、厦门银保监局、中国人民银行福州中心支行、福建省地方金融监督管理局等 13 个部门联合出台《关于加强新市民金融服务工作的若干措施》。

11 月 24 日，以“新格局 · 大资管 · 绿色经济”为主题的 2022 第三届中国资产管理武夷峰会在南平举行。

12 月 12 日，福建省进一步扩大本外币合一银行账户体系试点范围，新增厦门、泉州、宁德、漳州四个试点地区，以及兴业银行、厦门银行两家试点银行。

（二）福建省主要经济金融指标

表 1　2022 年福建省主要存贷款指标

	项目	1月	2月	3月	4月	5月	6月	7月	8月	9月	10月	11月	12月
本外币	金融机构各项存款余额（亿元）	62541.0	64895.1	67194.2	67319.9	68292.6	71017.4	70015.7	70936.4	72041.3	71946.4	72926.2	72927.9
	其中：住户存款	28264.4	27830.7	28495.0	28275.6	28556.6	29337.7	29134.2	29467.2	30322.1	30019.3	30868.2	31585.1
	非金融企业存款	17985.1	18650.5	19722.7	19529.6	19817.4	21283.7	20798.0	21298.9	21649.3	21072.1	21255.0	21288.2
	各项存款余额比上月增加（亿元）	449.4	2354.2	2299.1	125.7	972.6	2724.8	-1001.7	920.7	1104.9	-94.9	979.7	1.7
	金融机构各项存款同比增长（%）	7.1	11.2	13.2	14.1	14.2	14.5	16.1	16.0	14.6	16.8	17.9	17.5
	金融机构各项贷款余额（亿元）	69558.1	69922.6	70651.0	71423.0	72225.1	73252.1	73184.0	73505.2	74410.4	74230.3	74761.9	75373.6
	其中：短期	20387.4	20603.7	21088.9	20963.3	21171.6	21607.8	21277.9	21200.2	21590.6	21340.4	21339.4	21431.8
	中长期	43640.4	43752.4	44263.3	44259.0	44423.5	44933.9	45119.3	45423.3	45943.5	46097.5	46439.6	46763.4
	票据融资	3581.8	3526.2	3249.3	3703.3	4500.4	4689.4	4828.7	4943.1	4856.1	4796.1	4907.6	5314.0
	各项贷款余额比上月增加（亿元）	1663.6	364.4	728.4	772.0	802.1	1027.0	-68.1	321.2	905.3	-180.1	531.6	611.7
	其中：短期	657.6	216.3	485.1	-125.5	208.3	436.1	-329.9	-77.7	390.4	-250.2	-1.0	92.4
	中长期	880.2	112.1	510.9	-4.3	164.4	510.4	185.4	304.0	520.2	154.0	342.1	323.8
	票据融资	294.1	-55.6	-276.9	454.0	797.1	189.0	139.4	114.4	-87.0	-60.0	111.5	406.4
	金融机构各项贷款同比增长（%）	14.2	13.6	13.4	14.2	14.6	15.2	13.2	11.9	12.2	11.5	11.1	11.0
	其中：短期	9.1	9.5	9.8	9.4	10.0	11.2	9.7	8.6	9.7	8.8	7.8	8.6
	中长期	12.6	11.7	11.9	10.9	10.2	10.3	10.0	9.8	10.1	9.6	9.5	9.3
	票据融资	59.9	67.1	63.5	98.9	148.3	136.2	124.6	89.2	78.6	71.3	53.2	61.6
	建筑业贷款余额（亿元）	1585.8	1593.6	1598.9	1594.6	1597.3	1619.3	1611.9	1624.8	1654.3	1648.5	1646.9	1633.4
	房地产业贷款余额（亿元）	2758.2	2746.2	2736.9	2666.9	2637.5	2686.3	2690.8	2676.6	2709.7	2703.2	2686.6	2690.8
	建筑业贷款同比增长（%）	9.5	7.3	5.9	8.2	6.7	6.9	8.2	7.8	8.2	7.9	8.2	6.5
	房地产业贷款同比增长（%）	-2.5	-4.2	-5.2	-8.4	-9.4	-7.9	-7.9	-6.8	-5.4	-4.0	-2.2	0.1
人民币	金融机构各项存款余额（亿元）	60889.1	62947.3	65103.8	65293.3	66265.5	68923.3	67937.7	68855.2	69992.3	69850.5	70785.0	70859.0
	其中：住户存款	28040.3	27609.0	28272.4	28046.2	28325.0	29101.1	28896.2	29231.9	30083.5	29782.3	30631.8	31352.4
	非金融企业存款	16983.4	17524.2	18521.4	18369.0	18563.5	20020.7	19501.0	20075.2	20369.9	19812.9	19958.0	19992.3
	各项存款余额比上月增加（亿元）	331.8	2058.2	2156.5	189.5	972.1	2657.8	-985.6	917.5	1137.1	-141.8	934.5	73.9
	其中：住户存款	1792.1	-431.3	663.4	-226.2	278.8	776.1	-204.9	335.6	851.6	-301.2	849.5	720.6
	非金融企业存款	-911.1	540.8	997.2	-152.3	194.4	1457.2	-519.7	574.3	294.7	-557.0	145.0	34.4
	各项存款同比增长（%）	6.7	10.5	12.4	13.7	13.8	14.1	15.5	15.6	14.3	16.4	17.5	17.0
	其中：住户存款	15.2	9.2	9.3	11.0	11.7	11.2	13.8	14.9	14.5	16.7	19.2	19.5
	非金融企业存款	2.0	10.9	11.6	11.2	11.3	14.2	15.2	18.5	17.8	16.3	15.3	11.7
	金融机构各项贷款余额（亿元）	67449.4	67944.1	68646.1	69138.7	70287.8	71349.5	71479.5	71830.0	72770.0	72729.9	73258.0	74128.7
	其中：个人消费贷款	23845.5	23805.4	23904.9	23921.5	23992.8	24106.1	24060.1	24080.7	24170.4	24063.9	24062.5	24003.0
	票据融资	3581.8	3526.2	3249.3	3703.3	4500.4	4689.4	4828.7	4943.1	4856.1	4796.1	4907.6	5314.0
	各项贷款余额比上月增加（亿元）	1529.0	494.7	702.0	492.6	1149.1	1061.8	130.0	350.5	940.0	-40.1	528.1	870.7
	其中：个人消费贷款	329.8	-40.1	99.5	16.6	71.3	113.3	-46.0	20.6	89.7	-106.5	-1.4	-59.5
	票据融资	294.1	-55.6	-276.9	454.0	797.1	189.0	139.4	114.4	-87.0	-60.0	111.5	406.4
	金融机构各项贷款同比增长（%）	13.3	13.3	13.3	13.7	14.5	15.5	14.0	13.1	13.7	13.0	12.3	12.5
	其中：个人消费贷款	10.2	9.9	9.5	8.8	8.6	8.5	8.0	7.3	6.9	5.2	3.2	2.0
	票据融资	59.9	67.1	63.5	98.9	148.3	136.2	124.6	89.2	78.6	71.3	53.2	61.6
外币	金融机构外币存款余额（亿美元）	259.1	308.1	329.3	306.2	304.3	312.0	308.1	302.0	288.6	292.0	298.3	297.1
	金融机构外币存款同比增长（%）	24.0	40.6	49.9	24.6	24.3	25.9	34.7	22.7	16.2	17.7	16.2	23.5
	金融机构外币贷款余额（亿美元）	330.8	312.9	315.8	345.2	290.9	283.5	252.7	243.1	231.1	209.1	209.6	178.7
	金融机构外币贷款同比增长（%）	51.5	27.2	19.4	26.9	13.1	1.6	-17.0	-28.4	-35.5	-39.5	-36.0	-42.3

数据来源：中国人民银行福州中心支行。

表 2　2001—2022 年福建省各类价格指数

单位：%

时间		居民消费价格指数		工业生产者购进价格指数		工业生产者出厂价格指数	
		当月同比	累计同比	当月同比	累计同比	当月同比	累计同比
2001		—	-1.3	—	-3.3	—	-1.9
2002		—	-0.5	—	-2.4	—	-2.83
2003		—	0.8	—	6.3	—	0.7
2004		—	4	—	13.3	—	2.62
2005		—	2.2	—	8.1	—	0.21
2006		—	0.8	—	3.9	—	-0.8
2007		—	5.2	—	4.3	—	0.8
2008		—	4.6	—	10.2	—	2.7
2009		—	-1.8	—	-6.8	—	-4.5
2010		—	3.2	—	7.7	—	3.2
2011		—	5.3	—	8.0	—	3.9
2012		—	2.4	—	-2.3	—	-1.3
2013		—	2.5	—	-1.6	—	-1.6
2014		—	2.0	—	-1.7	—	-1.4
2015		—	1.7	—	-3.9	—	-3.0
2016		—	1.7	—	-2.0	—	-0.9
2017		—	1.2	—	5.3	—	4.1
2018		—	1.5	—	2.8	—	2.8
2019		—	2.6	—	-1.0	—	0.6
2020		—	2.2	—	-1.4	—	-1.6
2021		—	0.7	—	9.2	—	4.9
2022		—	1.9	—	5.2	—	2.9
2021	1	-0.3	-0.3	-0.1	-0.1	-0.8	-0.8
	2	-0.2	-0.3	0.9	0.4	0.3	-0.2
	3	0.4	0.0	4.2	1.7	2.5	0.7
	4	0.7	0.2	8.2	3.3	4.4	1.6
	5	1.2	0.4	11.5	4.9	5.7	2.4
	6	0.7	0.4	11.8	6.0	5.4	2.9
	7	0.5	0.4	11.8	6.8	5.7	3.3
	8	0.5	0.4	11.2	7.4	6.1	3.6
	9	0.5	0.4	11.4	7.8	6.7	4.0
	10	1.2	0.5	13.4	8.4	8.0	4.4
	11	2.2	0.7	15.0	9.0	8.2	4.7
	12	1.1	0.7	12.0	9.2	6.7	4.9
2022	1	0.4	0.4	-0.5	10.1	-0.2	5.7
	2	0.8	0.6	9.4	9.7	5.4	5.6
	3	1.2	0.8	8.8	9.4	4.7	5.3
	4	1.8	1.0	8.2	9.1	4.7	5.1
	5	1.8	1.2	7.3	8.7	4.3	5.0
	6	2.6	1.4	7.4	8.5	4.4	4.9
	7	2.9	1.6	5.4	8.1	3.1	4.6
	8	2.4	1.7	4	7.5	1.9	4.3
	9	2.6	1.8	2.8	7	1	3.9
	10	2.1	1.9	1.5	6.4	0.1	3.5
	11	1.6	1.8	-0.5	5.7	-0.3	3.1
	12	2.1	1.9	-0.3	5.2	0.2	2.9

数据来源：国家统计局福建调查总队。

表 3　2022 年福建省主要经济指标

项目	1 月	2 月	3 月	4 月	5 月	6 月	7 月	8 月	9 月	10 月	11 月	12 月
绝对值（自年初累计）												
地区生产总值（亿元）	—	—	11859.2	—	—	24605.4	—	—	37793.7	—	—	53109.9
第一产业	—	—	468.9	—	—	1143.3	—	—	1900.7	—	—	3076.2
第二产业	—	—	5493.2	—	—	11771.4	—	—	18107.4	—	—	25078.2
第三产业	—	—	5897.2	—	—	11690.6	—	—	17785.6	—	—	24955.5
工业增加值（亿元）	—	—	—	—	—	—	—	—	—	—	—	—
固定资产投资（亿元）	—	2540.7	4981.6	6678.0	8609.3	10791.9	12411.9	13904.4	15792.1	17361.3	18990.8	20513.9
房地产开发投资	—	767.2	1506.9	2020.9	2527.8	3147.5	3590.3	3976.2	4480.5	4864.4	5243.9	5515.5
社会消费品零售总额（亿元）	—	3773.4	5515.4	7077.1	8708.8	10456.1	12152.8	13881.1	15588.6	17369.1	19268.5	21050.1
外贸进出口总额（亿元）	—	2848.1	4330.8	5826.8	7500.0	9713.7	11457.7	13186.9	14832.7	16230.5	18048.4	19828.5
进口	—	1085.7	1706.5	2329.8	2992.8	3780.1	4417.7	5125.8	5801.8	6358.7	7048.2	7688.0
出口	—	1762.4	2624.3	3497.0	4507.2	5933.6	7040.0	8061.1	9030.9	9871.8	11000.2	12140.5
进出口差额（出口 – 进口）	—	676.7	917.8	1167.2	1514.4	2153.5	2622.3	2935.3	3229.1	3513.1	3952.0	4452.5
实际利用外资（亿美元）	44.2	73.2	190.5	211.6	23.8	32.1	33.8	35.4	44.9	46.4	—	49.9
地方财政收支差额（亿元）	-32.7	-119.3	-222.6	-380.7	-544.8	-769.5	-932.0	-1120.2	-1312.2	-1379.4	—	-2363.9
地方财政收入	525.5	799.4	1191.9	1381.1	1589.7	1959.8	2214.0	2449.0	2757.3	2998.5	—	3339.1
地方财政支出	558.3	918.7	1414.5	1761.8	2134.5	2729.3	3146.1	3569.2	4069.6	4377.9	—	5702.9
城镇登记失业率（%）（季度）	—	—	—	—	—	—	—	—	—	—	—	—
同比累计增长率（%）												
地区生产总值	—	—	6.7	—	—	4.6	—	—	5.2	—	—	4.7
第一产业	—	—	3.9	—	—	4.8	—	—	4.9	—	—	3.7
第二产业	—	—	7.9	—	—	5.4	—	—	5.8	—	—	5.4
第三产业	—	—	6.0	—	—	3.8	—	—	4.7	—	—	4.0
工业增加值	—	11.9	9.9	8.4	7.5	6.5	5.7	6.0	6.3	6.4	6.2	5.7
固定资产投资	—	17.2	14.2	11.1	10.2	9.2	9.0	9.1	9.2	9.0	8.1	7.5
房地产开发投资	—	4.4	2.7	0.0	-4.0	-5.2	-6.6	-6.7	-8.0	-8.5	-10.2	-11.0
社会消费品零售总额	—	10.3	7.0	5.0	3.7	3.0	3.0	3.5	4.1	4.2	3.7	3.3
外贸进出口总额	—	15.3	12.1	8.3	6.5	12.4	11.4	10.6	9.2	7.0	6.9	7.6
进口	—	11.7	8.8	4.6	1.8	4.9	2.3	2.6	2.3	0.1	0.0	0.9
出口	—	17.6	14.3	10.8	9.9	17.8	17.9	16.4	14.2	12.0	11.9	12.3
实际利用外资	8.7	15.8	39.9	32.6	—	—	5.7	4.5	23.0	17.4	—	—
地方财政收入	17.2	18.1	17.3	0.0	4.9	6.7	3.6	3.9	6.4	4.9	—	5.5
地方财政支出	21.6	3.1	5.1	3.7	3.9	4.1	6.1	7.1	6.4	6.5	—	9.6

数据来源：福建省统计局。

江西省金融运行报告（2023）

中国人民银行江西省分行[①]
货币政策分析小组

［内容摘要］2022 年，在以习近平同志为核心的党中央坚强领导下，江西省深入贯彻习近平总书记考察江西重要讲话精神，坚决落实"疫情要防住、经济要稳住、发展要安全"重要要求，高效统筹疫情防控和经济社会发展，全面做好稳增长、防风险、保稳定、惠民生等工作，全年地区生产总值同比增长 4.7%，经济社会大局保持稳定。

江西省经济运行呈现稳中有进、稳中向好良好态势，高质量跨越式发展取得新成效，主要表现在"四个新"：一是经济实力跃上新台阶。全年地区生产总值迈上 3 万亿元台阶，达 3.2 万亿元；社会消费品零售总额 1.3 万亿元，同比增长 5.3%，高于全国增速 5.5 个百分点；固定资产投资同比增长 8.6%，高于全国增速 3.5 个百分点；制造业增加值 1.1 万亿元，建筑业总产值 1.1 万亿元，均首次突破万亿元。二是动能转换迈出新步伐。全年战略性新兴产业、高新技术产业增加值同比分别增长 20.6% 和 16.9%；电子信息产业营业收入首次突破万亿元，同比增长 23.7%；新能源产业实现营业收入 4065 亿元，同比增长 120.3%，占规模以上工业的比重较上年提高 4.2 个百分点，在多个百亿级投资项目的带动下，新能源产业投资同比增长 30.3%。三是发展活力实现新提升。全年净增经营主体 80.2 万户，实有经营主体超 480 万户；开放型经济稳中有进，货物贸易进出口总量突破 6000 亿元，同比增长 34.9%；企业效益稳定向好，规模以上工业企业利润总额同比增长 11.6%。四是民生事业取得新成效。全年新增城镇就业 45.2 万人，新增转移农村劳动力 58.3 万人，均超额完成年度就业目标；城乡收入差距持续缩小，居民人均可支配收入增速"跑赢"地区生产总值增速 1.2 个百分点；城乡居民收入比为 2.19，较上年缩小 0.04；物价运行保持平稳，居民消费价格上涨 2.0%。

金融运行稳健有序，为推动江西省经济高质量跨越式发展营造了适宜的货币金融环境，主要表现为：一是实现存款总量与贷款总量"双跨越"。2022 年，江西省金融机构本外币各项存款、贷款余额均突破 5 万亿元大关，各项贷款增加 5602 亿元，同比多增 96 亿元，各项存款增加 5406 亿元，同比多增 1563 亿元；证券保险业稳健运行，2022 年末江西省投资者资金账户数同比增长 8.9%，保险业资产总额同比增长 13%。二是实现信贷结构与融资结构"双优化"。在信贷结构方面，用好用足结构性货币政策工具，持续加大对实体经济重点领域和薄弱环节的信贷支持力度，2022 年末制造业贷款余额同比增长 24.1%，连续 6 个月保持 20% 以上增速；涉农贷款占各项贷款余额及增量比重均稳定在三分之一以上；普惠小微贷款余额同比增长 20.6%，连续 19 个月保持 20% 以上增速；高新技术企业贷款余额同比增长 17.4%，科技中小企业贷款余额同比增长 21.8%；绿色贷款余额同比增长 39.5%。在融资结构方面，发行债务融资工具 1738 亿元，融资品种不断突破，成功发行江西省首只碳排放权绿色资产担保债券、首只科创票据。三是实现金融改革与金融创新"双突破"。充分发挥贷款市场报价利率（LPR）

① 自 2023 年 8 月 18 日起，中国人民银行南昌中心支行更名为中国人民银行江西省分行。本报告主要反映 2022 年的经济金融情况，正文中涉及的相关机构表述仍沿用 2022 年名称。

改革效能，融资成本稳中有降。2022年，企业贷款利率下行至有统计以来低位，同比下降35个基点；定期存款加权平均利率同比下降11个基点。稳步推进赣州市、吉安市普惠金融改革试点。2022年末，两试点地区人民币各项贷款增速分别高于全省增速0.5个和0.8个百分点，新增贷款中普惠小微贷款占比分别较全省水平高5.8个和4.8个百分点，两地法人银行普惠小微贷款利率较改革前分别下降1.4个和0.7个百分点。纵深推进赣江新区绿色金融改革创新试验区建设，创新推出可持续发展挂钩贷款"生态价值贷（GEP贷）"、"碳足迹披露支持贷款"、"绿色产业数字保"、碳标签融资等金融产品；探索绿色金融和普惠金融融合发展新模式，推动赣江新区入选全国首批中央财政支持普惠金融发展示范区。四是实现金融服务与金融环境"双强化"。科技赋能金融服务水平不断提升，积极推动政银企三方大数据归集，探索搭建省级地方征信平台——江西省普惠金融综合服务平台，累计支持23.1万户企业获贷4117亿元。创设企业收支流水大数据征信平台和江西省农村经营户信用信息联网核查平台，为中小微企业和农村经营户融资赋能。支付服务供给扩容提质，截至2022年末，银行机构支付手续费累计让利3.6亿元，惠及小微企业和个体工商户128.4万户。五是金融风险总体可控，风险抵御能力提升。加强对法人银行、房地产、融资平台、重点企业和互联网金融等重点领域的风险监测，深入推进风险治理。区域金融风险总体收敛。截至2022年末，江西省已连续9个季度保持高风险金融机构"清零"成果。

2023年是全面贯彻党的二十大精神的开局之年，江西省将继续以习近平新时代中国特色社会主义思想为指导，深入贯彻习近平总书记考察江西重要讲话精神，完整、准确、全面贯彻新发展理念，加快构建新发展格局，更好统筹发展和安全，把实施扩大内需战略同深化供给侧结构性改革有机结合起来，突出做好稳增长、稳就业、稳物价工作，推动经济实现质的有效提升和量的合理增长。江西省金融系统将坚持稳中求进工作总基调，聚焦支持江西省经济高质量跨越式发展，精准有力实施好稳健的货币政策，保持信贷投放稳定增长。全力支持重点产业和重大发展战略，助推江西传统产业转型升级、新兴产业倍增发展，持续深化金融改革创新，积极防控金融风险，奋力谱写好全面建设社会主义现代化江西的金融篇章。

一、金融运行情况

2022年，江西省金融系统积极贯彻落实党中央、国务院各项重大决策部署，扎实落实稳经济一揽子政策和接续措施，加大稳健的货币政策实施力度，稳增长、促改革、调结构、惠民生、防风险各项工作得到有效落实，江西省金融运行呈现"金融总量稳定增长、信贷结构稳步优化、融资成本稳中有降"的良好局面，为推动江西省经济高质量跨越式发展营造了适宜的货币金融环境。

（一）银行业稳健发展，支持实体经济质效持续提升

1. 资产负债规模稳步增长，利润同比略降。2022年末，江西省银行业金融机构资产总额、负债总额同比分别增长8.7%和8.6%，全年税后净利润同比减少8亿元。年末营业网点6885个，从业人员10.6万人，均较上年末略有下降。

表1　2022年银行业金融机构情况

机构类别	营业网点			法人机构（个）
	机构个数（个）	从业人数（人）	资产总额（亿元）	
一、大型商业银行	1814	37239	21224	0
二、国家开发银行和政策性银行	99	2324	9184	0
三、股份制商业银行	297	6369	6007	0
四、城市商业银行	773	15150	14572	4
五、城市信用社	0	0	0	0
六、小型农村金融机构	2261	24244	12020	87

续表

机构类别	营业网点			法人机构（个）
	机构个数（个）	从业人数（人）	资产总额（亿元）	
七、财务公司	0	204	543	3
八、信托公司	0	1434	221	2
九、邮政储蓄银行	1456	13555	4389	0
十、外资银行	4	54	47	0
十一、新型农村金融机构	181	4658	951	77
十二、其他	0	391	286	2
合　计	6885	105622	69444	175

数据来源：江西银保监局。

注：营业网点不包括国家开发银行和政策性银行、大型商业银行、股份制商业银行等金融机构总部数据；大型商业银行包括中国工商银行、中国农业银行、中国银行、中国建设银行和交通银行；小型农村金融机构包括农村商业银行；新型农村金融机构包括村镇银行；其他包含金融租赁公司、民营银行。

2. 存款规模有力增长，住户存款增长明显。2022年末，江西省金融机构本外币各项存款余额5.3万亿元；余额同比增长11.3%，增速较上年末上升2.6个百分点；较年初增加5406亿元，同比多增1563亿元。在消费场景受限及居民储蓄意愿上升的影响下，住户存款增长较快。2022年末，住户存款余额同比增长17.8%，增速较上年末上升5.9个百分点；较年初增加4544亿元，同比多增1834亿元。

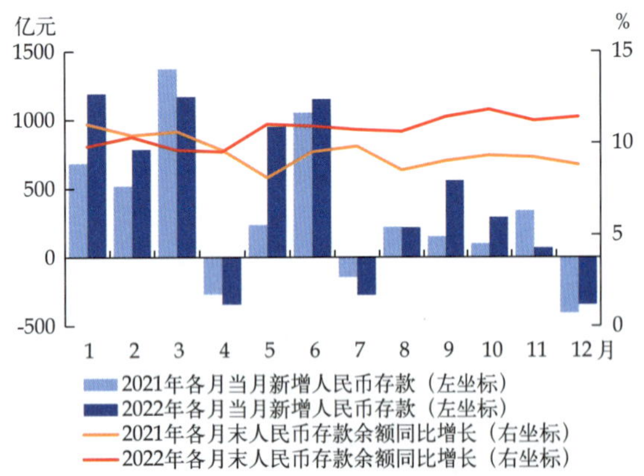

图1　金融机构人民币存款增长变化

（数据来源：中国人民银行南昌中心支行）

3. 信贷总量稳步增长，信贷结构持续优化。2022年末，江西省金融机构本外币各项贷款余额5.3万亿元，同比增长11.9%；较年初增加5602亿元，同比多增96亿元。牵头建立江西省金融支持基础设施建设协调工作机制及各类专项再贷款落地协调机制，加强货币政策、产业政策、财政政策的协同配合，充分释放结构性货币政策工具红利。2022年，累计发放支农支小再贷款742亿元，办理再贴现619亿元，提供普惠小微贷款支持工具激励资金10亿元；引导金融机构向186个项目提供政策性开发性金融工具资金支持283亿元；通过碳减排支持工具支持金融机构发放贷款133亿元，带动碳减排量约307.8万吨二氧化碳当量；通过支持煤炭清洁高效利用专项再贷款支持金融机构发放贷款39亿元；运用普惠养老专项再贷款支持金融机构发放贷款3亿元；通过科技创新再贷款支持金融机构发放贷款346亿元；通过设备更新改造专项再贷款支持金融机构发放贷款176亿元。

金融支持实体经济重点领域和薄弱环节力度进一步加大。制定出台《关于江西金融惠企纾困稳经济的若干具体措施》等政策举措，组织召开新闻发布会扩大经营主体政策知晓度。发挥江西省普惠金融综合服务平台和江西省企业收支流水大数据平台的整合分析和交易撮合功能，组织各市（县）开展专场对接、区域对接、特色化对接活动，为经营主体提供政策咨询、产品推荐、融资辅导等综合金融服务。2022年末，江西省制造业贷款余额同比增长24.1%；涉农贷款占各项贷款余额及增量比重均稳定在三分之一以上；普惠小微贷款余额同比增长20.6%，连续19个月保持20%以上增速；高新技术企业贷款余额同比增长17.4%；科技中小企业贷款余额同比增长21.8%；绿色贷款余额同比增长39.5%。

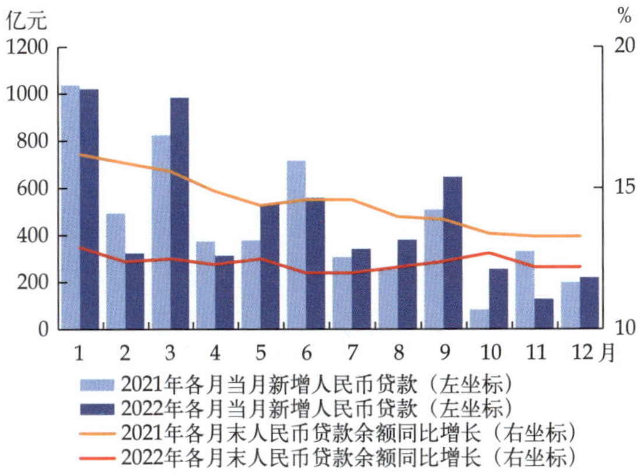

图 2　金融机构人民币贷款增长变化

（数据来源：中国人民银行南昌中心支行）

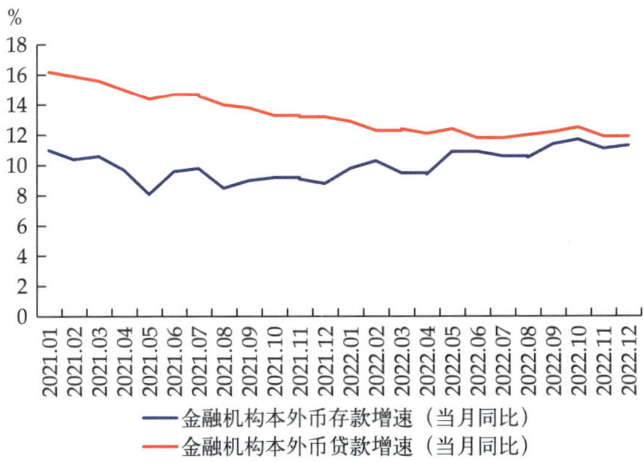

图 3　金融机构本外币存贷款增速变化

（数据来源：中国人民银行南昌中心支行）

4. 表外业务规模收缩，信托贷款同比多增。 2022 年，江西省表外融资业务规模减少 204 亿元，同比少减 1003 亿元。其中，委托贷款增加 79 亿元，同比多增 107 亿元；信托贷款增加 17 亿元，同比多增 1203 亿元；未贴现的银行承兑汇票减少 301 亿元，同比多减 308 亿元。

5. 深化利率市场化改革，企业贷款利率下行至有统计以来低位。 指导江西省利率自律机制建立存款利率市场化调整机制，强化存款招投标、协议存款计结息等自律管理，维护存款市场良性竞争秩序，切实降低负债端成本，为资产端减费让利创造空间。2022 年，江西省定期存款加权平均利率同比下降 11 个基点。深化贷款市场报价利率（LPR）改革，督导金融机构将 LPR 内嵌到内部定价，对普惠小微、科技创新、绿色发展、乡村振兴等重点领域和薄弱环节贷款实行内部资金转移定价优惠。2022 年，江西省人民币一般贷款利率同比下降 42 个基点；企业贷款加权平均利率处于历史低位，同比下降 35 个基点；普惠小微贷款利率同比下降 43 个基点。

表 2　2022 年金融机构人民币贷款各利率区间占比

单位：%

项目		1 月	2 月	3 月	4 月	5 月	6 月
合计		100.0	100.0	100.0	100.0	100.0	100.0
LPR 减点		10.5	11.0	9.9	9.1	9.8	11.2
LPR		4.8	6.0	7.5	4.8	5.9	5.9
LPR 加点	小计	84.7	83.0	82.6	86.1	84.3	82.9
	(LPR，LPR+0.5%)	19.0	13.3	13.6	12.6	15.3	18.1
	[LPR+0.5%，LPR+1.5%)	28.7	27.9	31.6	30.5	30.8	29.9
	[LPR+1.5%，LPR+3%)	19.5	20.3	20.6	24.6	21.2	21.0
	[LPR+3%，LPR+5%)	12.6	15.4	13.0	13.6	12.5	10.9
	LPR+5% 及以上	4.9	6.0	3.9	4.9	4.5	3.0
项目		7 月	8 月	9 月	10 月	11 月	12 月
合计		100.0	100.0	100.0	100.0	100.0	100.0
LPR 减点		10.9	12.0	19.3	20.1	15.1	17.6
LPR		6.0	5.3	5.8	4.3	5.0	6.4
LPR 加点	小计	83.1	82.7	74.9	75.6	79.9	76.0
	(LPR，LPR+0.5%)	17.9	16.6	16.4	15.5	14.7	13.5
	[LPR+0.5%，LPR+1.5%)	27.5	27.9	28.4	25.7	29.6	28.0
	[LPR+1.5%，LPR+3%)	21.7	22.4	17.8	19.6	20.5	21.4
	[LPR+3%，LPR+5%)	12.7	12.2	9.7	11.3	11.8	10.3
	LPR+5% 及以上	3.3	3.6	2.6	3.5	3.3	2.8

数据来源：中国人民银行南昌中心支行。

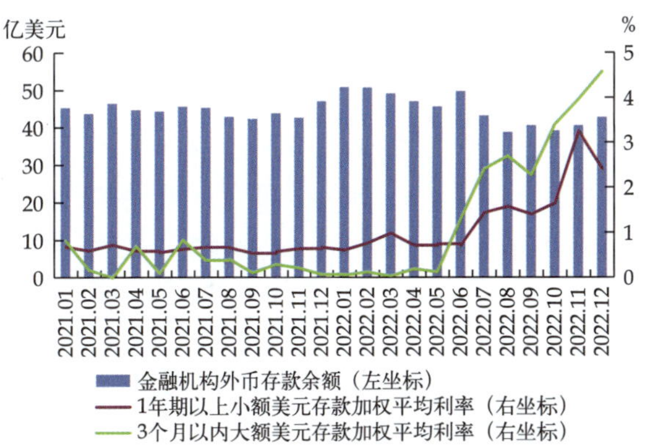

图 4　金融机构外币存款余额及外币存款利率

（数据来源：中国人民银行南昌中心支行）

6. 金融风险总体可控，风险抵御能力提升。 加强对法人银行、房地产、融资平台、重点企业和互联网金融等重点领域的风险监测，深入推进风险治理，区域金融风险总体收敛。截至2022年末，江西省已连续9个季度保持高风险金融机构"清零"成果。继续拓宽资本补充渠道，指导辖区城商行成功发行40亿元永续债，增强机构风险抵御能力和服务实体经济能力。

7. 跨境收支规模再上新台阶，跨境人民币业务快速发展。 2022年，江西省跨境收支总额和顺差实现双增长：跨境收支总额突破700亿美元，同比增长14.9%；跨境收支顺差同比增长28.2%。其中，货物贸易的"压舱石"作用显著，占全部跨境收支的比重为78.9%。出台《推动锂、稀土等大宗商品跨境贸易人民币计价结算工作方案》，充分发挥锂及稀土产业链的优势地位，打造具有江西特色的跨境人民币工作样板。跨境人民币收支规模同比增长57.6%，占本外币的比重为23.2%，较上年上升5.4个百分点。

专栏1 把握科技创新再贷款工具落地契机 提升金融支持科技创新水平

2022年，中国人民银行南昌中心支行深入贯彻落实科技强国战略的决策部署，推动科技创新再贷款在江西快速落地见效，推动社会资金流向科技创新企业，助力江西创新型省份建设。2022年4月政策创设以来至2022年末，江西省通过科技创新再贷款支持金融机构发放贷款346亿元，贷款加权平均利率3.9%，低于同期企业贷款加权平均利率70个基点，惠及江西省11个设区市的1614家科技型中小企业。

一、高位推动，多举措保障科技创新再贷款政策落地见效

及时加深与省政府沟通汇报，督促金融机构用好用足科技创新再贷款政策，深度对接创新型省份建设。为确保科技创新再贷款政策能够有效直达科技创新型企业，带队实地走访工信、科技部门研提贯彻落实意见，印发《加快推进科技创新再贷款政策落地见效的通知》，形成一套服务科技创新型企业的联动体系，召开政策解读会、政策推进会、经验总结会10余次，组织开展20余次实地调研，疏通科创类贷款的投放梗阻，为企业纾困解难创造有利条件。

二、充分引导，多手段搭建政银企互通协作机制

一是建立科技创新"白名单"，涵盖各类企业1.0万户，在全面、系统摸排企业需求的基础上，引导金融机构逐户对接。2022年末，江西省高新技术企业贷款余额同比增长17.8%，高于同期各项贷款增速5.9个百分点；科技中小企业贷款余额同比增长22.5%，高于同期各项贷款增速10.6个百分点。二是引导江西省各地区建立"专精特新"中小企业融资需求定期调度机制，并及时推送至金融机构。畅通信息沟通渠道，实行政银企常态化联动。通过产融对接活动、"一起益企"中小企业服务行动、中小企业服务月活动、各级各类融资服务平台等"线上+线下"渠道，推动金融机构与"专精特新"中小企业双向推介，开展"一对一"深度对接。

三、创新服务，多维度破解科创企业融资难题

一是创新金融服务模式。创新"科创通宝"金融服务，通过运用"技术流"① 评价机制和

① "技术流"专属评价体系指由江西省科技担保公司组织开展专家初审、尽调、路演等环节，从技术先进性、技术含量、持续研发创新能力、产品前景等方面进行评分，3名及以上专家评分达到80分方能成为"科创通宝"企业。

"担保换期权"[①]模式，为银行、担保、创投等金融机构向科技企业的全生命周期金融服务提供赋能支持。二是创新金融服务产品。在确保风险可控的基础上，由省市（县）联动设立科贷通风险补偿资金池，创设"科贷通"信贷产品，引导银行机构以10倍放大比例向科技型中小企业发放流动资金贷款，并按贷款金额1%进行贴息补助。2022年末，"科贷通"贷款余额同比增长43%，自产品创设以来累计放款83亿元，受益企业达3164家次。

四、完善机制，多方面提升科创企业服务质效

鼓励金融机构为每家"专精特新"中小企业配备服务专员，一企一策梳理融资诉求。引导辖区金融机构通过开设绿色通道、扩大授信规模、配套专属模式等方法，提高服务企业水平；对于科技创新型企业给予一定的利率优惠，如某股份制银行实行内部资金转移定价（FTP）优惠政策，对经核准认定的相关项目，FTP最多可较一般贷款利率低120个基点。此外，部分金融机构调整了绩效考核制度，增加相关考核子项，提高积极性。如某银行对审批通过科技创新再贷款的企业，按照贷款发放规模的0.15%给予补贴。

（二）资本市场建设稳步推进，上市主体持续增加

1. 证券市场交易额略有下降，法人机构营收有所下滑。2022年末，江西省投资者资金账户数同比增长8.9%，全年交易额同比下降0.7%。江西省证券机构实现营业收入同比下降15.3%，净利润同比下降37.9%。其中，两家法人证券公司投资者账户数同比增长11.3%，交易额同比增长0.2%，但盈利能力下滑，营业收入和净利润同比分别下降30.0%和67.8%。

2. 期货行业经营效益下滑，法人期货机构净利润实现增长。2022年，江西省期货机构累计代理成交额同比下降15.2%，营业收入、净利润同比分别下降32.9%和19.2%。其中，法人期货机构累计代理成交额占比较上年下降8.9个百分点，得益于业务及管理费用支出减少，全年净利润同比增长20.3%。

3. "映山红"行动持续推进，私募基金规模下降。实施企业上市"映山红"行动升级工程[②]，2022年，新增A股上市公司14家，IPO过会企业数量列全国第12位。2022年末，江西省共有270家中基协备案私募基金管理人，较年初减少3家，其中131家实际经营地在辖内；备案基金产品1105只，同比增加244只；管理基金规模1564亿元，同比减少48亿元。

表3　2022年证券业基本情况

项目	数量
总部设在辖内的证券公司数（家）	2
总部设在辖内的基金公司数（家）	270
总部设在辖内的期货公司数（家）	1
年末国内上市公司数（家）	77
当年国内股票（A股）筹资（亿元）	275
当年发行H股筹资（亿元）	—
当年国内债券筹资（亿元）	793
其中：短期融资券筹资额（亿元）	-115
中期票据筹资额（亿元）	222

数据来源：江西证监局、中国人民银行南昌中心支行。
注：当年国内股票（A股）筹资额指非金融企业境内股票融资。

① "担保换期权"模式则是在担保公司为科技企业提供担保的同时，签订一定比例的股权协议，在适当时机可以通过行权或回购的方式投资企业。
② 重点围绕江西省"2+6+N"产业领域高成长性科技型企业、专精特新"小巨人"企业，筛选一批主营业务突出、市场竞争力强、发展前景广阔、具有较好上市基础的企业。

（三）保险业总体稳健运行，服务保障功能有效发挥

1. 保险业发展稳中向好，退保率下降。2022年，江西省保险业资产总额同比增长13.0%。累计保费收入同比增长6.9%，其中，财产险保费收入同比增长14.9%，人身险保费收入同比增长3.6%。全年出口信保覆盖面不断扩大，柑橘等地方特色险种纳入省级农业保险保费补贴目录。保险业退保率2.5%，同比下降0.3个百分点[①]。

表4　2022年保险业基本情况

项目	数量
总部设在辖内的保险公司数（家）	1
其中：财产险经营主体（家）	1
寿险经营主体（家）	0
保险公司分支机构（家）	51
其中：财产险公司分支机构（家）	23
寿险公司分支机构（家）	28
保费收入（中外资，亿元）	972.5
其中：财产险保费收入（中外资，亿元）	304.2
人身险保费收入（中外资，亿元）	668.3
各类赔款给付（中外资，亿元）	354.8

数据来源：江西银保监局。

2. "险资入赣"推进有力，保险保障作用不断显现。"险资入赣"项目对接不断强化，入赣资金保持较快增长，2022年，江西省"险资入赣"金额同比增长10.2%。累计赔付支出同比增长6.2%，其中，财产险赔付支出同比增长8.6%，人身险赔付支出同比增长3.3%。

（四）金融市场平稳运行，社会融资规模稳步增长

1. 社会融资规模稳步增长，融资结构进一步调整。2022年，江西省社会融资规模增量8624亿元，同比多增333亿元。分结构看，表内贷款、直接融资、政府债券融资增量占比分别为63.4%、12.4%和21.3%。债务融资工具发行企业55家、金额1738亿元。加权平均利率同比下降66个基点，为企业节约融资成本约30亿元。发行江西省首只碳排放权绿色资产担保债券，金额1亿元，募集资金均用于低碳转型发展，助力推进碳达峰碳中和；发行江西省首只科创票据，金额10亿元；发行绿色债务融资工具6只，金额合计45亿元。债券兑付及时，保持了"零违约"良好生态。

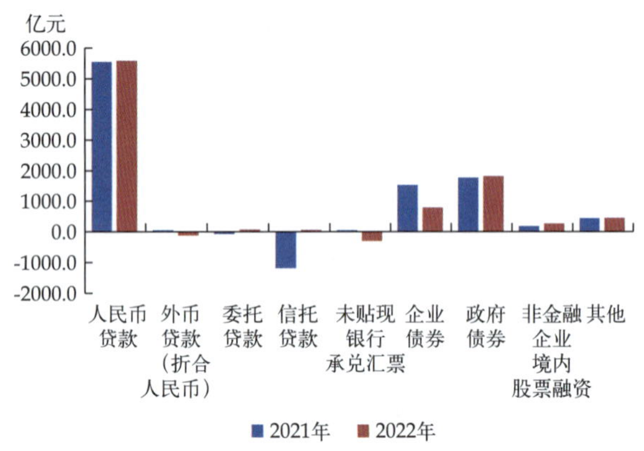

图5　社会融资规模分布结构

（数据来源：中国人民银行南昌中心支行）

2. 银行间债券市场交易量扩大，市场利率有所下降。2022年，江西省辖内市场成员累计债券交易量同比增长2.9%。市场利率整体稳中有降，质押式回购交易、买断式回购交易与现券买卖利率同比分别下降99个、47个和48个基点。

3. 票据业务市场较快增长，利率水平持续下行。2022年，票据市场交易活跃，江西省金融机构累计签发商业汇票、办理票据贴现金额同比分别增长21.6%和29.4%。2022年末，商业汇票余额同比增长24.0%；票据贴现余额同比增长29.6%。票据市场利率呈下降态势，全年票据贴现、转贴现加权平均利率同比分别下降93个和77个基点。

① 数据口径暂不包含风险处置阶段的保险机构。

表 5　2022 年金融机构票据业务量

单位：亿元

季度	银行承兑汇票承兑		贴现			
			银行承兑汇票		商业承兑汇票	
	余额	累计发生额	余额	累计发生额	余额	累计发生额
1	2856.7	1138.8	3445.0	4165.8	151.2	226.9
2	3182.3	2508.8	3942.5	9300.2	125.3	542.5
3	3225.6	3537.6	3960.6	13205.0	123.8	674.9
4	3226.5	4625.8	3978.3	16927.9	138.9	876.7

数据来源：中国人民银行南昌中心支行。

表 6　2022 年金融机构票据贴现、转贴现利率

单位：%

季度	贴现		转贴现	
	银行承兑汇票	商业承兑汇票	票据买断	票据回购
1	2.49	3.61	2.32	2.43
2	1.71	3.03	1.83	1.88
3	1.60	2.68	1.65	1.58
4	1.49	2.94	1.56	1.78

数据来源：中国人民银行南昌中心支行。

4. 黄金市场交易量微降，黄金租赁交易比重较大。2022 年，江西省金融机构黄金业务成交量及成交金额同比分别微降 2.8% 和 2.0%。其中，黄金租赁是主要交易品种，累计成交量、成交金额的市场占比分别是 57.5% 和 57.2%。

（五）区域金融改革持续深化，金融创新成效明显

1. 绿色金融改革创新纵深发展。推进赣江新区绿色金融改革创新试验区建设，创新推出可持续发展挂钩贷款、“生态价值贷（GEP 贷）”、“碳足迹披露支持贷款”、“绿色产业数字保”、碳标签融资等金融产品。探索绿色金融和普惠金融融合发展新模式，赣江新区入选全国首批中央财政支持普惠金融发展示范区。推进抚州市生态产品价值实现机制试点，创新推出“生态信贷通”融资模式。推动九江银行成为国内首家加入碳核算金融联盟（PCAF）的城商行，推动绿色金融与转型金融有效衔接。

2. 赣州市、吉安市普惠金融改革试点稳步推进。2022 年，试验区两地金融服务覆盖率、可得性和满意度不断提升。2022 年末，赣州市、吉安市人民币各项贷款余额增速分别高于江西省平均水平 0.5 个和 0.8 个百分点，其中，新增贷款中普惠小微贷款占比分别高于江西省平均水平 5.8 个和 4.8 个百分点，试验区两地法人银行普惠小微贷款利率较改革前分别下降 1.4 个和 0.7 个百分点。

（六）金融生态环境持续优化，金融服务水平稳步提升

1. 社会信用体系建设赋能经营主体发展持续提升。升级打造省级地方征信平台——江西省普惠金融综合服务平台 3.0 版，助力中小微企业融资增信。设立“金农易贷直通专区”等各类融资专区，满足经营主体多样化需求。2022 年末，平台共汇集 12 个省直部门、134 个市直部门、15 个县区单位以及国内 3 家大型征信机构数据，采集订阅涉企政务数据 1982 项，企业信息 494 万户，累计支持 23.1 万户企业获贷 4117 亿元。持续推广企业收支流水大数据征信平台应用，累计查询 25.7 万笔，支持发放企业贷款 458 亿元。开展园区信用建设试点，创新“动态授信、随借随还”的应收账款池质押融资模式，促成 178 户经营主体融资 41 亿元。深入推进农村信用创建，扩大江西省农村经营户信用信息联网核查平台试点范围，为农户和新型农业经营主体增信，累计评定信用户 236 万户、信用村 4366 个、信用乡（镇）477 个。

2. 支付服务供给扩容提质。周密部署支付服务减费让利工作，截至 2022 年末，江西省银行机构支付手续费让利 3.6 亿元，惠及小微企业和个体工商户 128.4 万户。健全账户分类分级管理体系，定向清理长期不动户，切实优化老年人支付服务体验。拓宽移动支付服务路径，2022 年组织支付服务主体承接 928.7 万张政府消费券发放，涉及金额 8 亿元，撬动消费交易 45 亿元，惠及实体商户 7.2 万家；银联移动支付交易笔数 6297.3 万笔，金额 139 亿元。支付

系统高效运转，全年支付系统共处理业务7亿笔，金额150.3万亿元，同比增长8.5%。全面提升银行账户服务水平，组织2139个银行机构营业网点将企业预约开户环节纳入江西省企业开办"一网通办"平台。

3. 金融消费权益保护环境不断改善。持续打造"12363"金融消费权益保护投诉咨询暖心热线，2022年，江西省"12363"电话共接听来电2.0万笔，接收投诉2239笔，办结率97.1%。深入推进金融纠纷多元化调解机制建设，推动建成江西省金融纠纷人民调解委员会，2022年，江西省人民银行指导下的金融纠纷调解组织共完成调解1664笔，调解成功率72.8%。统筹开展集中性金融知识普及活动，积极培育金融教育示范基地，2022年末，江西省共命名11家省级、3家市级金融教育示范基地。组织开展金融消保执法检查，加大对侵害金融消费者合法权益违法违规行为的查处力度。深入推进农村普惠金融服务站建设，2022年末，建成站点5183个，其中，标杆站点160个。

二、经济运行情况

2022年，江西省经济运行呈现稳中有进、稳中向好良好态势。地区生产总值3.2万亿元，同比增长4.7%，高于全国增速1.7个百分点。三次产业持续协同发展，产业增加值同比分别增长3.9%、5.4%和4.2%。

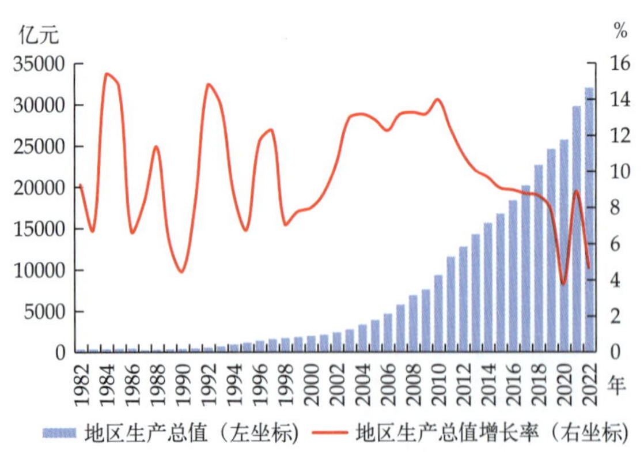

图6　地区生产总值及其增长率

（数据来源：江西省统计局）

（一）三大需求协同拉动，消费市场加快恢复

2022年，三大需求协同发力，推动地区生产总值稳步增长。投资拉动作用明显，扎实推进重大项目开工建设，加大重点领域补短板、强弱项力度，有效投资持续扩大；消费支撑作用增强，促消费政策发力显效，消费市场加快恢复；外贸进出口规模跃升，总量突破6000亿元。

1. 固定资产投资平稳增长，基础设施投资持续加快。2022年，江西省固定资产投资同比增长8.6%，高于全国增速3.5个百分点。基础设施投资拉动作用增强，全年同比增长22.4%，对全部投资增长的贡献率39.9%，较上年提高36.1个百分点。高技术产业投资增势良好，同比增长9.3%，对全部投资增长的贡献率18.0%，较上年提高36.1个百分点。

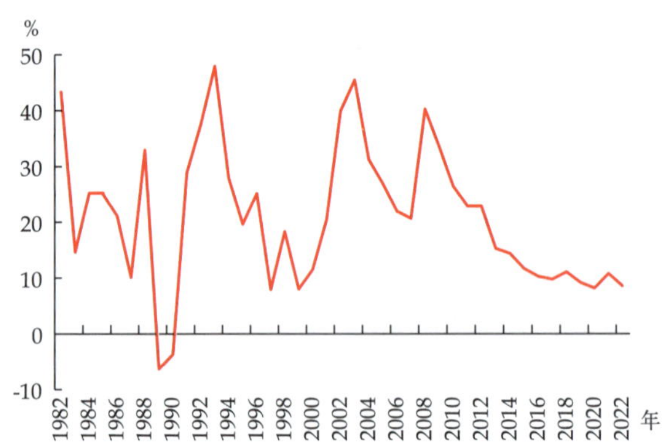

图7　固定资产投资（不含农户）增长率

（数据来源：江西省统计局）

2. 市场销售有所恢复，必需类商品消费较快增长。2022年，江西省消费市场继续保持恢复态势，实现社会消费品零售总额1.3万亿元，同比增长5.3%，高于全国增速5.5个百分点。新型消费保持快速增长，江西省网上零售额同比增长18.1%，拉动市场销售同比增长2.0个百分点。必需类商品增势良好，粮油食品、饮料、烟酒类商品零售额同比分别增长27.1%、32.2%和18.7%，拉动限额以上消费品零售增速4.5个百分点。

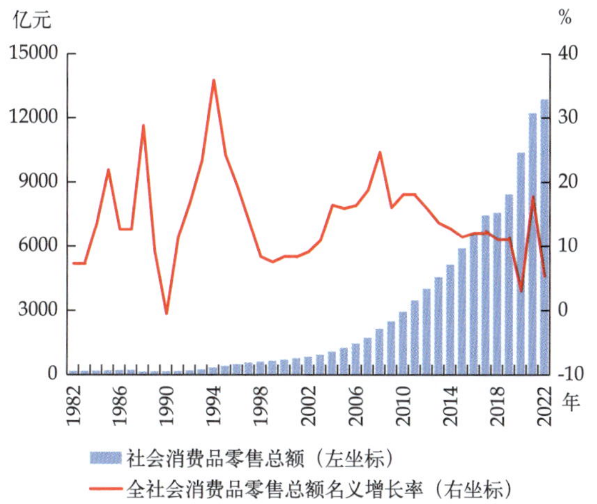

图 8　社会消费品零售总额及其增长率

（数据来源：江西省统计局）

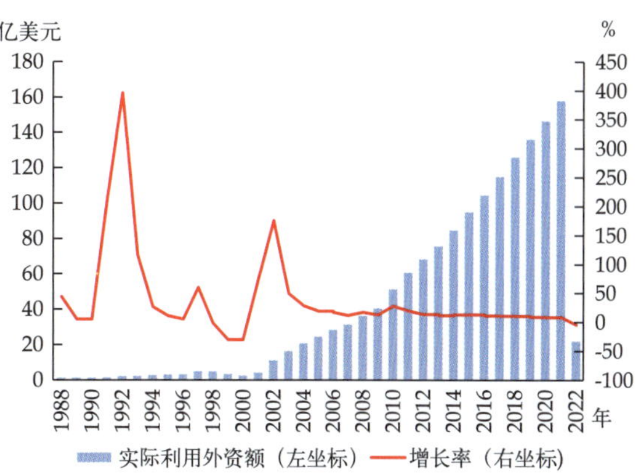

注：从 2022 年 7 月起，实际利用外资额数据改为国家商务部统计口径数据。

图 10　实际利用外资额及其增长率

（数据来源：江西省统计局）

3. 货物进出口增势良好，贸易结构继续优化。2022 年，江西省进出口总值 6713 亿元，同比增长 34.9%，高于全国增速 27.2 个百分点。其中，出口值 5088 亿元，同比增长 38.7%；进口值 1625 亿元，同比增长 24.2%。一般贸易进出口同比增长 38.7%，占进出口总值的比重为 76.4%，较上年提高 2.1 个百分点。民营企业进出口同比增长 40.6%，占进出口总值的比重为 76.1%，较上年提高 3.1 个百分点。

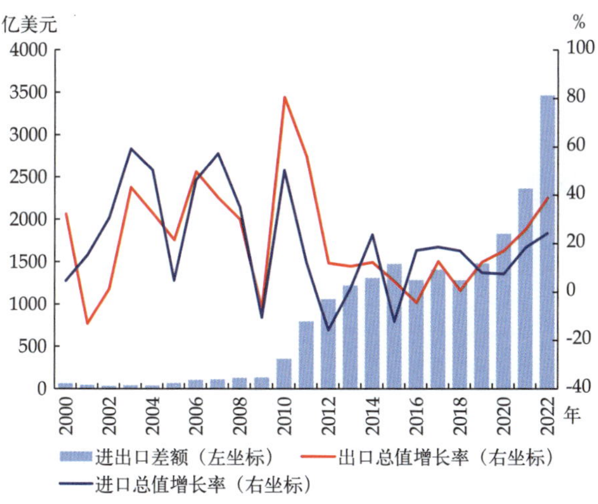

图 9　外贸进出口变动情况

（数据来源：江西省统计局）

（二）供给总体平稳，产业结构不断调整

2022 年，三次产业结构由上年的 7.8 : 44.4 : 47.8 调整为 7.6 : 44.8 : 47.6。从对经济增长的贡献率看，三次产业的贡献率分别为 6.9%、49.9% 和 43.2%，分别拉动经济增长 0.3 个、2.4 个和 2.0 个百分点。

1. 农业生产形势良好，粮食生产再获丰收。2022 年，江西省农业总产值 4214 亿元，首次突破 4000 亿元，同比增长 4.3%。粮食生产再获丰收，总产量 430.4 亿斤，连续 10 年稳定在 430 亿斤以上。

2. 工业生产稳中提质，新兴动能加速释放。2022 年，江西省规模以上工业增加值同比增长 7.1%，高于全国增速 3.5 个百分点。制造业贡献度增强，增加值同比增长 7.4%，高于江西省平均水平 0.3 个百分点。新动能加速释放，战略性新兴产业、高技术产业、装备制造业增加值同比分别增长 20.6%、16.9% 和 17.3%，占规模以上工业增加值的比重分别为 27.1%、40.5% 和 30.9%，较上年分别提高 3.9 个、2.0 个和 2.9 个百分点。

注：自 2011 年起，工业统计范围调整为年主营业务收入 2000 万元及以上的工业企业。

图 11　规模以上工业增加值实际增长率

（数据来源：江西省统计局）

3. 服务业运行稳健，支柱行业贡献有力。 2022 年，江西省服务业增加值 1.5 万亿元，同比增长 4.2%，高于全国增速 1.9 个百分点。江西省规模以上服务业三大支柱行业的道路运输业、商务服务业、电信广播电视和卫星传输服务业合计营业收入同比增长 11.1%，占全部规模以上服务业的 53.0%，对规模以上服务业增长贡献率为 53.3%，拉动增长 5.9 个百分点，为江西省服务业持续稳定增长提供了有力支撑。

（三）就业形势总体稳定，工业生产者价格涨幅回落

1. 就业形势总体稳定。 2022 年，江西省城镇新增就业完成年计划的 113.0%，城镇失业人员再就业完成年计划的 115.5%，就业困难人员就业完成年计划的 124.7%，新增转移农村劳动力完成年计划的 121.4%，均超额完成全年目标任务。全年居民人均可支配收入 3.2 万元，同比增长 5.9%，高于全国增速 0.9 个百分点。

2. 居民消费价格温和上涨。 2022 年，江西省居民消费价格同比上涨 2.0%，涨幅与全国持平。分类别看，食品烟酒价格上涨 2.2%，衣着价格上涨 0.5%，居住价格上涨 0.9%，生活用品及服务价格上涨 0.8%，交通和通信价格上涨 5.6%，教育文化和娱乐价格上涨 2.1%，医疗保健价格上涨 0.2%，其他用品和服务价格上涨 1.6%。

3. 工业生产者价格涨幅回落。 2022 年，江西省工业生产者出厂价格同比上涨 3.5%，涨幅较上年同期回落 0.5 个百分点；工业生产者购进价格上涨 9.4%，涨幅较上年同期回落 0.9 个百分点。

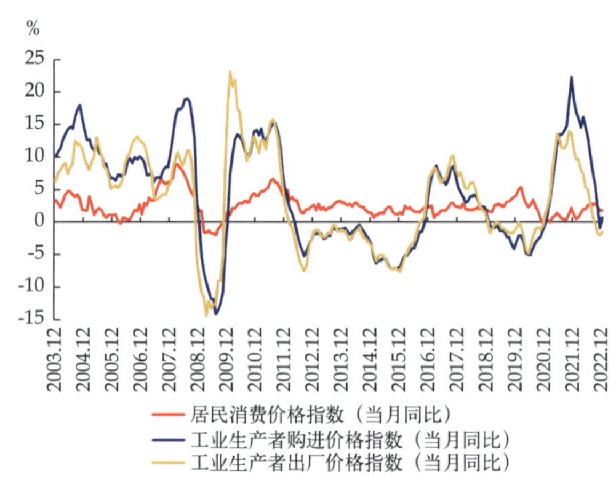

图 12　居民消费价格指数和工业生产者价格指数变动趋势

（数据来源：江西省统计局）

专栏 2　江西省普惠养老专项再贷款试点开局良好

江西省是全国 5 个普惠养老专项再贷款试点省份之一，中国人民银行南昌中心支行精心组织、周密安排、扎实推进，取得良好开局。2022 年，江西省通过普惠养老专项再贷款支持金融机构发放贷款 27 笔，金额 3 亿元，支持普惠养老机构 16 家，专项再贷款支持的贷款加权平均利率 3.91%，低于同期企业贷款加权平均利率 72 个基点。

一、部门联动、有序推进

政策出台后，与江西省发改委、民政厅联合印发《江西省普惠养老专项再贷款试点实施方案》，明确试点工作目标、内容、安排、机制和具体操作要求，为政策传导落地夯实基础。制定江西省统一的《普惠养老服务发展金融合作备忘录》《城企联动普惠养老协议》模板，系统梳理政策申报条件要求，细化操作规范。围绕打通试点政策落地的前置核心环节，联合江西省发改委、民政厅举办江西省普惠养老专项再贷款合作备忘录签约仪式，推动江西省发改委与试点金融机构签订普惠养老专项再贷款合作备忘录、养老服务机构代表与试点银行签订普惠养老服务金融合作备忘录、全省各级政府与相关经营主体签订政策承诺书。截至2022年末，江西省共签订政策承诺书61份，实现江西省发改委与试点金融机构合作备忘录签署全覆盖，辖内11个设区市均有市（县）政府与经营主体签订了政策承诺书。

二、建立名单、全面对接

建立江西省普惠养老专项再贷款融资项目库，梳理普惠养老机构“白名单”186家，多批次向试点金融机构和人民银行分支机构推送。2022年末，江西省金融机构普惠养老机构贷款余额同比增长30.3%，高于各项贷款增速18.4个百分点。按照“首办对接、分层对接、交叉对接”的原则和流程，综合采取现场走访、银企洽谈等多种方式，指导试点金融机构限时有序开展“白名单”内普惠养老项目和普惠养老机构对接，逐项跟踪协调解决企业合理诉求。在试点启动后不到两个月的时间，江西省试点金融机构与“白名单”内养老机构走访对接覆盖率达100%。

三、创新产品、优化模式

引导试点金融机构为养老机构量身推出“中银惠老通”“普惠养老贷”“床位贷”“政采贷”等产品，破解普惠养老机构普遍面临的经营利润较低、抵押担保不足等问题。如交通银行江西省分行根据普惠养老机构的经营模式、政企合作方式、财务规划及资金需求等情况，通过定制化产品“普惠养老贷”成功为某养老服务改造提升建设项目发放贷款5000万元，解决了客户回款周期较长、前期垫付资金大和抵押物缺乏的现实困难。同时，引导试点金融机构创设养老机构“集团＋子公司打包授信”“收支流水＋担保增信”“应收账款质押”等融资模式推动试点政策加快见效。如工商银行江西省分行推动鹰潭市工业控股担保公司将养老服务机构纳入增信担保范围，采用“见贷即担”模式发放普惠养老贷款。

四、注重实效、稳妥有序

省、市、县三级人民银行分层次建立普惠养老金融支持专项监测制度，及时跟进掌握信贷投放及报账落地情况，截至2022年末，普惠养老专项再贷款资金共推动普惠养老服务设施新建、改扩建面积34.9万平方米，新增床位8394个。为切实防范试点政策落地过程中政策资金“跑冒滴漏”现象和道德风险问题，督促引导金融机构及时对政策支持的养老机构开展贷后跟踪核查，核实养老项目的进度和贷款资金的投向用途，确保专款专用、精准滴灌，真正推动养老产业发展。

（四）财政收支保持增长，民生支出保障有力

1. 财政收入平稳增长。2022年，江西省财政一般公共预算收入完成2948亿元，同比增长4.8%。税收收入完成1789亿元，占一般公共预算收入的比重为60.7%。

2. 财政支出保重点惠民生。2022年，江西省一般公共预算支出7288亿元，同比增长7.5%。民生方面支出5754亿元，占一般公共预

算支出的比重为79.0%。

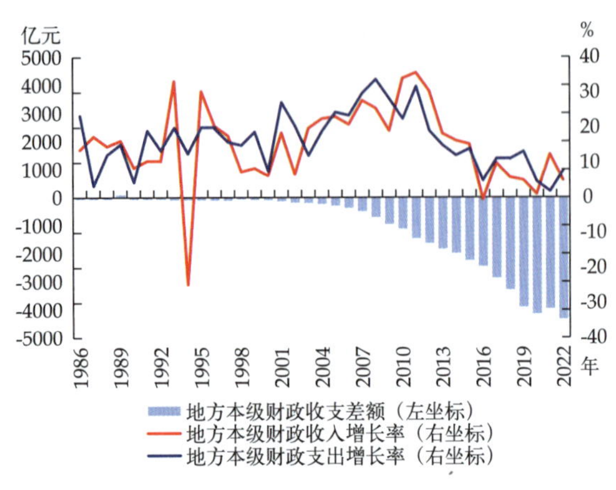

图13　财政收支状况

（数据来源：江西省统计局）

（五）房地产投资规模下降，市场销售整体低位运行

2022年，江西省房地产开发投资同比下降12.6%。其中，住宅投资同比下降11.6%，办公楼投资同比下降15.2%，商业营业用房投资同比下降14.6%。江西省房屋施工面积2.3亿平方米，同比下降9.9%。其中，住宅施工面积1.8亿平方米，同比下降8.7%。江西省商品房销售面积6703万平方米，同比下降12.7%，其中住宅销售面积5663万平方米，同比下降15.2%。商品房销售额4905亿元，同比下降16.8%，其中住宅销售额4139亿元，同比下降19.0%。

三、预测与展望

2023年，江西省经济发展面临的机遇与挑战并存。一方面，江西省全力打好六大领域“项目大会战”，强力实施项目建设“四大攻坚行动”[①]，深入推进数字经济做优做强“一号发展工程”和营商环境优化升级“一号改革工程”，动力活力进一步激发，经济运行恢复回稳快、动能后劲足、区域协调好，有利于稳中有进、稳中向好。另一方面，发展不足仍然是江西省的基本省情，总量不大、人均不高、结构不优的问题较为突出，创新能力较弱，资源环境约束趋紧，彰显特色、优势互补的全域发展格局亟待构建。

2023年，江西省将坚持以习近平新时代中国特色社会主义思想为指导，全面贯彻落实党的二十大精神和中央经济工作会议精神，深入贯彻习近平总书记考察江西重要讲话精神，完整、准确、全面贯彻新发展理念，加快构建新发展格局，更好统筹发展和安全，把实施扩大内需战略同深化供给侧结构性改革有机结合起来，突出做好稳增长、稳就业、稳物价工作，推动经济实现质的有效提升和量的合理增长。江西省金融系统将坚持稳中求进工作总基调，聚焦支持江西省经济高质量跨越式发展，精准有力实施好稳健的货币政策，强化逆周期调节和跨周期设计，保持信贷投放稳定增长，重点支持普惠小微、科技创新、绿色发展、乡村振兴等重点领域和薄弱环节。全力支持重点产业和重大发展战略，积极引导金融资源策应“一圈引领、两轴驱动、三区协同”以及工业强省、旅游强省等战略，聚焦江西“2+6+N”[②]产业规划，支持各产业领域、各成长阶段的企业融资，助推江西传统产业转型升级、新兴产业倍增发展。有力支持恢复和扩大消费、重点基础设施和重大项目建设，创新金融服务惠企利民，持续深化金融改革创新，积极防控金融风险，奋力谱写好全面建设社会主义现代化江西的金融篇章。

---

① 六大领域“项目大会战”指工业、农业、服务业、重大基础设施、新基建、公共服务领域大会战。“四大攻坚行动”指城市棚户区改造、“大交通”建设、大南昌都市圈轨道交通和水利领域基础设施建设四个重点领域攻坚行动。

② “2+6+N”：推动有色、电子2个产业主营业务收入过万亿元，装备制造、石化、建材、纺织、食品、汽车6个产业主营业务收入过5000亿元，航空、中医药、移动物联网、半导体照明、虚拟现实、节能环保等N个产业主营业务收入突破千亿元。

中国人民银行江西省分行货币政策分析小组

总　　纂：陈建新　陈　锋

统　　稿：张婷婷　叶少波　郭　丽

执　　笔：阳　锐　刘梦佳　魏斯怡　朱子欣

提供材料：汤教泉　杨晶晶　彭鸿健　刘旭妍　李海平　舒祥初　常然君　余晓华　吴　健
卢　红　吴　松　辛哲敏

附录：

（一）2022 年江西省经济金融大事记

4 月 21 日，中国人民银行南昌中心支行组织召开金融委办公室地方协调机制（江西省）2022 年第一次会议。

6 月 13 日，中国人民银行南昌中心支行出台《关于江西金融惠企纾困稳经济的若干具体措施》，细化做好疫情防控和经济社会发展金融服务政策举措，帮扶受疫情冲击较大的中小企业特别是服务业企业、个体工商户恢复发展。

6 月 24 日，“传承与弘扬：当代金融人的使命与担当”纪念中华苏维埃共和国国家银行成立 90 周年座谈会在瑞金召开。

6 月 29 日，江西省银行业“助商惠民”消费促进活动启动会在南昌举行。截至 2022 年末，累计组织支付服务主体承接 928.7 万张政府消费券发放，涉及金额 8 亿元，撬动消费交易 45 亿元，惠及实体商户 7.2 万家。

7 月 21 日，2022 年江西省产业与金融对接会在南昌召开，对接会发布了“赣金普惠”平台 3.0 版，并举行了银企现场签约仪式，涉及 48 个产融对接项目，授信金额达 604 亿元。

9 月 15 日，中国人民银行南昌中心支行组织召开 2022 年第三季度全省货币信贷形势分析座谈会，通报全省货币信贷运行情况，解读下一阶段货币信贷政策导向，提出相应工作要求。

9 月 16 日，“江西这十年”系列主题新闻发布会（金融服务与发展专题）在南昌举行，中国人民银行南昌中心支行、江西银保监局、江西证监局、江西省地方金融监管局介绍了近十年来江西金融事业取得的成就及下一步工作思路。

9 月 20 日，江西省金融消费权益保护行业自律机制暨江西省金融纠纷人民调解委员会成立大会在南昌召开。同年 12 月 5 日，江西省金融纠纷人民调解委员会揭牌开业仪式在南昌举行。

（二）江西省主要经济金融指标

表1　2022年江西省主要存贷款指标

	项目	1月	2月	3月	4月	5月	6月	7月	8月	9月	10月	11月	12月
本外币	金融机构各项存款余额（亿元）	48971.9	49752.8	50910.8	50565.8	51506.9	52686.2	52366.8	52559.0	53137.2	53421.3	53501.3	53162.4
	其中：住户存款	27191.0	27500.2	28157.2	27844.1	27975.6	28553.6	28474.7	28626.3	29223.0	29082.7	29480.3	30067.3
	非金融企业存款	13270.2	13485.6	14157.5	14198.5	14525.8	14962.7	15111.2	15327.7	15195.5	15252.9	15173.0	14615.4
	各项存款余额比上月增加（亿元）	1215.8	780.9	1158.1	-345.0	941.1	1179.3	-319.4	192.2	578.3	284.1	80.0	-338.8
	金融机构各项存款同比增长（%）	9.8	10.3	9.5	9.4	10.9	10.9	10.6	10.5	11.4	11.7	11.1	11.3
	金融机构各项贷款余额（亿元）	48199.4	48524.4	49511.6	49819.6	50341.0	50890.6	51216.8	51594.2	52209.8	52459.5	52570.1	52775.6
	其中：短期	12540.2	12536.5	12873.7	12807.5	12886.1	13099.3	13094.3	13191.8	13442.1	13462.6	13397.1	13294.9
	中长期	32196.8	32336.2	32790.8	32917.8	33094.2	33418.7	33699.6	33932.0	34416.2	34661.7	34795.0	35051.9
	票据融资	3227.8	3367.0	3596.2	3784.0	4003.1	4067.8	4107.8	4108.7	4084.4	4036.3	4054.5	4117.2
	各项贷款余额比上月增加（亿元）	1026.0	325.0	987.2	308.0	521.4	549.6	326.2	377.4	615.6	249.8	110.6	205.5
	其中：短期	312.7	-3.7	337.2	-66.2	78.6	213.2	-5.1	97.5	250.3	20.5	-65.4	-102.2
	中长期	690.2	139.4	454.6	127.0	176.4	324.4	281.0	232.4	484.2	245.5	133.2	256.9
	票据融资	50.9	139.2	229.3	187.7	219.1	64.7	40.0	0.9	-24.2	-48.1	18.2	62.7
	金融机构各项贷款同比增长（%）	12.9	12.3	12.4	12.1	12.4	11.8	11.8	12.0	12.2	12.5	11.9	11.9
	其中：短期	11.1	10.0	9.6	9.1	9.4	8.4	8.7	10.0	10.4	11.0	9.7	8.7
	中长期	12.7	11.6	11.1	10.7	10.1	9.8	9.5	9.6	10.4	10.9	10.7	11.3
	票据融资	24.2	29.0	40.8	41.0	50.3	47.0	48.6	43.2	38.4	34.7	31.1	29.6
	建筑业贷款余额（亿元）	2049.8	2056.0	2077.8	2118.6	2121.7	2174.4	2188.2	2203.4	2249.5	2269.2	2262.6	2246.9
	房地产业贷款余额（亿元）	1395.8	1390.7	1378.2	1358.6	1351.3	1339.2	1333.2	1324.8	1338.8	1331.9	1322.3	1327.6
	建筑业贷款同比增长（%）	17.1	15.3	12.4	14.3	14.9	15.5	16.2	17.2	18.0	19.0	18.1	14.3
	房地产业贷款同比增长（%）	-7.8	-9.6	-10.4	-10.9	-10.8	-10.4	-10.5	-9.1	-5.7	-4.8	-4.8	-3.5
人民币	金融机构各项存款余额（亿元）	48648.2	49432.3	50599.2	50254.9	51203.5	52352.5	52075.5	52292.3	52850.0	53140.6	53210.8	52864.1
	其中：住户存款	27124.0	27434.0	28090.0	27773.8	27904.9	28481.4	28401.9	28554.8	29150.7	29011.2	29409.8	29998.6
	非金融企业存款	13036.0	13252.0	13939.0	13976.0	14314.0	14719.0	14913.9	15150.9	14992.4	15054.4	14966.1	14400.5
	各项存款余额比上月增加（亿元）	1192.5	784.1	1166.9	-344.3	948.6	1149.0	-277.1	216.8	557.6	290.6	70.2	-346.7
	其中：住户存款	1669.0	310.0	656.0	-316.2	131.1	576.5	-79.4	152.9	595.9	-139.5	398.7	588.7
	非金融企业存款	-624.0	216.0	687.0	37.1	338.0	405.0	194.9	237.0	-158.5	62.0	-88.3	-565.5
	各项存款同比增长（%）	9.8	10.3	9.6	9.5	11.0	10.9	10.7	10.6	11.4	11.8	11.2	11.4
	其中：住户存款	18.1	12.7	12.9	14.4	15.0	14.4	15.7	16.0	16.1	17.0	17.8	17.8
	非金融企业存款	-1.6	5.6	4.7	5.1	7.8	6.8	7.1	9.8	9.8	12.7	10.3	5.2
	金融机构各项贷款余额（亿元）	47941.4	48264.5	49248.8	49561.4	50095.6	50655.2	50998.0	51379.3	52026.5	52281.7	52410.1	52629.1
	其中：个人消费贷款	12772.4	12715.4	12805.6	12751.3	12751.6	12727.8	12738.8	12767.1	12805.8	12824.4	12858.8	12847.6
	票据融资	3228.0	3367.0	3596.0	3784.0	4003.1	4067.8	4107.8	4108.7	4084.5	4036.3	4054.6	4117.2
	各项贷款余额比上月增加（亿元）	1020.7	323.0	984.3	312.6	534.2	559.6	342.8	381.3	647.2	255.2	128.3	219.1
	其中：个人消费贷款	96.0	-57.1	90.2	-54.2	0.2	-23.7	11.0	28.3	38.7	18.6	34.4	-11.2
	票据融资	51.0	139.0	229.0	187.7	219.1	64.7	40.0	0.9	-24.2	-48.1	18.2	62.7
	金融机构各项贷款同比增长（%）	12.9	12.4	12.5	12.3	12.5	12.0	12.0	12.2	12.4	12.7	12.2	12.2
	其中：个人消费贷款	10.0	9.0	8.2	6.7	5.7	4.5	3.8	3.2	2.5	1.9	1.6	1.4
	票据融资	24.2	29.0	40.8	41.0	50.3	47.0	48.6	43.2	38.4	34.7	31.1	29.6
外币	金融机构外币存款余额（亿美元）	50.8	50.7	49.1	47.0	45.6	49.7	43.2	38.7	40.5	39.1	40.5	42.8
	金融机构外币存款同比增长（%）	11.8	15.6	5.5	4.8	2.6	8.9	-4.9	-10.0	-4.4	-10.9	-5.3	-9.0
	金融机构外币贷款余额（亿美元）	40.5	41.1	41.4	39.0	36.8	35.1	32.4	31.2	25.8	24.8	22.3	21.0
	金融机构外币贷款同比增长（%）	0.5	-3.1	-6.5	-11.1	-15.0	-17.1	-21.7	-19.1	-30.4	-32.2	-42.7	-47.0

数据来源：中国人民银行南昌中心支行。

表 2　2001—2022 年江西省各类价格指数

单位：%

时间	居民消费价格指数		农业生产资料价格指数		工业生产者购进价格指数		工业生产者出厂价格指数	
	当月同比	累计同比	当月同比	累计同比	当月同比	累计同比	当月同比	累计同比
2001	—	-0.5	—	-0.4	—	-0.7	—	-1.9
2002	—	0.1	—	-0.2	—	-1.4	—	-1.5
2003	—	0.8	—	2.5	—	6.5	—	4
2004	—	3.5	—	10.7	—	14.5	—	9.7
2005	—	1.7	—	7.9	—	10	—	8.8
2006	—	1.2	—	1.1	—	8.6	—	9.7
2007	—	4.8	—	6.6	—	7.9	—	6.2
2008	—	6.0	—	19.9	—	14.2	—	6.4
2009	—	-0.7	—	-2.4	—	-9.3	—	-7.0
2010	—	3.0	—	1.9	—	11.8	—	15.3
2011	—	5.2	—	11.2	—	12.4	—	11.3
2012	—	2.7	—	6.6	—	-1.7	—	-3.5
2013	—	2.5	—	2.4	—	-1.6	—	-1.5
2014	—	2.3	—	-0.4	—	-1.6	—	-2.2
2015	—	1.5	—	1.4	—	-6.4	—	-6.3
2016	—	2.0	—	1.3	—	-2.3	—	-1.4
2017	—	2.0	—	1.0	—	7.2	—	7.9
2018	—	2.1	—	2.7	—	4.2	—	3.2
2019	—	2.9	—	4.6	—	-1.8	—	-1.1
2020	—	2.6	—	7.2	—	-3.0	—	-1.7
2021	—	0.9	—		—	12.3	—	10.5
2022	—	2.0	—			9.4		3.5
2021　1	0.2	0.2			1.2	1.2	2.4	2.4
2	0.0	0.1			3.3	2.3	4.1	3.2
3	0.7	0.3			6.2	3.6	8.1	4.8
4	1.0	0.5			8.9	4.9	11.0	6.4
5	1.4	0.7			11.9	6.2	13.6	7.8
6	1.0	0.7			13.5	7.4	12.7	8.6
7	0.5	0.7			13.5	8.3	11.4	9.0
8	0.4	0.6			14.1	9.0	11.3	9.3
9	0.5	0.6			14.8	9.7	12.0	9.6
10	1.3	0.7			18.7	10.6	14.0	10.0
11	2.2	0.8			22.3	11.6	13.7	10.4
12	1.2	0.9			18.9	12.3	11.4	10.5
2022　1	0.5	0.5			16.9	16.9	9.7	9.7
2	0.8	0.6			15.9	16.4	9.5	9.6
3	1.4	0.9			14.6	15.8	8.1	9.1
4	2.0	1.2			16.2	15.9	7.5	8.7
5	2.0	1.3			14.6	15.6	5.4	8.0
6	2.6	1.5			12.9	15.2	5.1	7.5
7	2.8	1.7			10.2	14.4	2.9	6.8
8	2.6	1.8			7.7	13.5	0.9	6.1
9	2.9	2			5.7	12.6	-0.2	5.4
10	2.4	2			2.4	11.5	-1.7	4.6
11	1.8	2			-0.9	10.3	-2	4
12	2	2			0.7	9.4	-1.5	3.5

数据来源：江西省统计局。

表 3　2022 年江西省主要经济指标

项目	1月	2月	3月	4月	5月	6月	7月	8月	9月	10月	11月	12月
	绝对值（自年初累计）											
地区生产总值（亿元）	—	—	7320.50	—	—	15133.10	—	—	23214.30	—	—	32074.70
第一产业	—	—	349.50	—	—	715.70	—	—	1390.20	—	—	2451.50
第二产业	—	—	3302.90	—	—	6918.30	—	—	10565.20	—	—	14359.60
第三产业	—	—	3668.10	—	—	7499.10	—	—	11258.90	—	—	15263.70
工业增加值（亿元）	—	—	—	—	—	—	—	—	—	—	—	—
固定资产投资（亿元）	—	—	—	—	—	—	—	—	—	—	—	—
房地产开发投资	—	278.20	508.07	728.04	927.23	1127.02	1333.84	1545.21	1766.53	1931.16	2073.76	2209.27
社会消费品零售总额（亿元）	—	1899.60	2907.30	3742.80	4750.20	5817.50	6769.80	7810.40	8837.10	10216.20	11450.80	12853.50
外贸进出口总额（亿元）	529.4	927.69	1381.97	1894.51	2500.81	3132.48	3780.32	4392.26	5000.72	5506.43	6089.10	6712.98
进口	128.4	234.51	352.46	475.31	574.36	700.23	837.89	988.99	1155.67	1298.78	1468.01	1624.56
出口	401.0	693.18	1029.51	1419.20	1926.44	2432.25	2942.43	3403.27	3845.05	4207.64	4621.09	5088.43
进出口差额（出口－进口）	272.6	458.68	677.05	943.89	1352.08	1732.02	2104.55	2414.29	2689.38	2908.86	3153.09	3463.87
实际利用外资（亿元）	—	—	—	—	—	—	—	—	—	—	—	—
地方财政收支差额（亿元）	-407.7	-611.00	-1036.50	-1281.40	-1562.60	-1973.70	-2276.19	-2553.30	-2901.70	-3096.60	-3498.40	-4340.00
地方财政收入	405.0	669.10	954.50	1186.70	1418.40	1752.00	1991.70	2173.40	2403.90	2629.70	2794.00	2948.30
地方财政支出	812.7	1280.10	1991.00	2468.10	2981.00	3725.70	4267.89	4726.70	5305.60	5726.30	6292.40	7288.30
城镇登记失业率（%）（季度）	—	—	—	—	—	—	—	—	—	—	—	—
	同比累计增长率（%）											
地区生产总值	—	—	6.9	—	—	4.9	—	—	5.0	—	—	4.7
第一产业	—	—	6.6	—	—	6.1	—	—	4.0	—	—	3.9
第二产业	—	—	8.0	—	—	5.5	—	—	5.7	—	—	5.4
第三产业	—	—	6.1	—	—	4.2	—	—	4.6	—	—	4.2
工业增加值	—	9.9	9.5	8.3	7.6	7.4	7.3	7.3	7.4	7.5	7.3	7.1
固定资产投资	—	16.6	15.6	12.0	11.1	10.6	8.7	8.5	8.6	8.8	8.8	8.6
房地产开发投资	—	3.7	1.7	0.6	-3.5	-6.9	-9.0	-11.2	-11.9	-12.1	-12.3	-12.6
社会消费品零售总额	—	10.8	8.9	7.3	5.7	5.6	5.5	5.6	6.0	6.0	5.5	5.3
外贸进出口总额	31.8	30.3	27.9	28.8	32.4	37.4	42.5	45.8	43.7	39.9	35.8	34.9
进口	18.5	22.8	20.2	24.7	17.3	16.8	17.1	20.6	23.9	24.8	25.0	24.2
出口	36.7	33.0	30.8	30.2	37.7	44.8	51.9	55.2	50.9	45.3	39.6	38.7
实际利用外资	—	—	—	—	—	—	—	—	—	—	—	—
地方财政收入	10.8	12.0	13.7	5.1	1.5	2.6	2.8	2.1	2.2	2.3	3.7	4.8
地方财政支出	45.9	16.4	13.2	8.1	5.1	-1.1	2.2	3.7	2.0	5.1	6.3	7.5

数据来源：江西省统计局。

山东省金融运行报告（2023）

中国人民银行山东省分行①
货币政策分析小组

[内容摘要] 2022年，是党的二十大胜利召开之年，是“十四五”规划实施的关键之年，也是山东省新旧动能转换“五年取得突破”的决战之年。这一年，全省上下坚持以习近平新时代中国特色社会主义思想为指导，认真贯彻党的二十大精神，锚定“走在前、开新局”，扎实推进“三个十大”②2022年行动计划，全省经济总体呈现承压而上、稳中向好、进中提质的良好发展态势。全年实现地区生产总值8.7万亿元，同比增长3.9%，高于全国增速0.9个百分点。

山东省经济运行主要呈现以下特点：一是内外需求协同发力，经济运行稳中有进。有效投资持续扩大，全年固定资产投资（不含农户）同比增长6.1%，比上年提高0.1个百分点。基础设施投资同比增长11.7%，拉动全部投资增长2.2个百分点。消费市场承压前行，线上消费增势良好，全省网上零售额同比增长7.5%。对外贸易固稳提质，全年货物进出口总值同比增长13.8%，其中民营企业进出口总值同比增长17.7%，对全省外贸增长的贡献度达91.3%。二是三次产业齐头并进，新旧动能转换强力突破。农业生产稳步向好，粮食产量连续9年过千亿斤。工业经济运行平稳，高技术制造业增加值同比增长14.4%，建设国家先进制造业集群3个。服务业支撑有力，规模以上服务业企业营业收入同比增长6.6%。“四新”经济增加值比重较上年提高1.2个百分点，发明专利授权量同比增长34.0%。成功争取绿色低碳高质量发展先行区落地实施，省内政策清单、项目清单、责任清单配套跟进。三是居民消费价格温和上涨，工业生产者价格涨幅回落。居民消费价格上涨1.7%，涨幅比上年扩大0.5个百分点。工业生产者出厂价格上涨5.1%，涨幅比上年回落5.2个百分点，石油和天然气开采业涨幅居前。居民人均可支配收入同比增长5.2%，农村居民人均可支配收入增速高于城镇居民。四是财政收支平稳运行，支持稳经济大盘扎实有力。一般公共预算收入和支出同比分别增长5.3%和3.6%，民生支出占一般公共预算支出的比重为79.1%，落实财政直达资金2366亿元，支持实施3万个惠企利民项目，惠及5.3万家企业和1.2亿人次。五是住房保障体系加快完善。开工改造老旧小区3892个、68万户，开工棚户区改造7.8万套、保障性租赁住房8.9万套，发放租赁补贴6.1万户。保交楼工作加快落实，专项借款及配套融资稳步增长。六是自贸区建设取得阶段性成果，区域发展协调性进一步加强。自贸区112项试点任务全部实施，累计形成304项制度创新成果。区域一体化加速推进，“一群两心三圈”③格局持续优化，突破菏泽鲁西崛起成效明显，西海岸新区加力提升，四大省级④新区加速起势。

山东省金融运行呈现以下特点：一是主要金融指标平稳增长，金融供给总量保持稳定。全年新增社会融资规模2.1万亿元、新增本外币贷款1.3万亿元，分别为有统计以来最高和次高

① 自2023年8月18日起，中国人民银行济南分行更名为中国人民银行山东省分行。本报告主要反映2022年的经济金融情况，正文中涉及的相关机构表述仍沿用2022年名称。

② “三个十大”行动计划是指“十大创新”行动计划、“十强产业”行动计划和“十大扩需求”行动计划。

③ “一群”是指山东半岛城市群，“两心”是指济南、青岛两大中心城市，“三圈”是指省会经济圈、胶东经济圈和鲁南经济圈。

④ 四大省级新区分别是烟台黄渤海新区、临沂沂河新区、德州天衢新区和菏泽鲁西新区。

水平，增速分别高于全国2.3个和1.3个百分点。全年21家企业A股首发上市，保持在较高水平。省内企业发行公司信用类债券6965亿元。全省保险业累计为经济社会发展提供风险保障金同比增长21.9%。二是融资结构持续优化，服务实体经济能力巩固提升。全年新增企（事）业单位贷款占全部贷款增量的79.5%，比上年提高18.8个百分点。金融支持重点领域和薄弱环节发展取得积极成效，全省科创、基建、普惠和绿色贷款同比增速分别高出各项贷款增速2.6个、4.9个、14.7个和34.9个百分点。重点群体就业创业金融服务持续优化，全省创业担保贷款余额348亿元。新增涉农上市企业4家，数量与募资规模均创历史新高。三是贷款市场报价利率（LPR）改革效能持续释放，新发放贷款利率创新低。贷款利率持续低位运行，全年新发放企业贷款加权平均利率为4.37%，比上年下降0.27个百分点，其中新发放普惠小微贷款加权平均利率为5.04%，比上年下降0.37个百分点，均为有统计以来最低。四是区域金融改革扎实推进，创新发展取得积极成效。济南市科创金融改革试验区建设实现良好开局，数字人民币试点、本外币合一银行结算账户体系试点成功落地。临沂市普惠金融服务乡村振兴改革试验区顺利通过中期评估，较试验区批复前新增涉农贷款占各项贷款增量的52.7%。青岛市财富管理金融综合改革试验区建设实现新突破，获全国首批养老理财产品、特定养老储蓄等试点，管理资产规模突破3万亿元，同比增长25.0%。五是金融生态环境建设深入推进，金融服务质效有效提升。征信体系建设不断深化，服务实体经济能力增强。支付系统安全稳定运行，支付服务水平持续提升。金融消费权益保护明显加强，金融多元纠纷化解工作成效显著，金融宣传教育活动扎实有效开展。金融科技赋能乡村振兴示范工程持续落实，全省金融机构数字化转型不断推进。六是金融风险防控稳步推进，金融机构经营稳健性进一步提升。资产质量持续改善，不良贷款率比上年末下降0.07个百分点，连续四年呈下降趋势。通过发行永续债、二级资本债等多种方式推动中小法人银行补充资本，地方法人金融机构经营稳健性进一步提升。

展望2023年，山东省经济金融发展机遇与挑战并存，经济形势仍然复杂严峻，但经济长期向好的基本面没有改变。山东省将坚持以习近平新时代中国特色社会主义思想为指导，深入贯彻习近平总书记对山东工作重要指示要求，紧扣高质量发展要求，全面落实建设绿色低碳高质量发展先行区重点工作任务，锚定“走在前、开新局”，推动中国式现代化“山东实践”迈出坚实步伐。全省金融业将认真贯彻落实稳健货币政策，准确把握“精准有力”政策要求，运用好结构性货币政策工具，推动社会融资规模和贷款稳定增长；深化金融产品和服务创新，提升金融服务乡村振兴的效率，优化民营小微企业金融服务，统筹推进科创金融、绿色金融、普惠金融、供应链金融发展；深入落实LPR改革举措，努力降低融资成本；加大金融风险防范化解力度，持续推进重点领域风险化解；主动融入国家和全省发展大局，为全省经济高质量发展和绿色低碳高质量发展先行区建设提供更加有力的金融支持。

一、金融运行情况

2022年，面对复杂严峻的经济金融形势，山东省金融系统坚持以习近平新时代中国特色社会主义思想为指导，扎实推进服务实体经济、深化金融改革、防控金融风险三项任务，全面落实稳经济一揽子政策和接续措施，坚决支持稳住经济大盘，各项工作取得明显成效。全省金融业运行稳中有进，对重点领域和薄弱环节的支持力度不断加大，金融供给质效明显提升，为实体经济提供了更有力、更高质量的支持。

（一）银行业运行稳健，支持实体经济能力不断增强

2022年，人民银行济南分行引导全省银行业金融机构积极贯彻落实稳健货币政策，精准

发力、有效纾困，贷款增长保持稳定，信贷结构不断优化，贷款利率降至统计以来最低水平，资产质量持续改善，服务实体经济能力进一步提升。

1. 资产负债规模稳步扩大，国有大行增速较快。2022 年末，全省银行业金融机构资产总额 18.4 万亿元，同比增长 10.6%；负债总额 17.7 万亿元，同比增长 10.8%。其中，国有大型银行[①]增速最快，年末资产总额 7.3 万亿元，同比增长 13.6%。

资产负债结构有所调整。资产端，贷款占比进一步提升，年末各项贷款余额占总资产的 67.6%，比上年提高 0.7 个百分点。投资余额占总资产的 11.5%，比上年提高 0.5 个百分点，其中债券投资占投资总额的 84.2%，比上年提高 4.9 个百分点。负债端，存款占比明显回升，年末各项存款余额占总负债的 80.4%，比上年回升 7.5 个百分点。

表 1　2022 年银行业金融机构情况

机构类别	营业网点			法人机构（个）
	机构个数（个）	从业人数（人）	资产总额（亿元）	
一、大型商业银行	4220	92933	62277	0
二、国家开发银行和政策性银行	128	3444	13610	0
三、股份制商业银行	1137	27335	22012	1
四、城市商业银行	1594	35484	33584	14
五、城市信用社	0	0	0	0
六、小型农村金融机构	4923	64550	32775	112
七、财务公司	22	970	4494	20
八、信托公司	2	774	294	2
九、邮政储蓄银行	2933	11273	10752	0
十、外资银行	38	918	588	0
十一、新型农村金融机构	648	9021	1862	127
十二、其他	9	1266	1525	6
合　计	15654	247968	183773	282

续表

数据来源：山东银保监局。

注：营业网点不包括国家开发银行和政策性银行、大型商业银行、股份制银行等金融机构总部数据；大型商业银行包括中国工商银行、中国农业银行、中国银行、中国建设银行和交通银行；小型农村金融机构包括农村商业银行、农村合作银行和农村信用社；新型农村金融机构包括村镇银行、贷款公司、农村资金互助社和小额贷款公司；其他包含金融租赁公司、汽车金融公司、货币经纪公司、消费金融公司等。

2. 各项存款增速回升，住户部门存款快速增长。2022 年末，全省本外币各项存款余额 14.6 万亿元，同比增长 12.0%，增速比上年末提高 1.7 个百分点，比全国高 1.2 个百分点。全年本外币各项存款余额新增 1.6 万亿元，创历史新高，同比多增 3461 亿元。其中，住户存款同比增长 17.1%，比上年末提高 4.7 个百分点，非金融企业、机关团体存款同比分别增长 6.2% 和 0.8%，比上年末分别低 2.9 个和 0.8 个百分点。

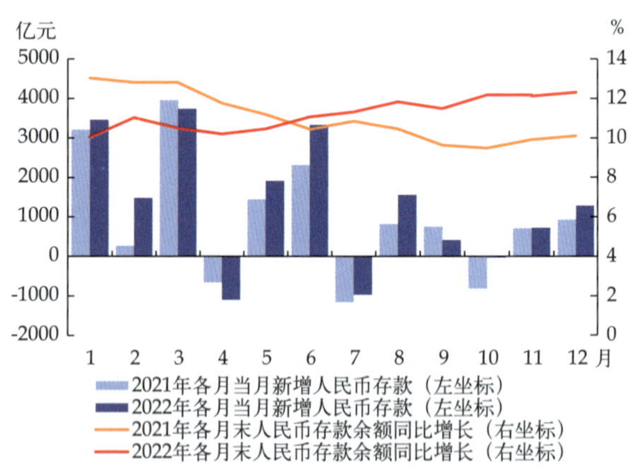

图 1　金融机构人民币存款增长变化

（数据来源：中国人民银行济南分行）

① 包括中国工商银行、中国农业银行、中国银行、中国建设银行、交通银行和邮政储蓄银行。

3. 各项贷款增长保持稳定，为实体经济发展提供有力支撑。2022年末，全省本外币各项贷款余额12.4万亿元，同比增长11.7%，增速比全国高1.3个百分点。全年本外币各项贷款余额新增1.3万亿元，为有统计以来次高水平，其中人民币贷款余额新增1.3万亿元，同比多增71亿元。

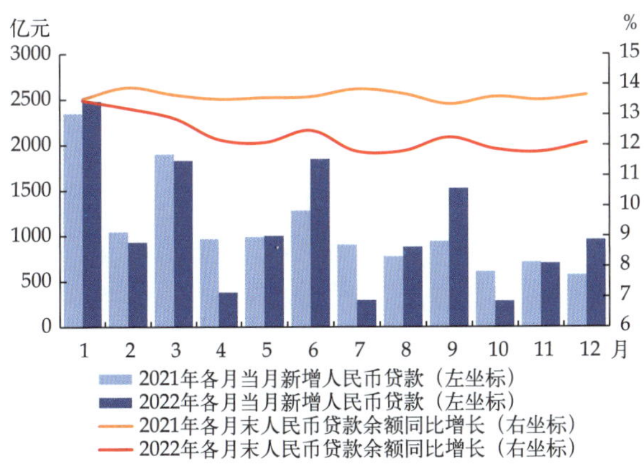

图2　金融机构人民币贷款增长变化

（数据来源：中国人民银行济南分行）

分部门看，企（事）业单位贷款加快增长。2022年末，山东省企（事）业单位贷款同比增长14.8%，增速较上年末提高1.8个百分点；全年企（事）业单位贷款新增1.0万亿元，首次突破万亿元大关，占全部贷款增量的79.5%，比上年提高18.8个百分点。住户贷款同比增长6.2%，增速比上年末回落8.9个百分点。

从投向看，重点领域和薄弱环节信贷投入不断加大。2022年末，全省科创、基建、普惠和绿色贷款同比增速分别高出各项贷款增速2.6个、4.9个、14.7个和34.9个百分点；涉农贷款比年初增加4474亿元，创年度历史新高。制造业、装备制造业、高技术制造业中长期贷款同比分别增长32.1%、55.0%和76.2%，分别高于各项贷款增速20.4个、43.3个和64.5个百分点。重点群体就业创业金融服务持续优化。2022年末，全省创业担保贷款余额348.3亿元；全年累计发放退役军人创业贷款、“鲁担巾帼贷”、“巾帼信用贷”分别为62亿元、68亿元和94亿元。

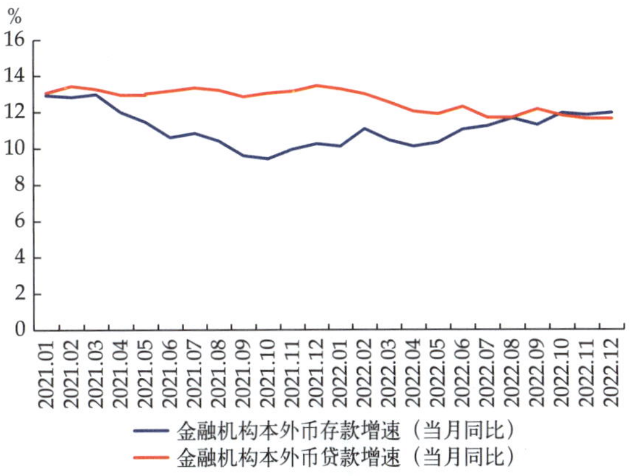

图3　金融机构本外币存贷款增速变化

（数据来源：中国人民银行济南分行）

专栏1　强化政策融合与部门协同　推动山东绿色金融快速发展

2022年，人民银行济南分行以“绿色金融全面推进年”行动为抓手，着力推动内外部多方协同，整合财政、金融、产业各类政策资源，统筹推进山东省绿色金融加快发展，取得良好成效。年末全省绿色贷款余额1.2万亿元，同比增长46.6%，高于各项贷款34.9个百分点；全省13家企业共发行绿色债券104亿元，同比增长14.8%；碳市场和环境权益类金融产品、绿色债券创新取得多项新突破。

一、构建完善“1+N”绿色金融发展政策体系

以开展“绿色金融全面推进年”行动为抓手，将绿色金融列为“一把手”工程，成立绿色金融工作专班，建立省、市、县三级工作体系。推出“1+N”系列政策引领绿色低碳高质量发展。“1”为制订专项行动方案，提出“一个100%”“两个走在前列”“三个不低于”目标[1]，细化明确20项重点任务，实施工作项目化、清单化、责任化管理。“N”为聚焦绿色低碳高质量发展先行区建设谋划出台的若干措施，深度参与山东申报绿色低碳高质量发展先行区工作专班，及时制定《金融支持深化新旧动能转换　推动绿色低碳高质量发展的若干措施》，精准落实国务院支持山东先行区建设意见的相关要求。会同省发展改革委制订《山东省碳金融发展三年行动方案（2023—2025年）》，扎实推进减碳举措落地实施。

二、充分发挥货币政策工具的结构引导功能

联合发改、生态、住建、水利等部门，合力构建碳金融、环保金融、生态产品经营开发、绿色建筑、节水五大重点项目库，搭建“双碳”工具政银企服合作对接平台，加大碳金融应用场景示范推广。强化再贷款再贴现运用，设立150亿元再贷款、再贴现减碳引导专项额度，支持地方法人银行机构加大碳减排、碳汇、生态环保等领域贷款投放。2022年，累计发放支持减碳引导项目再贷款11亿元，办理再贴现12亿元。建立“政策宣传—通报督导”闭环工作机制，编写推广《双碳政策工具助力山东低碳转型案例集》和《山东省金融机构碳金融产品手册》，组织开展绿色金融支持及产品案例竞赛活动，开展重点银行和企业“一对一”专项辅导，强化提升政策宣讲效果。建立绿色低碳领域信贷支持情况和“双碳”工具通报制度，督促金融机构持续加大对绿色低碳领域的信贷支持力度。

三、推动绿色金融和转型金融创新取得新突破

以打造专业化产品服务和申创绿色金融改革创新试验区为抓手，加大绿色金融和转型金融创新力度。创新碳市场和环境权益金融产品，推进青岛西海岸新区开展气候投融资试点，创新以国家核证自愿减排量远期收益权作为质押的湿地碳汇贷等个性化产品。积极推动绿色债券领域创新产品落地，推动银行间市场首单蓝色债券、全国首批转型债券、全国首单可持续挂钩科创票据相继落地山东。2022年，全省共13家企业发行绿色债券104亿元，同比增长14.8%。推动威海市申创国家级绿色金融改革创新试验区，进一步修订完善《山东威海市绿色金融改革创新试验区总体方案》，开展重点工业企业碳排放总量和基于总产值口径、基于税收口径碳排放强度测算。指导威海市商业银行发布《适用赤道原则项目融资管理暂行办法》及配套业务指引，推动该行成为全省首家“赤道银行”。

四、打造财政金融融合支持绿色低碳发展模式

强化财政金融政策融合，打造山东版“碳减排支持模式”，对地方法人银行发放的符合碳减排条件的贷款，人民银行提供再贷款支持，省财政给予最长3年、25个基点的贴息支持，合力支持法人银行增加绿色低碳领域优惠贷款。支持发展绿色担保，创设绿色信贷增信产品“绿色产业贷”，单户融资担保额度不超过1000万元，期限最长3年。省财政对实施优惠担保、再担保费率的政府性融资担保机构，给予降费奖补政策支持。印发《山东省支持经济高质量发展优秀金融创新产品评选方案》，专项设立绿色金融产品创新奖，每年评选一次，每项获奖产品给予不超过50万元财政奖励。

---

① “一个100%”，即实现绿色项目库融资对接率100%；“两个走在前列”，即全省金融机构获得碳减排支持工具支持的贷款金额、企业数量居全国前列；“三个不低于”，即绿色贷款余额增速、增量不低于上年，新增绿色获贷主体数量不低于上年，绿色债券发行量不低于上年。

4. 表外业务增长趋缓，风险管理不断加强。金融监管部门进一步完善管理和监管框架，加强风险管理，引导商业银行将表外业务纳入全面风险管理体系，开展与发展定位、业务规模及风险能力相匹配的表外业务，全省表外业务增长趋缓趋稳。2022 年末，全省银行业金融机构表外业务余额 9.0 万亿元，较年初增加 7031 亿元，同比增长 9.2%，增速较上年回落 1.9 个百分点，低于全部资产增速 1.4 个百分点。

5. 贷款市场报价利率改革效能持续释放，新发放贷款利率创新低。深入落实贷款市场报价利率（LPR）改革措施，改革效能不断释放，优化存款利率自律管理，推动银行负债端成本和资产端定价稳中有降。全年新发放企业贷款加权平均利率为 4.37%，比上年下降 0.27 个百分点，其中新发放普惠小微贷款加权平均利率为 5.04%，比上年下降 0.37 个百分点，均为有统计以来最低。

表 2　2022 年金融机构人民币贷款各利率区间占比

单位：%

项目		1月	2月	3月	4月	5月	6月
合计		100.0	100.0	100.0	100.0	100.0	100.0
LPR 减点		15.3	19.0	17.1	18.8	18.3	19.8
LPR		5.3	6.2	6.7	7.4	5.5	7.4
LPR 加点	小计	79.4	74.9	76.2	73.8	76.2	72.7
	(LPR，LPR+0.5%)	17.1	19.4	16.7	14.2	16.6	18.4
	[LPR+0.5%，LPR+1.5%)	33.1	27.4	30.8	26.1	28.7	28.0
	[LPR+1.5%，LPR+3%)	17.7	15.8	18.2	20.6	18.6	16.5
	[LPR+3%，LPR+5%)	7.5	7.3	6.7	8.4	7.8	6.3
	LPR+5% 及以上	4.0	5.0	3.7	4.6	4.5	3.4
项目		7月	8月	9月	10月	11月	12月
合计		100.0	100.0	100.0	100.0	100.0	100.0
LPR 减点		19.9	23.2	24.7	25.3	25.6	23.6
LPR		6.3	4.3	4.3	3.9	3.9	4.8
LPR 加点	小计	73.7	72.5	70.9	70.8	70.5	71.6
	(LPR，LPR+0.5%)	15.2	16.4	18.6	17.1	17.0	19.5
	[LPR+0.5%，LPR+1.5%)	27.6	25.5	26.4	23.8	26.1	25.6
	[LPR+1.5%，LPR+3%)	18.5	18.5	15.3	17.4	16.0	16.4
	[LPR+3%，LPR+5%)	7.6	7.1	6.4	7.1	6.8	6.4
	LPR+5% 及以上	4.9	5.0	4.2	5.4	4.6	3.7

数据来源：中国人民银行济南分行。

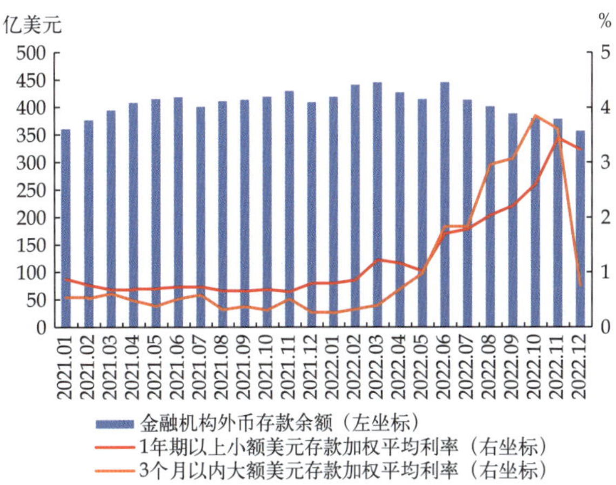

图 4　金融机构外币存款余额及外币存款利率

（数据来源：中国人民银行济南分行）

6. 资产质量持续改善，盈利能力稳步提升。2022 年末，全省银行业不良贷款余额 1581 亿元，不良贷款率 1.27%，比上年下降 0.07 个百分点，连续四年呈现下降趋势。其中，地方中小法人银行不良贷款率比上年下降 0.07 个百分点，资本净额 5941 亿元，比年初增加 156 亿元。2022 年，全省银行业机构利润总额 2582 亿元，同比增长 6.3%；拨备后利润 1078 亿元，同比增长 6.0%。6 家法人银行通过发行永续债、二级资本债补充资本金 206 亿元，经营稳健性进一步提升。

7. 立足发展实际，持续优化跨境贸易人民币结算环境。深入贯彻落实金融支持外贸保稳提质工作要求，为人民币跨境使用营造良好的政策环境。2022 年，山东省人民币跨境资金收支 7629 亿元，为 2010 年业务开展以来新高；年末余额同比增长 35.8%，比上年提高 8.4 个百分点，增速为近七年最高。跨境人民币收支占本外币收支金额的 21.5%，比上年提高 3.9 个百分点，为 2016 年以来最高。

（二）证券业运行整体平稳，企业上市取得积极成效

1. 证券期货经营机构运行稳中有进，交易量稳步增长。2022 年，山东省新增 1 家期货法人机构。全省证券分支机构投资者资金开户数

达到1487.4万户。全省存续私募机构826家，存续私募基金备案规模6015亿元。各类私募机构投早、投小、投科技，截至2022年末，私募基金投资省内在投项目4587个，在投本金3872亿元，半数以上投资项目为中小企业、高新技术企业，较好地发挥了支持科技创新的作用，高效服务实体经济直接融资。

2. 上市公司分布结构不断优化，股市融资功能有效发挥。2022年，全省21家企业A股首发上市，北交所上市公司累计达14家，年末境内上市公司累计达290家，总市值3.3万亿元。从区域分布看，6家新增上市公司位于县域，泰安、聊城时隔十多年再次迎来上市公司。从结构上看，新增涉农上市企业4家，数量与募资规模创历史新高。

表3　2022年证券业基本情况

项目	数量
总部设在辖内的证券公司数（家）	3
总部设在辖内的基金公司数（家）	1
总部设在辖内的期货公司数（家）	5
年末国内上市公司数（家）	290
当年国内股票（A股）筹资（亿元）	598.2
当年发行H股筹资（亿元）	17.3
当年国内债券筹资（亿元）	7253.2
其中：短期融资券筹资额（亿元）	2208.2
中期票据筹资额（亿元）	1491.9

数据来源：中国人民银行济南分行、山东证监局、青岛证监局、山东省地方金融监管局。

注：当年国内股票筹资额统计含金融企业。

3. 各类交易市场稳步发展，区域性股权交易市场规模持续扩大。2022年，省内21家交易场所累计交易额8498亿元。其中，权益类交易场所交易额226亿元，介于现货与期货之间的大宗商品交易场所交易额8272亿元。省内2家区域性股权市场均获得国家区块链创新应用试点建设任务，新增挂牌企业621家。

（三）保险业稳步发展，服务经济社会发展能力持续提升

2022年末，全省保险公司资产总额9657亿元，同比增长11.7%。全年实现保费收入3410亿元，同比增长4.0%，其中，车险保费收入614亿元，同比增长6.0%，扭转了负增长局面。全省保险业累计为经济社会发展提供风险保障金414.8万亿元，同比增长21.9%，赔付支出1168亿元，同比增长2.4%，行业整体保障能力增强，有效发挥了“稳定器”和“助推器”作用。全省农业保险保费收入同比增长23.2%，高于保费总收入增速19.2个百分点，成功为全球首艘10万吨级智慧渔业大型养殖工船“国信1号”承保。服务重大工程建设方面取得突破，“质安保”住宅项目综合保险在全国首创落地。个人养老金、商业养老金业务试点有序推进，覆盖政企员工、灵活就业人员及新市民等群体。

表4　2022年保险业基本情况

项目	数量
总部设在辖内的保险公司数（家）	5
其中：财产险经营主体（家）	3
寿险经营主体（家）	2
保险公司分支机构（家）	98
其中：财产险公司分支机构（家）	45
寿险公司分支机构（家）	53
保费收入（中外资，亿元）	3410.3
其中：财产险保费收入（中外资，亿元）	875.0
人身险保费收入（中外资，亿元）	2535.3
各类赔款给付（中外资，亿元）	1168.1

数据来源：山东银保监局。

注：在省内设立多家分公司的不重复计入机构数统计。

（四）社会融资规模增长较快，金融市场效率持续提高

1. 社会融资增量创历史新高。2022年末，山东省社会融资规模余额19.3万亿元，同比增

长11.9%，增速高于全国2.3个百分点。全年新增2.1万亿元，创历史新高，同比多增409亿元。其中，表外融资增长有所恢复，全年增加596亿元，同比多增1749亿元；表内融资支撑作用明显，全年新增12637亿元，占全省社会融资规模增量的59.5%；直接融资新增2934亿元，同比少增778亿元。

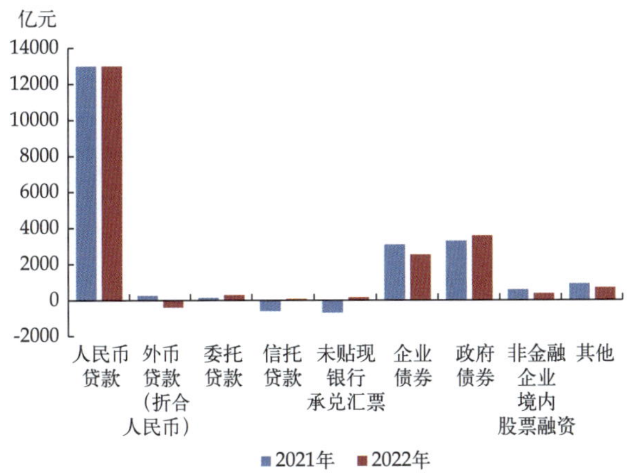

图5　社会融资规模分布结构

（数据来源：中国人民银行济南分行）

2. 债券市场管理不断强化。组织开展全省产业类企业类债券发行服务交流会等省、市债券政策宣讲活动10余次，将金融机构承销创新债券纳入全省创新金融产品奖励，推动创设山东省国有企业信用债精选指数。2022年，省内企业发行公司信用类债券6965亿元；推动企业创新发行科创票据、碳中和、乡村振兴、革命老区、转型债券、民企发债支持工具等创新型债券304亿元，推动6家法人银行发行永续债、二级资本债等206亿元。

3. 结构性货币政策工具精准发力。夯实政策传导基础，加强部门协作，优化配套支持，推动科技赋能，规范资金管理，全力推进结构性货币政策工具在山东有效落地。2022年，全省获得结构性货币政策工具资金支持超4000亿元，普惠小微、绿色、科创、交通物流等领域贷款增速均高于各项贷款增速。

4. 供应链金融发展成效显著。强化财政金融政策融合，促进供应链金融发展，对供应链票据业务发展突出的企业给予奖励，对积极开发供应链金融产品的金融机构给予表彰；实施供应链金融提升工程，推动金融机构完善供应链融资场景，大力开展供应链金融产品创新；同时设置再贴现专项额度，对符合政策支持条件的供应链票据在专项额度内"见票即贴"，推动省内企业接入全国供应链票据平台，引导供应链票据加快发展。2022年，全省供应链票据签发量232亿元；商业汇票累计贴现1.6万亿元，同比增长30.5%；应收账款融资2518亿元，同比增长6.9%。

表5　2022年金融机构票据业务量

单位：亿元

季度	银行承兑汇票承兑		贴现			
			银行承兑汇票		商业承兑汇票	
	余额	累计发生额	余额	累计发生额	余额	累计发生额
1	14748.0	6430.8	5980.0	3659.7	535.2	274.9
2	15316.1	12554.5	6765.9	8094.5	522.4	544.1
3	15507.8	17903.9	7271.2	11236.4	562.6	820.4
4	16017.0	23870.1	7235.6	15120.7	621.5	1118.7

数据来源：中国人民银行济南分行。

表6　2022年金融机构票据贴现、转贴现利率

单位：%

季度	贴现		转贴现	
	银行承兑汇票	商业承兑汇票	票据买断	票据回购
1	2.47	4.38	2.26	2.07
2	1.74	4.19	1.66	1.56
3	1.67	4.33	1.53	1.43
4	1.55	3.94	1.37	1.52

数据来源：中国人民银行济南分行。

专栏 2 山东实施结构性货币政策工具成效显著

人民银行济南分行认真贯彻落实总行和省委、省政府工作要求，强化政策传导、注重协作配套、加强对接辅导，压实各方责任，推动政策工具落地见效。2022 年末，全省支农支小再贷款和再贴现余额 2079 亿元。符合条件的金融机构通过普惠小微贷款支持工具获得激励资金 19.7 亿元，带动新增普惠小微贷款 1176 亿元。政策性开发性金融工具投放金额 577.2 亿元，承贷银行发放的 439 亿元碳减排贷款、72 亿元煤炭清洁高效利用贷款、727 亿元科技贷款、11 亿元交通物流领域贷款、76 亿元设备更新改造贷款，分别获得相应专项再贷款支持。在结构性货币政策工具带动下，全省 2022 年新增本外币贷款 1.3 万亿元，普惠小微、绿色、科创、交通物流等领域贷款同比分别增长 26.4%、46.6%、14.3% 和 15.5%，均高于各项贷款增速。

一是畅通传导渠道，推动各方能知会用。通过政策通报会、工作推进会、专题培训会、调研督导等形式，向金融机构讲解政策内容、工作要点、操作流程，指导金融机构充分了解政策意图，熟练掌握操作要领。通过新闻发布会、微信公众号、政策宣贯会等渠道，向社会公众解读政策，最大范围扩大政策宣传受众面。制作金融产品手册、典型案例集等电子书，定向辅导白名单企业，确保相关经营主体对政策应知尽知。

二是强化协作配套，优化工具落地环境。注重货币政策与产业、财政等政策融合联动，会同发改、科技、工信、财政、生态环境、交通运输、市场监管、能源、邮政、地方金融监管、银保监等部门，就充分用好结构性货币政策工具支持稳经济大盘、促进全省经济高质量发展等方面，先后出台政策文件 20 余份，形成支农支小再贷款 + 融资担保等协同机制，建立对小微、科创、涉农等领域贷款的风险补偿和财政贴息机制，优化信贷供给的前置条件。

三是加强对接辅导，挖掘市场有效需求。推动建设全省碳金融重点项目库，围绕“双碳”工具支持领域，建立县报送、市筛选、省把关的项目入库流程，依托山东省银企对接服务平台将入库项目推送给全省金融机构，指导其将项目纳入金融辅导范围，逐家宣讲政策要点、办理路线图，设计专属融资服务方案，实现项目融资需求与资金供给的有效对接。牵头开展“齐心鲁力·助企惠商”金融支持小微企业和个体工商户专项行动，组织实施金融服务小微领军人才培育计划和金融支持专精特新中小企业培育计划，联合相关部门向金融机构推送 260 余万户“白名单”经营主体，并指导金融机构开展对接。

四是压实各方责任，确保政策落地见效。要求全省各级人民银行把落实结构性货币政策工具作为“一把手”工程，建立了定期通报、重点督导、约谈后进等制度，强化政策实施的精准性和及时性。对金融机构提出明确的工作目标和要求，各金融机构及时组建工作专班，加班加点与经营主体开展融资对接，围绕不同政策工具的特点创推专项金融产品，开通授信审批绿色通道，积极向上级行争取更多资金额度和更低优惠利率。

下一步，将指导金融机构进一步用好用足结构性货币政策工具，带动更多信贷投放，为全省经济持续稳定增长、推动新旧动能转换贡献金融力量。一是进一步加大政策实施力度，推动项目建设、授信审批、贷款支用等方面加快进度，确保优惠资金更快、更多惠及借款主体。二是会同相关政府部门持续做好重点项目和白名单企业的集中梳理推介，组织开展多层次多形式的政银企高效对接。三是密切监测政策的实施情况，协同相关部门合力解决项目进展中的困难和问题，推动资金投放尽快形成实物工作量。

（五）区域金融改革扎实推进，创新发展取得明显成效

1. 青岛市财富管理金融综合改革试验区建设实现新突破。2022 年，试验区财富管理资产总规模突破 3 万亿元，同比增长 25.0%。银行理财子公司达到 3 家，管理资产总规模超过 1.6 万亿元；6 家持牌金融机构落户，全市金融机构总数达到 292 家。获全国首批养老理财产品、特定养老储蓄等试点和全国气候投融资试点。数字人民币在试验区落地应用场景 58 万个。全国首张“减碳保”建筑节能责任保险保单以及跨国公司本外币一体化资金池试点、跨境融资便利化试点落地青岛。

2. 临沂市普惠金融服务乡村振兴改革试验区建设取得明显成效。2022 年，临沂市普惠金融服务乡村振兴改革试验区聚焦重点领域，积极开展探索创新，顺利通过了试验区中期评估。在金融服务下沉、金融产品和服务创新、涉农担保体系建设、数字普惠金融发展等方面，试验区累计形成 27 个典型案例并在全省推广。2022 年末，临沂市涉农贷款较试验区批复前增加 809 亿元，新增涉农贷款占各项贷款增量的 52.7%。

3. 济南市科创金融改革试验区建设实现良好开局。2022 年，济南市科创金融改革试验区建立健全工作机制，完善配套政策措施，稳步推进重点领域改革创新，在健全专营机构体系、打造科创专属产品、探索科创金融统计框架、构建科创企业信用支持体系等方面积极落实改革任务，形成多项可复制推广的创新经验。数字人民币试点、本外币合一银行结算账户体系试点成功落地济南。2022 年末，济南市科创企业贷款余额 1243 亿元，同比增长 13.1%，高于各项贷款增速 1.1 个百分点；全年贷款加权平均利率 3.88%，比上年下降 0.37 个百分点。

（六）金融生态环境建设深入推进，金融服务质效有效提升

1. 征信体系建设不断深化。2022 年，全省共部署个人征信自助查询设备 652 台，企业征信自助查询设备实现地级市全覆盖。金融信用信息基础数据库收录全省自然人 7000 余万，企业和其他组织 432 万户，二代数据采集切换率超九成，村镇银行全量接入。“齐鲁征信通”微信小程序上线，实现征信查询服务网点一键导航和线上查询渠道一键指引。征信市场多元化发展，跨境征信服务走在全国前列。农村信用体系建设助力乡村振兴成效显著，“整村授信”覆盖率达 96.2%。大力推广应收账款融资服务，拓展动产和权利担保统一登记范围，全省应收账款融资、动产和权利担保登记笔数分别增长 45% 和 30%。

2. 支付系统安全稳定运行。2022 年，全省支付系统处理支付业务 11.1 亿笔，金额 350.2 万亿元，为 1.1 万家银行网点提供跨行清算服务。其中，山东省大额支付系统处理业务 0.7 亿笔，金额 314.5 万亿元；小额支付系统处理业务 5.7 亿笔，金额 24.6 万亿元，同比分别增长 12.2% 和 3.2%；网上支付跨行清算系统处理业务 4.7 亿笔，金额 11.1 万亿元，同比分别增长 19.5% 和 13.6%。

表 7　支付体系建设情况

年份	支付系统直接参与方（个）	支付系统间接参与方（个）	支付清算系统覆盖率（%）	当年大额支付系统处理业务数（万笔）		同比增长（%）
2021	19	10868	83.0	6816.9		-2.1
2022	19	10948	83.6	6702.4		-1.7
年份	当年大额支付系统业务金额（亿元）	同比增长（%）	当年小额支付系统处理业务数（万笔）	同比增长（%）	当年小额支付系统业务金额（亿元）	同比增长（%）
2021	2946768.4	3.1	50797.5	17.3	238124.6	12.0
2022	3144994.8	6.7	56989.4	12.2	245704.7	3.2

数据来源：中国人民银行济南分行。

3. 金融消费权益保护明显加强。2022 年，“12363”山东省投诉咨询电话累计接听群众来电 6 万余个，同比增长 116.5%；接收投诉 1.1 万件，投诉办结率近 100%。金融纠纷多元化解机制高效运作，线上调解网络实现省、市、县三级联网覆盖，小额纠纷快速解决机制实现

16 个地市全覆盖。全年累计调解金融纠纷案件 7075 件，是上年的 4.1 倍。金融宣传教育活动扎实开展，全年累计开展相关活动 7.3 万余次，发放宣传资料 900 余万份，微信推送点击量 3984 万次。依托整治虚假广告联席会议，开展金融广告专项治理、打击非法集资、营造清朗网络空间等行动，全年处置各类违规广告线索 33 条。

4. 科技赋能促进金融服务创新提质。持续落实金融科技赋能乡村振兴示范工程，推动 46 项示范工程项目全部上线。指导全省推广应用金融科技创新监管工具，聚焦山东省农业特色，推动 2 批 4 个项目纳入金融科技创新监管。开展金融数据综合应用试点，省内 19 个试点应用全部上线。落实中国人民银行金融数字化转型提升工程，深化金融科技应用，形成可复制、可推广案例，推进全省金融机构数字化转型。

二、经济运行情况

2022 年，山东省经济运行总体呈现承压而上、稳中向好、进中提质的良好发展态势，全年全省实现地区生产总值 8.7 万亿元，同比增长 3.9%。

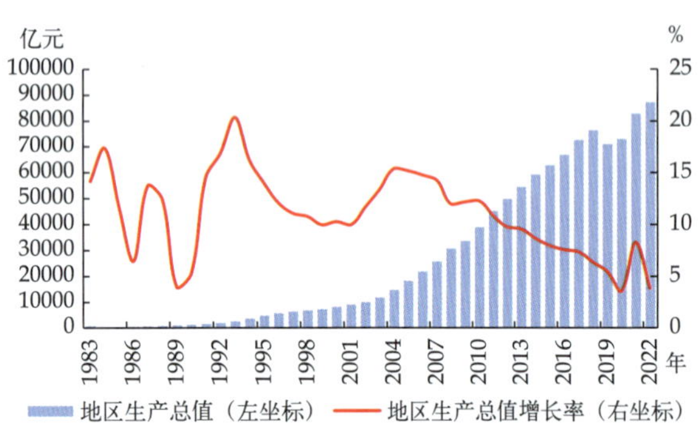

图 6　地区生产总值及其增长率

（数据来源：山东省统计局）

（一）内外需求协同发力，经济运行稳中有进

1. 固定资产投资持续扩大，基础设施投资拉动作用显著。2022 年，全省固定资产投资（不含农户）同比增长 6.1%，增速比上年提高 0.1 个百分点，比全国高 1.0 个百分点。三次产业投资构成由上年的 1.9 : 32.4 : 65.7 调整至 1.7 : 34.4 : 63.9。基建投资同比增长 11.7%，拉动全部投资增长 2.2 个百分点。民间投资同比增长 1.3%，其中制造业民间投资同比增长 10.7%。社会领域投资稳定增长，卫生、社会工作投资同比分别增长 54.9% 和 41.4%。

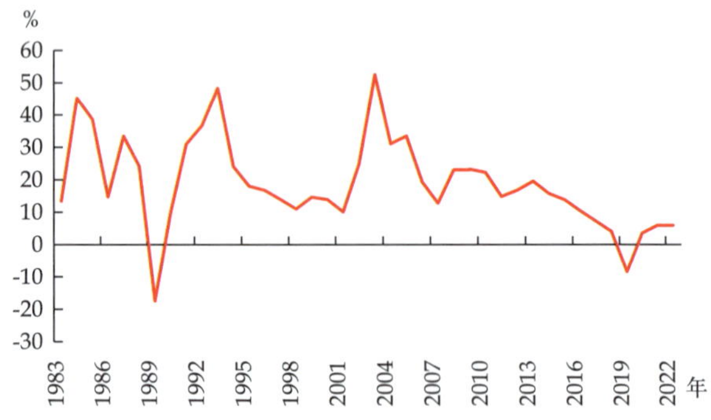

图 7　固定资产投资（不含农户）增长率

（数据来源：山东省统计局）

2. 消费市场承压前行，消费升级趋势明显。2022 年，全省社会消费品零售总额 3.3 万亿元，同比下降 1.4%。限额以上单位书报杂志类、化妆品类和金银珠宝类零售额分别比上年增长 4.1%、19.4% 和 4.1%。绿色升级类消费需求持续释放，限额以上新能源汽车、能效等级为 1 级和 2 级的家电类商品零售额分别增长 125.3% 和 24.8%。线上消费增势良好，全省网上零售额 6699 亿元，同比增长 7.5%，其中实物商品网上零售额 5957 亿元，同比增长 9.6%，占社会消费品零售总额的比重为 17.9%，较上年提高 3.8 个百分点。

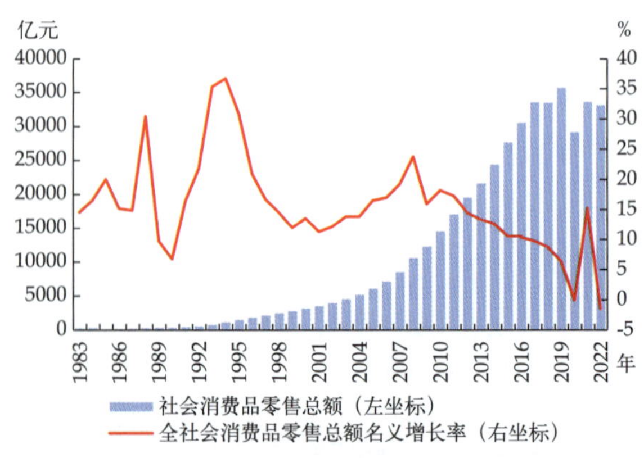

图 8　社会消费品零售总额及其增长率

（数据来源：山东省统计局）

3. 对外贸易固稳提质，“一带一路”融合并进。2022年，全省货物进出口总值3.3万亿元，同比增长13.8%，高于全国6.1个百分点。其中，出口2.0万亿元，增长16.2%；进口1.3万亿元，增长10.3%。对“一带一路”共建国家和地区进出口总值1.3万亿元，同比增长38.0%。民营企业进出口2.5万亿元，同比增长17.7%，对全省外贸增长的贡献度达91.3%，占全省进出口值的73.7%。利用外资量质齐升，全年实际使用外资228.7亿美元，同比增长6.3%，其中制造业实际使用外资97.7亿美元，同比增长49.2%。

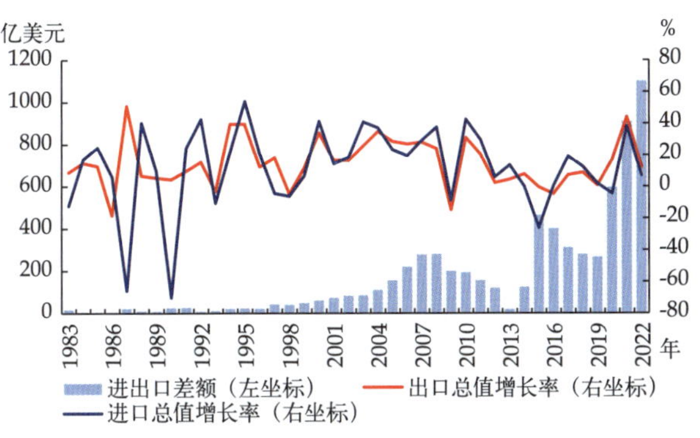

图9　外贸进出口变动情况

（数据来源：海关总署）

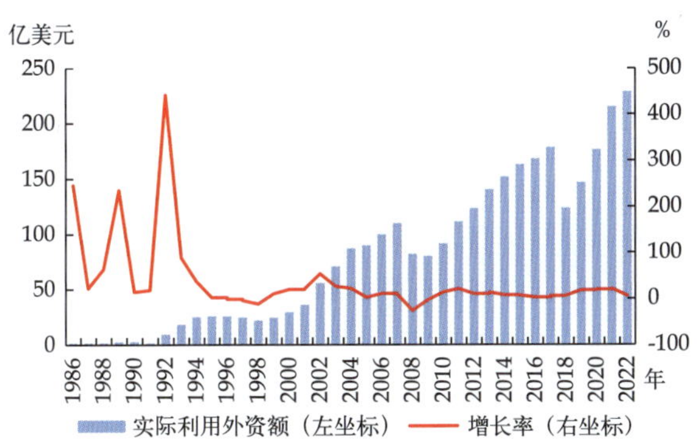

图10　实际利用外资额及其增长率

（数据来源：山东省统计局）

（二）三次产业齐头并进，新旧动能转换强力突破

2022年，全省第一产业、第二产业、第三产业增加值同比分别增长4.3%、4.2%和3.6%，三次产业结构由上年的7.3∶39.9∶52.8调整为7.2∶40.0∶52.8。

1. 农业生产稳步向好，乡村振兴战略扎实推进。2022年，全省农林牧渔业产值1.2万亿元，同比增长4.8%。粮食总产量1108.8亿斤，比上年增加8.6亿斤，连续9年过千亿斤。猪牛羊禽肉产量838.4万吨，比上年增长2.9%。牛奶产量304.4万吨，增长5.6%。水产品总产量（不含远洋渔业产量）843.9万吨，增长2.8%。现代农业加快发展，累计建成高标准农田7456.7万亩，发展高效节水灌溉5060.6万亩。高标准创建国家级水产健康养殖和生态养殖示范区12个。乡村振兴成效显著提升，建成首批乡村振兴齐鲁样板省级示范区37个，衔接乡村振兴集中推进区36个。累计培育家庭农场11.6万家，农民专业合作社24.3万户，农业产业化省级以上重点龙头企业1128家。

2. 工业经济运行平稳，新兴动能增势良好。2022年，全省工业增加值2.9万亿元，同比增长4.4%。规模以上工业增加值同比增长5.1%。分门类看，规模以上采矿业增加值增长27.3%，制造业增加值增长2.9%，电力、热力、燃气及水生产和供应业增加值增长11.5%。高技术制造业增加值增长14.4%，高于规模以上工业增加值增速9.3个百分点。其中，锂离子电池制造、集成电路制造、电子专用材料制造等新能源新材料相关行业增速分别为86.9%、38.6%和60.7%，分别高于规模以上工业增加值增速81.8个、33.5个和55.6个百分点。

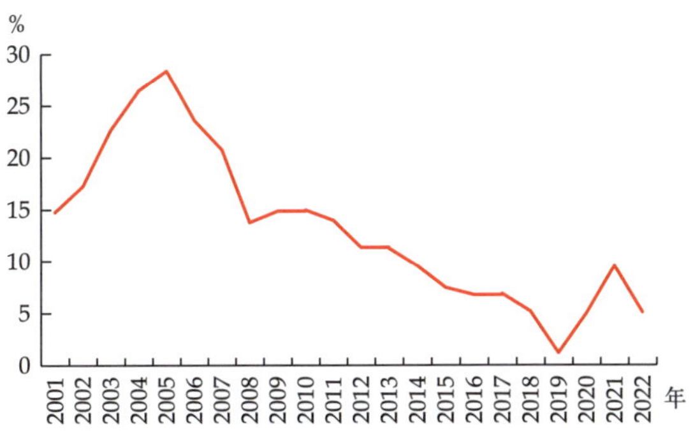

图11　规模以上工业增加值实际增长率

（数据来源：山东省统计局）

3. 服务业支撑有力，高端现代服务业加快发展。2022 年，全省服务业实现增加值 4.6 万亿元，同比增长 3.6%，对经济增长的贡献率为 50.6%。规模以上服务业企业营业收入比上年增长 6.6%。重点行业支撑作用明显，信息传输、软件和信息技术服务业，租赁和商务服务业，科学研究和技术服务业企业营业收入分别增长 12.5%、12.1% 和 9.2%。

4.“四新”经济投资规模提升，高质量发展迈出坚实步伐。传统产业持续优化，推动实施投资 500 万元以上工业技改项目 1.3 万个。技改投资增长 6.0%，培育国家级绿色工厂 223 家。新兴动能增势强劲，“四新”经济增加值占比为 32.9%，比上年提高 1.2 个百分点，“四新”经济投资占比超过一半，为 54.4%。建设国家先进制造业集群 3 个，高标准打造 11 条标志性产业链，累计培育省级以上战略性新兴产业集群 32 个。143 个“雁阵形”产业集群总规模 7.3 万亿元，217 家领军企业总规模 2.7 万亿元。发明专利授权量 4.9 万件，同比增长 34.0%，PCT 国际专利申请量 3380 件。年末有效发明专利拥有量 18.9 万件，同比增长 25.6%，每万人口有效发明专利量 18.7 件，比上年末增加 3.8 件。

5. 绿色发展积极推进，生态环境质量显著改善。成功争取绿色低碳高质量发展先行区落地实施，为全国第一个以绿色低碳高质量发展为主题的战略布局。可再生能源发电装机容量 7211 万千瓦，占电力装机容量的 38.0%，比上年提高 4.3 个百分点。海阳核电二期工程开工，渤中 A 海上风电、沂蒙抽水蓄能电站建成投运。细颗粒物（PM2.5）平均浓度 36 微克 / 立方米，比上年改善 7.7%。环境空气质量综合指数平均为 4.17，比上年改善 4.8%。优良天数比例平均为 73.2%，比上年改善 2.1 个百分点。国控地表水考核断面优良水体比例为 83.0%，比上年改善 5.2 个百分点。

（三）居民消费价格温和上涨，工业生产者价格涨幅回落

1. 居民消费价格温和上涨，物价总水平持续平稳运行。2022 年居民消费价格指数（CPI）上涨 1.7%，涨幅比上年扩大 0.5 个百分点。其中，食品价格同比上涨 2.8%，随着生猪产能去化效应逐步显现，自 7 月开始猪肉同比价格由降转涨，但全年仍下降 7.2%。非食品价格同比上涨 1.4%，其中工业消费品价格上涨 2.8%，涨幅较上年扩大 1.1 个百分点。

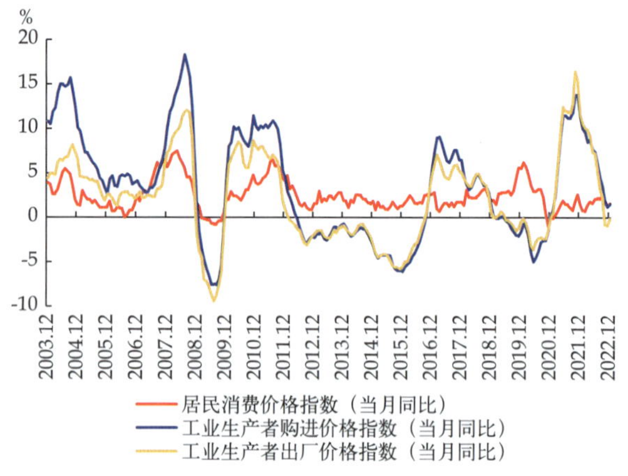

图 12　居民消费价格指数和工业生产者价格指数变动趋势

（数据来源：山东省统计局）

2. 工业生产者价格高位回落，石油和天然气开采等行业价格涨幅居前。2022 年，全省工业生产者出厂价格上涨 5.1%，涨幅较上年回落 5.2 个百分点。生产资料价格上涨 5.7%，涨幅比上年回落 6.9 个百分点，影响总指数上涨 4.7 个百分点。生活资料价格上涨 2.4%，涨幅比上年扩大 1.4 个百分点，影响总指数上涨 0.4 个百分点。“三黑一色”行业价格上涨 9.6%，涨幅比上年回落 14.0 个百分点。从重点工业行业看，石油和天然气开采业、燃气生产和供应业、石油煤炭及其他燃料加工业分别上涨 47.3%、19.3% 和 19.2%。

3. 就业形势保持稳定，居民收入稳步增长。2022 年，全省城镇新增就业 120.2 万人，完成全年目标的 109.3%。失业人员实现再就业 53.9 万人，就业困难人员实现就业 10.3 万人，分别完成全年目标的 161.0% 和 158.7%。人口总量稳中略降，年末常住人口 1.0 亿人，同比下降

0.1%。其中，15~64 岁人口占 65.4%，比上年同期下降 0.2 个百分点。人口自然增长率由上年的 0.02‰下降至 -0.93‰。居民人均可支配收入 3.8 万元，同比增长 5.2%。其中，城镇居民人均可支配收入 4.9 万元，增长 4.2%；农村居民人均可支配收入 2.2 万元，增长 6.3%。

（四）财政收支平稳运行，支持稳经济大盘扎实有力

2022 年，全省一般公共预算收入 7104 亿元，按照财政部统一确定的测算口径，还原增值税留抵退税因素后，同口径比上年增长 5.3%。其中，税收收入 4795 亿元，占一般公共预算收入同口径的比重为 71.0%。全省一般公共预算支出 1.2 万亿元，同比增长 3.6%。其中，民生支出占一般公共预算支出的比重为 79.1%，卫生健康、住房保障、教育、农林水、就业社保等支出增长较快。落实财政直达资金 2366 亿元，支持实施 3 万个惠企利民项目，惠及 5.3 万家企业和 1.2 亿人次。围绕稳经营主体，顶格落实国家组合式税费支持政策，延续实施小规模纳税人免征房产税和城镇土地使用税等地方政策，对受疫情影响较大的行业企业加大减负纾困力度，全年新增减税降费和退税缓税缓费约 2900 亿元。其中，聚焦小微企业和制造业等重点行业，为 13 余万户企业办理增值税留抵退税 1722 亿元。

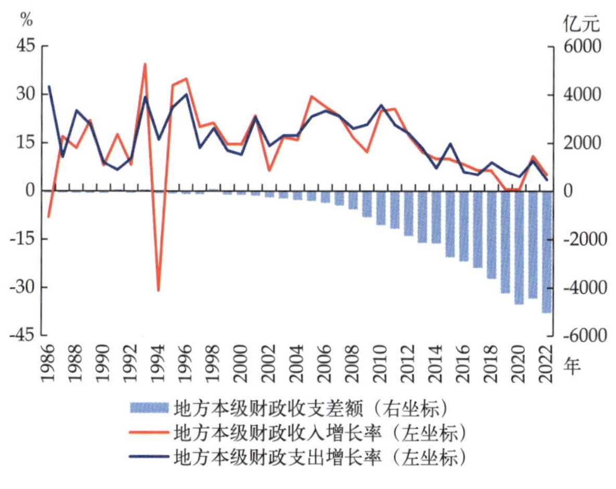

图 13　财政收支状况

（数据来源：山东省统计局）

（五）重点城市房价平稳，住房保障体系加快完善

重点城市房价平稳，济南、青岛新建住宅价格同比分别上涨 1.9% 和 0.6%。开工改造老旧小区 3892 个、68 万户，开工棚户区改造 7.8 万套、保障性租赁住房 8.9 万套，发放租赁补贴 6.1 万户。缴存住房公积金 1825 亿元，发放个人住房公积金贷款 726 亿元，牵头建成 9 个省会城市住房公积金“数字黄河链”。全省专业化物业服务覆盖率达到 90%。保持房地产融资平稳有序，促进房地产市场健康发展。保交楼工作加快落实，专项借款及配套融资稳步增长；积极探索因城施策，推动济南市创新二手房“带押过户”新模式。

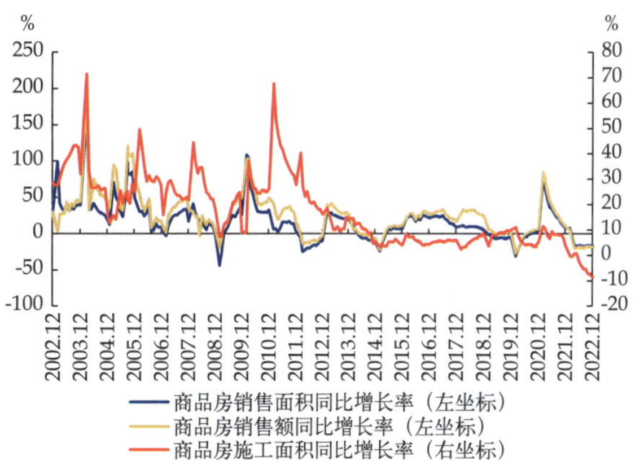

图 14　商品房施工和销售变动趋势

（数据来源：山东省统计局）

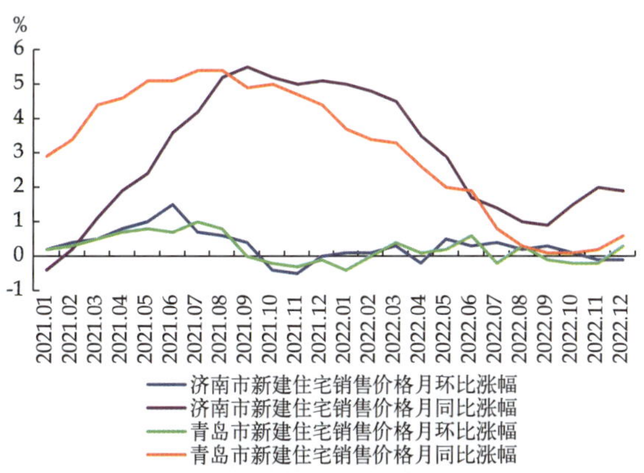

图 15　主要城市新建住宅销售价格变动趋势

（数据来源：国家统计局）

（六）自贸区建设取得阶段性成果，区域发展协调性加强

《中国（山东）自由贸易试验区总体方案》112项试点任务全部实施，累计形成304项制度创新成果，其中144项已在全省复制推广、40项获国家部委认可并推广、5项被国务院自贸试验区部际联席会议推广、1项入选全国“最佳实践案例”。三年来，自贸试验区新增高新技术企业和新增专利数分别增长75.7%和115%，进出口年均增长率达到24.2%，实际使用外资年均增长率达到61.4%。建立“链上自贸”数字化平台，创新进口商品零售新模式，拓展消费新场景。组建黄河流域自贸试验区联盟，建立黄河流域社会信用体系、行政审批服务、知识产权保护、物流运输服务4个一体化合作制。落地全国首笔中新货币互换新加坡元、中泰货币互换泰铢融资业务，合格境外有限合伙人（QFLP）基金落户片区。

“一群两心三圈”格局持续优化，突破菏泽鲁西崛起成效明显，济南新旧动能转换起步区加快建设，西海岸新区加力提升，烟台黄渤海新区等4个省级新区加速起势。高速公路实现“县县通”，鲁南高铁、济泰高速等建成通车，高速铁路、高速公路通车里程分别达到2446公里、8048公里，骨干水网框架基本形成，现代化机场群建设提速，综合立体交通网持续完善，东西互济、南北贯通、陆海统筹大格局加速成势。实现全省医保卡一卡通，实现经济圈政务服务、社保、公积金、异地就医住院费用结算等同城化办理。2022年，省会、胶东、鲁南三大经济圈实现地区生产总值分别为3.3万亿元、3.7万亿元和1.7万亿元，同比分别增长3.8%、3.9%和4.3%，对全省经济增长的贡献率分别为36.6%、42.0%和21.4%。

三、预测与展望

2023年，山东省经济发展机遇与挑战并存。经济长期向好的基本面没有改变，各种积极因素加快集聚，战略位势更加凸显，政策支撑更加强劲，经济循环更加畅通，开放格局更加宽广，发展后劲更加充足。同时也要看到，结构性、周期性问题相互交织，经济形势仍然复杂严峻。

2023年，山东省将坚持稳中求进工作总基调，完整、全面、准确贯彻新发展理念，主动服务和融入新发展格局，促进经济稳进提质，提升人民生活品质，保持社会和谐稳定，推动中国式现代化“山东实践”迈出坚实步伐。紧扣高质量发展要求，深化新旧动能转换、加快绿色低碳高质量发展，全面落实建设绿色低碳高质量发展先行区重点工作任务；大力提振市场信心，把实施扩大内需战略同深化供给侧结构性改革有机结合起来，突出做好稳增长、稳就业、稳物价工作；扎实提高陆海区域统筹发展水平，全面落实黄河重大国家战略，积极打造海洋经济发展亮点，有效促进区域协调发展；深入打造乡村振兴齐鲁样板，优化“一群两心三圈”格局，大力实施新型城镇化战略；全面深化改革开放，纵深推进重点领域改革，更大力度吸引和利用外资，在扩大高水平对外开放上加力提效。预计2023年全省经济将延续稳中向好、进中提质的态势，经济发展质量和竞争力将进一步提升。

山东省金融业将坚持以习近平新时代中国特色社会主义思想为指导，深入学习贯彻党的二十大精神和中央经济工作会议精神，锚定“走在前、开新局”，有效防范化解各类风险，更好服务实体经济，在经济社会高质量发展中夯实金融稳定基础。认真贯彻落实稳健货币政策，准确把握“精准有力”政策要求，保持社会融资规模和贷款稳定增长；运用好结构性货币政策工具，把政策红利转化为金融支持实体经济的效力；深化金融产品和服务创新，提升金融服务乡村振兴的效率和水平，加快发展科创金融，着力发展绿色金融和转型金融，深化普惠金融，积极稳妥推进供应链金融，优化民营小微企业金融服务，增加制造业贷款投放；深入落实LPR改革举措，努力降低融资成本；扎实做好稳房地产、保交楼金融服务，保持房地产市场融资平稳有序；加大金融风险防范化解力

度，持续推进重点领域风险化解；主动融入国家和全省发展大局，为全省经济高质量发展和建设绿色低碳高质量发展先行区提供更加有力的金融支持。

中国人民银行山东省分行货币政策分析小组

总　　纂： 肖龙沧　董龙训

统　　稿： 霍成义　杨金栋　郑玉坤　耿　欣　孙　健

执　　笔： 杨德彬　宋　倩　李燕超　张　聪　梁孝东

提供材料： 楚晓光　张　衡　牛玉莲　娄　振　刘晓东　刘建磊　尹　楠　李丹华　查　立　王　楠　祁文婷　张　宁　庞念伟　魏雪洁　缪　凯　李　滕　韩庆潇　陈宝贵　庞士高

附录：

（一）2022 年山东省经济金融大事记

1 月 17 日，山东省人民政府印发《山东省新型城镇化规划（2021—2035 年）》。

3 月 23 日，山东省地方金融监管局、中国人民银行济南分行、山东银保监局联合印发《金融服务支持疫情防控和经济社会稳定发展十条措施》。

3 月 28 日，山东省人民政府印发《“十大创新”2022 年行动计划》《“十强产业”2022 年行动计划》《“十大扩需求”2022 年行动计划》。

5 月 31 日，国家外汇管理局山东省分局和青岛市分局获批开展高新技术和“专精特新”企业跨境融资便利化试点。

6 月 24 日，中国人民银行济南分行印发《关于金融支持深入打造乡村振兴齐鲁样板的实施意见》。

6 月 30 日，山东省环保发展集团有限公司揭牌成立。

8 月 30 日，山东省人民政府印发《支持黄河流域生态保护和高质量发展若干财政政策》。

9 月 2 日，《国务院关于支持山东深化新旧动能转换推动绿色低碳高质量发展的意见》发布。

10 月 25 日，山东省人民政府印发《关于加快推动平台经济规范健康持续发展的实施意见》。

12 月 20 日，山东省人民政府印发《山东省建设绿色低碳高质量发展先行区三年计划（2023—2025 年）》。

（二）山东省主要经济金融指标

表1　2022年山东省主要存贷款指标

	项目	1月	2月	3月	4月	5月	6月	7月	8月	9月	10月	11月	12月
本外币	金融机构各项存款余额（亿元）	133999	135583	139355	138251	140100	143651	142477	144001	144393	144323	145031	146076
	其中：住户存款	76631	76834	78739	77839	78555	80361	80077	80707	82276	81987	83310	85033
	非金融企业存款	38856	39548	41273	41185	41929	43244	42252	42639	42375	42273	42221	41965
	各项存款余额比上月增加（亿元）	3517.1	1583.7	3772.5	-1104.9	1849.9	3550.3	-1174.1	1524.7	391.7	-69.7	708.0	1044.8
	金融机构各项存款同比增长（%）	10.1	11.1	10.5	10.1	10.3	11.0	11.2	11.7	11.3	11.9	11.8	12.0
	金融机构各项贷款余额（亿元）	113627	114592	116506	117018	118041	120010	120280	121113	122613	122804	123354	123995
	其中：短期	35420	35839	36845	36793	37131	38039	37831	37952	38483	38248	38193	37905
	中长期	70006	70281	71186	71395	71722	72637	72955	73526	74307	74632	75171	75970
	票据融资	6027.7	6321.4	6313.7	6615.0	6908.0	6991.1	7092.3	7232.7	7402.6	7499.0	7504.3	7714.8
	各项贷款余额比上月增加（亿元）	2591.8	965.1	1914.0	512.1	1022.2	1969.0	269.9	833.2	1500.1	191.2	549.8	640.9
	其中：短期	879.6	418.7	1006.5	-52.7	338.5	908.0	-207.8	120.9	530.5	-235.1	-54.4	-288.6
	中长期	1658.3	274.5	905.3	208.8	327.4	914.7	317.9	571.4	780.7	325.5	538.5	799.2
	票据融资	-20.6	293.7	-7.6	301.3	293.0	83.2	101.1	140.5	169.9	96.4	5.3	210.6
	金融机构各项贷款同比增长（%）	13.3	13.0	12.5	12.0	11.9	12.3	11.7	11.7	12.2	11.8	11.6	11.7
	其中：短期	9.6	10.0	9.8	9.5	9.9	11.0	10.2	10.3	10.8	10.2	9.9	9.7
	中长期	14.1	12.8	12.3	11.3	10.9	11.4	10.8	10.7	10.9	10.6	10.5	11.1
	票据融资	30.8	41.0	40.6	42.3	39.1	32.9	31.5	31.7	33.7	34.8	32.2	27.6
	建筑业贷款余额（亿元）	4862.8	4940.0	5100.3	5164.8	5244.1	5361.1	5385.7	5445.3	5578.1	5595.1	5671.3	5626.3
	房地产业贷款余额（亿元）	4329.2	4353.3	4402.5	4383.2	4334.8	4350.3	4316.5	4293.1	4305.6	4255.2	4237.4	4267.7
	建筑业贷款同比增长（%）	17.6	15.6	16.7	17.0	18.6	18.1	16.8	16.7	18.9	20.4	21.9	21.5
	房地产业贷款同比增长（%）	-4.0	-4.6	-4.1	-3.2	-3.4	-1.7	-1.7	-1.5	-0.8	-1.6	-1.3	1.0
人民币	金融机构各项存款余额（亿元）	131327	132795	136528	135423	137334	140659	139684	141232	141636	141600	142315	143591
	其中：住户存款	76279	76484	78385	77470	78183	79982	79697	80334	81899	81612	82936	84665
	非金融企业存款	36831	37422	39102	39069	39849	40977	40135	40566	40299	40234	40180	40143
	各项存款余额比上月增加（亿元）	3454.8	1468.3	3733.1	-1105.3	1910.9	3325.0	-974.4	1547.3	404.0	-35.8	715.5	1275.3
	其中：住户存款	4023.1	205.6	1900.4	-914.7	713.3	1798.5	-284.6	636.9	1564.9	-286.6	1323.7	1729.1
	非金融企业存款	-581.1	591.0	1679.4	-32.8	780.5	1127.5	-841.7	430.5	-266.2	-65.8	-53.2	-37.5
	各项存款同比增长（%）	10.0	11.0	10.5	10.2	10.4	11.1	11.3	11.8	11.5	12.2	12.1	12.3
	其中：住户存款	15.6	11.9	12.2	13.0	13.5	13.1	14.4	14.8	14.6	15.6	16.8	17.2
	非金融企业存款	4.3	10.2	8.9	9.6	10.3	10.2	10.0	9.8	9.9	10.6	9.0	6.8
	金融机构各项贷款余额（亿元）	110915	111843	113672	114051	115051	116899	117192	118069	119594	119877	120576	121533
	其中：个人消费贷款	31242	31124	31326	31264	31334	31572	31656	31729	31833	31895	31988	32025
	票据融资	6027.7	6321.4	6313.7	6615.0	6908.0	6991.1	7092.3	7232.7	7402.6	7499.0	7504.3	7714.8
	各项贷款余额比上月增加（亿元）	2478.4	928.0	1828.9	379.3	999.5	1847.8	293.0	877.0	1525.0	283.0	699.3	957.2
	其中：个人消费贷款	376.8	-118.1	202.2	-62.2	69.9	239.0	83.0	73.9	103.2	62.4	92.7	37.3
	票据融资	-20.6	293.7	-7.6	301.3	293.0	83.2	101.1	140.5	169.9	96.4	5.3	210.6
	金融机构各项贷款同比增长（%）	13.5	13.2	12.9	12.2	12.1	12.5	11.8	11.8	12.3	11.9	11.8	12.1
	其中：个人消费贷款	12.6	11.5	10.3	8.9	8.1	7.9	7.3	6.6	6.2	5.4	4.6	3.8
	票据融资	30.8	41.0	40.6	42.3	39.1	32.9	31.5	31.7	33.7	34.8	32.2	27.6
外币	金融机构外币存款余额（亿美元）	419.2	441.0	445.4	427.3	415.4	445.8	414.1	401.9	388.4	379.5	378.4	356.9
	金融机构外币存款同比增长（%）	16.4	17.1	13.0	4.8	0.0	6.5	3.4	-2.3	-6.2	-9.5	-12.0	-12.8
	金融机构外币贷款余额（亿美元）	425.4	434.8	446.5	448.4	448.9	463.5	457.9	441.8	425.3	407.9	387.1	353.4
	金融机构外币贷款同比增长（%）	7.3	7.4	3.4	3.9	0.5	1.8	3.4	1.0	-0.9	-2.9	-6.6	-13.3

数据来源：中国人民银行济南分行。

表 2　2001—2022 年山东省各类价格指数

单位：%

时间		居民消费价格指数		工业生产者购进价格指数		工业生产者出厂价格指数	
		当月同比	累计同比	当月同比	累计同比	当月同比	累计同比
2001		—	1.8	—	-0.6	—	-0.9
2002		—	-0.7	—	-1.3	—	-1.25
2003		—	1.1	—	5.7	—	3.46
2004		—	3.6	—	13.4	—	6.44
2005		—	1.7	—	5.9	—	3.73
2006		—	1.0	—	4.3	—	2.3
2007		—	4.4	—	4.8	—	3.3
2008		—	5.3	—	13.1	—	8.6
2009		—	0.0	—	-4.5	—	-5.9
2010		—	2.9	—	9.3	—	7.2
2011		—	5.0	—	9.2	—	6.0
2012		—	2.1	—	-0.8	—	-1.6
2013		—	2.2	—	-1.6	—	-1.6
2014		—	1.9	—	-1.8	—	-1.6
2015		—	1.2	—	-5.0	—	-4.8
2016		—	2.1	—	-2.0	—	-1.5
2017		—	1.5	—	7.3	—	5.5
2018		—	2.5	—	3.6	—	3.7
2019		—	3.2	—	-0.8	—	-0.3
2020		—	2.8	—	-2.5	—	-1.9
2021		—	1.2	—	9.5	—	10.3
2022		—	1.7	—	5.8	—	5.1
2021	1	-0.1	-0.1	0.9	0.9	0.6	0.6
	2	0.3	0.1	2.7	1.9	3.1	2.1
	3	0.8	0.3	6.0	3.1	6.3	3.2
	4	1.4	0.6	9.0	4.5	9.6	4.8
	5	1.9	0.8	11.5	5.9	12.5	6.3
	6	1.5	0.9	11.5	6.8	12.0	7.2
	7	1.4	1.0	11.2	7.4	11.9	7.9
	8	1.1	1.0	11.3	7.9	11.8	8.4
	9	0.8	1.0	11.8	8.4	12.9	8.9
	10	1.8	1.1	13.8	8.9	16.5	9.6
	11	2.6	1.2	13.7	9.3	15.4	10.2
	12	1.5	1.2	11.4	9.5	11.6	10.3
2022	1	0.8	0.8	10.0	10.0	10.6	10.6
	2	0.7	0.7	9.6	9.8	10.1	10.4
	3	1.4	1.0	8.5	9.3	9.9	10.2
	4	1.8	1.2	8.8	9.2	9.2	9.9
	5	1.6	1.3	7.7	8.9	7.4	9.4
	6	2.1	1.4	7.4	8.6	7.2	9.0
	7	2.2	1.5	6.0	8.3	5.1	8.5
	8	2.1	1.6	4.5	7.8	3.2	7.8
	9	2.4	1.7	3.5	7.3	2.2	7.1
	10	1.9	1.7	1.7	6.7	-0.8	6.3
	11	1.3	1.7	1.2	6.2	-0.9	5.6
	12	1.6	1.7	1.5	5.8	-0.1	5.1

数据来源：《中国经济景气月报》、山东省统计局。

表 3　2022 年山东省主要经济指标

项目	1 月	2 月	3 月	4 月	5 月	6 月	7 月	8 月	9 月	10 月	11 月	12 月
	绝对值（自年初累计）											
地区生产总值（亿元）	—	—	19927	—	—	41717	—	—	64409	—	—	87435
第一产业	—	—	737	—	—	2884	—	—	4482	—	—	6299
第二产业	—	—	7910	—	—	16643	—	—	25658	—	—	35014
第三产业	—	—	11280	—	—	22190	—	—	34269	—	—	46122
工业增加值（亿元）	—	—	—	—	—	—	—	—	—	—	—	—
固定资产投资（亿元）	—	—	—	—	—	—	—	—	—	—	—	—
房地产开发投资	—	965	1894	2704	3633	4806	5568	6326	7199	7997	8736	9226
社会消费品零售总额（亿元）	—	5378	7844	10032	12572	15465	18099	20861	23687	26994	29992	33236
外贸进出口总额（亿元）	—	4476	7107	9688	12700	15735	18894	21791	24426	27017	30045	33325
进口	—	1833	2927	3961	5128	6285	7445	8553	9633	10628	11805	12969
出口	—	2643	4179	5727	7573	9450	11449	13238	14793	16389	18240	20356
进出口差额（出口－进口）	—	810	1252	1766	2445	3164	4005	4686	5161	5761	6434	7387
实际利用外资（亿美元）	17	33	59	78	90	129	139	154	176	193	211	229
地方财政收支差额（亿元）	-92	-271	-577	-993	-1657	-2109	-2523	-3042	-3565	-3790	-4411	-5028
地方财政收入	980	1486	2140	2645	3021	3950	4595	5026	5532	6253	6625	7104
地方财政支出	1072	1757	2717	3638	4678	6059	7118	8068	9097	10043	11036	12132
城镇登记失业率（%）（季度）	—	—	—	—	—	—	—	—	—	—	—	—
	同比累计增长率（%）											
地区生产总值	—	—	5.2	—	—	3.6	—	—	4.0	—	—	3.9
第一产业	—	—	5.9	—	—	5.3	—	—	4.2	—	—	4.3
第二产业	—	—	4.8	—	—	3.4	—	—	4.4	—	—	4.2
第三产业	—	—	5.4	—	—	3.5	—	—	3.7	—	—	3.6
工业增加值	—	6.0	5.9	4.3	4.5	4.8	4.7	5.0	5.3	5.5	5.3	5.1
固定资产投资	—	11.6	10.5	8.7	7.8	7.5	6.2	6.4	6.5	6.6	6.4	6.1
房地产开发投资	—	4.4	1.7	-0.4	-0.5	-0.8	-3.5	-4.4	-4.8	-5.5	-5.8	-6.0
社会消费品零售总额	—	7.9	3.7	-0.3	-1.3	-0.3	-0.4	0.0	0.1	-0.2	-1.1	-1.4
外贸进出口总额	—	14.5	13.7	14.2	17.3	17.0	18.8	18.2	15.7	13.9	13.5	13.8
进口	—	8.0	3.4	3.9	5.6	6.3	8.1	8.7	8.7	8.8	9.4	10.3
出口	—	19.4	22.2	22.7	26.8	25.4	27.0	25.3	20.8	17.5	16.3	16.2
实际利用外资	42.9	45.6	13.1	12.7	8.7	14.6	11.2	6.7	8.3	6.5	7.9	6.3
地方财政收入	5.8	8.5	6.9	-3.3	-9.0	-8.2	-8.9	-6.4	-4.8	-3.6	-3.3	5.3
地方财政支出	33.1	3.4	4.6	2.1	6.6	5.1	7.4	7.8	6.4	7.6	7.7	3.6

数据来源：山东省统计局。

河南省金融运行报告（2023）

中国人民银行河南省分行[①]
货币政策分析小组

[内容摘要] 2022年，河南省以习近平新时代中国特色社会主义思想为指导，认真贯彻落实党中央、国务院各项决策部署，按照“疫情要防住、经济要稳住、发展要安全”重要要求，果断出台并加快推动落实稳经济一揽子政策和接续措施，促进经济运行恢复向好。河南省金融系统认真贯彻落实稳健的货币政策，围绕稳经济大盘、支持实体经济的主线，保持信贷总量增长稳定，持续推动信贷结构优化，为全省经济恢复发展提供了有力支撑。

2022年，河南省地区生产总值达6.1万亿元，同比增长3.1%，高于全国平均水平0.1个百分点。一是三大需求逐步回暖。固定资产投资恢复较好，工业投资同比增长25.4%。消费品市场保持增长，实物商品网上零售额同比增长16.7%。外部需求持续扩大，全年货物进出口总值达到8524亿元，再创历史新高。二是生产稳步恢复。农业生产继续向好，粮食总产量连续6年超1300亿斤。工业生产恢复较快，规模以上高技术制造业、战略性新兴产业增加值同比分别增长12.3%和8.0%。服务业整体稳中向好，网络购物、无接触式消费带动物流业快速发展，现代化服务业、金融业对经济增长呈现正向拉动。三是经济发展的质量和效益稳步提升。绿色转型明显加快，规模以上节能环保产业增加值同比增长9.4%；限额以上单位新能源汽车零售额同比增长81.3%；清洁能源发电量继续保持较快增长。创新驱动持续向好，全年一般公共预算支出中的科学技术支出同比增长24.9%，高技术制造业投资同比增长32.2%。外贸结构更加均衡。一般贸易、保税物流进出口占比分别提高1.8个和0.4个百分点。城乡居民收入倍差缩小至2.1，城镇化率同比提高0.6个百分点。四是物价涨幅温和。全年居民消费价格比上年上涨1.5%，涨幅低于全国0.5个百分点；工业生产者出厂价格、购进价格同比分别增长5.0%和5.7%，较上年分别下降2.5个和3.8个百分点。五是财政收支总体平稳。全年财政收入同比下降6.5%，一般公共预算支出同比增长8.8%，民生支出占一般公共预算支出的比重为73.7%。六是房地产市场运行总体平稳。重点城市房地产开发投资增速实现正增长，全年城镇保障性安居工程稳步推进，房地产业增加值占服务业增加值比重小幅下降。

2022年，河南省金融运行总体平稳。一是银行业运行总体稳健。2022年末，河南省银行业机构资产总额11.6万亿元，负债总额11.2万亿元，同比分别增长10.6%和11.1%；本外币存款余额、贷款余额同比分别增长11.6%和7.8%。融资总量持续上升，全年社会融资规模增量为9894亿元，同比多1126亿元，其中，非金融企业直接净融资同比多增589亿元，比重较上年同期提高4.9个百分点。二是结构性货币政策工具精准有力。截至2022年末，全省发放符合碳减排支持工具、支持煤炭清洁高效利用专项再贷款、科技创新再贷款、交通物流专项再贷款和设备更新改造再贷款使用条件的贷款分别为254亿元、42亿元、493亿元、21亿元和42亿元，使用普惠养老专项再贷款3亿元，全年累计发放普惠小微贷款支持工具3亿元。货

① 自2023年8月18日起，中国人民银行郑州中心支行更名为中国人民银行河南省分行。本报告主要反映2022年的经济金融情况，正文中涉及的相关机构表述仍沿用2022年名称。

币政策工具引导作用持续发挥，带动贷款投向结构优化。全年基础设施中长期贷款、制造业中长期贷款增量合计占单位中长期贷款增量的四成以上，普惠小微、高新技术企业、科技型中小企业、“专精特新”企业、绿色贷款增速均高于各项贷款增速。三是贷款利率稳步下行。持续发挥贷款市场报价利率改革效能，引导综合融资成本稳中有降。全年新发放一般贷款加权平均利率为5.24%，同比回落0.58个百分点，企业贷款加权平均利率同比回落0.54个百分点。四是证券期货业整体发展稳健。证券期货业机构数量保持稳定，截至2022年末，全省共有证券法人机构1家、期货法人机构2家。上市公司提质增量，截至2022年末，全省共有上市公司107家，总市值1.4万亿元，新增A股上市公司11家。全年全省上市公司在股票市场累计募集资金252亿元，同比增长33.9%。其中，首发筹资额84亿元，同比增长72.8%。五是保险市场稳中有进。2022年末，保险业资产总额达6340亿元，同比增长9.2%。累计实现原保险保费收入2370亿元，同比增长0.4%。保险业风险保障作用持续强化，全年保险业有效保险金额突破250万亿元，同比增长43.0%。六是金融市场业务平稳运行。全年累计发行银行间债券市场非金融企业债务融资工具1575亿元，较上年增加330亿元。票据市场承兑与贴现业务分化，票据贴现量增速显著快于承兑量增速。七是金融风险防范化解能力有效提升。地方法人中小银行改革化险工作稳妥推进，中原银行吸收合并洛阳银行、平顶山银行、焦作中旅银行顺利完成；河南省农村信用社改革方案获批，河南农商联合银行筹建工作有序推进。八是金融生态环境建设持续推进。征信服务覆盖面持续扩大，截至2022年末，河南省已接入征信系统的机构共172家。全省共为1852.3万户农户、4.5万户新型农业经营主体建立信用档案。全省应用中国人民银行征信中心应收账款融资服务平台促成应收账款融资1876笔、683亿元，同比分别增长24.1%和2.0%。支付服务实体经济能力持续提升，支付清算系统安全稳定运行，截至2022年末，支付服务主体降费总规模达5.7亿元，银行网点支付适老化“绿色通道”设置率达100%。持续加强金融知识宣传教育，切实维护金融消费者合法权益。

展望2023年，河南省经济发展机遇与挑战并存。一方面，随着疫情防控平稳转段，消费市场稳中向好；全省锚定“两个确保”①，深入实施“十大战略”②，有望带动投资较快增长；继续推进制度型开放，高水平建设河南自贸试验区2.0版，对外开放水平进一步提升，有望推动全辖外贸量增质升。另一方面，受国际环境复杂严峻、国内省内短期问题与长期结构性问题交织叠加等影响，全省经济发展面临的不确定性增加，推动高质量发展任务更加艰巨。下一阶段，河南省金融系统将深入贯彻党的二十大精神，积极主动作为，把稳增长放在更加突出的位置，加大对“十大战略”及小微企业、科技创新、绿色发展、乡村振兴等经济社会发展重点领域和薄弱环节的支持力度。认真贯彻落实稳健的货币政策，加大金融风险防范化解力度，大力推进区域金融改革创新，进一步激发金融发展活力，持续提升金融服务实体经济能力，为谱写新时代中原更加出彩的绚丽篇章作出更大贡献。

一、金融运行情况

2022年，面对复杂严峻的内外部形势和多种超预期因素带来的不利冲击，河南省金融系统认真贯彻落实稳健的货币政策，不断提升金融服务实体经济水平，持续加大对重点领域和

① 两个确保：确保高质量建设现代化河南、确保高水平实现现代化河南。

② 十大战略：创新驱动、科教兴省、人才强省战略；优势再造战略；数字化转型战略；换道领跑战略；文旅文创融合战略；以人为核心的新型城镇化战略；乡村振兴战略；绿色低碳转型战略；制度型开放战略；全面深化改革战略。

薄弱环节的金融支持，有力促进全省经济恢复向好。

（一）银行业运行总体稳健，服务实体经济能力进一步提升

2022年，河南省银行业资产负债规模继续稳步增加，新增贷款主要投向重点领域和薄弱环节，有力支持实体经济企稳向好。

1. 银行业资产负债规模稳步增长。2022年末，河南省银行业金融机构资产总额11.6万亿元，同比增长10.6%；负债总额11.2万亿元，同比增长11.1%。全省银行业金融机构不良贷款实现"双降"，不良贷款余额同比下降9.0%；不良贷款率同比下降0.7个百分点。各类型金融机构中，国家开发银行和政策性银行、大型商业银行、股份制商业银行资产质量较好，平均不良贷款率1.6%。

表1　2022年银行业金融机构情况

机构类别	营业网点			法人机构（个）
	机构个数（个）	从业人数（人）	资产总额（亿元）	
一、大型商业银行	3164	69759	37933	0
二、国家开发银行和政策性银行	153	3449	8975	0
三、股份制商业银行	592	14133	12794	0
四、城市商业银行	911	24941	18004	2
五、城市信用社	0	0	0	0
六、小型农村金融机构	4878	42715	23295	136
七、财务公司	7	189	585	5
八、信托公司	2	573	217	2
九、邮政储蓄银行	2432	23747	11262	0
十、外资银行	3	44	29	0
十一、新型农村金融机构	944	11943	1933	324
十二、其他	4	687	1287	4
合　计	13090	192180	116314	473

数据来源：河南银保监局。

注：营业网点不包括国家开发银行和政策性银行、大型商业银行、股份制银行等金融机构总部数据；大型商业银行包括中国工商银行、中国农业银行、中国银行、中国建设银行和交通银行；小型农村金融机构包括农村商业银行、农村合作银行和农村信用社；新型农村金融机构包括村镇银行、贷款公司、农村资金互助社、小额贷款公司；其他包含金融租赁公司、汽车金融公司、货币经纪公司、消费金融公司等。

2. 存款整体保持较快增长。2022年末，河南省本外币各项存款余额9.3万亿元，同比增长11.6%，增速较上年同期提高4.0个百分点；较年初增加9717亿元，同比多增3813亿元。人民币各项存款余额9.3万亿元，同比增长12.3%，增速较上年同期提高4.4个百分点；较年初增加1.0万亿元，同比多增4134亿元。2022年末，住户存款、非金融企业人民币存款余额分别为60228亿元、17426亿元，同比分别增长16.3%和1.1%，较上年同期分别提高3.9个和2.6个百分点。大额存单稳定增长，结构性存款规模进一步下降。2022年末，全省金融机构大额存单余额5295亿元，同比增长7.3%；结构性存款余额733亿元，较年初减少132亿元。

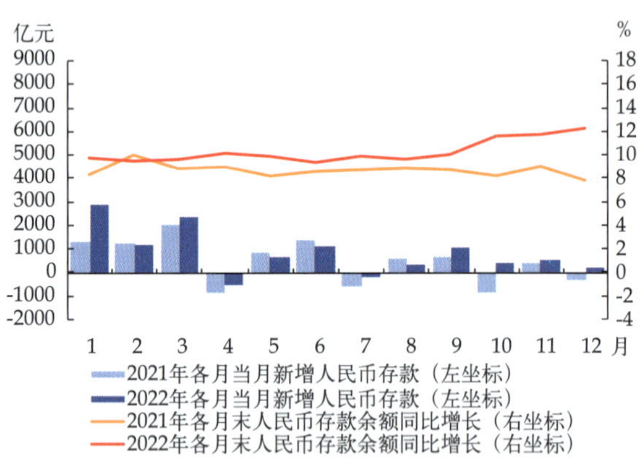

图1　金融机构人民币存款增长变化

（数据来源：中国人民银行郑州中心支行）

3. 贷款增长总体放缓。2022年末，河南省本外币各项贷款余额7.6万亿元，同比增长7.8%，增速较上年同期降低2.2个百分点。人民币各项贷款余额7.6万亿元，同比增长8.8%，增速较上年同期降低1.7个百分点。分部门看，住户贷款余额同比增长3.7%，较上年同期降低7.9个百分点；企（事）业单位贷款余额同比增长12.4%，较上年同期提高2.7个百分点。分机构看，国家开发银行和政策性银行、大型商业银行全年贷款同比多增647亿元，城市商业银行、农村商业银行、村镇银行贷款同比分别少增473亿元、631亿元和111亿元。

贷款结构优化。持续推动支农支小再贷款与再贴现等长期性工具发挥优化信贷结构的作用，全年累计发放再贷款再贴现1067亿元。继续推动阶段性工具落地落实，截至2022年末，全省发放符合碳减排支持工具、支持煤炭清洁高效利用专项再贷款、科技创新再贷款、交通物流专项再贷款和设备更新改造再贷款使用条件的贷款分别为254亿元、42亿元、493亿元、21亿元和42亿元，使用普惠养老专项再贷款3亿元，全年累计发放普惠小微贷款支持工具3亿元。货币政策工具引导作用持续发挥，带动贷款投向结构优化。2022年末，全省基础设施中长期贷款余额1.17万亿元，较年初增加1500亿元，同比增长20.4%，高于各项贷款余额增速12.5个百分点。2022年末，全省普惠小微贷款余额8483亿元，较年初增加1054亿元，同比增长14.2%，高于各项贷款余额增速6.4个百分点。2022年末，全省绿色贷款余额5556亿元，较年初增加1223亿元，同比增长28.2%，高于各项贷款余额增速20.4个百分点。2022年末，高新技术企业贷款余额2528亿元，较年初增加350亿元，同比增长14.0%，高于各项贷款余额增速6.1个百分点；科技型中小企业贷款余额557亿元，较年初增加80亿元，同比增长16.7%，高于各项贷款余额增速8.9个百分点；"专精特新"企业贷款余额487亿元，较年初增加99亿元，同比增长25.6%，高于各项贷款余额增速17.7个百分点。

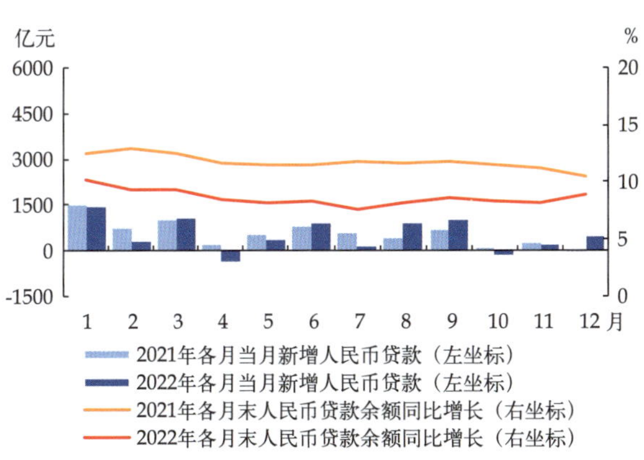

图2　金融机构人民币贷款增长变化

（数据来源：中国人民银行郑州中心支行）

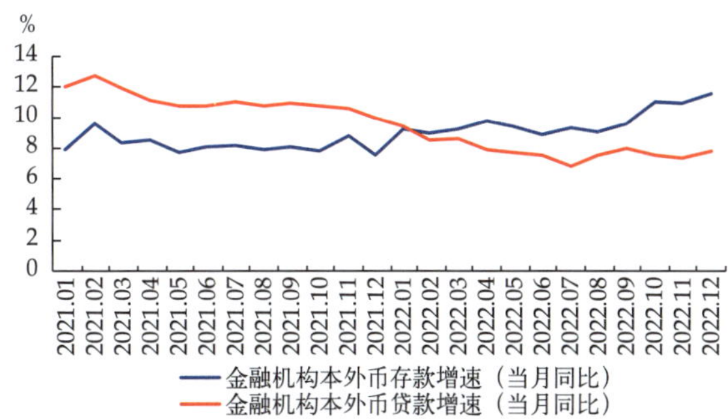

图3　金融机构本外币存贷款增速变化

（数据来源：中国人民银行郑州中心支行）

4.贷款利率稳步下行。大力推动法人金融机构建立运用内部资金转移定价（FTP）系统，并将贷款市场报价利率（LPR）嵌入FTP。2022年，全省新发放一般贷款加权平均利率为5.24%，同比回落0.58个百分点；企业贷款加权平均利率为4.66%，同比回落0.54个百分点，其中小微企业、普惠小微企业贷款加权平均利率同比分别回落0.62个和0.75个百分点。

表2　2022年金融机构人民币贷款各利率区间占比

单位：%

项目		1月	2月	3月	4月	5月	6月
合计		100.0	100.0	100.0	100.0	100.0	100.0
LPR减点		16.8	19.3	14.9	18.5	20.2	16.6
LPR		6.0	5.4	6.0	7.1	4.6	9.2
LPR加点	小计	77.2	75.3	79.1	74.4	75.2	74.2
	(LPR，LPR+0.5%)	15.7	16.7	19.6	16.5	16.0	18.1
	[LPR+0.5%，LPR+1.5%)	23.3	22.4	20.5	18.1	20.2	21.1
	[LPR+1.5%，LPR+3%)	15.4	14.4	19.2	16.3	16.4	15.2
	[LPR+3%，LPR+5%)	12.4	10.4	10.8	12.5	12.4	11.9
	LPR+5%及以上	10.4	11.3	9.1	11.0	10.1	8.0
项目		7月	8月	9月	10月	11月	12月
合计		100.0	100.0	100.0	100.0	100.0	100.0
LPR减点		23.2	24.0	23.5	23.1	25.3	25.5
LPR		7.2	6.7	6.6	8.0	6.0	7.0
LPR加点	小计	69.6	69.3	69.9	68.9	68.7	67.5
	(LPR，LPR+0.5%)	14.0	16.4	17.2	15.9	15.5	16.2
	[LPR+0.5%，LPR+1.5%)	18.7	18.1	18.3	16.7	19.2	17.8
	[LPR+1.5%，LPR+3%)	15.1	14.1	16.4	14.3	14.8	16.5
	[LPR+3%，LPR+5%)	11.7	11.5	10.9	13.1	11.1	9.7
	LPR+5%及以上	10.1	9.3	7.1	8.9	8.1	7.2

数据来源：中国人民银行郑州中心支行。

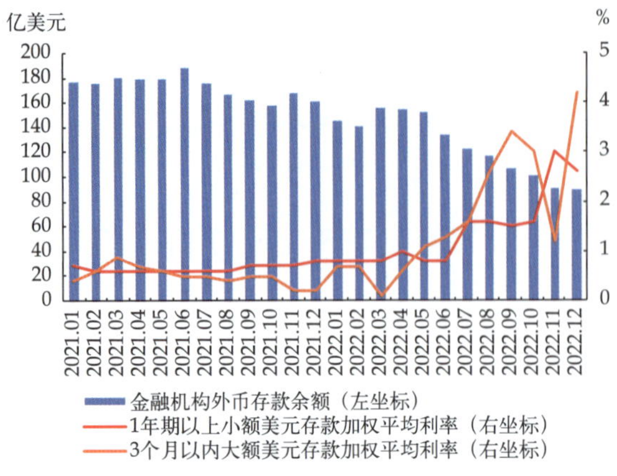

图 4　金融机构外币存款余额及外币存款利率

（数据来源：中国人民银行郑州中心支行）

5. 跨境人民币业务保持较快增长。2022 年，河南省人民币跨境收支合计 2102 亿元，同比增长 52.1%。全省金融机构便利化办理跨境人民币业务共计 5206 笔，金额 753 亿元。分项目看，货物贸易跨境人民币收支合计 1439 亿元，同比增长 72.4%；直接投资跨境人民币收支合计 389 亿元，同比增长 51.2%。分区域看，与东盟国家人民币跨境收支合计 645 亿元，同比增长 110.5%；与“一带一路”共建国家人民币跨境收支合计 829 亿元，同比增长 94.7%。

专栏 1　强化金融支撑作用　助力稳定经济大盘

2022 年，面对复杂严峻的内外部形势和多种超预期因素带来的不利冲击，人民银行郑州中心支行坚持党建统领，按照“疫情要防住、经济要稳住、发展要安全”指示精神，主动作为、靠前发力，围绕稳经济大盘、支持实体经济这一工作主线，持续加大对投资、助企惠民纾困、乡村振兴等重点领域和薄弱环节的金融支持。

一、加强窗口指导，用好政策工具

多次组织召开货币信贷形势分析暨窗口指导会、金融助力稳住经济大盘工作座谈会等专题会议，制定出台 25 条金融支持稳经济增长措施。通过落实两次降准要求、加大货币政策工具支持等综合手段，为金融机构提供流动性支持。成立政策性开发性金融工具工作专班，创新构建央地合作机制，引导金融机构有针对性地加强创新，提供涵盖项目全生命周期的信贷产品和服务，促进重大基础项目建设形成更多的实物工作量。2022 年，全省政策性开发性金融工具已投放 213 亿元，支持 100 个项目。

二、巩固脱贫攻坚成果，全面推进乡村振兴

聚焦乡村振兴重点帮扶县、革命老区和边缘人口、脱贫人口等重点领域和群体，规范运用小额信贷政策，引导加大资金支持。进一步发挥政策性工具引领作用，鼓励金融机构综合运用“再贷款 + 政策性农业信贷担保”，缓解涉农主体融资难、融资贵问题。2022 年末，全省支农再贷款余额 239 亿元，全年累计发放 167 亿元；全省涉农贷款余额 25787 亿元，比年初增加 1313 亿元。

三、聚焦薄弱环节，做好助企纾困金融服务

持续实施中小微企业金融服务能力提升工程，积极发挥普惠小微贷款支持工具作用，引导金融机构优化主办行制度，健全完善“敢贷、愿贷、能贷、会贷”长效机制。2022 年末，全省普惠小微贷款余额 8483 亿元，比年初增加 1054 亿元，同比增长 14.2%。鼓励金融机构对受疫情影响严重的行业、企业、货车司机、购房人等加大支持力度，对其贷款实施延期还本付息。2022 年，全省累计办理贷款延期 2620 亿元；法人金融机构共支持货车司机 4.9 万人，发放贷款 52 亿元；近百家受困文旅企业获得银行贷款支持 148 亿元。加快普惠小微贷款阶段性减息政策落地，全省全融机构为普惠小微企业减免利息4亿元。

四、强化履职创新，加大重点领域金融支持

加大制造业金融支持。印发《河南省制造业信贷政策导向效果评估工作方案》《河南省“专精特新贷”业务实施方案》，创新银行直贷、银担合作和投贷联动3类“专精特新”金融服务模式。对1596个制造业中长期项目授信592亿元，对1240个制造业中长期项目投放贷款302亿元。扎实推进绿色发展金融支持。印发《关于推动碳减排支持工具落地见效 助力河南省绿色低碳转型若干措施》，做好碳减排支持工具落地工作。2022年金融机构累计发放符合碳减排支持工具使用条件贷款254亿元、符合支持煤炭清洁高效利用专项再贷款条件贷款42亿元。加大交通保通保畅的金融支持力度。建立交通物流专项再贷款落地机制，创新“运通贷”模式，引导金融机构加大对货车司机等“两企两个”群体支持。2022年，全省金融机构累计发放符合交通物流专项再贷款使用条件贷款21亿元。落实收费公路贷款减息政策，让利3亿元。加快设备更新改造贷款落地。结合河南省实际，细化政策标准和操作要求，加强部门协调联动，全年金融机构对135个设备更新改造项目授信69亿元，对121个设备更新改造项目投放贷款42亿元。

（二）证券期货机构运行平稳，利用资本市场融资能力提升

2022年，河南省证券期货机构总体运行平稳有序，利用资本市场融资能力提升，风险防范化解协同性、有效性不断增强，证券期货业服务河南经济社会发展的效率和水平进一步提升。

1. 证券期货机构运行总体平稳。证券期货业机构数量总体保持稳定。截至2022年末，全省共有证券法人机构1家，证券公司分支机构404家，全年新设4家，注销6家；期货法人机构2家，期货分支机构103家，全年新设4家。证券期货交易量略有下降。2022年末，全省共有股票投资者1112万户，较年初减少81万户；客户托管资产总额9588亿元，较年初增长2.0%；代理买卖证券总额11.3万亿元，同比下降8.3%。共有期货投资者26.6万户，较年初增加1.5万户；代理成交量7亿手，同比下降22.2%。

表3 2022年证券业基本情况

项目	数量
总部设在辖内的证券公司数（家）	1
总部设在辖内的基金公司数（家）	0
总部设在辖内的期货公司数（家）	2
年末国内上市公司数（家）	107
当年国内股票（A股）筹资（亿元）	252
当年发行H股筹资（亿元）	0
当年国内债券筹资（亿元）	5678
其中：短期融资券筹资额（亿元）	150
中期票据筹资额（亿元）	525

数据来源：河南证监局。

注：当年国内股票（A股）筹资额指非金融企业境内股票融资；当年国内债券筹资包括交易所市场债券融资和银行间市场债券融资。

2. 上市公司发展稳健。截至2022年末，全省共有A股上市公司107家，新增A股上市公司11家。全省上市公司呈现稳健发展势头，业绩稳步复苏。其中，17家公司营业收入超百亿元，14家净利润超10亿元，61家公司盈利水平高于上年同期，食品和新型材料业等优势产业进一步做强，净利润同比分别增长22.5%和45.2%。

3. 利用资本市场融资能力提升。2022年，

全省上市公司在股票市场累计募集资金252亿元，同比增长33.9%。其中首发筹资额84亿元，同比增长72.8%；再筹资金额167亿元，同比增长20.3%。新三板市场定向发行筹资金额7亿元。区域性股权市场全年累计为挂牌企业融资232亿元，新增融资54亿元。交易所债券市场发行债券1223亿元，同比增长18.0%，其中公司债券1197亿元，资产支持债券（ABS）26亿元。非金融企业债务融资工具累计发行2926亿元，同比增加546亿元，债券发行量逐步回暖。

4. 商品期货市场交易有所回落。受宏观经济下行、国内疫情防控对大宗商品需求面造成冲击等因素影响，全年期货交易活跃度略有下降。2022年，郑州商品交易所期货累计成交量22亿手，累计成交金额96.8万亿元，其中，PTATA、甲醇MA、纯碱SA是最主要的交易品种，累计成交量占比分别为23.9%、17.7%和14.8%。2022年，强麦WH、花生PK、纯碱SA、普麦PM累计成交金额增幅居前，分别为335.8%、101.1%、75.0%和41.7%。强麦WH、花生PK、纯碱SA、早籼RI累计成交量增幅居前，分别为250.1%、87.7%、58.8%和29.6%。

表4　2022年郑州商品交易所交易情况

交易品种	累计成交金额（亿元）	同比增长（%）	累计成交量（万手）	同比增长（%）
苹果 AP	41556.5	-39.0	4753.9	-54.9
棉花 CF	101559.6	2.5	12830.4	13.0
红枣 CJ	2730.2	-82.6	458.1	-81.2
棉纱 CY	976.9	-73.9	84.0	-71.4
早籼 ER	0.0	—	0.0	—
玻璃 FG	75599.7	-19.5	22450.4	8.2
粳稻 JR	0.6	-59.8	0.1	-61.5
晚籼 LR	0.3	—	0.1	—
甲醇 MA	105637.9	-7.0	59554.9	-4.8
甲醇 ME	0.0	—	0.0	—
菜油 OI	110103.8	-11.1	9444.7	-16.2
短纤 PF	24822.1	28.5	6650.0	24.5
花生 PK	15418.2	101.1	3161.6	87.7
普麦 PM	0.7	41.7	0.0	21.1
早籼 RI	0.2	39.1	0.0	29.6
菜粕 RM	46214.6	-40.2	14487.9	-46.1
菜油 RO	0.0	—	0.0	—

续表

交易品种	累计成交金额（亿元）	同比增长（%）	累计成交量（万手）	同比增长（%）
菜籽 RS	4.4	-9.4	0.7	-15.1
纯碱 SA	173977.8	75.0	33071.3	58.8
硅铁 SF	30053.1	-31.3	6889.9	-27.7
锰硅 SM	17192.6	-47.5	4414.1	-45.2
白糖 SR	52544.5	-20.2	9135.9	-21.6
PTATA	155333.4	16.4	53582.6	-3.1
煤 TC	0.0	—	0.0	—
尿素 UR	13607.2	-28.6	2711.4	-34.2
强麦 WH	32.8	335.8	4.7	250.1
强麦 WS	0.0	—	0.0	—
硬麦 WT	0.0	—	0.0	—
煤 ZC	373.6	-99.4	47.9	-99.4
合计	967740.7	-10.4	223734.6	-10.5

数据来源：郑州商品交易所。

（三）保险市场稳中有进，风险保障能力不断强化

2022年，河南省保险业运行稳健，资产规模稳步增长，保险业务的保障属性不断增强，保险业服务实体经济质效显著提升。

1. 保险市场稳中有进。2022年末，河南省保险业资产总规模6340亿元，同比增长9.2%。全省累计实现原保险保费收入2370亿元，同比增长0.4%，高于上年同期0.1个百分点。其中，财产险业务保费收入同比增长5.4%，人身险业务保费收入同比下降1.1%。

表5　2022年保险业基本情况

项目	数量
总部设在辖内的保险公司数（家）	1
其中：财产险经营主体（家）	1
寿险经营主体（家）	0
保险公司分支机构（家）	90
其中：财产险公司分支机构（家）	40
寿险公司分支机构（家）	50
保费收入（中外资，亿元）	2369
其中：财产险保费收入（中外资，亿元）	579
人身险保费收入（中外资，亿元）	1790
各类赔款给付（中外资，亿元）	801.5

数据来源：河南银保监局。

2. 保险业风险保障作用持续强化。2022年，全省保险业风险保障水平不断提高，保险“社会稳定器”功能进一步凸显。2022年末，全省保险业有效保险金额突破250万亿元，达到251.8万亿元，同比增长43.0%，其中，财险业累计提供风险保障100.5万亿元，同比增长88.2%。全年保险资金运用增加1275亿元，同比增长51.9%。

3. 保险业改革转型成效显著。2022年，河南省保险业持续深化改革创新，提升服务质效。车险综合改革红利持续显现，商业车险车均保费较改革前下降。2022年末，全省财产险公司车均保费较上年同期下降0.5%，较改革前下降12.4个百分点，降费让利成果凸显。综合赔付率稳中提升，2022年，全省车险综合赔付率较车改前提升9.7个百分点，车改政策红利持续显现。费用水平大幅下降，2022年末，全省车险综合费用率低于上年同期0.3个百分点，较改革前降低11.6个百分点。

（四）社会融资规模高于上年，金融市场业务平稳运行

2022年，河南省社会融资规模高于上年，直接融资占比提高，债券市场发行规模企稳回升；票据市场业务分化、利率走低。

1. 社会融资规模高于上年。2022年，河南省社会融资规模增量为9894亿元，同比增加1126亿元。从分类看，本外币贷款增加5466亿元，同比少增1006亿元；政府债券增加2629亿元，同比多增267亿元；非金融企业直接净融资增加283亿元，同比多增589亿元；表外融资减少1038亿元，同比少减806亿元。从结构看，本外币贷款、政府债券占比分别回落18.6个和0.4个百分点，非金融企业直接净融资、表外融资占比分别提高4.9个和10.5个百分点。

2. 银行间债券市场发行规模企稳回升。2022年，全省累计发行银行间债券市场非金融企业债务融资工具1575亿元，较上年增加330亿元，发行量逐步回暖；累计发行金融债和资产支持证券126亿元，较上年减少65亿元。

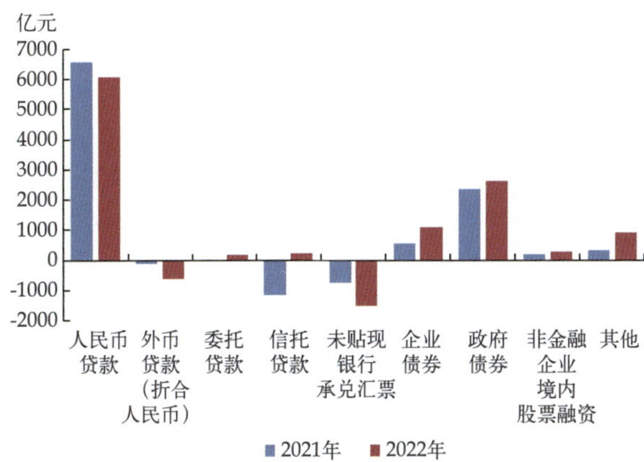

图5　社会融资规模分布结构

（数据来源：中国人民银行郑州中心支行）

2022年末，全省银行间债券市场债券存续余额3894亿元。

3. 票据市场业务分化、利率走低。2022年，全省银行承兑汇票累计承兑发生额8788亿元，较上年减少279亿元；贴现累计发生额2.4万亿元，较上年增加6613亿元。全年票据贴现与转贴现利率走低，银行承兑汇票、商业承兑汇票以及票据买断、票据回购利率均低于上年。

表6　2022年金融机构票据业务量

单位：亿元

季度	银行承兑汇票承兑		贴现			
			银行承兑汇票		商业承兑汇票	
	余额	累计发生额	余额	累计发生额	余额	累计发生额
1	7258.2	2861.2	3354.8	5513.9	412.5	759.8
2	7153.2	5154.8	3573.0	11439.3	312.8	1423.5
3	7002.1	6980.6	3860.7	16294.0	269.8	1906.8
4	6765.7	8787.8	4269.0	21834.8	263.3	2269.8

数据来源：中国人民银行郑州中心支行。

表7　2022年金融机构票据贴现、转贴现利率

单位：%

季度	贴现		转贴现	
	银行承兑汇票	商业承兑汇票	票据买断	票据回购
1	2.50	3.75	2.28	2.09
2	1.76	4.12	1.57	1.52
3	1.58	3.08	1.48	1.32
4	1.48	4.20	1.38	1.59

数据来源：中国人民银行郑州中心支行。

（五）金融生态环境建设持续推进，金融服务水平进一步提升

2022年，河南省社会信用体系建设持续推进；支付清算系统稳定运行，支付服务实体经济能力持续提升；金融知识宣传教育持续加强；地方法人中小银行改革化险工作稳妥推进。

1. 社会信用体系建设稳步推进。推动提升征信系统服务覆盖面和服务质效。截至2022年末，河南省已接入征信系统的机构共172家。积极参与地方征信平台建设。协调推动建成1家省级地方征信平台、7家市级地方征信平台。深入推进农村信用体系建设，全省共为1852.3万户农户、4.5万户新型农业经营主体建立信用档案，为乡村振兴、普惠金融发展提供基础支撑。2022年末，河南省动产和权利担保登记6.3万笔、查询31.4万次，同比分别增长1.4%和24.7%；全省应用中国人民银行征信中心应收账款融资服务平台促成应收账款融资1876笔，金额683亿元，同比分别增长24.1%和2.0%。支持安阳、鹤壁、新乡、焦作、信阳5市获批第四批全国社会信用体系建设示范区。

2. 支付服务实体经济能力持续提升。探索建立支付清算系统制度、日常监管、应急管理三位一体的业务连续性保障机制，实现疫情防控等重要时点支付业务不中断，全年支付清算系统安全稳定运行。持续推进涉诈涉赌“资金链”治理，指导银行机构不断优化账户服务，组织推动银行和支付机构落实落细降费政策。截至2022年末，全省支付服务主体降费总规模达5.7亿元，惠及经营主体286.9万户。不断完善支付机构监管工作机制，支付机构分公司业务合规性有效提升。指导主办银行规范管理农村支付服务点，服务质效明显增强。移动支付便民利民程度明显提升。持续推进支付服务适老化，地方性法人银行全部完成App适老化改造，银行网点支付适老化“绿色通道”设置率达100%。

3. 稳步推进金融消费权益保护。持续打造“12363暖心热线”，全年共受理咨询4.9万起、投诉9743起。强化消保监管力度，开展2021年度消保评估，对辖内33家银行业金融机构开展消保领域执法检查。构建金融纠纷多元化解工作机制，充分利用“总对总”在线诉调机制，调解金融纠纷。金融知识纳入国民教育体系取得新进展，与郑州市金融工作局、教育局联合印发郑州市金融知识纳入国民教育体系文件。深入开展金融知识集中宣传教育活动，着力构建常态化、制度化的宣传教育机制。

4. 地方法人中小银行改革化险工作稳妥推进。中原银行吸收合并洛阳银行、平顶山银行、焦作中旅银行顺利完成，80亿元补充中原银行资本专项债发行。河南省农村信用社改革方案获批，河南农商联合银行筹建工作有序推进，用于补充农信社资本的282亿元专项债券方案获批。

二、经济运行情况

2022年，河南省按照“疫情要防住、经济要稳住、发展要安全”的要求，千方百计稳住经济大盘，全年实现地区生产总值6.1万亿元，同比增长3.1%，其中，第一、第二、第三产业增加值分别为5818亿元、2.5万亿元和3.0万亿元，同比分别增长4.8%、4.1%和2.0%。

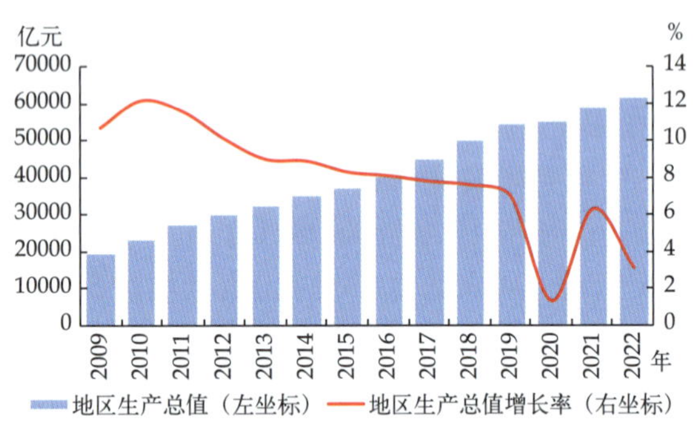

图6　地区生产总值及其增长率

（数据来源：河南省统计局）

（一）三大需求逐步回暖

2022年，河南省三大需求回稳向好，工业投资保持较快增长，线上消费需求潜力持续释放，进出口总值再创新高。

1. 固定资产投资恢复较好，工业投资拉动作用显著。全年固定资产投资（不含农户）同

比增长 6.7%，从三大主要领域看，工业投资同比增长 25.4%，基础设施投资（不含电力、热力、燃气及水生产和供应业）同比增长 6.1%，房地产开发投资同比下降 13.7%。工业投资增速高于全部固定资产投资（不含农户）增速 18.7 个百分点，占全省固定资产投资（不含农户）总额的 35.8%，同比提高 5.3 个百分点，有效拉动投资增长，其中，采矿业、制造业投资同比分别增长 31.3% 和 29.7%。

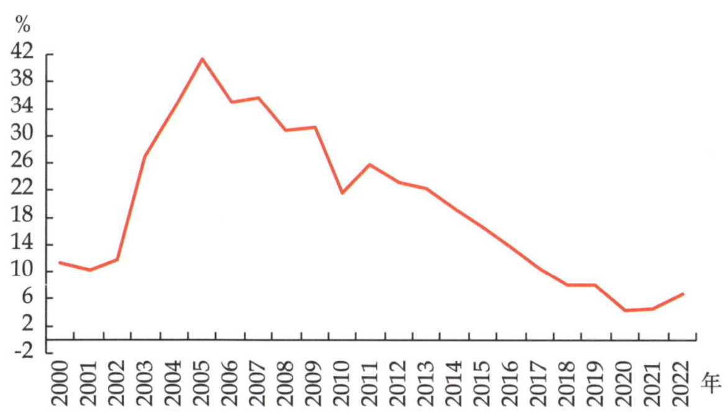

图 7　固定资产投资（不含农户）增长率

（数据来源：河南省统计局）

2. 消费品市场保持增长，乡村市场恢复好于城镇。随着疫情防控措施优化调整，消费品市场回稳向好，全年社会消费品零售总额 2.4 万亿元，同比增长 0.1%。线上消费增长较快，全年实物商品网上零售额同比增长 16.7%，高于社会消费品零售总额增速 16.6 个百分点。城镇市场零售额同比增长 0.1%；乡村市场零售额同比增长 0.4%，增速快于城镇市场 0.3 个百分点。

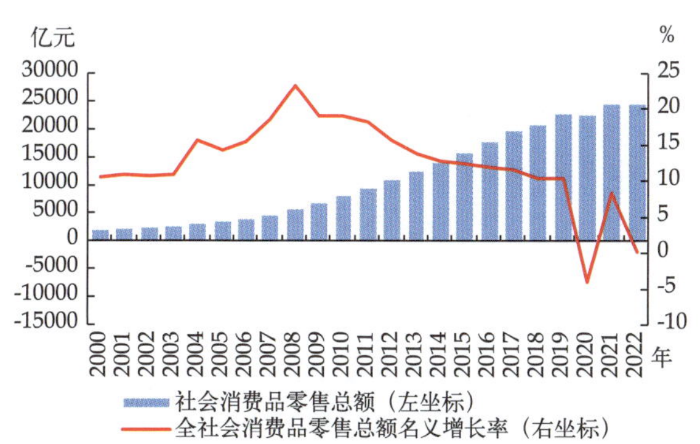

图 8　社会消费品零售总额及其增长率

（数据来源：河南省统计局）

3. 外部需求持续扩大，进出口总值创新高。2022 年，全省对外开放不断扩大，全年货物进出口总值 8524 亿元，同比增长 4.4%。其中，出口、进口同比分别增长 5.2% 和 3.2%，全年实现贸易顺差 1970 亿元，同比增长 8.8%。从交易国别看，全年对《区域全面经济伙伴关系协定》（RECP）成员国、“一带一路”共建国家进出口同比分别增长 15.9% 和 23.0%，占比较上年同期分别提高 2.9 个和 3.9 个百分点。从企业性质看，民营企业进出口同比增长 11.6%，居各类型企业增速首位，占同期全省外贸总值的 47.8%，较上年同期提高 3.1 个百分点。

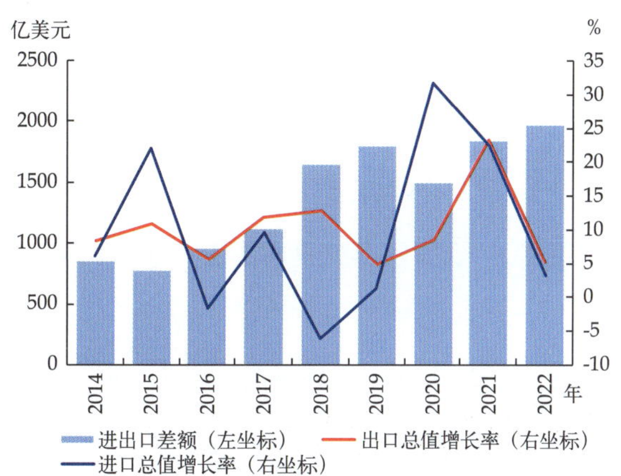

图 9　外贸进出口变动情况

（数据来源：河南省统计局）

（二）生产稳步恢复

2022 年，河南省三次产业增加值比重结构为 9.5∶41.5∶49.0，第二产业增加值占 GDP 的比重同比提高 0.9 个百分点。

1. 农业生产继续向好。全年粮食总产量 1358 亿斤，同比增长 3.7%，连续 6 年超 1300 亿斤，其中夏粮增产 0.3%、秋粮增产 8.6%。全年油料产量同比增长 4.1%，猪牛羊禽肉总产量同比增长 2.2%，鸡蛋产量同比增长 4.6%，全年生猪出栏量同比增长 2.0%，蔬菜、瓜果同比分别增产 3.1% 和 3.2%。

2. 工业生产较快恢复。全年工业增加值同比增长 4.2%，高于全国 0.8 个百分点，规模以上工业增加值同比增长 5.1%。从三大门类看，采矿业同比增长 8.0%，制造业同比增长 4.7%，电力、热力、燃气及水生产和供应业同比增长 6.9%。“专精特新”制造业的金融支持力度加大，高新技术产业增速攀高，全年规模以上高技术制造业、战略性新兴产业增加值同比分别增长 12.3% 和 8.0%，增速分别高于规模以上工业 7.2 个和 2.9 个百分点。

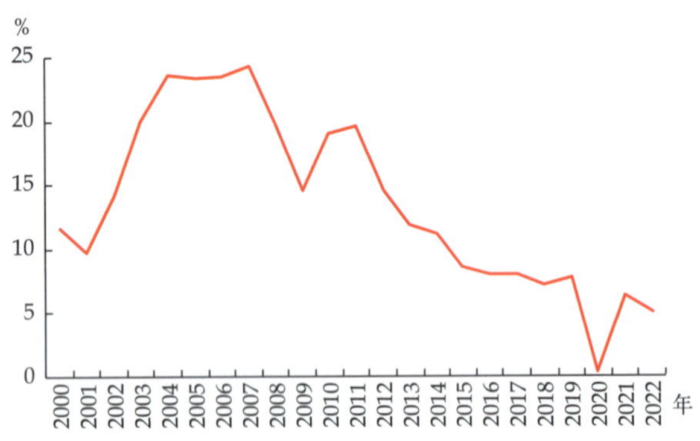

图 10　规模以上工业增加值实际增长率

（数据来源：河南省统计局）

3. 服务业整体稳中向好。2022 年，全省第三产业增加值 3 万亿元，同比增长 2.0%，较 2020 年低点提高 0.3 个百分点。物流行业快速发展，全年交通运输、仓储和邮政业增加值 3721 亿元，同比增长 7.7%。现代服务业和金融业增势突出，全年信息传输、软件和信息技术服务业增加值 1587 亿元，同比增长 9.5%；金融业增加值 3301 亿元，同比增长 5.1%。受疫情严重影响的接触性服务业增加值下降明显，全年住宿和餐饮业同比下降 6.0%。

（三）经济发展质量和效益稳步提升

2022 年，河南省坚持全面贯彻新发展理念，创新驱动、协调发展、绿色转型能力不断增强。

1. 创新驱动持续向好。创新投入加大，全年一般公共预算支出中的科学技术支出同比增长 24.9%。新产业新产品增势良好，高技术制造业投资同比增长 32.2%，高于工业投资增速 6.8 个百分点；卫星导航定位接收机、液晶显示屏等产品产量保持较快增速，同比分别增长 5.9 倍和 25.4%。数字消费和数字产业发展势头较好，全年限额以上单位通过公共网络实现的商品零售额同比增长 15.7%，高于社会消费品零售总额增速 15.6 个百分点。

2. 经济发展协调性不断增强。产业结构不断优化，全年工业增加值占 GDP 的比重较上年提高 0.7 个百分点，其中，战略性新兴产业、高技术制造业增加值占规模以上工业的比重分别为 25.9% 和 12.9%，同比分别提高 1.9 个和 0.9 个百分点。外贸结构更加均衡，全年加工贸易进出口占进出口总值的比重较上年下降 2.2 个百分点，一般贸易进出口、保税物流进出口占进出口总值的比重分别提高 1.8 个和 0.4 个百分点。城乡居民收入倍差缩小，由 2012 年的 2.5 缩小至 2022 年的 2.1。新型城镇化质量稳步提高。2022 年末，城镇化常住人口占全省常住人口的比重（城镇化率）为 57.1%，比 2021 年末提高 0.6 个百分点。

3. 绿色转型明显加快。规模以上节能环保产业增加值同比增长 9.4%。绿色升级类产品产销两旺。全年充电桩产量同比增长 34.4 倍，环境监测专用仪器仪表同比增长 41.4%，限额以上单位能效等级为 1 级和 2 级的家用电器和音像器材零售额同比增长 12.3%；新能源汽车产量同比增长 31.8%，限额以上单位新能源汽车零售额同比增长 81.3%。清洁能源快速发展，全年风能、太阳能、生物质等清洁能源发电量同比分别增长 16.2%、51.7% 和 42.8%。

专栏 2　促进贸易投资便利化　助力河南涉外经济高质量发展

2022 年，人民银行郑州中心支行主动担当，积极作为，强化制度设计，注重政策引导，提升金融服务创新水平，进一步推动跨境贸易和投融资便利化，为涉外经济发展营造良好的金融环境，助力河南经济转型升级和高质量发展。

进一步优化政策环境，助力高水平对外开放。制订中国（河南）自由贸易试验区金融服务体系2.0版建设专项方案，共出台发展科技金融、绿色金融，支持贸易新业态、研究开展合格境外有限合伙人（QFLP）和合格境内投资企业（QDIE）业务试点、拓展境外机构境内外汇（NRA）账户融资功能、打造资本市场“自贸区板块”等28条具体支持措施，进一步升级金融服务，促进和提高投资自由化、贸易便利化和管理法治化。联合河南省发改委、商务厅、国资委印发《关于推动人民币跨境使用助力河南省涉外经济发展的通知》，形成政策合力，引导涉外企业扩大人民币跨境使用，有效规避汇率风险，促进对外贸易发展。2022年，河南省跨境人民币业务累计收支合计2102亿元，同比增长52.1%。与“一带一路”共建国家人民币跨境收支合计829亿元，同比增长94.7%。在石油、钨钼等大宗商品进口中取得人民币结算突破。

优化服务，不断提升跨境投融资便利化水平。落实加强金融服务、加大支持实体经济力度的“金融23条”有关举措，实现非金融企业多笔外债共用一个外债账户、线上申请外债登记政策落地扩面。利用好跨境金融区块链服务平台，进一步促进资本项目外汇收入支付便利化提质增效。推进资本项目数字化创新试点落地，指导辖内招商银行、浙商银行落地资本项目数字化服务试点业务，实现在线化、无纸化“不碰面，零跑动”完成资本项目外汇业务办理。支持跨国企业集团开展境外放款业务，利用人民币跨境资金池统筹配置境内外人民币资金，提高资金集约利用程度和管理效率。推动航空港区人民币贸易融资资产跨境转让试点业务办理，转让所得资金用于郑州航空港区建设，服务实体经济发展。

积极推进贸易外汇收支便利化试点扩容增效，支持新型国际贸易发展。制订推进方案，优化试点业务流程，建立优质企业后备库，加强政策宣传和指导，分批有序推进试点业务，2022年累计办理试点业务361亿美元，试点企业贸易资金结算效率大大提升，实现了“秒申请、分钟办”。按照“鼓励创新、包容审慎”的原则，支持新型离岸国际贸易发展。2022年全省办理离岸转手买卖业务2.8亿美元，办理委托境外加工贸易业务16.6万美元，办理全球采购业务293万美元。

大力推动创新，发挥好自贸区金融示范引领作用。结合河南自贸试验区建设实际，进一步加大创新力度，引导金融机构针对自贸区金融服务需求积极开展创新，为实体经济发展提供更优质的金融服务。如建设银行河南省分行创建“政银合作直通车”，实现工商登记和账户开立“一站受理、一点办理”；浙商银行郑州分行搭建“池化”融资平台，提供以“互联网＋”、“池化”融资为导向的融资服务，破解企业资产与负债的期限匹配难题。探索委托境外加工贸易资金结算新模式、“电子口岸＋金融服务”场景创新，2个创新案例入选2022年河南省最佳实践案例，并在全省复制推广。

（四）物价涨幅温和

2022年，居民消费价格温和上涨，工业生产者价格涨幅持续回落。

1. 居民消费价格温和上涨。全年居民消费价格较上年上涨1.5%，涨幅低于全国0.5个百分点。分城乡看，城市上涨1.4%，农村上涨1.7%。分类别看，鲜果、蛋类、粮食同比分别上涨12.6%、7.2%和6.0%，是拉动居民消费价格上涨的主要因素；食品烟酒温和上涨2.1%，涨幅低于全国 0.3 个百分点；衣着、居住、医疗保健涨幅均在 1% 以内。

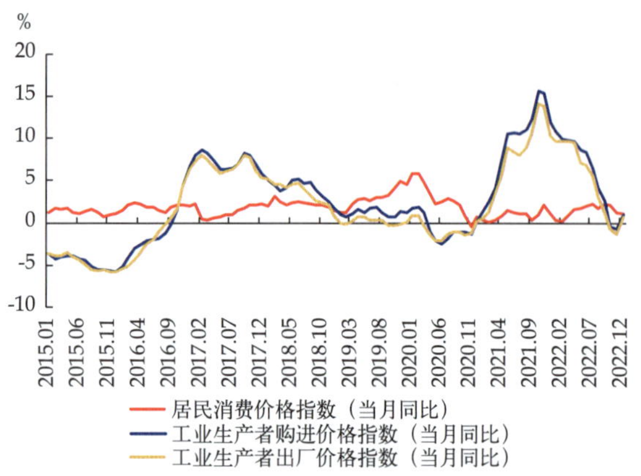

图 11　居民消费价格指数和工业生产者价格指数变动趋势

（数据来源：河南省统计局）

2. 工业生产者价格涨幅回落。受全球大宗商品价格下降影响，全年工业生产者出厂、购进价格同比分别增长 5.0% 和 5.7%，较上年分别下降 2.5 个和 3.8 个百分点，涨幅分别连续 8 个和 10 个月回落。

（五）财政收支总体平稳

2022 年，河南省财政收入增长放缓，民生及重点支出得到有力保障。受经济下行压力持续加大、大规模增值税留抵退税政策落地等因素综合影响，河南省财政总收入 6189 亿元，同比下降 6.5%。全年一般公共预算收入 4262 亿元，为年初预算的 92.3%，同比下降 2.1%，扣除留抵退税因素后同比增长 7.3%（全口径退税 984 亿元，其中地方级 492 亿元）。全年一般公共预算支出 1.1 万亿元，为调整预算的 91.2%，同比增长 8.8%。各项民生及重点支出保障较好，全省民生支出 7843 亿元，占一般公共预算支出的比重为 73.7%。分科目看，教育、文化旅游体育与传媒、社会保障和就业、卫生健康、农林水、交通运输、住房保障支出同比增速分别为 6.2%、6.6%、14.8%、14%、9.6%、21.1% 和 4.9%。

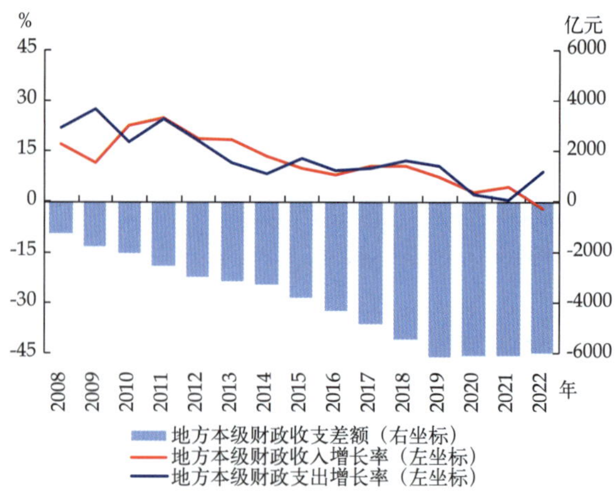

图 12　财政收支状况

（数据来源：河南省统计局）

（六）房地产市场运行总体平稳

1. 重点城市房地产开发投资保持增长。2022 年，全省房地产开发投资 6793 亿元，同比下降 13.7%；在全省房地产开发投资增速放缓的背景下，平顶山、安阳、焦作市房地产开发投资逆势增长，同比分别增长 4.6%、4.4% 和 0.4%。

2. 城镇保障性安居工程稳步推进。2022 年，全省城镇保障性安居工程住房基本建成 21 万套，与上年基本持平；新开工 20 万套，较上年增加 4 万套。

3. 房地产业增加值占服务业增加值比重小幅下降。2022 年，全省房地产业增加值 3631 亿元，占服务业增加值的比重为 12%，较上年同期下降 0.8 个百分点。

三、预测与展望

展望 2023 年，河南省经济发展机遇与挑战并存，一方面，全省锚定“两个确保”，深入实施“十大战略”，有望带动投资较快增长；政策支持效应进一步显现，消费市场有望稳中向好；继续推进制度型开放，高水平建设河南自贸试验区 2.0 版，对外开放水平进一步提升，有望推动全辖外贸量增质升。另一方面，受国际环境复杂严峻、国内省内短期问题与长期结构性问题交织叠加等影响，全省经济发展面临不确定性增加，推动高质量发展任务更加艰巨。

下一阶段，河南省金融系统将深入贯彻党的二十大精神，积极主动作为，把稳增长放在更加突出的位置，加大对“十大战略”及小微企业、科技创新、绿色发展、乡村振兴等经济社会发展重点领域和薄弱环节的支持力度。认真贯彻落实稳健的货币政策，加大金融风险防范化解力度，大力推进区域金融改革创新，进一步激发金融发展活力，持续提升金融服务实体经济能力，为谱写新时代中原更加出彩的绚丽篇章作出更大贡献。

中国人民银行河南省分行货币政策分析小组

总　　纂： 王均坦　尹清伟

统　　稿： 帅　洪

执　　笔： 王琦欣　郭玉鑫　许艳霞

提供材料： 郭　磊　沈志宏　张　蕾　银小柯　李玉欣　郑　方　于囡囡　孙　芳　王佳欣
韩其耘　罗晓蕾　陈奕丞　朱宜丹　袁彦娟　付　超　冯　毅　刘　芳　张　妍
张振轩　苗晓艳　刘　晗　姚元园　郭　蕾　秦玉洁　刘菁青　仲　琳　汪　雪
冯月月　万　里

附录：

（一）2022年河南省经济金融大事记

1月7日，人民银行郑州中心支行召开2022年河南省人民银行系统工作暨外汇管理工作会议。

4月2日，河南省地方政策性科创金融运营正式启动，郑州银行被确定为政策性科创金融业务运营主体。

5月27日，中原银行吸收合并洛阳银行、平顶山银行、焦作中旅银行，成为河南首家资产超万亿元的城商行，资本实力、服务地方经济社会能力全面提升。

6月13日，河南省地方金融监管局、人民银行郑州中心支行、河南银保监局、河南证监局联合印发《河南省金融支持经济社会平稳健康发展工作方案》，明确35项举措，全力支持经济社会平稳健康发展。

8月26—27日，国务院稳住经济大盘督导和服务组组长、中国人民银行行长易纲来豫督导指导稳住经济大盘等工作，围绕基础设施、重点工程、民生保障等项目建设开展现场协调和服务。

（二）河南省主要经济金融指标

表 1　2022 年河南省主要存贷款指标

	项目	1 月	2 月	3 月	4 月	5 月	6 月	7 月	8 月	9 月	10 月	11 月	12 月
本外币	金融机构各项存款余额（亿元）	86230.5	87377.3	89860.4	89372.5	90061.4	91092.3	90823.4	91175.1	92210.8	92565.6	93015.4	93173.1
	其中：住户存款	54741.1	55334.9	56865.9	56101.2	56410.6	57472.7	57495.9	57768.1	58722.6	58524.0	59291.9	60372.6
	非金融企业存款	17987.9	18120.4	18987.7	18815.4	18979.2	18999.9	18455.5	18846.1	18900.4	18412.8	18190.1	17809.6
	各项存款余额比上月增加（亿元）	2774.2	1146.8	2483.2	-488.0	688.9	1030.9	-268.9	351.7	1035.7	354.9	449.8	157.7
	金融机构各项存款同比增长（%）	9.3	9.0	9.3	9.8	9.5	8.9	9.4	9.1	9.6	11.1	11.0	11.6
	金融机构各项贷款余额（亿元）	71788.7	72093.0	73164.4	72895.1	73227.5	73976.2	74013.6	74876.8	75815.1	75597.7	75704.8	76075.6
	其中：短期	19157.4	19225.3	19403.6	19049.0	19193.2	19192.9	18991.7	19032.3	19231.6	18941.6	18747.9	18696.1
	中长期	48179.9	48327.2	48835.1	48831.5	48980.1	49675.1	49929.4	50287.4	50897.4	50917.4	51133.6	51356.3
	票据融资	3208.5	3284.8	3655.2	3639.8	3680.4	3752.5	3759.5	3833.7	3977.9	4059.7	4162.9	4429.1
	各项贷款余额比上月增加（亿元）	1247.9	304.4	1071.4	-269.3	332.4	748.7	37.4	863.2	938.2	-217.4	107.1	370.8
	其中：短期	221.9	67.9	178.3	-354.6	144.2	-0.4	-201.2	40.6	199.3	-290.0	-193.7	-51.8
	中长期	706.9	147.3	507.9	-3.6	148.6	695.0	254.3	358.0	610.0	20.0	216.1	222.8
	票据融资	230.6	76.3	370.3	-15.4	40.7	72.0	7.0	74.2	144.2	81.8	103.2	266.2
	金融机构各项贷款同比增长（%）	9.4	8.5	8.6	7.9	7.7	7.5	6.8	7.5	8.0	7.5	7.3	7.8
	其中：短期	2.2	2.3	1.6	1.5	2.2	0.4	-0.4	0.1	0.4	-0.9	-2.0	-1.3
	中长期	11.5	10.3	9.8	9.0	8.4	8.9	8.3	8.3	8.6	8.2	8.2	8.2
	票据融资	19.7	19.4	32.7	26.5	27.3	26.3	26.7	27.3	30.3	34.8	40.7	48.7
	建筑业贷款余额（亿元）	2570.1	2564.7	2608.4	2581.1	2627.8	2641.4	2678.0	2699.4	2742.5	2707.6	2707.0	2673.0
	房地产业贷款余额（亿元）	2300.3	2333.9	2286.1	2226.6	2218.1	2228.7	2215.6	2293.2	2323.1	2319.4	2328.9	2345.6
	建筑业贷款同比增长（%）	18.7	14.4	15.0	14.4	15.4	12.9	11.5	10.7	10.3	8.8	8.6	9.0
	房地产业贷款同比增长（%）	0.9	0.4	-1.4	-4.1	-4.2	-2.8	-2.7	-0.5	0.6	0.9	2.3	3.3
人民币	金融机构各项存款余额（亿元）	85304.9	86486.2	88875.0	88352.6	89050.3	90198.5	89999.8	90370.0	91456.9	91839.5	92362.7	92548.4
	其中：住户存款	54597.8	55193.0	56722.3	55952.8	56261.7	57321.2	57343.7	57620.0	58573.4	58375.7	59144.6	60228.3
	非金融企业存款	17287.6	17460.4	18231.0	18036.9	18206.1	18348.5	17869.2	18281.2	18402.3	17941.0	17766.7	17426.4
	各项存款余额比上月增加（亿元）	2874.6	1181.4	2388.8	-522.4	697.7	1148.2	-198.7	370.2	1086.9	382.7	523.2	185.7
	其中：住户存款	2830.8	595.2	1529.4	-769.6	308.9	1059.5	22.5	276.3	953.4	-197.7	768.9	1083.7
	非金融企业存款	56.3	172.7	770.6	-194.1	169.2	142.3	-479.3	412.0	121.1	-461.4	-174.2	-340.3
	各项存款同比增长（%）	9.7	9.4	9.6	10.1	9.8	9.4	9.9	9.6	10.0	11.6	11.7	12.3
	其中：住户存款	16.3	12.3	12.5	13.4	13.9	13.2	14.2	14.3	14.2	15.2	15.9	16.3
	非金融企业存款	-3.3	1.5	2.9	4.5	4.1	2.1	1.5	3.2	4.6	4.5	3.3	1.1
	金融机构各项贷款余额（亿元）	70839.4	71130.7	72196.4	71861.0	72208.3	73084.6	73209.7	74102.4	75071.7	74927.4	75088.2	75528.5
	其中：个人消费贷款	23078.7	23031.8	23235.8	23153.9	23162.2	23343.8	23384.3	23461.2	23558.9	23492.4	23522.9	23503.7
	票据融资	3208.5	3284.8	3655.2	3639.8	3680.4	3752.5	3759.5	3833.7	3977.9	4059.7	4162.9	4429.1
	各项贷款余额比上月增加（亿元）	1394.8	291.3	1065.7	-335.4	347.3	876.3	125.1	892.8	969.3	-144.3	160.9	440.3
	其中：个人消费贷款	178.6	-46.9	204.0	-81.9	8.2	181.7	40.5	76.9	97.7	-66.6	30.5	-19.2
	票据融资	230.6	76.3	370.3	-15.4	40.7	72.0	7.0	74.2	144.2	81.8	103.2	266.2
	金融机构各项贷款同比增长（%）	10.1	9.3	9.3	8.5	8.2	8.3	7.6	8.2	8.6	8.3	8.1	8.8
	其中：个人消费贷款	10.6	9.8	9.1	7.8	6.7	6.4	5.7	5.3	4.8	3.5	2.7	2.6
	票据融资	19.7	19.4	32.7	26.5	27.3	26.3	26.7	27.3	30.3	34.8	40.7	48.7
外币	金融机构外币存款余额（亿美元）	145.2	140.9	155.2	154.1	151.8	133.2	122.1	116.8	106.2	101.2	90.9	89.7
	金融机构外币存款同比增长（%）	-18.0	-19.5	-14.1	-14.2	-15.1	-29.2	-30.5	-29.8	-34.3	-35.7	-45.7	-44.3
	金融机构外币贷款余额（亿美元）	148.9	152.2	152.5	156.3	153.0	132.8	119.2	112.4	104.7	93.4	85.9	78.6
	金融机构外币贷款同比增长（%）	-27.1	-27.4	-25.1	-21.8	-21.8	-33.9	-37.5	-37.6	-38.6	-45.0	-49.8	-54.3

数据来源：中国人民银行郑州中心支行。

表2　2001—2022年河南省各类价格指数

单位：%

时间		居民消费价格指数		工业生产者购进价格指数		工业生产者出厂价格指数	
		当月同比	累计同比	当月同比	累计同比	当月同比	累计同比
2001		—	0.7	—	1.9	—	0.5
2002		—	0.1	—	-2.4	—	-1.4
2003		—	1.6	—	7.8	—	5.0
2004		—	5.4	—	15.7	—	10.2
2005		—	2.1	—	8.3	—	6.1
2006		—	1.3	—	5.3	—	4.3
2007		—	5.4	—	6.4	—	5.2
2008		—	7.0	—	11.9	—	12.1
2009		—	-0.6	—	-2.9	—	-5.1
2010		—	3.5	—	10.2	—	7.8
2011		—	5.6	—	10.1	—	7.2
2012		—	2.5	—	-0.8	—	-0.6
2013		—	2.9	—	-0.7	—	-1.5
2014		—	1.9	—	-1.6	—	-1.9
2015		—	1.3	—	-4.6	—	-4.6
2016		—	1.9	—	-0.8	—	-1.0
2017		—	1.4	—	7.3	—	6.8
2018		—	2.3	—	4.0	—	3.6
2019		—	3.0	—	1.2	—	0.2
2020		—	2.8	—	-0.6	—	-0.8
2021		—	0.9	—	9.5	—	7.8
2022		1.1	1.5	1.0	5.7	0.8	5.0
2021	1	0.3	0.3	1.5	1.5	0.6	0.6
	2	0.1	0.2	2.5	2.0	1.2	0.9
	3	0.4	0.2	4.2	2.7	3.5	1.7
	4	0.9	0.4	7.8	4.0	5.7	2.7
	5	1.5	0.6	10.6	5.3	8.9	3.9
	6	1.2	0.7	10.7	6.2	8.4	4.7
	7	1.1	0.8	10.5	6.8	8.0	5.1
	8	1.1	0.8	11.1	7.3	8.9	5.6
	9	0.4	0.8	12.3	7.9	10.6	6.2
	10	1.0	0.8	15.6	8.6	14.1	7.0
	11	2.1	0.9	15.4	9.3	13.8	7.6
	12	1.1	0.9	11.9	9.5	10.3	7.8
2022	1	0.4	0.4	10.8	10.8	9.6	9.6
	2	0.2	0.3	9.9	10.3	9.7	9.6
	3	1.0	0.5	9.8	10.2	9.6	9.6
	4	1.6	0.8	9.6	10.0	9.5	9.6
	5	1.7	1.0	8.6	9.7	7.1	9.1
	6	2.0	1.2	8.4	9.5	6.9	8.7
	7	2.3	1.3	6.5	9.1	5.6	8.3
	8	1.8	1.4	4.2	8.4	3.1	7.6
	9	2.3	1.5	2.6	7.8	1.2	6.9
	10	2.1	1.5	-0.4	6.9	-0.6	6.1
	11	1.2	1.5	-0.7	6.2	-1.3	5.4
	12	1.1	1.5	1.0	5.7	0.8	5.0

数据来源：河南省统计局、《中国经济景气月报》。

表3　2022年河南省主要经济指标

项目	1月	2月	3月	4月	5月	6月	7月	8月	9月	10月	11月	12月
	绝对值（自年初累计）											
地区生产总值（亿元）	—	—	14229.0	—	—	30757.2	—	—	47022.7	—	—	61345.1
第一产业	—	—	615.0	—	—	2355.4	—	—	4539.9	—	—	5817.8
第二产业	—	—	6119.1	—	—	13491.0	—	—	20096.9	—	—	25465.0
第三产业	—	—	7494.8	—	—	14910.7	—	—	22385.9	—	—	30062.2
工业增加值（亿元）	—	—	—	—	—	—	—	—	—	—	—	—
固定资产投资（亿元）	—	—	—	—	—	—	—	—	—	—	—	—
房地产开发投资	—	609.0	1393.3	2122.0	2933.9	3713.4	4211.7	4751.5	5375.8	5849.7	6305.8	6793.4
社会消费品零售总额（亿元）	—	4097.7	6031.6	7875.5	9734.7	11848.4	13747.4	15716.2	17848.4	20013.5	22112.1	24407.4
外贸进出口总额（亿元）	—	1334.5	2033.7	2677.4	3322.5	3958.3	4532.5	5175.6	6208.1	7182.8	7709.3	8524.1
进口	—	540.5	799.6	1031.7	1280.5	1501.1	1700.0	1995.6	2365.5	2755.7	2956.9	3277.1
出口	—	793.9	1234.1	1645.7	2042.0	2457.2	2832.5	3180.0	3842.6	4427.1	4752.4	5247.0
进出口差额（出口－进口）	—	253.4	434.5	614.0	761.5	956.1	1132.5	1184.4	1477.1	1671.4	1795.5	1969.9
实际利用外资（亿元）	—	5.3	10.2	11.1	13.1	19.2	79.3	88.1	92.0	99.7	107.8	115.9
地方财政收支差额（亿元）	—	-1083.9	-1798.4	-1952.7	-2511.0	-3370.4	-3798.5	-4319.4	-5085.7	-5278.4	-5807.6	-6383.0
地方财政收入	—	719.1	1224.5	1451.2	1698.9	2361.9	2739.0	2988.2	3330.4	3663.6	3893.2	4261.6
地方财政支出	—	1803.0	3022.9	3403.9	4209.9	5732.2	6537.5	7307.6	8416.1	8942.0	9700.9	10644.6
城镇登记失业率（%）（季度）	—	—	—	—	—	—	—	—	—	—	—	—
	同比累计增长率（%）											
地区生产总值	—	—	4.7	—	—	3.1	—	—	3.7	—	—	3.1
第一产业	—	—	6.7	—	—	4.5	—	—	4.7	—	—	4.8
第二产业	—	—	5.8	—	—	3.9	—	—	4.5	—	—	4.1
第三产业	—	—	3.6	—	—	2.2	—	—	2.7	—	—	2.0
工业增加值	—	6.5	6.7	6.0	5.4	5.4	5.4	5.7	6.0	6.1	5.1	5.1
固定资产投资	—	16.0	15.0	12.0	10.5	10.3	10.1	9.8	9.9	9.3	7.7	6.7
房地产开发投资	—	6.1	5.1	2.6	1.4	-0.4	-3.7	-4.6	-5.5	-8.4	-11.2	-13.7
社会消费品零售总额	—	5.5	3.5	1.1	-0.3	0.3	0.6	1.5	1.9	1.3	0.3	0.1
外贸进出口总额	—	-1.1	5.1	5.0	7.1	7.9	6.5	8.4	12.1	15.9	8.0	4.4
进口	—	4.5	9.5	8.0	9.5	9.3	7.3	9.8	9.9	13.4	5.0	3.2
出口	—	-4.5	2.5	3.2	5.7	7.0	6.1	7.5	13.5	17.5	10.0	5.2
实际利用外资	—	0.7	32.5	29.0	25.4	23.2	391.6	330.0	307.7	174.7	182.0	118.2
地方财政收入	—	2.3	8.9	-4.7	-9.4	-3.5	-3.3	-2.5	-1.0	-1.9	-2.6	-2.1
地方财政支出	—	4.5	6.6	-5.8	-3.5	-3.8	-1.6	-1.2	0.6	1.5	3.3	8.8

数据来源：河南省统计局。

注：自2022年起，“实际使用外资”统计口径发生调整，与之前年度数据不可比；自2022年起，“城镇登记失业率”不再统计。

湖北省金融运行报告（2023）

中国人民银行湖北省分行[①]
货币政策分析小组

[内容摘要] 2022年，面对复杂严峻的外部环境和多重超预期因素冲击的影响，湖北省坚持以习近平新时代中国特色社会主义思想为指导，深入学习贯彻党的二十大精神，全面落实"疫情要防住、经济要稳住、发展要安全"重要要求，高效统筹疫情防控和经济社会发展，先行区建设全面起势，湖北省经济运行呈现稳中向好、进中提质的态势。全年湖北省实现地区生产总值5.4万亿元，同比增长4.3%，高于全国平均水平1.3个百分点。湖北省金融系统积极贯彻落实稳健的货币政策，持续加大对经济恢复的支持力度。2022年末，湖北省金融机构本外币各项存款余额8.0万亿元，同比增长9.8%；本外币各项贷款余额7.4万亿元，同比增长10.5%。

湖北省经济运行呈现如下特点：一是三大需求提质增效，高质量发展动力更强。全年固定资产投资（不含农户）同比增长15.0%。分领域看，基础设施投资增长15.9%，制造业投资增长23.2%；民间投资增长13.2%，占全部投资的比重为61.1%。社会消费品零售总额2.2万亿元，同比增长2.8%。升级类消费产品热销，新能源汽车、节能家用电器和音像器材、计算机及其配套产品限额以上单位商品零售额同比分别增长150.0%、26.3%和15.0%。进出口总额6171亿元，同比增长14.9%。其中，出口总额4209亿元，同比增长20.0%，高新技术产品出口占比为17.4%。二是三次产业韧性彰显，转型升级步伐加快。农林牧渔业增加值5322亿元，同比增长4.3%。粮食总产量2741万吨，连续10年稳定在500亿斤以上。规模以上工业增加值同比增长7.0%，高技术制造业增加值同比增长21.7%；41个工业大类中有32个实现正增长，增长面达78.0%，其中12个实现两位数增长。服务业增加值2.8万亿元，同比增长2.7%，服务业10大门类中有8个实现正增长。三是居民消费价格温和上涨，工业生产者价格涨幅回落。居民消费价格（CPI）同比上涨2.1%，扣除食品和能源价格后的核心CPI上涨1.2%。工业生产者出厂价格（PPI）同比上涨3.4%，工业生产者购进价格（IPI）同比上涨7.8%，价格涨幅同比均回落0.7个百分点。四是财政收入增长稳定，财政支出创历年新高。地方一般公共预算收入3281亿元，可比增长8.5%（剔除留抵退税因素）。其中，税收2411亿元，同比增长5.4%。地方一般公共预算支出8626亿元，同比增长8.7%，民生支出占比达78.7%。

湖北省金融运行主要特点如下：一是金融支持实体经济力度加大，信贷结构进一步优化。全年新增本外币各项贷款7024亿元，与上年基本持平，年末贷款余额同比增速高于全国平均水平0.1个百分点。从结构看，金融机构对重点领域和薄弱环节的信贷支持力度不断增强，制造业中长期贷款、普惠小微贷款、涉农贷款、绿色贷款余额同比增速分别高出湖北省各项贷款平均增速54.5个、15.7个、5.5个和29.1个百分点。二是社会融资规模平稳增长，金融市场运行总体平稳。社会融资规模增量为1.1万亿元，同比多增1211亿元；增量占全国的比重为3.5%，较上年同期提高0.4个百分点。货币市场交易量高速增长，辖内法人金融机构货币市场

① 自2023年8月18日起，中国人民银行武汉分行更名为中国人民银行湖北省分行。本报告主要反映2022年的经济金融情况，正文中涉及的相关机构表述仍沿用2022年名称。

交易量共计 25.5 万亿元，同比增长 134.6%。银行间市场债券融资快速增长，非金融企业累计发行债务融资工具 2488 亿元，同比增长 27.1%。票据融资稳步增长，金融机构商业汇票贴现余额 4967 亿元，同比增长 25.7%。三是企业贷款利率低位运行。2022 年 12 月，湖北省新发放企业贷款加权平均利率为 3.76%，同比下降 74 个基点，处于历史最低水平。分企业规模看，大型、中型、小型微型企业贷款加权平均利率分别为 3.23%、3.69% 和 4.35%，同比分别下降 17 个、23 个和 45 个基点。四是证券保险业稳健发展，支持经济社会发展能力增强。多层次资本市场稳步发展，省内上市公司证券交易额 16.3 万亿元，同比增长 0.5%；省内企业通过股票（A 股）市场融资 702 亿元，通过债券市场融资 4424 亿元。保险业经营实力稳步提升，业务结构不断优化，车险恢复性增长，责任险增幅明显提升，农业险维持高增长，全年农业险保费收入 40 亿元，同比上升 32.0%。保险业经济社会服务保障功能稳步增强，全年保险业赔款和给付支出 602 亿元，同比增长 4.3%。五是金融风险预警体系逐步健全，防范化解金融风险能力不断提升。注重引导金融机构树立正确的风险防控观，在支持实体经济高质量发展中经营风险、管理风险、化解风险。统筹运用央行评价、存保核查、压力测试等工具，进一步健全风险监测预警体系。湖北省信贷资产质量保持稳定，2022 年末银行业不良贷款率为 1.31%，同比下降 0.04 个百分点。六是金融生态环境持续优化，金融基础设施更趋完善。征信体系建设稳步推进，推动构建湖北省地方征信平台服务体系，截至 2022 年末，平台累计支持企业融资 19.6 万笔，融资金额 4719 亿元。支付服务民生发展有力有效，不断规范小微企业简易开户流程，持续提高支付业务连续性水平，全年大、小额支付系统共处理支付业务 2.8 亿笔，同比上升 16.0%，金额 133.0 万亿元，同比增长 6.8%。金融消费权益保护工作扎实有效开展，深入推进金融宣传教育，探索建立小额纠纷快速解决机制。

2023 年是全面贯彻落实党的二十大精神的开局之年，湖北省将坚定不移贯彻党中央、国务院决策部署，坚持稳中求进工作总基调，坚持创新驱动发展战略，坚持把实施扩大内需战略同深化供给侧结构性改革有机结合，全力打造“51020”① 现代产业集群，持续壮大突破性发展优势产业，高位推进供应链物流体系建设，深入推动武汉科创中心建设，切实做好强信心、稳增长、防风险、推改革、惠民生各项工作，奋力在经济高质量发展上取得新的更大成效。湖北省金融系统将坚持以习近平新时代中国特色社会主义思想为指导，坚定贯彻落实好稳健的货币政策，综合运用多种货币政策工具，适当靠前发力，精准发力。全面贯彻落实新发展理念，深入开展金融功能提升行动，推动发展科创金融、房地产金融、供应链金融、绿色金融、普惠金融和跨境金融，深化金融改革创新，进一步改善民营企业金融服务，持续加大对乡村振兴、重大项目和消费等重点领域支持力度，牢牢守住不发生区域性金融风险的安全底线，努力为湖北经济高质量发展、建设全国构建新发展格局先行区营造适宜的货币金融环境。

一、金融运行情况

2022 年，面对纷繁复杂的国内外环境，湖北省金融部门认真贯彻落实党中央、国务院的决策部署，持续加大对湖北省经济恢复的支持力度，信贷投放稳定增长，对重点领域和薄弱环节的金融支持不断增强，金融生态环境持续优化。金融市场规模稳步扩大，多层次资本市场不断完善，支持经济社会发展能力进一步增强。

① 5 个万亿级支柱产业、10 个五千亿级优势产业、20 个千亿特色产业集群。

（一）银行业稳健发展，信贷增长合理适度

1. 资产增速保持平稳增长，利润保持稳定。2022 年末，湖北省银行业金融机构资产总额 10.3 万亿元，同比增长 8.7%，较上年回落 0.2 个百分点；负债总额 10.0 万亿元，同比增长 8.9%，较上年提高 0.3 个百分点。2022 年，湖北省银行业金融机构实现利润 812 亿元，较上年小幅下降 15 亿元。当年湖北省银行业金融机构从业人数 13 万人，与上年基本持平。

表 1　2022 年银行业金融机构情况

机构类别	营业网点			法人机构（个）
	机构个数（个）	从业人数（人）	资产总额（亿元）	
一、大型商业银行	2647	58533	36474	0
二、国家开发银行和政策性银行	96	2535	13311	0
三、股份制商业银行	608	13216	11924	0
四、城市商业银行	448	10680	10151	3
五、城市信用社	0	0	0	0
六、小型农村金融机构	2080	31257	16462	78
七、财务公司	11	801	3106	5
八、信托公司	2	557	262	2
九、邮政储蓄银行	1669	7718	8045	0
十、外资银行	15	383	285	0
十一、新型农村金融机构	217	3440	561	66
十二、其他	8	846	2143	4
合　计	7801	129966	102725	158

数据来源：湖北银保监局。

注：营业网点不包括国家开发银行和政策性银行、大型商业银行、股份制商业银行等金融机构总部数据；大型商业银行包括中国工商银行、中国农业银行、中国银行、中国建设银行和交通银行；小型农村金融机构包括农村商业银行、农村信用社、农村合作银行；新型农村金融机构包括村镇银行、贷款公司和农村资金互助社；其他包含金融租赁公司、汽车金融公司、货币经纪公司、消费金融公司等。

2. 各项存款增速回升，住户存款是主要贡献力量。2022 年末，湖北省金融机构本外币各项存款余额 8.0 万亿元，同比增长 7.9%，同比提高 1.9 个百分点。2022 年，湖北省新增本外币各项存款 7087 亿元。分主体看，住户存款增加 7275 亿元，非金融企业存款增加 260 亿元，广义政府存款下降 436 亿元，非银行业金融机构存款增加 136 亿元。

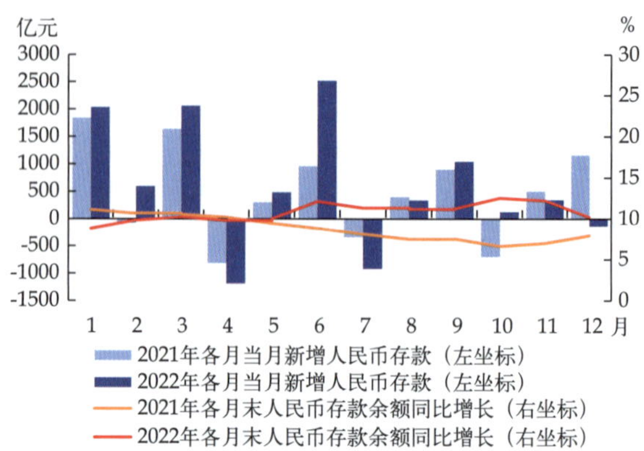

图 1　金融机构人民币存款增长变化

（数据来源：中国人民银行武汉分行）

3. 贷款平稳增长，信贷结构持续优化。2022 年末，湖北省本外币各项贷款余额 7.4 万亿元，同比增长 10.5%，高于全国 0.1 个百分点，比年初增加 7024 亿元。从投向看，湖北省金融机构对重点领域和薄弱环节的信贷支持力度不断加大。2022 年末，湖北省制造业中长期贷款、普惠小微贷款、涉农贷款、绿色贷款余额分别为 3755 亿元、7418 亿元、1.9 万亿元和 9792 亿元，同比分别增长 65.0%、26.2%、16.0% 和 39.6%，分别高出湖北省各项贷款平均增速 54.5 个、15.7 个、5.5 个和 29.1 个百分点。

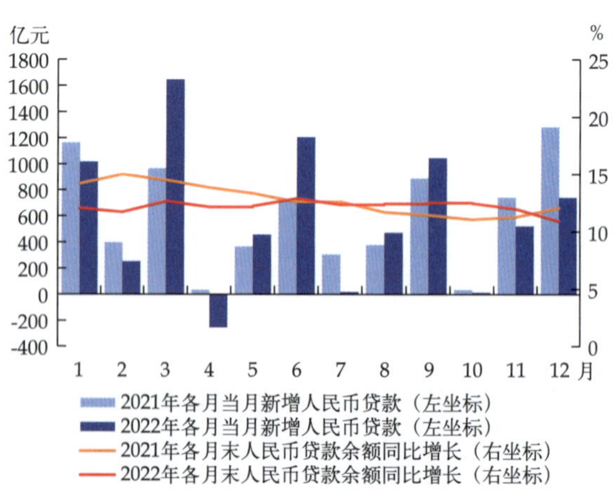

图 2　金融机构人民币贷款增长变化

（数据来源：中国人民银行武汉分行）

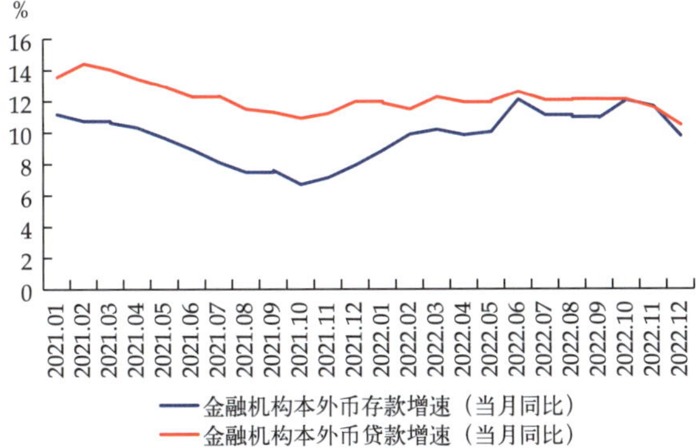

图 3　金融机构本外币存贷款增速变化

（数据来源：中国人民银行武汉分行）

4. 贷款市场报价利率改革潜力持续释放，贷款利率处于历史低位水平。湖北省推动地方法人银行加快构建内部资金转移定价（FTP）机制，引导其将贷款市场报价利率（LPR）内嵌到 FTP 定价体系，进一步提高利率传导效率。2022 年 12 月，湖北省新发放企业贷款加权平均利率为 3.76%，较 2021 年同期下降 74 个基点，处于历史低位水平。分企业规模看，2022 年 12 月，湖北省大型、中型、小微企业新发放贷款加权平均利率分别为 3.23%、3.69% 和 4.35%，同比分别下降 17 个、23 个和 45 个基点，小微企业贷款利率降幅最大。

5. 银行业经营稳健，不良贷款率下降。注重引导金融机构树立正确的风险防控观，在支持实体经济高质量发展中经营风险、管理风险、化解风险。统筹运用央行评价、存保核查、压力测试等工具，进一步健全风险监测预警体系，确保不发生区域性金融风险。2022 年末，湖北银行业不良贷款率为 1.31%，同比下降 0.04 个百分点。其中，法人银行不良贷款率同比下降 0.1 个百分点，城商行和农商行不良贷款率同比分别下降 0.07 个和 0.24 个百分点。

表 2　2022 年金融机构人民币贷款各利率区间占比

单位：%

项目		1 月	2 月	3 月	4 月	5 月	6 月
合计		100.0	100.0	100.0	100.0	100.0	100.0
LPR 减点		22.5	26.5	24.1	24.8	28.4	33.6
LPR		8.1	8.1	9.4	9.4	7.0	8.4
LPR 加点	小计	69.4	65.4	66.5	65.8	64.6	58.0
	(LPR，LPR+0.5%)	16.7	17.1	18.6	16.0	14.7	18.2
	[LPR+0.5%，LPR+1.5%)	24.4	23.3	26.3	23.8	25.8	20.7
	[LPR+1.5%，LPR+3%)	15.3	8.6	10.6	11.3	10.0	8.6
	[LPR+3%，LPR+5%)	6.0	5.2	4.8	5.5	5.2	3.8
	LPR+5% 及以上	7.0	11.2	6.3	9.2	8.9	6.7
项目		7 月	8 月	9 月	10 月	11 月	12 月
合计		100.0	100.0	100.0	100.0	100.0	100.0
LPR 减点		30.8	31.9	35.8	38.0	39.8	43.6
LPR		5.1	6.2	5.7	5.0	4.8	7.1
LPR 加点	小计	64.1	61.9	58.6	57.0	55.4	49.3
	(LPR，LPR+0.5%)	19.5	20.4	20.1	16.8	16.1	14.1
	[LPR+0.5%，LPR+1.5%)	20.5	18.2	18.8	16.5	18.4	16.6
	[LPR+1.5%，LPR+3%)	8.6	8.9	8.2	7.8	7.6	8.1
	[LPR+3%，LPR+5%)	5.0	4.9	4.1	5.1	4.4	3.6
	LPR+5% 及以上	10.5	9.5	7.4	10.7	8.9	6.9

数据来源：中国人民银行武汉分行。

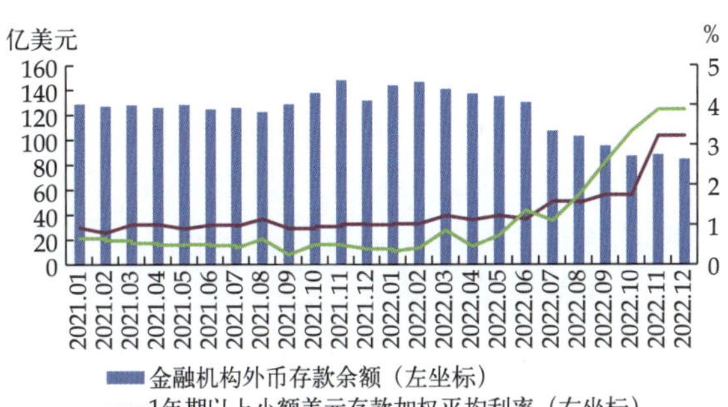

图 4　金融机构外币存款余额及外币存款利率

（数据来源：中国人民银行武汉分行）

专栏 1　多措并举　推动助企纾困政策落实落细

2022 年，人民银行武汉分行深入贯彻落实党中央、国务院关于经济金融工作的决策部署以及人民银行、湖北省委、省政府工作要求，扎实推进金融助企惠民纾困政策快速落地见效，为经济稳住基本盘和高质量发展贡献金融力量。

一、积极主动作为，推动纾困政策应出尽出

人民银行武汉分行抢抓政策出台窗口期，搭建“1+4+N”的金融助企纾困政策体系，推动政策在5月份应出尽出，形成金融助企纾困和支持经济稳增长的政策合力。一是牵头起草《关于加强金融助企纾困工作若干措施》（“22条”），由省政府印发执行。二是聚焦交通物流、批零住餐、文化旅游和对外贸易等受疫情影响较重的行业，牵头制订4个金融助企纾困专项行动方案，联合金融管理部门和行业主管部门印发执行。三是配合金融助企纾困政策，会同有关部门制定出台“N”项配套政策文件，如《建立重大项目银企对接融资新机制的若干措施》《湖北省交通物流专项再贷款工作推进方案》等。

二、加大解读宣传，确保纾困政策应知尽知

一是在湖北省金融助企纾困工作推进会及金融助企纾困工作新闻发布会上，对金融助企纾困“22条”以及交通物流、批零住餐、文化旅游、对外贸易等四个专项助企纾困行动方案，逐项开展政策宣传解读。二是组织开展金融助企纾困政策宣传周活动，推动人民银行分支机构和金融机构出台专项行动计划。三是围绕金融助企纾困主题在武汉分行官方微信公众号、互联网站以及《湖北日报》《楚天都市报》开设专栏，发布稿件和推文近百篇。

三、推进政策落实，力争经营主体应享尽享

一是推动落实延期还本付息政策，做到“应延尽延”。全年湖北省金融机构共对26万笔总金额2667亿元贷款实施了延期还本付息安排。二是开展金融助企纾困专项行动。联合批发零售、住宿餐饮、文化旅游、交通运输等行业主管部门，建立首批重点支持的1400余家困难企业“白名单”，湖北省金融机构为“白名单”企业提供融资支持近300亿元，为其办理延期还本付息金额近100亿元。三是全面推广应用“楚天贷款码”。湖北省累计18万户经营主体通过平台提交融资申请，发放贷款2105亿元，平均办理时限8天。

四、加强监测督导，督促金融机构应办尽办

一是加大对各地、各金融机构政策落实情况的监测和通报。将金融机构政策执行情况、各地政策落实效果与金融市场准入、货币政策工具运用等挂钩，作为金融信用市州县考评的重要参考。二是印发《湖北省金融机构支持重点领域情况调查方案》，按周开展调查，按周进行调度，及时掌握金融机构对相关政策的落实情况、存在问题和政策建议，有力有效推动金融支持政策逐项落实落地。三是督导省级金融机构设立支持稳企纾困热线电话，向全社会公开，实时接收政策咨询、问题反映，更好解决受困经营主体诉求。

（二）证券业保持较快发展，多层次资本市场不断完善

1. 法人机构资本实力保持稳定。2022年末，湖北省共有法人证券公司2家，法人期货公司2家。2家法人证券公司总资产2370亿元，净资产合计516亿元。2022年，省内上市公司证券交易额1.6万亿元，同比增长0.5%。

2. 多层次资本市场稳健发展。2022年，省内企业通过股票（A股）市场融资702亿元，其中再融资516亿元，IPO融资186亿元。湖北省新增境内上市和过会企业18家，境内上市数量和融资金额均创历史新高。截至2022年末，湖北省共有境内上市公司138家，其中，科创

板12家、创业板36家、主板85家、北交所5家。共有新三板挂牌企业241家。2022年，省内企业通过债券市场融资4424亿元，其中公司债融资1717亿元，企业债融资219亿元，银行间市场债务工具融资2488亿元。

表3　2022年证券业基本情况

项目	数量
总部设在辖内的证券公司数（家）	2
总部设在辖内的基金公司数（家）	0
总部设在辖内的期货公司数（家）	2
年末国内上市公司数（家）	138
当年国内股票（A股）筹资（亿元）	702
当年发行H股筹资（亿元）	0
当年国内债券筹资（亿元）	4424
其中：短期融资券筹资额（亿元）	1352
中期票据筹资额（亿元）	844

数据来源：中国人民银行武汉分行、湖北银保监局、湖北省发改委。

（三）保险业发展回归本源，支持经济社会发展能力增强

1. 保费收入稳步增长。2022年末，湖北省共有法人保险公司4家，省级分公司以上保险公司87家。2022年，湖北省保险业累计实现保费收入1953亿元，同比增长4.0%。其中，财产险累计实现保费收入423亿元，同比增长11.4%；人身险累计实现保费收入1529亿元，同比增长2.1%。

2. 业务结构不断优化。财产险保费收入方面，车险恢复性增长，责任险增幅明显提升，农业险维持高增长。2022年，车险保费收入283亿元，同比增长6.6%；责任险保费收入37亿元，同比增长27.3%；农业险保费收入40亿元，同比增长32.0%。人身险储蓄和投资属性持续淡化，风险保障属性进一步增强。2022年，分红险和万能险保费收入分别下降18.3%和1.0%。

3. 经济社会服务保障功能稳步增强。2022年，湖北省保险业赔款和给付支出602亿元，同比增长4.3%。其中，人身险赔款和给付支出341亿元，同比增长3.2%；财产险赔款支出261亿元，同比增长5.6%。保险业风险保障和经济补偿功能得到进一步发挥。

表4　2022年保险业基本情况

项目	数量
总部设在辖内的保险公司数（家）	4
其中：财产险经营主体（家）	2
寿险经营主体（家）	2
保险公司分支机构（家）	87
其中：财产险公司分支机构（家）	39
寿险公司分支机构（家）	48
保费收入（中外资，亿元）	1952.5
其中：财产险保费收入（中外资，亿元）	423.2
人身险保费收入（中外资，亿元）	1529.3
各类赔款给付（中外资，亿元）	601.9

数据来源：湖北银保监局。

（四）社会融资规模平稳增长，金融市场运行总体平稳

1. 社会融资规模平稳增长，表外融资降幅收窄。2022年，湖北省社会融资规模增量为1.1万亿元，同比多增1211亿元；增量占全国的比重为3.5%，占比较上年提高0.4个百分点。社会融资规模总量保持稳定增长，继续为经济恢复提供有力支持。从结构看，2022年，湖北省金融机构新增人民币贷款7192亿元，同比多增110亿元；新增直接融资1556亿元，同比多增165亿元；表外融资减少70亿元，同比少减1228亿元，其中，委托贷款增加541亿元，信托贷款减少257亿元，未贴现银行承兑汇票减少354亿元。

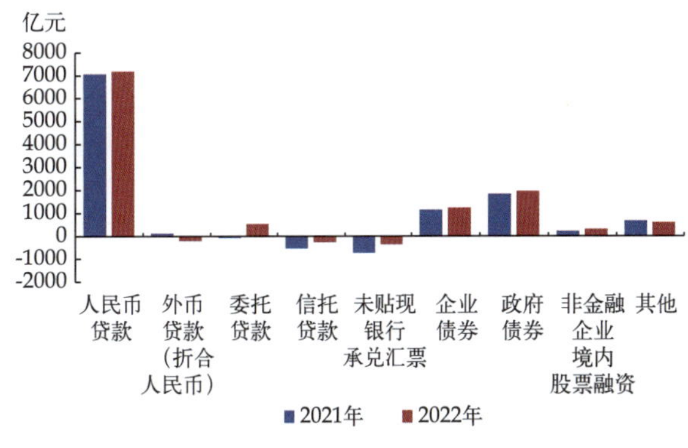

图5　社会融资规模分布结构

（数据来源：中国人民银行武汉分行）

2. 货币市场交易量高速增长，非金融企业债务融资增长较快。2022 年，辖内法人金融机构货币市场交易量共计 25.5 万亿元，同比增长 134.6%。其中，质押式回购成交 22.7 万亿元，同比增长 145.7%；同业拆借成交 2.9 万亿元，同比增长 89.2%。2022 年，湖北省非金融企业累计发行债务融资工具 2488 亿元，较上年增长 27.1%。2022 年末，湖北省债务融资工具存续金额 4680 亿元，同比增长 19.0%。

表 5　2022 年金融机构票据业务量

单位：亿元

季度	银行承兑汇票承兑		贴现			
			银行承兑汇票		商业承兑汇票	
	余额	累计发生额	余额	累计发生额	余额	累计发生额
1	3227.6	1758.5	3979.0	924.2	252.0	85.8
2	3676.4	3815.3	4259.7	2196.1	189.3	131.8
3	3851.4	5805.8	4282.9	3199.2	262.8	167.6
4	3888.1	7769.4	4788.4	4512.6	179.0	205.3

数据来源：中国人民银行武汉分行。

3. 票据融资稳步增长，票据市场利率持续下行。2022 年，湖北省金融机构累计承兑商业汇票金额 8358 亿元，同比增长 8.7%；累计贴现商业汇票金额 4718 亿元，同比增长 36.6%。截至 2022 年末，湖北省商业汇票承兑余额 4250 亿元，同比增长 13.3%；商业汇票贴现余额 4967 亿元，同比增长 25.7%。票据市场利率持续下行，2022 年 12 月，湖北省银行承兑汇票和商业承兑汇票加权平均利率分别为 1.39% 和 3.72%，同比分别下降 42 个和 41 个基点。

表 6　2022 年金融机构票据贴现、转贴现利率

单位：%

季度	贴现		转贴现	
	银行承兑汇票	商业承兑汇票	票据买断	票据回购
1	2.21	3.91	2.10	2.25
2	1.57	3.84	1.59	1.82
3	1.68	3.81	1.69	1.71
4	1.35	3.80	1.37	2.81

数据来源：中国人民银行武汉分行。

（五）金融生态环境持续优化，金融基础设施更趋完善

1. 征信体系建设稳步推进。持续提升征信服务水平，基本形成“线上 + 线下自助查询为主，人工柜面为辅”的新型征信查询服务供给体系。2022 年，湖北省共提供个人和企业自主征信查询服务 413.6 万笔，其中个人自助查询占比超过 97%、企业自助查询占比超过 50%。打通各个地方中小企业融资信用平台，构建以“鄂融通”为核心、17 个市州子平台为补充的湖北省地方征信平台服务体系。截至 2022 年末，平台累计入驻机构 2515 家，发布金融产品 1959 项，累计支持企业融资 19.6 万笔，融资金额 4719 亿元。

2. 支付服务民生发展有力有效。持续规范小微企业简易开户流程，实现省内提供简易开户服务的银行机构网点覆盖面达到 100%。全面落实金融助企纾困政策。湖北省 2022 年各支付服务经营主体累计减免手续费超 8 亿元，惠及小微企业、个体工商户超 350 万户。全力防范化解支付领域风险。深入推进涉诈涉赌“资金链”治理工作，实现湖北省有责涉案账户数量和支付有责投诉有效压降。持续加强支付清算和会计核算管理，提高业务连续性水平。2022 年，大、小额支付系统共处理支付业务 2.8 亿笔，同比增长 16.0%；金额 133.0 万亿元，同比增长 6.8%。

3. 金融消费权益保护扎实有效开展。深入推进金融宣传教育。组织开展“金融知识宣传·楚天行”和“金种子”金融素养提升双工程，成功举办“金融知识宣传·楚天行”专题活动，活动荣获 2022 年湖北省“争做中国好网民”之湖北好网民工程品牌。持续加强净化金融市场环境力度。开发并上线运行湖北省违法违规金融广告监测平台，利用信息技术手段提升金融广告监测的智能化和精准化水平，强化金融广告监测效果。全力提升投诉处理质效，建立起有责投诉审核判定机制。

二、经济运行情况

2022 年，湖北省深入学习贯彻党的二十大精神，全面落实党中央决策部署，高效统筹疫情防控和经济社会发展，统筹发展和安全，先行区建设全面起势，经济运行呈现顶压前行、稳中向好态势，高质量发展底色更浓。三大需求提质增效，三次产业韧性彰显，价格指数温和上涨，财政收支整体稳定。2022 年，湖北省实现地区生产总值 5.4 万亿元，同比增长 4.3%，快于全国 1.3 个百分点。

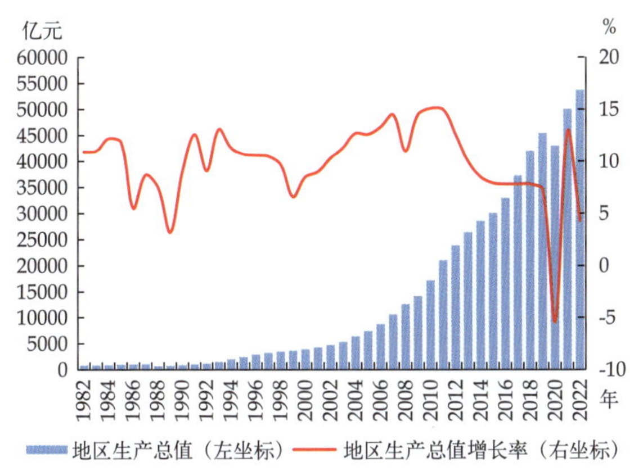

图 6　地区生产总值及其增长率

（数据来源：湖北省统计局）

（一）三大需求提质增效，高质量发展动力更强

1. 固定资产投资快速增长，基础设施和工业领域增势良好。2022 年，湖北省固定资产投资（不含农户）同比增长 15.0%，其中民间投资增长 13.2%，占全部固定资产投资的 61.1%。2022 年，湖北省施工项目 3.2 万个，其中亿元以上施工项目 1.2 万个；新开工亿元以上项目 5502 个，其中 100 亿元以上项目 21 个。基础设施投资同比增长 15.9%，高于全部投资 0.9 个百分点。工业投资同比增长 24.2%，高于全部投资 9.2 个百分点；其中制造业投资同比增长 23.2%，高技术制造业中电子及通信设备制造业投资同比增长 29.4%。

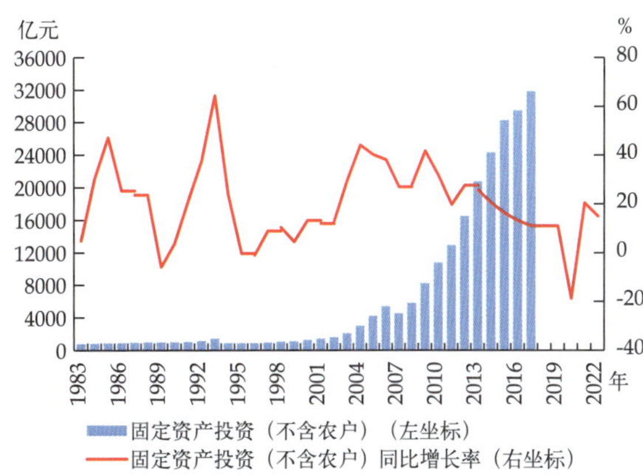

图 7　固定资产投资（不含农户）及其增长率

（数据来源：湖北省统计局）

2. 消费市场稳步改善，消费升级趋势明显。2022 年，湖北省社会消费品零售总额 2.2 万亿元，同比增长 2.8%。分行业看，批发业、零售业、住宿业、餐饮业社会消费品零售总额分别增长 10.4%、4.0%、5.3% 和 4.8%。分类别看，基本生活类商品销售较快增长，限额以上单位粮油食品类、饮料类商品零售额分别增长 17.7% 和 22.0%；出行类商品销售稳定增长，限额以上单位汽车类、石油及制品类零售额分别增长 8.3% 和 16.4%；升级类产品热销，新能源汽车、节能家用电器和音像器材、计算机及其配套产品限额以上单位商品零售额分别增长 150.0%、26.3% 和 15.0%；网络销售持续增长，网上零售额达 3744 亿元，同比增长 7.2%，高于全国 3.2 个百分点。

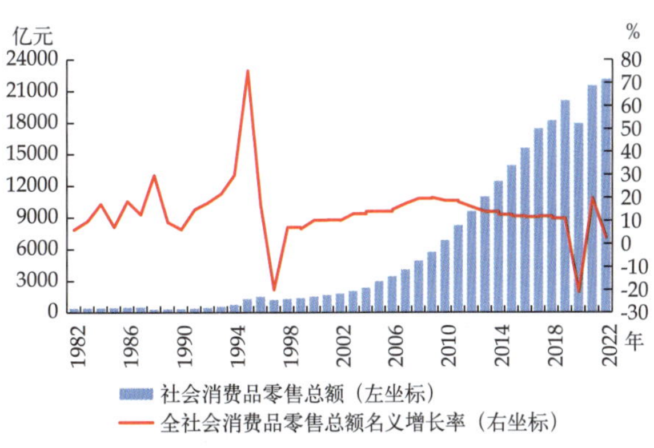

图 8　社会消费品零售总额及其增长率

（数据来源：湖北省统计局）

3. 进出口快速增长，贸易结构继续优化。 2022年，湖北省进出口总额6171亿元，同比增长14.9%。其中，出口总额4209亿元，同比增长20.0%；进口总额1962亿元，同比增长5.4%。机电产品进出口总额3033亿元，占进出口总额的49.2%；高技术产品出口总额733亿元，占出口总额的17.4%；“两新一高”产品（新材料、新能源、高技术装备）出口总额188亿元，增长59.2%，其中集成电路、光纤光缆出口总额同比分别增长16.2%和30.0%。

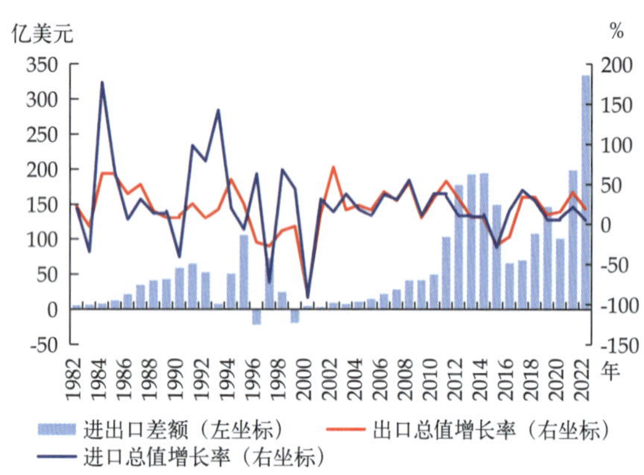

图9 外贸进出口变动情况

（数据来源：湖北省统计局）

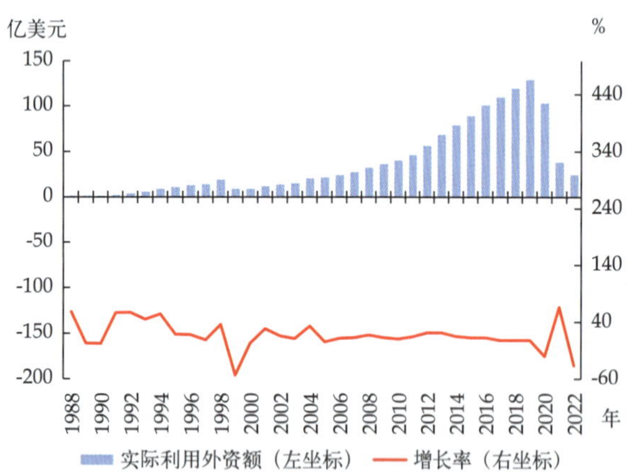

图10 实际利用外资额及其增长率

（数据来源：湖北省统计局）

（二）三次产业韧性彰显，供给侧结构性改革深入推进

1. 农业较快增长，农产品产量保持稳定。 2022年，湖北省农、林、牧、渔业及相关服务业产值同比分别增长2.7%、7.7%、4.0%、5.6%和11.9%。粮食产量连续10年保持在500亿斤以上，达548亿斤。猪肉、牛肉、羊肉产量同比分别增长4.3%、2.7%和9.1%。

2. 工业稳中有进，高技术制造业引领增长。 2022年，湖北省规模以上工业增加值同比增长7.0%，41个工业大类行业中32个行业保持正增长，12个行业保持两位数增长。从三大门类看，采矿业增加值同比增长15.4%，制造业增加值同比增长6.6%，电力、热力、燃气及水生产和供应业增加值同比增长5.5%。高技术制造业增加值同比增长21.7%，其中计算机通信和其他电子设备制造业同比增长26.2%，医药制造业同比增长19.2%。液晶显示屏、新能源汽车产量同比分别增长101.2%和98.0%。

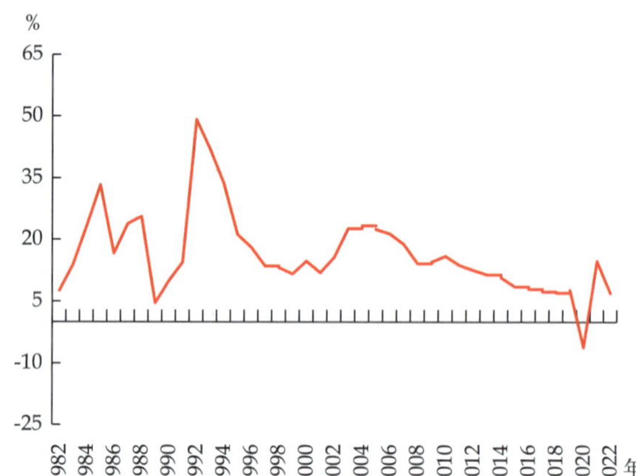

图11 规模以上工业增加值实际增长率

（数据来源：湖北省统计局）

3. 服务业逐步企稳，规模以上服务业增长较快。 2022年，湖北省服务业增加值同比增长2.7%。其中，交通运输仓储和邮政业、批发和零售业、住宿和餐饮业、金融业、其他服务业增加值同比分别增长0.1%、1.7%、0.9%、5.6%和4.6%。2022年湖北省规模以上服务业企业营业收入9233亿元，同比增长8.5%。

4. 供给侧结构性改革深入推进，转型升级成效明显。 湖北省坚持以科技创新为引领，促进创新链与产业链深度融合。“51020”现代产业集群加速崛起，高技术制造业增加值同比增长 21.7%，高于规模以上工业增加值增速 14.7 个百分点。高技术企业突破 2 万家，实现两年翻番。国家科技型中小企业达到 2.4 万家，同比增长 70.0%。技术合同成交额突破 3000 亿元，同比增长 42.9%。

5. 生态文明建设纵深发展，美丽湖北再添色彩。湖北省深入实施长江高水平保护十大攻坚提升行动，累计整治长江入河排污口 9067 个，湿地修复 4 万亩，长江干流出境水质保持在Ⅱ类。武汉、襄阳、宜昌、黄石纳入“无废城市”名单，清江获评全国“最美家乡河”，恩施获评“中国天然氧吧”城市。绿色低碳转型提质增效，绿电装机占比达到 63.7%，磷石膏综合利用率超过 70.0%。钟祥、通城、建始等 7 地获评全国生态文明建设示范区。

（三）居民消费价格温和上涨，工业生产者价格涨幅回落

1. 居民消费价格温和上涨，部分领域价格涨幅明显。2022 年，湖北省居民消费价格指数（CPI）同比上涨 2.1%。其中，城市上涨 2.1%，农村上涨 1.9%。从八大类商品看，食品烟酒、交通和通信价格是影响 CPI 上涨的最主要因素，二者分别上涨 2.2% 和 4.7%。在食品烟酒价格中，猪肉价格下降 5.5%，粮食价格上涨 1.1%，鲜菜价格上涨 3.6%，鲜果价格上涨 10.9%。在交通和通信价格方面，受地缘政治冲突加剧影响，能源、芯片供应链受阻，运输和产能受限推升了国内交通工具用燃料和芯片价格。

2. 保供稳价政策效果显现，工业生产者价格涨幅回落。从月度变化情况看，湖北省工业生产者价格涨幅前高后低，其中工业生产者出厂价格指数（PPI）当月同比涨幅从 1 月的上涨 6.1% 逐月回落至 12 月的下降 0.6%，工业生产者购进价格指数（IPI）同比涨幅从 1 月的上涨 13% 逐月回落至 12 月的下降 1%。2022 年，湖北省工业生产者出厂价格指数（PPI）同比上涨 3.4%，工业生产者购进价格指数（IPI）同比上涨 7.8%。

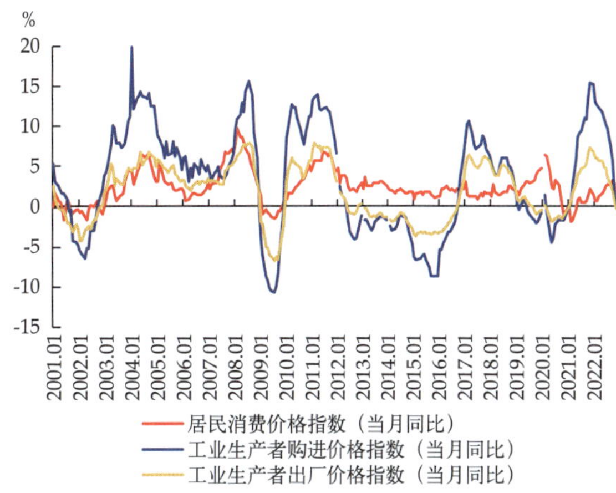

图 12　居民消费价格指数和工业生产者价格指数变动趋势

（数据来源：湖北省统计局）

3. 劳动力成本上升，劳动生产率稳步提高。2022 年，湖北省最低工资标准分档依次为 2010 元、1800 元、1650 元和 1520 元，增幅分别为 14.9%、20%、19.6% 和 21.6%，拉动居民工资性收入同比上涨 7.6%。2022 年，湖北省新增就业人数 92.7 万人，劳动力总数达到 3722 万人，平均劳动生产率 14.3 万元，同比增长 4.8%，高于 GDP 增速 0.5 个百分点。

（四）财政收入增长稳定，财政支出创历年新高

2022 年，在疫情反复、国内外环境复杂多变等超预期因素影响下，湖北省地方一般公共预算收入 3281 亿元，剔除增值税留抵退税因素，可比增长 8.5%。其中，税收收入 2411 亿元，可比增长 5.4%。地方一般公共预算支出 8626 亿元，同比增长 8.7%，支出规模创历年新高。其中，民生支出占一般公共预算支出的比重达到 78.7%，其中教育、科学技术、卫生健康、农林水、交通运输等支出同比分别增长 6.3%、19.0%、13.3%、9.6% 和 37.7%，有效保障了民生稳定和重大决策落地实施。2022 年，湖北省政府性基金预算收入 2871 亿元，同比下降 26.6%。其中，国有土地使用权出让收入 2453 亿元，同比下降 28.8%。

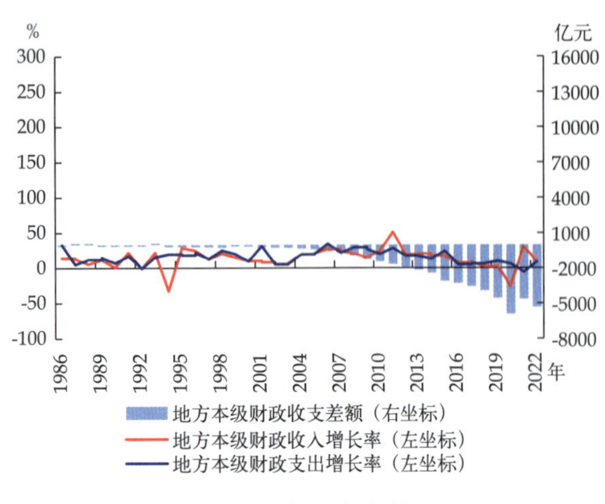

图 13　财政收支状况

（数据来源：湖北省统计局）

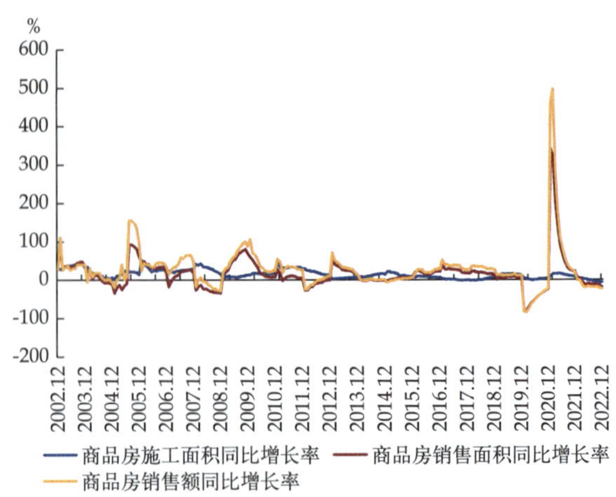

图 14　商品房施工和销售变动趋势

（数据来源：湖北省统计局）

（五）房地产市场低位企稳，“光芯屏端网”集群蓄势进发

1. 房地产市场低位企稳，重点城市房价降幅收窄。2022 年，湖北省房地产整体下行，随着系列房地产支持政策的实施，湖北省房地产市场边际企稳态势显现。一是房地产开发投资增速好于全国平均水平。2022 年，湖北省完成房地产开发投资 6172 亿元，同比增长 0.8%，比全国（-10.0%）、中部（-7.2%）分别高 10.8 个和 8.0 个百分点。二是房地产新开工面积降幅收窄。2022 年，湖北省房地产新开工面积 4275 万平方米，同比下降 45.5%，降幅较 1—11 月收窄 1.7 个百分点。三是商品房销售筑底趋势渐显。2022 年，湖北省商品房销售面积 6385 万平方米，同比下降 19.6%。第四季度湖北省商品房销售面积 1995 万平方米，环比增长 45.3%，其中 12 月商品房销售面积 893 万平方米，环比增长 63.6%。四是重点城市房价降幅收窄。2022 年 12 月，武汉、襄阳、宜昌新建商品住房价格指数同比分别下降 5.6%、5.0% 和 4.4%，降幅比上月分别收窄 0.2 个、0.9 个和 0.1 个百分点。

2.“光芯屏端网”集群蓄势进发，产值规模接近 7000 亿元。2021 年，湖北省出台《战略性新兴产业发展“十四五”规划》，全力打造以“光芯屏端网”为重点的新一代信息技术万亿元支柱产业，依托光谷科创大走廊，围绕光通信及激光、集成电路等 8 个细分领域[①]培育创新性产业集群，计划到 2025 年产业集群产值达到 1.3 万亿元。2022 年，产业集群产值规模接近 7000 亿元，产业集群中营收超百亿元企业达到 9 家，营收 50 亿元以上企业达到 19 家，营收 10 亿元以上企业达到 53 家，企业总数超过 10 万家，其中国家级高新技术企业达到 4300 家。从产品看，光电器件占全国市场份额的 60.0%，激光设备占全国市场份额的 50.0%，光线光纤占全球市场份额的 25.0%。

（六）长江中游城市群建设高位推进，湖北自贸区发展成效显著

1. 长江中游城市群建设高位推进，协同化程度不断提高。2015 年 3 月，国务院正式批复《长江中游城市群发展规划》，标志着长江中游城市群建设正式纳入国家级规划。经湖北、湖南、江西三省近 8 年联合推进，长江中游城

① 8 个细分领域分别是：光通信及激光、集成电路、新型显示屏、智能终端、下一代信息网络、人工智能、软件、信息服务。

市群建设协同化程度不断提高。一是基本建立协同发展机制。2021年，三省联合印发了《长江中游三省协同发展工作机制》，组建长江中游三省协同发展联合办公室，明确每年召开主要领导座谈会和常务副省长联席会，形成决策层、协调层、执行层上下贯通的推进体系。二是内部循环基础更加牢固。三省以互联互通为目标，加快基础设施建设。长赣铁路建设正式启动，襄常铁路前期工作稳步推进，咸宁至九江高速公路工程正式实施，南昌—长沙特高压、荆门—长沙特高压投产送电，南昌—武汉特高压开工建设。三是产业集聚协同更加紧密。三省明确了产业基础高级化、产业链现代化的转型升级导向，联合推进武汉东湖、长株潭、鄱阳湖国家自主创新示范区建设，建立科技创新平台、科研设施和仪器、科技项目评审专家共享机制，签订了《长江中游三省知识产权行政保护协作协议书》，成立了三省旅游产业发展联盟。

2. 湖北自贸区发展成效显著，营商环境大幅改善。2016年8月，国务院批准设立中国（湖北）自由贸易试验区，2017年4月正式挂牌。自贸区建设紧扣制度创新这一核心，在贸易便利化、投资自由化、行政体制创新、科技体制创新、金融制度创新、服务业扩大开放、网上税收政策7个方面开展先行先试工作。一是深化改革创新措施扎实落地。2021年3月，湖北省印发《支持中国（湖北）自由贸易试验区深化改革创新若干措施》，提出68项具体措施，目前湖北自贸区已完成62项深化改革创新措施，实施率91.0%。二是制度成果不断涌现。5年多来，自贸区建设累计形成294项制度创新成果，其中27项经国务院等批准在全国推广，132项创新成果在湖北省复制推广。三是发展质量大幅提升。湖北自贸区累计新增企业4.7万家，新设外商投资企业279家，占湖北省同期新设外资企业数的24.8%；累计进出口总额3117亿元，占湖北省同期累计进出口总额的30.2%。

专栏2　综合施策　持续提升金融支持绿色低碳转型能力

2022年，人民银行武汉分行坚持正确把握“双碳”目标要求，加大金融支持能源保供和绿色低碳转型，落实人民银行绿色低碳转型金融支持政策，将支持绿色发展作为重中之重，持续做好经济绿色低碳转型金融服务。

一、强化金融政策引领支持绿色发展

制定《关于金融支持湖北省绿色低碳发展的实施意见》，明确“到2022年末绿色贷款增速超过全国平均水平”的工作目标，按季印发绿色低碳转型工作通报，按周发布绿色信贷监测数据，引导金融机构加大绿色贷款投放力度，推动湖北绿色贷款赶超全国平均水平。到2022年12月末，湖北省绿色贷款余额9792亿元，同比增长39.6%，高于全国平均水平1.1个百分点。

二、开展标准化建设引导绿色金融创新

出台排污权抵（质）押贷款和碳排放权质押贷款两份操作指引，指导金融机构建立权限下放、绿色通道、利率定价等配套措施，支持12家企业获得排污权抵（质）押贷款3亿元；为2家控排企业制订包含碳配额质押登记、担保增信措施在内的融资方案。先后引导“绿保贷”、可持续发展挂钩贷款、绿色采矿权抵押贷款和附带“绿色建筑保险”贷款落地，金额共计7亿元。支持某企业发行绿色电池资产支持票据，总规模4亿元。

三、用好政策工具支持绿色低碳转型

积极争取省政府出台配套贴息政策，引导金融机构加大碳减排支持工具和支持煤炭清洁高效利用专项再贷款申报力度，为相关领域项目提供优惠利率融资。碳减排支持工具6批共计在湖北落地资金112亿元，支持商业银行发放碳减排贷款187亿元，带动120家企业实现碳减排357.4万吨二氧化碳当量；支持煤炭清洁高效利用专项再贷款14批共计在湖北落地资金74亿元，有效满足辖内煤电企业资金需求。

四、围绕绿色低碳转型实施专项行动

会同省发改委、科技厅等16个部门开展绿色项目贷款提升行动，依托"鄂绿通"平台对各主管部门梳理归集的绿色项目进行审核入库，支持金融机构精准发放绿色贷款。到2022年末，平台已入库绿色项目435个，发放融资877亿元。联合省发改委、能源局等4部门开展煤电保供金融支持专项行动，建立辖内重点煤电企业牵头行对接及融资监测机制，有效满足煤电企业融资需求。2022年以来，支持9家金融机构累计发放贷款123亿元，加权平均利率2.5%。

五、突出激发市场活力深化区域碳市场建设

积极与区域碳市场主管单位联动配合，盘活企业碳资产，为碳金融产品创造有利条件。配合武汉市以碳金融为特色申报国家绿色金融改革试验区，支持武昌区开展气候投融资试点。支持试点碳市场开展碳回购、碳借贷等产品探索创新，为高排放企业转型发展提供金融支持。

三、预测与展望

展望2023年，湖北省经济发展的机遇与挑战并存。一方面，湖北正努力建设全国构建新发展格局先行区，处在宏观政策加持窗口期、新旧动能转换期，在国家和区域发展中的战略位势持续提升。另一方面，湖北经济深层次结构性矛盾凸显，传统产业转型升级任务重，科创产业发展能力不强。2023年，湖北省将坚定不移贯彻党中央、国务院决策部署，坚持稳中求进工作总基调，坚持创新驱动发展战略，坚持把实施扩大内需战略同深化供给侧结构性改革有机结合，全力打造"51020"现代产业集群，持续壮大突破性发展优势产业，高位推进供应链物流体系建设，深入推动武汉科创中心建设，奋力在经济高质量发展上取得新的更大成效。

2023年，湖北省金融业将坚定贯彻好稳健的货币政策，贯彻新发展理念，开展金融功能提升行动，推动发展科创金融、房地产金融、供应链金融、绿色金融、普惠金融和跨境金融，深化金融改革创新，进一步改善民营企业金融服务，加大对乡村振兴、重大项目和消费等重点领域支持力度。努力为湖北经济高质量发展、建设全国构建新发展格局先行区营造适宜的货币金融环境。

中国人民银行湖北省分行货币政策分析小组
总　　纂：林建华　曾　涛　李　斌
统　　稿：朱　华　阮红新　李　松　胡云飞　吴　莹　石　莉
执　　笔：段　鹏　张　磊　徐　媛　黄　忠　龚陈然　吴小猛　刘肇铭
提供材料：高晓波　贾　晟　涂德君　袁　征　王一帆　宋一潇　汪朝露　刘　畅　谢慧敏
董姝圆　程俊义　熊　源　谈　叙

附录：

（一）2022年湖北省经济金融大事记

1月27日，中国人民银行武汉分行联合相关部门运用金融科技手段创设的“楚天贷款码”在湖北省正式启动运行。

4月18日，中国人民银行武汉分行联合省经济和信息化厅出台《关于金融支持“专精特新”中小企业创新发展的指导意见》，提出了3个方面13条具体举措。

5月25日，中国人民银行武汉分行出台《关于金融支持湖北省绿色低碳转型发展的实施意见》，引导金融机构扩大绿色金融资源投入，提升绿色低碳转型金融服务水平。

5月30日，湖北省人民政府办公厅印发《加强金融助企纾困工作若干措施的通知》，进一步加大金融助企纾困和帮扶受困群体力度。

6月20日，中国人民银行武汉分行“重大项目融资对接平台”上线，推动金融机构依托对接平台开展湖北省重大项目融资服务。

6月23日，武汉市人民政府印发《武汉市建设全国碳金融中心行动方案》，提出了建设碳金融中心10项重点任务。

7月1日，湖北省金融领导小组办公室印发《贯彻落实中央扎实稳住经济一揽子政策措施（金融）配套实施细则》。

7月15日，湖北省金融领导小组印发《湖北省优化金融营商环境十项重要“微改”工作方案》，提出全面推广“301”模式等10项具体改革举措。

8月25日，湖北省人民政府办公厅印发《关于进一步激发市场主体活力稳住经济增长若干措施的通知》，提出18条具体举措。

9月28日，湖北省企业创新积分制工作启动会在武汉召开，并发布《湖北省企业创新积分制实施方案》，依据积分推出“企业积分贷”专属产品。

（二）湖北省主要经济金融指标

表 1　2022 年湖北省主要存贷款指标

	项目	1 月	2 月	3 月	4 月	5 月	6 月	7 月	8 月	9 月	10 月	11 月	12 月
本外币	金融机构各项存款余额（亿元）	74591.8	75198.7	77225.8	76056.3	76536.5	79032.8	77967.7	78297.8	79311.9	79391.6	79749.6	79563.7
	其中：住户存款	41788.5	42015.9	43079.4	42626.6	42823.9	43868.6	43637.2	43863.4	44589.1	44415.8	45093.3	45975.3
	非金融企业存款	18606.0	18369.0	19212.0	18974.6	19050.7	20468.6	19694.5	19997.5	20086.6	19595.3	19742.8	19669.6
	各项存款余额比上月增加（亿元）	2115.1	606.9	2027.1	-1169.5	480.2	2496.3	-1065.1	330.1	1014.1	79.7	357.9	-185.9
	金融机构各项存款同比增长（%）	8.9	9.9	10.2	9.8	10.0	12.1	11.1	11.0	10.9	12.1	11.7	9.8
	金融机构各项贷款余额（亿元）	68044.9	68265.2	69891.7	69687.7	70130.9	71351.5	71357.2	71834.8	72852.7	72866.6	73386.3	74062.4
	其中：短期	11818.1	11801.6	12333.6	12048.7	12270.1	12692.2	12497.0	12561.1	12829.3	12654.7	12658.7	12703.3
	中长期	49496.9	49669.5	50294.0	50429.4	50536.2	51111.8	51387.4	51818.6	52411.7	52612.3	52900.5	53333.1
	票据融资	3659.1	3752.5	4214.0	4145.9	4269.1	4460.6	4395.8	4362.9	4556.8	4535.0	4722.6	4964.7
	各项贷款余额比上月增加（亿元）	1006.9	220.3	1626.5	-204.0	443.3	1220.5	5.7	477.6	1017.9	13.9	519.6	676.2
	其中：短期	394.2	-16.6	532.1	-284.9	221.3	422.1	-195.2	64.1	268.2	-174.6	4.0	44.6
	中长期	860.7	172.5	624.5	135.4	106.7	575.6	275.6	431.2	593.1	200.6	288.2	432.6
	票据融资	-278.8	93.4	461.5	-68.1	123.1	20.6	-64.7	-32.9	193.8	-21.8	187.7	242.1
	金融机构各项贷款同比增长（%）	11.9	11.5	12.3	11.9	12.0	12.6	12.1	12.1	12.1	12.1	11.6	10.5
	其中：短期	8.7	8.0	11.4	11.7	14.1	15.9	15.7	15.9	14.9	13.0	11.2	11.2
	中长期	12.1	11.2	10.6	10.1	9.5	9.8	9.1	9.4	9.6	10.0	9.5	9.7
	票据融资	23.6	35.3	53.9	53.8	57.5	60.3	60.4	55.9	53.4	53.5	54.8	26.1
	建筑业贷款余额（亿元）	3284.1	3345.5	3491.5	3480.2	3579.4	3617.0	3619.0	3650.8	3643.9	3600.1	3598.8	3589.8
	房地产业贷款余额（亿元）	4702.1	4700.8	4743.4	4724.5	4734.1	4737.3	4702.9	4723.4	4784.3	4790.2	4828.7	4896.5
	建筑业贷款同比增长（%）	27.6	25.8	28.3	27.5	28.5	26.4	21.8	21.2	17.4	15.2	14.2	15.1
	房地产业贷款同比增长（%）	-2.1	-1.8	-1.8	-2.3	-2.1	-1.4	-1.3	-0.9	0.9	2.1	2.3	4.4
人民币	金融机构各项存款余额（亿元）	73673.2	74270.1	76332.5	75149.0	75637.5	78158.8	77244.7	77587.8	78635.7	78766.2	79115.9	78973.9
	其中：住户存款	41614.9	41844.0	42904.2	42444.4	42640.9	43681.8	43450.0	43679.2	44403.3	44230.6	44908.7	45793.1
	非金融企业存款	18159.7	17906.2	18783.8	18539.2	18633.1	20045.8	19296.7	19605.3	19715.3	19216.1	19356.1	19322.9
	各项存款余额比上月增加（亿元）	2035.2	597	2062.4	-1183.5	488.5	2521.3	-914.1	343.1	1047.9	130.5	349.7	-141.9
	其中：住户存款	3088.7	229	1060.2	-459.8	196.5	1040.9	-231.8	229.1	724.1	-172.7	678.1	884.4
	非金融企业存款	-797.5	-254	877.6	-244.6	93.9	1412.8	-749.1	308.5	110.1	-499.2	140.0	-33.2
	各项存款同比增长（%）	8.9	9.9	10.2	9.8	10.0	12.1	11.4	11.2	11.3	12.6	12.3	10.2
	其中：住户存款	18.8	13.1	14.1	14.7	15.4	15.9	16.6	16.9	16.9	17.4	18.5	18.9
	非金融企业存款	-3.6	1.6	3.4	4.0	5.2	9.9	8.9	8.7	8.0	9.4	6.9	1.9
	金融机构各项贷款余额（亿元）	66574.7	66830.7	68480.4	68226.7	68687.6	69896.7	69919.4	70395.8	71446.9	71465.5	71991.2	72735.7
	其中：个人消费贷款	16986.4	16879.4	16907.5	16822.7	16811.6	16874.4	16848.4	16850.9	16848.6	16770.3	16730.1	16724.6
	票据融资	3659.1	3752.5	4214.0	4145.9	4269.1	4460.6	4395.8	4362.9	4556.8	4535.0	4722.6	4964.7
	各项贷款余额比上月增加（亿元）	1020.9	256.1	1649.7	-253.72	460.9	1209.1	22.6	476.4	1051.2	18.5	525.8	744.5
	其中：个人消费贷款	148.1	-107.1	28.1	-84.7	-11.1	62.8	-26.0	2.5	-2.3	-78.3	-40.2	-5.5
	票据融资	-278.76	93.4	461.5	-68.1	123.1	191.5	-64.7	-32.9	193.8	-21.8	187.7	242.1
	金融机构各项贷款同比增长（%）	12.1	11.7	12.7	12.2	12.3	12.9	12.4	12.5	12.5	12.5	12.0	11.0
	其中：个人消费贷款	9.9	8.9	7.7	6.2	5.2	4.7	3.9	3.2	2.4	1.5	0.1	-0.7
	票据融资	23.6	35.3	53.9	53.8	57.5	60.3	60.4	55.9	53.4	53.5	54.8	26.1
外币	金融机构外币存款余额（亿美元）	144.1	146.9	140.7	137.1	135.0	130.2	107.2	103.0	95.2	87.1	88.3	84.7
	金融机构外币存款同比增长（%）	11.7	15.6	9.9	8.8	4.6	4.2	-14.9	-16.2	-26.2	-36.8	-40.3	-35.9
	金融机构外币贷款余额（亿美元）	230.6	226.9	222.3	220.8	216.7	216.8	213.2	208.8	198.0	195.2	194.4	190.5
	金融机构外币贷款同比增长（%）	5.3	3.1	-1.2	-1.4	-3.3	-4.5	-6.1	-8.8	-14.7	-15.8	-16.9	-18.2

数据来源：中国人民银行武汉分行。

表 2　2001—2022 年湖北省各类价格指数

单位：%

时间	居民消费价格指数		农业生产资料价格指数		工业生产者购进价格指数		工业生产者出厂价格指数	
	当月同比	累计同比	当月同比	累计同比	当月同比	累计同比	当月同比	累计同比
2001	—	2.1	—	-2.2	—	0.2	—	0.4
2002	—	-0.3	—	4.1	—	-0.9	—	-2.3
2003	—	1.7	—	0.8	—	1.6	—	0.5
2004	—	4.9	—	10.9	—	10.3	—	5.4
2005	—	1.7	—	7.2	—	9.3	—	4
2006	—	2.3	—	3.3	—	4.3	—	1.9
2007	—	5.9	—	9.0	—	5.7	—	3.9
2008	—	5.1	—	16.6	—	12.4	—	9.3
2009	—	0.8	—	1.2	—	-4.7	—	-3.5
2010	—	3.2	—	3.6	—	6.1	—	5.0
2011	—	5.3	—	12.4	—	12.6	—	7.3
2012	—	2.5	—	4.7	—	0.0	—	-1.4
2013	—	2.8	—	1.4	—	-0.8	—	-1.3
2014	—	1.6	—	-1.2	—	-1.3	—	-1.3
2015	—	1.5	—	1.5	—	-3.3	—	-3.6
2016	—	1.9	—	3.7	—	-1.2	—	-1.1
2017	—	1.4	—	-0.2	—	8.3	—	6.5
2018	—	1.7	—	1.8	—	5.3	—	3.6
2019	—	3.2	—	9.0	—	0.6	—	0.4
2020	—	2.7	—	6.4	—	-1.6	—	-0.9
2021	—	0.3	—	—	—	8.5	—	4.1
2022	—	2.1	—	—	—	7.8	—	3.4
2021　1	-1.1	-1.1	—	—	0.0	0.0	0.0	0.0
2	-1.8	-1.5	—	—	0.4	0.2	0.5	0.3
3	-1.6	-1.5	—	—	2.6	1.0	1.7	0.7
4	-0.4	-1.2	—	—	5.7	2.2	3.0	1.3
5	1.0	-0.8	—	—	8.6	3.4	4.0	1.8
6	1.1	-0.5	—	—	9.3	4.4	4.3	2.2
7	0.6	-0.3	—	—	9.4	5.1	4.8	2.6
8	0.6	-0.2	—	—	11.1	5.8	4.9	2.9
9	0.7	-0.1	—	—	10.8	6.4	5.6	3.2
10	1.4	0	—	—	13.7	7.1	6.9	3.6
11	2.2	0.2	—	—	15.4	7.9	7.3	3.9
12	1.5	0.3	—	—	15.3	8.5	6.8	4.1
2022　1	0.7	0.7	—	—	13.0	13.0	6.1	6.1
2	0.7	0.7	—	—	12.7	12.9	6.1	6.1
3	1.3	0.9	—	—	12.3	12.7	5.8	6.0
4	1.7	1.1	—	—	11.7	12.4	5.8	6.0
5	2.0	1.3	—	—	11.0	12.1	5.0	5.8
6	2.5	1.5	—	—	10.4	11.8	4.8	5.6
7	2.8	1.6	—	—	9.8	11.5	3.7	5.3
8	2.7	1.8	—	—	7.3	10	2.5	5
9	3.4	2	—	—	5.7	10.4	1.8	4.6
10	2.9	2	—	—	2.4	9.5	0.8	4.2
11	2.2	2.1	—	—	0.3	8.6	-0.1	3.8
12	2	2.1	—	—	-1	7.8	-0.6	3.4

数据来源：《中国经济景气月报》。

表 3　2022 年湖北省主要经济指标

项目	1 月	2 月	3 月	4 月	5 月	6 月	7 月	8 月	9 月	10 月	11 月	12 月
	绝对值（自年初累计）											
地区生产总值（亿元）	—	—	10804.7	—	—	24502.8	—	—	37298.9	—	—	53734.9
第一产业	—	—	724.5	—	—	1664.8	—	—	3463.6	—	—	4986.7
第二产业	—	—	4670.0	—	—	10574.4	—	—	15518.3	—	—	21240.6
第三产业	—	—	5410.1	—	—	12263.5	—	—	18317.0	—	—	27507.6
工业增加值（亿元）	—	—	—	—	—	—	—	—	—	—	—	—
固定资产投资（亿元）	—	—	—	—	—	—	—	—	—	—	—	—
房地产开发投资	—	—	—	—	—	—	—	—	—	—	—	—
社会消费品零售总额（亿元）	—	3627.0	5158.2	6526.7	8023.2	9866.2	11589.2	13247.3	15089.1	17239.1	19431.0	22164.8
外贸进出口总额（亿元）	—	793.8	1346.2	1841.6	2377.0	2909.1	3505.7	4138.1	4690.9	5646.6	5646.6	6170.8
进口	—	277.5	466.9	637.1	800.9	972.5	1143.0	1331.4	1511.6	1656.0	1807.5	1961.5
出口	—	516.3	879.3	1204.5	1576.1	1936.6	2362.7	2806.7	3179.3	3480.6	3839.1	4209.3
进出口差额（出口 – 进口）	—	238.8	412.4	567.4	775.2	964.1	1219.7	1475.3	1667.7	1824.6	2031.6	2247.8
实际利用外资（亿元）	—	137.50	245.80	305.10	397.90	534.70	149.50	152.10	174.90	183.30	185.40	184.70
地方财政收支差额（亿元）	—	-486.2	-1087.5	-1431.7	-1789.8	-2608.0	-2808.3	-3130.5	-3609.4	-3736.4	-4284.0	-5345.3
地方财政收入	—	838.0	1129.9	1297.4	1446.5	1787.2	2097.5	2305.9	2589.1	2852.5	3019.9	3280.7
地方财政支出	—	1324.1	2217.4	2729.1	3236.4	4395.2	4905.8	5436.4	6198.5	6588.9	7303.9	8626.0
城镇登记失业率（%）（季度）			—			—			—			—
	同比累计增长率（%）											
地区生产总值	—	—	6.7	—	—	4.5	—	—	4.7	—	—	4.3
第一产业	—	—	5.8	—	—	6.1	—	—	3.5	—	—	3.8
第二产业	—	—	7.9	—	—	6.4	—	—	6.9	—	—	6.6
第三产业	—	—	5.9	—	—	2.8	—	—	3.5	—	—	2.7
工业增加值	—	10.3	9.8	8.6	8.0	8.0	7.7	7.8	7.8	7.6	7.0	7.0
固定资产投资	—	20.3	20.0	17.0	16.1	15.6	15.6	15.4	15.5	15.3	15.1	15.0
房地产开发投资	—	13.1	12.5	8.9	8.0	7.2	6.8	5.6	5.1	3.8	1.8	0.8
社会消费品零售总额	—	10.7	7.8	5.3	3.7	3.9	4.0	4.7	4.8	4.2	3.0	2.8
外贸进出口总额	—	0.4	13.7	14.9	17.0	18.4	21.7	23.9	22.1	18.5	16.3	14.9
进口	—	-14.1	-4.2	2.6	1.6	3.2	5.8	8.1	7.3	6.0	4.8	5.4
出口	—	10.5	26.3	22.7	26.7	27.9	31.3	33.1	30.8	25.6	22.6	20.0
实际利用外资	—	37.4	25.4	16.1	4.6	6.4	37.3	26.1	14.4	14.5	11.1	26.5
地方财政收入	—	6.5	7.6	-5.7	-13.9	-10.6	3.1	4.2	7.1	7.8	7.8	8.5
地方财政支出	—	-15.0	2.2	-1.3	-2.9	7.9	7.7	7.5	9.9	9.1	8.3	8.7

数据来源：湖北省统计局。

湖南省金融运行报告（2023）

中国人民银行湖南省分行[1]
货币政策分析小组

[内容摘要] 2022 年，面对风高浪急的国际环境、艰巨繁重的改革发展任务和疫情、汛情、旱情叠加影响，湖南省坚持以习近平新时代中国特色社会主义思想为指导，坚持稳中求进工作总基调，认真落实"疫情要防住、经济要稳住、发展要安全"重要要求，全面落实"三高四新"[2]战略定位和使命任务，积极应对超预期因素冲击，经济社会大局保持总体稳定，主要经济指标难中有进、稳中向好。全年实现地区生产总值 4.9 万亿元，同比增长 4.5%，高于全国平均水平。

经济形势总体稳定，新兴行业发展动能强劲。一是固定资产投资平稳增长，消费升级态势向好，高水平对外开放迈上新台阶。2022 年，固定资产投资同比增长 6.6%，其中，高技术产业投资同比增长 22.4%；全年实现社会消费品零售总额 1.9 万亿元，同比增长 2.4%，线上线下消费融合发展，升级类消费需求持续释放；克服多重超预期因素冲击的影响，外贸在上年高基数基础上实现稳定增长，全年进出口总额 7058 亿元，同比增长 20.2%。二是产业发展逆势而进，新兴领域加快发展。2022 年，农林牧渔业总产值同比增长 3.8%，粮食生产基本稳定，连续 3 年产量保持在 600 亿斤以上；全年规模以上工业增加值同比增长 7.2%，其中，高技术制造业增加值同比增长 18.0%，中高端产品产量高速增长，传感器、服务机器人、风力发电机组等中高端智能绿色产品产量同比增幅均在 50% 以上；第三产业增加值同比增长 3.5%，生产性服务业增加值突破万亿元，研究和试验发展、科技推广和应用服务、软件和信息技术服务等新兴行业发展势头良好，全年营业收入增幅均在 20% 以上。三是价格水平总体稳定，消费价格温和上涨。2022 年，居民消费价格同比上涨 1.8%，八大类消费价格全面上涨；工业生产者出厂价格同比上涨 2.0%，涨幅较上年回落 3.9 个百分点。四是财政收入平稳增长，重点领域保障有力。2022 年，地方一般公共预算收入 3102 亿元，按自然口径同比下降 4.6%（扣除退减缓税等因素后同口径增长 6.6%）；一般公共预算支出突破 9000 亿元关口，达到 9005 亿元，同比增长 8.2%，其中，教育支出、社会保障和就业支出、卫生健康支出、科学技术支出同比分别增长 9.4%、9.9%、11.1% 和 28.8%。

金融运行总体平稳，支持作用持续发挥。一是银行业总体平稳发展，信贷支持实体经济力度加大。2022 年末，银行业金融机构总资产 8.8 万亿元，同比增长 10.7%；本外币各项贷款余额 6.2 万亿元，同比增长 11.7%；制造业贷款增速创阶段性新高，制造业中长期贷款、高技术制造业中长期贷款增速连续 3 年保持在 40% 以上；普惠领域贷款保持较快增长，2022 年末，涉农、小微企业、普惠小微贷款余额同比分别增长 14.5%、20.9% 和 22.1%；持续深化贷款市场报价利率运用，贷款实际利率明显下降，2022 年，新发放人民币各项贷款加权平均利率、

---

① 自 2023 年 8 月 18 日起，中国人民银行长沙中心支行更名为中国人民银行湖南省分行。本报告主要反映 2022 年的经济金融情况，正文中涉及的相关机构表述仍沿用 2022 年名称。

② "三高四新"："三个高地""四新"使命，着力打造国家重要先进制造业高地、具有核心竞争力的科技创新高地、内陆地区改革开放高地，在推动高质量发展上闯出新路子、在构建新发展格局中展现新作为、在推动中部地区崛起和长江经济带发展中彰显新担当、奋力谱写新时代坚持和发展中国特色社会主义的湖南新篇章。

新发放企业贷款加权平均利率分别为4.12%和4.35%，较上年分别下降95个和45个基点；跨境人民币结算创历史新高，全年跨境人民币收支量占同期全省本外币跨境收支总额的比重达22.9%。二是社会融资规模平稳增长，银行间市场融资创新成效明显。2022年，社会融资规模新增9832亿元，仍位于万亿元历史高位附近；全年发行金融债券143亿元，其中，发行小微金融债券60亿元、二级资本债券33亿元，有力提升了地方法人金融机构服务实体经济和抵御风险的能力。三是证券市场平稳运行，保险保障功能持续发挥。2022年末，境内上市公司138家，较上年增加7家，年末A股上市公司总市值1.6万亿元；全年保险公司原保险保费收入1614亿元，同比增长7.0%，原保险赔付支出581亿元，同比增长9.8%。四是银行业经营稳健性增强，风险防范化解能力提升。持续推进法人银行改革，完善公司治理和内部控制，推动开展农商行重点机构风险专项整治。2022年末，银行业金融机构不良贷款率为1.18%，较年初下降0.05个百分点。五是金融基础设施建设持续推进，金融生态环境进一步优化。支付服务民生发展有力有效，支付系统处理业务规模平稳增长，全年新增支付系统参与者87家，深入推进移动支付便民工程，持续改善农村支付服务环境，建成6.6万个助农取款服务点；征信体系建设稳步推进，积极推动征信柜台服务标准化建设，建立7×24小时征信语音咨询平台，深入推进征信查询“网上办、就近办”便民举措，推动13家商业银行开通信用报告线上查询服务；金融消费权益保护扎实有效开展，畅通湖南省12363咨询投诉电话线上受理渠道，牵头开展“3·15消费者权益日”“6月守住钱袋子”“9月金融知识普及月”等集中宣传活动，全力提升全省消费者金融素养。

展望2023年，湖南省经济发展的势头依然向好。随着“三高四新”和“创新引领开放崛起”等战略推进实施，全省经济高质量发展取得新突破，经营主体进一步巩固壮大，发展新动能进一步增强，工程机械等重点产业发展前景壮阔。但也要看到，当前外部环境依然严峻复杂，国内经济恢复的基础尚不牢固，省内经济社会发展还存在一些困难和问题。湖南省金融系统将坚持以习近平新时代中国特色社会主义思想为指导，深入学习贯彻党的二十大和中央经济工作会议精神，坚持稳中求进工作总基调，积极推动金融支持实体经济实现质的有效提升和量的合理增长，助力打好发展“六仗”①，为加快建设社会主义现代化新湖南营造良好金融环境。

一、金融运行情况

2022年，湖南省金融运行总体平稳，存款增速创近年新高，贷款保持较快增长，重点领域金融支持力度加大，贷款利率水平明显下降，资本市场平稳发展，保险保障功能持续发挥，社会融资规模平稳增长，金融生态环境持续优化。

（一）银行业平稳发展，重点领域金融支持力度加大

1. 银行业资产负债增长平稳。2022年末，湖南省银行业金融机构营业网点个数9767个，从业人员14万人；银行业金融机构总资产、总负债分别为8.8万亿元和8.5万亿元，同比分别增长10.7%和10.9%；全年累计利润为857亿元。

①打好发展“六仗”：打好经济增长主动仗、打好科技创新攻坚仗、打好优化发展环境持久仗、打好防范化解风险阻击仗、打好安全生产翻身仗、打好重点民生保障仗。

表 1　2022 年银行业金融机构情况

机构类别	营业网点			法人机构（个）
	机构个数（个）	从业人数（人）	资产总额（亿元）	
一、大型商业银行	2440	47795	30826.2	0
二、国家开发银行和政策性银行	117	2825	9813.8	0
三、股份制商业银行	383	11097	8032.0	0
四、城市商业银行	625	13608	14115.0	2
五、城市信用社	0	0	0	0
六、小型农村金融机构	3913	39164	15976.1	103
七、财务公司	5	162	695.0	4
八、信托公司	1	199	105.6	1
九、邮政储蓄银行	2081	17938	6853.9	0
十、外资银行	6	105	63.6	0
十一、新型农村金融机构	189	2786	793.1	74
十二、其他	7	1102	970.8	3
合　计	9767	136781	88245.1	187

数据来源：湖南银保监局。

注：营业网点不包括国家开发银行和政策性银行、大型商业银行、股份制银行等金融机构总部数据；大型商业银行包括中国工商银行、中国农业银行、中国银行、中国建设银行和交通银行；小型农村金融机构包括农村商业银行、农村合作银行和农村信用社；新型农村金融机构包括村镇银行；其他包括民营银行、汽车金融公司、消费金融公司、资产管理公司等。

2. 存款增速创近年新高。2022 年末，湖南省金融机构本外币各项存款余额 7.0 万亿元，同比增长 11.5%，较上年末提高 2.9 个百分点，五年来首次实现两位数增长。全年新增存款 7251 亿元，同比多增 2272 亿元。其中，住户存款新增 5783 亿元，同比多增 2120 亿元；非金融企业存款新增 358 亿元，同比少增 5 亿元；财政性存款新增 104 亿元，同比多增 32 亿元；机关团体存款新增 532 亿元，同比多增 183 亿元；非银行业金融机构存款新增 523 亿元，同比多增 9 亿元。

3. 贷款保持较快增长。2022 年末，湖南省金融机构本外币各项贷款余额 6.2 万亿元，同比增长 11.7%，高于全国增速 1.3 个百分点。全年新增贷款 6507 亿元，同比多增 64 亿元。分期限看，短期贷款新增 1362 亿元，同比多增 286 亿元；中长期贷款新增 3991 亿元，同比少增 877 亿元；票据融资新增 999 亿元，同比多增 570 亿元。

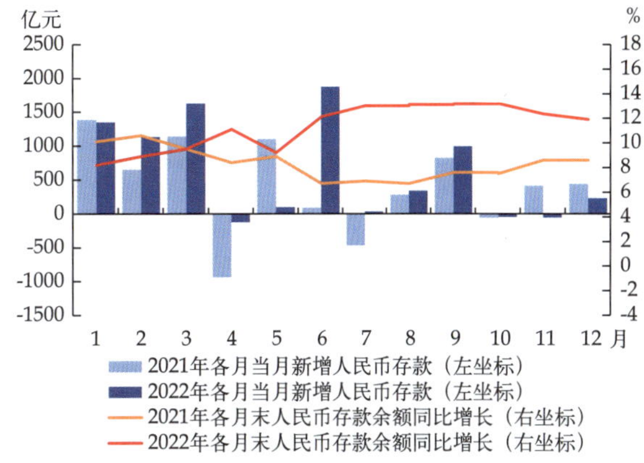

图 1　金融机构人民币存款增长变化

（数据来源：中国人民银行长沙中心支行）

重点领域和薄弱环节金融支持力度加大。制造业贷款增速创阶段性新高，2022 年末全省制造业贷款余额同比增长 20.1%，其中，制造业中长期贷款、高技术制造业中长期贷款增速连续 3 年保持在 40% 以上。普惠领域贷款保持较快增长，2022 年末，全省涉农、小微企业、普惠小微贷款余额同比分别增长 14.5%、20.9% 和 22.1%，增速较上年末均有所加快，且均高于各项贷款平均增速。科技创新领域贷款增速加快，2022 年末，全省国家级高新技术企业贷款余额增长 12.4%，科技型中小企业贷款增长 28.9%，国家级“专精特新”企业贷款增长 30.3%，专精特新“小巨人”企业贷款增长 43.1%。

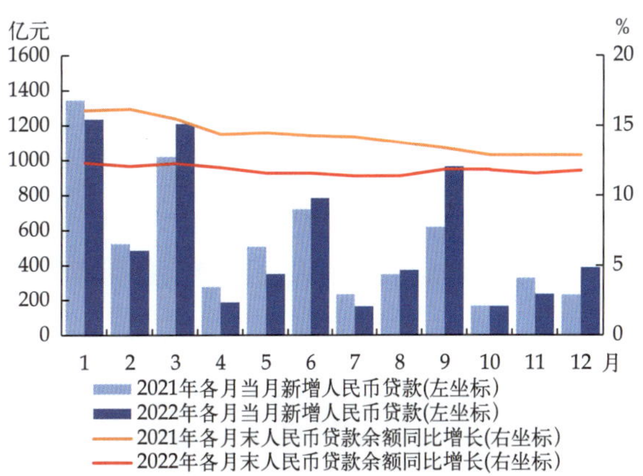

图 2　金融机构人民币贷款增长变化

（数据来源：中国人民银行长沙中心支行）

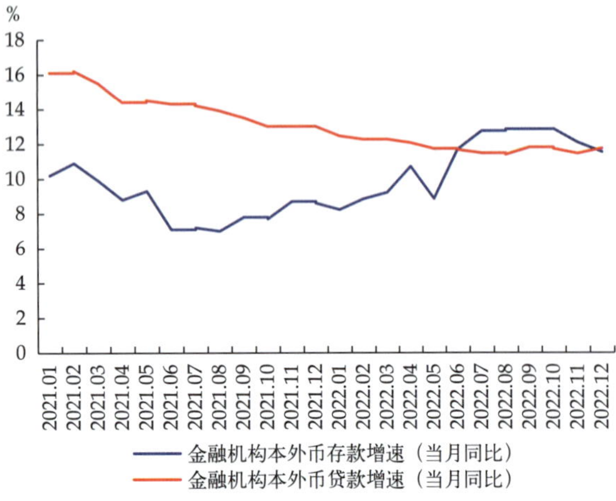

图 3　金融机构本外币存贷款增速变化

（数据来源：中国人民银行长沙中心支行）

4. 利率市场化改革不断深化。推动存款利率市场化调整机制落地，2022 年，湖南省定期存款加权平均利率较上年下降 9 个基点。持续深化贷款市场报价利率（LPR）运用，贷款实际利率明显下降。2022 年末，全省将 LPR 内嵌入 FTP 机制的法人机构占已构建 FTP 机构的 96.9%，较上年提高 21.7 个百分点。2022 年，湖南省新发放人民币各项贷款加权平均利率为 4.12%，较上年下降 95 个基点，新发放企业贷款加权平均利率为 4.35%，较上年下降 45 个基点。

5. 银行业机构资产质量总体良好。引导全省银行业金融机构加强风险管控，不断增强合规经营意识；持续推进法人银行改革，完善公司治理和内部控制，推动开展农商行重点机构风险专项整治。2022 年末，湖南省银行业金融机构不良贷款率为 1.18%，较年初下降 0.05 个百分点；地方法人银行资本充足率 13.0%，流动性比例 79.9%，银行业金融机构服务实体经济能力不断提升，经营稳健性有所提高。

表 2　2022 年金融机构人民币贷款各利率区间占比

单位：%

项目		1 月	2 月	3 月	4 月	5 月	6 月
合计		100.0	100.0	100.0	100.0	100.0	100.0
LPR 减点		16.8	14.7	19.6	15.8	33.3	32.9
LPR		4.1	4.3	4.2	5.4	4.1	4.3
LPR 加点	小计	79.1	81.0	76.2	78.8	62.6	62.8
	(LPR，LPR+0.5%)	17.1	16.8	15.7	14.8	10.9	14.5
	[LPR+0.5%，LPR+1.5%)	25.0	25.0	24.5	23.6	19.5	20.6
	[LPR+1.5%，LPR+3%)	17.0	16.0	17.4	18.7	14.0	14.0
	[LPR+3%，LPR+5%)	13.7	15.1	13.0	14.7	12.1	9.3
	LPR+5% 及以上	6.3	8.1	5.6	7.0	6.1	4.4

续表

项目		7 月	8 月	9 月	10 月	11 月	12 月
合计		100.0	100.0	100.0	100.0	100.0	100.0
LPR 减点		35.1	18.7	23.3	21.7	21.2	25.8
LPR		2.8	3.3	3.5	4	3.1	5.1
LPR 加点	小计	62.1	78.0	73.2	74.3	75.7	69.1
	(LPR，LPR+0.5%)	12.4	16.8	17	14.4	15.9	14.3
	[LPR+0.5%，LPR+1.5%)	18.4	23.9	23.5	23.7	22.5	24.7
	[LPR+1.5%，LPR+3%)	13.6	16.6	16.4	15.7	17.7	15.2
	[LPR+3%，LPR+5%)	11.5	14	11.3	13.5	13.3	10.4
	LPR+5% 及以上	6.2	6.7	5.0	7.0	6.3	4.5

数据来源：中国人民银行长沙中心支行。

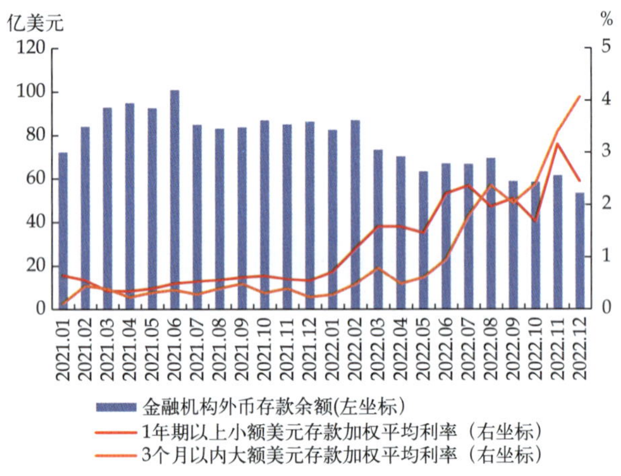

图 4　金融机构外币存款余额及外币存款利率

（数据来源：中国人民银行长沙中心支行）

6. 跨境人民币结算创历史新高。2022 年，湖南省共计办理跨境人民币业务 1236 亿元，占同期全省本外币跨境收支总额的 22.9%，结算规模创历史新高，其中，经常项下收付 750 亿元，同比增长 70.0%，资本项下收付 486 亿元，同比增长 19.0%；与实体经济密切相关的经常项目和直接投资（不含资金池）人民币结算占同口径本外币跨境结算的比重为 18.3%，较上年提高 6

个百分点。帮助企业充分利用境内境外两个市场、两种资源，拓宽融资渠道，进一步促进贸易投资便利化，全年人民币跨境融资流入37亿元，同比增长28.2%。

专栏　发挥金融支撑作用　助力稳定经济大盘

2022年以来，人民银行长沙中心支行积极推动稳经济一揽子政策加快落地，扎实做好有效投资、普惠小微、房地产等重点领域金融服务，助力经济稳步恢复向好。

一、工作措施及成效

（一）推动政策性开发性金融工具快速投放

督促三家开发性政策性银行指派专人进行基金项目筛选和申报工作，并要求三家银行各自建立工作专班，统筹行内资源，加速投放基金。第一时间将全省77个基金项目、420个基建“白名单”项目以及联合省发改委梳理的560个重大项目，推送给银行机构进行全覆盖对接，对项目融资情况分类跟踪督导。截至2022年10月中旬，全省政策性开发性金融工具全部投放完毕，投放金额283亿元，支持77个项目，涉及项目总投资超过3000亿元，配套贷款146亿元。

（二）积极推动设备更新改造专项再贷款落地

召开两场全覆盖专题会议，向各市州中心支行、各银行机构传达政策精神，安排部署工作；建立设备更新改造贷款对接台账，定期监测督导贷款投放情况，及时梳理形成问题清单，逐项分解反馈有关政府部门。截至2022年末，已投放贷款项目120个，贷款余额合计63亿元，加权平均利率为2.79%。

（三）积极落实小微企业贷款延期还本付息和普惠小微贷款阶段性减息政策

在延期还本付息政策方面，深入推进“金融活水润百业”服务月活动，指导金融机构对符合条件的经营主体“应延尽延、应续快续”。2022年，全省金融机构累计为中小微企业（含个体工商户）办理延期还本付息1729亿元，惠及企业12.8万家。在普惠小微贷款阶段性减息政策方面，督促金融机构“应减尽减、应减快减”。截至2022年末，全省金融机构已为近28.2万户普惠小微企业减免贷款利息4亿元。

（四）金融支持保交楼工作快速推进

组织相关金融机构快速完成湖南省第一批保交楼专项借款投放落地，推动全省金融机构加大配套融资支持力度。截至2022年末，全省金融机构累计为专项借款项目提供配套融资17亿元。

（五）加大科技创新、绿色发展、交通物流等重点领域金融支持

一是用好科技创新再贷款，加大科技创新型中小企业金融支持，2022年末，科技中小企业贷款余额同比增长28.9%，国家级“专精特新”企业贷款增长30.3%。二是加强交通物流“保通保畅”金融服务。梳理推送360家“两企两个”群体融资需求清单，组织融资对接。2022年，全省交通运输、仓储和邮政业贷款同比多增159亿元。三是推动加大绿色低碳转型重点领域信贷投入。明确全省绿色低碳转型金融支持工作八项重点任务，推动金融机构加大绿色低碳转型重点领域信贷投入，全省绿色贷款保持较快增长。

二、下一步工作打算

下一步，将继续用好用足结构性货币政策工具，加强与行业主管部门协同联动，通过组织现场走访对接、召开银企对接会等方式，加大重点领域和薄弱环节的金融支持，继续稳妥推进金融支持保交楼工作，助力全省打好发展“六仗”。

（二）证券期货业稳健运行，业务规模略有收缩

1. 资本市场平稳发展，证券交易规模小幅收缩。2022 年末，全省境内上市公司 138 家，较上年增加 7 家，年末 A 股上市公司总市值 1.6 万亿元。2022 年末，全省证券公司营业部 434 家，较上年减少 5 家，全年证券交易额 12 万亿元，同比下降 1.6%。

表 3　2022 年证券业基本情况

项目	数量
总部设在辖内的证券公司数（家）	3
总部设在辖内的基金公司数（家）	0
总部设在辖内的期货公司数（家）	2
年末国内上市公司数（家）	138
当年国内股票（A 股）筹资（亿元）	258
当年发行 H 股筹资（亿元）	0
当年国内债券筹资（亿元）	5206
其中：短期融资券筹资额（亿元）	521
中期票据筹资额（亿元）	859

数据来源：湖南证监局。

2. 期货公司资产同比增长，全年累计成交金额略有下降。2022 年末，湖南省共有法人期货公司 2 家，与上年持平；两家法人期货公司资产总额 92 亿元，同比增长 24.4%。全年累计成交金额 5.6 万亿元，同比减少 21.9%。

（三）保险业务规模平稳增长，保障功能持续发挥

2022 年末，全省共有法人保险公司 1 家；省级保险分公司 59 家，其中，财产险公司 24 家、人身险公司 35 家，与上年持平。全年保险公司原保险保费收入 1614 亿元，比上年增长 7.0%。其中，寿险保费收入 818 亿元，同比增长 9.3%；健康险保费收入 329 亿元，同比增长 0.07%；人身意外伤害险保费收入 37 亿元，同比下降 8.2%；财产险保费收入 430 亿元，同比增长 9.9%。原保险赔付支出 581 亿元，同比增长 9.8%。

表 4　2022 年保险业基本情况

项目	数量
总部设在辖内的保险公司数（家）	1
其中：财产险经营主体（家）	0
寿险经营主体（家）	1
保险公司分支机构（家）	59
其中：财产险公司分支机构（家）	24
寿险公司分支机构（家）	35
保费收入（中外资，亿元）	1613.7
其中：财产险保费收入（中外资，亿元）	430.1
人身险保费收入（中外资，亿元）	1183.6
各类赔款给付（中外资，亿元）	580.8

数据来源：湖南银保监局。

（四）社会融资规模整体平稳，银行间市场融资创新成效明显

1. 社会融资规模整体平稳。2022 年，湖南省社会融资规模新增 9832 亿元，仍位于万亿元历史高位附近。其中，人民币贷款新增 6445 亿元，同比多增 132 亿元；企业债券净融资 851 亿元，同比少增 513 元；政府债券净融资 1798 亿元，同比少增 23 亿元；非金融企业境内股票融资 251 亿元，同比少增 350 亿元。

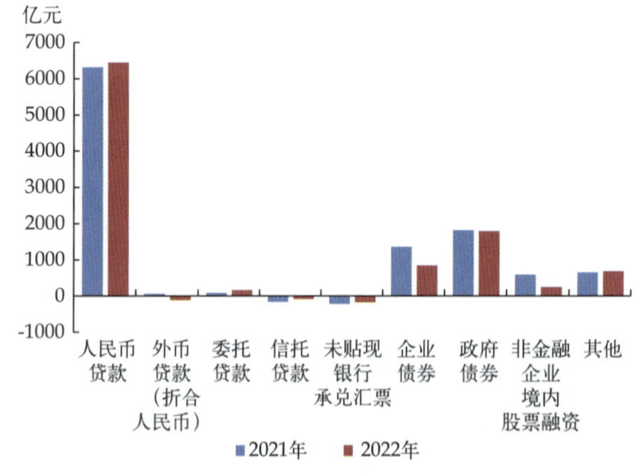

图 5　社会融资规模分布结构

（数据来源：中国人民银行长沙中心支行）

2. 银行间市场债券发行规模保持平稳。2022 年，湖南省发行金融债券 143 亿元，平均

发行利率3.01%，较上年下降50个基点。其中，发行小微金融债券60亿元、二级资本债券33亿元，有力提升了地方法人金融机构服务实体经济和抵御风险的能力。非金融企业债务融资工具发行2056亿元，平均发行利率3.6%，较上年下降40个基点。其中，发行科创票据89亿元，发行绿色债务融资工具30亿元。

3. 货币市场业务稳步增长。2022年，湖南省辖内地方法人金融机构同业拆借交易规模2.1万亿元，同比增长5.0%；债券回购交易规模29.6万亿元，同比增长4.2%。利率明显下降，全年同业拆借、债券回购加权平均利率较上年分别下降35个和46个基点。

表5　2022年金融机构票据业务量

单位：亿元

季度	银行承兑汇票承兑		贴现			
			银行承兑汇票		商业承兑汇票	
	余额	累计发生额	余额	累计发生额	余额	累计发生额
1	2204.4	919.0	2389.0	3453.6	123.7	190.2
2	2385.6	2006.9	2529.6	7281.8	120.0	579.7
3	2616.5	3044.4	2791.9	10706.4	113.6	758.2
4	2915.4	4331.8	3033.0	14539.6	123.1	959.1

数据来源：中国人民银行长沙中心支行。

表6　2022年金融机构票据贴现、转贴现利率

单位：%

季度	贴现		转贴现	
	银行承兑汇票	商业承兑汇票	票据买断	票据回购
1	2.52	4.14	2.30	2.05
2	1.77	3.69	1.62	1.58
3	1.57	3.48	1.45	1.50
4	1.47	3.65	1.46	1.55

数据来源：中国人民银行长沙中心支行。

（五）金融基础设施建设持续推进，金融生态环境进一步优化

1. 支付服务民生发展有力有效。2022年，湖南省支付系统处理业务规模平稳增长，全年新增支付系统参与者87家。推动21家银行机构与市场监管部门间企业基本信息和风险信息数据共享，有效提高企业开户效率，全年通过“一网通办”服务平台预约开户企业5.2万户。深入推进移动支付便民工程，在全省打造86个公交移动支付全覆盖示范县、100个夜间消费移动支付示范区。持续改善农村支付服务环境，建成6.6万个助农取款服务点，推进湖南省移动支付“双百工程”创建，在全省打造29个移动支付特色乡镇、53个农村移动支付示范点。

2. 征信体系建设稳步推进。2022年末，金融信用信息基础数据库接入各类机构92家，基本覆盖全省所有持牌授信机构。积极推动征信柜台服务标准化建设，建立7×24小时征信语音咨询平台，全年提供语音咨询2万余次、人工答疑4300余次。深入推进征信查询“网上办、就近办”便民举措，建立网上预约叫号系统，推动13家商业银行开通信用报告线上查询服务，全省424台个人自助查询机和22台企业自助查询机全年共提供信用报告查询服务逾300万次。推动湖南省企业融资信用服务平台（征信平台）于2022年12月20日上线运行。

3. 金融消费权益保护扎实有效开展。畅通湖南省“12363”咨询投诉电话线上受理渠道，全年累计受理投诉2096个，解答咨询2.8万个，持续优化“线上+线下”调解服务。牵头开展“3·15消费者权益日”“6月守住钱袋子”“9月金融知识普及月”等集中宣传活动，联合省教育厅推进金融知识纳入湖南义务教育阶段，建成省级金融教育基地13家、农村金融教育基地5787个和示范村695个，全力提升全省消费者金融素养。

二、经济运行情况

2022年，湖南省认真贯彻“疫情要防住、经济要稳住、发展要安全”的要求，全面落实“三高四新”战略定位和使命任务，积极应对汛情、旱情、疫情叠加冲击，实现了主要经济指标难中有进、稳中向好。全年实现地区生产总值4.9万亿元，同比增长4.5%，高于全国平均水平1.5个百分点。

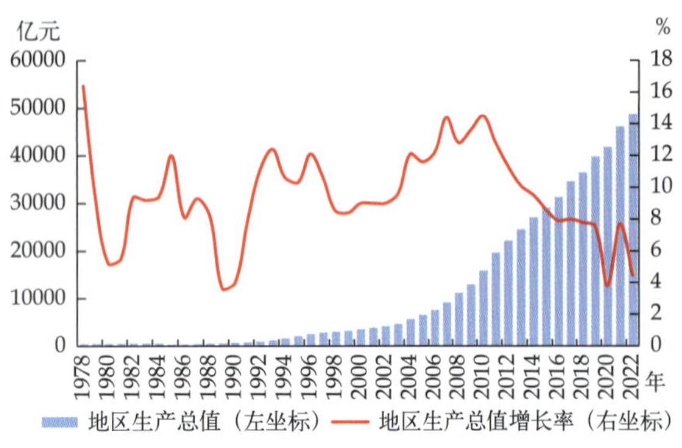

图 6　地区生产总值及其增长率

（数据来源：湖南省统计局）

（一）市场需求逐步恢复，开放型经济稳中向好

1. 固定资产投资平稳增长，投资结构进一步优化。2022 年，湖南省认真贯彻落实国家稳经济一揽子政策和接续措施，充分发挥政策性开发性金融工具作用，积极扩大有效投资，全年固定资产投资同比增长 6.6%。高技术产业投资快速增长，全年高技术产业投资同比增长 22.4%，快于全部投资增速 15.8 个百分点。民间投资贡献较大，全年民间投资同比增长 8.5%，对全部投资的贡献率达 80.5%，拉动全部投资增长 5.3 个百分点。基础设施投资提速，全年基础设施投资同比增长 8.0%，较上年加快 4.4 个百分点。重大项目支撑作用明显，2022 年全省重大项目（指计划总投资 5000 万元及以上项目，不含房地产开发项目）投资同比增长 14.7%，占全部投资的比重为 71.5%，占比较上年提高 5.1 个百分点。

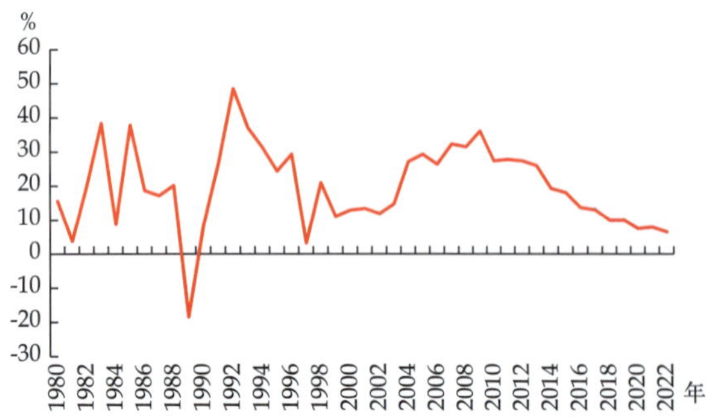

图 7　固定资产投资（不含农户）增长率

（数据来源：湖南省统计局）

2. 消费需求逐步改善，消费升级态势向好。2022 年，湖南省实现社会消费品零售总额 1.9 万亿元，同比增长 2.4%，高于全国平均水平 2.6 个百分点。基本生活类商品零售额较快增长，全省限额以上批发和零售业法人单位中，基本生活类商品实现零售额 1706 亿元，同比增长 8.9%，其中，粮油食品类、饮料、烟酒和日用品类商品零售额同比分别增长 13.5%、9.0%、13.3% 和 6.4%。升级类消费需求持续释放，全省限额以上批发和零售业法人单位中，新能源汽车类商品零售额同比增长 134.1%，体育娱乐用品、通信器材类商品零售额同比分别增长 7.9% 和 15.8%。线上线下消费融合发展，2022 年全省实物商品网上零售额同比增长 14.5%，限额以上餐饮企业通过线上实现收入同比增长 28.7%。

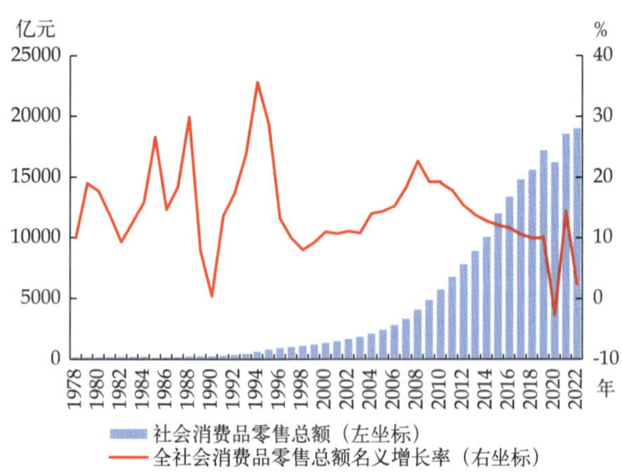

图 8　社会消费品零售总额及其增长率

（数据来源：湖南省统计局）

3. 外资外贸量质齐增，高水平对外开放迈上新台阶。2022 年，湖南外贸克服多重超预期因素冲击的挑战，在上年高基数基础上实现稳定增长，全年进出口总额 7058 亿元，同比增长 20.2%。其中，出口 5154 亿元，同比增长 25.3%，进口 1904 亿元，同比增长 8.3%。东盟、美国、欧盟为全省前三大贸易伙伴，非洲、拉丁美洲等新兴市场加速开拓。2022 年，与“一带一路”共建国家、RCEP 其他成员国进出口贸易同比分别增长 46.4% 和 27.6%。

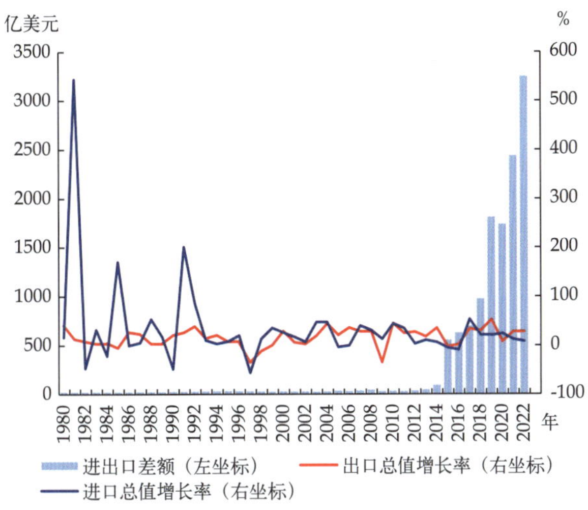

图 9　外贸进出口变动情况

（数据来源：湖南省统计局）

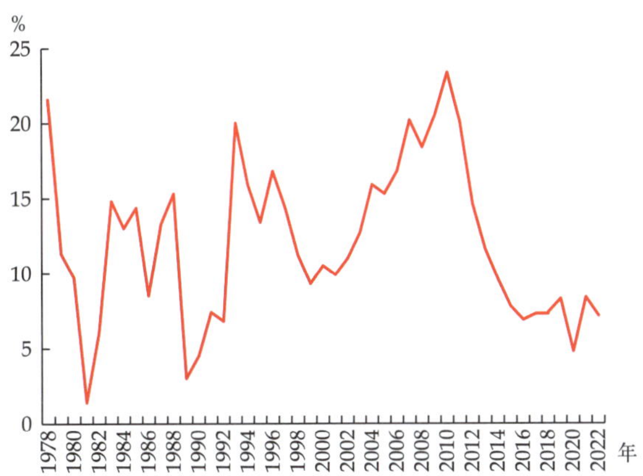

图 10　规模以上工业增加值实际增长率

（数据来源：湖南省统计局）

（二）产业发展逆势而进，新兴行业增长动能强劲

1. 粮食生产保持平稳，畜牧业生产稳中有进。2022 年，湖南省农林牧渔业总产值同比增长 3.8%。全省上下奋力抗旱保收，实现了粮食生产基本稳定，全年全省粮食播种面积 7148 万亩，较上年增加 11 万亩，粮食产量 604 亿斤，连续 3 年产量保持在 600 亿斤以上。全年生猪出栏 6248 万头，较上年增长 2.1%，出栏量处于近年历史高位，生猪供给从过剩转向平衡，全年生猪养殖略有盈利。

2. 工业生产总体平稳，新动能快速成长。2022 年，全省规模以上工业增加值同比增长 7.2%，其中，制造业增加值同比增长 7.5%，对规模以上工业增长的贡献率达 94.2%。高技术制造业快速增长，2022 年，全省规模以上高技术制造业增加值同比增长 18.0%，比全部规模以上工业快 10.8 个百分点。聚集发展态势向好，全年省级及以上产业园区规模以上工业增加值同比增长 8.0%，占全部规模以上工业增加值的 72.5%。中高端产品产量高速增长，2022 年，全省规模以上工业统计的产品中，传感器、服务机器人、风力发电机组等中高端智能绿色产品产量增幅均在 50% 以上。

3. 服务业整体运行平稳向好，新兴领域加快发展。2022 年，湖南省第三产业增加值 2.5 万亿元，同比增长 3.5%。其中，生产性服务业增加值突破万亿元，同比增长 4.9%，对经济增长贡献率达 23.4%。行业营收稳定恢复，全年全省规模以上服务业营业收入同比增长 7.8%，高于全国平均水平 5.1 个百分点。研究和试验发展、科技推广和应用服务、软件和信息技术服务、多式联运和运输代理、互联网和相关服务等新兴行业发展势头良好，全年营业收入同比分别增长 36.1%、27.5%、23.5%、17.2% 和 13.5%。

（三）价格水平总体稳定，消费价格温和上涨

1. 居民消费价格温和上涨。2022 年，湖南省居民消费价格同比上涨 1.8%。分类别看，八大类消费价格全面上涨，其中，交通通信、其他用品及服务、食品烟酒、衣着、生活用品及服务、医疗保健、教育文化娱乐、居住价格同比分别上涨 6.3%、1.6%、1.4%、1.3%、1.2%、1.0%、0.9% 和 0.7%。食品烟酒价格中，粮食、鲜菜、鲜果、蛋类价格同比分别上涨 2.3%、2.4%、12.3% 和 7.8%；猪肉价格同比下降 5.0%。

2. 工业生产者价格全年涨幅呈现回落趋势。2022 年，湖南省工业生产者出厂价格同比上涨 2.0%，较上年同期涨幅回落 3.9 个百分点。1—

8月，工业生产者出厂价格保持同比上涨但涨幅持续回落，同比分别上涨5.7%、5.3%、4.6%、4.5%、3.2%、2.9%、1.7%和0.6%，9月开始同比下降，9—12月同比分别下降0.3%、1.6%、1.3%和0.8%。分行业看，重点行业中，石油、煤炭及其他燃料加工业同比上涨15.3%，电力、热力生产和供应业同比上涨7.6%，有色金属冶炼和压延加工业同比上涨5.3%，黑色金属冶炼和压延加工业同比下降10.6%。

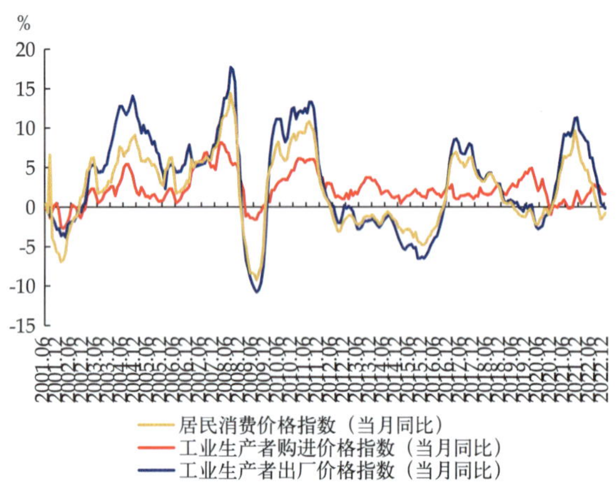

图11 居民消费价格指数和工业生产者价格指数变动趋势

（数据来源：湖南省统计局）

3. 就业形势总体平稳。2022年，湖南省城镇新增就业73.7万人，失业人员再就业44.1万人，就业困难人员再就业11.5万人。全年全省居民人均可支配收入3.4万元，同比名义增长6.4%，扣除价格因素同比实际增长4.5%，与经济增长基本同步。其中，城镇居民人均可支配收入4.7万元，同比名义增长5.4%；农村居民人均可支配收入2.0万元，同比名义增长6.8%。城乡居民人均可支配收入比值（以农村居民收入为1）为2.42，较上年缩小0.03。

（四）财政收入平稳增长，重点领域保障有力

2022年，湖南省地方一般公共预算收入3102亿元，按自然口径同比下降4.6%，扣除退减缓税等因素后同口径增长6.6%。其中，税收收入2005亿元，按自然口径同比下降10.8%。全省一般公共预算支出突破9000亿元关口，达到9005亿元，同比增长8.2%。其中，教育支出1503亿元，同比增长9.4%；科学技术支出280亿元，同比增长28.8%；社会保障和就业支出1442亿元，同比增长9.9%；卫生健康支出822亿元，同比增长11.1%。

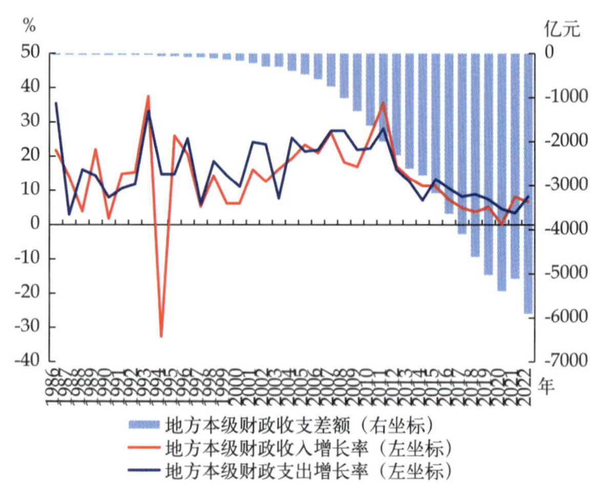

图12 财政收支状况

（数据来源：湖南省统计局）

（五）房地产市场低位运行，重点城市商品房价格指数下行

1. 商品房供需相对低迷。2022年，湖南省房地产开发投资5180亿元，同比下降4.6%。施工及新开工面积同比下降，2022年，湖南省房地产施工面积、新开工面积分别为3.9亿平方米和5523万平方米，同比分别下降10.1%和45.7%。销售面积及销售额同比下降，2022年，湖南省商品房销售面积6793万平方米，同比下降26.1%，商品房销售额4312亿元，同比下降28.6%。

2. 重点城市商品房价格指数呈整体下行趋势。2022年12月，长沙市新建商品住宅价格指数同比上涨3.2%，涨幅较上年同期收窄4.3个百分点，岳阳、常德新建商品住宅价格指数同比分别下降8.2%和5.7%，降幅比上年同期分别扩大5.8个和3.2个百分点。2022年12月，

长沙二手住宅价格指数同比下降0.1%，增速较上年同期下降5.2个百分点，岳阳、常德二手住宅价格指数同比分别下降4.8%和6.6%，降幅较上年同期分别扩大1.6个和4.4个百分点。

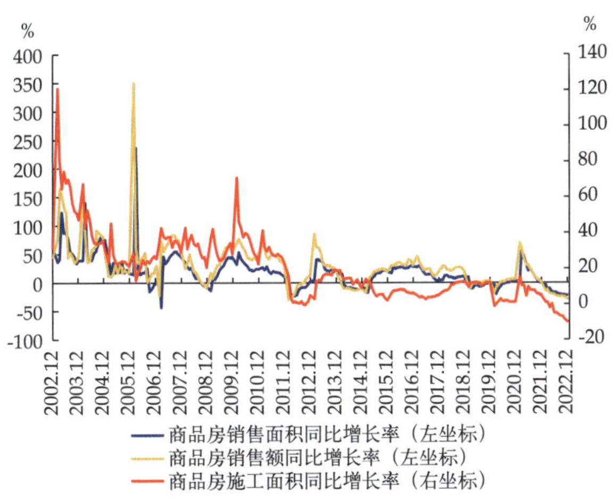

图13　商品房施工和销售变动趋势

（数据来源：湖南省统计局）

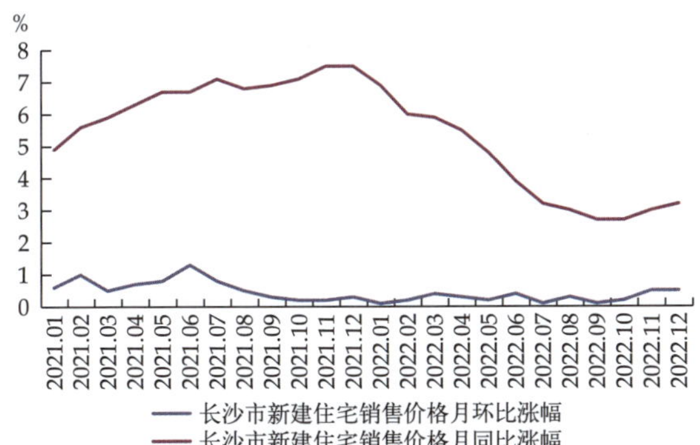

图14　长沙市新建住宅销售价格变动趋势

（数据来源：湖南省统计局）

（六）长株潭都市圈获批，一体化向纵深发展

2022年2月，《长株潭都市圈发展规划》正式获批；2022年6月，湖南省长株潭一体化发展领导小组办公室印发《长株潭都市圈建设实施方案（2022—2026年）》；2022年12月，召开贯彻落实“强省会”战略暨推进长株潭都市圈发展第四届市委书记联席会议，签署《推进长株潭都市圈发展行动计划（2022—2023年）》，开启了长株潭一体化发展新征程。2022年，长株潭都市圈实现地区生产总值1.8万亿元，同比增长4.5%，占全省地区生产总值的38.8%，占长江中游三省地区生产总值的14%。

1. 发展规划实现同编同图。以长株潭都市圈发展规划为统领，推进专项规划体系优化升级，先后出台了《长株潭城市群都市区空间发展战略规划》《长株潭都市圈国土空间规划》《打造湘江西岸科创走廊实施方案》《打造湘江东岸先进制造业走廊实施方案》，编制临园（长株潭）、临江（长潭）两个融城片区和临空（长株）、临港（长岳）两个产业片区发展规划。

2. 产业科技实现同创同兴。长株潭三市协同推进制造业发展，长沙市新一代自主安全计算系统、株洲市中小航空发动机集群入选第三轮国家先进制造业集群，长株潭都市圈已有4个产业集群进入“国家队”。三一重工、中联重科、铁建重工、山河智能、星邦智能5家企业位列“全球工程机械50强”，湖南钢铁进入财富世界500强，三一集团跻身福布斯全球500强。截至2022年末，长株潭都市圈集聚了全省60%以上的创业平台、70%以上的高新技术企业、80%以上的高校科研机构和85%以上的科研成果。

3. 生态环境实现共保共治。推进绿心中央公园建设，审议通过《长株潭绿心中央公园总体设计》，启动长株潭森林城市群建设和生态绿心地区林相改造生态项目建设，造林540亩，封山育林3.5万亩，森林质量提升1.0万亩，加强绿心保护推进生态绿心地区农村黑臭水体排查整治，启动生态绿心地区实景三维重大项目和综合监测项目建设，探索建立长株潭水资源刚性约束指标体系，开展生态绿心地区水土流失动态监测。长株潭都市圈绿心建设取得较好成效，区域内生物多样性显著提升，森林覆盖率较绿心中央公园建设前提高4.4个百分点。

4. 民生服务实现共建共享。“湘易办”超级服务端正式上线，都市圈125种电子证照实现互通互认，55项政务服务事项实现“跨域通办”。组建28个职教集团（联盟），协同开展订单培养、员工培训、教师进修。长株潭公立医疗机构全面实现就医“一卡通”，长株潭纳入国家积极应对人口老龄化重点联系城市群，建成街道综合性养老服务中心269个、社区居家养老智慧平台19个，长沙成功入选全国儿童友好城市、青年发展型城市建设试点城市。

三、预测与展望

展望2023年，湖南省经济发展的势头依然向好。随着“三高四新”和“创新引领开放崛起”等战略推进实施，全省经济高质量发展取得新突破，经营主体进一步巩固壮大，发展新动能进一步增强，工程机械等重点产业发展前景壮阔。但也要看到，当前外部环境依然严峻复杂，国内经济恢复的基础尚不牢固，省内经济社会发展还存在一些困难和问题。

湖南省金融系统将坚持以习近平新时代中国特色社会主义思想为指导，深入学习贯彻党的二十大和中央经济工作会议精神，坚持稳中求进工作总基调，积极推动金融支持实体经济实现质的有效提升和量的合理增长，助力打好发展“六仗”，为加快建设社会主义现代化新湖南营造良好金融环境。

中国人民银行湖南省分行货币政策分析小组

总　　纂：张瑞怀　楼　航

统　　稿：魏祖元　赵遂彬　唐　羽　梁宏梅

执　　笔：余　峥　向　柳　曾得利　邹庆华　焦俊勇　司马亚玺　陈咏晖　伍圆恒　张　骥　张　毅　周颖哲　曹亚臻　罗弘毅　冯涵钦　周依憬　柳十嘉　肖　宇

提供材料：胡　朋　禤沛生　徐　芳　杨　娟　孙进营　吴盛光　王　达　王子流　彭　博

附录：

（一）2022 年湖南省经济金融大事记

1 月 28 日，《湖南省企业上市“金芙蓉”跃升行动计划（2022—2025 年）》发布。

4 月 27 日，《关于湖南省金融服务疫情防控和稳企纾困的实施意见》出台。

5 月 31 日，湖南获批开展高新技术和“专精特新”企业跨境融资便利化试点。

6 月 30 日，湖南省金融机构各项贷款余额突破 6 万亿元。

8 月 26 日，《湖南金融支持文旅行业恢复发展若干政策措施》发布。

11 月 4 日，2022 世界计算大会在湖南长沙开幕。

11 月 16 日，华融湘江银行股份有限公司正式更名为湖南银行股份有限公司。

11 月 19 日，首届湖南旅游发展大会在张家界市开幕。

12 月 31 日，湖南长沙数字人民币商户落地超 30 万家。

（二）湖南省主要经济金融指标

表 1　2022 年湖南省主要存贷款指标

	项目	1 月	2 月	3 月	4 月	5 月	6 月	7 月	8 月	9 月	10 月	11 月	12 月
本外币	金融机构各项存款余额（亿元）	64216.9	65374.0	66914.4	66791.6	66846.5	68750.8	68762.0	69129.6	70062.4	70017.6	69983.3	70141.9
	其中：住户存款	37510.0	37978.1	38801.5	38443.2	38578.0	39340.4	39297.5	39559.5	40215.8	40085.7	40609.5	41313.9
	非金融企业存款	13543.0	13647.1	14233.2	14206.9	14126.0	14768.5	14618.0	14680.3	14826.8	14530.2	14396.1	14174.7
	各项存款余额比上月增加（亿元）	1325.8	1157.1	1540.4	-122.8	54.9	1904.2	11.3	367.5	932.8	-44.8	-34.4	158.6
	金融机构各项存款同比增长（%）	8.2	8.8	9.2	10.7	8.9	11.7	12.7	12.8	12.8	12.9	12.1	11.5
	金融机构各项贷款余额（亿元）	57078.8	57570.6	58789.5	58984.7	59357.9	60140.5	60319.3	60677.0	61619.2	61766.3	61990.3	62351.5
	其中：短期	12100.7	12111.4	12640.1	12462.4	12575.8	12972.9	12797.8	12889.8	13252.2	13137.9	13166.6	13132.9
	中长期	42631.1	42929.0	43504.0	43611.2	43804.2	44298.2	44451.5	44679.0	45247.2	45357.0	45470.1	45786.1
	票据融资	2219.4	2331.4	2492.9	2650.8	2704.9	2637.3	2776.2	2838.7	2895.6	2971.0	3014.3	3135.7
	各项贷款余额比上月增加（亿元）	1233.7	491.9	1218.8	195.2	373.2	782.6	178.8	357.7	942.2	147.1	224.0	361.2
	其中：短期	330.1	10.8	528.6	-177.6	113.3	397.2	-175.1	92.0	362.4	-114.2	28.7	-33.7
	中长期	835.4	297.9	575.0	107.2	193.1	493.9	153.3	227.5	568.2	109.9	113.0	316.1
	票据融资	82.7	112.1	161.5	157.9	54.1	-67.5	138.9	62.5	56.8	75.4	43.3	121.4
	金融机构各项贷款同比增长（%）	12.4	12.3	12.3	12.1	11.7	11.7	11.5	11.4	11.8	11.7	11.4	11.7
	其中：短期	10.6	10.6	12.3	12.8	13.1	13.8	13.1	13.0	13.9	12.9	12.1	11.6
	中长期	12.1	11.2	10.5	9.8	9.1	9.2	9.0	9.0	9.4	9.3	9.1	9.5
	票据融资	28.8	39.6	52.3	53.6	58.4	48.0	51.5	49.4	43.5	46.9	46.6	46.8
	建筑业贷款余额（亿元）	1795.7	1814.4	1913.7	1915.7	1955.4	1992.8	2002.2	2029.4	2082.6	2086.8	2086.7	1997.8
	房地产业贷款余额（亿元）	3171.3	3196.9	3242.2	3209.5	3191.7	3194.8	3187.7	3181.7	3197.6	3181.8	3166.8	3198.6
	建筑业贷款同比增长（%）	24.5	20.9	26.0	23.2	24.7	23.2	20.3	22.4	24.9	22.1	20.5	20.0
	房地产业贷款同比增长（%）	-0.5	-1.1	-1.0	-1.6	-2.8	-2.0	-1.4	-1.5	-0.7	0.3	0.0	2.0
人民币	金融机构各项存款余额（亿元）	63690.0	64823.0	66448.5	66326.4	66424.1	68300.9	68311.7	68651.0	69644.0	69597.5	69541.7	69770.1
	其中：住户存款	37403.3	37872.7	38694.9	38331.8	38465.3	39225.6	39181.7	39446.0	40100.7	39971.3	40496.1	41203.7
	非金融企业存款	13193.5	13277.7	13930.4	13913.3	13850.6	14490.8	14334.5	14397.9	14602.0	14294.2	14132.5	13930.9
	各项存款余额比上月增加（亿元）	1350.1	1133.1	1625.4	-122.1	97.8	1876.8	10.8	339.3	993.0	-46.4	-55.8	228.3
	其中：住户存款	1979.4	469.4	822.2	-363.1	133.6	760.3	-44.0	264.3	654.7	-129.3	524.7	707.6
	非金融企业存款	-252.1	84.2	652.7	-17.1	-62.8	640.3	-156.3	63.4	204.1	-307.8	-161.8	-201.6
	各项存款同比增长（%）	8.2	8.9	9.5	11.1	9.2	12.1	13.0	13.1	13.2	13.2	12.3	11.9
	其中：住户存款	17.0	12.0	12.3	13.3	13.7	13.6	14.7	14.9	14.8	15.4	16.3	16.3
	非金融企业存款	-6.6	-2.3	0.4	3.4	3.2	6.3	7.4	8.9	10.6	9.6	7.7	3.6
	金融机构各项贷款余额（亿元）	56745.9	57232.9	58444.2	58633.3	58986.1	59771.5	59937.4	60311.9	61276.6	61443.5	61681.9	62072.1
	其中：个人消费贷款	15565.9	15512.2	15700.3	15618.6	15633.6	15759.7	15731.1	15732.9	15819.2	15813.8	15849.3	15854.7
	票据融资	2219.4	2331.4	2492.9	2650.8	2704.9	2637.3	2776.2	2838.7	2895.6	2971.0	3014.3	3135.7
	各项贷款余额比上月增加（亿元）	1237.5	487.3	1211.2	189.1	352.8	785.5	165.9	374.4	964.7	167.0	238.3	390.2
	其中：个人消费贷款	82.2	-53.7	188.1	-81.7	15.0	126.1	-28.6	1.8	86.3	-5.4	35.5	5.5
	票据融资	82.7	112.1	161.5	157.9	54.1	-67.5	138.9	62.5	56.8	75.4	43.3	121.4
	金融机构各项贷款同比增长（%）	12.3	12.1	12.3	12.0	11.6	11.6	11.4	11.4	11.9	11.8	11.6	11.8
	其中：个人消费贷款	10.6	9.6	9.0	8.0	7.1	6.5	5.7	4.6	4.2	3.6	3.0	2.4
	票据融资	28.8	39.6	52.3	53.6	58.4	48.0	51.5	49.4	43.5	46.9	46.6	46.8
外币	金融机构外币存款余额（亿美元）	82.7	87.1	73.4	70.3	63.4	67.0	66.8	69.5	58.9	58.5	61.5	53.4
	金融机构外币存款同比增长（%）	14.3	3.5	-21.1	-26.0	-31.6	-33.6	-21.5	-16.6	-29.8	-32.8	-27.8	-38.3
	金融机构外币贷款余额（亿美元）	52.2	53.4	54.4	53.1	55.8	55.0	56.6	53.0	48.3	45.0	43.0	40.1
	金融机构外币贷款同比增长（%）	36.6	38.7	15.1	14.4	24.6	20.4	17.7	5.7	-8.7	-17.0	-22.1	-23.9

数据来源：中国人民银行长沙中心支行。

表 2　2001—2022 年湖南省各类价格指数

单位：%

时间		居民消费价格指数		工业生产者购进价格指数		工业生产者出厂价格指数	
		当月同比	累计同比	当月同比	累计同比	当月同比	累计同比
2001		—	-0.9	—	1.1	—	-0.2
2002		—	-0.5	—	-0.7	—	-0.8
2003		—	2.4	—	6.7	—	2.6
2004		—	5.1	—	14.4	—	8.0
2005		—	2.3	—	9.4	—	6.0
2006		—	1.4	—	6.5	—	4.3
2007		—	5.6	—	6.1	—	6.1
2008		—	6.0	—	12.0	—	9.3
2009		—	-0.4	—	-7.4	—	-5.7
2010		—	3.1	—	10.0	—	6.9
2011		—	5.5	—	10.8	—	8.5
2012		—	2.0	—	0.1	—	-0.9
2013		—	2.5	—	0.1	—	-1.5
2014		—	1.9	—	-2.1	—	-1.6
2015		—	1.4	—	-5.5	—	-3.7
2016		—	1.9	—	-2.0	—	-1.1
2017		—	1.4	—	7.2	—	5.8
2018		—	2.0	—	3.5	—	3.2
2019		—	2.9	—	0.2	—	-0.4
2020		—	2.3	—	-1.1	—	-1.0
2021		—	0.5	—	8.1	—	5.9
2022		—	1.8	—	4.8	—	2.0
2021	1	0.0	0.0	2.6	2.6	1.1	1.1
	2	-0.1	0.0	3.5	3.0	2.2	1.6
	3	0.4	0.1	5.6	3.9	4.1	2.4
	4	0.5	0.2	7.4	4.8	5.0	3.1
	5	0.9	0.4	9.2	5.6	6.4	3.7
	6	0.4	0.4	9.0	6.2	6.2	4.1
	7	-0.2	0.3	9.4	6.7	6.5	4.5
	8	-0.1	0.2	8.9	6.9	6.5	4.7
	9	0.0	0.2	9.8	7.3	7.5	5.0
	10	1.0	0.3	11.2	7.7	9.6	5.5
	11	2.0	0.5	11.3	8.0	8.5	5.8
	12	1.2	0.5	9.7	8.1	7.0	5.9
2022	1	0.4	0.4	9.3	9.3	5.7	5.7
	2	0.6	0.5	8.9	9.1	5.3	5.5
	3	1.1	0.7	8.4	8.9	4.6	5.2
	4	1.6	0.9	8.2	8.7	4.5	5.0
	5	1.8	1.1	6.2	8.2	3.2	4.7
	6	2.5	1.3	6.2	7.9	2.9	4.3
	7	2.8	1.5	4.7	7.4	1.7	4.0
	8	2.5	1.7	3.7	7.0	0.6	3.5
	9	2.7	1.8	2.0	6.4	-0.3	3.1
	10	2.2	1.8	0.5	5.8	-1.6	2.7
	11	1.6	1.8	0.2	5.3	-1.3	2.3
	12	1.5	1.8	-0.2	4.8	-0.8	2.0

数据来源：《中国经济景气月报》、湖南省统计局。

表 3　2022 年湖南省主要经济指标

项目	1月	2月	3月	4月	5月	6月	7月	8月	9月	10月	11月	12月
	绝对值（自年初累计）											
地区生产总值（亿元）	—	—	11058.2	—	—	22933.4	—	—	35332.6	—	—	48670.4
第一产业	—	—	610.9	—	—	1602.2	—	—	2845.3	—	—	4602.7
第二产业	—	—	4096.1	—	—	8895.3	—	—	13619.8	—	—	19182.6
第三产业	—	—	6351.2	—	—	12435.9	—	—	18867.5	—	—	24885.1
工业增加值（亿元）	—	—	—	—	—	—	—	—	—	—	—	—
固定资产投资（亿元）	—	—	—	—	—	—	—	—	—	—	—	—
房地产开发投资	—	469.6	900.8	1382.8	1829.0	2433.3	2789.8	3224.4	3731.7	4203.7	4677.4	5180.3
社会消费品零售总额（亿元）	—	3017.6	4455.9	5824.1	7354.8	9029.3	10602.4	12081.4	13739.9	15594.9	17260.8	19050.7
外贸进出口总额（亿元）	—	768.4	1149.2	1656.9	2392.5	3255.4	3851.3	4458.7	5051.0	5628.3	6417.6	7058.2
进口	—	263.7	391.8	541.0	693.9	869.5	1021.5	1184.8	1340.0	1503.5	1701.2	1903.6
出口	—	504.8	757.5	1115.9	1698.6	2385.9	2829.8	3273.9	3711.1	4124.7	4716.5	5154.5
进出口差额（出口－进口）	—	241.1	365.7	574.9	1004.6	1516.4	1808.3	2089.1	2371.1	2621.2	3015.3	3250.9
实际利用外资（亿元）	—	10.7	18.0	19.7	22.2	23.9	24.4	24.7	33.2	34.7	34.7	35.3
地方财政收支差额（亿元）	—	-996.6	-1425.3	-1868.4	-2359.1	-2870.1	-3274.1	-3665.7	-4119.6	-4404.2	-4959.7	-5903.5
地方财政收入	—	591.4	899.7	1060.5	1227.9	1590.2	1805.9	1996.3	2283.3	2536.7	2743.6	3101.8
地方财政支出	—	1588.0	2325.0	2928.9	3587.0	4460.4	5080.1	5662.0	6402.8	6940.9	7703.2	9005.3
城镇登记失业率（%）（季度）	—	—	—	—	—	—	—	—	—	—	—	—
	同比累计增长率（%）											
地区生产总值	—	—	6.0	—	—	4.3	—	—	4.8	—	—	4.5
第一产业	—	—	8.4	—	—	6.1	—	—	3.9	—	—	3.6
第二产业	—	—	7.2	—	—	5.3	—	—	6.2	—	—	6.1
第三产业	—	—	5.0	—	—	3.3	—	—	3.9	—	—	3.5
工业增加值	—	9.8	9.5	8.3	7.7	7.4	7.3	7.3	7.4	7.4	7.3	7.2
固定资产投资	—	10.4	10.4	9.4	8.8	8.7	8.4	8.0	8.0	7.9	7.8	6.6
房地产开发投资	—	2.3	6.0	1.3	1.3	0.6	-1.0	-3.6	-4.9	-5.1	-5.2	-4.6
社会消费品零售总额	—	7.1	4.4	2.1	1.0	1.5	2.0	2.7	3.1	3.1	2.6	2.4
外贸进出口总额	—	10.7	0.9	2.2	14.2	25.2	23.7	21.0	19.9	21.6	22.8	20.2
进口	—	8.2	-2.5	-0.2	0.2	1.3	2.1	2.0	2.9	4.3	6.9	8.3
出口	—	12.1	2.7	3.5	21.1	37.0	34.0	29.7	27.5	29.5	29.7	25.3
实际利用外资	—	212.1	165.8	129.4	128.2	118.7	86.9	64.1	96.3	79.8	79.8	46.1
地方财政收入	—	9.6	4.0	-6.9	-10.8	-7.2	-7.8	-7.7	-5.6	-5.2	-4.5	-4.6
地方财政支出	—	9.6	11.0	11.3	13.5	8.9	10.7	9.3	8.9	9.2	7.8	8.2

数据来源：湖南省统计局。

注：“实际使用外资”只包括外商直接投资，不包括间接投资，故总量与往年同期公布数据不可比。

广东省金融运行报告（2023）

中国人民银行广东省分行[①]
货币政策分析小组

[内容摘要]2022年，面对风高浪急的国际环境和艰巨繁重的改革发展稳定任务，广东全面学习、全面把握、全面落实党的二十大精神，坚持稳字当头、稳中求进，统筹疫情防控和经济社会发展，坚持顶压前行、积极主动作为，全力保持经济平稳运行。2022年，广东地区生产总值12.9万亿元，同比增长1.9%。其中，第一产业增加值5340亿元，同比增长5.2%；第二产业增加值5.3万亿元，同比增长2.5%；第三产业增加值7.1万亿元，同比增长1.2%。

广东省经济运行主要呈现以下特点：一是投资结构优化，消费总体平稳，外贸小幅增长。在稳经济政策支持下，2022年广东工业投资同比增长10.3%，拉动全部投资增长2.6个百分点，其中，高技术制造业投资同比增长25.5%，先进制造业投资同比增长17.8%；消费增长总体平稳，2022年实现社会消费品零售总额4.5万亿元，新能源汽车消费延续较快增势，零售额同比增长124.4%；稳外贸系列政策取得积极成效，2022年广东进出口总值8.3万亿元，民营企业进出口占比为57.6%。二是乡村振兴取得积极成效，农业生产形势良好。2022年，广东粮食总产量1292万吨，实现“四连增”，农林牧渔业产值同比增长5.4%，现代农业发展、“粤种强芯”工程取得新进展。三是工业生产展现韧性，服务业承压运行。2022年，广东规模以上工业增加值同比增长1.6%，其中，先进制造业增加值和高技术制造业增加值同比分别增长2.5%和3.2%；服务业增加值同比增长1.2%，规模以上服务业实现营业收入同比增长2.1%。四是财政支持稳大盘保民生，重点群体就业基本稳定。2022年，广东为企业退税减税缓税降费4656亿元，民生类支出占一般公共预算支出的70.1%；广东城镇新增就业132万人，城镇调查失业率保持在5.5%以内，71万名高校毕业生、4200万名异地务工人员就业保持基本稳定。五是居民收入平稳增长，物价水平温和上涨。2022年，广东居民人均可支配收入4.7万元，其中城镇居民同比名义增长3.7%，农村居民同比名义增长5.8%；广东居民消费价格指数同比上涨2.2%。

2022年，广东省金融系统加大稳健货币政策落实力度，充分发挥结构性货币政策工具引导功能，释放贷款市场报价利率改革效能，从稳增量、优结构、降成本三个方面着手，推动经济回稳向上。一是落实好稳健货币政策，保持信贷总量合理增长。落实好两次降准，用好用足再贷款再贴现等货币政策工具，指导用好政策性开发性金融工具，多措并举助力信贷总量平稳增长，本外币各项贷款全年增加2.4万亿元，信贷支持实体经济力度进一步稳固。二是用好用足结构性货币政策工具支持重点领域发展。截至2022年末，全省绿色贷款余额达2.2万亿元；科技型中小企业、高新技术企业、专精特新“小巨人”企业贷款余额同比分别增长23.6%、20.7%和45.6%；制造业中长期贷款全年增加4109亿元。三是加大对经营主体纾困让利力度。

---

① 自2023年8月18日起，中国人民银行广州分行更名为中国人民银行广东省分行。本报告主要反映2022年的经济金融情况，正文中涉及的相关机构表述仍沿用2022年名称。

运用普惠小微贷款减息支持工具，为相关经营主体减免贷款利息21亿元；落实普惠小微企业贷款延期还本付息政策，累计为17万户普惠小微经营主体办理延期还本，涉及金额1815亿元；运用交通物流专项再贷款支持银行发放优惠贷款25亿元。四是引导金融机构继续降低实体经济融资成本。2022年12月，广东金融机构新发放一般贷款加权平均利率为4.95%，同比下降0.63个百分点，其中普惠小微贷款利率同比下降0.71个百分点。

广东省金融系统不折不扣落实党中央、国务院决策部署，统筹疫情防控和经济社会发展，金融服务实体经济能力、金融改革开放程度和金融安全水平持续提升。全省实现金融业增加值1.2万亿元，同比增长7.8%，对经济增长贡献率超过30%。一是银行业稳固支持经济发展。截至2022年末，银行业资产总额同比增长9.6%，较上年末提升1.3个百分点；本外币各项存款余额同比增长10.0%，各项贷款余额同比增长10.6%。二是证券业和保险业平稳发展。证券市场助力企业拓宽融资渠道，2022年新增境内上市公司78家，非金融企业直接融资规模增加8411亿元，完成股票融资1900亿元。保险保障扩面增效，2022年实现保费收入5894亿元，保险资金投资规模突破2万亿元。三是金融风险防范能力逐步提升。建立健全区域金融风险防控工作机制，强化金融风险信息共享与研判，密切关注重点领域和重点机构的金融风险，推动高风险机构风险处置。银行业机构运行总体稳健，不良贷款率保持在1.3%的较低水平。四是金融生态环境建设不断优化。截至2022年末，全省实现线上"粤信融"平台"首贷服务中心"专区和线下首贷服务中心全覆盖，金融机构依托平台累计为各类经营主体发放首次贷款1228亿元；"粤信融稳企业保就业平台"不断拓宽政银企对接渠道，截至2022年末，金融机构依托平台累计发放贷款3847亿元；中征应收账款融资服务平台助力破解企业融资抵（质）押难题，促成融资3.3万笔，金额7192亿元。移动支付便民工作取得新成效，2022年新增启动建设移动支付示范镇223个，在建及建成的示范镇内累计发生银联标准移动支付交易22亿元。积极开展存款保险宣传，累计覆盖群众7700万余人次。五是金融高水平开放有序扩大。2022年，广东跨境人民币业务量5.9万亿元，同比增长11.3%，人民币连续三年成为粤港澳大湾区第一大跨境结算货币；金融市场和金融基础设施加快互联互通，"跨境理财通"、港澳代理见证开户、自由贸易（FT）账户、跨境贸易投资高水平开放等试点取得新成效。

2023年，广东省经济社会发展仍面临不少困难和挑战：经济恢复基础尚不牢固，稳外贸仍面临复杂国际形势和外需不足的约束；产业基础能力和竞争力需要进一步提高，民生领域还要加大力度补短板。广东将继续坚持稳字当头、稳中求进，着力稳预期、强信心、抓落实，突出做好稳增长、稳就业、稳物价工作，推动经济运行整体好转，实现质的有效提升和量的合理增长，推动广东在现代化建设新征程中开好局起好步。广东省金融系统将精准有力落实好稳健的货币政策，稳固对实体经济的可持续支持力度。保持信贷总量合理增长，助力实现促消费、扩投资、带就业的综合效应。继续发挥好货币政策工具激励引导作用，引导金融机构强化对普惠金融、科技创新、绿色发展等领域金融服务，加大对涉农、小微和民营企业的信贷支持力度，引导金融资源向制造业、基础设施建设等领域倾斜。不断巩固贷款利率下降成果，引导企业综合融资和个人消费信贷成本稳中有降。进一步优化外汇服务与管理，支持外贸新业态发展。

一、金融运行情况

（一）银行业发展平稳，为稳经济大盘提供有力支持

1. 银行业资产稳步增长。截至2022年末，广东银行业资产总额35.1万亿元，同比增长9.6%，较上年末提高1.3个百分点。大型商业银行加快数字化转型，资产总额同比增长13.7%。农村金融机构抓住乡村振兴发展机遇，资产总额同比增长8.4%。

表1　2022年银行业金融机构情况

机构类别	营业网点			法人机构（个）
	机构个数（个）	从业人数（人）	资产总额（亿元）	
一、大型商业银行	5835	138511	147239	0
二、国家开发银行和政策性银行	82	2484	12986	0
三、股份制商业银行	1875	75738	74922	3
四、城市商业银行	760	25294	29917	5
五、城市信用社	0	0	0	0
六、小型农村金融机构	5544	74304	49463	83
七、财务公司	26	1546	5393	24
八、信托公司	5	1655	885	5
九、邮政储蓄银行	2071	24136	10048	0
十、外资银行	224	10198	7476	6
十一、新型农村金融机构	305	5128	1207	61
十二、其他	16	6697	11647	12
合　计	16743	365691	351183	199

数据来源：广东银保监局、深圳银保监局。

注：营业网点不包括国家开发银行和政策性银行、大型商业银行、股份制银行等金融机构总部数据；大型商业银行包括中国工商银行、中国农业银行、中国银行、中国建设银行和交通银行；小型农村金融机构包括农村商业银行和农村信用社；新型农村金融机构包括村镇银行；其他包含金融租赁公司、汽车金融公司、货币经纪公司、消费金融公司、民营银行等。

2. 存款增速小幅回升。截至2022年末，广东中外资银行业机构本外币存款余额32.2万亿元，同比增长10.0%，增速较上年提升0.5个百分点，全年增加2.9万亿元，同比多增3665亿元。分主体看，住户存款增加1.6万亿元，同比多增7347亿元，主要是由于居民消费及投资支出减少、预防性储蓄增加；企业存款增加1.1万亿元，同比多增3178亿元，其中，定期及其他存款增加1.1万亿元，同比多增4050亿元；广义政府存款增加2212亿元，同比少增1284亿元。

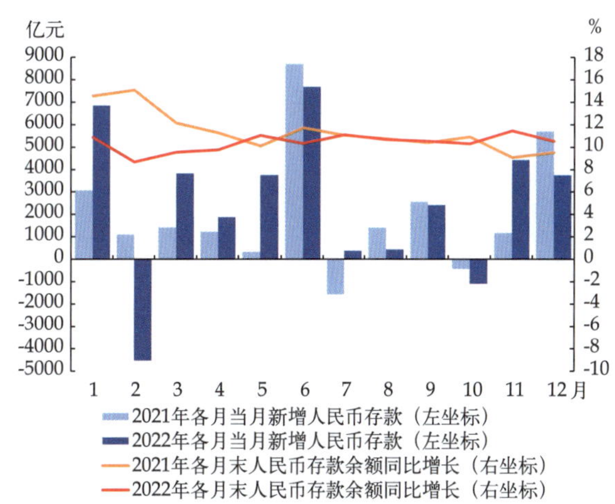

图1　金融机构人民币存款增长变化

（数据来源：中国人民银行广州分行）

3. 贷款增长平稳。截至2022年末，广东中外资银行业机构本外币贷款余额24.6万亿元，同比增长10.6%。分主体看，企（事）业单位贷款仍是贷款增长的主要支撑，同比增长14.6%，增速较上年提高0.3个百分点；住户贷款同比增长5.3%，增速较上年下降7.7个百分点。

分行业看，制造业贷款保持良好增长势头。截至2022年末，制造业单位贷款余额2.5万亿元，同比增长22.2%；全年新增贷款4563亿元。信贷有力支持科技创新企业发展，2022年，广东先进制造业中长期贷款全年增加2938亿元，同比多增1114亿元，高技术制造业中长期贷款全年增加2484亿元，同比多增882亿元。基础设施行业贷款稳定增长，截至2022年末，基础设施行业单位贷款余额5.4万亿元，同比增长13.6%。政策性开发性金融工具支持效果显著，8—12月基础设施行业贷款增加2361亿元，同比多增402亿元。

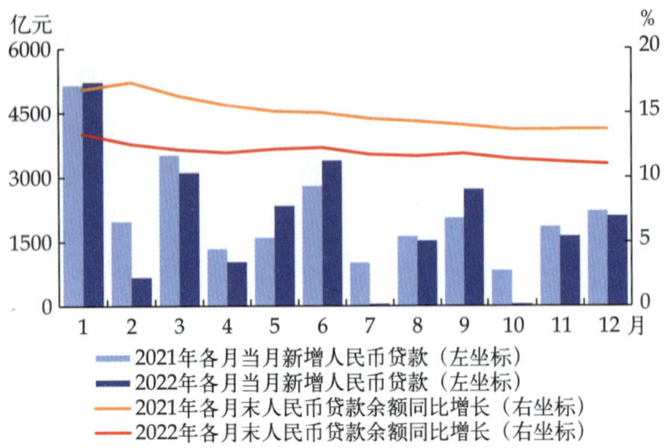

图 2　金融机构人民币贷款增长变化

（数据来源：中国人民银行广州分行）

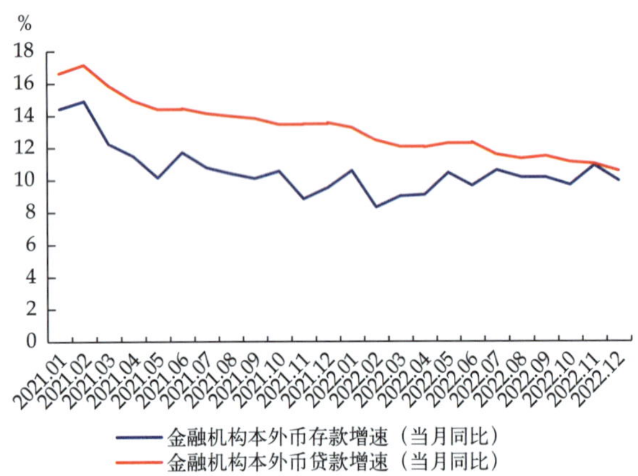

图 3　金融机构本外币存贷款增速变化

（数据来源：中国人民银行广州分行）

4. 利率市场化改革效能持续释放。2022 年，广东积极引导银行机构完善内部定价机制，贷款利率下行。2022 年 12 月，广东金融机构新发放人民币一般贷款加权平均利率为 4.95%，同比下降 0.63 个百分点。存款利率市场化调整机制有效落地，稳定银行负债端成本。2022 年 12 月，广东新发放定期存款加权平均利率为 2.26%，自 2021 年 5 月存款利率自律上限确定方式调整以来，已下降 0.17 个百分点。

5. 地方法人银行机构运行稳健。2022 年，广东积极化解地方中小银行风险，全省银行业机构不良贷款率维持在 1.3% 的较低水平。地方法人银行整体流动性较好，运行稳健。截至 2022 年末，广东地方法人银行机构流动性比例 74.8%，较上年末提高 1.5 个百分点；资本充足率 14.8%，与上年基本持平。但受疫情等因素冲击，有效信贷需求不足，加之地方法人银行存在负债成本相对较高、产品创新能力不足等问题，叠加大型银行业务重心下沉的影响，地方法人银行同业竞争压力较大，贷款投放增速有所放缓，对实体经济支持能力有所减弱。

表 2　2022 年金融机构人民币贷款各利率区间占比

单位：%

项目		1 月	2 月	3 月	4 月	5 月	6 月
合计		100.0	100.0	100.0	100.0	100.0	100.0
LPR 减点		29.1	25.6	30.0	32.0	32.8	31.1
LPR		4.8	5.4	5.9	5.6	5.3	6.8
LPR 加点	小计	66.1	69.0	64.1	62.4	61.9	62.1
	(LPR，LPR+0.5%)	17.3	15.1	16.5	13.9	15.9	19.3
	[LPR+0.5%，LPR+1.5%)	24.4	23.0	22.7	21.5	20.7	20.8
	[LPR+1.5%，LPR+3%)	9.6	8.7	8.7	8.6	8.2	8.3
	[LPR+3%，LPR+5%)	3.7	3.8	3.6	4.0	3.2	2.8
	LPR+5% 及以上	11.1	18.3	12.6	14.2	13.9	10.8
项目		7 月	8 月	9 月	10 月	11 月	12 月
合计		100.0	100.0	100.0	100.0	100.0	100.0
LPR 减点		30.4	30.7	35.6	34.2	34.7	39.3
LPR		5.4	5.0	5.4	4.6	5.7	5.7
LPR 加点	小计	64.3	64.4	59.0	61.2	59.6	55.0
	(LPR，LPR+0.5%)	17.5	19.5	20.4	19.0	19.4	17.7
	[LPR+0.5%，LPR+1.5%)	19.8	18.8	17.7	17.3	17.2	17.1
	[LPR+1.5%，LPR+3%)	9.5	8.9	7.2	7.2	7.9	7.0
	[LPR+3%，LPR+5%)	3.4	3.4	2.8	3.2	2.9	2.7
	LPR+5% 及以上	14.0	13.8	10.9	14.5	12.2	10.5

数据来源：中国人民银行广州分行。

6. 跨境人民币结算业务量稳步增长。2022 年，广东跨境人民币业务量达 5.9 万亿元，同比增长 11.3%，占同期本外币跨境结算的 44.4%，较上年提高 2.7 个百分点，人民币连续三年成为粤港澳大湾区第一大跨境结算货币。“跨境理财通”业务平稳发展，参与银行覆盖面不断扩大，涉及相关资金跨境汇划累计金额 22 亿元。

专栏1　完善敢贷愿贷能贷会贷长效机制　实现首贷服务中心全覆盖

为推动普惠金融增量扩面，2022年以来，人民银行广州分行将推进中小微企业和个体工商户首贷拓展行动作为金融支持稳增长、稳经营主体的重点任务之一，在全省范围内推动建立“线上＋线下”全覆盖的首贷金融服务体系，完善敢贷愿贷能贷会贷长效机制，提升全链条首贷金融服务水平，促进普惠金融资源再下沉，实现对普惠小微企业的精准滴灌。截至2022年末，广东已实现线上“粤信融”平台“首贷服务中心”专区和线下首贷服务中心全覆盖，各地市已设立线下首贷服务中心（专窗）257个，累计通过窗口直接咨询并成功对接首贷户2948户，促成各类经营主体获得首贷金额40亿元；通过“小前台、大后台”示范带动作用，已推动广东辖内（不含深圳，下同）金融机构依托“粤信融”平台累计为各类经营主体发放首次贷款4.1万笔，金额1228亿元。

一、运用科技赋能，搭建常态化线上首贷服务平台

依托“粤信融”平台统一开发“首贷服务中心”专区并加载至全省各地市，在专区中集合“快速申请贷款”“信贷产品”“政策工具”“线下首贷服务中心”等功能板块，组织各地市金融机构在相关板块定期上传和更新当地融资支持政策、发布首贷相关信贷产品，方便首贷企业在线上申请贷款。

二、优化营商环境，健全线下首贷服务长效机制

指导辖内人民银行分支机构与地方政府部门加强沟通协调，在地方行政服务中心的新注册企业服务专区联合设立线下首贷服务中心或专窗，采取“小前台、大后台”形式，前台受理企业首贷融资申请，后台依托“粤信融”平台将企业融资需求推送至有关银行，实现前后台受理审批无缝衔接，切实提升融资效率。

三、强化政策引导，开展首贷服务专项行动

制定金融服务小微企业“21+8”条举措，督导广东辖内地方法人银行制定具体实施细则和年度普惠小微专项信贷计划，提升小微企业和个体工商户用款便利度。指导各地市金融机构开展首贷服务专项行动，对无贷企业和个体户进行日常走访跟进，主动上门服务，了解融资需求。截至2022年末，累计走访各类经营主体39万户，促成各类经营主体获得首贷金额447亿元。

四、整合多方资源，完善首贷服务配套支持政策

强化金融政策与财政政策协同联动，运用再贷款等货币政策工具支持首贷户获得低成本资金；会同相关部门出台“首贷贴息”政策，对2022年4月1日至6月30日在广东辖内地方法人金融机构首次申请贷款的小微企业和个体工商户给予不高于1%的贴息补助，形成货币政策工具与财政资金对首贷服务的双重激励。2022年，各地市人民银行分支机构运用再贷款工具支持3321户首贷户获得优惠利率贷款合计142亿元。

五、推动银企对接，创新首贷金融产品和服务模式

开展“金融活水润百业”金融支持个体工商户发展专项服务月活动，联合省市有关部门开展政策宣讲和融资对接会超200场。汇编金融机构各类金融产品和业务联系方式，通过社交媒体等渠道向广大经营主体推送，积极提供首贷融资对接服务。银企对接畅通，全面带动首贷金融产品创新，推出“首户快贷”“首户e贷”等特色首贷产品，降低对抵押担保的过度依赖，提高信贷产品的适配性、有效性和可持续性，满足首贷户差异化融资需求。

（二）证券业发展稳中有进，上市公司质量持续提升

1. 证券机构平稳发展。截至2022年末，总部设在广东省内的证券公司、基金公司和期货公司分别为28家、36家和22家，与上年持平。全省共有834家境内上市公司，较上年新增78家，公司上市融资需求与成功率都有所提升。2022年，广东非金融企业境内股票融资1900亿元，同比增长8.6%，占全国增量的16.2%。

表3　2022年证券业基本情况

项目	数量
总部设在辖内的证券公司数（家）	28
总部设在辖内的基金公司数（家）	36
总部设在辖内的期货公司数（家）	22
年末国内上市公司数（家）	834
当年国内股票（A股）筹资（亿元）	2121
当年发行H股筹资（亿元）	49
当年国内债券筹资（亿元）	6510
其中：短期融资券筹资额（亿元）	-39
中期票据筹资额（亿元）	1049

数据来源：广东证监局、深圳证监局，广东省国民经济和社会发展统计公报。

注：国内上市公司包括在国内主板、科创板、创业板和北京证券交易所上市的公司。

2. 上市公司质量提升。2022年，广东（不含深圳）上市公司通过产业化并购重组、吸收合并，做优做强，全年实施并购重组217单，其中，实施重大资产重组11单，交易金额达320亿元。2022年，广东（不含深圳）共有33家制造业企业完成首次公开发行上市，募资总额达294亿元。截至2022年末，广东（不含深圳）制造业上市公司总数达319家，覆盖制造业各细分行业，有相当一部分公司已成为行业龙头。

（三）保险业整体稳步发展，保障功能有效发挥

保险业提升服务实体经济质效，保障覆盖社会发展重点领域和薄弱环节。2022年末，广东保险业总资产2.1万亿元，同比增长11.0%，实现原保险保费收入5894亿元，同比增长5.7%，赔付支出1745亿元。广东（不含深圳）“险资入粤”累计投资余额2.2万亿元，同比增长14.7%，助力稳住经济大盘。加快发展跨境医疗保险和大湾区专属重疾险业务，进一步健全大湾区专属人身保险产品体系。在售跨境医疗险产品8款，累计承保超1万人次，提供风险保障1040亿元；在售大湾区重疾险产品23款，累计承保12万人次，提供风险保障394亿元。

表4　2022年保险业基本情况

项目	数量
总部设在辖内的保险公司数（家）	38
其中：财产险经营主体（家）	17
寿险经营主体（家）	11
保险公司分支机构（家）	189
其中：财产险公司分支机构（家）	82
寿险公司分支机构（家）	105
保费收入（中外资，亿元）	5894
其中：财产险保费收入（中外资，亿元）	1565
人身险保费收入（中外资，亿元）	4329
各类赔款给付（中外资，亿元）	1745

数据来源：广东银保监局、深圳银保监局。

（四）社会融资规模增长平稳，多渠道支持经济增长

1. 社会融资规模平稳增长。2022年，广东社会融资规模全年增加3.5万亿元，增速与广东名义经济增速基本匹配，处于合理适度区间，对实体经济的支持力度稳固。直接融资规模累计增加8411亿元，占社会融资规模增量的24.0%；其中，企业债券融资同比少增2747亿元，非金融企业境内股票融资同比多增152亿元，政府债券融资同比少增396亿元。

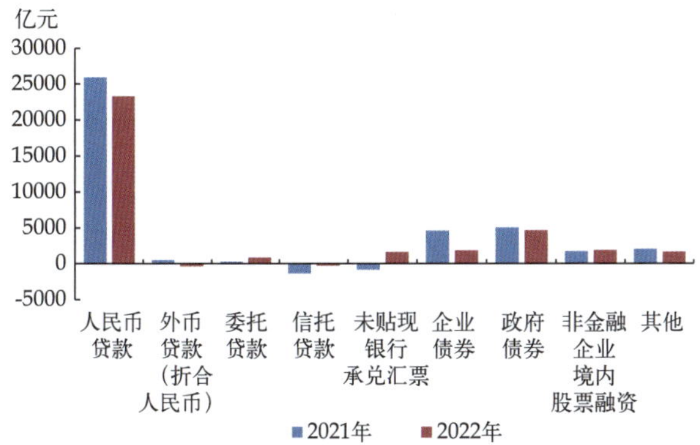

图 4 社会融资规模分布结构

（数据来源：中国人民银行广州分行）

2. 债券交易规模较快增长。2022 年，广东在银行间市场发行各类债券 1.8 万亿元，同比减少 17.8%；各类债券加权平均发行利率 2.7%，同比下降 0.4 个百分点，其中，企业发债加权平均利率 2.6%，同比下降 0.5 个百分点。2022 年，广东在银行间市场债券回购交易金额 506.6 万亿元，同比增长 27.4%，净融入资金 165.0 万亿元。12 月，质押式隔夜回购加权平均利率 1.23%，较上年同期下降 0.76 个百分点；买断式隔夜回购加权平均利率 1.04%，较上年同期下降 0.92 个百分点。2022 年，广东在银行间市场现券交易金额 119.2 万亿元，同比增长 40.3%。

3. 汇票承兑业务平稳增长。2022 年，广东银行承兑票据承兑发生额 3.2 万亿元，同比增长 27.5%；票据贴现（含转贴现）发生额 11.2 万亿元，同比减少 2.5%。票据市场利率趋于下降，12 月份贴现加权平均利率 1.31%，较上年同期下降 0.92 个百分点。

表 5 2022 年金融机构票据业务量

单位：亿元

季度	银行承兑汇票承兑		贴现			
			银行承兑汇票		商业承兑汇票	
	余额	累计发生额	余额	累计发生额	余额	累计发生额
1	16019.61	6853.77	11156.35	23598.97	1618.09	3638.19
2	18153.02	16006.57	12198.96	55717.37	1640.00	7320.86
3	19240.76	23700.38	12874.66	79818.20	1591.62	8788.82
4	19756.35	32218.23	12799.80	102238.57	1421.56	10160.35

数据来源：中国人民银行广州分行。

表 6 2022 年金融机构票据贴现、转贴现利率

单位：%

季度	贴现		转贴现	
	银行承兑汇票	商业承兑汇票	票据买断	票据回购
1	2.2745	3.6310	2.2039	2.0742
2	1.6568	3.4263	1.6224	1.5713
3	1.5646	3.2469	1.5335	1.3779
4	1.4887	3.2840	1.3197	1.5195

数据来源：中国人民银行广州分行。

（五）有力落实稳健货币政策，发挥结构性货币政策工具引导功能

1. 保持信贷总量合理增长。落实好两次降准，为辖内释放长期流动性 363 亿元；全年累计发放支农支小再贷款和再贴现资金 2498 亿元；指导广东政策性开发性银行用好政策性开发性金融工具，投放资金 1178 亿元，累计带动总投资 1.9 万亿元，信贷总量增长稳定性增强。2022 年，广东本外币贷款增加 2.4 万亿元，其中，企（事）业单位贷款增加 1.8 万亿元，同比多增 2702 亿元，信贷支持实体经济力度进一步稳固。

2. 加大对涉农、普惠小微企业等经济薄弱环节的信贷支持力度。聚焦乡村振兴，引导金融机构持续支持地方涉农企业发展，广东涉农贷款全年增加 3084 亿元，同比多增 1137 亿元；通过运用普惠小微贷款支持工具向地方法人金融机构发放激励资金 24 亿元，撬动普惠小微贷款余额全年增加 7079 亿元，同比多增 242 亿元。

3. 用好用足结构性货币政策工具支持重点领域发展。截至 2022 年末，运用碳减排支持工具和支持煤炭清洁高效利用专项再贷款，提升信贷绿色化水平，绿色贷款余额达 2.2 万亿元；运用科技创新再贷款支持金融机构发放贷款 1287 亿元，带动全省科技型中小企业、高新技术企业、专精特新“小巨人”企业贷款余额同比分别增长 23.6%、20.7% 和 45.6%；运用设备更新改造专项再贷款支持银行为制造业发放贷款 76 亿元，带动制造业中长期贷款全年增加 4109 亿元，同比多增 1681 亿元。

4. 加大对经营主体纾困让利力度。运用普

惠小微贷款减息支持工具，引导金融机构为相关经营主体减免贷款利息21亿元；落实普惠小微企业贷款延期还本付息政策，累计为17万户普惠小微经营主体办理延期还本，涉及金额1815亿元。运用交通物流专项再贷款支持银行发放优惠贷款25亿元，惠及物流企业、卡车司机等297家经营主体，支持交通物流保通保畅。

5. 引导金融机构降低实体经济融资成本。 2022年12月，广东新发放普惠小微贷款利率同比下降0.71个百分点。人民银行低成本资金支持银行机构降低贷款利率，帮助各类经营主体节约融资成本超过550亿元。

（六）普惠金融支持体系不断完善，深入推进“金融为民”

1. 提升小微企业首贷可得性。 建设线上“粤信融首贷服务中心”，推动全省各地市实现首贷服务中心全覆盖，优化“线上平台+线下窗口”全流程首贷金融服务体系。引导金融机构大力拓展首贷户，增强中小微企业获贷能力，提升普惠金融覆盖面。截至2022年末，金融机构依托“粤信融”平台累计为各类经营主体发放首次贷款金额1228亿元。

2. 不断拓宽政银企对接渠道。 搭建“粤信融稳企业保就业平台”，建立融资需求动态管理清单，引导金融机构主动对接支持。截至2022年末，金融机构共对接4.2万家重点支持企业，累计发放贷款3847亿元。持续推广中征应收账款融资服务平台应用，破解企业融资抵质押难题。截至2022年末，中征平台在广东辖内共促成融资笔数3.3万笔，融资金额7192亿元，其中“政采贷”业务共促成融资金额31亿元。

3. 持续推进“珠三角征信链”提供高质量征信服务。 不断优化迭代“珠三角征信链”，持续拓宽信用信息共享覆盖范围。有效拓展地方征信平台、征信机构、政府有关部门和金融纠纷调解组织等各节点数据源，实现涉企信用信息有效共享。截至2022年末，依托“珠三角征信链”，金融机构累计查询企业信用报告477万笔，帮助企业获得融资金额4962亿元。

4. 持续深化农村支付服务环境建设。 促进移动支付与智慧交通、智慧生活、智慧医疗、智慧养老等城乡重点民生领域便民场景融合应用，持续巩固移动支付便民成果。2022年，广东新增启动建设移动支付示范镇223个、精品示范镇57个，挂牌认定移动示范镇100个、精品示范镇20个，圆满完成移动支付示范镇建设三年规划。2022年，广东在建及建成的示范镇内累计发生银联标准移动支付交易1353万笔，金额22亿元。

5. 有力统筹金融发展与金融安全。 建立健全区域金融风险防控工作机制。进一步发挥金融委办公室广东协调机制作用，强化金融风险信息共享与研判。密切关注重点领域和重点机构的金融风险，推动高风险机构风险处置，防范化解村镇银行风险，配合化解房地产行业风险，牢牢守住不发生系统性、区域性金融风险的底线。积极开展存款保险宣传，累计覆盖群众7700万余人次。

二、经济运行情况

2022年，面对风高浪急的国际环境和艰巨繁重的改革发展稳定任务，广东坚持稳字当头、稳中求进，高效应对超预期因素冲击，全力保持经济平稳运行。2022年，广东地区生产总值12.9万亿元，同比增长1.9%。

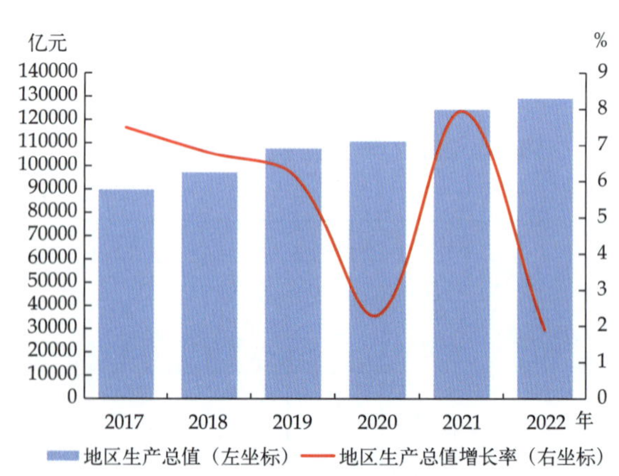

图5 地区生产总值及其增长率

（数据来源：广东省统计局）

（一）内需总体趋弱，外贸稳中有进

1. 固定资产投资结构优化。2022年，广东固定资产投资同比下降2.6%。工业投资在《广东省促进工业经济平稳增长行动方案》等增量政策扶持下展现出一定韧性，同比增长10.3%，拉动全部投资增长2.6个百分点。制造业投资保持较好增长势头，同比增长12.2%。新动能领域投资增长较快，高技术制造业投资同比增长25.5%，先进制造业投资同比增长17.8%。专项债发行提速和政策性开发性金融工具等政策落地生效，带动基础设施投资同比增长2.0%，回升态势进一步巩固。

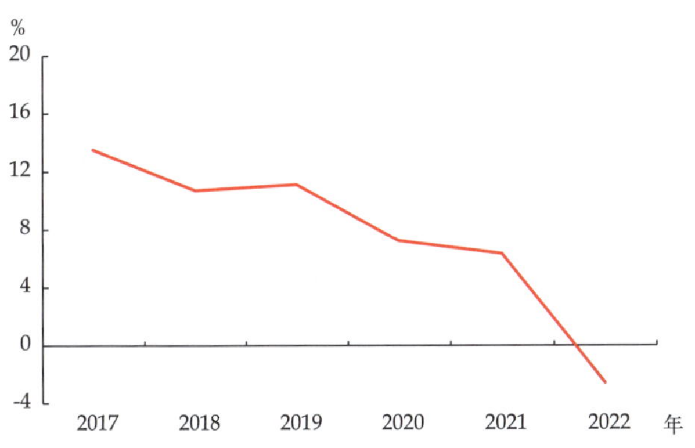

图6　固定资产投资（不含农户）增长率

（数据来源：广东省统计局）

2. 消费增长总体平稳。2022年，广东实现社会消费品零售总额4.5万亿元，同比增长1.6%，其中商品零售额同比增长2.3%。乡村消费恢复快于城镇，乡村消费品零售额同比增长6.3%，城镇消费品零售额同比增长0.9%。在支持政策刺激下，汽车消费需求有效释放，全省限额以上单位汽车类商品零售额同比增长4.9%，其中，新能源汽车同比增长124.4%，较上年提升32.3个百分点。网上零售为全省消费市场平稳发展提供重要支撑，限额以上单位通过公共网络实现商品零售额同比增长13.4%。

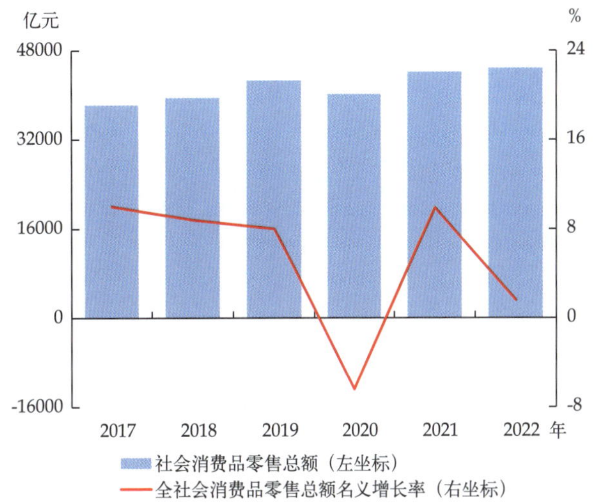

图7　社会消费品零售总额及其增长率

（数据来源：广东省统计局）

3. 进出口总额小幅增长。2022年，面对全球市场需求不足、大宗商品价格上涨、国际贸易供应链物流链运转阻滞等因素反复冲击，广东外贸顶住压力，在上年高基数下，仍实现正增长，全年进出口总值8.3万亿元，同比增长0.5%，连续两年站稳8万亿元台阶，其中，出口同比增长5.5%，进口同比下降7.4%。外部环境变化促使广东贸易结构持续调整，2022年，一般贸易进出口总额同比增长5.0%，占进出口总额的比重较上年提升2.3个百分点；高新技术产品进出口占广东外贸的38.8%，带动外贸向价值链高端攀升。贸易伙伴更趋多元化，对"一带一路"共建国家进出口总额同比增长10.3%，对其他金砖4国进出口总额同比增长9.3%。民营企业进出口总额同比增长2.5%，占进出口总额的比重较上年提高1.1个百分点至57.6%。

对外投资增速加快。2022年，广东对外非金融类直接投资额221亿美元，同比增长30.1%，增速较上年提高22.8个百分点。全年实际吸收外资1819亿元，同比下降1.1%，新设外商直接投资企业1.3万家。

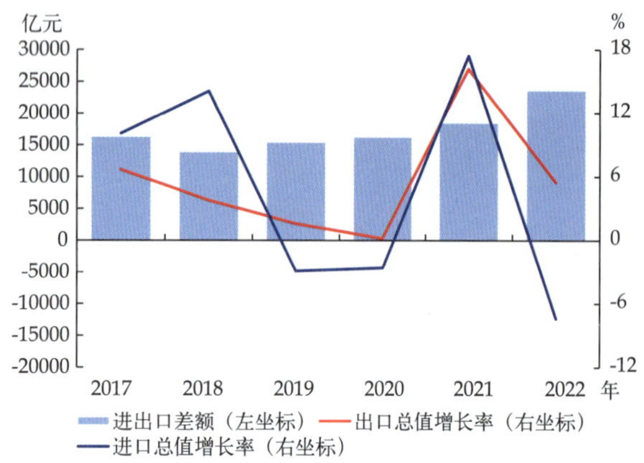

图 8　外贸进出口变动情况

（数据来源：广东省统计局）

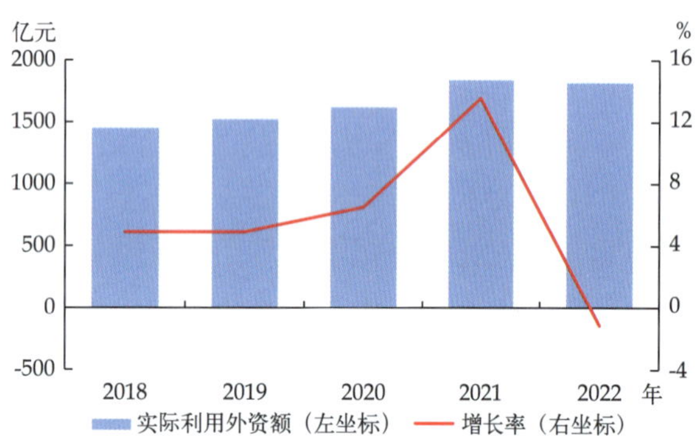

图 9　实际利用外资额及其增长率

（数据来源：广东省统计局）

（二）供给端基本平稳，工业生产展现韧性

2022 年，广东三大产业结构比重为 4.1∶40.9∶55.0，其中第二产业比重提高 0.4 个百分点。三大产业呈现回稳向好态势，第一、第二、第三产业增加值同比分别增长 5.2%、2.5% 和 1.2%。

1. 农业生产形势良好。2022 年，广东农林牧渔业总产值 8891 亿元，同比增长 5.4%，农业基本盘稳中向好。全省粮食播种面积 3345 万亩，同比增长 0.8%；粮食总产量 1292 万吨，同比增长 0.9%，实现“四连增”。新建成高标准农田 162 万亩，复耕复种撂荒耕地 73 万亩。

乡村振兴重点工作全面推进，全省实施 10 亿元财政资金奖励支持 13 条“广东省十大乡村振兴示范带”建设。现代农业发展加快，累计创建 18 个国家级、288 个省级现代农业产业园。“粤强种芯”工程取得突破性进展，水产种业成功自主培育南美白对虾，打破国外垄断。深化助镇帮镇扶村，大力开展“千企帮千镇、万企兴万村”。

2. 工业经济韧性较强。2022 年，广东规模以上工业增加值 4.0 万亿元，同比增长 1.6%；制造业增加值 3.6 万亿元，同比增长 1.3%，拉动全省规模以上工业增加值提升 1.1 个百分点，其中，先进制造业增加值增长 2.5%，高技术制造业增加值同比增长 3.2%，分别拉动全省规模以上工业增加值提高 1.4 个和 1.0 个百分点。

制造业新动能平稳增长。2022 年，新能源汽车产销情况较好，汽车制造业增加值同比增长 20.8%。锂电和光伏等新能源产业快速发展，带动电气机械和器材制造业增加值同比增长 2.8%。2022 年，广东新增国家级制造业单项冠军企业 47 家、国家级专精特新“小巨人”企业 447 家，推动 1 万家企业“小升规”、超过 9000 家工业企业开展技术改造。

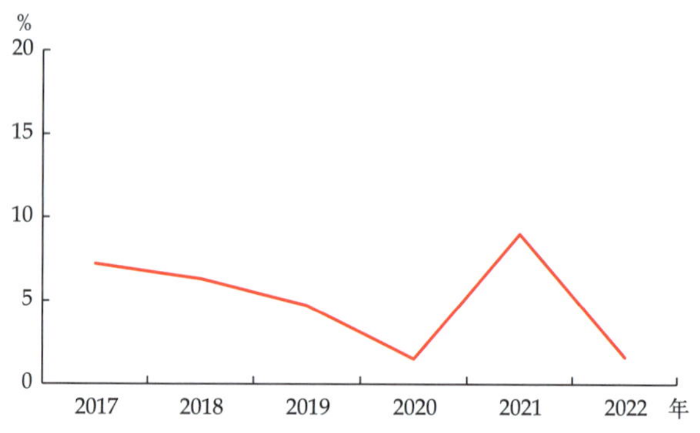

图 10　规模以上工业增加值实际增长率

（数据来源：广东省统计局）

3. 服务业承压运行。2022 年，广东服务业增加值 7.1 万亿元，同比增长 1.2%；其中，现代服务业增加值占比 65.2%，同比提高 0.3 个百分点。金融业保持稳健运行，全年实现增加值 1.2 万亿元，同比增长 7.8%。随着促消费政策成效持续显现，消费服务市场回暖带动服务业收入增长。2022 年，全省规模以上服务业实现营

业收入4.5万亿元，同比增长2.1%，十大门类行业营业收入“六升四降”，其中，规模最大的信息传输、软件和信息技术服务业同比增长8.0%。

4. 重大项目建设平稳推进。2022年，广东推动廉江核电一期、陆丰核电5号机组、环北部湾广东水资源配置工程、深江高铁、狮子洋通道等项目顺利开工。粤芯二期、瑞庆时代、广汽自主品牌20万辆新能源汽车扩产、华星光电T9生产线、中石油广东石化炼化一体化等项目建成投产。

（三）消费价格同比回升，生产价格涨幅收窄

1. 居民消费价格温和回升。2022年，受上年基数较低的影响，广东居民消费价格指数上涨2.2%，涨幅较上年扩大1.4个百分点。

2. 工业品价格同比涨幅收窄。2022年，广东工业生产者出厂价格指数上涨3.0%，涨幅较上年收窄0.4个百分点；工业生产者购进价格指数同比上涨4.1%，涨幅较上年收窄3.9个百分点；工业品价格涨幅剪刀差较上年收窄至1.1。

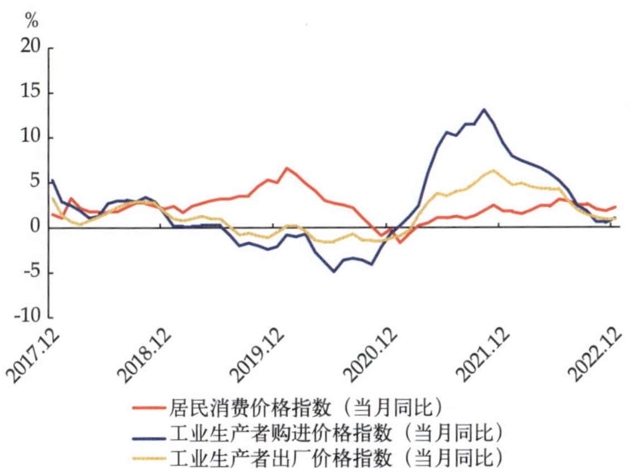

图11　居民消费价格指数和工业生产者价格指数变动趋势

（数据来源：广东省统计局）

（四）财政稳经济保民生，重点群体就业稳定

1. 财政收支保持增长。2022年，广东完成地方一般公共预算收入1.3万亿元，同比下降5.8%，剔除留抵退税因素后，同比增长0.6%，其中，为企业退税减税缓税降费达4656亿元。民生保障支出只增不减，2022年，广东一般公共预算支出1.9万亿元，同比增长1.6%，其中，民生类支出占一般公共预算支出的70.1%。

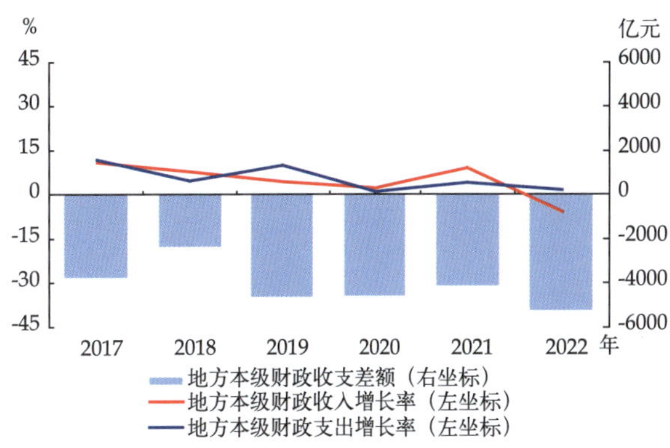

图12　财政收支状况

（数据来源：广东省统计局）

2. 就业完成全年目标。2022年，广东就业顶住新冠疫情、高校毕业生人数屡创新高等因素影响的压力，保持基本稳定。全年城镇新增就业132万人，城镇调查失业率保持在5.5%以内，71万名高校毕业生、4200万名异地务工人员就业保持基本稳定。

3. 城乡居民收入差距进一步缩小。2022年，广东居民人均可支配收入4.7万元，同比名义增长4.6%，扣除价格因素，实际增长2.3%。城镇居民人均可支配收入同比名义增长3.7%，实际增长1.5%；农村居民人均可支配收入同比名义增长5.8%，实际增长3.4%，较城镇居民高出1.9个百分点，城乡居民收入比由2021年的2.46：1缩小至2.41：1。

（五）房地产市场低位运行，经济拉动效能减弱

2022年，广东房地产市场受疫情冲击、投资低迷、收入预期下降等多重因素影响，房地产开发投资1.5万亿元，商品房销售面积1.1亿平方米，同比增幅均低于上年水平，市场整体呈现低位运行态势。省内重点城市新建住宅销售价格低位波动，房地产市场对经济拉动效能

也逐渐减弱。

（六）“双区”、三大平台建设持续推进

粤港澳大湾区建设取得阶段性成效，深圳建设中国特色社会主义先行示范区（以下简称深圳先行示范区）全面铺开、纵深推进。“港澳药械通”“澳车北上”落地实施，深圳先行示范区放宽市场准入24条特别措施落地，广州期货交易所成功上市首个交易品种“工业硅”，深圳证券交易所有效推进全市场注册制改革，跨境车险“等效先认”“跨境理财通”等试点顺利推进。横琴粤澳深度合作区建设稳健起步，前海深港现代服务业合作区建设加快推进，南沙深化面向世界的粤港澳全面合作开局良好。横琴企业所得税、个人所得税“双15%”税收优惠政策顺利落地。前海跨境贸易大数据平台和六大集聚区正式启动。国务院印发《广州南沙深化面向世界的粤港澳全面合作总体方案》，赋予鼓励类产业15%企业所得税和港人港税、澳人澳税等优惠政策。

专栏2　金融支持粤港澳大湾区建设进展情况

建设粤港澳大湾区，是习近平总书记亲自谋划、亲自部署、亲自推动的重大国家战略。人民银行广州分行按照总行的工作部署，认真贯彻落实《关于金融支持粤港澳大湾区建设的意见》，推动粤港澳大湾区在金融重点领域和关键环节改革先行先试，为建设富有活力和国际竞争力的一流湾区和世界级城市群提供有力的金融支撑。

金融市场和金融基础设施互联互通有序推进。金融市场方面，大湾区“跨境理财通”运行良好，截至2022年末，参与“跨境理财通”的大湾区居民已超过4万人次，涉及相关资金跨境汇划22亿元。依托大湾区绿色金融联盟推进绿色金融相关标准对接，推动内地主体赴香港、澳门发行绿色债券，联动开展了碳排放权交易人民币跨境结算、绿色信贷资产跨境转让等业务。金融基础设施方面，携手港澳共建多个区域性支付与市场基础设施，形成大湾区多币种、全工具、全天候现代化支付结算通道。推动“珠三角征信链”建设，促进涉企信用信息互联互通。

跨境贸易投融资便利化水平进一步提升。账户管理方面，依托自由贸易（FT）账户业务，支持经营主体更好运用境内境外“两个市场”“两种资源”。扩大本外币合一银行结算账户体系试点，提升账户服务便利性。跨境人民币业务方面，稳步推进跨境人民币更高水平便利化，提高优质企业办理跨境人民币业务的效率。截至2022年末，大湾区内地九市与港澳之间累计跨境人民币结算量25.2万亿元。外汇管理方面，有序推进南沙自贸片区跨境贸易投资高水平开放试点，截至2022年末，累计办理试点业务金额141亿美元。落实优质企业贸易外汇收支便利化试点、跨国公司本外币一体化资金池试点、支持银行优化新型国际贸易结算等举措。开展合格境内有限合伙人/合格境外有限合伙人（QDLP/QFLP）试点，双向拓展私募股权基金跨境投资渠道。深化外债登记改革，促进高新技术和“专精特新”企业跨境融资便利化。推广跨境金融服务平台并丰富应用场景，提升外汇业务办理效率。

跨境金融服务创新取得实效。稳步扩大香港、澳门代理见证开户业务试点，新增中国建设银行、招商银行、东亚银行3家银行参加试点，并将已试点的中国工商银行、中国银行业务范围交叉扩大至香港、澳门。截至2022年末，累计为港澳居民代理见证开立内地银行账户23万户。推动港澳版云闪付等5个跨境电子钱包在大湾区内地九市的零售、

餐饮、交通等民生场景的融合应用。推动布设了支持港澳居民／台湾同胞来往内地通行证、护照等证件的个人信用报告自助查询机，优化征信便民服务。

支持横琴、前海、南沙三大平台建设。立足横琴服务澳门、琴澳金融一体化，深入研究资金“电子围网”的实施路径，推出跨境人民币缴纳税款和社保、跨境住房贷款等惠民举措，推进与澳门在资产管理、融资租赁等现代金融业领域的合作。依托前海推进深港金融合作，支持开展人民币海外投贷基金、本外币一体化资金池试点等跨境金融创新，推进与香港在金融科技、私募股权、供应链金融等领域合作。支持南沙打造立足湾区、协同港澳、面向世界的重大战略性平台，有序推进跨境贸易投资高水平开放试点，推进与香港、澳门在跨境理财和资产管理、跨境租赁、青年创新创业等领域合作。

金融监管合作不断深化。推进粤港金融科技监管沙盒对接，纳入首个跨境创新应用“基于API技术的跨境自动汇款服务”。推动粤港、粤澳反洗钱合作。推进粤澳跨境金融纠纷调解机制建设，成立“横琴（珠澳）金融纠纷调解室”。

三、预测与展望

2023年，广东经济社会发展仍面临一些困难和挑战：经济恢复基础尚不牢固，稳外贸仍面临复杂国际形势和外需不足的约束；产业基础能力和竞争力需要进一步提高；民生领域还要加大力度补短板。广东将继续坚持稳字当头、稳中求进，着力稳预期、强信心、抓落实，突出做好稳增长、稳就业、稳物价工作，推动经济运行整体好转，实现质的有效提升和量的合理增长，推动广东在现代化建设新征程中开好局起好步。

从经济运行看，一方面，好的积极因素正在累积，政策利好提振市场信心，文旅消费加快复苏，部分先行指标向好，工业投资支持企业拓展产能、转型升级。另一方面，市场预期处于低位，稳外贸仍面临较大压力，消费增长尚未恢复。随着各项政策措施持续生效，全省经济运行将整体好转，有基础、有条件保持逐步回升趋势。

从金融运行看，社会融资规模继续保持合理增速，助力促消费、扩投资、带就业。稳健货币政策将精准有力，稳固对实体经济的可持续支持力度；结构性货币政策工具持续发挥好引导功能，引导金融机构强化对普惠金融、科技创新、绿色发展等领域金融服务，加大对涉农、小微和民营企业的信贷支持力度，引导金融资源向制造业、基础设施建设等领域倾斜；不断巩固贷款利率下降成果，引导企业综合融资和个人消费信贷成本稳中有降；进一步优化外汇服务与管理，支持外贸新业态发展。广东金融系统将持续深化金融改革创新，塑造广东金融发展新动能、新优势，为支持地方经济社会高质量发展贡献金融力量。

中国人民银行广东省分行货币政策分析小组

总　　纂：白鹤祥　陈玉海

统　　稿：张　皓　肖　跃　陈　瑞　王　军

执　　笔：胡逸闻　王昭彤　李　帆　吴陆宝　吴嘉业　邹同力　陈灵芝　王海青　梁梓豪

提供材料：黄　珊　何达之　史　琳　周俊英　吴国兵　李　思　叶俊华　赖咏涛　陈俊霖　牛润盛　丁诗培　杨博文　赵俊豪　戈志武　陈树生　朱伟彬　陈亚东　胡　晖　蓝　天　江　乙　詹海涛

附录：

（一）2022年广东省经济金融大事记

1月4日，国家外汇管理局在广东自由贸易试验区南沙新区片区开展跨境贸易投资高水平开放试点。

4月28日，广东省人民政府办公厅印发《广东金融支持受疫情影响企业纾困和经济稳增长行动方案的通知》。

5月7日，中国人民银行广州分行及时转发中国人民银行、国家外汇管理局《关于做好疫情防控和经济社会发展金融服务的通知》，并因地制宜提出10条细化措施，以“23+10”的形式落实支持疫情防控和经济社会发展金融举措。

5月23日，广东首笔绿色信贷资产跨境转让业务落地横琴粤澳深度合作区。

6月6日，国务院印发《广州南沙深化面向世界的粤港澳全面合作总体方案》。

6月24日，广东省人民政府办公厅印发《广东省发展绿色金融支持碳达峰行动的实施方案》。

6月27日，广东实现线上“粤信融”平台“首贷服务中心”专区和线下首贷服务中心全覆盖，为中小微企业和个体工商户融资服务营造敢贷愿贷能贷会贷良好氛围。

7月22日，中国人民银行、国家外汇管理局决定在广东开展第二批跨国公司本外币一体化资金池试点。

8月28日，广东省首批政策性开发性金融工具签约项目实现全部投放。

12月15日，广州市资本市场金融科技创新试点第一批13个试点项目正式启动。

（二）广东省主要经济金融指标

表 1　2022 年广东省主要存贷款指标

	项目	1 月	2 月	3 月	4 月	5 月	6 月	7 月	8 月	9 月	10 月	11 月	12 月
本外币	金融机构各项存款余额（亿元）	300388.6	295979.9	299594.0	301354.9	305185.0	312809.7	312964.8	313163.4	315973.1	314157.5	318848.9	322357.7
	其中：住户存款	101575.3	99189.0	102645.3	102402.8	103776.8	106775.6	105854.8	106708.6	109674.1	108271.4	110758.6	113554.8
	非金融企业存款	113681.4	109344.2	111510.8	111787.2	112140.2	117011.0	115836.7	117334.2	119106.0	118148.1	119076.3	120746.8
	各项存款余额比上月增加（亿元）	7226.9	-4408.7	3614.0	1760.9	3830.1	7624.7	155.1	198.6	2809.7	-1815.6	4691.4	3508.8
	金融机构各项存款同比增长（%）	10.6	8.3	9.0	9.1	10.5	9.7	10.6	10.2	10.2	9.7	10.9	10.0
	金融机构各项贷款余额（亿元）	227918.9	228611.3	231775.1	233038.8	235414.4	238751.5	238510.2	239866.9	242665.3	242483.7	244181.1	245722.9
	其中：短期	49124.5	49317.5	50182.3	50182.3	50207.2	50834.0	50004.9	49701.6	50284.3	49764.9	49442.1	48984.8
	中长期	161317.6	161764.8	163953.8	164935.2	166388.1	168650.7	169227.6	170770.3	172772.4	173127.7	174629.8	176622.3
	票据融资	10209.3	10223.0	10378.2	10628.8	11332.5	11779.4	11798.3	12022.1	12127.2	12143.2	12581.3	12852.6
	各项贷款余额比上月增加（亿元）	5684.6	692.4	3163.8	1263.7	2375.6	3337.1	-241.2	1356.7	2798.4	-181.6	1697.4	1541.8
	其中：短期	1566.1	193.0	864.7	-144.8	169.7	626.8	-829.1	-303.3	582.8	-519.4	-322.9	-457.3
	中长期	3451.3	447.2	2189.0	981.3	1453.0	2262.6	576.9	1542.6	2002.2	355.3	1502.1	1992.5
	票据融资	560.8	13.7	155.2	250.6	703.8	446.9	18.9	223.8	105.1	16.0	438.1	271.4
	金融机构各项贷款同比增长（%）	13.3	12.5	12.1	12.0	12.3	12.3	11.6	11.3	11.5	11.1	11.0	10.6
	其中：短期	7.9	8.1	8.3	8.3	9.0	8.2	6.8	6.0	6.4	5.5	3.9	2.9
	中长期	13.8	12.6	12.2	11.8	11.8	11.8	11.4	11.4	11.5	11.2	11.4	11.8
	票据融资	33.7	34.8	31.2	34.3	40.9	45.4	45.4	43.7	44.0	42.2	42.6	33.2
	建筑业贷款余额（亿元）	5554.4	5574.7	5639.6	5631.8	5650.3	5648.8	5570.2	5535.0	5539.5	5500.9	5482.3	5456.7
	房地产业贷款余额（亿元）	20412.2	20530.4	20623.4	20594.0	20492.8	20722.2	20592.7	20567.0	20593.1	20527.8	20606.4	20769.3
	建筑业贷款同比增长（%）	14.4	11.7	10.4	8.6	8.8	8.0	7.2	5.4	3.8	3.1	2.9	3.7
	房地产业贷款同比增长（%）	2.9	1.9	1.5	1.3	0.8	2.0	1.6	1.4	1.3	0.6	2.2	3.7
人民币	金融机构各项存款余额（亿元）	289333.8	284808.5	288640.3	290513.9	294274.4	301954.9	302332.9	302772.2	305185.6	304097.3	308531.3	312286.5
	其中：住户存款	100618.4	98242.7	101692.1	101414.8	102781.7	105770.0	104845.7	105706.8	108657.4	107256.2	109743.9	112555.2
	非金融企业存款	107940.7	103279.7	105409.5	105661.0	105875.0	110716.0	109548.0	111212.1	112707.6	111931.2	112622.5	114585.7
	各项存款余额比上月增加（亿元）	6852.3	-4525.3	3831.8	1873.6	3760.6	7680.5	378.0	439.3	2413.4	-1088.3	4433.9	3755.2
	其中：住户存款	3984.1	-2375.7	3449.4	-277.3	1366.9	2988.3	-924.3	861.1	2950.6	-1401.1	2487.6	2811.3
	非金融企业存款	3648.0	-4661.0	2129.8	251.5	214.0	4841.0	-1168.0	1664.1	1495.4	-776.3	691.3	1963.2
	各项存款同比增长（%）	10.9	8.7	9.6	9.8	11.1	10.3	11.1	10.7	10.6	10.3	11.5	10.6
	其中：住户存款	12.2	8.5	9.2	10.1	11.1	11.1	12.5	13.6	13.7	14.7	16.4	16.5
	非金融企业存款	8.2	4.5	5.6	5.9	8.4	7.4	8.6	9.2	11.5	11.8	11.6	9.7
	金融机构各项贷款余额（亿元）	221004.7	221672.5	224779.9	225816.7	228151.8	231537.8	231585.9	233109.1	235829.0	235877.5	237509.2	239606.0
	其中：个人消费贷款	74107.1	73703.2	74057.2	74020.7	74068.8	74257.9	74266.5	74449.7	74586.5	74437.2	74364.5	74383.9
	票据融资	10209.3	10223.0	10378.2	10628.8	11332.5	11779.4	11798.3	12022.1	12127.2	12143.2	12581.3	12852.6
	各项贷款余额比上月增加（亿元）	5220.5	667.8	3107.4	1036.9	2335.1	3386.0	48.1	1523.3	2719.9	48.5	1631.7	2096.8
	其中：个人消费贷款	654.8	-403.8	354.0	-36.5	48.1	189.1	8.6	183.2	136.8	-149.4	-72.7	19.4
	票据融资	560.8	13.7	155.2	250.6	703.8	446.9	18.9	223.8	105.1	16.0	438.1	271.4
	金融机构各项贷款同比增长（%）	13.4	12.6	12.1	11.9	12.2	12.3	11.8	11.6	11.8	11.4	11.2	11.0
	其中：个人消费贷款	9.2	8.5	8.1	7.4	6.7	6.3	5.5	5.0	4.4	3.1	1.9	1.3
	票据融资	33.7	34.8	31.2	34.3	40.9	45.4	45.4	43.7	44.0	42.2	42.6	33.2
外币	金融机构外币存款余额（亿美元）	1734.2	1767.0	1725.5	1638.2	1638.0	1617.4	1576.6	1508.0	1519.4	1401.8	1437.6	1446.1
	金融机构外币存款同比增长（%）	4.7	2.0	-0.3	-8.5	-7.9	-9.8	-5.8	-9.2	-8.5	-16.8	-14.3	-13.7
	金融机构外币贷款余额（亿美元）	1084.6	1097.5	1101.9	1091.3	1090.4	1074.8	1026.8	980.7	962.9	920.5	929.6	878.3
	金融机构外币贷款同比增长（%）	12.2	12.1	13.5	13.2	10.4	9.4	0.9	-4.3	-8.1	-9.7	-7.4	-13.2

数据来源：中国人民银行广州分行。

表 2　2001—2022 年广东省各类价格指数

单位：%

时间		居民消费价格指数		工业生产者购进价格指数		工业生产者出厂价格指数	
		当月同比	累计同比	当月同比	累计同比	当月同比	累计同比
2001		—	-0.7	—	-0.9	—	-1.5
2002		—	-1.4	—	-3.7	—	-3.5
2003		—	0.6	—	4.1	—	-0.7
2004		—	3.0	—	10.6	—	1.7
2005		—	2.3	—	5.0	—	1.5
2006		—	1.8	—	3.6	—	1.4
2007		—	3.7	—	3.3	—	1.3
2008		—	5.6	—	7.9	—	3.1
2009		—	-2.3	—	-6.2	—	-4.2
2010		—	3.1	—	7.3	—	3.2
2011		—	5.3	—	7.3	—	3.7
2012		—	2.8	—	-0.5	—	-0.5
2013		—	2.5	—	-1.8	—	-1.2
2014		—	2.3	—	-1.2	—	-1.1
2015		—	1.5	—	-4.7	—	-3.2
2016		—	2.3	—	-2.0	—	-0.6
2017		—	1.5	—	5.3	—	3.3
2018		—	2.2	—	2.5	—	1.8
2019		—	3.4	—	-0.8	—	0.2
2020		—	2.6	—	-2.6	—	-1.0
2021		—	0.8	—	8.0	—	3.4
2022		—	2.2	—	4.1	—	3.0
2021	1	-1.7	-1.7	0.2	0.2	-0.9	-0.9
	2	-0.7	-1.2	1.2	0.7	-0.3	-0.6
	3	0.2	-0.7	2.4	1.2	1.4	0.1
	4	0.5	-0.4	6.0	2.4	2.8	0.8
	5	1.1	-0.1	8.8	3.7	3.8	1.4
	6	1.0	0.1	10.6	4.8	3.5	1.7
	7	1.2	0.2	10.2	5.5	4.0	2.0
	8	1.0	0.3	11.5	6.3	4.2	2.3
	9	1.3	0.4	11.6	6.9	4.9	2.6
	10	1.9	0.6	13.1	7.5	5.8	2.9
	11	2.5	0.8	11.6	7.8	6.3	3.2
	12	1.8	0.8	9.4	8.0	5.5	3.4
2022	1	1.7	1.7	7.9	7.9	4.7	4.7
	2	1.5	1.6	7.4	7.7	4.9	4.8
	3	1.9	1.7	7.0	7.4	4.5	4.7
	4	2.4	1.9	6.6	7.2	4.3	4.6
	5	2.3	1.9	6.0	7.0	4.2	4.5
	6	3.1	2.1	5.2	6.7	4.3	4.5
	7	2.9	2.2	4.1	6.3	2.9	4.2
	8	2.5	2.3	2.4	5.8	1.9	3.9
	9	2.6	2.3	1.8	5.3	1.4	3.7
	10	2.0	2.3	0.6	4.8	1.1	3.4
	11	1.8	2.2	0.5	4.4	0.9	3.2
	12	2.2	2.2	1.0	4.1	0.9	3.0

数据来源：广东省统计局。

表 3　2022 年广东省主要经济指标

项目	1 月	2 月	3 月	4 月	5 月	6 月	7 月	8 月	9 月	10 月	11 月	12 月
	绝对值（自年初累计）											
地区生产总值（亿元）	—	—	28498.8	—	—	59518.4	—	—	91723.2	—	—	129118.6
第一产业	—	5003.7	976.1	976.1	976.1	2166.0	2166.0	2166.0	3684.4	3684.4	3684.4	5340.4
第二产业	—	50219.2	10920.9	10920.9	10920.9	24183.4	24183.4	24183.4	37229.6	37229.6	37229.6	52843.5
第三产业	—	69146.8	16601.7	16601.7	16601.7	33169.0	33169.0	33169.0	50809.3	50809.3	50809.3	70934.7
工业增加值（亿元）	—	5289.6	8925.1	12166.2	15374.6	19111.4	21984.4	25273.2	28953.7	32142.1	35595.4	39533.5
固定资产投资（亿元）	—	—	—	—	—	—	—	—	—	—	—	—
房地产开发投资	—	1770.1	3121.9	4433.3	5966.8	7509.8	8652.6	9860.6	11222.5	12414.5	13614.4	14963.0
社会消费品零售总额（亿元）	—	7773.3	11195.3	14332.4	17843.7	21652.1	25427.3	29350.1	33324.7	37306.4	41141.3	44882.9
外贸进出口总额（亿元）	—	12394.1	18367.2	25383.3	32076.0	39111.7	46030.0	52734.1	61023.7	68349.2	75622.5	83102.9
进口	—	4501.8	6919.4	9428.2	11807.7	14431.2	16917.8	19321.6	22153.9	24453.5	27003.1	29779.5
出口	—	7892.3	11447.8	15955.0	20268.3	24680.5	29112.1	33412.6	38869.8	43895.7	48619.4	53323.4
进出口差额（出口－进口）	—	3390.5	4528.4	6526.8	8460.7	10249.4	12194.3	14091.0	16715.9	19442.1	21616.2	23543.9
实际利用外资（亿元）	—	246.8	415.7	605.6	720.7	972.3	1069.7	1222.0	1392.8	1546.7	1654.9	1819.0
地方财政收支差额（亿元）	—	291.9	1463.3	1879.8	2385.6	2911.8	2956.7	3352.0	4114.9	3939.8	4456.9	5230.2
地方财政收入	—	2613.8	3463.1	4327.1	5194.0	6730.1	7822.2	8671.7	9861.9	11025.0	11840.3	13279.7
地方财政支出	—	2905.8	4926.4	6206.9	7579.6	9641.9	10778.9	12023.7	13976.8	14964.8	16297.1	18509.9
城镇登记失业率（%）（季度）	—	—	—	—	—	—	—	—	—	—	—	—
	同比累计增长率（%）											
地区生产总值	—	—	3.3	—	—	2.0	—	—	2.3	—	—	1.9
第一产业	—	7.9	6.7	6.7	6.7	5.9	5.9	5.9	5.2	5.2	5.2	5.2
第二产业	—	8.7	4.8	4.8	4.8	2.9	2.9	2.9	3.3	3.3	3.3	2.5
第三产业	—	7.5	2.1	2.1	2.1	1.1	1.1	1.1	1.3	1.3	1.3	1.2
工业增加值	—	5.5	5.8	4.4	3.8	3.5	3.2	3.1	3.4	3.0	2.2	1.6
固定资产投资	—	6.2	6.2	4.4	3.7	1.0	-0.3	-1.0	-0.9	-1.4	-2.6	-2.6
房地产开发投资	—	-1.5	-2.7	-3.1	-3.2	-8.1	-10.3	-12.1	-13.5	-14.2	-15.1	-14.3
社会消费品零售总额	—	4.4	1.7	-0.2	-0.8	0.9	1.4	2.0	2.2	2.4	1.8	1.6
外贸进出口总额	—	4.6	0.6	1.6	1.9	2.8	2.4	0.6	1.3	1.9	1.3	0.5
进口	—	4.2	-2.0	-3.8	-4.9	-4.0	-4.5	-6.1	-5.6	-5.9	-6.8	-7.4
出口	—	4.8	2.2	5.1	6.4	7.3	6.9	4.9	5.6	6.8	6.5	5.5
实际利用外资	—	-6.0	1.0	3.3	-2.0	-1.9	-0.1	3.5	2.8	3.3	-0.9	-1.1
地方财政收入	—	3.1	1.4	-10.2	-13.4	-11.4	-12.0	-10.9	-8.5	-8.3	-8.0	-5.8
地方财政支出	—	2.8	8.7	6.5	7.4	4.6	4.1	3.7	4.9	4.6	3.3	1.6

数据来源：广东省统计局。

广西壮族自治区金融运行报告（2023）

中国人民银行广西壮族自治区分行[①]
货币政策分析小组

[内容摘要] 2022年是党的二十大胜利召开之年，广西坚持以习近平新时代中国特色社会主义思想为指导，坚决贯彻落实党中央"疫情要防住、经济要稳住、发展要安全"重要要求，深入贯彻落实习近平总书记考察广西"4·27"重要讲话精神和对广西工作的系列重要指示要求，紧紧围绕自治区第十二次党代会提出的"1+1+4+3+N"[②]目标任务体系，坚持稳中求进工作总基调，打好稳粮食兴乡村、稳工业保运行、稳消费拓市场、稳投资增后劲、稳外贸扩开放、稳主体激活力、稳财金惠实体、稳生态促转型、稳就业保民生、稳大局保平安"十场攻坚战"，顶住了经济下行压力，保持了经济社会大局稳定。

经济运行平稳恢复，发展质效稳步提升。一是经济实力稳定提高，产业基础不断增强。全年实现地区生产总值2.6万亿元，同比增长2.9%，两年平均增长5.2%。第一、第二、第三产业增加值同比分别增长5.0%、3.2%和2.0%。粮食生产增产增效，总产量1393万吨，播种面积、单产和总产量连续三年增长。畜牧业生产平稳增长，猪牛羊禽肉产量446万吨，同比增长3.1%。工业动能稳步增强，规模以上工业增加值同比增长4.2%，高于全国0.6个百分点。新增规模以上工业企业超1300家，连续三年新增超千家。二是固定资产投资增长趋缓，基础设施投资速度加快。固定资产投资同比增长0.1%，基础设施投资同比增长10.2%、高于全国0.8个百分点。三是消费市场平稳恢复，新型消费韧性足。社会消费品零售总额同比持平，网上消费较快增长，实物商品网上零售额增长15%。新能源汽车产量增长39.2%，限额以上单位新能源汽车零售额增长1.6倍。四是对外贸易企稳回升，利用外资稳中向好。进出口总额6604亿元，同比增长11.3%，其中，出口增长26.1%，进口下降3.2%。贸易顺差807亿元，扭转上年度逆差格局。商务部口径实际利用外资13.7亿美元，同比增长46.4%。五是居民消费价格涨势温和，城乡收入差距持续缩小。全年居民消费价格指数同比上涨1.9%，物价总体稳定在合理区间。工业生产者购进价格指数上涨7.3%，涨幅同比回落3.4个百分点。城乡居民收入比值为2.28，比上年缩小0.08。六是供给侧结构性改革深入推进，经济新动能培育加快。创新发展成效明显，研发经费增长约15%，综合科技创新水平指数提高到54.8%，新增高新技术企业1380家，高技术制造业增加值增长13.9%。世纪工程平陆运河开工建设，海铁联运班列增至8820列，北部湾港集装箱吞吐量超700万标箱，新增外贸集装箱航线10条，首次开行欧美洲际干线。

金融业总体运行平稳，金融对实体经济支撑力度稳固。一是融资总量稳步增长，融资产品创新成效显著。全年社会融资规模增量为6952亿元，同比多增648亿元。2022年末，本外币贷款余额同比增长12.1%，高于全国1.8个百分点。表外融资持续增长，增量为478亿元，占社会融资规模的6.9%，同比提高9个百分点。融资产品创新能力持续增强，成功发行钢铁行

① 自2023年8月18日起，中国人民银行南宁中心支行更名为中国人民银行广西壮族自治区分行。本报告主要反映2022年的经济金融情况，正文中涉及的相关机构表述仍沿用2022年名称。

② "1+1+4+3+N"目标任务体系指一个政治保证、一个总目标、"四个新"总要求、三个共同愿景、一系列工作要求。

业科创票据、“绿色＋乡村振兴”债务融资工具等创新产品。二是信贷结构不断优化，实际贷款利率持续下降。充分发挥结构性货币政策工具精准滴灌作用，全年运用各类货币政策工具提供资金1840亿元，撬动金融资源向基建、制造业、涉农、绿色、普惠小微等领域聚集，制造业中长期贷款和绿色贷款同比增速分别为59.6%和34.5%，普惠小微贷款同比增速超20%。累计使用政策性开发性金融工具230亿元，支持平陆运河等65个重大项目。全年广西企业贷款加权平均利率为4.10%，同比下降34个基点，创2008年有统计以来最低。投放“桂惠贷”贴息贷款3349亿元，“桂惠贷”政策纳入国务院第九次大督查典型经验。三是金融市场总体健康发展，期货市场亮点突出。上市公司融资能力大幅回升，全年IPO融资8亿元，同比增长89.6%。3个生猪“保险＋期货”、3个糖料蔗“保险＋期货”项目落地。保费收入持续增长，专属商业养老保险、商保与医保结合保险产品有效落地。四是金融改革开放持续深化，重大战略扎实推进。面向东盟的金融开放门户建设任务完成98%。中马钦州产业园区金融创新试点业务规模累计突破200亿元，其中三项政策实现复制推广。广西跨境人民币年度结算量首次突破2000亿元。南宁、防城港数字人民币试点正式启动。本外币合一银行结算账户体系试点落地实施。五是防范化解金融风险成效明显，资本补充取得较大进展。法人银行资本补充取得较大进展。不良贷款率低于全国平均水平，债券违约率维持低位，牢牢守住了金融安全底线。

2023年，广西将坚持以习近平新时代中国特色社会主义思想为指导，全面贯彻落实党的二十大和中央经济工作会议精神，认真学习贯彻习近平总书记对广西“五个更大”重要要求，完整、准确、全面贯彻新发展理念，积极服务和融入新发展格局，更好统筹发展和安全，全面深化改革开放，大力提振市场信心，把实施扩大内需战略同深化供给侧结构性改革有机结合起来，突出做好稳增长、稳就业、稳物价工作，有效防范化解重大风险，推动经济实现质的有效提升和量的合理增长，为全面建设新时代壮美广西开好局起好步。广西金融系统将坚持稳中求进工作总基调，精准有力落实稳健的货币政策，聚焦重点领域和薄弱环节、重大战略项目，加大金融与财政产业政策联动，保持信贷总量稳定增长，推动信贷结构持续优化，促进企业综合融资成本和个人消费信贷成本稳中有降，持续深化重点领域金融风险防范化解，为全面建设新时代壮美广西提供强有力的金融服务保障。

一、金融运行情况

2022年，广西金融系统紧紧围绕稳经济大盘要求，坚持稳健的货币政策灵活适度，建立健全金融支持稳经济大盘工作机制，联动财政、产业等政策强化跨周期调节，促进金融总量稳步扩大，资金配置持续优化，融资成本稳中有降，金融市场规范发展，为社会经济加快恢复发展储力蓄能。

（一）银行业稳健运行，信贷保持稳定增长

1.资产规模持续增长。2022年末，广西银行业金融机构资产、负债同比分别增长9.6%和9.8%；全年实现利润401亿元，同比下降16.3%，增速较上年末回落22.9个百分点。营业网点和法人机构数量分别为6969个和145个，从业人数同比增长1.6%。

表1　2022年银行业金融机构情况

机构类别	营业网点			法人机构（个）
	机构个数（个）	从业人数（人）	资产总额（亿元）	
一、大型商业银行	1767	35410	18361	0
二、国家开发银行和政策性银行	66	1785	7118	0
三、股份制商业银行	200	5000	4317	0

续表

机构类别	营业网点			法人机构（个）
	机构个数（个）	从业人数（人）	资产总额（亿元）	
四、城市商业银行	1325	15520	10702	3
五、城市信用社	0	0	0	0
六、小型农村金融机构	2324	25310	11839	95
七、财务公司	2	65	329	1
八、信托公司	0	0	0	0
九、邮政储蓄银行	963	10270	2629	0
十、外资银行	4	75	55	0
十一、新型农村金融机构	317	4374	829	45
十二、其他	1	56	44	1
合　计	6969	97865	56223	145

数据来源：广西银保监局、中国人民银行南宁中心支行、广西地方金融监管局。

注：营业网点不包括国家开发银行和政策性银行、大型商业银行、股份制银行等金融机构总部数据；大型商业银行包括中国工商银行、中国农业银行、中国银行、中国建设银行和交通银行；小型农村金融机构包括农村商业银行、农村合作银行和农村信用社；新型农村金融机构包括村镇银行和农村资金互助社；其他包含金融租赁公司。

2. 存款增速加快。2022年末，广西本外币各项存款余额4.0万亿元，同比增长9.0%，较上年末提高2.7个百分点，其中人民币存款余额增长9.1%；全年新增3333亿元，同比多增1119亿元，增量创历史新高。住户、非金融企业存款增速均有所加快，增速分别为12.2%和5.8%，较上年末提高1.6个和3.0个百分点；二者较年初新增占各项存款新增比重为93.8%。

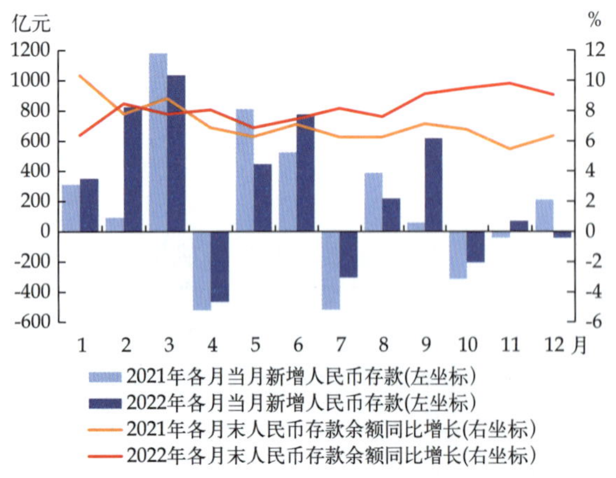

图1　金融机构人民币存款增长变化

（数据来源：中国人民银行南宁中心支行）

3. 贷款稳定增长。2022年末，广西本外币各项贷款余额4.5万亿元，同比增长12.1%，在上年高基数下回落1.1个百分点，其中人民币贷款余额增长12.4%；全年新增4839亿元，同比多增184亿元。稳经济大盘重点领域有力增长，企事业单位贷款增速17.7%，其中中长期贷款增速19.5%，对企事业单位贷款增长拉动达14.0个百分点；基建业贷款增速17.5%；制造业中长期贷款连续32个月保持40%以上增长；涉农贷款增速15.0%，较上年末提高5.3个百分点。

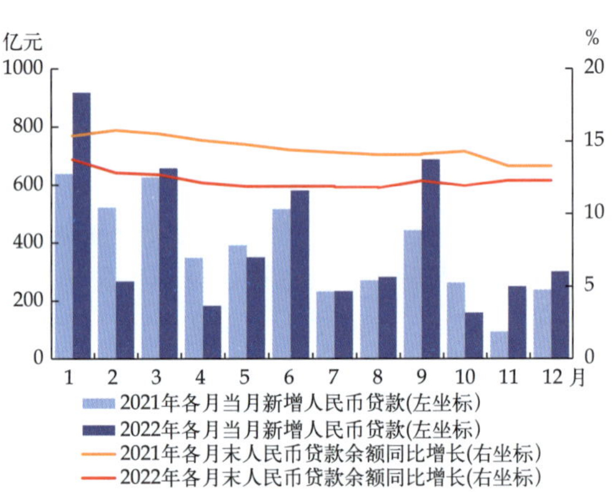

图2　金融机构人民币贷款增长变化

（数据来源：中国人民银行南宁中心支行）

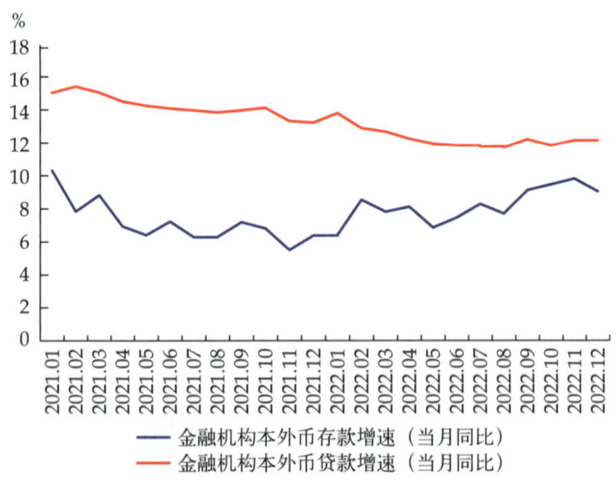

图3　金融机构本外币存贷款增速变化

（数据来源：中国人民银行南宁中心支行）

4. 表外融资贡献度明显提升。2022年，广西表外融资增加478亿元，同比多增610亿元；

其中，未贴现银行承兑汇票由上年负增长扭转为全年新增298亿元，同比多增450亿元。金融机构存放同业、拆放同业、买入返售三项同业资产新增69亿元，同比少增133亿元。

5. 贷款利率稳中有降。加强存款利率监管和自律管理，落实存款利率市场化调整机制，全年存款利率保持稳定。持续深入推进贷款市场报价利率（LPR）改革，超七成地方法人银行完善内部资金转移定价（FTP）机制，利率传导渠道进一步畅通。LPR下行叠加“桂惠贷”等财政贴息政策，推动广西贷款利率持续下降。2022年，广西一般贷款加权平均利率为4.50%，同比下降43个基点，其中企业贷款加权平均利率为4.10%，降至2008年有统计以来的最低水平、低于全国水平7个基点。2022年，广西地方法人银行分别发行同业存单1967亿元、大额存单352亿元。

表2　2022年金融机构人民币贷款各利率区间占比

单位：%

项目		1月	2月	3月	4月	5月	6月
合计		100.0	100.0	100.0	100.0	100.0	100.0
LPR减点		34.1	29.2	33.7	29.5	29.0	37.7
LPR		7.7	9.7	7.1	7.7	6.4	7.3
LPR加点	小计	58.3	61.1	59.2	62.7	64.6	55.0
	(LPR，LPR+0.5%)	20.8	20.3	18.9	18.4	23.4	17.3
	[LPR+0.5%，LPR+1.5%)	19.7	19.1	19.7	20.4	18.6	17.7
	[LPR+1.5%，LPR+3%)	10.7	13.4	12.6	14.9	13.3	13.2
	[LPR+3%，LPR+5%)	4.2	4.6	5.5	5.1	5.3	4.1
	LPR+5%及以上	2.8	3.6	2.5	3.9	4.0	2.8
项目		7月	8月	9月	10月	11月	12月
合计		100.0	100.0	100.0	100.0	100.0	100.0
LPR减点		40.0	33.2	40.9	32.4	32.4	37.3
LPR		3.7	4.7	7.7	6.5	4.7	6.7
LPR加点	小计	56.4	62.0	51.3	61.1	62.9	56.0
	(LPR，LPR+0.5%)	15.8	19.0	13.3	14.1	13.3	13.4
	[LPR+0.5%，LPR+1.5%)	18.6	20.4	18.2	18.8	21.8	20.2
	[LPR+1.5%，LPR+3%)	14.1	14.0	12.5	18.2	17.2	15.5
	[LPR+3%，LPR+5%)	4.0	4.1	3.9	5.4	6.7	4.3
	LPR+5%及以上	3.9	4.5	3.4	4.6	3.9	2.6

数据来源：中国人民银行南宁中心支行。

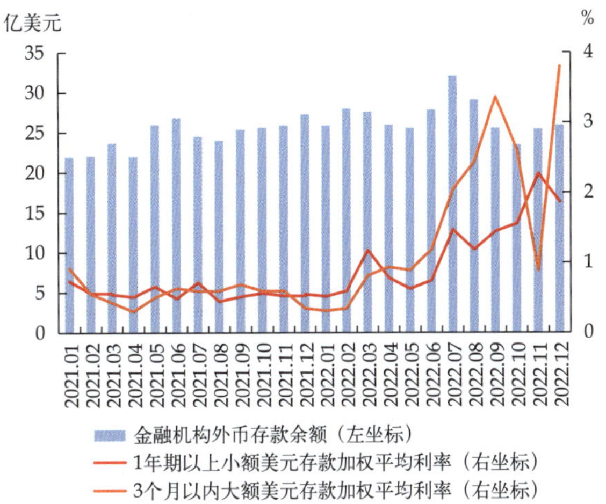

图4　金融机构外币存款余额及外币存款利率

（数据来源：中国人民银行南宁中心支行）

6. 资产质量保持稳定。2022年末，广西银行业金融机构不良贷款余额668亿元；不良贷款率1.5%，同比提高0.2个百分点。法人银行资本充足率13.3%，同比提高0.1个百分点；实现利润117亿元，同比增长14.2%；不良贷款余额356亿元，同比下降4.1%，不良贷款率2.5%，同比下降0.4个百分点，经营稳健性有所提升。广西农信社改革取得新突破，农村合作金融机构化险改革方案及地方政府专项债券补充中小银行资本获批。

（二）证券业运行平稳，资本市场多样化发展

1. 证券市场交易与融资规模均有所下降。2022年，广西证券交易额7.7万亿元，同比下降1.8%，交易额占全国的0.6%；期货成交金额2.5万亿元，同比下降11.8%。全年非金融企业股权融资、债券融资分别为24亿元和1263亿元，同比分别减少5亿元和400亿元。

2. 证券主体数量增多。2022年末，广西共有上市公司40家，比上年末多增1家；辅导备案企业10家；IPO在审企业5家；1家企业已取得中国证监会同意首次公开发行股票注册的批复。备案私募基金336只，比上年末增加68只，管理基金规模1059亿元，同比增长28.0%。

3. 期货市场多样化发展。2022年，广西新

落地3个生猪“保险+期货”项目、3个糖料蔗“保险+期货”项目；顺利完成2个糖料蔗“保险+期货”县域覆盖项目。期货交易所在广西增设3家豆油豆粕指定交割厂库、1家白糖交割库，以及1个锰硅交割区域。

表3　2022年证券业基本情况

项目	数量
总部设在辖内的证券公司数(家)	1
总部设在辖内的基金公司数(家)	0
总部设在辖内的期货公司数(家)	0
年末国内上市公司数(家)	40
当年国内股票（A股）筹资（亿元）	23.7
当年发行H股筹资（亿元）	—
当年国内债券筹资（亿元）	1263.3
其中：短期融资券筹资额（亿元）	396.4
中期票据筹资额（亿元）	395.4

数据来源：广西证监局、中国人民银行南宁中心支行。

注：当年国内股票（A股）筹资额指非金融企业境内股票融资。

（三）保险业保持增长，保障能力提升

1. 保费收入持续增长。2022年，广西保险业累计实现原保险保费收入812亿元，同比增长3.7%。其中，财产险业务实现原保险保费收入264亿元，同比增长8.2%；人身险业务实现原保险保费收入548亿元，同比增长1.6%。

2. 商业养老保险试点落地。2022年，广西在新市民聚集以及巩固拓展脱贫攻坚成果任务较重的5个示范城市推进商业养老保险试点，全年专属商业养老保险承保5478件，保费收入5199万元。构建广西重特大疾病医疗保险和求助制度，促进基本医疗保险和商业健康保险融合发展新格局。截至2022年末，大病保险已实现全区异地就医、“一站式”即时赔付服务机制全覆盖，累计为44.2万人提供50亿元赔付，11.0万人享受异地就医出院即时赔付服务。

表4　2022年保险业基本情况

项目	数量
总部设在辖内的保险公司数(家)	2
其中：财产险经营主体（家）	1
寿险经营主体（家）	1
保险公司分支机构（家）	2304
其中：财产险公司分支机构（家）	1253
寿险公司分支机构（家）	1051
保费收入（中外资，亿元）	812.0
其中：财产险保费收入（中外资，亿元）	263.6
人身险保费收入（中外资，亿元）	548.4
各类赔款给付（中外资，亿元）	295.8

数据来源：广西银保监局。

（四）融资规模合理增长，金融市场创新发展

1. 社会融资规模同比多增。2022年，广西社会融资规模新增6952亿元，同比多增648亿元。人民币贷款新增占比70.0%，同比多增278亿元；企业债券融资、股票融资合计少增232亿元；地方政府债券净融资多增184亿元。

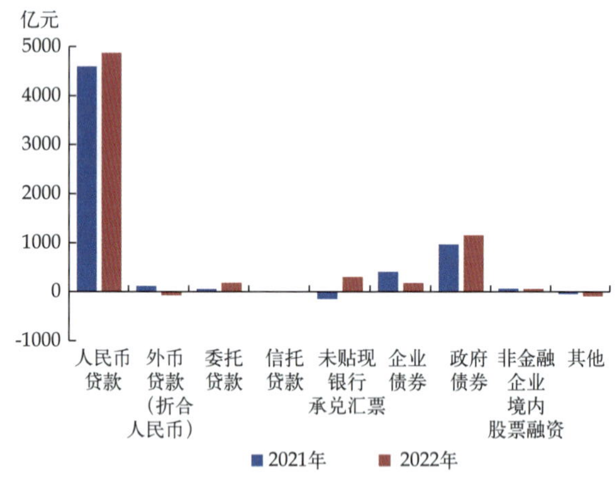

图5　社会融资规模分布结构

（数据来源：中国人民银行南宁中心支行）

2. 融资渠道拓宽。债券融资推进有力。2022年，广西非金融企业债券累计发行1263亿元，加权平均利率4.27%，同比下降87个基点；成功发行钢铁行业科创票据、“绿色+乡村振

兴”债务融资工具等创新产品。地方法人银行发行绿色、“三农”等专项金融债券以及二级资本债、永续债等资本补充债券合计146亿元，其中成功发行广西首单农合机构二级资本债。动产融资业务快速发展。2022年，广西中征应收账款融资服务平台新增融资877亿元，同比增长23%，中小微企业融资额占比91%；促成线上“政采贷”业务632笔，融资金额9亿元；累计建成27条融资供应链，帮助链属919家企业和农户融资144亿元。广西各类经营主体在动产融资统一登记公示系统办理动产和权利担保登记4.9万笔，同比增长26%。

3.重点领域信贷投放稳固。实施再贷款再贴现专项计划，建立健全金融机构“敢贷、愿贷、能贷、会贷”长效机制和授权、授信、尽职免责“三张清单”服务机制，助力经营主体纾困和特色产业发展。实施“五个金融”发展方案，优化“桂惠贷”财政贴息政策，以央行政策工具叠加财政贴息支持的联动形式，支撑重点领域贷款稳定增长。2022年，累计运用货币政策工具向广西实体经济提供资金1840亿元，同比多增413亿元。其中，发放支农支小再贷款、再贴现1253亿元；通过普惠小微贷款支持工具提供激励金3亿元；运用专项再贷款引导金融机构发放碳减排、煤炭清洁高效利用、科技创新、交通物流、设备更新改造贷款累计433亿元；支持平陆运河等65个重大项目落地政策性开发性金融工具230亿元，支持“保交楼”专项借款落地并跟进配套融资服务。

4.货币市场流动性保持平稳。2022年，广西债券回购业务累计成交15.7万亿元，同比增长3.0%，回购资金净融入4.3万亿元，同比多增2800亿元，正回购、逆回购加权平均利率分别为1.56%和1.66%，同比分别下降47个和40个基点；同业拆借交易8284亿元，同比增长13.5%，加权平均利率1.98%，同比下降23个基点。

5.黄金远期和租借业务逆势增长。2022年，广西各类黄金市场业务累计成交28.8吨，同比下降47.3%，累计成交金额114亿元，同比下降44.2%。其中，代理上海黄金交易所业务成交15.2吨，同比下降53.7%；黄金远期、黄金租借均成交3.5吨，同比分别增长56.8%和39.2%。

6.票据市场成交活跃度提升。2022年，广西银行业承兑汇票签发4239亿元，同比增长12.7%；办理票据贴现2501亿元，同比增长18.1%，加权平均利率2.03%，同比下降86个基点；办理票据转贴现2.2万亿元，同比增长24.9%，加权平均利率1.71%，同比下降98个基点。

表5　2022年金融机构票据业务量

单位：亿元

季度	银行承兑汇票承兑		贴现			
			银行承兑汇票		商业承兑汇票	
	余额	累计发生额	余额	累计发生额	余额	累计发生额
1	2508.9	929.5	626.4	509.1	42.1	15.0
2	2670.5	2002.5	792.9	1248.6	33.5	36.1
3	2802.7	3011.9	864.5	1794.8	43.6	53.0
4	2970.9	4238.6	786.9	2417.5	47.7	83.5

数据来源：中国人民银行南宁中心支行。

表6　2022年金融机构票据贴现、转贴现利率

单位：%

季度	贴现		转贴现	
	银行承兑汇票	商业承兑汇票	票据买断	票据回购
1	2.49	4.66	2.28	3.07
2	1.84	4.08	1.54	3.37
3	1.78	3.80	1.57	2.64
4	1.77	3.62	1.40	3.42

数据来源：中国人民银行南宁中心支行。

7.地方政府债券发行加速。2022年，广西地方政府债券发行明显前置，提前三个月完成全年新增额度发行任务，全年累计发行1963亿元，同比增长21.0%，加权平均利率3.18%，同比下降37个基点；其中新增债券发行1174亿元，同比增长10.5%，再融资债券发行790亿元，同比增长41.0%。

8.外汇市场交易保持活跃。2022年，广西银行结售汇总规模360亿美元，同比增长9.2%，产生结售汇逆差148亿美元。开展“首办破冰再突破”汇率避险专项行动，全年银行远期结售汇履约额64亿美元，同比增长23.1%。

专栏1 广西深入开展货币政策工具“财金联动”成效显现

2022年，人民银行南宁中心支行主动谋划，实施深化货币政策工具“财金联动”行动，科学结合再贷款、“桂惠贷”以及“桂信融”三方政策，更直接、更高效地发挥央行资金精准滴灌作用，同时推动政策多方位协同配合，充分发挥正向激励作用，提升金融服务实体经济能力。

一、创新联动产品，打造央行资金运用新品牌

一是“产品新”，创新地方特色专属联动产品。指导地方法人金融机构聚焦普惠小微、乡村振兴、制造业、文化旅游等重点领域和薄弱环节，并结合再贷款和“桂惠贷”政策要求，“量身定制”专属联动产品，大幅提升再贷款资金精准滴灌作用。同时，人民银行南宁中心支行安排100亿元再贷款额度，专门用于支持再贷款与“桂惠贷”联动产品投放。

二是“机制优”，建立联动白名单。引入白名单机制，引导地方法人金融机构通过现有的支小再贷款企业名单和“桂惠贷”名单，双向筛选，提前匹配，建立联动产品企业白名单，对白名单内企业申请贷款确保享受再贷款和“桂惠贷”政策支持，优先办理贷款审批、发放。如桂林银行“乐游广西贷”，为该行将支小再贷款客户与自治区文化和旅游厅等行业主管部门提供的“桂惠贷”白名单进行筛选匹配。

三是“渠道广”，提升信贷投放效率。推动联动产品与“桂信融”平台融合衔接，引导地方法人金融机构将联动产品在“桂信融”平台上线，设立产品专属渠道，利用平台优势，整合多方资源，提升联动产品投放规模，优化贷款审批、办理流程，加快审核速度，增强品牌影响力。如广西北部湾银行“惠享·快捷贷”通过建立“线上+线下”的产品和服务模式，提升服务质效。

四是“幅度大”，让利经营主体。引导地方法人金融机构通过再贷款与“桂惠贷”联动产品，将优惠政策充分叠加，给予企业贷款“一降到底”的最优惠利率。如柳州银行“制造业优享贷”，叠加“桂惠贷”、再贷款、“桂信融”平台三次优惠，单家企业的减息幅度为225~345个基点。

二、推动协同配合，发挥货币政策工具撬动作用

一是强化激励作用。实施再贷款再贴现专项计划，优先支持符合条件的“桂惠贷”，并安排再贷款再贴现额度200亿元，对货币政策工具财金联动效果较好、“桂惠贷”发放较多的金融机构加大支持力度。2022年，累计运用再贷款支持符合条件的“桂惠贷”316亿元，运用再贴现支持“桂惠贷”投放较好的机构263亿元。

二是激发引导效能。运用支农支小再贷款结合“桂惠贷”，推动企业综合融资成本持续下降，落实普惠小微贷款支持工具和阶段性减息政策，充分调动地方法人金融机构的积极性，支持扩大信贷投放。2022年，累计运用各项货币政策工具向金融机构和实体经济提供资金1840亿元，其中，通过普惠小微贷款支持工具提供激励资金3亿元。

在货币政策工具财金联动的支持下，信贷投放实现“总量增、结构优、利率降”。2022年末，广西各项贷款增速12.1%，一般贷款加权平均利率4.50%，同比降低43个基点。其中，全区制造业中长期贷款增长59.6%；涉农贷款增速15.0%，同比加快5.3个百分点，增量创历史新高；普惠小微贷款增长20.7%，高于各项贷款增速8.6个百分点。下一步，继续深入推进货币政策工具“财金联动”，持续实施再贷款再贴现专项支持计划，进一步发挥政策叠加的效应，加大对实体经济重点领域和薄弱环节的支持力度。

（五）开放门户建设深入推进，金融开放水平提升

1. 人民币面向东盟跨境使用不断深化。广西全辖开展“跨境人民币政策通达惠企”行动，中马钦州产业园区金融创新试点实现第二次复制推广，“边境地区跨境人民币使用改革创新”入选全国第四批自贸试验区“最佳实践案例”，获全国推广借鉴。2022年，广西跨境人民币结算量2212亿元，同比增长20.2%；结算量连续两年创历史新高。

2. 外汇管理服务质效不断提升。跨境金融服务平台信保保单融资等创新业务落地，资本项目收入支付便利化、外债注销登记下放银行等便利化业务在广西全面实施。

3. 绿色金融、转型金融不断发展。发行城商行“碳中和”主题绿色金融债券、贸融类绿色资产支持专项计划（ABS）、单株林木碳汇保险等创新产品。2022年末，广西绿色贷款余额达4966亿元。

4. 金融交流合作的深度和广度不断拓宽。连续三年成功发布《人民币东盟国家使用报告》。与柬埔寨、越南、马来西亚等国家央行开展线上会谈，进一步加强双边金融交流与合作。

（六）金融生态持续改善，惠企便民水平提升

1. 信用建设扩面增效。2022年末，广西接入征信系统的信贷机构增至140家。广西征信融资服务平台（“桂信融”）服务效能提升，2022年服务近33万户经营主体融资超7000亿元。农村信用体系建设助推乡村振兴成效明显，涉农主体信息全面归集、四级联创覆盖面超60%。“征信修复”乱象得到有效整治。

2. 支付体系平稳运行。2022年，广西支付清算系统共清算资金9.07亿笔，金额83.73万亿元；45家支付机构业务总量同比增长28.0%。支付惠企服务深化，本外币合一银行结算账户体系试点落地实施；简易开户政策惠及企业3.5万家；支付手续费降费政策累计为109.8万家经营主体减负3亿元。

3. 金融消费权益保护工作再上新台阶。建立金融知识宣传与教育联合部署机制，依托金融委办公室地方协调机制，成立广西金融知识宣传联合工作小组，“一盘棋”部署广西金融知识宣传教育工作常态化、特色化、全面化发展。2022年，广西人民银行共受理有效金融消费者咨询16075笔。

二、经济运行情况

2022年，面对严峻的国际环境和疫情反复等多重超预期因素影响，广西经济克难前行，总体保持平稳增长态势。全年地区生产总值2.6万亿元，同比增长2.9%。

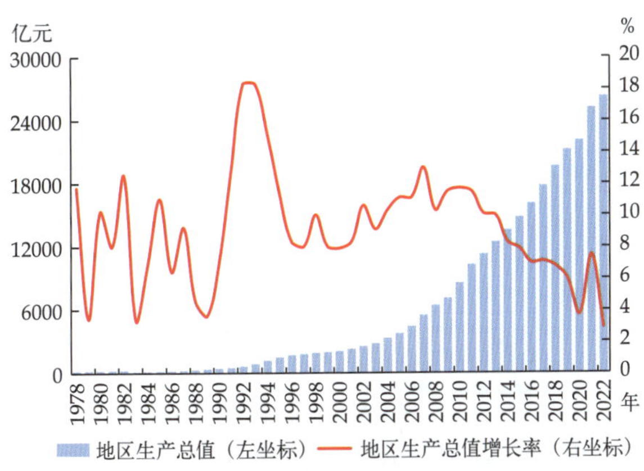

图6 地区生产总值及其增长率

（数据来源：广西壮族自治区统计局）

（一）内需恢复缓慢，外贸拉动作用增强

1. 固定资产投资增长放缓，制造业投资快速增长。2022 年，广西固定资产投资同比增长 0.1%，较上年低 7.5 个百分点。随着“双百双新”“千企技改”产业项目持续推进、政策支持力度加大，制造业投资保持高位运行，全年增长 26.2%；基础设施投资增长 10.2%。

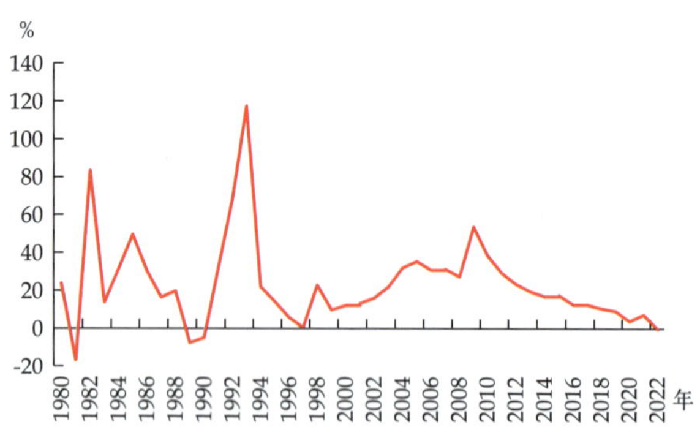

图 7　固定资产投资（不含农户）增长率

（数据来源：广西壮族自治区统计局）

2. 消费市场恢复缓慢，新型消费韧性较强。受疫情多发扰动影响，消费恢复放缓，2022 年，广西社会消费品零售总额与上年持平。线上消费韧性仍然较强，实物商品网上零售额同比增长 15.0%，占社会消费品零售总额的比重提升至 9.2%。新能源汽车消费快速增长，限额以上单位新能源汽车零售额同比增长 1.6 倍。

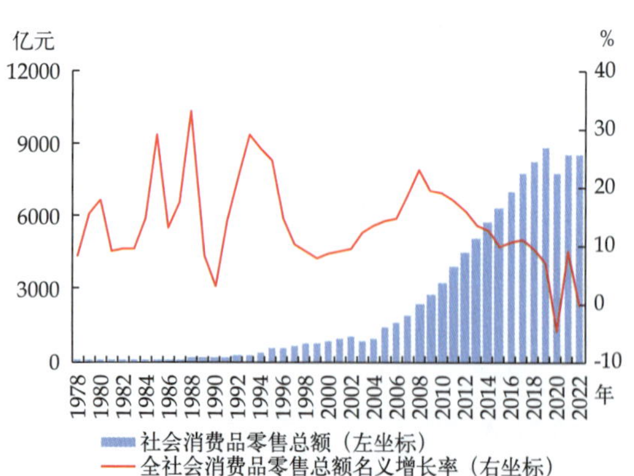

图 8　社会消费品零售总额及其增长率

（数据来源：广西壮族自治区统计局）

3. 外贸进出口企稳回升，利用外资稳中向好。2022 年，广西进出口额 6604 亿元，同比增长 11.3%。其中，出口增长 26.1%，进口下降 3.2%。全年贸易顺差 807 亿元，扭转上年逆差格局。实际利用外资 20.0 亿美元，同比增长 20.8%；商务部口径实际利用外资 13.7 亿美元，同比增长 46.4%。新设外商直接投资（FDI）企业 141 家，FDI 跨境资金流入 10.8 亿美元，其中吸引 RCEP 成员国 FDI 跨境资金流入 2.3 亿美元，同比增长 7.0 倍。

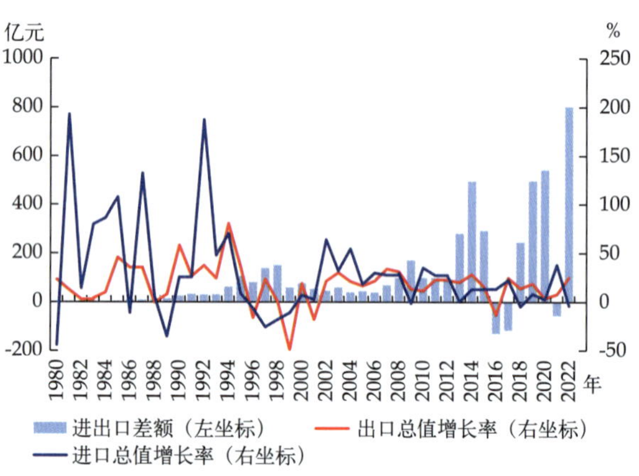

图 9　外贸进出口变动情况

（数据来源：广西壮族自治区统计局）

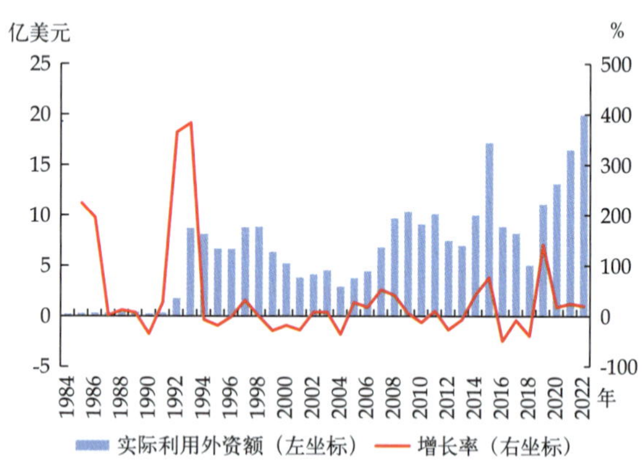

图 10　实际利用外资额及其增长率

（数据来源：广西壮族自治区统计局）

（二）供给端平稳运行，高技术创新支撑作用明显

2022 年，广西三次产业增加值分别为 4270

亿元、8939亿元和1.3万亿元，同比分别增长5.0%、3.2%和2.0%，三次产业占比分别为16.2%、34.0%和49.8%，对经济增长贡献率分别为28.6%、35.6%和35.8%。

1. 粮食生产增产增效，畜牧业保持稳定。 2022年，广西全面落实“藏粮于地、藏粮于技”战略，粮食生产喜获丰收，粮食总产量1393万吨，同比增长0.5%。畜牧业生产平稳增长，猪牛羊禽肉产量446万吨，同比增长3.1%。其中，生猪生产平稳增长，猪肉产量263万吨，同比增长7.1%。年末生猪存栏2220万头，同比增长4.3%。

2. 工业平稳增长，创新引领作用显著。 2022年，广西规模以上工业增加值同比增长4.2%，高于全国0.6个百分点。39个工业大类行业中30个行业增加值实现增长，增长面达76.9%。重点行业增速较快，造纸和纸制品业，计算机、通信和其他电子设备制造业，化学原料和化学制品制造业合计拉动全区规模以上工业增加值1.7个百分点；高技术制造业增加值同比增长13.9%。

3. 服务业总体承压，高技术服务业增势亮眼。 2022年，广西服务业增加值同比增长2.0%，较上年低5.7个百分点。接触性服务业增长放缓，批发和零售业、住宿业和餐饮业分别增长1.9%和0.5%，分别较上年低8.1个和14.3个百分点。规模以上高技术服务业企业营业收入同比增长21.2%，保持较好增势。

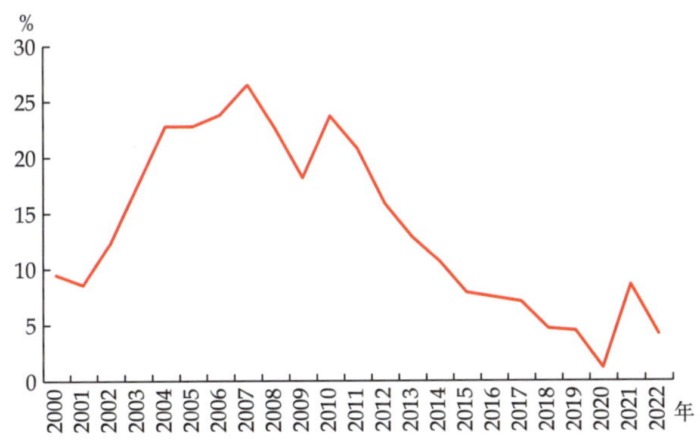

图11　规模以上工业增加值实际增长率

（数据来源：广西壮族自治区统计局）

4. 供给侧结构性改革创新深化，服务实体能力提升。 2022年，广西围绕打好“稳主体激活力”攻坚战，突出创新驱动发展战略，不断塑造新动能。营商环境行动方案全面落实，年末全区实有经营主体超400万户；300项高频政务服务事项与19个省（自治区、直辖市）实现“跨省通办”；实现企业跨市（辖区）迁移变更登记一次提交、一次办结。财金联动强化服务实体经济，全年运用财政贴息65亿元撬动“桂惠贷”投放3349亿元，惠及12.1万户经营主体、92.1%以上投向中小微企业；新增减税降费及退税缓税缓费超700亿元，惠及全区95%经营主体。要素市场改革深入推进，国企改革三年行动方案191项任务全面完成，纳入国家科改示范企业9家；完善电、气价格体制改革，首次实施电力市场化需求侧响应，绿色电力交易量22.3亿千瓦时；创新“司法＋行政”全覆盖知识产权纠纷多元化解机制，入选国家知识产权强国建设典型案例，全区有效发明专利3.1万件，增长12.0%。科技体制改革攻坚取得成效，全区研发经费增长约15%，综合科技创新水平指数提升至54.8%；探索科技项目“揭榜挂帅”新机制，实施科技重大专项和重点研发计划项目219项，突破重大技术攻关74项；新增国家重点实验室2家，国家级创新平台达188个，2家国家高新区入选全国园区高质量发展百强。

5. 生态文明优势巩固，环境质量保持优良。 2022年，广西贯彻落实习近平总书记对“广西生态优势金不换”的嘱托要求，全力打好“稳生态促转型”攻坚战。城市环境空气质量优良天数比达95%；近岸海域优良水质面积比例94.5%；全区9个市入围全国地级及以上城市国家地表水考核断面前30名。生态产品价值实现机制进一步完善，南宁市首笔林业碳汇预期收益权质押贷款成功落地，获得自然资源部批复同意支持广西开展蓝碳交易先行先试。

（三）价格水平小幅上涨，就业水平保持稳定

1. 居民消费价格指数温和上涨。 2022年，

广西居民消费价格指数同比上涨1.9%，涨幅同比扩大1.0个百分点。八大类商品及服务价格同比均呈现上涨趋势。其中，交通和通信价格涨幅最大，为4.5%，居住价格涨幅最小，为0.4%。

2. 工业价格指数涨幅回落。2022年，保供稳价政策效果持续显现，广西工业生产者出厂价格指数同比上涨2.5%，涨幅同比回落6.4个百分点；工业生产者购进价格指数同比上涨7.3%，涨幅同比回落3.4个百分点。

3. 居民收入提升。2022年，广西居民人均可支配收入27981元，同比增长4.7%。城镇、农村居民人均可支配收入分别为4.0万元和1.7万元，实际分别增长1.2%和4.3%。城镇新增就业人数38.4万人，失业人员再就业人数12.8万人，就业困难人员实现就业人数4.8万人。

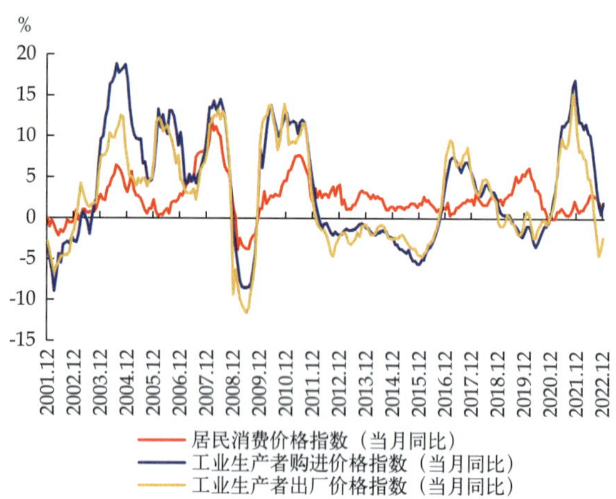

图12　居民消费价格指数和工业生产者价格指数变动趋势

（数据来源：广西壮族自治区统计局）

（四）财政收入增长放缓，民生保障有力有效

2022年，广西一般公共预算收入1688亿元，剔除增值税留抵退税因素后同口径增长3.6%。其中，税收收入930亿元，同口径下降6.4%；非税收入757亿元，同比增长24.3%。一般公共预算支出5894亿元，同比增长1.5%，其中民生支出占比79.0%，为疫情防控、援企稳岗、医疗保障、住房保障等工作提供有力支持。

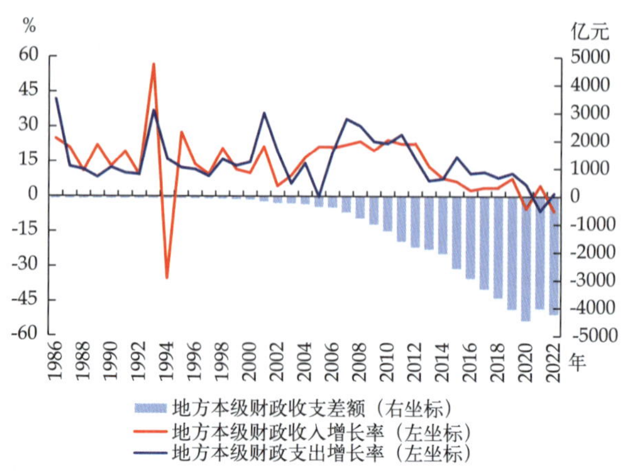

图13　财政收支状况

（数据来源：广西壮族自治区统计局）

（五）房地产市场低位运行，保障性住房加快建设

受疫情反复、重点房企风险暴露、居民预期转弱等多重因素影响，2022年广西房地产市场供需转弱，房地产开发投资、施工面积、销售面积均呈下行态势，房地产市场整体下滑。2022年，广西房地产开发投资完成额2307亿元，全年住房施工面积2.4亿平方米，商品住房销售面积3323万平方米，商品住房价格每平方米5742元。全区保障性租赁住房新开工6.13万套，公租房新开工2894套，棚户区改造新开工10894套。

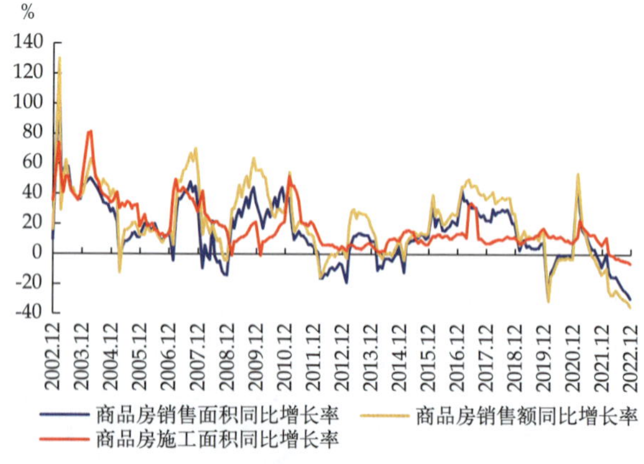

图14　商品房施工和销售变动趋势

（数据来源：广西壮族自治区统计局）

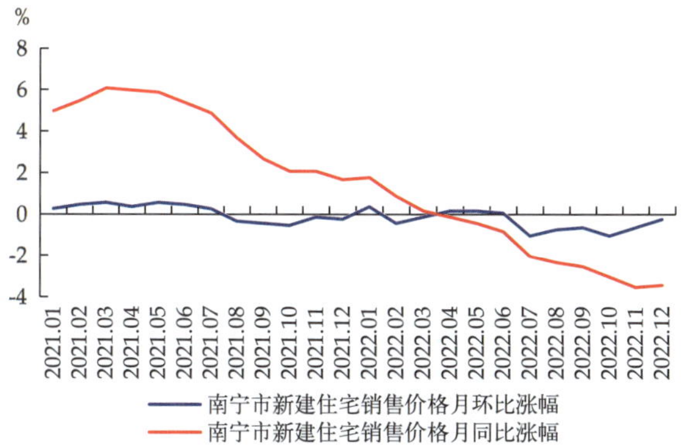

图 15　南宁市新建住宅销售价格变动趋势

（数据来源：国家统计局）

（六）自由便利地建设深入推进，开放水平显著提升

2022 年，广西坚持“东西协作、南北互济，向海而兴、向海图强”开放格局，聚焦打造服务国内国际双循环市场自由便利地核心区，深化融入粤港澳大湾区建设和对接长江经济带发展，推动西部陆海新通道、“一带一路”、面向东盟的金融开放门户等重大开放平台建设取得突破。西部陆海新通道高质量建设，基础设施互联互通一批重大项目建成投产，江海连通工程——平陆运河开工并持续建设，海铁联运自动化集装箱码头等一批重大港航项目建成投产，北部湾港吞吐量增速 16.8%，国际货邮吞吐量增长 2 倍。全面对接粤港澳大湾区建设，签署全面深化粤桂合作框架协议，粤桂合作特别试验区（广西片区）完成投资 135 亿元，增长 4.8%；“两湾”产业融合发展先行试验区（广西玉林）到位资金 383 亿元；广西东融先行示范区到位资金 335 亿元。中国—东盟命运共同体更为紧密，面向东盟的金融开放门户重点改革任务完成 98%；中国—东盟金融城入驻金融机构（企业）401 家；中国（广西）自贸试验区累计入驻企业 8.5 万家，是设立时的 22 倍，实际利用外资、外贸额占全区的比重均超过三分之一；全区跨境电商交易额、加工额分别增长 71.1% 和 11.9%。

专栏 2　外汇市场服务实体经济水平进一步提升

一、广西外汇市场保持韧性，呈现“双增一稳一进”的特点

2022 年，国内外经济金融形势复杂多变、风险交织，在自治区全力稳经济大盘的各项政策推动下，人民银行南宁中心支行、外汇局广西分局积极克服各种不利因素，推动外汇市场韧性增强并实现总量“双增”：全年跨境收支总规模 662 亿美元，同比增长 4.1%；银行结售汇总规模 360 亿美元，同比增长 9.2%，二者均创年度历史新高。

分项目看，货物贸易、外商直接投资等外汇收支基本盘保持稳定。2022 年，受国际商品价格波动叠加疫情反复的影响，广西货物贸易收支全年波动震荡，广西货物贸易跨境收支克服了边境贸易大幅下滑的不利影响，外汇基本盘的韧性凸显，金额 493 亿美元，占跨境资金总规模的 74%。其中，一般贸易、进料加工贸易收支分别增长 6.7% 和 9.8%。外商投资资本金流入则逐季回暖，下半年外商投资资本金流入同比增长 18.1%，扭转上半年下降局面，全年资本金流入规模处于历史较高水平。受美联储加息、国际金融市场动荡影响，广西证券投资、跨境贷款收支波动性增强，规模分别增长 84.6% 和 16.6%，推动广西资本与金融项目收支规模扩大 30.2%。

分国别和地区看，广西对 RCEP 国家资金往来稳中有进。受益于 RCEP 协定生效，2022 年广西对日本、韩国、澳大利亚、新加坡的贸易规模实现突破，同比增长 7.9%，创历史新高；对除越南以外的东盟国家跨境收支规模同比增长 6.5%；吸引 RCEP 成员国外商直接投资跨境资金流入创近5年新高。

二、多措并举助企纾困，支持经济金融平稳发展

一是打通贸易项目外汇便利化政策“最后一公里”。创建“个人外汇业务便民服务示范窗口”，推动优质企业贸易项目外汇收支便利化政策扩容增效。2022年全区贸易项目外汇便利化试点银行8家，优质企业106家，银行办理贸易项目外汇便利化业务60亿美元，同比增长21.8倍。

二是提升跨境投融资便利化水平。全年办理资本项目外汇收支便利化业务1921笔，金额合计8.7亿美元，便利化支付金额比例超50%。实现外债登记“线上办”、外债账户“多对一”等金融助企纾困政策落地扩面。14家企业办理多笔外债共用一个外债账户，涉及外债金额5.9亿美元。线上申请外债签约登记占比突破37%，同比提高30个百分点。

三是推动更多企业有效应对汇率风险。启动“首办破冰再突破”专项行动，出台汇率避险费用支持政策，推动181家企业办理外汇衍生业务91.3亿美元，套保企业增长80%，其中新增“首办户”108家，占比近六成。

四是发挥科技赋能跨境金融服务平台融资作用。平台新增融资120亿元人民币，同比增长87%。累计发放信贷融资突破200亿元大关，服务企业家数311家。

五是确保外汇政务服务严谨高效。推进外汇业务“网上办”，2022年全辖共办结外汇政务服务2157件，网上办结占比49.4%，经营主体满意率100%。

三、预测与展望

2023年，广西将全面贯彻落实党的二十大和中央经济工作会议精神，认真学习贯彻习近平总书记对广西“五个更大”重要要求，完整、准确、全面贯彻新发展理念，积极服务和融入新发展格局，更好统筹发展和安全，全面深化改革开放，大力提振市场信心，把实施扩大内需战略同深化供给侧结构性改革有机结合起来，突出做好稳增长、稳就业、稳物价工作，有效防范化解重大风险，推动经济实现质的有效提升和量的合理增长，为全面建设新时代壮美广西开好局起好步。广西金融系统将坚持稳中求进工作总基调，精准有力落实稳健的货币政策，聚焦重点领域和薄弱环节、重大战略项目，加大金融与财政产业政策联动，保持信贷总量稳定增长，推动信贷结构持续优化，促进企业综合融资成本和个人消费信贷成本稳中有降，持续深化重点领域金融风险防范化解，为全面建设新时代壮美广西提供强有力的金融服务保障。

中国人民银行广西壮族自治区分行货币政策分析小组

总　　纂：陈晋祥　杨正东

统　　稿：冼海钧　安立波　李小兰

执　　笔：何安妮　韦秋鸣　周嘉辰　潘　玉　罗婕妤　江　雨　胡欢欢　张　瑞　潘智昊
梁　严　曾　婕　谢佰亮　黄静雯

提供材料：张健侨　刘思佳　宁　芾　梁凯华　吴　桐　黎学良　尹虹毅　苏　姗　张莎莎

附录：

（一）2022 年广西壮族自治区经济金融大事记

1 月 25 日，“北部湾国际航运贸易金融服务平台”建设启动仪式在防城港举行。

4 月 28 日，人民银行南宁中心支行、广西银保监局、自治区地方金融监管局联合召开广西金融支持实体经济暨房地产金融电视电话会议。

7 月 29 日，自治区人民政府召开广西金融助企纾困服务实体经济新闻发布会。

8 月 10 日，柳州入选全国首批气候投融资试点城市。

8 月 3 日，自治区人民政府召开广西高水平推进西部陆海新通道建设新闻发布会。

8 月 28 日，西部陆海新通道骨干工程——平陆运河建设动员大会在广西钦州举行，平陆运河正式开工建设。

9 月 13 日，《中马钦州产业园区金融创新试点深化广西人民币东盟使用的门户作用》《外商投资股权投资企业试点》分别获第三届广西建设面向东盟的金融开放门户创新成果评选一、二等奖。

9 月 17 日，第 14 届中国—东盟金融合作与发展领袖论坛在南宁举办。

9 月 26 日，自治区人民政府印发《广西壮族自治区人民政府关于加快发展“五个金融”的实施意见》

12 月 13 日，南宁市、防城港市数字人民币试点获国务院批准通过。

（二）广西壮族自治区主要经济金融指标

表 1　2022 年广西壮族自治区主要存贷款指标

	项目	1 月	2 月	3 月	4 月	5 月	6 月	7 月	8 月	9 月	10 月	11 月	12 月
本外币	金融机构各项存款余额（亿元）	37221.2	38058.4	39091.4	38624.6	39068.7	39861.5	39587.0	39789.5	40388.6	40171.1	40256.1	40212.4
	其中：住户存款	21673.9	21739.0	22282.6	22143.8	22229.2	22726.2	22624.7	22745.7	23134.2	22963.2	23213.7	23552.6
	非金融企业存款	8731.4	8999.0	9610.9	9478.4	9656.04	10093.7	9981.5	10157.3	10254.7	10053.9	9945.7	9866.9
	各项存款余额比上月增加（亿元）	341.7	837.2	1033.1	-466.9	44.1	792.8	-274.5	202.5	599.1	-217.5	85.1	-43.8
	金融机构各项存款同比增长（%）	6.4	8.5	7.8	8.1	6.9	7.5	8.3	7.7	9.1	9.5	9.8	9.0
	金融机构各项贷款余额（亿元）	40777.8	41053.5	41708.2	41917.8	42249.6	42840.4	43091.2	43374.2	44055.9	44189.8	44426.8	44689.8
	其中：短期	7274.4	7339.2	7577.1	7586.7	7584.6	7841.1	7901.7	7921.6	8112.1	8026.4	8031.2	7996.6
	中长期	31406.5	31547.2	31892.0	31969.8	32221.0	32620.1	32822.2	33039.1	33518.5	33683.2	33881.4	34204.6
	票据融资	1725.6	1804.1	1879.6	1983.5	2074.2	2004.9	1993.0	2028.1	2021.6	2069.5	2105.7	2098.4
	各项贷款余额比上月增加（亿元）	926.6	275.7	654.8	209.6	331.8	590.8	250.9	283.0	681.7	133.9	237.0	263.0
	其中：短期	128.8	64.8	237.9	9.6	-2.1	256.5	60.7	19.9	190.5	-85.7	4.8	-34.5
	中长期	800.6	140.8	344.8	77.8	251.2	399.2	202.1	216.8	479.5	164.7	198.2	323.2
	票据融资	-8.5	78.6	75.5	104.0	90.7	-69.2	-11.9	35.1	-6.5	47.9	36.2	-7.3
	金融机构各项贷款同比增长（%）	13.8	12.9	12.7	12.3	11.9	11.8	11.8	11.7	12.2	11.8	12.1	12.1
	其中：短期	15.1	14.4	15.1	14.8	12.6	13.2	13.3	12.5	13.9	13.1	13.1	11.8
	中长期	12.8	11.5	11.0	10.2	10.1	10.7	10.8	11.0	11.4	11.0	11.3	11.7
	票据融资	34.7	42.9	43.7	49.2	49.2	28.8	26.5	22.7	19.3	20.1	21.0	21.0
	建筑业贷款余额（亿元）	883.8	887.6	901.5	905.5	901.8	930.3	940.5	929.7	960.2	962.8	928.8	923.0
	房地产业贷款余额（亿元）	1437.1	1440.9	1438.6	1428.4	1432.5	1429.61	1417.3	1411.2	1453.6	1448.9	1435.2	1438.5
	建筑业贷款同比增长（%）	9.5	6.3	8.2	10.8	8.9	5.3	17.6	14.8	16.2	16.9	13.3	10.9
	房地产业贷款同比增长（%）	-1.4	-2.5	-3.2	-5.0	-4.1	-4.5	-4.7	-4.4	-1.1	-0.8	-0.8	1.7
人民币	金融机构各项存款余额（亿元）	37056.9	37882.2	38917.1	38453.6	38899.1	39675.3	39371.3	39589.4	40207.7	40003.3	40074.2	40032.7
	其中：住户存款	21622.9	21688.8	22232.3	22091.7	22176.6	22672.8	22571.2	22693.0	23080.8	22910.1	23160.8	23501.1
	非金融企业存款	8641.8	8897.2	9511.8	9379.9	9560.5	9982.1	9837.0	10029.6	10152.1	9956.1	9835.1	9762.0
	各项存款余额比上月增加（亿元）	350.7	825.3	1034.9	-463.6	445.5	776.2	-304.0	218.1	618.3	-204.4	70.9	-41.5
	其中：住户存款	673.1	65.9	543.5	-140.6	84.9	496.2	-101.5	121.8	387.7	-170.7	250.7	340.3
	非金融企业存款	-553.2	255.4	614.6	-131.9	180.5	421.6	-145.1	192.6	122.5	-196.0	-121.0	-73.0
	各项存款同比增长（%）	6.4	8.5	7.8	8.1	6.9	7.5	8.2	7.6	9.1	9.5	9.8	9.1
	其中：住户存款	13.8	10.1	10.3	11.1	11.2	11.0	11.7	12.0	11.8	12.3	13.0	12.2
	非金融企业存款	-2.4	5.6	5.1	5.8	5.5	4.0	5.8	7.7	8.7	9.7	8.6	5.8
	金融机构各项贷款余额（亿元）	40243.3	40511.1	41169.1	41352.9	41703.2	42283.0	42516.8	42799.0	43486.5	43646.1	43896.2	44197.2
	其中：个人消费贷款	11976.3	11896.7	11928.4	11882.5	11878.6	11926.6	11911.2	11918.7	11938.9	11941.7	12023.3	12024.4
	票据融资	1725.5	1804.1	1879.6	1983.5	2074.2	2004.9	1993.0	2028.1	2021.6	2069.5	2105.7	2098.4
	各项贷款余额比上月增加（亿元）	918.0	267.8	658.0	183.8	350.3	579.8	233.8	282.2	687.5	159.5	250.2	301.0
	其中：个人消费贷款	23.3	-79.6	31.7	-45.9	-3.9	48.0	-15.4	7.6	20.2	2.9	81.6	1.1
	票据融资	-8.5	78.6	75.5	104.0	90.7	-69.2	-11.9	35.1	-6.5	47.9	36.2	-7.3
	金融机构各项贷款同比增长（%）	13.8	12.8	12.7	12.1	11.9	11.9	11.8	11.8	12.3	11.9	12.3	12.4
	其中：个人消费贷款	5.8	4.5	3.7	2.6	2.1	1.8	1.3	0.8	0.8	0.5	0.5	0.6
	票据融资	34.7	42.9	43.7	49.2	49.2	28.8	26.5	22.7	19.3	20.1	21.0	21.0
外币	金融机构外币存款余额（亿美元）	25.8	27.9	27.5	25.8	25.5	27.7	32.0	29.0	25.5	23.4	25.4	25.8
	金融机构外币存款同比增长（%）	17.7	26.7	16.4	17.9	-1.7	3.8	31.0	21.4	0.7	-8.4	-1.7	-5.0
	金融机构外币贷款余额（亿美元）	83.8	85.8	84.9	85.4	82.0	83.1	85.2	83.5	80.2	75.8	73.9	70.7
	金融机构外币贷款同比增长（%）	19.0	19.2	14.0	17.5	9.3	2.3	2.1	-1.0	-3.1	-8.0	-11.4	-14.3

数据来源：中国人民银行南宁中心支行。

表 2　2001—2022 年广西壮族自治区各类价格指数

单位：%

时间		居民消费价格指数		农业生产资料价格指数		工业生产者购进价格指数		工业生产者出厂价格指数	
		当月同比	累计同比	当月同比	累计同比	当月同比	累计同比	当月同比	累计同比
2001		—	0.6	—	-2.3	—	3.7	—	6.3
2002		—	-0.9	—	-1.8	—	-4.4	—	-4.4
2003		—	1.1	—	2.4	—	1.2	—	2.8
2004		—	4.4	—	15.3	—	16.3	—	9.7
2005		—	2.4	—	10.5	—	8.2	—	4.9
2006		—	1.3	—	1.0	—	11.4	—	9.6
2007		—	6.1	—	14.4	—	6.1	—	4.5
2008		—	7.8	—	24.0	—	10.6	—	9.0
2009		—	-2.1	—	-5.8	—	-4.9	—	-6.5
2010		—	3.0	—	1.9	—	11.2	—	12.0
2011		—	5.9	—	12.2	—	10.0	—	8.5
2012		—	3.2	—	3.9	—	-0.8	—	-2.2
2013		—	2.2	—	-0.1	—	-1.1	—	-1.8
2014		—	2.1	—	-1.1	—	-1.8	—	-1.6
2015		—	1.5	—	0.9	—	-4.3	—	-3.0
2016		—	1.6	—	0.7	—	-1.6	—	-0.8
2017		—	1.6	—	1.4	—	6.5	—	7.6
2018		—	2.3	—	1.8	—	3.4	—	3.3
2019		—	3.7	—	4.6	—	-0.5	—	-0.7
2020		—	2.8	—	9.7	—	-1.5	—	-0.6
2021		—	0.9	—	—	—	10.7	—	8.9
2022		—	1.9	—	—	—	7.3	—	2.5
2021	1	0.0	0.0	—	—	2.2	2.2	1.3	1.3
	2	0.1	0.0	—	—	3.3	2.8	2.7	2.0
	3	0.9	0.3	—	—	5.9	3.8	6.3	3.4
	4	1.0	0.5	—	—	9.3	5.2	8.1	4.6
	5	1.3	0.6	—	—	11.4	6.4	9.8	5.6
	6	0.9	0.7	—	—	11.3	7.2	8.9	6.2
	7	0.5	0.7	—	—	11.8	7.8	8.6	6.5
	8	0.4	0.6	—	—	21.1	8.4	9.4	6.9
	9	0.6	0.6	—	—	13.5	8.9	11.8	7.4
	10	1.2	0.7	—	—	16.2	9.7	15.3	8.2
	11	2.2	0.8	—	—	17.0	10.4	13.8	8.7
	12	1.4	0.9	—	—	14.1	10.7	10.4	8.9
2022	1	0.8	0.8	—	—	11.8	11.8	8.2	8.2
	2	1.1	0.9	—	—	11.8	11.8	8.4	8.3
	3	1.2	1.0	—	—	11.0	11.5	7.5	8.0
	4	1.7	1.2	—	—	11.6	11.5	7.2	7.8
	5	2.1	1.4	—	—	10.5	11.3	4.9	7.2
	6	2.9	1.6	—	—	10.2	11.1	4.8	6.8
	7	3.1	1.8	—	—	8.4	10.7	3.1	6.3
	8	2.7	1.9	—	—	6.1	10.1	0.2	5.5
	9	2.6	2	—	—	3.6	9.4	-2	4.6
	10	2.1	2	—	—	1.7	8.5	-4.5	3.7
	11	1.3	1.9	—	—	0.6	7.8	-3.7	2.9
	12	1.7	1.9	—	—	2	7.3	-2.3	2.5

数据来源：国家统计局广西调查总队。

表 3　2022 年广西壮族自治区主要经济指标

项目	1 月	2 月	3 月	4 月	5 月	6 月	7 月	8 月	9 月	10 月	11 月	12 月
	绝对值（自年初累计）											
地区生产总值（亿元）	—	—	5914.8	—	—	12294.2	—	—	18865.9	—	—	26300.9
第一产业	—	—	477.7	—	—	1115.4	—	—	2323.0	—	—	4269.8
第二产业	—	—	1981.6	—	—	4315.1	—	—	6434.7	—	—	8938.6
第三产业	—	—	3455.5	—	—	6863.6	—	—	10108.1	—	—	13092.5
工业增加值（亿元）	—	—	—	—	—	—	—	—	—	—	—	—
固定资产投资（亿元）	—	—	—	—	—	—	—	—	—	—	—	—
房地产开发投资	—	314.3	665.3	855.0	1103.7	1458.2	1619.3	1718.2	1847.5	1979.9	2117.5	2307.4
社会消费品零售总额（亿元）	—	—	—	—	—	—	—	—	—	—	—	8539.1
外贸进出口总额（亿元）	396.4	696.6	1014.0	1416.2	1877.2	2379.3	2959.2	3580.5	4286.1	5087.3	5848.0	6603.5
进口	206.6	352.8	531.8	774.5	1017.9	1257.7	1507.7	1772.1	2043.8	2319.9	2608.8	2898.2
出口	189.8	343.7	482.2	641.7	859.3	1121.6	1451.5	1808.3	2242.3	2767.4	3239.3	3705.4
进出口差额（出口－进口）	-16.8	-9.1	-49.6	-132.9	-158.6	-136.1	-56.1	36.2	198.5	447.5	630.5	807.2
实际利用外资（亿美元）	—	1.8	2.6	3.1	4.3	9.7	10.7	11.3	13.7	14.5	17.3	20.0
地方财政收支差额（亿元）	—	-540.4	-1088.2	-1387.5	-1760.2	-2510.8	-2676.5	-3005.2	-3421.2	-3565.5	-3850.3	-4206.2
地方财政收入	243.3	357.3	498.3	559.3	643.8	858.0	1013.9	1127.0	1294.4	1442.2	1553.4	1687.7
地方财政支出	598.4	897.6	1586.5	1946.8	2404.1	3368.8	3690.4	4132.2	4715.6	5007.7	5403.7	5893.9
城镇登记失业率（%）（季度）	—	—	—	—	—	—	—	—	—	—	—	—
	同比累计增长率（%）											
地区生产总值	—	—	4.9	—	—	2.7	—	—	3.1	—	—	2.9
第一产业	—	—	7.1	—	—	6.0	—	—	4.2	—	—	5.0
第二产业	—	—	4.8	—	—	2.5	—	—	3.9	—	—	3.2
第三产业	—	—	4.5	—	—	2.1	—	—	2.3	—	—	2.0
工业增加值	—	6.2	6.6	5.7	5.5	4.0	4.1	4.4	5.5	5.8	5.2	4.2
固定资产投资	—	15.0	5.9	1.5	3.3	2.5	2.8	2.6	1.6	1.1	-0.6	0.1
房地产开发投资	—	-8.3	-16.9	-25.5	-26.4	-28.7	-29.2	-32.6	-35.5	-36.4	-38.0	-38.2
社会消费品零售总额	—	—	3.1	—	—	0.1	—	—	1.0		—	0.0
外贸进出口总额	-31.1	-19.7	-27.4	-25.8	-22.9	-18.5	-13.9	-9.1	-3.6	3.7	6.7	11.3
进口	-8.1	-2.2	-12.7	-10.6	-12.4	-11.3	-11.8	-11.0	-9.4	-5.7	-5.1	-3.2
出口	-45.9	-32.2	-38.7	-38.5	-32.4	-25.2	-16.0	-7.2	2.3	13.1	18.6	26.1
实际利用外资	—	1.6	8.6	-27.0	-24.5	50.6	56.9	57.1	67.1	58.4	71.2	20.8
地方财政收入	-1.5	-3.5	-2.0	-15.9	-20.7	-16.6	-14.2	-12.5	-10.3	-9.0	-7.6	-6.2
地方财政支出	62	5.2	8.7	8.0	9.3	9.3	2.6	4.2	1.2	2.3	3.1	1.5

数据来源：广西壮族自治区统计局。

海南省金融运行报告（2023）

中国人民银行海南省分行①
货币政策分析小组

[内容摘要] 2022年，面对复杂严峻的经济金融形势以及本土疫情冲击等风险考验，在以习近平同志为核心的党中央坚强领导下，海南省贯彻落实党中央、国务院系列重大决策部署，统筹疫情防控和经济社会发展取得积极成效，自由贸易港建设加快推进，经济发展质量稳步提升，金融运行持续稳中向好。

从经济运行看，全年经济实现正增长，工业投资占比提升，外向型经济加快发展，物价水平保持稳定。一是经济保持正增长。2022年全省地区生产总值6818亿元，同比增长0.2%。其中，第一、第二、第三产业增加值同比增速分别为3.1%、-1.3%和-0.2%。二是三次产业运行平稳。三次产业结构调整为20.8∶19.2∶60.0，全年工业增加值占地区生产总值的比重同比提高0.6个百分点。工业投资占全省投资的比重同比提高5.2个百分点，高技术制造业投资占全省投资的比重同比提高0.5个百分点。三是自贸港建设成效持续显现。全年货物、服务进出口同比分别增长36.8%和22.9%。经济外向度34.7%，同比提高7.6个百分点。新增经营主体同比增长96.8%。四是居民消费价格温和上涨。全省居民消费价格指数同比上涨1.6%。居住价格指数同比下降0.7%，衣着、医疗保健价格指数同比持平。五是就业基本稳定。全年全省城镇新增就业16.4万人，完成年度计划的109.2%。农村劳动力转移就业11.2万人，完成年度计划的124.9%。六是巩固拓展脱贫攻坚成果防返贫。全省常态化开展防止返贫动态监测帮扶，针对性开展按户到人帮扶，累计监测对象1.6万户6.0万人，无新增返贫致贫农户。七是生态环境保持优良水平。全年万元地区生产总值能耗同比下降1.1%，环境空气质量优良率为98.7%，地级城市饮用水水源地水质达标率为100%。

从金融运行看，金融发展稳中向好、稳中有进。一是金融总量平稳增长。2022年末，全省银行业金融机构资产、负债总额同比分别增长5.1%和4.0%，各项存款、贷款同比分别增长8.7%和4.6%。全年新增社会融资规模1212亿元，同比增长6.2%。证券机构经营稳健，融资功能有效发挥，非金融企业境内股票融资124亿元，同比多增110亿元。保险业运行整体良好，保险公司实现原保险保费收入同比增长1.3%，赔付支出同比增长9.8%，行业服务功能进一步提升。二是金融支持稳经济大盘重点领域效果明显。全省再贷款再贴现余额140亿元，同比增长50.3%；通过普惠小微贷款支持工具，对全省8家符合条件的地方法人金融机构发放激励资金6242万元；新创设的各项结构性货币政策工具均落地见效，省内具备使用资格的全国性银行分支机构运用碳减排支持工具、科技创新再贷款、设备更新改造专项再贷款等资金发放贷款合计101亿元。发挥贷款市场报价利率（LPR）指导作用，促进企业综合融资成本稳中有降，2022年12月，全省新发放企业贷款加权平均利率为4.3%，同比下降0.7个百分点。全省金融机构积极落实“金融23条”，为受疫情影响较大行业的1049家企业办理延期还本付息，涉及

① 自2023年8月18日起，中国人民银行海口中心支行更名为中国人民银行海南省分行。本报告主要反映2022年的经济金融情况，正文中涉及的相关机构表述仍沿用2022年名称。

贷款金额104亿元；各支付服务主体累计减免支付手续费1.4亿元，惠及小微企业和个体工商户57.8万户。三是金融服务和管理水平持续提升。支付服务环境优化取得新进展，保障疫情期间支付服务不断档，农村支付实现从服务农民生活向服务农业生产、农村生态的有效延伸。云闪付"一键查卡"试点工作扎实开展。金融科技创新应用能力逐步增强。积极推进数字人民币全岛全域试点工作。全省支持数字人民币商户28.2万个，同比增长132.2%。社会信用体系进一步完善，推动组建海南省级层面首个本土企业征信公司。成功实现"政采贷"融资业务全面上线。应收账款质押融资服务成效显著，平台融资金额107亿元，同比增长166.2%。金融消费权益保护工作再上新台阶，银行机构及时处理"12363"转办投诉，深入开展金融知识宣传教育，建立小额纠纷快速解决机制。四是自贸港金融改革创新成效显现。自贸港金融政策框架不断完善。出台洋浦经济开发区跨境贸易投资高水平开放外汇管理改革试点实施细则和金融支持海口、三亚、儋州区域发展等政策文件，进一步释放金融开放政策红利，为海南自贸港建设提供强有力的金融支撑。跨境贸易投融资便利化政策落地见效，支持优化货物贸易和服务贸易外汇收支单证审核、取消特殊退汇业务登记、简化进口付汇核验等便利化试点政策取得实效。五是金融风险防范化解能力不断提升。重点领域风险得到有效化解，电信网络诈骗"资金链"治理成果显著，防范化解重大金融风险成效明显。

2023年是全面推进海南自由贸易港封关运作的关键之年。海南省将坚持以习近平新时代中国特色社会主义思想为指导，以党的二十大精神为引领，认真贯彻落实中央经济工作会议精神，积极推动落实"1+4个3"[①]工作部署，紧盯全年经济增长目标，加快推动海南产业结构升级，加大经济发展新动能培育力度，实现全年经济高质量发展。海南省金融系统将认真贯彻落实稳健的货币政策，保持货币信贷合理平稳增长，加大对重点领域和薄弱环节的支持，进一步推进构建园区金融、绿色金融、科创金融、普惠金融、跨境金融等金融新发展格局；聚焦2025年封关运作，全面深化金融领域对外开放，加快推进海南金融战略性转型升级，更好服务海南自贸港经济社会高质量发展。

一、金融运行情况

2022年，海南省金融系统积极贯彻落实稳健的货币政策和助企纾困金融政策，深入推动自贸港金融创新开放，有序推进重点领域风险处置，持续提升金融服务和金融管理质效，金融业发展实现稳中向好、稳中有进。

（一）银行经营稳中向好，支持实体经济力度加大

1. 资产负债保持平稳增长。2022年末，海南省银行业金融机构资产总额1.6万亿元，同比增长5.1%；负债总额1.5万亿元，同比增长4.0%。全年利润总额166亿元。

2. 存款增速持续提升。2022年末，海南省本外币各项存款余额1.2万亿元，同比增长8.7%。分部门看，住户存款余额6246亿元，同比增长12.7%；广义政府存款余额2128亿元，同比增长9.0%；非金融企业存款余额3644亿元，同比增长1.3%。

① "1"是指以自贸港建设为总的抓手；"4个3"分别指投资、消费、出口三大需求，第一、第二、第三三大产业，用地、用海、资金三大要素保障，海口、三亚、儋州三大增长极。

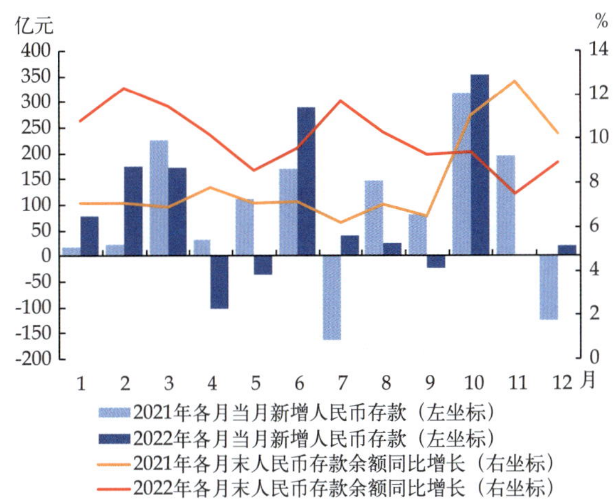

图 1 金融机构人民币存款增长变化

（数据来源：中国人民银行海口中心支行）

3. 信贷结构不断优化。2022 年末，海南省本外币各项贷款余额 1.1 万亿元，同比增长 4.6%。重点领域信贷增速较快，结构不断优化。全省重点园区贷款、普惠小微贷款、绿色贷款、科技型中小企业贷款以及涉农贷款余额同比分别增长 26.6%、22.6%、30.3%、18.3% 和 12.7%。全省金融机构积极落实“金融 23 条”、金融支持“双统筹”实施意见，为受疫情影响较大行业的 1049 家企业办理延期还本付息，涉及贷款金额 104 亿元；各支付服务主体累计减免手续费 1.4 亿元，惠及小微企业和个体工商户 57.8 万户。

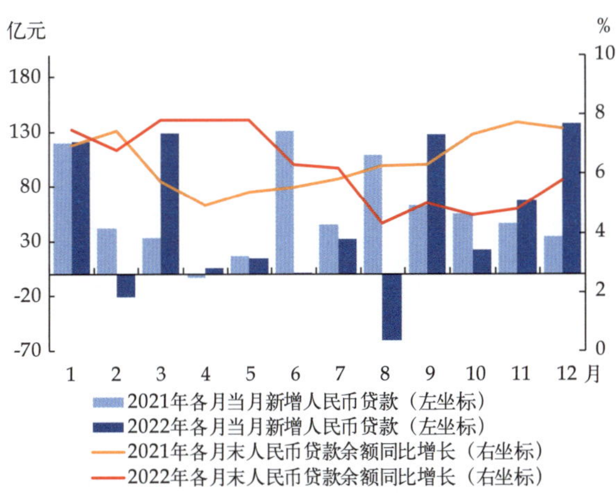

图 2 金融机构人民币贷款增长变化

（数据来源：中国人民银行海口中心支行）

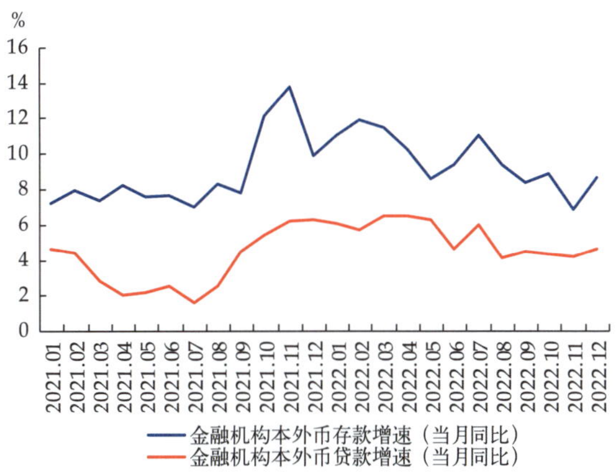

图 3 金融机构本外币存贷款增速变化

（数据来源：中国人民银行海口中心支行）

4. 表外业务发展较快。2022 年末，海南省银行业金融机构表外业务余额 1.4 万亿元，同比增长 81.9%。其中，金融资产服务类、金融衍生品类、担保类、承诺类表外业务同比分别增长 102.5%、51.9%、31.6% 和 26.8%。金融资产服务类业务占全部表外业务余额的 77.0%，同比提升 30.1 个百分点。

5. 利率市场化改革成效凸显。海南省持续推动银行机构发挥 LPR 改革效能，实现企业综合融资成本稳中有降。2022 年 12 月，全省金融机构新发放人民币一般贷款加权平均利率为 4.3%，同比下降 0.7 个百分点。其中新发放大型、中型、小微型企业贷款加权平均利率分别为 3.1%、4.4% 和 4.2%，同比分别下降 0.7 个、0.4 个和 0.5 个百分点。同时，引导金融机构加强存款利率自律管理，切实维护好存款市场秩序，稳定银行负债成本。2022 年 12 月，海南省活期存款和定期存款加权平均利率分别为 0.3% 和 2.2%，同比分别下降 0.1 个和 0.4 个百分点。

表 1 2022 年金融机构人民币贷款各利率区间占比

单位：%

项目	1 月	2 月	3 月	4 月	5 月	6 月
合计	100.0	100.0	100.0	100.0	100.0	100.0
LPR 减点	24.6	19.6	18.1	27.3	29.5	25.5
LPR	3.7	2.9	13.6	4.7	4.3	6.7

续表

项目		1月	2月	3月	4月	5月	6月
LPR加点	小计	71.7	77.5	68.3	68.0	66.2	67.9
	(LPR，LPR+0.5%)	14.2	14.6	14.2	11.2	14.5	18.9
	[LPR+0.5%，LPR+1.5%)	23.8	31.3	24.6	25.5	20.3	21.0
	[LPR+1.5%，LPR+3%)	17.1	15.4	16.7	16.4	16.6	17.0
	[LPR+3%，LPR+5%)	12.3	11.2	9.1	9.3	10.6	7.7
	LPR+5% 及以上	4.1	5.1	3.7	5.7	4.3	3.3
项目		7月	8月	9月	10月	11月	12月
合计		100.0	100.0	100.0	100.0	100.0	100.0
LPR 减点		27.2	26.0	27.4	37.3	34.3	46.2
LPR		1.7	2.3	6.6	3.6	7.7	2.0
LPR加点	小计	71.1	71.7	66.0	59.1	58.0	51.8
	(LPR，LPR+0.5%)	11.8	20.3	16.2	15.4	12.2	12.6
	[LPR+0.5%，LPR+1.5%)	29.9	22.0	19.7	17.7	18.7	16.4
	[LPR+1.5%，LPR+3%)	15.5	12.7	15.3	12.5	15.2	13.0
	[LPR+3%，LPR+5%)	10.0	12.1	11.2	9.8	9.0	7.7
	LPR+5% 及以上	3.9	4.6	3.6	3.8	3.0	2.0

数据来源：中国人民银行海口中心支行。

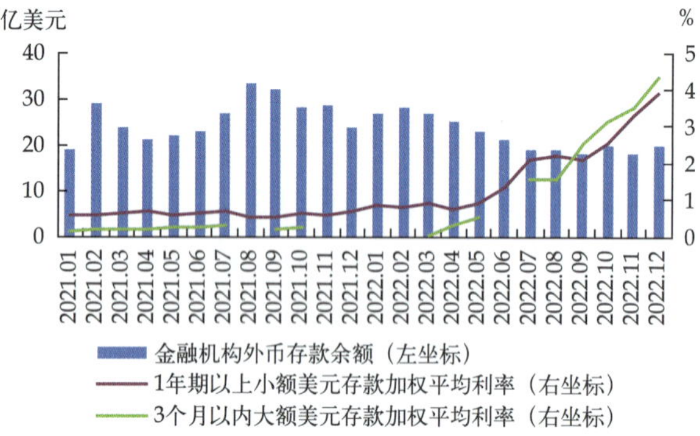

图 4　金融机构外币存款余额及外币存款利率

（数据来源：中国人民银行海口中心支行）

6. 地方法人银行经营规模稳步增长。2022年末，海南省地方法人银行资产和负债总额同比分别增长 8.0% 和 8.2%；各项贷款余额和存款余额同比分别增长 12.3% 和 8.6%。地方法人银行通过采取增资扩股、不良资产清收、核销等多项举措，风险处置工作取得阶段性成效。

7. 农信社改革稳步推进。2022 年，海南省农信系统稳步推进深化改革工作，加强风险管控，聚焦支农支小定位，涉农贷款余额同比增长 13.2%，比各项贷款余额增速高 2.4 个百分点，占全省涉农贷款余额的 26.0%。

8. 跨境人民币业务持续快速增长。2022 年，海南省银行业金融机构办理人民币跨境实际收付 1478 亿元，同比增长 146.2%，其中经常项目 425 亿元、资本项目 1053 亿元，同比分别增长 56.1% 和 221.1%。与海南发生跨境人民币收付的国家或地区新增 12 个，达 105 个；在省内银行业金融机构办理跨境人民币业务的企业数量增加 426 家，达 2883 家。

（二）证券业平稳发展，组织体系进一步完善

1. 证券机构经营稳健，融资功能有效发挥。2022 年，海南省共有 2 家法人证券公司、44 家证券分公司、47 家证券营业部和 1 家证券投资咨询机构，2 家法人期货公司、11 家期货分公司和 10 家期货营业部，3 家公募基金管理公司分公司，新增 1 家法人公募基金管理公司。全年证券市场交易额同比下降 4.4%，期货机构代理交易额同比增长 5.7%。非金融企业境内股票融资 124 亿元，同比多增 110 亿元。

表 2　2022 年证券业基本情况

项目	数量
总部设在辖内的证券公司数（家）	2
总部设在辖内的基金公司数（家）	1
总部设在辖内的期货公司数（家）	2
年末国内上市公司数（家）	28
当年国内股票（A 股）筹资（亿元）	124.2
当年发行 H 股筹资（亿元）	0
当年国内债券筹资（亿元）	417.7
其中：短期融资券筹资额（亿元）	0
中期票据筹资额（亿元）	43.1

数据来源：海南证监局、中国人民银行海口中心支行。

注：当年国内股票（A 股）筹资额指非金融企业境内股票融资。

2. 法人公募基金公司“零”突破。2022 年，海南省首家法人公募基金汇百川基金管理有限公司获批成立，为海南自贸港建设注入新动力，海南金融业态进一步丰富。截至 2022 年末，全

省共有全国股转系统挂牌公司29家，总股本38亿股；沪深证券交易所上市公司28家（其中主板24家、科创板1家、创业板3家），上市公司总股本830亿股，总市值3671亿元。

（三）保险业运行整体良好，行业服务功能进一步提升

1. 保险市场总体稳定，保费收入小幅增长。 2022年末，海南省有2家地方法人保险公司，30家省级分公司。保险公司中介机构240家，同比下降37.8%。保险公司实现原保险保费收入201亿元，同比增长1.3%。其中财产险公司、人身险公司原保费收入同比分别增长0.8%和1.7%。赔付支出82亿元，同比增长9.8%。

2. 农业保险稳步推进，保障能力持续增强。 2022年，海南省持续推进农险领域提标扩面增品，农险助力乡村振兴作用不断凸显。一是持续推进橡胶保险工作，为提升海南天然橡胶的战略保障能力提供有力支撑。二是推动蔬菜保险不断完善，蔬菜收入保险在海口、三亚落地试点。三是引导发展制种保险，支持种业发展。四是推动产品创新，猪饲料"保险＋期货"、鸡蛋价格保险等新险种落地开展。2022年，海南农业保险实现原保费收入17亿元，同比增长17.2%；赔款支出16亿元，同比增长23.4%；提供风险保障247亿元。

表3　2022年保险业基本情况

项目	数量
总部设在辖内的保险公司数（家）	2
其中：财产险经营主体（家）	0
寿险经营主体（家）	2
保险公司分支机构（家）	298
其中：财产险公司分支机构（家）	187
寿险公司分支机构（家）	111
保费收入（中外资，亿元）	200.9
其中：财产险保费收入（中外资，亿元）	89.6
人身险保费收入（中外资，亿元）	111.3
各类赔款给付（中外资，亿元）	81.9

数据来源：海南银保监局。

（四）全省融资总量平稳增长，货币政策工具效能凸显

1. 人民币贷款和政府债券是社会融资总量主要增长点。 2022年，全省累计新增社会融资规模1212亿元，同比增长6.2%。其中，人民币贷款和政府债券分别新增568亿元和429亿元，是社会融资规模的主要增长点，两项金额合计占累计新增社会融资规模的82.3%。

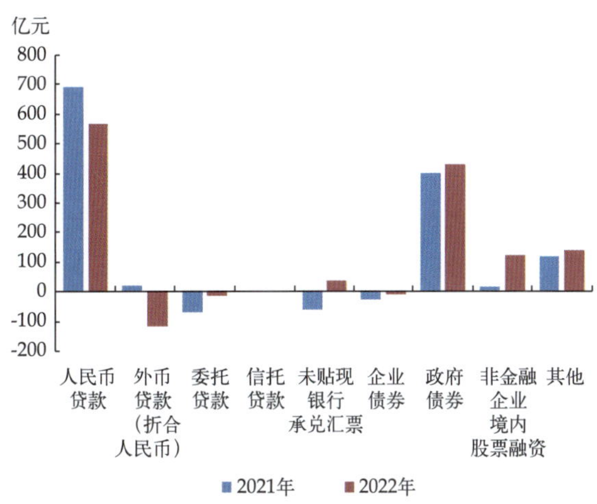

图5　社会融资规模分布结构

（数据来源：中国人民银行海口中心支行）

2. 结构性货币政策工具使用效果凸显。 2022年，人民银行海口中心支行根据总行工作部署，加强货币政策业务指导，完善考核评估机制，充分发挥结构性货币政策工具总量和结构双重功能，引导全省信贷总量平稳增长，保持辖内法人银行流动性合理充裕，巩固对重点领域和薄弱环节的金融支持，为抗击疫情冲击、稳定经济大盘起到重要作用。截至2022年末，全省再贷款、再贴现余额140亿元，同比增长50.3%；通过普惠小微贷款支持工具，对全省8家符合条件的地方法人金融机构发放激励资金6242万元；新创设的各项结构性货币政策工具均落地见效，省内具备使用资格的全国性银行分支机构运用碳减排支持工具、科技创新再贷款、设备更新改造专项再贷款等资金发放贷款合计101亿元。

（五）自贸港金融政策框架不断完善，金融改革创新蓬勃展开

一年来，人民银行海口中心支行在自贸港建设总体方案框架下，不断探索金融领域开放创新，有序推动金融政策的系统性、创新性和协同性。2022年，牵头制定印发《洋浦经济开发区跨境贸易投资高水平开放外汇管理改革试点实施细则》《金融支持海口建设自由贸易港核心引领区的意见》《金融支持三亚打造自由贸易港标杆城市的实施意见》《金融支持儋洋一体化　打造海南自由贸易港贸易投资高水平开放先行区的意见》等政策文件。一系列措施的出台，有效适配了自贸港建设的新要求新进程，精准指导各金融机构服务自贸港经营主体需求，进一步释放金融开放政策红利，为海南自贸港建设提供强有力的金融支撑。

1. 跨境贸易业务量持续增长。截至2022年末，跨境贸易外汇收支便利化试点银行、企业数分别增加至7家、47家。2022年累计办理试点业务1889笔，金额5亿美元，同比分别增长311.3%和269.1%。新型离岸国际贸易收支合计182亿美元，同比增长143.2%。

2. 跨境新业务陆续试点。开展资本项目收入支付便利化试点。截至2022年末，办理试点业务430笔，境内支付使用金额达8亿美元。积极推动合格境外有限合伙人（QFLP）和合格境内有限合伙人（QDLP）试点。84只QFLP股权投资基金累计跨境流入13亿美元，10家QDLP基金管理企业登记金额18亿美元，跨境流出资金2亿美元。

3. 经营主体融资渠道不断拓展。持续推动跨境资金池业务落地，扩大可跨境转出的信贷资产范围和参与机构范围。截至2022年末，发生境内信贷资产对外转让业务金额合计8亿美元，其中2022年发生业务金额1.4亿美元；跨境人民币境内资产转让业务金额53亿元，其中2022年发生业务金额34亿元。指导部分商业银行开展跨境资产管理业务试点，试点业务金额合计6亿元。

4. 银行机构账户体系建设不断完善。一是多功能自由贸易（FT）账户业务量快速增长，功能不断拓展。2022年，海南FT账户收支折合人民币2562亿元，同比增长64.2%。二是本外币合一银行结算账户体系试点正式启动。2022年12月15日，工商银行海南省分行、建设银行海南省分行在海口、三亚、儋州三个试点地区的97个营业网点获准开展试点业务。

（六）海南金融生态不断优化，金融消费者权益保护成效明显

1. 防范化解重大金融风险取得实效。2022年，海南省成立防范化解金融风险工作领导小组，以央地金融监管协作联席会议制度有效整合监管力量。重点领域风险得到有效化解。电信网络诈骗“资金链”治理成效明显，全省涉案账户数连续7个月维持较低水平。

2. 支付服务环境建设取得新进展。2022年，海南省加快推进移动支付便民工程建设，确保支付清算系统业务连续性，有力保障疫情严重期间支付服务不断档；持续提升银行账户服务水平，辖内17家银行为企业使用电子营业执照办理账户业务提供支持，实现电子营业执照在账户办理环节的信息核验。推进农村支付服务环境建设，实现农村支付从服务农民生活向服务农业生产、农村生态有效延伸。扎实推进支付服务适老化工作，提升老年客户支付服务体验。推进云闪付“一键查卡”试点，将全省20家银行纳入试点银行范围，便利公众直接掌握个人名下银行卡信息；截至2022年末，全省累计服务用户数4.3万人，服务次数11.9万次。

3. 农村信用体系进一步完善。2022年，人民银行海口中心支行积极推动省政府印发《关于进一步完善海南省农村信用体系服务乡村振兴发展的意见》。完成89.7万农户和新型农业经营主体信用信息采集，覆盖率达87.5%；为70.0万农户和新型农业经营主体开展信用评定。推动组建海南省级层面首个本土企业征信公司，搭建地方征信平台。成功实现“政采贷”融资业务全面上线。应收账款融资服务成效显著，

平台融资金额107亿元，同比增长166.2%。

4. 金融消费者权益保护工作再上新台阶。 2022年，“海南省12363呼叫中心”转办投诉办结率100%；指导自贸港金融消保协会与辖内11家金融机构建立小额纠纷快速解决机制，与12家基层法院建立合作机制，大幅提高金融纠纷调解效率；指导消保协会开展金融纠纷调解案件285件，调解成功188件，司法确认51件。

5. 积极推进数字人民币全岛全域试点。 2022年末，全省支持数字人民币商户28.2万个，同比增长132.2%；累计流通交易2644.6万笔，同比增长114.3%；累计流通金额65亿元，同比增长410.3%。

专栏1　以农村信用体系建设为着力点　开创金融支持海南乡村振兴新局面

2022年，人民银行海口中心支行以深化农村信用体系建设为着力点，构建“政府领导、人行推动、多方参与、上下联动”的工作机制，统筹推动金融支持海南省乡村振兴工作。深入开展“党建+信用村”“银村合作”“整村授信”工作，支持涉农“信用”向“信贷”转化，助力乡村振兴发展。2022年末，海南省涉农贷款余额同比增长12.7%，高于全省各项贷款余额增速8.1个百分点；农户贷款余额同比增长20.9%，高于全省各项贷款余额增速16.3个百分点。

在农村信用体系建设方面，人民银行海口中心支行推动构建“全岛一盘棋”工作机制，统筹推动海南省农村信用体系建设。加强省级统筹，高位推动全省统一的农村信用体系建设工作。推动将海南省农村信用体系建设写入《中共海南省委海南省人民政府关于做好2022年全面推进乡村振兴重点工作的实施意见》。推动省政府印发《关于进一步完善海南省农村信用体系服务乡村振兴发展的意见》。成立由人民银行海口中心支行牵头，省发改委、农业农村厅、地方金融监管局、乡村振兴局、大数据管理局、银保监局等为成员单位的海南省农村信用体系建设专项工作组，构建“政府领导、人行推动、多方参与、上下联动”的工作机制。强化督导问效，发挥多部门齐抓共管工作合力。将农村信用体系建设工作纳入省级层面工作规划和考核指标体系，压实基层市县政府工作责任。明确工作目标，制定可视化的时间表和路线图。完善涉农信用信息采集，加快开展涉农信用评定。

在农村信用体系运用方面，以农村信用体系建设为着力点，全方位推动金融支持乡村振兴工作落实落细。开启“银村合作”新模式，进村入户开展涉农信用信息采集评定行动。动员辖区市县人民银行和金融机构5万余人次下沉乡村，与村两委共同开启“银村合作”新模式。截至2022年末，共完成89.7万农户和新型农业经营主体信用信息采集，覆盖率达87.5%；为70万农户和新型农业经营主体开展信用评定，创建信用户31.7万户、信用村729个。创建特色金融示范区，发挥金融服务乡村振兴的带动引领作用。以琼中县为例，该县率先完成2.6万农户的信用信息采集全覆盖，线下创建农村金融服务站123个，实现行政村全覆盖，线上借助“数字乡村”系统建设涉农信用信息数据库，首创“信用绿橙贷”，深化涉农信用信息共享应用。2022年末，琼中县农户贷款余额15亿元，同比增长53.8%；农户贷款数2.0万户，同比增长76.9%。指导辖区金融机构积极开发与海南农村信用体系建设相适应的金融产品，推动涉农“信用”向“信贷”转化。海南农信社开发诚易贷、农居贷、福贷等专项金融服务产品，积极开展开展“整村授信”工作，全面支持热带特色农业、南繁、海洋等产业发展，开启海南金融支持乡村产业振兴新模式。截至2022年末，海南省通过农村信用体系建设直接带动金融机构累计为4.8万户农户提供48亿元信贷支持。加大涉农信用信息共享，推动农村信用体系建设可持续发展。持续推动政府部门涉农信息归集，及时、准确共享农户和新型农业经营主体生产经营、资产负债、林权、土地、房产、奖励、处罚等涉农信用信息。推动建设省级涉农信用信息数据库，借助市场化征信机构力量，推动涉农信用信息全省线上共享，涉农信贷线上对接、线上审批，以政府+市场合力推动农村信用体系助力海南乡村振兴可持续发展。

二、经济运行情况

2022年是困难挑战复杂交织、稳增长压力较大的一年。面对多重超预期因素冲击，海南省打赢了疫情防控大仗硬仗，千方百计稳住经济大盘，全年实现地区生产总值6818亿元，同比增长0.2%。

（一）外需拉动经济增长，新业态发展取得积极进展

2022年，海南省工业投资快速增长，消费新业态发展迅速，对外贸易快速增长，新型外贸取得突破。

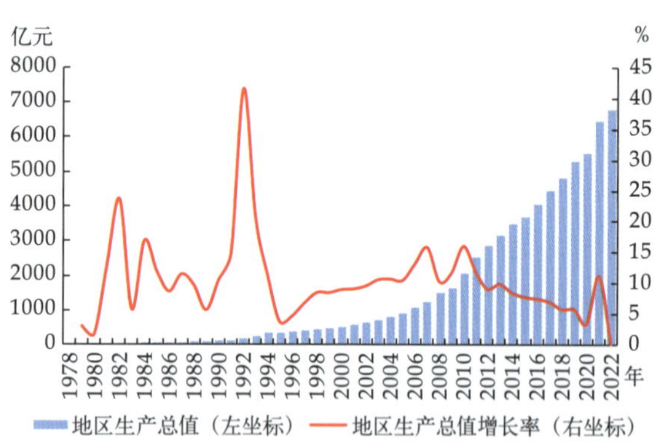

图6　地区生产总值及其增长率

（数据来源：海南省统计局）

1. 工业投资快速增长。 2022年，海南省固定资产投资同比下降4.2%。其中非房地产项目投资资金保障有力，同比增长2.5%。工业投资贡献突出，同比增长33%，拉动全省投资增长4.4个百分点，制造业投资增长21.1%，拉动工业投资增长11.2个百分点。

2. 消费新业态发展迅速。 2022年，海南省实现社会消费品零售总额2268亿元，同比下降9.2%。其中，商品零售额2007亿元，同比下降9.3%，餐饮收入261亿元，同比下降8.4%。新型消费增势良好，新能源汽车零售额同比增长24.8%，全省网上零售额同比增长10.9%。

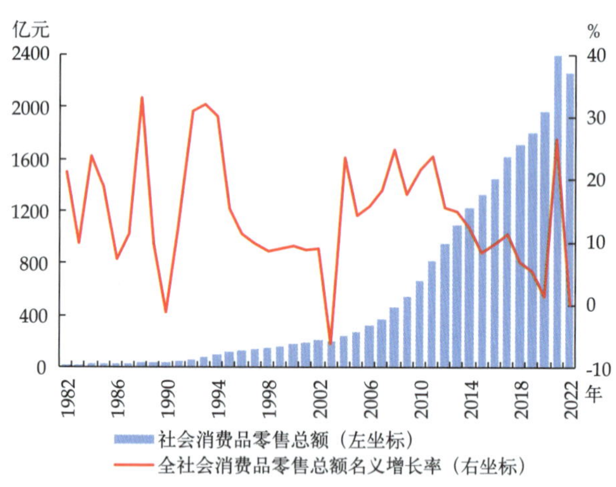

图7　社会消费品零售总额及其增长率

（数据来源：海南省统计局）

3. 对外贸易快速增长。 2022年，海南省货物贸易年度规模首次突破两千亿元，达到2010亿元，同比增长36.8%。服务进出口总额354亿元，同比增长22.9%。卫星数据出口实现突破，成功举办数字贸易促进消费升级海南峰会。

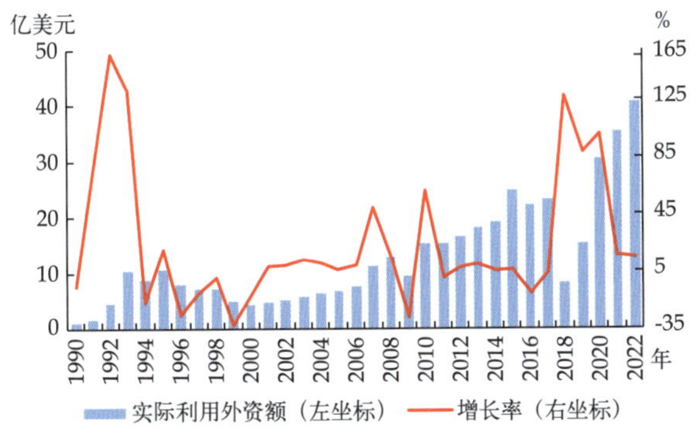

图 8　实际利用外资额及其增长率

（数据来源：海南省统计局）

（二）三次产业运行总体平稳，经济高质量发展打开新局面

2022 年，海南省三次产业运行总体稳定，农业生产有所增长，工业经济小幅下降，服务业运行基本平稳，供给侧结构性改革稳中有进，经济高质量发展打开新局面。

1. 农业生产平稳增长，主要农产品产量稳步提高。2022 年，海南省第一产业增加值 1418 亿元，同比增长 3.1%，增速高于整体经济增速。农林牧渔业总产值 2272 亿元，同比增长 3.5%，其中种植业、畜牧业、渔业产值分别增长 4.1%、3.0% 和 3.6%。主要农产品产量稳步提高，其中蔬菜产量增长 2.8%，园林水果和果用瓜产量分别增长 5.5% 和 11.2%，生猪出栏量增长 7.3%。

2. 工业小幅下降，石油和天然气开采业高速增长。2022 年，海南省第二产业增加值 1311 亿元，同比下降 1.3%。其中石油和天然气开采业增加值增长 248.8%，汽车制造业增加值增长 35.9%，农副食品加工业增加值增长 13.3%。

3. 服务业基本平稳，非接触式服务业增势良好。2022 年，海南省第三产业增加值同比下降 0.2%，其中，批发、水上运输、金融、信息等非接触式服务业增加值均较快增长，合计增长 6.8%，拉动全省 GDP 增长 1.2 个百分点。

4. 供给侧结构性改革稳中有进，高质量发展取得新进展。一是主导产业培育壮大。2022 年，四大主导产业增加值占地区生产总值近七成。二是创新驱动能力有所提升。2022 年，全省高新技术企业数超过 1500 家，省本级科技投入首次突破 10 亿元。三是自贸港硬件建设和政策赋能进展明显。封关运作 25 个地方事权项目全部动工；适用“零关税”清单进口货物减免税额同比增长 72.9%，15% 所得税政策个人和企业覆盖面同比分别增长 122.7% 和 35.7%。

5. 高水平建设国家生态文明试验区，绿色发展水平进一步提升。2022 年，全省环境空气质量优良率 98.7%，其中城市（镇）PM2.5 平均浓度为 12 微克 / 立方米。“六水共治”取得阶段性成效，地级城市饮用水水源地水质达标率为 100%。全省规模以上工业清洁能源发电量同比增长 13.6%，占规模以上工业发电总量的 50.4%。

（三）居民消费价格平稳运行，农村居民增收明显

2022 年，海南省居民消费价格指数保持在合理区间运行，工业生产者购进价格指数与出厂价格指数涨幅较高，农村居民增收成效显著。

1. 居民消费价格温和上涨。2022 年，海南省居民消费价格指数同比上涨 1.6%。八大商品和服务项目价格“五升二平一降”，其中食品烟酒类（2.5%）、交通通信类（5.0%）、生活用品及服务类（0.6%）、教育文化娱乐（2.1%）、其他用品及服务（0.5%）等价格稍有上涨。

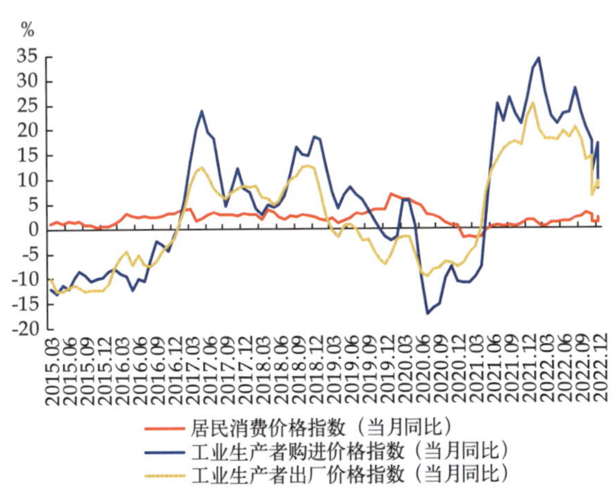

图 9　居民消费价格指数和工业生产者价格指数变动趋势

（数据来源：海南省统计局）

2. 工业生产者购进价格指数与工业生产者出厂价格指数较高。2022年，海南省工业生产者购进价格指数同比上涨19.8%，工业生产者出厂价格指数同比上涨15%，企业生产成本承压。

3. 农村居民增收明显。2022年，海南省农村居民人均可支配收入达19117元，同比增长5.8%，增速快于城镇居民6个百分点。城乡居民人均可支配收入之比为2.1，相对差距较2021年缩小0.1。

（四）财政收入下降、支出增加，积极财政政策精准高效

1. 财政收入下降、支出增加。2022年，受新冠疫情叠加减税降费政策影响，海南省地方一般公共预算收入832亿元，同口径下降2.9%；一般公共预算支出2096亿元，同比增长6.3%。

2. 税收收入占比下降。2022年，海南省税收收入占地方一般公共预算收入的73.2%，同比下降7.5个百分点。

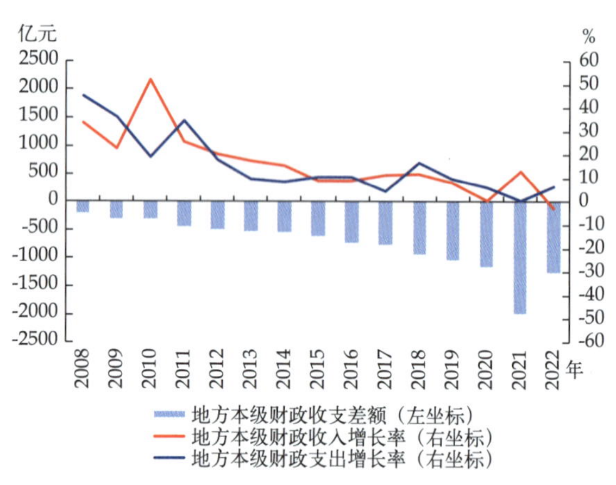

图10　财政收支状况

（数据来源：海南省统计局）

3. 加快自贸港财税改革。持续深化销售税方案研究，完善销售税改革方案；更新升级原辅料、自用生产设备等"零关税"清单；持续推动离岛免税行业发展，2022年海南离岛免税店总销售额487亿元，其中，免税销售额348亿元。

4. 有力支持经济恢复向好。落实新的组合式税费政策，全省全口径增值税留抵退税额185亿元；筹措财政资金2.5亿元发放消费券，有力刺激消费；支持海口美兰国际机场二期、国道G360文昌至临高公路等基础设施建设，夯实高质量发展支撑。

5. 支持实施乡村振兴战略。2022年，海南省财政支持巩固脱贫攻坚成果与乡村振兴有效衔接，全年拨付衔接补助资金（原专项扶贫资金）34.7亿元，同比增长3.3%。安排3.3亿元农户小额贷款贴息和奖补资金，撬动农户小额贷款167.5亿元，惠及全省17.1万农户。

（五）房地产开发投资下降，房屋销售持续回落

1. 房地产开发投资下降。2022年，全省房地产开发投资1158亿元，同比下降16%，占固定资产投资的31.6%，同比下降4.5个百分点。其中住宅投资793亿元，同比下降11.6%。

2. 房屋销售持续回落。2022年，全省商品房销售面积644万平方米，同比下降27.6%；销售额1098亿元，同比下降29.6%。

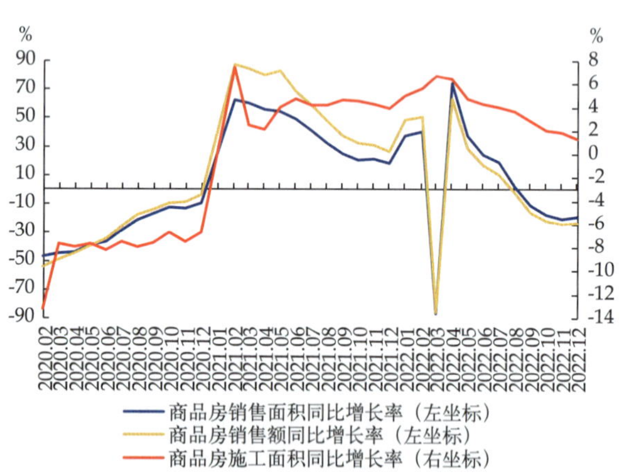

图11　商品房施工和销售变动趋势

（数据来源：海南省统计局）

（六）自贸港政策框架基本形成，海南内外部循环更加通畅

1. 自贸港战略框架和政策框架基本形成。

在全面深化改革开放和中国特色自由贸易港建设实践中，海南形成了“一本三基四梁八柱”战略框架。180多项政策文件先后出台，涵盖以投资贸易自由化便利化为核心的“6+1+4”重点领域，自贸港政策制度“四梁八柱”基本成型。

2. 自由贸易港建设进展明显。封关运作准备工作全面启动，海南牵头负责的25个封关运作项目全部开工建设。“三张清单”有序实施。跨关区保税油直供、市场准入特别措施、外汇管理简化等政策接续落地或完成首单。自用生产设备“零关税”等政策滚动升级。“一线放开、二线管住”试点扩区顺利实施，AEO认证企业数量翻番。洋浦保税港区首次进入全国特殊监管区域A类行列。

海南省政府在香港成功发行50亿元离岸人民币地方政府债券。

3. 强内需扩外需展现新气象。第二届中国国际消费品博览会参展企业1955家，较首届增长25.0%。海口国际免税城正式开业，全省离岛免税经营面积达50万平方米。出台实施稳外贸促发展系列政策措施，推动全国首张跨境服务贸易负面清单落地，深化服务贸易创新发展试点。构建全球招商网络体系，坚持“我们为企业跑”创新外商投资服务，新设外资企业来源国别和地区达125个。

4. 营商环境优化提升。全国工商联调查显示，海南省营商环境全国排名上升4位。海南省营商环境建设厅揭牌成立。经营主体数量连续34个月保持高速增长。《海南自由贸易港知识产权保护条例》《海南自由贸易港公平竞争条例》《海南自由贸易港市场主体注销条例》正式施行；2022年引进人才超10万。

5. 构建现代化产业体系亮点纷呈。博鳌乐城加快打造吸引消费回流重要平台。中外合作办学加快发展，招生总规模超8200人。科创板上市公司成功“破零”。“中国洋浦港”船籍港登记注册船舶达34艘，开通40条集装箱班轮航线，覆盖国内沿海主要港口，通达东南亚，辐射南太平洋与印度洋。跨境交流专用通道试点有序开展，游戏出海试点加快推进，数字经济增加值占全省经济的比重达7%。海上风电、机器人、智能检测等产业从无到有，新能源汽车制造项目签约落地。13个自贸港重点园区完成固定资产投资超过1200亿元，贡献税收超过600亿元，占全省的比重分别超过三成和五成。

专栏2　海南自贸港落实外汇创新政策成效显著

2022年，海南省涉外收支总额624亿美元，同比增长63.8%，外汇市场运行平稳向好。外汇创新政策落地生效，进一步助推海南自贸港跨境业务蓬勃展开。

高水平改革开放有力推进。印发《洋浦经济开发区开展跨境贸易投资高水平开放外汇管理改革试点实施细则》，支持洋浦经济开发区更大力度探索贸易投资自由化便利化措施。截至2022年末，洋浦经济开发区4项经常项目便利化措施全面落地实施，已有4家银行完成试点备案手续，优质企业18家，累计发生试点业务2504笔，金额合计116亿美元。取消结汇待支付账户、FDI境内再投资免于登记、跨国公司本外币一体化资金池等5项资本项目试点政策落地实施，涉及金额约8亿美元。

贸易外汇收支便利化拓面提质。一是优质企业贸易外汇收支便利化政策深入推进。发布《关于开展优质企业贸易外汇收支便利化试点的指导意见（2022年版）》，扩大政策受惠面。截至2022年末，辖内符合条件的7家银行全部纳入试点；试点企业47家，累计办理贸易外汇收支便利化试点业务2408笔，金额合计7亿美元。二是新型离岸国际贸易健康有序发展。引导自律机制更新展业规范，配合政府部门推进新型离岸国际贸易健康有序发展。2022年，新型离岸国际贸易涉外收支185亿美元，同比增长150%。

跨境投融资体制改革持续深化。一是深入推进资本项目收入支付便利化。截至2022年末，全省共办理资本项目收付便利化试点业务828笔，境内支付使用金额达13亿美元。二是深化跨境投资管理新模式。全省共落地QFLP基金84只，QFLP基金管理企业20家。简化QDLP基金跨境投资登记手续，已登记QDLP基金管理企业10家。三是跨境资产管理业务试点平稳运行。支持符合条件的银行在风险可控的前提下先行先试。截至2022年末，省内已有3家银行开展试点业务，金额合计6亿元人民币。

三、预测与展望

2023年是全面贯彻落实党的二十大精神的开局之年，也是推进海南自由贸易港封关运作的关键之年。海南自贸港建设正处于宝贵的窗口机遇期，发展基础更为坚实、发展动力更加充沛、发展优势更加鲜明。“3+1”主导产业加快发展，现代化产业体系正在形成。营商环境持续优化，高质量吸引和配置要素资源能力持续增强；实施投资新政、推动消费升级、促进外贸做大、加快引入外资，内外部有效需求增量提质，为进一步促进高质量发展创造了宝贵机遇。与此同时，外部环境对我国经济的影响加深，国内经济恢复的基础尚不牢固，传统优势产业亟待转型升级，战略性新兴产业亟须培育壮大，海南省经济社会发展仍面临重大挑战。

面对发展机遇和挑战，海南省将坚持以习近平新时代中国特色社会主义思想为指导，全面贯彻党的二十大精神和中央经济工作会议精神，坚持稳中求进工作总基调，完整、准确、全面贯彻新发展理念，积极融入和服务新发展格局，以推动高质量发展为主题，以供给侧结构性改革为主线，以全面深化改革开放、坚持创新驱动为动力，以高质量高标准建设中国特色自由贸易港为重点，把制度集成创新摆在更加突出位置，继续做好“六稳”“六保”工作，持续改善民生，保持社会大局稳定。海南省金融系统将认真贯彻落实稳健的货币政策，更加积极作为，下好自贸港建设金融工作“先手棋”；加快构建海南金融新发展格局，聚焦2025年封关运作，全面深化金融改革开放，推动经济金融高质量发展，促进海南金融战略性转型。

中国人民银行海南省分行货币政策分析小组

总　　纂：方　昕　邹　颖

统　　稿：郭　凯　潘雪阳　郑其敏

执　　笔：石海峰　陈国权　陈太玉　王　培　邓　昕　林　昕　文宇萌　杨　龙　卢艳龙
王宏杰　王元亮　夏艺芬　马佳慧　张　莉　林　萍　吴琪锦　夏　凡　侯腊一
段金宝　何　山　林平玉　陈才麟　吴志贵　李　哲　陈前鹏

提供材料：杨　凯　肖　晗　傅晓琪　席梦宇　伦祖炜　李　力

附录：

（一）2022 年海南省经济金融大事记

1 月 4 日，国家外汇管理局在海南自由贸易港洋浦经济开发区开展跨境贸易投资高水平开放试点。

1 月 10 日，海南省首单大额数字人民币缴交税款业务落地。

2 月 23 日，海南成功发行 2022 年第一批海南省人民政府债券 111.9 亿元。

4 月 10—13 日，中共中央总书记、国家主席、中央军委主席习近平在海南考察，强调要加快建设具有世界影响力的中国特色自由贸易港，让海南成为新时代中国改革开放的示范。

4 月 21 日，中共中央总书记、国家主席、中央军委主席习近平视频出席博鳌亚洲论坛 2022 年年会开幕式并发表主旨演讲，强调中国将扎实推进海南自由贸易港建设，对接国际高标准经贸规则，推动制度型开放。

4 月 26 日，海南省首单数字人民币财政实拨资金业务在海南文昌落地。

7 月 29 日，海南省征信有限公司注册成立。

9 月 2 日，海关总署、海南省人民政府印发《海南自由贸易港“一线放开、二线管住”进出口政策制度试点扩区工作实施方案》。

10 月 18 日，海南地方征信平台“海易信”完成上线。

11 月 23 日，海南首家公募基金管理公司——汇百川基金管理有限公司获中国证监会批复设立。

12 月 15 日，海南省本外币合一银行结算账户体系试点正式启动。

（二）海南省主要经济金融指标

表1　2022年海南省主要存贷款指标

	项目	1月	2月	3月	4月	5月	6月	7月	8月	9月	10月	11月	12月
本外币	金融机构各项存款余额（亿元）	11438.0	11617.9	11785.9	11675.3	11626.6	11906.4	11931.6	11958.9	11932.5	12299.8	12292.4	12321.6
	其中：住户存款	5642.6	5623.3	5766.6	5789.7	5821.6	5894.8	5892.7	5913.1	6004.2	5991.0	6120.3	6246.0
	非金融企业存款	3463.6	3506.4	3642.4	3562.9	3522.1	3585.6	3535.9	3540.9	3542.7	3574.2	3582.4	3643.5
	各项存款余额比上月增加（亿元）	99.3	179.9	168.0	-110.6	-48.8	279.9	25.1	27.3	-26.4	367.3	-7.4	29.2
	金融机构各项存款同比增长（%）	11.1	11.9	11.5	10.3	8.6	9.4	11.0	9.4	8.4	8.9	6.9	8.7
	金融机构各项贷款余额（亿元）	10716.8	10709.4	10842.0	10830.0	10819.9	10796.0	10834.2	10785.9	10924.7	10949.3	11001.4	11090.3
	其中：短期	1419.6	1382.1	1390.3	1365.3	1302.0	1221.5	1202.5	1180.3	1222.5	1248.2	1263.3	1271.0
	中长期	8513.8	8514.2	8602.5	8574.7	8586.1	8693.8	8749.8	8694.8	8773.8	8774.0	8840.0	8975.2
	票据融资	430.9	429.9	467.5	528.4	574.1	594.6	586.5	611.8	619.6	610.0	590.2	554.2
	各项贷款余额比上月增加（亿元）	109.7	-7.4	132.6	-12.0	-10.1	-23.9	38.2	-48.2	138.8	24.6	52.1	88.9
	其中：短期	-23.3	-37.4	8.2	-25.0	-63.3	-80.4	-19.0	-22.2	42.2	25.7	15.1	7.8
	中长期	142.0	0.4	88.3	-27.8	11.4	107.8	55.9	-54.9	79.0	0.3	66.0	135.2
	票据融资	1.7	-1.0	37.6	60.9	45.7	20.6	-8.1	25.3	7.8	-9.6	-19.8	-36.0
	金融机构各项贷款同比增长（%）	6.1	5.7	6.5	6.5	6.3	4.6	6.0	4.1	4.5	4.3	4.2	4.6
	其中：短期	-1.4	-3.2	-2.2	-2.4	-5.5	-14.0	-13.3	-14.9	-12.6	-12.2	-13.6	-12.0
	中长期	7.8	7.0	7.4	6.8	7.1	7.8	8.1	6.2	6.6	6.3	6.8	7.2
	票据融资	32.4	38.2	52.0	81.5	78.3	59.4	42.1	39.7	41.7	38.4	34.0	29.1
	建筑业贷款余额（亿元）	184.9	187.2	188.8	188.0	188.3	191.7	193.0	192.4	194.5	197.7	203.3	210.7
	房地产业贷款余额（亿元）	1219.4	1230.2	1233.7	1236.1	1236.0	1293.1	1263.1	1263.1	1287.0	1290.5	1292.4	1326.0
	建筑业贷款同比增长（%）	12.9	12.9	12.1	12.4	9.0	8.1	9.5	10.3	10.3	11.7	15.9	18.7
	房地产业贷款同比增长（%）	-4.5	-4.3	-3.6	-2.5	-1.2	3.9	2.7	1.5	4.3	5.3	7.8	10.0
人民币	金融机构各项存款余额（亿元）	11265.6	11441.8	11614.2	11511.8	11475.1	11763.9	11803.7	11827.8	11805.3	12158.5	12161.9	12182.1
	其中：住户存款	5617.3	5598.3	5741.2	5763.4	5795.0	5867.8	5865.6	5886.2	5976.6	5963.4	6092.9	6218.9
	非金融企业存款	3402.5	3438.9	3563.5	3486.2	3435.3	3499.9	3465.8	3472.0	3470.3	3486.3	3510.8	3565.3
	各项存款余额比上月增加（亿元）	77.8	176.2	172.4	-102.4	-36.8	288.8	39.8	24.1	-22.5	353.2	3.4	20.2
	其中：住户存款	101.2	-19.0	142.9	22.2	31.6	72.8	-2.2	20.6	90.4	-13.2	129.4	126.1
	非金融企业存款	-114.6	36.5	124.5	-77.3	-50.9	64.6	-34.2	6.3	-1.7	16.0	24.5	54.5
	各项存款同比增长（%）	10.8	12.3	11.5	10.1	8.6	9.6	11.6	10.3	9.3	9.4	7.5	8.9
	其中：住户存款	12.4	9.3	10.0	10.3	10.9	11.1	11.8	11.9	11.8	12.3	13.3	12.7
	非金融企业存款	17.8	19.9	17.0	15.1	13.0	11.0	14.6	9.8	9.8	3.5	-0.4	1.2
	金融机构各项贷款余额（亿元）	10047.6	10027.6	10156.2	10161.7	10176.6	10178.6	10210.7	10150.3	10278.7	10300.6	10368.6	10506.2
	其中：个人消费贷款	2617.4	2605.7	2620.6	2619.9	2625.3	2634.0	2634.8	2625.8	2631.3	2631.8	2646.5	2655.4
	票据融资	430.9	429.9	467.5	528.4	574.1	594.6	586.5	611.8	619.6	610.0	590.2	554.2
	各项贷款余额比上月增加（亿元）	121.6	-20.0	128.7	5.4	14.9	2.0	32.1	-60.4	128.4	21.9	67.9	137.6
	其中：个人消费贷款	18.7	-11.7	14.9	-0.6	5.3	8.7	0.8	-9.0	5.5	0.5	14.7	8.9
	票据融资	1.7	-1.0	37.6	60.9	45.7	20.6	-8.1	25.3	7.8	-9.6	-19.8	-36.0
	金融机构各项贷款同比增长（%）	7.5	6.8	7.7	7.8	7.8	6.3	6.2	4.4	5.0	4.6	4.8	5.8
	其中：个人消费贷款	7.7	7.1	7.1	6.8	6.8	6.7	6.1	4.8	3.9	2.9	2.4	2.2
	票据融资	32.4	38.2	52.0	81.5	78.3	59.4	42.1	39.7	41.7	38.4	34.0	29.1
外币	金融机构外币存款余额（亿美元）	27.0	27.8	27.0	24.7	22.7	21.2	19.0	19.0	17.9	19.7	18.2	20.0
	金融机构外币存款同比增长（%）	43.2	-3.7	14.0	17.7	4.2	-7.8	-28.9	-43.1	-44.4	-30.3	-36.7	-15.4
	金融机构外币贷款余额（亿美元）	105.0	107.8	108.0	101.0	96.6	92.0	92.4	92.2	91.0	90.4	88.2	83.9
	金融机构外币贷款同比增长（%）	-9.1	-6.0	-6.0	-12.2	-16.4	-20.3	-1.2	-5.9	-10.6	-11.4	-15.5	-21.5

数据来源：中国人民银行海口中心支行。

表 2　2001—2022 年海南省各类价格指数

单位：%

时间		居民消费价格指数		工业生产者购进价格指数		工业生产者出厂价格指数	
		当月同比	累计同比	当月同比	累计同比	当月同比	累计同比
2001		—	-1.5	—		—	—
2002		—	-0.5	—	5	—	-1.3
2003		—	0.1	—	-0.2	—	-0.5
2004		—	4.4	—	8.7	—	0
2005		—	1.5	—	0.1	—	-0.5
2006		—	1.5	—	0.9	—	0.8
2007		—	5.1	—	7.0	—	2.7
2008		—	6.9	—	-7.8	—	4.5
2009		—	-0.7	—	-5.7	—	-9.4
2010		—	4.8	—	13.1	—	7.7
2011		—	6.1	—	7.1	—	8.8
2012		—	3.2	—	-0.8	—	0.8
2013		—	2.8	—	-1.7	—	-0.5
2014		—	2.4	—	-7.1	—	-2.4
2015		—	1.0	—	-7.7	—	-10.2
2016		—	2.8	—	6.2	—	-4.0
2017		—	2.8	—	4.2	—	8.8
2018		—	2.5	—	12.4	—	8.2
2019		—	3.4	—	-1.6	—	-2.6
2020		—	2.3	—	-11.1	—	-6.2
2021		—	0.3	—	34.1	—	13.5
2022		—	—	—	—	—	—
2021	1	-2.0	-2.0	-9.8	—	-3.8	-3.8
	2	-1.6	-1.8	-7.6	-8.7	0.7	-1.6
	3	-0.3	-1.3	2.0	-5.2	7.4	1.3
	4	0.4	-0.9	14.7	-0.7	11.8	-0.9
	5	0.7	-0.6	25.1	3.8	14.0	5.8
	6	0.4	-0.4	21.6	6.5	16.0	7.4
	7	0.5	-0.3	26.4	9.1	17.1	8.8
	8	0.4	-0.2	23.1	10.8	17.4	9.8
	9	0.8	-0.1	21	11.9	16.7	10.6
	10	1.5	0.1	26.1	13.3	22.4	11.7
	11	1.6	0.2	32.1	15	25.0	12.9
	12	0.7	0.3	34.1	16.5	19.8	13.5
2022	1	0.4	0.4	27.4	27.4	18.1	18.1
	2	1.0	0.7	22.6	25.0	18.1	18.1
	3	1.1	0.8	20.9	23.5	17.7	18.0
	4	1.4	0.9	23.0	23.4	19.6	18.4
	5	1.4	1.0	23.2	23.3	18.2	18.4
	6	2.1	1.2	28	24.2	20.3	18.7
	7	2.4	1.4	23.1	24	17.8	18.6
	8	3.2	1.6	20.2	23.5	13.7	17.9
	9	2.7	1.7	17.6	22.8	14.4	17.5
	10	1.0	1.7	17	22.2	9.5	16.7
	11	1.1	1.6	11.3	21.1	6.4	15.6
	12	2.0	1.6	8	19.8	8.2	15.0

数据来源：海南省统计局。

表 3　2022 年海南省主要经济指标

项目	1 月	2 月	3 月	4 月	5 月	6 月	7 月	8 月	9 月	10 月	11 月	12 月
	绝对值（自年初累计）											
地区生产总值（亿元）	—	—	1594	—	—	3145	—	—	4779	—	—	6818
第一产业	—	—	378.3	—	—	765.5	—	—	1040.0	—	—	1417.8
第二产业	—	—	253.7	—	—	549.1	—	—	901.2	—	—	1310.9
第三产业	—	—	962.0	—	—	1830.1	—	—	2837.9	—	—	4089.5
工业增加值（亿元）	—	—	—	—	—	—	—	—	—	—	—	—
固定资产投资（亿元）	—	—	—	—	—	—	—	—	—	—	—	—
房地产开发投资	—	143.7	285.2	285.2	361.8	591.7	691.4	755.9	829.0	912.7	1036.0	1158.4
社会消费品零售总额（亿元）	—	418.1	572.6	572.6	728.4	1101.6	1312.6	1457.3	1631.7	1859.1	2071.7	2268.4
外贸进出口总额（亿元）	—	280.1	435.1	598.4	745.7	917.0	1105.0	1257.5	1436.0	1626.8	1826.3	2009.5
进口	—	209.4	332.9	446.6	550.9	652.9	769.8	855.4	959.7	1061.9	1183.7	1286.9
出口	—	70.7	102.2	151.8	194.8	264.2	335.2	402.1	476.3	564.8	642.6	722.6
进出口差额（出口－进口）	—	-138.8	-230.7	-294.8	-356.1	-388.8	-434.5	-453.3	-483.3	-497.1	-541.1	-564.3
实际利用外资（亿元）	—	—	—	—	—	—	—	—	—	—	—	—
地方财政收支差额（亿元）	—	-109.0	-227.9	-346.1	-424.9	-597.4	-687.3	-789.2	-926.9	-997.7	-1129.8	-1263.1
地方财政收入	—	207.9	274.8	323.5	372.8	439.3	499.5	540.5	583.6	664.0	726.0	832.4
地方财政支出	—	316.9	502.7	669.6	797.7	1036.7	1186.8	1329.8	1510.5	1661.7	1855.8	2095.5
城镇登记失业率（%）（季度）	—	—	—	—	—	—	—	—	—	—	—	—
	同比累计增长率（%）											
地区生产总值	—	—	6.0	—	—	1.6	—	—	-0.5	—	—	0.2
第一产业	—	—	4.5	—	—	4.1	—	—	1.6	—	—	3.1
第二产业	—	—	3.4	—	—	-0.8	—	—	2.0	—	—	-1.3
第三产业	—	—	7.1	—	—	1.4	—	—	-0.7	—	—	-0.2
工业增加值	—	7.7	7.6	2.2	-2.0	-1.0	0.1	-0.8	-0.8	-0.9	-0.4	-0.4
固定资产投资	—	16.7	16.3	9.7	7.4	7.3	7.2	1.7	-1.0	-1.9	-3.0	-4.2
房地产开发投资	—	6.0	2.3	-23.6	-24.1	-2.1	-1.8	-6.1	-11.5	-15.1	-14.7	-16.0
社会消费品零售总额	—	16.7	4.8	-24.9	-26.3	-5.9	-4.5	-5.9	-7.5	-8.2	-8.6	-9.2
外贸进出口总额	—	72.4	65.4	68.8	61.4	56.0	49.4	45.0	41.7	43.1	40.1	36.8
进口	—	68.9	63.2	62.8	54.5	46.3	38.0	29.0	23.9	21.7	17.6	12.8
出口	—	83.6	72.7	89.6	85.1	86.6	84.3	96.9	97.7	114.0	116.1	120.7
实际利用外资	—	—	—	—	—	—	—	—	—	—	—	—
地方财政收入	—	24.4	19.3	0.9	3.0	3.8	-1.5	-4.6	-6.7	-6.8	-6.3	-2.9
地方财政支出	—	14.0	9.7	8.3	3.4	9.2	7.3	3.0	1.7	2.6	4.0	6.3

数据来源：海南省统计局。

注：自 2022 年 9 月起，海南省统计局不再公布实际利用外资数据。

重庆市金融运行报告（2023）

中国人民银行重庆市分行①
货币政策分析小组

[内容摘要] 2022 年，重庆市坚持以习近平新时代中国特色社会主义思想为指导，认真落实党中央、国务院决策部署，立足新发展阶段，完整、准确、全面贯彻新发展理念，积极服务和融入新发展格局，坚持稳中求进工作总基调，坚决落实“疫情要防住、经济要稳住、发展要安全”重要要求，统筹疫情防控和经济社会发展，应对各种超预期因素冲击，全年地区生产总值达 2.9 万亿元，经济发展保持了多重压力下的恢复态势。全市金融业全力落实党中央、国务院各项金融支持稳经济大盘和助企纾困政策部署，深化改革创新，提升服务实体经济水平，扎实做好金融风险防范化解，为全市经济应对疫情冲击和有序恢复发展营造了合理适宜的金融环境。全年社会融资规模增量 5288 亿元，存贷款保持平稳增长。

重庆市经济运行主要呈现以下特点：一是三大需求基本平稳，总体呈现恢复态势。2022 年，全市地区生产总值同比增长 2.6%。投资平稳恢复。重大基建项目加快推进，带动基建投资同比增长 9%；汽车等重点行业投资加快，推动全市工业投资增速超过 10%。线上消费快速发展，助力整体消费回稳。全年限额以上商贸单位通过网络实现零售额同比增长超三成，拉动全市限额以上商品零售额增长 3.5 个百分点。进出口总值创历史新高。汽车、电子等支柱产业对外贸贡献较大。二是三次产业稳健增长，高新科技引领作用明显。全市三次产业稳中有增，增加值同比分别增长 4.0%、3.3% 和 1.9%。粮食蔬菜实现稳产保供，全市农林牧渔业增加值同比增长 4.1%。工业生产稳中有进，其中新兴产业增加值同比增长 6.2%，高新技术产品产量大幅增长。服务业总体恢复改善，批发和零售业增加值稳步增长。三是居民消费价格温和上涨，居民收入保持增长。全市居民消费价格同比上涨 2.1%，食品烟酒、交通和通信价格涨幅靠前。全市居民人均可支配收入同比增长 5.5%，全年城乡居民收入比较上年缩小。

重庆市金融运行主要呈现以下特点：一是银行业、证券业、保险业平稳运行。银行业资产规模持续增长。证券业、保险业稳健发展。新增 6 家上市企业，首家企业实现科创板上市，法人证券业机构经营总体稳健。保险机构资产稳步增长，保费收入企稳回升。二是金融有力纾困实体，服务重点领域水平提升。推出“再贷款 +”信贷产品，开通线上“扫码申贷”接口，加大再贷款向受困经营主体、信贷增长缓慢地区和乡村振兴重点帮扶县倾斜。2022 年，累计投放再贷款再贴现金额同比增长 31.2%，惠及经营主体 10.1 万户。高效推动科技创新再贷款、设备更新改造专项再贷款、交通物流专项再贷款、碳减排支持工具和支持煤炭清洁高效利用专项再贷款精准落地，全年运用相关工具提供贷款支持 375 亿元。开展“贷动小生意　服务大民生”“金融活水润百业”个体工商户金融服务专项行动，走访对接 52 万户普惠小微经营主体，为 8 万户个体工商户实施延期还本付息 500 亿元。运用政策性开发性金融工具为基建领域重点项目补充资本金 291 亿元，带动项目总投资 2185 亿元，撬动中长期资金累计投入 900 亿元。

① 自 2023 年 8 月 18 日起，中国人民银行重庆营业管理部更名为中国人民银行重庆市分行。本报告主要反映 2022 年的经济金融情况，正文中涉及的相关机构表述仍沿用 2022 年名称。

全市社会融资规模增量为5288亿元，其中直接融资明显增多，全市非金融企业通过各类市场发行债券总额超2400亿元，股权融资规模稳步增长。由中债信用增进公司提供全额担保的民营房企债务融资工具、铁建渝遂高速公募REITs在渝落地。保险赔付支出持续增长，普惠医疗保障、支持特定职业群体应对疫情和复工复产等领域保险服务水平不断优化。三是利率市场化改革红利持续释放，企业贷款利率稳中有降。2022年全市新发放企业贷款加权平均利率为4.22%，同比下降0.36个百分点。2022年第四季度，相关金融机构按照人民银行统一部署，对普惠小微贷款阶段性减息1个百分点。四是金融风险防范化解稳妥有序推进。人民银行重庆营管部积极发挥金融委办公室地方协调机制作用，在推动大型问题企业风险化解、重大金融风险防范等领域不断提升工作质效，2022年末全市银行业不良贷款率为1.42%，处于全国较低水平。五是科技赋能、对外开放、绿色金融等各项金融改革创新深入推进。升级“1+5+N”金融服务港湾、迭代“长江渝融通”普惠小微线上融资服务平台，形成“线上＋线下”联动促进小微主体融资的金融服务新模式；依托“长江渝融通”大数据系统，搭建重大项目、制造业、科技创新等重点领域融资项目推送对接和成效监测分析平台，提供精准融资支持。高新技术和“专精特新”企业跨境融资试点实现惠及主体、覆盖区域、试点额度“三扩容”；启动本外币合一银行结算账户体系试点；开发跨境人民币“一码通”线上服务平台，便捷经营主体跨境人民币业务办理。多措并举推动重庆绿色金融改革创新试验区向纵深发展。

2023年，重庆市将全面贯彻党的二十大和中央经济工作会议精神，坚持稳中求进工作总基调，大力提振市场信心，突出做好稳增长、稳就业、稳物价工作，加快推进成渝地区双城经济圈建设，着力推动全市经济社会高质量发展。重庆金融业将精准有力贯彻好稳健的货币政策，加大支持实体经济力度。积极服务成渝地区双城经济圈建设，大力实施“智融惠畅”工程，加快建设西部金融中心，助力西部陆海新通道、“33618”现代制造业集群体系和数字重庆建设。增强信贷总量增长稳定性，发挥好货币政策工具引导作用，加大对重点领域、薄弱环节的支持力度。积极提升民营小微企业和个体工商户、制造业和科技创新、绿色发展、乡村振兴等领域金融服务水平。进一步释放利率市场化改革红利，促进降低企业综合融资成本。多措并举促进直接融资市场发展，推动企业用好用足资本市场融资渠道。做好重点领域金融风险防范和处置。抓住对内对外扩大改革开放契机，提升跨境贸易和投融资便利化水平，加快推进西部金融中心建设。积极探索科技赋能，推动金融数字化转型发展。

一、金融运行情况

2022年，重庆市金融业坚持稳中求进工作总基调，全力落实各项纾困实体、支持经济平稳运行政策部署。总体来看，金融行业稳步发展，金融服务实体经济和社会民生水平不断提高，创新改革和对外开放持续深化，各类风险指标总体处于较低水平。

（一）银行业稳健发展，支持实体经济力度增强

2022年，重庆市银行业落实稳健的货币政策，不断加大信贷支持实体经济力度，着力优化国民经济重点领域和薄弱环节金融服务，多措并举纾困经营主体，有效传导改革红利、推动企业贷款利率进一步下降。

1.资产规模稳步增长。2022年末，重庆市银行业资产规模首破7万亿元，同比增长6.1%，其中主要法人银行资产规模同比增长6.9%。机构数量保持平稳，其中大中型银行金融服务不断下沉，营业网点和人员稳步增加。

表 1　2022 年银行业金融机构情况

机构类别	营业网点			法人机构（个）
	机构个数（个）	从业人数（人）	资产总额（亿元）	
一、大型商业银行	1318	26588	20329	0
二、国家开发银行和政策性银行	39	1336	6500	0
三、股份制商业银行	315	10315	9475	0
四、城市商业银行	311	9068	10558	3
五、城市信用社	0	0	0	0
六、小型农村金融机构	1753	15087	12884	1
七、财务公司	4	120	97	4
八、信托公司	2	337	366	2
九、邮政储蓄银行	223	4411	4513	0
十、外资银行	23	465	304	0
十一、新型农村金融机构	130	2657	436	38
十二、其他	8	4073	4563	8
合　计	4126	74457	70024	56

数据来源：重庆银保监局、中国人民银行重庆营业管理部。

注：营业网点不包括国家开发银行和政策性银行、大型商业银行、股份制银行等金融机构总部数据；大型商业银行包括中国工商银行、中国农业银行、中国银行、中国建设银行和交通银行；小型农村金融机构包括农村商业银行、农村合作银行和农村信用社；新型农村金融机构包括村镇银行、贷款公司、农村资金互助社和小额贷款公司；其他包含金融租赁公司、汽车金融公司、货币经纪公司、消费金融公司等。

2. 存款增速回升。2022 年末，重庆市本外币存款余额 5.0 万亿元，同比增长 8.0%，较上年末提升 0.9 个百分点。分币种看，人民币存款同比增长 8.9%，其中住户存款增长较多，全年新增 3219 亿元，同比多增 1198 亿元。受国际金融市场环境影响，全市外币存款余额同比下降 24.6%。

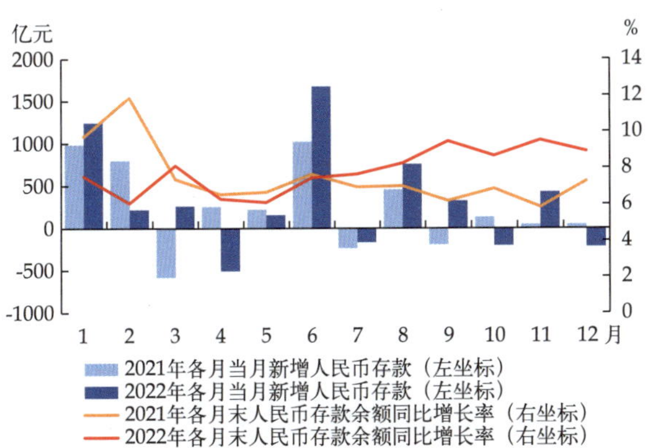

图 1　金融机构人民币存款增长变化

（数据来源：中国人民银行重庆营业管理部）

3. 贷款总量增长保持平稳。2022 年末，全市本外币贷款余额首破 5 万亿元。分币种看，人民币贷款余额同比增长 7.2%，其中企（事）业单位贷款全年新增 3441 亿元，同比多增 1036 亿元；受美元短期贸易融资收缩的影响，外币贷款余额同比下降 29.0%。

国民经济重点领域和薄弱环节支持力度不断增强，信贷结构稳步优化。2022 年末，全市制造业中长期贷款余额同比增长 21.1%，其中高技术制造业中长期贷款余额同比增长 26.0%，处于较快增速区间；涉农贷款余额同比增速较上年末提升 1.3 个百分点，全年涉农贷款增量实现同比多增；绿色贷款余额首破 5000 亿元，同比增速达 36.0%。同时，人民银行重庆营管部多措并举，加强货币政策工具落地运用，推动全市银行业靠前发力，通过创新金融产品和服务、科技赋能走访对接、改革基层网点组织等方式积极为受疫情影响的经营主体提供信贷支持，全市普惠小微贷款余额同比增长 17.2%。

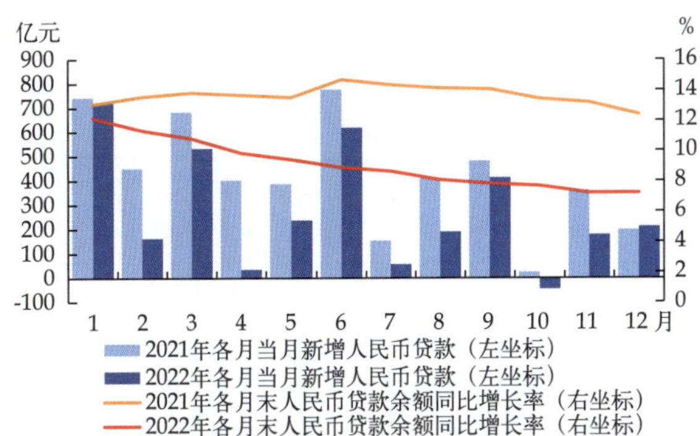

图 2　金融机构人民币贷款增长变化

（数据来源：中国人民银行重庆营业管理部）

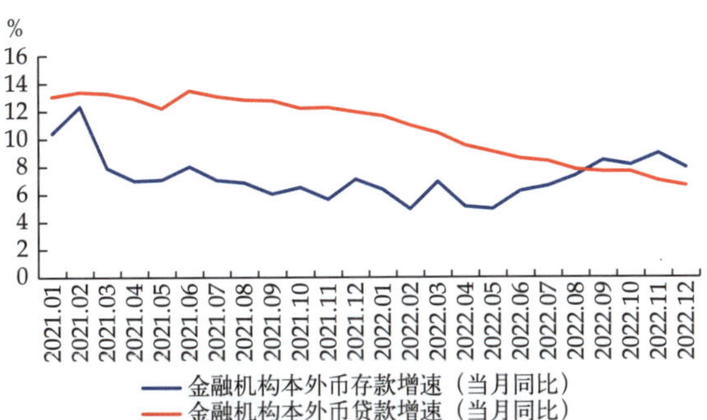

图 3　金融机构本外币存贷款增速变化

（数据来源：中国人民银行重庆营业管理部）

4. 理财业务保持平稳发展。 2022年末，全市法人机构理财产品余额同比增长9.6%，受年末赎回增多等因素影响，开放式理财产品规模占比小幅下降，各类产品整体期限略有拉长。主要法人银行现金管理类产品整改顺利完成，理财业务规范化进一步提高。信托产品规模持续收缩，但下降幅度收窄，产品净值化程度连续2年提升。

5. 利率市场化改革红利持续释放。 2022年全市新发放企业贷款加权平均利率为4.22%，同比下降0.36个百分点，其中以贷款市场报价利率（LPR）和LPR减点发放的贷款占当年全部新发放贷款的比重较上年提升5.7个百分点。2022年第四季度，相关金融机构按照人民银行统一部署，对普惠小微贷款阶段性减息1个百分点，通过直接扣减、先收后返等方式，直接让利企业。

表2　2022年金融机构人民币贷款各利率区间占比

单位：%

项目		1月	2月	3月	4月	5月	6月
合计		100.0	100.0	100.0	100.0	100.0	100.0
LPR减点		22.9	30.5	26.9	19.6	21.8	23.8
LPR		7.6	3.6	6.7	5.3	6.5	9.7
LPR加点	小计	69.6	65.8	66.5	75.0	71.7	66.5
	(LPR，LPR+0.5%)	18.2	10.7	16.1	15.6	14.6	16.8
	[LPR+0.5%，LPR+1.5%)	19.4	18.4	20.3	19.7	22.9	19.0
	[LPR+1.5%，LPR+3%)	16.0	15.8	14.8	19.1	15.3	15.0
	[LPR+3%，LPR+5%)	3.7	3.6	3.8	6.1	4.9	4.4
	LPR+5%及以上	12.3	17.3	11.5	14.6	14.1	11.3

续表

项目		7月	8月	9月	10月	11月	12月
合计		100.0	100.0	100.0	100.0	100.0	100.0
LPR减点		18.9	24.7	24.6	18.4	27.1	28.6
LPR		6.8	6.0	8.0	7.0	8.1	9.7
LPR加点	小计	74.3	69.2	67.4	74.5	64.8	61.7
	(LPR，LPR+0.5%)	16.1	15.6	17.2	19.3	14.3	17.8
	[LPR+0.5%，LPR+1.5%)	19.8	20.3	18.3	17.4	14.5	14.6
	[LPR+1.5%，LPR+3%)	16.4	13.4	13.4	12.4	12.3	10.4
	[LPR+3%，LPR+5%)	4.7	4.5	4.8	5.8	5.4	5.1
	LPR+5%及以上	17.4	15.5	13.6	19.6	18.3	13.7

数据来源：中国人民银行重庆营业管理部。

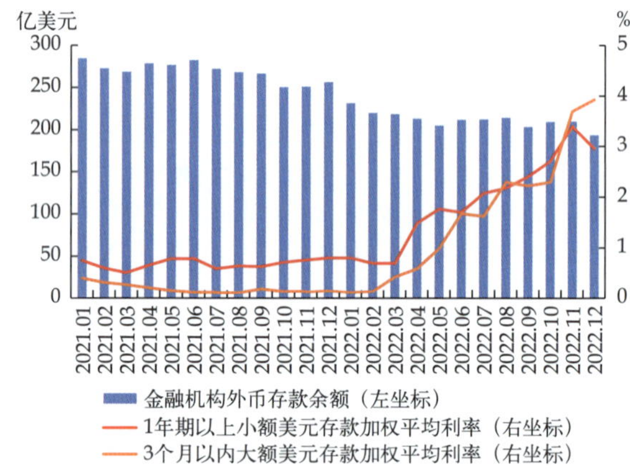

图4　金融机构外币存款余额及外币存款利率

（数据来源：中国人民银行重庆营业管理部）

6. 信贷风险总体可控。 截至2022年末，全市银行业不良贷款率为1.42%。法人银行平均资本充足率较上年末进一步提升，拨备覆盖率等指标保持稳健，机构风险抵补能力、风险缓释能力整体较强。

专栏1　多措并举推动绿色金融改革创新向纵深发展

为深入贯彻习近平总书记关于碳达峰碳中和工作的重要论述，2022年，人民银行重庆营管部以创建绿色金融改革创新试验区为契机，多措并举推动重庆绿色金融改革创新取得突破性进展。2022年8月，经国务院批复同意，重庆市绿色金融改革创新试验区成立。

一、统筹推进绿色金融改革创新试验区建设

重庆市强化组织领导，成立建设绿色金融改革创新试验区工作领导小组。细化任务分工，逐项落实试验区建设任务，形成《重庆市建设绿色金融改革创新试验区实施细则》。印发2022年绿色金融工作重点计划，完善重庆绿金委工作机制，设立10个专项工作组，形成金融支持碳减排、绿色金融产品创新、零碳示范园建设、国际绿色金融标准实践等多项成果。建立绿色重点企业税收监测机制、搭建绿色金融政银企融资对接常态化机制，全年组织召开60场绿色融资对接会，成功推动175个项目对接，签约金额309亿元。

二、多渠道推动发展绿色金融

一是完善绿色金融标准体系。发布“碳排放权抵（质）押融资指南”“林业碳汇预期收益权质押贷款业务指南”“排污权抵(质）押融资业务指南”“绿色票据认定和管理指引”“绿色金融服务绿色建筑指南”“绿色金融数字化平台建设指南”“绿色信贷基础数据元”“银行业保险业绿色金融组织体系建设指引”8项地方及团体标准，推动绿色金融标准落地见效。

二是建设绿色金融数字化平台。升级完善“长江绿融通”绿色金融大数据综合服务系统，加强系统数据信息与市级部门、区县政府互联互通，将绿色金融租赁、绿色委托贷款纳入系统绿色统计范围，扩展绿色融资对接项目库，嵌入可实现碳减排和碳排放智能核算的核算模块，以及“中欧可持续金融共同分类目录”智能识别模块，推动“长江绿融通”成为重庆绿色金融改革创新的信息共享中心、安全连接中心、业务创新中心和监测评估中心。

三是创新绿色金融产品和服务。相关监管部门授牌发布辖内首批绿色金融机构17家。推出“碳排放权质押融资”“排污权质押融资”等270余款绿色信贷产品、50余款特色绿色保险产品。重庆地方法人银行对标中欧可持续金融共同分类目录，成功发行绿色金融债券20亿元。

四是完善绿色金融发展激励约束机制。开展货币政策工具支持绿色发展专项行动，推动碳减排支持工具、支持煤炭清洁高效利用专项再贷款和“绿易贷”再贷款、“绿票通”再贴现落地见效。加大财政政策激励，推动市财政局对碳减排贷款给予2‰财政补贴，永川区等7个区县还出台了绿色贷款贴息等专项财政政策。推进企业碳账户试点，重庆征信公司成功开发基于绿色金融的企业碳账户系统，实时监测试点企业碳减排数据，为监管部门评价验证企业碳减排效应、金融机构披露信息真实性提供数据支持。

五是推动金融机构环境信息披露。根据《金融机构环境信息披露指南》（JR/T 0227-2021）和气候相关财务信息披露工作组（TCFD）建议，丰富完善金融机构“环境信息披露模板”，并持续开展专题培训，组织全辖77家金融机构通过“长江绿融通”绿色金融大数据综合服务系统或其官网，开展环境信息披露，不断扩大环境信息披露工作的社会影响力。

三、绿色金融改革创新成效明显

截至2022年末，全市绿色贷款余额达5228亿元，同比增长36%，高出全市各项贷款增速29.3个百分点；绿色债券余额428亿元，同比增长38.0%；“绿易贷”再贷款、“绿票通”再贴现、碳减排支持工具和支持煤炭清洁高效利用专项再贷款累计投放58亿元，预计带动碳减排约130万吨／年。引导全市金融机构把发展绿色金融嵌入长期战略规划，并探索逐步将环境、气候风险纳入全面风险管理体系，通过开展环境信息披露、环境压力测试，全面增强金融机构管理环境、气候变化相关风险能力。截至2022年末，全市绿色贷款不良率仅0.8%。重庆碳市场在全国区域碳市场的领先地位进一步巩固，截至2022年末，重庆碳交易累计成交额超8亿元，碳排放权抵（质）押融资累计超3亿元，涉及质押碳逾32万吨。

7. 跨境人民币业务服务实体经济水平不断提升。推动商业银行建立跨境人民币业务重点企业联系行机制，为企业“一对一”定制跨境人民币工作方案。开发跨境人民币“一码通”线上服务平台，便捷经营主体跨境人民币业务办理，打通政策传导“最后一公里”。引导企业将人民币结算作为汇率避险重要的工具和手段，更好适应汇率双向波动环境。全市人民币实际收付结算量达3260亿元，同比增长67.9%；与72个“一带一路”共建国家发生人民币实际收付，较上年增加6个国家。

（二）证券业稳定运行，市场交易平稳

2022年，重庆市证券交易平稳，法人机构经营保持稳健，资本市场融资规模稳步提升。

1. 市场交易平稳。2022年，全市证券交易金额、代理期货交易金额同比分别增长0.6%和0.1%。法人证券机构风险覆盖率、资本杠杆率、流动性覆盖率等指标均保持稳健。法人期货公司资产总额保持增长。

2. 股权融资规模增长。2022年，重庆实施企业上市“育苗”行动，推动全市新增6家上市公司，上市公司总数增至70家，首家企业科创板上市。重庆企业在沪深北股票市场与全国股转系统挂牌公司融资规模分别为173亿元和4亿元，同比分别增长1.2%和72.1%。

3. 资本市场服务实体经济取得新进展。2022年，重庆市与北京证券交易所联合推动的“北京证券交易所全国股转系统重庆服务基地”在渝成立，进一步完善了支持重庆优质企业在北交所、全国股转系统发行股票、债券融资的服务体系。铁建渝遂高速公募REITs成功发行，融资金额达48亿元。

表3　2022年证券业基本情况

项目	数量
总部设在辖内的证券公司数（家）	1
总部设在辖内的基金公司数（家）	1
总部设在辖内的期货公司数（家）	4
年末国内上市公司数（家）	70
当年国内股票（A股）筹资（亿元）	173
当年发行H股筹资（亿元）	—
当年国内债券筹资（亿元）	2431
其中：短期融资券筹资额（亿元）	616
中期票据筹资额（亿元）	397

数据来源：重庆证监局、中国人民银行重庆营业管理部。

注：当年国内股票（A股）筹资额指非金融企业境内股票融资。

（三）保险业平稳运行，风险保障和服务民生能力加强

2022年，重庆市保险业规模保持增长，保费收入企稳回升，赔付支出增长较快，风险保障能力较好，有力支持民生服务和稳定经济大盘。

1. 行业规模稳步增长。2022年，重庆市保险机构总资产达2608亿元，同比增长8.6%，保险业各类保险责任准备金3497亿元，同比增长11.9%，实现保费收入981亿元，其中财产保险收入227亿元，同比增长6%。

2. 赔付支出增长较快。2022年，保险业赔付支出343亿元，同比增长13.5%。其中，财产保险赔付支出145亿元，人寿保险赔付支出共计198亿元。

3. 有效支持实体纾困解难。2022年，重庆持续强化普惠医疗保障，城市定制普惠型商业补充医疗保险“渝快保”累计赔付超55万人次、7亿元；加强警保联动，车险“快处易赔”机制推广至全市所有区县。推出面向外卖骑手、快递员、货运司机等特定职业群体的保险产品。为超1000家受疫情影响的建筑施工企业、交通运输企业免费延长保险保障期限。

表4　2022年保险业基本情况

项目	数量
总部设在辖内的保险公司数（家）	5
其中：财产险经营主体（家）	3
寿险经营主体（家）	2
保险公司分支机构（家）	62

续表

项目	数量
其中：财产险公司分支机构（家）	27
寿险公司分支机构（家）	35
保费收入（中外资，亿元）	981.1
其中：财产险保费收入（中外资，亿元）	226.6
人身险保费收入（中外资，亿元）	754.5
各类赔款给付（中外资，亿元）	343.0

数据来源：重庆银保监局。

（四）融资总量平稳增长，金融市场持续发展

2022 年，重庆金融业有力有效对接实体经济融资需求，拓宽融资渠道，金融改革创新和对外开放持续深化。

1. 社会融资规模平稳增长。2022 年，全市社会融资规模增量为 5288 亿元。其中，向实体经济发放的贷款占全部社会融资规模增量的比重超过五成。直接融资明显增多，全市非金融企业通过各类市场发行债券总额 2431 亿元，助推全市直接融资增量达 672 亿元，同比多增 380 亿元，占社会融资规模增量的比重较上年明显回升。2022 年，企业通过重庆银行间市场发行债务融资工具 1877 亿元，发行量创历史新高，由中债信用增进公司提供全额担保的民营房企债务融资工具在渝落地。

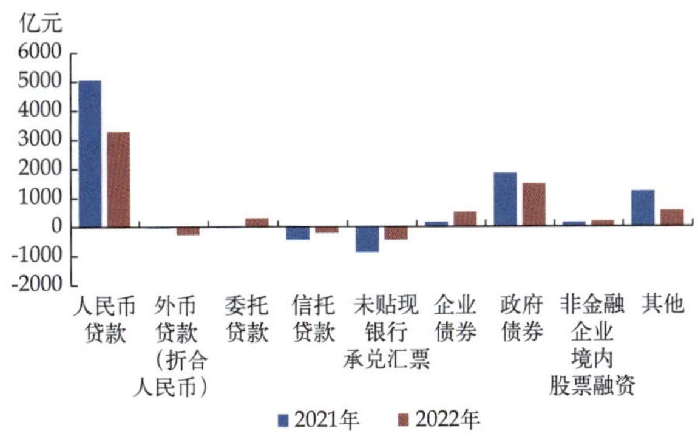

图 5　社会融资规模分布结构

（数据来源：中国人民银行重庆营业管理部）

2. 货币市场利率回落。2022 年，全市同业拆借累计成交额同比下降 11.1%，降幅较上年明显收窄。债券交易回暖，现券交易、债券质押式回购、债券买断式回购成交额均明显增长。全年市场利率呈回落态势，同业拆借、现券交易、债券质押式回购、债券买断式回购加权平均利率较上年分别下降 0.53 个、0.45 个、0.49 个和 0.32 个百分点。

3. 票据贴现和承兑业务持续增长。2022 年，全市票据贴现余额、银行承兑票据余额同比增速分别超过 50% 和 20%。全年票据市场利率总体呈现逐季度下降态势，12 月全市票据直贴、转贴利率较上年同期分别回落 0.43 个和 0.7 个百分点。

4. 结售汇总量保持增长。2022 年，重庆市涉外收支 1813 亿美元，处于历史较高水平，带动全市结售汇总额 743 亿美元，同比增长 26%，总额创历史新高。受外币利率快速上升影响，涉外收支、结售汇出现逆差，但逆差水平保持在合理区间。

5. 大数据赋能金融改革创新。人民银行重庆营管部创新打造“1+5+N”民营小微企业和个体工商户首贷续贷中心和金融服务港湾，构建“市—区（县）—街道（园区、社区）”三级党建联动机制，组织港湾主办银行与基层政府组织签订港湾党建共建协议，互设信贷联络员，深化“基层金融治理、政策宣传直达、信贷培育对接、综合金融服务、问题反馈解决”5 大功能；同时，配套上线并不断迭代升级“长江渝融通”普惠小微线上融资服务平台，通过扫码方式将政策解读、产品查询、业务办理、融资增信、问题反馈等服务一站式集成，形成“线上 + 线下”联动的金融服务新模式，累计促成 1.5 万户经营主体获得融资超过 321 亿元。依托“长江渝融通”大数据系统，搭建重大项目、制造业、科技创新、乡村振兴等重点领域融资项目推送对接和成效监测分析平台，为企业提供精准融资支持。截至 2022 年末，大数据系统累计推送 1.2 万个融资需求，助力融资 4000 亿元。

6. 金融对外开放不断推进。各项外汇管理改革扩面增效，着力支持稳外资稳外贸，促进涉外经济平稳健康发展。高新技术和“专精特

新”企业跨境融资试点实现惠及主体、覆盖区域、试点额度“三扩容”。截至2022年末，优质企业贸易外汇收支便利化试点规模近220亿美元，试点企业数量、业务规模较年初分别增长13.7倍和4.4倍。跨境金融服务平台累计便利企业贸易融资和结算362亿美元，其中，全国唯一西部陆海新通道物流融资结算应用场景累计便利企业融资结算33亿美元。汇率避险深入推进，2022年全市外汇衍生业务签约188亿美元，同比增长29.8%，服务中小微企业345家、“首办户”企业212家。启动本外币合一银行结算账户体系试点，支持本外币账户多币种结算，简化账户开立流程，提升银行本外币结算业务便利性。

7.金融支持成渝双城经济圈举措加快落地。跨区域管辖法院——成渝金融法院正式挂牌运行。《成渝外债便利化试点业务操作指引（试行）》出台；编制完成《〈成渝共建西部金融中心规划〉联合实施细则》，推进西部金融中心建设政策举措加快实施落地。探索建立信息共享机制和开发建设成渝金融稳定信息共享系统。持续推进成渝两地首批7家地方法人银行Ⅱ、Ⅲ类个人银行账户开户验证互联互通。

8.结构性货币政策工具有力支持稳经济大盘。人民银行重庆营管部运用“长江渝融通”大数据系统和“两张问题清单”工作机制支持加强重大项目融资服务。运用政策性开发性金融工具为基建领域重点项目补充资本金291亿元，带动项目总投资2185亿元，撬动中长期资金累计投入900亿元。在全市组织推出“再贷款+”信贷产品，开通线上“扫码申贷”接口，加大再贷款向受困经营主体、信贷增长缓慢地区和乡村振兴重点帮扶县倾斜。2022年，投放再贷款再贴现金额同比增长31.2%，惠及经营主体10.1万户。运用《一图读懂碳减排支持工具》《一图读懂交通物流再贷款》等新式宣传方式推动政策入企到户。与行业主管部门联动，搭建融资清单对接机制，高效推动工具落地。全年运用科技创新再贷款、设备更新改造专项再贷款、交通物流专项再贷款、碳减排支持工具和支持煤炭清洁高效利用专项再贷款精准提供贷款支持375亿元。开展“贷动小生意　服务大民生”“金融活水润百业”个体工商户金融服务专项行动，持续组织金融助企纾困走访对接，覆盖52万户普惠小微经营主体，为8万户个体工商户实施延期还本付息500亿元。开发援企稳岗贷专属金融产品累计为近7000家企业的超400亿元贷款实施减息让利3.1亿元，平均让利73个基点，支持企业稳定就业岗位24万个，吸纳3.8万重点人群就业。联合市级主管部门印发《开展金融服务小微企业敢贷愿贷能贷会贷长效机制建设专项行动》，围绕“扩面、增量、降价、提质”目标，从内部管理机制优化、首贷拓展、信用贷提升等方面推出11个专项行动。

表5　2022年金融机构票据业务量

单位：亿元

季度	银行承兑汇票承兑		贴现			
			银行承兑汇票		商业承兑汇票	
	余额	累计发生额	余额	累计发生额	余额	累计发生额
1	2563.66	1188.92	2579.11	5084.28	79.62	557.12
2	2826.07	2512.71	3133.84	12067.45	71.91	848.22
3	3012.72	3646.46	3273.23	17568.64	78.46	1018.41
4	3123.11	4928.35	3495.80	22359.22	76.08	1161.63

数据来源：中国人民银行重庆营业管理部。

表6　2022年金融机构票据贴现、转贴现利率

单位：%

季度	贴现		转贴现	
	银行承兑汇票	商业承兑汇票	票据买断	票据回购
1	2.4238	4.1213	2.3027	2.3089
2	1.9463	4.0086	1.8952	1.9909
3	1.8289	3.2150	1.7578	1.7920
4	1.7274	3.4040	1.6582	1.7674

数据来源：中国人民银行重庆营业管理部。

（五）防范风险和服务民生并重，金融生态不断优化

持续发挥金融委办公室地方协调机制作用，推动地方财政金融风险处置机制、金融风险化解委员会等及时落地，协调推动大型问题企业风险化解稳妥有序推进。2022年末，全市银行业不良贷款率为1.42%，处于全国较低水平。深化涉赌涉诈“资金链”治理，严厉打击“征信修复”乱象，推动成立“打击涉及金融领域黑产联盟”。金融服务民生取得新成绩。2022年，重庆市数字人民币试点全面启动，累计开立个人钱包670万个，交易金额37亿元。重庆地方征信平台建设迈出重要步伐，重庆征信有限责任公司成功备案，加速推动政务信息与市场信用信息相融合，并成功试点机动车、船舶、知识产权等动产和权利担保登记信息统一查询，有效提高小微企业融资能力。

二、经济运行情况

2022年，重庆市坚决贯彻落实党中央、国务院决策部署，统筹疫情防控和经济社会发展，有力应对各种超预期因素冲击，着力实施稳经济一揽子政策措施，经济发展保持了在多重压力下的恢复态势，生产需求基本平稳，重点领域支撑稳固，发展质量稳步提升。全年实现地区生产总值2.9万亿元，同比增长2.6%。

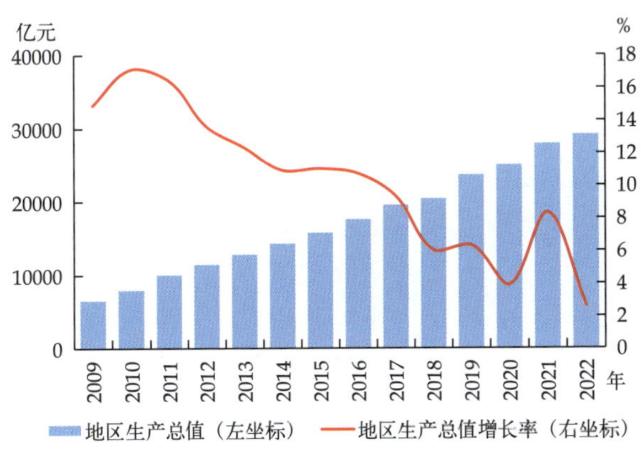

图6　地区生产总值及其增长率

（数据来源：重庆市统计局）

（一）三大需求基本平稳，经济呈现恢复态势

2022年，重庆市投资、消费稳步复苏，进出口总值创历史新高，三大需求总体保持回升势头。

1. 投资平稳运行，重大基础设施项目支撑有力。2022年，重庆市固定资产投资同比增长0.7%。重大基础设施项目建设加快推进，全年在建10亿元以上基础设施项目354个，较上年增加34个，带动基建投资同比增长9%。工业投资同比增长10.4%，其中汽车产业、消费品产业和能源工业投资同比分别增长25.8%、19.8%和18.6%。

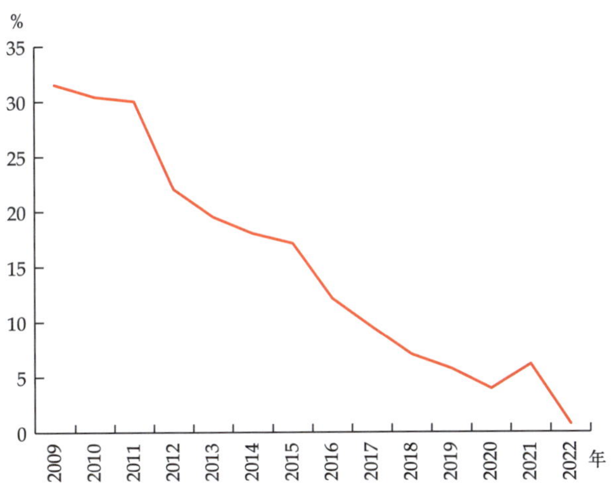

图7　固定资产投资（不含农户）增长率

（数据来源：重庆市统计局）

2. 消费市场较为平稳，线上消费快速发展。2022年，全市实现社会消费品零售总额1.4万亿元，同比下降0.3%。分类型看，批发、零售业销售额同比分别增长7.8%和3.8%，餐饮业营业额增速放缓，同比下降1.9%。网络新兴消费蓬勃发展，增速较快。2022年，限额以上商贸单位通过网络实现零售额同比增长31.1%，拉动全市限额以上商品零售额增长3.5个百分点。

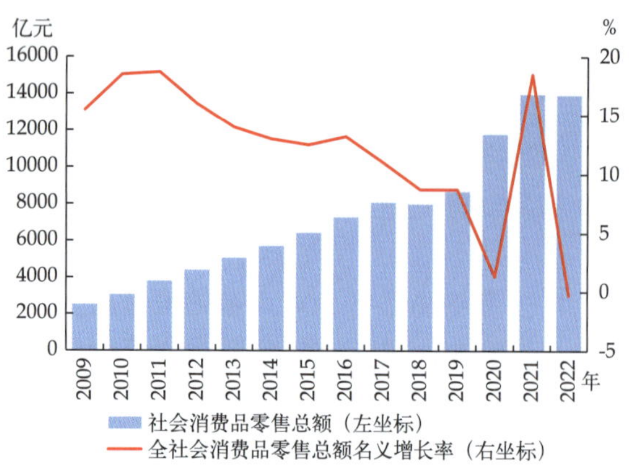

图 8　社会消费品零售总额及其增长率

（数据来源：重庆市统计局）

3. 进出口总值创历史新高，支柱产业贡献较大。2022 年，重庆货物进出口总值达 8158 亿元，创历史新高，同比增长 2%。其中，重点产业对重庆外贸支撑明显。2022 年，电子信息产业进出口总值 4951 亿元，占同期重庆进出口总值的 60.7%；汽车出口额同比增长近 90%。民营企业对外贸增长贡献突出，进出口总值 3741 亿元，同比增长 7.1%，占同期重庆进出口总值的 45.9%。重庆积极对接国际经贸规则，RCEP 落地实施起步良好，2022 年对 RCEP 其他成员国进出口总值达 2585 亿元，同比增长 9.2%。两江新区成功获批国家进口贸易促进创新示范区，为推动全市进出口贸易高质量发展提供有力支撑。

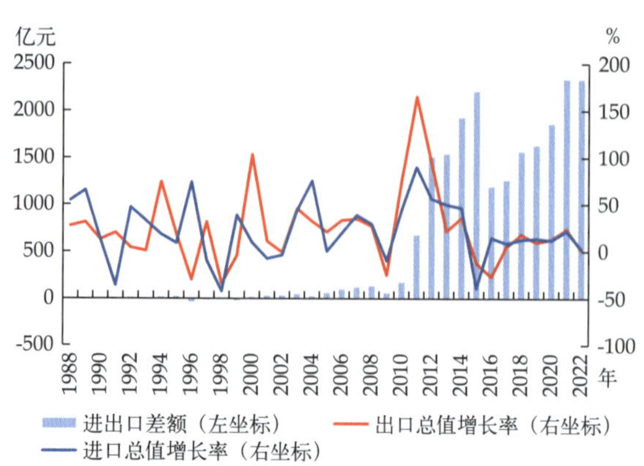

图 9　外贸进出口变动情况

（数据来源：重庆市统计局）

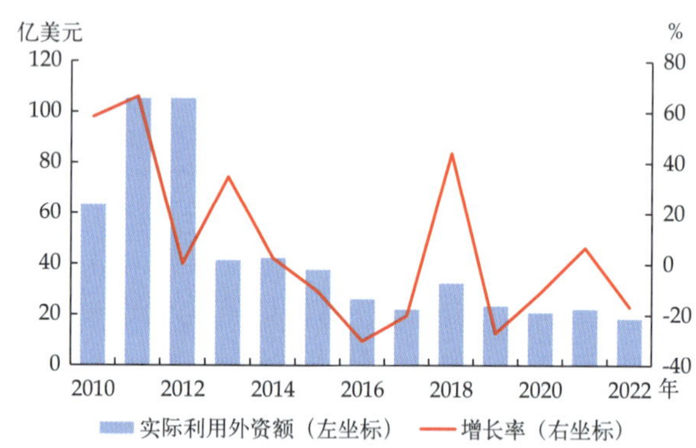

图 10　实际利用外资额及其增长率

（数据来源：重庆市统计局）

专栏 2　重庆推动“专精特新”企业发展取得实效

2022 年，重庆市围绕“专精特新”企业的生成、成长、壮大、上市等发展重要节点，采取五项举措培育“专精特新”企业全成长周期良好生态、助力全市产业高质量发展。

一是推动形成“育苗”体系。重庆市通过“产业研究院 + 产业园区 + 产业基金”的方式，形成“专精特新”企业“育苗”体系，实现企业由“种子”到“苗子”的转变。其中，重庆市重点面向新一代信息技术等 7 个重点产业方向和 33 条产业链关键技术需求，培育更多“专精特新”种苗企业。

二是着力激发企业创造力。重庆市坚持将创新作为推动“专精特新”企业做大做强的不二法则，从“聚焦细分领域补短板、锻长板，支持企业开展协同创新，提升企业知识产权创造及运营能力，建立健全企业创新激励机制”四个方面发力。比如，支持“专精特新”企业更多地参与全市产业基础再造工程和制造业强链补链行动；推动"专精特新"企业与高校、科研院所、投融资机构等开展技术研发攻关；引导企业制定覆盖研发、生产、销售全过程的知识产权管理制度；完善首台（套）重大技术装备保险补偿机制试点，让更多"专精特新"企业的新产品在场景中先行先试。2022年，全市国家级"专精特新"企业超六成年度研发投入1000万元以上，超七成企业分布于国家重点支持的集成电路、人工智能、新能源汽车等重点行业，超八成企业深耕行业10年以上，超九成企业都是各自行业"补短板""填空白"的代表。

三是不断提高融资可得性。融资支持对多数发展中"专精特新"企业都极为关键。重庆市发挥好"专精特新"中小企业专项投资基金撬动作用，引导社会资本投入；搭建数据平台和融资对接清单机制，形成重点企业和重点项目融资需求清单，完善政银企融资对接；建立担保机构、银行及市、区县两级政府风险分担补偿资金池；鼓励银行等金融机构创新金融服务等多种方式，为企业输血。

四是多渠道为企业智能化赋能。围绕企业融通发展，重庆市通过定期发布"专精特新"中小企业"产品（服务）供给清单"和产业下游大企业"产品需求清单"，实现供需信息互通。在提升企业产品市场竞争力上，推动"专精特新"中小企业建立健全质量管理体系，支持企业"走出去"，参加各类国际性、行业性展会。围绕"上云用数赋智"，通过实施制造业智能化赋能行动，重点推动"专精特新"企业升级提效，累计推动"专精特新"企业建成数字化车间379个、智能化工厂49个，智能化成为企业的标签。

五是发挥合力提升政府服务能力。重庆市相关行业主管部门从完善服务机构和载体建设、完善企业服务质量标准体系、推动服务方式变革升级、建立中小企业服务机构评价制度四个方面全面提升政府部门服务"专精特新"企业能力。如开展"企业吹哨、部门报告"专项行动，定点解决企业的"急难愁盼"问题；通过中小企业服务机构评价体系，引导优质服务资源向"专精特新"企业倾斜，同时建立中小企业服务机构库，推动一批专业服务机构为企业提供长期"点对点"服务；在区县层面开展"一企一策一人"服务，帮助企业解决用电、用地、用工问题。全年累计服务"专精特新"企业近万次，其中为企业提供数字化赋能、技术创新等专属服务超过1000次，"一企一策一人"的企业服务在全市区县实现全覆盖。

经过努力，2022年，重庆市新增1579家市级"专精特新"企业，新增137家国家专精特新"小巨人"企业，2022年入选国家的第四批"小巨人"企业数量是重庆前三批次入选数量的1.2倍。截至2022年末，全市"专精特新"企业中，有八成为制造业企业。

（二）三次产业稳健增长，高新科技引领作用明显

2022年，重庆市三次产业稳中有增，增加值同比分别增长4.0%、3.3%和1.9%。战略性高新科技产业助推全市经济高质量发展。

1.粮食蔬菜实现稳产保供，脱贫产业巩固提升。2022年，全市农林牧渔业增加值同比增长4.1%。粮食产量保持较高水平，粮食总播种面积3070万亩，同比增长1.7%。但受极端高温干旱天气影响，粮食总产量1073万吨，同比下降1.8%。蔬菜生产保持增长，全年蔬菜产量2272万吨，同比增长4%。特色经济作物发展较好，全年水果、中草药材和香料产量同比分别增长7.2%、11.1%和14.4%。生猪产能稳定增长。全年生猪出栏1904万头，同比增长5.4%。脱贫

产业巩固提升，衔接资金用于产业发展的比例超过 60%，打造产业帮扶基地 5.6 万个，发展特色种植基地 1624 万亩，特色产业覆盖 90% 以上的脱贫户和边缘易致贫户。

2. 工业生产总体平稳，转型升级成效显现。 2022 年，全市规模以上工业增加值同比增长 3.2%。支柱产业增长势头较好，规模以上工业中，汽车产业增加值同比增长 10.2%。工业转型升级成效明显，战略性新兴产业在创新驱动引领下，对工业增加值有较强的拉动作用。全年新兴产业增加值同比增长 6.2%。高新技术产品产量大幅增长，新能源汽车、光伏电池、工业机器人产量同比分别增长 1.4 倍、40.1% 和 31.8%。数字产业显现新成效，2022 年累计实施智能化改造项目 1250 个，新建 10 个智能工厂、100 个数字化车间、40 个新兴应用示范项目。

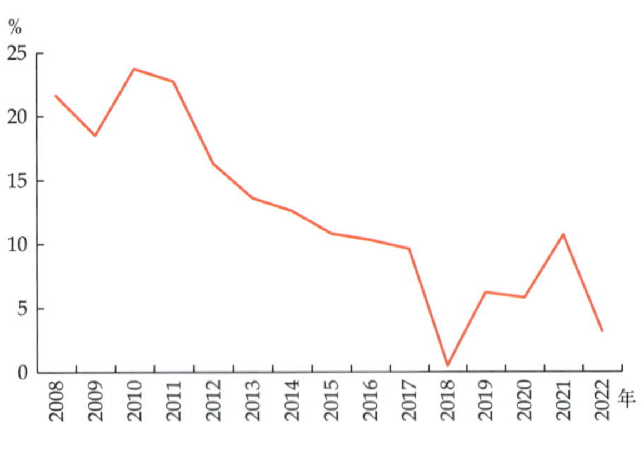

图 11　规模以上工业增加值实际增长率

（数据来源：重庆市统计局）

3. 服务业各行业恢复改善，创新引擎作用逐步显现。 2022 年，重庆市服务业总体呈现恢复态势，其中，批发和零售业增加值同比增长 2.0%，金融业增加值同比增长 2.4%。以科学研究和技术服务业为主的其他服务业增长较快，同比增长 4.0%，对经济增长贡献率为 36.7%，创新引擎作用逐步显现。

（三）居民消费价格温和上涨，居民收入保持增长

1. 居民消费价格温和上涨。 2022 年，全市居民消费价格同比上涨 2.1%。八大类商品和服务价格“五涨二降一平”，食品烟酒、生活用品及服务、交通和通信、教育文化和娱乐、其他用品和服务类价格同比分别上涨 3.9%、1.4%、5.5%、1.6% 和 0.6%；居住、医疗保健价格同比分别下降 0.1% 和 0.3%；衣着价格与上年持平。

2. 工业生产者价格增速回落。 2022 年，全市工业生产者出厂价格同比上涨 3.2%，工业生产者购进价格同比上涨 4.4%，涨幅较上年分别回落 0.9 个和 2.8 个百分点。

3. 居民收入保持增长。 2022 年，全市居民人均可支配收入为 3.6 万元，同比增长 5.5%。其中，城镇常住居民人均可支配收入为 4.6 万元，同比增长 4.6%；农村常住居民人均可支配收入为 1.9 万元，同比增长 6.7%。全年城乡居民收入比为 2.36，比上年缩小 0.04。就业形势总体稳定，全年新增就业 70.7 万人，城镇调查失业率平均值为 5.4%。

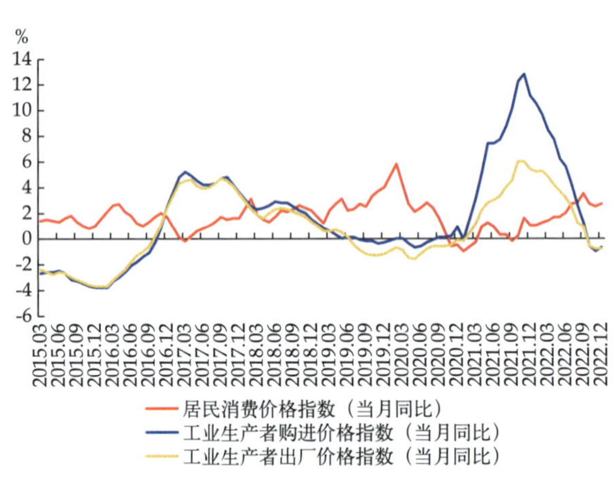

图 12　居民消费价格指数和工业生产者价格指数变动趋势

（数据来源：重庆市统计局）

（四）地方政府新增债券发行增加，有力支撑保民生和重大项目建设

2022 年，全市实现一般公共预算收入 2103 亿元，同比下降 8.0%，扣除留抵退税因素影响同比下降 2.5%；全市一般公共预算支出 4893 亿

元，同比增长1.2%，收支缺口较上年有所扩大。全年发行地方政府债券2117亿元，其中新增债券发行1467亿元，同比增长9.4%，对重大基建项目和民生保障形成有力支持。

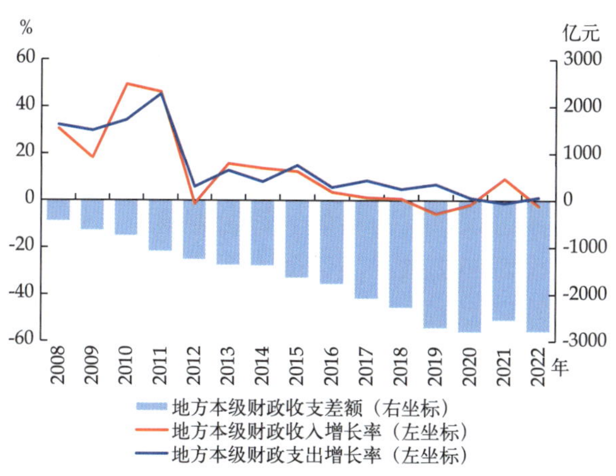

图13　财政收支状况

（数据来源：重庆市统计局）

（五）保交楼保民生扎实推进，新能源汽车产业高速发展

1. 保交楼保民生扎实推进。2022年，重庆房地产投资、销售出现下滑。人民银行重庆营管部组织金融机构落实好保交楼专项借款、保交楼贷款支持计划等政策，满足房地产行业合理融资需求，做好金融支持保交楼、保民生、保稳定各项工作。执行好差别化住房信贷政策，支持刚需和改善性住房融资需求，加大租赁住房金融支持力度，做好新市民、青年人等住房金融服务，促进房地产市场平稳发展。

2. 新能源汽车产业高速发展。2022年，重庆新能源汽车产业进入快速发展期，呈现产销两旺，产品迭代升级的良好态势。全年新能源汽车产量达36.5万辆，同比增长140%，占当年全市汽车产量的比重升至17.4%。重庆市汽车商业协会数据显示，2022年重庆市新能源狭义乘用车累计销量为11.5万辆，同比增长79.9%，占全部汽车零售销量的比重升至29.1%，新能源汽车销售渗透率高于全国1.5个百分点。重庆汽车产业经过十余年的深耕，形成了以长安系为龙头、小康等十多家整车企业为骨干、上千家配套企业为支撑的“1+10+1000”优势产业集群，规模以上零部件企业近千家，本地配套率达70%。随着长安、小康赛力斯等头部企业向新能源转向，产业链也随之转型升级，近年来，重庆电控系统、驱动电机、动力电池、电制动、电转向、电空调等核心配套形成较好产业基础。2022年，长安等企业陆续推出高端新能源汽车产品，如长安、华为、宁德时代联合打造的阿维塔11，小康赛力斯和华为推出的问界系列新能源SUV。2022年重庆市印发《重庆建设世界级智能网联新能源汽车产业集群发展规划》，提出打造万亿级产业的目标。

金融服务汽车制造业向新能源转型升级发展。金融机构优化内部制度安排，通过给予内部资金转移价格优惠等方式加大信贷资源倾斜力度。人民银行重庆营管部和市发展改革委等部门联动，开展包括新能源汽车产业链上企业在内的高新技术企业首贷破冰行动，依托“长江渝融通”大数据系统持续推动金融机构对接相关“专精特新”企业融资需求。积极推动政策性开发性金融工具重点支持重庆8个新能源汽车园区建设，撬动相关投资191亿元，涵盖新能源汽车零部件、氢燃料电池研发检测等项目。

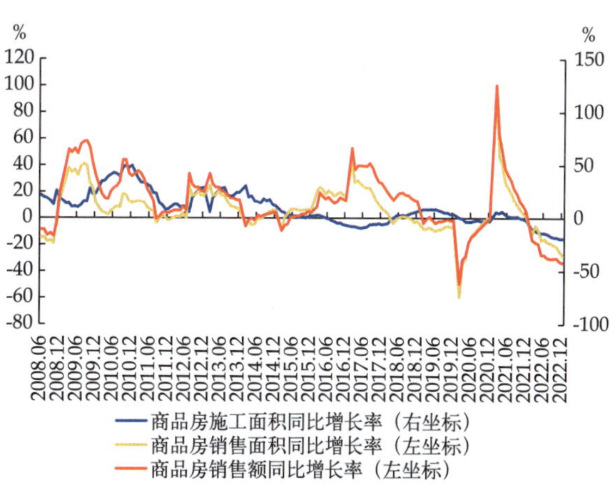

图14　商品房施工和销售变动趋势

（数据来源：重庆市统计局）

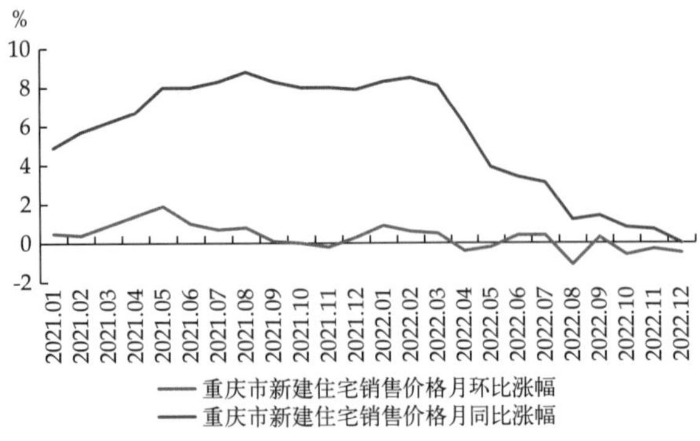

图 15　重庆市新建住宅销售价格变动趋势

（数据来源：重庆市统计局）

三、预测与展望

2023 年，重庆市将全面贯彻党的二十大和中央经济工作会议精神，深入落实市委六届二次全会部署，坚持稳中求进工作总基调，大力提振市场信心，突出做好稳增长、稳就业、稳物价工作，加快推进成渝地区双城经济圈建设，着力推动全市经济社会高质量发展。在疫情冲击逐步消退的环境下，重庆经济社会活动快速恢复，但恢复的基础尚不牢固。基建投资持续发力，叠加工业转型升级投资需求不断释放，将有力有效支撑整体投资增长。接触式服务业稳步向好，各项促进消费政策有力推动，将支撑消费企稳回升。工业生产将随着供需两端的改善持续稳中向好。但主要经济体为抗击通货膨胀持续加息、俄乌冲突等因素将继续拖累全球经济增长，外需或持续下行，出口增长承压。居民消费价格预计温和上涨。

2023 年，重庆金融业将深入落实落细党中央、国务院各项决策部署，坚持稳中求进工作总基调，精准有力贯彻好稳健的货币政策，加大支持实体经济力度。积极服务成渝地区双城经济圈建设，大力实施“智融惠畅”工程，加快建设西部金融中心，助力西部陆海新通道、“33618”现代制造业集群体系和数字重庆建设。发挥好货币政策工具引导作用，加大对重点领域、薄弱环节的支持力度，增强信贷总量增长稳定性。积极提升民营小微企业和个体工商户、制造业和科技创新、绿色发展、乡村振兴等领域金融服务水平。进一步释放利率市场化改革红利，促进降低企业综合融资成本。多措并举促进直接融资市场发展，推动企业用好用足资本市场融资渠道。做好重点领域金融风险防范和处置。抓住对内对外扩大改革开放契机，加快推进西部金融中心和绿色金融改革创新试验区建设，提升跨境贸易和投融资便利化水平。积极探索科技赋能，加快金融数字化转型发展。

中国人民银行重庆市分行货币政策分析小组
总　　纂：马天禄　李　铀
统　　稿：王　红　李　响
执　　笔：王志益　吴恒宇　张　琪　李研妮　舒　铖
提供材料：沈　略　邓翊平　赵　枫

附录：

（一）2022年重庆市经济金融大事记

4月14日，印发《成渝外债便利化试点业务操作指引（试行）》，跨区域外债便利化试点在成渝地区启动。

4月15日，重庆市数字人民币试点全面启动，累计开立个人钱包670万个，交易金额37亿元。

5月5日，重庆出台《金融服务疫情防控和经济社会发展工作方案》，明确26条措施，助力受疫情冲击行业脱困。

6月2日，出台金融支持稳住经济大盘14条专项措施，助力稳住全市宏观经济大盘。

7月4日，重庆成为全国第2个成功试点机动车、船舶、知识产权等动产和权利担保登记信息统一查询的城市。

8月19日，经国务院同意，中国人民银行等六部门印发《重庆市建设绿色金融改革创新试验区总体方案》，标志着重庆市绿色金融改革创新试验区正式启动。

9月28日，成渝金融法院正式挂牌运行。

12月12日，重庆启动本外币合一银行结算账户体系试点，支持本外币账户多币种结算，简化账户开立流程，提升本外币银行结算业务便利性。

12月14日，《成渝共建西部金融中心规划联合实施细则》正式印发，川渝两省市加快打造立足西部、面向东亚和东南亚、南亚，服务“一带一路”共建国家和地区的西部金融中心。

（二）重庆市主要经济金融指标

表 1　2022 年重庆市主要存贷款指标

	项目	1 月	2 月	3 月	4 月	5 月	6 月	7 月	8 月	9 月	10 月	11 月	12 月
本外币	金融机构各项存款余额（亿元）	46926.4	47064.2	47328.5	46849.5	46966.0	48702.5	48550.4	49354.4	49648.4	49507.8	49941.8	49567.2
	其中：住户存款	23699.9	23545.8	23906.2	23775.5	23810.3	24250.6	24218.1	24358.7	24723.1	24625.5	24925.8	25539.6
	非金融企业存款	12524.8	12395.5	12826.4	12472.5	12558.3	13571.8	13330.9	13773.6	13826.8	13235.3	13114.0	12887.8
	各项存款余额比上月增加（亿元）	1088.4	137.8	264.3	-479.0	116.5	1736.4	-152.1	804.0	294.0	-140.6	433.9	-374.5
	金融机构各项存款同比增长（%）	6.4	5.0	7.0	5.2	5.0	6.3	6.7	7.4	8.5	8.2	9.0	8.0
	金融机构各项贷款余额（亿元）	47711.9	47870.6	48406.6	48414.2	48572.7	49238.3	49266.2	49452.8	49869.3	49860.9	49968.7	50051.9
	其中：短期	8352.0	8344.0	8464.1	8400.9	8306.9	8474.5	8332.1	8334.0	8420.2	8417.6	8305.8	8184.6
	中长期	35328.6	35293.6	35508.2	35426.0	35518.8	35862.2	35877.9	36016.9	36277.5	36247.2	36226.5	36397.4
	票据融资	2264.4	2410.2	2605.8	2738.1	2902.4	3036.7	3202.3	3222.5	3256.3	3275.9	3444.8	3485.8
	各项贷款余额比上月增加（亿元）	784.3	158.7	536.0	7.6	158.5	665.6	27.9	186.7	416.5	-8.4	107.8	83.2
	其中：短期	87.7	-7.9	120.1	-63.2	-94.1	167.6	-142.4	1.9	86.2	-2.6	-111.8	-121.1
	中长期	630.8	-35.0	214.7	-82.2	92.8	343.4	15.7	139.1	260.6	-30.3	-20.7	170.9
	票据融资	-14.3	145.8	195.6	132.3	164.3	134.3	165.6	20.2	33.8	19.7	168.9	41.0
	金融机构各项贷款同比增长（%）	11.7	11.0	10.5	9.6	9.1	8.6	8.4	7.8	7.7	7.7	7.0	6.7
	其中：短期	8.2	8.7	8.6	6.8	5.3	4.4	2.4	1.2	1.8	1.7	-0.6	-1.0
	中长期	9.3	7.7	6.7	5.7	5.4	5.6	5.2	5.1	5.3	5.0	4.6	4.9
	票据融资	69.1	84.9	94.9	99.7	100.4	78.7	97.3	81.5	61.2	69.6	66.1	53.0
	建筑业贷款余额（亿元）	1826.4	1835.4	1849.2	1849.3	1859.5	1845.6	1844.4	1841.4	1855.4	1830.7	1818.0	1804.9
	房地产业贷款余额（亿元）	1877.6	1876.3	1873.0	1841.5	1834.1	1835.3	1809.6	1801.4	1798.9	1785.9	1773.1	1758.4
	建筑业贷款同比增长（%）	15.3	13.2	12.3	11.8	13.2	9.7	7.8	6.6	5.5	3.3	1.8	3.7
	房地产业贷款同比增长（%）	-18.5	-18.6	-18.8	-18.6	-16.9	-14.1	-12.5	-11.5	-10.1	-8.2	-7.0	-5.4
人民币	金融机构各项存款余额（亿元）	45447.0	45670.7	45937.1	45434.8	45596.0	47276.1	47114.2	47873.4	48200.1	47999.9	48431.1	48218.2
	其中：住户存款	23624.2	23470.8	23829.6	23695.4	23729.7	24169.1	24135.9	24277.6	24640.7	24543.5	24843.9	25458.8
	非金融企业存款	11139.4	11095.1	11525.4	11152.0	11283.2	12250.2	12004.4	12393.9	12490.6	11838.2	11714.7	11645.4
	各项存款余额比上月增加（亿元）	1246.8	223.7	266.4	-502.3	161.2	1680.1	-161.8	759.2	326.7	-200.2	431.2	-212.9
	其中：住户存款	1384.3	-153.4	358.8	-134.1	34.3	439.4	-33.2	141.7	363.1	-97.3	300.4	615.0
	非金融企业存款	-209.4	-44.3	430.3	-373.4	131.3	966.9	-245.8	389.5	96.8	-652.5	-123.5	-69.3
	各项存款同比增长（%）	7.5	6.1	8.1	6.3	6.1	7.5	7.7	8.3	9.5	8.7	9.5	8.9
	其中：住户存款	15.6	8.8	8.9	10.7	11.3	11.2	12.2	12.6	12.5	13.1	13.8	14.5
	非金融企业存款	-1.6	2.9	5.5	3.6	5.1	7.8	9.6	12.3	12.0	10.0	8.1	2.5
	金融机构各项贷款余额（亿元）	46764.6	46929.1	47462.8	47499.4	47737.2	48355.7	48413.0	48603.9	49017.7	48973.7	49153.1	49365.9
	其中：个人消费贷款	6995.5	6856.8	6912.6	6845.5	6845.1	6952.0	6947.0	7023.4	7143.0	7161.8	7164.4	7229.7
	票据融资	2264.4	2410.2	2605.8	2738.1	2902.4	3036.7	3202.3	3222.5	3256.3	3275.9	3444.8	3485.8
	各项贷款余额比上月增加（亿元）	721.4	164.5	533.7	36.7	237.8	618.4	57.4	190.9	413.7	-44.0	179.4	212.8
	其中：个人消费贷款	4.6	-138.6	55.8	-67.1	-0.4	107.0	-5.1	76.4	119.7	18.8	2.6	65.3
	票据融资	-14.3	145.8	195.6	132.3	164.3	134.3	165.6	20.2	33.8	19.7	168.9	41.0
	金融机构各项贷款同比增长（%）	12.1	11.3	10.8	9.8	9.4	8.9	8.6	8.1	7.8	7.7	7.2	7.2
	其中：个人消费贷款	19.1	16.6	14.9	11.8	8.8	6.6	4.6	3.4	3.3	3.1	2.1	3.4
	票据融资	69.1	84.9	94.9	99.7	100.4	78.7	97.3	81.5	61.2	69.6	66.1	53.0
外币	金融机构外币存款余额（亿美元）	232.1	220.4	219.2	213.8	205.7	212.5	213.0	214.9	204.0	210.1	210.5	193.7
	金融机构外币存款同比增长（%）	-18.6	-19.4	-18.6	-23.4	-25.8	-24.9	-21.9	-20.0	-23.6	-16.3	-16.3	-24.6
	金融机构外币贷款余额（亿美元）	148.6	148.9	148.7	138.2	125.4	131.5	126.5	123.2	120.0	123.6	113.6	98.5
	金融机构外币贷款同比增长（%）	-4.8	-0.4	-0.3	-5.4	-10.0	-7.8	-6.8	-10.0	-9.5	-4.6	-14.5	-29.0

数据来源：中国人民银行重庆营业管理部。

表 2　2001—2022 年重庆市各类价格指数

单位：%

时间		居民消费价格指数		工业生产者购进价格指数		工业生产者出厂价格指数	
		当月同比	累计同比	当月同比	累计同比	当月同比	累计同比
2001		—	—	—	—	—	—
2002		—	—	—	—	—	—
2003		—	—	—	—	—	—
2004		—	—	—	—	—	—
2005		—	—	—	—	—	—
2006		—	—	—	—	—	—
2007		—	—	—	—	—	—
2008		—	—	—	—	—	—
2009		—	—	—	—	—	—
2010		—	—	—	—	—	—
2011		—	—	—	—	—	—
2012		—	—	—	—	—	—
2013		—	—	—	—	—	—
2014		—	—	—	—	—	—
2015		—	—	—	—	—	—
2016		—	1.8	—	-1.6	—	-1.4
2017		—	1.0	—	4.4	—	4.1
2018		—	2.0	—	2.5	—	2.1
2019		—	2.7	—	0.1	—	-0.2
2020		—	2.3	—	-0.1	—	-0.9
2021		—	0.3	—	7.2	—	3.2
2022		—	2.1	—	4.4	—	2.3
2021	1	-1.0	-1.0	-0.1	-0.1	-0.2	-0.2
	2	-1.8	-1.4	1.1	0.5	0.2	0.0
	3	-0.3	-1.0	3.1	1.4	1.1	0.4
	4	0.9	-0.6	5.1	2.3	2.2	0.8
	5	1.2	-0.2	7.4	3.3	2.8	1.2
	6	0.9	0.0	7.4	4.0	3.0	1.5
	7	0.3	0.0	7.7	4.5	3.3	1.8
	8	0.3	0.1	8.7	5.0	4.0	2.1
	9	-0.2	0.0	10.1	5.6	4.5	2.3
	10	0.2	0.1	12.2	6.3	6.0	2.7
	11	1.6	0.2	12.8	6.9	6.0	3.0
	12	1.0	0.3	11.1	7.2	5.4	3.2
2022	1	1.7	1.7	10.5	10.5	5.2	5.2
	2	1.2	0.9	9.7	10.1	5.3	5.2
	3	1.4	1.1	8.4	9.5	4.8	5.1
	4	1.7	1.2	7.7	9.1	4.2	4.9
	5	1.7	1.3	6.2	8.5	3.7	4.6
	6	2.0	1.4	5.6	8	3.2	4.4
	7	2.7	1.6	4.2	7.4	2.5	4.1
	8	2.8	1.8	2.6	6.8	1.2	3.7
	9	3.5	1.9	1.2	6.2	0.9	3.4
	10	2.7	2	-0.6	5.5	-0.6	3
	11	2.5	2.1	-1	4.8	-0.8	2.6
	12	2.7	2.1	-0.7	4.4	-0.8	2.3

数据来源：重庆市统计局。

表 3　2022 年重庆市主要经济指标

项目	1 月	2 月	3 月	4 月	5 月	6 月	7 月	8 月	9 月	10 月	11 月	12 月
	绝对值（自年初累计）											
地区生产总值（亿元）	—	—	6398.00	—	—	13511.64	—	—	20835.06	—	—	29129.03
第一产业	—	—	283.05	—	—	627.92	—	—	1366.26	—	—	2012.05
第二产业	—	—	2403.95	—	—	5550.50	—	—	8375.27	—	—	11693.86
第三产业	—	—	3711.00	—	—	7333.22	—	—	11093.53	—	—	15423.12
工业增加值（亿元）	—	—	—	—	—	—	—	—	—	—	—	—
固定资产投资（亿元）	—	—	—	—	—	—	—	—	—	—	—	—
房地产开发投资	—	—	—	—	—	—	—	—	—	—	—	—
社会消费品零售总额（亿元）	—	2377.39	3519.80	4536.59	5698.18	6966.33	8163.12	9304.41	10456.01	11708.19	12732.19	13926.08
外贸进出口总额（亿元）	—	1254.18	1970.86	2754.47	3438.31	4236.46	4967.60	5604.29	6259.55	6894.88	7487.90	8158.35
进口	—	423.55	693.89	919.92	1176.70	1466.56	1722.82	1950.55	2184.99	2398.48	2617.24	2913.03
出口	—	830.63	1276.97	1834.55	2261.62	2769.90	3244.78	3653.74	4074.56	4496.40	4870.66	5245.32
进出口差额（出口 – 进口）	—	407.08	583.08	914.63	1084.92	1303.34	1521.96	1703.19	1889.57	2097.92	2253.42	2332.29
实际利用外资（亿美元）	—	7.36	20.15	29.49	7.01	9.12	9.76	11.67	12.23	14.13	17.12	18.57
地方财政收支差额（亿元）	—	-321.16	-660.17	-775.22	-911.30	-1408.70	-1448.90	-1670.80	-1997.20	-1996.40	-2182.50	-2789.40
地方财政收入	—	387.89	572.16	751.03	849.30	1018.60	1192.30	1299.40	1477.00	1714.30	1837.90	2103.40
地方财政支出	—	709.05	1232.33	1526.25	1760.60	2427.30	2641.20	2970.20	3474.20	3710.70	4020.40	4892.80
城镇登记失业率（%）（季度）	—	—	2.9	—	—	5.4	—	—	5.4	—	—	5.4
	同比累计增长率（%）											
地区生产总值	—	—	5.2	—	—	4.0	—	—	3.1	—	—	2.6
第一产业	—	—	5.0	—	—	5.8	—	—	3.7	—	—	4.0
第二产业	—	—	6.8	—	—	5.4	—	—	3.8	—	—	3.3
第三产业	—	—	4.2	—	—	2.8	—	—	2.5	—	—	1.9
工业增加值	—	7.9	8.5	7.0	6.3	6.3	6.0	2.7	4.0	4.5	3.2	3.2
固定资产投资	—	10.7	10.9	8.4	7.4	6.9	6.0	3.2	3.3	3.7	1.1	0.7
房地产开发投资	—	-4.7	0.1	0.0	-3.7	-4.1	-6.2	-10.8	-12.5	-12.9	-18.6	-20.4
社会消费品零售总额	—	5.4	4.2	2.4	1.0	1.1	1.4	1.4	1.5	1.3	-0.1	-0.3
外贸进出口总额	—	7.8	9.3	12.1	12.9	12.5	12.3	10.4	8.5	7.2	4.0	2.0
进口	—	-4.4	1.6	-1.0	2.1	1.3	3.6	3.9	3.3	3.4	1.7	2.9
出口	—	15.4	14.0	20.0	19.5	19.5	17.5	14.2	11.5	9.3	5.2	1.5
实际利用外资	—	9.5	23.7	19.9	22.2	32.3	28.8	52.8	13.9	-9.9	-9.8	-16.9
地方财政收入	—	-4.4	1.1	-10.7	-5.2	-6.1	-6.9	-6.9	-4.3	-3.4	-3.3	-2.5
地方财政支出	—	-8.7	9.7	5.5	2.3	5.9	3.8	4.0	3.9	2.3	0.6	1.2

数据来源：重庆市统计局。

四川省金融运行报告（2023）

中国人民银行四川省分行[①]
货币政策分析小组

[内容摘要] 2022 年，面对复杂严峻的宏观经济形势和多轮疫情冲击、多次地震灾害、持续高温限电等多重困难挑战，四川省坚定以习近平新时代中国特色社会主义思想为指导，深入学习贯彻党的二十大精神，全面落实习近平总书记对四川工作系列重要指示精神，坚决落实党中央“疫情要防住、经济要稳住、发展要安全”重要要求，统筹疫情防控和经济社会发展，统筹发展和安全，全力以赴拼经济搞建设，坚定应对各类风险挑战，牢牢稳住经济基本盘。全年地区生产总值 5.7 万亿元，同比增长 2.9%。四川省金融业为稳定经济大盘提供了强有力的金融支撑，全年社会融资规模新增 1.8 万亿元，同比多增 3292 亿元。

四川省经济运行企稳回升，区域协同发展成效突出。一是供给需求稳步提升。农业生产总体稳定，粮食产量连续三年超过 700 亿斤，生猪出栏突破 6500 万头。工业运行稳中提质，规模以上高技术产业增加值同比增长 11.4%。投资支撑效果明显，全社会固定资产投资同比增长 8.4%，近五年完成综合交通投资额相当于前两个五年总和。消费呈现较强韧性，实现社会消费品零售总额 2.4 万亿元，网络交易额居全国第 6 位。外贸外资再上新台阶，进出口总额突破 1 万亿元，外商直接投资规模居中西部第 1 位。二是区域发展更趋协调。成渝地区双城经济圈建设全面加速，160 个川渝共建重大项目累计完成投资超过 5600 亿元。成都“建圈强链”加快产业和城市提质升级，成为全国第 3 个经济总量突破 2 万亿元的副省级城市。成德眉资同城化发展实质推进，川南一体化发展成效明显，川东北振兴发展稳步提升，7 个区域中心城市经济总量全部超过 2000 亿元。三是新动能发展持续增强。高新产业不断壮大，高新技术企业达到 1.4 万家、五年增长近 3 倍 。绿色低碳优势产业快速发展，全年增加值同比增长 19.8%。数字经济全面赋能，核心产业增加值超过 4300 亿元。四是民生领域稳定向好。城乡居民收入与经济增长基本同步，城镇和农村居民人均可支配收入同比分别增长 4.3% 和 6.2%。就业物价总体稳定，全年城镇新增就业 100 万人左右；CPI 比上年上涨 2.0%，涨幅温和可控；PPI 涨幅持续回落，输入性传导压力有所缓解。

四川省金融运行总体稳健。一是融资总量合理增长。全省本外币各项贷款余额同比增长 14.8%，高于全国平均水平 4.4 个百分点。金融支持扩大有效投资积极有力。围绕四川纳入国家重大工程的投资规划、700 个省重点项目、160 个川渝合作共建项目加强融资支持，全省基建类贷款余额同比增长 18.0%；政策性开发性金融工具支持金额、资金支付率及 8000 亿元新增信贷额度支持的“白名单”项目贷款余额均居全国前列。非金融企业在银行间市场发行债券融资 2622 亿元，规模居中西部地区第 1 位。二是银行业、证券业和保险业稳健运行。银行业本外币资产和负债总额同比分别增长 11.6% 和 11.7%，增速均高于全国平均水平；多层次资本市场对新兴产业融资支持力度加大，战略性新兴产业通过资本市场实现直接融资同比增长

① 自 2023 年 8 月 18 日起，中国人民银行成都分行更名为中国人民银行四川省分行。本报告主要反映 2022 年的经济金融情况，正文中涉及的相关机构表述仍沿用 2022 年名称。

36.5%；保险业对社会民生服务保障持续加强，农业保险赔款社保“一卡通”在全省推广，支付成功率超过99.5%。三是信贷结构持续优化。金融支持高质量发展取得积极成效，开展工业“制惠贷”试点，深入实施绿色金融专项行动，持续推进科创企业金融服务“星辰计划”，创新开展乡村振兴“送码入户、一键贷款”信贷直通专项活动，制造业中长期贷款、绿色贷款、科创贷款、涉农贷款同比分别增长41.6%、40.2%、20.8%和16.3%，增速均高于全国平均水平。金融助企纾困效果明显，出台金融助企纾困19条措施，创新推出“支小惠商贷”等财金互动产品，制作助企纾困“政策明白卡”，全省普惠小微贷款余额增速连续32个月超过20%，普惠小微有贷款余额户数同比增长24.9%。金融支持抗震救灾和灾后重建迅速有力，“9·5”泸定6.8级地震后，第一时间出台灾后恢复重建金融服务15条措施，紧急向灾区下达1.7亿元支农支小再贷款额度，推动设立农房重建贷款专项风险补偿基金和出台财政贴息政策，发放农房重建贷款1亿元。四是融资成本稳中有降。充分发挥贷款市场报价利率（LPR）改革效能，引导贷款利率整体下行，2022年全省各金融机构企业贷款加权平均利率为4.49%，同比下降0.49个百分点，利率为近五年来最低水平。支付手续费累计降费14亿元，惠及258万个经营主体。阶段性减息政策精准直达，为33万户小微企业减免利息4.7亿元。五是金融改革扎实推进。金融服务成渝地区双城经济圈建设成势见效，川渝两省市联合印发《成渝共建西部金融中心规划联合实施细则》，成渝地区成为跨地区开展外债便利化试点地区，两地金融机构对基础设施互联互通、共建产业集群的支持力度加大。金融服务乡村振兴探索新路径，成都市获批国家级普惠金融服务乡村振兴改革试验区。跨境人民币业务增量扩面明显，全年跨境人民币收付额2438亿元，创历史新高，开展跨境人民币业务企业户数比上年增加680户。数字人民币试点稳步推进，建成数字人民币助力乡村振兴“示范村”、具备数字人民币支付功能的碳中和交易平台。六是金融风险防范化解能力提升。加强金融风险监测、预警、提示和处置，不断健全风险防控长效机制，积极发挥金融委办公室地方协调机制作用，推动金融风险化解取得积极成效。2022年末，全省银行业金融机构不良贷款率为1.19%，同比下降0.2个百分点。

2023年是全面贯彻党的二十大精神的开局之年，是实施“十四五”规划承上启下的关键一年。四川省将以习近平新时代中国特色社会主义思想为指导，坚持稳中求进工作总基调，完整、准确、全面贯彻新发展理念，积极融入和服务新发展格局，着力推动高质量发展，以成渝地区双城经济圈建设为总牵引，以“四化同步、城乡融合、五区共兴”① 为总抓手，把实施扩大内需战略同深化供给侧结构性改革有机结合起来，推动经济运行整体好转，实现质的有效提升和量的合理增长，确保新时代新征程四川现代化建设开好局起好步。四川省金融业将认真落实稳健货币政策精准有力的要求，精准对接国家政策导向，更好发挥政策性开发性金融工具撬动作用和结构性货币政策工具的激励引导作用，持续加大重点项目融资支持力度，加大对民营小微企业、“三农”、科技创新、绿色发展等领域的支持力度，不断提升金融服务质效，全力支持稳增长、稳就业、稳物价，为实体经济高质量发展注入强劲动力。持续深化金融改革开放，全力支持成渝地区双城经济圈建设成势跃升，切实维护地区金融稳定，为全面建设社会主义现代化四川营造良好的货币金融环境。

---

① “四化”指的是新型工业化、信息化、城镇化、农业现代化，“同步”就是要推动“四化”在时间上同步演进、空间上一体布局、功能上耦合叠加。“城乡融合”是现代化的重要标志，就是要统筹推动新型城镇化和乡村振兴，加快形成以城带乡、以工促农、城乡共同繁荣的新局面。“五区共兴”是破解发展不平衡问题的现实需要，也是推进四川现代化建设的必然要求，就是要根据四川不同区域发展水平和产业特点制定差异化政策，高水平推动区域协调发展，促进成都平原、川南、川东北、攀西经济区和川西北生态示范区协同共兴。

一、金融运行情况

2022 年，全省金融业认真贯彻落实稳健的货币政策，金融运行总体平稳，货币信贷和社会融资规模合理增长，融资结构持续优化，融资利率稳中有降，多层次资本市场稳步发展，防范化解金融风险取得积极成效，区域金融改革不断深化，为全省经济基本盘总体稳定提供了强有力的金融支撑。

（一）银行业稳健运行，信贷支持实体经济稳固有力

2022 年，全省银行业金融机构经营总体稳健，稳健的货币政策有效落实，经济社会重点领域和薄弱环节金融服务持续深化，高质量发展领域金融支持力度持续加强。

表 1　2022 年银行业金融机构情况

机构类别	营业网点			法人机构（个）
	机构个数（个）	从业人数（人）	资产总额（亿元）	
一、大型商业银行	3428	95606	50797.9	0
二、国家开发银行和政策性银行	113	4714	12438.0	0
三、股份制商业银行	546	18382	10266.6	0
四、城市商业银行	1019	27312	25717.3	12
五、城市信用社	0	0	0	0
六、小型农村金融机构	5667	69677	26696.6	84
七、财务公司	6	268	1418.2	4
八、信托公司	2	974	204.7	2
九、邮政储蓄银行	3003	30065	8427.8	0
十、外资银行	23	692	356.9	0
十一、新型农村金融机构	306	4545	852.5	56
十二、其他	8	2455	1098.6	4
合　计	14121	254690	138275.0	162

数据来源：四川银保监局。

注：营业网点不包括国家开发银行和政策性银行、大型商业银行、股份制银行等金融机构总部；大型商业银行包括中国工商银行、中国农业银行、中国银行、中国建设银行和交通银行；小型农村金融机构包括农村商业银行、农村合作银行和农村信用社；新型农村金融机构包括村镇银行、贷款公司、农村资金互助社；其他包含民营银行、金融租赁公司、汽车金融公司、货币经纪公司、消费金融公司等。

1. 银行业机构体系不断优化，资产负债规模平稳较快增长。2022 年末，全省银行业金融机构数量共计 209 家，各类型机构较为齐全。全省银行业金融机构网点 1.4 万个，全部从业人员 25.5 万人。农信机构改革加快推进，芦山联社、资中联社、汉源联社改制为农商行，德阳农商行吸收合并罗江农商行，巴中、乐山两地完成市级统一法人农商行改革，全省经营性法人农合机构数量整合至 84 家，其中农村商业银行 75 家，占比达到 90%。2022 年末，全省银行业金融机构资产总额 13.8 万亿元，同比增长 11.6%，负债总额 13.3 万亿元，同比增长 11.7%。

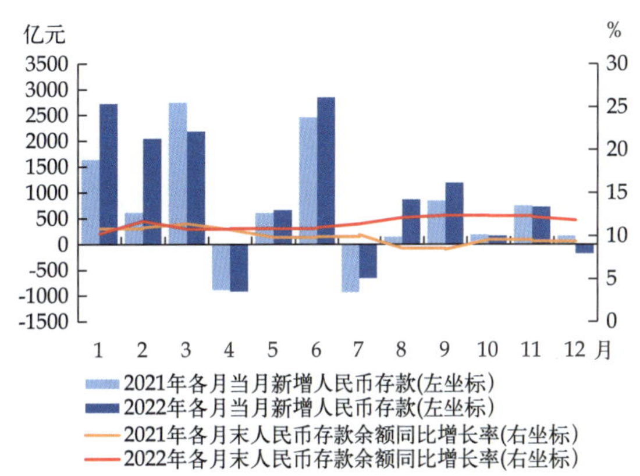

图 1　金融机构人民币存款增长变化

（数据来源：中国人民银行成都分行）

2. 各项存款稳定增长，增速呈现结构分化。2022 年末，全省银行业金融机构本外币各项存款余额 11.2 万亿元，较年初增加 1.2 万亿元；余额同比增长 11.6%。分部门看，住户存款增速较快，同比增长 15.4%，高于各项存款增速 3.8 个百分点；非金融企业存款、广义政府类存款和非银行业金融机构存款同比分别增长 8.3%、5.2% 和 9.9%。分币种看，人民币各项存款余额同比增长 11.8%，外币各项存款余额同比下降 11.4%。

3. 各项贷款合理增长，信贷结构进一步优化。2022 年末，全省银行业金融机构本外币各项贷款余额 9.2 万亿元，较年初增加 1.2 万亿元，同比多增 2584 亿元；余额同比增长 14.8%。金

融支持扩大有效投资积极有力。强化重点项目融资保障，2022 年末全省基建类贷款余额同比增长 18.0%，高于各项贷款增速 3.2 个百分点。金融支持制造业加快发展。出台稳产业链 8 条措施，大力推广应收账款融资，线上全流程“政采贷”业务落地，2022 年促成应收账款融资超 1700 亿元。创新开展“制惠贷”试点，2022 年末全省制造业中长期贷款余额同比增长 41.6%。全面推进金融支持乡村振兴。开展金融服务乡村振兴“送码入户、一键贷款”信贷直通专项活动，全年组织银行进村入园开展融资对接 1920 次，惠及龙头企业、种养殖大户等新型农业经营主体 4.5 万户。2022 年末，全省涉农贷款余额同比增长 16.3%，增速创近年新高；全年新增涉农贷款 3542 亿元，占全部新增贷款的 29.8%。深入实施绿色金融专项行动，创新“川碳快贴”产品，2022 年末全省绿色贷款余额同比增长 40.2%，增速创近年新高。

4. 金融助企纾困效果明显，薄弱环节金融服务增量提质。开展中小微企业金融服务能力提升工程，实施民营小微“服务零距离，融资大畅通”、个体工商户“贷动小生意、服务大民生”金融服务专项行动。出台四川金融助企纾困 19 条措施，推出助企纾困“政策明白卡”，推动政策直达实体。2022 年末，全省普惠小微贷款余额同比增长 24.5%，连续 32 个月增速超过 20%，普惠小微有贷款余额户数同比增长 24.9%。迅速有力支持抗震救灾和灾后恢复重建。“9・5”泸定 6.8 级地震后，第一时间出台灾后恢复重建金融服务 15 条措施，紧急向灾区下达 1.7 亿元支农支小再贷款额度，推动设立农房重建贷款专项风险补偿基金、出台财政贴息政策，支持发放农房重建贷款 1 亿元。

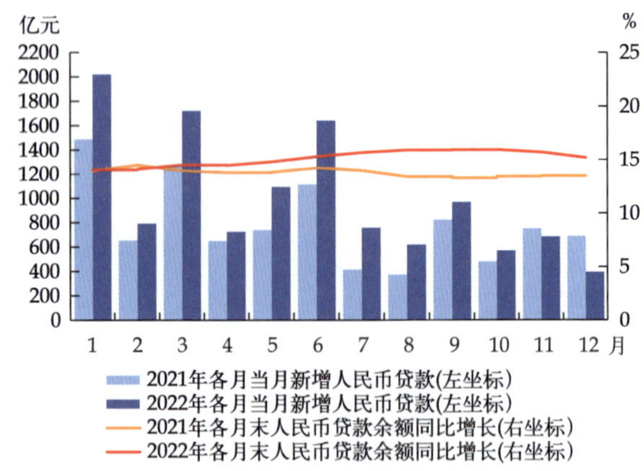

图 2　金融机构人民币贷款增长变化

（数据来源：中国人民银行成都分行）

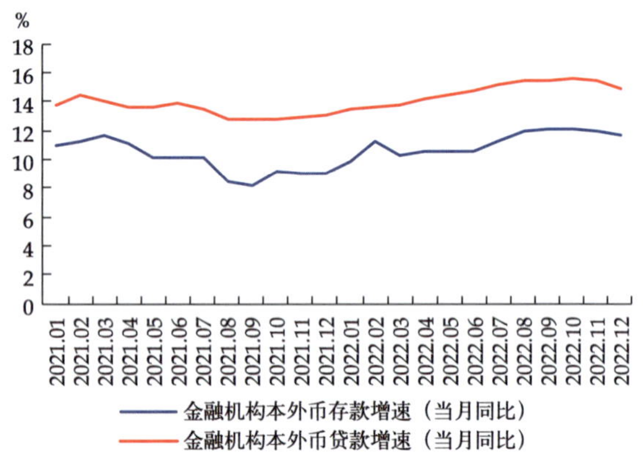

图 3　金融机构本外币存贷款增速变化

（数据来源：中国人民银行成都分行）

专栏 1　建机制　强监测　抓落实　着力用好政策性开发性金融工具

为贯彻落实政策性开发性政策工具用于补充重大项目资本金政策，人民银行成都分行深化部门协同联动、多维推动要素保障，建立项目融资对接监测机制，推动政策性开发性金融工具快速在四川落地。

机制引领，提升基建项目审批效率。一是推动省级部门协同发力。会同省发改委等部门组建重大项目工作专班，简化工作程序，统筹推进重点项目落地实施。二是加大金融协调支持。牵头建立重大基础设施项目建设金融支持工作协调机制，指导金融机构优化“绿灯”“黄灯”“红灯”的项目管理模式，提升项目审批效率。建立项目建设贷款“绿色通道”，定期组织金融机构召开对接会，常态化交流共享政策、项目信息，推送项目清单，“一项目一专班”提供综合金融服务。

监测引导，推动金融工具迅速落地。一是强化数据系统运用。依托人民银行成都分行货币信贷大数据系统，建立重点项目融资对接监测系统。指导商业银行对照获投项目清单，及时跟进介入，保障项目融资需求，形成资金合力。二是建立周会商制度。联合发改委及政策性、开发性银行机构按时沟通协商项目规划许可、施工许可、用地、环评等落实情况，推动相关部门实行并联审批，及时协调解决跨地区、跨部门重大问题。三是建立基金投放和支付周报告制度。强化跟踪监测，及时掌握基金支付情况，紧盯基金零支出、低支出项目，共同协调解决有关问题。四是强化调查研究。围绕金融工具推进中面临的签约使用、要素保障、风险防控等问题，开展专项调研，提出针对性建议，协助提升金融工具使用质效。

督导落实，加快项目开工建设进度。一是开展项目督导服务。联合发改委等部门多次开展项目督导服务，创造条件确保重要项目建设工地不停工、相关产业链供应链不间断。二是加强政银企合作。召开商业银行工作座谈会和工作督导会议，加快推动项目建设，进一步提高基金支付率。全省政策性开发性银行向330个项目实际投放525亿元，基金支付率超过65.1%。

5. 货币政策工具管理运用持续优化，支持实体经济的精准性有效性不断提高。2022年，落实准备金率调整政策为法人金融机构累计释放资金约176亿元，为支农助小提供了有力资金支持。2022年末，全省再贷款再贴现余额1265亿元，同比增长25.3%，其中，支小再贷款余额660亿元，同比增长32.6%；支农再贷款余额389亿元，同比增长26.3%；再贴现余额217亿元，同比增长6.2%。实施好各项阶段性专项再贷款政策，2022年，全省符合条件的金融机构分别发放327亿元科技创新贷款、101亿元碳减排贷款、51亿元设备更新改造贷款、19亿元交通物流贷款、1亿元煤炭清洁高效利用贷款。创新推出再贷款支持的“支小惠商贷”“助农振兴贷”等产品，有效撬动普惠小微、涉农等领域信贷投放。

6. LPR改革引导贷款利率下行，银行负债端成本总体稳定。LPR改革效能持续释放，企业综合融资成本稳中有降。2022年，全省企业贷款加权平均利率为4.49%，为近五年来最低水平。12月，全省人民币一般贷款（不含个人住房贷款）加权平均利率为4.89%，同比下降0.59个百分点；票据贴现加权平均利率为1.61%，同比下降0.62个百分点；普惠小微贷款利率为4.87%，同比下降0.71个百分点。人民币存款利率基本稳定。12月，全省金融机构定期存款加权平均利率为2.22%，同比下降0.08个百分点。地方法人银行贷款定价能力逐步提高，2022年，全省86家金融机构被评为全国市场化利率定价自律机制基础成员，18家被评为观察成员。

7. 资产质量持续改善，中小法人银行抵御风险能力有所增强。不断健全风险防控长效机制，加强风险监测、预警、提示和处置，积极发挥金融委办公室地方协调机制作用，多次召开专题会议压紧压实各方责任，形成风险处置合力，推动金融风险化解取得积极成效。2022年末，全省银行业金融机构不良贷款余额和不良贷款率实现“双降”，不良贷款余额较年初下降4.2%，不良贷款率为1.19%，同比下降0.2个百分点，不良贷款率创近五年新低。中小法人机构不良贷款率较年初下降0.3个百分点，拨备和流动性水平持续改善，拨备覆盖率、流动性比率分别较年初上升18.7个和4.3个百分点，风险抵御能力整体增强。

8. 跨境人民币业务增量扩面，结售汇总额保持增长。2022年，全省跨境人民币收付额2438亿元，创历史新高，共有3791家企业开展跨境人民币业务，比上年增加680家；13家跨国企业集团开办跨境双向人民币资金池，应计所有者权益合计1161亿元，境内外成员企业129家。跨境人民币结算优质企业家数扩大至546家，2022年自贸区便利化跨境人民币结算超294亿元。开展对外承包工程类优质企业跨境人民币结算业务便利化服务试点，首批21家企业纳入优质企业名单，全年办理便利化结算超20亿元。2022年，全省银行机构结售汇总额668亿美元，同比增长19.4%，全年实现结售汇顺差21亿美元。

表2　2022年金融机构人民币贷款各利率区间占比

单位：%

项目		1月	2月	3月	4月	5月	6月
合计		100.0	100.0	100.0	100.0	100.0	100.0
LPR减点		19.8	17.6	17.4	18.1	19.6	22.1
LPR		5.8	6.2	8.2	5.9	7.2	6.7
LPR加点	小计	74.3	76.2	74.4	76.1	73.2	71.2
	(LPR，LPR+0.5%)	18.6	17.5	18.8	18.0	21.1	19.0
	[LPR+0.5%，LPR+1.5%)	22.4	24.8	23.9	22.1	20.1	24.1
	[LPR+1.5%，LPR+3%)	17.1	17.6	18.0	19.3	17.1	15.7
	[LPR+3%，LPR+5%)	10.8	9.9	9.1	10.0	8.8	8.2
	LPR+5%及以上	5.4	6.3	4.6	6.7	6.2	4.2
项目		7月	8月	9月	10月	11月	12月
合计		100.0	100.0	100.0	100.0	100.0	100.0
LPR减点		32.8	20.7	35.9	42.9	24.9	28.6
LPR		6.4	6.5	3.8	3.7	7.0	6.4
LPR加点	小计	60.7	72.8	60.3	53.4	68.1	65.0
	(LPR，LPR+0.5%)	15.6	21.6	16.1	13.5	17.1	15.7
	[LPR+0.5%，LPR+1.5%)	18.9	21.1	19.8	16.2	19.5	17.0
	[LPR+1.5%，LPR+3%)	11.7	14.1	12.2	12.0	16.4	18.2
	[LPR+3%，LPR+5%)	9.0	9.7	7.8	7.0	10.2	10.2
	LPR+5%及以上	5.6	6.4	4.4	4.7	5.0	3.9

数据来源：中国人民银行成都分行。

（二）多层次资本市场不断优化，对新兴产业发展支持力度加大

1. 证券期货基金行业平稳发展。2022年末，全省法人证券公司、基金公司和期货公司共8家，证券期货基金分支机构540家。经备案的私募基金管理人429家，管理基金规模2493亿元，同比增长11.7%；证券公司市场交易额22.8万亿元，同比增长6.5%；期货公司市场交易额16.3万亿元。

2. 资本市场有力支持新兴产业。2022年，全省股权融资395亿元，同比增长48.9%；债券融资4715亿元，其中交易所发行债券融资1649.3亿元。注册制试点以来，全省新增A股首发上市公司46家，三年新增数量超过去八年总和，上市公司总市值达3.0万亿元，占A股总市值的3.5%。战略性新兴产业实现直接融资179亿元，同比增长36.5%。

表3　2022年证券业基本情况

项目	数量
总部设在辖内的证券公司数（家）	4
总部设在辖内的基金公司数（家）	1
总部设在辖内的期货公司数（家）	3
年末国内上市公司数（家）	169
当年国内股票（A股）筹资（亿元）	385.0
当年发行H股筹资（亿元）	136.0
当年国内债券筹资（亿元）	4714.6
其中：短期融资券筹资额（亿元）	115.0
中期票据筹资额（亿元）	1138.0

数据来源：四川证监局、中国人民银行成都分行。

注：当年国内股票（A股）筹资额指非金融企业境内股票融资。国内债券筹资指交易所债券市场债券、银行间市场直接债务融资工具、区域股权市场债券、企业债债券融资额。

（三）保险业稳健发展，风险保障能力不断提升

1. 保险经营主体不断丰富。2022年末，全省已开业保险公司104家，较上年末增加3家。其中，财产险公司47家、寿险公司57家。全省共有保险公司法人机构4家。

表 4　2022 年保险业基本情况

项目	数量
总部设在辖内的保险公司数（家）	4
其中：财产险经营主体（家）	2
寿险经营主体（家）	2
保险公司分支机构（家）	104
其中：财产险公司分支机构（家）	47
寿险公司分支机构（家）	57
保费收入（中外资，亿元）	2297.8
其中：财产险保费收入（中外资，亿元）	598.0
人身险保费收入（中外资，亿元）	1699.8
各类赔款给付（中外资，亿元）	763.9

数据来源：四川银保监局。

2. 风险保障规模持续提升。2022 年，全省保险公司实现原保险保费收入 2298 亿元，同比增长 4.2%；全年赔付支出 764 亿元，同比减少 3.7%。2022 年末，全省保险公司总资产 5712 亿元，同比增长 11.4%；共管理保户储金及投资款 1348 亿元，同比增长 8.6%；共提供风险保障 723.1 万亿元，同比增长 8.3%。

3. 保险改革创新稳步推进。2022 年，全省农业保险高质量发展持续深化，三大主粮完全成本保险在 76 个产粮大县实现全覆盖。农业保险赔款社保“一卡通”在全省推广，支付成功率超 99.5%。个人养老金先行试点方案在成都落地，2022 年承办专属商业养老保险保单 6437 件。推出城市定制型新型家庭财产险“蓉家保”，集中投保期共投保 16.9 万户。

（四）社会融资规模合理增长，金融市场运行平稳

1. 社会融资规模增量同比多增。2022 年，全省社会融资规模较年初增加 1.8 万亿元，同比多增 3292 亿元。从结构看，本外币各项贷款增量为 1.2 万亿元，占社会融资增量的 68.2%；表外业务融资由负转正，全年委托贷款、信托贷款和未贴现银行承兑汇票融资新增 585 亿元，同比多增 1616 亿元；直接融资新增 1845 亿元，其中企业债券融资 1598 亿元，占直接融资的比重为 86.6%；政府债券净融资新增 2464 亿元，同比多增 48 亿元。

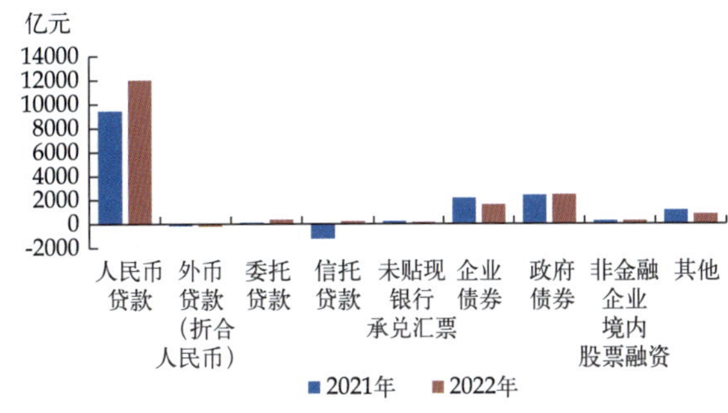

图 4　社会融资规模分布结构

（数据来源：中国人民银行成都分行）

2. 银行间债务融资工具发行规模再创新高。2022 年，全省共有 107 家非金融企业在银行间债券市场发行 309 只债务融资工具，金额共计 2622 亿元，同比增长 0.7%。银行间市场债务融资工具余额 6123 亿元，同比增长 16.3%。部分法人银行发行绿色金融债券和小微金融债券，年末全省金融债券存续余额达 632 亿元，同比增长 30.1%。

3. 票据市场规模有所增长。2022 年，全省分别累计签发银行承兑汇票、商业承兑汇票 6678 亿元和 43 亿元，同比增加 1554 亿元和 3.4 亿元。累计办理银行承兑汇票贴现 13129 亿元，同比增加 4908 亿元；办理商业承兑汇票贴现 498 亿元，同比增加 115 亿元。12 月全省贴现加权平均利率为 1.61%，较上年同期下降 0.62 个百分点。

表 5　2022 年金融机构票据业务量

单位：亿元

季度	银行承兑汇票承兑		贴现			
			银行承兑汇票		商业承兑汇票	
	余额	累计发生额	余额	累计发生额	余额	累计发生额
1	3892.1	1748.0	1852.5	3263.2	144.2	108.4
2	4118.5	3328.5	2442.0	7160.8	141.0	150.8
3	5685.9	6028.4	3550.5	12944.5	129.4	225.7
4	4814.4	6677.3	2796.6	13128.8	206.1	498.4

数据来源：中国人民银行成都分行。

表 6　2022 年金融机构票据贴现、转贴现利率

单位：%

季度	贴现		转贴现	
	银行承兑汇票	商业承兑汇票	票据买断	票据回购
1	2.37	3.78	2.22	2.22
2	1.65	4.00	1.62	1.76
3	1.57	3.90	1.47	1.48
4	1.48	4.01	1.39	1.44

数据来源：中国人民银行成都分行。

（五）金融改革扎实推进，创新发展成效明显

1. 深入推进金融服务成渝地区双城经济圈建设。2022 年，川渝两省市统筹推进成渝共建西部金融中心规划落地实施，联合印发《成渝共建西部金融中心规划联合实施细则》，加快金融市场一体化建设，实现小微企业信用信息异地共享、储蓄国债跨省兑付、跨境投融资便利化“白名单”互认等。川渝毗邻地区加大基础设施互联互通和产业集群金融支持，毗邻地区人民银行分支机构联合制定多项金融协同合作方案。2022 年，川渝两地合作共建的重大项目授信超 1 万亿元。

2. 不断加强“五区共兴”金融支持力度。2022 年，全省推动“四化同步、城乡融合、五区共兴”，区域发展更趋协调。2022 年末，成都平原经济区、川南经济区、川东北经济区、攀西经济区和川西北生态示范区本外币各项贷款余额同比分别增长 14.4%、17.0%、14.7%、17.1% 和 14.7%，有力支持成都“建圈强链”产业和城市提质升级、川南一体化发展、川东北经济区和攀西经济区转型升级振兴、川西北生态示范区巩固脱贫攻坚成果同乡村振兴有效衔接。成都成为全国第 3 个经济总量突破 2 万亿元的副省级城市。

3. 探索金融服务乡村振兴和绿色发展新路径。成都市获批国家级普惠金融服务乡村振兴改革试验区。推动《农村承包土地经营权抵押贷款服务规范》等 5 项农村金融服务标准试行。推动金融科技赋能乡村振兴，2022 年末“农贷通”平台发放贷款 3.8 万笔，金额 489 亿元。探索普惠金融与绿色金融融合发展，2022 年末乡村振兴领域绿色贷款余额 287 亿元，同比增长 54.2%。开展生态价值实现机制试点，落地“乡村振兴 + 碳中和”应收账款债权融资计划。加快绿色金融数字化转型，2022 年末，“绿蓉融”平台累计促成融资 87 亿元，为 15 家银行、685 家企业提供碳核算及环境效益测算服务。

4. 继续强化科创金融改革创新。持续深入推进科创金融服务“星辰计划”，2022 年末全省科技型中小企业贷款余额同比增长 18.1%、瞪羚企业贷款余额同比增长 24.8%。建成基于区块链技术的知识产权融资服务平台。全国首批科创票据落地四川，推动发行知识产权质押债权融资计划。数字人民币试点全面深入推进，场景数、交易笔数、钱包开立数等指标在全国试点城市中排名前列，建成数字人民币助力乡村振兴示范村。

5. 不断深化外汇管理改革创新。川渝地区开展异地办理外债登记、外债非资金划转类外债提款和还本付息备案、异地选择跨境资金集中运营业务合作银行、一次性外债登记管理改革等 4 项外债便利化试点。2022 年末，川渝两地共支持 77 家企业参与一次性外债登记试点，签约登记总额 212.4 亿美元。川渝实现贸易外汇收支便利化试点企业互认互惠，累计便利结算 386.7 亿美元。

专栏 2　“三位一体”推动金融支持科技创新体系高质量发展

四川通过完善支持政策体系、打造科创金融“样板间”、探索成渝协同发展等举措，

推动科创企业融资获得感、满意度明显提升。

着力谋篇布局，下好政策支持“先手棋”。一是完善支持政策体系。制定出台《四川省2022年科技金融工作要点》等系列文件，深入实施四川省科技创新金融服务“星辰计划”，明确科创金融目标任务、细化工作举措。二是用活财政金融资源。运用2000亿元科技创新再贷款以及支小再贷款、再贴现等央行资金，深入实施财政金融互动政策，首次明确对全省高新技术企业、科技型中小企业新增贷款前五名的银行机构给予最高500万元奖励，并对发行“科创”等创新债券品种企业、成功上市企业给予额外奖励。三是加强部门协同联动。有针对性地梳理高新技术企业、科技型中小企业、“专精特新”企业、制造业单项冠军企业、四川瞪羚企业五张清单，推送名单至金融机构。

着力立柱架梁，打造金融服务“样板间”。一是深耕专营机构“试验田”。2022年末，全省已设立14家科技支行。科技支行从专属产品、专业队伍、专用额度、专门风控、专项激励等“五专机制”角度，为科技型企业提供特色化金融服务。二是丰富科创信贷“产品库”。结合科创企业“轻资产、重智产”特点，34家银行机构创新基于股权、知识产权、订单、仓单、应收账款抵质押的信贷产品63款，其中绵阳市探索的“科研仪器设备共享贷”被纳入国务院第三批全创改革经验推广。三是拓宽直接融资“高速路”。连续4年联合上交所、深交所西部基地、交易商协会举办四川省债券融资和IPO培训会，做好科创企业培育、培训。强化创投基金引导，推动四川省“双创”基金、科技成果转化基金、院士基金等6只基金加快募集和投资进程。

着力探索改革，协同拓宽融资“新渠道”。一是统筹推进区域协同发展。成渝两地科技部门签订共建具有全国影响力的科技创新中心合作协议，起草成渝双城经济圈科创基金设想，探索四川省、重庆市共同出资设立成渝地区双城经济圈科技创新基金方案。二是大力推进数字科技赋能。完善四川“天府信用通”、成都“盈创动力”、绵阳“科金云”等平台功能，提供以债权融资、股权融资及增值服务为核心的一站式金融服务。三是推进多层次资本市场融资。全国首批高成长企业债券、科创票据相继落地四川，推广“园区平台发债、投贷结合”的“双创”债务融资模式，通过委托贷款、股权投资等方式，助力企业获得资金支持。推广应收账款票据化，通过“供应链票据+商票贴现”疏通上下游融资链，全省已有18家科创企业签发供应链票据73笔，金额17亿元。

（六）金融生态环境建设持续深化，金融基础设施不断完善

1. 社会信用体系建设深入推进。地方征信平台实现22项公共信用信息共享，覆盖全省690余万个工商注册企业信息，开放共享25万户新型农业经营主体名单，2022年平台对外提供查询260万次，促成融资2876亿元。全年累计对全省9.7万户新型农业经营主体开展信用评定。全省1家消费金融公司、2家保险公司新接入金融信用信息基础数据库。

2. 支付环境持续优化。2022年全省支付系统发生业务5.2亿笔，金额225.8万亿元，同比分别增长18.0%和16.0%。深化暖心惠民支付服务行动，推出小微企业“划型二维码”，为258万户小微企业减免支付手续费14亿元；113家银行提供简易开户服务，累计开立简易功能账户逾2100万户。

3. 金融科技与标准化建设持续推进。推进金融科技赋能乡村振兴示范工程和金融科技赋能乡村振兴昭觉示范区建设，相关示范项目推动投放涉农信贷659亿元，支持农村便民服务

办理超2200万次。支持13个金融科技创新监管工具应用开展测试。金融业机构信息共享系统累计使用量超390万人次。

4. 金融消费权益保护扎实推进。2022年全省各级人民银行共接收“12363”消费者投诉2145件。深入开展“金融消费者权益日”“普及金融知识 守住‘钱袋子’”等宣传活动，推动金融教育示范基地建设运营，不断提升消费者金融素养。

二、经济运行情况

2022年，全省经济实现了较低通胀和较高增长的组合。地区生产总值达到5.7万亿元，居全国第6位，人均地区生产总值超过6.5万元。物价涨幅温和可控。

（一）内需逐步恢复，外需加快修复

2022年，全省牢牢稳住经济基本盘，经济发展稳步恢复，投资实现较快增长，消费逐步回升，进出口总额突破1万亿元。

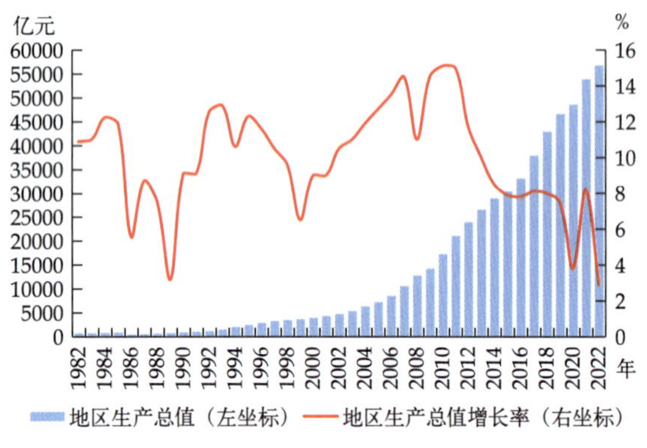

图5 地区生产总值及其增长率

（数据来源：四川省统计局）

1. 投资较快增长。2022年，全省全社会固定资产投资同比增长8.4%，近五年完成综合交通投资额相当于前两个五年总和。分产业看，第一、第二、第三产业投资同比分别增长10.2%、10.1%和7.7%。全年700个省重点项目完成投资8857亿元；川渝共建重大项目累计完成投资超过5600亿元。

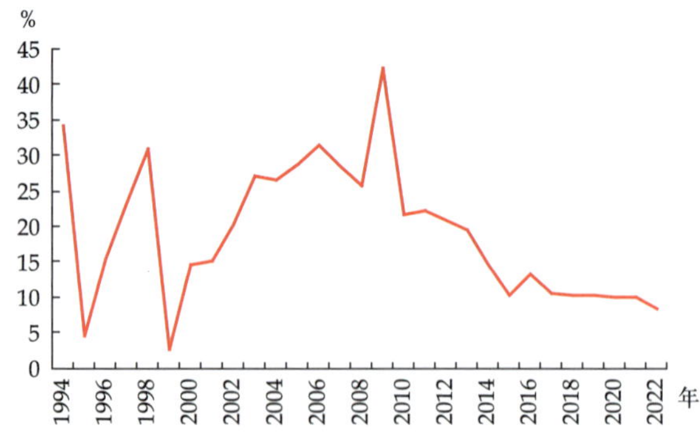

图6 全社会固定资产投资增长率

（数据来源：四川省统计局）

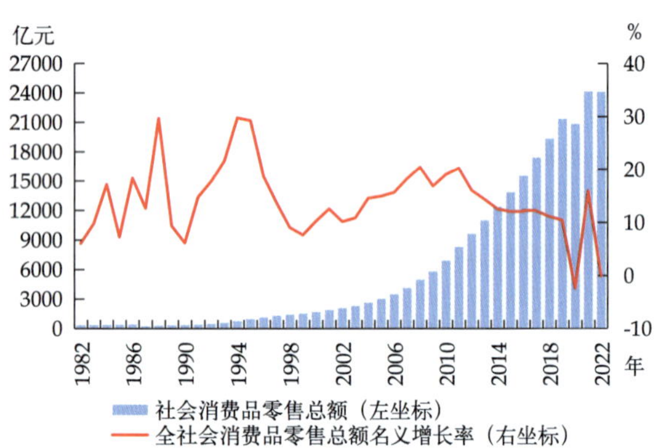

图7 社会消费品零售总额及其增长率

（数据来源：四川省统计局）

2. 消费市场加快回补。2022年，全省实现社会消费品零售总额2.4万亿元，同比下降0.1%。其中，城镇消费品零售额2.0万亿元，同比增长0.9%；乡村消费品零售额3982亿元，同比下降5.1%。

3. 外贸外资再上新台阶。2022年，全省货物贸易进出口总额10076.7亿元，首破1万亿元大关，稳居全国第8位。以美元计价，外贸进出口总额1512亿美元，同比增长2.7%。民营企业成为外贸增长的主引擎，民营企业进出口3448亿元，增长29.7%，高于全省平均23.7个百分点。外贸市场进一步多元化，与229个国家（地区）实现贸易往来，贸易额超10亿元以上国家增至55个。利用外资稳步增长，外商直接投资35亿美元，增长5.2%，外商直接投资规模居中西部第1位。

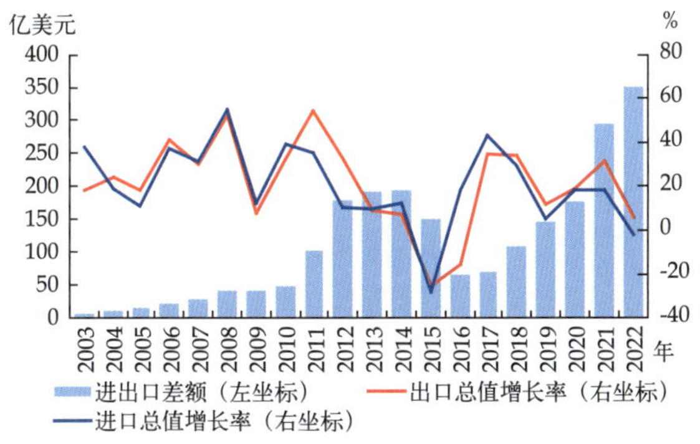

图 8　进出口变动情况

（数据来源：四川省统计局）

（二）生产总体稳定，高质量发展动力不断增强

2022 年三次产业发展总体稳定，三次产业对经济增长的贡献率分别为 16.6%、48.0% 和 35.4%，三次产业结构由上年的 10.5∶36.9∶52.6 调整为 10.5∶37.3∶52.2。

1. 农业生产总体稳定。2022 年，全省第一产业增加值 5964 亿元，同比增长 4.3%。全年粮食总产量 702.1 亿斤，连续三年稳定在 700 亿斤以上，新建高标准农田 450 万亩，整治耕地撂荒 217.6 万亩。畜牧业综合生产能力不断增强，全年生猪出栏 6548.4 万头，同比增长 3.7%。

2. 工业生产波动回升。2022 年，全省第二产业增加值 21157 亿元，同比增长 3.9%。规模以上工业增加值增长 3.8%，产品销售率为 96.4%。全省规模以上工业企业实现营业收入 5.5 万亿元，同比增长 3.6%；实现利润总额 4836 亿元，同比增长 10.7%。

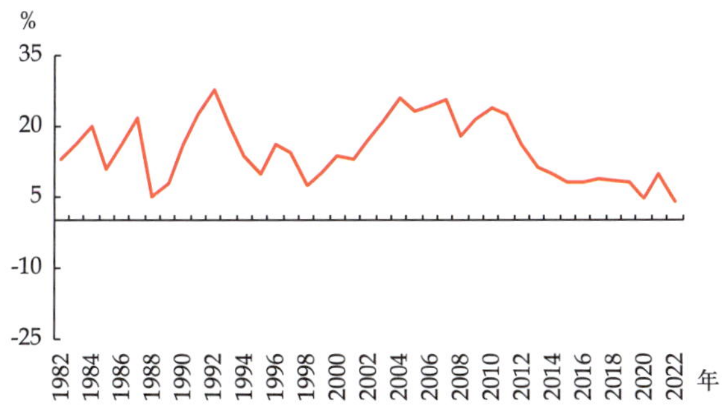

图 9　规模以上工业增加值实际增长率

（数据来源：四川省统计局）

3. 第三产业持续恢复。2022 年，全省第三产业实现增加值同比增长 2.0%。出台促进服务业领域困难行业恢复发展 43 条措施，减免房屋租金 40 亿元，惠及 10 多万户经营主体。新登记各类经营主体超过 120 万户。新增规模以上服务业企业超 2000 户，服务新业态新模式发展较快，网络交易额居全国第 6 位。

4. 高技术产业引领高质量发展作用持续增强。2022 年末，全省高新技术企业达到 1.4 万家、五年增长近 3 倍。高技术产业增加值快速增长，其中电子、航空设备制造业分别增长 25.6% 和 12.6%，绿色低碳优势产业增加值增长 19.8%，新能源汽车产销两旺，产量、零售额分别增长 92.9% 和 77.3%。数字经济核心产业增加值超过 4300 亿元，电子信息产业增加值增长 16.5%。

（三）物价总体可控，居民收入稳步增长

1. 居民消费价格总体可控。2022 年，全省 CPI 同比上涨 2.0%，物价涨幅温和可控。全年 CPI 运行呈现先上升再下降的态势，1 月为年内低点，9 月 CPI 同比上涨 3.8%，达到年内高点，第四季度回落，12 月当月 CPI 同比上涨 1.7%。

2. 工业生产价格持续回落。2022 年，全省 PPI 同比上涨 2.8%，低于全国 1.3 个百分点，同比下降 3.1 个百分点。PPI 涨幅持续回落，12 月当月全省 PPI 同比下降 1.2%，降幅大于全国 0.5 个百分点。12 月当月全省 IPI 同比上涨 1.1%，涨幅大于全国 0.8 个百分点。

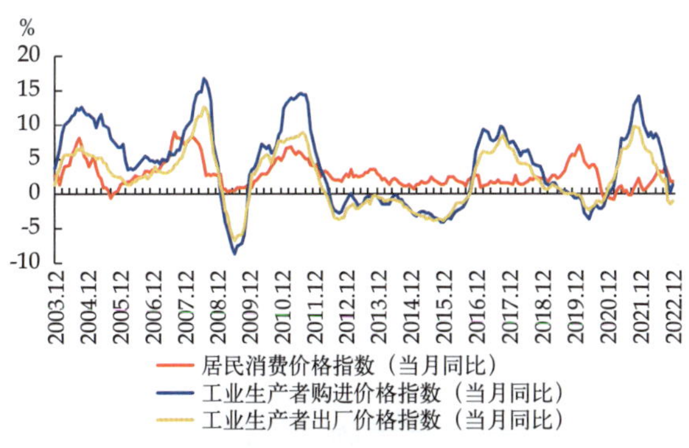

图 10　居民消费价格指数和工业生产者价格指数变动趋势

（数据来源：四川省统计局）

3. 城乡居民收入稳步增长。2022年，全省城镇新增就业100万人左右，居民人均可支配收入3.1万元，同比增长5.5%。其中，城镇、农村居民人均可支配收入分别为4.3万元和1.9万元，同比增长4.3%和6.2%，城乡居民收入差距进一步缩小。城镇、农村居民人均消费支出分别为2.8万元和1.7万元，同比增长2.5%和4.6%。

（四）财政收支总体稳定，支出力度稳步增长

1. 财政收入保持增长。2022年，全省严格落实退税减税降费等政策，全省实现地方一般公共预算收入4882亿元，同比增长7.5%。其中税收收入3151亿元，同比增长4.3%，收入形势好于全国。

2. 财政支出力度稳步增长。2022年，全省一般公共预算支出11915亿元，同比增长8.2%。其中，全省民生保障支出7805亿元，占一般公共预算支出的65.5%；产业发展和基础设施建设支出2152亿元，占比为18.1%。保持了较高支出强度和合理支出结构。

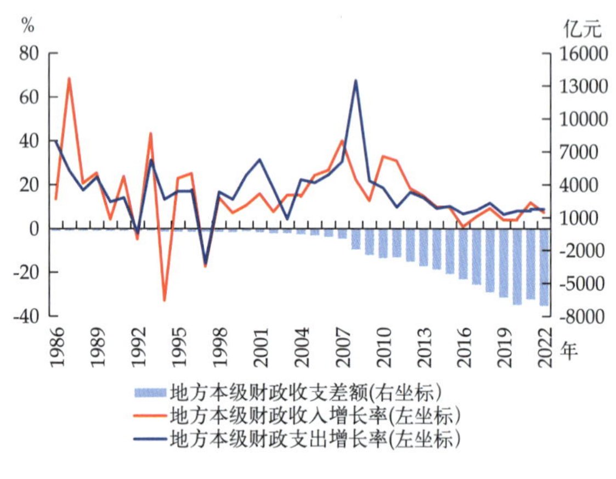

图11 财政收支状况

（数据来源：四川省统计局）

（五）房地产市场平稳发展，保障性住房供给加大

1. 房地产开发投资总体稳定。2022年，全省制定进一步支持住房消费10条措施，成都市等19个市（州）出台优惠政策，开展千家房企项目“线上展示、线下推介”活动，降低住房贷款首付比例和住房贷款利率，落实公积金阶段性支持政策。全年商品房销售面积1.0亿平方米、完成房地产开发投资7500亿元，均居全国第5位，实现增加值3446亿元，占全省GDP的比重为6.1%。

2. 保障性住房建设持续推进。2022年，全省新开工改造城镇老旧小区5400个，完成既有住宅增设电梯5800部。新筹集保障性租赁住房7.84万套（间）、发放保障性租赁住房租赁补贴7770人，开工改造棚户区3.57万套。优化“川渝安居·助梦启航”服务平台，实现川渝公租房“互保”4.8万户。推动住房公积金归集扩面，全省新增缴存1468.2亿元，提取住房公积金1036.4亿元，发放贷款608.3亿元。

三、预测与展望

2023年是全面贯彻党的二十大精神的开局之年，是实施“十四五”规划承上启下的关键一年。随着“一带一路”倡议，长江经济带发展、新时代西部大开发、乡村振兴战略、成渝地区双城经济圈建设等国家重大战略深入实施，四川经济面临重大政策机遇和有利条件。同时也要看到，外部环境不稳定不确定因素仍然较多，经济恢复基础尚不牢固，四川向高质量发展迈进仍存在困难和挑战，与制造强省、农业强省的目标还存在一定差距，内需拉动作用还有待进一步加强。金融业整体水平与发达地区存在一定差距，资本市场作用有待进一步发挥，金融领域风险还需持续关注。

2023年，面对发展机遇和挑战，四川省将以习近平新时代中国特色社会主义思想为指导，全面贯彻党的二十大和二十届历次全会及中央经济工作会议精神，深入贯彻落实习近平总书记对四川工作系列重要指示精神，坚持稳中求进工作总基调，完整、准确、全面贯彻新发展理念，积极融入和服务新发展格局，着力推动高质量发展，以成渝地区双城经济圈建设为总

牵引，以“四化同步、城乡融合、五区共兴”为总抓手，把实施扩大内需战略同深化供给侧结构性改革有机结合起来，推动经济运行整体好转，实现质的有效提升和量的合理增长，确保新时代新征程四川现代化建设开好局起好步。四川省金融业将认真落实稳健的货币政策要精准有力的要求，精准对接国家政策导向，更好发挥结构性货币政策工具的激励引导作用，持续加强重点项目融资保障，加大对民营小微企业、“三农”、科技创新、绿色发展等领域的支持力度，不断提升金融服务质效，全力支持稳增长、稳就业、稳物价，为实体经济高质量发展注入强劲动力。持续深化金融改革开放，全力支持成渝地区双城经济圈建设成势跃升，切实维护地区金融稳定，为全面建设社会主义现代化四川营造良好的货币金融环境。

中国人民银行四川省分行货币政策分析小组
总　　纂：严宝玉　黄全祥
统　　稿：杨宇焰　温茹春　王鲁滨　陈　鹏
执　　笔：龙阅新　霍　帅　郑敏闽　李　鑫　胡荣兴
提供材料：李华伟　罗大为　冯诗杰　宋晓丹　卿山岭　倪　源　杜佳欣　王　博　何佩阳
何昌东　黄薪丹　王大波　陈　银　周　林　张　朔　朱睿博　许　可　黄静雅
张　怡　冉　袆　高　翼　陈　杨　董科廷
区域金融分析系统（RFAS）数据分析支持：邹肇辉

附录：

（一）2022年四川省经济金融大事记

1月23日，四川省人民政府办公厅印发《四川省抓项目促投资稳增长若干政策》，持续发挥投资对经济稳增长关键作用。

2月10日，国务院批复同意成都建设践行新发展理念的公园城市示范区。

3月28日，四川省委、省政府召开全省项目投资工作暨“十四五”规划重大工程项目推进现场会，加快推动“十四五”规划重大工程项目建设，为全省经济持续健康发展提供坚实支撑。

4月20日，四川省发展改革委、省经信厅、省财政厅等13个部门联合印发《关于促进工业经济稳定增长行动方案》，从保持产业链供应链稳定、释放工业增长潜力、纾解企业生产经营困难等五个方面制定14条促进工业经济稳定增长的措施。

5月17日，人民银行成都分行、四川省财政厅等六部门联合印发《关于做好金融助企纾困的通知》，提出四川金融助企纾困19条措施，加快推动金融惠企利民纾困政策落地落实。

5月26日，人民银行成都分行、四川省地方金融监管局等五部门联合出台《关于贯彻落实扎实稳住经济一揽子政策措施的通知》，扎实推动国务院6大类33条稳住经济一揽子政策措施落地落实。

5月28日，四川省人民政府出台《关于印发扎实稳住经济增长若干政策措施的通知》，对接落实国家系列稳增长政策，努力做好稳增长稳经营主体保就业工作，全力以赴稳住经济基本盘，保持全省经济运行在合理区间。

7月、8月、11月，四川分别成功举办世界动力电池大会、世界清洁能源装备大会、世界显示产业大会等，引进落地一批重大产业项目。

9月8日，人民银行成都分行印发《关于做好“9·5”泸定地震抗震救灾和灾后恢复重建金融服务工作的通知》，对灾区人民银行分支机构和全省金融机构提出15条明确工作措施，为抗震救灾和灾后恢复重建提供便捷、高效、有力的金融支持。

9月26日，经国务院同意，中国人民银行等七部门联合印发《四川省成都市普惠金融服务乡村振兴改革试验区总体方案》。

9月30日，人民银行成都分行印发《关于做好“决战四季度 大干一百天”攻坚行动金融支持和服务工作的通知》，推动金融资源向重点领域和薄弱环节倾斜，积极支持全省经济稳增长。

12月20日，在建规模世界第一、装机规模全球第二大水电站——金沙江白鹤滩水电站全部机组投产发电。

12月21日，重庆市人民政府办公厅、四川省人民政府办公厅联合印发《成渝共建西部金融中心规划联合实施细则》。

2022年，四川实现地区生产总值5.7万亿元，同比增长2.9%。

（二）四川省主要经济金融指标

表 1　2022 年四川省主要存贷款指标

	项目	1 月	2 月	3 月	4 月	5 月	6 月	7 月	8 月	9 月	10 月	11 月	12 月
本外币	金融机构各项存款余额（亿元）	1027834	104802	107019	106235	106987	109825	109111	110016	111086	111191	111939	111661
	其中：住户存款	58038.8	58462.8	59922.9	59279.6	59537.1	60800.2	60493.4	60914.8	62186.7	61732.0	62380.7	63564.7
	非金融企业存款	23691.7	24293.7	25602.6	25532.0	25651.7	27460.1	26941.7	27169.6	27232.9	26810.9	26904.0	26424.9
	各项存款余额比上月增加（亿元）	2706.3	2018.9	2216.7	-783.8	752.0	2837.4	-713.8	904.6	1070.0	105.8	748.2	-278.2
	金融机构各项存款同比增长（%）	9.8	11.2	10.3	10.5	10.6	10.6	11.2	11.9	12.1	12.1	12.0	11.6
	金融机构各项贷款余额（亿元）	82394.2	83180.5	84903.3	85664.9	86719.3	88337.2	89005.6	89609.8	90605.9	91223.6	91977.8	92239.2
	其中：短期	14630.6	14768.5	15450.1	15320.5	15546.7	16113.3	16067.7	16174.2	16481.2	16551.1	16725.0	16643.5
	中长期	64556.1	65016.8	66138.6	66548.4	67069.2	68225.7	68625.9	69164.0	70063.1	70429.5	70937.1	71509.9
	票据融资	2424.2	2474.1	2487.8	2792.0	3120.9	3134.1	3426.7	3462.5	3346.7	3443.1	3469.6	3329.7
	各项贷款余额比上月增加（亿元）	2053.8	786.3	1722.8	761.6	1054.4	1617.9	668.4	604.2	996.1	617.7	754.2	261.5
	其中：短期	555.1	137.9	681.6	-129.6	226.2	566.6	-45.5	106.5	307.0	69.9	173.9	-81.5
	中长期	1490.3	460.6	1121.8	409.8	520.8	1156.5	400.1	538.1	899.2	366.3	507.6	572.8
	票据融资	87.3	49.9	13.7	304.1	328.9	13.3	292.6	35.8	-115.8	96.4	26.5	-139.9
	金融机构各项贷款同比增长（%）	13.5	13.6	13.8	14.1	14.4	14.7	15.1	15.4	15.4	15.6	15.4	14.8
	其中：短期	12.0	14.0	15.9	16.2	17.0	16.4	17.4	18.2	19.1	19.9	20.1	18.2
	中长期	14.1	13.3	13.2	12.8	12.7	13.1	13.1	13.3	13.6	13.4	13.3	13.4
	票据融资	11.2	16.8	28.6	36.2	47.5	51.3	62.6	59.4	53.2	54.1	50.7	42.5
	建筑业贷款余额（亿元）	3488.0	3530.5	3645.1	3709.5	3764.9	3868.7	3926.0	3964.6	4014.7	4043.2	4113.6	4084.9
	房地产业贷款余额（亿元）	4342.5	4352.4	4383.3	4367.3	4347.8	4374.5	4389.7	4405.7	4436.0	4424.7	4446.8	4383.7
	建筑业贷款同比增长（%）	31.4	29.4	27.8	28.1	28.5	28.9	30.9	29.3	29.0	27.6	28.7	27.5
	房地产业贷款同比增长（%）	-2.2	-2.8	-2.8	-3.8	-4.8	-2.8	-1.9	0.0	0.8	1.0	1.7	2.5
人民币	金融机构各项存款余额（亿元）	101368	103411	105591	104669	105328	108176	107518	108382	109570	109734	110456	110275
	其中：住户存款	57825.1	58250.7	59707.0	59052.9	59308.7	60570.4	60263.0	60686.5	61954.4	61499.9	62149.1	63336.5
	非金融企业存款	22525.2	23158.3	24417.8	24220.0	24252.2	26067.6	25603.9	25791.4	25989.3	25610.1	25676.3	25295.7
	各项存款余额比上月增加（亿元）	2723.3	2042.2	2180.9	-922.9	659.3	2848.4	-658.5	864.2	1187.6	164.1	721.8	-180.7
	其中：住户存款	2975.8	425.6	1456.3	-654.0	255.8	1261.7	-307.4	423.5	1267.9	-454.5	649.2	1187.4
	非金融企业存款	-670.6	633.1	1259.5	-197.8	32.2	1815.4	-463.7	187.5	197.9	-379.3	66.2	-380.6
	各项存款同比增长（%）	10.2	11.7	10.8	10.8	10.8	10.9	11.3	12.1	12.3	12.3	12.2	11.8
	其中：住户存款	16.1	10.9	11.0	12.5	13.0	12.9	13.8	14.1	13.9	14.8	15.3	15.5
	非金融企业存款	4.1	12.4	12.6	10.6	12.7	14.6	14.3	14.4	16.4	16.3	12.1	9.0
	金融机构各项贷款余额（亿元）	80984.0	81776.8	83498.1	84223.9	85317.5	86958.8	87717.7	88337.6	89307.5	89879.7	90566.2	90963.3
	其中：个人消费贷款	20640.6	20697.7	21011.9	20961.4	21029.8	21250.5	21354.5	21506.7	21587.2	21658.6	21781.2	21856.3
	票据融资	2424.2	2474.1	2487.8	2792.0	3120.9	3134.1	3426.7	3462.5	3346.7	3443.1	3469.6	3329.7
	各项贷款余额比上月增加（亿元）	2020.1	792.8	1721.3	725.8	1093.6	1641.3	758.9	619.9	969.9	572.1	686.5	397.1
	其中：个人消费贷款	297.0	57.2	314.2	-50.5	68.5	220.7	104.0	152.2	80.5	71.4	122.6	75.2
	票据融资	87.3	49.9	13.7	304.1	328.9	13.3	292.6	35.8	-115.8	96.4	26.5	-139.9
	金融机构各项贷款同比增长（%）	14.1	14.1	14.5	14.5	14.8	15.3	15.7	15.9	15.9	16.0	15.7	15.2
	其中：个人消费贷款	12.8	12.4	12.1	10.9	10.2	10.2	9.9	9.7	9.1	8.9	7.8	7.4
	票据融资	11.2	16.8	28.6	36.2	47.5	51.3	62.6	59.4	53.2	54.1	50.7	42.5
外币	金融机构外币存款余额（亿美元）	222.0	220.2	224.9	236.8	249.1	245.6	236.2	237.1	213.5	203.1	206.8	199.1
	金融机构外币存款同比增长（%）	-11.6	-13.3	-12.9	-8.6	-5.5	-9.5	-3.2	-6.8	-9.1	-10.4	-8.7	-11.4
	金融机构外币贷款余额（亿美元）	221.2	222.0	221.3	217.8	210.5	205.4	191.0	184.6	182.9	187.3	196.7	183.2
	金融机构外币贷款同比增长（%）	-9.6	-8.9	-12.4	-8.3	-10.0	-15.8	-15.9	-17.3	-18.4	-14.0	-10.5	-15.1

数据来源：中国人民银行成都分行。

表 2　2001—2022 年四川省各类价格指数

单位：%

时间		居民消费价格指数		工业生产者购进价格指数		工业生产者出厂价格指数	
		当月同比	累计同比	当月同比	累计同比	当月同比	累计同比
2001		—	2.1	—	—	—	-1.5
2002		—	-0.3	—	—	—	-2.3
2003		—	1.7	—	—	—	0.5
2004		—	4.9	—	—	—	5.4
2005		—	1.7	—	9.3	—	4.0
2006		—	2.3	—	8.3	—	1.9
2007		—	5.9	—	5.7	—	3.9
2008		—	5.1	—	12.4	—	9.3
2009		—	0.8	—	-4.7	—	-3.5
2010		—	3.2	—	6.1	—	5.0
2011		—	5.3	—	12.6	—	7.3
2012		—	2.5	—	0.0	—	-1.4
2013		—	2.8	—	-0.8	—	-1.3
2014		—	1.6	—	-1.3	—	-1.3
2015		—	1.5	—	-3.3	—	-3.6
2016		—	1.9	—	-1.2	—	-1.1
2017		—	1.4	—	8.3	—	6.5
2018		—	1.7	—	5.3	—	3.6
2019		—	3.2	—	0.6	—	0.4
2020		—	3.2	—	-1.9	—	-1.2
2021		—	0.3	—	7.5	—	5.9
2022		—	2.0	—	5.8	—	2.8
2021	1	-0.7	-0.7	-0.2	-0.2	1.1	1.1
	2	-0.9	-0.8	1.0	0.4	2.1	1.6
	3	0.1	-0.5	3.3	1.4	3.3	2.1
	4	0.8	-0.2	5.1	2.3	4.3	2.4
	5	0.9	0.0	7.9	3.4	6.1	3.1
	6	0.2	0.1	7.8	4.1	6.4	3.7
	7	0.3	0.1	8.0	4.7	6.5	4.1
	8	-0.3	0.1	8.8	5.2	6.9	4.4
	9	-0.4	0.0	10.3	5.8	7.7	4.8
	10	0.5	0.1	12.7	6.5	9.7	5.3
	11	2.0	0.2	14.1	7.2	9.5	5.7
	12	1.0	0.3	11.9	7.5	8.4	5.9
2022	1	0.4	0.4	9.9	9.9	6.9	6.9
	2	0.6	0.5	9.0	9.4	6.3	6.6
	3	0.9	0.6	8.1	9.0	5.9	6.4
	4	1.5	0.9	8.8	8.9	5.8	6.2
	5	1.8	1.1	8.0	8.7	4.3	5.9
	6	2.6	1.3	8.6	8.7	4	5.5
	7	3.1	1.6	7.9	8.6	3.0	5.2
	8	3.0	1.7	5.2	8.2	1.6	4.7
	9	3.8	2	3.4	7.6	0.4	4.2
	10	2.8	2.1	1.3	6.9	-1.3	3.7
	11	1.7	2	0.2	6.3	-1.6	3.2
	12	1.7	2	1.1	5.8	-1.2	2.8

数据来源：四川省统计局、《中国经济景气月报》。

表 3　2022 年四川省主要经济指标

项目	1 月	2 月	3 月	4 月	5 月	6 月	7 月	8 月	9 月	10 月	11 月	12 月
	绝对值（自年初累计）											
地区生产总值（亿元）	—	—	12739.24	—	—	26176.47	—	—	40433.00	—	—	56749.81
第一产业	—	—	808.42	—	—	1999.42	—	—	4720.62	—	—	5964.29
第二产业	—	—	4682.16	—	—	9970.99	—	—	14732.83	—	—	21157.11
第三产业	—	—	7248.66	—	—	14206.06	—	—	20979.36	—	—	29628.41
工业增加值（亿元）	—	—	—	—	—	—	—	—	—	—	—	—
固定资产投资（亿元）	—	—	—	—	—	—	—	—	—	—	—	—
房地产开发投资	—	987.48	1751.26	2379.83	3051.39	3774.67	4423.07	5074.94	5743.25	6393.02	6980.04	7500.01
社会消费品零售总额（亿元）	—	3832.90	5917.03	7770.75	9701.2	11750.54	13701.33	15518.32	17345.3	19589.23	21699.05	24104.64
外贸进出口总额（亿元）	—	1587.50	2480.31	3231.98	3962.33	4790.27	5657.56	6501.72	7349.59	8264.25	9220.55	10076.73
进口	—	624.91	960.40	1269.45	1584.85	1923.31	2273.53	2592.4	2911.29	3227.64	3562.01	3861.55
出口	—	962.60	1519.91	1962.53	2377.48	2866.97	3384.04	3909.31	4438.30	5036.62	5658.54	6215.18
进出口差额（出口－进口）	—	337.69	559.51	693.08	792.63	943.66	1110.51	1316.91	1527.01	1808.98	2096.53	2353.63
实际利用外资（亿元）	—	—	—	—	—	—	—	—	—	—	—	—
地方财政收支差额（亿元）	-270.70	-738.00	-1465.90	-2039.73.0	-2585.30	-3693.30	-3894.80	-4452.80	-5266.10	-5528.80	-6069.70	-7032.47
地方财政收入	573.30	895.30	1377.10	1562.57	1923.30	2479.40	2851.50	3125.50	3469.50	3865.30	4239.40	4882.20
地方财政支出	844.00	1633.30	2843.00	3602.30	4508.60	6172.70	6746.30	7578.30	8735.60	9394.10	10309.10	11914.67
城镇登记失业率（%）（季度）	—	—	—	—	—	—	—	—	—	—	—	—
	同比累计增长率（%）											
地区生产总值	—	—	5.3	—	—	2.8	—	—	1.5	—	—	2.9
第一产业	—	—	4.3	—	—	5.4	—	—	3.6	—	—	4.1
第二产业	—	—	6.4	—	—	2.6	—	—	2.0	—	—	3.9
第三产业	—	—	4.8	—	—	2.5	—	—	0.7	—	—	2.0
工业增加值	—	8.8	8.1	7.0	6.1	3.6	3.8	2.0	2.4	3.0	3.4	3.8
固定资产投资	—	10.2	10.0	7.7	6.8	6.3	6.1	5.6	4.9	5.8	6.1	6.0
房地产开发投资	—	7.0	6.7	2.9	2.0	-2.5	-1.9	-2.8	-3.0	-3.2	-3.6	-4.2
社会消费品零售总额	—	7.4	5.1	2.4	0.6	0.6	0.4	0.5	-0.2	-0.2	-0.4	-0.1
外贸进出口总额	—	27.1	26.2	21.5	16.4	14.3	12.7	11.8	9.8	9.7	8.2	6.1
进口	—	17.3	10.9	10.7	7.8	5.9	6.4	6.2	4.5	4.9	2.9	1.3
出口	—	34.3	38.3	29.6	22.9	20.7	17.3	15.8	13.6	13	11.5	9.2
实际利用外资	—	—	—	—	—	—	—	—	—	—	—	—
地方财政收入	—	12.1	11.1	8.6	8.1	9.6	9.2	7.5	5.3	5.6	5.1	7.5
地方财政支出	—	10.0	10.0	9.0	9.8	10.0	8.2	8.0	7.5	7.0	7.1	8.2

数据来源：四川省统计局。

贵州省金融运行报告（2023）

中国人民银行贵州省分行[①]
货币政策分析小组

[**内容摘要**] 2022 年，贵州省深入贯彻党的二十大精神和习近平总书记考察贵州重要讲话精神，坚持以高质量发展统揽全局，统筹疫情防控和经济社会发展，统筹发展和安全，全力围绕“在新时代西部大开发上闯新路，在乡村振兴上开新局，在实施数字经济战略上抢新机，在生态文明建设上出新绩”的“四新”要求，主攻新型工业化、新型城镇化、农业现代化、旅游产业化，奋力建设“四区一高地”[②]，顶住超预期因素冲击，有力稳住了经济基本盘。全省地区生产总值 2.0 万亿元，同比增长 1.2%，第一、第二、第三产业增加值同比分别增长 3.6%、0.5% 和 1%，高质量发展取得新成绩。

一是三大需求结构持续优化。重点领域投资平稳较快增长，高技术制造业投资同比增长 102.3%，信息传输业投资同比增长 37.9%；居民消费有序恢复，基本生活类商品零售稳定增长，升级类商品需求增长较快；进出口总额同比增长 22.5%，民营企业进出口总额占比超六成，对 RCEP 成员进出口增长加快。二是产业结构加快调整。农业产值稳定增长，粮食生产实现三连增，工业十大产业持续发展，白酒、新能源电池及材料等重点产业快速增长，现代服务业加速崛起。三是民生福祉持续完善。物价总体稳定，居民消费价格指数（CPI）同比温和上涨。社会保障有力，财政支出继续向社会保障、就业、教育、卫生健康等基本公共服务和民生项目倾斜。居民收入和就业规模稳步增长，城镇、农村常住居民人均可支配收入同比分别增长 4.8% 和 6.6%，城镇新增就业 60.9 万人。四是供给侧结构性改革持续推进。进一步巩固深化市场化改革，有效引导要素资源配置，煤电水等价格传导及定价机制建设有序推进。五是生态环境优势持续巩固。继续打好污染防治攻坚战，持续推进生态修复，深入实施碳达峰“十项行动”，推动重点行业企业节能降碳升级改造，工业固体废物综合利用率保持在 65% 以上，森林覆盖率达 62.8%，优良生态环境依然是贵州省最大的发展和竞争优势。

2022 年，贵州省金融系统紧紧围绕党中央、国务院决策部署，聚焦高质量发展要求，认真落实稳健的货币政策，有力巩固金融风险防范化解成果，深入推进金融改革创新，积极改进金融管理和服务，有力支持稳住全省经济大盘，为促进地方经济社会高质量发展提供坚实的金融保障。

一是银行业稳健运行，支持实体经济高质量发展。银行业资产负债规模平稳增长，同比分别增长 8.4% 和 8.6%。货币信贷总量保持合理增长，人民币各项贷款余额同比增长 12.3%；切实发挥好结构性货币政策工具作用，推动各类阶段性工具全部落地，撬动金融资源更多流向普惠小微、基础设施、科技创新、绿色发展、设备更新改造等领域。金融支持实体经济发展成效

---

① 自 2023 年 8 月 18 日起，中国人民银行贵阳中心支行更名为中国人民银行贵州省分行。本报告主要反映 2022 年的经济金融情况，正文中涉及的相关机构表述仍沿用 2022 年名称。

② “四区”是指：西部大开发综合改革示范区、巩固拓展脱贫攻坚成果样板区、数字经济发展创新区、生态文明建设先行区。“一高地”是指：内陆开放型经济新高地。

显著，信贷结构持续优化，对重点领域和薄弱环节的支持力度不断增强，普惠小微贷款继续保持“量增、面扩、价降、质提”；制造业中长期贷款、绿色贷款保持较快增长；涉农贷款保持平稳增长。二是社会融资规模平稳增长，融资结构持续调整。全省社会融资规模新增4631亿元，同比多增48亿元。表内贷款增量继续占据主导，表外融资同比减少，股票融资同比多增。金融机构积极创新金融产品和服务机制，运用再贷款政策支持供应链金融，创新推广中小企业信贷通等产品。地方法人金融机构金融债券发行量较前三年平均发行规模增长89.5%。三是贷款利率稳中有降，实体经济综合融资成本明显下降。贷款市场报价利率（LPR）改革效能持续释放，金融机构内嵌LPR的内部资金转移定价机制（FTP）进一步完善，存款利率市场化调整机制作用不断发挥，利率自律管理质效不断提高，有效带动贷款利率持续下行，企业贷款加权平均利率较上年下降0.42个百分点，其中普惠小微贷款加权平均利率较上年下降0.43个百分点。四是多措并举强化制度建设，金融风险整体可控。金融委办公室地方协调机制（贵州省）高效运行，健全完善全省国有企业债券风险监测预警机制，加强非金融企业债务融资工具风险预警处置。地方法人金融机构主要监管指标保持平稳，全省地方法人金融机构资本充足率为13.7%，不良贷款率为2.3%，资本充足水平保持稳定。五是金融改革创新持续推进，金融生态环境建设进一步深化。全省101家金融机构发布环境信息披露报告，创新建立“生态账户”，试点推动绿色普惠金融融合发展。稳步推进毕节市普惠金融改革试验区申建工作，推动印发《贵州省2022年科技金融发展工作方案》。连续开展金融生态环境测评，加快地方征信平台建设。改善公共交通领域支付环境，大力推动支付减费让利。积极推进金融纠纷多元化解，深化“蒲公英”金融志愿服务行动。

2023年，贵州省将以习近平新时代中国特色社会主义思想为指导，全面贯彻党的二十大精神和习近平总书记考察贵州重要讲话精神，全面落实《国务院关于支持贵州在新时代西部大开发上闯新路的意见》，全力实施围绕“四新”主攻“四化”主战略①、实现“四区一高地”主定位，推动贵州高质量发展实现新跨越。全省金融系统将坚持稳中求进工作总基调，贯彻落实好稳健的货币政策，稳固对实体经济的支持力度，切实做好对重点领域和薄弱环节的金融服务，纵深推进改革创新，全面提升金融服务能力和管理水平，持续激发区域金融发展活力，助推贵州经济社会高质量发展。

一、金融运行情况

2022年，贵州省金融运行整体呈现“总量稳步增长、结构持续优化、利率稳中有降、风险总体收敛”的良好态势。稳健的货币政策灵活适度，信贷总量实现有效增长；结构性货币政策工具聚焦重点，引导金融机构加强对普惠小微、科技创新、绿色发展等领域的金融服务。

（一）银行业稳健运行，支持实体经济高质量发展

1.银行业金融机构经营稳健。2022年末，全省银行业金融机构资产和负债总额分别为5.2万亿元和4.9万亿元，同比分别增长8.4%和8.6%，共有营业网点机构5243个，从业人数75784人。

① “四新”是指：在新时代西部大开发上闯新路、在乡村振兴上开新局、在实施数字经济战略上抢新机、在生态文明建设上出新绩。“四化”是指：新型工业化、新型城镇化、农业现代化、旅游产业化。

表 1　2022 年银行业金融机构情况

机构类别	营业网点		法人机构（个）
	机构个数（个）	从业人数（人）	
一、大型商业银行	2004	26713	0
二、国家开发银行和政策性银行	73	1877	0
三、股份制商业银行	148	3697	0
四、城市商业银行	542	12512	2
五、城市信用社	0	0	0
六、小型农村金融机构	2290	25078	84
七、财务公司	2	90	2
八、信托公司	0	388	1
九、邮政储蓄银行	0	0	0
十、外资银行	1	10	0
十一、新型农村金融机构	180	5183	84
十二、其他	3	236	1
合　计	5243	75784	174

数据来源：贵州银保监局。

注：营业网点不包括国家开发银行和政策性银行、大型商业银行、股份制银行等金融机构总部数据；大型商业银行包括中国工商银行、中国农业银行、中国银行、中国建设银行、交通银行和邮政储蓄银行；小型农村金融机构包括农村商业银行、农村合作银行和农村信用社；新型农村金融机构包括村镇银行；其他包含金融租赁公司、金融资产管理公司等。

2. 存款增速提升。2022 年末，本外币各项存款余额 3.3 万亿元，同比增长 9.0%。其中，人民币各项存款余额 3.3 万亿元，同比增长 9.0%。分部门看，境内本外币各项存款均有所增加，住户存款持续占据主导，占比为 49.8%。住户存款同比增长 14.8%，机关团体存款、非金融企业存款、财政性存款、非银行业金融机构存款同比分别增长 5.0%、3.9%、3.6% 和 1.4%。境内人民币各项存款增速与本外币存款增速基本持平。

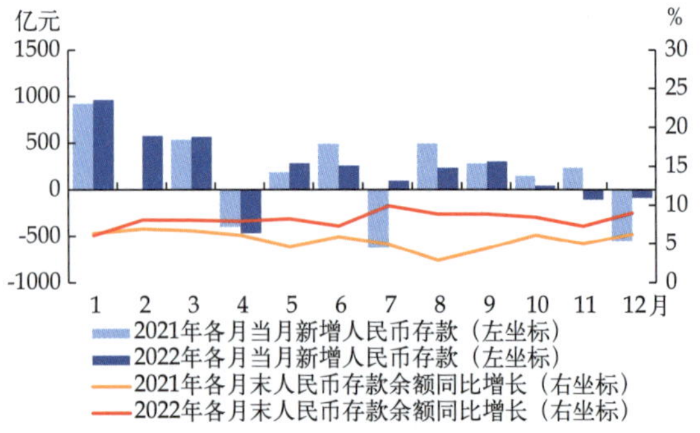

图 1　金融机构人民币存款增长变化

（数据来源：中国人民银行贵阳中心支行）

3. 贷款平稳增长。2022 年末，各项贷款突破 4 万亿元大关，本外币各项贷款余额 4.0 万亿元，同比增长 12.2%。其中，人民币各项贷款余额 4.0 万亿元，同比增长 12.3%。从贷款结构上看，企（事）业单位人民币贷款余额 2.8 万亿元，较年初增加 3445 亿元，增量占全省人民币各项贷款当年增量的 78.4%。

2022 年末，普惠小微贷款余额 3395 亿元，同比增长 23.5%，其中，个体工商户经营性贷款余额 1321 亿元，同比增长 18.8%；绿色贷款余额 5634 亿元，同比增长 28.2%；科技型中小企业贷款余额 37 亿元，同比增长 20.8%；涉农贷款余额 1.7 万亿元，同比增长 14.2%。

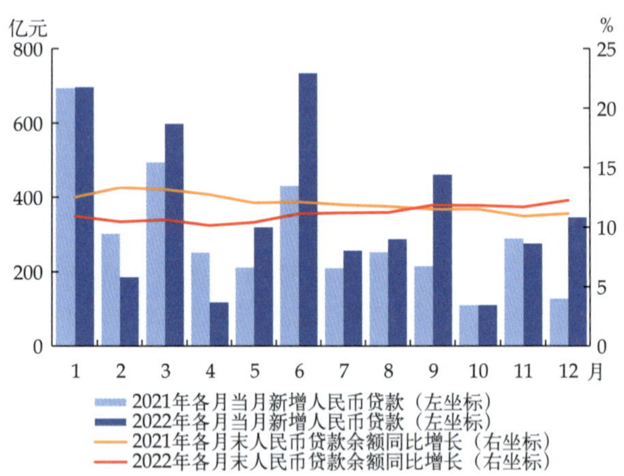

图 2　金融机构人民币贷款增长变化

（数据来源：中国人民银行贵阳中心支行）

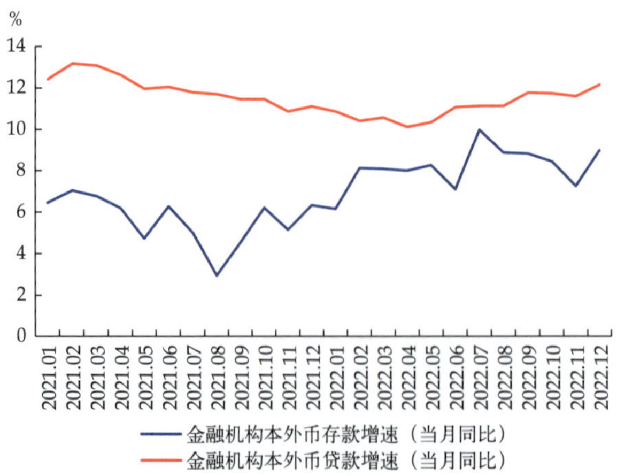

图 3　金融机构本外币存贷款增速变化

（数据来源：中国人民银行贵阳中心支行）

4. **表外融资规模持续减少。**2022年，资管新规等监管政策深入推进，表外业务持续回归表内。全省表外融资减少711亿元，同比多减98亿元。其中，信托贷款减少445亿元，同比多减27亿元；委托贷款减少8亿元，同比少减267亿元；未贴现银行承兑汇票全年减少258亿元。

5. **利率稳中有降。**随着贷款市场报价利率（LPR）改革效能持续释放，金融机构内嵌LPR的内部资金转移定价机制（FTP）进一步完善，再贷款、再贴现等政策工具对重点领域和薄弱环节的引导撬动作用进一步提升，带动全省贷款利率持续下行。全年，全省贷款加权平均利率较上年下降0.48个百分点；企业贷款加权平均利率较上年下降0.42个百分点。其中，小微企业和普惠小微贷款加权平均利率均较上年下降0.43个百分点。存款利率市场化调整机制作用不断发挥，推动金融机构市场化定价能力提高，利率自律管理质效不断提升。全年存款市场竞争合理有序，存款利率稳中有降。

6. **地方法人金融机构资产质量基本稳定。**各地方法人金融机构积极主动作为，多措并举强化制度建设，主要监管指标保持平稳，金融风险总体可控。年末，流动性比率为74.4%。资本充足水平保持稳定，全省地方法人金融机构资本充足率为13.7%，不良贷款率为2.3%。

表2　2022年金融机构人民币贷款各利率区间占比

单位：%

项目		1月	2月	3月	4月	5月	6月
合计		100.00	100.00	100.00	100.00	100.00	100.00
LPR减点		9.29	3.92	8.00	3.90	6.97	18.54
LPR		11.13	9.96	10.85	12.41	10.59	15.51
LPR加点	小计	79.58	86.12	81.15	83.69	82.44	65.95
	(LPR，LPR+0.5%)	18.79	15.92	15.05	16.08	17.53	16.11
	[LPR+0.5%，LPR+1.5%)	19.25	17.24	21.46	19.65	17.66	17.47
	[LPR+1.5%，LPR+3%)	14.33	14.87	16.73	16.67	19.20	14.42
	[LPR+3%，LPR+5%)	17.16	23.80	18.50	19.84	17.42	11.80
	LPR+5%及以上	10.05	14.29	9.41	11.45	10.63	6.15

续表

项目		7月	8月	9月	10月	11月	12月
合计		100.00	100.00	100.00	100.00	100.00	100.00
LPR减点		14.06	11.34	23.47	14.74	13.49	14.48
LPR		8.68	6.84	8.47	7.69	13.54	8.33
LPR加点	小计	77.26	81.82	68.06	77.57	72.97	77.19
	(LPR，LPR+0.5%)	15.22	18.16	14.24	15.88	14.33	15.05
	[LPR+0.5%，LPR+1.5%)	16.00	15.13	15.98	14.82	17.33	20.16
	[LPR+1.5%，LPR+3%)	16.02	16.23	16.59	17.79	17.42	19.16
	[LPR+3%，LPR+5%)	20.75	21.70	14.75	18.76	15.76	16.10
	LPR+5%及以上	9.27	10.60	6.50	10.32	8.13	6.72

数据来源：中国人民银行贵阳中心支行。

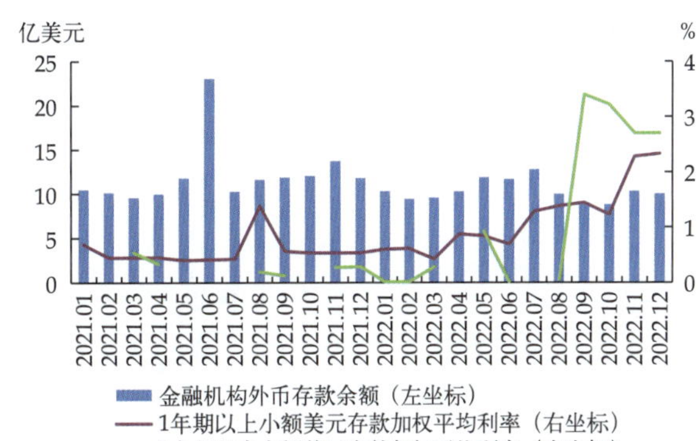

注：当月未发生业务，加权平均利率标注为零。

图4　金融机构外币存款余额及外币存款利率

（数据来源：中国人民银行贵阳中心支行）

7. **跨境人民币实现结算量和占比“双提升”。**联合省商务厅、省国资委等部门印发《关于真抓实干推动跨境人民币提质增效　助力贵州开放型经济高质量发展的指导意见》，提出18条具体举措推动跨境人民币业务开展。政策效果初显，全年贵州省跨境人民币收付达近5年最高水平，同比增长44.3%，在本外币收付中占比较上年提高5.8个百分点。从结构看，货物贸易项下跨境人民币收付实现跨越式增长，是上年的4.5倍，增长靠前的为烟草、肥料等特色产品出口。全省直接投资人民币收付同比增长89.8%，增长靠前的为新能源、白酒酿造、环保发电、家居生产和信息咨询行业。全年办理跨境人民币业务企业391家，其中50余家企业首次办理跨境人民币业务。

专栏 1 “四个机制”助力新型农业经营主体高质量发展

人民银行贵阳中心支行聚焦新型农业经营主体发展需求，强化对全省金融机构的督促指导，依托“四个机制”全面提升金融支持新型农业经营主体发展的能力和水平。2022 年末，全省涉农贷款余额 17369 亿元，同比多增 540 亿元，同比增长 14.2%，高于各项贷款增速 2 个百分点。

一、构建政策协调联动机制，完善金融服务支持体系

一是构建多层级协调机制。联合农业农村、财政等六部门，在省、市两级同步建立人民银行牵头的金融支持乡村振兴联席会议制度，形成“人民银行搭台、职能部门支持、金融机构唱戏”金融支农大格局。二是强化政策支撑。印发《贵州省支农再贷款助力农业特色优势产业发展工作方案》，引导金融机构重点加大产业链核心企业、上下游中小微企业、新型农业经营主体等的信贷支持；配合制订《贵州省“乡村振兴产业贷”产品方案》，采用担保费补助和业务奖补形式，在全省创新优化农户、新型农业经营主体信贷服务抵押担保方式。

二、优化产品服务创新机制，满足多元资金需求

一是创新科技赋能信贷产品和服务。推动金融机构强化科技和数字化赋能，为不同类型新型农业经营主体量身定制线上专属信贷产品。贵阳农商行整合生态牧业产业金融科技平台、生态林业信贷监测平台、超值购“双链”科技金融平台和全省农民信用平台，创新开发“生物资产活体抵押”为主的信贷产品，累计向 242 户生态牧业项目授信 15 亿元。二是创新银担合作模式。金融机构与政策性担保公司、风险补偿基金创新合作方式，通过“风险补偿金 + 白名单”，针对新型农业经营主体，推出“快捷担保贷”“乡村振兴产业贷”等业务。2022 年，农业银行省分行与省农担公司合作创新开展限率代偿业务，审批省农担公司 100 亿元合作额度，对投放的信用贷款最高提供 1.5% 的风险代偿，该模式下累计投放贷款 112 亿元，在担余额 32 亿元。三是优化搭建农村产权交易平台。持续督导国有大型商业银行下沉服务重心，指导工商银行省分行和建设银行省分行依托农村宅基地制度改革试点，在部分县市探索“农村产权交易平台”建设，助力新型农业经营主体盘活产权资源。

三、建立融资链条合作机制，拓展产业发展带动效力

一是打造融资对接链。联合行业主管部门收集整理全省新型农业经营主体重点支持名单，引导金融机构主动开展融资对接服务，提高敢贷愿贷能贷会贷内生动力。全年向全省金融机构推送 2000 余户新型农业经营主体名单，累计投放贷款 262 亿元。二是探索融资供应链。聚焦全省 12 个农业特色优势产业，梳理建立 47 个优势产业链主体清单，推动地方法人金融机构运用支农再贷款资金发放贷款 24 亿元，在再贷款政策引导下，共撬动发放产业链贷款 44 亿元，其中，47 家产业链核心企业获贷 11 亿元，上下游其他经营主体获贷 33 亿元，带动 29 万余户相关经营主体就业增收。三是构建利益联结链。将金融要素嵌入农业产业链，构建“金融 + 龙头企业 + 村集体经济组织（合作社）+ 农户”多方利益联结机制。金融资源优先支持有“带动”效应的龙头企业和农民专业合作社，在助力产业发展的同时，以土地流转费、务工费和分红收益等方式批量带动广大农民稳定增收致富。

四、完善配套措施保障机制，巩固提升金融支农服务成效

一是发挥财政资金协同保障。指导金融

机构积极对接农业产业基金，撬动金融资本支持新型农业经营主体发展。全年农业农村现代化发展基金投资农业项目55个，金额49亿元，带动银行贷款及社会资本约90亿元。二是加强农村信用体系建设。通过加强与省、市、县各级政府大数据平台对接，发挥“人工+数字化”优势，“线上+线下”结合，为新型农业经营主体精准画像，促进融资对接。累计为全省2693户龙头企业、25155户家庭农场、45749户农民专业合作社建立信用档案，信用建档率七成以上。

（二）证券业平稳运行，资本市场功能进一步发挥

1. 证券行业有序运行。2022年末，全省证券经营机构资产总额为561亿元，同比增长3%，贵州辖区证券交易累计成交额39319亿元，证券投资者户均资产16万元，贵州辖区期货交易累计成交额7258亿元，期货投资者户均资产3万元。

表3　2022年证券业基本情况

项目	数量
总部设在辖内的证券公司数（家）	2
总部设在辖内的基金公司数（家）	0
总部设在辖内的期货公司数（家）	0
年末国内上市公司数（家）	35
当年国内股票（A股）筹资（亿元）	159
当年发行H股筹资（亿元）	0
当年国内债券筹资（亿元）	308
其中：短期融资券筹资额（亿元）	12
中期票据筹资额（亿元）	127

数据来源：中国人民银行贵阳中心支行、贵州证监局、贵州省发展和改革委员会。

注：当年国内股票（A股）筹资额指非金融企业境内股票融资。

2. 法人证券公司风险抵御能力增强。2022年末，法人证券公司总资产479亿元，净资本160亿元，同比增长16.5%，风险覆盖率为348.5%，较上年同期提高43.1个百分点，流动性覆盖率为433.7%，较上年同期提高40.7个百分点。

3. 上市公司结构不断优化，经营业绩稳中向好。2022年末，全省共有35家上市公司，上市公司总股本为361亿股，总市值为2.6万亿元。近两年新增A股上市公司6家，其中科创板新增上市公司3家，实现了科创板上市公司数量从“无”到“有”的突破，产业结构进一步优化；35家A股上市公司营业总收入为2242亿元，同比增长12.3%，净利润541亿元，同比增长7.2%。

4. 多层次资本市场融资功能有效发挥。2022年，贵州辖区企业通过证券市场累计实现融资1041亿元，其中上市公司首发融资34亿元、再融资126亿元、公司债券融资285亿元、资产支持证券产品融资567亿元、新三板融资29亿元。主要投向新型工业化189亿元，投向新型城镇化285亿元。

（三）保险业运行总体平稳，持续发挥保险保障功能

1. 全省保费收入同比增加。2022年，全省保险业实现保费收入504亿元，同比增长1.6%。其中，财产险保费收入230亿元，同比增长7.1%；人身险保费收入274亿元，同比下降2.6%。

表4　2022年保险业基本情况

项目	数量
总部设在辖内的保险公司数（家）	1
其中：财产险经营主体（家）	0
寿险经营主体（家）	1
保险公司分支机构（家）	34
其中：财产险公司分支机构（家）	22
寿险公司分支机构（家）	12
保费收入（中外资，亿元）	504.2
其中：财产险保费收入（中外资，亿元）	229.9
人身险保费收入（中外资，亿元）	274.3
各类赔款给付（中外资，亿元）	218.1

数据来源：贵州银保监局。

2. **持续发挥保险保障功能**。2022 年，全省保险业提供各类风险保障合计 97.9 万亿元，同比增长 43.2%。赔付支出 218 亿元，同比增长 5.4%。其中，人身险赔付支出 74 亿元，财产险赔付支出 144 亿元。

3. **“险资入黔”进一步推进**。2022 年末，保险资金累计投向贵州实体经济规模余额 718 亿元，较上年增长 76%。

（四）社会融资规模平稳增长，结构性货币政策工具作用得到有效发挥

1. **社会融资规模平稳增长**。2022 年，贵州省社会融资规模新增 4631 亿元，同比多增 48 亿元。从融资结构看，贷款融资增量为 4374 亿元，同比多增 773 亿元，占社会融资规模增量的 94.4%，是地区社会融资最主要的渠道。表外融资减少，境内股票融资多增 7 亿元。此外，政府债券净融资为 603 亿元。

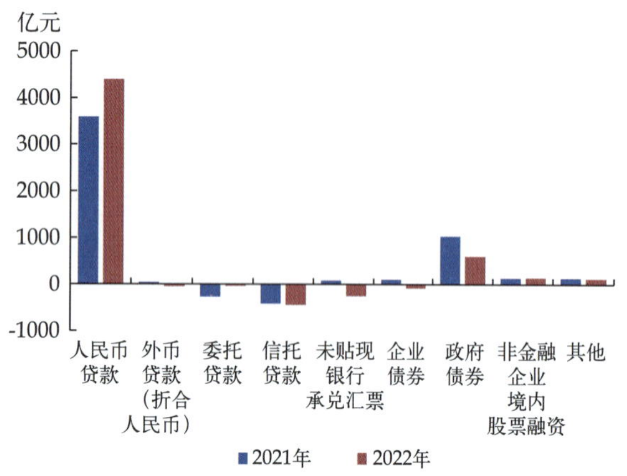

图 5　社会融资规模分布结构

（数据来源：中国人民银行贵阳中心支行）

2. **金融产品和服务机制创新成效明显**。运用再贷款政策支持供应链金融，推出茶叶、辣椒、能源、刺梨等地方特色产业供应链融资产品，全年应收账款融资服务平台促成全省融资 1086 亿元，其中，中小微企业融资占比 86.2%。探索建立“生态账户”，畅通生态产品金融价值实现渠道，全年通过账户评分授信 3 亿元，发放贷款 2 亿元，惠及经营主体 757 户。推动出台中小企业信贷通政策，省政府以政府性资金出资 17 亿元设立中小企业贷款风险补偿金，为经营主体特别是中小微工业企业融资提供有力的增信支持。全年，11 家合作银行累计投放中小企业贷款 658 亿元，较上年同期增加 293 亿元。

3. **结构性货币政策工具激励引导作用不断显现**。持续运用支农支小再贷款，有力支持“三农”及小微领域发展。2022 年末，全省支农支小再贷款余额 751 亿元，同比增长 10.7%，近五年累计增长 86.7%。其中，全省支农再贷款余额 517 亿元。有效发挥普惠小微贷款支持工具作用，2022 年累计发放激励资金 5 亿元，在政策激励下，全省普惠小微贷款实现快速增长，高于全省各项贷款增速 11.3 个百分点。推动阶段性工具落地，加大对基础设施等领域支持力度。2022 年末，全省有关金融机构发放政策性开发性金融工具 79 亿元，支持 86 个重大基础设施项目，发放碳减排、煤炭清洁利用、交通物流、科技创新、设备更新改造等重点领域贷款近 300 亿元。

4. **债务融资加快增长**。2022 年，全省企业在银行间债券市场发行非金融企业债务融资工具 27 只，发行金额 213 亿元。贵州省地方法人金融机构在银行间债券市场发行金融债券 120 亿元，较前三年平均发行规模增长 89.5%。其中，绿色金融债 30 亿元、小微金融债 60 亿元、永续债 25 亿元、二级资本债 5 亿元。

（五）区域金融改革稳步推进

1. **贵安新区绿色金融改革创新试验区优势凸显**。依托贵安新区绿色金融改革创新试验区先行先试绿色金融标准的优势，全省 101 家金融机构发布 2021 年环境信息披露报告。其中，87 家金融机构完整披露了自身运营碳足迹和投融资活动碳排放情况。12 家金融机构专栏披露了对贵安新区绿色金融改革创新试验区建设的支持情况。7 家商业银行开展火电、钢铁和水泥等重点行业的气候环境风险压力测试，4 家金融机构在环境信息披露报告中稳慎披露压力测试结果。

2. 创新绿色金融产品和服务。指导金融机构创新碳金融产品支持产业低碳转型，通过制定企业碳排放数据采集标准和评价体系，开展碳排放强度评价及分级贴标管理，研发与碳排放信息挂钩的金融产品。创新建立“生态账户”助力生态产品价值实现，建立涵盖农户、个体工商户、新型农业经营主体、企业、行政企事业单位职工等5类微观经营主体的“生态账户”，将经营主体生态行为与生态贡献等转化为积分，并基于积分提供差别化金融服务。研制绿色普惠金融标准，在农信系统试点推动绿色普惠金融融合发展。

3. 深化普惠金融和科技金融改革创新。稳步推进毕节市普惠金融改革试验区申建工作，建立贵州省推进普惠金融高质量发展联系工作机制，印发《贵州省贯彻落实中央支持普惠金融发展示范区奖补政策实施意见》，促推毕节市、正安县入选全国2022年重要财政支持普惠金融发展示范区。全面推动科技与金融融合发展，促进大数据战略实施，印发《贵州省2022年科技金融发展工作方案》，引导金融机构创新推出科创贷、科易贷、科技助保贷等金融产品，助力科技企业贷款可得性持续提升。

专栏2　贵州铜仁创新建立“梵净生态账户”打造生态产品金融价值实现新模式

人民银行贵阳中心支行指导铜仁市中心支行立足“中国最具生态竞争力城市”优势，积极发挥金融核心功能，着力打通生态价值向经济价值转化的金融通道，围绕建立“梵净生态账户”，探索创新建立金融支持生态产品价值实现模式并取得初步成效。

一、构建“五大体系”，夯实生态产品金融价值实现基础

一是构建多维度生态账户指标体系。指导金融机构出台《关于创建“梵净生态账户”助力绿色金融发展的实施方案（试行）》《“梵净生态账户”管理暂行办法》等，结合农户、新型农业经营主体、企业等5类经营主体特征，从生态资产、生态经营、生态生活、生态公益、生态投向等维度，分别构建147项生态账户采集指标。二是构建系统的信息数据采集体系。依托普惠大走访对农村信用工程“整村授信”、开展网格化金融服务对散户建档评级。以商圈、社区、行政村为单位，全面收集各类主体生态信息数据，作为生态账户积分测算和评级的数据来源，推动“梵净生态账户”受众实现广覆盖。三是构建科学的核算和评价体系。根据5类经营主体特征，分别构建个性化“‘梵净生态账户’积分评价标准表”，分类核算生态账户总值积分和确定基准值，根据基准值划分不同等级，实行贴标管理。四是构建配套金融产品和服务体系。根据生态账户分值和分级情况，实施差异化信贷和金融服务政策。经营主体可以用分值抵扣形式获得贷款利率优惠、贷款信用额度提额、存款产品定制、绿色通道专属金融服务等差异化金融优惠政策。五是构建再贷款支持体系。建立“再贷款＋生态账户”联动机制，单列5亿元绿色低碳领域专项额度，为符合条件的“梵净生态账户”贷款提供低成本央行资金支持，实行再贷款优先申批。

二、围绕“三大重点”，畅通生态产品金融价值实现渠道

一是明确基于微观经营主体的生态价值衡量机制。通过“定期采集—专业核算—综合评价—金融应用”，建设涵盖微观经营主体的生态账户，并通过创新生态价值计量评级体系，探索将经营主体在资产、生产、生活、经营等活动中各环节的生态贡献汇聚转化成可量化的积分，为生态价值转化和政策支持提供价值依据。二是开辟生态产品经济价值转化的金融通道。构建基于生态账户的金融产品和服务创新机制，把生态积分作为信贷评级授信、利率定价、业务费用减免的重要依据，提供基于生态账户积分值的差异化信贷和金融服务政策，将生态价值转化为实实在在的金融价值。三是打造生态账户数字化管理系统。在银行信贷管理系统建立生态账户平台，整合开发“数据采集、生态核算、等级评定”等功能模块，实现账户从静态管理向数字化智慧化集成化管理转变。

三、发挥“两大作用”，增添实体经济绿色发展动力

一是有效提高主体融资效率，降低融资成本。2022 年，3 家试点法人银行共创建“梵净生态账户”1272 户，利用账户积分授信发放贷款 3 亿元，惠及经营主体 1016 户，其中，运用人民银行再贷款资金发放贷款 1 亿元。通过生态积分转换，户均授信额度提升 7 万元，贷款平均利率较同档次利率下降 1 个百分点以上，为贷款主体节约融资成本约 400 万元。二是有效带动绿色金融增量，助力企业实现碳减排，推动居民绿色低碳出行。通过生态账户试点探索推广，推动金融机构提升支持生态产品价值的内生动力和服务定力，引领更多绿色低碳领域的金融需求，有效带动绿色金融扩面增量，2022 年末贵州铜仁市绿色贷款余额同比增长 37%，较上年同期提高 13.5 个百分点，其中法人银行绿色贷款同比增长 315.9%；助力企业减少二氧化碳排放，每年减少燃油需求 1135 吨，减少二氧化碳排放 3536 吨。同时，有效助推居民在生产、生活等活动中形成绿色低碳方式，贡献生态点滴助力绿色发展。

（六）金融生态环境建设持续深化

1. 社会信用体系建设持续推进。制订《贵州省推进社会信用体系建设高质量发展促进形成新发展格局的实施方案》等系列制度文件，进一步建立健全社会信用体系建设工作机制，协同推进地方诚信建设。深入开展金融生态环境测评，改善地方信用环境，修订印发《贵州省金融生态环境测评实施方案》。加快地方征信平台建设，成立由分管省领导任组长的省级地方征信平台建设和推广应用领导小组，“贵州省大数据综合金融服务平台”在全省上线运行，联通 15 个部门 54 组数据资源，近 5100 家小微企业获得融资 141 亿元。开展农村信用工程建设，全省农户信用档案建档率达 100%，信用村和信用乡镇覆盖率分别为 84.8% 和 80.4%。持续扩大金融信用信息基础数据库覆盖面，已覆盖全省金融机构。

2. 发挥支付服务改善民生作用。2022 年云闪付乘公交地铁共发生交易 6936 万笔，金额 1 亿元。支付手续费降费惠民生、保就业作用得到积极发挥，全省金融机构累计让利 7 亿元，惠及小微企业和个体工商户 162 万户。老年人支付服务便利化水平进一步提升，全省各银行网点共配备老年人关怀设施 10097 个，增设爱心窗口、绿色通道 5560 个。全年开立单位银行结算账户 27 万户，个人银行结算账户 2887 万户。

3. 金融消费权益保护有效推进。持续完善金融营销宣传“三网监测　协同联动”工作体系，压实金融机构金融消费权益保护法定义务和主体责任。畅通投诉咨询渠道，疫情防控期间 3 次紧急启动居家接听“12363”暖心热线应急响应模式；坚持和发展新时代“互联网＋枫桥经验”贵州模式，推动金融纠纷高质量化解；构建“集中化 + 常态化 + 阵地化”“线上 + 线下”金融知识普及网格化体系；深入开展“蒲絮飞扬”系列专项行动，推动“蒲公英”金融志愿服务行动走深走实。

二、经济运行情况

2022 年，贵州省经济顶压前行、稳中提质，推动高质量发展取得新成绩。地区生产总值 2.0 万亿元，同比增长 1.2%。需求结构持续优化，三次产业协调发展，紧紧围绕“四新”主攻“四化”，高质量发展支撑不断增强。生态优势持续巩固，民生福祉不断增进。

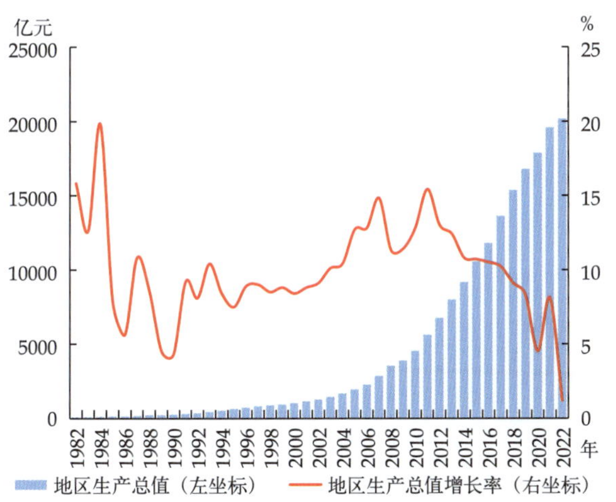

图 6　地区生产总值及其增长率

（数据来源：《中国经济景气月报》、贵州省统计局）

（一）需求结构不断优化，重点领域持续增长

1. 部分重点领域投资平稳较快增长。2022 年，全省固定资产投资同比下降 5.1%。除房地产投资和民间投资外，其他重点领域投资实现平稳较快增长。其中，高技术产业投资同比增长 58.1%，高技术制造业和高技术服务业同比分别增长 102.3% 和 19.6%；工业投资同比增长 9.1%，制造业投资同比增长 28%；信息传输业投资同比增长 37.9%，交通运输业和邮政业同比增长 19.7%。

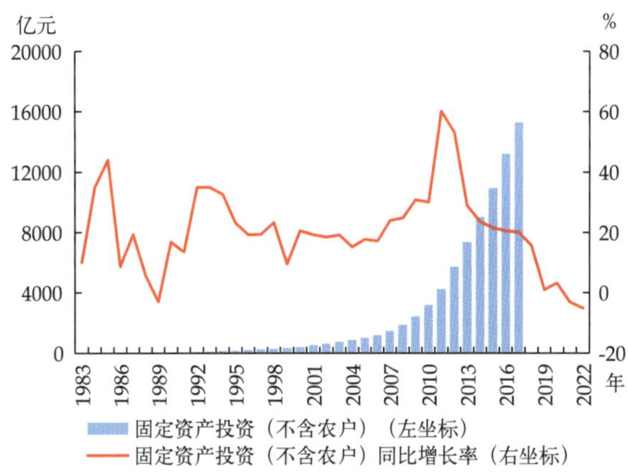

图 7　固定资产投资（不含农户）及其增长率

（数据来源：《中国经济景气月报》、贵州省统计局）

2. 市场销售有所下降。2022 年，全省社会消费品零售总额 8507 亿元，同比下降 4.5%。基本生活类商品零售稳定增长，限额以上单位粮油类、肉禽蛋类商品零售额同比分别增长 5.7% 和 4.4%。升级类商品需求实现较快增长，其中，限额以上单位新能源汽车商品零售额同比增长 123.6%，计算机及配套产品同比增长 66%。

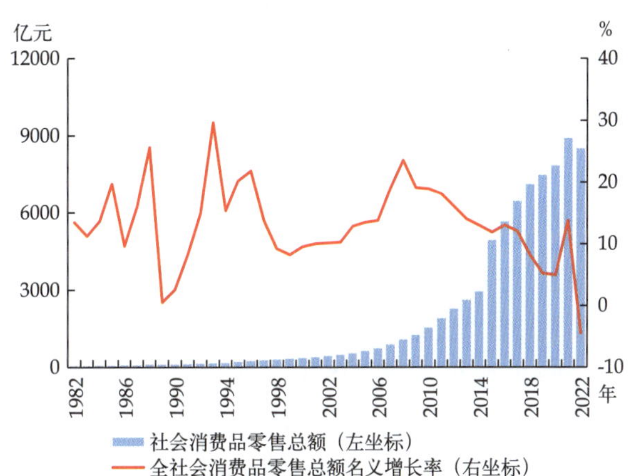

图 8　社会消费品零售总额及其增长率

（数据来源：《中国经济景气月报》、贵州省统计局）

3. 外贸进出口呈现良好发展态势。2022 年，全省外贸进出口总额 801 亿元，同比增长 22.5%。其中，出口总额 524 亿元，同比增长 7.5%；进口总额 277 亿元，同比增长 66.3%。民营企业活力进一步增强，民营企业进出口额占全省进出口总额超六成以上，同比增长 37.4%。

全省对 RCEP 成员国进出口总额 308 亿元，进口、出口同比分别增长 66.4% 和 54.8%，发展势头强劲。全省直接利用外商投资 5 亿美元，全年新设外商投资企业 105 家；中国香港和新加坡仍是贵州省利用外资主要来源地，分别占全省利用外资总额的 92.8% 和 4.4%；外商投资主要集中在租赁和商务服务业、房地产业及科学研究和技术服务业，分别占全省实际利用外资总额的 63.5%、15.3% 和 5%。

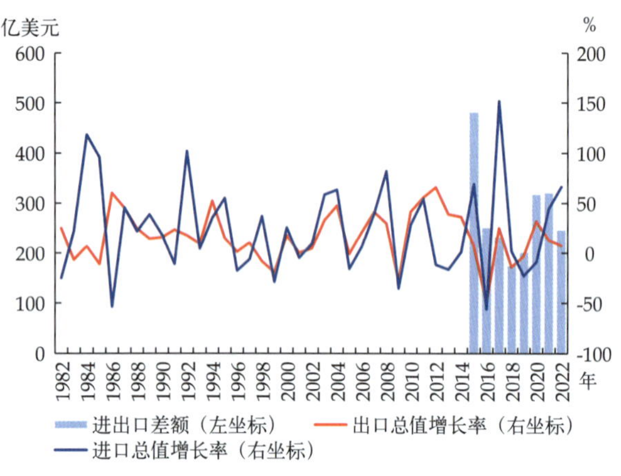

图 9　外贸进出口变动情况

（数据来源：《中国经济景气月报》、贵州省统计局）

（二）三次产业协调发展，经济运行稳中提质

2022 年，贵州省三次产业结构比例为 14.2 : 35.3 : 50.5。

1. 农业生产稳步提升，农业全产业链建设不断完善。全省农林牧渔业总产值 4909 亿元，同比增长 4.1%，农林牧渔四个子行业均实现平稳发展，粮食生产实现三连增。贵州加快建设现代山地特色高效农业强省，聚集 12 个农业特色优势产业和林下经济，优化种养殖结构，辣椒、刺梨、蓝莓等种植面积稳定扩大。继续推动“黔货出山”、开展山地农业核心技术攻关、推进原料基地与加工企业优化布局，着力构建现代产业体系；持续完善农民作为种养主体的利益联结机制，实施新型农业经营主体培育工程，引进和培育新型农业经营主体 3233 个，省级以上农业产业化重点龙头企业达 1200 家。

2. 工业发展承压前行，新兴产业支撑作用持续增强。全省规模以上工业增加值同比下降 0.5%。面对工业经济下行压力，继续围绕 10 大产业深耕细作，通过实施工业倍增行动推动 9 个产业产值超千亿元，新增规模以上工业企业 500 户、国家级专精特新“小巨人”企业 17 户。其中，充分发挥白酒产业头雁作用，大力实施“三个一批”综合整治，推动白酒产业增加值同比增长 36.1%；抢抓行业机遇发展新能源电池及材料产业，新能源电池及材料产业增加值同比增长 84.7%；继续巩固数字经济发展优势，深入推进“东数西算”工程，加快发展云服务首位产业、数字产品制造业、数据流通服务产业，推动华为数字经济创新中心落地贵州。

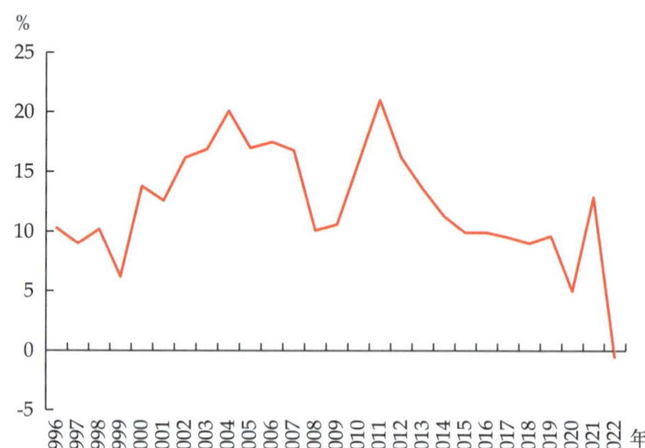

注：2011 年以后的规模以上工业统计口径为全部年主营业务收入 2000 万元及以上的工业企业，之前年度为 500 万元及以上口径。

图 10　规模以上工业增加值实际增长率

（数据来源：《中国经济景气月报》、贵州省统计局）

3. 服务业持续恢复，现代服务业加速崛起。深入实施促进经济恢复提振行动，大力推动疫后复工复产复市，持续加大升级类和民生类商品促消费力度，全省服务业稳定增长，实现增加值 1.0 万亿元，同比增长 1.0%，对 GDP 贡献率为 42.8%。深入推进旅游产业化，通过实施经营主体培育、业态升级、服务质量提升、盘活闲置低效项目攻坚“四大行动”，推动旅游业逐步复苏，全省新增规上限上涉旅企业 132 户，织金洞获批 AAAAA 级景区。继续推进服务业创新发展十大工程，现代金融、现代物流、科技研发等生产性服务业和商贸、家政等生活性服务业蓬勃发展，金融业增加值 1194 亿元，A 级物流企业达 81 家，新增贵阳国家骨干冷链物流建设基地。

4. 营商环境不断优化，供给侧结构性改革得到有力保障。扎实推动营商环境建设，打造“贵人服务”品牌，“一窗通办‘2+2’模式”改革全面落地实施，建立“政策找企业，企业找政策”机制，充分保护和激发微观主体活力。继续下大力补齐发展短板，围绕产业配套、城镇建设、安全生产等重点领域，不断提升基础设施水平和对各类资源要素的吸引力。守牢政府债务和金融风险底线，继续加大金融风险防范处置，为供给侧结构调整营造稳定外部环境。

5. 生态环境优势持续巩固，绿色低碳发展富有成效。继续打好污染防治攻坚战，做好主要河流干流入河排污口整治，工业固体废物综合利用率保持在 65% 以上。实施武陵山区山水林田湖草沙一体化保护和修复等重大生态工程，持续推进赤水河、乌江、清水江等流域生态修复，森林覆盖率达 62.8%。深入实施碳达峰“十项行动”，推动钢铁、化工、建材、有色等重点行业企业节能降碳升级改造，不断增强绿色发展动能。积极探索制度创新，加快 5 个省级生态产品价值实现机制试点建设，推进碳排放权等市场化交易、加快省级绿色金融创新试点县建设。

（三）物价总体稳定，要素市场化配置改革深入推进

2022 年，全省物价总体稳定，居民消费价格指数（CPI）温和上涨，工业生产者购进价格指数（IPI）、工业生产者出厂价格指数（PPI）涨幅有所回落。

1. 居民消费价格温和上涨。全省居民消费价格同比上涨 1.6%，低于全国涨幅，八大类商品消费价格全面上升。各月 CPI 呈现前稳后升的运行态势。1—5 月，处于 0.3%~1.5% 的温和区间；6—10 月，在食品价格、服务价格回升的影响下，CPI 持续上行，除 9 月高达 3.4% 外，基本位于 2.2%~2.3% 之间；11—12 月，受疫情、消费不振等因素影响，CPI 回落至 1.3%~1.4% 之间。

2. 工业生产价格涨幅逐步回落。有关部门采取供需双向调节等措施推动工业生产价格涨幅逐步回落，工业生产者购进价格指数、工业生产者出厂价格指数同比分别上涨 11.2% 和 5.7%，涨幅均同比下降 0.8 个百分点。工业生产者购进价格中，9 大类价格 6 涨 3 跌，其中燃料动力类、化工原料类涨幅最大，分别为 18.7% 和 16.8%。

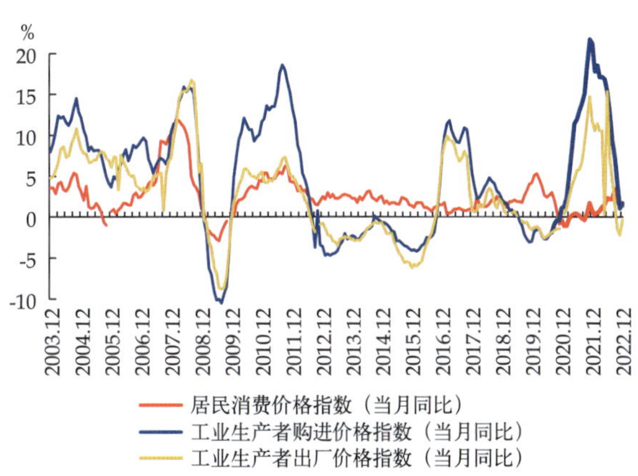

图 11　居民消费价格指数和工业生产者价格指数变动趋势

（数据来源：《中国经济景气月报》、贵州省统计局）

3. 民生福祉持续改善。深入贯彻落实稳就业一揽子政策，全省城镇新增就业 61 万人，失业人员实现再就业 15 万人，就业困难人员实现就业 8 万人。全省居民人均可支配收入 2.6 万元，同比名义增长 6.3%，城镇、农村常住居民人均可支配收入增速分别为 4.8% 和 6.6%，均高于经济增速。提高城乡居民基础养老金最低标准及城乡低保平均标准，上调退休人员基本养老金。

4. 要素市场化配置改革深入推进。完善“黔电送粤”价格形成机制，优化完善“煤电用”价格传导机制，全省累计完成市场化交易电量

852 亿千瓦时，占省内售电量的 62.2%。落实煤炭市场价格形成机制，确定全省电煤出矿环节中长期合同交易价格合理区间为每吨 350~500 元，强化区间调控，引导煤炭价格在合理区间运行。巩固推进水利工程供水价格改革，改革定价方法，创新定价模式，理顺价格水平，强化价格监管。

（四）剔除留抵退税因素后地方公共预算收入平稳增长，重点保障民生领域

2022 年，全省地方公共预算收入自然口径 1886 亿元，同比下降 4.2%，较上年减收 83 亿元。剔除增值税留抵退税因素后，地方公共预算收入 2145 亿元，同比增长 8.9%，完成年度调整预算 103.9%。全省各级国库办理增值税留抵退税 516 亿元，惠及 3 万户企业。各级财政坚决落实“过紧日子”要求，资金进一步向公共服务和民生领域聚集。地方一般公共预算支出 5849 亿元，同比增长 4.6%。其中，社会保障和就业、教育、卫生健康、农林水等基本公共服务和民生项目支出合计 3225 亿元，同比增长 7.3%。地方政府债务新增和置换工作稳步推进。

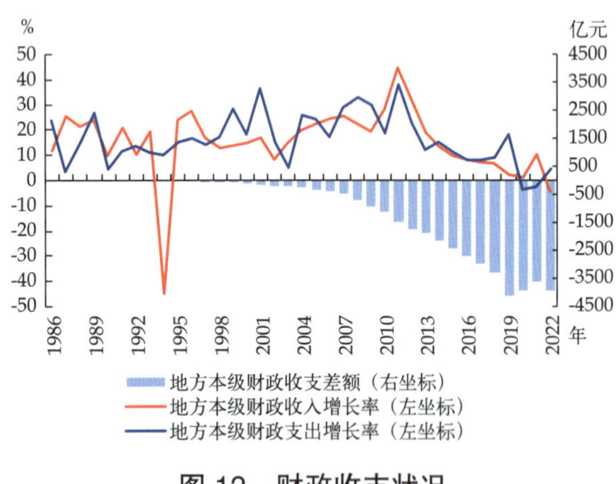

图 12　财政收支状况

（数据来源：《中国经济景气月报》、贵州省统计局）

（五）房地产市场稳健运行，新动能培育加快推进

1. 房地产市场稳健运行。2022 年，全省共完成房地产开发投资 2404 亿元。全年施工面积 2. 6 亿平方米，其中，住宅施工面积 1.8 亿平方米。新建商品房销售面积 3847 万平方米，新建商品房销售额 2194 亿元。全省主要城市中，贵阳、遵义新建商品住宅销售价格指数同比分别下降 1.4% 和 1.3%。

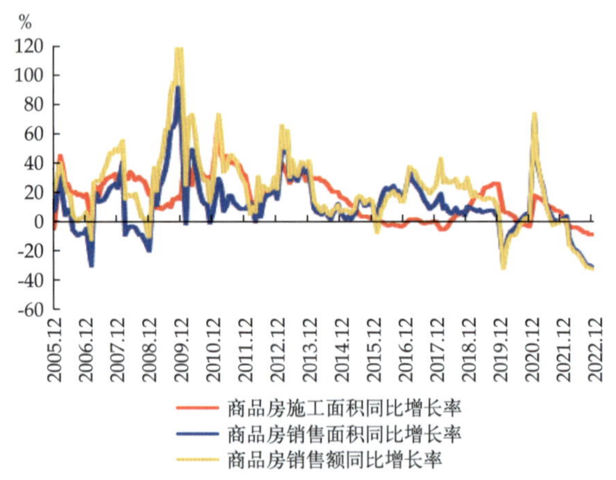

图 13　商品房施工和销售变动趋势

（数据来源：《中国经济景气月报》、贵州省统计局）

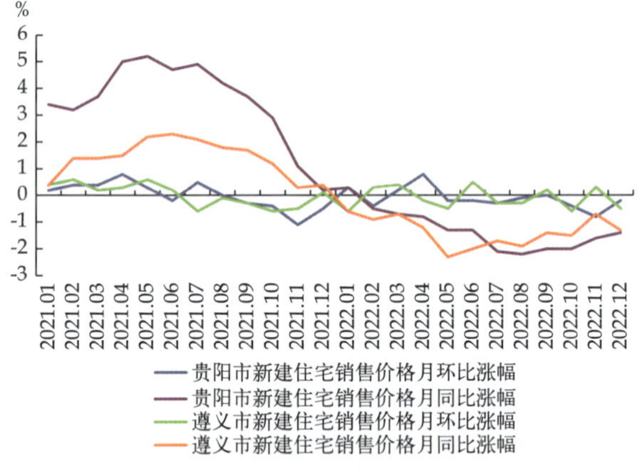

图 14　主要城市新建住宅销售价格变动趋势

（数据来源：《中国经济景气月报》、贵州省统计局）

2. 新能源电池及材料产业发展提速。2022 年末，全省规模以上新能源汽车及电池材料产业工业增加值同比增长 71.1%，整体呈现高速扩张、布局优化、规模壮大的良好发展态势。全省规模以上新能源电池及材料产业总产值同比增长 115.6%，其中，电池制造环节同比增长 107.6%，前驱体材料及原料同比增长 50.8%，

正极材料比上年增长238.7%。

三、预测与展望

2023年是全面贯彻落实党的二十大精神的开局之年，是全面建设社会主义现代化国家新征程的起步之年，贵州省将坚持以习近平新时代中国特色社会主义思想为指导，全面贯彻党的二十大精神和习近平总书记考察贵州重要讲话精神，全面落实《国务院关于支持贵州在新时代西部大开发上闯新路的意见》，全力实施围绕“在新时代西部大开发上闯新路，在乡村振兴上开新局，在实施数字经济战略上抢新机，在生态文明建设上出新绩”的要求，主攻新型工业化、新型城镇化、农业现代化、旅游产业化的主战略、实现“西部大开发综合改革示范区、巩固拓展脱贫攻坚成果样板区、数字经济发展创新区、生态文明建设先行区和内陆开放型经济新高地”的主定位，推动贵州高质量发展实现新跨越。贵州金融系统将坚持稳中求进工作总基调，贯彻落实好稳健的货币政策，稳固支持实体经济力度。充分发挥结构性货币政策工具作用，完善金融有效支持小微企业等实体经济的体制机制，切实加大对重点领域和薄弱环节的支持。纵深推进改革创新，全面提升金融服务能力和管理水平，持续激发区域金融发展活力，为谱写多彩贵州现代化建设新篇章提供有力有效的金融支撑。

中国人民银行贵州省分行货币政策分析小组

总　　纂：文洪武　邓　浩

统　　稿：向　明　徐昊旻　杨　丽　孔艳彦

执　　笔：莫　鹍　刘　爽　颜　寅　叶　茜　张小龙　苏　抒　党月婷　李　睿　方昊宇　周　睿　高吴优　姚　雪　代雯紗　梅正文

提供材料：石仕华　袁伟倩　李　媛　李雪华　路　音　于　闯　陈文艳　黄天培　朱　宇　杨诗意　余　勇　刘世波　吉思霓　王　哲　何补江　石书柏

附录：

（一）2022年贵州省经济金融大事记

1月26日，国务院印发《关于支持贵州在新时代西部大开发上闯新路的意见》，为贵州高质量发展明确了支持政策、注入强劲动力。61个国家部委单位出台配套政策文件、签订落实协议或给予单项支持。

2月17日，国家发展改革委官网发布消息，“东数西算”工程正式全面启动，贵州省将建立贵安数据中心集群，承接东部地区算力需求。

5月18日，继贵州始发中欧班列正式纳入国家图定班列之后，贵州成功实现中老铁路与中欧班列测试衔接。

10月14日，《贵州省中小企业促进条例》《贵州省社会信用条例》经贵州省第十三届人民代表大会常务委员会第三十五次会议修订通过，将于2023年1月1日起施行。

2022年，贵州新增4家上市企业（含过会），新增上市公司数量创贵州资本市场历史新高。

（二）贵州省主要经济金融指标

表 1　2022 年贵州省主要存贷款指标

	项目	1月	2月	3月	4月	5月	6月	7月	8月	9月	10月	11月	12月
本外币	金融机构各项存款余额（亿元）	31079.3	31654.8	32226.3	31773.7	32072.8	32333.8	32440.1	32661.5	32963.6	33008.9	32917.9	32830.7
	其中：住户存款	15249.1	15205.6	15520.3	15344.2	15375.4	15665.2	15603.6	15715.3	15978.7	15868.6	16068.8	16343.2
	非金融企业存款	8186.8	8171.2	8723.5	8668.1	8795.4	9159.4	8991.0	8930.0	9100.3	8913.0	8920.2	8643.4
	各项存款余额比上月增加（亿元）	955.9	575.5	571.5	-452.6	299.1	261.0	106.3	221.4	302.1	45.3	-90.9	-87.3
	金融机构各项存款同比增长（%）	6.2	8.1	8.1	8.0	8.3	7.1	10.0	8.9	8.8	8.5	7.3	9.0
	金融机构各项贷款余额（亿元）	36586.0	36771.6	37369.4	37491.5	37809.6	38539.1	38791.9	39076.3	39538.9	39647.3	39912.0	40255.3
	其中：短期	6033.5	6018.1	6181.4	6190.5	6265.6	6464.6	6519.1	6567.2	6665.2	6651.1	6685.6	6687.4
	中长期	29814.2	29943.0	30318.5	30374.3	30520.0	31006.6	31213.0	31414.6	31796.2	31892.7	32129.1	32458.1
	票据融资	432.2	499.6	562.0	615.5	714.0	759.2	753.9	788.2	767.8	797.5	798.9	806.5
	各项贷款余额比上月增加（亿元）	695.8	185.6	597.8	122.1	318.1	729.5	252.8	284.4	462.6	108.4	264.7	343.3
	其中：短期	173.5	-15.3	163.2	9.1	75.1	199.1	54.5	48.1	98.0	-14.1	34.4	1.9
	中长期	543.2	128.8	375.5	55.8	145.7	486.6	206.3	201.7	381.6	96.4	236.5	329.0
	票据融资	-24.3	67.4	62.3	53.5	98.6	45.2	-5.3	34.3	-20.4	29.7	1.4	7.6
	金融机构各项贷款同比增长（%）	10.9	10.4	10.6	10.1	10.4	11.1	11.1	11.1	11.8	11.8	11.6	12.2
	其中：短期	10.8	10.0	10.7	11.2	12.0	13.1	13.7	13.8	14.5	14.6	13.5	14.1
	中长期	11.7	10.9	10.5	9.8	9.5	9.9	9.9	9.8	10.3	10.3	10.3	10.9
	票据融资	-21.6	-2.3	18.7	20.2	47.8	69.2	67.9	72.6	87.1	82.2	84.7	76.7
	建筑业贷款余额（亿元）	1608.2	1604.0	1630.5	1619.9	1612.9	1613.2	1608.0	1617.7	1644.4	1627.6	1629.3	1625.9
	房地产业贷款余额（亿元）	1256.0	1256.0	1256.1	1250.8	1250.6	1232.7	1242.7	1251.4	1247.0	1234.1	1228.0	1219.6
	建筑业贷款同比增长（%）	-5.9	-9.1	-8.3	-9.5	-9.3	-9.9	-11.5	-11.2	-8.3	-7.0	-5.1	-2.7
	房地产业贷款同比增长（%）	-1.3	-1.9	-3.2	-3.2	-2.3	-3.4	-2.9	-1.7	-2.5	-2.5	-2.0	-1.6
人民币	金融机构各项存款余额（亿元）	31013.8	31595.4	32165.7	31705.8	31993.7	32255.6	32353.9	32592.7	32900.0	32945.8	32843.6	32761.1
	其中：住户存款	15227.6	15184.5	15498.6	15321.7	15352.6	15641.8	15580.1	15692.3	15954.9	15845.0	16045.7	16320.5
	非金融企业存款	8151.6	8141.5	8693.4	8633.2	8749.8	9121.2	8947.9	8893.6	9066.6	8879.8	8879.2	8604.8
	各项存款余额比上月增加（亿元）	965.7	581.6	570.4	-460.0	287.9	261.9	98.3	238.9	307.2	45.8	-102.2	-82.6
	其中：住户存款	1016.7	-43.1	314.1	-176.9	30.8	289.3	-61.7	112.2	262.7	-110.0	200.8	274.8
	非金融企业存款	-132.0	-10.1	551.8	-60.1	116.6	371.4	-173.3	-54.3	173.0	-186.8	-0.6	-274.4
	各项存款同比增长（%）	6.2	8.2	8.1	8.0	8.3	7.4	10.0	8.9	8.9	8.5	7.3	9.0
	其中：住户存款	17.2	10.7	11.4	12.6	12.7	11.4	13.2	13.3	12.7	13.8	14.2	14.8
	非金融企业存款	-6.1	-1.2	0.1	1.3	2.5	5.3	7.3	6.7	8.8	9.9	6.0	3.9
	金融机构各项贷款余额（亿元）	36525.9	36712.5	37311.1	37430.1	37750.0	38484.5	38741.4	39029.1	39489.5	39600.6	39877.0	40223.1
	其中：个人消费贷款	7836.2	7843.8	7959.3	7981.1	8026.0	8079.4	8095.2	8140.9	8138.7	8157.4	8241.0	8253.3
	票据融资	432.2	499.6	562.0	615.5	714.0	759.2	753.9	788.2	767.8	797.5	798.9	806.5
	各项贷款余额比上月增加（亿元）	696.5	186.7	598.6	119.0	319.9	734.5	256.9	287.6	460.4	111.1	276.4	346.1
	其中：个人消费贷款	103.0	7.6	115.5	21.9	44.9	53.4	15.7	45.7	-2.2	18.7	83.7	12.2
	票据融资	-24.3	67.4	62.3	53.5	98.6	45.2	-5.3	34.3	-20.4	29.7	1.4	7.6
	金融机构各项贷款同比增长（%）	10.9	10.5	10.6	10.2	10.4	11.2	11.2	11.2	11.9	11.8	11.7	12.3
	其中：个人消费贷款	12.4	12.0	11.9	11.2	10.6	10.2	9.3	8.7	7.8	7.3	7.0	6.7
	票据融资	-21.6	-2.3	18.7	20.2	47.8	69.2	67.9	72.6	87.1	82.2	84.7	76.7
外币	金融机构外币存款余额（亿美元）	10.3	9.4	9.5	10.3	11.9	11.7	12.8	10.0	9.0	8.8	10.4	10.0
	金融机构外币存款同比增长（%）	-1.7	-7.0	-0.1	3.1	0.6	-49.3	24.9	-14.3	-24.5	-27.1	-24.6	-15.4
	金融机构外币贷款余额（亿美元）	9.4	9.3	9.2	9.3	9.0	8.1	7.5	6.9	7.0	6.5	4.9	4.6
	金融机构外币贷款同比增长（%）	-5.3	-6.3	-9.3	-6.2	-11.6	-21.1	-30.0	-38.5	-35.8	-37.9	-47.4	-51.5

数据来源：中国人民银行贵阳中心支行。

表 2　2001—2022 年贵州省各类价格指数

单位：%

时间		居民消费价格指数		工业生产者购进价格指数		工业生产者出厂价格指数	
		当月同比	累计同比	当月同比	累计同比	当月同比	累计同比
2001		—	1.8	—	0.2	—	2.2
2002		—	-1.0	—	-2.4	—	-1.1
2003		—	1.2	—	6.0	—	3.4
2004		—	4.0	—	12.0	—	8.0
2005		—	1.0	—	7.4	—	7.2
2006		—	1.7	—	7.3	—	4.3
2007		—	6.4	—	7.5	—	5.0
2008		—	7.6	—	12.5	—	12.4
2009		—	-1.3	—	-6.5	—	-4.9
2010		—	2.9	—	9.8	—	4.7
2011		—	5.1	—	15.0	—	5.4
2012		—	2.7	—	2.3	—	1.0
2013		—	2.5	—	-3.6	—	-2.6
2014		—	2.4	—	-1.4	—	-1.7
2015		—	1.8	—	-2.5	—	-3.9
2016		—	1.4	—	-1.5	—	-2.1
2017		—	0.9	—	9.7	—	7.2
2018		—	1.8	—	3.4	—	1.8
2019		—	2.4	—	-0.6	—	-0.2
2020		—	2.6	—	-1.4	—	-1.7
2021		—	0.1	—	12.0	—	6.5
2022		—	1.6	—	11.2	—	5.7
2021	1	-1.1	-1.1	1.3	1.3	0.4	0.4
	2	-1.1	-1.1	2.4	1.9	1.1	0.7
	3	-0.2	-0.8	5.3	3.0	2.5	1.3
	4	0.2	-0.6	8.1	4.3	3.8	1.9
	5	0.4	-0.4	11.4	5.7	4.6	2.5
	6	0.4	-0.3	11.9	6.7	5.7	3
	7	0.2	-0.2	13	7.6	5.8	3.4
	8	-0.2	-0.2	13.9	8.4	6.8	3.8
	9	-0.4	-0.2	15.1	9.1	9.1	4.4
	10	0.4	-0.2	18.7	10.1	11.8	5.1
	11	1.7	0	21.7	11.1	14.7	6
	12	0.8	0.1	21.2	12	11.7	6.5
2022	1	0.3	0.3	17.8	17.8	10.5	10.5
	2	0.5	0.4	18.5	18.1	11.4	10.9
	3	0.7	0.5	17.1	17.8	10.5	10.8
	4	1.2	0.7	17.1	17.6	10.5	10.7
	5	1.5	0.8	16.8	17.5	0.3	0.6
	6	2.3	1.1	15.3	17.1	15.3	17.1
	7	2.2	1.2	12.8	16.4	7.1	9.7
	8	2.2	1.4	9.4	15.5	4.5	9.1
	9	3.4	1.6	7.4	14.6	1.6	8.2
	10	2.3	1.6	4.2	13.4	-1.5	7.2
	11	1.3	1.6	1.1	12.2	-2.3	6.2
	12	1.4	1.6	1.7	11.2	-0.4	5.7

数据来源：《中国经济景气月报》、贵州省统计局。

表 3　2022 年贵州省主要经济指标

项目	1 月	2 月	3 月	4 月	5 月	6 月	7 月	8 月	9 月	10 月	11 月	12 月
	绝对值（自年初累计）											
地区生产总值（亿元）	—	—	4815.5	—	—	9830.4	—	—	14755.9	—	—	20164.6
第一产业	—	—	459.1	—	—	1092.0	—	—	2085.0	—	—	2861.2
第二产业	—	—	1810.9	—	—	3779.1	—	—	5307.8	—	—	7113.0
第三产业	—	—	2545.5	—	—	4959.3	—	—	7363.1	—	—	10190.4
工业增加值（亿元）	—	—	—	—	—	—	—	—	—	—	—	—
固定资产投资（亿元）	—	—	—	—	—	—	—	—	—	—	—	—
房地产开发投资	—	357.0	679.1	933.1	1164.6	1404.3	1492.6	1618.2	1769.9	1985.9	2222.7	2403.7
社会消费品零售总额（亿元）	—	—	—	—	—	—	—	—	—	—	—	—
外贸进出口总额（亿元）	—	66.5	118.4	166.4	221.8	317.6	396.7	469.3	526.8	590.1	676.6	801.2
进口	—	22.7	44.6	59.9	73.8	108.2	130.2	160.7	187.7	215.3	241.7	277.6
出口	—	43.8	73.8	106.5	148.0	209.4	266.5	308.6	339.0	374.8	434.9	523.6
进出口差额（出口－进口）	—	21.1	29.2	46.6	74.3	101.2	136.3	147.8	151.3	159.4	193.2	246.0
实际利用外资（亿元）	0.0	1.3	2.3	2.4	2.5	2.6	5.1	5.1	5.2	5.2	5.2	5.3
地方财政收支差额（亿元）	-318.9	-424.6	-962.6	-1213.7	-1583.8	-2060.1	-2244.4	-2429.3	-2843.2	-2996.1	-3307.7	-3962.8
地方财政收入	213.2	341.0	498.9	590.1	647.3	888.6	1032.2	1136.6	1247.0	1419.6	1557.2	1886.4
地方财政支出	532.1	765.6	1461.6	1803.7	2231.1	2948.7	3276.6	3565.9	4090.2	4415.7	4864.9	5849.2
城镇登记失业率（%）（季度）	—	—	—	—	—	—	—	—	—	—	—	—
	同比累计增长率（%）											
地区生产总值	—	—	6.6	—	—	4.5	—	—	2.8	—	—	1.2
第一产业	—	—	5.5	—	—	5.1	—	—	3.7	—	—	3.6
第二产业	—	—	11.1	—	—	8.0	—	—	4.8	—	—	0.5
第三产业	—	—	4.0	—	—	2.0	—	—	1.1	—	—	1.0
工业增加值	—	16.9	15.2	13.9	13.5	12.1	10.5	7.1	5.5	3.5	1.0	-0.5
固定资产投资	—	14.5	9.1	8.5	8.1	8.1	8.1	7.5	4.5	1.8	-3.0	-5.1
房地产开发投资	—	-0.8	-8.0	-8.1	-7.5	-7.7	-12.5	-22.0	-26.5	-27.6	-28.9	-28.9
社会消费品零售总额	—	—	4.7	—	—	-0.5	—	—	-2.1	—	—	-4.5
外贸进出口总额	—	-20.8	-15.0	-16.2	-17.1	-2.6	7.2	13.2	13.2	15.4	18.9	22.5
进口	—	8.6	26.6	27.8	20.8	47.0	52.2	71.1	71.9	75.5	72.7	66.3
出口	—	-30.6	-29.1	-29.8	-28.3	-17.0	-6.4	-3.7	-4.8	-3.6	1.3	7.5
实际利用外资	-96.7	197.1	344.7	163.4	97.4	97.7	262.2	264	258.3	258.3	138.1	123.5
地方财政收入	-1.6	1.1	10.7	-6.1	-16.5	-12.9	-10.9	-10.3	-10.9	-9.6	-8.0	-4.2
地方财政支出	74.1	1.1	16.7	15.6	19.8	13.9	13.2	10.6	8.8	10.1	9.1	4.6

数据来源：《中国经济景气月报》、贵州省统计局。

云南省金融运行报告（2023）

中国人民银行云南省分行①
货币政策分析小组

[内容摘要] 2022年，面对复杂严峻的形势，云南省上下坚持发展第一要务，全力稳增长稳经营主体保就业，经济运行稳中有进、进中提质，经济总量持续扩大，发展质效稳步提高。全年实现地区生产总值2.9万亿元，同比增长4.3%，增速高于全国平均水平1.3个百分点。云南省金融运行整体呈现“总量稳步增长，结构持续优化，利率稳中有降，风险总体可控”的良好态势，为全省高质量发展、科学统筹疫情防控和经济社会发展营造了适宜的货币金融环境。

云南省经济稳定恢复向好，高质量发展取得新成效。一是内需稳中向好，外需持续增强。固定资产投资同比增长7.5%，其中产业投资同比增长42.5%，高于上年增速30.6个百分点；市场消费回暖向好，社会消费品零售总额同比增长1.0%；进出口总额3342亿元，同比增长6.3%，其中，中老铁路进出口140亿元。二是现代产业体系加快培育，新旧动能接续转换。第一产业增加值同比增长4.9%，高原特色农业量效齐增；全年规模以上工业增加值同比增长7.7%，一批行业领军企业落地投产，绿色铝、绿色硅产值同比分别增长36.6%和130.9%；新能源电池产业初具雏形，完成产值319亿元，同比增长4倍；服务业增加值同比增长3.1%，其中，重点行业营业收入同比增长7.5%。三是产业强省建设加速推进，营商环境持续优化提升。新动能引领作用增强，高技术制造业和装备制造业增加值同比增速分别比规模以上工业增加值增速高31.7个和41.4个百分点。行政许可事项清单管理全面实行，政务服务事项全程网办率达到76%。净增企业16.6万户、“四上”企业2100户、国家级专精特新“小巨人”企业15户，实有企业数和年度新登记经营主体数均破百万。四是财政运行总体平稳，民生投入力度持续加大。地方一般公共预算收入同口径同比增长2.0%，一般公共预算支出同比增长1.0%，民生支出占比为73.0%；全年完成增值税留抵退税819亿元。五是物价温和上涨，就业形势总体稳定。居民消费价格指数（CPI）同比上涨1.6%，工业生产者出厂价格指数同比上涨5.4%；全年城镇新增就业人数52.2万人，全年城镇调查失业率均值为5.1%。

云南省金融运行总体稳健，支持实体经济力度进一步加大。一是货币信贷平稳运行，银行业稳健发展。银行业金融机构资产总额同比增长6.9%，负债总额同比增长7.4%，流动性保持合理充裕；本外币各项存款、各项贷款余额同比分别增长8.4%和9.5%，社会融资规模累计增加4562亿元，增长规模与全省经济发展基本匹配。二是结构性政策工具增质提效，融资结构持续优化。2022年，全省累计发放支农支小再贷款281亿元，同比增长108.7%，累计办理再贴现511亿元，同比增长79.4%；支持金融机构获科技创新再贷款支持约17亿元，带动对高新技术和“专精特新”企业发放贷款54亿元；通过普惠小微贷款支持工具向地方法人机构发放激励资金4亿元，推动全省普惠小微贷款同比增长26.3%，高于全国平均水平2.5个百分点。对重点领域和薄弱环节的信贷支持力度持续加大，制造业中长期贷款余额同比增长30.0%，普

① 自2023年8月18日起，中国人民银行昆明中心支行更名为中国人民银行云南省分行。本报告主要反映2022年的经济金融情况，正文中涉及的相关机构表述仍沿用2022年名称。

惠小微贷款余额和授信户数同比分别增长26.3%和20.5%，涉农贷款余额同比增长14.0%，绿色贷款余额同比增长27.8%。三是利率市场化改革红利持续释放，贷款利率显著下降。持续发挥贷款市场报价利率改革和存款利率市场化调整机制的重要作用，促进实体经济融资成本稳中有降。人民币一般贷款加权平均利率为4.8%，同比下降0.25个百分点；企业贷款加权平均利率为4.29%，同比下降0.46个百分点；小微企业贷款加权平均利率为4.68%，同比下降0.29个百分点。四是证券业稳中向好，多层次资本市场建设有效推进。全省证券市场累计交易额3.5万亿元，期货市场累计交易额4.1万亿元。全省共有上市公司42家，总市值8914亿元，全年累计融资81亿元。累计3家次上市公司完成重大资产重组，交易金额合计283亿元。五是保险业平稳发展，风险保障功能有效发挥。全省保险公司资产总额同比增长8.7%。保险业累计保险保费收入同比增长5.0%，赔付支出同比增长9.9%；财产险公司车险保费收入同比增速扭负为正。六是金融风险防范化解能力提升，金融体系运行稳健。统筹推进重点机构、重点领域安全与发展，全省高风险机构数量总体保持在较低水平，金融领域风险得到缓释。2022年末，全省不良贷款率为1.4%，较年初下降0.1个百分点。七是金融生态环境不断优化，业务创新推动金融基础设施更趋完善。健全征信多维查询渠道，地方征信平台上线运行，信用户、信用村、信用乡（镇）建设成效明显，全省抵边行政村农户信用档案建档率达94.0%；支付清算系统高效稳定运行，建设惠农支付服务点1.5万个；持续提升“12363”暖心热线效能，消费者满意度达90.7%，积极打造“满天星”“滇游记”金融消费者权益服务品牌。

2023年是贯彻党的二十大精神的开局之年，是实施“十四五”规划承上启下的关键一年。云南省将坚持以习近平新时代中国特色社会主义思想为指导，继续坚持稳中求进工作总基调，完整、准确、全面贯彻新发展理念，积极服务和融入新发展格局，把实施扩大内需战略同深化供给侧结构性改革有机结合起来，全力稳经济、增动能、惠民生、防风险、保稳定，突出做好稳增长、稳就业、稳物价工作，扎扎实实把党的二十大作出的重大战略部署和省委提出的战略发展目标变为美好现实。全省金融部门将贯彻执行好稳健的货币政策，加大对小微企业、科技创新、绿色发展、乡村振兴、文旅产业等领域的支持力度，维护金融安全，牢牢守住不发生区域性金融风险的底线，为云南省融入新发展格局营造适宜的货币金融环境。

一、金融运行情况

2022年，面对复杂严峻的国内外形势，云南省金融系统坚持以习近平新时代中国特色社会主义思想为指导，坚决贯彻党中央、国务院关于金融工作的决策部署，落实稳健的货币政策，金融运行整体呈现“总量稳步增长，结构持续优化，利率稳中有降，风险总体可控”的良好态势。全省社会融资规模增长与经济发展基本匹配，货币政策工具高效运用，多层次资本市场稳步发展，为全省高质量发展、科学统筹疫情防控和经济社会发展营造了适宜的货币金融环境。

（一）货币信贷平稳运行，银行业稳健发展

1. 资产负债规模稳步增长，盈利能力维持稳定。2022年末，云南省银行业金融机构资产总额5.5万亿元，同比增长6.9%；负债总额5.3万亿元，同比增长7.4%，增速较上年末分别提高0.8个和1.2个百分点；全年实现净利润201亿元，资产利润率为1.5%；净息差、净利差分别较上年收窄0.1个百分点，盈利能力基本稳定。

表 1　2022 年银行业金融机构情况

机构类别	营业网点			法人机构（个）
	机构个数（个）	从业人数（人）	资产总额（亿元）	
一、大型商业银行	1547	33053	19165	0
二、国家开发银行和政策性银行	89	2059	7473	0
三、股份制商业银行	374	8463	5517	0
四、城市商业银行	258	6648	5587	3
五、城市信用社	0	0	0	0
六、小型农村金融机构	2192	28258	12270	128
七、财务公司	5	125	379	3
八、信托公司	1	119	53	1
九、邮政储蓄银行	880	3241	2064	0
十、外资银行	7	102	120	0
十一、新型农村金融机构	203	4126	486	72
十二、其他	1	12	1430	1
合　计	5557	86206	54543	208

数据来源：云南银保监局。

注：营业网点不包括国家开发银行和政策性银行、大型商业银行、股份制银行等金融机构总部数据；大型商业银行包括中国工商银行、中国农业银行、中国银行、中国建设银行和交通银行；小型农村金融机构包括农村商业银行、农村合作银行和农村信用社；新型农村金融机构包括村镇银行、贷款公司、农村资金互助社和小额贷款公司；其他包含金融租赁公司、汽车金融公司、货币经纪公司、消费金融公司等。

2. 存款合理增长，增速呈现结构分化。 2022 年末，全省本外币各项存款余额 4.0 万亿元，同比增长 8.4%，增速较上年末加快 6 个百分点，较年初增加 3061 亿元，同比多增 2194 亿元。其中，人民币各项存款余额 3.9 万亿元，同比增长 8.5%。分部门看，住户存款同比增长 12.7%，高于各项存款增速 4.3 个百分点，对存款拉动作用明显。非金融企业存款同比下降 1.0%，增速较上年末回升 4.2 个百分点。非银行业金融机构存款同比增长 55.5%，增速高于上年同期 51.2 个百分点。

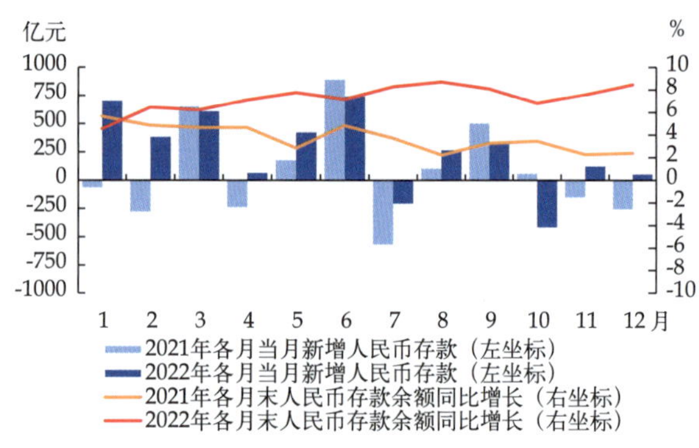

图 1　金融机构人民币存款增长变化

（数据来源：中国人民银行昆明中心支行）

3. 贷款平稳增长，信贷结构持续优化。 2022 年末，全省本外币各项贷款余额 4.3 万亿元，同比增长 9.5%，较年初增加 3705 亿元，同比少增 221 亿元。补短板保障有力，三大基础设施建设领域[①]贷款余额同比增长 9.8%，高于各项贷款增速 0.3 个百分点。信贷加快投向重点领域，制造业中长期贷款余额 1262 亿元，同比增长 30.0%。普惠小微企业贷款“量增、面扩、价降”，年末余额 3309 亿元，同比增长 26.3%，高于各项贷款增速 16.8 个百分点；贷款户数 136 万户，同比增长 20.5%。支持“三农”力度不减，涉农贷款同比增长 14.0%，高于各项贷款增速 4.5 个百分点。绿色金融发展向好，绿色贷款余额同比增长 27.8%，高于各项贷款增速 18.3 个百分点。

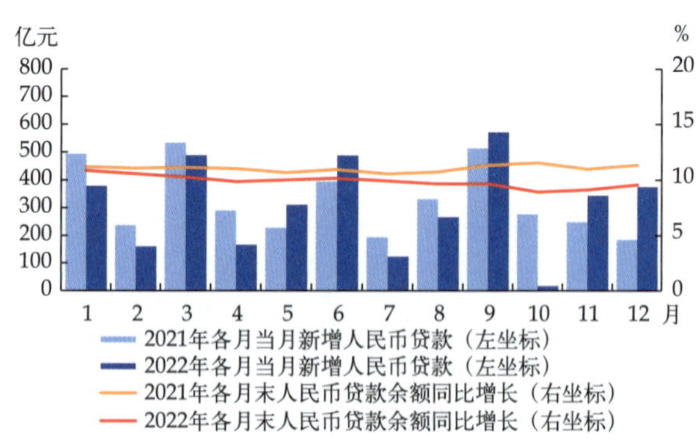

图 2　金融机构人民币贷款增长变化

（数据来源：中国人民银行昆明中心支行）

① 三大基础设施行业包括：电力、热力、燃气及水生产和供应业，交通运输、仓储和邮政业，水利、环境和公共设施管理业。

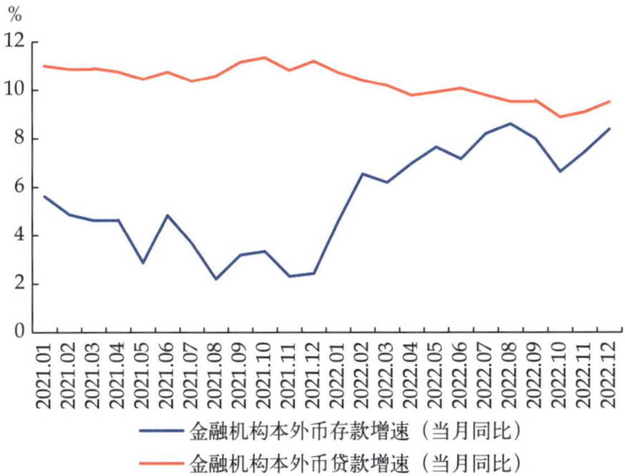

图 3　金融机构本外币存贷款增速变化

（数据来源：中国人民银行昆明中心支行）

4. 表外业务结构分化，委托贷款增长较快。 受政策性开发性金融工具投放拉动，委托贷款余额 1845 亿元，比年初增加 154 亿元，同比增长 9.1%；信托贷款继续压降，年末余额 459 亿元，比年初减少 361 亿元，减少 44.0%；全省金融机构发行的同业存单余额 239 亿元，比年初减少 31 亿元，减少 11.5%；2022 年末，全省银行业金融机构净值型理财产品余额 2836 亿元。

5. 贷款利率持续下行，存款利率稳中有降。 2022 年，全省银行业金融机构人民币一般贷款加权平均利率为 4.8%，同比下降 0.25 个百分点。其中，企业贷款利率持续下行，全省企业贷款加权平均利率为 4.29%，同比下降 0.46 个百分点；小微企业贷款加权平均利率为 4.68%，同比下降 0.29 个百分点；普惠口径小微贷款加权平均利率为 5.43%，同比下降 0.34 个百分点。2022 年末，全省活期存款加权平均利率为 0.28%，同比下降 0.04 个百分点。2022 年，全省定期存款加权平均利率为 2.33%，同比下降 0.05 个百分点。

表 2　2022 年金融机构人民币贷款各利率区间占比

单位：%

项目		1 月	2 月	3 月	4 月	5 月	6 月
合计		100.0	100.0	100.0	100.0	100.0	100.0
LPR 减点		9.4	14.8	9.0	16.4	19.8	17.2
LPR		10.2	11.4	8.6	8.5	8.8	11.4

续表

项目		1 月	2 月	3 月	4 月	5 月	6 月
LPR 加点	小计	80.4	73.8	82.4	75.1	71.5	71.3
	(LPR，LPR+0.5%)	18.3	15.9	18.6	14.1	15.6	18.6
	[LPR+0.5%，LPR+1.5%)	27.0	27.9	32.2	26.5	29.2	26.8
	[LPR+1.5%，LPR+3%)	21.8	22.4	25.6	21.8	21.4	20.8
	[LPR+3%，LPR+5%)	12.5	6.5	5.4	11.9	4.3	4.3
	LPR+5% 及以上	0.9	1.0	0.7	0.9	0.9	0.7
项目		7 月	8 月	9 月	10 月	11 月	12 月
合计		100.0	100.0	100.0	100.0	100.0	100.0
LPR 减点		20.0	19.7	31.0	19.8	21.4	27.0
LPR		7.4	8.4	5.7	9.2	7.5	10.2
LPR 加点	小计	72.6	71.9	63.3	71.0	71.1	62.8
	(LPR，LPR+0.5%)	15.5	18.6	15.3	14.2	14.5	14.4
	[LPR+0.5%，LPR+1.5%)	28.5	26.6	26.2	27.6	29.2	24.1
	[LPR+1.5%，LPR+3%)	18.9	17.4	14.9	19.2	18.7	17.1
	[LPR+3%，LPR+5%)	5.0	4.6	3.7	4.7	4.0	3.6
	LPR+5% 及以上	4.8	4.7	3.3	5.4	4.7	3.6

数据来源：中国人民银行昆明中心支行。

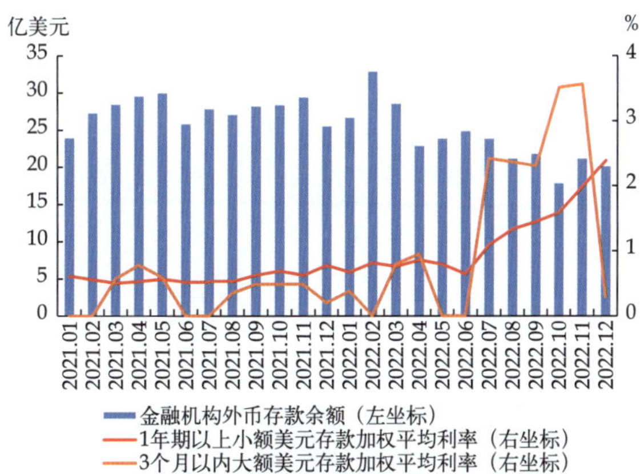

图 4　金融机构外币存款余额及外币存款利率

（数据来源：中国人民银行昆明中心支行）

6. 加大重点领域风险处置力度，金融体系运行稳健。 统筹推进重点机构、重点领域的安全与发展，高风险机构数量总体保持在较低水平，金融领域的风险得到缓释。2022 年末，全省不良贷款两项指标一升一降，基本稳定。不良贷款余额 587 亿元，较年初增加 23 亿元；不良贷款率为 1.4%，较年初下降 0.1 个百分点；拨备覆盖率较年初提高 51.1 个百分点。流动性保持合理充裕。2022 年末，全省法人机构流动性比例为58.3%，同比提升2.2个百分点，超额备付金率为5.2%。地方法人机构资本充足率较上年下降0.1个百分点；杠杆率为7.5%，保持在合理区间。

7. 跨境人民币业务稳定发展，服务自贸区建设取得进展。2022年，全省跨境人民币收付金额650亿元，同比减少6.9%。自2010年6月试点以来，全省跨境人民币累计收付金额达7198亿元，累计参与结算企业5200余家，境外地域覆盖面扩大至116个国家或地区，其中“一带一路”共建国家42个。2022年，云南自贸试验区内银行跨境人民币收付金额196亿元，开展更高水平贸易投资便利化业务收付金额12亿元，以金融服务创新带动跨境人民币跨境使用。

专栏1　金融政策工具加力增效　更高水平服务稳增长

2022年，云南省细化金融支持疫情防控和经济社会发展措施，组织实施“货币政策工具精准支持行动”，推动系列结构性货币政策工具顺利落地。

再贷款再贴现使用量创历史新高。突出精准滴灌和正向激励导向，持续优化再贷款工具管理，丰富“再贷款+”使用场景，撬动金融“活水”加快向乡村振兴、民营企业、小微企业集聚。推广“再贴现+票据贴现”定向支持模式，引导优化票据融资服务，鼓励应收账款票据化，服务企业资金周转。2022年，全省累计发放支农支小再贷款281亿元，同比增长108.7%，创有统计以来年度最高；累计办理再贴现511亿元，同比增长79.4%，首次突破500亿元大关。

普惠小微贷款支持工具撬动效应明显。做好两项直达实体货币政策工具的接续转换，对符合条件的地方法人金融机构，按照其普惠小微贷款增量的2%给予资金激励，促进扩大普惠小微贷款投放，支持普惠小微企业平稳发展。2022年，通过普惠小微贷款支持工具累计向74家地方法人金融机构发放激励资金4亿元，撬动新增313亿元普惠小微企业贷款。依靠政策工具带动发力，全省普惠小微贷款同比增长26.3%，高于全国平均水平2.5个百分点。

政策性开发性金融工具支持有力。政策性开发性金融工具政策安排出台后，省级层面建立项目融资对接工作专班，人民银行昆明中心支行与省发改委建立常态化合作机制，全面细化重大项目名单制管理、融资对接、政策咨询和问题反馈等措施，推动金融工具在云南省快速落地、有效应用，全省累计争取132个重点基础设施项目纳入工具支持范围，获得资金支持305亿元，为近年来云南省争取同类金融政策支持的最好水平。

专项再贷款工具高效使用。一是建立跨部门工作专班，设立设备更新改造项目贷款审批绿色通道，全省各金融机构签订设备更新改造贷款项目202个，合计授信93亿元，完成贷款投放45亿元。二是推动碳减排支持工具成效加快显现。前三季度，运用碳减排支持工具带动全省金融机构投放碳减排贷款119亿元，带动碳减排281万吨。三是保障科技创新再贷款顺利施行，金融机构获得科技创新再贷款支持约17亿元，带动对高新技术和“专精特新”企业授信80亿元、发放贷款54亿元。

（二）证券业稳中向好，多层次资本市场建设有效推进

1. 证券机构体系全面完善。2022年末，云南省共有法人证券公司2家，证券投资咨询公司1家，证券公司分公司35家，证券营业部146家。法人期货公司2家，期货分公司6家，期货营业部25家。全省完成登记的私募基金管

理人71家，备案基金175只，基金规模1074亿元。2022年，全省证券市场累计交易额3.5万亿元，客户资产4632亿元。期货市场累计交易额4.1万亿元，同比增长0.6%。

2. 多层次资本市场稳步发展。2022年末，全省共有上市公司42家，同比增加1家，其中，沪市16家、深市24家、北交所2家。总股本716亿股，总市值8914亿元。全省共有新三板挂牌公司58家，其中创新层18家、基础层40家、做市挂牌交易6家、集合竞价交易52家。全年通过交易所市场发行公司债券24只，金额234亿元；发行资产证券化产品10只，金额12亿元。全省存续公司债券96只，金额875亿元；存续资产证券化产品47只，金额144亿元。

表3　2022年证券业基本情况

项目	数量
总部设在辖内的证券公司数（家）	2
总部设在辖内的基金公司数（家）	0
总部设在辖内的期货公司数（家）	2
年末国内上市公司数（家）	42
当年国内股票（A股）筹资（亿元）	144
当年发行H股筹资（亿元）	0
当年国内债券筹资（亿元）	-198
其中：短期融资券筹资额（亿元）	115
中期票据筹资额（亿元）	-263

数据来源：云南证监局。

3. 再融资及并购重组有序推进。2022年，全省上市公司累计融资81亿元，其中IPO融资10亿元，再融资71亿元；1家上市公司再融资申请获得中国证监会受理，1家上市公司再融资申请获得深交所受理，2家上市公司公告再融资预案。截至2022年末，累计3家次上市公司完成重大资产重组，交易金额合计283亿元。

（三）保险业平稳发展，风险保障功能有效发挥

1. 保险经营主体不断丰富。2022年末，全省共有法人保险机构1家，省级分公司44家，其中，财产保险省级分公司28家、人身保险省级分公司16家。保险公司资产总额1533亿元，同比增长8.7%。其中财产险公司资产总额315亿元，同比增长5.6%，人身险公司资产总额1218亿元，同比增长9.5%。

2. 保费收入与赔付支出增长。2022年，全省保险业累计实现保险保费收入725亿元，同比增长5%，增速同比上升6.8个百分点；赔付支出314亿元，同比增长9.9%，增速同比上升5.3个百分点。其中，财产险公司累计实现保费收入335亿元，同比增长5.7%，赔付支出208亿元，同比增长8.7%；人身险公司累计实现保费收入390亿元，同比增长4.5%，赔付支出106亿元，同比增长12.4%。

3. 财产险公司险种结构持续优化。财产险公司车险保费收入同比增速扭负为正。2022年，财产险公司车险业务实现保费收入210亿元，同比增长4.1%，为车险综合改革后首次实现正增长，增速高于上年同期17.3个百分点。非车险业务占比持续提升。财产险公司非车险业务实现保费收入126亿元，同比增长8.3%，增速低于上年同期0.4个百分点，非车险保费收入占财产险公司保费收入的比重为35.7%，高于上年同期0.9个百分点。

表4　2022年保险业基本情况

项目	数量
总部设在辖内的保险公司数（家）	1
其中：财产险经营主体（家）	1
寿险经营主体（家）	0
保险公司分支机构（家）	44
其中：财产险公司分支机构（家）	28
寿险公司分支机构（家）	16
保费收入（中外资，亿元）	725.0
其中：财产险保费收入（中外资，亿元）	335.3
人身险保费收入（中外资，亿元）	389.7
各类赔款给付（中外资，亿元）	314.4

数据来源：云南银保监局。

（四）融资结构持续优化，金融市场平稳运行

1. 社会融资规模平稳增长。2022年，全省社会融资规模累计增加4562亿元，同比少增221亿元。分结构看，银行贷款增加3679亿元，同比少增178亿元，融资贡献度80.7%，与上年同期持平；政府债券增加1146亿元，同比少增203亿元，融资贡献度下降3.1个百分点至25.1%；企业债券减少198亿元，同比减少213亿元；股票融资增加144亿元，同比多增39亿元，融资贡献度上升0.96个百分点至3.15%。

2. 债务融资工具发行总体平稳。2022年，全省共发行197只债务融资工具，累计募集资金1942.43亿元，涉及26家企业。全省企业在银行间市场发行绿色债券162亿元，募集资金投向清洁能源、清洁交通等领域。

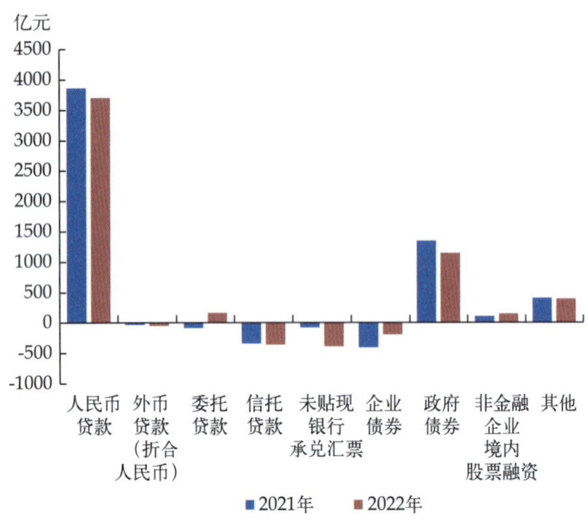

图5　社会融资规模分布结构

（数据来源：中国人民银行昆明中心支行）

3. 银行间市场交易活跃。2022年，全省地方法人金融机构及非法人产品在银行间市场累计交易11.1万亿元。其中，同业拆借业务累计发生2732亿元，债券回购业务累计发生10.0万亿元，现券买卖业务累计发生9521亿元，债券借贷业务标的债券券面总额累计53亿元。

表5　2022年金融机构票据业务量

单位：亿元

季度	银行承兑汇票承兑		贴现			
			银行承兑汇票		商业承兑汇票	
	余额	累计发生额	余额	累计发生额	余额	累计发生额
1	1099.40	459.65	3431.64	3935.96	112.91	125.81
2	1110.30	941.69	3911.17	8708.07	118.81	267.52
3	1123.46	1412.89	3866.59	12811.83	117.14	549.75
4	1080.82	1865.53	4242.39	16435.99	108.28	689.50

数据来源：中国人民银行昆明中心支行。

表6　2022年金融机构票据贴现、转贴现利率

单位：%

季度	贴现		转贴现	
	银行承兑汇票	商业承兑汇票	票据买断	票据回购
1	2.55	4.11	2.07	2.05
2	1.84	3.63	1.40	1.62
3	1.72	3.13	1.60	1.39
4	1.55	3.51	1.22	1.63

数据来源：中国人民银行昆明中心支行。

4. 票据业务量总体平稳。2022年，云南省票据承兑金额2213亿元，同比增长4.3%，其中，银行承兑汇票是最主要的品种，金额1866亿元，同比增长9.7%；商业承兑汇票金额347亿元，同比下降17.7%。全省票据累计贴现1.7万亿元，同比增长32.4%。

（五）自贸试验区金融服务水平持续提升

2022年，云南优质企业贸易外汇收支便利化试点提质扩面，试点银行为试点企业办理便利化业务154笔，金额1亿美元。全省新型离岸国际贸易跨境收支3亿美元，同比增长近1000%。跨境人民币业务加快发展，云南自贸区三个片区内银行共办理跨境人民币结算196亿元，占同期全省结算量的30%。完成92家外贸企业市场采购贸易外汇收支资质审核准入，市场采购贸易项下收汇3398万美元。强化金融科技应用，建设集生物识别、远程翻译、监测预

警等功能为一体的云南省境外边民银行账户信息平台，截至2022年12月末，云南省境外边民银行账户信息平台共办理业务1.1万笔，边民备案账户数5795个。

（六）稳步推动业务创新，金融生态环境不断优化

1. 征信体系建设进一步完善。健全多维查询渠道，2022年末，全省共设立572个征信服务网点，布放665台个人和企业信用报告自助查询机。云南省地方征信平台上线运行，为1.5万户企业解决融资需求135亿元。农村信用体系建设助力乡村振兴，信用户、信用村、信用乡（镇）建设成效明显，全省抵边行政村农户信用档案建档率达94.0%，信贷投放余额达60亿元。开展“征信修复”乱象专项治理“百日行动”，有效净化征信市场环境。构建完善全媒体宣传矩阵，持续普及征信知识，信用意识进一步深入人心。

2. 支付便民服务水平不断提升。2022年，云南省支付清算系统高效稳定运行，支付清算系统共处理业务3亿笔，同比增长29.3%；清算资金52.2万亿元，同比增长0.8%。大力拓宽支付服务民生广度深度。建设惠农支付服务点1.5万个，其中，普惠金融服务站7670个，全年发生交易笔数388万笔，金额49亿元，查询376万笔。支付服务主体累计实现支付手续费减费让利5亿元，累计惠及小微企业和个体工商户124万户次。严监管维护支付市场良好秩序。依法审慎开展辖内法人支付机构牌照续展及机构退市工作。推广开户核验机制以来，累计核验1715万笔，拦截涉案可疑人员开户行为2.2万次，云南省新开账户涉案占比由50%下降至15%。

表7　支付体系建设情况

年份	支付系统直接参与方（个）	支付系统间接参与方（个）	支付清算系统覆盖率（%）	当年大额支付系统处理业务数（万笔）	同比增长（%）
2021	5.0	33.0	99.9	1402.45	-5.21
2022	5.0	32.0	99.9	1215.6	-13.33

续表

年份	当年大额支付系统业务金额（亿元）	同比增长（%）	当年小额支付系统处理业务数（万笔）	同比增长（%）	当年小额支付系统业务金额（亿元）	同比增长（%）
2021	458137	-8.27	13316.49	11.61	48168.71	0.29
2022	457811.3	-0.07	16123.48	21.08	48447.41	0.41

数据来源：中国人民银行昆明中心支行。

3. 金融消费权益保护工作深入开展。2022年，全省人民银行持续提升“12363”暖心热线效能，消费者满意度达90.7%。积极推进金融纠纷多元化解机制建设，成功调解纠纷1267件。深入开展金融消费权益保护监督检查和评估，严肃查处侵害金融消费者合法权益的违法违规行为。有效发挥“满天星”金融服务、《滇游记》金融知识、云南省金融联合宣教等三大品牌效用，金融知识宣传教育活动惠及社会公众3245万余人次。

二、经济运行情况

2022年，云南省经济稳定恢复、总体向好。全省地区生产总值为2.9万亿元，同比增长4.3%。其中，第一产业增加值为4012亿元，同比增长4.9%；第二产业增加值为1.0万亿元，同比增长6.0%；第三产业增加值为1.4万亿元，同比增长3.1%；三次产业构成比为14∶36∶50。

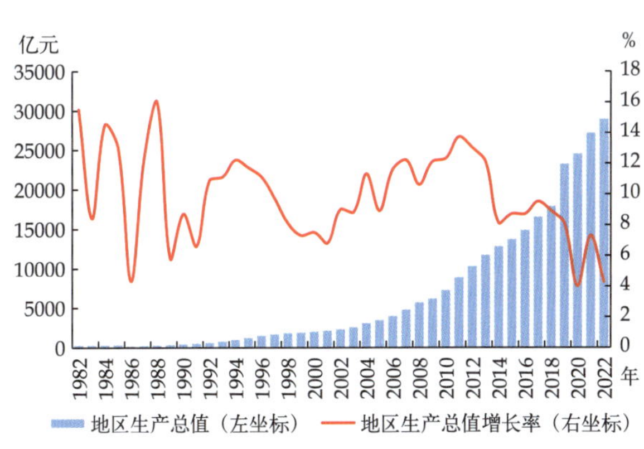

图6　地区生产总值及其增长率

（数据来源：云南省统计局）

（一）内需稳中向好，外需持续增强

1. 投资结构进一步优化。2022 年，全省固定资产投资（不含农户）同比增长 7.5%。分三次产业看，全省第一、第二产业投资同比分别增长 22.5% 和 48.7%，第三产业投资下降 2.3%。其中，产业投资同比增长 42.5%，高于上年增速 30.6 个百分点，占全部投资的比重为 40.6%，比上年提高 10.0 个百分点。工业投资同比增长 48.8%，投资占比达 21.2%，在重点行业中排第 1 位，彻底改变“一房独大”投资格局。民间投资同比增长 5.3%，与上年增速持平，从下半年以来增速持续提高。其中，产业民间投资同比增长 39.0%，市场预期明显好转。

2. 全省消费市场企稳向好。受疫情多发散发等超预期因素影响，全省消费市场呈现“高开低走缓回，全年企稳向好”的增长态势，全省实现社会消费品零售额 1.1 万亿元，同比增长 1.0%。从消费形态看，商品零售 9322 亿元，同比增长 1.0%；餐饮收入 1517 亿元，同比增长 1.0%。从消费品类来看，基本生活类商品增速良好，限额以上单位粮油食品类、饮料类、烟酒类、中西药品类商品零售额同比分别增长 5.5%、8.9%、5.2% 和 15.3%；升级类消费需求持续释放，限额以上单位金银珠宝类、建筑及装潢材料类和文化办公用品类商品零售额同比分别增长 14.6%、19.3% 和 9.0%，限额以上单位新能源汽车类商品零售额同比增长 1.5 倍。

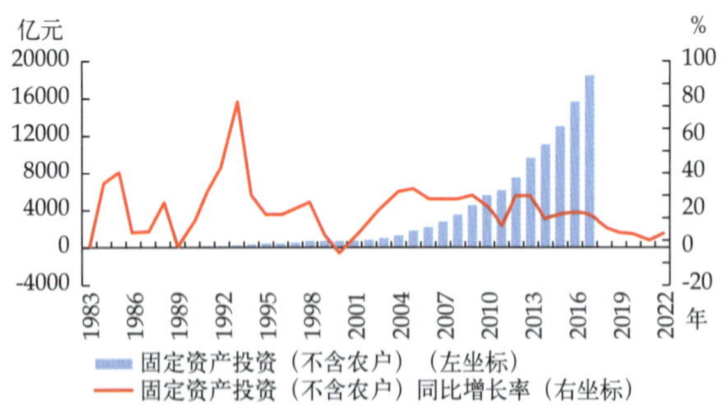

图 7　固定资产投资（不含农户）及其增长率

（数据来源：云南省统计局[①]）

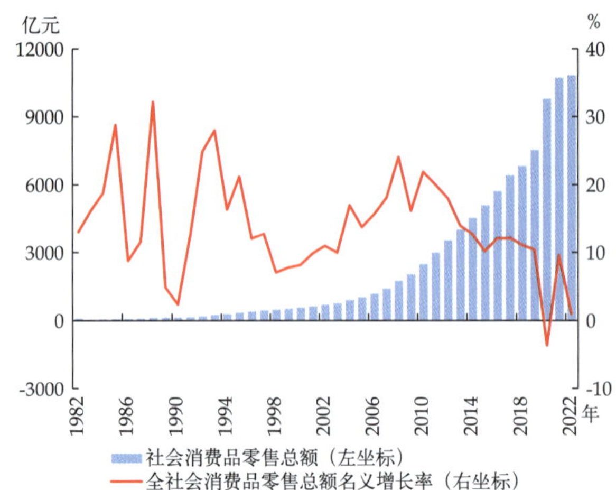

图 8　社会消费品零售总额及其增长率

（数据来源：云南省统计局）

3. 进出口贸易持续增长。全年全省完成进出口总额 3342 亿元，同比增长 6.3%，其中，出口 1613 亿元，同比下降 8.7%；进口 1730 亿元，同比增长 25.6%。从贸易对手看，全省对 RCEP 其他成员国、东盟分别进出口 1438 亿元、1274 亿元，同比分别增长 2.1% 和 2.3%。从贸易产品看，单晶硅切片是出口最大单项商品，出口 83 亿元，同比增长 168.6%，占云南省出口总值的 5.1%；进口以能源产品、金属矿砂、农产品为主，同比分别增长 50.8%，7.3% 和 31.2%。

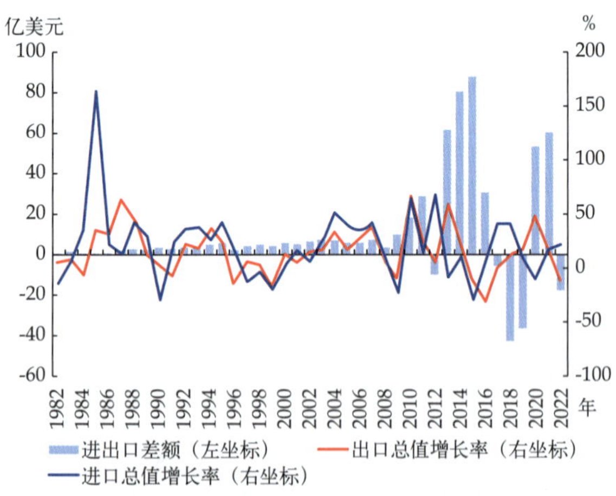

图 9　外贸进出口变动情况

（数据来源：云南省统计局、云南省商务厅）

① 2018 年起云南省固定资产投资（不含农户）绝对值未公布。

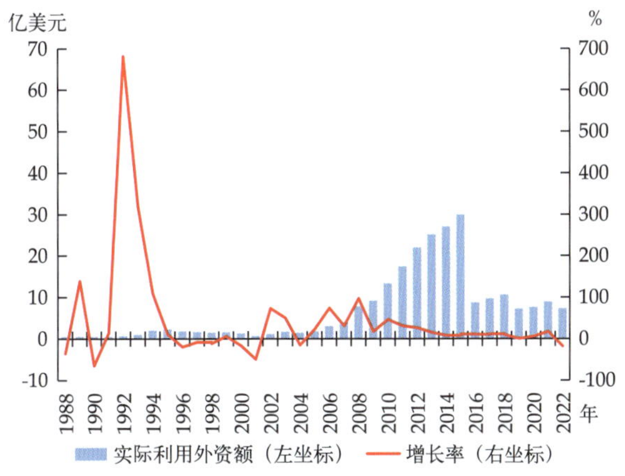

图 10　实际利用外资额及其增长率

（数据来源：云南省统计局、云南省商务厅）

（二）现代产业体系加快培育，促进新旧动能接续转换

1. 农林牧渔业保持平稳。全年实现农林牧渔业总产值 6636 亿元，同比增长 5.5%。其中，农业（种植业）、林业、畜牧业、渔业产值同比分别增长 5.1%、6.9%、5.9% 和 3.0%。粮食产量和单产再创新高，全年粮食总产量 1958 万吨，同比增加 28 万吨；粮食单产为 310 公斤 / 亩，同比增加 3 公斤。高原特色农业提质增效，全年蔬菜、水果、茶叶产量同比分别增长 7.3%、14.7% 和 7.0%；优势特色产业集群发展态势良好，鲜切花、中药材、坚果产量同比分别增长 11.0%、14.9% 和 17.3%。

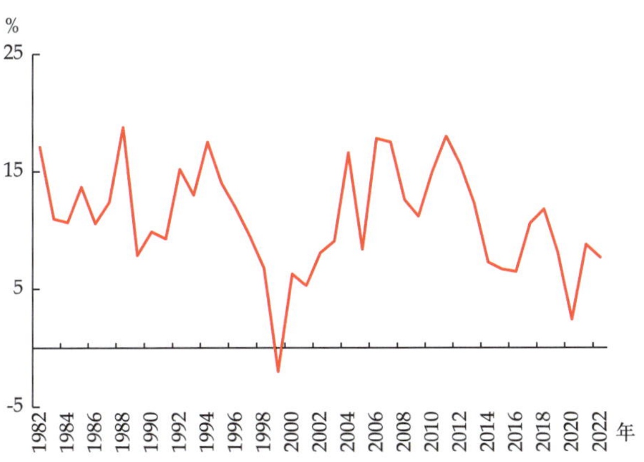

图 11　规模以上工业增加值实际增长率

（数据来源：云南省统计局）

2. 工业转型升级步伐加快。全年规模以上工业增加值同比增长 7.7%，从三大门类看，采矿业增加值同比增长 4.8%，制造业增加值同比增长 8.7%，电力、热力、燃气及水生产和供应业增加值同比增长 5.3%，制造业较快增长引领带动工业高质量发展。传统产业稳定发展，烟草制品业同比增长 5.8%，为 2015 年以来年度最高增速；有色、电力行业同比分别增长 15.7% 和 2.2%。工业转型升级成效显著，电子、化工行业增加值分别占规模以上工业的比重为 9.3% 和 5.0%。工业招大引强取得明显成效，一批行业领军企业落地投产，绿色铝、绿色硅产值同比分别增长 36.6% 和 130.9%；新能源电池产业初具雏形，完成产值 319 亿元，同比增长 4 倍。

3. 服务业实现企稳回升。2022 年，全省规模以上服务业实现营业收入 2519 亿元，同比增长 1.4%。重点行业营业收入同比增长 7.5%，其中，多式联运和运输代理业同比增长 16.5%；装卸搬运和仓储业同比增长 0.8%；租赁和商务服务业同比增长 5.6%；科学研究和技术服务业同比增长 18.1%；居民服务、修理和其他服务业同比增长 7.6%；文化体育和娱乐业同比下降 9.6%。

4. 产业强省建设加速推进。新动能引领作用增强，高技术制造业和装备制造业增加值同比增速分别比规模以上工业增加值增速高 31.7 个和 41.4 个百分点，新增产值超千亿元、超 500 亿元开发区各 1 家。农业产业基础不断夯实，完成 480 万亩高标准农田建设，粮食播种面积 6317 万亩，产量 1958 万吨。建成 2 个国家农业绿色发展先行区，创建“一县一业”示范县 20 个、特色县 30 个，净增农业产业化龙头企业 983 户。新增 11 户 A 级物流企业。持续推进旅游业高质量发展，新认定 29 个 AAAA 级景区，新打造 10 条全国乡村旅游精品线路和 10 个重点村镇。

5. 营商环境持续提升优化。行政许可事项清单管理全面实行，政务服务事项全程网办率达到 76%。开展政策宣传、服务、兑现“三进经营主体”活动，退减降缓税费超 1000 亿元，其中留抵退税超 800 亿元。返还失业保险稳岗资金8亿元。经营主体总数达到491万户，增长19.5%、增速居全国前列、净增80万户，其中净增企业17万户、“四上”企业2100户、国家级专精特新“小巨人”企业15户，实有企业数和年度新登记经营主体数均破百万。

6. 生态保护与绿色发展协同推进。全面彻底抓好生态环境突出问题整改。完成九湖“两线”划定，严格“三区”管控，从严修订保护条例，生态保护核心区面积是之前一级保护区的2.8倍。地表水国控断面优良水体比例达91.6%。亚洲象、香格里拉、高黎贡山、哀牢山纳入国家公园创建布局。出台碳达峰碳中和实施方案和实施意见，坚决遏制“两高一低”项目盲目发展。大力推进城乡绿化美化，完成营造林430万亩。新增3个国家生态文明建设示范区和1个“绿水青山就是金山银山”实践创新基地。

（三）物价温和上涨，就业形势总体稳定

1. 居民消费价格总体平稳。2022年，居民消费价格（CPI）同比上涨1.6%，其中，食品价格上涨0.7%，非食品价格上涨1.8%。八大类商品和服务价格均有上涨：食品烟酒消费价格上涨1.1%，衣着消费价格上涨0.4%，居住消费价格上涨0.2%，生活用品及服务消费价格上涨0.8%，交通通信消费价格上涨5.4%，教育文化娱乐消费价格上涨1.6%，医疗保健消费价格上涨0.8%，其他用品及服务消费价格上涨2.2%。扣除食品和能源价格后的核心CPI上涨0.8个百分点。

2. 工业生产者价格涨幅持续回落。工业生产者出厂价格比上年上涨5.4%，涨幅回落4.6个百分点。分季度看，第一季度上涨12.2%，上半年上涨11.1%，前三季度上涨8.3%，全年涨幅回落至5.4%。从结构看，生产资料价格由上年13.8%的涨幅回落至6.8%，影响PPI上涨约5.1个百分点，超过总涨幅的94%；生活资料价格整体平稳，由上年下降0.2%转为上涨1.2%，影响PPI上涨约0.3个百分点。

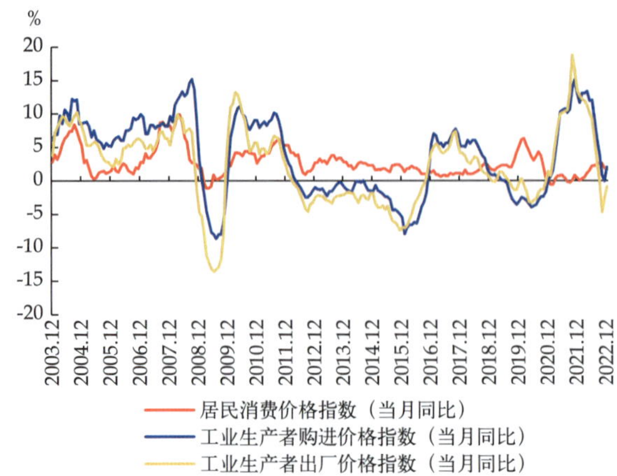

图12　居民消费价格指数和工业生产者价格指数变动趋势

（数据来源：国家统计局云南调查总队）

3. 就业形势总体稳定。全省实现新增城镇就业52万人，农村劳动力转移就业1569万人，城镇调查失业率5.1%。全年居民人均可支配收入2.7万元，比上年增长5.0%。其中，城镇、农村常住居民人均可支配收入分别为4.2万元和1.5万元，分别增长3.1%和6.7%，城乡收入比值为2.8：1，同比缩小0.1。全省居民人均消费支出1.9万元，同比增长0.5%。

（四）财政运行总体平稳，民生投入力度持续加大

1. 财政收支总体保持平稳。2022年，全省地方一般公共预算收入完成1949亿元，扣除留抵退税因素后，比上年同口径增长2.0%，按自然口径计算下降14.4%；地方一般公共预算支出完成6700亿元，同比增长1.0%。

2. 减税降费政策成效显著。全年退减降缓税费超千亿元，其中完成增值税留抵退税819亿元，其中，地方级409亿元，切实减轻企业负担。

3. 全力保障民生领域支出。财政支出向民生领域倾斜，全省民生支出占比达73%，其中，灾害防治应急管理支出同比增长18.4%；交通运输支出同比增长5.2%；社会保障和就业支出同比增长4.0%；教育支出同比增长1.9%。

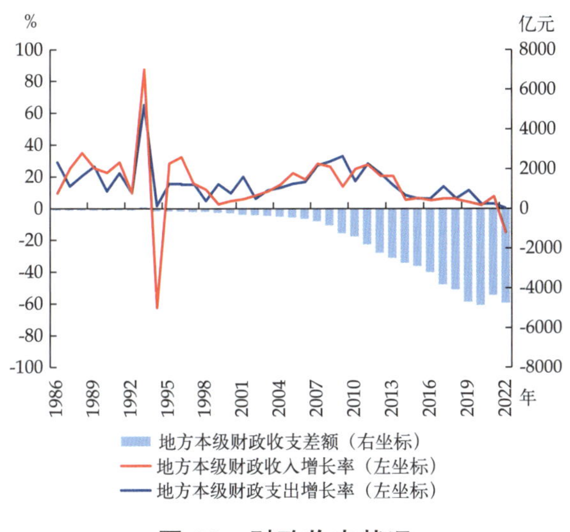

图 13　财政收支状况

（数据来源：云南省统计局、云南省财政厅）

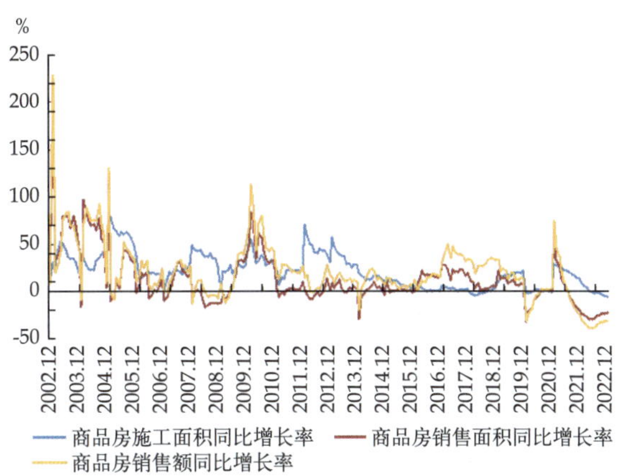

图 14　商品房施工和销售变动趋势

（数据来源：云南省统计局）

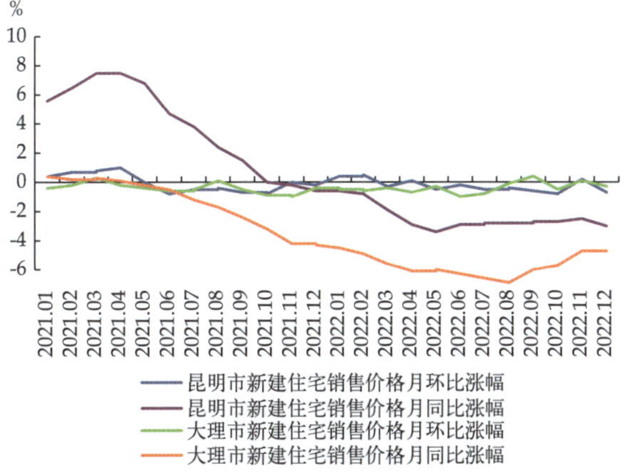

图 15　主要城市新建住宅销售价格变动趋势

（数据来源：国家统计局《中国经济景气月报》）

（五）房地产市场低位运行，供需有所回落

2022 年，云南省房地产开发投资同比下降 26.9%，其中，商品住宅投资同比下降 25.3%。商品房施工面积、新开工面积同比分别下降 6.0% 和 54.8%，竣工面积上升 0.96%。商品房销售面积、销售额同比分别下降 24.3% 和 32.5%。重点城市昆明、大理商品住房销售价格均持续下行。

专栏 2　大力发展绿色金融　支持云南建设全国生态文明排头兵

2022 年，云南省金融系统深入贯彻落实习近平生态文明思想和习近平总书记考察云南重要讲话精神，大力发展绿色金融，全力支持云南省建设全国生态文明排头兵，取得积极成效。

制度体系逐步完善。全省加快完善绿色金融顶层设计，设立了云南省绿色金融委员会。人民银行昆明中心支行成立绿色金融工作领导小组，指导各州市同步建立绿色金融工作组织架构。各省级金融机构根据自身特点设立绿色金融委员会、绿色金融中心、绿色金融工作组、绿色支行等，提供特色化、专业化服务。先后出台《关于云南省加快绿色金融发展的意见》《绿色金融“靓点”工作行动方案》《支持普洱市高质量建设绿色经济示范区的意见》《创建绿色金融示范区工作方案》等政策文件，引导对绿色低碳发展重点领域和关键环节加大支持。制定《云南省金融支持生物多样性保护及可持续利用指引》，绿色金融工作在云南省上下实现一体推进。

信贷资金强化支持。编制发布碳减排政策工具操作要点及绿色金融信贷产品服务手册，推动政策宣传精准直达。指导碳减排支持工具、煤炭清洁高效利用专项再贷款申报，为金融机构扩大绿色信贷投放补充低成本资金来源。按季对绿色金融工作开展考核评价，促进金融资源精准匹配绿色低碳发展融资需求，加大对基础设施绿色升级、清洁能源、生态环境、节能环保、清洁生产等领域的支持。通过努力，全省绿色贷款实现快速增长，年内余额突破5000亿元，全年贷款增量突破千亿元，实现“三个高于”：年末，全省绿色贷款余额5130亿元，比年初增加1126亿元，比上年同期多增428亿元；同比增长28.1%，高于各项贷款增速18.6个百分点；占各项贷款余额的12.0%，比重比上年同期水平提高1.8个百分点。全年发放清洁能源领域碳减排贷款213亿元，带动碳减排约540万吨。

融资渠道有效拓宽。积极探索绿色融资云南新模式。借力资本市场支持绿色企业上市融资和再融资，全国首单“绿色＋乡村振兴”和“碳中和＋乡村振兴”超短期融资券落地云南。2022年，云南省在银行间市场发行绿色债券161.8亿元，加权平均发行利率2.36%，比云南省债务融资工具加权平均利率低219个基点。推动碳资产实现独立融资，为西双版纳州林业和草原局办理VCS（国际核证碳减排标准）林业碳汇项目跨境碳汇交易（第一期项目）首付资金的跨境结算，保障中国香港汇入共计人民币110万元资金顺利落地。农村信用社参与创新碳减排信贷产品取得突破，云景林纸股份有限公司子公司10万亩思茅松碳汇造林项目，按照50%的碳汇价值，首次获得林业碳汇质押贷款600万元，享受三年期4.35%优惠利率。

运作模式加快创新。结合云南省能源资源、生态环境、生物多样性等方面的优势，推动各地汇聚金融力量守护云南省绿水青山，支持生物多样性保护。滇池综合治理和洱海流域大型生物工程国家试点项目引入“财政专项资金＋多元化金融支持＋企业内源收益”模式解决资金来源。洱海流域湖滨缓冲带生态修复与湿地建设工程项目探索应用“社会资本＋绿色信贷＋财政资金”组合融资，丰富拓展了PPP模式。滇池综合治理和异龙湖环境治理工程项目建设整合绿色金融债、企业债、地方政府专项债，首次实现“三债”合并发力。绿色金融在支持生物多样性保护上发力，以旅游门票收入、特定资产收费权等为质押或保证，为生态环境和生态修复提供信贷支持。政金企推动实现贷保结合、债贷结合，形成保护亚洲象和守护云南古茶林的合力。

三、预测与展望

当前，云南省综合交通、产业基础、资源条件、生态环境、改革创新、对外开放等正逐步形成协同效应，随着“一带一路”建设、长江经济带发展、西部大开发、自贸试验区等国家重大战略和政策在云南交汇，独特的区位优势、资源优势、开放优势更加凸显。但是，云南省发展不平衡不充分的问题仍然存在。2023年，云南省继续坚持以习近平新时代中国特色社会主义思想为指导，全面贯彻落实党的二十大精神和中央经济工作会议精神，深入贯彻习近平总书记考察云南重要讲话精神和国务院关于支持云南加快建设我国面向南亚东南亚辐射中心的意见，坚持稳中求进工作总基调，完整、准确、全面贯彻新发展理念，积极服务和融入新发展格局，着力推动高质量发展，更好统筹发展和安全，坚持创新驱动发展，全面深化改革开放，持续优化营商环境，大力提振市场信心，把实施扩大内需战略同深化供给侧结构性改革有机结合起来，全力稳经济、增动能、惠民生、防风险、保稳定，做好稳增长、稳就业、稳物价工作，有效防范化解重大风险，推动经济实现质的有效提升和量的合理增长，为实施“3815”战略发展目标打下坚实基础。

中国人民银行云南省分行货币政策分析小组

总　　纂：韩　飚　经　纬

统　　稿：杨　杰　岑　超

执　　笔：刘婷婷　杨逸卉

提供材料：王怡丰　丁彩伦　戴明爽　杨　缘　赵　阳　龙　姝　杨玉冰　和治臣　段晓伟　李　震　徐　蒙

附录：

（一）2022 年云南省经济金融大事记

1 月 28 日，云南省人民政府印发《2022 年稳增长若干政策措施的通知》，在做好疫情防控、扩大有效投资、实施促消费行动等 8 个方面出台 32 条工作措施，更好统筹疫情防控和经济社会发展，保持经济运行在合理区间。

3 月 31 日，召开省财政金融风险处置工作领导小组暨省金融风险化解委员会扩大会议。

4 月 26 日，中国人民银行昆明中心支行、国家外汇管理局云南省分局联合印发《关于做好疫情防控和经济社会发展金融服务若干措施的通知》，该通知提出 25 条措施，持续提高金融服务实体经济质效。

5 月 10 日，全省金融服务乡村振兴工作座谈会在昆明举行。

5 月 17—19 日，中共中央政治局常委、国务院总理李克强赴曲靖、昆明考察。18 日，李克强总理在云南主持召开座谈会，研究部署进一步稳增长稳经营主体保就业。

9 月 27 日，云南省地方征信平台（云南省征信融资服务平台）正式上线试运行。

12 月 8 日，滇老双边央行召开视频会议。

（二）云南省主要经济金融指标

表 1　2022 年云南省主要存贷款指标

	项目	1月	2月	3月	4月	5月	6月	7月	8月	9月	10月	11月	12月
本外币	金融机构各项存款余额（亿元）	37233.3	37655.2	38238.9	38275.4	38706.6	39457.9	39248.2	39500.0	39832.1	39391.3	39539.5	39580.7
	其中：住户存款	20007.3	19853.9	20371.0	20271.3	20330.7	20756.5	20630.0	20780.4	21391.8	21126.7	21372.4	21796.7
	非金融企业存款	8273.8	8279.9	8595.4	8607.8	8974.7	9304.1	9007.3	9147.4	9005.6	8447.8	8391.0	8211.7
	各项存款余额比上月增加（亿元）	713.3	421.9	583.7	36.4	431.3	751.2	-209.7	251.8	332.1	-440.8	148.2	41.2
	金融机构各项存款同比增长（%）	4.6	6.5	6.2	7.0	7.7	7.2	8.2	8.6	8.0	6.6	7.5	8.4
	金融机构各项贷款余额（亿元）	39364.8	39525.8	40035.5	40200.3	40514.6	40997.7	41122.0	41383.9	41958.0	41980.5	42331.2	42682.8
	其中：短期	7536.9	7528.3	7731.9	7714.9	7869.8	7997.9	7999.5	8065.9	8174.5	8056.9	8094.8	8034.8
	中长期	28175.4	28263.2	28540.4	28612.9	28723.1	29029.3	29123.7	29339.3	29861.5	29999.0	30191.2	30533.8
	票据融资	1966.7	2039.7	2059.3	2163.7	2248.2	2309.4	2335.2	2318.7	2291.8	2298.3	2417.1	2503.7
	各项贷款余额比上月增加（亿元）	386.9	161.0	509.7	164.8	314.3	483.2	124.3	262.0	574.0	22.6	350.7	351.5
	其中：短期	153.6	-8.6	203.6	-17.0	154.9	128.1	1.6	66.4	108.6	-117.6	37.9	-60.0
	中长期	306.9	87.8	277.2	72.5	110.1	306.3	94.4	215.6	522.2	137.4	192.3	342.6
	票据融资	-84.1	73.0	19.6	104.4	84.5	61.2	25.8	-16.6	-26.9	6.5	118.8	86.6
	金融机构各项贷款同比增长（%）	10.7	10.4	10.2	9.8	9.9	10.1	9.8	9.5	9.6	8.9	9.1	9.5
	其中：短期	11.6	11.2	12.1	10.2	12.2	12.9	12.4	12.7	12.8	10.5	10.3	8.8
	中长期	10.2	9.3	8.7	8.1	8.0	8.4	7.9	7.6	8.6	8.2	8.5	9.5
	票据融资	12.7	20.8	20.7	28.2	30.0	26.0	31.4	29.3	20.6	21.4	22.9	22.1
	建筑业贷款余额（亿元）	1091.3	1089.2	1146.5	1133.3	1178.9	1187.1	1199.4	1216.5	1281.4	1276.3	1274.1	1219.4
	房地产业贷款余额（亿元）	1476.4	1463.1	1461.7	1438.5	1404.6	1419.2	1391.1	1404.7	1450.4	1430.7	1424.8	1418.7
	建筑业贷款同比增长（%）	-0.7	-1.7	0.2	-3.1	-0.8	-0.6	2.9	2.9	8.4	5.4	4.9	5.2
	房地产业贷款同比增长（%）	-9.2	-10.2	-9.5	-10.9	-12.3	-9.5	-9.5	-8.2	-4.3	-5.4	-5.0	-4.1
人民币	金融机构各项存款余额（亿元）	37063.7	37447.8	38058.2	38124.3	38548.1	39291.4	39087.8	39354.4	39677.6	39263.9	39387.9	39441.1
	其中：住户存款	19943.3	19790.5	20307.2	20203.7	20263.0	20687.5	20560.6	20712.3	21322.4	21057.8	21304.4	21730.6
	非金融企业存款	8196.2	8165.5	8508.3	8546.7	8910.0	9239.2	8950.7	9100.5	8961.9	8421.7	8353.8	8167.3
	各项存款余额比上月增加（亿元）	706.0	384.0	610.4	66.2	423.8	743.3	-203.6	266.6	323.2	-413.6	124.0	53.2
	其中：住户存款	668.3	-152.9	516.7	-103.5	59.3	424.5	-126.9	151.7	610.1	-264.6	246.5	426.2
	非金融企业存款	-20.7	-30.7	342.8	38.4	363.3	329.2	-288.5	149.7	-138.5	-540.3	-67.9	-186.5
	各项存款同比增长（%）	4.6	6.5	6.2	7.1	7.8	7.2	8.3	8.7	8.1	6.8	7.6	8.5
	其中：住户存款	13.1	9.1	9.0	10.5	10.8	10.5	11.7	12.1	11.5	12.2	12.9	12.7
	非金融企业存款	-2.7	3.6	2.4	3.8	8.1	8.4	8.6	9.0	7.3	5.0	0.5	-0.6
	金融机构各项贷款余额（亿元）	39024.9	39186.2	39674.7	39841.9	40152.9	40641.1	40764.4	41030.6	41602.2	41619.6	41963.3	42338.6
	其中：个人消费贷款	9448.0	9405.4	9475.7	9471.6	9499.9	9557.1	9566.3	9608.3	9647.4	9649.2	9718.5	9723.5
	票据融资	1966.7	2039.7	2059.3	2163.7	2248.2	2309.4	2335.2	2318.7	2291.8	2298.3	2417.1	2503.7
	各项贷款余额比上月增加（亿元）	378.4	161.3	488.5	167.1	311.0	488.2	123.3	266.3	571.5	17.5	343.7	375.3
	其中：个人消费贷款	70.7	-42.6	70.3	-4.0	28.3	57.2	9.2	41.9	39.1	1.9	69.3	5.0
	票据融资	-84.1	73.0	19.6	104.4	84.5	61.2	25.8	-16.6	-26.9	6.5	118.8	86.6
	金融机构各项贷款同比增长（%）	10.8	10.5	10.3	9.8	10.0	10.2	9.9	9.6	9.7	8.9	9.1	9.6
	其中：个人消费贷款	10.7	9.5	8.4	7.4	6.7	6.3	5.7	5.4	5.1	4.4	4.0	3.7
	票据融资	12.7	20.8	20.7	28.2	30.0	26.0	31.4	29.3	20.6	21.4	22.9	22.1
外币	金融机构外币存款余额（亿美元）	26.6	32.8	28.5	22.8	23.8	24.8	23.8	21.1	21.8	17.7	21.1	20.0
	金融机构外币存款同比增长（%）	11.3	20.5	0.3	-22.6	-20.4	-3.7	-14.3	-21.7	-22.6	-37.3	-28.0	-21.3
	金融机构外币贷款余额（亿美元）	53.3	53.7	56.8	54.2	54.3	53.1	53.0	51.3	50.1	50.3	51.3	49.4
	金融机构外币贷款同比增长（%）	1.4	-1.0	6.8	1.5	-2.8	-2.1	-5.5	-8.6	-9.0	-6.1	-4.6	-4.9

数据来源：中国人民银行昆明中心支行。

表 2　2001—2022 年云南省各类价格指数

单位：%

时间		居民消费价格指数		农业生产资料价格指数		工业生产者购进价格指数		工业生产者出厂价格指数	
		当月同比	累计同比	当月同比	累计同比	当月同比	累计同比	当月同比	累计同比
2001		—	-0.9	—	-3.4	—	-0.6	—	0.1
2002		—	-0.2	—	0.4	—	-2.4	—	-1.8
2003		—	1.2	—	1.9	—	2.7	—	1.4
2004		—	6.0	—	6.3	—	9.6	—	8.8
2005		—	1.4	—	5.9	—	6.5	—	4.5
2006		—	1.9	—	2.8	—	7.6	—	4.6
2007		—	5.9	—	7.0	—	8.2	—	5.7
2008		—	5.7	—	16.6	—	11.6	—	5.8
2009		—	0.4	—	-0.7	—	-5.0	—	-8.5
2010		—	3.7	—	1.4	—	9.0	—	8.8
2011		—	4.9	—	8.3	—	8.0	—	4.7
2012		—	2.7	—	4.6	—	-0.7	—	-2.1
2013		—	3.1	—	0.1	—	-1.2	—	-2.5
2014		—	2.4	—	-1.6	—	-1.0	—	-2.2
2015		—	1.9	—	1.1	—	-3.1	—	-5.1
2016		—	1.5	—	2.8	—	-4.1	—	-2.4
2017		—	0.9	—	0.4	—	6.2	—	5.2
2018		—	1.6	—	1.7	—	4.4	—	2.4
2019		—	2.5	—	3.9	—	-1.0	—	0.0
2020		—	3.6	—	6.7	—	-2.7	—	-1.4
2021		—	0.2	—	—	—	8.9	—	10.0
2022		—	1.6	—	—	—	7.9	—	5.4
2021	1	-0.6	-0.6	—	—	0.6	0.6	0.7	0.7
	2	-0.6	-0.6	—	—	1.5	1.0	3.1	1.9
	3	0.3	-0.3	—	—	4.1	2.0	5.8	3.2
	4	0.7	-0.1	—	—	7.1	3.3	8.2	4.4
	5	0.8	0.1	—	—	10.2	4.6	9.9	5.5
	6	0.7	0.2	—	—	10.5	5.6	10.1	6.2
	7	0.4	0.2	—	—	10.7	6.3	10.3	6.8
	8	-0.2	0.2	—	—	10.1	6.8	10.5	7.3
	9	-0.3	0.1	—	—	10.6	7.2	13.1	7.9
	10	0.0	0.1	—	—	13.7	7.8	18.8	9.0
	11	0.8	0.2	—	—	15.1	8.5	16.5	9.6
	12	0.4	0.2	—	—	13.0	8.9	13.4	10.0
2022	1	0.0	0.0	—	—	11.6	11.6	12.6	12.6
	2	0.3	0.2	—	—	13.0	12.3	12.1	12.4
	3	0.5	0.3	—	—	13.0	12.6	11.9	12.2
	4	1.1	0.5	—	—	13.3	12.8	11.2	12.0
	5	1.5	0.7	—	—	11.9	12.6	10.1	11.6
	6	2.2	0.9	—	—	12.0	12.5	9.1	11.1
	7	2.3	1.1	—	—	9.2	12.0	6.1	10.4
	8	2.4	1.3	—	—	6.2	11.3	2.7	9.4
	9	2.6	1.4	—	—	4.0	10.4	-0.1	8.3
	10	2.6	1.6	—	—	0.8	9.4	-4.7	6.9
	11	1.9	1.6	—	—	-0.1	8.5	-2.6	6.0
	12	1.7	1.6	—	—	2.0	7.9	-0.9	5.4

数据来源：国家统计局云南调查总队。

表 3　2022 年云南省主要经济指标

项目	1 月	2 月	3 月	4 月	5 月	6 月	7 月	8 月	9 月	10 月	11 月	12 月
	绝对值（自年初累计）											
地区生产总值（亿元）	—	—	6465.7	—	—	13464.1	—	—	20817.9	—	—	28954.2
第一产业	—	—	509.3	—	—	1080.3	—	—	2227.3	—	—	4012.2
第二产业	—	—	2302.4	—	—	5112.3	—	—	7609.2	—	—	10471.2
第三产业	—	—	3654.0	—	—	7271.5	—	—	10981.3	—	—	14470.8
工业增加值（亿元）	—	—	—	—	—	—	—	—	—	—	—	—
固定资产投资（亿元）	—	—	—	—	—	—	—	—	—	—	—	—
房地产开发投资	—	391.69	775.0	1041.8	1326.7	1695.0	1928.6	2172.0	2440.3	2662.3	2891.0	3152.0
社会消费品零售总额（亿元）	—	1629.4	2586.9	3401.2	4189.3	5149.9	6033.0	6949.4	7948.2	8869.1	9790.7	10838.8
外贸进出口总额（亿元）	—	378.92	526.3	818.0	1160.5	1480.2	1886.7	2333.7	2609.1	2824.6	3068.0	3342.6
进口	—	223.25	342.6	316.2	655.2	825.5	994.3	1143.1	1295.3	1422.9	1570.3	1729.8
出口	—	155.67	219.7	501.8	505.3	654.7	892.5	1190.6	1313.8	1401.7	1497.7	1612.6
进出口差额（出口 – 进口）	—	-67.6	-122.9	185.6	-150.0	-170.9	-101.8	47.5	18.5	-21.1	-72.6	-117.2
实际利用外资（亿元）	—	—	—	—	—	—	—	—	—	—	—	7.3
地方财政收支差额（亿元）	-537.5	-685.5	-1413.1	-1851.0	-2237.7	-2838.7	-2975.6	-3334.9	-4079.2	-4103.5	-4362.4	-4750.4
地方财政收入	204.1	361.0	568.1	559.9	626.4	868.2	1058.5	1187.8	1370.5	1580.3	1727.9	1949.3
地方财政支出	741.6	1046.46	1981.3	2410.8	2864.1	3706.8	4034.1	4522.7	5449.7	5683.8	6090.3	6699.7
城镇登记失业率（%）（季度）	—	—	—	—	—	—	—	—	—	—	—	—
	同比累计增长率（%）											
地区生产总值	—	—	5.3	—	—	3.5	—	—	3.8	—	—	4.3
第一产业	—	—	5.3	—	—	6.1	—	—	5.1	—	—	4.9
第二产业	—	—	7.6	—	—	4.8	—	—	5.8	—	—	6.0
第三产业	—	—	3.9	—	—	2.2	—	—	2.2	—	—	3.1
工业增加值	—	7.3	10.3	8.7	9.4	8.2	8.4	8.4	8.3	8.1	7.9	7.7
固定资产投资	—	15.5	12.7	9.7	8.5	8.0	7.4	7.8	8.0	8.0	7.6	7.5
房地产开发投资	—	-1.2	-12.9	-19.0	-21.9	-23.8	-24.8	-25.2	-25.2	-26.3	-27.2	-26.9
社会消费品零售总额	—	6.3	3.6	0.8	-0.4	0.1	0.4	1.1	1.5	1.4	0.9	1.0
外贸进出口总额	—	-31.5	-25.1	-16.3	-5.3	-1.7	7.7	17.0	16.4	16.4	11.9	6.3
进口	—	17.4	10.9	14.6	18.2	20.6	22.4	22.3	21.8	23.5	23.7	25.5
出口	—	-57.2	-50.3	-41.4	-24.8	-20.2	-5.1	12.3	11.4	10.0	1.7	-8.7
实际利用外资	—	—	—	—	—	—	—	—	—	—	—	-21.1
地方财政收入	-10.4	-6.1	3.6	-26.0	-30.5	-22.5	-18.3	-17.3	-16.6	-15.6	-14.6	-14.4
地方财政支出	53.7	4.4	5.8	3.7	2.5	1.2	0.3	3.2	0.2	1.3	1.4	1.0

数据来源：云南省统计局、云南省商务厅。

西藏自治区金融运行报告（2023）

中国人民银行西藏自治区分行[①]
货币政策分析小组

[**内容摘要**] 2022年，在以习近平同志为核心的党中央坚强领导下，西藏各地区各部门认真贯彻党中央、国务院决策部署，坚决落实“疫情要防住、经济要稳住、发展要安全”重要要求，聚焦“四件大事”、聚力“四个创建”[②]，推动经济总体回稳向好，主要经济指标运行在合理区间。西藏金融系统认真贯彻稳健的货币政策和西藏特殊优惠金融政策，全力支持稳住宏观经济大盘，切实有效防控金融风险，为西藏长治久安和高质量发展提供了坚实有力的金融支撑。

经济运行持续恢复，发展质效稳步提升。一是经济形势保持回稳态势。2022年，西藏地区生产总值2133亿元，同比增长1.1%，增速比前三季度提高0.9个百分点。消费市场逐步回暖，2022年，全区社会消费品零售总额同比下降10.3%，其中限额以上社会消费品零售额同比下降15.6%，降幅比1—11月收窄1.7个百分点。对外贸易增长较快，进出口贸易总额46亿元，同比增长14.6%。其中，出口额43亿元，同比增长91.4%；进口额3亿元，同比下降83.5%。二是农牧业和工业保持较快增长，服务业尚在恢复之中。2022年，全区第一产业增加值180亿元，同比增长6.2%；第二产业增加值805亿元，同比增长5.6%，其中规模以上工业增加值同比增长13.0%；第三产业增加值1148亿元，同比下降2.4%。三是财政收入保持稳定，支出持续向民生倾斜。2022年，全区一般公共预算收入217亿元，同比下降2.9%；一般公共预算支出2594亿元，同比增长27.9%，80%以上的财政支出用于保障和改善民生。四是物价水平总体平稳，城乡居民收入增长较快。2022年，全区居民消费价格同比上涨1.5%，工业生产者出厂价格同比上涨4.1%；人均可支配收入2.7万元，同比增长6.9%，城镇居民人均可支配收入4.9万元，同比增长4.8%；农村居民人均可支配收入1.8万元，同比增长7.5%。

金融业运行总体平稳，对实体经济支持力度稳固，社会融资规模和信贷总量合理增长，信贷结构不断优化，融资成本稳中有降，对经济高质量发展的支持作用显著增强。一是存贷款总量合理适度，社会融资规模平稳增长。2022年末，西藏本外币各项存款余额6361亿元，同比增长13.7%；本外币各项贷款余额5416亿元，同比增长5.5%。社会融资规模存量7109亿元，同比增长2.2%。二是信贷结构持续优化，结构性货币政策工具效果显现。2022年末，西藏绿色贷款余额936亿元，同比增长18.9%，高出各项贷款增速13.4个百分点。普惠小微企业贷款余额235亿元，同比增长29.7%，高出各项贷款增速24.2个百分点。其中，普惠小微企业信用贷款余额86亿元，同比增长48.1%。全年累计发放再贷款16亿元，同比增长14.2%。其中，累计发放支小再贷款8亿元、支农再贷款1亿元、展期扶贫再贷款7亿元，有力支持了金融机构对小微企业、乡村振兴等重点领域的信贷投放。三是实体经济融资成本稳中有降，政

① 自2023年8月18日起，中国人民银行拉萨中心支行更名为中国人民银行西藏自治区分行。本报告主要反映2022年的经济金融情况，正文中涉及的相关机构表述仍沿用2022年名称。

② 聚焦“稳定、发展、生态、强边”四件大事，聚力创建“全国民族团结进步模范区、高原经济高质量发展先行区、国家生态文明高地、国家固边兴边富民行动示范区”。

策支持成效持续显现。贷款市场报价利率（LPR）改革成效不断巩固。2022 年，西藏金融机构人民币贷款加权平均利率为 2.11%，同比下降 0.12 个百分点。其中，企业贷款加权平均利率为 2.15%，同比下降 0.25 个百分点。继续贯彻落实好中央赋予西藏的特殊优惠金融政策，执行特殊优惠贷款利率政策，促进降低企业融资成本。四是银行业稳健经营，组织体系持续完善。2022 年末，西藏共有银行业金融机构 18 家。金融机构营业网点 744 个，从业人员 1.0 万人。银行业金融机构资产总额 6732 亿元，同比增长 6.0%；负债总额 7005 亿元，同比增长 6.9%。五是证券业稳健发展，保险保障功能持续增强。2022 年末，西藏共有证券法人机构 2 家，证券期货分支机构 28 家，从业人员 157 人。共有法人保险公司 1 家，保险业分支机构 11 家，从业人员 7293 人；累计风险保障金额 6.1 万亿元，同比增长 5.3%。六是金融市场稳健运行，债券规模持续增长。2022 年，西藏金融机构在银行间货币市场累计成交 3.6 万亿元，同比增长 88.6%。发行公司信用类债券 9 只，募集资金 83 亿元，其中，非金融企业债务融资工具发行 4 只，融资金额 32 亿元。2022 年末，公司信用类债券余额 378 亿元，同比增长 4.8%。七是深入推进防范化解重大风险，守住不发生系统性金融风险底线。全区宏观杠杆率稳中有降。2022 年末，全区银行机构不良贷款余额 24.40 亿元，不良贷款率 0.49%。八是跨境人民币业务不断拓展，跨境收付金额大幅增长。2022 年，金融机构成功办理对尼泊尔投资款项汇出业务，填补了对尼泊尔跨境人民币结算资本项下的业务空白；全年跨境人民币收付金额合计 8 亿元，同比增长 205%。九是金融生态环境建设持续推进，金融服务水平持续提升。累计评定信用村 5022 个、信用乡（镇）584 个、信用县 48 个。累计建成助农取款服务点 5608 个，建成金融综合服务站 159 个。2022 年，受理金融消费者投诉办结率 100%，较好地维护了辖区金融消费者的合法权益。

2023 年是全面贯彻党的二十大精神的开局之年，西藏自治区将坚持以习近平新时代中国特色社会主义思想为指导，深入贯彻习近平总书记关于西藏工作的重要指示和新时代党的治藏方略，聚焦“四件大事”、聚力“四个创建”，全力盘活存量、引入增量、提高质量、做大总量，有效防范化解重大风险，推进经济向上向好，保持社会大局稳定，为全面建设社会主义现代化新西藏打下坚实基础。西藏金融系统将积极落实好党中央、国务院各项决策部署，坚持统筹安全和发展，聚焦扩大有效需求和深化供给侧结构性改革，着力推进“四个创建”、努力做到“四个走在前列”①，认真贯彻落实稳健的货币政策和中央赋予西藏的特殊优惠金融政策，稳步提升金融服务实体经济质效，增强金融服务能力，提升对民营小微企业、科技创新、绿色发展等重点领域信贷支持，继续巩固实体经济综合融资成本下降成效，促进中小微企业融资量增、面扩、价降，扎实推进常态化金融风险防控，为西藏经济持续健康高质量发展、全面建设社会主义现代化新西藏营造良好的货币金融环境。

一、金融运行情况

2022 年，西藏金融系统坚决贯彻落实党中央、国务院决策部署，严格落实稳健的货币政策和西藏特殊优惠金融政策，加快推动金融稳经济一揽子政策和接续措施落地，全力支持稳住宏观经济大盘，切实有效防控金融风险，为西藏经济社会高质量发展提供了有力的金融支撑。

① “四个走在前列”为民族团结进步、高原经济高质量发展、生态文明建设、固边兴边富民行动走在全国前列。

（一）银行业稳健运行，服务实体经济质效持续提升

1. 资产规模稳步增长。2022 年末，西藏自治区共有银行业金融机构 18 家，其中银行机构 16 家、信托公司 1 家、金融租赁公司 1 家；共有银行业金融机构分支机构 744 家，从业人员 1.0 万人。银行业金融机构资产总额 6732 亿元，同比增长 6%；负债总额 7005 亿元，同比增长 6.9%。其中，法人银行资产总额 527 亿元，同比增长 0.9%；负债总额 435 亿元，同比下降 0.9%。

2. 存款总量快速增长。2022 年末，西藏金融机构本外币各项存款余额 6361 亿元，同比增长 13.7%。分部门看，住户存款余额 1358 亿元，同比增长 17.9%；非金融企业存款余额 1401 亿元，同比增长 19.6%；财政性存款余额 1773 亿元，同比增长 16.7%；机关团体存款余额 1773 亿元，同比增长 9.0%。分期限看，活期存款余额 1801 亿元，同比增长 12.9%，定期存款余额 958 亿元，同比增长 31.6%。

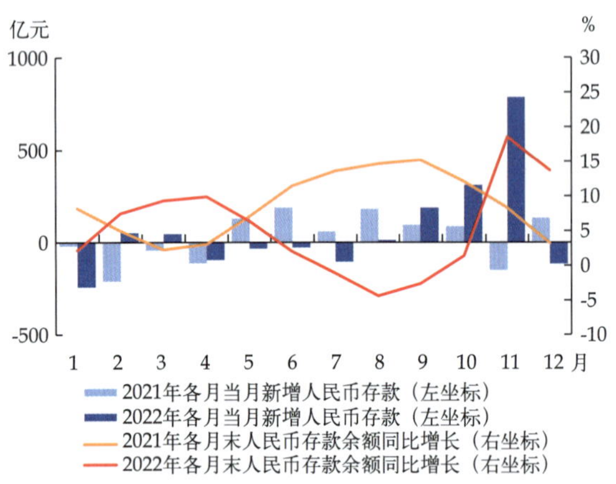

图 1　金融机构人民币存款增长变化

（数据来源：中国人民银行拉萨中心支行）

3. 贷款总量稳定增长。2022 年末，西藏金融机构本外币各项贷款余额 5416 亿元，同比增长 5.5%。分部门看，住户贷款余额 1023 亿元，同比增长 8.6%；企事业单位贷款余额 4393 亿元，同比增长 4.8%。分期限看，短期贷款余额 605 亿元，同比下降 1.5%；中长期贷款余额 4184 亿元，同比增长 5.6%。

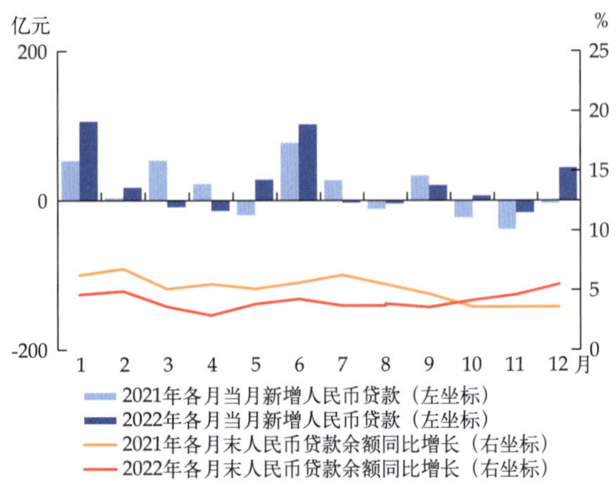

图 2　金融机构人民币贷款增长变化

（数据来源：中国人民银行拉萨中心支行）

4. 信贷结构持续优化。不断完善绿色金融和普惠金融服务体系，引导金融机构加大金融产品和服务创新，持续增加绿色和普惠领域金融资源供给。2022 年末，西藏绿色贷款余额 936 亿元，同比增长 18.9%，高出各项贷款增速 13.4 个百分点，其中用于基础设施绿色升级的贷款增速尤为显著，同比增长 93.7%。2022 年末，西藏普惠小微企业贷款余额 235 亿元，同比增长 29.7%，高出各项贷款增速 24 个百分点。其中，普惠小微企业信用贷款余额 86 亿元，同比增长 48.1%。

5. 实体经济融资成本稳中有降。持续深化利率市场化改革，不断巩固贷款市场报价利率（LPR）改革效能，发挥贷款市场报价利率的指导性作用，持续推动 LPR 在西藏应用，促进银行业金融机构将 LPR 嵌入内部转移定价（FTP）体系，引导金融资源更多配置至民营小微企业，降低贷款实际利率水平。2022 年，西藏金融机构人民币贷款加权平均利率为 2.11%，同比下降 0.12 个百分点。其中，企业贷款加权平均利率为 2.15%，同比下降 0.25 个百分点，企业融资成本进一步降低。

表 1　2022 年金融机构人民币贷款各利率区间占比

单位：%

项目		1月	2月	3月	4月	5月	6月	7月	8月	9月	10月	11月	12月
合计		100.0	100.0	100.0	100.0	100.0	100.0	100.0	100.0	100.0	100.0	100.0	100.0
LPR 减点		100.0	100.0	100.0	100.0	100.0	100.0	100.0	100.0	100.0	100.0	100.0	100.0
LPR													
LPR加点	小计	0.0	0.0	0.0	0.0	0.0	0.0	0.0	0.0	0.0	0.0	0.0	0.0
	(LPR，LPR+0.5%)												
	[LPR+0.5%，LPR+1.5%)												
	[LPR+1.5%，LPR+3%)												
	[LPR+3%，LPR+5%)												
	LPR+5% 及以上												

数据来源：中国人民银行拉萨中心支行。

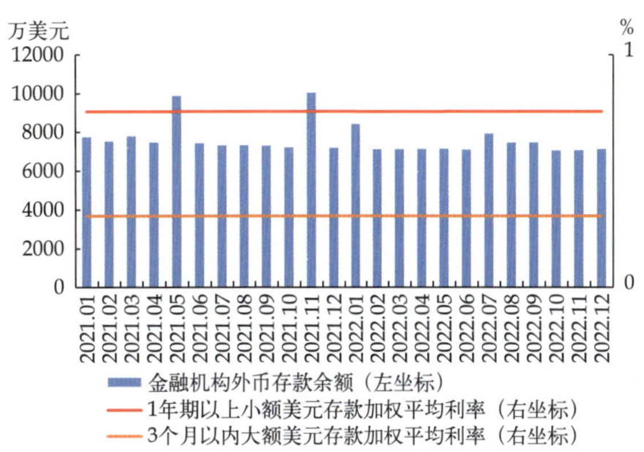

图 3　金融机构外币存款余额及外币存款利率

（数据来源：中国人民银行拉萨中心支行）

6. 跨境人民币业务保持快速增长。西藏金融机构坚持“金融为民”理念和“本币优先”原则，以服务实体经济、提高贸易投资便利化水平为导向，充分发挥贴近经营主体的优势，主动对接企业需求，切实做好人民币跨境使用金融服务，提高经营主体使用人民币结算的便利感和体验感；加强与周边国家金融合作，持续推动人民币在周边和“一带一路”共建国家使用。2022 年，西藏跨境人民币收付金额合计 8 亿元，同比增长 205%；经常项目下跨境人民币收付金额合计 7 亿元，同比增长 167%；资本项下收付金额合计 1 亿元，较 2021 年增加 1 亿元。

7. 银行资产质量良好。2022 年，西藏自治区银行业金融机构净利润 37 亿元，同比下降 0.2%。其中，三家地方法人银行净利润 4 亿元，同比增长 22.6%。剔除西藏金融租赁有限公司影响后，西藏银行业金融机构不良贷款余额 24 亿元，不良贷款率 0.49%，与上年同期基本持平。

专栏 1　金融支持西藏经济高质量发展取得积极成效

2022 年，人民银行拉萨中心支行深入贯彻党的二十大和中央经济工作会议精神，全面贯彻习近平总书记关于西藏工作的重要指示和新时代党的治藏方略，引导金融机构多措并举发挥金融服务作用，为西藏经济高质量发展提供了有力金融支撑。2022 年末，西藏本外币各项贷款余额 5416 亿元，同比增长 5.5%；全年累计发放各项贷款 2400 亿元，较上年增加 170 亿元。

一是加大货币政策工具运用，全力支持

稳住经济大盘。全年累计发放再贷款资金16亿元，同比增长14.2%。其中累计发放支小再贷款8亿元、支农再贷款1亿元、展期扶贫再贷款7亿元，有力支持了金融机构对小微企业、乡村振兴等重点领域的信贷投放；累计发放普惠小微贷款支持工具激励资金230万元，普惠小微企业阶段性减息激励资金235万元，有效引导了地方法人银行加大对普惠小微企业的信贷支持。指导金融机构逐级向人民银行总行申请科技创新再贷款、碳减排支持工具等结构性货币政策工具，撬动更多信贷资源流向科创等重点领域。3家金融机构申请使用科技创新再贷款资金1亿元，3家金融机构申请使用碳减排支持工具资金4亿元，1家金融机构申请使用设备更新改造专项再贷款资金1760万元，1家金融机构运用政策性、开发性金融工具4亿元，有力支持了基础设施、科创企业、制造业及绿色领域的加快发展。

二是巩固脱贫攻坚成果，加大乡村振兴支持。引导金融机构扎实做好过渡期脱贫人口小额信贷工作，确保对脱贫户和边缘易致贫户信贷投放支持力度不减，努力做到“能贷应贷尽贷”，2022年末脱贫人口小额信贷贷款余额28亿元，同比增长24%。支持金融机构针对新型农业经营主体等融资需求和特点，优化内部资源配置，为支持乡村振兴建立立体化、多维度、全方位金融服务格局，2022年末新型农业经营主体贷款余额8亿元，支持家庭农场、农牧民专业合作社、能人大户等5000余户。鼓励金融机构完善配套措施，确保各类搬迁安置点金融服务稳定衔接。全年累计投放易地扶贫搬迁后续扶持建设资金30亿元，支持安置点产业发展，累计实现7.4万名搬迁人口受益。引导金融机构下沉网点，全力保障边境地区金融服务，2022年末农业银行西藏分行在西藏21个边境县设有21家一级支行、2家二级支行、114个营业网点，在87个边境乡镇中的53个乡镇设立有65个网点，发放“农牧户贷款证”22.1万张，发证面和使用率均达到91%以上。

三是强化金融服务保障，全面助力企业纾困解难。指导金融机构加大延期还本付息政策落实力度，为暂时失去收入来源的个人和企业调整还款安排，2022年西藏金融机构累计办理延期还本付息金额184亿元。建立融资服务对接工作机制，引导金融机构加大对旅游业等重点领域的融资支持，2022年累计提供信贷资金232亿元。搭建西藏小微客户融资服务平台，促进小微企业融资便利化，2022年通过平台为1867户企业发放贷款近71亿元，获贷率达90.7%。疫情期间指导各金融机构建立应急服务机制，确定应急物资专项信贷额度，累计发放医药等防疫抗疫贷款41笔，金额5亿元，生活必需品等保供保民生贷款142笔，金额7亿元，全力支持企业备货保供。

四是深化跨境投融资改革，促进西藏更高水平对外开放。大力挖掘人民币在西藏周边国家结算业务潜力，搭建“一企一策”的跨境投融资辅导机制，提升经营主体使用人民币跨境结算的积极性，推动人民币跨境结算业务实现持续性增长。2022年，西藏跨境人民币业务往来的境外国家（地区）达40个。成功办理对尼泊尔投资款项汇出业务，填补了对尼泊尔跨境人民币结算资本项下的业务空白。

下一步，将继续聚焦重点领域和薄弱环节，引导金融机构加大产品创新，提升服务质效，做到精准对接、精准支持，为西藏高质量发展提供更有力的金融支持。

（二）证券业稳健发展，多层次资本市场持续优化

1. 证券机构稳步发展。2022 年末，西藏共有证券法人机构 2 家，证券期货分支机构 28 家。其中，证券分公司 5 家，证券营业部 22 家，期货营业部 1 家，从业人员 157 人。

2. 基金规模有所压降。2022 年末，西藏共有公募基金管理机构 3 家；私募基金管理机构 168 家，同比下降 12.5%；独立基金销售机构 1 家。在基金业协会登记备案的私募基金 1421 只，同比下降 0.6%，管理基金净值总规模 3306 亿元，同比下降 12.2%。

3. 上市公司稳健发展。2022 年末，西藏共有 A 股上市公司 22 家，H 股上市公司 1 家，新三板挂牌公司 10 家。A 股上市公司主要集中在医药制造、矿产采掘、食品饮料等行业，其中，国有企业 4 家，民营企业 18 家；主板公司 16 家，创业板公司 6 家；上交所上市公司 9 家，深交所上市公司 13 家。2022 年末，西藏 22 家 A 股上市公司股本总额 149 亿股，总市值 2285 亿元。

（三）保险业稳步发展，风险保障功能持续增强

1. 保险机构稳步发展。2022 年末，西藏共有 11 家保险业机构，分别为 8 家产险公司和 3 家寿险公司。法人保险公司 1 家，为珠峰财产保险股份有限公司。保险业从业人员 7293 人。

2. 保费收入及赔付支出下降。2022 年，西藏保险业实现原保险保费收入 39 亿元，同比下降 1.4%。其中，财产险公司原保险保费收入 33 亿元，同比下降 1.1%；人身险公司原保险保费收入 6 亿元，同比下降 2.7%。赔付支出 28 亿元，同比下降 4.9%。其中，财产险业务赔付支出 23 亿元，同比下降 6.1%；人身险业务赔付支出 5 亿元，同比增长 0.9%。

3. 保险保障功能持续增强。2022 年末，西藏保险业累计风险保障金额 6.1 万亿元，同比增长 5.3%，责任险和健康险中低费率产品增量较多。

（四）社会融资规模平稳增长，金融市场运行总体稳定

1. 社会融资规模平稳增长。2022 年末，西藏社会融资规模存量 7109 亿元，同比增长 2.2%。社会融资规模增速与名义经济增速基本相匹配，较好地支持了实体经济发展。社会融资规模增量 150 亿元，同比少增 280 亿元，其中，人民币贷款增加 281 亿元，同比多增 103 亿元；委托贷款增加 3 亿元，同比少增 35 亿元；信托贷款减少 101 亿元，同比少增 32 亿元；企业债券融资减少 65 亿元，同比少增 130 亿元；非金融企业境内股票融资 5 亿元，同比少增 1 亿元。

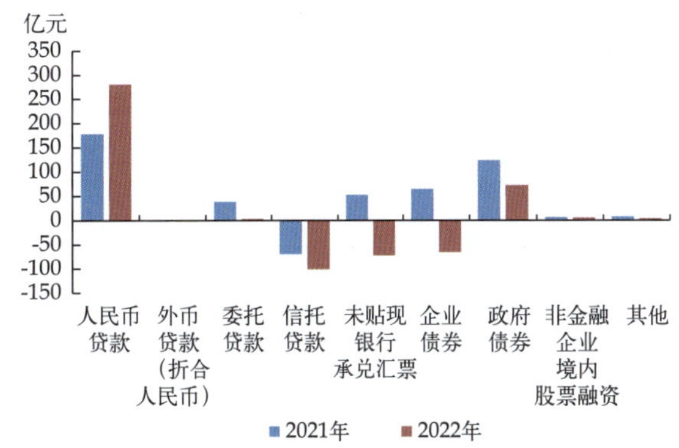

图 4　社会融资规模分布结构

（数据来源：中国人民银行拉萨中心支行）

2. 货币市场成交量大幅增加。货币市场的西藏成员累计成交 3.6 万亿元，同比增长 88.6%。其中，银行间市场同业拆借成交 2300 亿元，同比增长 186 倍；质押式回购成交 3.4 万亿元，同比增长 74.1%；买断式回购成交 500 亿元，同比增长 8.9%。

3. 债务融资规模稳定增长。2022 年西藏公司信用类债券发行 9 只，募集资金 83 亿元，其中，非金融企业债务融资工具发行 4 只，融资金额 32 亿元。截至 2022 年末，公司信用类债券余额 378 亿元，同比增长 4.8%。

4. 票据市场运行平稳。2022 年，西藏金融机构银行承兑汇票承兑余额 26 亿元，同比增长 4.7%；全年累计签发银行承兑汇票 41 亿元，同比下降 4.2%。第四季度，银行承兑汇票直贴加

权平均利率1.92%，同比下降0.01个百分点；票据转贴现加权平均利率1.43%，同比下降0.44个百分点。

表2　2022年金融机构票据业务量

单位：亿元

季度	银行承兑汇票承兑		贴现			
			银行承兑汇票		商业承兑汇票	
	余额	累计发生额	余额	累计发生额	余额	累计发生额
1	22.6	9.3	245.2	1232.9	0.0	0.0
2	29.6	23.4	276.2	2821.0	0.0	0.0
3	25.2	30.9	298.1	4663.4	0.0	0.0
4	26.3	41.1	234.9	5774.9	0.0	0.0

数据来源：中国人民银行拉萨中心支行。

表3　2022年金融机构票据贴现、转贴现利率

单位：%

季度	贴现		转贴现	
	银行承兑汇票	商业承兑汇票	票据买断	票据回购
1	2.74	0.00	2.16	2.29
2	1.97	0.00	1.79	1.68
3	1.84	0.00	1.70	1.29
4	1.92	0.00	1.41	1.45

数据来源：中国人民银行拉萨中心支行。

（五）金融生态环境建设持续推进，金融服务能力不断提高

1.农牧区信用体系建设实现新成效。持续推进西藏自治区级信用县评定工作，推动人民银行定点帮扶县山南市洛扎县获评自治区级信用县，为金融服务乡村振兴营造了良好的生态环境。2022年，西藏已评定信用村5022个、信用乡（镇）584个、信用县48个。

2.支付服务体系进一步健全。2022年，西藏新增支付系统参与者7家，支付清算系统覆盖率进一步提升。累计布放POS机3.9万台，较2021年末新增3860台。累计发行银行卡1207万张，其中，在用借记卡发卡量1164万张、在用信用卡发卡量43万张。累计建成助农取款服务点5608个，除那曲市24个行政村不满足“通电、通网、通信”填补条件外，其他行政村实现助农取款服务全覆盖。累计建成综合服务站159个，较上年末新增27个。其中，624个边境小康村累计建设助农取款服务点647个、金融综合服务站59个。全年发生银行卡助农取款交易笔数111万笔，交易金额18亿元，同比分别增长22.6%和32.5%。移动支付便民效用持续提升，累计建设移动支付引领县15个、金融服务特色小镇40个、掌上银行村5344个，实现“掌上银行村”辖区全覆盖；2022年末，移动支付客户数407万户，同比增长12.9%。积极推动涉农金融机构在易地搬迁安置点提供金融服务，全辖861个易地搬迁安置点实现金融服务全覆盖。

3.反电信网络诈骗工作深入推进。2022年，辖区银行排查清理“一人多卡”“一人多户”等4.2万户，累计处理区刑侦总队移送涉案银行卡线索440余条。辖区银行网点柜面拦截电诈90起，金额486万元，向公安机关提供可疑诈骗人员线索208起，银行柜面拦截能力进一步加强。

4.经理国库扎实有力。全力保障国家减税降费政策落地生效，完成小微企业和个体工商户税收减免退税、制造业中小微企业缓税退税和个人所得税年度汇算清缴退税。协调财政、税务部门，构建减退税联动机制，助推增值税留抵退税政策直达快享，采取精简退税资料、优化退税流程、简化审批手续、全程电子推送等举措，实现全链条电子退税服务，增值税留抵退税业务“即来、即审、即办”，最大限度缓解困难企业资金压力。全年共办理个税退税16.8万笔，金额1亿元，同比增长47.3%，惠及16万人；办理增值税留抵退税3909笔，金额72亿元，同比增长360%。

5.金融消费权益保护成效显著。2022年，积极组织引导辖区各参与机构累计开展金融知识宣传活动4748次，受众消费者人数达796万余人次，累计发放宣传资料64万余份，微信推送阅读量达97万余次，媒体报道73次。2022年，共受理金融消费者投诉咨询案件316起，投诉

办结率100%，抽查满意率100%，较好地维护了辖区金融消费者的合法权益。

6. 持续防范化解金融风险得力。 健全金融委办公室地方协调机制，推动建立辖区金融风险防范化解委员会，出台防范化解重大金融风险问责办法，不断压实各方责任。两家村镇银行实现增资扩股。严厉打击金融违法违规行为，全年接收重点可疑交易报告40份，移送可疑线索17起。全区宏观杠杆率稳中有降，存款保险保障力持续充足。

二、经济运行情况

2022年是党和国家历史上极为重要的一年，也是西藏发展进程中极不平凡的一年，西藏经济社会发展经受了新冠疫情的严峻考验，艰难曲折、坎坷奋进。在以习近平同志为核心的党中央坚强领导下，西藏各地区各部门认真贯彻党中央、国务院决策部署，坚决落实“疫情要防住、经济要稳住、发展要安全”的要求，坚持稳中求进工作总基调，聚焦“四件大事”聚力“四个创建”，把稳增长放在更加突出的位置，落实好稳经济一揽子政策措施和临时性举措，推动经济总体回稳向好，为西藏长治久安和高质量发展提供了坚实有力的支撑。总体来看，受疫情影响，部分经济指标出现下滑，但主要民生指标完成较好，产业拉动作用有所增强，经济运行总体保持在合理区间。2022年，西藏地区生产总值2133亿元，按可比价格计算，同比增长1.1%，增速比前三季度提高0.9个百分点。

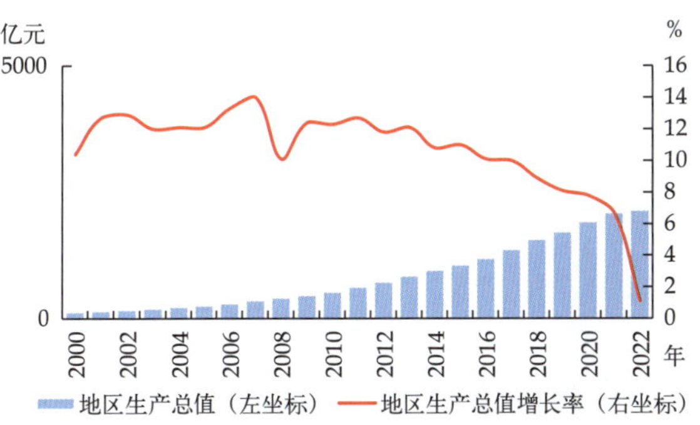

图5　地区生产总值及其增长率

（数据来源：西藏自治区统计局）

（一）三大需求稳步恢复，对外贸易高速增长

1. 固定资产投资降幅持续收窄。 2022年，西藏固定资产投资（不含农户）同比下降18%。从投资规模看，计划总投资500万~5000万元以上项目投资同比增长0.3%，降幅比1—11月收窄4.0个百分点；计划总投资5000万元及以上项目（不含房地产开发）投资下降17.7%，降幅比1—11月收窄5.8个百分点。分产业看，第一产业投资同比下降0.5%，降幅比1—11月收窄1.2个百分点；第二产业投资增长9.8%，增速比1—11月提高6.9个百分点；第三产业投资下降25.9%，降幅比1—11月收窄5.4个百分点。民间投资下降32.7%，降幅比1—11月收窄1.7个百分点。

图6　固定资产投资（不含农牧户）增长率

（数据来源：西藏自治区统计局）

2. 消费市场逐步回暖。 2022年，西藏社会消费品零售总额同比下降10.3%，其中，限额以上社会消费品零售额同比下降15.6%，降幅比1—11月收窄1.7个百分点。12月，汽车类商品零售实现由负转正，同比增长11.9%，比11月提高80.8个百分点；全年同比下降18.3%，降幅比1—11月收窄18.8个百分点。12月，服装鞋帽针纺织品类、日用品类商品零售额同比分别增长83.8%和10%，比11月分别提高99.3个和27.2个百分点；全年同比分别增长0.5%和

19.0%，比1—11月分别提高12.8个和3.8个百分点。全年限额以上住宿餐饮业营业额同比下降27%，比1—11月收窄3.4个百分点。

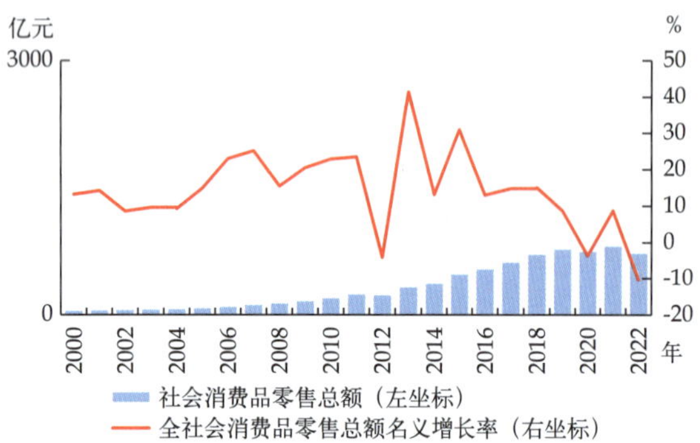

图7　社会消费品零售总额及其增长率

（数据来源：西藏自治区统计局）

3. 对外贸易快速增长。2022年，西藏进出口贸易总额46亿元，同比增长14.6%。其中，出口额43亿元，同比增长91.4%；进口额3亿元，同比下降83.5%。

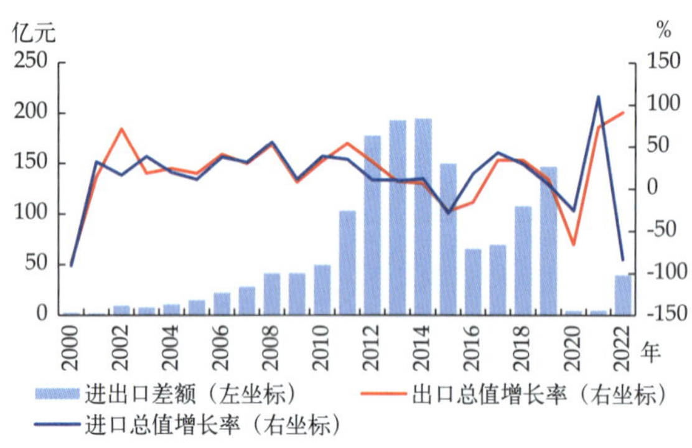

图8　外贸进出口变动情况

（数据来源：西藏自治区统计局、拉萨海关）

（二）三大产业协调发展，产业结构持续优化

2022年，西藏第一产业增加值180亿元，同比增长6.2%；第二产业增加值805亿元，同比增长5.6%；第三产业增加值1148亿元，同比下降2.4%。农业生产持续增长，工业生产形势良好，服务业持续恢复。

1. 农牧业生产持续增长。2022年，西藏粮食产量达107.3万吨，同比增加1.2万吨，同比增长1.1%。其中，青稞产量达83.2万吨，同比增加3.1万吨，同比增长3.9%。粮食产量连续8年稳定在100万吨以上。年末牛存栏663万头，同比增长0.9%。羊存栏940.1万只，同比下降0.2%。猪存栏47.8万头，同比下降23.0%。牛出栏144.6万头，同比增长4.0%。羊出栏288.8万只，同比下降3.2%。猪出栏22.4万头，同比增长35.2%。猪牛羊禽肉产量28.7万吨，同比增长4.9%；禽蛋产量1.1万吨，同比增长53.6%。生牛奶产量53.3万吨，同比增长9.2%。

2. 规模以上工业快速增长。全年规模以上工业增加值同比增长13.0%，比1—11月回落0.1个百分点。分三大门类看，采矿业增加值同比增长32.0%，占全部规模以上工业的58.5%，拉动规模以上工业增加值15.2个百分点；制造业增加值同比下降17.9%；电力、热力、燃气及水生产和供应业同比增长18.0%。分经济类型看，股份制企业增加值同比增长18.2%；国有企业增加值同比增长1.4%；外商及港澳台商投资企业增加值同比下降3.6%。从控股情况看，公有工业增加值同比增长4.5%；非公有工业增加值同比增长24.2%。从产品产量看，铜金属产量32.9万吨，同比增长56.1%；中成药产量3573吨，同比增长3.4%。从行业大类看，有色金属矿采选业增加值同比增长35.0%；电力、热力生产和供应业同比增长19.2%；医药制造业同比增长0.6%。

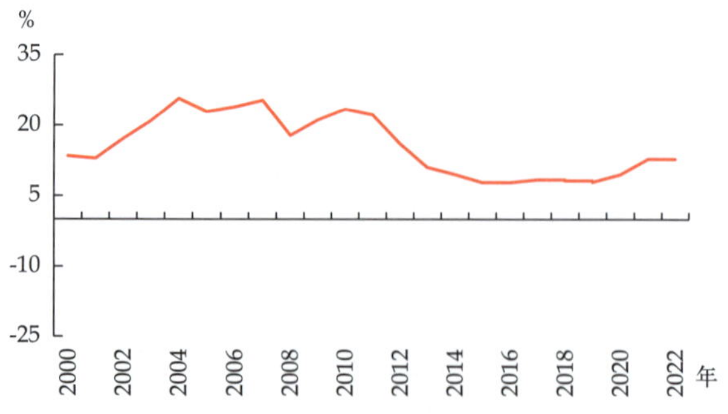

图9　规模以上工业增加值实际增长率

（数据来源：西藏自治区统计局）

3. 规模以上服务业营业收入同比下降。

2022年，全区规模以上服务业企业实现营业收入176亿元，同比下降14.0%。其中，全区信息传输、软件和信息技术服务业实现营业收入72亿元，增长5.6%。随着5G通信、移动互联网服务的快速普及和发展，全区电信业务总量继续保持高位增长态势。全年电信业务总量累计完成60亿元，增长14.1%，电信业务收入62亿元，增长8.3%。

（三）物价水平总体平稳，人民生活日益改善

1. 物价水平总体平稳。2022年，西藏居民消费价格同比上涨1.5%，增速较上年提高0.6个百分点。工业生产者出厂价格同比上涨4.1%，增速较上年提高2.6个百分点。

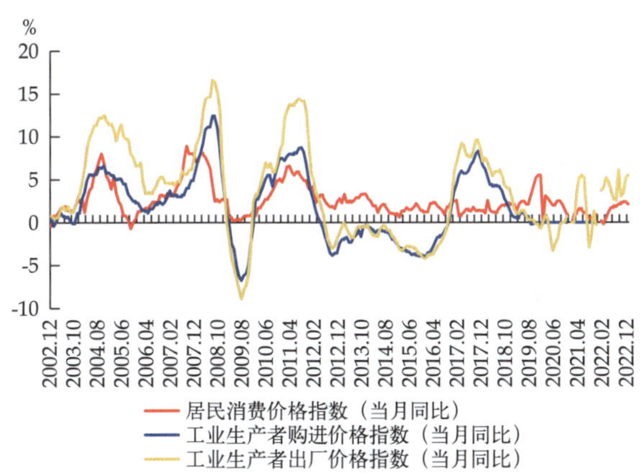

图10 居民消费价格指数和工业生产者价格指数变动趋势

（数据来源：西藏自治区统计局）

2. 城乡居民收入增长较快。2022年，西藏居民人均可支配收入2.7万元，同比增长6.9%。其中城镇居民人均可支配收入4.9万元，同比增长4.8%；农村居民人均可支配收入1.8万元，同比增长7.5%。

3. 就业形势持续稳定。2022年西藏城镇新增就业5.1万人，西藏城镇调查失业率平均值为5.7%，城镇调查失业率低于全国平均水平，城镇调查失业率稳步下降，“稳就业”效果明显。应届高校毕业生就业率达95.6%，农牧民转移就业63.1万人、实现劳务收入55.6亿元。立足区内区外两个市场，实现区内转移就业62.46万人，区外转移就业6436人。为应对疫情，及时兑现稳岗返还、一次性留工补助、一次性扩岗补助、创业补贴等政策资金3.1亿元，缓缴降低社会保险费5.5亿元，稳定就业岗位12万个以上。

（四）财政收入保持稳定，财政支出向民生领域倾斜

2022年，西藏实现一般公共预算收入（同口径）217亿元，同比下降2.9%；一般公共预算收入（自然口径）180亿元，同比下降16.7%。一般公共预算支出2594亿元，同比增长27.9%。坚持把群众身边的小事当作政府的大事来抓，着力解决各族群众“急难愁盼”问题，80%以上的财政支出用于保障和改善民生，各族群众的获得感成色更足、幸福感更可持续、安全感更有保障。

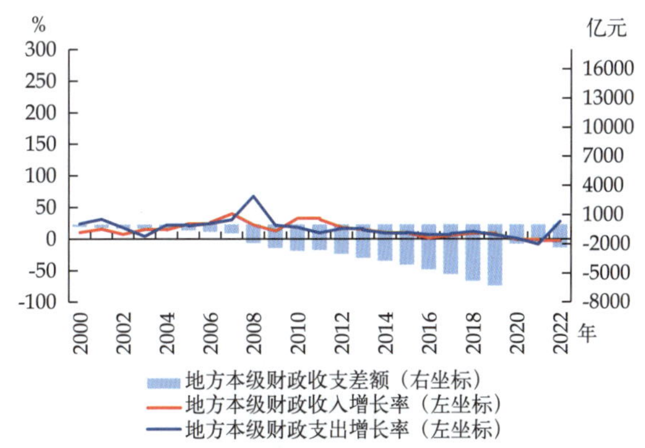

图11 财政收支状况

（数据来源：西藏自治区统计局、财政厅）

（五）房地产市场低位运行，投资销售均有回落

房地产开发投资降幅较大。2022年，西藏房地产开发投资61亿元，同比下降57.3%；商品房新开工面积80.6万平方米，同比下降63.8%；商品房销售面积55.6万平方米，同比下降57.7%；商品房待售面积56.4万平方米，同比增长23.7%。

专栏 2　强化外汇金融服务　助力西藏涉外经济保稳提质

2022 年，面对复杂严峻的国内外形势和服务西藏涉外经济高质量发展的任务，外汇局西藏分局以“推改革、促便利、稳预期、降成本、提效率”为主线，大力推动各项稳外资稳外贸政策落地见效，西藏跨境贸易和投融资便利化水平进一步提升，外汇服务实体经济能力不断增强。2022 年，西藏涉外收支总额为 4.1 亿美元，同比增长 25.7%。

一是聚焦“推改革”，助力对外开放。将“放管服”改革举措与“问企声、查企情、排企忧、纾企困”深度结合，切实解决企业难题。积极支持开放平台加快发展，紧紧围绕综合保税区、跨境电商综合试验区、吉隆边境经济合作区等开放平台对外汇金融服务的实际需求，做好精准服务、前置服务和验收服务，提前谋划外汇管理工作方向和政策措施，助力拉萨综保区顺利封关运营。推动边境贸易特色业务发展。积极争取外债便利化额度试点，持续提升外汇政策供给质量，建立高新技术和“专精特新”企业跨境融资便利化试点业务储备库。

二是聚焦“促便利”，改善营商环境。针对涉外主体实际业务需求，按照“政策能用尽用、业务能办尽办、手续能简尽简”的原则，推动外汇业务流程简化，助推企业提高业务办理和资金使用效率。组织重点外贸企业和金融机构召开政策调研座谈会，针对性地解读优质企业贸易项下外汇收支便利化政策要点和具体要求，督促银行提升企业跨境结算业务效率。积极推广“数字外管”平台政务服务网在线业务功能，采取“先办后补”方式为企业办理 1.2 亿美元内保外贷业务。

三是聚焦“稳预期”，激发市场活力。充分利用诚信兴商宣传月、汇银企座谈会、贸易投资便利化政策培训会等平台，推送外汇政策解读双语宣传手册，及时将外汇管理政策改革红利传导至涉外主体，增强政策传播力。政策宣传面覆盖西藏 7 地市，总人数 2 万余人次，确保经营主体精准理解政策，用好政策，享受政策红利。建立“1+1+N”外汇金融政策传导直通车服务机制，按照“实质重于形式、一事一议、风险可控”的原则，对具有真实合法交易背景、符合外汇管理基本原则但现行政策规定不明确的复杂问题，通过集体审议的方式解决企业难题。

四是聚焦“降成本”，发力助企纾困。针对中小企业和高新技术企业长期存在的融资难问题，引导金融机构抓住境外融资签约资本成本普遍低于同期国内贷款市场报价利率的契机，大力推广多笔外债共用一个账户和外债线上化办理等便利化政策，简化外债登记管理，支持企业扩大外债签约登记规模。引导银行机构加大减费让利力度，支持银行采取创新产品、优化流程、减免费用、培育人才等举措提升汇率避险服务能力。推动 1 家银行新开办外汇衍生品业务，制订汇率避险企业“首办户”拓展计划，促成中国银行西藏分行办理西藏首笔 100 万美元远期购汇合约，有效规避汇率风险，实现汇率避险企业“首办户”零的突破。

五是聚焦“提效率”，突出科技赋能。针对西藏涉外企业规模小、信用度不易被认可的涉外经济特点，积极利用国家外汇管理局跨境金融区块链服务平台，强化科技支撑，为涉外企业高质量发展赋能提效。该平台利用区块链底层技术，采用许可联盟链，建立起银企间端对端的可信信息交换和有效核验等机制，受到银企广泛好评。跨境金融区块链平台“服务贸易付汇税务备案”“出口应收账款融资”“资本项目收入境内支付便利化”等应用场景陆续落地，累计为企业办理服务贸易付汇税务备案信息核验 53 笔，金额 1.3 亿美元，为企业提效降本、助力涉外经济发展发挥了积极作用。

三、预测与展望

2023 年是全面贯彻党的二十大精神的开局之年。西藏自治区将坚持以习近平新时代中国特色社会主义思想为指导，深入贯彻习近平总书记关于西藏工作的重要指示和新时代党的治藏方略，聚焦“四件大事”、聚力“四个创建”，全力盘活存量、引入增量、提高质量、做大总量，有效防范化解重大风险，推进经济向上向好，保持社会大局稳定，为全面建设社会主义现代化新西藏打下坚实基础。西藏金融系统将积极落实好党中央、国务院决策部署，坚持统筹安全和发展，聚焦扩大有效需求和深化供给侧结构性改革，着力推进“四个创建”、努力做到“四个走在前列”，认真贯彻落实稳健的货币政策和中央赋予西藏的特殊优惠金融政策，稳步提升金融服务实体经济质效，增强金融服务能力，提升对民营小微企业、科技创新、绿色发展等重点领域信贷支持，继续巩固实体经济综合融资成本下降成效，促进中小微企业融资量增、面扩、价降，扎实推进常态化金融风险防控，为西藏经济持续健康高质量发展、全面建设社会主义现代化新西藏营造良好的货币金融环境。

中国人民银行西藏自治区分行货币政策分析小组

总　　纂：王春桥　李玉福

统　　稿：杨富彬

执　　笔：李成全

提供材料：扎西顿珠　罗晶晶　巴桑德吉　洛松加永　冯　兰　王旭亮　陈孟星　边巴卓玛　兰　剑　郑　梦

附录：

（一）2022 年西藏自治区经济金融大事记

1 月 11 日，东方财富证券阿里营业部成立。

6 月 2 日，中国人民银行山南市中支联合山南市财政局成功申报山南市为 2022 年中央财政支持普惠金融发展示范区。

6 月 27 日，西藏首个铁路专业支行——邮储银行贡觉县铁路专业支行正式开业。

7 月 7 日，西藏林芝市金融教育示范基地成功挂牌运行。

7 月 8 日，中国人民人寿保险股份有限公司那曲市中心支公司开业。

9 月 23 日，林芝市首家政府性融资担保公司林芝市丰誉融资担保有限公司正式成立。

12 月 7 日，西藏首笔信贷资产质押再贷款发放。

12 月 23 日，西藏地方征信平台（1.0 版）正式上线试运行。

12 月 26 日，交通银行西藏自治区分行开业。

（二）西藏自治区主要经济金融指标

表1　2022年西藏自治区主要存贷款指标

	项目	1月	2月	3月	4月	5月	6月	7月	8月	9月	10月	11月	12月
本外币	金融机构各项存款余额（亿元）	5356.7	5407.7	5453.7	5359.5	5326.3	5299.0	5194.8	5196.4	5383.4	5692.1	6477.5	6361.2
	其中：住户存款	1203.1	1170.1	1178.8	1186.0	1159.2	1186.0	1196.6	1196.4	1234.2	1237.0	1272.0	1358.4
	非金融企业存款	1104.0	1115.5	1110.8	1063.8	1066.2	1145.6	1104.5	1064.1	1088.6	1080.0	1125.0	1400.6
	各项存款余额比上月增加（亿元）	-239.8	51.0	46.0	-94.2	-33.1	-27.4	-104.2	1.6	187.0	308.7	785.4	-116.3
	金融机构各项存款同比增长（%）	2.2	7.5	9.3	9.9	6.4	2.0	-1.1	-4.4	-2.6	1.4	18.5	13.7
	金融机构各项贷款余额（亿元）	5241.0	5258.5	5249.8	5236.1	5264.1	5365.9	5365.6	5361.5	5382.1	5388.6	5372.6	5416.4
	其中：短期	633.0	582.0	565.8	556.0	551.4	219.0	224.9	221.7	604.1	608.3	619.7	604.8
	中长期	4047.0	4115.0	4112.2	4116.7	4145.2	825.4	834.1	830.1	4167.9	4174.3	4155.6	4184.2
	票据融资	153.3	154.6	165.2	157.4	161.5	179.4	184.9	191.6	205.7	201.9	193.0	223.6
	各项贷款余额比上月增加（亿元）	105.7	17.6	-8.7	-13.7	28.0	101.8	-0.3	-4.1	20.6	6.5	-16.1	43.8
	其中：短期	18.9	-51.1	-16.2	-9.8	-4.6	9.5	5.9	-3.2	-2.5	4.2	11.5	-15.0
	中长期	84.1	68.0	-2.8	4.5	28.5	12.1	8.7	-4.0	9.0	6.3	-18.6	28.6
	票据融资	3.2	1.2	10.6	-7.7	4.1	17.9	5.5	6.7	14.1	-3.8	-8.9	223.6
	金融机构各项贷款同比增长（%）	4.6	4.9	3.6	2.9	3.8	4.2	3.7	3.8	3.6	4.1	4.6	5.5
	其中：短期	9.8	0.7	-3.3	-7.1	-9.1	-63.8	-62.2	-62.4	2.9	3.0	4.0	-1.5
	中长期	5.8	6.9	4.6	4.3	5.9	-79.2	-79.2	-79.3	3.2	4.1	4.4	5.6
	票据融资	-21.3	-10.7	18.2	18.6	17.8	5.2	16.0	28.8	27.1	23.1	27.3	48.9
	建筑业贷款余额（亿元）	548.5	558.7	585.4	603.0	615.8	635.8	619.0	635.0	639.5	654.0	654.8	646.1
	房地产业贷款余额（亿元）	346.3	348.2	348.4	344.9	347.1	351.7	354.7	354.2	356.5	354.7	351.4	351.1
	建筑业贷款同比增长（%）	27.6	26.0	30.5	32.3	36.2	36.9	29.4	32.1	108.3	30.4	4.9	35.1
	房地产业贷款同比增长（%）	7.5	7.9	6.8	5.1	4.8	6.6	7.1	5.6	5.0	3.6	2.4	3.7
人民币	金融机构各项存款余额（亿元）	5356.7	5407.7	5453.7	5359.5	5321.6	5294.2	5189.5	5191.3	5378.1	5687.0	6472.4	6356.2
	其中：住户存款	1203.1	1170.1	1178.8	1186.0	1158.5	1185.3	1195.9	1195.7	1233.5	1236.3	1271.3	1357.7
	非金融企业存款	1104.0	1115.5	1110.8	1063.8	1062.2	1141.6	1100.0	1059.7	1084.1	1075.7	1120.8	1396.5
	各项存款余额比上月增加（亿元）	-239.8	51.0	46.0	-94.2	-33.2	-27.4	-104.8	1.8	186.8	308.9	785.4	-116.2
	其中：住户存款	51.1	-33.0	8.7	7.2	-26.8	26.8	10.6	-0.2	37.8	2.8	35.0	86.4
	非金融企业存款	-65.7	11.5	-4.8	-46.9	2.3	79.4	-41.6	-40.3	24.4	-8.4	45.0	275.7
	各项存款同比增长（%）	2.3	7.5	9.3	9.9	6.4	2.0	-1.1	-4.4	-2.6	1.4	18.5	13.7
	其中：住户存款	11.6	8.5	9.7	10.8	11.5	11.4	13.1	10.6	10.7	15.1	16.1	17.9
	非金融企业存款	-6.2	-2.2	-7.0	-9.6	-6.6	-3.9	-5.5	-7.5	-7.8	-1.9	2.6	19.7
	金融机构各项贷款余额（亿元）	5241.0	5258.5	5249.8	5236.1	5263.9	5365.7	5365.4	5361.3	5381.9	5388.4	5372.4	5416.2
	其中：个人消费贷款	584.0	591.0	599.6	607.7	588.1	634.1	646.2	641.3	602.4	596.0	591.7	590.5
	票据融资	153.3	154.6	165.2	157.4	161.5	179.4	184.9	191.6	205.7	201.9	193.0	223.6
	各项贷款余额比上月增加（亿元）	105.7	17.6	-8.7	-13.7	28.0	101.8	-0.3	-4.1	20.6	6.5	-16.1	43.8
	其中：个人消费贷款	11.5	7.0	8.7	8.1	9.6	16.3	12.1	-4.9	-8.6	-6.4	-4.2	-1.2
	票据融资	3.2	1.2	10.6	-7.7	4.1	17.9	5.5	6.7	14.1	-3.8	-8.9	30.5
	金融机构各项贷款同比增长（%）	4.6	4.9	3.6	2.9	3.8	4.2	3.7	3.8	3.6	4.1	4.6	5.5
	其中：个人消费贷款	13.5	14.2	13.3	13.4	13.8	15.8	16.3	14.6	10.9	9.2	8.2	7.9
	票据融资	-21.3	-10.7	18.2	18.6	17.8	5.2	16.0	28.8	27.1	23.1	27.3	48.9
外币	金融机构外币存款余额（亿美元）	0.8	0.7	0.7	0.7	0.7	0.7	0.8	0.7	0.7	0.7	0.7	0.7
	金融机构外币存款同比增长（%）	8.2	-5.4	-9.0	-5.1	-27.7	-4.5	8.2	1.8	2.3	-2.2	-30.0	0.0
	金融机构外币贷款余额（亿美元）	0.0	0.0	0.0	0.0	0.0	0.0	0.0	0.0	0.0	0.0	0.0	0.0
	金融机构外币贷款同比增长（%）	-1.8	-0.1	1.8	1.8	-6.8	2.0	-7.4	-8.0	-2.8	-3.1	-3.0	-6.2

数据来源：中国人民银行拉萨中心支行。

表 2　2001—2022 年西藏自治区各类价格指数

单位：%

时间		居民消费价格指数		工业生产者购进价格指数		工业生产者出厂价格指数	
		当月同比	累计同比	当月同比	累计同比	当月同比	累计同比
2001		—	0.1	—	0.2	—	0.1
2002		—	-0.4	—	-0.9	—	-2.3
2003		—	0.9	—	1.6	—	0.5
2004		—	2.7	—	10.3	—	5.4
2005		—	1.5	—	9.3	—	4.0
2006		—	2.0	—	4.3	—	6.0
2007		—	3.4	—	5.7	—	1.1
2008		—	5.7	—	12.4	—	5.6
2009		—	1.4	—	-4.7	—	-1.8
2010		—	2.2	—	6.1	—	5.8
2011		—	5.0	—	12.6	—	4.3
2012		—	3.5	—	0.0	—	-0.3
2013		—	3.6	—	-0.8	—	-0.2
2014		—	2.9	—	-1.3	—	1.0
2015		—	2.0	—	-3.3	—	-6.8
2016		—	2.5	—	-1.2	—	2.9
2017		—	1.6	—	8.3	—	10.0
2018		—	1.7	—	5.3	—	0.1
2019		—	3.2	—	0.6	—	-1.6
2020		2.2	2.2	—	—	—	-0.6
2021		—	0.9	—	—	—	1.5
2022		—	1.5	—	—	—	4.1
2021	1	0.7	0.7	—	—	0.1	0.1
	2	1.0	0.9	—	—	0.2	0.2
	3	1.2	1.0	—	—	3.6	1.3
	4	1.6	1.1	—	—	5.3	2.3
	5	1.4	1.2	—	—	5.5	2.9
	6	1.1	1.2	—	—	5.2	3.3
	7	0.9	1.1	—	—	0.8	2.9
	8	0.5	1.1	—	—	-2.9	2.2
	9	0.5	1.0	—	—	-1.4	1.8
	10	0.5	1.0	—	—	1.3	1.7
	11	0.9	0.9	—	—	-0.3	1.5
	12	0.5	0.9	—	—	1.3	1.5
2022	1	0.2	0.2	—	—	3.7	3.7
	2	-0.2	0.0	—	—	4.1	3.9
	3	0.5	0.2	—	—	5.2	4.4
	4	1.2	0.4	—	—	4.7	4.4
	5	1.7	0.7	—	—	3.6	4.3
	6	1.9	0.9	—	—	2.7	4
	7	1.8	1	—	—	2.5	3.8
	8	2.1	1.1	—	—	6.1	4.1
	9	2.3	1.3	—	—	3	4
	10	2.4	1.4	—	—	3.4	3.9
	11	2.4	1.5	—	—	5.2	4
	12	2.1	1.5	—	—	5.5	4.1

数据来源：《中国经济景气月报》、西藏自治区统计局。

表 3　2022 年西藏自治区主要经济指标

项目	1 月	2 月	3 月	4 月	5 月	6 月	7 月	8 月	9 月	10 月	11 月	12 月
	绝对值（自年初累计）											
地区生产总值（亿元）			516.8			973.2			1461.0			2132.6
第一产业												180.2
第二产业												804.7
第三产业												1147.8
工业增加值（亿元）												200.8
固定资产投资（亿元）				-11.6		-13.0	-10.8	-20.4	-24.3	-26.2	-23.6	
房地产开发投资		1.2	5.7	11.6	23.2	38.8	46.4	46.8	47.2	50.5	56.7	60.7
社会消费品零售总额（亿元）					292.3							726.5
外贸进出口总额（亿元）				15.2			25.6	30.4	33.8	37.8		46.0
进口				0.9			1.6	1.9	2.1	2.4		2.9
出口				14.2			23.9	28.5	31.8	35.4		43.9
进出口差额（出口－进口）												40.2
实际利用外资（亿元）												
地方财政收支差额（亿元）												
地方财政收入				61.3	70.1							217.1
地方财政支出				95.9	827.4							2593.8
城镇登记失业率（%）（季度）												
	同比累计增长率（%）											
地区生产总值			6.4			4.8			0.2			1.1
第一产业												6.2
第二产业												5.6
第三产业												-2.4
工业增加值		16.0	17.6	17.9	17.8	16.9	16.1	15.7	14.0	13.1	13.1	13.0
固定资产投资		19.1	-5.1	-11.6	-13.0	-13.0	-10.8	-20.4	-24.3	-26.2	-23.6	-18.0
房地产开发投资		87.6	-42.8	-47.4	-46.8	-47.1	-47.4	-52.6	-57.0	-58.0	-58.6	-57.3
社会消费品零售总额					0.8							-10.3
外贸进出口总额				20.7			17.5	28.7	29.4	13.1		
进口				-87.5			-85.9	-84.0	-83.1	-85.5		
出口				179.0			135.3	143.1	128.1	109.9		91.4
实际利用外资												-83.5
地方财政收入				-14.8	-19.2							-2.9
地方财政支出				24.9	19.16							27.9

数据来源：西藏自治区统计局、拉萨海关、国家外汇管理局西藏自治区分局。

陕西省金融运行报告（2023）

中国人民银行陕西省分行[①]
货币政策分析小组

[内容摘要] 2022年，面对需求收缩、供给冲击、预期转弱三重压力，以及疫情多轮冲击，陕西省坚持以习近平新时代中国特色社会主义思想为指导，深入学习宣传贯彻党的二十大精神，深入学习贯彻习近平总书记来陕西考察重要讲话和重要指示精神，坚持稳中求进工作总基调，认真落实“疫情要防住、经济要稳住、发展要安全”重要要求，狠抓稳经济一揽子政策和接续措施落地见效，全省经济运行总体平稳，呈现稳中加固、稳中有进、动能集聚的良好态势。金融运行总体稳健，服务实体经济质效提升，货币信贷和社会融资规模合理增长，资本市场融资和保险保障功能有效发挥，区域金融改革实现突破，金融生态环境更趋优化，金融服务水平进一步提升，为陕西经济持续恢复巩固创造了适宜的货币金融环境。

2022年，陕西省地区生产总值同比增长4.3%，投资、消费平稳增长，产业结构转型升级，三次产业协调发展。一是固定资产投资稳定增长，基础设施投资支撑有力。全省固定资产投资（不含农户）同比增长8.1%，较上年同期提高11.1个百分点；基础设施投资同比增长12.7%，连续10个月保持两位数增长；工业投资同比增长8.7%。二是消费市场平稳增长，线上消费和消费升级步伐加快。限额以上企业（单位）通过公共网络实现商品销售928亿元，同比增长12.7%；占限额以上企业（单位）消费品零售额的17.2%，较上年同期提高1.4个百分点。三是出口贸易保持较快增长，进口贸易有所下降。进出口总额4835亿元，同比增长2.0%，其中，出口同比增长17.8%，进口同比下降16.4%，实现贸易顺差1187亿元。四是产业结构转型升级，三次产业协调发展。农业生产总体平稳，粮食再获丰收，全年粮食产量1298万吨。工业运行稳中加固，规模以上工业增加值同比增长7.1%；在全省制造业24条重点产业链“链长制”等政策推动下，装备制造业年内始终保持两位数增长，全年增长12.7%。服务业稳步恢复，第三产业增加值同比增长2.6%。五是供给侧结构性改革持续深化，推动经济质效提升。秦创原创新驱动平台建设两年来，科创基金超百亿元，成功孵化科技型企业1577家，带动全省设立秦创原创促分中心60余个，全省技术合同成交额和科技型中小企业、高新技术企业数量年均分别增长31.7%、40.8%和39.1%。六是财政收支稳定增长，民生保障持续增强。地方财政收入3312亿元，扣除留抵退税因素后同比增长26.8%；财政支出6766亿元，同比增长11.5%，社会保障和就业、卫生健康支出等民生领域支出得到有力保障。

2022年，陕西省金融运行总体稳健，服务实体经济质效提升。一是存贷款和融资总量平稳增长。2022年末，人民币各项存款余额6.2万亿元，同比增长13.8%，较上年末提升3.5个百分点，较年初新增7445亿元，同比多增2406亿元。人民币各项贷款余额4.9万亿元，同比增长10.4%，较年初新增4578亿元。社会融资规模增量6839亿元，同比多增634亿元。二是信贷结构持续优化。充分发挥支农再贷款、支小再贷款、再贴现等结构性货币政策工具作用，

① 自2023年8月18日起，中国人民银行西安分行更名为中国人民银行陕西省分行。本报告主要反映2022年的经济金融情况，正文中涉及的相关机构表述仍沿用2022年名称。

引导撬动涉农、小微、民营等领域信贷投放有力。2022 年末，普惠小微贷款余额同比增长 27.8%；制造业中长期贷款余额同比增长 25.8%；绿色贷款余额同比增长 37.6%；涉农贷款余额同比增长 11.4%，全年新增超千亿元。三是企业融资成本进一步下降。2022 年 12 月企业贷款、小微企业贷款加权平均利率同比分别下降 0.52 个和 0.39 个百分点。四是区域金融改革实现突破。全省首个国家级区域金融改革试验区“陕西省铜川市普惠金融改革试验区”正式获批。国家外汇管理局批复开展 7 项高水平开放试点。持续推动地方法人银行机构多渠道补充资本，西安银行发行 20 亿元二级资本债，推动发行地方政府专项债补充中小银行资本。五是金融生态环境更加优化。推动设立陕西省征信有限责任公司，运营“秦信融”省级地方征信平台，推动建立地市级地方征信平台和融资服务平台 8 个，累计撮合融资 589 亿元。六是证券业和保险业平稳发展。证券业资产规模持续增长，上市公司数量稳步增加；保险业务结构持续优化，民生保障功能持续发挥。

2023 年是全面学习宣传贯彻党的二十大精神的开局之年，陕西省政府工作报告指出，陕西将坚持以习近平新时代中国特色社会主义思想为指导，深入贯彻落实中央经济工作会议部署，坚持稳中求进工作总基调，完整、准确、全面贯彻新发展理念，推动经济运行整体好转，实现质的有效提升和量的合理增长，为奋进中国式现代化新征程、谱写陕西高质量发展新篇章开好局起好步。陕西省金融系统将认真落实党中央、国务院重大决策部署，精准有力实施好稳健的货币政策，加大重点领域金融支持力度，有效防范化解区域金融风险，持续激活金融改革创新活力，着力推动经济运行整体好转，为陕西经济高质量发展提供有力金融保障。

一、金融运行情况

2022 年，陕西省金融业坚持稳健的货币政策灵活适度，发挥好结构性货币政策工具引导功能，货币信贷和社会融资规模合理增长，信贷结构不断优化，综合融资成本稳中有降，资本市场融资和保险保障功能有效发挥，区域金融改革实现突破，金融生态环境更趋优化，金融服务水平进一步提升，金融风险防范化解取得积极进展。

（一）银行业稳健运行，服务实体经济质效提升

2022 年，陕西省银行业认真落实稳经济一揽子政策和接续措施，围绕金融支持稳增长精准发力、持续发力，加大服务实体经济力度，防范化解金融风险，优化金融管理服务，为陕西经济持续恢复发展提供了有力支撑。

1. 银行业资产负债规模稳步增长，资产质量总体稳定。2022 年末，陕西省银行业金融机构资产总额 7.8 万亿元，同比增长 12.2%；负债总额 7.5 万亿元，同比增长 12.4%；实现净利润 559 亿元，同比下降 1.8%；拨备覆盖率 203.5%。2022 年末，陕西省银行业金融机构不良贷款率保持在较低水平。

表 1　2022 年银行业金融机构情况

机构类别	营业网点			法人机构（个）
	机构个数（个）	从业人数（人）	资产总额（亿元）	
一、大型商业银行	1879	39509	27054	0
二、国家开发银行和政策性银行	83	2175	7971	0
三、股份制商业银行	479	11760	10123	0
四、城市商业银行	539	9994	10426	2
五、小型农村金融机构	2846	32217	14209	97
六、财务公司	7	383	1626	4
七、信托公司	3	1852	344	3
八、邮政储蓄银行	1255	11075	4764	0
九、外资银行	9	234	157	0

续表

机构类别	营业网点			法人机构（个）
	机构个数（个）	从业人数（人）	资产总额（亿元）	
十、新型农村金融机构	94	2189	295	42
十一、其他	2	440	744	2
合　计	7196	111828	77712	150

数据来源：陕西银保监局。

注：营业网点不包括国家开发银行和政策性银行、大型商业银行、股份制银行等金融机构总部数据；大型商业银行包括中国工商银行、中国农业银行、中国银行、中国建设银行和交通银行；小型农村金融机构包括农村商业银行、农村合作银行和农村信用社；新型农村金融机构包括村镇银行；其他包含汽车金融公司、消费金融公司等。

2. 存款保持较快增长，住户存款增速明显提升。截至2022年末，陕西省金融机构本外币各项存款余额6.2万亿元，同比增长13.4%。人民币各项存款余额6.2万亿元，同比增长13.8%，较上年末提升3.5个百分点。全年人民币各项存款新增7445亿元，同比多增2406亿元。从存款主体看，住户存款增速明显提升，非金融企业存款保持平稳增长。截至2022年末，陕西省住户存款余额3.5万亿元，同比增长18.6%，较上年末提升8.0个百分点；全年新增5439亿元，同比多增2647亿元。非金融企业存款余额1.7万亿元，同比增长10.8%，全年新增1726亿元，同比多增106亿元。

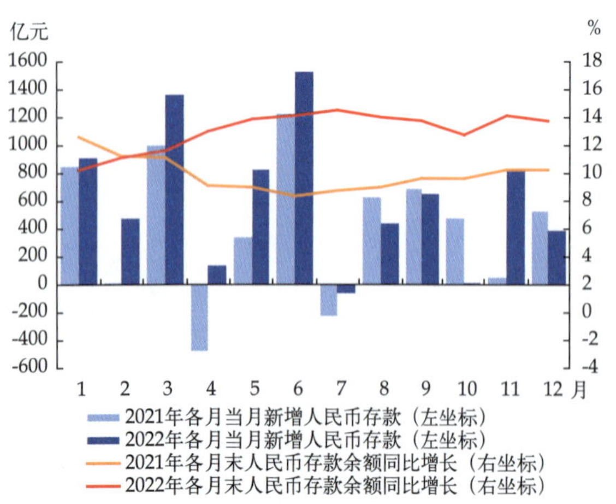

图1　金融机构人民币存款增长变化

（数据来源：中国人民银行西安分行）

3. 贷款保持平稳增长，贷款新增以企业贷款和中长期贷款为主。截至2022年末，陕西省金融机构本外币各项贷款余额4.9万亿元，同比增长10.1%。人民币各项贷款余额4.9万亿元，同比增长10.4%，贷款增速保持在两位数以上。全年人民币各项贷款新增4578亿元。从承贷主体看，企（事）业单位贷款保持稳定增长，住户贷款增长放缓。截至2022年末，企（事）业单位贷款余额同比增长12.1%，全年新增3659亿元，同比多增474亿元；住户贷款余额同比增长6.6%，全年新增917亿元。从贷款期限看，贷款新增以中长期为主，中长期贷款全年新增3192亿元，占各项贷款新增额的69.7%。

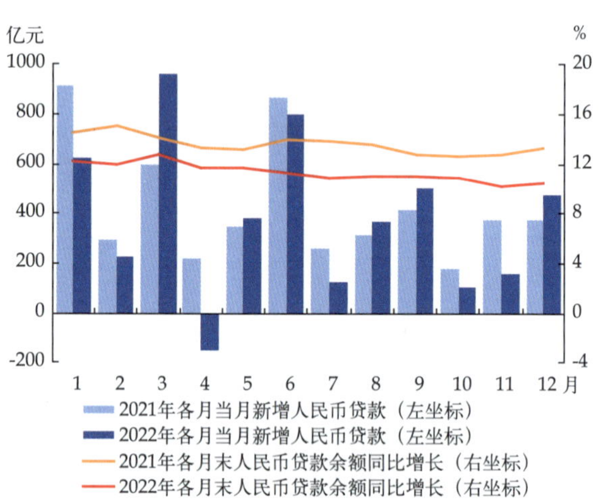

图2　金融机构人民币贷款增长变化

（数据来源：中国人民银行西安分行）

4. 发挥结构性货币政策工具引导功能，加大对重点领域和薄弱环节的信贷支持。2022年，人民银行西安分行通过运用支农再贷款、支小再贷款、再贴现等结构性货币政策工具，引导金融机构加大对“三农”、小微和民营领域的贷款投放。政策支持成效显著，普惠小微贷款“量增面扩”，截至2022年末，全省普惠小微贷款余额3726亿元，同比增长27.8%；普惠小微贷款户数达64万户，同比增长25.7%，普惠金融服务覆盖面持续扩大。涉农贷款全年新增超千亿元，截至2022年末，全省本外币涉农贷款余额9970亿元，全年新增1021亿元，同比多增

79亿元。金融支持制造业高质量发展成效显著，截至2022年末，全省人民币制造业贷款余额同比增长12.1%，高于全省各项贷款增速1.7个百分点；主要金融机构人民币制造业中长期贷款余额2577亿元，同比增长25.8%。绿色贷款保持高速增长，截至2022年末，全省本外币绿色贷款余额5093亿元，同比增长37.6%，较上年末提升3.5个百分点。

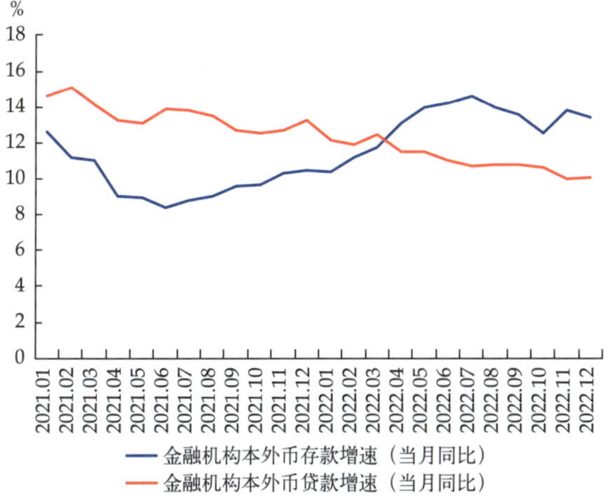

图3　金融机构本外币存贷款增速变化

（数据来源：中国人民银行西安分行）

5. 表外融资由降转升，实现同比多增。随着资管新规过渡期的结束，表外融资持续下降的态势改善。2022年，陕西省金融机构表外融资增加150亿元，同比多增1810亿元。其中，未贴现银行承兑汇票增加115亿元，同比多增333亿元；委托贷款增加42亿元，同比多增215亿元；信托贷款减少7亿元，同比少减1262亿元。

6. 企业融资成本进一步下降，金融机构负债成本有所降低。2022年12月，陕西省金融机构新发生定期存款加权平均利率较存款利率自律上限确定方式优化前的2021年5月下降0.23个百分点；2022年12月，陕西省金融机构企业贷款、小微企业贷款加权平均利率同比分别下降0.52个和0.39个百分点。

表2　2022年金融机构人民币贷款各利率区间占比

单位：%

项目		1月	2月	3月	4月	5月	6月
合计		100.0	100.0	100.0	100.0	100.0	100.0
LPR减点		30.2	23.7	26.4	26.6	36.6	26.1
LPR		7.0	8.6	6.7	4.2	5.7	8.0
LPR加点	小计	62.8	67.7	66.9	69.2	57.7	65.9
	(LPR，LPR+0.5%)	18.4	15.8	16.1	15.0	11.8	14.5
	[LPR+0.5%，LPR+1.5%)	16.6	19.8	20.0	22.6	17.4	20.9
	[LPR+1.5%，LPR+3%)	13.5	16.6	17.1	15.9	15.6	18.0
	[LPR+3%，LPR+5%)	10.2	10.5	10.3	11.0	9.5	9.5
	LPR+5%及以上	4.1	5.0	3.4	4.7	3.5	3.1
项目		7月	8月	9月	10月	11月	12月
合计		100.0	100.0	100.0	100.0	100.0	100.0
LPR减点		30.6	27.7	33.0	43.3	38.1	40.4
LPR		9.8	5.8	4.2	3.4	5.5	4.8
LPR加点	小计	59.6	66.5	62.8	53.3	56.4	54.8
	(LPR，LPR+0.5%)	13.2	18.5	16.8	13.4	17.2	13.8
	[LPR+0.5%，LPR+1.5%)	18.3	18.5	19.2	16.7	13.7	16.4
	[LPR+1.5%，LPR+3%)	14.9	14.8	15.8	12.4	14.7	13.7
	[LPR+3%，LPR+5%)	9.2	10.6	8.3	8.3	8.4	8.9
	LPR+5%及以上	3.9	4.0	2.7	2.6	2.4	2.1

数据来源：中国人民银行西安分行。

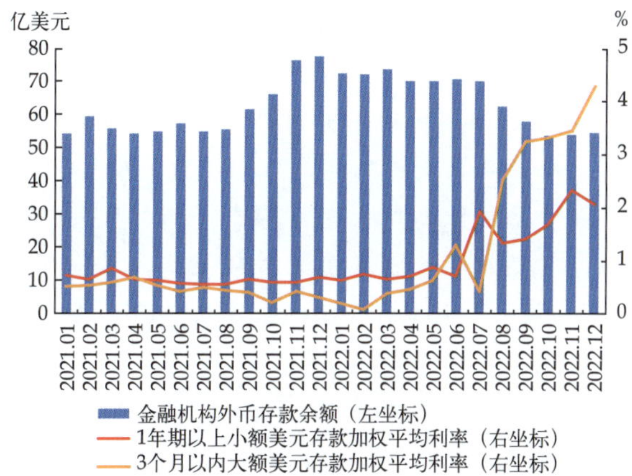

图4　金融机构外币存款余额及外币存款利率

（数据来源：中国人民银行西安分行）

7. 地方法人金融机构资产负债规模平稳增长，改革发展持续推进。截至2022年末，陕西省法人银行业机构资产总额2.5万亿元，同比增长14.6%；负债总额2.3万亿元，同比增长

14.9%；实现利润122亿元，同比增长2.5%。持续推动地方法人银行机构多渠道补充资本，在改革发展中提升风险抵御能力。西安银行于2022年3月发行20亿元二级资本债补充资本。省财政、人民银行、银保监等部门共同推动发行地方政府专项债补充中小银行资本。

8. 跨境人民币业务快速增长，服务实体经济能力显著增强。2022年陕西共实现人民币跨境收付606亿元，同比增长51.0%。人民币跨境收支在本外币跨境收支占比达14.2%，较上年同期提高4.3个百分点。跨境人民币服务企业数达1934家，同比增长27.2%。跨境人民币业务覆盖境外国家（地区）数116个，同比增长18.4%。自2011年陕西开办跨境人民币业务以来，陕西跨境人民币累计结算金额4537亿元，服务4490家企业。陕西与东盟、中国台湾、日韩等周边国家和地区发生人民币跨境收付累计1013亿元，占全省同期人民币跨境收付总额的23.0%；与96个"一带一路"共建国家（地区）发生人民币跨境收付累计1813亿元，占全省同期人民币跨境收付总额的41.1%。

专栏1　金融支持小微企业融资成效显著

2022年，人民银行西安分行建立健全支持小微企业发展的长效机制，引导金融机构改进和完善小微企业金融服务，实现小微企业融资量的合理增长和质的稳步提升。

一、发挥货币政策工具效能，为小微企业发展"输血"

结合区域发展实际，用足用好各类结构性货币政策工具，促进各项金融支持政策在陕西加快落地。2022年，人民银行西安分行运用支农再贷款、支小再贷款、再贴现、普惠小微贷款支持工具等结构性货币政策工具，引导金融机构加大对涉农、小微、民营领域的贷款投放。在各类货币政策工具带动下，2022年末陕西省普惠小微贷款余额达到3726亿元，同比增长27.8%。

二、大力发展科创金融，为科技型小微企业"造血"

一是积极运用科技创新再贷款激发小微企业创新活力，全面梳理高新技术企业、制造业单项冠军、"专精特新"、技术创新示范企业超过1.2万家，建立科技企业信贷支持情况监测制度，促进加强银企对接。汇总21家全国性金融机构在陕西分支机构中适用于科技创新再贷款的信贷产品70余款，广泛开展宣传推介。2022年，科技创新再贷款带动21家全国性金融机构在陕西分支机构向1000余户科技型中小企业发放贷款上百亿元。二是以陕西秦创原创新驱动平台为支点，优化科创金融支持体系。建立秦创原"四贷促进"金融服务工作站暨陕西省小微企业金融服务能力提升基地，落地高新技术和"专精特新"企业跨境融资便利化试点，全面优化秦创原科技企业融资环境。推动金融机构在秦创原设立科技支行、特色区域行等专营机构近150家，推出"秦创贷""秦创原知识产权贷""秦创原小微企业孵化贷"等金融产品，推动"科技—产业—金融"良性循环。

三、畅通金融服务渠道，增强金融供给可得性、普惠性、精准性

一是围绕陕西省重点产业链，推行"一链一行"主办行制度，完善产业链配套企业名录，加强银企融资对接。2022年末，"一链一行"主办行制度带动重点产业链贷款同比增长20.5%。二是推动设立陕西省征信有限责任公司，运营省级地方征信平台——"秦信融"，促进涉企信息共享，助力金融机构提升服务小微企业能力。三是联合政府产业部门，搭建分主体、分产品的政银企对接场景，有效促进惠企政策直达实体。推动陕西省“促融资 纾企困”小微企业应收账款融资倍增三年专项行动成功收官，累计促成应收账款融资2499亿元。

四、完善金融政策支持体系，优化小微企业发展环境

一是推动建立敢贷愿贷能贷会贷长效机制。在全省各地市政务服务大厅创设73个“四贷促进”（首贷、信用贷、续贷、随借随还贷）金融服务站，为经营主体提供综合性金融服务。统筹建立省市两级尽职免责自律机制，畅通申诉投诉渠道，增强尽职免责机制的可操作性。二是促进货币政策、产业政策、财政政策深度融合。推动设立8亿元陕西省中小微企业银行贷款风险补偿资金，建立小微企业贷款利率奖补机制和小微企业融资担保业务降费奖补政策，对服务小微企业数量多、金额大、期限较长、让利明显的金融机构进行奖补。

（二）证券业平稳发展，上市公司数量稳步增加

2022年，陕西省证券业资产规模持续增长，上市公司数量稳步增加，盈利能力持续增强。

1. 资产规模持续增长，营收水平有所下降。截至2022年末，陕西省共有法人证券公司、期货公司各3家，法人基金公司1家，证券分公司63家，证券营业部240家。3家法人证券公司总资产1628亿元，同比增长21.2%；实现营业收入49亿元，净利润9亿元，均较上年同期有所下降。3家法人期货公司总资产100亿元，同比下降0.5%；营业收入、净利润分别为5亿元和5000万元。

2. 市场交易持续活跃，上市公司数量稳步增加。2022年，陕西省累计代理证券交易额11万亿元，同比增长26.1%。截至2022年末，陕西省内上市公司75家，新增上市公司10家。截至2022年末，全省上市公司实现营业收入7754亿元，同比增长17.2%；实现归母净利润662亿元，同比增长22.8%。

表3　2022年证券业基本情况

项目	数量
总部设在辖内的证券公司数（家）	3
总部设在辖内的基金公司数（家）	1
总部设在辖内的期货公司数（家）	3
年末国内上市公司数（家）	75
当年国内股票（A股）筹资（亿元）	383
当年发行H股筹资（亿元）	0
当年国内债券筹资（亿元）	3057
其中：短期融资券筹资额（亿元）	721
中期票据筹资额（亿元）	729

续表

数据来源：陕西证监局、中国人民银行西安分行、陕西省发展改革委。

（三）保险业平稳增长，服务经济社会功能有效发挥

2022年，陕西省保险机构稳健运行，业务结构持续优化，保险保障和服务功能有效发挥。

1. 保险机构稳健运行，为社会经济提供有效风险保障。2022年，陕西省共有法人保险业机构2家，省级分公司71家。保险业总资产3064亿元，同比增长11.9%。全年实现原保险保费收入1102亿元，同比增长4.7%。全省保险业共提供各类风险保障102万亿元，各类赔款给付360亿元，同比分别增长22.3%和6.4%，风险保障功能得到有效发挥。

2. 保险业务结构持续优化，民生保障功能持续发挥。2022年，全省财产险公司保险保费收入317亿元，同比增长11.9%，其中非车险保费收入126亿元，同比增长26.0%。全省人身险公司保险保费收入785亿元，同比增长2.1%，其中普通寿险业务占比51.8%，同比提高4.5个

百分点。①

表 4　2022 年保险业基本情况

项目	数量
总部设在辖内的保险公司数（家）	2
其中：财产险经营主体（家）	1
寿险经营主体（家）	1
保险公司分支机构（家）	2828
其中：财产险公司分支机构（家）	1474
寿险公司分支机构（家）	1354
保费收入（中外资，亿元）	1102.0
其中：财产险保费收入（中外资，亿元）	272.8
人身险保费收入（中外资，亿元）	829.2
各类赔款给付（中外资，亿元）	360.4

数据来源：陕西银保监局。

（四）社会融资规模稳步增长，金融市场创新亮点纷呈

2022 年，陕西省社会融资规模稳步增长，信贷仍为主要融资渠道，表外融资实现净增，对社会融资规模增长的贡献度加大。受债市波动影响，非金融企业债券发行节奏趋缓，科创票据、保障性租赁住房中期票据实现突破。全省货币市场成交量增长，票据市场快速发展，金融市场整体运行平稳。

1. 社会融资规模稳步增长，信贷融资占比略有降低。2022 年，陕西省社会融资规模增量 6839 亿元，同比多增 634 亿元。其中，本外币贷款增量 4463 亿元，占社会融资规模的比重为 65.3%，较上年下降 18.6 个百分点。2022 年信托贷款收缩放缓，表外融资实现净增，全年新增 150 亿元，同比多增 1810 亿元。受多重因素影响，企业债券、地方政府债券全年净融资分别为 655 亿元和 1098 亿元，同比分别少增 280 亿元和 164 亿元。非金融企业境内股票融资 138 亿元，与上年基本持平。

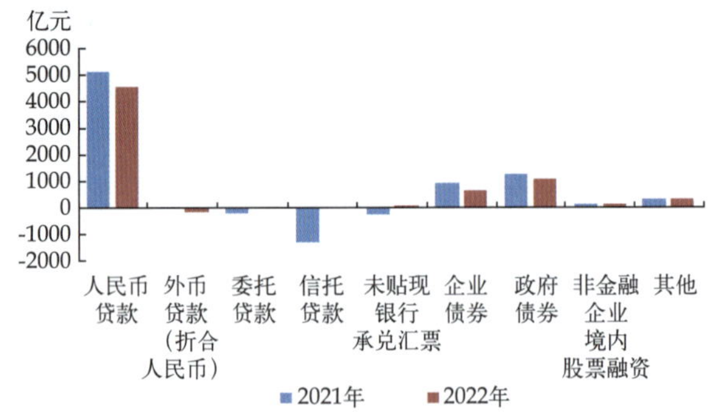

图 5　社会融资规模分布结构

（数据来源：中国人民银行西安分行）

2. 债券市场创新亮点纷呈，资源配置能力进一步提升。2022 年，秦农银行成功发行陕西省首只绿色金融债券 20 亿元，为绿色项目建设提供资金支持。陕西延长石油集团成功发行全省首单主体类科创票据，西安市安居建设管理集团发行中西部首单保障性租赁住房中期票据，债券市场资源配置能力进一步提升。

3. 货币市场成交量持续增长，票据市场快速发展。2022 年，陕西省金融机构在银行间货币市场累计成交额 19.7 万亿元，同比增长 23.0%。其中，同业拆借累计成交 1.4 万亿元，同比增长 83.6%；质押式回购累计成交 18.1 万亿元，同比增长 19.8%，买断式回购成交 2749 亿元，同比增长 36.7%。2022 年，陕西省金融机构累计签发商业汇票 6145 亿元。其中，银行承兑汇票签发额 4923 亿元；票据贴现累计发生额为 15471 亿元，同比增长 24.2%。

表 5　2022 年金融机构票据业务量

单位：亿元

季度	银行承兑汇票承兑		贴现			
			银行承兑汇票		商业承兑汇票	
	余额	累计发生额	余额	累计发生额	余额	累计发生额
1	2879.9	1070.4	3016.5	3030.2	255.2	305.7
2	3303.4	2479.7	3220.4	7420.2	244.7	549.5
3	3540.4	3743.4	3359.0	11090.3	227.2	736.2
4	3632.8	4922.9	3464.9	14486.6	272.1	984.7

数据来源：中国人民银行西安分行。

① 文字部分按照保险公司类型分类，表格数据按照保险业务类型分类，故二者数据存在差异。

表 6 2022 年金融机构票据贴现、转贴现利率

单位：%

季度	贴现		转贴现	
	银行承兑汇票	商业承兑汇票	票据买断	票据回购
1	2.32	4.07	2.19	2.27
2	1.66	4.47	1.69	1.81
3	1.59	4.13	1.60	1.75
4	1.51	3.58	1.36	1.37

数据来源：中国人民银行西安分行。

（五）区域金融改革实现突破，跨境金融创新持续深化

2022 年 9 月，经国务院同意，人民银行、银保监会、国家发展改革委等八部门批准建设陕西省首个国家级区域金融改革试验区——铜川市普惠金融改革试验区，印发《陕西省铜川市普惠金融改革试验区总体方案》，开展 17 项改革试点任务。持续扩大西安数字人民币试点应用场景，“数字人民币西安通”官方信息平台正式上线试运行。截至 2022 年末，西安市累计开立数字钱包 2034 万个，投产场景 56 万个，累计流通交易 3090 万笔，金额 44 亿元。12 月 15 日，本外币合一银行结算账户体系试点在西安正式启动，为经营主体提供优质、安全、高效的银行账户结算服务。国家外汇管理局批复开展 7 项高水平开放试点，全年全省办理高新技术和“专精特新”企业跨境融资便利化试点业务 19 笔，累计金额 2634 万美元。优化外汇领域“放管服”改革，指导招商银行、浙商银行西安分行开展资本项目数字化试点，有效助力境外融资扩规模降成本。

（六）金融生态环境更加优化，金融服务水平持续提升

1. 支付体系持续优化完善，支付服务质效不断提升。2022 年，陕西省持续深入推进支付体系建设，不断优化银行账户服务，落实落细支付手续费降费政策，持续提升支付服务便民水平，深入开展农村支付服务环境建设，依法规范支付市场秩序，切实保障疫情等特殊时期支付清算渠道畅通，陕西支付服务质效不断提升，为谱写陕西高质量发展新篇章提供基础金融服务支撑。

表 7 支付体系建设情况

年份	支付系统直接参与方（个）	支付系统间接参与方（个）	支付清算系统覆盖率（%）	当年大额支付系统处理业务数（万笔）	同比增长（%）
2021	5	5880	97.0	1885.1	-1.0
2022	5	5890	97.3	1737.5	-7.7

年份	当年大额支付系统业务金额（亿元）	同比增长（%）	当年小额支付系统处理业务数（万笔）	同比增长（%）	当年小额支付系统业务金额（亿元）	同比增长（%）
2021	892249.8	15.2	23871.5	34.5	64810.2	19.1
2022	1015917.5	14.5	29212.9	22.4	69740.2	7.6

数据来源：中国人民银行西安分行。

2. 持续推进地方征信平台建设，征信服务体系进一步完善。推动设立陕西省征信有限责任公司，运营“秦信融”省级地方征信平台，推动建立地市级地方征信平台和融资服务平台 8 个，涉农信用信息数据库 7 个，累计撮合融资 589 亿元。在全省开展“促融资 纾企困”中小微企业应收账款融资三年倍增专项行动（2020—2022 年），2022 年促成融资额较 2019 年增长 2.4 倍。征信系统覆盖面逐步扩大，“现场 + 线上”查询服务体系进一步完善。2022 年末，建成征信查询网点 331 个，15 家金融机构开通信用报告线上查询功能。践行“征信为民”理念，“征信修复”乱象专项治理“百日行动”收效明显，持续推进征信宣传教育，有效维护信息主体合法权益。

3. 积极践行金融为民理念，加强金融消费者权益保护。2022 年，积极践行金融为民理念，推进辖区金融消费者权益保护工作高质量发展。以“金教 + 投教共建、银行 + 证券联动”为特色，建立省级金融教育示范基地 10 家、市级 13 家。不断完善金融消费者投诉处理机制，陕西“12363”呼叫中心全年共受理投诉 4962 件，

办结率96.9%，受理咨询2.2万件，指导陕西金融消费纠纷调解中心成立金融类纠纷预防化解研究实践基地。创新开展“促进金融健康专项行动”，构建“产品＋教育＋行为＋研究”四维模式，打造金融健康评估体系。

二、经济运行情况

2022年，面对需求收缩、供给冲击、预期转弱三重压力，以及疫情多轮冲击，陕西省积极实施稳经济一揽子政策和接续措施，全省经济持续恢复，运行总体平稳，呈现稳中加固、稳中有进、动能集聚的良好态势。全年实现地区生产总值3.3万亿元，按不变价格计算，同比增长4.3%。三次产业的结构为7.9：48.6：43.5。2022年，陕西省居民人均可支配收入3.0万元，同比增长5.4%。2022年，全省城镇新增就业42.9万人，超额完成全年40万人的目标任务，居民就业保持稳定。

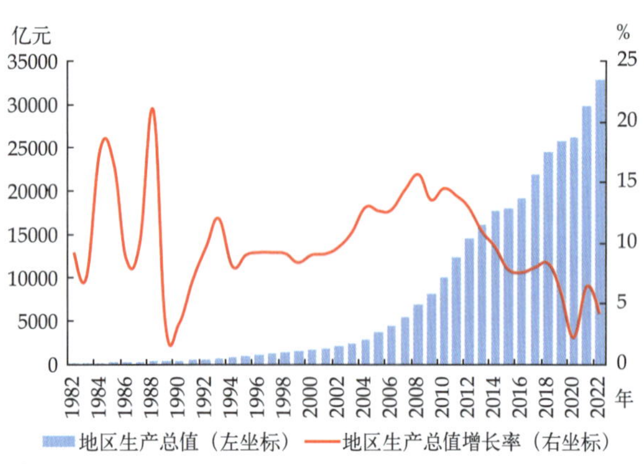

图6 地区生产总值及其增长率

（数据来源：《陕西统计年鉴》、陕西省统计局）

（一）投资消费平稳增长，出口贸易快速增长

2022年，陕西省有效应对“三重压力”叠加以及疫情多轮冲击，经济运行总体平稳，需求端总体呈向好发展态势。从结构看，投资保持较快增长，工业投资增势良好，基础设施投资支撑有力；消费市场稳步恢复，消费升级持续推进，线上消费增势良好；出口贸易快速增长，实际使用外资稳步增长。

1. 固定资产投资稳定增长，基础设施投资支撑有力。2022年，全省固定资产投资（不含农户）同比增长8.1%，较上年提高11.1个百分点。从投资领域看，全省基础设施投资同比增长12.7%，连续10个月保持两位数增长，其中，交通运输邮政业同比增长19.1%，电力、热力、燃气及水的生产和供应业同比增长12.1%，水利、环境和公共设施管理业同比增长11.0%。工业投资同比增长8.7%，其中，制造业投资同比增长6.6%。房地产开发投资同比下降4.2%。从投资主体看，全省国有控股投资同比增长20.8%，年内持续保持20%以上的高速增长；民间投资同比下降0.6%。

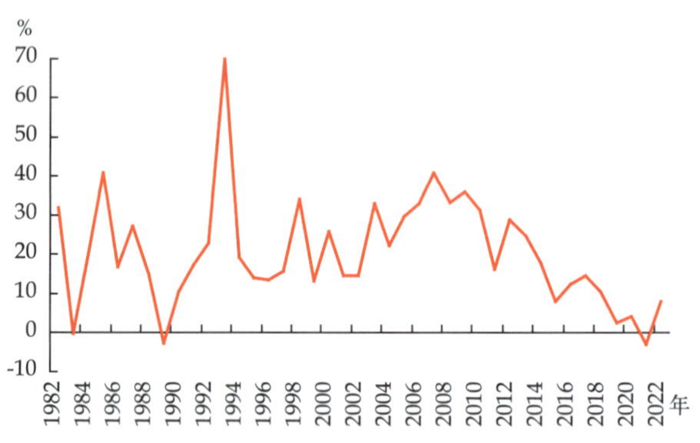

图7 固定资产投资（不含农户）增长率

（数据来源：《陕西统计年鉴》、陕西省统计局）

2. 消费市场平稳增长，线上消费和消费升级步伐加快。2022年，全省社会消费品零售总额1.0万亿元，同比增长1.5%。从消费形态看，商品零售9274亿元，同比增长1.9%；餐饮收入1128亿元，同比下降1.8%。限额以上企业（单位）消费品零售额5378亿元，同比增长4.0%。一是基本生活类商品销售稳定增长，其中，粮油食品类同比增长13.1%，石油及制品类同比增长11.5%，中西药品类同比增长14.5%。二是网上零售持续活跃，全年限额以上企业（单位）通过公共网络实现商品销售928亿元，同比增长12.7%；占限额以上企业消费品零售额的17.2%，较上年同期提高1.4个百分点。三是升级类商品需求回升，体育娱乐用品类同比增长

21.4%，文化办公用品类增长6.3%。

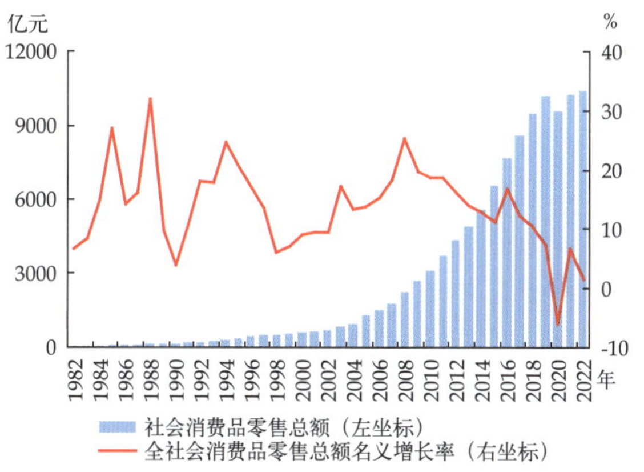

图8　社会消费品零售总额及其增长率

（数据来源：《陕西统计年鉴》、陕西省统计局）

3.出口贸易快速增长，实际使用外资稳步增长。2022年全省进出口总额4835亿元，同比增长2.0%。其中，出口3011亿元，同比增长17.8%，进口1824亿元，同比下降16.4%；贸易顺差1187亿元。从贸易类型和结构看，一般贸易进出口和民营企业进出口均呈现较快增长。一般贸易进出口同比增长31.4%，占全省进出口总额的35.4%；民营企业进出口同比增长27.0%，占全省进出口总额的38.9%。据商务厅统计，2022年全省新设外商投资企业314家，实际使用外资（FDI）15亿美元，同比增长37.6%。

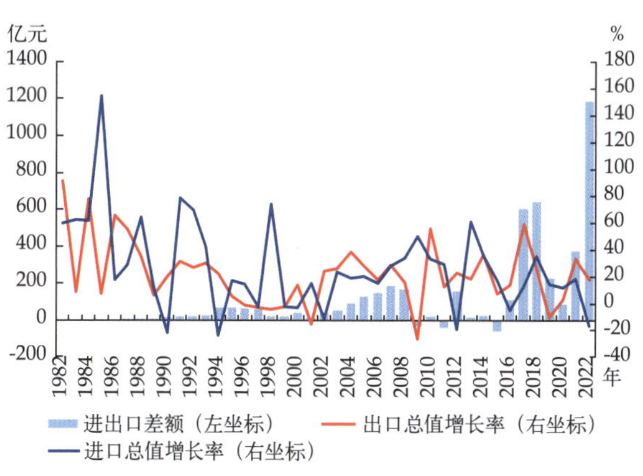

图9　外贸进出口变动情况

（数据来源：《陕西统计年鉴》、陕西省统计局）

（二）产业结构转型升级，三次产业协调发展

2022年，陕西省产业结构转型升级，三次产业协调发展。全省第一产业增加值同比增长4.3%，占地区生产总值的比重为7.9%；第二产业增加值同比增长6.2%，占全省地区生产总值的比重为48.6%；第三产业增加值同比增长2.6%，占全省地区生产总值的比重为43.5%。2022年，陕西省非公有制增加值占地区生产总值的比重为51.6%，较上年同期提高0.2个百分点。

1.农业生产总体平稳，粮食再获丰收。2022年，全省农林牧渔业增加值同比增长4.4%。粮食生产再获丰收，全年粮食产量1298万吨，同比增长2.2%；粮食亩产287公斤，同比增长1.7%。蔬菜水果供给有力，蔬菜及食用菌产量2082万吨，同比增长3.4%；园林水果产量1994万吨，同比增长5.1%。畜牧业生产稳定，猪牛羊禽肉全年产量132万吨，同比增长3.2%；牛奶产量108万吨，同比增长3.1%。截至2022年末，全省生猪存栏904万头，同比增长2.1%；全年生猪出栏1278万头，同比增长3.9%。

2.工业运行稳中加固，培育重点产业链成效显著。2022年，全省规模以上工业增加值同比增长7.1%。从三大门类看，采矿业增加值同比增长8.1%，制造业同比增长5.4%，电力、热力、燃气及水的生产供应业同比增长12.1%。从主要行业看，能源保供任务完成良好，煤炭开采和洗选业同比增长9.2%，石油和天然气开采业同比增长4.2%，石油、煤炭及其他燃料加工业同比增长3.2%。在全省制造业24条重点产业链“链长制”等政策推动下，装备制造业年内始终保持两位数增长，全年同比增长12.7%。其中，电气机械和器材制造业同比增长29.2%，汽车制造业同比增长21.3%，计算机、通信和其他电子设备制造业同比增长7.1%。从产品产量看，原煤同比增长5.4%，天然气同比增长4.4%，原油加工量同比增长3.9%，发电量同比增长2.8%。代表高技术产品的新能源汽车同比增长 2.7 倍，太阳能电池同比增长 27.3%。

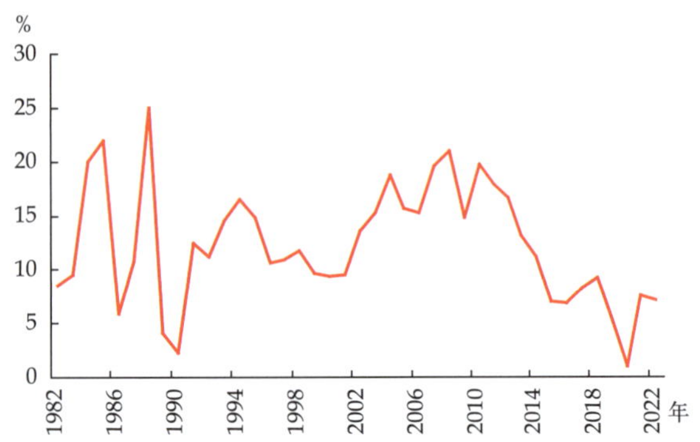

图 10　规模以上工业增加值实际增长率

（数据来源：《陕西统计年鉴》、陕西省统计局）

3. 服务业稳步恢复，现代服务业加快发展。 2022 年，全省服务业增加值同比增长 2.6%，占地区生产总值的比重为 43.5%。其中，金融业增加值同比增长 7.5%，交通运输、仓储和邮政业增加值同比增长 3.0%。2022 年，全省规模以上服务业实现营业收入 5365 亿元，同比增长 5.7%，其中，信息传输、软件和信息技术服务业营业收入同比增长 10.0%，租赁和商务服务业营业收入同比增长 13.8%，科学研究和技术服务业营业收入同比增长 8.0%。

4. 供给侧结构性改革持续深化，推动经济质效提升。 2022 年，陕西省继续坚定实施创新驱动发展战略，秦创原创新驱动平台建设两年来，科创基金超百亿元，成功孵化科技型企业 1577 家，带动全省设立秦创原创促分中心 60 余个，全省技术合同成交额和科技型中小企业、高新技术企业数量年均分别增长 31.7%、40.8% 和 39.1%。全省半导体产业规模达到 1700 亿元，光伏制造业产值近千亿元，汽车产量从 61 万辆增加到 130 万辆。建成投用国家超算西安中心一期，获批建设 2 个全国重点实验室、西安综合性科学中心和科技创新中心。中欧班列长安号打通跨里海、黑海贸易通道，全年开行 4639 列，同比增长 20.8%。

5. 生态环境质量持续好转，绿色本底不断厚植。 2022 年，陕西省积极践行“双碳”战略，参与全国碳市场交易，覆盖二氧化碳排放量约 1.7 亿吨，四项主要污染物排污权交易笔数同比增长 84.6%，交易额同比增长 67.8%。持续实施秦岭、黄河流域、长江流域生态空间治理十大行动，全省营造林 703 万亩。扎实开展黄河流域“清废行动”，有效治理 94 万亩沙化土地。河流水质总体达优，地级以上城市黑臭水体全部消除。“一断一策”推进 111 个国控断面全面达标，确保了“一泓清水永续北上”。秦岭生态环境持续改善，优良等级面积达 99%，生物多样性实现恢复性增长。

（三）消费价格温和上涨，生产价格涨幅回落

2022 年，陕西省居民消费价格温和上涨，下半年以来涨幅回落。随着煤炭保供稳价等政策的持续实施，全省工业品价格涨幅明显回落。全省劳动力成本平稳上升，就业保持稳定。

1. 居民消费价格温和上涨。 2022 年，陕西居民消费价格同比上涨 2.1%。其中，食品烟酒类价格同比上涨 2.6%，食品价格中，粮食价格同比上涨 4.6%，畜肉类价格同比下降 3.4%。在粮食猪肉保供稳价政策作用下，全省食品价格涨幅得到有效控制。12 月全省食品价格同比上涨 1.3%，涨幅较年内高点（9 月 9.1%）下降 7.8 个百分点，其中猪肉价格同比上涨 17.0%，较年内高点（10 月 58.6%）大幅回落。其他七大类价格中，交通及通信价格同比上涨 3.8%，娱乐教育文化用品及服务价格同比上涨 3.4%，其他用品和服务价格同比上涨 1.9%，居住价格同比上涨 1.1%，生活用品及服务价格同比上涨 1.0%，医疗保健及个人用品价格同比上涨 0.8%，衣着价格同比上涨 0.5%。

2. 工业生产者出厂价格涨幅明显回落。 随着煤炭保供稳价等政策的持续实施，全省工业品价格涨幅明显回落。2022 年，全省工业生产者价格指数（PPI）同比上涨 7.3%，涨幅较上年回落 9.6 个百分点；12 月全省 PPI 同比下降 0.6%，连续 4 个月负增长。工业出厂价格涨幅

回落，尤其是上游采掘业价格下降，有助于改善产业链中下游企业的成本利润状况。

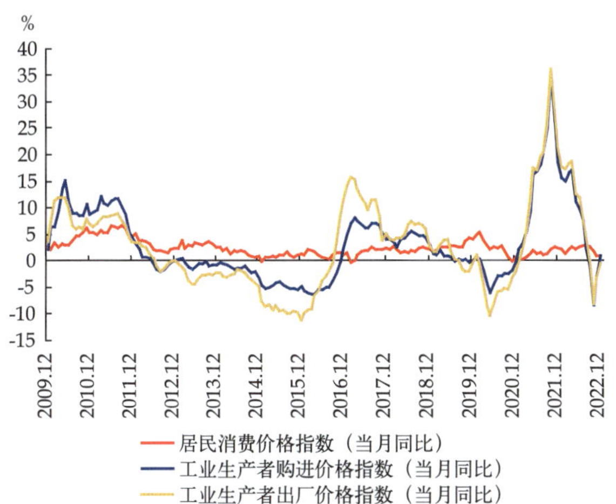

图 11　居民消费价格指数和工业生产者价格指数变动趋势

（数据来源：《陕西统计年鉴》、陕西省统计局）

3. 劳动力成本平稳上升。2022 年陕西省居民人均工资性收入 1.6 万元，较上年增加 825 元，同比增长 5.4%。2022 年，全省城镇新增就业 42.9 万人，超额完成全年 40 万人的目标任务，高校毕业生初次就业率为 81.9%，农民工就业保持稳定，困难人员就业 4.3 万人，居民就业总体保持稳定。

（四）财政收支稳定增长，民生保障持续增强

2022 年，陕西省地方财政收入 3312 亿元，扣除留抵退税因素后同比增长 26.8%。其中，各项税收 2683 亿元，同口径增长 29.2%。分税种看，国内增值税收入 838 亿元，扣除留抵退税因素后同比增长 26.9%；企业所得税收入 446 亿元，同比增长 31.4%；资源税收入 670 亿元，同比增长 79.5%；契税收入 111 亿元，同比下降 22.8%；个人所得税收入 139 亿元，同比增长 32.1%。全省非税收入 629 亿元，同比增长 16.8%。2022 年全省一般公共预算支出 6766 亿元，同比增长 11.5%。其中，节能环保支出同比增长 31.4%，社会保障和就业支出同比增长 11.9%，卫生健康支出同比增长 18.1%，民生保障持续增强。

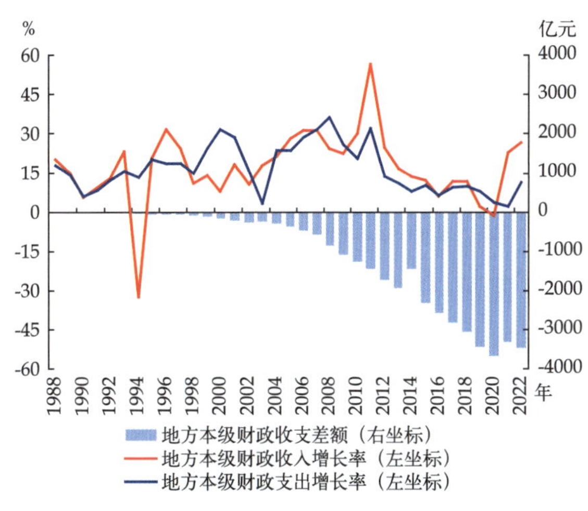

图 12　财政收支状况

（数据来源：《陕西统计年鉴》、陕西省统计局）

（五）房地产市场下行筑底，制造业发展稳中向好

1. 房地产市场处于下行筑底阶段。2022 年，陕西省房地产投资和销售指标不同程度下滑，竣工速度在保交楼等政策措施支持下明显加快。

房地产开发投资有所下降，竣工速度加快。2022 年，陕西省房地产开发投资 4255 亿元，同比下降 4.2%。房屋施工面积 2.9 亿平方米，同比下降 4.2%。房屋新开工面积 4413 万平方米，同比下降 26.1%。房屋竣工面积 1976 万平方米，同比增长 11.7%。

商品房销售放缓，待售面积增加。2022 年，陕西省商品房销售面积 3309 万平方米，同比下降 22.3%，其中住宅销售面积同比下降 24.0%。商品房销售额 3270 亿元，同比下降 21.1%，其中住宅销售额同比下降 21.4%。2022 年末，商品房待售面积 659 万平方米，同比增长 13.7%。

图 13　商品房施工和销售变动趋势

（数据来源：《陕西统计年鉴》、陕西省统计局）

重点城市房价涨幅收窄。2022 年 12 月，西安市新建商品住宅销售价格同比增长 2.0%，二手住宅销售价格同比下降 2.3%。

2. 制造业整体发展稳中向好。2022 年，陕西省规模以上工业增加值同比增长 7.1%。其中，规模以上制造业同比增长 5.4%，装备制造业增加值年内保持两位数增长，有效引领产业升级。高技术制造业增加值同比增长 7.3%，新能源汽车产量突破百万辆，同比增长 2.7 倍；全省工业战略性新兴产业增加值同比增长 12.7%，高于工业增加值增速 7 个百分点，创新引领作用持续增强。

专栏 2　金融服务乡村振兴工作取得实效

2022 年，人民银行西安分行以巩固拓展脱贫攻坚成果同乡村振兴有效衔接为主线，多措并举引导更多金融资源投向乡村振兴领域，更好满足乡村振兴多样化的金融需求。截至 2022 年末，陕西省涉农贷款余额达到 9970 亿元，同比增长 11.4%，高于全省本外币各项贷款增速 1.3 个百分点。

一、发挥货币政策引导撬动作用

充分发挥支农再贷款、支小再贷款和再贴现等结构性货币政策工具的总量和结构功能，增强金融机构服务“三农”资金实力，为乡村振兴提供“源头活水”。对农业银行陕西辖内县级三农金融事业部执行差别化存款准备金率政策，释放可贷资金超 34 亿元。积极发挥银行间债券市场融资功能，推动地方法人银行发行“三农”专项金融债券，拓宽其可贷资金来源。

二、建立健全现代农业全产业链金融服务体系

联合陕西省农业农村厅建立现代农业全产业链金融服务“行长 + 链长”机制，确定 9 家银行业机构作为牵头行，分别负责全省苹果、生猪等 9 条农业重点产业链的金融服务工作，指导各行确定一名行长与农业农村厅确定的各重点产业链“链长”对接，针对牵头的农业重点产业链，从组织推进、资源配置、产品支持等方面，制订覆盖产业链核心企业和上下游小微企业的综合服务方案，合力推动农业产业链金融服务工作。截至 2022 年末，陕西省级 9 条农业重点产业链贷款余额达到 332 亿元。其中，引导省内金融机构围绕苹果全产业链各个环节的资金需求特点，设计开发特色贷款产品，有效满足企业、商户、农户等各类主体的融资需求。如在生产种植环节，推出“防雹贷”“新苗贷”等；在延伸产业链环节，推出商标权质押贷款等产品；在存储、购销贸易环节，推出“果品仓储贷款”“惠农主播贷”“农资贷”等。

三、加大重点区域金融支持

围绕乡村振兴重点帮扶县，在全省持续开展省市县三级金融机构与乡村振兴重点帮扶县“一对一”结对帮扶行动，组织 11 家省级金融机构、15 家市县级金融机构分别对省内 11 个国家级、15 个省级重点帮扶县进行结对帮扶。各帮扶金融机构均制订工作方案、建立工作队伍，针对“富农民”推出“惠农e贷”“富民贷”“新型职业农民贷”“能人大户贷”“脱贫巩固贷”等专属信贷产品；针对“兴产业”创设“富硒产业贷”“桑蚕产业贷”“黑木耳产业贷”等特色产品。截至2022年末，陕西省26个乡村振兴重点帮扶县各项贷款余额达2550亿元，同比增长13.2%。围绕县域经济高质量发展，开展“金融兴产强县”三年行动，针对全省县域地区的工业园、产业园、示范园，采取“建立一个融资监测体系，制定金融‘辅导员’、金融产品公示、融资对接三项制度”的措施，推动金融机构优化县域金融服务水平。截至2022年末，76个县域的工业园、产业园、示范园贷款余额达778亿元，同比增长14%。

三、预测与展望

2023年，陕西省将坚持以习近平新时代中国特色社会主义思想为指导，全面贯彻党的二十大精神，认真贯彻落实习近平总书记来陕西考察重要讲话和重要指示精神，坚持稳中求进工作总基调，完整、准确、全面贯彻新发展理念，聚焦高质量发展，全面深化改革开放，大力提振市场信心，把实施扩大内需战略同深化供给侧结构性改革有机结合起来，坚定不移做强能源工业，坚持不懈深化科技创新，推动经济运行整体好转，实现质的有效提升和量的合理增长。

2023年，陕西省金融系统将坚持以习近平新时代中国特色社会主义思想为指导，全面贯彻党的二十大和中央经济工作会议精神，聚焦高质量发展，精准有力实施好稳健的货币政策，加大重点领域金融支持力度，有效防范化解区域金融风险，持续激活金融改革创新活力，着力推动经济运行整体好转，为谱写陕西高质量发展新篇章提供有力金融保障。

中国人民银行陕西省分行货币政策分析小组

总　　纂：魏革军　李　彤

统　　稿：钱　皓　申建文　李　冕　唐海涛　白嘉怡

执　　笔：唐海涛　李　冕　白嘉怡　孙　姣　李媛媛　马　悦　成思洁　常博闻　李　姜　冯　伟　刘　婷　刘　琪　王　蓉　刘振强　范念龙　王　宇　南　雁　师　月　栗国华　王　越　刘佳珍　张左扬　姚　远　冯逸超　汪蕴慧　梁砺波

附录：

（一）2022 年陕西省经济金融大事记

1 月 30 日，中国人民银行西安分行等四部门联合印发《关于统筹疫情防控和复工复产　进一步做好经济稳增长金融服务的实施意见》，切实加大对疫情影响重点领域和重点群体的金融支持，促进释放经济活力。

3 月 24 日，陕西省第十三届人大常委会第三十二次会议通过了《陕西省地方金融条例》，该条例是陕西省首部地方金融领域法规。

6 月 22 日，陕西股权交易中心被中国证监会纳入区域性股权市场区块链建设试点范围，以“金融 + 互联网”的“陕西股权交易中心综合业务系统”于 11 月正式上线。

7 月 29 日，中国人民银行西安分行和西安市金融工作局牵头组织的“数字人民币西安通”小程序上线试运行。

8 月 29 日，陕西省地方金融监督管理局等八部门联合出台《关于促进私募股权投资行业高质量发展的若干措施》，建立私募基金设立会商机制。

9 月 22 日，人民银行等八部门正式印发《陕西省铜川市普惠金融改革试验区总体方案》，标志着陕西第一个国家级区域金融改革试验区落地铜川。

9 月 23 日，中国人民银行西安分行等七部门联合印发《关于巩固经济恢复发展基础　进一步提升金融服务水平的指导意见》，支持巩固经济恢复发展基础，加快推动稳经济一揽子政策的接续措施等在陕西落地见效。

9 月 27 日，秦创原“四贷促进”金融服务工作站暨陕西省中小微企业金融服务能力提升基地在西咸新区揭牌成立。

12 月 15 日，本外币合一银行结算账户体系试点在西安正式启动，为经营主体提供优质、安全、高效的银行账户结算服务。

（二）陕西省主要经济金融指标

表1　2022 年陕西省主要存贷款指标

项目		1月	2月	3月	4月	5月	6月	7月	8月	9月	10月	11月	12月
本外币	金融机构各项存款余额（亿元）	55503.7	55970.1	57344.9	57475.3	58296.7	59828.0	59757.3	60148.8	60776.3	60756.0	61582.2	61956.8
本外币	其中：住户存款	30671.4	30577.2	31294.1	31220.5	31448.8	32123.5	32133.0	32398.9	33067.6	32974.9	33654.1	34742.2
本外币	非金融企业存款	15400.8	15460.3	16151.2	16423.9	16811.4	17916.4	17482.5	17835.2	18108.7	17930.5	17881.2	17568.7
本外币	各项存款余额比上月增加（亿元）	878.6	466.4	1374.8	130.4	821.4	1531.3	-70.7	391.4	627.5	-20.3	826.3	374.6
本外币	金融机构各项存款同比增长（%）	10.4	11.2	11.8	13.1	14.0	14.2	14.6	14.0	13.6	12.5	13.8	13.4
本外币	金融机构各项贷款余额（亿元）	44977.3	45203.2	46143.2	46005.2	46369.8	47163.9	47284.0	47662.4	48160.7	48259.6	48405.3	48860.4
本外币	其中：短期	7944.4	8095.9	8373.0	8359.2	8495.7	8595.3	8590.4	8590.5	8631.7	8623.6	8539.4	8457.4
本外币	中长期	33991.2	34087.4	34616.8	34588.9	34736.0	35212.5	35338.6	35595.0	36067.2	36148.5	36348.1	36817.9
本外币	票据融资	2903.6	2882.1	3016.5	2920.0	3001.2	3220.4	3283.0	3399.0	3359.0	3376.0	3403.2	3464.9
本外币	各项贷款余额比上月增加（亿元）	597.9	225.9	940.1	-138.1	364.6	794.2	120.1	378.4	498.3	99.0	145.7	455.2
本外币	其中：短期	90.6	151.5	277.2	-13.8	136.5	99.6	-4.9	0.2	41.1	-8.0	-84.3	-82.0
本外币	中长期	371.4	96.2	529.4	-27.9	147.0	476.6	126.0	256.5	472.1	81.4	199.6	469.8
本外币	票据融资	143.0	-21.6	134.4	-96.4	81.2	219.1	62.7	115.9	-40.0	17.0	27.3	61.7
本外币	金融机构各项贷款同比增长（%）	12.2	11.9	12.5	11.5	11.5	11.1	10.7	10.8	10.8	10.7	10.0	10.1
本外币	其中：短期	11.1	13.7	13.2	14.0	15.3	14.7	14.4	14.7	12.8	11.7	8.6	7.7
本外币	中长期	11.5	10.5	10.7	9.6	9.1	8.6	8.3	8.0	8.8	8.8	8.8	9.5
本外币	票据融资	19.1	19.8	30.2	25.8	28.4	28.2	28.3	33.5	28.6	28.1	26.7	25.5
本外币	建筑业贷款余额（亿元）	1940.1	1916.4	2012.2	2006.2	2078.6	2138.8	2134.2	2182.6	2196.5	2173.0	2198.3	2219.0
本外币	房地产业贷款余额（亿元）	2174.7	2207.5	2232.1	2225.1	2219.9	2235.7	2255.0	2264.3	2303.3	2332.8	2318.5	2368.3
本外币	建筑业贷款同比增长（%）	36.3	30.3	32.0	26.4	26.0	27.1	24.5	26.7	23.8	22.6	19.8	19.4
本外币	房地产业贷款同比增长（%）	-5.5	-5.1	-4.6	-4.4	-4.0	-1.5	-1.4	-0.5	2.6	5.3	6.2	9.4
人民币	金融机构各项存款余额（亿元）	55040.3	55514.0	56876.4	57011.2	57829.3	59352.4	59283.6	59718.3	60364.2	60370.3	61194.3	61575.6
人民币	其中：住户存款	30550.9	30458.6	31174.5	31095.5	31323.1	31995.6	32003.8	32271.5	32938.0	32846.4	33526.5	34616.9
人民币	非金融企业存款	15077.4	15140.3	15822.2	16103.6	16489.2	17592.9	17159.0	17553.7	17848.8	17694.4	17644.6	17335.4
人民币	各项存款余额比上月增加（亿元）	910.2	473.7	1362.3	134.9	818.1	1523.1	-68.8	434.7	646.0	6.1	824.0	381.2
人民币	其中：住户存款	1373.2	-92.3	716.0	-79.0	227.6	672.5	8.3	267.7	666.6	-91.6	680.1	1090.3
人民币	非金融企业存款	-532.1	62.9	681.9	281.4	385.6	1103.7	-433.8	394.7	295.0	-154.4	-49.8	-309.1
人民币	各项存款同比增长（%）	10.2	11.1	11.6	13.0	13.8	14.1	14.5	13.9	13.7	12.7	14.1	13.8
人民币	其中：住户存款	14.2	10.3	10.9	12.2	12.8	12.7	13.9	14.6	15.0	15.6	17.1	18.6
人民币	非金融企业存款	8.2	12.8	13.0	14.3	17.5	20.9	19.6	19.9	20.8	18.4	17.0	10.8
人民币	金融机构各项贷款余额（亿元）	44679.2	44908.2	45871.0	45717.4	46095.8	46893.6	47018.8	47386.8	47891.9	47995.9	48153.3	48631.6
人民币	其中：个人消费贷款	10966.0	10955.6	11058.0	11075.6	11119.7	11223.1	11268.8	11342.6	11437.7	11452.7	11516.0	11560.3
人民币	票据融资	2903.6	2882.1	3016.5	2920.0	3001.2	3220.4	3283.0	3399.0	3359.0	3376.0	3403.2	3464.9
人民币	各项贷款余额比上月增加（亿元）	625.4	229.0	962.8	-153.6	378.4	797.8	125.2	367.9	505.1	104.0	157.3	478.3
人民币	其中：个人消费贷款	15.8	-10.4	102.4	17.5	44.1	103.4	45.7	73.8	95.1	15.0	63.3	44.4
人民币	票据融资	143.0	-21.6	134.4	-96.4	81.2	219.1	62.7	115.9	-40.0	17.0	27.3	61.7
人民币	金融机构各项贷款同比增长（%）	12.2	12.0	12.7	11.7	11.7	11.3	10.9	10.9	11.0	10.8	10.2	10.4
人民币	其中：个人消费贷款	13.9	12.6	11.7	10.4	9.2	8.9	8.4	7.9	7.4	6.4	5.7	5.6
人民币	票据融资	19.1	19.8	30.2	25.8	28.4	28.2	28.3	33.5	28.6	28.1	26.7	25.5
外币	金融机构外币存款余额（亿美元）	72.7	72.1	73.8	70.1	70.2	70.9	70.2	62.5	58.0	53.7	54.0	54.7
外币	金融机构外币存款同比增长（%）	34.0	20.9	32.4	29.2	27.6	23.4	28.1	12.4	-5.7	-18.8	-29.4	-29.5
外币	金融机构外币贷款余额（亿美元）	46.8	46.7	42.9	43.5	41.1	40.3	39.3	40.0	37.9	36.7	35.1	32.9
外币	金融机构外币贷款同比增长（%）	8.1	7.3	-12.7	-11.2	-14.8	-17.6	-19.8	-18.0	-23.9	-23.3	-30.6	-35.7

数据来源：中国人民银行西安分行调查统计处。

表 2　2001—2022 年陕西省各类价格指数

单位：%

时间		居民消费价格指数		农业生产资料价格指数		工业生产者购进价格指数		工业生产者出厂价格指数	
		当月同比	累计同比	当月同比	累计同比	当月同比	累计同比	当月同比	累计同比
2001		—	1.0	—	1.9	—	0.5	—	0.4
2002		—	-1.1	—	0.8	—	-1.2	—	0.7
2003		—	1.7	—	2.3	—	4.8	—	5.7
2004		—	3.1	—	11.6	—	10.4	—	7.3
2005		—	1.2	—	7.2	—	7.5	—	10.4
2006		—	1.5	—	0.7	—	6.7	—	9.6
2007		—	5.2	—	8.3	—	6.3	—	2.9
2008		—	6.4	—	22.0	—	11.2	—	8.4
2009		—	0.5	—	-4.2	—	-1.6	—	-3.9
2010		—	4.0	—	5.3	—	9.7	—	8.7
2011		—	5.7	—	10.3	—	9.6	—	7.2
2012		—	2.8	—	5.4	—	0.0	—	0.8
2013		—	3.1	—	2.6	—	-0.7	—	-2.7
2014		—	1.6	—	0.9	—	-1.5	—	-2.9
2015		—	1.0	—	0.5	—	-4.8	—	-9.2
2016		—	1.3	—	-0.3	—	-4.1	—	-2.4
2017		—	1.6	—	2.1	—	6.4	—	10.8
2018		—	2.1	—	3.8	—	4.2	—	5.4
2019		—	2.9	—	3.3	—	0.3	—	0.8
2020		—	2.5	—	4.6	—	-2.4	—	-4.9
2021		—	1.5	—	—	—	16.3	—	16.9
2022		—	2.1	—	—	—	6.2	—	7.3
2021	1	0.3	0.3	—	—	2.2	2.2	-0.3	-0.3
	2	0.2	0.2	—	—	3.2	2.7	1.9	0.8
	3	0.8	0.4	—	—	5.3	3.6	5.5	2.3
	4	1.4	0.7	—	—	9.2	5.0	11.4	4.5
	5	1.9	0.9	—	—	16.2	7.1	17.5	7.0
	6	1.4	1.0	—	—	16.8	8.7	17.0	8.6
	7	1.6	1.1	—	—	18.1	10.1	19.6	10.1
	8	1.2	1.1	—	—	20.5	11.4	20.5	11.4
	9	1.4	1.1	—	—	24.8	12.8	25.9	13.0
	10	2.2	1.2	—	—	35.1	15.1	36.0	15.3
	11	2.7	1.4	—	—	26.1	16.1	27.6	16.5
	12	2.4	1.5	—	—	18.4	16.3	21.4	16.9
2022	1	2.1	2.1	—	—	15.6	15.6	17.6	17.6
	2	1.3	1.7	—	—	15.0	15.3	17.2	17.4
	3	2.1	1.8	—	—	16.5	15.7	18.3	17.7
	4	2.5	2.0	—	—	17.0	16.0	18.8	18.0
	5	2.1	2.0	—	—	11.1	15.0	12.5	16.8
	6	2.5	2.1	—	—	9.7	14.1	11.9	16.0
	7	2.9	2.2	—	—	7.4	13.0	7.4	14.7
	8	2.8	2.3	—	—	2.2	11.6	4.6	13.3
	9	2.6	2.3	—	—	-1.4	10.0	-0.4	11.6
	10	1.8	2.3	—	—	-8.5	7.8	-8.1	9.3
	11	1.0	2.2	—	—	-3.3	6.7	-3.4	8.0
	12	1.0	2.1	—	—	0.9	6.2	-0.6	7.3

数据来源：国家统计局陕西调查总队、陕西省统计局。

表 3　2022 年陕西省主要经济指标

项目	1月	2月	3月	4月	5月	6月	7月	8月	9月	10月	11月	12月
	绝对值（自年初累计）											
地区生产总值（亿元）	—	—	7265.4	—	—	15252.3	—	—	23502.0	—	—	32772.7
第一产业	—	—	239.1	—	—	712.9	—	—	1316.9	—	—	2575.3
第二产业	—	—	3661.3	—	—	7822.0	—	—	11751.2	—	—	15934.5
第三产业	—	—	3365.1	—	—	6717.5	—	—	10433.9	—	—	14262.9
工业增加值（亿元）	—	—	3223.9	—	—	6631.1	—	—	9784.5	—	—	13158.3
固定资产投资（亿元）	—	—	—	—	—	—	—	—	—	—	—	—
房地产开发投资	—	292.5	674.0	1004.5	1463.7	2114.8	2477.7	2850.6	3249.2	3615.7	3979.7	4254.8
社会消费品零售总额（亿元）	—	—	2535.8	—	—	4989.6	—	—	7557.4	—	—	10401.6
外贸进出口总额（亿元）	—	758.9	1167.6	1532.1	1968.7	2362.3	2787.5	3207.7	3606.4	4029.1	4474.1	4835.3
进口	—	313.3	692.0	621.9	773.3	919.9	1070.3	1222.6	1365.9	1508.6	1696.2	1824.0
出口	—	445.7	475.6	910.2	1195.4	1442.3	1717.2	1985.2	2240.5	2520.4	2777.8	3011.4
进出口差额（出口－进口）	—	132.4	-216.5	288.3	422.1	522.4	646.9	762.6	874.6	1011.8	1081.6	1187.4
实际利用外资（亿元）	—	24.2	30.0	39.7	39.7	50.3	—	—	—	—	—	—
地方财政收支差额（亿元）	—	-222.3	-668.6	-931.3	-1183.9	-1788.2	-1937.3	-2175.9	-2594.6	-2662.6	-2912.2	-3454.8
地方财政收入	—	678.1	965.5	1205.0	1418.4	1718.8	2087.5	2294.5	2511.9	2847.5	3059.1	3311.6
地方财政支出	—	900.4	1634.1	2136.3	2602.3	3507.0	4024.8	4470.3	5106.5	5510.1	5971.4	6766.3
城镇登记失业率（%）（季度）	—	—	—	—	—	—	—	—	—	—	—	—
	同比累计增长率（%）											
地区生产总值	—	—	5.1	—	—	4.2	—	—	4.8	—	—	4.3
第一产业	—	—	4.6	—	—	5.0	—	—	4.5	—	—	4.3
第二产业	—	—	6.3	—	—	5.8	—	—	6.7	—	—	6.2
第三产业	—	—	4.0	—	—	2.6	—	—	3.1	—	—	2.6
工业增加值	—	—	7.4	—	—	6.6	—	—	6.7	—	—	5.7
固定资产投资	—	13.7	12.3	9.5	9.3	9.4	9.5	9.7	9.8	9.9	8.3	8.1
房地产开发投资	—	3.2	5.0	4.0	4.5	4.6	3.8	0.9	0.1	-1.0	-3.5	-4.2
社会消费品零售总额	—	—	0.2	—	—	0.3	—	—	1.9	—	—	1.5
外贸进出口总额	—	23.4	19.4	11.9	9.6	6.0	5.1	3.6	3.1	3.8	3.3	2.0
进口	—	4.3	-2.2	-10.4	-14.9	-16.9	-17.1	-16.7	-16.8	-16.1	-14.7	-16.4
出口	—	41.7	40.9	35.0	34.6	28.7	26.2	21.9	20.8	21.1	18.6	17.8
实际利用外资	—	28.0	9.5	0.4	0.4	14.5	—	—	—	—	—	—
地方财政收入	—	27.5	34.2	20.5	29.2	34.7	32.0	29.7	26.3	25.6	25.7	26.8
地方财政支出	—	18.1	13.4	12.8	12.4	13.9	14.2	15.2	13.9	14.4	12.8	11.5

数据来源：陕西省统计局、陕西省商务厅等部门。

甘肃省金融运行报告（2023）

中国人民银行甘肃省分行①
货币政策分析小组

[内容摘要] 2022年，面对严峻复杂的外部环境和延宕反复的疫情冲击，甘肃全省上下坚持以习近平新时代中国特色社会主义思想为指导，认真学习贯彻党的二十大精神，全面落实“疫情要防住、经济要稳住、发展要安全”重要要求，高效统筹疫情防控和经济社会发展，实施好稳住经济一揽子政策及接续措施，全省经济总量持续扩大，发展质量稳步提高，民生保障持续加强。

甘肃省经济运行主要呈现以下特征：一是生产需求协同发力，经济总量再上新台阶。全年地区生产总值达到1.1万亿元，按不变价格计算，同比增长4.5%。农业增产丰收，粮食产量再创历史新高，达到1265万吨，连续三年保持在1200万吨以上。工业经济稳定向好，规模以上工业增加值同比增长6.0%，装备制造业增加值同比增长7.4%。固定资产投资较快增长，全年固定资产投资同比增长10.1%，其中工业投资引领增长，增速达57.0%。对外贸易快速发展，全年外贸进出口总值同比增长18.8%，其中对“一带一路”共建国家进出口同比增长23.8%。二是科技创新投入持续加大，发展动能持续增强。装备制造业投资、制造业技改投资和高技术制造业投资同比分别增长68.9%、54.4%和14.7%，新动能加快积蓄。规模以上工业民营经济增加值同比增长9.1%，增速快于规模以上工业3.1个百分点。全年共登记科技成果1851项，有效发明专利1.2万件、同比增长18.1%；共签订技术合同1.3万项，同比增长30.1%；技术合同成交金额339亿元，同比增长20.7%。三是质量效益稳步提升，绿色发展稳步推进。规模以上工业企业利润595亿元，同比增长15.3%，营业收入利润率5.4%，同比提高0.2个百分点。省属企业实现营业总收入8951亿元、利润总额194亿元，均创历史最好水平。新能源项目完成投资同比增长1.3倍，清洁能源装机占全省电力装机的比重达到51.9%，成为省内第一大电源。其中，风电装机容量同比增长20.2%，太阳能发电装机容量同比增长23.7%。四是民生保障扎实有力，人民生活不断改善。全年城镇新增就业32万人，共输转城乡富余劳动力527.3万人，均超额完成年度目标任务。居民消费价格同比上涨1.9%，基本民生商品价格保持稳定。农村居民人均可支配收入增速快于城镇居民2.6个百分点，城乡居民收入差距进一步缩小。全省财政11类民生支出占一般公共预算支出的78.3%，民生保障有力。

2022年，甘肃省金融系统加大稳健货币政策实施力度，扎实落实稳经济一揽子政策和接续措施，切实服务实体经济，坚决支持稳住全省经济大盘，有效实现了“总量增、结构优、成本降”。总体来看，全省金融运行主要呈现以下特点：一是信贷总量平稳增长，金融支持实体经济力度进一步稳固。认真落实两次降准政策，用足用好再贷款再贴现等政策工具，努力克服疫情冲击等不利影响，实现了信贷总量平稳增长。2022年末，金融机构本外币各项贷款余额2.5万亿元，同比增长6.2%，全年本外币各项贷款余额增加1485亿元。二是信贷结构不断优化，金融稳企纾困效果明显。多项结构性货币政策工具落地见效，精准支持经济发展重点领域和薄

① 自2023年8月18日起，中国人民银行兰州中心支行更名为中国人民银行甘肃省分行。本报告主要反映2022年的经济金融情况，正文中涉及的相关机构表述仍沿用2022年名称。

弱环节，基础设施贷款、制造业贷款、绿色贷款、涉农贷款增速分别达到8.6%、7.7%、19.4%和6.6%，均高于各项贷款平均增速。“贷动陇原 惠企利民”“金融活水润百业”“科技创新企业金融服务周”等融资对接服务活动深入开展，多类型、多层次企业融资需求得到满足。2022年末，全省小微企业、普惠小微、个体工商户贷款增速分别为12.1%、10.7%和9.2%，达到疫情以来同期最高水平。全省金融机构按照市场化原则与中小微企业和个体工商户、货车司机等经营主体协商，全年累计为2.8万户、998亿元贷款本金实施延期还本付息，帮助经营主体渡过难关。三是社会融资规模增量略有回落，间接融资平稳增长。2022年，全省社会融资规模增量为1923亿元，同比少增196亿元。其中，通过银行系统实现间接融资1535亿元，占全部社会融资规模的79.8%，是支撑全省经济发展的主要资金保障。四是利率市场化改革效能持续释放，融资成本进一步降低。引导金融机构将贷款市场报价利率下行效果有效传导至贷款端，降低实际贷款利率。加强存款利率自律管理，落实存款利率市场化调整机制，稳定银行负债成本。2022年，全省金融机构新发放企业贷款、小微企业贷款加权平均利率分别为4.7%和5.2%，同比分别下降0.3个和0.5个百分点。认真落实新发放首套房贷款利率政策动态调整长效机制，2022年末，全省新发放首套住房商业性个人住房贷款平均利率为4.2%，较年初下降1.2个百分点。五是多措并举维护房地产和债券市场平稳健康发展。推动16条金融支持房地产市场平稳健康发展政策措施落地落实，保持房地产市场融资平稳有序。持续开展债券市场政策宣传、产品推广和主体培育工作，进一步强化辖内债券市场风险防范。2022年，全省发行企业债务融资工具161亿元，未发生银行间市场债券违约。六是金融风险防控成效显著。推进高风险机构“一行一策”化险方案实施，压实地方政府、金融机构、监管部门三方风险化解处置责任，全力维护金融安全稳定取得良好成效。2022年，全省银行业金融机构不良贷款和不良贷款率实现“双降”。

2023年，甘肃省金融系统将以习近平新时代中国特色社会主义思想为指导，深入学习贯彻党的二十大和中央经济工作会议精神，坚持稳中求进工作总基调，完整、准确、全面贯彻新发展理念，助力加快构建新发展格局，精准有力落实好稳健的货币政策，进一步加大金融支持稳增长、稳就业、稳物价力度，推动金融支持实体经济实现质的有效提升和量的合理增长，为全面推进中国式现代化、加快建设社会主义现代化幸福美好新甘肃贡献力量。

一、金融运行情况

2022年，甘肃省金融业稳健运行，金融总量稳定增长，融资结构不断优化，融资成本稳中有降，风险防控扎实推进，金融支持疫情防控和稳经济大盘取得积极成效，为全省经济高质量发展提供了有力支撑。

（一）银行业稳健运行，服务实体经济能力明显提升

1. 资产负债规模增长平稳。2022年末，甘肃省银行业金融机构资产总额3.7万亿元，同比增长9.0%；负债总额3.5万亿元，同比增长9.2%。从结构看，全省银行业新增资产中贷款占比为50.1%，投资、同业资产和抵债资产增长较快，合计净增1126亿元，占新增资产的37.4%。全省银行业负债中各项存款占比68.8%，较年初上升0.9个百分点。

表 1　2022 年银行业金融机构情况

机构类别	营业网点			法人机构（个）
	机构个数（个）	从业人数（人）	资产总额（亿元）	
一、大型商业银行	1289	26114	9797	0
二、国家开发银行和政策性银行	64	1763	6096	0
三、股份制商业银行	129	3216	1919	0
四、城市商业银行	376	8591	8053	2
五、城市信用社	0	0	0	0
六、小型农村金融机构	2072	18986	7756	85
七、财务公司	3	100	261	3
八、信托公司	1	779	230	1
九、邮政储蓄银行	578	6633	1318	0
十、外资银行	0	0	0	0
十一、新型农村金融机构	89	1168	238	27
十二、其他	2	165	868	2
合　计	4603	67515	36536	120

数据来源：甘肃银保监局。

注：营业网点不包括国家开发银行和政策性银行、大型商业银行、股份制商业银行等金融机构总部数据；大型商业银行包括中国工商银行、中国农业银行、中国银行、中国建设银行和交通银行；小型农村金融机构包括农村商业银行、农村合作银行和农村信用社等；新型农村金融机构包括村镇银行、农村资金互助社；其他包含金融租赁公司。

2. 存款保持较快增长。2022 年末，甘肃省银行业本外币各项存款余额 2.5 万亿元，同比增长 10.1%，增速同比提高 2.4 个百分点。从结构看，住户存款同比增长 13.8%，是拉动存款增长的主要动力。地方法人金融机构是存款增量的主力军，全年新增存款 922 亿元，同比多增 192 亿元，占全省新增存款的 40.4%。

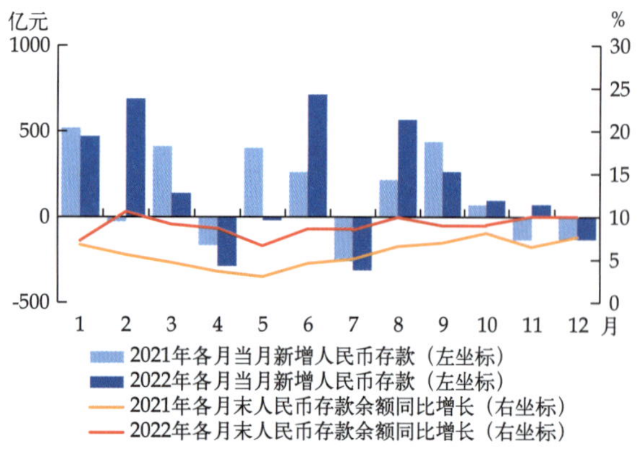

图 1　金融机构人民币存款增长变化

（数据来源：中国人民银行兰州中心支行）

3. 信贷支持重点领域和薄弱环节更加有力。2022 年末，甘肃省金融机构本外币各项贷款余额 2.5 万亿元，同比增长 6.2%。其中，基础设施领域贷款余额 8383 亿元，同比增长 8.6%；制造业贷款余额 2075 亿元，同比增长 7.7%，中长期贷款投向制造业余额 1216 亿元，同比增长 69.0%；涉农贷款余额 7486 亿元，同比增长 6.6%；绿色贷款余额 3020 亿元，同比增长 19.4%；小微企业贷款余额 6002 亿元，同比增长 12.1%。

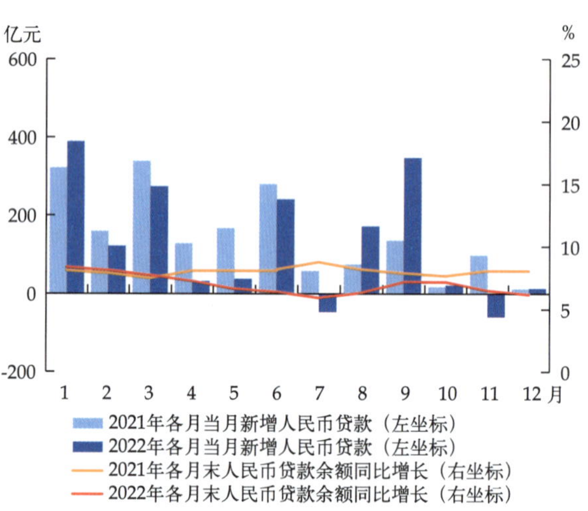

图 2　金融机构人民币贷款增长变化

（数据来源：中国人民银行兰州中心支行）

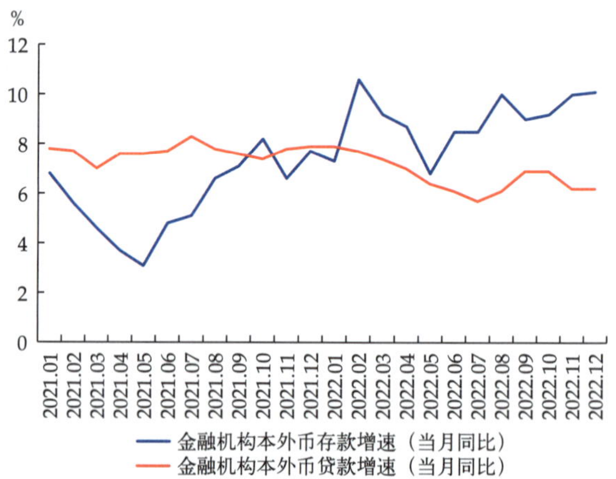

图 3　金融机构本外币存贷款增速变化

（数据来源：中国人民银行兰州中心支行）

4. 表外业务企稳回升。2022 年末，甘肃省银行业表外业务余额 1.2 万亿元，同比增长

7.4%，增速同比提升5.3个百分点。其中，担保类和承诺类业务分别较年初增加349亿元和454亿元，同比分别增长24.1%和16.3%。

5. 实体经济融资成本持续降低。贷款市场报价利率（LPR）改革红利持续释放，全年三次下调，促进降低实体经济综合融资成本。2022年，甘肃省金融机构新发放企业贷款加权平均利率为4.7%，同比下降0.3个百分点。其中，大、中、小微企业贷款加权平均利率分别为4.1%、5.0%和5.2%，同比分别下降0.3个、0.3个和0.5个百分点。

6. 跨境人民币业务稳健发展。2022年，克服国际形势多变、疫情反复等多重因素影响，全省人民币跨境收付总额达91亿元，与上年基本持平，占本外币跨境收付总额的9.2%。经常项目和直接投资等领域人民币跨境收付额达到71亿元，同比增长19%，占同期经常项目和直接投资本外币跨境收付额的8.3%，较年初提高4个百分点。截至2022年末，全省开展跨境人民币业务的企业累计达到1117家，2022年新增办理业务的企业103户，同比多增29户，企业使用人民币进行跨境结算的积极性和参与度明显提升。

表2　2022年金融机构人民币贷款各利率区间占比

单位：%

项目		1月	2月	3月	4月	5月	6月
合计		100.0	100.0	100.0	100.0	100.0	100.0
LPR减点		12.5	11.8	20.6	17.6	16.5	19.7
LPR		12.2	3.3	6.1	4.3	4.9	5.9
LPR加点	小计	75.3	84.9	73.4	78.1	78.6	74.3
	(LPR，LPR+0.5%)	16.9	21.7	16.1	21.2	16.5	16.4
	[LPR+0.5%，LPR+1.5%)	22.5	25.3	18.6	19.7	20.4	19.4
	[LPR+1.5%，LPR+3%)	14.5	17.3	16.9	16.2	18.2	17.4
	[LPR+3%，LPR+5%)	18.4	17.1	17.9	16.8	19.4	18.3
	LPR+5%及以上	2.9	3.5	4.0	4.2	4.1	2.9

续表

项目		7月	8月	9月	10月	11月	12月
合计		100.0	100.0	100.0	100.0	100.0	100.0
LPR减点		19.6	20.8	20.8	21.9	20.7	21.4
LPR		5.4	7.5	7.5	7.8	5.3	4.9
LPR加点	小计	75.0	71.7	71.7	70.4	74.0	73.7
	(LPR，LPR+0.5%)	12.1	14.8	14.8	14.2	12.9	14.0
	[LPR+0.5%，LPR+1.5%)	13.7	17.0	17.0	17.8	16.6	15.3
	[LPR+1.5%，LPR+3%)	22.1	16.4	16.4	15.1	21.2	19.0
	[LPR+3%，LPR+5%)	22.6	18.8	18.8	18.4	19.0	21.5
	LPR+5%及以上	4.5	4.8	4.8	4.8	4.3	3.9

数据来源：中国人民银行兰州中心支行。

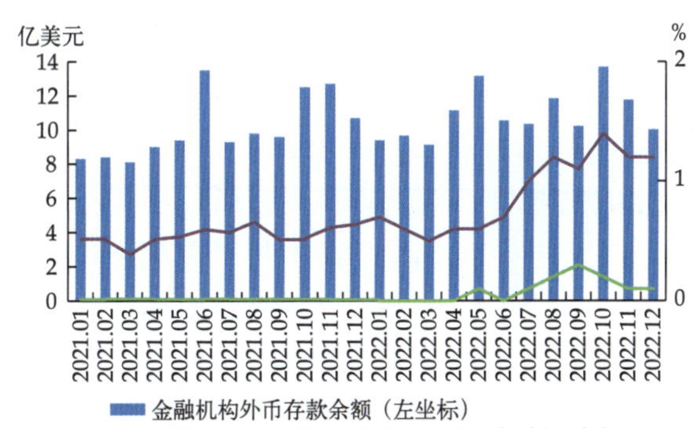

图4　金融机构外币存款余额及外币存款利率

（数据来源：中国人民银行兰州中心支行）

专栏1　推动稳企纾困　助力稳定全省经济大盘

2022年，人民银行兰州中心支行坚决贯彻人民银行总行稳企纾困工作部署，结合甘肃实际，靠前发力、精准发力、充足发力，推动政策精准滴灌，及时惠及受疫情影响的重点群体和关键领域，助力稳定经济大盘。

一是夯实“稳存量”，扩总量、强信心。印发稳增长促发展工作指引，省市县三级人民银行定期组织召开信贷工作座谈会、主要法人机构窗口指导会，传导稳增长金融政策，督导金融机构加大信贷投放，努力稳住信贷“基本盘”。2022年，全省本外币各项贷款余额增加1485亿元，年末余额达到2.5万亿元。认真落实国务院稳经济一揽子政策措施要求，联合政府有关部门建立“千户贷款企业”清单和标准化对接工作台账，指导金融机构加强对接走访、产品介绍、政策宣传，动态监测工作台账，协同解决企业融资问题，稳定企业融资总量。2022年，全省企业贷款新增1164亿元，年末余额1.7万亿元。

二是加快“挖增量”，调结构、强肌体。多渠道加大结构性货币政策工具政策传导，组织货币政策工具宣贯培训会，与相关行业主管部门共同介绍碳减排支持工具、支持煤炭清洁高效利用专项再贷款、交通物流专项再贷款、科技创新再贷款等政策要点，推动政策工具加快落地实施。2022年末，全省交通运输、仓储和邮政业贷款余额5133亿元，同比增长7.8%，制造业、建筑业等重点行业中长期贷款同比分别增长69.0%和31.6%。依托省项目协调推进机制，强化项目清单对接，提升金融机构“投＋贷”支持质效。玉门“光热储能＋光伏＋风电”示范项目、庆阳“东数西算”源网荷储一体化智慧零碳大数据产业园项目等36个项目获得政策性开发性金融工具支持230亿元。

三是激活“中小微”，保民生、解民忧。组织开展“贷动陇原　惠企利民”专项行动，聚焦稳定扩大就业重点群体，推动金融机构按照市场化原则与中小微企业和个体工商户、货车司机等自主协商，努力做到应延尽延。2022年，金融机构按照市场化原则与中小微企业和个体工商户、货车司机等自主协商，对2.8万户经营主体的998亿元贷款本金实施延期还本付息。加强与发改、工信、商务、农业农村等行业主管部门信息共享，获取重点企业名单2万余户推送金融机构，组织机构加强对接走访，为经营主体创业就业融资困难答疑解惑。精选“兴陇创业贷”“个人助业贷”“首户快贷”等120余款中小微企业信贷产品，汇编成包含申请条件、贷款利率、联系方式等信贷产品“明白卡”推送经营主体促进融资。按季对市州开展中小微企业区域融资环境评价工作，引导各地加快首贷中心、融资担保、风险补偿等融资配套建设。

四是支持“保要素”，疏堵点、惠实体。推动金融机构运用“陇信通”等融资平台批量化对接企业，截至2022年末，平台注册企业2万多户，入驻金融机构137家，累计发布512款信贷产品，4500余户企业获得融资536亿元。落实优化利率自律管理，在负债端为银行让利企业腾挪空间，推动银行将贷款市场报价利率（LPR）下行向贷款定价传导。2022年，全省金融机构新发放企业贷款、小微企业贷款加权平均利率分别为4.7%和5.2%，同比分别下降30个和50个基点。推动金融机构加快建立健全服务小微敢贷愿贷能贷会贷长效机制，加强专项支持，加大内部资金转移定价优惠，提升绩效考核占比，积极推广“接续通”“随时惠”等主动授信、随借随还类信贷产品，全省金融机构2022年累计发放随借随还贷款超1500亿元，有效满足企业经营周转的资金需求。

（二）证券业运行平稳，上市公司数量增加

1. 证券机构经营平稳。2022年末，甘肃辖内有1家法人证券公司，111家证券分支机构（包括24家证券分公司、87家证券营业部）。客户托管资产总额1760亿元，同比下降16.0%；证券资金账户数315万户，同比增长4.2%。全年全省证券市场累计实现证券交易额1.9万亿元，同比增长3.1%。法人证券公司华龙证券总资产272亿元，同比下降3.9%；实现净利润3亿元，同比下降57%。

2. 上市公司数量增加。2022 年末，甘肃省共有 36 家 A 股上市公司，较上年增加 3 家；1 家 H 股上市公司，27 家新三板挂牌公司。36 家 A 股上市公司总股本 638 亿股，总市值 2952 亿元，全年通过股票市场累计融资 34 亿元。

3. 私募基金稳步发展。甘肃省在中国证券投资基金业协会登记的私募基金管理人共 38 家，较年初减少 2 家；备案的私募基金 63 只，较年初增加 3 只；基金净值总规模 190 亿元，同比增长 4.6%。其中，国资背景私募基金管理人管理的基金净值规模占比达 93.8%。

表 3　2022 年证券业基本情况

项目	数量
总部设在辖内的证券公司数（家）	1
总部设在辖内的基金公司数（家）	0
总部设在辖内的期货公司数（家）	1
年末国内上市公司数（家）	36
当年国内股票（A 股）筹资（亿元）	34.0
当年发行 H 股筹资（亿元）	0.0
当年国内债券筹资（亿元）	204.0
其中：短期融资券筹资额（亿元）	83.0
中期票据筹资额（亿元）	75.0

数据来源：甘肃证监局。

注：当年国内股票（A 股）筹资额指非金融企业境内股票融资。

（三）保险市场平稳发展，保障水平不断提升

1. 发展增速有所放缓。2022 年末，甘肃省共有法人保险公司 1 家，省级保险分公司 32 家（包括财产险分公司 20 家、人身险分公司 12 家）。全省保险业资产总额 1454 亿元，同比增长 11.1%。全年累计实现原保费收入 491 亿元，同比增长 0.1%；累计赔付支出 158 亿元，同比下降 9.5%。

2. 险种分化较为明显。财产险在车险改革完成、非车险业务快速增长的拉动下，实现保费收入 140 亿元，同比增长 6.6%。人身险受疫情及转型改革影响，实现保费收入 351 亿元，同比下降 2.2%。

3. 风险保障功能持续发挥。2022 年，全行业提供风险保障 54.4 万亿元，同比增长 19.7%。其中，财产险公司提供风险保障金额 41.4 万亿元，同比增长 42.2%；人身险公司提供风险保障 13.0 万亿元，同比下降 20.3%。农业保险参保农户 269 万户次，提供风险保障 961 亿元。责任险提供风险保障 2.8 万亿元，同比增长 69.8%。

表 4　2022 年保险业基本情况

项目	数量
总部设在辖内的保险公司数（家）	1
其中：财产险经营主体（家）	1
寿险经营主体（家）	0
保险公司分支机构（家）	32
其中：财产险公司分支机构（家）	20
寿险公司分支机构（家）	12
保费收入（中外资，亿元）	490.9
其中：财产险保费收入（中外资，亿元）	139.6
人身险保费收入（中外资，亿元）	351.3
各类赔款给付（中外资，亿元）	158.0

数据来源：甘肃银保监局。

（四）金融市场稳健发展

1. 社会融资规模以间接融资为主，企业贷款贡献明显。2022 年，全省社会融资规模增量为 1923 亿元，同比少增 196 亿元。其中，通过银行系统实现间接融资 1535 亿元，同比少增 188 亿元；占全部社会融资规模的 79.8%，是支撑全省经济发展的主要资金保障。间接融资增长主要靠企业部门拉动，住户部门的增长贡献有限。2022 年，全省企业贷款新增 1489 亿元，同比多增 275 亿元；住户贷款仅新增 51 亿元，同比少增 456 亿元。

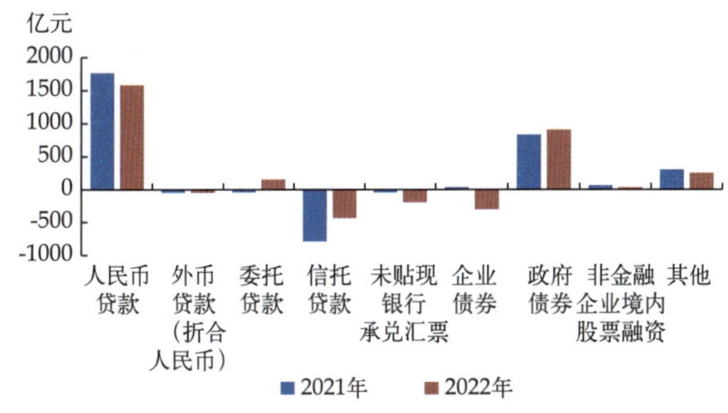

图 5　社会融资规模分布结构

（数据来源：中国人民银行兰州中心支行）

2. 直接融资规模收缩，政府债券保持多增。 2022年，全省通过债券和股票实现直接融资615亿元，同比少增323亿元；占全部社会融资规模的32.0%，同比下降12.3个百分点。分项看：政府债券融资增加906亿元，同比多增72亿元，是近5年最高水平。企业债券融资减少305亿元，同比多减344亿元；非金融企业境内股票融资增加14亿元，同比少增50亿元。

3. 表外融资降幅收窄，信托贷款持续收缩。 2022年，全省表外融资减少480亿元，同比少减367亿元。分项看：委托贷款新增153亿元，同比多增171亿元；信托贷款减少439亿元，同比少减349亿元；未贴现银行承兑汇票减少194亿元，同比多减153亿元。

表5　2022年金融机构票据业务量

单位：亿元

季度	银行承兑汇票承兑		贴现			
			银行承兑汇票		商业承兑汇票	
	余额	累计发生额	余额	累计发生额	余额	累计发生额
1	792.9	280.8	1051.9	1076.9	19.3	42.7
2	837.5	617.2	1125.5	2497.6	25.7	194.0
3	857.5	915.8	1153.5	3620.7	26.1	328.9
4	842.6	1199.0	1231.1	4900.4	19.7	428.7

数据来源：中国人民银行兰州中心支行。

表6　2022年金融机构票据贴现、转贴现利率

单位：%

季度	贴现		转贴现	
	银行承兑汇票	商业承兑汇票	票据买断	票据回购
1	2.44	4.06	2.44	2.98
2	1.93	6.09	1.66	5.13
3	2.33	13.20	2.33	2.20
4	1.92	11.86	1.95	1.06

数据来源：中国人民银行兰州中心支行。

4. 结构性货币政策工具引导作用充分发挥。 用足用好碳减排支持工具、支持煤炭清洁高效利用专项再贷款、科技创新再贷款等政策工具，加大对实体经济重点领域和薄弱环节的信贷支持力度。推动加快投放政策性开发性金融工具资金，加大对基础设施有效投资的金融支持力度，截至2022年末，全省政策性开发性金融工具投放36个项目，金额230亿元。快速建立设备更新改造贷款协调对接机制，截至2022年末，已对接重点清单项目292个，与其中76个项目签订设备更新改造贷款合同84亿元。从2022年第二季度开始，对符合条件的地方法人金融机构，按照普惠小微企业贷款季度新增量的2%给予激励资金，鼓励持续加大民营和小微企业信贷投放。截至2022年末，累计为符合条件的法人机构发放激励资金2268万元。

5. 金融风险防控成效显著。 推进高风险机构“一行一策”化险方案实施，压实地方政府、金融机构、监管部门三方风险化解处置责任，全力维护金融安全稳定取得良好成效。2022年，全省银行业金融机构不良贷款和不良贷款率实现“双降”。

（五）金融生态环境不断优化

1. 普惠支付覆盖面进一步扩大。 持续落实支付手续费降费政策，组织辖内银行、支付机构通过张贴价目表、微信公众号推送等方式同步推进价格公示，累计减免支付手续费13亿元，惠及经营主体90万户。指导银行机构优化线下办理流程，为老年客户群体提供“一站式”支付服务，创建509家“适老金融服务示范网点”。持续优化268个乡村特色场景和52个县级“云闪付之城”服务能力，推动2.5万个银行卡助农取款点与农村电商、供销合作社、邮政快递站合作共建，全省1.6万个通网行政村实现支付服务全覆盖，累计办理各项业务551万笔，金额54亿元。

2. 地方征信平台建设进一步完善。 “陇信通”平台顺利完成2.0版升级改造，全面优化产品推介、统计和智能匹配等功能，新增企业服务、专精特新服务、绿色金融服务、助力乡村振兴和抗击疫情金融服务等5大专区，全方位、多层次满足各类主体特色化需求，平台融资撮合效率及服务能力显著提升。截至 2022 年末，平台注册企业 2 万多户，入驻金融机构 137 家，累计发布 512 款信贷产品，4500 余户企业获得融资 536 亿元，其中，首贷企业 1200 余户，融资 164 亿元。

3. 金融消费权益保护有力有效。全年累计接听 1.4 万个投诉咨询电话，同比增长 94.6%，电话接通率和投诉办结率均为 100%。全省 70 家金融消费纠纷多元化调解组织接入人民法院调解网和金融纠纷调解网，全年开展调解 1900 笔，涉案金额 14 亿元，其中线上调解 671 笔，同比增长 5 倍。

表 7　支付体系建设情况

年份	支付系统直接参与方（个）	支付系统间接参与方（个）	支付清算系统覆盖率（%）	当年大额支付系统处理业务数（万笔）	同比增长（%）
2021	3	3997	100.0	831.2	-17.9
2022	3	3920	100.0	697.0	-16.2

年份	当年大额支付系统业务金额（亿元）	同比增长（%）	当年小额支付系统处理业务数（万笔）	同比增长（%）	当年小额支付系统业务金额（亿元）	同比增长（%）
2021	383282.4	4.5	8066.1	11.7	26495.8	3.4
2022	416297.4	8.6	9051.2	12.2	27347	3.2

数据来源：中国人民银行兰州中心支行。

二、经济运行情况

2022 年，甘肃省经济承压而上、逆势而进，主要指标好于预期，经济总量再上新台阶。全省地区生产总值 1.1 万亿元，同比增长 4.5%。其中，第一产业增加值 1515 亿元，增长 5.7%；第二产业增加值 3945 亿元，增长 4.2%；第三产业增加值 5741 亿元，增长 4.4%。按常住人口计算，全年人均地区生产总值 4.5 万元，同比增长 4.7%。

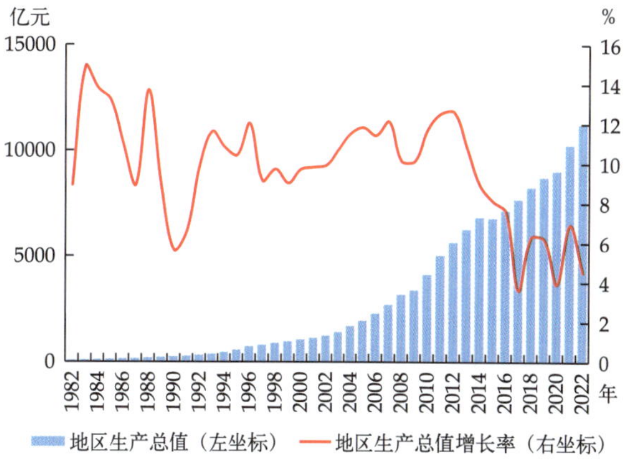

图 6　地区生产总值及其增长率

（数据来源：甘肃省统计局）

（一）三大需求协调发展，投资发挥重要支撑作用

1. 固定资产投资保持较快增长，工业投资增势强劲。全年固定资产投资同比增长 10.1%，连续两年保持两位数增长。其中，项目投资增长 15.6%，房地产开发投资下降 2.9%。全省工业投资同比增长 57.0%，其中，制造业投资增长 46.9%，电力、热力、燃气及水生产和供应业投资增长 77.3%。

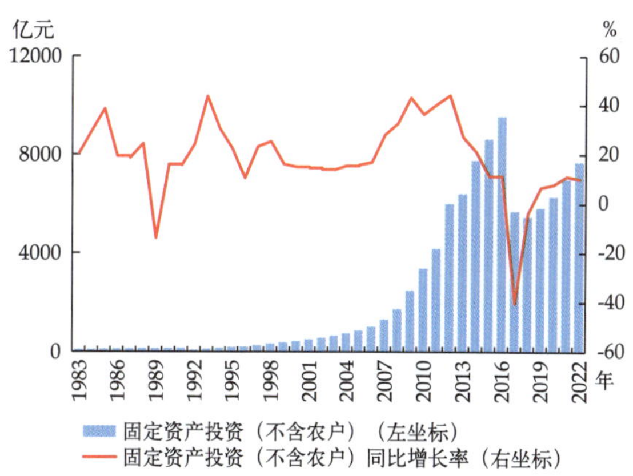

图 7　固定资产投资（不含农户）及其增长率

（数据来源：甘肃省统计局）

2. 消费市场恢复趋稳，基本生活类商品销售和网上零售较快增长。全年社会消费品零售总额 3922 亿元，同比下降 2.8%。基本生活消费增长较好，限额以上单位粮油食品类、饮料类

商品零售额同比分别增长 10.1% 和 9.4%；中西药品类零售额增长 9.9%；石油及其制品类零售额增长 4.1%。限额以上批零住餐业通过公共网络实现零售额增长 5.9%。

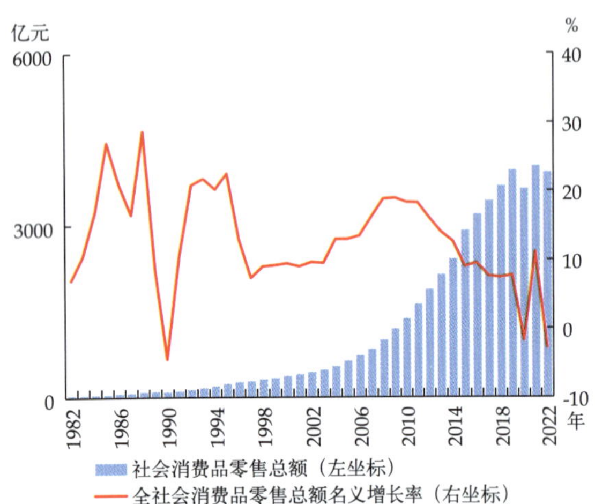

图 8　社会消费品零售总额及其增长率

（数据来源：甘肃省统计局）

3. 外贸进出口快速增长，对"一带一路"共建国家进出口占比提升。全年进出口总值 584 亿元，同比增长 18.8%。其中，出口总值 127 亿元，增长 31.4%；进口总值 457 亿元，增长 15.7%。对"一带一路"共建国家进出口 278 亿元，增长 23.8%；占全省进出口总值的 47.6%，同比提升 2 个百分点。

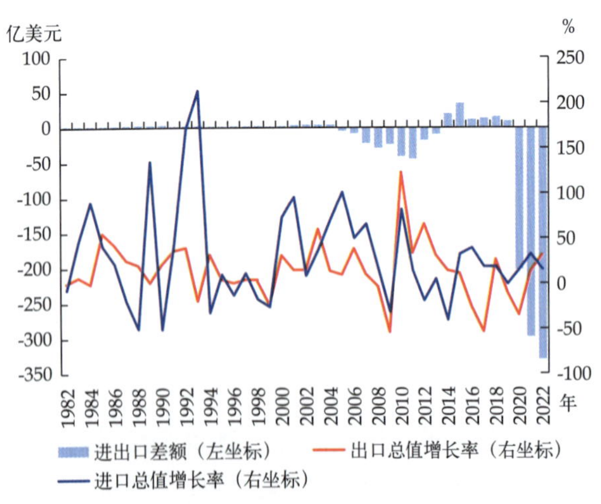

图 9　外贸进出口变动情况

（数据来源：甘肃省统计局）

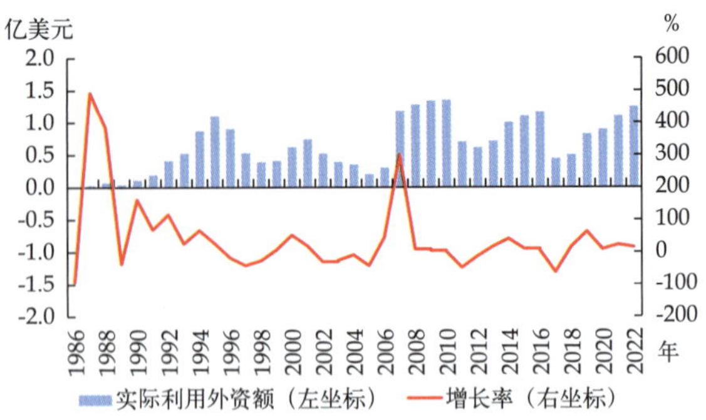

图 10　实际利用外资额及其增长率

（数据来源：甘肃省统计局）

（二）产业动能持续增强，企业效益提升

1. 粮食产量再创新高，畜牧业稳步发展。全年粮食总产量 1265 万吨，同比增加 34 万吨，增长 2.7%，连续三年保持在 1200 万吨以上。其中，夏粮产量 342 万吨，增长 3.8%；秋粮产量 923 万吨，增长 2.4%。全年猪牛羊禽肉总产量 142 万吨，同比增长 5.6%，猪牛羊禽存栏、出栏均实现稳定增长。

2. 工业生产稳定增长，企业效益持续提升。全年规模以上工业增加值同比增长 6.0%，其中，规模以上工业民营经济增加值同比增长 9.1%，增速快于规模以上工业 3.1 个百分点，经济活力不断增强。分三大门类看，采矿业增加值增长 8.9%，制造业增长 5.3%，电力、热力、燃气及水生产和供应业增长 4.3%。全年规模以上工业企业利润 595 亿元，同比增长 15.3%；营业收入利润率 5.4%，同比提高 0.2 个百分点。

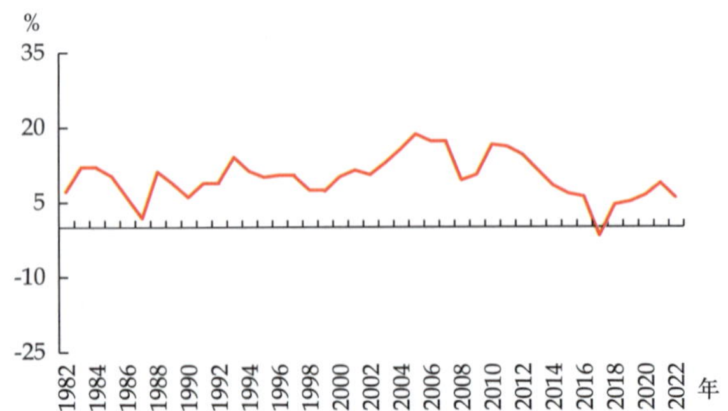

图 11　规模以上工业增加值实际增长率

（数据来源：甘肃省统计局）

3. 服务业稳步恢复，现代服务业增势较好。全年服务业增加值同比增长4.4%。其中，科学研究和技术服务业，卫生和社会工作，信息传输、软件和信息技术服务业增加值分别增长11.7%、10.2%和8.4%。全年规模以上服务业企业利润总额增长6.3%。

（三）物价运行平稳，居民收入保持增长

1. 居民消费价格温和上涨。2022年，全省居民消费价格同比上涨1.9%。分类别看，食品烟酒价格上涨2.8%，衣着价格上涨0.4%，居住价格上涨0.8%，生活用品及服务价格上涨0.9%，交通通信价格上涨5.0%，教育文化娱乐价格上涨0.9%，医疗保健价格上涨0.5%，其他用品和服务价格上涨1.2%。在食品烟酒价格中，猪肉价格下降10.0%，粮食价格上涨5.1%，鲜菜价格上涨2.3%，鲜果价格上涨12.5%。

2. 工业生产者价格涨幅回落。2022年，全省工业生产者出厂价格同比上涨10.9%，购进价格上涨13.5%。12月，工业生产者出厂价格同比上涨2.8%，购进价格同比上涨0.2%，涨幅均有明显回落。

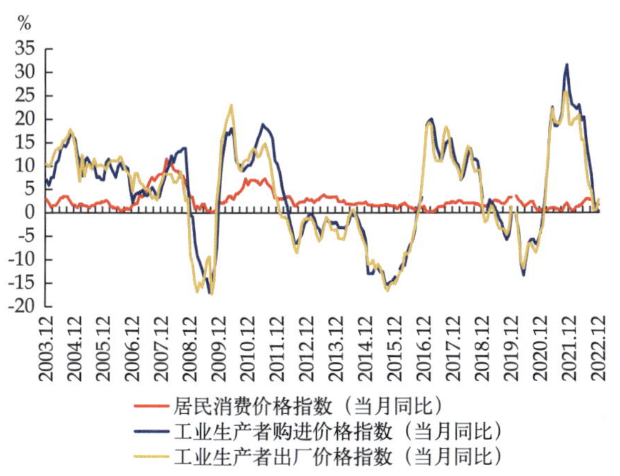

图12　居民消费价格指数和工业生产者价格指数变动趋势

（数据来源：甘肃省统计局）

3. 居民收入保持增长。2022年，全省居民人均可支配收入2.3万元，同比增长5.5%。按常住地分，城镇居民人均可支配收入3.8万元，增长3.8%；农村居民人均可支配收入1.2万元，增长6.4%。城乡居民人均收入比值为3.1，同比缩小0.1。

（四）财政收支平稳增长

全年一般公共预算收入908亿元，扣除增值税留抵退税和上年一次性收入因素，同口径增长4.9%。其中，税收收入583亿元，同口径增长4.9%；非税收入325亿元，同口径增长5.0%。一般公共预算支出4264亿元，同比增长5.7%。其中，财政11类民生支出占一般公共预算支出的78.3%，民生支出保障有力。

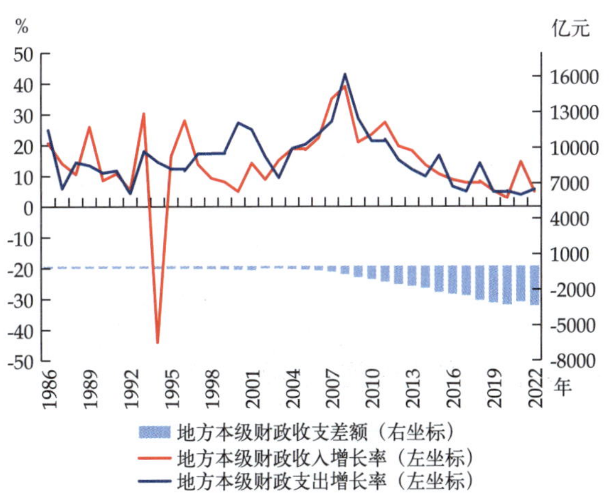

图13　财政收支状况

（数据来源：甘肃省统计局）

（五）房地产市场运行总体平稳

1. 房地产投资增速同比基本持平。2022年，房地产市场预期转弱，房企放缓项目开发和购地节奏，房地产投资增速同比基本持平。全年累计完成房地产住宅投资1161亿元，同比增长0.1%。

2. 房地产贷款平稳增长。2022年，全省房地产贷款余额4988.38亿元，同比增长2.7%，增速高于全国平均水平1.3个百分点。全年新增房地产贷款131亿元，占各项贷款新增的8.8%。

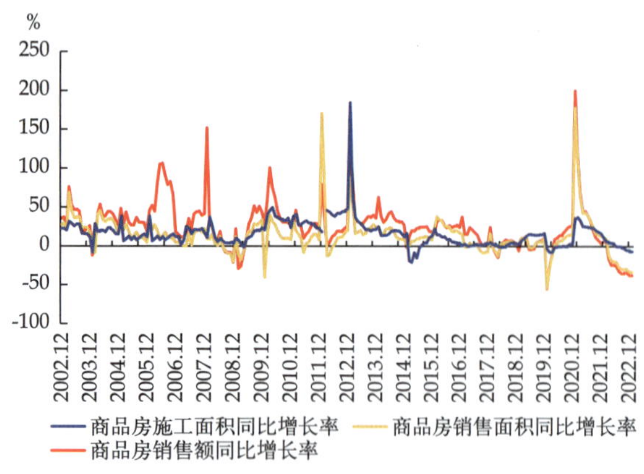

图 14 商品房施工和销售变动趋势

（数据来源：甘肃省统计局）

3. 住房保障制度逐步完善。聚焦住有所居目标，优化供应结构，增强保障能力。2022 年，全省实施城镇棚户区住房改造 6.89 万套、保障性租赁住房 8011 套。

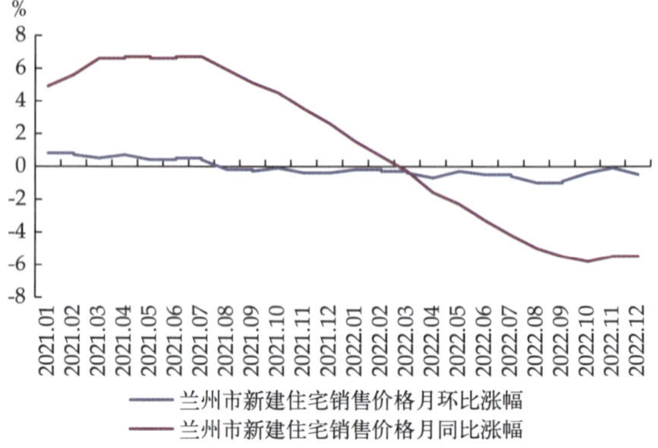

图 15 兰州市新建住宅销售价格变动趋势

（数据来源：甘肃省统计局）

专栏 2 加强存款利率自律管理 促进法人机构负债成本明显下降

2022 年，人民银行兰州中心支行坚持市场化、法治化原则，指导甘肃省利率自律机制强化自律管理、严格自律约束，在维护市场秩序、提升定价能力、推动让利实体等方面，结合省情进行了实践探索，有效降低了银行负债端成本，推动全省企业贷款利率水平降至历史低位，促进了利率市场化改革和各项稳增长措施落地见效。

一是建立完善“四项机制”，夯实存款利率自律管理工作基础。建立完善差异化定价机制，进一步规范了招投标类、社保基金等存款的自律要求，为新形势下利率自律机制工作有效开展提供了制度保障。建立完善省市两级自律工作机制，加强省市两级自律联动，进一步扩大自律覆盖面，有效提升自律机制履职效力。建立常态化巡查监测机制，在季末、年末等关键时点开展常态化存款利率巡查，对发现问题开展现场核查并及时预警。建立监管协调机制，加强定价行为评估结果在央行评级、存保费率评定、年度综合评价中的运用，与甘肃银保监局开展联合约谈、监管提示，强化对存款违规行为的约束惩戒力度。

二是坚持“防增量、降存量”，切实维护存款市场良性竞争秩序。储蓄存款方面，发挥“同业监督＋激励约束”作用，保持高压严管态势，畅通投诉举报渠道，持续开展常态化巡查监测，严厉打击高息揽储、存款返利、“商品储蓄”等违规行为，综合采取有关措施，有力遏制辖内机构高息揽储冲动，有效控制新发生违规储蓄存款。单位存款方面，加强与财政、审计等部门的沟通联动，推动全省社保基金财政专户利率全面整改。组织金融机构开展全面自查，摸清违规单位存款底数，建立违规单位存款整改台账，按月监测压降情况，按季开展现场核查，督促违规单位存款有序整改。

三是通过“柔性指导＋政策激励”方式，引导降低银行负债成本。发挥存款利率市场化调整机制作用，加强与法人机构的调研座谈、政策沟通，引导法人机构充分考虑市场利率环境和自身经营状况，合理下调存款利率水平，对于存款利率调整及时高效的机构，在定价行为评估中给予适当激励。4月以来，辖内主要法人机构三次主动下调定期存款挂牌利率，累计下调幅度10~80个基点，法人机构存款付息率同比下降23个基点，负债成本下降明显。同时，负债成本的下降有效激活了银行放贷意愿，促进实际贷款利率进一步下行，为让利实体经济拓展了空间。2022年，全省金融机构新发放企业贷款、小微企业贷款加权平均利率分别为4.7%和5.2%，同比分别下降30个和50个基点，处于历史低位水平。

三、预测与展望

2023年是全面贯彻党的二十大精神的开局之年，是推进中国式现代化的起步之年，也是“十四五”发展承上启下的重要一年。甘肃省金融系统将以习近平新时代中国特色社会主义思想为指导，深入学习贯彻党的二十大和中央经济工作会议精神，坚持稳中求进工作总基调，完整、准确、全面贯彻新发展理念，助力加快构建新发展格局，精准有力落实好稳健的货币政策，进一步加大金融支持稳增长、稳就业、稳物价力度，推动金融支持实体经济实现质的有效提升和量的合理增长，为全面推进中国式现代化、加快建设社会主义现代化幸福美好新甘肃贡献力量。

中国人民银行甘肃省分行货币政策分析小组

总　　纂：黄　富　刘旭华

统　　稿：聂　蕾　杨小亮　王　昊　李　静

执　　笔：陈　涛　于加鹏　李亚楠　王　琪

提供材料：王文婷　马建平　王　琼　冯　丽　田震坤　马哲光　谢晓娜　陈之鑫　任墨香
范胜申　任保君　解　静　景小娟　刘怀旭

附录：

（一）2022年甘肃省经济金融大事记

1月17日，兰州银行正式登陆深圳证券交易所主板，成为甘肃省首家A股上市银行。

3月21日，甘肃省深入推进高风险机构化险工作领导小组第四次会议在兰州召开。

5月6日，兰州新区获批2022年中央财政支持普惠金融发展示范区。

6月6日，人民银行兰州中心支行联合甘肃银保监局、省金融监管局、省农业农村厅、省乡村振兴局印发《关于做好2022年金融支持全面推进乡村振兴重点工作的通知》，进一步提升金融支持全面推进乡村振兴能力和水平。

6月16日，甘肃省举行2022年绿色项目信贷签约仪式，现场签约金额达237亿元。

6月28—30日，第五届“甘肃·祁连山论坛”成功举办。

8月4日，兰州市入选国家气候投融资试点名单。

8月30日，酒钢集团成功发行甘肃省首单科创票据。

9月20日，甘肃省首笔中征应收账款融资服务平台政府采购合同融资业务成功落地。

12月6日，甘肃省首个金融团体标准——《金昌市银行营业网点适老化服务规范》（T/JCJRXH 001—2022）正式发布实施。

（二）甘肃省主要经济金融指标

表 1　2022 年甘肃省主要存贷款指标

	项目	1月	2月	3月	4月	5月	6月	7月	8月	9月	10月	11月	12月
本外币	金融机构各项存款余额（亿元）	23076.0	23767.2	23903.3	23633.1	23638.3	24335.6	24024.7	24605.1	24859.3	24982.4	25041.5	24896.4
	其中：住户存款	14239.4	14210.0	14430.1	14388.4	14451.3	14670.2	14700.7	14802.7	14986.0	14984.0	15183.9	15453.1
	非金融企业存款	4595.3	4686.8	4861.4	4815.7	4765.7	5055.7	4809.9	5059.2	5137.0	5005.6	4942.4	4671.6
	各项存款余额比上月增加（亿元）	461.4	691.2	136.1	-270.2	5.2	697.3	-310.9	580.5	254.1	123.1	59.1	-145.1
	金融机构各项存款同比增长（%）	7.3	10.6	9.2	8.7	6.8	8.5	8.5	10.0	9.0	9.2	10.0	10.1
	金融机构各项贷款余额（亿元）	24260.1	24384.0	24658.5	24700.4	24728.1	24967.7	24913.8	25086.2	25429.4	25448.0	25384.8	25389.8
	其中：短期	5284.1	5197.7	5292.1	5248.1	5213.3	5207.2	5132.1	5184.2	5254.8	5176.4	5090.3	5051.8
	中长期	17157.0	17275.2	17435.9	17554.3	17575.7	17729.3	17715.0	17837.5	18053.6	18083.4	18126.5	18171.1
	票据融资	996.5	1014.0	1062.7	995.9	1033.8	1144.4	1142.3	1124.5	1172.7	1219.4	1208.7	1243.2
	各项贷款余额比上月增加（亿元）	354.8	123.9	274.5	41.9	27.8	239.6	-53.9	172.3	343.3	18.5	-63.1	5.0
	其中：短期	5.6	-86.4	94.3	-44.0	-34.8	-6.1	-75.0	52.1	70.6	-78.4	-86.1	-38.5
	中长期	398.1	118.2	160.8	118.3	21.5	153.6	-14.3	122.5	216.1	29.8	43.1	44.6
	票据融资	19.1	17.5	48.7	-66.9	38.0	110.6	-2.2	-17.8	48.3	46.6	-10.6	34.5
	金融机构各项贷款同比增长（%）	7.9	7.7	7.4	7.0	6.4	6.1	5.7	6.1	6.9	6.9	6.2	6.2
	其中：短期	-1.1	-2.7	-1.2	-1.4	-2.2	-2.4	-3.5	-2.3	-1.3	-1.7	-3.2	-4.2
	中长期	10.9	10.2	9.0	9.0	8.3	7.6	7.4	7.5	8.5	8.3	7.8	8.4
	票据融资	6.7	13.7	21.7	11.9	17.1	24.2	19.7	20.0	20.3	23.1	25.3	27.2
	建筑业贷款余额（亿元）	1305.2	1320.3	1342.6	1359.8	1380.8	1409.8	1405.5	1418.4	1449.7	1456.8	1461.8	1439.0
	房地产业贷款余额（亿元）	1139.1	1144.7	1148.0	1141.3	1120.5	1086.4	1079.0	1088.3	1086.6	1083.6	1079.4	1058.6
	建筑业贷款同比增长（%）	27.0	24.4	22.0	23.3	22.4	21.8	20.5	20.8	19.9	20.1	18.1	16.9
	房地产业贷款同比增长（%）	-2.2	-2.6	-2.6	-3.1	-4.5	-6.6	-6.2	-4.7	-4.2	-4.3	-4.5	-4.0
人民币	金融机构各项存款余额（亿元）	23016.1	23706.1	23845.2	23559.4	23550.6	24264.7	23954.9	24523.5	24786.7	24884.1	24957.1	24826.5
	其中：住户存款	14204.2	14175.7	14395.5	14352.4	14414.5	14632.3	14662.8	14766.1	14948.8	14947.4	15147.6	15417.9
	非金融企业存款	4578.7	4671.2	4844.9	4784.2	4719.8	5030.9	4783.2	5018.7	5104.4	4946.7	4897.7	4640.8
	各项存款余额比上月增加（亿元）	469.7	690.1	139.1	-285.8	-8.8	714.1	-309.8	568.6	263.2	97.4	73.0	-130.6
	其中：住户存款	659.4	-28.5	219.8	-43.1	62.1	217.8	30.5	103.3	182.6	-1.4	200.3	270.2
	非金融企业存款	-180.0	92.5	173.7	-60.6	-64.5	311.1	-247.6	235.5	85.6	-157.6	-49.0	-256.9
	各项存款同比增长（%）	7.3	10.6	9.2	8.7	6.7	8.6	8.5	10.0	9.0	9.1	10.1	10.1
	其中：住户存款	12.6	9.7	10.0	10.8	11.6	11.7	12.3	12.8	12.5	13.1	13.6	13.8
	非金融企业存款	-9.9	-3.7	-3.4	-2.8	-5.9	-3.4	-3.8	0.6	2.5	0.1	-0.9	-2.5
	金融机构各项贷款余额（亿元）	24119.9	24241.8	24516.6	24549.2	24587.4	24829.7	24783.5	24955.9	25303.9	25325.9	25266.9	25281.0
	其中：个人消费贷款	3968.5	3945.7	3978.4	3964.6	3975.9	4019.2	4019.0	4052.3	4093.9	4088.8	4100.8	4114.3
	票据融资	996.5	1014.0	1062.7	995.9	1033.8	1144.4	1142.3	1124.5	1172.7	1219.4	1208.7	1243.2
	各项贷款余额比上月增加（亿元）	389.5	121.9	274.8	32.6	38.1	242.4	-46.2	172.4	348.0	22.0	-59.0	14.1
	其中：个人消费贷款	24.5	-22.8	32.7	-13.8	11.3	43.3	-0.2	33.3	41.6	-5.1	12.0	13.5
	票据融资	19.1	17.5	48.7	-66.9	38.0	110.6	-2.2	-17.8	48.3	46.6	-10.6	34.5
	金融机构各项贷款同比增长（%）	8.4	8.1	7.7	7.3	6.7	6.4	6.0	6.4	7.2	7.2	6.5	6.5
	其中：个人消费贷款	15.0	13.2	11.3	9.0	7.6	6.6	5.5	5.2	5.6	5.7	4.9	4.4
	票据融资	6.7	13.7	21.7	11.9	17.1	24.2	19.7	20.0	20.3	23.1	25.3	27.2
外币	金融机构外币存款余额（亿美元）	9.4	9.7	9.1	11.1	13.2	10.6	10.4	11.9	10.2	13.7	11.8	10.0
	金融机构外币存款同比增长（%）	12.9	15.5	13.1	24.1	39.9	-22.1	11.5	21.1	6.3	9.9	-7.7	-6.2
	金融机构外币贷款余额（亿美元）	22.0	22.5	22.3	22.8	21.1	20.6	19.3	18.9	17.7	17.0	16.4	15.6
	金融机构外币贷款同比增长（%）	-34.7	-33.6	-27.2	-25.8	-29.8	-31.7	-34.1	-35.5	-40.2	-42.3	-41.7	-43.0

数据来源：中国人民银行兰州中心支行。

表2 2001—2022年甘肃省各类价格指数

单位：%

时间		居民消费价格指数		工业生产者购进价格指数		工业生产者出厂价格指数	
		当月同比	累计同比	当月同比	累计同比	当月同比	累计同比
2001		—	4	—	1.4	—	-1.5
2002		—	0	—	-1.6	—	-2.1
2003		—	1.1	—	5.6	—	10
2004		—	2.3	—	12.5	—	14.3
2005		—	1.7	—	9.9	—	9.6
2006		—	1.3	—	8.8	—	9.5
2007		—	5.5	—	4.3	—	5.5
2008		—	8.2	—	10.2	—	4.9
2009		—	1.3	—	-8.9	—	-9.0
2010		—	4.1	—	14.4	—	15.0
2011		—	5.9	—	15.1	—	11.0
2012		—	2.7	—	-1.3	—	-3.2
2013		—	3.3	—	-2.0	—	-3.0
2014		—	2.1	—	2.4	—	3.3
2015		—	1.6	—	-13.0	—	-13.0
2016		—	1.3	—	-5.4	—	-5.1
2017		—	1.4	—	15.5	—	14.5
2018		—	2.0	—	9.8	—	9.5
2019		—	2.3	—	-1.0	—	-1.7
2020		—	2.0	—	-5.9	—	-6.1
2021		—	0.9	—	18.1	—	16.4
2022		—	1.9	—	13.5	—	10.9
2021	1	0.4	0.4	-0.8	-0.8	-2.8	-2.8
	2	0.5	0.4	3.8	1.5	2.8	0.0
	3	0.6	0.5	10.6	4.5	11.0	3.5
	4	1.0	0.6	18.3	7.7	17.7	6.8
	5	1.1	0.7	22.6	10.5	22.3	9.8
	6	0.8	0.7	18.6	11.8	19.4	11.3
	7	0.9	0.8	18.7	12.8	19.2	12.4
	8	0.5	0.7	19.3	13.6	19.0	13.3
	9	0.4	0.7	21.6	14.5	20.6	14.1
	10	1.5	0.8	29.0	16.0	25.7	15.2
	11	2.1	0.9	31.6	17.4	25.6	16.2
	12	1.1	0.9	26.0	18.1	18.8	16.4
2022	1	0.5	0.5	23.2	23.2	18.8	18.8
	2	0.7	0.6	22.8	23.0	20.1	19.5
	3	1.3	0.8	22.2	22.7	20.3	19.8
	4	1.6	1.0	23.1	22.8	20.9	20.1
	5	1.8	1.2	19.8	22.2	15.6	19.1
	6	2.4	1.4	20.5	21.9	15.3	18.5
	7	3	1.6	14.9	20.8	9.2	17.1
	8	2.8	1.8	11.6	19.6	5.8	15.6
	9	2.9	1.9	8.4	18.3	4.8	14.3
	10	2.1	1.9	2.5	16.5	0.6	12.8
	11	1.7	1.9	0.4	14.9	0.6	11.6
	12	1.9	1.9	0.2	13.5	2.8	10.9

数据来源：《中国经济景气月报》、甘肃省统计局。

表 3　2022 年甘肃省主要经济指标

项目	1 月	2 月	3 月	4 月	5 月	6 月	7 月	8 月	9 月	10 月	11 月	12 月
	绝对值（自年初累计）											
地区生产总值（亿元）	—	—	2479.1	—	—	5235.3	—	—	8124.2	—	—	11201.6
第一产业	—	—	176.0	—	—	355.0	—	—	1154.6	—	—	1515.3
第二产业	—	—	858.7	—	—	1954.0	—	—	2873.9	—	—	3945.0
第三产业	—	—	1444.4	—	—	2926.3	—	—	4095.6	—	—	5741.3
工业增加值（亿元）	—	—	—	—	—	—	—	—	—	—	—	—
固定资产投资（亿元）	—	—	—	—	—	—	—	—	—	—	—	—
房地产开发投资	—	—	—	—	—	—	—	—	—	—	—	—
社会消费品零售总额（亿元）	—	720.2	1048.5	1354.9	325.0	2013.0	2309.0	2635.4	2981.7	3295.2	3571.6	3922.2
外贸进出口总额（亿元）	—	105.3	165.9	209.8	270.7	325.8	374.5	420.8	463.3	494.1	542.3	584.2
进口	—	83.4	134.6	170.7	221.3	264.2	297.9	338.1	369.4	391.4	430.1	456.9
出口	—	21.9	31.3	39.1	49.4	61.6	76.6	82.7	94.0	102.7	112.2	127.3
进出口差额（出口 – 进口）	—	-61.5	-103.3	-131.6	-171.9	-202.6	-221.3	-255.4	-275.4	-288.7	-317.9	-329.6
实际利用外资（亿元）	—	—	—	—	—	—	—	—	—	—	—	1.3
地方财政收支差额（亿元）	—	-465.3	-878.9	-1161.5	-1400.0	-1838.7	-1991.5	-2237.1	-2547.0	-2653.7	-2885.3	-3355.9
地方财政收入	—	168.4	249.4	284.3	336.9	446.0	521.2	592.8	667.5	743.6	820.9	907.6
地方财政支出	—	633.7	1128.3	1445.8	1736.9	2284.7	2512.7	2829.9	3214.5	3397.3	3706.2	4263.5
城镇登记失业率（%）（季度）	—	—	—	—	—	—	—	—	—	—	—	—
	同比累计增长率（%）											
地区生产总值	—	—	5.3	—	—	4.2	—	—	4.1	—	—	4.5
第一产业	—	—	7.5	—	—	7.6	—	—	5.1	—	—	5.7
第二产业	—	—	6.0	—	—	4.1	—	—	4.2	—	—	4.2
第三产业	—	—	4.6	—	—	3.8	—	—	3.7	—	—	4.4
工业增加值	—	8.1	8.4	7.9	7.2	7.1	5.6	5.5	5.9	6.1	6.4	6.0
固定资产投资	—	12.4	12.9	12.5	10.9	10.9	10.2	10.7	10.9	10.6	10.2	10.1
房地产开发投资	—	11.9	11.7	9.2	6.9	6.3	3.6	2.6	1.1	-0.5	-2.0	-2.9
社会消费品零售总额	—	6.8	1.3	-1.0	-3.2	-0.9	-1.9	-1.7	-1.4	-2.0	-2.8	-2.8
外贸进出口总额	—	16.1	21.7	8.1	19.9	24.6	24.1	25.3	21.7	22.4	18.3	18.8
进口	—	8.8	16.4	2.5	15.6	20.0	17.4	20.4	16.2	18.5	15.2	15.7
出口	—	56.6	51.1	42.3	44.3	49.4	60.1	50.4	49.3	39.8	31.5	31.4
实际利用外资	—	—	—	—	—	—	—	—	—	—	—	15.0
地方财政收入	—	10.1	12.9	9.0	8.9	15.9	13.2	13.3	12.1	10.2	8.4	4.9
地方财政支出	—	5.9	11.9	14.9	13.3	10.6	9.2	10.5	8.5	7.3	5.7	5.7

数据来源：甘肃省统计局。

青海省金融运行报告（2023）

中国人民银行青海省分行[①]
货币政策分析小组

［内容摘要］2022 年，青海省坚持以习近平新时代中国特色社会主义思想为指导，认真学习贯彻党的二十大精神，全面落实习近平总书记重要讲话、指示批示精神，坚持稳中求进工作总基调，高效统筹疫情防控和经济社会发展，统筹发展与安全，加快推进高质量发展，发展质量稳步提升，就业物价保持平稳，居民收入持续增加，生态环境不断改善。2022 年，青海省地区生产总值同比增长 2.3%，城乡居民人均可支配收入同比增长 4.2%，城镇登记失业率为 1.5%，居民消费价格同比上涨 2.4%。金融业贯彻落实稳住经济大盘政策和接续措施，着力优化金融资源供给，创新金融服务方式，强化稳住经济大盘的金融支持，为青海经济社会高质量发展营造了适宜的货币金融环境。金融机构本外币存款余额 7622 亿元，同比增长 13.1%；本外币贷款余额 7085 亿元，同比增长 3.3%。

2022 年青海省经济运行呈现以下特点：一是生态文明高地建设扎实推进。修编三江源国家公园总体规划，祁连山国家公园 40 个标准化管护站建成，青海湖国家公园建设迈出实质性步伐。生态工程深入实施，推进共和盆地、阿尼玛卿、黑河河源、河湟地区重点生态保护修复，恢复黄河源头水系连通，完成国土绿化 525.5 万亩，防沙治沙 127.5 万亩，治理水土流失 483.2 万平方公里，三江源地区累计治理“黑土滩”1100 余万亩。二是高质量发展势头良好。盐湖股份 4 万吨基础锂盐等项目落地，攻克锂盐关键技术，建成全球最大的金属锂生产产能，镁基土壤修复材料产品实现从无到有。完成 100 万吨钾肥增产任务，产量达到 860 万吨，为保障国家粮食安全作出重要贡献。“绿电 5 周”刷新世界纪录，清洁能源装机占比达 91.2%，新能源装机占比达 63%。青海在全国旅游目的地人气榜中位列前十，“大美青海・诗和远方”生态旅游发展方兴未艾。创建国家级油菜产业集群和甘德农村产业融合发展示范园、共和藏羊现代农业产业园，有机监测认证草原面积突破 1 亿亩，成为全国最大的有机畜产品、有机枸杞、冷水鱼生产基地。三是工业经济支撑有力。实施工业经济高质量发展“六大工程”、招商引资“六大行动”，规模以上工业产值同比增长 15.5%。高技术制造、装备制造产值同比分别增长 1.1 倍和 1.6 倍。碳酸锂、单晶硅、多晶硅产量同比分别增长 24.5%、6.0 倍和 1.6 倍，锂电池产量占全国的十分之一。规模以上工业利润总额同比增长 1.7 倍；上缴税金 223 亿元，同比增长 70.3%。四是助企纾困提振市场信心。退减缓税费 211 亿元，降低失业工伤保险费率减负 8.2 亿元，缓缴社会保险费 7 亿元，增值税留抵退税 166 亿元，发放稳岗返还、失业补助、留工培训等补助资金 5.2 亿元。新增“专精特新”中小企业 50 户，全省经营主体数量同比增长 3.6%，总量突破 55 万户。

青海省金融运行呈现以下特点：一是金融支持稳大盘扎实有效。信贷总量稳定增长，信贷结构持续优化。2022 年末，青海省人民币贷款余额 7045 亿元，同比增长 3.3%。贷款实际利率

① 自 2023 年 8 月 18 日起，中国人民银行西宁中心支行更名为中国人民银行青海省分行。本报告主要反映 2022 年的经济金融情况，正文中涉及的相关机构表述仍沿用 2022 年名称。

稳中有降，全省新发放一般贷款加权平均利率为4.48%，同比下降0.31个百分点。企业贷款加权平均利率为4.11%，同比下降0.16个百分点。常态化政银企对接机制不断完善，金融政策、财政政策、产业政策协同发力，乡村振兴、普惠小微企业、清洁能源产业等领域贷款保持较快增长。2022年全省涉农贷款、普惠小微贷款、清洁能源产业贷款同比分别增长4.5%、10.3%和3.8%。二是结构性货币政策工具落地见效。发放碳减排支持工具资金89亿元，撬动金融机构贷款148亿元；科技创新再贷款1.5亿元，撬动金融机构贷款2.5亿元；交通物流专项再贷款1.4亿元，设备更新改造专项再贷款7.9亿元，支持煤炭清洁高效利用专项再贷款2亿元；政策性金融机构新增信贷规模支持省内重点项目建设资金77亿元。三是政银企联动机制更加顺畅。建立全省金融系统“按日监测、按周统计、按月调度”工作机制，6次召开金融支持稳大盘调度会，强化政策传导。联合发改、工信、科技、交通等部门建立全省制造业、“专精特新”、科技、交通物流、清洁能源五个专项重点企业融资对接机制，向金融机构推送1540家企业融资需求清单。四是金融风险有序化解。不良贷款实现“双降”，全省金融机构不良贷款139亿元，较年初减少27亿元；不良贷款率2%，较年初下降0.4个百分点。建立由市、州地方政府牵头的金融风险防范化解专班，形成全省“一盘棋”的金融风险防控格局。全省高风险地方法人金融机构成功实现清零，风险化解工作实现重大突破。完善风险监测机制，全年债券全部顺利兑付。五是多层次资本市场支持实体经济恢复发展坚强有力。区域股权市场运行平稳，2022年青海股权交易中心挂牌（展示）企业448家，累计为辖区中小微企业融资30亿元。两家企业完成新三板市场辅导备案，4家公司发行的9只债券处于存续状态，募集资金77亿元，存量余额64亿元。六是保险保障功能持续增强。在脱贫地区推广“防贫保险”，累计提供风险保障267亿元，赔付防贫救助金41万元。针对自然灾害累计赔付2.2亿元，帮助受灾民众减少损失。创新推动草原碳汇遥感指数保险、商业性马鹿养殖保险、“活体贷”保险落地。

2023年，青海省将继续以习近平新时代中国特色社会主义思想为指导，全面贯彻党的二十大精神，深入贯彻落实习近平总书记考察青海重要讲话精神，深刻领悟“两个确立”的决定性意义，增强“四个意识”、坚定“四个自信”、做到“两个维护”，按照中央经济工作会议部署，坚持稳中求进工作总基调，完整、准确、全面贯彻新发展理念，主动服务和融入新发展格局，着力推动高质量发展，更好统筹发展安全，深入实施“一优两高”战略，持续打造生态文明高地，加快建设产业“四地”，把实施扩大内需战略同深化供给侧结构性改革有机结合起来，推动经济运行整体好转，实现质的有效提升和量的合理增长。青海省金融系统将紧紧围绕党中央、国务院决策部署，坚持稳字当头、稳中求进，突出做好稳增长、稳就业、稳物价工作，以供给侧结构性改革为主线，优化金融服务，防范化解金融风险，为青海省经济社会高质量发展营造适宜的货币金融环境，在推进青藏高原生态保护和高质量发展上不断取得新成就，奋力谱写全面建设社会主义现代化国家的青海篇章。

一、金融运行情况

2022年，青海省金融业贯彻落实稳健的货币政策，着力优化金融资源供给，提升金融服务质效，助力稳住经济大盘，切实加大对实体经济的支持力度，信贷总量稳步增长，信贷结构不断优化，融资成本稳中有降，多层次资本市场建设稳步推进，保险保障功能持续提升，为青海经济社会高质量发展营造了适宜的货币金融环境。

（一）银行业稳健运行，金融支持经济能力持续增强

1. 银行业资产规模平稳增长，机构组织体系保持稳定。2022 年末，青海省银行业金融机构资产总额 9881 亿元，同比增长 1.4%。全省共有各类金融机构网点 1111 家，较上年减少 5 家，大型商业银行营业网点收缩，从业人员较上年同期减少 149 人。

表 1　2022 年银行业金融机构情况

机构类别	营业网点			法人机构（个）
	机构个数（个）	从业人数（人）	资产总额（亿元）	
一、大型商业银行	400	8997	4164	0
二、国家开发银行和政策性银行	27	584	1795	0
三、股份制商业银行	41	1253	749	0
四、城市商业银行	85	1834	1062	1
五、城市信用社	0	0	0	0
六、小型农村金融机构	362	5880	1289	30
七、财务公司	1	50	117	1
八、信托公司	1	690	270	1
九、邮政储蓄银行	183	1022	418	0
十、外资银行	0	0	0	0
十一、新型农村金融机构	9	193	17	6
十二、其他	2	70	0	0
合　计	1111	20573	9881	39

数据来源：青海银保监局。

注：营业网点不包括国家开发银行和政策性银行、大型商业银行、股份制银行等金融机构总部数据；大型商业银行包括中国工商银行、中国农业银行、中国银行、中国建设银行和交通银行；小型农村金融机构包括农村商业银行、农村合作银行和农村信用社；新型农村金融机构包括村镇银行、贷款公司、农村资金互助社；其他包含金融租赁公司、汽车金融公司、货币经纪公司、消费金融公司等。

2. 存款增长较快，存款结构持续优化。2022 年末，青海省金融机构本外币存款余额 7622 亿元，同比增长 13.1%。其中，住户存款余额 3423 亿元，同比增长 15.1%，较上年提高 6.1 个百分点。非金融企业存款余额 1599 亿元，同比增长 16.3%，较上年提高 15.9 个百分点。机关团体存款、财政性存款同比分别增长 6.1% 和 16.9%。

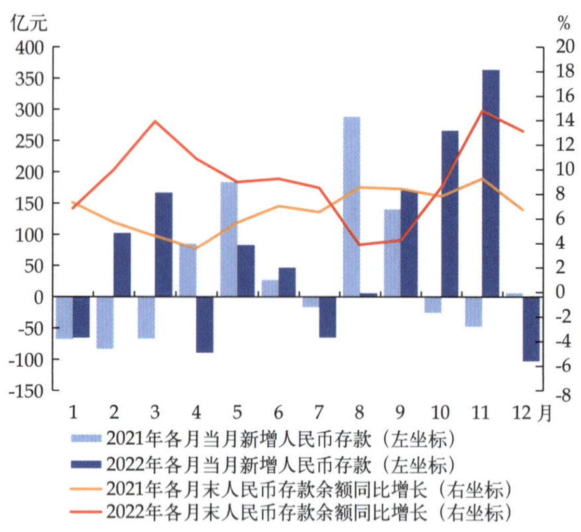

图 1　金融机构人民币存款增长变化

（数据来源：中国人民银行西宁中心支行）

3. 贷款稳定增长，重点领域和薄弱环节支持加强。2022 年末，青海省本外币贷款余额 7085 亿元，同比增长 3.3%，较上年同期下降 0.2 个百分点。住户贷款和企事业单位贷款分化明显，住户贷款同比增长 3.4%，较上年同期下降 17 个百分点，企事业单位贷款同比增长 3.3%，较上年同期提高 3.3 个百分点。全年新增贷款 228 亿元，政策性开发性银行、国有大型商业银行新增贷款占全部新增贷款的比重为 76.9%，较上年提高 16 个百分点。地方法人金融机构贷款增速为 3.8%，与上年同期基本持平。重点领域贷款增长明显，普惠小微企业贷款、涉农贷款、科学研究和技术服务业贷款同比分别增长 10.3%、4.5% 和 51.9%，分别高于各项贷款增速 7.0 个、1.2 个和 48.6 个百分点。绿色信贷占比 23.5%，高于全国平均水平 13.2 个百分点。开展金融支持乡村振兴"一区两县"试点工作，重点支持脱贫地区特色产业发展，持续扩大对新型农业经营主体和农牧户的信贷投放。2022 年末，辖内 15 个国家级和 10 个省级乡村振兴重点帮扶县各项贷款余额 851 亿元，同比增长 6.9%，高于各项贷款增速 3.6 个百分

点。全省已脱贫人口小额贷款余额17亿元，支持3.7万户脱贫人口发展生产。普惠金融改革试验区创建工作迈出坚实步伐，县域、小微企业、新型农业经营主体短板加快补齐。

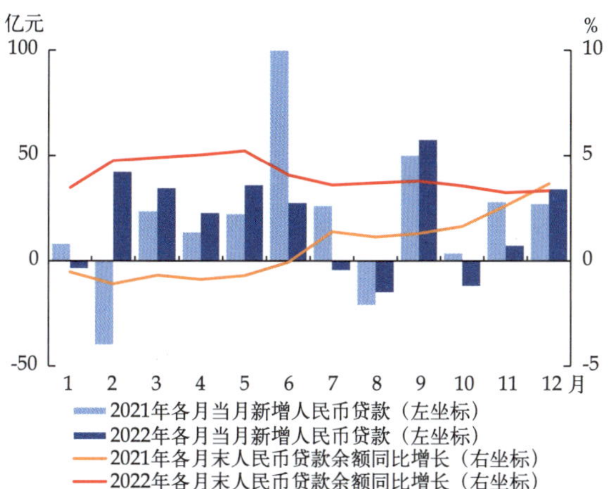

图2　金融机构人民币贷款增长变化

（数据来源：中国人民银行西宁中心支行）

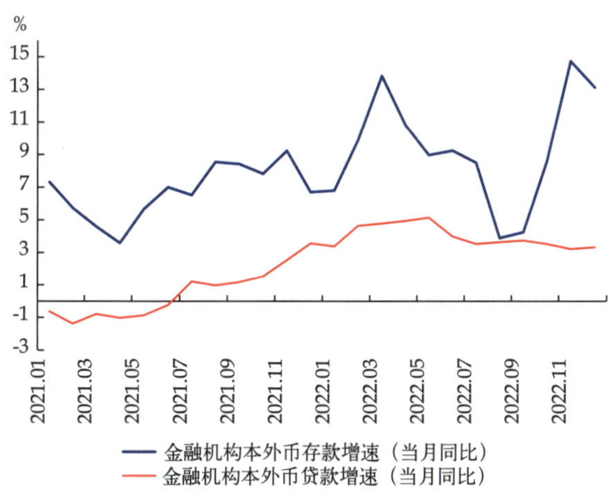

图3　金融机构本外币存贷款增速变化

（数据来源：中国人民银行西宁中心支行）

4. 表外业务规模收缩，承诺类业务下降较快。2022年末，青海省银行业金融机构表外业务余额3281亿元，较年初减少149亿元，同比下降4.3%。其中，担保类业务余额513亿元，较年初增加55亿元，同比增长12%；承诺类业务余额878亿元，较年初减少73亿元，同比下降7.7%；金融资产服务类业务余额1886亿元，较年初减少128亿元，同比下降6.4%。

5. 贷款市场报价利率改革效能释放，企业融资成本稳中有降。优化存款利率管理，引导地方法人金融机构按照存款利率市场化调整机制，合理调整存款利率水平，引导长端存款利率下行，着力稳定金融机构负债成本。省内银行业金融机构活期存款加权平均利率为0.28%，同比下降0.05个百分点。新发生定期整存整取利率为2.24%，同比下降0.03个百分点。2022年，全省新发放一般贷款加权平均利率为4.48%，同比下降0.31个百分点。企业贷款加权平均利率为4.11%，同比下降0.16个百分点。小微企业贷款利率为4.3%，同比下降0.42个百分点。新发放首套住房贷款加权平均利率为4.67%，同比下降0.53个百分点。

表2　2022年金融机构人民币贷款各利率区间占比

单位：%

项目		1月	2月	3月	4月	5月	6月
合计		100.0	100.0	100.0	100.0	100.0	100.0
LPR减点		30.2	42.0	35.9	32.1	38.3	30.1
LPR		10.0	12.1	9.6	11.2	8.0	5.0
LPR加点	小计	59.8	45.9	54.5	56.7	53.7	64.8
	(LPR，LPR+0.5%)	9.9	6.1	13.7	5.2	10.1	16.7
	[LPR+0.5%，LPR+1.5%)	19.5	13.8	19.6	20.6	17.5	19.3
	[LPR+1.5%，LPR+3%)	24.3	15.8	15.2	23.8	19.2	22.4
	[LPR+3%，LPR+5%)	5.5	9.0	4.4	6.7	6.5	6.1
	LPR+5%及以上	0.6	1.2	1.6	0.4	0.3	0.4
项目		7月	8月	9月	10月	11月	12月
合计		100.0	100.0	100.0	100.0	100.0	100.0
LPR减点		27.1	17.3	39.1	25.3	26.9	40.7
LPR		6.9	5.5	1.9	2.1	9.2	2.4
LPR加点	小计	65.9	77.3	59.0	72.5	63.9	56.9
	(LPR，LPR+0.5%)	10.7	10.9	13.6	11.4	15.1	18.6
	[LPR+0.5%，LPR+1.5%)	16.7	27.7	16.8	30.4	18.2	16.0
	[LPR+1.5%，LPR+3%)	26.0	27.1	19.6	21.4	20.7	17.4
	[LPR+3%，LPR+5%)	8.1	11.2	6.8	6.7	8.6	4.2
	LPR+5%及以上	4.4	0.4	2.2	2.6	1.4	0.7

数据来源：中国人民银行西宁中心支行。

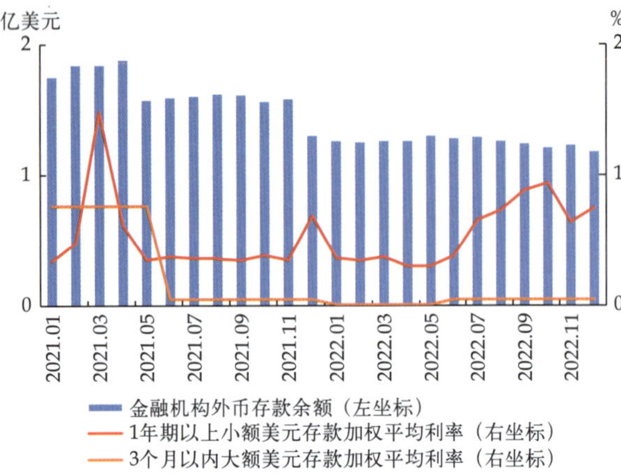

图 4　金融机构外币存款余额及外币存款利率

（数据来源：中国人民银行西宁中心支行）

6. 资产质量优化，地方法人银行风险抵补水平增强。2022 年青海省金融机构利用债转股、核销、转让等方式持续加大不良贷款处置力度，不良贷款实现“双降”。2022 年末，全省金融机构不良贷款 139 亿元，较年初减少 27 亿元；不良贷款率 2%，较年初下降 0.4 个百分点。2022 年末，青海省地方法人银行核心一级资本充足率 14.8%，资本充足率 16%，资本状况较为充足。城市商业银行拨备覆盖率为 161.7%、农村金融机构拨备覆盖率为 159%，均优于监管标准。全省企业新增债务融资工具 20 亿元，兑付资金 85 亿元，省内金融机构承销的债务融资工具实现顺利兑付。

7. 跨境人民币业务稳步增长，重点领域跨境人民币结算快速增长。积极培育辖区跨境人民币使用市场，“点对点”帮助涉外企业解决重点区域、涉外承包工程等重点拓展业务遇到的困难，扩大重点地区跨境人民币使用规模。2022 年全省跨境人民币收付总额 25 亿元，占全省本外币跨境结算量的 48%，全省经常项下和直接投资项下跨境人民币收付总额 19 亿元，同比增长 1.6 倍。“一带一路”共建国家跨境人民币结算额为 3.4 亿元，占全部跨境人民币结算量的 13.6%。

专栏 1　“甘霖工程”　助力提升小微金融服务能力

为有效缓解小微企业融资难、融资贵矛盾，深化金融机构敢贷、愿贷、能贷、会贷长效机制，人民银行西宁中心支行联合发改、财政、工商、税务等部门，开展金融惠企利民的“甘霖工程”。构建“再贷款资金 + 财政风险补偿资金 + 基层政府网格化治理 + 金融服务”四位一体精准服务模式，充分发挥基层治理优势，组织金融机构“扫楼扫街”，主动向小微企业和个体工商户上门送政策、送服务、送产品。2022 年末，青海省普惠小微企业贷款余额 350 亿元，同比增长 10.3%，增速高于各项贷款 7 个百分点；其中，个体工商户（含小微企业主）贷款余额 178 亿元，同比增长 15.6%，增速高于各项贷款 12.3 个百分点。

一、开展网格化“融资扫街”行动，浇灌金融服务“及时雨”

联合财政、工商、税务、社区工作人员，对西宁市核心商圈 31 个社区、12 个村开展网格化“融资扫街”行动。召开人民银行、政府、社区、扫街银行四方工作联席会 3 次，指派近 600 名社区网格员和近 200 名银行信贷扫街员，建立“四方两员”互联互通机制，要求对重点城区近 2 万家小微企业和个体工商户的走访覆盖率、建档评级率、有效信贷需求投放率、服务回访率均达到 100%。截至 2022 年末，西宁市普惠小微贷款余额 189 亿元，支持普惠小微企业和个体工商户 2.3

万户。

二、凝聚货币政策和财政政策合力，用好央地“政策包”

发挥货币政策工具精准滴灌和示范撬动作用，对辖内地方法人银行小微企业、个体工商户、小微企业主经营性贷款给予1∶1配套的再贷款支持，对符合条件的地方法人银行按照普惠小微贷款余额增量的2%提供资金支持，鼓励各类银行业金融机构持续增加普惠小微贷款。发挥财政资金引导支持作用，推动重点地区政府设立5000万元小微企业、个体工商户信贷风险补偿资金，并安排3000万元资金，按照不同贷款类别对小微企业和个体工商户给予20%、30%和50%的利息补贴。

三、深化社会信用体系建设，搭建小微企业融资“信用圈”

以社会信用体系建设为基础，以网格化金融服务为重点，政银分片包干，线上、线下同步开展小微企业和个体工商户的信息归集、建立信用评价机制、银企“一对一”对接、金融知识宣传教育等工作，精心打造“信用城西”品牌。在西宁市主要商圈举办20余场信用商圈创建座谈会，针对餐饮、娱乐、文旅、建材等主要行业举办多场推介会，详细介绍“甘霖工程”主要内容。截至2022年末，走访对接小微企业和个体工商户1.4万户。

四、打造区域融资服务平台，推动小微企业贷款“线上办”

依托青海省小微企业信用融资服务中心平台（简称“青信融”平台）开发西宁市“甘霖工程”融资服务平台，利用信息归集、融资增信、政策支持、融资对接和融资评价五方面功能优势，打通城西区小微企业、个体工商户融资断点，疏通融资堵点，破解融资难点，缓解融资痛点，查补融资盲点。截至2022年末，“青信融”平台共注册小微企业3.8万家，占全省小微企业的三分之一，入驻金融机构40家，接入金融机构网点570个，发布金融产品396项；累计发放贷款7600多笔，金额82亿元；“甘霖工程”融资服务平台顺利完成1445家小微企业建档评级，受理融资业务759笔，授信金额7.3亿元。

（二）证券交易平稳，资本市场稳健运行

1. 证券业平稳发展，证券期货机构经营业绩有所分化。2022年末，青海省共有法人证券公司1家，证券分公司8家，证券营业部21家，法人期货公司1家。全年，法人证券公司累计代理交易额同比下降8%。法人期货公司代理交易额同比增长1.5倍，营业收入同比上升8.8%，实现净利润5798万元，同比增长6%。

2. 多层次资本市场建设稳步推进，有力支持实体经济恢复发展。区域股权市场运行平稳，2022年青海股权交易中心挂牌（展示）企业448家，累计为辖区中小微企业融资30亿元。新三板市场培养企业有所突破。两家企业完成新三板市场辅导备案，1家将申请挂牌，1家申请辅导验收。2022年末青海省4家公司债券发行人发行的9只债券处于存续状态，募集资金77亿元，存量余额64亿元。其中，2022年新增发行公司债18亿元，资产证券化融资45亿元，发行收益凭证融资4.4亿元。企业融资渠道进一步拓宽。

表3　2022年证券业基本情况

项目	数量
总部设在辖内的证券公司数（家）	1
总部设在辖内的基金公司数（家）	0
总部设在辖内的期货公司数（家）	1
年末国内上市公司数（家）	11

续表

项目	数量
当年国内股票（A股）筹资（亿元）	0
当年发行H股筹资（亿元）	0
当年国内债券筹资（亿元）	78
其中：短期融资券筹资额（亿元）	0
中期票据筹资额（亿元）	0

数据来源：青海证监局。
注：当年国内股票（A股）筹资额指非金融企业境内股票融资。

（三）保险业发展稳定，服务水平持续提升

1. 保险业稳步发展，总体实力增强。2022年末，保险公司资产总额299亿元，同比增长12.5%。实现保费收入106亿元，同比下降0.5%；财产险保费收入51亿元，同比增长1.2%；人身险保费收入55亿元，同比下降2.1%。各项保险赔付支出39亿元，同比增长1.1%，财产险赔付同比增长1.2%，寿险赔付同比增长11.6%。

2. 聚焦主责主业，持续发挥民生保障功能。创新推出城市定制性补充医疗保险"夏都惠民保"，让利消费者将"惠民保"儿童版保费由100元降至80元，并推进专属商业养老保险成功落地。在全省脱贫地区推广"防贫保险"，累计提供风险保障267亿元，赔付防贫救助金41万元。针对"1·8"门源6.9级地震、"8·18"大通山洪、互助山体滑坡等自然灾害累计赔付2.2亿元，帮助受灾民众减少损失。创新推动草原碳汇遥感指数保险、商业性马鹿养殖保险、"活体贷"保险落地。农业保险体系日趋完善，已形成涵盖种养业、林业、渔业等多个领域的保险体系，2022年全省实现农业险保费收入11亿元，同比增长9.1%，农业险赔款支出9.4亿元，同比增长23.3%；保障金额620亿元，同比增长3.7%，受益农户91万人次，同比增长15.7%。

表4　2022年保险业基本情况

项目	数量
总部设在辖内的保险公司数（家）	0
其中：财产险经营主体（家）	0
寿险经营主体（家）	0
保险公司分支机构（家）	16
其中：财产险公司分支机构（家）	8
寿险公司分支机构（家）	8
保费收入（中外资，亿元）	106.3
其中：财产险保费收入（中外资，亿元）	51.4
人身险保费收入（中外资，亿元）	54.9
各类赔款给付（中外资，亿元）	39.2

数据来源：青海银保监局。

（四）融资规模回落，金融市场平稳运行

1. 社会融资规模回落，表外融资下降明显。2022年，青海省社会融资规模增量减少395亿元，同比多减666亿元。其中，人民币贷款、地方政府一般债券、地方政府专项债券同比分别少增16亿元、88亿元和8.7亿元，委托贷款、信托贷款、未贴现银行承兑汇票、企业债券同比分别多减66亿元、108亿元、273亿元和75亿元。

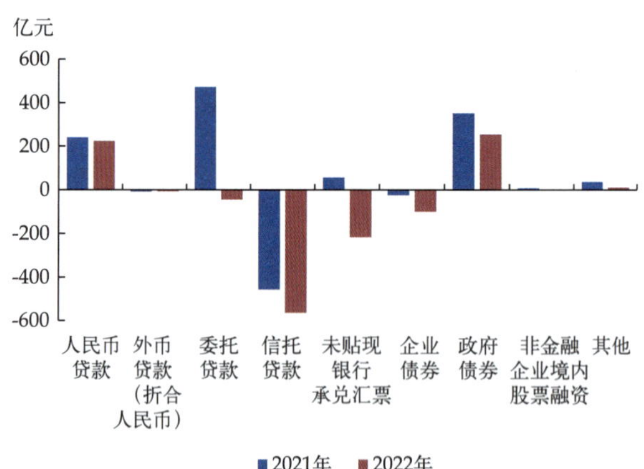

图5　社会融资规模分布结构

（数据来源：中国人民银行西宁中心支行）

2. 债券市场稳健发展，积极防范债券违约风险。2022年，全省新发行6只债务融资工具，

募集资金20亿元。发行15亿元普通金融债。运用“631”非金融企业债务融资工具风险监测机制，通过下发到期兑付提示函、跟踪企业发债和兑付进度，及时向交易商协会反馈青海省企业债券发行和兑付安排情况，有效化解债券违约风险，维护省内债券融资生态修复氛围。建立市、州地方政府牵头的金融风险防范化解专班，形成全省“一盘棋”的金融风险防控格局。

3. 结构性货币政策工具落地见效，靶向支持重点行业。2022年，发放碳减排支持工具资金89亿元，撬动金融机构贷款148亿元；科技创新再贷款1.5亿元，撬动金融机构贷款2.5亿元；交通物流专项再贷款1.4亿元，设备更新改造专项再贷款7.9亿元，支持煤炭清洁高效利用专项再贷款2亿元，共撬动金融机构贷款11.3亿元；政策性开发性金融工具新增信贷规模支持省内机构重点项目资金77亿元。使用普惠小微贷款支持工具对符合条件的地方法人银行按照普惠小微贷款余额季度增量的2%提供央行激励资金734万元。

4. 货币市场总体发展良好，交易活跃度较高。2022年，全省存款类地方法人银行间市场交易量共1.8万亿元，同比增长63%。累计融入4055亿元，累计融出1.4万亿元，净融出9967亿元。其中，同业拆借累计成交516亿元，同比增长1.5倍；质押式回购累计成交1.6万亿元，同比增长71%；买断式回购累计成交7.3亿元，同比增长50%；现券交易量1339亿元，同比下降2%。

5. 票据业务平稳增长，贴现利率持续下降。2022年末，青海省票据融资余额1037亿元，占本外币贷款的比重为14.6%，较上年同期上升2.3个百分点。金融机构累计签发银行承兑汇票319亿元，同比下降3.4%。小微企业累计签发银行承兑汇票109亿元，同比增长23.7%。票据市场利率呈逐季下降趋势，2022年第四季度，青海省银行承兑汇票和商业承兑汇票贴现平均利率分别为1.77%和5.77%，较第一季度分别下降0.77个和0.71个百分点。

表5　2022年金融机构票据业务量

单位：亿元

季度	银行承兑汇票承兑		贴现			
			银行承兑汇票		商业承兑汇票	
	余额	累计发生额	余额	累计发生额	余额	累计发生额
1	257.55	69.96	834.78	371.90	7.59	2.75
2	251.88	153.63	934.39	1137.63	15.23	22.91
3	256.83	233.65	929.50	1655.90	19.76	35.61
4	247.33	319.30	921.86	1726.07	17.15	44.94

数据来源：中国人民银行西宁中心支行。

表6　2022年金融机构票据贴现、转贴现利率

单位：%

季度	贴现		转贴现	
	银行承兑汇票	商业承兑汇票	票据买断	票据回购
1	2.54	6.48	2.29	2.62
2	2.09	6.41	1.86	2.41
3	1.98	6.17	1.71	1.93
4	1.77	5.77	1.62	1.65

数据来源：中国人民银行西宁中心支行。

（五）金融基础设施得到加强，金融生态环境持续优化

1. 信用体系建设持续推进，助力融资成效显著。地方征信平台进展迅速，培育成立全省首家企业征信机构——青海省征信有限公司，引导搭建“西宁市普惠金融服务平台”，2022年末，累计收录本地企业10.1万余户，实现线上融资对接1.8亿元。信用普惠向纵深发展，全省累计创评12个省级信用县（区），信用户信用贷款余额289亿元，同比增长28.6%，累计实施利息优惠10亿元，累计促成动产和权利担保统一登记1.4万笔，应收账款融资670亿元，其中，96.5%投向中小微企业。征信管理水平不断提升，“征信修复”乱象专项治理“百日行动”和专题宣传有效开展，累计宣传受众人数突破21.8万人次。

2. 支付服务提质增效，支付环境持续优化。支付系统业务量稳步提升，全年支付系统处理

业务4963万笔，金额8.8万亿元，同比分别增长46.9%和15.3%。减费让利取得新成效，超过22万家经营主体享受支付手续费减免5518万元。惠农金融服务不断改进，累计设立惠农金融服务点8063个，升级改建14个驿站、68个中心、425个站点。支付服务“适老化”水平持续提升。全省银行网点设置老年人服务便捷窗口1029个，近99%的营业网点配备助老基础设施，89%的网点设置无障碍通道等便老助残设备。银行账户服务不断优化，推进优化小微企业、流动就业群体账户服务指导意见落实，建立银行账户分类分级机制，切实解决“开户难”问题。深入推进涉诈涉赌“资金链”治理，构建打防管控治理新格局。

3. 强化金融知识宣传教育，消费者权益保护工作长效机制建设稳步推进。稳步推进金融知识纳入国民教育工作，指导辖区3家银行业金融机构分别与省内高等院校、职业学校、初级中学签订“金融知识纳入国民教育体系合作协议”。打通线上调解渠道，建立分层次调解组织，健全金融纠纷多元化机制。全省5个市州完成调解组织建设工作，覆盖率达71.4%，全年共受理案件247件，受案总额达3755万元。

二、经济运行情况

2022年，青海省经济经受多轮疫情冲击，顶住压力持续发展，发展质量稳步提升，整体保持平稳运行。全年实现地区生产总值3610亿元，同比增长2.3%。第一、第二产业增加值同比分别增长4.5%和7.9%，第三产业增加值下降2.5%。三次产业增加值比重分别为10.5%、43.9%和45.6%，产业结构保持稳定。

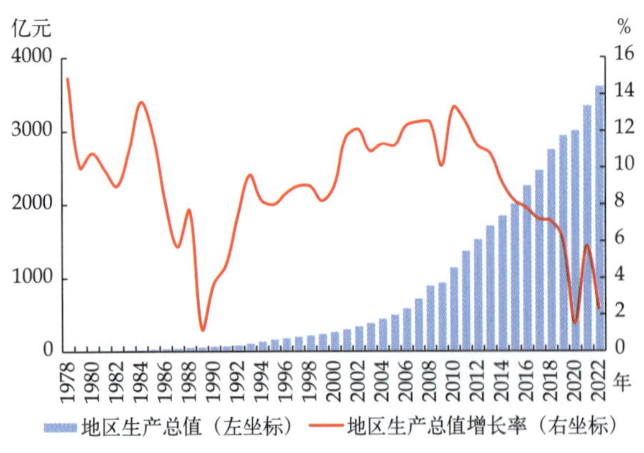

图6　地区生产总值及其增长率

（数据来源：青海省统计局）

（一）需求逐步恢复，外贸增势强劲

1. 新兴产业投资增长较快。2022年，青海省固定资产投资同比下降7.6%，第一产业投资增长19.8%，第二产业投资增长21.5%、第三产业投资下降22.3%。工业投资增长21.6%，高技术制造业投资增长86.6%，新能源产业投资增长17.6%，制造业投资同比增长41.0%。新材料产业投资增长1.2%，盐湖化工产业投资增长1.4倍。

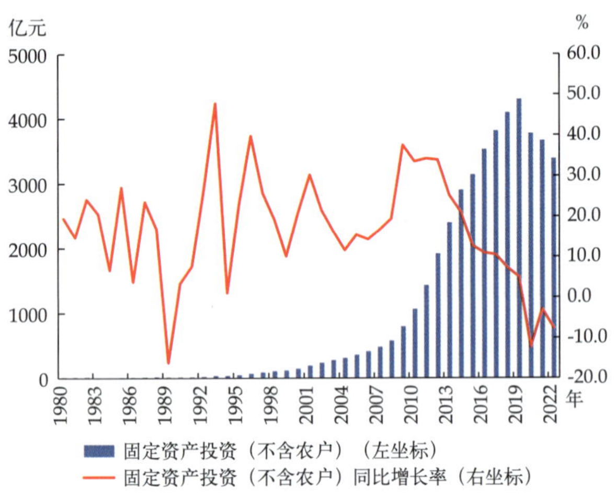

图7　固定资产投资（不含农户）及其增长率

（数据来源：青海省统计局）

2. 消费需求逐步恢复。2022年，青海实现社会消费品零售总额842亿元，同比下降11.2%。城镇和乡村消费品零售额同比分别下降11.2%和11%。消费升级类商品中，电子出版物、体育娱乐用品类零售额同比分别增长1.2倍和75.7%，新能源汽车同比增长7.4%。全年限额以上批发零售业通过公共网络实现的商品零售额同比增长6.7%，较上年减少6.1个百分点。

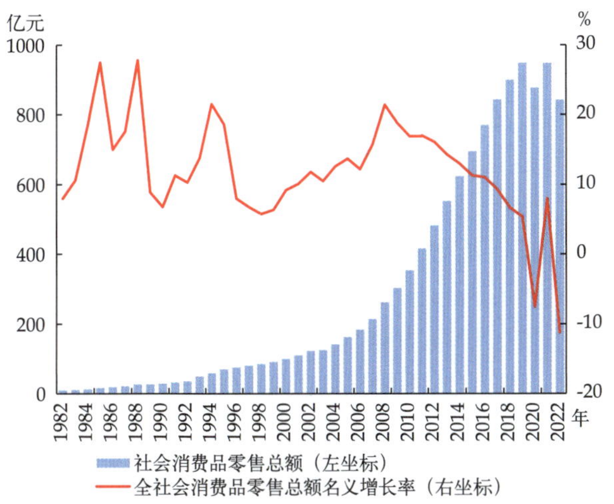

图 8　社会消费品零售总额及其增长率

（数据来源：青海省统计局）

3. 对外贸易增势良好。2022 年，青海省货物贸易进出口总值 43 亿元，同比增长 35.5%。出口和进口总额同比分别增长 55.5% 和 12.3%。一般贸易进出口 42 亿元，同比增长 36.4%，占全省进出口总值的 97.7%。全年对“一带一路”共建国家合计进出口 15 亿元，同比增长 58.8%，占全省进出口总值的 34.9%。

全年新批外资项目 11 个，实际使用外商直接投资额 1216 万美元，同比增长 2.8 倍。全年对外承包工程业务完成营业额 1236 万美元，同比增长 57.5%。

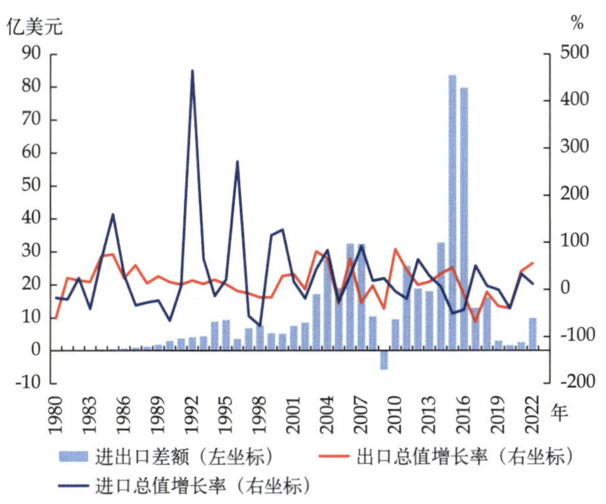

图 9　外贸进出口变动情况

（数据来源：青海省统计局）

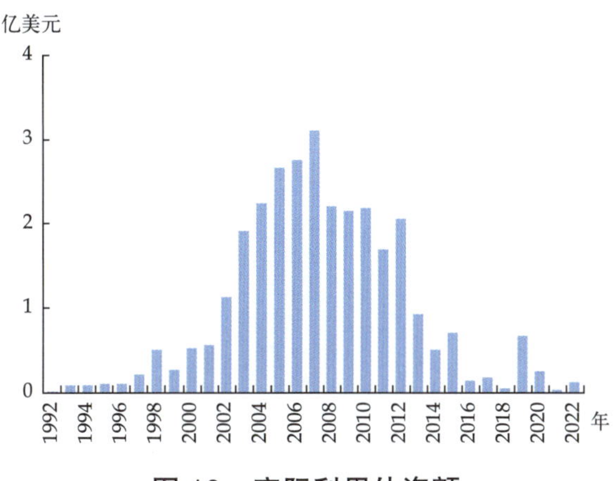

图 10　实际利用外资额

（数据来源：青海省统计局）

（二）供给结构改善，高质量发展内生动力增强

1. 农牧业稳中提质。复耕复种“撂荒地”14.1 万亩，整治耕地“非粮化”11.6 万亩，建成高标准农田 21.4 万亩。粮食总产 107 万吨，连续 15 年保持百万吨以上。青海省成为全国重要冷凉性农作物北繁制种基地，建成国家农作物种质资源复制库，油菜种植突破海拔 3000 米上限，青稞产量创高海拔新纪录。牛羊出栏 882 万头（只），生猪存栏 70 万头以上，鲑鳟鱼产量占全国三分之一。

2. 工业经济支撑有力。2022 年青海省全部工业增加值同比增长 14.3%，国有控股、股份制、外商及港澳台投资企业同比分别增长 0.2%、16.2% 和 12.1%。工业经济高质量发展“六大工程”、招商引资“六大行动”，助推规模以上工业增加值同比增长 15.5%。新能源产业、装备制造业、新材料产业、盐湖化工产业同比分别增长 2 倍、1.6 倍、1.5 倍和 31.3%。高技术制造业增加值增长 1.1 倍，占规模以上工业增加值的 23.2%，占比较上年提高 13.3 个百分点。碳酸锂、单晶硅、多晶硅产量同比分别增长 24.5%、6 倍和 1.6 倍。锂电池产量占全国的十分之一。19 户省属监管企业营业收入增长 10.4%，新增中小微企业 1022 户，规模以上工业企业 30 户以上。

全年规模以上工业企业营业收入利润率

18.2%，较上年同期提高8.7个百分点，利润总额829亿元，同比增长1.7倍。每百元营业收入中的成本和费用同比分别减少3.4元和2.5元，产成品存货周转天数减少2.1天。

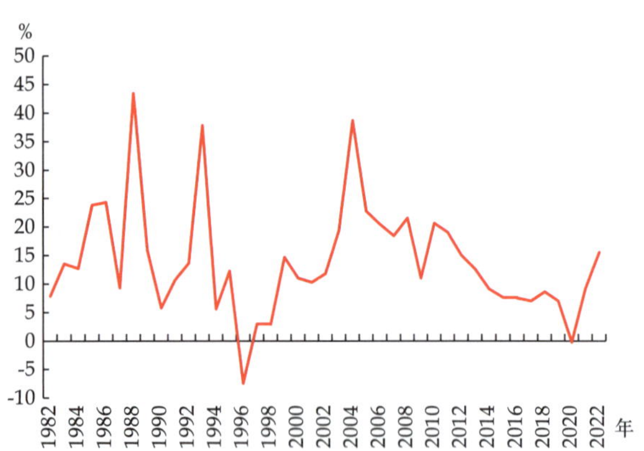

图11　规模以上工业增加值实际增长率

（数据来源：青海省统计局）

3. 生产性服务业增势良好。推动企业升规入限，2022年新增入库企业178户。西宁、格尔木国家物流枢纽建设有序推进，货运量增长3.6%。广播电视和卫星传输规模以上服务业营业收入增长10.2%，电信业务量增长28.2%。信息传输、软件和信息技术服务业增加值同比增长12.9%，交通、运输、仓储和邮政业以及金融业增加值同比分别增长6.9%和2.6%。受疫情等多种因素影响，房地产、批发零售业和住宿餐饮业增加值同比分别下降4.0%、14.7%和24.3%。

4. 供给侧结构性改革稳步推进。启动科技体制改革三年攻坚，海南藏族自治州国家可持续发展议程创新示范区成功获批，十大国家级科技创新平台建设起步，盐湖资源绿色高值利用全国重点实验室开建。实施优化营商环境三年行动，开通“惠企政策直通车”，复制推广全国营商环境创新试点改革举措41项，实现158项高频事项“跨省通办”。国企改革三年行动全面完成，国有资产保值增值率105.3%。合力建设南亚陆路贸易通道，开行国际货运班列111列。西宁综保区平稳运行，西宁、海东跨境电商综试区累计交易额超6亿元。实际利用外资增长2.8倍，对非金融直接投资同比增长7.6倍。

5. 生态文明建设加力推进。恢复黄河源头水系连通，完成国土绿化525万亩，防沙治沙127万亩、治理水土流失483平方公里，三江源地区累计治理“黑土滩”1100余万亩。玉树隆宝滩纳入国际重要湿地，湿地保护率达64.3%。西宁市入围北方地区冬季清洁取暖试点城市，全省环境空气质量优良天数比例达96.4%。河流国考断面优良水质比例达100%，长江、黄河干流、澜沧江出省境断面水质保持Ⅱ类及以上，湟水河出省境断面水质保持Ⅲ类。受污染耕地安全利用率99%以上，西宁市“无废城市”试点经验在全国推广。

（三）物价走势平稳，社会保障能力提升

1. 居民消费价格略有上升。2022年，青海省居民消费价格总水平同比上涨2.4%，较上年上升1.1个百分点。

2. 工业生产者出厂价格回落。2022年，青海省工业生产者出厂价格同比上涨12.2%，较上年下降2.3个百分点，工业生产者购进价格同比上涨14.0%，较上年上升2.9个百分点。

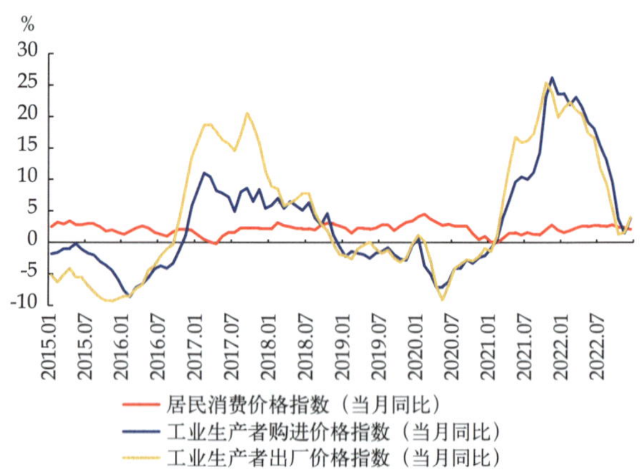

图12　居民消费价格指数和工业生产者价格指数变动趋势

（数据来源：青海省统计局）

3. 社会保障力度不减。实施就业创业提质增效工程，城镇新增就业6.2万人，农牧区劳

动力转移就业109万人次。支持劳务品牌发展壮大经验做法获全国带动就业奖。全体居民人均可支配收入2.7万元，同比增长4.2%。城镇居民和农村居民人均可支配收入同比分别增长2.6%和6.3%。全体居民人均消费支出1.7万元，同比下降9.2%。

（四）财政收支总体平稳，重点支出得到有力保障

2022年，青海省一般公共预算收入511亿元，同比下降4.3%。其中，地方一般公共预算收入329亿元，同比增长0.1%，增值税、个人所得税收入同比分别下降9.8%和0.4%。企业所得税增长64.4%。全年留抵退税166亿元，惠及近万户经营主体。民生保障支出持续增长。全省一般公共预算支出1975亿元，同比增长6.5%。财政民生支出不减，交通运输、灾害防治、节能环保、社会保障和就业等方面的支出同比分别增长28.4%、24.8%、18.2%和6.5%。

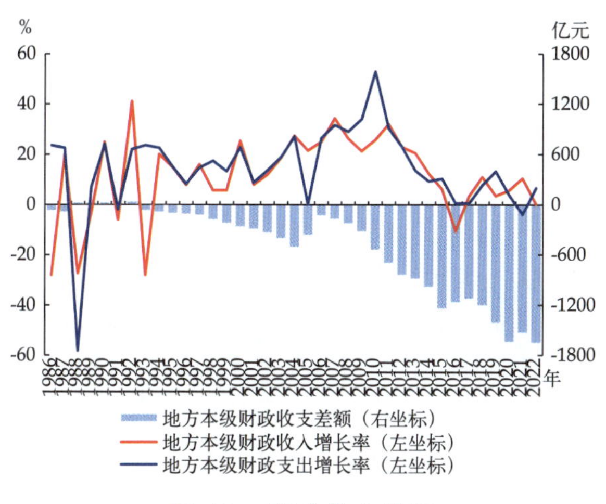

图13　财政收支状况

（数据来源：青海省统计局）

（五）房地产指标下行，生态旅游稳步发展

1. 房地产市场指标下行。全省房地产开发投资完成296亿元，同比下降33.1%。房屋施工面积3349万平方米，新开工面积422万平方米，商品房销售面积204万平方米，商品房销售额145亿元。改造老旧小区4.1万套、棚户区6711套。西宁市新建住房和二手住房销售价格同比分别下降3.6%和3.2%。

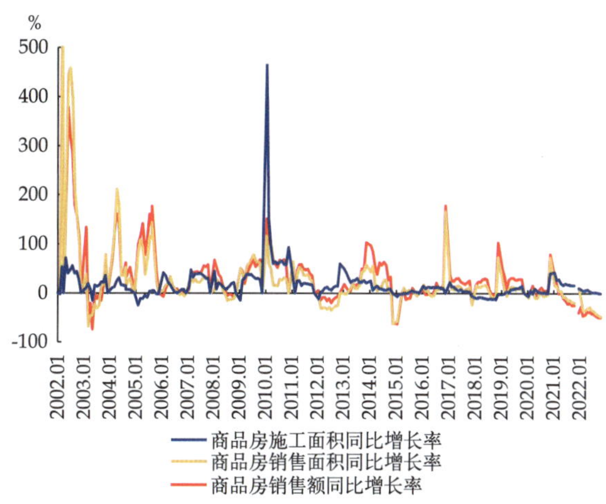

图14　商品房施工和销售变动趋势

（数据来源：青海省统计局）

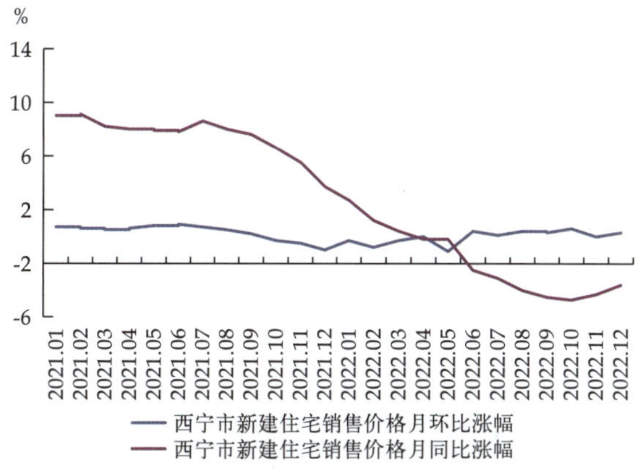

图15　西宁市新建住宅销售价格变动趋势

（数据来源：青海省统计局）

2. 生态旅游稳步发展。金银滩—原子城等AAAAA级旅游景区创建积极推进，茫崖、翡翠湖等景区配套设施建设加快。西宁市列入国家旅游枢纽城市，同仁市创建国家级全域旅游示范区，海北红色游、海东民俗游入选全国乡村旅游精品路线，青海在全国旅游目的地人气榜中位列前十。“大美青海·诗和远方”生态旅游蓬勃发展。2022年，全省接待游客2158万人次，实现旅游收入145亿元。

（六）强化区域协同联动，兰西城市群建设深入推进

印发《兰西城市群发展“十四五”实施方案》，围绕优化城市群空间发展格局、推进生态共建环境共治、提升基础设施互联互通水平、协同推动创新和产业发展、全面深化改革扩大开放、推进公共服务共建共享6个方面，明确58条具体任务。加快建设G109小峡口段改建工程。依托兰州、西宁两地优势资源，推动文旅产业融合发展，联合开发“一程多站”式跨区域旅游线路，引领和带动区域旅游业发展。兰西城市群一体化建设加快，兰州、西宁住房公积金互认互贷、社会保险转移接续、工伤鉴定结果互认、基本医保异地就医互联网结算。建立以经营主体登记、年报、监管、许可、商标、专利6个大类、69项数据、767个单元的市场监管政务信息共享清单数据目录。2022年，两市监管领域实现共享数据3343万条。技术服务资源共享进展积极，对1425家检验检测机构进行调查摸底和统计分析，围绕建筑工程、建材、机动车等22个领域，对甘青两省检测检验机构资质认定评审专家实行资格互通互认互用。由青海省发起，首次组织甘青两省32家机构，针对建工建材领域进行电线电缆“半导直流电阻”项目测试，共同提高检验检测能力。

专栏2　创新驱动发展　钾肥产业转型升级的“青海模式”

青海省践行绿色发展理念，落实习近平总书记建设“产业四地”指示精神，以打造中国乃至世界最具影响力的盐湖资源综合利用产业集群为目标，构建“1+4+12”盐湖产业高质量发展体系，钾、钠、镁、锂等为主的循环经济产业链条基本形成，产业集群、企业集群雏形初现。

一、多元利用产业格局，形成优势生产基地

依托盐湖资源，形成钾、钠、镁、锂资源综合利用产业链，青海省已成为全国最大的钾肥和纯碱生产基地。钾资源已形成氯化钾、硫酸钾、硫酸钾镁肥、复合肥、硝酸钾、氢氧化钾等产品，其中钾肥产能达到850万吨，满足了全国50%以上需求，为保障国家粮食安全提供了有力的要素支持。钠资源已形成工业氯化钠、精制氯化钠、多品种食用盐、纯碱、烧碱等产品，纯碱产能达到450万吨。镁资源已形成氯化镁、氢氧化镁、高纯镁砂、镁水泥、金属镁、镁合金等产品。锂资源已建碳酸锂产能7万吨，在建9.1万吨。

二、产能融合，构建高质量发展体系

青海高位推动盐湖产业转型升级、提高盐湖资源综合开发利用，重点聚焦盐湖产业与新能源融合发展成果。以构建“1+4+12”盐湖产业高质量发展体系为着力点，以盐湖资源深度开发产生的氯平衡为重点，采用电石和乙烯两条工艺路线，着力构建氯平衡循环经济产业链，建成盐湖综合利用一、二期、金属镁一体化和盐湖海纳化工一体化项目。同时，正在积极推进格尔木60万吨烯烃项目建设，促进能源化工与盐湖化工有机融合发展。

三、产业转型，形成极具特色循环发展方式

践行绿色新发展理念，深入实施“五四战略”，奋力推进“一优两高”发展战略，青海盐湖产业以钾、钠、镁、锂等为主的循环经济产业链条基本形成，以创新驱动发展，探索循环经济模式，盐类产品从单一的氯化钾拓展到20多种。2021年底，《青海建设世界级盐湖产业基地行动方案（2021—2035

年）》印发，为青海盐湖产业转型升级、优化布局、深化创新指明了路径。

四、突破关键技术，延伸循环经济产业链

围绕构建和延伸循环经济产业链条，采取引进消化吸收再创新、联合攻关与自主创新相结合的方式，突破盐湖固体钾矿固液转换、冷结晶正浮选提高钾回收率、高镁锂比盐湖卤水吸附法及膜分离法提取碳酸锂、盐湖卤水萃取法提取氯化锂、电解法金属镁生产工艺引进再创新、电解镁液直接熔铸、盐湖氯化镁制取氢氧化镁阻燃剂及高纯镁砂、纯碱废液提取氯化钙、尿素醇解法制碳酸二甲酯、悬浮法氯化聚氯乙烯生产工艺引进再创新等一批关键技术，并实现产业化应用。

五、金融支持力度不断加大，提供有效资金保障

全省金融机构围绕绿色发展和高质量发展，有针对性地探索专属融资模式和针对性信贷产品，加大向盐湖资源综合利用及延伸产业贷款投放。调查显示，2020—2022年青海省金融机构投入盐湖资源开发利用的贷款金额近30亿元，为支持盐湖产业集群高质量发展提供了有力支持。

三、预测与展望

2023年，青海省将以习近平新时代中国特色社会主义思想为指导，全面贯彻党的二十大精神，深入贯彻落实习近平总书记考察青海重要讲话精神，深刻领悟“两个确立”的决定性意义，增强“四个意识”、坚定“四个自信”、做到“两个维护”，按照中央经济工作会议部署，坚持稳中求进工作总基调，完整、准确、全面贯彻新发展理念，主动服务和融入新发展格局，着力推动高质量发展，更好统筹发展和安全，深入实施“一优两高”战略，持续打造生态文明高地，加快建设产业“四地”，把实施扩大内需战略同深化供给侧结构性改革有机结合起来，推动经济运行整体好转，实现质的有效提升和量的合理增长。2023年青海省经济社会发展主要预期目标：地区生产总值增长5%左右；城镇新增就业6万人以上，农牧区劳动力转移就业106万人次，城镇登记失业率、城镇调查失业率控制在3.5%以内和5.5%左右；居民收入增长与经济增长基本同步，居民消费价格涨幅3%左右。

青海省金融系统将紧紧围绕党中央、国务院决策部署，坚持稳字当头、稳中求进，突出做好稳增长、稳就业、稳物价工作，以供给侧结构性改革为主线，树立“金融为民”理念，落实好中央金融宏观政策，将更多金融资源有力、有效投入实体经济，优化金融服务，全力支持全省经济社会高质量发展，奋力谱写全面建设社会主义现代化国家的青海篇章。

中国人民银行青海省分行货币政策分析小组

总　　纂： 苏　赟

统　　稿： 马建斌　冶晓东

执　　笔： 周　娜　刘树毅　杨　阳　王　蕾

提供材料： 马启军　李　卿　江雯雯　李坤鹏　刘文苗　袁俊霞　侍晶晶　梁浩南　莫　彬　韩　妍　张　强　魏春飞　唐丽玲　覃凌燕　毛泽强　徐　茜　李祖全　毛启忠　林秋萍　顾小涵

附录：

（一）2022 年青海省经济金融大事记

1 月 23 日，青海海南新能源基地最后 3 台 50 兆乏新能源调相机完成 168 小时试运行后正式转入商业运行，标志着世界最大规模新能源分布式调相机群在青海全面建成投运。

3 月 1 日，青海省人民政府召开重点项目银企对接推进专题会，协调落实 16 家金融机构和 16 家企业通过“青信融”平台现场授信放款。

4 月 29 日，人民银行西宁中心支行、国家外汇管理局青海省分局制定《青海省金融助企纾困 支持实体经济发展的措施》，助力实体经济健康发展。

5 月 9 日，全面深化改革委员会第十七次会议召开，专题研究部署青海普惠金融改革工作。

5 月 23 日，中共青海省第十四次代表大会在西宁开幕，确立今后五年“六个现代化新青海”的主要奋斗目标。

6 月 2 日，青海省人民政府新闻办公室召开新闻发布会，正式发布《关于贯彻落实国务院扎实稳住经济一揽子政策措施的实施方案》。

6 月 16 日，“助企惠民 嗨购青海”2022 青海省助企惠民消费促进活动暨“青海老字号嘉年华”活动启动。

7 月 14 日，中国电信（国家）数字青海绿色大数据中心在海东市正式启动，标志着全国首个 100% 清洁能源可溯源绿色大数据中心在青海正式建成。

7 月 22 日，以“开放合作　绿色发展”为主题的第 23 届中国青海绿色发展投资贸易洽谈会、第二届中国（青海）国际生态博览会在西宁开幕。

10 月 14 日，青海省人民政府新闻办公室举办“青海这十年”金融专场发布会，介绍党的十八大以来青海省金融领域改革与发展情况。

（二）青海省主要经济金融指标

表 1　2022 年青海省主要存贷款指标

	项目	1 月	2 月	3 月	4 月	5 月	6 月	7 月	8 月	9 月	10 月	11 月	12 月
本外币	金融机构各项存款余额（亿元）	6671.7	6774.1	6941.3	6852.5	6936.3	6983.0	6918.2	6924.1	7094.5	7360.6	7724.7	7621.7
	其中：住户存款	3039.8	2996.2	3066.2	3053.3	3077.2	3127.9	3126.4	3141.8	3228.8	3226.9	3301.0	3422.5
	非金融企业存款	1276.9	1323.3	1393.2	1411.3	1452.3	1540.3	1467.7	1441.0	1500.3	1485.3	1583.9	1599.4
	各项存款余额比上月增加（亿元）	-65.4	102.4	167.2	-88.8	83.8	46.7	-64.8	5.9	170.5	266.1	364.1	-102.9
	金融机构各项存款同比增长（%）	6.8	9.9	13.8	10.8	9.0	9.2	8.5	3.9	4.3	8.6	14.7	13.1
	金融机构各项贷款余额（亿元）	6853.0	6894.8	6929.2	6953.0	6988.7	7016.3	7012.1	6998.1	7056.7	7045.3	7052.2	7084.8
	其中：短期	1184.6	1203.2	1209.4	1190.0	1202.3	1201.5	1200.0	1206.1	1228.4	1207.4	1195.3	1169.5
	中长期	4819.7	4831.4	4836.0	4827.5	4838.3	4829.2	4826.8	4807.5	4839.0	4843.5	4831.8	4841.3
	票据融资	813.5	825.2	848.9	899.1	911.5	949.6	949.1	947.7	951.8	954.1	986.5	1036.6
	各项贷款余额比上月增加（亿元）	-3.6	41.8	34.5	23.8	35.7	27.6	-4.2	-13.9	58.5	-11.4	6.9	32.6
	其中：短期	6.8	18.6	6.2	-19.4	12.3	-0.8	-1.5	6.1	22.3	-21.0	-12.0	-25.8
	中长期	15.6	11.8	4.5	-8.4	10.7	-9.1	-2.4	-19.4	31.6	4.5	-11.7	9.5
	票据融资	-25.9	11.8	23.6	50.2	12.4	38.2	-0.5	-1.4	4.1	2.3	32.4	50.1
	金融机构各项贷款同比增长（%）	3.4	4.6	4.8	4.9	5.1	4.0	3.5	3.6	3.7	3.5	3.2	3.3
	其中：短期	3.7	7.9	5.8	3.0	1.9	-1.8	-3.0	0.8	0.2	-2.6	-0.8	-0.7
	中长期	4.3	4.2	3.8	2.6	2.7	2.0	1.4	0.4	0.9	0.7	0.5	0.8
	票据融资	-1.4	3.7	10.3	24.4	27.4	27.2	29.3	30.5	28.8	33.0	26.3	23.5
	建筑业贷款余额（亿元）	98.8	101.6	106.9	106.1	107.2	106.3	108.0	108.5	117.9	109.6	111.0	97.4
	房地产业贷款余额（亿元）	966.2	968.2	971.1	967.3	958.6	955.2	955.8	955.0	949.7	947.3	933.9	920.4
	建筑业贷款同比增长（%）	-9.5	-10.8	-9.2	-11.1	-10.5	-10.8	-8.2	0.6	7.9	0.2	15.3	7.1
	房地产业贷款同比增长（%）	2.0	3.6	2.9	0.6	-0.5	-2.1	-3.0	-3.9	-4.4	-2.8	-3.4	-5.0
人民币	金融机构各项存款余额（亿元）	6663.6	6766.2	6933.3	6844.1	6927.6	6974.4	6909.5	6915.4	7085.7	7351.9	7715.9	7613.5
	其中：住户存款	3033.1	2989.7	3059.6	3046.5	3070.2	3120.6	3119.2	3135.0	3221.7	3220.1	3294.2	3415.9
	非金融企业存款	1276.4	1322.6	1392.6	1410.6	1451.4	1539.7	1467.2	1440.1	1499.7	1484.4	1582.7	1598.5
	各项存款余额比上月增加（亿元）	-65.2	102.6	167.1	-89.2	83.5	46.8	-64.9	5.9	170.3	266.2	363.9	-102.4
	其中：住户存款	65.3	-43.4	69.9	-13.2	23.8	50.4	-1.5	15.8	86.8	-1.7	74.1	121.7
	非金融企业存款	-97.8	46.2	70.0	18.0	40.8	88.3	-72.5	-27.1	59.6	-15.3	98.4	15.8
	各项存款同比增长（%）	6.9	10.0	13.9	10.9	9.0	9.3	8.5	3.9	4.3	8.6	14.8	13.2
	其中：住户存款	11.7	8.9	10.1	10.9	12.1	11.7	12.4	12.3	13.1	13.8	14.8	15.1
	非金融企业存款	0.0	6.5	10.3	4.1	8.3	16.3	12.3	11.4	11.2	11.7	17.6	16.3
	金融机构各项贷款余额（亿元）	6815.1	6857.2	6891.5	6914.2	6949.9	6977.2	6972.9	6958.1	7015.5	7003.7	7010.9	7044.8
	其中：个人消费贷款	902.6	888.4	895.8	890.8	888.9	894.8	895.2	895.3	895.9	895.6	888.7	889.9
	票据融资	813.5	825.2	848.9	899.1	911.5	949.6	949.1	947.7	951.8	954.1	986.5	1036.6
	各项贷款余额比上月增加（亿元）	-3.5	42.1	34.4	22.6	35.8	27.3	-4.3	-14.8	57.4	-11.8	7.2	33.9
	其中：个人消费贷款	-6.5	-14.2	7.4	-5.0	-1.9	5.9	0.3	0.2	0.6	-0.3	-7.0	1.3
	票据融资	-25.9	11.8	23.6	50.2	12.4	38.2	-0.5	-1.4	4.1	2.3	32.4	50.1
	金融机构各项贷款同比增长（%）	3.5	4.8	4.9	5.0	5.2	4.1	3.6	3.7	3.8	3.6	3.2	3.3
	其中：个人消费贷款	15.9	13.0	10.3	6.4	2.1	0.8	-0.4	-1.0	-1.9	-2.1	-3.2	-2.1
	票据融资	-1.4	3.7	10.3	24.4	27.4	27.2	29.3	30.5	28.8	33.0	26.3	23.5
外币	金融机构外币存款余额（亿美元）	1.3	1.3	1.3	1.3	1.3	1.3	1.3	1.3	1.2	1.2	1.2	1.2
	金融机构外币存款同比增长（%）	-28.0	-32.1	-31.5	-33.0	-17.2	-19.5	-19.4	-22.2	-23.0	-22.4	-22.2	-9.2
	金融机构外币贷款余额（亿美元）	6.0	6.0	5.9	5.9	5.8	5.8	5.8	5.8	5.8	5.8	5.8	5.7
	金融机构外币贷款同比增长（%）	-9.4	-9.4	-9.3	-11.0	-11.0	-10.5	-10.5	-10.5	-10.4	-10.5	-9.9	-3.7

数据来源：中国人民银行西宁中心支行。

表 2　2001—2022 年青海省各类价格指数

单位：%

时间		居民消费价格指数		工业生产者购进价格指数		工业生产者出厂价格指数	
		当月同比	累计同比	当月同比	累计同比	当月同比	累计同比
2001		–	2.6	–	-0.9	–	-6.3
2002		–	2.3	–	2.7	–	-2.4
2003		–	2	–	1.8	–	5.5
2004		–	3.2	–	8.5	–	11.2
2005		–	0.8	–	5.3	–	10.2
2006		–	1.6	–	2.8	–	9.5
2007		–	6.6	–	4.4	–	4.2
2008		–	9.9	–	10.4	–	7.6
2009		–	2.6	–	-0.2	–	-8.7
2010		–	5.4	–	8.6	–	9.4
2011		–	6.1	–	7.0	–	7.4
2012		–	3.1	–	-1.4	–	-3.1
2013		–	3.9	–	-1.2	–	-3.0
2014		–	2.8	–	-2.4	–	-3.9
2015		–	2.6	–	-2.3	–	-6.9
2016		–	1.8	–	-3.8	–	-1.5
2017		–	1.5	–	8.0	–	16.7
2018		–	2.5	–	4.5	–	4.8
2019		3.4	2.5	-0.4	-1.8	-0.2	-1.5
2020		1.0	2.6	-2.1	-3.9	-0.9	-3.4
2021		2.0	1.3	23.6	11.5	19.9	14.5
2022		2.1	2.4	3.8	14.0	4.0	12.2
2021	1	0.1	0.1	-0.9	-0.9	-1.4	-1.4
	2	0	0.1	0.4	-0.2	1.1	-0.2
	3	0.7	0.3	4	1.2	6.8	2.1
	4	1.5	0.6	6.7	2.5	12.1	4.5
	5	1.6	0.8	9.6	3.9	16.8	6.9
	6	1.2	0.8	10.4	5	15.9	8.4
	7	1.6	0.9	10	5.7	16.2	9.5
	8	1.3	1	11.1	6.4	17.3	10.5
	9	1.2	1	14.3	7.2	20.9	11.6
	10	2	1.1	23.1	8.8	25.4	13
	11	2.8	1.3	26.2	10.4	23.9	14
	12	2	1.3	23.6	11.5	19.9	14.5
2022	1	1.6	1.6	23.7	23.7	21.4	21.4
	2	1.9	1.8	21.9	22.8	22.3	21.8
	3	2.3	1.9	23.1	22.9	21.1	21.6
	4	2.6	2.1	21.5	22.5	20.3	21.2
	5	2.5	2.2	19.1	21.8	17.4	20.4
	6	2.7	2.3	18.1	21.2	16.6	19.8
	7	2.6	2.3	15.4	20.3	11.8	18.6
	8	2.5	2.3	13.1	19.4	9.4	17.3
	9	2.8	2.4	9.6	18.2	5.3	15.9
	10	2.4	2.4	3.7	16.6	1.3	14.2
	11	2.3	2.4	1.5	15	1.6	13
	12	2.1	2.4	3.8	14	4	12.2

数据来源：《中国经济景气月报》、青海省统计局。

表 3　2022 年青海省主要经济指标

项目	1 月	2 月	3 月	4 月	5 月	6 月	7 月	8 月	9 月	10 月	11 月	12 月
	绝对值（自年初累计）											
地区生产总值（亿元）	—	—	833.33	—	—	1688.51	—	—	2564.00	—	—	3610.00
第一产业	—	—	27.10	—	—	54.61	—	—	200.30	—	—	380.18
第二产业	—	—	363.00	—	—	766.23	—	—	1105.40	—	—	1585.69
第三产业	—	—	443.30	—	—	867.67	—	—	1258.10	—	—	1644.20
工业增加值（亿元）	—	—	—	—	—	—	—	—	—	—	—	—
固定资产投资（亿元）	—	—	—	—	—	—	—	—	—	—	—	—
房地产开发投资	—	0.39	28.95	51.87	77.41	158.96	195.03	236.57	281.18	291.09	295.36	296.15
社会消费品零售总额（亿元）	—	141.34	208.87	261.97	327.76	403.98	490.08	575.05	644.18	717.88	760.38	842.08
外贸进出口总额（亿元）	—	6.00	8.70	12.80	18.30	21.70	24.80	28.80	31.30	35.40	39.00	43.00
进口	—	2.70	4.00	7.10	8.90	9.50	9.90	10.70	11.50	12.70	14.60	16.50
出口	—	3.30	4.70	5.70	9.40	12.20	14.90	18.10	19.80	22.70	24.40	26.50
进出口差额（出口－进口）	—	0.60	0.70	-1.40	0.50	2.70	5.00	7.40	8.30	10.00	9.80	10.00
实际利用外资（亿元）	—	—	—	—	—	—	—	—	—	—	—	0.12
地方财政收支差额（亿元）	—	-144.78	-305.54	-430.26	-563.89	-853.79	-886.08	-978.06	-1185.81	-1231.64	-1363.27	-1645.97
地方财政收入	—	65.21	96.80	113.21	116.30	132.71	189.85	210.25	232.12	273.44	291.51	329.10
地方财政支出	—	209.99	402.34	543.47	680.19	986.50	1075.93	1188.31	1417.93	1505.08	1654.78	1975.07
城镇登记失业率（%）（季度）	—	—	—	—	—	—	—	—	—	—	—	—
	同比累计增长率（%）											
地区生产总值	—	—	5.1	—	—	2.5	—	—	2.6	—	—	2.3
第一产业	—	—	4.1	—	—	5.0	—	—	4.6	—	—	4.5
第二产业	—	—	9.8	—	—	7.4	—	—	7.9	—	—	7.9
第三产业	—	—	1.9	—	—	-1.2	—	—	-1.6	—	—	-2.5
工业增加值	—	16.2	15.3	13.9	13.2	13.6	14.2	14.8	14.0	14.5	14.9	15.5
固定资产投资	—	18.8	13.8	1.2	-12.6	0.1	-2.0	-1.1	1.8	-3.3	-7.8	-7.6
房地产开发投资	—	14.9	13.9	-33.4	-40.1	-21.1	-24.4	-23.7	-22.0	-28.1	-32.6	-33.1
社会消费品零售总额	—	1.4	-0.2	-5.1	-9.1	-7.6	-6.0	-5.8	-7.4	-9.2	-11.3	-11.2
外贸进出口总额	—	-11.7	1.9	21.5	52.8	43.2	50.2	56.6	51.6	39.6	41.3	35.5
进口	—	-48.7	-30.5	6.4	23.8	15.0	13.2	13.0	5.3	4.3	6.7	12.3
出口	—	110.0	67.7	48.0	95.6	77.1	92.3	100.0	100.0	88.0	75.4	55.5
实际利用外资	—	—	—	—	—	—	—	—	—	—	—	280.0
地方财政收入	—	19.4	20.1	-1.4	-18.1	-20.9	-7.2	-16.9	-7.4	-2.5	-3.6	0.1
地方财政支出	—	0.5	0.6	2.8	-1.6	5.3	7.4	7.2	9.0	8.7	8.6	6.5

数据来源：青海省统计局。

宁夏回族自治区金融运行报告（2023）

中国人民银行宁夏回族自治区分行[①]
货币政策分析小组

[内容摘要] 2022年，面对需求收缩、供给冲击、预期转弱三重压力，以及疫情反复冲击等超预期因素叠加影响，宁夏坚决贯彻落实以习近平同志为核心的党中央重大决策部署，统筹疫情防控和经济社会发展，扎实落地稳经济一揽子政策和接续措施，全年实现地区生产总值5070亿元，同比增长4.0%。宁夏金融系统有效落实稳健货币政策，加大金融支持疫情防控和经济社会发展力度，为宁夏经济平稳发展贡献了金融力量。2022年，宁夏社会融资规模增量为746亿元，同比多增354亿元。

从经济运行看，宁夏经济总量迈上新台阶，转型升级步伐加快，发展动能持续增强，民生保障有力有效，经济运行呈现总体平稳、稳中有进的发展态势。一是市场需求持续改善，投资出口较快增长。宁夏固定资产投资（不含农户）同比增长10.2%，其中，民间投资同比增长10.7%。全年实现社会消费品零售总额1338亿元，同比增长0.2%，其中城镇消费品零售额同比增长0.6%。全年实现外贸进出口总额257亿元，同比增长23.7%；实际利用外资同比增长55.3%。二是三次产业协同发力，供给能力持续增强。2022年，三次产业结构由上年的8.1∶44.7∶47.2调整为8.0∶48.3∶43.7，第二产业比重上升3.6个百分点。全年粮食生产实现“十九连丰”，农产品加工转化率达71%。规模以上工业增加值同比增长7.0%，其中高技术制造业占比同比提高1.8个百分点。第三产业增加值同比增长2.1%，全年社会物流总额首次突破万亿元。三是消费价格温和上涨，就业形势总体平稳。2022年，宁夏居民消费价格同比上涨2.3%，涨幅较上年加快0.9个百分点；工业生产者出厂价格同比上涨11.1%，涨幅较上年回落8.8个百分点。全体居民人均可支配收入3.0万元，同比增长6.1%。城镇新增就业、农村劳动力转移人口就业均完成全年目标任务。四是财政收入稳中有升，民生保障有力有效。2022年，宁夏地方一般公共预算收入460亿元，同口径（扣除留抵退税因素后）同比增长13.7%；一般公共预算支出1584亿元，同比增长10.9%，其中教育、社会保障和就业等民生领域支出占比为75.7%。五是先行区建设持续推进。颁布《宁夏建设黄河流域生态保护和高质量发展先行区促进条例》，推进用水权、土地权、排污权、山林权、用能权、碳排放权“六权”改革，建立区内生态保护补偿工作平台。全社会研究和试验发展（R&D）经费投入强度达到1.6%，全年登记科技成果802项，技术合同成交金额达34亿元。

从金融运行看，银行业、证券业和保险业运行稳健，金融服务实体经济效率和水平不断提升，风险攻坚战取得重要成果，金融生态环境持续改善。一是银行业发展良好，各项贷款增长加快。2022年末，宁夏人民币贷款余额8885亿元，同比增长7.3%，其中涉农贷款、普惠小微贷款、科技型中小企业贷款、绿色贷款、制造业中长期贷款增速均高于全部贷款增速。2022年12月，宁夏企业贷款加权平均利率为4.37%，同比下降0.58个百分点，其中，小微企业贷款加权平均

① 自2023年8月18日起，中国人民银行银川中心支行更名为中国人民银行宁夏回族自治区分行。本报告主要反映2022年的经济金融情况，正文中涉及的相关机构表述仍沿用2022年名称。

利率为4.65%，同比下降0.72个百分点，均处于近年来最低水平。二是用好货币政策工具，牵引带动作用明显。2022年，发放支农支小再贷款和再贴现284亿元，是上年同期的1.8倍。通过普惠小微贷款支持工具，向地方法人银行提供激励资金6186万元。2022年末，全国性银行使用碳减排支持工具和支持煤炭清洁高效利用、科技创新、交通物流等专项再贷款合计超过200亿元。三是证券业运行稳健，基金销售较快增长。2022年末，宁夏上市公司总市值1619亿元，全年实现再融资0.4亿元。销售开放式基金232亿元，同比增长25.7%。区域股权交易所设立“专精特新”板。发行公司信用类债券74亿元，是上年的2.4倍。四是保险业保持稳定，保费收入规模扩大。2022年末，宁夏保险业资产总额681亿元，同比增长10.9%。实现保费收入216亿元，同比增长2.2%。赔付支出72亿元，同比下降1.2%。五是强化金融风险防范化解能力，增强金融机构稳健经营能力。加强监管协调和信息共享，开展央行金融机构评级，提升地方法人银行公司治理、内部控制和风险防控水平，增强银行机构稳健经营能力。2022年末，宁夏银行机构不良贷款率同比下降0.38个百分点。六是金融基础设施日益健全，金融生态环境持续向好。构建宁夏信用信息共享应用体系，建成宁夏首家地方征信平台。全年为小微企业和个体工商户减免支付手续费支出7509万元，惠及小微企业、个体工商户29万户。开辟增值税留抵退税“绿色通道”，为1.5万户经营主体办理增值税留抵退税171亿元。组织开展银行营业网点无障碍环境建设工作，为残疾人、老年人等特殊群体提供暖心服务。

2023年是全面贯彻落实党的二十大精神的开局之年，也是实施“十四五”规划承上启下的关键之年。宁夏将以习近平新时代中国特色社会主义思想为指导，全面贯彻落实党的二十大和中央经济工作会议精神，坚持稳字当头、稳中求进，科学把握“六个统筹”，聚焦“三区建设”①，全力以赴开好局起好步。宁夏金融系统将精准有力执行好稳健的货币政策，开展金融“提质扩量赋能增效”行动，持续深化金融供给侧结构性改革，为全面建设社会主义现代化美丽新宁夏提供有力金融支持。

一、金融运行情况

2022年，宁夏金融系统坚持以习近平新时代中国特色社会主义思想为指导，围绕稳经济、保增长、促发展，加大稳健货币政策执行力度，扎实落实稳经济一揽子政策和接续措施，加大金融支持疫情防控和经济社会发展力度，为宁夏经济平稳发展贡献了金融力量。

（一）银行业发展良好，各项贷款增长加快

1. 银行资产规模扩大，盈利能力得到提升。 2022年末，银行机构资产总额1.2万亿元，同比增长8.0%，其中地方法人银行机构同比增长5.9%；负债总额1.1万亿元，同比增长7.6%，其中地方法人银行机构同比增长6.0%；资产利润率同比提升0.4个百分点，其中地方法人银行机构与上年基本持平。2022年末，宁夏银行业金融机构共有机构1415个，从业人员2.4万人。

表1　2022年银行业金融机构情况

机构类别	营业网点			法人机构（个）
	机构个数（个）	从业人数（人）	资产总额（亿元）	
一、大型商业银行	455	9971	3852	0
二、国家开发银行和政策性银行	16	590	1741	0
三、股份制商业银行	51	1740	847	0

① 三区建设，是指黄河流域生态保护和高质量发展先行区、乡村全面振兴样板区、铸牢中华民族共同体意识示范区建设。

续表

机构类别	营业网点			法人机构（个）
	机构个数（个）	从业人数（人）	资产总额（亿元）	
四、城市商业银行	155	3262	2448	2
五、城市信用社	0	0	0	0
六、小型农村金融机构	386	5261	2058	20
七、财务公司	1	26	74	1
八、信托公司	0	0	0	0
九、邮政储蓄银行	193	1203	381	0
十、外资银行	0	0	0	0
十一、新型农村金融机构	158	2131	332	83
十二、其他	0	0	0	0
合　计	1415	24184	11733	106

数据来源：中国人民银行银川中心支行。

注：营业网点不包括国家开发银行和政策性银行、大型商业银行、股份制银行等金融机构总部数据；大型商业银行包括中国工商银行、中国农业银行、中国银行、中国建设银行和交通银行；小型农村金融机构包括农村商业银行、农村合作银行和农村信用社；新型农村金融机构包括村镇银行、贷款公司、农村资金互助社和小额贷款公司；其他包含金融租赁公司、汽车金融公司、货币经纪公司、消费金融公司等。

2. 新增存款创历史新高，住户存款明显多增。2022年末，宁夏人民币存款余额8465亿元，同比增长13.4%，较上年末加快8.6个百分点；全年新增人民币存款1000亿元，是2021年增量的2.9倍，创历史最高水平。其中，新增住户存款630亿元，同比多增305亿元；新增机关团体及财政性存款248亿元，同比多增255亿元。

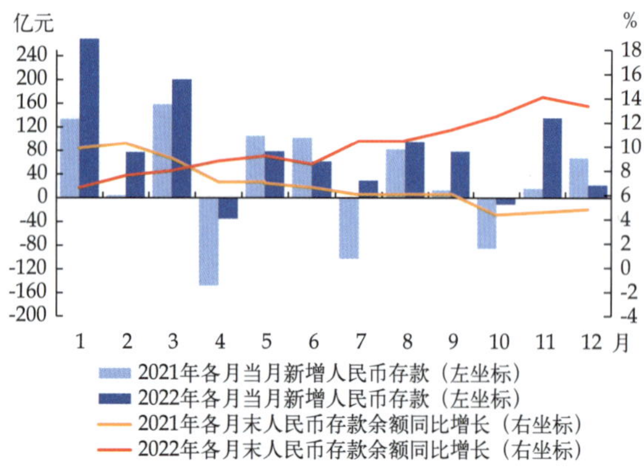

图1　金融机构人民币存款增长变化

（数据来源：中国人民银行银川中心支行）

3. 贷款增长加快，信贷结构更趋优化。聚焦自治区现代化产业发展，紧盯重点项目建设，积极扩大信贷投放。2022年末，宁夏人民币贷款余额8885亿元，同比增长7.3%，较上年末加快0.8个百分点，全年新增贷款601亿元，有力促进经济稳定增长。积极为受疫情影响严重行业群体纾困，构建金融服务小微企业敢贷愿贷能贷会贷长效机制，助力全面推进乡村振兴，提升绿色、科创和先进制造业的金融服务质效，对重点领域、薄弱环节的支持力度明显加大。2022年末，宁夏涉农贷款、普惠小微贷款、科技型中小企业贷款、绿色贷款余额同比分别增长9.5%、13.5%、18.4%和34.4%，均高于全部贷款增速。

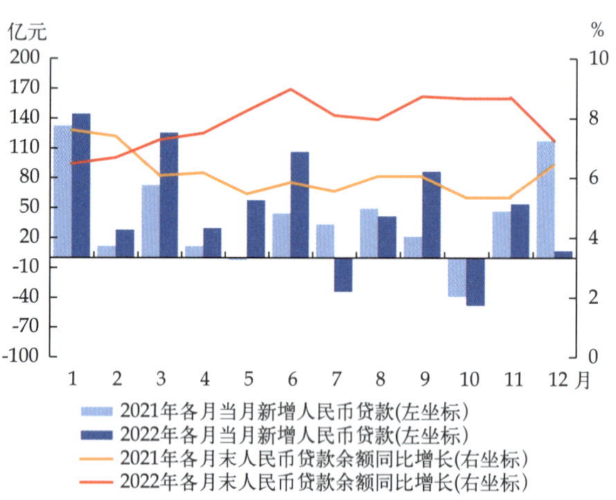

图2　金融机构人民币贷款增长变化

（数据来源：中国人民银行银川中心支行）

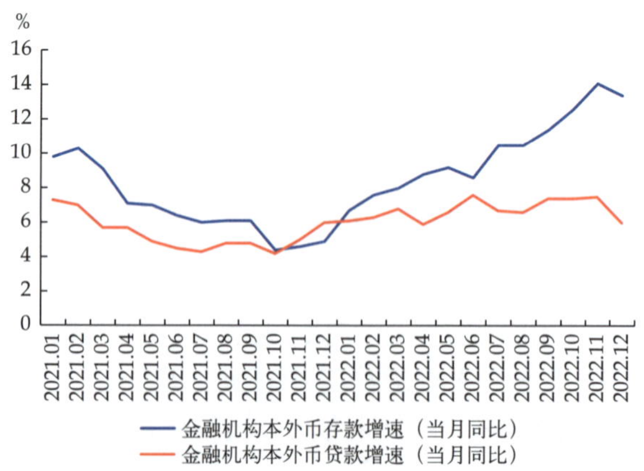

图3　金融机构本外币存贷款增速变化

（数据来源：中国人民银行银川中心支行）

4. 表外业务继续下降，债券投资持续扩大。 2022 年末，宁夏银行机构表外业务余额 3968 亿元，同比下降 2.7%。其中，担保类业务余额同比下降 15.1%，承诺类业务余额同比下降 2.8%。2022 年末，各项贷款占银行机构资产总额的 76.9%；债券投资余额较年初增加 124 亿元，股权及其他投资余额较年初减少 13 亿元。

5. 贷款利率明显下行，融资成本有效降低。 充分发挥存款利率市场化调整机制作用，引导金融机构合理调整存款利率水平，保持负债端成本基本稳定。2022 年 12 月，宁夏定期存款加权平均利率同比下降 0.07 个百分点。强化贷款市场报价利率（LPR）下行引导作用，疏通利率传导渠道，促进贷款利率进一步下降。2022 年 12 月，宁夏企业贷款加权平均利率为 4.37%，同比下降 0.58 个百分点，其中小微企业贷款加权平均利率为 4.65%，同比下降 0.72 个百分点，均处于近年来最低水平。全年通过贷款利率下降，为各类贷款主体降低融资成本 24 亿元。

表 2　2022 年金融机构人民币贷款各利率区间占比

单位：%

项目		1 月	2 月	3 月	4 月	5 月	6 月
合计		100.0	100.0	100.0	100.0	100.0	100.0
LPR 减点		18.4	19.6	20.9	21.1	21.8	20.4
LPR		7.1	7.6	6.3	8.1	7.7	7.1
LPR 加点	小计	74.5	73.0	72.7	71.0	70.7	72.7
	(LPR，LPR+0.5%)	9.0	8.9	8.7	9.3	9.6	8.9
	[LPR+0.5%，LPR+1.5%)	14.4	17.4	15.6	16.7	19.1	24.8
	[LPR+1.5%，LPR+3%)	22.6	21.6	24.4	22.4	22.0	20.9
	[LPR+3%，LPR+5%)	18.2	14.0	14.2	11.9	11.4	11.0
	LPR+5% 及以上	10.3	11.1	9.8	10.7	8.6	7.1

续表

项目		7 月	8 月	9 月	10 月	11 月	12 月
合计		100.0	100.0	100.0	100.0	100.0	100.0
LPR 减点		20.1	21.0	19.2	21.1	21.6	22.3
LPR		9.0	8.0	9.4	9.2	9.3	9.9
LPR 加点	小计	71.1	71.1	71.5	69.7	69.3	67.9
	(LPR，LPR+0.5%)	9.6	9.9	9.9	9.7	9.6	10.1
	[LPR+0.5%，LPR+1.5%)	20.0	21.4	18.3	20.6	21.1	21.4
	[LPR+1.5%，LPR+3%)	24.7	22.5	26.5	24.1	24.0	23.6
	[LPR+3%，LPR+5%)	9.5	9.9	9.8	8.2	7.8	6.4
	LPR+5% 及以上	7.3	7.4	7.0	7.1	6.8	6.4

数据来源：中国人民银行银川中心支行。

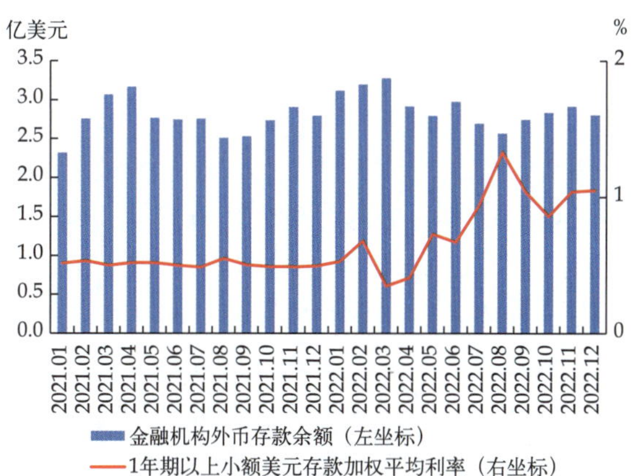

图 4　金融机构外币存款余额及外币存款利率

（数据来源：中国人民银行银川中心支行）

6. 风险防控有序推进，金融风险整体可控。 发挥金融委办公室宁夏协调机制作用，统筹建立健全联动工作机制，加强监管协调和信息共享，切实发挥监管合力。加大不良资产处置和资本补充力度，增强银行机构稳健经营能力。加强存款保险制度宣传，提高声誉风险应对能力。压实流动性管理主体责任，确保不发生流动性风险。切实提高依法监管能力和水平，提高金融治理体系现代化水平。认真开展央行金融机构评级，提升地方法人银行公司治理、内部控制和风险防控水平。平罗农商行吸收合并平罗沙湖村镇银行。2022 年末，宁夏银行机构不良贷款率同比下降 0.38 个百分点。

7. 贸易投资便利化进一步提升，跨境收支保持增长。 开展更高水平本外币贸易投资便利化试点，促进优质企业“应纳尽纳、应推尽推”，逐步扩大人民币在贸易投资等实体经济领域的使用占比。引导外贸外资企业树立汇率风险中性理念，通过跨境人民币结算和外汇衍生品交易提升汇率风险管理能力。2022年，宁夏跨境收支总额38亿美元，同比增长2.1%。其中，货物贸易跨境收支同比增长1.7%，服务贸易跨境收支同比下降20.2%，直接投资跨境收支同比下降1.1%。跨境人民币收支金额合计59亿元，同比增长61.3%，其中经常项目收支金额26亿元，资本项目收支金额33亿元。

专栏1　用好结构性货币政策工具　全力稳经济保增长促发展

近年来，人民银行银川中心支行认真执行稳健的货币政策，靠前发力、主动作为，支持金融机构有效扩大结构性货币政策工具使用，2022年宁夏使用结构性货币政策工具资金超过400亿元，创历史新高。结构性货币政策工具通过“先贷后借”模式，联通了央行再贷款和金融机构贷款“两本账”，向金融机构提供低成本再贷款或激励资金，激发金融机构“愿贷”潜能，撬动重点领域和薄弱环节信贷有效增加。在结构性货币政策工具的牵引带动下，宁夏信贷总量稳步扩大，信贷结构明显优化，融资成本持续下降，有力支持了经济恢复发展。

用好支农支小再贷款、再贴现、普惠小微贷款支持工具，支持金融机构加大对涉农、小微和民营企业等薄弱环节的信贷投放力度。推动自治区政府出台再贷款奖励政策，对使用支农支小再贷款的地方法人银行机构，按照再贷款增量的0.2%进行奖励。修订再贴现管理实施细则，优化业务办理流程，提高资金投放效率。推动借款金融机构建立健全使用再贷款资金激励和约束机制，协调借款机构大股东或主发起行为借款机构办理再贷款提供第三方担保，扩大政策工具覆盖面。2022年末，宁夏支农支小再贷款和再贴现余额226亿元，同比增加83亿元。全年通过普惠小微贷款支持工具，为符合条件的地方法人银行提供激励资金6186万元。在货币政策工具的牵引带动下，2022年末，宁夏涉农贷款、普惠小微贷款增速分别较全部贷款增速快2.2个和6.2个百分点。

用好碳减排支持工具及支持煤炭清洁高效利用、科技创新、设备更新改造等专项再贷款，支持金融机构加大对绿色低碳、科技创新、能源保供、稳大盘项目等重点领域的信贷投放力度。建立工作专班，召开推进会，与政府相关部门协调联动，及时向金融机构推送企业和项目清单，督促金融机构建立专门工作机制，围绕宁夏国家新能源综合示范区建设、创新驱动战略和稳经济大盘重点项目，主动对接企业融资需求，加大信贷投放力度。截至2022年末，宁夏金融机构使用碳减排支持工具及支持煤炭清洁高效利用、科技创新、设备更新改造等专项再贷款超200亿元，支持了88个清洁能源项目和9个煤炭开采及清洁利用项目建设，满足了2家煤电企业和214家科技型企业的经营资金需求，支持了38个设备更新改造贷款项目实施。在政策工具的带动下，2022年末宁夏绿色贷款、科技型中小企业贷款、基础设施行业贷款同比分别增长34.4%、18.4%和12.1%。

用好交通物流专项再贷款、普惠小微贷款阶段性减息支持工具和收费公路贷款支持工具，帮助受疫情影响严重行业和经营主体渡过难关。多渠道宣传政策工具，多频次开展政策工具培训，督促金融机构加大对受疫情影响的交通物流、个体工商户、货车司机的信贷投入。2022年5月至12月，纳入交通物流专项再贷款使用范围的7家银行向464家主体发放贷款6亿元。通过普惠小微贷款阶段性减息支持工具和收费公路贷款支持工具，支持金融机构在2022年第四季度对普惠小微贷款减息1个百分点，对收费公路贷款减息0.5个百分点，金融机构共对10万户普惠小微贷款主体减息8381万元，对4家收费公路贷款主体减息让利4551万元，对金融机构的减息金额，人民银行给予等额资金激励。

（二）证券业运行稳健，开放式基金销售增长

1. 机构数量保持稳定，私募基金规模扩大。 2022年末，宁夏共有证券分支机构55家，其中，证券分公司15家、证券营业部40家；期货分公司5家，期货营业部1家；基金代销机构49家。2022年，宁夏证券经营机构营业收入4.4亿元，同比下降17.8%；实现净利润1.3亿元，同比下降38.1%。2022年末，存续私募基金管理人42家，备案私募基金116只，私募基金规模214亿元，同比增长11.7%。

2. 证券期货交易下降，开放式基金销售增长。 截至2022年末，宁夏投资者累计开立证券账户（A股、B股）259.7万户，全年实现证券市场交易额1.2万亿元，同比下降14%。截至2022年末，期货投资者累计开立期货账户1.4万户，全年实现期货市场交易额9405亿元，同比下降16.7%。截至2022年末，基金投资者累计开立账户208.8万户，同比增加15.9万户；销售开放式基金232亿元，同比增长25.7%，基金保有量147亿元，同比基本持平。

表3　2022年证券业基本情况

项目	数量
总部设在辖内的证券公司数（家）	0
总部设在辖内的基金公司数（家）	0
总部设在辖内的期货公司数（家）	0
年末国内上市公司数（家）	15
当年国内股票（A股）筹资（亿元）	0
当年发行H股筹资（亿元）	0.0
当年国内债券筹资（亿元）	73.9
其中：短期融资券筹资额（亿元）	28.3
中期票据筹资额（亿元）	20.0

数据来源：宁夏证监局。

3. 上市后备企业扩容，挂牌企业持续增加。 2022年末，宁夏共有15家上市公司，其中，上交所5家、深交所8家、创业板1家、北交所1家。上市公司总股本209亿股，总市值1619亿元，全年再融资0.4亿元。共有上市辅导备案企业9家，同比增加1家；上市后备企业30余家，1家企业创业板上市申请通过审核。2022年，宁夏股权交易中心挂牌企业增加144家，设立“专精特新”板。

（三）保险业保持稳定，保障能力不断巩固

1. 机构数量略有增加，资产规模持续增长。 2022年末，宁夏共有保险法人公司1家，财产保险省级分公司12家，同比增加1家，人身保险省级分公司13家，省级以下分支机构452家。保险业资产总额681亿元，同比增长10.9%。保险从业人员3万人，其中，保险公司在职员工6194人。

2. 保费收入平缓增长，赔付支出小幅下滑。 2022年，宁夏保险业实现保费收入216亿元，同比增长2.2%，较上年加快2.0个百分点。其中，财产险保费收入71亿元，同比增长8.4%；人身险保费收入145亿元，同比减少0.5%。保险业赔付支出72亿元，同比下降1.2%。其中，财产险赔付支出43亿元，同比下降5.8%，人身险赔付支出29亿元，同比增长6.5%。

3. 保险服务不断拓展，保障水平有所提高。 2022年，宁夏农业保险为42万户次农业生产提供378亿元风险保障，赔付8亿元，其中种植险承保各类作物2542万亩，养殖业承保各类牲畜823万头（只）。大病保险覆盖全区495万城乡居民，为45万人次报销医疗费用20亿元。继续开办城市定制型商业医疗保险，更好满足

人民群众多层次、多元化的医疗和健康服务需求。落地个人养老金业务，推动构建养老保障体系的“三大支柱”。

表 4　2022 年保险业基本情况

项目	数量
总部设在辖内的保险公司数（家）	1
其中：财产险经营主体（家）	1
寿险经营主体（家）	0
保险公司分支机构（家）	25
其中：财产险公司分支机构（家）	12
寿险公司分支机构（家）	13
保费收入（中外资，亿元）	215.8
其中：财产险保费收入（中外资，亿元）	70.8
人身险保费收入（中外资，亿元）	145.0
各类赔款给付（中外资，亿元）	72.2

数据来源：宁夏银保监局。

（四）社会融资规模同比多增，金融市场运行平稳

1. 社会融资规模同比多增，贷款支撑作用明显。2022 年，宁夏社会融资规模增量为 746 亿元，是上年的 1.9 倍。其中，人民币贷款新增 598 亿元，占同期社会融资规模增量的 80.2%，同比多增 95 亿元；地方政府债券融资净增加 70 亿元，占同期社会融资规模增量的 9.4%，同比多增 10 亿元；非金融企业债券和股票融资净增加 16 亿元。

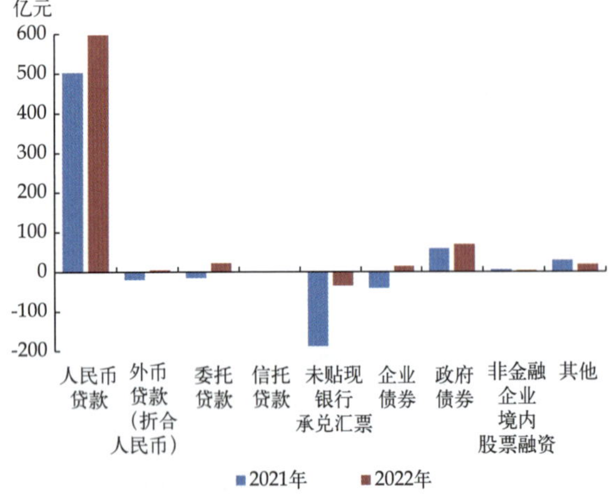

图 5　社会融资规模分布结构

（数据来源：中国人民银行银川中心支行）

2. 创新动能不断增强，金融产品日益丰富。宁夏大力发展知识产权质押融资业务，优化知识产权质押融资流程，为知识产权质押融资提供专项补贴经费。2022 年末，知识产权质押贷款余额 6 亿元。积极开展政府采购合同订单融资，出台政府采购合同信用融资管理办法，细化政采贷业务操作流程。2022 年，实现政府采购合同融资 2 亿元，同比增长 35.5%。开发银税合作贷款产品，为符合授信条件的中小微企业线上发放贷款。2022 年，新增银税合作贷款 19 亿元。成功落地宁夏首笔“碳减排挂钩”光伏项目贷款，项目运营达到设定的碳减排量即可享受优惠贷款利率。

3. 用好货币政策工具，牵引带动作用显著。落实下调人民币存款准备金率政策，开展农业银行县级三农金融事业部考核，释放金融机构长期资金 36 亿元。按季度对地方法人银行开展宏观审慎评估，发挥逆周期调节和结构引导作用。加大结构性货币政策工具使用力度，持续提升对重点领域和薄弱环节的支持力度。2022 年发放支农支小再贷款和再贴现 284 亿元，是上年的 1.8 倍。通过普惠小微贷款支持工具，向符合条件的地方法人银行提供激励资金 6186 万元。用好碳减排支持工具及支持煤炭清洁高效利用、科技创新、交通物流等专项再贷款，使用资金超过 200 亿元。通过普惠小微贷款阶段性减息工具，支持地方法人银行在 2022 年第四季度向普惠小微贷款主体减息让利 8381 万元。

4. 票据融资保持增长，贴现利率下降明显。2022 年，银行机构签发银行承兑汇票 541 亿元，同比下降 9.4%；年末银行承兑汇票余额 481 亿元，同比下降 0.8%。票据融资累计发生 3537 亿元，同比增长 19.4%；年末票据融资余额 893 亿元，同比增长 3.5%。票据直贴加权平均利率 2.04%，同比下降 0.98 个百分点；转贴现加权平均利率 1.76%，同比下降 0.88 个百分点。

表 5　2022 年金融机构票据业务量

单位：亿元

季度	银行承兑汇票承兑		贴现			
			银行承兑汇票		商业承兑汇票	
	余额	累计发生额	余额	累计发生额	余额	累计发生额
1	485.0	147.9	878.2	772.4	10.9	27.8
2	473.3	272.0	978.4	1818.2	14.4	63.8
3	468.3	406.9	901.8	2473.1	8.1	68.3
4	480.6	541.4	887.7	3451.5	5.3	85.2

数据来源：中国人民银行银川中心支行。

表 6　2022 年金融机构票据贴现、转贴现利率

单位：%

季度	贴现		转贴现	
	银行承兑汇票	商业承兑汇票	票据买断	票据回购
1	2.68	3.67	2.19	2.45
2	1.83	3.78	1.65	2.24
3	1.63	3.09	1.46	—
4	1.51	3.39	1.49	—

数据来源：中国人民银行银川中心支行。

5. 债券发行明显增多，外汇市场交易活跃。 2022 年，宁夏发行公司信用类债券 74 亿元，是上年的 2.4 倍。全区银行间市场成员货币市场交易量同比减少 0.8%，降幅较上年收窄 6.7 个百分点，其中质押式回购占货币市场交易量的 98.5%，资金流向为净融入；债券回购加权平均利率 1.54%，同比下降 0.47 个百分点。银行间外汇市场成员交易量同比增长 29.2%，增速较上年加快 22.1 个百分点，其中卖出美元占全部交易的 98.6%。银行业金融机构黄金市场业务成交金额同比减少 52.2%，其中代理个人上海黄金交易所黄金交易金额同比减少 73.6%。

（五）金融服务质效日益提升，金融生态环境持续向好

1. 深化社会信用体系建设，构建优质信用生态。 构建宁夏信用信息共享应用体系，建成宁夏首家地方征信平台助力融资发展。依托“融信通”平台，逐步建成集采集、核算、评价、政策支持四大功能于一体的碳账户综合运用体系。严厉打击“征信修复”违法行为。深化农村信用体系建设，推进信用户、信用村、信用乡（镇）评定，开展农户信用重建、信用等级综合评价。银川市创建全国社会信用体系建设示范城市。

2. 深化支付便民工程，全力助企纾困解难。 组织引导银行机构完善支付服务场景建设，联合大型商超和小微商户发放消费券 251 万张，金额 1.5 亿元，拉动消费 16 亿元。实现助农取款点行政村 100% 覆盖，将国债预约、代理缴费、零钞兑换等功能叠加至服务点，打造农村普惠金融综合服务平台。持续巩固支付手续费降费成果，银行机构为小微企业和个体工商户减免支付手续费支出 7509 万元，惠及小微企业、个体工商户 29 万户。

3. 加快信息系统建设，提升国库服务效率。 开辟增值税留抵退税“绿色通道”，通过批量化、电子化审核退税信息，提高退税效率。2022 年，办理增值税留抵退税 171 亿元，支持经营主体 1.5 万户。实现跨境人民币电子缴税，解决境外纳税人申报缴税难点，业务办理时间从 1 周缩短至 1 天。部分商业银行开通跨省异地电子缴税业务，实现跨省异地电子缴税业务全覆盖。开展行政事业单位社保费“网上办”，网上缴纳社保费 5.8 亿元。

4. 优化现金流通环境，提升现金服务水平。 探索推动纪念币发行机制改革，推广承销团预约兑换机制。全面落实全额清分工作措施，畅通残损币回收渠道，促进流通中人民币整洁度提升至 85%。巩固整治拒收人民币现金长效机制，自 2018 年以来累计调查处置群众举报投诉 51 起，对核实确认的 7 起拒收现金行为作出行政处罚。依托“平安宁夏”建设，多方联动打击假币犯罪活动，已连续五年实现假币收缴张数和面额双下降。

5. 加大金融科技应用，赋能普惠金融发展。 落实金融数字化转型要求，制订《宁夏金融数

字化转型提升工程实施计划》。组织开展银行营业网点无障碍环境建设工作，为残疾人、老年人等特殊群体提供暖心服务。推动地方法人银行公开金融服务和产品遵循的标准，增进消费者对金融服务和产品质量的信心。推动地方法人银行提升信息系统安全保护水平，相关银行达标率均在90%以上。

6. 强化部门协调联动，保护金融消费者权益。持续完善金融教育长效机制，组织开展金融知识集中宣传活动6000余场次。积极推进金融消费纠纷多元化解机制建设，指导17家金融消费纠纷调解中心成功调解金融消费纠纷案件1442件。持续打造让金融消费者满意的“12363”暖心热线，及时妥善处理金融消费咨询投诉。开展金融消费者权益保护评估，依法合规开展金融消费权益保护执法检查。建立“涉金融业务”字样商事登记管理会商机制，从源头遏制非法金融活动增量风险。

二、经济运行情况

2022年，面对需求收缩、供给冲击、预期转弱三重压力，以及疫情反复冲击等超预期因素叠加影响，宁夏坚决贯彻落实以习近平同志为核心的党中央重大决策部署，统筹疫情防控和经济社会发展，经济运行呈现总体平稳、稳中有进的态势。2022年，实现地区生产总值5070亿元，同比增长4.0%。

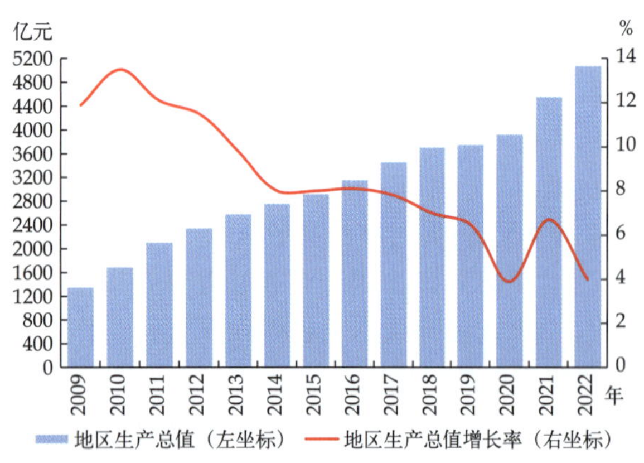

图6　地区生产总值及其增长率

（数据来源：《宁夏统计年鉴》、宁夏回族自治区统计局）

（一）市场需求持续改善，投资出口加快增长

1. 投资保持较快增长，投资结构有效优化。2022年，宁夏深入开展“扩大有效投资攻坚年”活动，固定资产投资（不含农户）同比增长10.2%，较上年加快8.0个百分点。其中，工业投资增长23.2%，基础设施投资增长19.1%。有效激发市场投资活力，民间投资同比增长10.7%，民间投资占比由57.4%提高到57.7%。加快推进重大项目建设，2499个重大项目投资完成额超2000亿元。深入实施产业基础再造工程，100个重点技改项目建成投产，工业技术改造投资同比增长14.9%。银兰高铁全线通车。

图7　固定资产投资（不含农户）增长率

（数据来源：《宁夏统计年鉴》、宁夏回族自治区统计局）

2. 消费市场基本稳定，消费活力持续激活。2022年，宁夏大力促进消费，开展消费促进月、网上年货节等各类促消费活动700余场，全年实现社会消费品零售总额1338亿元，同比增长0.2%，其中城镇消费品零售额同比增长0.6%。限额以上单位销售的18类商品中，有10类零售额实现增长。其中，石油及制品类增长4.6%，汽车类增长1.8%，粮油食品类增长7.4%，饮料类增长27.7%，书报杂志类增长19.9%。新能源汽车零售额增长1.9倍，占汽车类零售额的比重由上年的3.3%提高到9.4%。

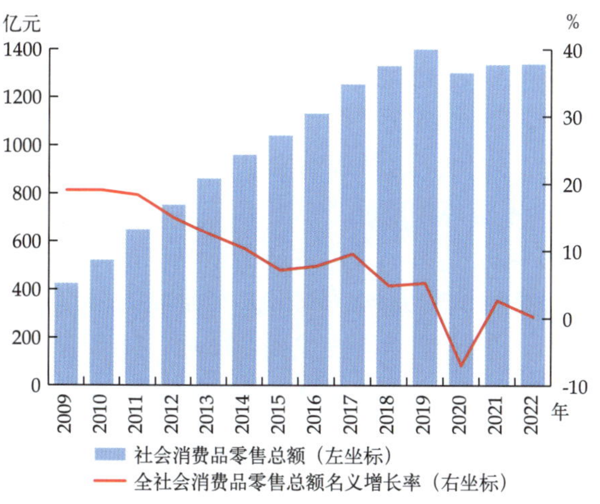

图 8 社会消费品零售总额及其增长率

（数据来源：《宁夏统计年鉴》、宁夏回族自治区统计局）

3. 对外贸易增势良好，利用外资规模扩大。2022 年，宁夏深入实施外贸强基提档行动，深挖对外贸易潜力，全年实现外贸进出口总额 257 亿元，同比增长 23.7%，其中，出口增长 16.6%，进口增长 54.5%；货物进出口差额 136 亿元。从重点出口产品看，机电产品增长 23.9%，基本有机化学品增长 26.9%，铁合金增长 8.3%。外贸转型升级基地出口占比达到 20%，跨境电商达 475 家。加大对外开放合作力度，全年新设外商直接投资企业 22 家，实际利用外资同比增长 55.3%。

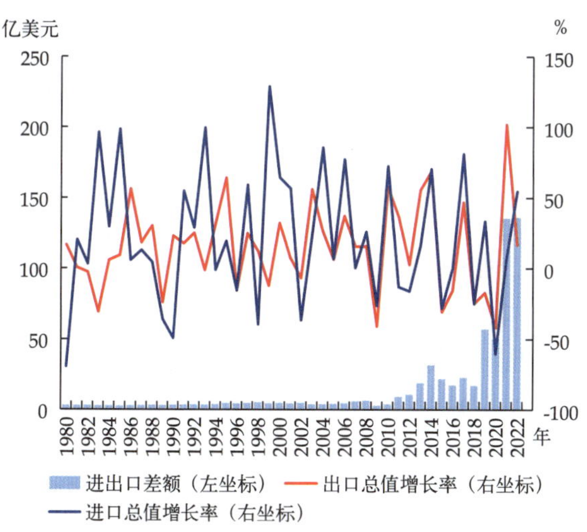

图 9 外贸进出口变动情况

（数据来源：《宁夏统计年鉴》、宁夏回族自治区统计局）

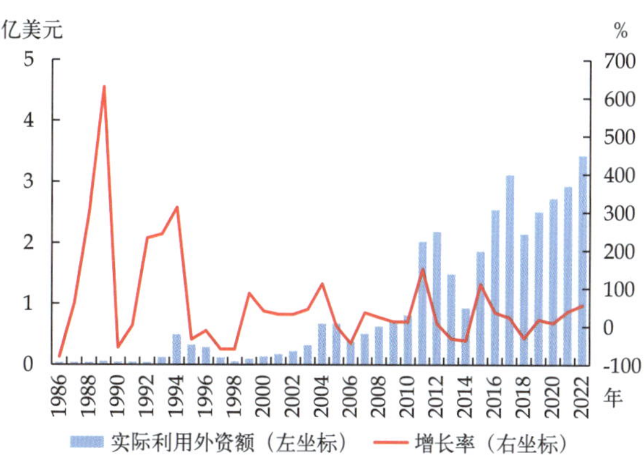

图 10 实际利用外资额及其增长率

（数据来源：《宁夏统计年鉴》、宁夏回族自治区统计局）

（二）三次产业协同发力，供给能力持续增强

2022 年，宁夏第一、第二、第三产业增加值同比分别增长 4.7%、6.1% 和 2.1%，第二产业比重上升 3.6 个百分点。

1. 农业实现丰产增收，特色农业发展良好。2022 年，宁夏提升粮食综合生产能力，全年粮食总产量 376 万吨，实现"十九连丰"。大力发展葡萄酒、枸杞、牛奶等"六特"产业，酿酒葡萄、枸杞、冷凉蔬菜种植面积分别达 58 万亩、44 万亩和 299 万亩，肉牛、羊存栏分别达 148 万头、710 万只，牛奶产量 343 万吨。大力发展农产品深加工，农产品加工转化率达 71%，农产品加工产值与农业总产值比例达到 2∶1。提高"宁字号"农产品品牌认知度和市场竞争力，贺兰山东麓葡萄酒、中宁枸杞、盐池滩羊分别位列全国区域品牌（地理标志）排名榜第 9 名、第 12 名和第 35 名。大力实施种业振兴行动，高标准建设西吉县、平罗县和盐池县国家级区域性良种繁育基地。

2. 工业生产稳定增长，新兴动能支撑有力。2022 年，宁夏及时出台落实工业稳增长 36 条，规模以上工业增加值同比增长 7.0%，其中，重工业增长 6.4%，轻工业增长 13.8%。规模以上工业企业实现营业收入 8107 亿元，同比增长 22.5%。建立工业包抓机制，加大服务协调保障力度，100 户重点企业总产值增速保持在 30%

以上，重点项目新增产值 525 亿元。做大做强新型材料、清洁能源等“六新”产业，推进产业高端化、智能化、绿色化发展，高技术制造业占规模以上工业的比重为 9.9%，同比提高 1.8 个百分点，装备制造业占比为 12.2%，同比提高 1.4 个百分点。加快建设国家新能源综合示范区，新增煤炭产能 460 万吨，煤炭产量 9400 万吨，新能源装机规模超过 3000 万千瓦，占比超过 50%，外送电量 940 亿度，创历史新高。

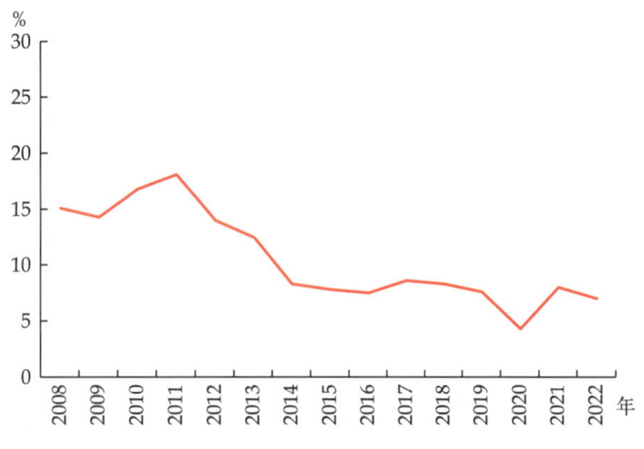

图 11　规模以上工业增加值增长率

（数据来源：《宁夏统计年鉴》、宁夏回族自治区统计局）

3. 服务业持续回暖，转型升级态势明显。 2022 年，宁夏第三产业增加值同比增长 2.1%。加快建设“数字宁夏”，建成 7 个大型数据中心，总装机能力达到 70 万台。举办首届西部数谷算力产业大会，签约项目投资额 700 多亿元。大力发展现代物流产业，银川获批商贸服务型国家级物流枢纽，“县县有中心、乡乡有站点、村村有服务”的寄递物流体系初步形成，全年实现社会物流总额 1.0 万亿元，首次突破万亿元。加快推进现代服务业集聚区建设，培育自治区级现代服务业集聚区 11 个。培植电商高质量发展，实现电子商务进农村省域全覆盖，全年实物商品网上零售额 108 亿元，同比增长 19.3%。服务业数字经济渗透率持续提高，数据中心、云计算等新兴业务在电信业务收入中的占比达到 38%。

4. 供给侧结构性改革不断深化。 加大企业纾困力度，为各类企业和个体工商户退减缓税费 234 亿元，是 2021 年的 3.7 倍。社会物流总费用与 GDP 的比率降至 16.6%，是近年来最低水平。28 个违规“两高”项目完成整改，退出冶金、焦化、建材等行业 344 万吨低端产能，对 69 家重点用能企业实施节能诊断，腾退能耗 50 万吨标准煤。深入实施创新驱动战略，全社会研究和试验发展（R&D）经费投入强度达到 1.6%，全年登记科技成果 802 项，技术合同成交金额达 34 亿元，科技企业突破 2500 家，国家和自治区企业技术中心达到 106 家，获批全国中西部科技合作引领区，综合科技创新水平指数达到 61.4%，同比提升 4.6 个百分点。

5. 先行区建设迈出新步伐。 国务院批复《支持宁夏建设黄河流域生态保护和高质量发展先行区实施方案》。在黄河流域率先开展省级黄河保护立法工作，颁布《宁夏建设黄河流域生态保护和高质量发展先行区促进条例》。推进用水权、土地权、排污权、山林权、用能权、碳排放权“六权”改革，提高资源使用效率。建立并运行区内生态保护补偿工作平台，全年兑现纵向、横向生态补偿资金 4 亿元。全面贯彻“四水四定”原则，规模以上企业水循环利用率超过 96%。实施大气污染治理项目 193 个，空气质量优良天数比例连续五年保持在 83% 以上。地表水国控断面水质优良比例在 80% 以上，黄河干流宁夏段水质连续六年保持Ⅱ类进Ⅱ类出。启动贺兰山、六盘山国家公园创建工作，完成营造林 150 万亩，治理荒漠化土地 90 万亩。

（三）消费价格温和上涨，就业形势总体平稳

1. 消费价格温和上涨，生产价格涨幅回落。 2022 年，宁夏居民消费价格同比上涨 2.3%，涨幅较上年加快 0.9 个百分点。分类别看，食品烟酒上涨 2.2%，生活用品及服务上涨 1.4%，交通和通信上涨 6.8%，教育文化和娱乐上涨 1.5%，医疗保健上涨 2.3%，衣着下降 0.8%。2022 年，工业生产者出厂价格和工业生产者购进价格同比分别上涨 11.1% 和 17.6%，涨幅分别较上年回落 8.8 个和 3.2 个百分点。

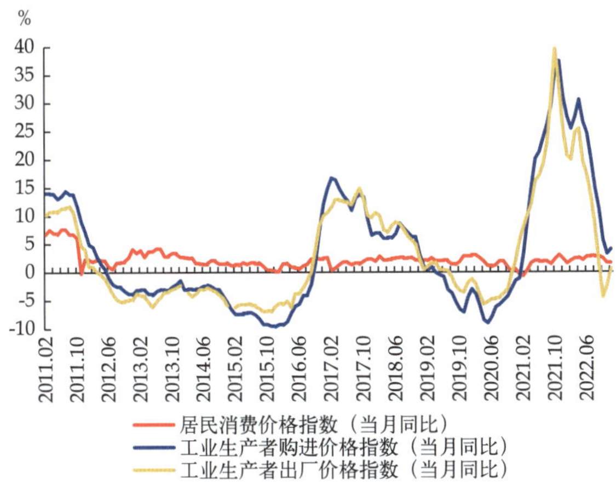

图 12　居民消费价格指数和工业生产者价格指数变动趋势

（数据来源：《宁夏统计年鉴》、宁夏回族自治区统计局）

2. 居民增收成效显现，居民就业整体稳定。 2022 年，宁夏深入实施居民收入提升、移民致富提升等"六大提升行动"，全体居民人均可支配收入 3.0 万元，同比增长 6.1%。其中，城镇常住居民人均可支配收入 4.0 万元，增长 5.0%；农村常住居民人均可支配收入 1.6 万元，增长 7.1%。城乡居民人均可支配收入比值由上年的 2.50 缩小为 2.45。巩固拓展脱贫攻坚成果，9 个脱贫县农民人均可支配收入增速均高于全区平均水平。突出抓好就业创业，城镇新增就业 8 万人，完成全年目标任务的 106.0%，农村劳动力转移就业 82 万人，完成全年目标任务的 109.7%。

（四）财政收入稳中有升，民生保障有力有效

2022 年，宁夏高效优化调配财政资源，落实落细减税降费政策，保持财政支出强度，支持经济恢复向好。宁夏地方一般公共预算收入 460 亿元，同口径（扣除留抵退税因素后）同比增长 13.7%。其中，税收收入 307 亿元，同口径增长 22.3%；占地方一般公共预算收入的 66.7%，同比提高了 1.3 个百分点。一般公共预算支出 1584 亿元，同比增长 10.9%。其中，教育、社会保障和就业、卫生健康、节能环保、农林水等民生支出 1198 亿元，占财政支出的 75.7%。

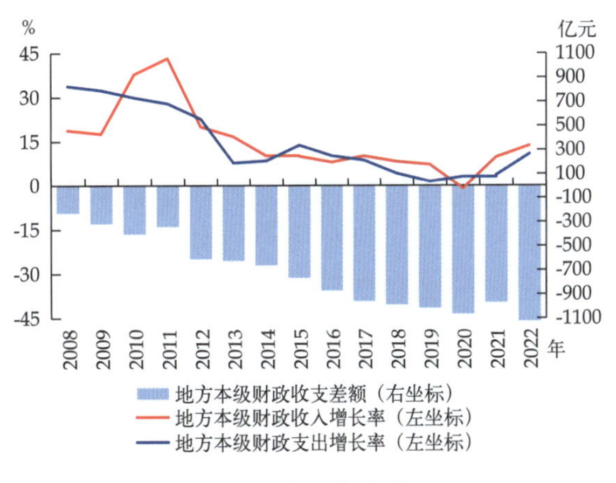

图 13　财政收支状况

（数据来源：《宁夏统计年鉴》、宁夏回族自治区统计局）

专栏 2　宁夏建成省级地方征信平台　助力企业融资发展

2022 年，人民银行银川中心支行积极践行"征信为民"理念，以推进征信供给侧结构性改革为主线，按照"政府引导，市场主导，立足当地，服务地方"的工作原则，会同相关部门建成宁夏省级地方征信平台，推动涉企信息共享应用，促进中小微企业和新型农业经营主体更好融资发展。

加强组织规划，统筹平台建设。推动自治区党委和政府将地方征信平台建设工作纳入自治区 2022 年深化"放管服"改革工作要点和自治区重大基础设施建设项目库，印发《关于推动社会信用体系高质量发展服务和融入新发展格局的实施意见》和《建设宁夏信用信息共享应用体系促进中小微企业融资的实施方案》。其中，该方案对平台建设进行总体部署推进，明确国有投资公司作为投资方、属地市场化征信机构为运营方。目前，该平台已实现了市场化运营，于 2022 年 12

月完成了企业征信机构备案。

完善平台功能，提升服务水平。印发《中国人民银行银川中心支行关于进一步推进完善地方征信平台建设的通知》，进一步明确工作目标和要求，按照市场化、法治化、科技化方向，指导完善平台功能，高质量开展地方征信平台基础数据库建设。目前，已基本形成“数据采集、数据管理、征信服务、融资支持”的平台运行模式，可实现对中小微企业和新型农业经营主体一站式综合金融服务，促进资金供需线上高效对接，信用支持实体经济融资发展的作用逐步展现。

加强数据归集，推进信息共享。推动建立健全信息归集、共享、交换、更新、安全保护等工作机制和管理制度，加强事前事中业务辅导，指导平台按照“应接尽接”的原则，加大数据采集力度，不断提升数据质量。截至2022年末，该平台已对接市场监管、税务、人社、发改、住建、哈纳斯天然气公司等43个数据源单位以及自治区政务数据共享交换平台、宁夏信用信息共享平台、宁夏“互联网+监管”平台、宁夏统一身份认证平台、全国非法集资监测预警平台和自治区“12345”政务服务平台，共收录本地企业87万户，采集涉企数据3497万条。

深化平台应用，服务融资发展。通过组织召开工作座谈会、推进会，开展培训、调研走访等方式，全面了解金融机构对于涉企数据的应用需求，推动地方征信平台构建“基础性+个性化”征信产品体系，满足不同机构、不同层级的信息需求。鼓励金融机构结合地方征信平台创新上线金融产品，利用归集的土地、税务、用水、用电等涉企信息搭建“奶牛贷”“枸杞贷”等地方特色应用场景，提升信用基础设施服务能力和水平。截至2022年末，宁夏省级地方征信平台已开发上线企业信用报告、信用评分、关联图谱等6款征信产品，为56家金融机构提供服务，免费提供查询服务13万次，累计帮助企业获得融资40亿元。

强化宣传引领，扩大应用场景。进一步引导备案机构激发数据价值、扩大应用场景，积极发挥信息中介和融资中介功能，充分发挥支持中小微企业、服务实体经济发展的基础性作用。完成宁夏首家企业征信机构备案后，会同多部门加强宣传平台建设理念、成功模式以及在优化地方融资环境中的重要作用，及时总结工作进展和经验举措。多次通过地方主流媒体和微信公众号，广泛宣传平台建设助企纾困成效，积极构建优质信用生态，促进普惠金融发展，为宁夏经济高质量发展贡献征信力量。

（五）房地产市场调整筑底，制造业加快发展

1. 房地产市场调整筑底。2022年，宁夏房地产开发投资420亿元。房地产开发企业购置土地面积143万平方米，房屋新开工面积766万平方米。房屋施工面积4918万平方米。2022年，商品房销售面积716万平方米。2022年12月，首府银川市新建商品住宅价格同比上涨2.3%，环比上涨0.1%。

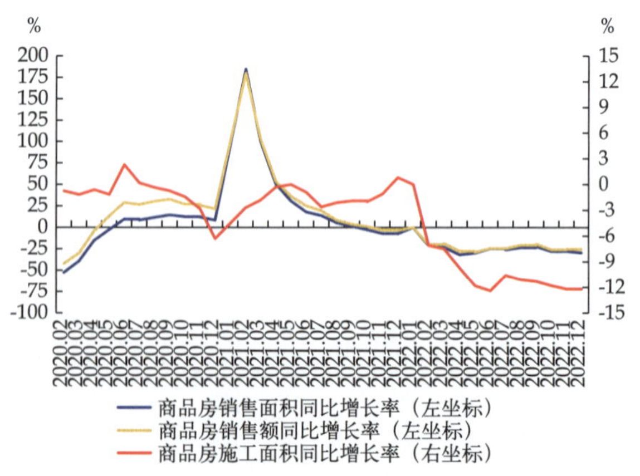

图14　商品房施工和销售变动趋势

（数据来源：宁夏回族自治区统计局）

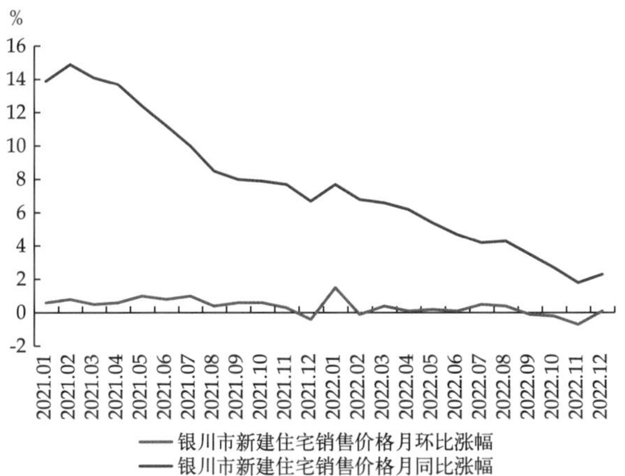

图15　银川市新建住宅销售价格变动趋势

（数据来源：国家统计局）

2. 制造业加快发展。2022年，宁夏立足自身特色优势，对接国际国内市场，深入实施新型工业强区计划，持续开展结构改造、绿色改造、智能改造、技术改造“四大改造”，稳定产业链、供应链、价值链，加快新型材料、清洁能源、装备制造、数字信息、现代化工、轻工纺织“六新”产业发展。新材料产业发展势头强劲，高性能纤维材料上下游一体化推进，储能电池产业集群已见雏形；清洁能源全链推进，银川市、石嘴山市已形成光伏全产业链；装备制造迈向高端，10个高端装备项目建成投产；数字信息快速壮大，国家新型互联网交换中心建成投用；现代化工稳步提升，宁东现代煤化工基地加快建设，石嘴山“氰胺之都”优势明显；轻工纺织提质增效，枸杞、葡萄酒、牛奶、肉牛、滩羊产业向精深化、高品质迈进。“六新”产业“链”式推进、集群发展，形成了大项目加快建设、好项目接踵而至、产业链持续延伸的良好局面。

聚焦制造业高质量发展各领域、各链条融资需求，宁夏出台《关于加强“专精特新”中小企业金融服务的通知》《进一步做好知识产权质押融资工作的通知》，发挥货币政策、财税政策和政府服务的协同作用，推动金融机构不断完善特色工业园区金融服务体系，积极稳妥发展供应链金融业务，持续优化资源配置，提升制造业金融服务质效。2022年末，宁夏制造业贷款余额1160亿元，同比增长11.8%；制造业中长期贷款余额800亿元，同比增长58.8%。

三、预测与展望

随着疫情防控平稳转段，市场预期和信心平稳，经济恢复向好的势头较为明显，经济循环将更为顺畅。但也要看到，当前宁夏经济恢复的基础尚不牢固。2023年是全面贯彻落实党的二十大精神的开局之年，是实施“十四五”规划承上启下的关键之年，也是落实自治区第十三次党代会部署的发力之年。宁夏将以习近平新时代中国特色社会主义思想为指导，全面贯彻党的二十大和中央经济工作会议精神，深入落实习近平总书记考察宁夏重要讲话和重要指示批示精神，坚持稳字当头、稳中求进，完整准确全面贯彻新发展理念，科学把握“六个统筹”，聚焦“三区建设”，全力以赴开好局起好步。

宁夏金融系统将认真贯彻落实党中央、国务院决策部署，精准有力执行好稳健的货币政策，开展金融“提质扩量赋能增效”行动，持续深化金融供给侧结构性改革，突出做好稳增长、稳就业、稳物价工作，推动经济运行整体好转，为全面建设社会主义现代化美丽新宁夏提供有力金融支持。

中国人民银行宁夏回族自治区分行货币政策分析小组

总　　纂：李霄峻　姚景超

统　　稿：王立军　王　青　李　斌　马晓栋

执　　笔：祁永忠　杨俊宝　唐秀艳　李　贺　宋　渊　周金东　李　鹏　杨正习

提供材料：马志昂　李海洋　白纪年　晏小红　任高芳　刘　力　陈苗苗　马元昊　冯建宝
马俊鹏　薛丽华　孙世全　欧小山　金泽芬　李　响　刘思旋　张昀芊　丁　慧

附录：

（一）2022年宁夏回族自治区经济金融大事记

2月17日，宁夏获批建设国家算力枢纽节点，成为全国“交换中心＋枢纽节点”双中心省区。

3月30日，宁夏首单跨境人民币电子缴税业务成功落地。

4月18日，国务院批复同意《支持宁夏建设黄河流域生态保护和高质量发展先行区实施方案》。

6月6日，宁夏出台金融支持稳经济保增长促发展18条措施，进一步发挥金融稳预期稳经济稳经营主体的作用。

6月10日，宁夏回族自治区第十三次党代会召开，提出加快建设黄河流域生态保护和高质量发展先行区、乡村全面振兴样板区、铸牢中华民族共同体意识示范区战略目标。

7月29日，宁夏平罗农商行吸收合并平罗沙湖村镇银行。

8月26日，宁夏回族自治区人民政府申请创建宁夏固原市普惠金融服务乡村振兴改革试验区。

12月29日，银兰高铁正式通车运营。

12月29日，宁夏征信有限公司完成企业征信机构备案，成为宁夏第一家企业征信机构。

2022年末，宁夏新能源装机规模达到3040万千瓦，装机占比突破50%，成为第一大电源。

（二）宁夏回族自治区主要经济金融指标

表 1　2022 年宁夏回族自治区主要存贷款指标

	项目	1月	2月	3月	4月	5月	6月	7月	8月	9月	10月	11月	12月
本外币	金融机构各项存款余额（亿元）	7754.4	7832.0	8032.9	7996.1	8074.1	8136.7	8164.1	8258.6	8338.9	8328.8	8464.7	8484.9
	其中：住户存款	4446.8	4405.2	4526.8	4513.1	4537.1	4648.2	4633.5	4682.3	4777.5	4772.5	4832.3	4910.7
	非金融企业存款	1496.6	1529.7	1584.8	1556.9	1604.1	1658.5	1602.2	1599.6	1606.6	1554.4	1559.6	1541.0
	各项存款余额比上月增加（亿元）	270.8	77.6	201.0	-36.8	78.0	62.6	27.4	94.5	80.2	-10.1	135.9	20.2
	金融机构各项存款同比增长（%）	6.7	7.6	8.0	8.8	9.2	8.6	10.5	10.5	11.4	12.6	14.1	13.4
	金融机构各项贷款余额（亿元）	8606.1	8632.7	8758.9	8689.3	8747.4	8854.6	8820.9	8866.8	8955.6	8909.1	8964.9	8969.7
	其中：短期	2069.8	2060.4	2138.9	2093.0	2086.3	2094.5	2048.0	2033.8	2032.8	1981.3	1957.2	1966.4
	中长期	5496.9	5512.8	5551.8	5586.6	5622.7	5687.1	5714.3	5799.4	5927.5	5928.2	6006.4	6025.3
	票据融资	858.5	880.7	889.1	930.4	958.6	992.7	978.0	949.6	909.9	913.4	915.6	892.9
	各项贷款余额比上月增加（亿元）	144.8	26.6	126.2	-69.6	58.1	107.2	-33.6	45.8	88.9	-46.6	55.9	4.8
	其中：短期	-21.3	-9.4	78.4	-45.9	-6.6	8.1	-46.4	-14.2	-1.0	-51.5	-24.1	9.2
	中长期	170.6	15.8	39.0	34.8	36.1	64.4	27.2	85.1	128.1	0.6	78.3	18.9
	票据融资	-4.4	22.2	8.5	41.3	28.2	34.1	-14.8	-28.4	-39.7	3.5	2.2	-22.7
	金融机构各项贷款同比增长（%）	6.1	6.3	6.8	5.9	6.6	7.6	6.7	6.6	7.4	7.4	7.5	6.0
	其中：短期	-3.7	-4.0	-1.5	-1.1	-0.9	-2.5	-3.9	-3.9	-4.7	-5.4	-5.5	-6.0
	中长期	9.0	8.7	8.4	8.4	9.2	11.1	11.3	12.1	14.1	13.9	14.3	13.1
	票据融资	16.5	22.3	23.9	23.8	26.0	27.7	19.4	12.9	10.1	12.1	9.9	3.5
	建筑业贷款余额（亿元）	89.8	89.6	98.1	100.5	100.8	103.8	102.5	103.4	107.6	107.4	107.2	99.4
	房地产业贷款余额（亿元）	289.8	288.5	290.6	288.0	286.8	290.7	288.0	284.0	288.4	283.1	284.4	281.6
	建筑业贷款同比增长（%）	-1.4	-2.8	0.7	4.0	8.4	13.5	13.3	15.8	22.3	24.0	24.2	16.9
	房地产业贷款同比增长（%）	5.6	5.3	6.5	7.2	5.6	6.0	4.1	2.9	1.5	0.6	1.3	-2.8
人民币	金融机构各项存款余额（亿元）	7734.5	7811.7	8012.1	7976.8	8055.4	8116.7	8145.9	8240.9	8319.3	8308.4	8443.8	8465.3
	其中：住户存款	4436.3	4394.9	4516.3	4502.2	4526.1	4636.9	4622.2	4671.2	4766.2	4761.3	4821.0	4899.6
	非金融企业存款	1487.9	1520.5	1575.0	1548.9	1596.6	1650.3	1595.7	1593.3	1598.7	1545.7	1550.7	1533.7
	各项存款余额比上月增加（亿元）	268.7	77.2	200.4	-35.3	78.6	61.3	29.2	95.0	78.4	-11.0	135.4	21.5
	其中：住户存款	166.9	-41.4	121.4	-14.1	23.9	110.8	-14.7	49.0	95.0	-4.9	59.7	78.6
	非金融企业存款	29.7	32.6	54.5	-26.1	47.7	53.7	-54.6	-2.4	5.4	-53.0	5.0	-17.0
	各项存款同比增长（%）	6.6	7.6	8.0	8.8	9.2	8.6	10.5	10.5	11.4	12.5	14.1	13.4
	其中：住户存款	10.8	7.9	9.0	10.0	11.0	11.6	12.0	12.6	12.5	13.4	14.3	14.8
	非金融企业存款	0.9	2.4	1.0	3.6	5.7	8.1	8.5	7.6	9.8	7.4	7.6	4.8
	金融机构各项贷款余额（亿元）	8429.0	8457.0	8582.8	8612.6	8670.4	8777.1	8743.3	8785.0	8871.6	8823.9	8878.1	8885.4
	其中：个人消费贷款	1751.4	1744.8	1775.7	1778.3	1788.9	1821.2	1832.2	1856.0	1878.6	1868.0	1901.7	1919.3
	票据融资	858.5	880.7	889.1	930.4	958.6	992.7	978.0	949.6	909.9	913.4	915.6	892.9
	各项贷款余额比上月增加（亿元）	144.7	28.1	125.8	29.8	57.8	106.7	-33.8	41.8	86.6	-47.7	54.2	7.3
	其中：个人消费贷款	22.0	-6.7	30.9	2.6	10.6	32.3	11.0	23.8	22.6	-10.6	33.7	17.6
	票据融资	-4.4	22.2	8.5	41.3	28.2	34.1	-14.8	-28.4	-39.7	3.5	2.2	-22.7
	金融机构各项贷款同比增长（%）	6.5	6.7	7.3	7.5	8.3	9.0	8.1	8.0	8.7	8.7	8.7	7.3
	其中：个人消费贷款	6.7	5.8	6.4	6.3	7.2	8.8	9.5	10.4	11.0	9.6	10.7	11.0
	票据融资	16.5	22.3	23.9	23.8	26.0	27.7	19.4	12.9	10.1	12.1	9.9	3.5
外币	金融机构外币存款余额（亿美元）	3.1	3.2	3.3	2.9	2.8	3.0	2.7	2.6	2.8	2.8	2.9	2.8
	金融机构外币存款同比增长（%）	34.2	15.8	6.8	-7.9	1.3	8.4	-2.4	2.7	8.6	3.8	0.1	0.2
	金融机构外币贷款余额（亿美元）	27.8	27.8	27.7	11.6	11.6	11.5	11.5	11.9	11.8	11.9	12.1	12.1
	金融机构外币贷款同比增长（%）	-8.9	-8.9	-8.9	-62.0	-62.1	-58.3	-58.3	-57.1	-57.4	-57.3	-56.3	-56.4

数据来源：中国人民银行银川中心支行。

表 2　2001—2022 年宁夏回族自治区各类价格指数

单位：%

时间		居民消费价格指数		工业生产者购进价格指数		工业生产者出厂价格指数	
		当月同比	累计同比	当月同比	累计同比	当月同比	累计同比
2001		—	1.6	—	2.5	—	0.3
2002		—	-0.6	—	-2.2	—	-0.3
2003		—	1.7	—	6.8	—	5.6
2004		—	3.7	—	17.3	—	11.2
2005		—	1.5	—	9.7	—	6.2
2006		—	1.9	—	8.5	—	6.2
2007		—	5.4	—	7.1	—	3.7
2008		—	8.5	—	21.8	—	12.9
2009		—	0.7	—	-5.3	—	-6.1
2010		—	4.1	—	14.1	—	9.1
2011		—	6.3	—	12.8	—	9.5
2012		—	2.0	—	-0.5	—	-2.6
2013		—	3.4	—	-3.0	—	-4.0
2014		—	1.9	—	-3.0	—	-3.7
2015		—	1.1	—	-7.9	—	-6.3
2016		—	1.5	—	-3.1	—	-0.9
2017		—	1.6	—	12.9	—	12.1
2018		—	2.3	—	6.5	—	7.3
2019		—	2.1	—	-2.5	—	-0.6
2020		—	1.5	—	-5.3	—	-3.1
2021		—	1.4	—	20.8	—	19.9
2022			2.3		11.6		11.1
2021	1	-0.4	-0.4	-1.1	-1.1	5.5	5.5
	2	-0.7	-0.5	3.2	1.0	8.0	6.8
	3	0.3	-0.3	9.3	3.7	10.1	7.9
	4	1.6	0.2	15.2	6.4	12.1	8.9
	5	2.0	0.5	20.1	9.0	16.1	10.3
	6	1.8	0.7	21.3	11.0	17.1	11.4
	7	1.9	0.9	23.8	12.8	19.1	12.5
	8	1.8	1.0	26.2	14.4	22.9	13.8
	9	1.4	1.0	29.5	16.1	30.5	15.7
	10	2.3	1.2	36.1	18.0	39.6	18.0
	11	3.0	1.3	37.4	19.8	33.1	19.4
	12	2.3	1.4	31.0	20.8	25.3	19.9
2022	1	1.5	1.5	27.5	27.5	20.6	20.6
	2	2.0	1.7	25.4	26.4	19.9	20.3
	3	2.4	2.0	27.5	26.8	24.7	21.8
	4	2.5	2.1	30.5	27.7	25.4	22.7
	5	2.1	2.1	26.6	27.5	19.6	22.0
	6	2.7	2.2	24.6	27	17.2	21.2
	7	2.8	2.3	20.1	25.9	13.4	20.0
	8	2.7	2.3	14.9	24.4	8.3	18.5
	9	2.8	2.4	11.2	22.8	1.4	16.3
	10	2.4	2.4	5.7	20.8	-4.5	13.9
	11	1.6	2.3	3.2	19	-2.5	12.2
	12	1.7	2.3	4	17.6	0.6	11.1

数据来源：国家统计局宁夏调查总队。

表 3　2022 年宁夏回族自治区主要经济指标

项目	1 月	2 月	3 月	4 月	5 月	6 月	7 月	8 月	9 月	10 月	11 月	12 月
	绝对值（自年初累计）											
地区生产总值（亿元）	—	—	1114.1	—	—	2352.6	—	—	3599.2	—	—	5069.6
第一产业	—	—	51.4	—	—	98.9	—	—	258.6	—	—	407.5
第二产业	—	—	517.1	—	—	1132.0	—	—	1690.1	—	—	2449.1
第三产业	—	—	545.7	—	—	1121.6	—	—	1650.6	—	—	2213.0
工业增加值（亿元）	—	—	—	—	—	—	—	—	—	—	—	—
固定资产投资（亿元）	—	—	—	—	—	—	—	—	—	—	—	—
房地产开发投资	—	14.2	54.0	88.7	141.1	217.8	255.8	292.2	341.3	365.2	399.2	420.0
社会消费品零售总额（亿元）	—	237.9	352.9	444.8	540.2	649.4	768.7	889.2	1019.1	1121.7	1224.8	1338.4
外贸进出口总额（亿元）	—	34.0	53.5	73.9	97.6	122.5	146.7	174.1	199.5	214.0	236.9	257.4
进口	—	8.8	11.7	14.8	18.2	22.1	26.0	34.9	43.1	46.9	55.5	60.6
出口	—	25.2	41.8	59.1	79.3	100.4	120.8	139.3	156.4	167.2	181.4	196.8
进出口差额（出口－进口）	—	16.4	30.1	44.3	61.1	78.3	94.8	104.4	113.3	120.3	125.9	136.2
实际利用外资（亿美元）	0.1	0.1	0.1	1.1	1.5	—	—	—	2.5	—	3.4	3.4
地方财政收支差额（亿元）	—	-184.1	-327.6	-407.9	-499.9	-643.5	-690.4	-773.1	-896.6	-938.3	-1023.7	-1123.4
地方财政收入	—	93.8	133.3	163.5	186.9	231.9	285.4	317.1	358.0	396.3	426.0	460.1
地方财政支出	—	277.9	460.9	571.4	686.7	875.4	975.9	1090.2	1254.5	1334.6	1449.8	1583.5
城镇登记失业率（%）（季度）	—	—	—	—	—	—	—	—	—	—	—	—
	同比累计增长率（%）											
地区生产总值	—	—	5.2	—	—	5.3	—	—	4.9	—	—	4.0
第一产业	—	—	5.5	—	—	7.7	—	—	5.3	—	—	4.7
第二产业	—	—	6.8	—	—	7.8	—	—	7.6	—	—	6.1
第三产业	—	—	3.9	—	—	3.1	—	—	2.6	—	—	2.1
工业增加值	—	6.0	6.9	7.2	7.2	8.5	9.1	9.2	8.8	8.1	8.0	7.0
固定资产投资	—	13.2	14.9	10.5	10.8	11.3	10.8	11.1	11.4	10.4	10.3	10.2
房地产开发投资	—	19.3	-1.0	-12.7	-6.7	-2.7	-6.5	-5.4	-3.8	-7.0	-9.5	-10.1
社会消费品零售总额	—	4.0	3.0	1.3	0.0	1.4	1.6	2.1	2.3	0.2	0.0	0.2
外贸进出口总额	—	59.2	62.8	65.5	66.2	70.1	67.7	66.8	66.2	57.6	39.5	23.7
进口	—	9.8	14.7	20.8	14.5	19.1	19.0	37.7	50.6	52.1	62.6	54.5
出口	—	88.8	84.6	82.4	85.5	87.7	83.8	76.1	71.7	59.3	33.7	16.6
实际利用外资	29.4	29.4	37.3	12.8	9.5	45.5	—	—	12.0	—	55.2	55.3
地方财政收入	—	32.1	18.5	6.2	18.2	23.6	23.6	22.8	22.5	20.5	17.2	13.7
地方财政支出	—	8.0	8.3	8.8	10.0	12.5	12.7	13.1	13.3	14.1	14.8	10.9

数据来源：宁夏回族自治区统计局、宁夏回族自治区人力资源和社会保障厅。

新疆维吾尔自治区金融运行报告（2023）

中国人民银行新疆维吾尔自治区分行①
货币政策分析小组

[内容摘要] 2022年，面对复杂严峻的外部环境和疫情冲击影响，新疆上下以迎接党的二十大和学习贯彻党的二十大精神为动力，深入学习贯彻习近平总书记考察新疆重要讲话和重要指示精神，坚持稳字当头、稳中求进，坚决做到“疫情要防住、经济要稳住、发展要安全”，国民经济顶住压力实现逆势增长、平稳健康发展。全年实现地区生产总值1.8万亿元，同比增长3.2%。新疆金融业牢固树立全国“一盘棋”思想，积极落实金融支持疫情防控和稳定经济增长各项政策措施，稳固对实体经济支持力度，全年社会融资规模存量同比增长10.0%，有力支持了新疆经济大盘稳定。

2022年，新疆经济运行主要呈现以下特点：一是内外需求协同发力，经济平稳增长。投资规模不断扩大，全年固定资产投资同比增长7.6%，其中重大项目拉动有力，基础设施投资同比增长18.6%；投资结构持续优化，制造业投资较快增长，拉动工业投资增长37.8%。进出口表现亮眼，外贸进出口历史性突破2400亿元。二是三次产业平稳发展，动能转换步伐加快。农业生产稳中有增，粮食产量创7年新高，棉花产量连续5年稳定在500万吨以上。工业生产稳中提质，工业增加值同比增长7.1%，规模以上工业企业利润同比增长31.3%；能源保供增长有力，疆煤外运量、疆电外送量同比分别增长100%和4.9%。服务业实现小幅增长，生产性服务业支撑作用突出。经济增长新动能不断增强，以“八大产业集群”为支撑的现代化产业体系稳步推进，高新技术企业倍增行动有效实施，新增高新技术企业414家，创历史新高。三是物价水平涨势温和，居民就业总体稳定。全年居民消费价格同比上涨1.8%，工业生产者出厂价格因生产资料价格大幅上涨而同比上涨12.3%。就业形势总体稳定，全年新增城镇就业人数46.2万人，农村劳动力外出务工303.2万人。居民收入稳步增加，全年居民人均可支配收入同比增长3.8%，城乡居民人均收入比连续6年呈缩小态势。四是财政收支稳步增长，民生领域支出力度加大。一般公共预算收入和支出同比分别增长14.9%和6.5%，其中民生支出占比保持在70%以上。五是跨境电商蓬勃发展。跨境电商在疫情冲击下呈现强劲增长态势，进出口值同比增长311.6%，为打造开放型经济注入新活力。

2022年，新疆金融运行主要呈现以下特点：一是金融支持实体经济稳固有力，融资总量稳定增长。2022年末，社会融资规模存量4.3万亿元，新增4087亿元，其中，人民币贷款新增2337亿元，余额同比增长9.2%。二是银行业、证券业和保险业稳健运行，多层次资本市场健康发展。银行业资产规模稳步增长，资产总额同比增长8.3%。多层次市场融资功能有效发挥，境内上市公司数量增至59家，非金融企业发行各类债务融资工具486亿元。保险机构资产总额同比增长11.2%，风险保障能力进一步增强。三是结构性货币政策工具精准实施，融资结构不断优化。稳增长政策工具加快落地，带动基础设施贷款、制造业贷款余额同比分别增长

① 自2023年8月18日起，中国人民银行乌鲁木齐中心支行更名为中国人民银行新疆维吾尔自治区分行。本报告主要反映2022年的经济金融情况，正文中涉及的相关机构表述仍沿用2022年名称。

13.8%和13.5%。普惠小微贷款支持工具、延期还本付息、阶段性减息等政策加力实施，为扩大普惠小微贷款投放提供重要支撑，年末普惠小微贷款余额同比增长18%。四是利率市场化改革效能持续释放，融资成本稳中有降。存款利率市场化调整机制和贷款市场报价利率指导性作用有效发挥，引导贷款利率整体下行，全年新发放人民币贷款加权平均利率为4.64%，为2011年有统计以来新低。五是稳妥有序防范化解金融风险，金融风险持续收敛。年末新疆银行业不良贷款率为1.15%，同比下降0.08个百分点，创2010年以来新低。其中，地方法人银行信贷风险总体收敛，不良贷款率为2.18%，资产质量有所改善，风险整体可控。六是区域金融改革有序推进，金融生态环境不断优化。克拉玛依小微企业金融服务示范区建设取得积极进展，小微企业贷款余额三年平均增长44.2%。社会信用体系建设和服务水平不断提升，建立以农村土地和生产经营数据为核心的涉农信息平台，数据库覆盖近5万个新型农业经营主体。中征应收账款融资服务平台应用成效显著，全年实现融资金额1387亿元。现代化支付服务持续优化，金融消费权益保障能力有效提升，金融纠纷调解成功率达95.7%，群众满意度不断提高。

2023年是全面贯彻落实党的二十大精神的开局之年，是贯彻落实习近平总书记考察新疆重要讲话重要指示精神和新时代党的治疆方略、推进新疆社会稳定和长治久安的重要一年。新疆将坚持以习近平新时代中国特色社会主义思想为指导，坚持稳中求进工作总基调，立足资源禀赋和区位优势，加快打造以“八大产业集群”为支撑的现代产业体系，以“一港、两区、五大中心、口岸经济带”[①]为主体的丝绸之路经济带核心区建设，加快构建支撑高质量发展的现代化基础设施体系，全面推进乡村振兴和新型城镇化建设，在积极服务和融入新发展格局中实现新疆经济高质量发展。新疆金融系统将坚持稳字当头、稳中求进，精准有力贯彻好稳健的货币政策，充分发挥货币信贷政策工具功能，积极支持扩消费和促投资，持续加大对民营小微企业、乡村振兴、绿色发展、科技创新等领域的支持力度，促进信贷总量稳定增长、信贷结构稳步优化、融资成本稳中有降。抓住推进更高水平对外开放契机，持续推进金融科技、人民币支付、外汇服务、跨境人民币等领域创新发展和开放合作。持续防范化解金融风险，守住金融安全稳定底线，为巩固经济企稳回升势头，促进新疆经济高质量发展营造良好的货币金融环境。

一、金融运行情况

2022年，新疆金融业坚持稳中求进工作总基调，在保持稳健运行的同时，持续加大对实体经济支持力度，融资总量实现平稳增长，综合融资成本持续下行，金融风险防控有力，金融生态环境持续改善，为新疆经济稳定发展营造了良好的金融环境。

（一）银行业经营稳健，支持实体经济力度稳固

1. 银行业稳健发展。2022年末，新疆银行业金融机构3473家，从业人员6.6万人，均与上年末基本持平。资产负债规模稳步增长，资产总额4.2万亿元，同比增长8.3%；负债总额4万亿元，同比增长8.4%。银行业盈利空间不断收窄，实现净利润314亿元，同比下降1.1%；资产利润率0.8%，同比下降0.1个百分点。

① 一港：乌鲁木齐国际陆港区，两区：喀什经济开发区、霍尔果斯经济开发区；五大中心：交通枢纽中心、商贸物流中心、文化科教中心、区域金融中心、医疗服务中心；口岸经济带：依托疆内出口加工区、综合保税区和边境合作区，建设并形成的经济区域。

表 1　2022 年银行业金融机构情况

机构类别	营业网点			法人机构（个）
	机构个数（个）	从业人数（人）	资产总额（亿元）	
一、大型商业银行	1149	29449	14814	0
二、国家开发银行和政策性银行	75	2366	7177	0
三、股份制商业银行	110	3893	2502	0
四、城市商业银行	211	6102	8076	6
五、城市信用社	0	0	0	0
六、小型农村金融机构	1146	15230	6568	83
七、财务公司	3	77	277	2
八、信托公司	2	285	52	2
九、邮政储蓄银行	639	5764	1375	0
十、外资银行	2	135	13	0
十一、新型农村金融机构	135	2354	570	29
十二、其他	1	113	555	1
合　计	3473	65768	41979	124

数据来源：新疆维吾尔自治区银保监局。

2. **存款快速增长**。2022 年，在经济下行及疫情超预期冲击等多重因素影响下，居民消费意愿减弱，企业生产经营短暂停滞，资金在存款端滞留，推动存款增速持续上行。年末本外币存款余额 3.1 万亿元，同比增长 15.7%，高于上年末 8.9 个百分点；全年新增 4186 亿元，增量是上年的 2.5 倍，创历史新高。

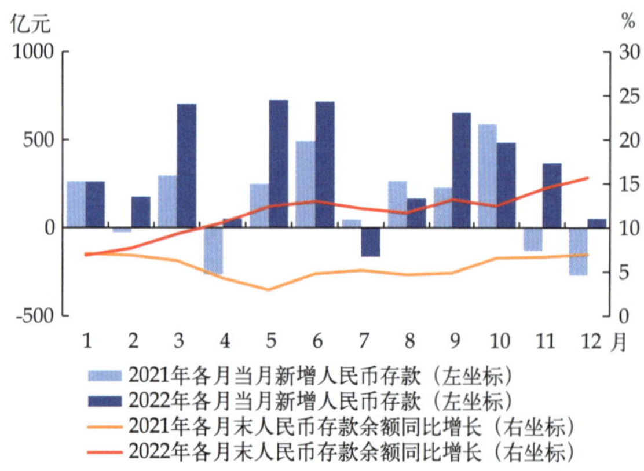

图 1　金融机构人民币存款增长变化

（数据来源：中国人民银行乌鲁木齐中心支行）

3. **贷款平稳增长**。2022 年，新疆银行业金融机构积极落实稳经济大盘政策要求，持续加大信贷投放，年末本外币贷款余额 2.8 万亿元，同比增长 9.2%，全年新增 2361 亿元。结构性货币政策工具较好发挥“四两拨千斤”的撬动作用，推动信贷结构持续优化，全年累计发放再贷款再贴现 639 亿元，同比增长 12.3%，基础设施贷款余额同比增长 13.8%，普惠小微企业贷款余额同比增长 18%。因地制宜在 6 县开展金融支持乡村振兴试点，金融服务精准性稳步提升，年末涉农贷款余额同比增长 15.1%。

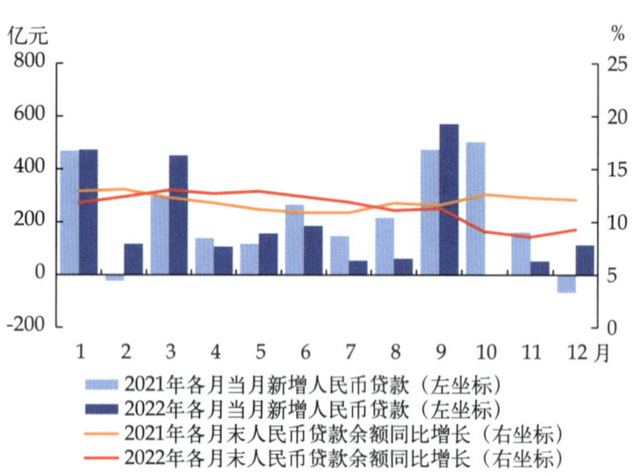

图 2　金融机构人民币贷款增长变化

（数据来源：中国人民银行乌鲁木齐中心支行）

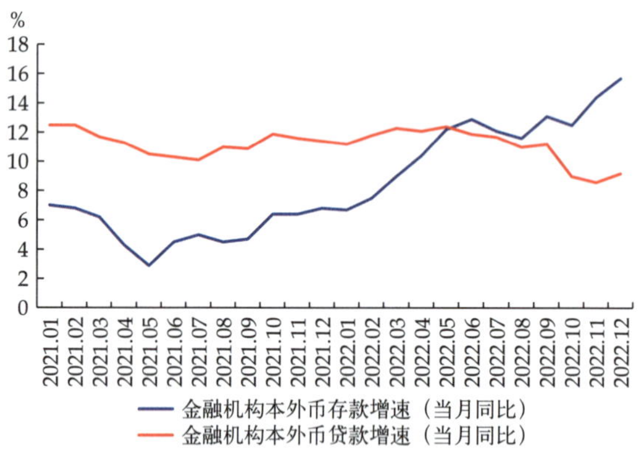

图 3　金融机构本外币存贷款增速变化

（数据来源：中国人民银行乌鲁木齐中心支行）

4. **表外融资持续下降**。2022 年，新疆金融机构表外融资规模继续收缩，年末表外融资余额 1550 亿元，同比下降 11.7%；全年减少 208 亿元，同比多减 229 亿元。其中，信托贷款、未贴现银行承兑汇票分别减少 84 亿元和 165 亿元。

5. 企业融资成本稳中有降。2022年，新疆充分发挥存款利率市场化调整机制和贷款市场报价利率指导性作用，引导企业贷款利率进一步下降。12月，定期存款加权平均利率为2.20%，同比下降0.07个百分点；新发放企业贷款加权平均利率为4.03%，同比下降0.64个百分点。个人住房贷款利率尤其是首套房利率在政策引导下明显下行，下半年首套和非首套房贷款利率较上半年分别下降0.43个和0.32个百分点。再贷款引导融资利率下降效果显著，金融机构运用再贷款发放的贷款加权平均利率为4.85%，低于同期发放涉农和小微企业贷款加权平均利率1.34个百分点。

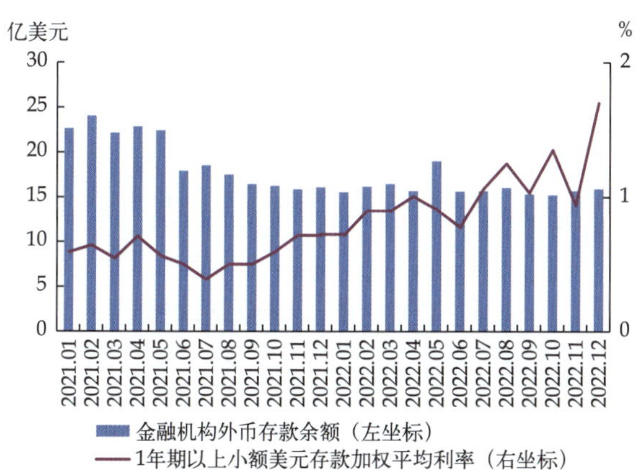

图4 金融机构外币存款余额及外币存款利率

（数据来源：中国人民银行乌鲁木齐中心支行）

表2 2022年金融机构人民币贷款各利率区间占比

单位：%

项目		1月	2月	3月	4月	5月	6月
合计		100.0	100.0	100.0	100.0	100.0	100.0
LPR减点		15.9	15.4	15.2	13.3	20.3	19.4
LPR		10.3	12.8	13.1	13.8	14.0	14.4
LPR加点	小计	73.8	71.8	71.7	72.9	65.7	66.3
	(LPR，LPR+0.5%)	18.9	13.5	16.6	18.1	16.1	19.9
	[LPR+0.5%，LPR+1.5%)	17.0	18.1	18.6	19.0	17.5	17.1
	[LPR+1.5%，LPR+3%)	11.8	13.1	14.4	15.4	13.9	14.0
	[LPR+3%，LPR+5%)	14.2	13.7	13.2	11.8	10.0	9.5
	LPR+5%及以上	11.8	13.4	9.0	8.5	8.2	5.8

续表

项目		7月	8月	9月	10月	11月	12月
合计		100.0	100.0	100.0	100.0	100.0	100.0
LPR减点		19.7	27.2	35.1	19.7	34.7	29.8
LPR		11.7	13.5	11.0	11.7	10.2	9.9
LPR加点	小计	68.7	59.3	53.9	68.7	55.1	60.2
	(LPR，LPR+0.5%)	26.6	22.0	21.5	26.6	16.1	16.2
	[LPR+0.5%，LPR+1.5%)	14.7	13.8	12.6	14.7	14.1	12.6
	[LPR+1.5%，LPR+3%)	13.6	9.9	8.9	13.6	10.2	13.1
	[LPR+3%，LPR+5%)	8.2	6.7	6.0	8.2	8.2	11.1
	LPR+5%及以上	5.5	6.9	4.9	5.5	6.5	7.3

数据来源：中国人民银行乌鲁木齐中心支行。

6. 银行业资产质量整体较好。2022年，新疆银行业不良贷款规模趋于稳定，年末不良贷款余额332亿元，同比增长2.1%；不良贷款率1.15%，同比下降0.08个百分点，创2010年以来新低。地方法人银行信贷风险总体收敛，不良贷款率同比下降0.02个百分点；风险抵补能力增强，流动性较为充裕，资本充足率14.6%、拨备覆盖率210.9%，同比分别提高0.5个和1.3个百分点；流动性比例73.6%，同比提高2.3个百分点。

7. 中小法人银行改革取得积极进展。2022年，新疆银行吸收整合库尔勒银行、农信社一揽子改革化险工作相继启动，成功申请50亿元地方政府专项债补充部分农合机构资本金。以地州为单位统一法人改革实施，《阿克苏地区农合机构统一法人改革方案》顺利获批。

8. 跨境人民币服务实体领域质效提升。2022年，新疆人民币跨境收付金额同比下降5.4%，但与实体经济相关的经常项目和直接投资人民币跨境收付同比增长52%，与周边国家人民币跨境收付同比增长169%。中哈霍尔果斯国际边境合作中心跨境人民币创新业务有序发展，试点银行为合作中心中方区注册企业、境外机构及新疆企业办理各类贷款余额145亿元。

（二）证券业稳步发展，各类市场保持平稳

1. 证券机构资产规模小幅下降。2022年末，

新疆辖内证券机构共32家，其中，法人子公司2家、分公司30家；营业部92家，与上年末持平。证券机构资产总额269亿元，同比下降2.0%；实现净利润9亿元，同比下降3.7%。

2. 上市公司融资规模下降。2022年末，新疆拥有境内上市公司59家，较上年末增加1家，其中，主板50家、创业板8家、科创板1家；新上市公司4家，退市公司3家[①]。上市公司总股本1145亿股，同比增长2.4%；总市值8519亿元，同比下降7.9%。首发上市融资、再融资和债券融资均出现下滑，全年从资本市场融资574亿元，同比下降62.2%。

3. 期货市场服务实体能力稳步提升。2022年，新疆期货经营机构10家，营业部5家，与上年末持平。期货公司资产总额54亿元，全年实现手续费和佣金收入0.6亿元。期货市场服务“三农”和工业企业力度持续加大，推出“保险＋期货+N”“信贷＋套保＋基差交易”“仓单＋银行＋套保”等期货现货结合模式。

表3　2022年证券业基本情况

项目	数量
总部设在辖内的证券公司数（家）	2
总部设在辖内的基金公司数（家）	0
总部设在辖内的期货公司数（家）	2
年末国内上市公司数（家）	59
当年国内股票（A股）筹资（亿元）	236
当年发行H股筹资（亿元）	0
当年国内债券筹资（亿元）	338
其中：短期融资券筹资额（亿元）	0
中期票据筹资额（亿元）	0

数据来源：新疆维吾尔自治区证监局、金融局。

（三）保险业平稳运行，风险保障和服务实体能力持续增强

1. 保险业机构保持稳定。2022年，新疆保险主体机构共34家，其中，财产险公司20家、人身险公司14家，与上年末持平。保险业资产总额1906亿元，同比增长11.2%。其中，财产险公司、人身险公司资产总额同比分别增长10.1%和11.3%。

2. 保费收入规模及保险赔付支出“双降”。新疆保险业务拓展受阻，保险赔付支出发生延后。2022年，新疆保险业实现保费收入683亿元，同比下降0.7%。保险业赔付支出260亿元，同比下降9.8%，为近十年来首次负增长。

3. 保险保障能力不断提升。2022年，新疆保险业累计为130家企业提供受疫情影响营业中断损失保险风险保障155亿元。农业保险量增面扩，新备案农险产品92个，地方特色养殖业保险承保数量同比增长28.0%，粮食、棉花承保覆盖面分别达到73.0%和97.7%。“新市民”保险保障力度持续提高，全年为22万人次提供保险保障4733亿元，赔付支出1亿元，同比增长40.7%。

表4　2022年保险业基本情况

项目	数量
总部设在辖内的保险公司数（家）	0
其中：财产险经营主体（家）	0
寿险经营主体（家）	0
保险公司分支机构（家）	34
其中：财产险公司分支机构（家）	20
寿险公司分支机构（家）	14
保费收入（中外资，亿元）	682.8
其中：财产险保费收入（中外资，亿元）	233.5
人身险保费收入（中外资，亿元）	449.3
各类赔款给付（中外资，亿元）	259.9

数据来源：新疆维吾尔自治区银保监局。

（四）金融市场交易平稳，融资结构进一步优化

1. 社会融资规模平稳增长。2022年末，新疆社会融资规模存量4.3万亿元，同比增长

① 2022年，新疆辖内4家公司在深交所上市，分别是元道通信、立新能源、博纳影业、川宁生物；3家公司退市，分别是亿路万源、同济堂、拉夏贝尔。

10.0%，全年新增4087亿元。其中，人民币贷款、政府债券分别新增2337亿元和1364亿元，占社会融资规模增量的57.2%和33.4%；表外融资减少208亿元，直接融资新增340亿元。

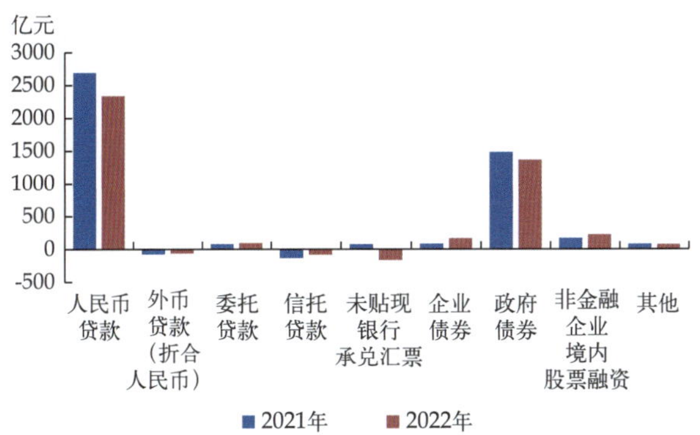

图5 社会融资规模分布结构

（数据来源：中国人民银行乌鲁木齐中心支行）

2. 动产融资业务稳步开展。2022年，新疆进一步加大动产融资统一登记公示系统的运用推广，协调将动产和权利担保统一登记公示工作纳入政府工作方案，促进动产抵押登记全流程网上办理并完善权利担保相关功能。畅通经营主体使用登记系统渠道，推动辖内部分国有银行实现与登记系统直连，有效提高融资效率。引导金融机构将符合押品条件的动产和权利纳入押品目录，动产和权利担保登记的助融效应不断扩大。

3. 结构性货币政策工具有力支持经济大盘稳定。2022年，面对复杂多变的内外部形势以及疫情超预期冲击，新疆金融业坚决落实金融支持疫情防控和经济稳增长各项政策措施，用足用好各类货币政策工具，稳固金融支持实体经济力度。全年落地新疆政策性开发性金融工具278亿元，支持基础设施项目150个；使用碳减排支持工具、支持煤炭清洁高效利用再贷款、设备更新改造再贷款、交通物流再贷款合计554亿元，惠及企业303家，带动年末基础设施贷款、绿色贷款、制造业贷款余额同比分别增长13.8%、24.1%和13.5%。

专栏1 用足用好普惠金融政策工具 精准支持普惠小微贷款量增面扩价降

2022年，人民银行乌鲁木齐中心支行聚焦小微企业融资难点堵点，通过强化政策引导、持续减费让利、落实延期政策、完善保障机制，不断扩大普惠金融规模和覆盖面。截至2022年末，新疆普惠小微贷款余额1628亿元，同比增长18.0%，高于全部贷款增速8.8个百分点；授信户数145.7万户，同比增长62.8%。2022年，新发放普惠小微贷款加权平均利率5.06%，同比下降0.34个百分点，处于有统计以来最低水平。

一、搭建政策体系，完善配套机制，着力扩大普惠小微贷款投放

一是强化政策保障。联合银保监、财政、工信等部门搭建“1+N”政策支撑体系，印发《关于加强金融服务 助力疫情防控 支持自治区经济稳增长的通知》，从政策激励、银企对接、监测评估等方面提出工作要求，同时围绕金融支持小微企业重点领域关键环节出台若干措施。二是构建常态化银企对接机制。围绕“专精特新”、供应链核心企业、交通物流等领域，建立金融支持小微企业白名单，督导金融机构开展全面精准对接。据监测，截至2022年末，新疆“专精特新”、单项冠军中小企业贷款余额共313亿元，同比增长24.5%；供应链核心企业贷款余额631亿元。

二、引导贷款利率下行，持续减费让利，推动小微综合融资成本稳中有降

一是引导金融机构下调贷款利率。推动辖内金融机构充分利用贷款市场报价利率（LPR）定价，小微企业实际贷款利率明显下行。2022年，新疆新发放小微企业贷款加权平均利率为4.67%，同比下降0.23个百分点，为LPR改革以来最低水平。通过降低贷款利率，累计为经营主体节约融资成本32亿元，惠及经营主体10万余户。二是积极落实减费让利各项政策。指导金融机构按照应降尽降原则，继续落实好支付降费政策。截至2022年末，银行等支付服务主体减费让利2亿元，惠及小微企业和个体工商户90万户，群众满意度达94.9%。支持金融机构落实普惠小微贷款阶段性减息政策，累计减免利息1.9亿元。

三、聚焦困难行业，突出精准滴灌，加大普惠金融政策实施力度

一是落实落细延期还本付息政策。努力克服疫情影响，组织金融机构开展“融资纾困直通车”专项行动，全链条解决延期、罚息减免、权益保护及“复工复产贷”发放等困难诉求，推动实施“容缺办理”，帮助小微企业减压解困。2022年，新疆金融机构累计为5.4万户普惠小微经营主体办理贷款延期还本付息249亿元。二是鼓励金融产品和服务创新。针对易受疫情影响的批发零售、交通运输、住宿餐饮等行业领域，指导金融机构综合运用交易流水、纳税记录及用水用电信息等，发放更多信用贷款。推动金融机构结合行业特色，开发“商超贷”“物流e贷”“商用车贷”“美食巴扎贷”等专属信贷产品，提升服务精准性。2022年末，辖内批发零售、交通运输、住宿餐饮贷款余额同比分别增长8.4%、14.2%和15.8%。

四、完善政策激励，强化考核评估，充分调动金融机构服务小微企业的积极性

一是发挥央行资金正向激励作用。加大再贷款再贴现投放力度，2022年新疆累计发放再贷款再贴现639.6亿元，同比增长12.3%；再贷款资金惠及各类经营主体约25.8万户，平均每亿元再贷款支持620余户；运用再贷款发放的贷款加权平均利率为4.85%，低于同期发放涉农和小微企业贷款加权平均利率1.34个百分点。实施好普惠小微贷款支持工具，累计向40家地方法人银行发放激励资金1.6亿元，带动地方法人银行增加普惠小微贷款近100亿元，占全部普惠小微贷款增量的39.8%。二是完善尽职免责制度。推动银行机构建立内部尽职免责制度，成立新疆银行业金融机构小微企业信贷尽职免责申诉协调小组，设立申诉邮箱，公示受理热线、问题反映通道，引导相关岗位人员勤勉尽责。三是加强政策效果评估运用。按季度评估银行业金融机构小微企业信贷政策执行情况，将评价结果通报扩大至辖内大型银行总行，持续发挥效果评估“指挥棒”效能。

4. 公司信用类债券发行规模下降。2022年，新疆持续发挥公司信用类债券风险防控和通报机制作用，债券市场平稳运行。受疫情影响，公司信用类债券全年发行853亿元，同比下降9.7%。其中，企业债务融资工具发行规模下降13.2%；加权平均利率3.7%，同比下降0.57个百分点。

5. 货币市场交易量增长较快。2022年，新疆货币市场累计成交8.5万亿元，同比增长12.8%。累计发生回购交易8.1万亿元，同比增长9.9%，累计净融出资金2.1万亿元，是上年同期的3.4倍，资金融出需求强烈。质押式回购利率明显下行并延续震荡态势，全年平均利率1.55%，同比下降0.46个百分点。

表5　2022年金融机构票据业务量

单位：亿元

季度	银行承兑汇票承兑		贴现			
			银行承兑汇票		商业承兑汇票	
	余额	累计发生额	余额	累计发生额	余额	累计发生额
1	1727.7	593.0	1754.4	435.3	153.7	114.0
2	1875.4	1401.5	1974.3	1127.1	173.0	227.3
3	1958.9	2053.3	2170.2	1537.7	158.0	300.5
4	1971.0	2716.5	2075.1	1932.0	150.1	402.7

数据来源：中国人民银行乌鲁木齐中心支行。

表 6　2022 年金融机构票据贴现、转贴现利率

单位：%

季度	贴现		转贴现	
	银行承兑汇票	商业承兑汇票	票据买断	票据回购
1	2.53	4.42	2.36	2.02
2	1.73	4.60	1.70	1.51
3	1.58	4.37	1.50	1.37
4	1.49	4.20	1.48	1.46

数据来源：中国人民银行乌鲁木齐中心支行。

（五）金融创新稳步推进，小微企业金融服务示范区建设成效明显

2020 年 4 月，新疆在克拉玛依市建设小微企业金融服务示范区，聚焦敢贷愿贷能贷会贷开展基层探索，取得积极进展。示范区小微企业贷款余额年均增长 44.2%，2022 年新发放小微企业贷款利率较三年前下降 1.3 个百分点，信用贷款比重较三年前提高 23.1 个百分点。

聚焦“敢贷”，推动政府性融资担保公司增资设立信用贷、担保贷风险补偿基金，推行“811”风险分担模式，小微企业融资担保规模年均增长 40.8%；建立小微企业信贷尽职免责自律机制，搭建申诉平台，2022 年责任认定中尽职免责占比 85.0%；协调建立金融案件立案绿色通道，组建诉前调解队伍，调解成功率超 90.0%。

聚焦“愿贷”，将示范区建设纳入人民银行综合评价，协调建立小微信贷评估结果与银行财政存款存放挂钩动态调整机制；实施银行内部资源优化工程，将普惠金融类指标考核比重最高提升至 16.5%，对普惠小微 FTP 优惠幅度最优扩大至 125 个基点，具有 1000 万元线下审批权限机构占比达六成。

聚焦“能贷”，搭建“贷款码”线上融资对接平台，推动银行落实“135”融资响应机制，累计为 1381 户经营主体授信 47.8 亿元；设立小微企业财务托管中心，成立金融服务协调办公室。

聚焦“会贷”，下沉金融服务重心，组建金融服务顾问团，联合开展“千人入千企”“一行一策一品”金融服务品牌创建等活动。

（六）金融基础设施更加完善，金融生态环境持续改善

1. 社会信用体系建设和服务水平不断提升。按照“政府 + 市场”双轮驱动模式，建立了以农村土地和生产经营数据为核心的涉农信息平台。2022 年末，涉农大数据库覆盖 3384 个行政村的 78 万户农户和 5 万个新型农业经营主体。累计布放个人信用报告自助查询机 357 台，实现全县域覆盖。供应链核心企业对接中征应收账款融资服务平台深入推进，4 家核心企业完成系统对接工作，全年实现融资金额 1387 亿元；形成现有规模以上供应链 37 条，惠及 243 家企业，促成融资 246 亿元。

2. 现代化支付服务持续优化。推动建成以大额批发支付系统为基础、以小额零售支付系统为支撑、清算组织系统为重要补充的现代化支付服务体系，辖内银行机构 100% 接入系统，全年处理往来业务 48.9 万亿元。依托“乡村振兴主题卡”不断延伸和丰富农村支付服务产品，在 8 个试点县市建设乡村振兴普惠金融服务站，新增发卡 57.9 万张。深入推进“移动支付 +”农产品场景建设，发生移动支付业务 17.2 亿笔，金额 4.1 万亿元，线上农产品累计交易 2.1 万笔，销售金额 92 万元。

表 7　支付体系建设情况

年份	支付系统直接参与方（个）	支付系统间接参与方（个）	支付清算系统覆盖率（%）	当年大额支付系统处理业务数（万笔）	同比增长（%）
2021	7	3128	100.0	1030.2	0.0
2022	7	3150	100.0	817.8	-0.2

年份	当年大额支付系统业务金额（亿元）	同比增长（%）	当年小额支付系统处理业务数（万笔）	同比增长（%）	当年小额支付系统业务金额（亿元）	同比增长（%）
2021	396445.3	-6.7	10477.0	14.7	45728.1	11.5
2022	443047.8	11.8	11276.8	3.6	45560.8	-3.6

数据来源：中国人民银行乌鲁木齐中心支行。

3. 金融消费宣传有力有效。持续打造“金融阿凡提”金融教育特色品牌，2022年，“金石榴”宣讲团深入1500多个行政村，开展“益农”宣讲活动220余场。着力暖心服务，全年金融纠纷调解成功率达95.7%，“12363”呼叫中心累计接收处理金融消费者投诉量同比减少0.8%，咨询量同比增长57.7%。

二、经济运行情况

2022年，面对疫情超预期冲击、经济新的下行压力等多重挑战，新疆维吾尔自治区高效做好“两个统筹”，出台实施经济稳增长43条措施和助企纾困15条措施，新疆经济展现出坚强韧性，在严峻复杂的形势中实现逆势增长。第一、第二、第三产业增加值同比分别增长5.3%、4.8%和1.5%，三次产业贡献率分别为24.0%、52.6%和23.4%。农业和工业生产稳定增长，固定资产投资规模持续扩大，外贸进出口大幅增长，物价水平温和上涨，经济整体平稳健康发展，全年实现地区生产总值1.8万亿元，同比增长3.2%。

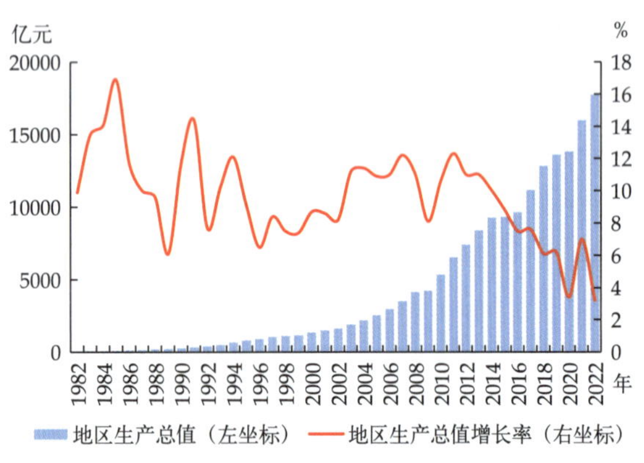

图6 地区生产总值及其增长率

（数据来源：新疆维吾尔自治区统计局）

（一）内外需求协同发力，运行态势总体平稳

1. 固定资产投资规模不断扩大。2022年，新疆充分发挥重大项目牵引带动作用，全年新开工亿元以上项目3433个，投资总额约2.9万亿元，带动固定资产投资总额（不含农户）增长7.6%。促投资稳增长政策显效，建立5660亿元项目专项贷款资金池，基础设施投资同比增长18.6%。工业投资持续发力。其中，风光电新能源产业投资加力，全年风力和光伏发电施工项目269个，同比增长96.4%，完成投资增长3.8倍。

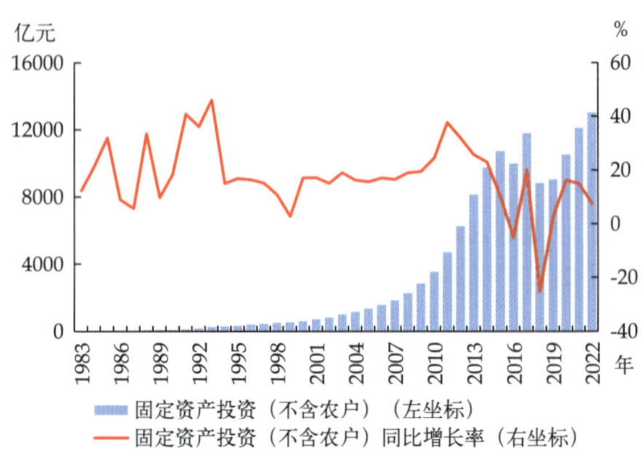

图7 固定资产投资（不含农户）及其增长率

（数据来源：新疆维吾尔自治区统计局）

2. 消费市场回升态势明显。2022年，新疆消费市场增速呈现前高后低态势。上半年在旅游升温和促销政策拉动下回暖，8月以来疫情对消费形成抑制，但在年底较快复苏。全年社会消费品零售总额3241亿元，同比下降9.6%，其中，城镇、乡村消费品零售额同比分别下降9.6%和9.8%。限额以上单位商品零售额中，中西药品、石油及制品类保持增长。线上消费缓中趋稳，年末降幅明显收窄，其中，限额以上批发零售企业网络商品销售额同比增长5.5%。

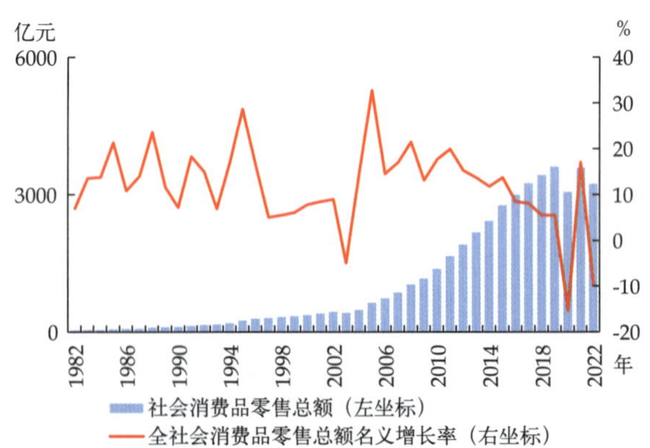

图8 社会消费品零售总额及其增长率

（数据来源：新疆维吾尔自治区统计局）

3. 进出口保持高位运行。2022 年，新疆加大政策红利释放，推出外贸外资保稳提质 3 轮政策。全年货物进出口总额 2464 亿元，同比增长 57.0%。其中，出口 2091 亿元，同比增长 64.4%；进口 372 亿元，同比增长 25.3%。民营企业展现出较强韧性，进出口同比增长 66.9%，对外贸增长贡献率达 101.3%。特殊监管区域引领作用明显，4 个综合保税区合计进出口同比增长 435.9%。出口结构进一步优化，锂离子蓄电池、电动载人汽车、太阳能电池出口同比分别增长 571.3%、1530% 和 541%。贸易伙伴更趋多元化，与全球 179 个国家和地区产生贸易往来，对“一带一路”共建国家进出口同比增长 63.5%。利用外资量稳质升，全年实际利用外资 5 亿美元，同比增长 93.9%。

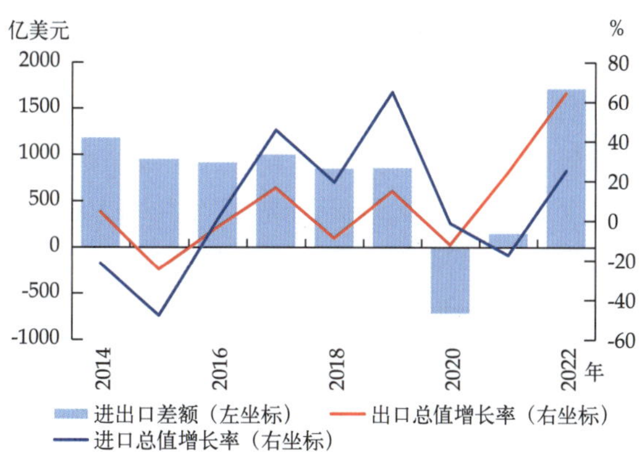

图 9　外贸进出口变动情况

（数据来源：乌鲁木齐海关）

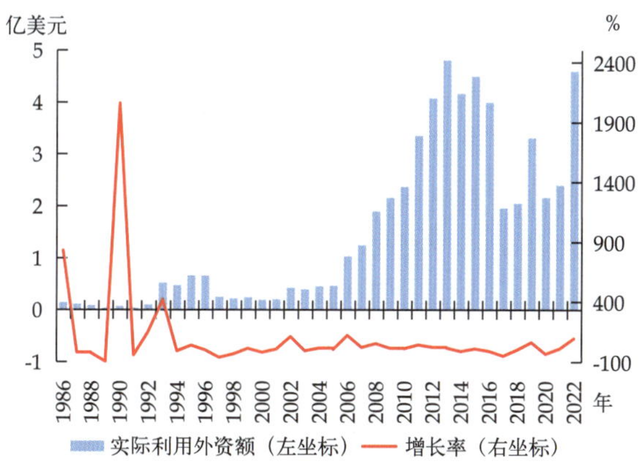

图 10　实际利用外资额及其增长率

（数据来源：新疆维吾尔自治区统计局）

（二）三次产业平稳发展，高质量发展动能不断增强

1. 农业生产形势稳定。2022 年，新疆深入推进稳粮、优棉、强果、兴畜、促特色，粮食和重要农产品稳产保供能力持续提升，农林牧渔业总产值 5469 亿元，同比增长 5.8%。粮食生产功能区和高标准农田建设大力推进，粮食总产、面积、单产实现“三增长”，总产量 1814 万吨，同比增长 4.5%；棉花绿色高质高效行动深入实施，棉花产量 539 万吨，再创新高。标准化规模养殖成效显著，猪、牛、羊存栏同比增长 6.5%；猪牛羊禽肉、牛奶产量同比分别增长 4.3% 和 5.2%。

2. 工业运行稳中提质。2022 年，新疆持续加大能源生产力度，煤炭、石油、化工、非金属、有色和电力行业拉动规模以上工业增加值同比增长 7.1 个百分点。煤油气产能加快释放，原煤、原油、天然气产量同比分别增长 28.6%、7.5% 和 4.9%。能源保供增长有力，疆煤外运量增长近一倍，疆电外送量同比增长 4.9%，为国家能源安全保供作出积极贡献。受益于资源类大宗商品价格高位运行，工业企业利润稳步向好，全年规模以上工业企业利润同比增长 31.3%。

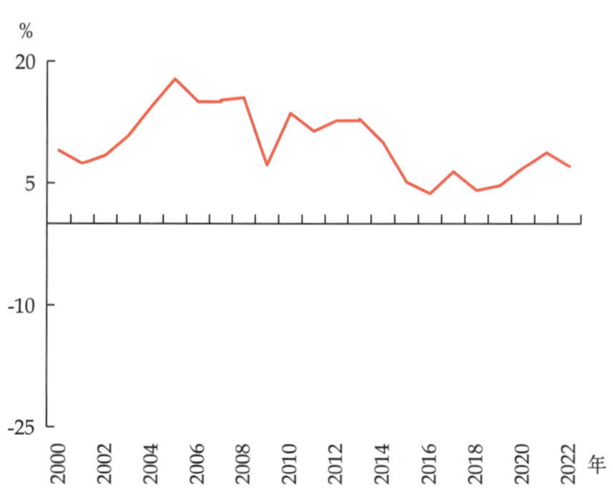

图 11　规模以上工业增加值实际增长率

（数据来源：新疆维吾尔自治区统计局）

专栏 2　金融支持煤电保供有力有效

新疆煤炭资源丰富，在国家能源安全保供大局中发挥着重要作用。2022 年，人民银行乌鲁木齐中心支行积极发挥货币政策工具的精准导向作用，引导辖区金融机构全力做好煤电企业运营及能源保供金融支持，取得积极成效。2022 年，新疆金融机构累计向煤电企业授信 4587 亿元，同比增长 35.6%。截至 2022 年末，新疆煤电企业贷款余额 2530 亿元，同比增长 8.7%。煤电企业贷款加权平均利率 3.86%，同比下降 0.76 个百分点。在稳产保供各项政策共同推动下，新疆煤炭资源优质产能加快释放，2022 年，新疆原煤产量同比增长 28.6%，发电量同比增长 1.3%。其中，“疆煤外运”量同比增长近 1 倍，“疆电外送”量同比增长 4.9%。

一、强化政策工具运用，促进金融资源聚集

一是加大煤电企业票据融资支持力度。发挥再贴现结构引导作用，优化再贴现限额管理，制定《再贴现限额分配规则》，开通煤电保供企业绿色通道，从优从快办理票据再贴现。2022 年累计发放煤电保供企业再贴现 12 亿元。二是用足用好阶段性政策金融工具。锚定项目清单，聚焦促进银企精准、高效对接，建立“周监测分析 + 月总结通报 + 实时问题反馈”工作机制，高效统筹金融机构完善机制保障、做好项目梳理、扩大金融供给、疏通政策梗阻，充分运用支持煤炭清洁高效利用专项再贷款、政策性开发性金融工具低成本资金，加大对煤炭清洁高效开发和生产储备，以及“疆电外送”“疆煤外运”通道及配套工程项目的信贷投放。2022 年，新疆辖区金融机构共获得支持煤炭清洁高效利用专项再贷款 41 亿元，支持项目 23 个。使用政策性开发性金融工具支持煤电项目 18 个，金额 4 亿元；使用 8000 亿政策性开发性银行新增额度发放煤电项目贷款 31 亿元，带动投资额 58 亿元。

二、推动金融机构优化内部管理机制，提升融资服务效能

一是完善工作机制流程。如农业银行新疆分行、中国银行新疆分行、交通银行新疆分行针对煤电企业均建立了“一个快速、五个优先”响应机制，设立信贷审批绿色通道。光大银行乌鲁木齐分行制定煤电行业重点支持企业白名单，对名单内企业简化准入流程，设立专项贷款额度，优先保障行业限额，实施 ETC 快速审批通道，确保信贷投放快速落地。二是推出专项产品服务。如国家开发银行新疆分行设立支持煤炭煤电专项贷款；民生银行乌鲁木齐分行建立煤电保供贷专项工作机制，聚焦煤电企业在采购、供应链和生产运营三大场景下的保供需求，推出“保供贷”综合金融服务方案。三是实行贷款优惠利率。如广发银行乌鲁木齐分行通过对优质煤电企业贷款项目实施 FTP 补贴，支持煤电企业加快绿色低碳转型；农业银行兵团分行主动下调煤电企业贷款利率，2022 年火力发电企业贷款平均利率 3.32%，同比下降 0.74 个百分点。

三、拓宽融资渠道，有效满足多元融资需求

充分发挥债券市场融资功能，引导金融机构运用银行间市场债务融资工具、公司债、企业债等债券工具支持煤电企业融资。如光大银行乌鲁木齐分行搭建全国范围内线上路演交流平台，支持煤电企业成功发行 5 亿元中期票据，票面利率 3.8%，创辖内产业类同类票据最低利率。工商银行新疆分行探索通过票据、行内银团、投资银行、设立基金等投贷联动方式，为煤电煤化工等能源企业并购、债务结构调整提供配套融资支持。2022

年，新疆煤电企业共发行各类债券34亿元，同比增长18.4%。

四、强化政策协同，形成几家抬支持合力

一是加强政策引导。推动自治区政府印发《2022年金融支持新疆经济高质量发展的若干措施》，引导金融机构围绕煤炭煤电煤化工产业集群发展，加大金融资源投入。二是开展政银企对接。加强与自治区发改委、财政厅、商务厅等部门协调合作，继续强化信用信息共享机制，建立煤电重点保供企业白名单，指导金融机构实现融资对接全覆盖。

3. 服务业实现小幅增长。2022年，新疆实现服务业增加值7961亿元，同比增长1.5%。疫情冲击下服务业下行压力增加，聚集性、接触式消费受影响较深，部分企业尤其是小微企业经营困难，规模以上服务业小微企业营业收入同比下降3.4%。生产性服务业对经济增长形成支撑，交通运输、仓储和邮政业，金融业增加值同比分别增长7.0%和5.9%，合计拉动第三产业增长1.5个百分点。

4. 经济增长动能不断增强。2022年，新疆立足资源禀赋和区位优势，构建以“八大产业集群”为支撑的现代化产业体系，加快培育煤制烯烃、硅光伏、能源装备等16个重点产业链，“三基地一通道”建设全面提速，新能源开发规模不断扩大，4个集群入围国家中小企业特色产业集群，为“制造强区”战略实施注入强劲动力。高新技术企业倍增行动有效实施，设立高新技术企业发展专项资金，全年实施重大科技项目194个，新增高新技术企业414家，同比增长43.4%，创历史新高。克拉玛依国家高新技术产业开发区、昌吉国家农业高新技术产业示范区获批建设。

5. 生态文明建设有序推进。深入打好污染防治攻坚战，强化“乌—昌—石”“奎—独—乌”区域大气污染协同治理，新疆空气质量优良天数比例74.6%，地表水水质优良率94.5%。重点区域生态保护和修复深入实施，完成造林150万亩、改良治理草原433万亩。博湖县、温宿县命名为国家生态文明建设示范区，布尔津县命名为“两山”实践创新基地。积极推进冬季清洁取暖，启动煤改电（二期）改造工程，21万户居民用上清洁能源。国家大型清洁能源基地加快建设，集中建成哈密千万千瓦级新能源基地，新能源总装机规模5800万千瓦，清洁能源发电量占比21.9%。

（三）居民消费价格温和上涨，工业生产者价格明显回落

1. 居民消费价格小幅上涨。2022年，新疆居民消费价格同比上涨1.8%，涨幅低于全国0.2个百分点。其中，城市同比上涨1.9%，农村同比上涨1.5%。八大类商品“六涨一平一降”，其中，食品烟酒、居住、生活用品服务、教育文化娱乐价格累计小幅上涨，交通通信、其他用品和服务价格上涨较快，同比涨幅分别为6.1%和2.3%。

2. 工业生产者价格涨幅明显回落。2022年，新疆工业生产者出厂价格同比上涨12.3%，涨幅比上年回落7.1个百分点。工业生产者购进价格同比上涨14.6%，涨幅比上年回落0.4个百分点。新疆工业结构中原油、煤炭、有色、黑色金属等原材料加工行业比重较高，国际大宗商品价格上涨，推动生产价格持续高位。随着国内保供稳价等政策措施效果不断显现，工业生产者价格涨幅自年初以来逐渐回落。

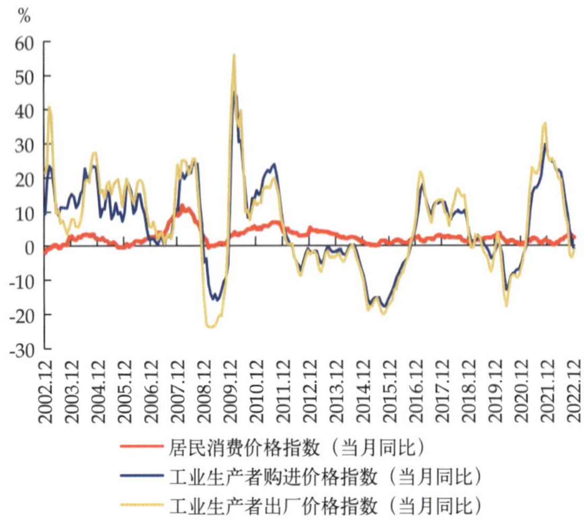

图 12　居民消费价格指数和工业生产者价格指数变动趋势

（数据来源：新疆维吾尔自治区统计局）

3. **就业形势总体稳定**。2022 年，新疆城镇新增就业 46.2 万人，完成全年目标任务的 100.3%；劳动力转移就业 303.2 万人次，完成全年目标任务的 110.3%。全年居民人均可支配收入 2.7 万元，同比增长 3.8%。其中，城镇居民人均可支配收入 3.8 万元，同比增长 2.0%；农村居民人均可支配收入 1.7 万元，同比增长 6.3%，城乡居民人均收入比值为 2.3，连续 6 年呈缩小态势。

（四）财政收入较快增长，重点领域支出保障有力

2022 年，新疆一般公共预算收入 1889 亿元，同比增长 14.9%。资源类大宗商品价格高位运行，工业企业经营效益持续改善，带动税收收入同比增长 11.8%。一般公共预算支出 5726 亿元，同比增长 6.5%。其中，用于社会保障和就业、教育、卫生健康、住房等基本民生支出 2361 亿元，占一般公共预算支出的 41.2%。2022 年，新疆发行地方政府债券 1715 亿元，同比增长 17.7%，集中支持市政、交通、水利、生态环保、能源项目等 9 大领域 2300 多个项目。

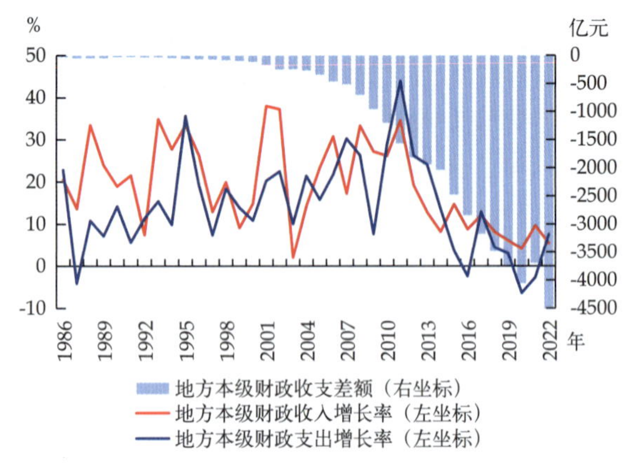

图 13　财政收支状况

（数据来源：新疆维吾尔自治区统计局）

（五）房地产市场低位运行，跨境电商蓬勃发展

1. **房地产市场整体走弱**。2022 年，新疆房地产市场受全国房地产市场下行趋势及疫情因素影响出现调整。全年新疆房地产开发投资 1159 亿元，商品房施工面积 1.6 亿平方米。商品房销售面积 1516 万平方米，商品房销售额 884 亿元，其中，住宅销售面积和销售额占总销售规模九成。

重点城市住宅价格整体平稳。国家统计局监测的 70 个大中城市数据显示，2022 年乌鲁木齐市新建住宅销售价格同比增长 1.7%，二手住宅价格同比下降 2.3%。

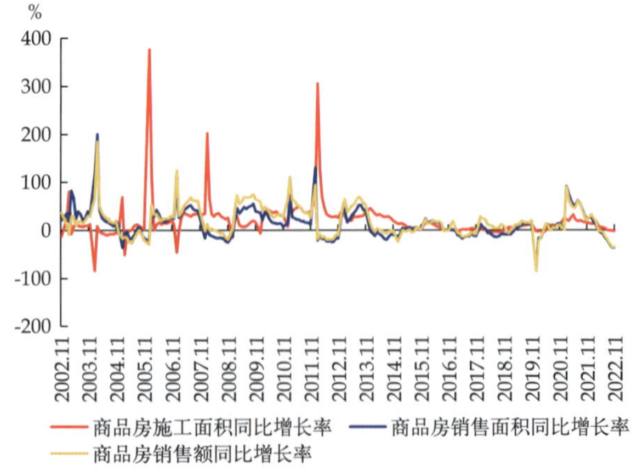

图 14　商品房施工和销售变动趋势

（数据来源：新疆维吾尔自治区统计局）

2. 跨境电商蓬勃发展，为打造开放型经济注入新活力。2022 年，新疆积极推进外贸新业态、新模式创新发展，跨境电商在疫情冲击下实现强劲增长，全年进出口值 85 亿元，同比增长 311.6%。11 月，国务院批复同意伊犁哈萨克自治州设立跨境电商综合试验区，自此形成了以乌鲁木齐、喀什、阿拉山口、伊犁 4 个综试区为引领，各口岸雁阵式发展、南北疆协同推进的跨境电商发展新格局。呈现以下特点：

一是跨境电商业务已从单一的零售到一般出口，拓展至保税进口、企业对企业出口等多种模式，形成了以“跨境电商 B2B 直接出口”、“跨境电商 B2B 出口海外仓”和“跨境贸易电子商务”为主，“保税跨境贸易电子商务”为辅的跨境电商贸易结构。

二是跨境电商综合试验区充分利用多式联运交通优势、便利化通关优势、电商平台线下体验店布局优势，引领全疆跨境电商业务发展，4 个综试区全年进出口值占比 94.7%。

三是本土电商平台发展势头强劲，企业依托新疆“东联西出”区位优势，以周边国家为重点，积极布局海外仓、口岸仓，2022 年培育海外仓 21 个，带动跨境电商运营时效显著提高。

三、预测与展望

随着我国扩大对外开放、共建“一带一路”倡议深入推进，以及新时代西部大开发等国家重大区域战略落实，新疆在党和国家战略全局中的地位和作用日益凸显，已从相对封闭的内陆变成对外开放的重要前沿，积聚了经济社会高质量发展的强大势能，迎来了前所未有的重要战略机遇期。同时，新疆经济发展也面临不少挑战，产业转型升级和提质增效步伐不快、战略性新兴产业比重不高、科技创新和人才对经济社会发展支撑作用不足、部分特色优势产业集群化发展不够、产业链供应链稳定性和竞争力有待提升、现代物流体系不健全等制约高质量发展问题依然突出。

2023 年是全面贯彻落实党的二十大精神的开局之年，是贯彻落实习近平总书记考察新疆重要讲话、重要指示精神和新时代党的治疆方略、推进新疆社会稳定和长治久安的重要一年。面对机遇和挑战，新疆将以习近平新时代中国特色社会主义思想为指导，全面贯彻落实党的二十大精神，深入贯彻习近平总书记考察新疆重要讲话、重要指示精神，坚持稳中求进工作总基调，立足资源禀赋和区位优势，加快打造以“八大产业集群”为支撑的现代产业体系，以“一港、两区、五大中心、口岸经济带”为主体的丝绸之路经济带核心区建设；优化基础设施布局、结构、功能和系统集成，加快构建支撑高质量发展的现代化基础设施体系；全面推进乡村振兴和新型城镇化建设，促进城乡融合和区域协调发展。

新疆金融系统将坚持稳字当头、稳中求进，精准有力贯彻好稳健的货币政策，充分发挥货币信贷政策工具功能，积极支持扩消费和促投资，持续加大对民营小微企业、乡村振兴、绿色发展、科技创新等领域的支持力度，促进信贷总量稳定增长、结构稳步优化。有效落实利率调控和利率市场化改革措施，促进企业综合融资和个人消费信贷成本稳中有降。坚决落实好房地产金融政策，支持房地产市场平稳健康发展。抓住推进更高水平对外开放契机，为新疆丝绸之路经济带核心区建设提供更加有力的金融支持。持续防范化解金融风险，守住金融安全稳定底线，为巩固经济企稳回升势头，促进新疆经济高质量发展营造良好的货币金融环境。

中国人民银行新疆维吾尔自治区分行货币政策分析小组

总　　纂：王新平　许可

统　　稿：孙海芹　温波

执　　笔：李爱华　李嘉钰

提供材料：买金星　徐晓静　汪　雨　王　欢　马玉慧　李　宁　李玉梅　李国俊　谢　仪
冯　迪　田　园　梁　艳　何梦竹　杜苗苗　李永翠　李妍秋　马昊文　岳　鑫
王　哲　陈　旭

附录：

（一）2022 年新疆维吾尔自治区经济金融大事记

2 月 12 日，新疆喀什地区、阿拉山口市电子商务综合试验区获批。

3 月 12 日，新疆与国有金融机构座谈会暨战略合作协议签约活动在北京举行。

5 月 6 日，人民银行乌鲁木齐中心支行实现兵团税收收入在兵团国库首开成功入库，助力兵团财税体制改革实现历史性突破。

5 月 15 日，人民银行乌鲁木齐中心支行印发《关于银行业金融机构贯彻落实自治区党委十届三次全会精神　支持新疆经济社会高质量发展的意见》。

7 月 12—15 日，习近平总书记考察新疆，从战略和全局高度为新疆工作把脉定向、掌舵领航。

7 月 18 日，“丝绸之路经济带核心区——产业振兴　创新发展”院士论坛在乌鲁木齐举行，自治区人民政府和中国工程院签订战略合作协议。

9 月 27 日，自治区党委、政府审议通过《新疆银行吸收整合库尔勒银行改革方案》，辖内城商行改革化险进入实施阶段。

9 月 19—23 日，第七届中国—亚欧博览会在乌鲁木齐举办，签订合作项目 448 个，签约总额 1.17 万亿元。

11 月 15 日，人民银行乌鲁木齐中心支行推动 7 家地方法人银行参与全国首单面向中小机构投资者柜台债券发行，地方法人银行通过柜台债质押方式借用再贷款的渠道进一步拓宽。

11 月 24 日，新疆伊犁哈萨克自治州跨境电子商务综合试验区获批。

12 月 24 日，人民银行乌鲁木齐中心支行、外汇管理局新疆分局与乌鲁木齐海关签订《打造丝绸之路经济带核心区开放高地　推动新疆开放型经济高质量发展合作备忘录》。

（二）新疆维吾尔自治区主要经济金融指标

表 1　2022 年新疆维吾尔自治区主要存贷款指标

	项目	1月	2月	3月	4月	5月	6月	7月	8月	9月	10月	11月	12月
本外币	金融机构各项存款余额（亿元）	26920.4	27099.1	27803.5	27852.8	28600.0	29293.3	29130.5	29301.0	29944.8	30428.9	30798.8	30848.1
	其中：住户存款	13533.9	13369.6	13541.6	13478.7	13445.0	13644.6	13619.5	13698.7	14025.4	14257.4	14720.6	15159.0
	非金融企业存款	6230.3	6302.9	6721.6	6795.6	7049.8	7484.3	7423.4	7860.75	8318.6	8117.1	8029.7	7960.7
	各项存款余额比上月增加（亿元）	258.3	178.7	704.5	49.3	747.1	693.4	-162.8	170.4	643.9	484.0	369.9	49.3
	金融机构各项存款同比增长（%）	6.7	7.5	9.0	10.4	12.2	12.9	12.1	11.6	13.1	12.5	14.4	15.7
	金融机构各项贷款余额（亿元）	25978.6	26092.0	26539.8	26659.7	26819.9	27009.5	27072.9	27143.2	27724.3	27732.9	27780.5	27866.3
	其中：短期	6815.3	6855.1	6968.2	6843.2	6838.6	6844.8	6774.2	6538.1	6807.8	6877.9	6928.4	6970.1
	中长期	16266.9	16355.3	16621.1	16717.7	16803.4	16976.1	17020.3	17239.6	17544.5	17552.8	17583.8	17689.5
	票据融资	1881.2	1880.1	1930.5	2079.0	2153.2	2172.6	2264.0	2348.7	2359.9	2323.3	2301.4	2278.4
	各项贷款余额比上月增加（亿元）	473.1	113.4	447.8	119.9	160.2	189.6	63.4	70.2	581.1	8.6	47.6	85.7
	其中：短期	86.5	39.7	113.1	-125.0	-4.6	6.2	-70.5	-236.1	269.6	70.2	50.4	41.7
	中长期	329.1	88.4	265.8	96.6	85.7	172.7	44.2	219.3	304.9	8.3	31.0	105.7
	票据融资	48.4	-1.0	50.3	148.5	74.2	19.5	91.3	84.8	11.2	-36.6	-21.9	-23.0
	金融机构各项贷款同比增长（%）	11.2	11.8	12.3	12.1	12.4	11.9	11.7	11.0	11.2	9.0	8.6	9.2
	其中：短期	14.5	14.7	13.9	12.9	13.6	13.3	13.5	8.9	8.6	2.4	1.6	3.6
	中长期	13.3	14.0	13.6	13.0	12.3	11.6	10.9	11.0	11.4	11.1	10.9	11.0
	票据融资	-5.6	-3.5	7.1	14.1	20.5	21.7	20.6	25.3	26.1	23.5	21.7	24.1
	建筑业贷款余额（亿元）	791.1	790.1	811.5	827.8	838.8	853.5	848.6	847.2	866.4	876.8	864.3	841.9
	房地产业贷款余额（亿元）	1084.5	1086.8	1079.8	1068.7	1063.7	1060.2	1056.5	1056.8	1063.3	1053.2	1044.4	1045.7
	建筑业贷款同比增长（%）	17.7	13.1	12.2	13.7	14.0	14.7	14.7	13.8	14.0	15.2	13.1	11.9
	房地产业贷款同比增长（%）	-3.5	-3.4	-4.2	-4.1	-4.0	-3.9	-3.7	-4.7	-3.6	-3.1	-2.8	-3.4
人民币	金融机构各项存款余额（亿元）	26821.2	26996.7	27698.9	27749.0	28473.2	29188.3	29024.6	29190.3	29835.5	30319.4	30686.1	30737.2
	其中：住户存款	13498.4	13335.2	13506.9	13442.5	13408.3	13606.3	13581.7	13661.8	13987.6	14220.2	14683.5	15123.4
	非金融企业存款	6200.1	6268.4	6685.8	6761.7	6993.3	7454.6	7396.6	7829.1	8289.4	8086.2	7995.9	7928.4
	各项存款余额比上月增加（亿元）	261.8	175.5	702.2	50.0	724.3	715.0	-163.6	165.6	645.3	483.9	366.7	51.1
	其中：住户存款	257.1	-163.1	171.7	-64.3	-34.3	198.0	-24.6	80.1	325.8	232.6	463.3	439.9
	非金融企业存款	-299.8	68.3	417.3	75.9	231.6	461.3	58.0	432.5	42.3	-203.2	-90.3	-67.5
	各项存款同比增长（%）	6.9	7.7	9.3	10.6	12.4	13.0	12.3	11.7	13.2	12.5	14.4	15.7
	其中：住户存款	13.3	10.9	11.1	12.7	13.0	12.6	13.2	13.5	14.1	11.6	13.1	14.2
	非金融企业存款	5.1	8.2	11.1	15.2	18.4	20.3	20.5	22.1	21.4	20.9	20.4	22.0
	金融机构各项贷款余额（亿元）	25542.6	25660.4	26110.8	26217.6	26374.8	26560.8	26615.0	26676.4	27248.5	27248.9	27300.5	27413.9
	其中：个人消费贷款	3821.9	3807.1	3854.7	3875.8	3908.9	3956.9	3988.6	3956.9	3967.2	3941.2	3913.6	3926.9
	票据融资	1881.2	1880.1	1930.5	2079.0	2153.2	2172.6	2264.0	2348.7	2359.9	2323.3	2301.4	2278.4
	各项贷款余额比上月增加（亿元）	471.8	117.8	450.4	106.8	157.2	186.0	54.3	61.3	572.1	0.4	51.7	113.4
	其中：个人消费贷款	19.8	-14.7	47.5	21.2	33.1	48.0	31.7	-31.7	10.3	-26.0	-27.6	13.4
	票据融资	48.4	-1.0	50.3	148.5	74.2	19.5	91.3	84.8	11.2	-36.6	-21.9	-23.0
	金融机构各项贷款同比增长（%）	11.8	12.4	13.0	12.7	12.9	12.4	11.9	11.1	11.3	9.1	8.6	9.3
	其中：个人消费贷款	19.0	16.7	15.0	13.4	12.7	12.1	11.8	10.2	10.0	10.1	9.4	9.3
	票据融资	-5.6	-3.5	7.1	14.1	20.5	21.7	20.6	25.3	26.1	23.5	21.7	24.1
外币	金融机构外币存款余额（亿美元）	15.6	16.2	16.5	15.7	19.0	15.7	15.7	16.1	15.3	15.3	15.7	15.9
	金融机构外币存款同比增长（%）	-31.3	-32.7	-25.6	-31.4	-15.2	-12.8	-15.3	-8.3	-6.5	-6.2	-1.1	-1.1
	金融机构外币贷款余额（亿美元）	68.4	68.3	67.6	66.8	66.8	66.9	67.9	67.7	67.0	67.4	66.9	65.0
	金融机构外币贷款同比增长（%）	-15.2	-15.5	-14.8	-16.7	-14.6	-14.1	-2.4	-3.1	-5.3	-5.2	-2.1	-4.7

数据来源：中国人民银行乌鲁木齐中心支行。

表 2　2001—2022 年新疆维吾尔自治区各类价格指数

单位：%

时间	居民消费价格指数		农业生产资料价格指数		工业生产者购进价格指数		工业生产者出厂价格指数	
	当月同比	累计同比	当月同比	累计同比	当月同比	累计同比	当月同比	累计同比
2001	—	4.0	—	3	—	-1.0	—	-3.7
2002	—	-0.6	—	-0.4	—	-5.1	—	-2.6
2003	—	0.4	—	1.1	—	14.8	—	15.1
2004	—	2.7	—	7.3	—	18.3	—	16.4
2005	—	0.7	—	5.3	—	10.8	—	16.6
2006	—	1.3	—	2.5	—	11.1	—	14.4
2007	—	5.5	—	6.2	—	3.8	—	6.3
2008	—	8.1	—	12.3	—	17.7	—	16.4
2009	—	0.7	—	-0.5	—	-9.4	—	-14.5
2010	—	4.3	—	3.1	—	23.9	—	25.2
2011	—	5.9	—	6.6	—	18.0	—	14.9
2012	—	3.8	—	6.2	—	-2.1	—	-3.0
2013	—	3.9	—	2.6	—	-2.2	—	-3.6
2014	—	2.1	—	-2.3	—	-2.5	—	-3.8
2015	—	0.6	—	-1.4	—	-15.7	—	-17.6
2016	—	1.4	—	-1.8	—	-4.3	—	-5.2
2017	—	2.2	—	0.8	—	12.8	—	13.8
2018	—	2.0	—	4.9	—	9.3	—	11.3
2019	—	1.9	—	2.6	—	0.0	—	-1.4
2020	—	1.5	—	6.2	—	-6.6	—	-8.3
2021	—	1.2	—	—	—	15.0	—	19.4
2022	—		—	—	—	—	—	—
2021　1	0.2	0.2	—	—	-2.4	-2.4	-2.9	-2.9
2	0.3	0.3	—	—	-0.6	-1.5	0.7	-1.1
3	1.2	0.6	—	13.7	3.3	0.1	9.1	2.2
4	1.7	0.8	—	—	10.7	2.6	17.6	5.8
5	2.2	1.1	—	—	15.4	5.1	22.9	9.0
6	1.9	1.2	—	—	17.0	7.0	21.4	11.0
7	1.8	1.3	—	—	17.1	8.4	20.9	12.4
8	1.0	1.3	—	—	18.3	9.6	22.5	13.7
9	0.5	1.2	—	—	20.3	10.8	26.0	15.0
10	1.2	1.2	—	—	25.3	12.2	34.8	17.0
11	1.8	1.3	—	—	29.7	13.8	35.8	18.7
12	1.1	1.2	—	—	27.8	15.0	26.8	19.4
2022　1	0.6	0.6	—	—			24.8	24.8
2	0.2	0.4	—	—	24.6	24.4	25.5	25.1
3	0.4	0.4	—	—	24.1	24.3	24.3	24.8
4	0.9	0.5	—	—	21.9	23.7	22.2	24.2
5	1.1	0.6	—	—	22.2	23.4	19.5	23.2
6	1.7	0.8	—	—	21.5	23.0	19.4	22.5
7	1.9	1.0	—	—	17.9	22.3	14.1	21.2
8	2.6	1.2	—	—	13.2	21.1	8.9	19.6
9	3.1	1.4	—	—	9.4	19.7	6.5	18.0
10	3.6	1.6	—	—	4.4	18.0	-2.7	15.6
11	2.9	1.7	—	—	0.3	16.2	-3.7	13.6
12	2.3	1.8	—	—	-1.0	14.6	-1.2	12.3

数据来源：新疆维吾尔自治区统计局。

表 3　2022 年新疆维吾尔自治区主要经济指标

项目	1 月	2 月	3 月	4 月	5 月	6 月	7 月	8 月	9 月	10 月	11 月	12 月
	绝对值（自年初累计）											
地区生产总值（亿元）	—	—	3975.3	—	—	8279.0	—	—	13023.8	—	—	17741.3
第一产业	—	—	131.9	—	—	554.7	—	—	1638.1	—	—	2509.3
第二产业	—	—	1672.62	—	—	3500.9	—	—	5479.6	—	—	7271.1
第三产业	—	—	2170.82	—	—	4223.4	—	—	5906.1	—	—	7961.0
工业增加值（亿元）	—	—	—	—	—	—	—	—	—	—	—	—
固定资产投资（亿元）	—	—	—	—	—	—	—	—	—	—	—	—
房地产开发投资	—	17.5	65.1	165.2	325.0	563.2	779.2	897.4	1030.4	1083.3	1125.4	1158.9
社会消费品零售总额（亿元）	—	557.0	818.6	1046.3	1313.5	1633.6	1951.5	2239.6	2447.3	2678.0	2896.9	3240.5
外贸进出口总额（亿元）	—	238.2	378.3	520.9	674.1	915.1	1154.7	1455.8	1723.1	1947.9	2194.0	2463.6
进口	—	39.0	64.8	95.9	131.1	167.7	204.3	246.4	282.6	309.5	335.0	372.4
出口	—	199.2	313.5	425.0	543.0	747.4	950.4	1209.4	1440.5	1638.4	1859.0	2091.2
进出口差额（出口 – 进口）	—	160.2	248.7	329.1	411.9	579.7	746.1	963.0	1157.9	1328.9	1524.0	1718.8
实际利用外资（亿美元）	—	1.3	1.4	1.4	1.4	1.6	1.6	1.9	1.9	4.6	4.6	4.6
地方财政收支差额（亿元）	—	-423.3	-839.0	-1159.4	-1504.8	-2221.0	2631.6	3223.4	-3727.6	-3898.4	-4206.1	-4507.4
地方财政收入	—	385.7	538.3	727.2	887.5	1138.8	1375.3	1541.8	1741.6	1922.3	2107.8	2484.9
地方财政支出	—	809.0	1377.3	1886.6	2392.3	3359.8	4006.9	4765.2	5469.2	5820.6	6314.0	6992.4
城镇登记失业率（%）（季度）	—	—	—	—	—	—	—	—	—	—	—	—
	同比累计增长率（%）											
地区生产总值	—	—	7.0	—	—	4.9	—	—	3.9	—	—	3.2
第一产业	—	—	5.9	—	—	5.4	—	—	3.4	—	—	5.3
第二产业	—	—	7.3	—	—	5.0	—	—	5.9	—	—	4.8
第三产业	—	—	6.9	—	—	4.7	—	—	2.6	—	—	1.5
工业增加值	—	7.3	7.9	7.4	7.6	7.6	8.3	8.3	7.7	7.1	7.0	7.1
固定资产投资	—	17.9	24.8	16.0	14.9	14.9	15.0	13.4	10.3	4.5	4.4	7.6
房地产开发投资	—	7.2	9.4	1.8	4.9	5.7	3.4	-4.6	-12.7	-20.3	-23.5	-22.8
社会消费品零售总额	—	11.1	7.9	4.0	1.7	1.5	1.9	-1.4	-4.4	-7.8	-10.7	-9.6
外贸进出口总额	—	34.4	34.9	33.7	30.9	39.1	38.1	49.6	55.6	60.3	59.8	57.0
进口	—	-15.7	-9.4	-1.4	2.5	6.7	8.7	18.0	21.8	24.2	23.7	25.3
出口	—	52.1	50.0	45.4	40.3	49.3	46.7	58.2	64.6	69.6	68.7	64.4
实际利用外资	—	1530	1050.0	450.0	350.0	290.0	82.5	-8.0	-8.0	123.4	116.6	93.9
地方财政收入	—	45.9	36.8	18.3	13.4	13.0	6.2	14.9	13.6	8.1	7.6	5.4
地方财政支出	—	7.9	10.1	8.9	2.4	12.2	12.4	11.9	10.7	7.5	5.2	7.6

数据来源：新疆维吾尔自治区统计局。

深圳市金融运行报告（2023）

中国人民银行深圳市分行[①]
货币政策分析小组

[内容摘要] 2022年，面对复杂多变的国际环境和艰巨繁重的改革发展任务，深圳坚持以习近平新时代中国特色社会主义思想为指导，全面系统深入学习宣传贯彻党的二十大精神和中央经济工作会议精神，深入贯彻落实习近平总书记对广东、深圳系列重要讲话和重要指示精神，按照党中央、国务院决策部署，坚决贯彻落实“疫情要防住、经济要稳住、发展要安全”重要要求，坚持稳中求进工作总基调，主动作为、靠前发力，扎实推动稳经济各项政策举措落地，有力有效应对超预期因素冲击，最大限度减少疫情对经济社会发展的影响，经济运行总体保持在合理区间。

深圳经济稳中求进，发展质量稳步提升。2022年，深圳实现地区生产总值3.2万亿元，同比增长3.3%。一是内需潜力持续释放，外需保持平稳增长。固定资产投资同比增长8.4%，其中，工业投资增长较快，同比增长19.2%。社会消费品零售总额同比增长2.2%，网上零售高速增长带动消费市场扩容提质。进出口规模稳中有升，同比增长3.7%。物价水平总体平稳，居民消费价格指数（CPI）同比上涨2.3%；工业生产者出厂价格指数（PPI）同比上涨1.7%。二是战略性新兴产业引领带动，为高质量发展提供重要支撑。规模以上工业增加值1.0万亿元，同比增长4.8%，工业增加值占地区生产总值的比重提高至35.1%。战略性新兴产业引领作用更加突出。战略性新兴产业增加值1.3万亿元，同比增长6.9%，占地区生产总值的比重为41.1%。“专精特新”企业增加值同比增长8.3%，对全市规模以上工业增加值的贡献率达22.1%。三是全链条科技创新生态不断完善，创新动能稳步增强。全社会研发投入占地区生产总值的比重为5.5%，其中，企业研发投入占全社会研发投入的比重达94.0%。全年新增国家高新技术企业2043家，总量达2.3万家。四是经营主体“梯度”培育提质升级，经营主体活力不断激发。全年新增经营主体52万户，累计达到394万户。新增“个转企”3714家、“小升规”工业企业1654家。新增国家级专精特新“小巨人”企业275家。五是财政支出结构持续优化，民生事业和重大战略任务保障有力。全年累计为经营主体减负1596亿元。九大类民生领域支出同比增长7.0%，占财政支出的68.4%。全年政府投资支出进度达92.9%，推动扩大有效投资。

金融运行平稳有序，金融服务高质量发展能力持续提升。一是金融支持实体经济能力和质效“双提升”。2022年末，本外币各项存款余额12.3万亿元，同比增长9.7%。本外币各项贷款余额8.3万亿元，同比增长8.0%，人民币各项贷款余额8.0万亿元，同比增长8.8%。重点领域金融支持力度进一步加大，2022年末，全市普惠小微贷款、制造业中长期贷款、绿色贷款余额同比增速均高于各项贷款增速。高新技术企业贷款余额同比增长16.9%，科技型中小企业贷款余额同比增长28.3%。贷款利率稳中有降，2022年12月全市新发放企业贷款加权平均

① 自2023年8月18日起，中国人民银行深圳市中心支行更名为中国人民银行深圳市分行。本报告主要反映2022年的经济金融情况，正文中涉及的相关机构表述仍沿用2022年名称。

利率为4.29%，同比下降0.82个百分点，为有统计以来最低水平。2022年深圳市社会融资规模增量为9204亿元。二是结构性货币政策工具精准有力。发挥结构性货币政策工具稳经济大盘和支持高质量发展的作用，运用科技创新再贷款支持银行向6258家企业发放贷款630亿元；运用普惠小微贷款支持工具撬动地方法人银行新增普惠小微贷款587亿元。三是银行、证券、保险等金融机构经营稳健。银行业金融机构资产规模稳步增长，2022年末辖内银行业资产总额12.2万亿元，同比增长8.5%。证券期货业资源配置能力进一步增强，2022年末资产管理规模16.7万亿元，占全国的四分之一；法人证券公司全年实现营业收入998亿元，净利润389亿元；法人基金公司、法人期货公司净利润同比分别增长8.7%和7.5%。保险业务平稳增长，法人保险机构全年保费收入同比增长7.1%。四是金融市场运行平稳。多层次资本市场融资功能充分发挥。全年首发上市（IPO）公司187家，筹资额2115亿元，金额同比增长24.6%。深圳企业在交易所及银行间市场发债融资总额1.0万亿元。票据市场有序运行。跨境人民币收付规模持续增长，人民币连续三年成为深港间第一大跨境支付货币。五是金融风险防范化解统筹力度持续提升。成立金融风险化解委员会，持续推动风险化解工作。银行资产质量保持稳定，地方法人银行资本充足率为14.73%，不良贷款率为1.62%，央行金融机构评级下高风险机构数量持续为零。

区域金融改革创新和对外开放成效突出，金融生态不断优化。2022年，深圳金融业持续强化对“双区”建设[①]的金融支持，推动区域金融改革和对外开放取得新成效。一是绿色金融取得长足发展。深圳市政府再次成功赴港发行离岸人民币地方政府债券，绿色融资实现增量扩面。二是跨境金融领域多项创新试点扩容增量。扩大香港居民代理见证开户试点，扩容本外币一体化资金池试点，推进“跨境理财通”业务试点，开展“专精特新”企业外债便利化试点。三是金融科技创新监管稳妥推进。推动共10个创新应用纳入深圳金融科技创新监管工具。四是征信服务水平稳步提升。地方征信平台累计服务小微企业10余万家，促成融资655亿元。持续推进“征信修复”乱象专项治理。五是支付领域降费让利成效显著。累计为765万户小微企业、个体工商户及2430万户有经营行为的个人降费让利64亿元。六是金融消费者权益保护不断加强。统筹开展集中性金融知识普及活动，全年指导辖内金融机构累计开展金融宣教活动近1.3万次。

展望2023年，深圳将坚持以习近平新时代中国特色社会主义思想为指导，全面贯彻落实党的二十大和中央经济工作会议精神，建设好中国特色社会主义先行示范区，奋力打造粤港澳大湾区高质量发展核心引擎，创建社会主义现代化强国的城市范例。深圳金融系统将精准有力落实好稳健的货币政策，保持辖内信贷总量合理增长，增强金融支持实体经济的稳定性和持续性，助力实现促消费、稳投资、扩内需的综合效应。加大对需求和供给体系的支持力度，强化对普惠金融、制造业、科技创新、绿色发展等领域的金融服务。促进企业融资和居民信贷成本稳中有降。推动跨境金融领域改革开放向纵深推进。牢牢守住不发生区域性金融风险的底线，维护辖区金融稳定。践行金融为民要求，全面提升金融服务管理水平，为推动高质量发展取得新成效提供高水平的金融支撑。

---

① “双区”建设指粤港澳大湾区和中国特色社会主义先行示范区建设。

一、金融运行情况

2022年，面对复杂多变的国际环境和艰巨繁重的改革发展任务，深圳金融业贯彻落实稳健的货币政策灵活适度的要求，全力落实稳经济一揽子政策和接续措施，支持稳住经济大盘。聚焦“双区”建设、“双改”示范[①]，区域金融改革创新和对外开放纵深推进，金融风险防范化解取得新成果，金融服务和管理质效进一步提升。金融业呈现平稳发展的态势，2022年实现增加值5138亿元，同比增长8.2%，为深圳有效应对疫情冲击，保持经济运行在合理区间，实现高质量发展营造了适宜的货币金融环境。

（一）银行业稳健运行，有力支持稳住经济大盘

2022年，深圳银行业坚持稳中求进工作总基调，全力支持稳住经济大盘。全年信贷总量平稳增长，信贷结构进一步优化，经营主体实际融资成本稳中有降，为深圳统筹做好疫情防控和经济社会发展提供精准有力支持。

1. 银行业资产规模稳步增长。截至2022年末，辖内银行业总资产12.2万亿元，同比增长8.5%。银行业金融机构应对多重超预期因素冲击，着力稳健经营，并进一步向实体经济让利，惠企利民。2022年全年银行业实现净利润1045亿元，同比小幅下降1.0%。

表1　2022年银行业金融机构情况

机构类别	营业网点			法人机构（个）
	机构个数（个）	从业人数（人）	资产总额（亿元）	
一、大型商业银行	705	24927	45985	0
二、国家开发银行和政策性银行	3	368	5046	0
三、股份制商业银行	584	29350	38576	2
四、城市商业银行	183	6201	8559	0
五、城市信用社	0	0	0	0

续表

机构类别	营业网点			法人机构（个）
	机构个数（个）	从业人数（人）	资产总额（亿元）	
六、小型农村金融机构	217	4002	5838	1
七、财务公司	10	733	1680	9
八、信托公司	2	1031	665	2
九、邮政储蓄银行	146	1817	1505	0
十、外资银行	90	5471	4188	5
十一、新型农村金融机构	59	1587	522	10
十二、其他	5	4311	9598	5
合　计	2004	79798	122162	34

数据来源：深圳银保监局。

注：营业网点不包括国家开发银行和政策性银行、大型商业银行、股份制银行等金融机构总部数据；大型商业银行包括中国工商银行、中国农业银行、中国银行、中国建设银行和交通银行；小型农村金融机构包括农村商业银行、农村合作银行和农村信用社；新型农村金融机构包括村镇银行、贷款公司和农村资金互助社；其他包含民营银行、金融租赁公司、汽车金融公司、货币经纪公司、消费金融公司等。

2. 存款增速下降。2022年末，深圳市本外币各项存款余额12.3万亿元，同比增长9.7%，较2021年末下降0.7个百分点；较年初增加1.1万亿元，同比多增223亿元。其中，住户存款增长19.7%，非金融企业存款增长10.7%，非银金融机构存款增长1.2%。

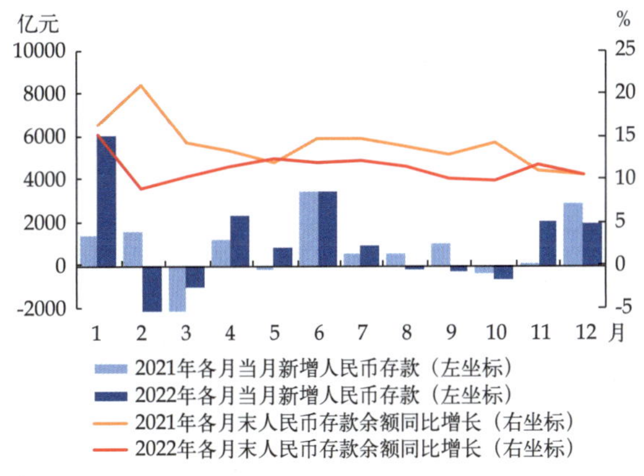

图1　金融机构人民币存款增长变化

（数据来源：中国人民银行深圳市中心支行）

① “双改”指深圳综合改革试点、全面深化前海合作区改革开放。

3.信贷总量平稳增长。2022年末，深圳市本外币各项贷款余额8.3万亿元，同比增长8.0%。人民币各项贷款余额8.0万亿元，同比增长8.8%。其中，企业贷款增速维持高位，余额同比增长11.4%；住户部门贷款余额同比增长2.9%。信贷对实体经济重点领域和薄弱环节的支持力度持续提升。扎实推动金融服务小微企业敢贷愿贷能贷会贷长效机制建设，开展“深入社区政银企对接”和“首贷户培育”等专项行动，助力稳经营主体。2022年末，普惠小微贷款余额同比增长23.8%。信贷资金有力支持深圳“三新一高”发展格局。2022年末，制造业中长期贷款、绿色贷款余额同比增速分别为41.8%和43.8%，均高于各项贷款增速。高新技术企业贷款余额同比增长16.9%；科技型中小企业贷款余额同比增长28.3%。

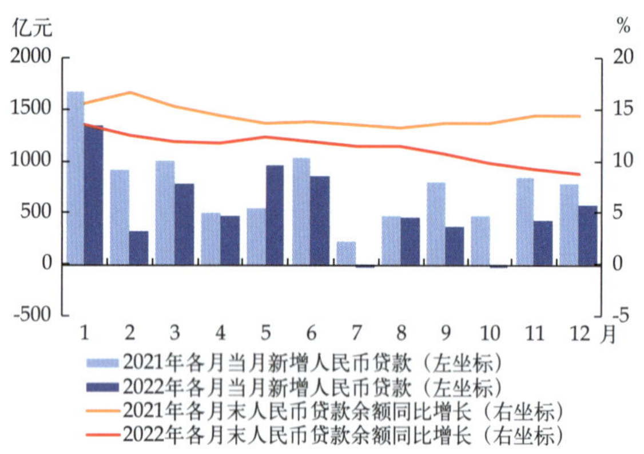

图2 金融机构人民币贷款增长变化

（数据来源：中国人民银行深圳市中心支行）

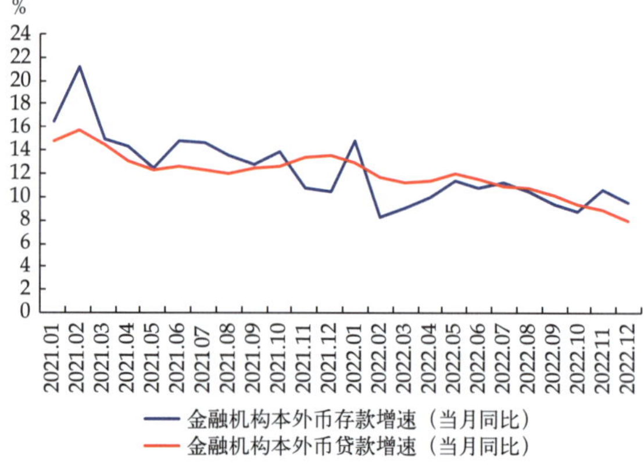

图3 金融机构本外币存贷款增速变化

（数据来源：中国人民银行深圳市中心支行）

4.利率稳中有降。辖内金融机构积极落实存款利率市场化调整机制，着力稳定负债成本。2022年12月，深圳市金融机构人民币活期存款加权平均利率为0.27%，同比下降0.04个百分点；定期存款加权平均利率为2.20%，同比下降0.12个百分点。利率传导渠道进一步畅通，贷款市场报价利率改革效能持续释放，实际贷款利率明显下行，企业融资和居民信贷成本显著降低。2022年12月，深圳市新发放人民币企业贷款加权平均利率为4.29%，同比下降0.82个百分点，为有统计以来最低水平。

5.金融风险防范化解统筹力度进一步增强。深圳市成立金融风险化解委员会，人民银行深圳市中心支行与深圳银保监局签署防范化解地方法人银行风险合作备忘录，合力推动风险化解工作，央行金融机构评级下高风险机构数量持续为零。银行资产质量保持稳定。2022年末，深圳银行业不良贷款率为1.62%，比年初小幅上升0.10个百分点。地方法人银行整体经营稳健。2022年末，地方法人银行资本充足率为14.73%，较上年末上升0.41个百分点；不良贷款率为1.25%，较上年末上升0.29个百分点。

表2 2022年金融机构人民币贷款各利率区间占比

单位：%

项目		1月	2月	3月	4月	5月	6月
合计		100.0	100.0	100.0	100.0	100.0	100.0
LPR减点		20.5	18.5	24.4	22.1	29.3	27.6
LPR		3.7	3.8	5.1	5.1	5.0	6.7
LPR加点	小计	75.8	77.7	70.5	72.8	65.7	65.7
	(LPR，LPR+0.5%)	16.2	11.9	10.7	9.1	11.6	16.1
	[LPR+0.5%，LPR+1.5%)	22.3	18.8	20.7	19.5	17.5	17.5
	[LPR+1.5%，LPR+3%)	8.8	7.3	7.4	8.3	5.7	6.3
	[LPR+3%，LPR+5%)	4.3	4.6	4.3	5.5	3.7	3.1
	LPR+5%及以上	24.2	35.2	27.3	30.4	27.2	22.6
项目		7月	8月	9月	10月	11月	12月
合计		100.0	100.0	100.0	100.0	100.0	100.0
LPR减点		25.2	22.5	27.6	28.8	29.9	33.7
LPR		5.8	5.4	5.5	4.1	5.5	5.3

续表

项目		7月	8月	9月	10月	11月	12月
LPR加点	小计	69.0	72.1	66.9	67.1	64.7	61.0
	(LPR，LPR+0.5%)	13.7	18.1	19.3	17.3	18.0	15.1
	[LPR+0.5%，LPR+1.5%)	15.5	13.6	14.7	11.9	12.0	14.6
	[LPR+1.5%，LPR+3%)	8.6	8.6	5.8	5.7	6.4	5.6
	[LPR+3%，LPR+5%)	3.7	4.2	3.2	3.7	3.5	3.1
	LPR+5% 及以上	27.5	27.6	24.0	28.5	24.8	22.6

数据来源：中国人民银行深圳市中心支行。

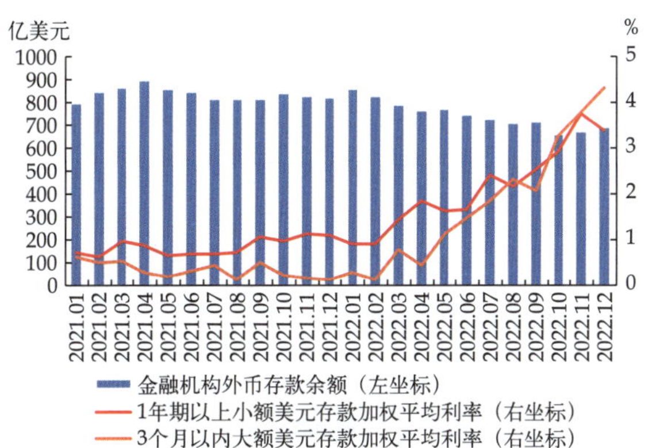

图4　金融机构外币存款余额及外币存款利率

（数据来源：中国人民银行深圳市中心支行）

6. 跨境人民币收付规模持续增长。2022年，深圳跨境人民币收付规模达3.3万亿元，同比增长4.8%，占全国的7.7%，人民币占深圳跨境本外币收支的48.1%，同比提升0.6个百分点，收付规模和本外币占比均创历史新高。其中，深圳与香港间人民币跨境收付额达2.6万亿元，占深港间本外币跨境收付额的51.3%，人民币连续三年成为深港间第一大跨境支付货币。

（二）证券业运行平稳，积极服务实体经济发展

2022年，深圳证券行业立足深圳实际，打造更加优质的资本要素市场，切实服务实体经济高质量发展。

1. 机构保持盈利，总体实力较强。截至2022年末，辖区22家证券公司全年实现营业收入998亿元、净利润389亿元；同比分别下降20.0%和23.0%。辖区32家法人基金公司、14家法人期货公司，全年分别实现净利润114亿元和17亿元，同比分别增长8.7%和7.5%。

表3　2022年证券业基本情况

项目	数量
总部设在辖内的证券公司数（家）	22
总部设在辖内的基金公司数（家）	32
总部设在辖内的期货公司数（家）	14
年末国内上市公司数（家）	405
当年国内股票（A股）筹资（亿元）	1146
当年发行H股筹资（亿元）	49
当年国内债券筹资（亿元）	10485
其中：短期融资券筹资额（亿元）	1004
中期票据筹资额（亿元）	1467

数据来源：深圳证监局、中国人民银行深圳市中心支行。

注：当年国内债券筹资金额包含交易所市场、银行间市场债券筹资金额，统计对象包含金融企业和非金融企业。

2. 积极探索创新业务，服务实体经济发展。2022年，辖内证券公司助力192家本地企业通过股权、债券融资逾2800亿元，有效发挥资本市场服务实体经济功能。辖内期货公司累计服务产业客户1.6万户，交易额19.2万亿元，促成套保规模1.5万亿元，助力市场保供稳价。深入推进基础设施REITs试点，2022年辖内两单基础设施REITs发行上市，募集资金约50亿元。设立深交所科技成果与知识产权交易中心，进一步健全资本市场支持科技创新的体制机制。

3. 资产管理行业规范发展，业务规模平稳增长。2022年末，深圳证券期货业务资产管理总规模16.7万亿元，规模占全国的1/4。其中，基金公司、证券公司的资管规模分别约为11.2万亿元和3.2万亿元，私募基金管理人存续管理规模约为2.2万亿元。

（三）保险业平稳发展，社会保障功能持续增强

截至2022年末，深圳共有总部保险机构30家。全年实现保费收入1528亿元，同比增长7.1%。其中，财产险保费收入418亿元，同比

下降3.5%；人身险保费收入1110亿元，同比增长18.9%。

表4　2022年保险业基本情况

项目	数量
总部设在辖内的保险公司数（家）	30
其中：财产险经营主体（家）	12
寿险经营主体（家）	8
保险公司分支机构（家）	81
其中：财产险公司分支机构（家）	34
寿险公司分支机构（家）	45
保费收入（中外资，亿元）	1527.6
其中：财产险保费收入（中外资，亿元）	417.9
人身险保费收入（中外资，亿元）	1109.7
各类赔款给付（中外资，亿元）	440.6

数据来源：深圳银保监局。

（四）社会融资规模合理增长，金融市场平稳运行

2022年，深圳社会融资规模合理增长，票据业务增长较快，资本市场、黄金市场平稳运行。

1. 社会融资规模合理增长。2022年，深圳市社会融资规模增量为9204亿元。其中，表内信贷新增5983亿元，占地区社会融资增量的65.0%；企业债券融资新增287亿元，非金融企业境内股票融资新增835亿元，地方政府债券融资新增655亿元，三项合计占地区社会融资增量的19.3%；委托贷款、信托贷款、未贴现银行承兑汇票等表外融资新增1233亿元，占地区社会融资增量的13.4%。

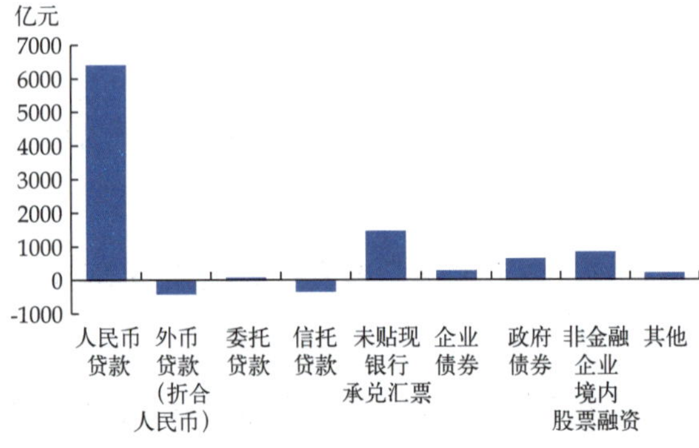

图5　2022年社会融资规模分布结构

（数据来源：中国人民银行深圳市中心支行）

2. 发挥好结构性货币政策工具引导功能。2022年，深圳持续发挥政策性开发性金融工具的作用，更好地撬动有效投资。指导辖内金融机构用好用足碳减排支持工具、科技创新再贷款、交通物流专项再贷款、设备更新改造专项再贷款等结构性货币政策工具，有力支持经济重点领域和薄弱环节发展。落实好支小再贷款、再贴现、普惠小微贷款支持工具、普惠小微贷款阶段性减息政策，切实助力稳经营主体。截至2022年末，辖内金融机构运用政策性开发性金融工具向31个重大项目投放166亿元基础设施基金，涉及总投资额4460亿元；运用科技创新再贷款支持银行向6258家企业发放贷款630亿元；运用普惠小微贷款支持工具撬动地方法人银行新增普惠小微贷款587亿元；落实普惠小微贷款阶段性减息政策，辖内金融机构共减息21亿元。

3. 票据业务增长较快。2022年，银行承兑汇票累计发生额1.2万亿元，同比增长51.4%；企业票据贴现累计发生额1.2万亿元，同比增长62.4%。市场流动性总体充裕，票据贴现利率持续下行。2022年，票据贴现业务加权平均利率为1.81%，同比下降0.92个百分点。

表5　2022年金融机构票据业务量

单位：亿元

季度	银行承兑汇票承兑		贴现			
			银行承兑汇票		商业承兑汇票	
	余额	累计发生额	余额	累计发生额	余额	累计发生额
1	5187.5	2138.8	3583.4	2324.9	973.3	196.5
2	6331.0	5588.1	3881.3	5844.5	899.5	369.5
3	6926.3	8600.0	4391.3	8612.2	865.2	535.4
4	7168.5	11868.7	3945.5	11726.0	871.4	709.6

数据来源：中国人民银行深圳市中心支行。

表6　2022年金融机构票据贴现、转贴现利率

单位：%

季度	贴现		转贴现	
	银行承兑汇票	商业承兑汇票	票据买断	票据回购
1	2.35	3.76	2.38	1.89
2	1.61	3.33	1.63	1.77

续表

季度	贴现		转贴现	
	银行承兑汇票	商业承兑汇票	票据买断	票据回购
3	1.53	3.13	1.52	1.39
4	1.47	3.10	1.47	1.47

数据来源：中国人民银行深圳市中心支行。

4. 多层次资本市场融资功能充分发挥。 2022 年，深圳证券交易所首发上市（IPO）公司家数 187 家，筹资额 2115 亿元，金额同比增长 24.6%。截至 2022 年末，深圳共有 405 家公司在 A 股上市，较 2021 年末增加 33 家，上市公司总市值 7.6 万亿元。辖内企业全年发行 A 股筹资 1147 亿元，同比增长 9.4%；发行 H 股筹资 49 亿元。交易所及银行间市场债券筹资总额 1.0 万亿元；其中，短期融资券筹资额 1004 亿元，中期票据筹资额 1468 亿元，超短期债券融资 2147 亿元。

5. 黄金市场交易低位运行。 受黄金价格高位震荡影响，企业购金成本增加，购金需求下降。2022 年，上海黄金交易所深圳会员黄金交易 3627 吨，同比下降 5.4%，占全国的 9.4%；夜市交易 18.3 万吨，同比下降 76.6%，占全国的 43.3%；深圳会员黄金交割量 378 吨，同比下降 11.7%，占全国的 22.9%。

专栏 1　金融聚力科技创新　赋能深圳经济高质量发展彰显成效

中国人民银行深圳市中心支行深入学习贯彻党的二十大“完善科技创新体系”“加快实施创新驱动发展战略”等战略部署，立足深圳“科创之都”和“双区驱动”的特色优势，积极推动金融支持科技创新发展。截至 2022 年末，深圳市科技型中小企业、高新技术企业、“专精特新”企业贷款同比分别增长 28.3%、16.9% 和 81.1%。

政策引导，着力加强科技创新领域信贷支持。持续优化科技创新信贷政策导向效果评估方案，全面评价银行科技创新金融服务情况，及时将评估结果与相关部门共享，为相关部门制定产业支持政策提供参考，助力实现产业政策和信贷政策协调配合、同频共振。充分发挥科技创新再贷款等货币政策工具的精准滴灌和杠杆撬动作用，引导银行加大对科技创新企业支持力度，降低企业融资成本。截至 2022 年末，深圳近 6300 家企业共获得科技创新再贷款资金支持的贷款 630 亿元。

发挥合力，精准支持重点科技企业发展。鼓励银行从“单兵作战”发展为“集团作战”模式，依托科技金融联盟及知识产权金融全业态联盟，不断完善知识产权融资等服务模式，多元化加强“政学研产融”等生态链合作赋能，“让金融了解科创，让科创找到金融”。指导银行机构创新推出线上批量化“见投即贷”等产品，有效推动金融与科技深度融合。

量体裁衣，提高科创企业金融服务适配性。针对科技型中小企业融资过程中面临的信息不对称等突出问题，鼓励银行发挥自身数据和科技优势，探索差异化的信贷评估体系，多维度对企业技术实力进行量化评估并划分等级，解决银行对科创企业“看不懂”“不敢贷”的问题，使金融服务更加适配科创企业特点。

金融护航，推动银行加快融入全过程创新生态链。以推动创新链产业链资金链人才链深度融合为目标，指导深圳银行机构聚焦知识产权融资、数字化平台共建等重点领域，加大对科技创新的资金支持，丰富产业链的渠道生态建设，完善人才链的综合金融服务，为科技成果转化和产业创新发展注入金融“活水”。

（五）区域金融改革创新和对外开放成效突出

2022年，深圳金融业持续强化“双区”建设金融支持，推动区域金融改革和对外开放取得新成效。

1. 绿色金融取得长足发展。配合深圳市政府再次赴港发行离岸人民币地方政府债券，推动绿色融资增量扩面。截至2022年末，深圳绿色贷款余额6450亿元，同比增长43.8%，比各项贷款增速高35.8个百分点。2022年，深圳企业在银行间市场发行绿色债券613亿元，同比增长260.7%。落地银行间市场首单粤港澳大湾区蓝色债券及全国首单“乡村振兴”绿色金融债券。

2. 跨境金融领域多项创新试点持续扩容增量。一是稳步推动香港居民代理见证开户业务扩大试点。截至2022年末，5家试点银行累计为香港居民代理见证开立账户19.8万户。二是本外币一体化资金池试点扩容落地。截至2022年末，首批15家试点企业共办理资金池业务501亿美元，有效降低企业汇兑风险及财务成本。三是深入推进“跨境理财通”业务试点。截至2022年末，深圳地区试点银行累计开立“跨境理财通”业务相关账户1.9万个，跨境收付金额合计7亿元，双方向投资产品交易额合计5亿元。跨境资金收付量约占粤港澳大湾区“跨境理财通”业务总量的三分之一。四是开展“专精特新”企业外债便利化试点。2022年，深圳共有12家“专精特新”企业办理跨境融资便利化试点业务，登记金额1亿美元，综合融资成本显著降低。五是创新“银行+外综服”模式，为跨境电商企业提供更安全、高效、低成本的外汇资金结算服务。2022年，收汇规模突破184亿美元，服务超6.9万家小微企业拓展国际市场。

3. 金融科技创新监管稳妥推进。截至2022年末，推动共10个创新应用纳入深圳金融科技创新监管工具，聚焦区块链、大数据、人工智能等现代技术应用方向，加强产品形态、服务渠道、经营模式和业务流程优化，打造贴合百姓民生、符合人民群众期盼和需要的创新产品服务。推动粤港澳大湾区首个金融科技跨境创新测试应用测试运行。

4. 数字人民币生态体系进一步完善。持续扩容试点场景，落地应用场景达130万个。创建数字人民币预付式消费平台。落地数字人民币公积金缴存业务线上场景。实现数字人民币供应链全流程应用，完善供应链“一站式”数字人民币服务。积极探索数字人民币跨境结算，推进深港跨境消费应用。

5. 招商局金融控股有限公司成功设立。推动招商局金融控股有限公司获批设立，进一步规范辖区产融结合型集团经营，防范系统性风险。

（六）金融生态进一步优化，金融服务与管理质效不断提升

2022年，深圳持续加强金融生态环境建设，不断提升金融服务与管理质效，助力优化营商环境，服务经济高质量发展。

一是征信服务水平稳步提升。地方征信平台累计服务小微企业10余万家，促成融资655亿元。推动深圳地方征信平台以及5家市场化征信机构接入“珠三角征信链”，稳妥推进“四类机构”接入征信系统，持续推进“征信修复”乱象专项治理。二是支付服务降费让利成效显著。推动支付机构进一步加大降费让利力度。2022年，累计为765万户小微企业、个体工商户及2430万户有经营行为的个人降费让利64亿元。三是金融消费者权益保护不断加强。统筹开展集中性金融知识普及活动，指导银行依托金融教育示范基地积极开展“少年助老金融公益”“守住‘钱袋子’”主题宣教、财商教育启蒙、反诈宣传等活动，全年指导辖内金融机构累计开展金融宣教活动近1.3万次。

表 7　支付体系建设情况

年份	支付系统直接参与方（个）	支付系统间接参与方（个）	支付清算系统覆盖率（%）	当年大额支付系统处理业务数（万笔）		同比增长（%）
2021	11	1928	96.7	4862.2		-1.3
2022	11	2012	98.4	4001.6		-17.7
年份	当年大额支付系统业务金额（亿元）	同比增长（%）	当年小额支付系统处理业务数（万笔）	同比增长（%）	当年小额支付系统业务金额（亿元）	同比增长（%）
2021	8754585.3	21.1	56673.5	19.8	225002.4	12.6
2022	9878674.1	12.8	60946.6	7.5	244307.6	8.6

数据来源：中国人民银行深圳市中心支行。

二、经济运行情况

2022 年，深圳坚持稳中求进工作总基调，高效统筹疫情防控和经济社会发展，统筹发展和安全，加快落实稳经济一揽子政策和接续政策措施，最大限度减少疫情对经济社会发展的影响，经济运行总体保持在合理区间。2022 年全市地区生产总值 3.2 万亿元，同比增长 3.3%。

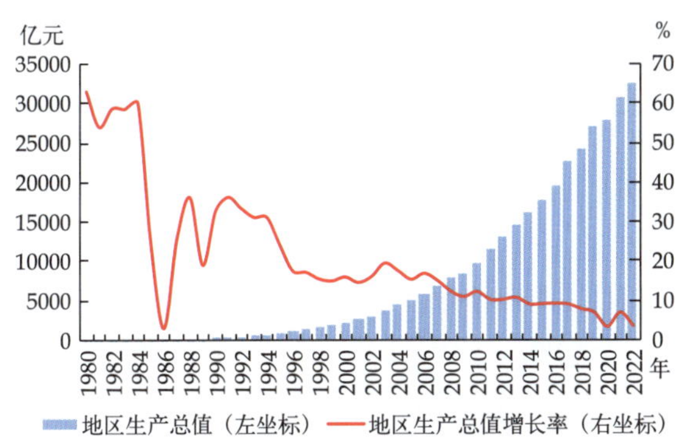

图 6　地区生产总值及其增长率

（数据来源：深圳市统计局）

（一）内需潜力持续释放，外需保持平稳增长

2022 年，深圳市坚决贯彻落实“疫情要防住、经济要稳住、发展要安全”的要求，把稳增长放在更加突出位置，全市经济延续恢复态势，投资保持较快增长，消费市场扩容提质，贸易规模稳中有升，经济社会高质量发展持续向好。

1. 固定资产投资较快增长，高技术产业和社会领域投资活跃。2022 年，全市固定资产投资同比增长 8.4%。工业投资继续保持良好增势，增长 19.2%，其中，制造业投资增长 15.4%。高技术产业投资活跃，高技术制造业投资增长 17.0%，其中，电子及通信设备制造投资增长 21.0%；信息传输、软件和信息技术服务业投资增长 43.8%。社会领域投资快速增长，其中，卫生和社会工作投资增长 64.1%，文化、体育和娱乐业投资增长 22.9%。

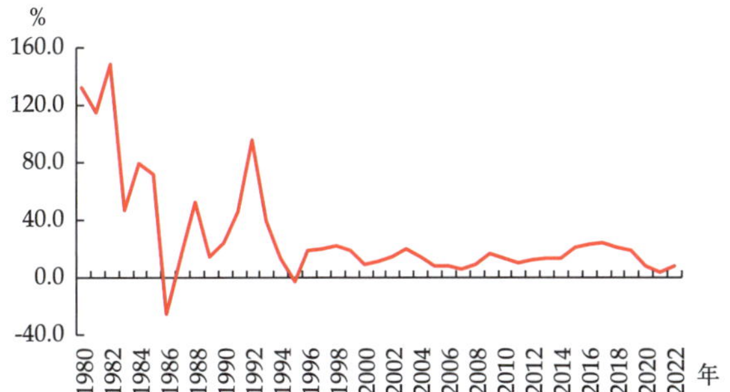

图 7　固定资产投资（不含农户）增长率

（数据来源：深圳市统计局）

2. 消费小幅增长，网上零售维持高增态势。2022 年，社会消费品零售总额 9708 亿元，同比增长 2.2%。分消费类型看，商品零售增长 4.2%；基本生活类商品销售良好，其中，限额以上单位粮油食品类、饮料类零售额分别增长 18.1% 和 25.4%。消费升级类商品保持较快增长，其中，限额以上单位通讯器材类、汽车类零售额分别增长 40.3% 和 13.5%。网上零售持续快速增长，限额以上单位通过互联网实现的商品零售额增长 20.9%。

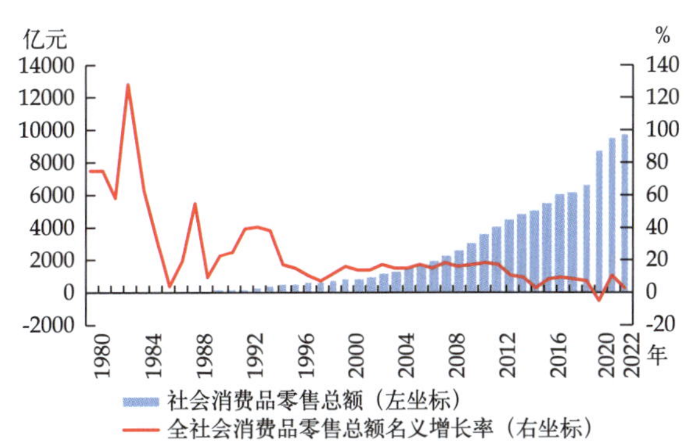

图 8　社会消费品零售总额及其增长率

（数据来源：深圳市统计局）

3. 进出口总额平稳增长，贸易结构持续优化。2022年，深圳市进出口总额3.7万亿元，同比增长3.7%。其中，出口2.2万亿元，同比增长13.9%；进口1.5万亿元，同比下降8.5%。持续扩大外贸“朋友圈”，对RCEP成员国、“一带一路”共建国家分别进出口1.0万亿元、8930亿元，增长7.8%和15.1%，合计拉动整体进出口3.9个百分点。主要商品出口稳定，机电产品出口总值占比76.5%，劳动密集型产品出口总值同比增长31.8%。民营企业在深圳对外贸易中的主体地位进一步巩固。2022年，深圳民营企业进出口2.3万亿元，增长5.9%，占比62.1%，较2021年提升1.3个百分点。

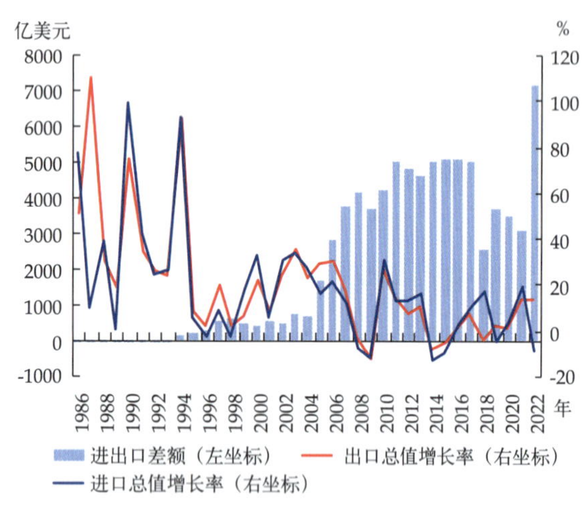

图9　外贸进出口变动情况

（数据来源：深圳市统计局）

4. 外商投资保持增长，引资质量持续提升。深圳充分发挥“双区”驱动、“双区”叠加效应，持续推进高质量外资外商招引，外商投资信心进一步增强。2022年，深圳实际利用外资110亿美元，再创历史新高。其中高技术产业使用外资占比41.0%。出台《深圳经济特区外商投资条例》，初步形成以该条例为顶层设计，以《深圳市推动高质量利用外资行动方案（2021—2025年）》为“十四五”期间行动纲领的利用外资法规政策体系，营造更优外商投资营商环境。

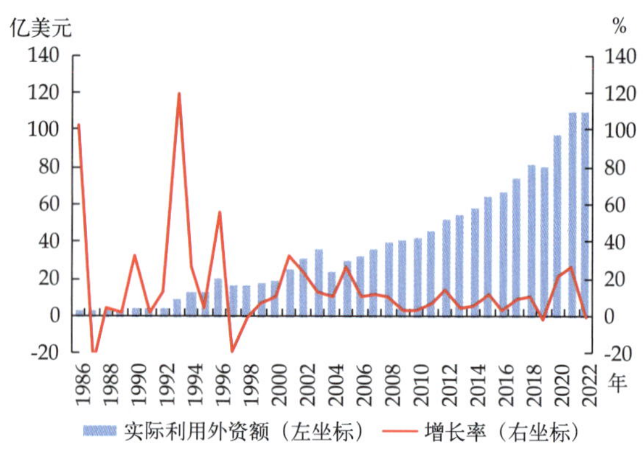

图10　实际利用外资额及其增长率

（数据来源：深圳市统计局）

（二）现代化产业结构持续优化，创新和绿色低碳发展理念深入践行

1. 工业生产稳定恢复，战略性新兴产业引领作用更加突出。2022年，全市规模以上工业增加值1.0万亿元，同比增长4.8%，工业增加值占地区生产总值的比重为35.1%。出台实施“20+8”战略性新兴产业集群和未来产业行动计划。战略性新兴产业增加值1.3万亿元，同比增长6.9%，占地区生产总值的比重为41.1%。主要高技术产品产量持续快速增长，其中，新能源汽车、充电桩、民用无人机、5G智能手机产量分别增长183.4%、113.8%、34.7%和22.3%。“专精特新”企业发挥强力支撑作用，全年增加值合计增长8.3%，对全市规模以上工业增加值的贡献率达22.1%。

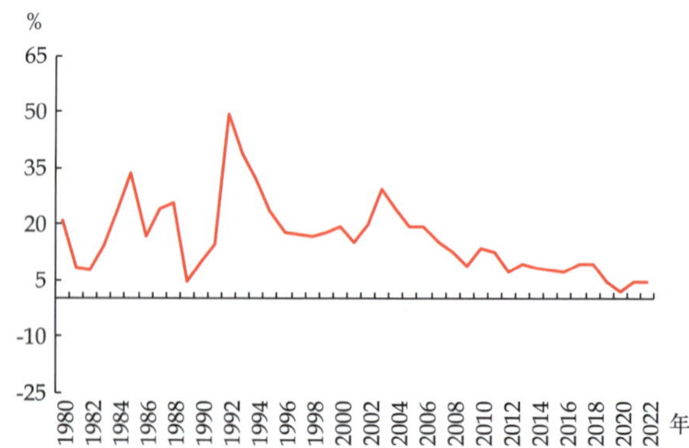

图11　规模以上工业增加值实际增长率

（数据来源：深圳市统计局）

2. 服务业发展提质升级，现代服务业成为经济高质量发展的重要支撑。2022年，全市第三产业增加值2.0万亿元，同比增长2.4%。现代服务业增加值1.5万亿元，占服务业增加值的比重为76.3%。金融业增加值5138亿元，同比增长8.2%。新增招商金控等持牌金融机构11家，新增风投创投机构67家。规模以上营利性服务业营业收入增长5.9%，其中，软件和信息技术服务业增长14.4%。成功举办2022年全球招商大会，新引进315个重大项目，签约金额8790亿元。

3. 全链条科技创新生态不断完善，创新发展动能稳步增强。原始创新能力稳步提高，出台实施基础研究“深研”规划，全社会研发投入占地区生产总值的比重为5.5%，其中，企业研发投入占全社会研发投入的比重达94.0%。基础研究投入增长67.4%，基础研究投入占全社会研发投入的比重为7.3%。新增国家高新技术企业2043家，总量达2.3万家。

4. 经营主体“梯度”培育提质升级，经营主体活力不断激发。出台《深圳市人民政府关于加快培育壮大市场主体的实施意见》，积极推进“个转企”“小升规”“规做精”“优上市”。2022年，全市新增“个转企”3714家、“小升规”工业企业1654家。新增国家级专精特新“小巨人”企业275家，累计442家。新增独角兽企业13家。新增境内外上市公司42家，累计达535家。世界500强企业增至10家。全年新增经营主体52万户，累计达到394万户。

5. 厚植绿色发展底色，生态环境质量持续提升。绿色低碳发展成效明显，单位GDP能耗下降5.8%，清洁能源装机比重为78.3%，较2021年提高1.5个百分点，新增绿色建筑面积1816万平方米。水环境质量不断提升，310条河流水体优良比例达67.6%，较2021年提高17.6个百分点。“深圳蓝”招牌持续擦亮，全年PM2.5平均浓度为16微克/立方米，创有监测数据以来的新低。深圳成功入选联合国生物多样性魅力城市。

（三）物价指数总体平稳，居民收入稳步增加

1. 居民消费价格温和上涨，工业品价格涨幅回落。2022年，深圳居民消费价格指数（CPI）同比上涨2.3%，涨幅较2021年扩大1.4个百分点。食品烟酒、教育文化娱乐等价格上涨拉动CPI上行。受国际大宗商品价格高位回落、国内能源保供成效显著等因素影响，全年工业品出厂价格指数（PPI）同比上涨1.7%，涨幅较2021年回落0.2个百分点。

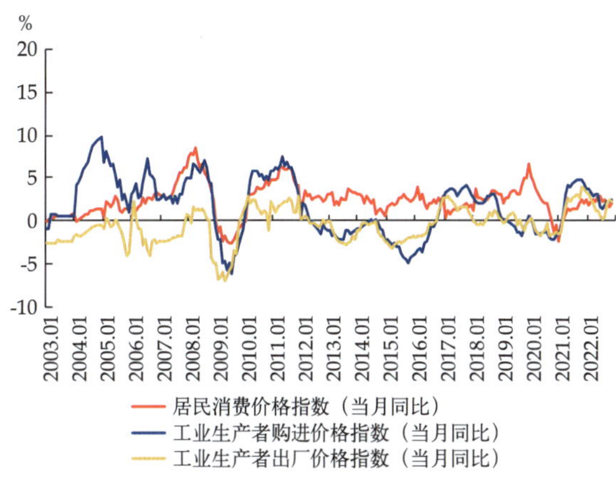

图12 居民消费价格指数和工业生产者价格指数变动趋势

（数据来源：国家统计局深圳调查队）

2. 就业形势总体稳定，居民人均可支配收入保持增长。2022年，全市城镇新增就业18.2万人。居民人均可支配收入7.3万元，较2021年增加1871元，同比增长2.6%，扣除价格因素影响，实际增长0.3%。其中，人均工资性收入6.1万元，同比增长3.5%；人均财产净收入6761元，增长0.2%。

（四）积极的财政政策加力提效，有力支撑宏观经济大盘企稳回升

1. 财政收入大盘稳韧性足，退税减税缓税降费政策惠及经营主体。2022年，深圳地方一般公共预算收入完成4012亿元，同口径下降0.6%。严格落实国家组合式税费支持政策，全

年累计为经营主体减负1596亿元，其中，增值税留抵退税632亿元、制造业中小微企业缓缴税费210亿元。主动谋划加力稳住经济大盘，推动纾困政策“全面顶格、能出尽出”，财政投入累计480多亿元。

2. 财政支出结构持续优化，民生事业和重大战略任务保障有力。2022年，深圳一般公共预算支出4997亿元，同比增长9.3%。全市教育、卫生等九大类民生领域支出3420亿元，同比增长7.0%，占财政支出的比重达68.4%。早发快用665亿元地方债，为城市发展提供长期低息资金。全市政府投资支出1511亿元，支出进度92.9%，推动扩大有效投资。引导基金参股子基金新增投资项目342个，金额138亿元，充分发挥“引大资、稳实体”作用。用好中央和省直达资金144亿元，惠及企业8600多家，近310万人。

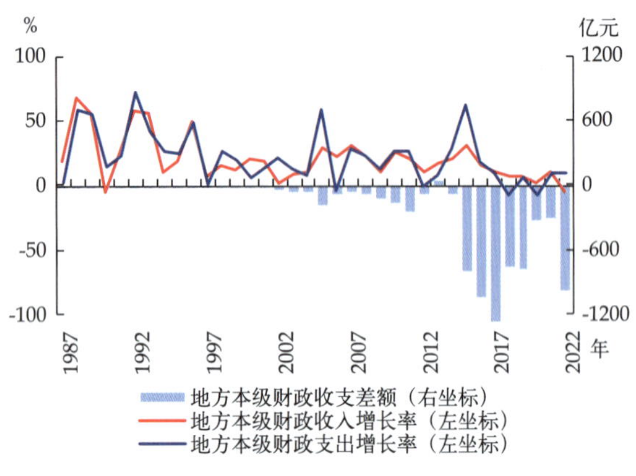

图13 财政收支状况

（数据来源：深圳市财政局）

（五）房地产市场平稳运行，住房供应和保障力度加大

1. 房地产市场平稳运行。2022年，深圳房地产开发投资增长13.3%。全市新建商品住宅网签销售面积410.8万平方米，二手住宅成交面积207.6万平方米。供应居住用地3.7平方公里，新开工住房面积1504万平方米。

2. 住房供应和保障力度加大。2022年，深圳建设筹集保障性住房14.2万套（间），供应分配12万套（间）。全年完成保障性住房投资483亿元，同比增长31.0%。新开工49个保障性租赁住房项目，完成458个老旧小区改造。

专栏2 聚焦新市民融资难题 打造新市民金融服务的“深圳样板”

据统计，深圳新市民约1350万人，占全市常住人口比例超过75%，做好新市民金融服务意义重大。深圳积极落实好《关于加强新市民金融服务工作的通知》，着力打造新市民金融服务的“深圳样板”。

一是健全新市民金融服务组织机制。2022年5月，中国人民银行深圳市中心支行迅速贯彻落实总行“金融支持助企纾困23条”，向辖内银行发布《关于统筹做好金融支持疫情防控和经济社会发展有关工作的通知》，指导各金融机构加强对新市民群体的金融服务。鼓励金融机构用好创业担保贷款政策，强化新市民创业就业金融支持；加大对受疫情影响较大的新市民和新市民就业企业的支持力度，主动与新市民较为集中的高新产业园区、创新中心、工业园区和城中村等重点区域对接，为新市民提供专业多元的金融服务。会同相关部门建立协同机制，联合深圳银保监局、深圳市地方金融局出台《关于加强新市民金融服务工作的实施细则》，细化10方面37条措施，涵盖新市民就业创业、住房安居、教育、医疗、养老和基础金融服务等需求集中领域。

二是以普惠金融精准滴灌为抓手，提升新市民金融服务获得感。持续开展中小微企业金融服务能力提升工程以及“深入社区政银企对接”和“首贷户培育”两个专项行动，有效解决了新市民创业主体“缺乏稳定现金流、无抵押、无担保”的融资痛点。指导金融机构运用创业担保贷款政策加大对新市民创业的信贷支持，联合深圳市人社局推动贴息政策落地，降低新市民创业融资成本。截至2022年末，深圳创业担保贷款余额53亿元，惠及6347户小微企业和个人创业者，余额同比增长80.1%，户数同比增加965户。2022年全年创业担保贷款贴息1493笔，金额7428万元。

三是广泛开展金融知识宣教，提升新市民金融素养。结合“个体工商户服务月”“新市民金融服务宣传月”等活动，督促辖内金融机构落实好主体责任，多渠道开展“情系新市民 金融伴你行”地铁专列活动、“深圳有你更美好”新市民金融教育宣传专题活动等。指导辖内银行制作《186元的旅行，带您打卡人民币中的浪漫河山》互动型推文和《新市民金融服务小知识》图文，取得良好社会反响。

三、预测与展望

2023年是全面贯彻落实党的二十大精神的开局之年。深圳将坚持以习近平新时代中国特色社会主义思想为指导，全面贯彻落实党的二十大精神，按照中央经济工作会议部署，扎实推进中国式现代化，把高质量发展作为深圳现代化建设的首要任务和总抓手，努力在高质量发展上走在前列、勇当尖兵，建设好中国特色社会主义先行示范区，创建社会主义现代化强国的城市范例，为全面建设社会主义现代化国家开好局、起好步，为全国全省发展大局作出深圳最大贡献。

深圳金融系统将全面贯彻落实党的二十大和中央经济工作会议精神，认真落实总行工作部署和深圳市委市政府工作要求，精准有力落实好稳健的货币政策，保持辖内信贷总量合理增长，助力实现促消费、稳投资、扩内需的综合效应。加大金融对需求和供给体系的支持力度，强化对普惠金融、科技创新、制造业、绿色发展等领域金融服务。发挥贷款市场报价利率改革效能，促进降低企业融资和居民信贷成本。切实落实“两个毫不动摇”，努力做到金融对民营企业的支持与民营企业对经济社会发展的贡献相适应。持续推动金融服务中小微企业敢贷愿贷能贷会贷长效机制建设，进一步增强小微金融服务可得性。统筹推进提升科技创新金融服务能力建设，围绕深圳“20+8”战略性新兴产业加大全产业链企业金融支持力度。推动跨境金融领域改革开放向纵深推进，促进深港两地之间金融服务业的开放与联通。落实落细金融支持房地产市场一揽子政策措施，有力维护房地产市场健康平稳发展。稳妥防范化解金融风险，牢牢守住不发生区域性金融风险的底线，维护深圳金融稳定。践行金融为民要求，全面提升金融服务管理水平，增强群众对金融工作的获得感、幸福感、安全感。

中国人民银行深圳市分行货币政策分析小组

总　　纂： 温信祥　陈元富

统　　稿： 吴　燕　齐朝轩　庞春阳　张　进

执　　笔： 蓝　天　肖　晶

提供材料： 房佩华　申泽源　姜雨杉　舒　磊　杨　璇　鲁　蕾　杨博文　周兴德　史丽莎　叶　梅　马　丽　黄日画　宋李文　邓　琼　巢姗姗　周　晗　李子亚　刘　炀　黄　聪　张若愚

附录：

（一）2022 年深圳市经济金融大事记

1 月 24 日，国家发展和改革委员会、商务部印发《关于深圳建设中国特色社会主义先行示范区放宽市场准入若干特别措施的意见》。

3 月 24 日，深圳出台《深圳市关于应对新冠肺炎疫情进一步帮助市场主体纾困解难若干措施》。

4 月 8 日，深圳出台《深圳市人民政府关于加快培育壮大市场主体的实施意见》。

5 月 9 日，中国人民银行深圳市中心支行、国家外汇管理局深圳市分局发布《关于统筹做好金融支持疫情防控和经济社会发展有关工作的通知》。

6 月 1 日，深圳出台《深圳市人民政府关于发展壮大战略性新兴产业集群和培育发展未来产业的意见》。

7 月 6 日，深圳出台《关于扎实推动经济稳定增长的若干措施》。

9 月 2 日，深圳市前海深港现代服务业合作区管理局和香港特别行政区政府财经事务及库务局联合发布《关于支持前海深港风投创投联动发展的十八条措施》。

11 月 1 日，深圳正式实施《深圳经济特区外商投资条例》，为推动更高水平对外开放提供法治保障。

11 月 8 日，“深圳创投日”启动，深交所科技成果与知识产权交易中心揭牌。

12 月 21 日，深圳“20+8”产业集群基金总体规划正式公布。

（二）深圳市主要经济金融指标

表 1　2022 年深圳市主要存贷款指标

	项目	1月	2月	3月	4月	5月	6月	7月	8月	9月	10月	11月	12月
本外币	金融机构各项存款余额（亿元）	118884.5	114242.3	113064.0	115475.3	116367.1	119663.0	120500.5	120311.2	120282.7	119295.2	121403.2	123400.5
	其中：住户存款	22319.4	20791.2	21572.6	21724.2	22271.9	23029.6	22723.3	22930.2	23490.5	23214.3	24022.9	24928.7
	非金融企业存款	58966.3	53934.9	53703.0	54418.2	54140.9	56633.3	56889.7	57353.9	58182.4	57724.2	58095.2	59970.8
	各项存款余额比上月增加（亿元）	6339.1	-4642.2	-1178.3	2411.4	891.8	3295.9	837.4	-189.3	-28.5	-987.4	2108.0	1997.3
	金融机构各项存款同比增长（%）	14.8	8.3	9.2	10.1	11.4	10.9	11.3	10.5	9.5	8.8	10.7	9.6
	金融机构各项贷款余额（亿元）	78703.5	78990.7	79720.8	80331.1	81309.6	82155.8	81965.7	82341.3	82774.9	82709.9	83158.3	83423.0
	其中：短期	16835.3	16825.2	16799.6	16703.2	16462.8	16649.9	16438.7	16391.8	16497.6	16260.7	16143.2	16042.6
	中长期	54000.8	54310.0	55034.2	55477.0	56411.5	56866.6	57064.3	57349.9	57636.1	57786.4	58212.5	58662.5
	票据融资	3097.4	3059.9	3144.3	3258.6	3512.3	3716.4	3568.7	3692.4	3712.1	3719.9	3849.0	3937.8
	各项贷款余额比上月增加（亿元）	1462.7	287.3	730.0	610.3	978.5	846.2	-190.1	375.6	433.6	-65.0	448.4	264.7
	其中：短期	287.6	-10.2	-25.6	-96.4	-240.4	187.1	-211.2	-47.0	105.8	-236.9	-117.5	-100.6
	中长期	945.4	309.2	724.2	442.7	934.5	455.1	197.7	285.6	286.1	150.3	426.1	450.1
	票据融资	122.9	-37.5	84.4	114.3	253.7	204.1	-147.7	123.7	19.7	7.8	129.1	88.8
	金融机构各项贷款同比增长（%）	12.9	11.8	11.2	11.5	12.1	11.6	11.0	10.7	10.2	9.4	8.9	8.0
	其中：短期	8.3	6.6	6.1	5.4	4.0	3.3	3.1	2.3	1.2	-0.7	-1.7	-3.1
	中长期	12.9	11.8	11.1	11.1	12.2	11.5	11.2	11.2	10.8	10.5	10.5	10.6
	票据融资	53.2	56.4	62.6	71.5	79.2	84.8	71.5	67.7	62.9	59.1	42.6	32.4
	建筑业贷款余额（亿元）	2250.9	2266.1	2232.0	2211.7	2203.9	2227.4	2203.2	2184.2	2137.5	2086.1	2024.2	2056.1
	房地产业贷款余额（亿元）	9876.9	9967.6	9981.2	10024.0	9985.9	10044.7	9984.1	9983.7	9930.7	9932.8	10036.3	10166.7
	建筑业贷款同比增长（%）	18.4	14.6	9.7	5.4	4.1	6.2	6.4	3.4	0.0	-3.9	-6.9	-6.7
	房地产业贷款同比增长（%）	4.1	3.3	2.7	3.7	3.8	4.2	4.3	4.6	3.3	2.2	2.8	5.4
人民币	金融机构各项存款余额（亿元）	113431.4	109030.8	108080.2	110418.9	111247.4	114696.2	115630.6	115472.3	115252.3	114603.5	116631.3	118618.6
	其中：住户存款	22019.1	20493.0	21271.7	21410.5	21956.9	22711.8	22403.6	22612.7	23166.9	22891.3	23700.9	24610.1
	非金融企业存款	56523.3	51496.6	51343.0	52062.5	51735.5	54259.1	54492.4	54912.7	55556.5	55191.6	55456.2	57389.9
	各项存款余额比上月增加（亿元）	6086.1	-4400.6	-950.6	2338.7	828.5	3448.8	934.4	-158.3	-220.0	-648.8	2027.9	1987.3
	其中：住户存款	1486.8	-1526.2	778.7	138.8	546.5	754.9	-308.2	209.0	554.2	-275.7	809.7	909.1
	非金融企业存款	4835.6	-5026.7	-153.6	719.5	-327.0	2523.6	233.2	420.3	643.9	-364.9	264.6	1933.7
	各项存款同比增长（%）	15.2	9.0	10.4	11.4	12.4	11.9	12.2	11.5	10.2	9.9	11.7	10.5
	其中：住户存款	14.6	7.2	6.7	9.1	11.4	11.5	13.7	15.9	15.1	17.4	20.5	19.9
	非金融企业存款	17.1	5.0	7.6	8.0	10.7	9.9	9.5	9.0	10.9	10.8	11.3	11.0
	金融机构各项贷款余额（亿元）	75264.7	75588.8	76376.2	76850.6	77818.6	78679.2	78645.5	79105.4	79471.0	79438.0	79860.9	80441.2
	其中：个人消费贷款	20232.3	20178.3	20207.1	20222.7	20166.5	20100.4	20052.1	19980.5	19938.0	19831.2	19712.2	19636.5
	票据融资	3097.4	3059.9	3144.3	3258.6	3512.3	3716.4	3568.7	3692.4	3712.1	3719.9	3849.0	3937.8
	各项贷款余额比上月增加（亿元）	1351.7	324.1	787.4	474.4	968.0	860.6	-33.7	459.9	365.6	-33.0	422.9	580.3
	其中：个人消费贷款	68.3	-54.0	28.8	15.7	-56.3	-66.0	-48.3	-71.6	-42.5	-106.7	-119.1	-75.7
	票据融资	122.9	-37.5	84.4	114.3	253.7	204.1	-147.7	123.7	19.7	7.8	129.1	88.8
	金融机构各项贷款同比增长（%）	13.5	12.4	11.9	11.8	12.3	11.9	11.5	11.4	10.7	9.9	9.2	8.8
	其中：个人消费贷款	5.0	4.5	4.5	4.2	3.7	2.9	2.2	1.6	0.7	-0.5	-1.6	-2.6
	票据融资	53.2	56.4	62.6	71.5	79.2	84.8	71.5	67.7	62.9	59.1	42.6	32.4
外币	金融机构外币存款余额（亿美元）	855.4	824.3	785.1	764.1	768.6	740.1	722.1	702.2	708.5	653.7	664.9	686.6
	金融机构外币存款同比增长（%）	8.3	-1.9	-8.7	-14.7	-10.4	-12.5	-10.9	-13.8	-12.9	-21.7	-19.3	-15.8
	金融机构外币贷款余额（亿美元）	539.4	538.1	526.8	525.9	524.1	518.0	492.3	469.6	465.4	455.9	459.4	428.1
	金融机构外币贷款同比增长（%）	2.9	1.1	0.9	2.4	2.6	0.6	-4.5	-9.3	-9.0	-11.6	-10.3	-18.0

数据来源：中国人民银行深圳市中心支行。

表 2　2001—2022 年深圳市各类价格指数

单位：%

时间		居民消费价格指数		农业生产资料价格指数		工业生产者购进价格指数		工业生产者出厂价格指数	
		当月同比	累计同比	当月同比	累计同比	当月同比	累计同比	当月同比	累计同比
2001		—	-2.2	—	—	—	—	—	-3.7
2002		—	1.2	—	—	—	-1	—	-6.2
2003		—	0.7	—	—	—	0.5	—	-2.3
2004		—	1.3	—	—	—	9.7	—	-0.5
2005		—	1.6	—	—	—	5.1	—	-1.3
2006		—	2.2	—	—	—	4.2	—	-1.8
2007		—	4.1	—	—	—	2.9	—	-1.6
2008		—	5.9	—	—	—	5.3	—	-0.4
2009		—	-1.3	—	—	—	-3.7	—	-4.7
2010		—	3.5	—	—	—	4.7	—	1.6
2011		—	5.4	—	—	—	5.9	—	1.8
2012		—	2.8	—	—	—	0.0	—	-0.1
2013		—	2.7	—	—	—	-1.7	—	-2.0
2014		—	2.0	—	—	—	-0.4	—	-0.9
2015		—	2.2	—	—	—	-3.5	—	-2.4
2016		—	2.0	—	—	—	-1.7	—	-0.7
2017		—	1.4	—	—	—	3.4	—	1.8
2018		—	2.8	—	—	—	2.4	—	0.2
2019		—	3.4	—	—	—	-0.6	—	0.0
2020		—	2.3	—	—	—	-1.2	—	-1.0
2021		—	0.9	—	—	—	3.0	—	1.9
2022		—	2.3	—	—	—	2.6	—	1.7
2021	1	—	—	—	—	—	—	—	—
	2	-0.6	-1.5	—	—	-0.9	-1.3	-1.3	-1.4
	3	0.1	-0.9	—	—	0.8	-0.6	0.3	-0.9
	4	0.7	-0.5	—	—	3.0	0.3	1.6	-0.3
	5	1.4	-0.1	—	—	4.1	1.0	2.7	0.3
	6	1.1	0.1	—	—	3.9	1.5	2.2	0.6
	7	1.4	0.3	—	—	4.3	1.9	2.6	0.9
	8	1.3	0.4	—	—	4.6	2.2	2.8	1.2
	9	1.4	0.5	—	—	4.8	2.5	3	1.4
	10	2.0	0.7	—	—	4.8	2.7	2.7	1.5
	11	2.5	0.8	—	—	4.7	2.9	3.9	1.7
	12	2.0	0.9	—	—	4.3	3.0	3.6	1.9
2022	1	2.5	2.5	—	—	3.6	3.6	3.3	3.3
	2	1.7	2.1	—	—	3.6	3.6	3.0	3.1
	3	2.2	2.1	—	—	3.3	3.5	2.5	2.9
	4	2.4	2.2	—	—	2.9	3.3	1.9	2.7
	5	2.2	2.2	—	—	3.0	3.3	1.2	2.4
	6	2.9	2.3	—	—	3	3.2	1.1	2.2
	7	2.8	2.4	—	—	1.6	3	0.6	1.9
	8	2.3	2.4	—	—	1.4	2.8	0.1	1.7
	9	2.5	2.4	—	—	1.8	2.7	0.5	1.6
	10	1.9	2.3	—	—	2.2	2.6	1.9	1.6
	11	1.6	2.3	—	—	2.3	2.6	2.5	1.7
	12	2.0	2.3	—	—	2.5	2.6	2.2	1.7

数据来源：国家统计局深圳调查队、深圳市统计局。

表 3　2022 年深圳市主要经济指标

项目	1月	2月	3月	4月	5月	6月	7月	8月	9月	10月	11月	12月
	绝对值（自年初累计）											
地区生产总值（亿元）	—	—	7064.61	—	—	15016.91	—	—	22925.09	—	—	32387.68
第一产业	—	—	5.76	—	—	12.49	—	—	19.94	—	—	25.64
第二产业	—	—	2374.57	—	—	5366.97	—	—	8364.64	—	—	12405.88
第三产业	—	—	4684.28	—	—	9637.45	—	—	14540.51	—	—	19956.16
工业增加值（亿元）	—	—	—	—	—	—	—	—	—	—	—	—
固定资产投资（亿元）	—	—	—	—	—	—	—	—	—	—	—	—
房地产开发投资	—	—	—	—	—	—	—	—	—	—	—	—
社会消费品零售总额（亿元）	—	1515.84	2107.34	2776.73	3600.59	4483.00	5334.26	6228.84	7079.55	7964.83	8841.18	9708.28
外贸进出口总额（亿元）	—	5067.82	7404.76	10342.73	13089.11	16152.60	19085.32	21896.48	26091.30	29787.62	33058.86	36737.52
进口	—	2190.73	3328.22	4562.72	5690.74	7010.10	8221.18	9398.94	10849.72	12033.86	13354.79	14792.72
出口	—	2877.08	4076.54	5780.00	7398.37	9142.50	10864.14	12497.54	15241.58	17753.76	19704.07	21944.80
进出口差额（出口－进口）	—	686.35	748.32	1217.28	1707.63	2132.40	2642.96	3098.60	4391.86	5719.90	6349.28	7152.08
实际利用外资（亿美元）	—	12.18	21.09	30.44	39.36	58.63	61.87	72.15	83.50	91.79	95.52	109.70
地方财政收支差额（亿元）	—	211.2	-191.9	-282.3	-355.4	-429.0	-340.0	-443.0	-732.8	-671.6	-817.2	-984.9
地方财政收入	—	825.0	1054.5	1309.8	1651.7	2174.0	2556.1	2767.9	3033.3	3388.6	3637.7	4012.3
地方财政支出	—	613.8	1246.4	1592.1	2007.1	2603.0	2896.1	3210.9	3766.1	4060.2	4454.9	4997.2
城镇登记失业率（%）（季度）	—	—	—	—	—	—	—	—	—	—	—	—
	同比累计增长率（%）											
地区生产总值	—	—	2.0	—	—	3.0	—	—	3.3	—	—	3.3
第一产业	—	—	-3.8	—	—	-2.4	—	—	-0.2	—	—	0.8
第二产业	—	—	2.3	—	—	4.3	—	—	5.2	—	—	4.8
第三产业	—	—	1.9	—	—	2.3	—	—	2.2	—	—	2.4
工业增加值	—	1.2	2.3	4.2	4.9	5.9	5.3	5.8	6.2	6.2	5.6	4.8
固定资产投资	—	-0.4	4.9	8.9	10.9	14.7	13.8	12.8	12.1	10.1	7.1	8.4
房地产开发投资	—	0.2	6.1	1.2	3.4	10.5	10.0	11.8	8.7	8.4	9.4	13.3
社会消费品零售总额	—	2.3	-1.6	-2.8	-2.8	0.0	0.6	1.3	1.7	2.4	2.3	2.2
外贸进出口总额	—	3.1	-2.8	-1.3	-1.0	1.4	1.8	0.4	3.9	6.1	4.7	3.7
进口	—	3.1	-3.1	-5.0	-7.2	-5.2	-5.3	-7.1	-6.5	-6.7	-7.8	-8.5
出口	—	3.1	-2.6	1.8	4.5	7.1	7.9	6.9	12.9	17.0	15.2	13.9
实际利用外资	—	29.0	32.0	19.6	24.1	11.6	6.4	14.5	10.1	4.3	-3.0	0.1
地方财政收入	—	4.0	1.3	-12.6	-10.0	-7.6	-7.3	-6.9	-5.1	-5.4	-6.0	-5.8
地方财政支出	—	7.3	10.9	15.1	22.2	15.0	14.0	12.6	13.4	12.9	10.3	9.3

数据来源：深圳市统计局。